Über die Herausgeber

Helmut Brackert, Prof. Dr. phil., geboren 1932 in Wedel (Holstein). Nach einer Handwerkslehre (Feinmechanik) Studium der Fächer Germanistik und Klassische Philologie in Hamburg. 1960 Promotion mit einer Dissertation über das Nibelungenlied. 1960 bis 66 Assistent an der Universität Heidelberg und Habilitation. Seit 1966 Professor für Deutsche Philologie an der Johann Wolfgang Goethe-Universität Frankfurt am Main. Permanenter Gastprofessor an der New York University/N. Y.

Veröffentlichungen: Beiträge zur Handschriftenkritik des Nibelungenliedes. Berlin 1963; Rudolf von Ems. Dichtung und Geschichte. Heidelberg 1968; Bauernkrieg und Literatur. Frankfurt/M. 1973; Das große deutsche Märchenbuch. Königstein 1979; Literaturwissenschaft. Grundkurs 1 und 2 (zus. mit Jörn Stückrath). Reinbek 1981; Minnesang (Hg.). Frankfurt/M. 1983; Kulturtheorie (Hg.). Bd. 1 und 2. Frankfurt/M. 1984 und 1990. – Zahlreiche Beiträge zu Zeitschriften, Sammelwerken und Handbüchern.

Jörn Stückrath, Dr. phil., geboren 1941 in Hamburg. Seit 1960 Studium in Göttingen, Tübingen und Berlin (Germanistik, Geschichte); 1968 Erste Staatsprüfung und Assistent am Germanischen Seminar der Universität Berlin; 1971–76 Wissenschaftlicher Mitarbeiter am Deutschen Seminar in Frankfurt; Koordinator des Funkkollegs «Literatur»; 1977 Studienrat in Stierstadt und Promotion; seit 1980 Akademischer Rat und zeitweilig Stellvertretender Wissenschaftlicher Leiter an dem von Hartmut v. Hentig gegründeten Oberstufenkolleg an der Universität Bielefeld.

Veröffentlichungen: Zur Geschichte und Theorie der Historischen Rezeptionsforschung. Ein kritischer Versuch. Stuttgart 1978; Herausgeber (zus. mit H. Brackert und E. Lämmert): Funkkolleg Literatur. 2 Bde. Frankfurt/M. 1978; (zus. mit H. Brackert) Grundkurs Literaturwissenschaft. 2 Bde. Reinbek bei Hamburg 1981; Mitherausgeber von Diskussion Deutsch. – Aufsätze in Zeitschriften und Sammelbänden.

Helmut Brackert
Jörn Stückrath (Hg.)

Literaturwissenschaft

Ein Grundkurs

rororo

rowohlts enzyklopädie

rowohlts enzyklopädie
Herausgegeben von Burghard König

7.–9. Tausend Mai 1994

Originalausgabe
Veröffentlicht im Rowohlt Taschenbuch Verlag GmbH,
Reinbek bei Hamburg, November 1992

Umschlaggestaltung Jens Kreitmeyer
Satz Sabon und Frutiger (Linotronic 500)
Gesamtherstellung Clausen & Bosse, Leck
Printed in Germany
3290-ISBN 3 499 55523 9

Inhalt

Einleitung

Mit seinem Titel knüpft der ‹Grundkurs Literaturwissenschaft› an die zweibändige Einführung an, die 1981 zuerst erschien und seit 1989 vergriffen ist. Bei der Planung der Neuauflage vor drei Jahren verbot es die veränderte Situation jedoch, das alte Modell lediglich neu aufzulegen. Zum einen sollte der neue Grundkurs im Rahmen der Reihe «enzyklopädie» erscheinen, zum anderen mußte er dem fortgeschrittenen Forschungsstand Rechnung tragen. Beiden Herausforderungen – Konzentration und Weiterentwicklung – konnte nur durch eine umfassende Neukonzeption des Grundkurses begegnet werden.

Diese einschneidende Umgestaltung wird schon daran erkennbar, daß zwei Drittel der Beiträge völlig neu sind, sei es, daß neue thematische Bereiche hinzugekommen sind, sei es, daß die bewährten Themen neu dargestellt worden sind. Insofern ist es kein Zufall, daß für den Grundkurs viele neue Autoren – es sind über dreißig – gewonnen werden mußten. Auch die wenigen aus dem alten Grundkurs übernommenen Beiträge wurden bearbeitet bzw. gekürzt.

Bereits der erste Teil – «Grundbegriffe der Texterschließung» – zeigt, wie dieser Grundkurs sich nach Inhalt, Aufbau und Zielsetzung von dem älteren unterscheidet. Er ist neu geordnet, präzisiert und erweitert worden und soll dem Leser ein Instrumentarium zum eigenen Textverständnis und Interpretieren vermitteln. Vertieft wird diese Absicht im zweiten Teil durch die praktischen Interpretationsbeispiele, die von der Bibel bis zu elektronischen Texten reichen. Die ausgewählten Werke stehen jeweils exemplarisch für eine Epoche, Gattung oder mediale Form. Zugleich versuchen die Interpreten – über die Zielsetzung im alten Grundkurs hinaus –, ihr Vorgehen zu verdeutlichen und hermeneutisch zu reflektieren.

Die durchgreifende Neugestaltung führte dazu, in ähnlicher Weise die folgenden fünf Teile zu straffen, zu erweitern und neu zu organisieren: die «Grundbegriffe der literarischen Typenbildung», «Realisierungsformen des Literarischen», «Institutionen heute» und «Grundfragen der Literaturwissenschaft». Besonders der Schlußteil wurde durchgreifend geändert: Hier sind die «aktuellen Positionen» um das Doppelte vermehrt worden, um die gegenwärtige Diskussion zu beleuchten. Vollständigkeit war allerdings auch in diesem Teil nicht erreichbar und auch nicht angestrebt.

Zur Anlage des Grundkurses sei noch notiert: Jeder Beitrag ist so aufgebaut, daß ihm eine Liste mit einer Literaturauswahl und die Anmerkungen folgen. Wo in den Anmerkungen lediglich der Name des Verfassers zitiert wird, findet sich die vollständige Angabe in der vorausgehenden Literaturliste.

Der neue Grundkurs setzt sich ein dreifaches Ziel: Er soll über die Vielfalt von Fragen und Antworten, die für die gegenwärtige Literaturwissenschaft relevant sind, möglichst präzise und übersichtlich informieren; er will den Leserinnen und Lesern begriffliche und methodische Hilfen liefern, Lektüreerfahrungen zu reflektieren und sich mit literaturwissenschaftlichen Sichtweisen und Ergebnissen auseinanderzusetzen; und er soll durch die Klarheit der Problementfaltung und eine leserfreundliche Diktion den Gegenstandsbereich möglichst prägnant vermitteln.

Wie der alte Grundkurs geht der neue von der Voraussetzung aus, daß Literatur – im weitesten Sinne verstanden als Ensemble von Texten der Vergangenheit und Gegenwart – im Gesamtbereich des öffentlichen Lebens nichts an Bedeutung verloren hat und, trotz zahlreicher Ablösungstendenzen, auch in Zukunft eine der wichtigsten Vermittlungsinstanzen im Bereich der Sachaufklärung bleiben wird: kein Medium, das nicht unmittelbar durchdrungen wird oder sich wenigstens mittelbar gründet auf die durch Literatur erschlossene Darstellungsform. Ebensowenig hat die Literatur auf dem Feld der künstlerischen Ausdrucksmöglichkeiten an Einfluß verloren; selbst Film und Fernsehen bleiben zumindest indirekt von literarisch fundierten Mustern und Formen abhängig. Die Bedeutung von Literatur beruht insbesondere darauf, daß sie einen vielfältigen Vorrat an Seh- und Denkweisen bewahrt, ihn entspannend und unterhaltsam vermittelt und durch Konfrontation mit der gesellschaftlichen und medialen Wirklichkeit Energien auch für die Bewältigung der Zukunft freisetzt.

Didaktische Vermittlungsformen wie dieser Grundkurs erfüllen ihren Sinn darin, den angehenden Literaturwissenschaftlern und -lehrern sowie möglichst vielen literarisch interessierten Laien Anregungen zu liefern, fruchtbarer und intensiver – und hoffentlich auch vergnüglicher – mit Literatur umzugehen.

Das neue Konzept und die Schlußredaktion forderten von den Autorinnen und Autoren sehr viel Verständnis für die Wünsche der Herausgeber. Dafür sei ihnen an dieser Stelle herzlich gedankt. Daß der neue Grundkurs ohne das Lektorat von Burghard König, seine Initiative und kritische Mitarbeit nicht zustande gekommen wäre, sei ebenfalls mit nachdrücklichem Dank ausgesprochen.

Frankfurt und
Bielefeld, den 16. Mai 1992

Helmut Brackert
Jörn Stückrath

I. Grundbegriffe der Texterschließung

Jürgen Link

Literatursemiotik

Die semiotische Grenze: Instrumentelle vs. kommunikative Funktion

Über einer innerstädtischen Straßenkreuzung hängen an quer gespannten Drähten eine elektrische Laterne und eine Verkehrsampel: Könnte ein gerade aus dem Weltall angekommener ET sie wahrnehmen, so würde er sie vermutlich für eng verwandte Objekte halten. Dennoch dominieren bei beiden (gesellschaftlichen) Objekten gänzlich verschiedene Funktionen: Die Laterne dient in erster Linie der nächtlichen Beleuchtung; damit verglichen ist ihre Form, Farbe usw. sekundär. Die Ampel dagegen sendet wechselnd Verbote bzw. Aufforderungen an die Verkehrsteilnehmer; alles kommt auf die deutliche Wahrnehmbarkeit der Unterschiede an, demgegenüber zählt die absolute Helligkeit nicht.

Die beiden dominierenden Funktionen sollen *instrumentell* (Laterne) bzw. *kommunikativ* (Verkehrsampel) heißen. Die kommunikative Funktion von gesellschaftlichen Gegenständen läßt sich auch als ihre *zeichenhafte* Funktion bestimmen. Die Wissenschaft, die sich allgemein mit der kommunikativen bzw. zeichenhaften Funktion befaßt, heißt *Semiotik*.

Die Grenze der semiotischen Zuständigkeit zu bestimmen, ist im einzelnen nicht einfach. Beispielsweise sprechen zwei Gedichte aus Goethes «West-östlichem Divan» (s. u. S. 18), die im weiteren als Anschauungsbasis dienen sollen, sowohl von «Wein» wie von einem «Fächer». Beide Objekte können als gesellschaftliche Gegenstände nur schwerlich eindeutig der instrumentellen oder der kommunikativen, zeichenhaften Funktion zugewiesen werden. Sicher kann auch Weintrinken dem Durstlöschen dienen – aber deshalb trinkt ‹man› (Frauen eingeschlossen) in aller Regel keinen Wein. Vielmehr trinkt ‹man› ihn, um sich zu entspannen und sich (in der Regel unter Freunden) mit Lust zu assoziieren. Schon dabei verschmelzen zeichenhafte und instrumentelle Funktion. (Ähnliches gilt für einen Fächer: Instrumentell kann er der Kühlung dienen, in der Regel aber wird er als galantes Zeichen fungieren.) Ferner ‹schenkt› man den Freunden Wein: als ‹Zeichen der Freundschaft›.

Diese Wortverbindung besitzt eine typische *zweiteilige (binäre) Struktur*; sie unterscheidet das ‹Zeichen› (den Wein) von einem ‹mit dem Zeichen Gemeinten› (Freundschaft). Dabei zeigt sich, daß das ‹Gemeinte› nicht eindeutig ist: Das Geschenk von Wein könnte auch Zeichen der Zuneigung, vielleicht ein Zeichen der Liebe oder bloß Zeichen der Höflichkeit sein.

Woher wissen wir, was mit dem Weingeschenk gemeint ist? Wir entscheiden das nach dem *Kontext* des Zeichens, wobei dieser Kontext selbst wiederum zeichenhaft bzw. kommunikativ ist. Der Kontext seinerseits kann weit oder eng gefaßt werden: In einem islamischen Land (und Goethes Gedichte beziehen sich auf islamische Länder) meint das Geschenk von Wein vermutlich etwas anderes als bei uns. Wir nennen den weiten Kontext *Kultur*, und der Gebrauch der Zeichen hängt deshalb erstens von der Kultur ab. Fassen wir den Kontext dagegen eng, so geht es um die *Situation*: ob ich einem notorischen Trinker Wein mitbringe oder ob ich meiner Geliebten eine bestimmte Sorte Wein schenke, die mit bestimmten Erinnerungen verbunden ist. Zweitens hängt der Gebrauch der Zeichen von der (sozialen bzw. soziokulturellen) Situation ab.

Saussures binäres Zeichenmodell

Das Geschenk von Wein kann also (je nach Kultur und Situation) als Zeichen der Freundschaft fungieren, das Geschenk eines Fächers als Zeichen der Liebe. Ferdinand de Saussure, einer der Begründer moderner Semiotik, unterschied an den Zeichen zwei fundamentale Elemente: auf der einen Seite die auffallend materielle, äußerlich-gegenständliche Seite (Wein, Fächer), auf der anderen Seite das in der Vorstellung der Benutzer mental Gemeinte, die Bedeutung (Freundschaft, Liebe). Den materiellen Zeichenträger nannte er *Signifikant*, die mentale (ideelle) Bedeutung *Signifikat*. An diesem Modell ist aus verschiedener Sicht Kritik geübt worden. So wurde von philosophischer Seite (Jacques Derrida [1]) unterstellt, das Modell führe zu einem idealistischen Dualismus («Logozentrismus»), der eine spekulative ‹Idee› (das Signifikat) fälschlich über die Materialität (den Signifikanten) stelle. Bei dieser Kritik handelt es sich um einen philosophischen ‹Overkill›, weil Saussure mit dem Signifikat gar keine platonische Idee, sondern ein ikonisches oder quasi-ikonisches (bildliches) ‹Konzept›, d. h. eine ‹Vorstellung› meinte, die letztlich ebenfalls ihre Materialität besitzt, so daß es eigentlich um die Kombination zweier verschiedener Arten von Materialität geht.

Eine andere kritische Position beruft sich auf Charles S. Peirce, der ein dreigliedriges (triadisches) Zeichenmodell begründete, das aus *sign*, *object* und *interpretant* besteht. Die Deutungen dieser drei Elemente variieren in der Peirce-Nachfolge leider stark (vgl. dazu Eco). Immerhin scheint «sign» dem «Signifikanten» nahe, «interpretant» dem «Signifikat» und «object» einem sog. *Referenten*, d. h. einem gemeinten Realobjekt. Entsprechend wird aus dieser Sicht gegen Saussure eingewendet, bei ihm fehle das Wesentliche, nämlich der Bezug des Zeichens auf Realobjekte, das sog. Referieren. Aber auch diese Kritik geht fehl: Sie würde sich weitgehend erledigen, wenn der sog. Binarismus (Zweigliedrigkeit des Zeichenmodells) Saussures stets mit dem übergeordneten Wert-Aspekt («valeur») zusammengedacht wird. Danach erfolgt jede Signifikation systemhaft, d. h. durch wechselseitige distinktive Beziehung der Zeichen. Das hat entscheidende strukturpragmatische Konsequenzen auch für das in der sog. *Parole* (konkretes Reden bei Saussure) erfolgende konkrete Referieren. Ein Kind z. B., das erst drei Zeichen für Tiere kennt (Wauwau, Pieppiep und Ia), wird auf Katzen als auf Wauwaus referieren. Für dieses Kind bestimmt die Differenz (Distinktion) zwischen drei Signifikanten den Bedeutungs-‹Wert› dreier Signifikate, die es dementsprechend in einem dreigeteilten Referenzbereich von Tier-Objekten applizieren muß.

Auch die *Pragmatik* ist also über die Konzepte (Signifikate) strukturabhängig. Die relevante Alternative läge demnach gar nicht zwischen Binarismus und Triadismus, sondern zwischen Subjektpragmatik und Strukturpragmatik. Subjektpragmatik wäre eine Auffassung des Zeichengebrauchs, die vom ‹Meinen› des einzelnen Subjekts ausgeht; Strukturpragmatik würde dagegen mit Saussure die Zwänge des Sprachsystems betonen, die den Sprachgebrauch der Subjekte determinieren. Übrigens gibt es auch Deutungen des Peirceschen Modells (s. Eco [2]), die letztlich ebenfalls auf diese strukturpragmatische Sicht hinauslaufen. Eco deutet nämlich «interpretant» als dynamische Ersetzung eines Signifikats durch ein synonymes (s. u.) zweites, drittes usw. Das ginge dann in die Richtung des distinktiven Spiels von semantischen ‹Werten› bei Saussure.

Homonyme und Synonyme

Offenbar Geheimnis

Sie haben dich, heiliger Hafis,
Die mystische Zunge genannt,
Und haben, die Wortgelehrten,
Den Wert des Worts nicht erkannt.

Mystisch heißest du ihnen,
Weil sie Närrisches bei dir denken
Und ihren unlautern Wein
In deinem Namen verschenken.

Du aber bist mystisch rein,
Weil sie dich nicht verstehn,
Der du, ohne fromm zu sein, selig bist!
Das wollen sie dir nicht zugestehn.

Wink

Und doch haben sie recht, die ich schelte:
Denn, daß ein Wort nicht einfach gelte,
Das müßte sich wohl von selbst verstehn.
Das Wort ist ein Fächer! Zwischen den Stäben
Blicken ein Paar schöne Augen hervor.
Der Fächer ist nur ein lieblicher Flor,
Er verdeckt mir zwar das Gesicht,
Aber das Mädchen verbirgt er nicht,
Weil das Schönste was sie besitzt,
Das Auge, mir ins Auge blitzt.

Eine Vielzahl auffälliger Zeichenstrukturen vermag das binäre Modell überzeugend darzustellen. Was bedeutet das Geschenk von Wein? Vielleicht Freundschaft, vielleicht sogar Liebe, vielleicht nur Höflichkeit. Der Signifikant bleibt der gleiche, das Signifikat wechselt. Anders gesagt: Einem Signifikanten entsprechen mehrere Signifikate. Man bezeichnet diese Struktur als Mehrdeutigkeit (*Polysemie*). Goethe betont in seinem zweiten Gedicht diese Eigenschaft als Grundeigenschaft aller Wörter: «Denn, daß ein Wort nicht einfach gelte / Das müßte sich wohl von selbst verstehn.» Im ersten Gedicht gibt er ein Beispiel: die Polysemie von «mystisch», worunter die «Wortgelehrten» etwas anderes verstehen als Goethe. Je weiter die Signifikate einer Polysemie voneinander entfernt sind, desto mehr nähert sie sich einer *Homonymie* im strikten Sinn an. Ein Beispiel dafür wäre das deutsche Wort ‹Weine› (Plural von ‹Wein› oder Imperativ von ‹weinen›). Homonymie heißt also die Koexistenz zweier verschiedener Signifikate, die ‹gar nichts miteinander zu tun haben›, innerhalb eines identischen Signifikanten.

Synonymie soll umgekehrt die Existenz mehrerer Signifikanten für das gleiche Signifikat heißen, etwa ‹Pfarrer› und ‹Pastor›.

Denotation und Konnotation, Isotopie

Der mittelalterliche persische Dichter Hafis (1320/25–1390), dessen Lyriksammlung («Divan») Goethe in der deutschen Version des Wiener Orientreisenden Hammer-Purgstall las, legt seinen Liedern meistens die typische Situation eines Trinkgelages in einer «Schenke» zugrunde. Zu dieser Situation gehört eine homoerotische Verehrung des jungen, schönen «Schenken», der den Wein kredenzt. Nach dem Wortlaut verstößt Hafis damit gleich gegen mehrere Gebote der islamischen Moral. Hammer-Purgstall berichtete in seiner Einleitung, daß denn auch die islamischen Kommentatoren den homoerotischen Trinkliedern des Hafis einen islamisch-mystischen (sufitischen, zu Sufi = islamischer Mystiker) Sinn unterlegten: Danach hätte z.B. der schöne Schenke ‹eigentlich› den Propheten Mohammed gemeint, der Wein das Wort Gottes usw. Darauf bezieht Goethe sich mit den Versen: «Mystisch heißest du ihnen, / Weil sie Närrisches bei dir denken (...)»

Offenbar geht es hier um eine Vervielfachung und Komplizierung semiotischer Ebenen. Zunächst haben wir die manifeste Ebene des sogenannten wörtlichen Sinns: Hafis trinkt mit dem Schenken in einer homoerotischen Situation. Auf dieser Ebene ist der Wein ein Zeichen der Liebe, ebenso wie andere Geschenke, etwa schöne Gegenstände und Lieder. Wenn wir also einen entsprechenden, sozusagen boheme-ähnlichen subkulturellen Kontext im persischen Mittelalter unterstellen (was Hammer-Purgstall und Goethe taten), können wir von entsprechenden Bedeutungen der Zeichen ausgehen. Wenn wir dagegen die Sicht der islamischen Kommentatoren akzeptieren, treten an die Stelle der ‹direkten› Bedeutungen lauter ‹indirekte›. Die Semiotik unterscheidet in einem solchen Fall zwischen *Denotation* (‹direkte› Bedeutung) und *Konnotation* (‹indirekte› Bedeutung) bzw. zwischen Denotaten (‹direkten› Signifikaten) und Konnotaten (‹indirekten› Signifikaten). Ein genaueres Modell hat Roland Barthes skizziert.[3] Danach (ich bediene mich weiter der Hafis-Beispiele) besäße in dem ersten angenommenen semiotischen Kontext (bohemeähnliche Subkultur) das Zeichen ersten Grades «Wein» als Signifikanten eben das Getränk in seiner Alkohol enthaltenden Materialität und als Signifikat (Denotat) die Bedeutung «rauschhafte Liebe» (im Sinne von Eros). Auf der konnotativen semiotischen Ebene (zweiten Grades: islamische Mystik) wird dieses Zeichen nach Barthes nun seinerseits zum Signifikanten eines neuen Signifikats (= Konnotats): «rauschhafte religiöse = mystische Liebe zum Wort Gottes».

	Signifikant 2	**Signifikat 2**
Isotopie 2 (Konnotation)	«Wein» = Rausch des Eros	mystischer Rausch der Gottesliebe
Isotopie 1 (Denotation)	«Wein» = Rausch des Eros	
	Signifikant 1 **Signifikat 1**	

Man kann die entsprechende Struktur auch anders kennzeichnen: Die erste semiotische Ebene (der Denotation) ist in sich relativ stimmig und geschlossen. Homoerotik paßt zu Trinkgelage, verbotenen Getränken, Rausch, Liebesliedern usw. Eine solche semiotisch kohärente Ebene wollen wir mit Greimas *Isotopie* nennen. Dann steht der denotierten Isotopie die konnotierte (religiöse) Isotopie gegenüber: Mystik, Gottesliebe, Wort Gottes, mystische Ekstase usw. Konnotation ließe sich dann auch als Überschreitung einer Isotopie auf eine andere hin definieren.

Zeichensysteme und Sprachen

Stellen wir uns nun eine Szene zwischen Goethe und seiner Geliebten Marianne von Willemer auf der «Gerbermühle» im Jahre 1815 vor: Der Dichter schenkt der Tänzerin rote Rosen, sie blinzelt ihn durch Zwischenräume eines Fächers verliebt an. Sie trinken Wein, abwechselnd aus einem Glas, das sie sich hin- und herreichen. Alle Gegenstände dieser Situation sind erotisiert, bilden Zeichen einer ‹Sprache der Liebe›. Die Rosen gehören zum Fächer und zum Wein und zum Glas usw. Befindet sich auf solche Weise eine bestimmte Menge von Zeichen auf ein und derselben kohärenten ‹Ebene› einer Kultur, so daß das einzelne Zeichen im Zusammenhang mit den anderen funktioniert, die Gesamtheit dieser Zeichen sogar eine bestimmte gesellschaftliche Funktion (z.B. Galanterie) erfüllt, handelt es sich um ein *Zeichensystem.*

Ein einfaches Beispiel für ein Zeichensystem liefert die Gesamtheit aller Verkehrszeichen mit der gesellschaftlichen Funktion der Verkehrsregelung. So verweist eine abgeschaltete, lediglich blinkende Verkehrsampel auf die an der gleichen Kreuzung aufgestellten Vorfahrtszeichen usw. Die sog. Schilderwälder bilden komplexe ‹Nachrichten› bzw. ‹Botschaften›, bei denen mehrere Einzelzeichen des Systems im Zusammenhang gelesen werden wollen.

Ein klassisches Beispiel von Zeichensystemen in menschlichen Gesellschaften sind die natürlichen Lautsprachen. Jedes dieser Systeme besteht aus zahlreichen einzelnen Zeichen, den Wörtern (*Lexemen*), die unter verschiedenen Aspekten und auf verschiedenen Ebenen aufeinander bezogen sind. Jedes einzelne Sprachzeichen besteht aus einem Signifikanten, d.h. seiner lautlichen Gestalt (Lautbild), und dem zugehörigen Signifikat, d.h. dem «Konzept», wie Saussure es nannte, worunter er eine Art Vorstellungsbild als Kern der Bedeutung verstand. Durch deutliche Unterschiede (Differenzen, Distinktionen) auf der Ebene der Signifikanten (d.h. der Lautebene) wird die Bedeutung differenziert. Als Beispiel diene der erste Reim von «Wink»: «schelte» – «gelte». Der Lautkörper dieser beiden Ausdrücke stimmt bis auf einen einzigen Laut, den Anlaut, überein. Ähnliches würde für folgende Ausdrücke gelten: ‹bellte›, ‹pellte›, ‹schellte›. Auch diese Wörter wären also als Reimwörter in Frage gekommen, wobei es sich bei ‹schelte› – ‹schellte› um vollständige Gleichheit des Signifikanten bei völliger Verschiedenheit des Signifikats, also um Homonymie handelt. (Der fehlende lautliche Unterschied wird hilfsweise durch die Schrift markiert.) Das Beispiel einer Reimserie zeigt, daß es genügt, einzelne Laute kombinatorisch auszutauschen, um die Bedeutung zu differenzieren. Tatsächlich bestehen alle natürlichen Sprachen trotz ihres enormen lexikalischen Reichtums aus relativ wenigen Basislauten (*Phonemen*), aus denen die Wörter kombinatorisch generiert sind.

Wie bei Reimserien lassen sich durch Konstanthaltung bestimmter Elemente und kombinatorische Variation anderer Elemente in Zeichensystemen und insbesondere in Sprachen eine Fülle von Serien bilden, in denen sich unter verschiedenen Aspekten der Systemcharakter manifestiert.

Auch auf der Ebene des Signifikats lassen sich Elemente der Bedeutung (semantische Elemente = *Seme*) konstant halten und dann Serien bilden. Halte ich z. B. das Sem ‹Farbqualität› konstant, so kann ich die Serie der Farbwörter einer Sprache bilden. Halte ich im ersten der beiden Goethe-Gedichte das Sem «religiös» konstant, so ergibt sich die Serie «Offenbar», «Geheimnis», «heiliger», «mystisch», «fromm», «selig».

Paradigmatische vs. syntagmatische Bezüge, Texte

Alle durch Konstanthaltung bestimmter Elemente und kombinatorische Variation gebildeten Serien stehen in *paradigmatischen* Bezügen. Dazu gehören nicht bloß die erwähnten Wortserien wie Reime oder semantische Serien (Polysemien oder Glieder einer Isotopie), sondern auch umfangreiche Komplexe wie alle Verse eines Gedichts mit bestimmtem metrischem Grundschema, alle Sätze mit gleicher syntaktischer Fügung usw.

Anders als die systematisch (und meistens künstlich) gebildete paradigmatische Serie bezeichnen wir jede Kombination von Sprachelementen unter dem Aspekt ihrer Nebeneinanderfügung, wie sie typischerweise zum Zwecke des praktischen Gebrauchs erfolgt, als *syntagmatische* Verkettung. In dem Vers «Du aber bist mystisch rein» sind fünf Wörter syntagmatisch zu einem vollständigen Satz verbunden; gleichzeitig steht das Wort «rein» in einem lautlichen paradigmatischen Bezug zum vorhergehenden «Wein» (Reim) und das Wort «mystisch» in einer identischen paradigmatischen Serie (einmal in jeder Strophe «mystisch»).

Jede syntagmatische Kette, die insgesamt (unter verschiedenen möglichen pragmatischen Gesichtspunkten) eine Einheit bildet, soll *Text* heißen. Betrachten wir die beiden Goethe-Gedichte unter dem Gesichtspunkt ihrer jeweiligen durch «Titel» und «größeren freien Raum am Ende» gegebenen Einheit, so handelt es sich um zwei Texte. Betrachten wir sie als zwei eng aufeinander bezogene und aufeinander antwortende Ketten (Diptychon), so handelt es sich um lediglich einen einzigen Text. Betrachten wir die gesamte Sammlung «West-östlicher Divan» dagegen als komponierte syntagmatische Kette, so bildet der ganze «Divan» einen einzigen Text.

Roman Jakobson formulierte als Grundgesetz ‹poetischer› Texte, sie seien durch Abbildung paradigmatischer Serien auf syntagmatische Ketten konstituiert (s. den wörtlichen Beleg und die ausführliche Kommentierung im Kapitel «Elemente der Lyrik»). Das läßt sich am einfachsten bei der Generierung (geregelten Produktion) von Metren, Reimen und semantischen Serien plausibel machen:

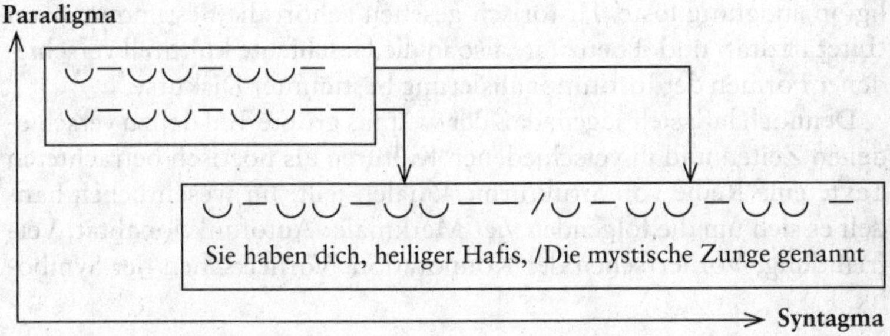

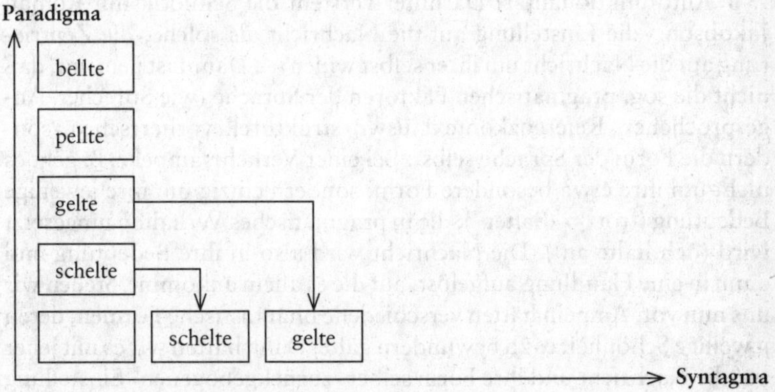

Literarische bzw. poetische Texte

Lange Zeit hat die Literatursemiotik versucht, eindeutige Kriterien für die sog. Literarizität bzw. Poetizität von Texten herauszufinden. Man wollte also immanent, aus dem Text selbst heraus feststellen können, ob es sich um einen ‹literarischen› oder ‹nichtliterarischen› Text handle. Dieser Ansatz war grundsätzlich verfehlt, weil die Vorstellungen von ‹Poesie› nach Kulturen und Zeiten äußerst stark schwanken. ‹Literatur› in unserem heutigen Verständnis hat es in der längsten Zeit der Geschichte und in der Mehrzahl der Kulturen nie gegeben. Hafis wurde in seiner Kultur zwar als ‹poetisch› betrachtet, wobei die Vorstellung von Poesie aber sicherlich etwa von der Goetheschen sehr verschieden war, die Vokabel ‹literarisch› wäre aber für Hafis völlig fehl am Platz gewesen. Literatur konnte erst in der europäischen Neuzeit dadurch entstehen, daß Poesie sich aus ihrer mittelalterlichen Symbiose mit Religion endgültig löste. Historisch gesehen gehört die Bestimmung von ‹Literarizität› und ‹Poetizität› also in die Geschichte kulturell verschiedener Formen der Institutionalisierung bestimmter Diskurse.

Dennoch läßt sich sagen, daß der weitaus größte Teil der zu verschiedenen Zeiten und in verschiedenen Kulturen als poetisch betrachteten Texte eine Reihe von Strukturmerkmalen teilt. Im wesentlichen handelt es sich um die folgenden vier Merkmale: Autofunktionalität, Verfremdung, Vorherrschen der Konnotation, Vorherrschen der Symbolik.

- Autofunktionalität: Darunter versteht die Semiotik mit Roman Jakobson «die Einstellung auf die Nachricht als solche, die Zentrierung auf die Nachricht um ihrer selbst willen» [4]. Damit ist gemeint, daß nicht die sog. pragmatischen Faktoren der Sprache (wie Sprecher, Angesprochener, Referenzkontext usw.) strukturell vorherrschen, sondern die Form der Sprache selbst. Bei einer Verkehrsampel z. B. geht es nicht um ihre etwa besondere Form, sondern einzig um ihre jeweilige Bedeutung (‹rot› = ‹halten›), die in pragmatisches Verhalten umgesetzt wird (‹ich halte an›). Die Nachricht wird also in ihre Bedeutung und dann in eine Handlung aufgelöst, auf die es allein ankommt. Stellen wir uns nun vor, Ampeln hätten verschiedene phantastische Formen, deren jeweilige Schönheit es zu bewundern gälte. Dann hätten wir es mit jener auf die Nachricht und ihre Form selber ‹zurückgebogenen› Einstellung zu tun, die Jakobson «poetisch» nannte und die wir als autofunktional bezeichnen wollen. Als Beispiel können folgende Verse aus dem ersten Goethe-Gedicht dienen: «Und haben, die Wortgelehrten, / Den Wert des Worts nicht erkannt.» Wäre die entsprechende Aussage etwa rein philologisch-kritisch, sozusagen wissenschaftlich gemeint, so könnte sie etwa lauten: ‹Diese Wortgelehrten haben den Worten falsche Bedeutungen zugewiesen.› Eine solche Formulierung ist auf eine Rezeption angelegt, die sich bei der Formulierung (Signifikanten-Seite) nicht aufhält und vielmehr sogleich die Bedeutung (Signifikat) realisiert. Demgegenüber ‹klingt› in der Goetheschen Formulierung so viel, daß sie die Aufmerksamkeit auf eben diese Formulierung in ihrer besonderen Form, die wir daher ‹prägnant› nennen wollen, zurückzwingt: Es klingt das Metrum, es klingen Alliterationen, und es klingt vor allem das Wortspiel «Wert» – «Wort». Auf der Ebene der Bedeutung steht «Wort» etwa für Signifikant und «Wert» etwa für Signifikat – dieser Sinn wird durch die Prägnanz der Formulierung aber zunächst eher verdeckt, bevor er mit einem besonders lustvollen Aha-Effekt ‹entdeckt› werden kann. (Man denke auch daran, daß Saussure die semiotische Bedeutung genau als «Wert» bestimmt hat.)

- Verfremdung: Darunter ist im Anschluß an die russischen Formalisten, Brecht u. a. die These zu verstehen, nach der literarische Texte durch Abweichung von einer automatisierten Folie konstituiert würden. Dabei kann als automatisierte Folie entweder die Alltagssprache als solche, ein Spezialdiskurs oder auch ein bereits existierender literarischer Diskurs dienen. Nehmen wir als Beispiel das Metrum der beiden «Divan»-Gedichte. Es handelt sich um sogenannte Knittelverse, d. h. gereimte Zeilen mit Senkungsfreiheit und beschränkt variabler Anzahl von Hebungen. Dabei verfremdet der Reim wie auch die relative Stabilität der Hebungen die Alltagssprache. Bei Goethe kommt aber eine Verfremdung zweiten Grades hinzu: «Offenbares Geheimnis» scheint regelmäßig dreihebig und daktylisch zu beginnen und weicht erst im Verlauf davon ab. Goethes Knittelverse verfremden also bewußt auch die regelmäßigen und artistisch raffinierten Metren des Klassizismus. Goethe bringt also das Kunststück eines Verses fertig, der stilistisch und ästhetisch sozusagen zwei Fliegen mit einer Klappe schlägt: Gegen die automatisierte Folie standardsprachlicher Prosa wirkt er relativ regelmäßig, gegen die automatisierte Folie artistischer Verse wirkt er relativ prosanah. So wirkt der «Divan»-Ton gleichzeitig ‹wie der Schnabel gewachsen ist› und hoch artistisch.

- Vorherrschen der Konnotation: In den meisten Bereichen der Alltagssprache und vor allem in wissenschaftlichen Diskursen sollen die Formulierungen möglichst eindeutig sein. Mehrdeutigkeiten etwa in der Bedienungsanleitung von Maschinen wären verhängnisvoll. Man kann das auch so sagen: In wissenschaftlichen und technischen Diskursen herrscht die Denotation vor. Umgekehrt lebt etwa die erotische Konversation, das Rätsel oder der Witz von Mehrdeutigkeiten. Das gleiche gilt auch für poetische oder literarische Diskurse, in denen demnach statt der Denotation die Konnotation vorherrscht. Im Gedicht «Wink» wird das «Wort» mit einem «Fächer» identifiziert. Es folgt ausführlich das Bild eines Fächers und eines Mädchens hinter ihm. Wir wissen, daß sich diese Schilderung auch irgendwie auf das «Wort» beziehen soll – aber wie? Denotiert wird es nicht, wir müssen sozusagen raten. Wir haben eine Art Rätsel vor uns – anders gesagt: Die Konnotation herrscht vor.

- Vorherrschen der Symbolik: Das Rätsel des Gedichts «Wink» läßt sich vermutlich ohne allzu große Schwierigkeiten lösen. Intuitiv nehmen wir vielleicht an, daß der Fächer für das manifest Gesagte (also die Denotation) und das Auge des Mädchens für den sog. tieferen Sinn (also die Konnotation) stehen soll. Goethe liebte eine bestimmte Form der Konnotation, die er Symbol nannte. Dabei steht ein denotiertes «Bild» (Isotopie 1) nach dem Prinzip der metaphorischen oder auch synekdochischen Analogie für mindestens eine konnotierte Bedeutung (Isotopie 2). Das Prinzip der Analogie erlaubt eine relativ exakte Aufschlüsselung:

P (= Pictura = Bild; Isotopie 1)	S (= Subscriptio = Sinn; Isotopie 2)
«Fächer»	«Wort» (Sprache, Denotation)
«Stäbe»	(einzelne Elemente des Bildes)
«Mädchen»	(Sinn, Konnotation)
«verdecktes Gesicht»	(Unmöglichkeit, den Sinn auszuschöpfen)
«Auge»	(Subjekteffekt des Sinns)

Nach dem Gesetz der Analogie gelten im Symbol Relationen vom Typ: «Fächer» muß sich zu «Mädchen» verhalten wie «Wort» zu «X» usw. Dieses feste Strukturgitter erlaubt eine relativ ‹sichere› Form der Konnotation auch dann, wenn (wie in unserem Beispiel) nur ein Element der Subscriptio denotiert ist («Wort»). Goethe nannte diese Form des Symbols auch «offenbares Geheimnis»: «Das ist die wahre Symbolik, wo das Besondere das Allgemeinere repräsentiert, nicht als Traum und Schatten, sondern als lebendig augenblickliche Offenbarung des Unerforschlichen.»[5] Er spielte diesen Symboltyp gegen die Allegorie aus, worunter er eine eher willkürliche Zuordnung von Konnotaten zu Denotaten verstand. Er wirft den islamischen Kommentatoren also eine «allegorische» Lektüre des Hafis vor («weil sie Närrisches bei dir denken»), die er als «unlautern Wein» symbolisiert – im Gegensatz zum «reinen Wein» des Goetheschen Symbols.

Schon Walter Benjamin hat die Allegorie gegen Goethe rehabilitiert – und aus semiotischer Sicht läßt sich sagen, daß es historisch und kulturell verschiedenste Spielarten der Symbolik gibt (z.B. außer dem Goethe-Symbol und verschiedenen Typen der Allegorie auch das

Gleichnis, den Vergleich, das Emblem, verschiedenste Formen des Bildes bzw. des Image usw.). Semiotisch gesehen ist die Grundstruktur dabei stets ähnlich: Einer oder mehreren Picturae (Bildern) werden eine oder mehrere Subscriptiones (Sinne) nach verschiedenen möglichen Abbildungs- und Verweisstrukturen zugeordnet. Es werden also mehrere Isotopien semantisch integriert – mit dem Resultat einer polyisotopen Rede.

Aus semiotischer Sicht ließe sich also ‹literarische› Rede insgesamt am ehesten als eine Redeweise mit Tendenz zu polyisotopen (mehrstimmigen) Formulierungen bestimmen. Wie schon gesagt, muß aber als entscheidendes historisches Kriterium die kulturspezifische Institutionalisierung hinzukommen.

Hermeneutik und Semiotik

Unter Hermeneutik verstehen wir die Lehre vom Verstehen (Dilthey) der Texte, es ließe sich auch sagen: die «Kunst der Interpretation» (Staiger). Die verschiedenen erwähnten Möglichkeiten, Hafis zu lesen (die der islamischen Kommentatoren und die Hammers bzw. Goethes), aber auch unsere eigene Entschlüsselung des Fächer-Symbols wären Fälle hermeneutischer Tätigkeit. Nun würden traditionelle Goethe-Philologen gegen die semiotische Symbolanalyse sicherlich einwenden, daß sie nicht ‹tief› genug greife, an der ‹Oberfläche› bleibe usw. In der Tat gilt es hier, Mißverständnisse nach Möglichkeit zu vermeiden; denn die semiotische Analyse ist mit dem Aufweis der Analogiestruktur des Symbols keineswegs abgeschlossen.

Die Pictura (Bildebene) im Gedicht «Wink» evoziert eine biedermeierliche, ‹orientalisch› maskierte galant-erotische Situation, wie sie zwischen Goethe und Marianne bestand. Damit ist gleichzeitig eine bestimmte kulturelle ‹Tonart› evoziert. Die bisher hypothetisch vorgeschlagene Subscriptio (Sinnebene) wäre dagegen als poetologisch zu kennzeichnen. Eine galante Isotopie steht also für eine poetologische, beide werden semantisch integriert. Dieser analytische Befund wirft selbstverständlich weitere Fragen auf: Handelt es sich bei dieser Integration nicht gerade um jene Art von ‹willkürlicher› Zuordnung, die Goethe als «Allegorie» ablehnte?

«Wink» ist in Paarreimen geschrieben: «schelte / gelte; hervor / Flor; Gesicht / nicht; besitzt / blitzt». In dieser Serie fehlen die Verse 3 / 4, deren Endklänge nicht sauber reimen: «verstehn / Zwischen den Stäben». Das ist eine krasse Verfremdung, und sie trifft offenbar gezielt das hermeneutische Schlüsselwort «verstehn»: Verstehen scheint «zwischen den Stäben» situiert, d. h. (nach unserer Analyse) zwischen den Elementen der Pictura, allgemeiner gefaßt: zwischen den materiellen Signifikanten, wieder präziser gefaßt: zwischen den Buch-Sta(ä)-ben. Was dem Subjekt-Sinn «zwischen den Stäben» hindurch ins «Auge» blickt, ist die Intuition (das Anblicken). Wollte die Hermeneutik bei diesem «Blick» stehenbleiben, so wäre sie Goethe auf den Leim gegangen. Denn dieses Modell hat allein die Subscriptio und die gesamte Ebene der Konnotation mit ‹menschlichen› und ‹seelischen› Eigenschaften ausgestattet, die in dualistischer Manier der Pictura und der Ebene der Denotation («Fächer») vorenthalten werden. In dem schönen Bild vom Fächer und vom Auge liegt der Dualismus von Vordergrund vs. Hintergrund, Oberfläche vs. Tiefe, Ausdruck vs. Seele, der manche hermeneutischen Darstellungen durchzieht. Demgegenüber würde eine semiotische Sicht die funktionale und wesensmäßige Einheit, radikal durchdacht die durchgängige Materialität beider Ebenen der Zeichen hervorheben. Auf der Zeichenebene (Sprachebene) entspricht dem durch die «Stäbe» sichtbaren «Auge» ein denotatives Signal («Das Wort ist ein Fächer!»), auf das eine Konnotation errichtet werden kann. Ein solches denotatives Signal ist mit dem übrigen Text wesenhaft völlig gleich. Das «mystisch Reine», um das es Goethe geht, ist also das «Geheimnis» des Erratens der Konnotation durch den Rezipienten/die Rezipientin (emphatisch in diesem Fall: durch die kongeniale Lyrikerin Marianne von Willemer). Mittels analoger Sprachkreativität können sich also spontan zwei analoge Subjektivitäten formieren, sich ineinander wiedererkennen und spiegeln. All das, bis hin zu der vielleicht unaussprechlichen damit verbundenen Lust, sind Effekte der semiotischen Signifikation. Goethe verehrte diese Effekte als «religiös», weshalb er das «mystische» Vokabular von Offenbarungsreligionen auf das Funktionieren der Symbolstruktur anwendete. Einige Spielarten der traditionellen Hermeneutik würden diese Goethesche Haltung lediglich wiederholen, applizieren, beschwören wollen, während die semiotische Analyse diese Haltung selbst auch noch in die struktural-funktionale Analyse einbezieht.

Erst eine solche Analyse erlaubt nun auch eine plausible Antwort auf die Frage, ob die Integration zwischen biedermeierlicher Galanterie und Poetologie im «Divan» lediglich als ‹allegorischer› Gewaltstreich gelten muß. In den Zeichen der galanten Kultur des Biedermeiers kann als semiotischer Effekt der Subjekteffekt ‹Liebe› zünden – so wie in den sprachlichen Zeichen des Symbols der Subjekteffekt ‹Verstehen›. Indem Goethe und Marianne Gedichte zusammen mit anderen Biedermeier-Utensilien wie Fächern austauschten, integrierten sie beides und schufen sich dadurch eine Einheit von sprachlicher und nicht-sprachlicher Semiose.

Literatur

Barthes, Roland: Elemente der Semiologie. Frankfurt/M. 1979.
Derrida, Jacques: Grammatologie. Frankfurt/M. 1974.
Dilthey, Wilhelm: Das Erlebnis und die Dichtung. Berlin 1905.
Eco, Umberto: Einführung in die Semiotik. München 1972.
Greimas, Algirdas J.: Strukturale Semantik. Braunschweig 1971.
Jakobson, Roman: Linguistik und Poetik. In: Jens Ihwe (Hg.): Literaturwissenschaft und Linguistik, Ergebnisse und Perspektiven. Bd. I/2. Frankfurt/M. 1971, S. 142–178.
Kloepfer, Rolf: Poetik und Linguistik. Semiotische Instrumente. München 1975.
Link, Jürgen: Literaturwissenschaftliche Grundbegriffe. München 1974.
–: Literaturwissenschaft und Semiotik. In: Walter A. Koch (Hg.): Semiotik in den Einzelwissenschaften. 2 Bde. Bochum 1990, Bd. 2, S. 521–564.
Posner, Roland: Strukturalismus in der Gedichtinterpretation. In: Jens Ihwe (Hg.): Literaturwissenschaft und Linguistik. Frankfurt/M. 1971, Bd. II/1, S. 244–266.
Staiger, Emil: Grundbegriffe der Poetik. Zürich 1946.
Striedter, Jurij (Hg.): Russischer Formalismus. Bd. 1. München 1969.
Wellbery, David E.: Literatursemiotik. In: Ders. (Hg.): Positionen der Literaturwissenschaft. München 1985, S. 69–87.

Anmerkungen

1 Derrida: Grammatologie, insbes. Kap. 2 «Linguistik und Grammatologie».
2 Eco, S. 76 ff.
3 Barthes, S. 76.
4 Jakobson, S. 151.
5 Zitiert nach Bengt A. Sörensen: Allegorie und Symbol. Texte zur Theorie des dichterischen Bildes im 18. und frühen 19. Jahrhundert. Frankfurt/M. 1972, S. 134; diese Maxime Goethes wird in der germanistischen Symboltradition stets mit der folgenden zusammengestellt: «Wem die Natur ihr offenbares Geheimnis zu enthüllen anfängt, der empfindet eine unwiderstehliche Sehnsucht nach ihrer würdigsten Auslegerin, der Kunst» (a. a. O.).

Manfred Beller

Stoff, Motiv, Thema

Der Stoff: Forschungsgeschichte und heutige Praxis

Die literaturwissenschaftliche Untersuchung von Stoffen und Motiven in der Dichtung wurde ursprünglich durch die germanistische Märchenforschung angeregt. Den umfangreichen Katalogisierungen der Quellen und Einflüsse im Bereich der Märchen- und Volksdichtung[1] haben Kurt Bauerhorst und Franz Anselm Schmitt die Spezialbibliographie zur «Stoff- und Motivgeschichte der deutschen Literatur» (1932; ³1976) an die Seite gestellt. Die Forschungen und theoretischen Ansätze der Germanisten (Paul Merker, Julius Petersen) hat Elisabeth Frenzel in ihren Lexika dichtungsgeschichtlicher Längsschnitte der «Stoffe» (1962; ⁷1988) und «Motive» (1976; ³1988) um weltliterarische Perspektiven erweitert. Heute handelt es sich um eines der bevorzugten Arbeitsgebiete der Allgemeinen und Vergleichenden Literaturwissenschaft, deren Handbücher jeweils ein entsprechendes Methodenkapitel aufweisen.[2] Die Kritik an der ehemaligen Stoffgeschichte[3] darf seit H. Levins Rehabilitierung der wissenschaftlichen Untersuchung von Inhalten und Gegenständen der Literatur[4] als überwunden gelten. Seit den 70er Jahren bezeichnet die *Thematologie* den «Methodenbereich derjenigen komparatistischen Forschungen, die die traditionsbildenden thematischen Aspekte und formalen Elemente in der Literatur untersuchen».[5] Dabei werden sowohl die traditionelle Behandlung von Stoffen, Motiven und Symbolen, das Nachleben der klassischen Götterfabeln und der biblischen Gestalten und die Ideengeschichte berücksichtigt als auch strukturalistische Untersuchungen von Archetypen, Sujets und dramatischen Situationen sowie die Anleihen bei der kunstgeschichtlichen Ikonologie und Motivforschung, ferner Arbeiten über Embleme, Allegorien, poetische Bilder und Gleichnisse, schließlich die in der antiken Rhetorik wie in der Jurisprudenz heimische und von da auf die Geschichts- und Sozialwissenschaften ausstrahlende Toposforschung einbezogen. Die bibliographischen Hilfsmittel hat Theodore Ziolkowski in einem aus reicher didaktischer Erfahrung schöpfenden und in vielseitigen eigenen Studien bewährten «Practical Guide to Literary Thematics» anschaulich erläutert.[6]

Die Fragen nach dem *Stoff* als Inhalt und Gegenstand literarischer Texte stellen zunächst weniger ästhetische Ansprüche als etwa die Kategorien der Form, der Sprache und des Stils. Wohl aber konditioniert die Wahl des Stoffes die Darstellungsweise in der Dichtung. Nach Elisabeth Frenzels Definition ist Stoff «eine schon außerhalb der Dichtung vorgeprägte Fabel, ein ‹Plot›, der als persönliches Erlebnis (...), als Bericht über ein zeitgenössisches Ereignis, als historische, mythische, religiöse Fabel, als ein bereits durch einen anderen Dichter gestaltetes Kunstwerk oder auch als selbsterfundene Handlung dichterisch gestaltet wird.» Neben ihren historischen und methodologischen Einführungen in die «Stoff-, Motiv- und Symbolforschung» (1963; [4]1978) hat Frenzel auch die europäischen Verzweigungen einiger beispielhafter Motive und von besonders in der deutschen Literatur hervorgetretenen Stoffen und Themen didaktisch vorgeführt.[7]

Das Motiv: methodische Klärungen und Nebenbegriffe

Einen klärenden Beitrag zum Motiv-Begriff leistet die Dissertation von Joachim Rickes über die handlungsbestimmende Situation zwischen «Führerin und Geführtem» in Wielands «Musarion».[8] Rickes will die «fehlende Verbindung von Theorie und Praxis (...), ein Grundproblem der Stoff- und Motivforschung», überwinden. Deshalb schickt er der Motivanalyse von «Musarion» ein umfangreiches Kapitel über die «Methodologischen Voraussetzungen und motivtheoretischen Grundlagen» (S. 15–76) als Forschungsbericht und zur Rechtfertigung seiner Beschränkung auf einen Einzeltext voraus. Seine Analyse erprobt punktuell die Tragfähigkeit des begrifflichen Instrumentariums der Motivforschung und führt zur Definition, daß ein Motiv trotz mancher geschichtlichen Wandlungen ein «strukturelles Minimum» durchhält und die die jeweilige Handlung motivierende Grundsituation «kurz und allgemein» formuliert werden kann (S. 56–58, 73).[9]

Was Rickes in seiner punktuellen Motivanalyse systematisch durchgeführt hat, scheint auch beim Vergleich verschiedener Werke aus mehreren Literaturen und Epochen möglich. Das hat Hellmuth Petriconi schon vor Jahrzehnten am Motiv der «verführten Unschuld» demonstriert,[10] hat damals aber noch ungenau «Thema» genannt, was sonst allgemein als Motiv bezeichnet wird. Es ging ihm um den Nachweis, daß man von klar umrissenen Stoffen und Motiven ausgehend die Literaturgeschichte auch als eine Geschichte der literarischen *Themen* darstellen könne.[11] Auch Petriconi hat also schon das Motiv für die Strukturanalyse literarischer Werke gebraucht.

Aufgrund der inzwischen erreichten Präzisierung des Begriffs Motiv als eine die epische oder dramatische Handlung auslösende Situation verwendet man bei der Textanalyse auch die Termini Randmotive und Nebenmotive, die das Hauptmotiv begleiten, und blinde Motive, die nur kurz angesprochen, aber nicht weiter durchgeführt sind. Die im Laufe der Geschichte eines Motivs von Werk zu Werk aus thematischen Gründen veränderten Teile, die akzidentellen Variablen einer Motivstruktur, bezeichnet man als *Zug*. Dagegen haben *Leitmotive*, entsprechend ihrer Herkunft aus der Musik und ihrer Konstanz in der Wiederholung, mehr stilistische und charakterisierende Funktionen.

Herkömmlicherweise wird aber auch bei vielen kleineren Einheiten, die nicht unbedingt Movens einer Handlung sein müssen, sondern beschreibende, bildliche oder symbolische Funktionen erfüllen, häufig von Motiven gesprochen. Solche Elemente haben, vor allem in lyrischen Texten, trotz ihrer Expressivität meist eher statischen Charakter, können aber durchaus weitreichende Bedeutungen tragen und den thematischen Kern einer Dichtung bilden. Erst jüngst hat Hans-Guenther Schwarz den orientalischen Teppich zum Gegenstand einer kulturgeschichtlichen, literarischen und kunsttheoretischen Untersuchung gemacht.[12] Dessen farbenprächtige, die Realität abstrahierende suggestive Ornamentik hat das poetische Schaffen der europäischen Künstler vielfältig inspiriert; der Orientteppich kann, wie an einem geschichtlichen Längsschnitt gezeigt wird, zum «Motivator literarischer Gestaltung werden» (S. 68): als *Metapher* für den Himmel, für die Natur und die Landschaft, für die Dichtung und den Künstler, als Metapher des Lebens, die am deutlichsten im Webergleichnis zum Ausdruck kommt (S. 82–97), als ästhetisches Dekor bei den Symbolisten, als «ornamentales Symbol des Lebenszusammenhangs» (S. 317) in der modernen Kunst.

Motive und Themen: deutsche und amerikanische Forschungen

Ein die Bildelemente und den metaphorischen Gebrauch, die stoffliche, die situative und die strukturelle Funktion sowie die Verknüpfung von Figuren und Themen organisierendes Motivkonzept legen Horst S. und Ingrid Daemmrich ihrer lexikalischen Erschließung der «Themen und Motive in der Literatur» zugrunde. Sie bezeichnen Motive als «Grundformen des Denkens» und Themen als «Grundbausteine eines Textes», die sowohl die formale als auch die gehaltliche Komponente literarischer Werke erfassen.[13] Besonders aufschlußreich sind deshalb so weitgespannte Motivartikel wie «Ehre», «Herz», «Rache», «Traum» und «Utopia» oder thematische Stichwörter wie «Angst», «Anpassung», «Begrenzung–Freiheit», «Liebe» und «Selbstverwirklichung». Daemmrichs wollen die Analyse formaler und rhetorischer Elemente mit den im literarischen Text zugrunde liegenden Problemen und Ideen synthetisch verbinden. Ihre Konzeption von Motiv und Thema versucht also, die einengende Konkretisierung von Stoffen durch eine mythologische Figur oder ein nur struktural festgelegtes Motiv aufzubrechen. Diese methodische Öffnung kommt dem Bedürfnis nach einer die Bedeutung der Motive im Kontext erschließenden Themenforschung entgegen.

Im anglo-amerikanischen Sprachbereich bezeichnet «theme» den Stoff. Gleichwohl beobachtet François Jost in der Einleitung zu Jean-Charles Seigneurets neuestem «Dictionary of Literary Themes and Motifs» (1988), daß oft der eine Artikelbearbeiter «motif» nennt, was der nächste mit «theme» bezeichnet. Die terminologischen Interferenzen werden jedoch verständlich, weil dieses Handbuch nur Artikel über Motive, z. B. «Arcadia», «Liebestod», «Pact with the Devil», oder über Typen, z. B. «Comic Hero», «Fool», «Leader», und über thematische Konzepte, z. B. «Death and the Individual», «Rebellion», «Time», aber keine Artikel über Stoffe im Sinne traditioneller mythischer oder historischer Figuren enthält. Seigneurets «Dictionary» offenbart im weitesten Rahmen, was Daemmrichs Handbuch spezifisch zu begründen versucht, nämlich die allgemeine Tendenz zur thematologischen Begriffserweiterung.

Unabhängige Bestätigungen dafür liefern einige jüngst erschienene Studien, die ohne Bezugnahme auf die kritische Tradition der Stoff-, Motiv- und Themengeschichte und ihr Begriffsbesteck auskommen. Sie befassen sich mit Figuren- und Raummotiven, die bestimmte soziokulturelle Epochenphänomene literarisch gestalten. Zwei weitgehend parallele, aber voneinander unabhängige Arbeiten von Eckhardt Köhn und Rüdiger Severin behandeln den *Typ* des Flaneurs.[14] Dabei akzentuiert Köhn stärker den sozialgeschichtlichen Aspekt der modernen Metropolen, während Severin diesen Figurentyp auch in großstadtferneren Erzählzusammenhängen nachzuweisen sucht. Die gleiche Großstadtluft atmet der Typus des Dandy, dem Hiltrud Gnüg nachforscht.[15]

Zwei weitere, methodisch sehr verschiedene Arbeiten untersuchen die Darstellungen der menschlichen Behausung. Hans Bänziger wählt aus der deutschen Literatur die Beispielfälle für «Burg und Schloß», für «Haus und Villa», für «Bau und Wohnhöhle» aus und beurteilt die literarischen Gestaltungen mit bewußtem Seitenblick auf die architektonischen und urbanistischen Aspekte, auf die reale oder auch als Symbol aufgefaßte Außenwelt.[16] Dagegen konzentriert sich Claudia Becker auf «Zimmer-Texte», «die für die zunehmende Metaphorisierung des Rückzugsraumes in der Literatur der Moderne bestimmend sind».[17] Der Rückzug auf die Innerlichkeit im Bild des Innenraums, der bei Bänziger am Ende einer historischen ‹Regression› steht, bildet für Becker den Einstieg in das «Zimmer als Seelenlandschaft» und als «Bewußtseinsraum» bis hin zur ästhetischen Konstituierung des Interieurs der Intellektuellen.

Thèmes et mythes: französische Forschungen und Begriffe

Neben der deutschen und der korrespondierenden anglo-amerikanischen Motiv- und Themenforschung hat sich in der französischsprachigen Literaturwissenschaft ein eigener Zweig der Erforschung von «thèmes» und «mythes» herausgebildet. Pierre Albouy versteht unter Mythen die jeweils mit neuem Sinngehalt erfüllten literarischen Gestalten, in deren Namen die Dichter sich ihre eigene Mythologie erschaffen, wogegen Raymond Trousson die Kontinuität der Mythen als «thèmes» in der literarischen Tradition nachzeichnet.[18] Troussons Überlegungen zur Methode begleiten und verteidigen seine umfangreiche geistesgeschichtliche Beispielstudie «Le thème de Prométhée dans la littérature européenne» (1964; ²1976). Methodisch unterscheidet Trousson zwischen dem «motif», das ein Typus, eine Situation oder ein allgemeines Konzept sein kann, und dessen

Konkretisierung mit Namen und Fabel in einer literarischen Gestalt wie Prometheus, Antigone, Don Juan usw., die er «thèmes» nennt (S. 22f); demnach entspricht bei ihm *thème* dem deutschen Stoff-Begriff. Das Französische bietet aber den für die Textanalyse näherliegenden Gegenstandsbegriff *sujet*, und dementsprechend ist Troussons Quasi-Gleichsetzung von «mythe» mit «thème» von Pierre Brunel kritisiert worden.[19] Brunel berücksichtigt seinerseits die Unterscheidung von Northrop Frye zwischen «mythe» als der literarisch manifesten Fabel und dem darin ausgedrückten sinngebenden «thème», womit er dem deutschen Thema-Begriff nahekommt. Für alle kleineren, das Thema wie auch die Fabel konstituierenden Elemente empfiehlt Brunel den Terminus «motif». Sein *Motiv*-Begriff reicht daher von den kleinsten Einheiten, analog den morphologischen Elementen bei Boris Tomaševskij und Victor Propp, bis zur «situation-clé de la condition humaine» (nach Mircea Eliade), der er generalisierende Funktion zuspricht: «le motif introduit à la généralité du thème» (S.129).

In der Praxis hat die neuere thematologische Schule eine Reihe von Studien über große literarisch-mythologische und historische Gestalten oder über so umfassende Konzepte wie den «Mythe de la métamorphose» hervorgebracht.[20] Wichtigstes Resultat ist der 1988 unter Brunels Direktion erschienene «Dictionnaire des mythes littéraires». Er eröffnet neue weltliterarische Perspektiven, da er außer den mythologischen und biblischen Gestalten sowie kollektiven Stoffen auch Einzelfiguren und Sammelartikel zum außereuropäischen Kulturkreis enthält. Der Aufbau der Artikel nach systematischen wie auch historischen Kategorien läßt den einzelnen Bearbeitern viel Spielraum für die jeweilige thematische Interpretation.

Die Verbindung systematischer Gesichtspunkte mit historischen Beispielanalysen war 1984 auch Gegenstand der Pariser Tagung «Du thème en littérature. Vers une thématique».[21] Linguistische und strukturalistische Beiträge sprechen von «thème» als dem vorherrschenden «aspect structurale» eines Werks (Shlomith Rimmon-Kenan, S. 405) oder analysieren die Variationen des Doppelgängermotivs als die im Stoff angelegten Möglichkeiten einer «thématique structurale» (Lubomir Dolezel, S. 471). Hier wie auch bei dem von der Märchenforschung ausgehenden Claude Bremond (S. 415–423) wird der nach deutschem Sprachgebrauch zu erwartende Motiv-Begriff als Analyse von «thèmes» bezeichnet. Trotzdem gilt der über den Text hinausweisende Problemgehalt mehrfach nicht nur als das vom Autor intendierte, sondern auch als das erst durch den Leser und die Interpretation zu benennende Thema (Bremond S. 420ff, Gerald Prince S. 425–433, Menachem Brinker S. 435–443).

Perspektiven in Literaturwissenschaft und Rezeptionsforschung

Zahlreiche Untersuchungen literarischer Typen und Motive berücksichtigen zwar die sozial- und kulturgeschichtlichen Aspekte der jeweiligen Themenstellung, geben sich aber kaum Rechenschaft über die literarischen Kriterien und methodischen Grundlagen. So liefern sie Materialien und Bausteine zur historischen Soziologie und zur Kulturgeschichtsschreibung, eröffnen auch interessante Perspektiven der literarischen Interpretation; ihr spezifisch literaturwissenschaftlicher Erkenntniswert, etwa im Sinne von Goethes poetologischer Trias «Form, Stoff und Gehalt», ist jedoch gering. Diese Grundfragen behandelt die Kommission für literaturwissenschaftliche Motiv- und Themenforschung der Akademie der Wissenschaften in Göttingen, deren Kolloquien inzwischen vier Bände füllen: «Motive und Themen in Erzählungen des späten 19. Jahrhunderts» (1982), «Motive und Themen romantischer Naturdichtung. Textanalysen und Traditionszusammenhänge im Bereich der skandinavischen, englischen, deutschen, nordamerikanischen und russischen Literatur» (1984), «Gelebte Literatur in der Literatur. Studien zu Erscheinungsformen und Geschichte eines literarischen Motivs» (1986), «Gattungsinnovation und Motivstruktur» (1990). Die Mitarbeiter legen zunächst Studien zu Einzelwerken, einzelnen Autoren oder nationalliterarischen Epochenausschnitten vor. Erst aus dem Zusammenspiel durchaus verschiedener methodischer Ansätze entsteht ein übergreifendes literaturgeschichtliches Mosaik von Motiven und Themen. Der Koordinator der Kommission, Theodor Wolpers, hat als Endziel eine «allgemeine Typologie und Poetik der literarischen Motive» in Aussicht gestellt: «Vor allem käme es darauf an, Motive und Themen nicht nur als Inhalte und Bedeutungen zu verstehen, sondern als strukturierte und strukturgebende Einheiten, die, in vielfältigen kulturgeschichtlichen Verflechtungen stehend, den Kunstcharakter der Literatur wesentlich bestimmen.»[22]

Es hat den Anschein, als erlebte die Erforschung der Inhalte von Literatur, die einst als Aschenputtel von der Märchenforschung abgezweigt worden war und nur im Zeichen der Geistesgeschichte gewisse Nebenrechte hatte wahrnehmen dürfen, nach den Verdikten seitens des ästhetischen Idealismus (Benedetto Croce, Wolfgang Kayser) und des New Criticism (René Wellek) nunmehr eine Renaissance. Inzwischen stapeln sich die Dissertationen der Magister und Doktoren, die das Instrumentarium verfeinerter Begriffe und interdisziplinärer Perspektiven auf die literarischen Gegenstände wie Stoffe, Motive und Themen sowie auf deren formale Implikationen anwenden. Einen indirekten, zunächst wohl nicht beabsichtigten Anstoß dazu leistet die Rezeptionsforschung. Denn sie legitimiert den historischen Zugriff auf Stoffe und Motive bei den literarischen Vorbildern, die zur Wiederaufnahme, Anverwandlung und Umgestaltung anregen. Beispiele geben die inzwischen drei Bände füllenden Vorträge der Salzburger Symposien zur «Mittelalter-Rezeption»[23] und das gleichlautende, von Peter Wapnewski betreute DFG-Symposium[24] sowie zwei Untersuchungen über Konstellationen der Liebe: Denis de Rougemont gibt in «L'amour et l'occident» (1939) seine abendländische Deutung des Gegensatzes zwischen Liebe und Ehe, und Peter von Matt untersucht den nicht nur gefühlsmäßigen, sondern auch ökonomisch und politisch bestimmten Antagonismus zwischen den Geschlechtern.[25] Der Titel seiner Studie, «Liebesverrat», vereint in einem Doppelwort das konkreteste Abstraktum, «Liebe» als Thema, mit der die Situation auslösenden Handlung, «Verrat» als Motiv.

Literatur

Baldensperger, Fernand/Friederich, Werner Paul: Bibliography of Comparative Literature. Chapel Hill 1950, 2. Aufl. New York 1960, S. 70–178. «Literary Themes», «Individual and Collective Motifs». Forts. in: Yearbook of Comparative and General Literature 1–19, 1952–1970. Forts. in: MLA International Bibliography of Books and Articles on the Modern Languages and Literatures. New York 1969 ff. «Themes and Types».

Brunel, Pierre (Hg.): Dictionnaire des mythes littéraires. Paris 1988.

Daemmrich, Horst S. und Ingrid: Themen und Motive in der Literatur. Ein Handbuch. Tübingen 1987.

Frenzel, Elisabeth: Stoffe der Weltliteratur. Ein Lexikon dichtungsgeschichtlicher Längsschnitte. 7. Aufl. Stuttgart 1988.

–: Motive der Weltliteratur. Ein Lexikon dichtungsgeschichtlicher Längsschnitte. 3. Aufl. Stuttgart 1988.

–: Stoff-, Motiv- und Symbolforschung. 4. Aufl. Stuttgart 1978.

Germanistik. Internationales Referatenorgan mit bibliographischen Hinweisen. Ab Jg. 10, Tübingen 1969 ff, Abt. XVII «Bilder und Figuren», «Stoffe und Motive».

Klapp, Otto (Hg.): Bibliographie der französischen Literaturwissenschaft: Frankfurt/M. 1960ff, «Thèmes et motifs».
Lurker, Manfred: Bibliographie zur Symbolkunde I–II. Baden-Baden 1964–68. Forts.: Bibliographie zur Symbolik, Ikonographie und Mythologie. Baden-Baden 1968ff.
Schmitt, Franz Anselm: Stoff- und Motivgeschichte der deutschen Literatur. Eine Bibliographie. 3. Aufl. Berlin 1976.
Seigneuret, Jean-Charles (Hg.): Dictionary of Literary Themes and Motifs: A–J, L–Z. 2 Bde. New York/Westport/London 1988.
Trousson, Raymond: Thèmes et mythes. Questions de méthode. Bruxelles 1981.

Anmerkungen

1 Antti Aarne/Stith Thompson: The Types of the Folktale. Helsinki 1910; 3. Aufl. 1961. Stith Thompson: Motif-Index of Folk-Literature. 6 Bde. Bloomington 1932–36; 2. Aufl. Copenhagen 1955–58.
2 Ulrich Weisstein: Einführung in die Vergleichende Literaturwissenschaft. Stuttgart/Berlin/Köln/Mainz 1968, S. 163–183. Hugo Dyserinck: Komparatistik. Eine Einführung. Bonn 1977, S. 102–113. Gerhard R. Kaiser: Einführung in die Vergleichende Literaturwissenschaft. Darmstadt 1980, S. 80–92.
3 Benedetto Croce: Problemi di estetica. Bari 1910, S. 80–93. René Wellek/Austin Warren: Theory of Literature. 2. Aufl. London 1955, S. 272; dt. Theorie der Literatur. Bad Homburg 1959, S. 297.
4 Harry Levin: Thematics and Criticism. In: The Disciplines of Criticism. Essays in Literary Theory, Interpretation and History. Ed. by P. Demetz u. a. New Haven/London 1968, S. 125–145.
5 Manfred Beller: Thematologie. In: Vergleichende Literaturwissenschaft. Theorie und Praxis. Hg. von M. Schmeling. Wiesbaden 1981, S. 73–97. M. Beller: Von der Stoffgeschichte zur Thematologie. Ein Beitrag zur komparatistischen Methodenlehre. In: arcadia 5 (1970), S. 1–38.
6 In: Varieties of Literary Thematics. Princeton (N. J.) 1983, S. 201–227.
7 Stoff- und Motivgeschichte. Berlin 1966; 2. Aufl. 1974. Vom Inhalt der Literatur. Stoff – Motiv – Thema. Freiburg/Basel/Wien 1980.
8 Führerin und Geführter. Zur Ausgestaltung eines literarischen Motivs in Christoph Martin Wielands «Musarion oder die Philosophie der Grazien». Frankfurt/Bern/New York/Paris 1989.
9 Vgl. Uwe Japp: Das Thema als Thema. In: Deutsch-französisches Germanistentreffen, Berlin 30. 9. bis 4. 10. 1987. Bonn 1988, S. 84f.
10 Die verführte Unschuld. Betrachtungen über ein literarisches Thema. Hamburg 1953, S. 77.
11 Margot Kruse: Literaturgeschichte als Themengeschichte. Nachwort zu H. Petriconi: Metamorphosen der Träume. Frankfurt/M. 1971, S. 195–208.
12 Orient – Okzident. Der orientalische Teppich in der westlichen Literatur, Ästhetik und Kunst. München 1990.

13 Daemmrich, S. 230, 308.
14 Eckhardt Köhn: «Straßenrausch». Flanerie und kleine Form. Versuch zur Literaturgeschichte des Flaneurs bis 1933. Berlin 1989. Rüdiger Severin: Spuren des Flaneurs in deutschsprachiger Prosa. Frankfurt/Bern/New York/Paris 1988.
15 Hiltrud Gnüg: Kult der Kälte. Der klassische Dandy im Spiegel der Weltliteratur. Stuttgart 1988.
16 Hans Bänziger: Schloß – Haus – Bau. Studien zu einem literarischen Motivkomplex von der deutschen Klassik bis zur Moderne. Bern/München 1983.
17 Claudia Becker: Zimmer–Kopf–Welten. Zur Motivgeschichte des Intérieurs im 18. und 19. Jahrhundert. München 1990.
18 Pierre Albouy: Mythes et mythologies dans la littérature française. Paris 1969, S. 9 f. Raymond Trousson: Thèmes et mythes. Questions de méthode. Bruxelles 1981, S. 17 f, 43.
19 Pierre Brunel/Claude Pichois/A.-M. Rousseau: Qu'est-ce que la littérature comparée? Paris 1983, S. 115–134 «Thématique et thématologie».
20 Z. B. Jean Tulard über Napoleon (1971); André Dabezies über Faust (1972); Simone Fraisse über Antigone (1974); Charles Astier über Oedipus (1974); Jean Rousset über Don Juan (1978) oder Pierre Brunel über den «Mythe de la Métamorphose» (1974).
21 In: Poétique no. 64 (1985), S. 393–516 (die genannten Seitenangaben der Arbeiten von Rimmon-Kenan, Dolezel, Bremond, Prince und Brinker beziehen sich auf diese Veröffentlichung).
22 In: Motive und Themen in Erzählungen des späten 19. Jahrhunderts. Göttingen 1982, S. 7, 89.
23 Bd. I: Die Rezeption mittelalterlicher Dichter und ihrer Werke in Literatur, Bildender Kunst und Musik des 19. und 20. Jahrhunderts. Hg. von J. Kühnel, H.-D. Mück und U. Müller. Göppingen 1979. Bd. II: Die Rezeption des Mittelalters in (...). Göppingen 1982. Bd. III: Mittelalter, Massenmedien, Neue Mythen (...). Göppingen 1988.
24 Mittelalter-Rezeption. Ein Symposium. Stuttgart 1986.
25 Liebesverrat. Die Treulosen in der Literatur. München/Wien 1989.

Jörn Stückrath

Figur und Handlung

Die Forschungslage ist paradox: In Erzählungen und Dramen lernen wir vor allem interessante Menschen kennen, und gleichwohl weiß die Forschung zur historisch-systematischen Erschließung literarischer Figuren wenig zu sagen. Der Artikel zum Stichwort «Figur» in Gero von Wilperts «Sachwörterbuch der Literatur» kommt mit einem Satz aus: «Figur (lat. figura = Gestalt), (...) allgemein jede in der Dichtung, besonders Epik und Drama, aufretende fiktive Person, auch Charakter genannt, doch ist die Bezeichnung ‹literarische Figur› vorzuziehen zur Unterscheidung von natürlichen Personen und den oft nur umrißartig ausgeführten Charakteren.»[1]

Nur wenig mehr ist zu den Stichwörtern «Held», «positiver Held», «Protagonist», «negativer Held» (= «Antiheld») ausgeführt. Auch diese Artikel lassen aufgrund der spärlichen Literaturhinweise erkennen, daß es eine systematische und theoretische Erforschung literarischer Figuren nur in Ansätzen gibt. Noch immer gilt Strelkas Urteil von 1978, es sei «angesichts der grundlegenden Wichtigkeit der Charakterdarstellung für einen großen Teil der schönen Literatur» überraschend, «wie wenig allgemein Wichtiges zur Theorie der literarischen Charaktere bis jetzt veröffentlicht wurde».[2] Vermutlich liegt es an der Stoffülle und Komplexität des Gegenstands, daß die Forschung keine Theorie literarischer Figuren auf einer mittleren Ebene der Abstraktion entwickelt hat. Auch haben formal-ästhetisch orientierte Richtungen in der Literaturwissenschaft vermutlich befürchtet, durch die Beschäftigung mit literarischen Figuren zu sehr in inhaltliche Fragen hineingezogen zu werden. So fällt auf, daß Wolfgang Kayser in seinem «Sprachlichen Kunstwerk» den literarischen Figuren kaum Beachtung schenkt.

Allgemeine Merkmale literarischer Figuren

Literarische Figuren bestehen aus Wörtern und Sätzen. Sie referieren nicht auf konkrete Personen aus Fleisch und Blut.[3] Wer, wie Christian Friedrich Daniel Schubart, über Werthers Schicksal Tränen vergießt – «Da sitz ich mit zerfloßnem Herzen, mit klopfender Brust, und mit Augen, aus welchen wollüstiger Schmerz tröpfelt (...)» –, weint über eine fiktive Figur, deren materielle Existenz aus Druckerschwärze besteht. Das Wissen, daß literarische Figuren luftige Gebilde sind, schützt uns aber nicht im mindesten davor, auf sie emotional zu reagieren, *als ob* sie unsere leibhaftigen Freunde und Widersacher sind. Diese auffällig suggestive Kraft hängt vielleicht mit einem Merkmal literarischer Figuren zusammen, das in der Debatte über Fiktion und Nicht-Fiktion häufig vernachlässigt wird: Literarische Figuren sind von ihren Schöpfern so geschaffen, daß sie das textinterne Universum, in dem sie sich bewegen, als *real* wahrnehmen. Werther, der von sich berichtet, daß «ein Strom von Tränen» aus seinem gepreßten Herzen bricht und er trostlos einer finsteren Zukunft entgegenweint, kann sich nicht mit dem Gedanken trösten, er sei ja lediglich ein Phantasieprodukt Goethes, so wie wir uns zuweilen aus einem Alptraum mit dem Satz ‹Das ist ja nur ein Traum› retten können. In der literarischen Moderne stoßen wir hingegen auf das illusionsbrechende Motiv, daß ein Autor seine Figuren über ihren bloß fiktiven Charakter aufklärt. In welchem Maße die Figuren jedoch in der Phantasie der Autoren ein Eigenleben gewinnen, zeigen Filme und Romane, in denen die Figuren gegen die Illusionsbrechung ihrer Schöpfer rebellieren.[4]

Die suggestive Wirkung fiktiver Figuren ist auch dadurch bedingt, daß wir so viel über ihr Innenleben erfahren. Während wir die Menschen, denen wir begegnen, zuallererst als körperliche Wesen wahrnehmen und ihre Gedanken, Gefühle und Absichten aus ihrer Mimik, ihren Reden und Handlungen erschließen müssen, vermittelt uns der Autor vor allem Innenansichten von der Figur. Wir erfahren von Werther nicht, was uns bei jeder Person sofort in die Augen fällt, die Körpergröße und die Haartracht, eine Leerstelle, die uns zumeist erst bewußt wird, wenn wir eine Verfilmung des Romans sehen. Die Dominanz der Innensicht über die Außensicht unterliegt in der Geschichte der Literatur jedoch Veränderungen: Im 20. Jahrhundert gibt es zunehmend Erzähler, die bewußt mit der einfühlenden Darstellungsweise brechen und die Figur durch mimische Reaktionen, Gesten und Handlungen darstellen.[5]

Als Leser und Zuschauer stoßen wir auf Figuren, die, wie Aristoteles vermerkt, entweder besser sind als die Menschen, die wir kennen, oder schlechter oder ihnen gleich.[6] Aus diesem Vergleich erklären sich zwei extreme Figurentypen, deren Bezeichnung in die Alltagssprache eingegangen ist: der ‹Held›, den wir wegen seiner besonnenen Klugheit, selbstlosen Hilfsbereitschaft, hervorragenden Tapferkeit, unerschütterlichen Tugendhaftigkeit und makellosen Schönheit bewundern (und rasch langweilig finden), und der ‹Bösewicht›, ‹Schuft› oder ‹Schurke›, den wir verabscheuen (und der uns gleichwohl fasziniert), weil er listig, gemein, feige, amoralisch und häßlich ist. Bezeichnenderweise fehlt in unserer auf semantische Oppositionen ausgerichteten Sprache ein eigenes Substantiv zur Bezeichnung der Figur, die beide Extreme meidet: Es ist die uns ähnliche ‹durchschnittliche› oder ‹alltägliche› Figur, die weder besondere Vorzüge noch Fehler besitzt und somit auch weder extreme Bewunderung noch Abscheu hervorruft.[7]

Dem Vergleich zwischen Literatur und Lebenswelt entstammen weitere Kriterien, um literarische Figuren zu charakterisieren. Figuren, die unserer Lebenserfahrung entsprechen, werden von der Forschung mit den Kategorien ‹rund›, ‹tief›, ‹dynamisch›, ‹mehrdeutig›, ‹individuell›, ‹realistisch› bestimmt, Figuren hingegen, die allein auf dem Papier zu leben scheinen, als ‹flach›, ‹oberflächenhaft›, ‹statisch›, ‹eindeutig›, ‹typenhaft›, ‹nicht realistisch›.[8]

Wenn eine Figur als ‹Held› im Mittelpunkt steht und die Handlung einfach strukturiert ist, lassen sich die Figuren, wie Propp am Beispiel der russischen Zaubermärchen gezeigt hat, aufgrund ihrer «Funktionen» für die Geschichte des «Helden»: als «Gegenspieler», «Helfer», «gesuchte Gestalt», «Auftraggeber», «falscher Held» bestimmen.[9] Diese Funktionstypen sind auch in der Figurenkonstellation vieler Dramen und Erzählungen nachweisbar. Dies ermöglicht die Reduktion der Figurenvielfalt auf einige wenige Positionen wie Held (Aktant), Widersacher (Anti-Aktant) etc.[10] Je psychologischer, komplexer, dezentralisierter und mehrperspektivischer jedoch die Figuren- und Handlungsgestaltung angelegt ist, desto mehr fehlen die Voraussetzungen für die Anwendung dieses Modells. Schon Goethes Werther ist nicht mehr im engeren Sinn als ‹Held› anzusehen, so daß auch die Rollen ‹gesuchte Gestalt›, ‹Gegenspieler› und ‹Helfer› nur sehr bedingt auf Lotte, Albert und Wilhelm passen. Die Kräfte, die Werther in seinem Glück fördern und hemmen, sind in seiner psychischen Struktur und in gesellschaftlichen Verhältnissen begründet und nicht mehr auf verschiedene Rollen verteilt.

Ein Drama oder einen Roman, in dem alle Figuren in ihrem Aussehen und ihren Gedanken einander gleichen, würden wir als literarische Provokation oder gesellschaftskritische Satire lesen. Womit wir fest rechnen, sind Figuren, die sich voneinander unterscheiden. Die strukturalistische Semantik spricht davon, daß Figurenkonstellationen durch «Kontrast- und Korrespondenzrelationen» oder «Äquivalenzen und Oppositionen» bestimmt sind.[11] Dies zeigt in elementarer Form das russische Zaubermärchen; denn in der Figurenkonstellation lassen sich ja suchende und gesuchte, strebende und widerstrebende Figuren unterscheiden, ebenso Zauberwesen und Menschen, weibliche und männliche, alte und junge Personen. Und nicht allein die Konfiguration der Figuren ist durch semantische Oppositionen organisiert, auch ein und dieselbe Figur macht differenzbildende Veränderungen durch. Romeo und Julia durchbrechen die eingespielte familiäre und gesellschaftliche ‹Ordnung› in Verona und brechen damit auch mit ihrer Vergangenheit. Lotman hat diesen Tatbestand als differenzbildende «Versetzung einer Figur über die Grenze eines semantischen Feldes» beschrieben.[12]

Die Forschung liefert also Einsichten in das ‹Wesen› literarischer Figuren und hat eine Vielzahl von Differenzkriterien zu ihrer Analyse entwickelt. Darüber hinaus hat sie eingehende historisch-typologische Untersuchungen vorgelegt: z. B. zu einzelnen literarischen Figuren, insbesondere solchen, die ‹tief›, ‹dynamisch›, ‹mehrdeutig› angelegt sind (Odysseus, Don Quixote, Hamlet, Werther und Emma Bovary); ferner zu figurengebundenen Stofftraditionen aus Antike und Neuzeit (Iphigenie und Antigone, Don Juan und Faust); zu motivgeschichtlichen Figurentypen (die Amazone, der Sonderling, der Teufelsbündner); und schließlich auch zu epochen- und gattungsspezifischen Figuren wie den Charaktertypen der attischen oder klassischen französischen Komödie (der Geizige, der Heuchler, der eingebildete Kranke).[13] Gleichwohl bleibt das eingangs formulierte Desiderat bestehen. Woran es mangelt, ist eine Systematik der Merkmale literarischer Figuren auf einer mittleren Ebene der Abstraktion.

gerhard rühm: die werbung

«ein junger mann wollte um die hand eines mädchens werben. doch trennte ihn ein großer see von ihr, und darum mußte er warten, bis es winter geworden und der see zugefroren war. an einem frostigen morgen ging er aus und setzte schritt vor schritt. fast hatte er den see überquert, als eine schar wilder schwäne über ihm vorbeizog. er blickte auf, tat einen falschen tritt und brach bis zum halse ein. doch war er so versunken in den anblick der schwäne, daß er tief in gedanken weiter ging und die scharfe eisdecke ihm den kopf vom körper trennte. als er das ufer betrat, erschauerte er und merkte so, daß ihm der kopf vom körper zu kippen drohte. erschrocken hielt er sich gerade und näherte sich achtsam ihrem hause. der frühling, dachte er, der frühling würde ihn heilen! das mädchen wunderte sich, als sie ihn erblickte, denn er sprach kein wort und schaute ihr nur starr in die augen. als sie tag um tag und woche um woche vergebens auf ein wort von ihm gewartet hatte, gab sie ihre hand einem anderen. und langsam wurde es frühling.»[14]

Die Ereignishaftigkeit figurenperspektivischer Erfahrungen

Um eine in Worten gestaltete literarische Figur wie den «jungen Mann» methodisch zu beschreiben, sei gefragt, ob die Autoren ihren Figuren das Merkmal zuschreiben, in der textinternen Welt Erfahrungen zu machen. Die Antwort ergibt: Offenbar ist es ein zentrales Anliegen epischer und dramatischer Autoren, daß ihre Phantasiegeschöpfe die textinterne Welt sehr real erfahren. Selbst in der lakonischen Geschichte von Rühm findet sich eine Fülle von figurenperspektivischen Erfahrungen formuliert: Der junge Mann verliebt sich in das Mädchen, er kann nicht sofort zu ihr gelangen, er überquert den zugefrorenen See, er sieht eine Schar wilder Schwäne etc. Läßt sich die Vielfalt dieser Erfahrungen näher bestimmen? Ein erstes Kriterium soll dafür die Frage liefern, in welchem Maße die Erfahrungen für die Figuren als ereignishaft (= neu, unerwartet und bedeutsam für ihr dargestelltes Fühlen, Denken, Wollen und Handeln) gestaltet werden. Drei Klassen von figurenperspektivischen Erfahrungen lassen sich aus dieser Sicht unterscheiden.

1. Die Erfahrungen sind für die Figur nicht ereignishaft. Die Figur macht also Erfahrungen, die ihr vertraut sind, die sie vorhersehen kann, die sie gleichgültig lassen und die sie nicht nachhaltig beschäftigen – wie es bei Routinearbeiten der Fall ist. Hätte Rühm etwas über den jungen Mann ausgesagt, bevor er um das Mädchen warb, wären vielleicht Erfahrungen dieser Art sprachlich formuliert worden. Je rea-

listischer, naturalistischer und moderner literarische Figuren modelliert sind, desto mehr ist damit zu rechnen, daß ihnen ereignislose Erfahrungen zugeschrieben werden: zum einen als Annäherung an das Leben im Alltag, im geregelten Beruf und in einer verwalteten Welt, zum anderen als Ausdruck eines provokativen Menschenbildes wie in Camus' «Der Fremde», dessen ‹Held› affektarm und eher passiv reagiert, obwohl er für die textinterne Mitwelt in ereignishafte Situationen verwickelt ist (Tod der Mutter, Ermordung des Arabers, Verurteilung zum Tode). Um Figuren dieses Typus von erfahrungsreichen und leidenschaftlich bewegten Helden traditioneller Prägung zu unterscheiden, verwendet die Literaturwissenschaft den Begriff des Antihelden oder negativen Helden.[15]

2. Die Figur liebt und haßt bestimmte Dinge, ohne aber in ihren Einstellungen und Situationen Veränderungen zu erfahren. Sie hat z. B. eine feste und nicht konflikthaft wahrgenommene Weltanschauung oder kann bestimmte Werte (Dinge, Personen, Ideen) ungestört genießen bzw. problemlos abwehren. Epische Hauptfiguren sind nur in Ausnahmefällen statisch angelegt. Figuren mit problemlosen affektiven Einstellungen und Erfahrungen kommen aber als Nebenfiguren vor oder im Lustspiel, wo ihre starren Einstellungen und ihre mangelnde Einsicht in konflikthafte Situationen als Irrtum entlarvt und verlacht werden soll.[16] Werden ansonsten Figuren lediglich vertraute und erwartete, wenn auch affektiv bedeutsame Erfahrungen zugeschrieben, dann in der Regel, um zu zeigen, wie die festen Erwartungen später dennoch durchbrochen werden, oder um eine Folie für die Darstellung ereignishafter Erfahrungen der Figur zu gewinnen.

3. Die Figur macht ereignishafte Erfahrungen im oben beschriebenen Sinne, also Erfahrungen, die für sie im Extremfall neu, unerwartet und bedeutungsvoll sind. Epische und dramatische Hauptfiguren sind mit mindestens einer solchen ereignishaften Erfahrung ausgestattet. Selbst in Rühms Kürzestgeschichte zeigt der junge Mann eine Kette von ereignishaften Erfahrungen. Leser und Zuschauer, die – freiwillig oder gezwungenermaßen – lange Phasen ihres Lebens eher ereignislos erfahren, suchen und finden in der epischen und dramatischen Literatur in dieser Hinsicht eine Kompensation. Dort lernen sie Personen kennen, die in kurzer Zeit eine schier unglaubliche Fülle von ereignishaften Erfahrungen machen. Das gilt selbst für solche Figuren, von denen der Erzähler behauptet, sie seien uneingeschränkt in eine normale Schul- und Lebenswelt integriert (wie die jugendlichen Helden von Kriminalgeschichten, die trotz Schulalltag und behütetem Elternhaus keinen

Tag ohne Aufregung zu erleben scheinen und innerhalb eines Tages häufig in mehrere Abenteuer gleichzeitig verwickelt sind).

Lassen sich nun die zahlreich dargestellten ereignishaften Erfahrungen näher bestimmen? Die Untersuchung dieser Frage führt zu einem erstaunlichen Ergebnis: Die Autoren gestalten – auf einer mittleren Ebene der Abstraktion gesehen – nicht unendlich viele ereignishafte Erfahrungen, sondern vor allem vier Haupttypen, welche eine Geschichte einleiten können: Die Figur begehrt etwas; die Figur sieht sich bedroht; die Figur erleidet eine Schädigung/einen Verlust; die Figur macht sich schuldig.[17] Zudem stimmen die ereignishaften Erfahrungen, welche die Figur im Anschluß an die jeweilige Anfangserfahrung machen kann, strukturell und inhaltlich überein und erweisen sich zahlenmäßig als überschaubar. Der Stoff, aus dem die Autoren ihre vielfältig schillernden und widersprüchlichen Figuren schaffen, ist in seinen Elementen und Verbindungen erstaunlich begrenzt.

Die erste Ereigniskette: Die Figur begehrt etwas

Innerhalb der Kette der ereignishaften Erfahrungen einer Figur ist zwischen Anfang, Mitte und Ende bzw. handlungseröffnenden, -begleitenden und -beschließenden Erfahrungen zu unterscheiden. Eine häufig dargestellte Ereigniskette wird durch die figurenperspektivische Erfahrung eingeleitet, daß die Figur für ein Gut entbrennt, das sie aber nicht besitzt (z. B. eine gerechte Gesellschaftsordnung, persönliche Macht und Ehre, einen bestimmten Beruf, materiellen Besitz, die Liebe einer Person, die Wahrheit über einen Sachverhalt, ein zu schaffendes Werk, bestimmte Abenteuer und Erlebnisse, vitale Güter wie Essen und Trinken). Diese für viele Figuren typische handlungseröffnende Erfahrung läßt sich unter mehreren Aspekten näher charakterisieren. Die Figur hat also (1) von einem ereignishaften Moment an ein bestimmtes Gut vor Augen und möchte es realisieren und genießen. Ihr ist ein Wunsch, eine Leidenschaft, ein Begehren eingeschrieben wie dem jungen Mann in Rühms Geschichte, der um das Mädchen wirbt. Die Figur gewahrt (2), daß sie das Gut nicht unmittelbar erlangen kann, weil ihr Hindernisse oder Widersacher entgegenstehen. Im Blickfeld des jungen Mannes ist ja nicht allein das Mädchen, sondern der See, der ihn von dem Mädchen trennt. (Ob der junge Mann sich in das Mädchen verliebt, obwohl oder weil er zunächst von ihr getrennt ist, wird in der antipsychologisch konstruierten Geschichte nicht entfaltet.) Die Diskrepanz zwischen Wunsch und realer Mangelerfahrung erzeugt – nach dem Willen der Autoren – (3) in der Figur eine negativ besetzte Unzufriedenheit, Unruhe oder Erregung, eine Spannung, welche die Figur intentional abbauen möchte. Mit der Erfahrung, den Spannungszustand auflösen zu wollen, verbindet sich für die dargestellte Figur (4) das Bewußtsein, daß sie das Hemmnis nicht unmittelbar und berechenbar beseitigen kann. Für die Figur ist offen, ob es ihr gelingen wird, die Spannung erfolgreich abzubauen oder nicht. Wenn es in Rühms Geschichte heißt, der junge Mann «wollte um die hand eines mädchens werben», so schließt der Leser auf eine offene, für die Figur nicht eindeutig berechenbare Situation.[18]

Diese handlungseröffnenden Erfahrungen können sämtlich so gestaltet sein, daß sie für die Figur in besonderem Maße neu, unerwartet und nachhaltig bedeutsam erscheinen: Die Figur verliebt sich zum erstenmal, sie ist von einer Person besonders fasziniert, das Hindernis kommt für sie völlig überraschend etc.

Mit den handlungseröffnenden Erfahrungen kommt die Figur in Bewegung, muß sie sich verhalten und reagieren, verstrickt sie sich in eine Geschichte. Auf die eröffnenden Merkmale folgen handlungsbegleitende Erfahrungen wie das Erlebnis von Fehlschlägen, welche die Figur noch nicht zur Aufgabe veranlassen. Die Kette von figurenperspektivisch ereignishaften Erfahrungen findet schließlich ihr Ende, wenn die angespannte Ausgangssituation aufgehoben ist. Das ist der Fall, wenn die Figur z. B. das begehrte Gut erfolgreich in ihren Besitz bringt und es glücklich genießen kann. Eine weitere – für Geschichten bedeutungsvolle – Abschlußerfahrung ist: Die Figur erwirbt das Gut, ist aber später von dem Besitz enttäuscht und desillusioniert. So ergeht es den allegorisch angelegten Figuren «der König», «die Schönheit», «der Reiche» in Calderóns «Großem Welttheater» oder dem Damokles in der Verserzählung des Aufklärers Gellerts, der «aus Erfahrung» erkennen muß, daß Macht und Reichtum nicht glücklich machen. Ferner ist der Schluß hervorzuheben, daß die Figur auf das anfänglich begehrte Gut verzichtet und entsagt, eine Wendung, die für die deutsche Klassik – von Schillers «Eine großmütige Handlung» bis zu Goethes «Prokurator» und «Iphigenie» – charakteristisch ist. Oder aber die Figur tröstet sich rasch über den Mißerfolg hinweg nach dem Muster des äsopischen Fuchses, der die Trauben für sauer erklärt. Nicht abgeschlossen ist die Kette ereignishafter Erfahrungen, wenn die Figur keine Hoffnung auf Erfolg hat, aber den Mißerfolg nicht verwinden kann. In diesem Fall bleibt die Spannung zwischen Wunsch und Wirklichkeit der Figur schmerzlich bewußt. Abgeschlossen ist die Kette erst, wenn die Figur so gestaltet ist, daß sie sich aus Verzweiflung selbst tötet, ihre

Aggression gegen andere wendet und damit aufhebt oder ihre Trauer langsam verwindet.

Läßt man die ereignishaften Erfahrungen Revue passieren, so fällt auf, daß die Figuren – nach dem Willen der Autoren – die textinterne Welt nicht nur erfahren, sondern aus den Erfahrungen auch Erkenntnisse ziehen, wie die textinterne Welt faktisch und normativ beschaffen ist, welche Werte man erstreben soll, wie man sie erwirbt, wodurch ein Scheitern bedingt ist etc. Diese Erkenntnisse können für die Figur ebenfalls ereignishaft wahrgenommen werden, weil sie für sie neu, unerwartet und bedeutsam sind, indem Einstellungen und Auffassungen, von denen die Figur zuvor zutiefst und fest überzeugt war, falsifiziert werden und sich als Irrtümer erweisen. Durch die Modellierung von Figuren, die in der textinternen Welt ereignishafte Erfahrungen machen und Erkenntnisse gewinnen, verschaffen sich epische und dramatische Autoren die Möglichkeit, dem Leser zu vermitteln, wie er die textinterne und -externe Wirklichkeit adäquat wahrnehmen, erklären und bewerten und wie er in ihr handeln soll. Die Botschaft lehrhafter Dichtung von der antiken Fabel bis zur Komödie der Aufklärung und dem deutschen Bildungsroman besteht eben darin, daß die Autoren ihre Figuren beispielhaft erfahren und verfehlen lassen, wie die Welt beschaffen ist und wie man sich in ihr verhalten kann und soll. Diese Möglichkeit schließt natürlich ein, daß moderne Autoren wie Kafka dem Leser vermitteln, daß die textinterne und -externe Wirklichkeit nicht eindeutig oder gar nicht durchschaubar ist. Der Galeriebesucher in der Erzählung «Auf der Galerie» z. B. kann keine endgültige Klarheit darüber gewinnen, ob die Reiterin ein Opfer des Zirkusdirektors ist und seiner Hilfe bedarf oder nicht.

Weitere Ereignisketten: Die Figur sieht sich bedroht, sie erfährt eine Schädigung, sie fühlt sich schuldig

Eine zweite ereignishafte Ausgangserfahrung liegt vor, wenn die Figur sich in dem, was sie als Gut besitzt und genießt, bedroht fühlt. Die handlungseröffnende Erfahrung ist also semantisch und psychologisch anders aufgebaut als die des Begehrens. Gesetzt, der junge Mann hätte in Rühms Geschichte das Mädchen glücklich geheiratet, wäre doch als Fortsetzung eine neue Geschichte denkbar, in der er ereignishaft in eine Situation gerät, die ihn um sein Glück bangen läßt (eine Naturkatastrophe bricht herein, ein Nebenbuhler taucht auf, er entfremdet sich der Frau).

Die handlungseröffnende Erfahrung der Sorge und Furcht um das, was man hat, läßt sich unter denselben Aspekten wie die Erfahrung des Begehrens bestimmen. Die Figur erfährt unerwartete Hindernisse, sie sieht sich in Unruhe versetzt und kann nicht sicher sein, die Gefahr erfolgreich zu beseitigen. Natürlich kann die Sorge auch eingebildet sein – «Du bebst vor allem, was nicht trifft, / Und was du nie verlierst, das mußt du stets beweinen» –, was aber nichts daran ändert, daß die Figur aus ihrer Perspektive ereignishafte Erfahrungen sammelt. Auch die handlungsbegleitenden Erfahrungen sind nach dem Muster der Ereigniskette ‹Die Figur begehrt etwas› beschreibbar. Entsprechend lassen sich die dort entfalteten handlungsabschließenden Erfahrungen auf diese Ereigniskette anwenden: Die Figur vermag die Gefahr erfolgreich abzuwehren und kehrt in die beruhigte Anfangssituation zurück; die Figur erleidet einen Mißerfolg, lernt aber den Verlust rasch zu verwinden etc. Auch kann die Figur aus den Erfahrungen neue Erkenntnisse ziehen (sie lernt, wo Gefahren lauern, wie man sie rechtzeitig erkennt, welche Mittel man anwendet und ob ein Mißerfolg zu verhindern ist).

Eine dritte ereignishafte Anfangserfahrung, welche die Kette – Erfahrung eines Werts, eines Hindernisses, einer Unruhe und Intentionalität, einer Offenheit etc. – auslösen kann, ist das Erlebnis einer Schädigung oder eines empfindlichen Verlusts. Die Geschichte kann damit beginnen, daß die Figur eine Schädigung oder den Verlust eines Guts erlebt, und der Leser ist nun gespannt, ob die Figur die Trauer zu bewältigen vermag. Oder die Figur erleidet handelnd eine Schädigung, wenn sie ein Gut zu erwerben versucht wie der junge Mann, der bei der Werbung den Kopf verliert. Die Erfahrung von Schädigung und Verlust kann aber auch an die Ereigniskette der Bedrohung anknüpfen, wenn es der Figur dort nicht gelingt, die Gefahr abzuwenden. Die Ausgangssituation der Schädigung bzw. des Verlusts kann aus der Perspektive der Figur unterschiedlich wahrgenommen werden. Im ersten Fall glaubt die Figur daran, daß der Schaden heilbar ist und das verlorene Gut wiedergewonnen werden kann, so daß die Ereigniskette nach dem Muster ‹Die Figur begehrt etwas› aufgebaut ist. Im anderen Fall hält die Figur die Schädigung und den Verlust für irreparabel und muß mit dieser Erfahrung fertig werden (z. B. durch Selbstmord, Aggression oder Kompensation) analog zu den Figuren, die im Begehren oder in der Abwehr einer Gefahr einen Mißerfolg erleiden. Wie auch immer die Situation figurenperspektivisch definiert wird, die Folgeereignisse können stets unter den schon genannten Aspekten betrachtet werden (die Figur sieht sich beunruhigt, sie stößt auf Hindernisse, erfährt eine offene Situation etc.).

Eine vierte figurenperspektivische Ereigniskette wird dadurch ausgelöst, daß die Figur ein bestimmtes Gut (eine Sache, eine Person, eine Norm) verletzt und darüber Schuldgefühle und Reue empfindet. Man könnte diese Erfahrung als Sonderfall der Kette ‹Die Figur erleidet eine Schädigung/einen Verlust› begreifen, wenn man definiert, die Figur habe sich hier selbst geschädigt. Auf einer Ebene mittlerer Abstraktion ist es jedoch sinnvoll, dieses Anfangsglied einer Ereigniskette in seiner Besonderheit hervorzuheben. Der Leser lernt eine Figur kennen, die ein Gut geschädigt hat und bei dem Versuch, diesen Schaden wiedergutzumachen, die zuvor schon genannten Erfahrungen durchlaufen kann (sie stößt unerwartet auf Hindernisse, ist in Unruhe gestürzt und kann nicht mit einem positiven Ende rechnen). In dieser Ereigniskette kann wiederum die Erfahrung bzw. Erkenntnis für die Figur besonders bedeutsam werden, warum sie einen Regelverstoß, eine Schädigung, ein Verbrechen beging. Ein zentrales Thema der epischen und dramatischen Literatur vom «Parzival» bis zu «Anna Karenina» und «Kaltblütig», vom «Ödipus» bis «Richard III» und «Faust» ist ja die Verletzung von Normen sowie die Frage nach den Ursachen und der Bewertung des Verstoßes bzw. Verbrechens.

Ausblick

Die Strukturanalyse sollte die Möglichkeit eröffnen, so komplexe sprachliche Gebilde wie die literarischen Figuren zu beschreiben und historisch-systematisch zu typisieren, wobei der methodische Kunstgriff darin bestand, von den ereignishaften Erfahrungen auszugehen, welche die Autoren den Figuren – mit welchen Mitteln auch immer – auf den Sprach-Leib schreiben. Für die beschreibende und interpretierende Rekonstruktion literarischer Figuren und ihrer Handlungen gewinnen damit bestimmte Fragen eine besondere heuristische Kraft, von denen die wichtigsten resümiert seien:

1. Welche Werte kommen ins Spiel, wenn den Figuren ereignishafte Erfahrungen zugeschrieben werden? Sind sie abstrakt und konkret näher zu bestimmen, textintern (und -extern) konventionell oder originell, eindeutig oder mehrdeutig gestaltet?

2. Welche Werte erfährt die Figur als besonders ereignishaft (d.h. neu, unerwartet und nachhaltig bedeutsam für das ihr zugeschriebene Denken, Fühlen, Wollen und Handeln)?

3. In welcher Ausgangssituation (z. B. Begehren, Bedrohung, Schädi-

gung/Verlust, Schuld) wird der Wert von der Figur ereignishaft erfahren, und wie ist die Kette der handlungsbegleitenden und -beschließenden Erfahrungen inhaltlich entwickelt?

4. Gewinnt die Figur aus der Erfahrung der textinternen Welt ereignishafte Erkenntnisse, wie sie sich selbst und ihre Umwelt deuten, erklären, bewerten und wie sie handeln kann und soll? Unterlag die Figur zuvor Irrtümern? In bezug auf welche Sachverhalte? Wer schädigte die Figur? Wen schädigte die Figur selbst, und gegen welche Normen verstieß sie? Wie erklärt und bewertet sie ihre Erfahrung des Irrtums, des erlittenen Schadens und der Schädigung?

5. Welche ereignishaften Erfahrungen einer Figur werden durch semantische Korrespondenzen und Kontraste zu anderen Figuren, Sachverhalten und Normen besonders hervorgehoben?

Die Rekonstruktion der figurenperspektivisch ereignishaften Erfahrungen erschließt nur eine Dimension der Figuren und der Handlung, freilich eine grundlegende und anschlußfähige. In einem zweiten Schritt bleibt zu berücksichtigen, daß die Autoren das, was eine Figur aus ihrer Perspektive wahrnimmt, durch die Perspektive anderer Figuren und Instanzen (fiktiver Erzähler, abstrakter Autor) ergänzen und brechen. Diese Polyperspektivität, welche den Erfahrungshorizont einer Figur übersteigt, erzeugt zudem spezifische ästhetische Wirkungen. Gerade dadurch, daß eine Figur die Gefahr nicht oder erst zu spät erkennt, bringt die Komödie und Tragödie ihre wirksamsten Effekte hervor.[19] Ferner kann der Autor beabsichtigen, durch die mangelnde Einsicht der Figur in die richtigen handlungsorientierenden Normen den Leser zur eigenen Erkenntnisarbeit herauszufordern.

Wie die Geschichte von Gerhard Rühm zeigt, muß eine Figur selbstverständlich nicht durch eine vollständige oder vollständig explizierte und eindeutige Kette von Erfahrungen bestimmt sein; sie kann auch mehrsträngig aus einer Überlagerung und Folge verschiedener Ereignisketten gebildet sein. Auch müssen nicht alle Erfahrungen in gleicher Weise von der Figur als neu, unerwartet und affektiv, kognitiv und pragmatisch bedeutsam wahrgenommen werden, wie überhaupt der Grad der Erfahrung von Ereignishaftigkeit figurenperspektivisch abgestuft sein kann bis hin zu dem Grenzfall, wo der Figur alltägliche und routinemäßige Erfahrungen ohne subjektive Bedeutsamkeit zugeschrieben werden. Schließlich ist mit der Typologie der Ereignisketten nichts darüber ausgesagt, auf welche Weise (z. B. aus welcher Perspektive und mit welcher Darstellungsform) der Autor der Figur ereignishafte Erfahrungen zuschreibt. Gibt die Figur selbst im Bericht, in erlebter Rede oder im inneren Monolog Auskunft über ihre bedeutsamen Erfahrungen, oder ist es ein Er-Erzähler, der uns informiert? Eröffnet der Erzähler überhaupt einen Einblick in die Innenwelt der Figur, oder bleiben wir als Leser darauf angewiesen, den Inhalt und die Ereignishaftigkeit von Erfahrungen aufgrund der Aktionen, Gesten und mimischen Reaktionen der Figur zu erschließen?

Die Rekonstruktion der vier Ereignisketten ist also nicht ein Abbild, wie Figuren und ihre Handlungen dargestellt sind, sondern ein heuristisches Modell, um methodisch zu analysieren, wie jeweils Figuren und ihre Handlungen in einzelnen Werken, Gattungen und Epochen gestaltet sind. Die Heuristik und ihre Reflexion soll vermeiden helfen, daß der Interpret sich im Gewirr ereignishafter Erfahrungen verstrickt und einzelne Erfahrungen willkürlich hervorhebt oder vernachlässigt.

Auch wenn die Reflexion literarischer Figuren, ihrer Merkmale und Merkmalsstrukturen, nur skizzenhaft und lückenhaft entfaltet werden konnte, sollte doch sichtbar werden, daß die Semantik literarischer Figuren und Handlungen ein zentrales und fruchtbares Feld für literaturtheoretische, geschichtliche und werkanalytische Untersuchungen liefert. Zudem könnte eine entfaltete (zugleich aber noch praktikable) Semantik literarischer Figuren dazu beitragen, den beiden Tendenzen in der Literaturwissenschaft und -didaktik entgegenzuwirken: zum einen dem Relativismus, der die Intersubjektivität textbezogener Aussagen als regulative Idee aufgegeben hat, zum anderen dem Konzeptualismus, der sich darauf beschränkt, jeweils aktuelle philosophische, psychologische und soziologische Menschen- und Gesellschaftsbilder unbesehen auf literarische Texte abzubilden und sie damit lediglich zu verdoppeln.

Literatur

Breuer, Rolf: Tragische Handlungsstrukturen. Eine Theorie der Tragödie. München 1988.

Forster, Edward Morgan: Ansichten des Romans. Frankfurt/M. 1962 (zuerst 1927).

Gülich, Elisabeth/Raible, Wolfgang: Linguistische Modelle. Grundlagen und Möglichkeiten. München 1977.

Jauß, Hans Robert: Ästhetische Erfahrung und literarische Hermeneutik. Bd. 1: Versuche im Feld der ästhetischen Erfahrung. München 1977.

Kanzog, Klaus: Erzählstrategie. Eine Einführung in die Normeinübung des Erzählens. Heidelberg 1976.

Keller, Otto/Hafner, Heinz: Arbeitsbuch zur Textanalyse. Semiotische Strukturen, Modelle, Interpretationen. 2. Aufl. München 1990.
Lotman, Jurij M.: Die Struktur literarischer Texte. Übers. von R.-D. Keil. München 1972.
Ludwig, Hans-Werner (Hg.): Arbeitsbuch Romananalyse. Tübingen 1982.
Pfister, Manfred: Das Drama. Theorie und Analyse. 4. Aufl. München 1984.
Propp, Vladimir: Morphologie des Märchens. Hg. von K. Eimermacher. Frankfurt/M. 1975.

Anmerkungen

1 Gero v. Wilpert: Sachwörterbuch der Literatur. 7. Aufl. Stuttgart 1989, S. 298.
2 Joseph Strelka: Methodologie der Literaturwissenschaft. Tübingen 1978, S. 129.
3 Herbert Grabes: Wie aus Sätzen Personen werden... Über die Erforschung literarischer Figuren. In: Poetica 10 (1978), S. 405–428. Vgl. auch Karl-Heinz Fingerhut: Sieben Thesen zur literaturdidaktischen Unterscheidung von Figur und Person. In: Diskussion Deutsch 104 (1988), S. 651–55 (= Themenheft: Die literarische Figur).
4 Gemeint ist der Film «Die Seifendiebe» von Maurizio Nichetti. Das Motiv der gegen den Autor rebellierenden Figuren findet sich im 20. Jahrhundert u. a. bei Unamuno.
5 Vgl. Mario Andreotti: Die Struktur der modernen Literatur. Neue Wege in der Textanalyse. Einführung Epik und Lyrik. 2. Aufl. Bern/Stuttgart 1990.
6 Aristoteles: Poetik. Griechisch/Deutsch. Übers. und hg. von Manfred Fuhrmann. Stuttgart 1982.
7 Vgl. den Artikel «Held» in: Claus Träger (Hg.): Wörterbuch der Literaturwissenschaft. Leipzig 1986, S. 205 f. Hans Robert Jauß: Interaktionsmuster der Identifikation mit dem Helden. In: Ders.: Ästhetische Erfahrung, S. 212 ff. Jauß unterscheidet fünf verschiedene Heldentypen und die mit ihnen verbundenen Aktionsmuster.
8 Forster, S. 51 ff, und Pfister, S. 240 ff.
9 Propp, S. 79 f.
10 Keller/Hafner, Kap. 7 u. 12.
11 Pfister, S. 227 ff.
12 Lotman, S. 329 ff.
13 Elisabeth Frenzel: Stoffe der Weltliteratur. Ein Lexikon dichtungsgeschichtlicher Längsschnitte. 4. Aufl. Stuttgart 1976. Dies.: Motive der Weltliteratur. Stuttgart 1976. Horst S. u. Ingrid Daemmrich: Themen und Motive in der Literatur. Ein Handbuch. Tübingen 1987. W. van Rinsum: Lexikon literarischer Gestalten. 2 Bde. Stuttgart 1988. Helmut Prang: Geschichte des Lustspiels. Von der Antike bis zur Gegenwart. Stuttgart 1968.
14 Aus: Knochenspielzeug. Düsseldorf 1979.
15 G. v. Wilpert: Sachwörterbuch (Anm. 1), S. 36.

16 Jörn Stückrath / Albrecht Stoll: Versuch einer begrifflichen Annäherung an das Komische. In: Der Deutschunterricht 36 (1984), S. 40–56.

17 Vgl. Propp, S. 36 ff. Ferner Jörn Stückrath: Wovon eigentlich handelt die epische und dramatische Literatur? Kritik und Rekonstruktion der Begriffe «Figur» und «Geschehen». In: Hartmut Eggert u. a. (Hg.): Geschichte als Literatur. Formen und Grenzen der Repräsentation von Vergangenheit. Stuttgart 1990, S. 284 ff. Eine Darstellung, in welcher Weise das Strukturmodell der vier Ereignisketten Forschungsansätze aufnimmt und weiterführt, muß einer gesonderten Untersuchung vorbehalten bleiben.

18 Vgl. Claude Brémond: Logique du recit. Paris 1973. Brémond hebt in seiner Theorie der Elementarsequenz des Erzählens drei Hauptpunkte hervor: die Situation, in der sich eine Möglichkeit eröffnet, die Aktualisierung der Möglichkeit und die nicht aktualisierte Möglichkeit sowie – auf die aktualisierte Möglichkeit bezogen – den Erfolg und Mißerfolg. Vgl. auch Ludwig, S. 133.

19 Vgl. z. B. Ernst Behler: Der Ursprung des Begriffs der tragischen Ironie. In: Arcadia 5 (1970), S. 113–142.

Frieder Schülein / Jörn Stückrath

Erzählen

Vornehmster Gegenstand der literaturwissenschaftlichen Erzählforschung ist gegenwärtig die artifizielle, offene und rätselhafte Prosa der literarischen Moderne von Joyce bis zu Pynchon, die zur Erprobung unterschiedlichster Verfahren – psychoanalytischer, semiotischer, dekonstruktivistischer etc. – herausfordert.[1] Ergänzt wird diese werkanalytische Forschung durch Arbeitsbereiche, die vor allem nach dem Zweiten Weltkrieg neu erschlossen wurden: die Untersuchung der Bauformen des Erzählens, der Geschichte epischer Gattungen und Genres (vom Bildungsroman bis zur experimentellen Kurzprosa), der massenhaft verbreiteten Unterhaltungsliteratur (Feuilletonroman, Groschenheft) und der Geschichte der Romantheorie und -kritik.[2]

Es scheint, als hätte die in der zweiten Hälfte des 20. Jahrhunderts ausufernde Erzählforschung keinen Gegenstand ausgelassen, und doch hat sie in ihrem Blickfeld einen gelben Fleck. Nicht gesehen wird erstaunlicherweise das Erzählen selbst, genauer das Erzählen als alltägliche kommunikative Handlung: am Familientisch und auf dem Pausenhof, vor Gericht und in der Sozialberatung, das Erzählen von erlebten Geschichten und von Witzen. Es blieb Linguisten, Psychologen und Soziologen vorbehalten, die allgegenwärtige Welt alltäglichen Erzählens zuallererst zu entdecken und zu erschließen.[3]

Literaturwissenschaftler haben diese Diskussionen und Forschungsergebnisse bislang nur vereinzelt wahrgenommen.[4] Offenbar ist für sie die Differenz zwischen einem Erlebnisbericht über eine unfreiwillig verzögerte Heimkehr und der «Odyssee» oder dem «Ulysses» zu groß, um wechselseitig erhellende Vergleiche zu ziehen. Zu wenig einladend sind vermutlich auch die narratologischen Stammbaum-Schemata und terminologischen Konstrukte der Linguisten und Psychologen. Umgekehrt ist offenkundig, daß die linguistische, psychologische und soziologische Erzählforschung sich bislang weitgehend auf die Untersuchung von Alltagserzählungen beschränkt hat. Der Dialog zwischen beiden Ansätzen der Erzählforschung ist noch kaum entwickelt.[5] Dabei wären viele grundlegende Fragen zu klären, von denen drei für die folgende Übersicht leitend sind: Was sind die signifikanten Gemeinsamkeiten und Unterschiede zwischen alltäglichem und literarischem Erzählen? Mit welchen erzählanalytischen Begriffen und Begriffssystemen kann erfolgreich gearbeitet werden? Was leistet die Analyse alltäglichen Erzählens für die Erkenntnis literarischen Erzählens und umgekehrt?

Alltägliches Erzählen

Eine Party-Erzählung von Herrn B.

Frau B hat eine lustige Anekdote erzählt, alle lachen; dann trinken Herr A und Herr D einen Schluck Bier, Frau B ißt einen Happen; Herr B blickt wieder in die Gruppe und beginnt in die allgemeine Unruhe hinein zu reden.
Herr B (sitzt zurückgelehnt, Beine übereinandergeschlagen, Hände seitlich am Sitz): «Aber mit Dimmern kann man ganz hübsche Sachn erlebn. Ich hab ma'n paar gebaut, also so ganz – ich mach ja so'n bißchen in der Richtung so, aber es warn meine ersten Taten – so zwei ganz billige, wollts möglichst billig machn, die kosteten Material sieben Markfuffzich, die hab ich also in Georgs Bett und unser Bett eingebaut. Bei uns gabs plötzlich nachts einen wahnsinnigen Knall und denn flog das ganze Ding (pfeift: ffuit) quer durchs Zimmer...» (Herr B lehnt sich zurück).[6]

Linguisten bezeichnen den Gesprächsbeitrag von Herrn B. als Alltagserzählung, weil er selbsterlebte Ereignisse darstellt und zu einer Geschichte verknüpft, die in eine Alltagssituation eingebettet ist und sich auf einen Ausschnitt der Alltagsrealität bezieht. Alltagserzählungen wie die von Herrn B. werden unterschätzt, zumal Literaturwissenschaftler leicht übersehen, daß es sich hier um erstaunlich komplexe, funktionale und ‹kunstvolle› Gebilde handelt.

Meta-narrative Erzählstrukturen

Um beginnen zu können, muß der Erzähler vorab bestimmte kommunikative Leistungen erbringen. Er kann ja nicht sicher sein, ob das, wovon er erzählen will, seine Adressaten zum Zuhören bewegt. Er muß also die Gesprächsrunde darauf einstimmen, sich auf seine Erzählung einzulassen, aufmerksam zu sein und ihn nicht zu unterbrechen.

Um eine monologische Situation zu ermöglichen und aufrechtzuerhalten, erweisen sich *Erzähleröffnungen* als wichtig, die die Aufmerksamkeit der Zuhörer erregen, eine thematische Orientierung ankündigen, Spannung erzeugen etc. (Herr B.: «Aber mit Dimmern kann man ganz *hübsche* Sachn *erlebn.*») In der Eröffnung kann der Erzähler auch bestimmte Merkmale und Rahmenbedingungen seiner Erzählung benennen, um das Interesse der Zuhörer zu steigern bzw. dem Unmut über die Länge vorzubeugen: Das zu Erzählende sei wahr, man möge es – weil vertraulich – nicht weitererzählen, der Erzähler müsse zunächst etwas weiter ausholen etc.

Auch während des Erzählens bleibt der Erzähler häufig als Kommentator des Erzählten gegenwärtig, der gewichtet und Spannung erregt («Jetzt kommt der totale Hammer»), fehlende Informationen ausdrücklich nachholt (Herr B.: «ich mach ja so'n bißchen in der Richtung so, aber es warn meine ersten Taten»), die Wahrheit des Erzählten bekräftigt («ehrlich, so war das»). Erfahrungsgemäß muß der Erzähler seine Erzählung auch abschließen, indem er z. B. deutlich das Ende markiert («*Die* Geschichte möchte ich nicht noch einmal erleben») und das Feld für die Aktivität der anderen Gesprächsteilnehmer öffnet («Das war's.»). Diese Schlußmarkierung kann auch nonverbal geschehen; in unserem Beispiel lehnt sich der Erzähler zurück, um sein Rederecht zurückzugeben.

Bemerkungen, die das Erzählen eröffnen, begleiten und abschließen, lassen sich als meta-kommunikative bzw. meta-narrative Elemente bezeichnen. Meta-Narrationen sind bislang nur ansatzweise untersucht.[7]

Der Erzähler kann sein Rederecht und seinen Erfolg nicht allein durch meta-narrative Bemerkungen sichern. Abgesehen davon, daß er nicht eine Geschichte zweimal erzählen darf und überflüssige Informationen meiden muß, weil er sonst in der Face-to-face-Kommunikation ‹abgewürgt› oder ‹gedrängt› wird, muß er den Zuhörern etwas bieten, das für ihn selbst unerwartet und erregend war und das geeignet ist, ebenfalls seine Zuhörer zu überraschen und emotional zu packen. Zudem unterliegt auch der Alltagserzähler besonderen sprachlichen Anforderungen; er muß knapp, pointiert, anschaulich etc. erzählen, so daß es durchaus nicht übertrieben ist, vom ‹sprachlichen Kunstwerk› der Alltagserzählung zu sprechen.

Kognitive und emotionale Aspekte der Erzählstruktur
Herr B. stellt in seiner Geschichte von ihm selbst erlebte Ereignisse dar: das Basteln, Einbauen und die Explosion von Dimmern (Beleuchtungsreglern). Diese Ereignisse indizieren Veränderungen in der Alltagsrealität des Herrn B., die für ihn – in unterschiedlichem Grad – unerwartet und aufregend waren: «erste Taten», «die hab ich also in Georgs Bett und unser Bett eingebaut», «bei uns gabs plötzlich nachts einen wahnsinnigen Knall». Auch kann Herr B. damit rechnen, daß diese Ereigniskette über die alltäglichen Routineerfahrungen der Zuhörer hinausgehen und auch für sie Neues, ja Unerwartetes und Aufregendes enthalten. Zu Recht konnte Herr B. für sich und die Zuhörer verallgemeinernd sagen: «Aber mit Dimmern kann *man* ganz *hübsche* (= neue, unerwartete und aufregende) Sachn erlebn.»

Schon 1975 versuchte der amerikanische Psychologe David E. Rumelhart, die ‹Grammatik› solcher Ereignisketten («story grammar») herauszufinden und mit Hilfe von – in der Satzlinguistik üblichen – Stammbaumschemata zu beschreiben.[8]

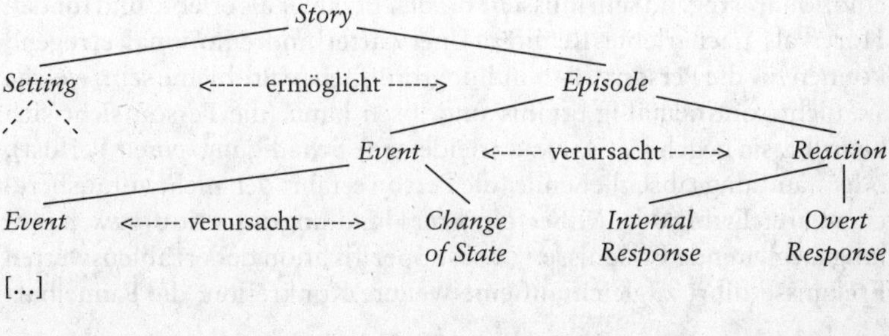

[...]

Als Beispiel für seine «story grammar» diente ihm eine Geschichte: «Margie hielt ihren wunderschönen neuen Luftballon fest in der Hand. Plötzlich packte ihn ein Windstoß. Der Wind trieb ihn in einen Baum. Der Luftballon berührte einen Zweig und zerplatzte. Margie weinte und weinte.»

Rumelhart kommt zu folgendem Ergebnis: Diese durch Sätze repräsentierte Ereignisfolge ist eine Story. Eine *Story* besteht aus einem *Setting* (den Angaben zum räumlich-zeitlichen Ereignisrahmen, den Personen und Dingen: Margie, Luftballon) und einer *Episode* (also einer relativ einheitlichen und abgeschlossenen Kette von Ereignissen: Windstoß, Entreißen, Wegtreiben, Zerplatzen des Luftballons, Margies Weinen). Innerhalb der *Episode*, dem zentralen Element einer *Story*, sind wiederum zwei unterschiedliche Typen von Ereignissen zu unterscheiden: zum einen die *Events* (welche die Situation für die Person verändern: der Windstoß, der Margie im Besitz ihres geliebten Luftballons bedroht; das Fortfliegen des Luftballons als potentiell noch aufhebbarer Verlust und das Zerplatzen des Luftballons als endgültiger Verlust), zum anderen die *Reactions* (ereignisbezogene Verhaltensweisen der Person: Margies Weinen). Zwischen den einzelnen Knoten des Stammbaums, an denen eine Verzweigung konstatiert wird, bestehen inhaltliche Beziehungen: Ein *Setting* ermöglicht eine *Episode*, ein *Event* verursacht eine *Reaction* etc. Dabei sind alle diese *Events* untereinander in einer zeitlichen Abfolge-Relation verbunden («und dann, und dann»). Im Idealfall, so Rumelhart, könnte auf diese Weise jeder Satz einer Erzählung einer Kategorie der «story grammar» zugeordnet werden.[9]

Die Anwendung von Rumelharts Strukturschema auf die Margie-Geschichte und eine Alltagserzählung wie die von Herrn B. läßt jedoch erkennen, daß es zu abstrakt und unspezifisch zur Beschreibung von Alltagserzählungen ist. Für erfolgreiches Erzählen ist es unabdingbar, daß die *Episode* Ereignisfolgen enthält, die, wie schon gezeigt, im Normalfall neu oder sogar unerwartet (konträr zu den Erwartungen) und emotional erregend sein müssen: für den Erzähler als erlebte und für den Hörer als nacherlebte Realität. Unerwartet und emotional erregend können für die Person z. B. handlungseröffnende Probleme sein, welche sie nicht routinemäßig erfährt und lösen kann (die Person sieht sich bedroht, sie begehrt etwas, sie erleidet eine Schädigung/einen Verlust), oder handlungsabschließende (die Person erfährt den nicht vorausberechenbaren Erfolg oder Mißerfolg ihrer Handlungsintention) bzw. handlungsbegleitende Ereignisse.[10] Diese Spezifikation der erzählenswerten Ereignisse führt zugleich auf eine weitere Konkretion, die Rumelhart nicht berücksichtigt: Die Ereigniskette in Alltagserzählungen hat häufig eine triadische Struktur: Exposition, Komplikation (= handlungseröffnende und -begleitende Ereignisse) und Auflösung (= handlungsabschließende Ereignisse). Die triadische Struktur ist ein Merkmal, das viele Alltagserzählungen mit einfachen und komplexen Formen literarischen Erzählens teilen.[11]

Linguisten wie William R. Brewer und Edward H. Lichtenstein haben an dem von Rumelhart initiierten Konzept der «story grammar» kritisiert, daß es die emotionale Komponente erfolgreicher Alltagserzählungen nicht erfasse. Das Erzählen von ungewöhnlichen und unerwarteten Ereignissen sei aber wichtig, um das affektive Bedürfnis des Zuhörers zu befriedigen. Die «story points» (Wilensky), auf die alltägliches Erzählen hinarbeitet, sind vor allem durch die emotionale Qualität der Ereigniskette zu definieren.[12]

Erzählperspektive und sprachliche Mittel
Die kognitiv-emotive Struktur der Story ist im alltäglichen Erzählen dominant durch die Ich-Perspektive gekennzeichnet, in der der Erzähler seine Sicht der Ereignisse darstellt, die er erlebt hat, in die er handelnd verstrickt war und die mitzuteilen ihm Bedürfnis ist. («Aber mit Dimmern kann man ganz hübsche Sachn erlebn. *Ich* hab ma'n paar gebaut...») In Alltagserzählungen ist jedoch, näher besehen, auch mit der Er-Perspektive zu rechnen, weil auch immer auf ereignishafte Erfahrungen von anderen handelnden Personen rekurriert werden kann. Der Erzähler erzählt etwas ‹aus zweiter Hand› («Also, heute hat mir mein Nachbar eine merkwürdige Geschichte erzählt. *Er* war in Jöllenbeck, und da sah er ein Kind, das furchtbar weinte...»). Oder der Erzähler erzählt, was er lediglich als Beobachter erlebt hat («Ich war da neulich in Schildesche, und da sah ich, wie ein Kind schrecklich weinte.»). In beiden Fällen ist die Er-Perspektive auf eine erlebende Figur fokussiert, aus deren Perspektive die ereignishaft erfahrene Welt erzählt wird («Und da weinte das Kind, weil ihm der Luftballon weggeflogen war, Richtung Traisa...»).[13]

Der Erzähler gestaltet das Erzählte also intuitiv perspektivisch, wobei die Untersuchung durchaus nicht nur auf eine einzige Erzählsituation stößt. Darüber hinaus ist man als Beobachter überrascht, welche sprachlichen Leistungen zur erfolgreichen Darstellung von Ereignisketten erbracht werden müssen. Zum einen muß der Erzähler einen zusammenhängenden (kohärenten) Erzähltext formulieren können, also die Fähigkeit haben, die einzelnen Sätze thematisch und

und formal miteinander zu vernetzen, wie es für alle Textsorten erforderlich ist.[14] Darüber hinaus muß er in der Lage sein, die kognitive und emotionale Struktur des Erzählten, auf seine Zuhörer bezogen, sprachlich angemessen auszudrücken.

Unter inhaltlichem Aspekt muß er Gegensätze markieren können: die Differenz zwischen Normalsituation, in der die dargestellte Person z. B. ruhig, zufrieden und nichtsahnend lebt, und dem ungewöhnlichen oder gar unerwarteten Ereignis durch adversative Konjunktionen wie ‹aber› («aber dann passierte es») und ‹doch› («doch da ereignete es sich, daß...»). Erfolgt der Umschlag der Verhältnisse besonders unerwartet, rasch und mit dramatischen Folgen, was die emotionale Anteilnahme der Personen und der Zuhörer verstärkt, so finden sich Zeitadverbien wie ‹plötzlich› (Herr B.: «Bei uns gabs plötzlich nachts...»; Rumelhart: «Plötzlich packte ihn ein Windstoß...»). Auch muß der Erzähler die Gleichzeitigkeit von unvereinbaren Ereignissen bzw. die Ungleichzeitigkeit von Wahrnehmung und Wirklichkeit ausdrücken können, was dramatische und emotionale Effekte erzeugen kann. Eine Person befindet sich z. B. im Irrtum und ahnt nichts von der Bedrohung. («*Da* lacht der den noch aus, weil er denkt, er hätte nicht getroffen, *da* kam aber schon eine große Lawine von dem Dach herunter und verschüttete ihn.») Schließlich muß der Erzähler über stilistische Mittel der wirksamen Repräsentation verfügen: z. B. über affektiv konnotierte Wörter («Knall»), den Eindruck steigernde Adjektive und Adverbien («ein *wahnsinniger* Knall», «*quer* durchs Zimmer»). Weitere wichtige Mittel, um die affektive Wirkung zu verstärken, sind ebenfalls aus literarischen Erzählungen und der Stilistik vertraut: z. B. lautmalende (onomatopoetische) Wörter (Herr B., pfeifend, *ffuit*), Stilfiguren wie der Euphemismus (Herr B.: «*hübsche* Sachn»), die Variation der Darstellungsweise (Wechsel von dem epischen Präteritum in die direkte Rede) («...und der eine Herr schimpfte mit dem anderen: ‹*Warum kannst du denn nicht aufpassen.*›») und der Tempuswechsel vom Präteritum ins Präsens («Da *fuhrn* sie so auf ne Kreuzung zu. Und plötzlich *machn* sie nen Unfall.»).[15]

Alltägliches Erzählen ist also eine Sonderform des Redens, die eine Fülle von Anforderungen an den Erzähler stellt. Die Struktur und sprachliche Formung stimmen in zentralen Aspekten mit denen des literarischen Erzählens überein, so daß es z. B. sinnvoll ist, das Instrumentarium der epischen Poetik und Stilistik für die Analyse von Alltagserzählungen fruchtbar zu machen.

Es liegt somit nahe, das Verhältnis zwischen alltäglichem und literarischem Erzählen lediglich als Zuwachs von Komplexität und sprachlicher Formung zu bestimmen: von dem linearen und sprachlich anspruchslosen Erlebnisbericht über die spannende und pointierte Partystory hin zu den ‹einfachen Formen› des Märchens und der Sage, den komplexen Erzählstrukturen von Novelle und Roman und schließlich der Textmontage, in der sogar die Kohärenz des Dargestellten bewußt durchbrochen wird. Die Differenz zwischen alltäglichem und literarischem Erzählen besteht also, wie es scheint, allein in der unterschiedlichen Gestaltungskraft und Professionalität der Erzähler.[16] Diese Auffassung verkennt jedoch, daß zwischen alltäglichem und literarischem Erzählen eine fundamentale kommunikative Differenz mit weitreichenden strukturellen und sprachlichen Konsequenzen besteht. Im literarischen Erzählen ist – verstärkt durch die Trennung von Autor und Publikum – die soziale Einbettung und kommunikative Realisierung des Erzählten verändert. Dieter Janik schreibt dazu: «Erzählen als literarische Redeform unterscheidet sich von der pragmatischen Erzählung (also auch der Alltagserzählung, die Verf.) dadurch, daß die Rückbindung an eine konkrete Sprechsituation aufgehoben ist, und die absolute Freiheit hinsichtlich des Was und Wie gewonnen ist.»[17] Der literarische Erzähler ist nicht nur von seinem Gegenüber befreit, dem er etwas erzählt, sondern auch von der Erwartung, daß er das, was er erzählt, auch wirklich erlebt hat.

Wer sich aus der Perspektive der Alltagserzählungen mit literarischem Erzählen beschäftigt, muß also mit einem Hiatus rechnen: Literarisches Erzählen ist gegenüber dem alltäglichen aus konkreten Kommunikationssituationen entbunden oder freigestellt und ermöglicht dadurch einen potentiell unbeschränkten Zuwachs an Erfindung möglicher Welten, struktureller Komplexität und sprachlicher Formung.

Literarisches Erzählen

Theodor Storm: Am Kamin

«Ich werde Gespenstergeschichten erzählen! – Ja, da klatschen die jungen Damen schon alle in die Hände.»
«Wie kommen Sie denn zu Gespenstergeschichten, alter Herr?»
«Ich? – das liegt in der Luft. Hören Sie nur, wie draußen der Oktoberwind in den Tannen fegt! Und dann hier drinnen dies helle Kienäpfelfeuer!»

«Aber ich dächte, die Spukgeschichten gehörten gänzlich zum Rüstzeug der Reaktion?»
«Nun, gnädige Frau, unter Ihrem Vorsitz wollen wir es immer darauf wagen.»
«Machen Sie nicht solche Augen, alter Herr!»
«Ich mache gar keine Augen. Aber wir wollen Stühle um den Kamin setzen. – So! die Chaiselongue kann stehenbleiben. – Nein Klärchen, nicht die Lichter ausputzen! Da merkt man Absicht, und … et cetera.»
«So fang denn endlich einmal an!»
«In meiner Vaterstadt …»
«Wart noch; ich will mich vor dem Kamin auf den Teppich legen und Kienäpfel zuwerfen.»
«Tu das! – Also ein Arzt in meiner Vaterstadt hatte einen vierjährigen Knaben, welcher Peter hieß.»
«Das fängt sehr trocken an!»
«Klärchen, paß auf deine Kienäpfel! – Dem kleinen Peter träumte eines Nachts –»
«Ach – – Träumen!»
«Was Träumen? Meine Damen, ich muß dringend bitten. Soll ich an einer zurückgetretenen Spukgeschichte ersticken?»
«Das ist keine Spukgeschichte; Träumen ist nicht Spuken.»
«Halt den Mund, liebes Klärchen! – Wo war ich denn?»
«Du warst noch nicht weit.»
«Sßt! – Der Vater erwachte eines Nachts – still Klärchen! – von dem ängstlichen Geschrei des Jungen, welcher neben seinem Bette schlief. Er nahm ihn zu sich und suchte ihn zu ermuntern, aber das Kind war gar nicht zu beruhigen. – ‹Was fehlt dir, Junge?› – ‹Es war ein großer Wolf da, er war hinter mir, er wollte mich fressen.› ‹Du träumst ja, mein Kind!› – ‹Nein, nein, Papa, es war ein wirklicher Wolf; seine rauhen Haare sind an mein Gesicht gekommen.› – Er grub den Kopf an seines Vaters Brust und wollte nicht wieder in sein Korbbettchen zurück. So schlief er endlich ein. Draußen vom Turme hörte der Doktor nach einiger Zeit eins schlagen.
Im Hause des Arztes lebte eine ältliche Schwester desselben, welche den kleinen Peter ganz besonders in ihr Herz geschlossen hatte. – Es war eigentlich eine Range, der Junge; in einer Abendgesellschaft bei seinen Eltern hatte er uns einmal alle Sardellen von den Butterbröten weggefressen. Aber das tat der Liebe der Tante keinen Eintrag. Am anderen Morgen, als der Doktor aus seinem Schlafzimmer trat, war sie die erste, die ihm begegnete: ‹Denke dir, Karl, was mir geträumt hat!› – ‹Nun?› – ‹Ich hatte mich in einen Wolf verwandelt und wollte den kleinen Peter fressen; ich trabte auf allen vieren, während der Junge schreiend vor mir herlief.› – ‹Hu! – Weißt du nicht, wieviel Uhr es gewesen?› – ‹Es muß nach Mitternacht gewesen sein, genauer kann ich es nicht bestimmen.›»

- -

«Nun, und weiter, alter Herr?»
«Nichts weiter; damit ist die Geschichte aus.»
«Pfui! Die Tante ist ein Werwolf gewesen!»

«Ich kann versichern, daß sie eine vortreffliche Dame war. Aber, Klärchen, leg einmal Kienäpfel auf!»
«Ja – aber Träumen ist doch nicht Spuken –»
«Ärgere den alten Herrn nicht! Siehst du, ich weiß besser mit ihm umzugehen. Da erscheint der Trank, bei dem der selige Hoffmann seine Serapionsgeschichten erzählte (...).»[18]

Rahmen und Binnengeschichte dieser wenig bekannten Erzählung von Theodor Storm verraten, in welchem Maße Strukturen und sprachliche Ausdrucksmittel der Alltagserzählung dem literarischen Erzähler gegenwärtig und artistisch verfügbar sind. Er weiß, wie alltägliches Erzählen in soziale Situationen eingebettet ist, und nutzt dieses Wissen zu einer humoristischen Brechung und Kommentierung des Erzählten. In diesem Fall ist die Erzählung des kommunikativen Rahmens und der Unterbrechungen genauso umfangreich wie die eigentliche Binnenerzählung.

Um die Leistungsfähigkeit der an der Alltagserzählung von Herrn B. skizzierten Begrifflichkeit zu erproben und literarisches und alltägliches Erzählen miteinander zu vergleichen, folgen wir den Gesichtspunkten, die auch für die Analyse der Alltagserzählungen leitend waren.

Meta-narrative Erzählstrukturen

Im literarischen Erzählen, wo die reale kommunikative Funktion eröffnender, begleitender und abschließender Kommentare ausfällt, wird die Meta-Narration, wie das Beispiel Storms zeigt, artifiziell genutzt.

Storm baut mit Hilfe eines fiktiven Erzählers, der gänzlich hinter dem Dargestellten zurücktritt, eine Erzählsituation mit einer Runde aus Personen am Kamin auf, in der ein «alter Herr» eine Geschichte erzählt. Dieser Erzähler wird so gestaltet, daß er das gesamte Register eröffnender, begleitender und abschließender Meta-Narration beherrscht und beherrschen muß, um sich erzählerisch durchzusetzen. Er kündigt seine Erzählung an, indem er sie einem bestimmten Genre zuordnet, er verteidigt seine Erzählabsicht gegen eine Fülle von Einwänden und fängt situativ bedingte Unterbrechungen auf. Erst nachdem er so die monologische Situation gesichert hat, kann er seinen Erzählfaden abspinnen. Nachdem aber der «alte Herr» das Ende seiner «Gespenstergeschichte» deutlich markiert hat, ist die soziale Erzählsituation sofort wieder präsent («Nun, und weiter, alter Herr?»).

Die Beispiele zeigen, daß im Unterschied zum alltäglichen Erzählen die Meta-Narration artistisch und spielerisch verfügbar wird. Obwohl Storm als realistischer Erzähler gilt und die Bezüge zur alltäglichen Erzählsituation sich aufdrängen, ist der «alte Herr» interessanterweise in seinem Verhalten kaum als wirklichkeitsnah anzusehen. Herr B. hätte seine Erzählung vermutlich nach so vielen Unterbrechungen abgebrochen. Zugleich wird sichtbar, daß Storm «am Kamin» nicht eine beliebige, sondern eine literarisch gebildete Zuhörerschaft versammelt, die genretypische Erwartungen an die «Gespenstergeschichte» formuliert und literarische Muster und mögliche intertextuelle Anspielungen realisieren kann (E. T. A. Hoffmanns «Serapionsgeschichten»).

Die kognitive und affektive Struktur
Die Geschichte des «alten Herrn» läßt sich relativ einfach mit Hilfe der Kategorien der erweiterten «story grammar» fassen. Die Binnenerzählung erweist sich als eine *Story*, in der innerhalb des *Settings* («Arzt», «Sohn Peter», «in meiner Vaterstadt») zwei *Episoden* geschehen (die Episode «Tante» und die «Peters»). Jede *Episode* ist durch eine zeitliche und kausale Verknüpfung von *Events* und *Reactions* gekennzeichnet, in der «Peter»-Episode: «Es war ein großer Wolf da» (*Event* als Situation der Bedrohung) und «ängstliches Geschrei» des Jungen *(Reaction)*.

Genaueres Hinsehen läßt jedoch erkennen, daß die beiden Episoden – anders als von Alltagserzählungen zu erwarten – überaus kunst- und bedeutungsvoll aufeinander bezogen sind: Für die Ereigniskette unwichtig erscheinende *Events* erweisen sich späterhin als konstitutiv für die Gesamtbedeutung des Erzählten; daß Peter die Sardellen von den Butterbroten «weggefressen» hatte, wird an nebensächlich erscheinender Stelle eingeflochten, gewinnt jedoch für die Deutung der Tante großes Gewicht: Ärgert sich die Tante über das Wegfressen der Sardellen, oder hat sie ihren Neffen einfach zum Fressen gern? Auch das zunächst nur atmosphärisch wirkende Schlagen der Turmuhr in der «Peter»-Episode gewinnt später zentrales Gewicht für die Deutung des Erzählten.

Als besonders komplex und artifiziell erweist sich die «Gespenstergeschichte» in ihrer Verschränkung von zwei textinternen Wirklichkeiten, dem Traum und der ‹Realität›: Peter erlebt als Wirklichkeit, was der Vater als Traum interpretiert, die Tante erlebt als Traum, was der Vater als mögliche Wirklichkeit anerkennen muß.

Anders als in Alltagserzählungen fordert der literarische Erzähler Storm die Leser indirekt auf, für die normabweichenden Ereignisse mehrere, sich überlagernde Erklärungskonzepte ins Deutungsspiel einzubringen: die Tante als Werwolf (mythologisches Modell); der vierjährige Peter – wie auch der Sohn von Hauke Haien im «Schimmelreiter» – als Abbild des Sohns in Goethes «Erlkönig» und die gesamte Gespenstergeschichte als «hoffmannesk» (literarisches Modell); die Tante als Person, die unbewußte Regungen unterdrückt: die Aggression gegen Peter und eine einverleibende Liebe (antizipiertes psychoanalytisches Modell). Diese komplexen und auf Mehrdeutigkeit hin angelegten Strukturmerkmale sind in Alltagserzählungen nicht zu erwarten und lassen sich mit dem Instrumentarium von «story grammars» (bislang?) nicht beschreiben.

Zeitgestaltung

Der Zugewinn an Komplexität in literarischen Erzählungen und die Notwendigkeit eines differenzierten Begriffssystems für ihre Beschreibung tritt unter dem Aspekt der Zeitgestaltung besonders deutlich hervor. Knappheit und Ausführlichkeit in der Darstellung von Personen und Ereignissen findet sich auch in Alltagserzählungen, wie die Geschichte von Herrn B. zeigt; in literarischen Erzählungen werden diese Darstellungsweisen gezielt als Mittel der Raffung und Dehnung eingesetzt, wie vor allem die Analyse von epischen Großformen (Epos und Roman) gezeigt hat.[19]

Im alltäglichen Erzählen folgt die Geschichte mehr oder weniger der chronologischen Reihenfolge der Ereignisse. Demgegenüber verfügt der literarische Erzähler ungleich freier und artistischer über die Zeitachse, wie die Anachronien in der auf den ersten Blick linear wirkenden Gespenstergeschichte «des alten Herrn» beweisen. Die Erläuterung des «alten Herrn»: «Es war eigentlich eine Range (...)», die dem Leser für die Deutung wichtige Hinweise liefert, liegt im dargestellten Sachverhalt zeitlich länger zurück und unterbricht den linearen Ablauf der beiden Episoden. Beide, die Peters und der Tante, sind zudem nicht in ihrer chronologischen Folge erzählt, denn der mögliche ‹Traum› der Tante muß vor Peters möglicher Wirklichkeitserfahrung stattgefunden haben.

Erzählperspektive und sprachliche Gestaltung

Literarische Erzählungen sind im Gegensatz zu Alltagserzählungen durch ein vielfältiges und komplexes Zusammenspiel unterschiedlicher Erzählstrukturen gekennzeichnet, die nicht mehr dominant auf ein ‹erlebendes› oder gar ‹reales› Ich reduzierbar sind. Die Analyse dieses komplexen Zusammenspiels ist in den letzten Jahrzehnten vor allem durch Stanzels Unterscheidung von drei «typischen Erzählsituationen» bestimmt worden: der ich-bezogenen, auktorialen und personalen. Diese Unterscheidung wurde in der Folge unter logischem und historischem Aspekt problematisiert, was Stanzel veranlaßte, die Erzählsituationen begrifflich neu zu fundieren.[20] Von Beobachtungen an Alltagserzählungen ausgehend, soll im folgenden versucht werden, Stanzels Erzählsituationen als unterschiedliche Formen der perspektivischen Konstruktion erzählter Wirklichkeit zu interpretieren. Aus dieser Sicht läßt sich Stanzels Modell auf zwei Dimensionen reduzieren. Gefragt werden kann:

– Aus welcher Position wird die Geschichte erzählt? Wird sie aus der Sicht eines Handlungsbeteiligten erzählt, der einen privilegierten – allerdings nicht notwendigerweise vollständigen – Überblick über das Geschehen hat? Oder wird die Geschichte aus einer mehr oder weniger großen Distanz erzählt, wie sie dem implizit bleibenden Er-Erzähler zugeschrieben werden kann? (Dimension der Erzählerposition: Involviertheit des Erzählers in die erzählte Geschichte.)

– In welchem (kognitiv-affektiven) Erfahrungsmodus werden das dargestellte Geschehen vom Erzähler verarbeitet und die Geschichte konstruiert? Wird die Geschichte vom Erzähler reflektiert wahrgenommen und begrifflich und logisch kohärent erzählt? Oder wird die Geschichte aus der Sicht einer Person wiedergegeben, welche ihre Wahrnehmungen und Erlebnisse nicht reflektiert bzw. nicht bewußt wahrnimmt? (Dimension des Modus der Erfahrung der erzählten Geschichte.)

Verknüpft man diese beiden Dimensionen (Erzählerposition und Erfahrungsmodus) zu einer Matrix, so ergeben sich vier verschiedene idealtypische Erzählperspektiven:

			Erzählerposition		
			als Handlungsbeteiligter		als Unbeteiligter
Erfahrungsmodus	Wissen	A	Erzählen aus der Ich-Perspektive: Wissen aus der Sicht des Handelnden	B	Erzählen aus der auktorialen Perspektive: Wissen aus der Sicht des Beobachters
	Erleben	C	Erzählen aus der Erlebnisperspektive: Verselbständigung des inneren Geschehens des Ich-Erzählers	D	Erzählen aus der Erlebnisperspektive: Verselbständigung des inneren Geschehens der Handelnden

Die Darstellung der erzählperspektivischen Möglichkeiten im Text macht eine flexible sprachliche Formulierung von inneren und äußeren Vorgängen der handelnden Figuren notwendig.

In unserem Beispiel ist der «alte Herr» als Erzähler nicht Handlungsbeteiligter. Die Ereignisse, die er erzählt, weiß er von dem Arzt. Obwohl also ein expliziter Erzähler in der Erzählung (meta-narrativ) als «Ich» bzw. «alter Herr» etabliert ist, haben wir es mit einer Er-Erzählung zu tun, in der der Erzähler eine auktoriale Perspektive (B) einnimmt: Der «alte Herr» bleibt als Erzähler in der Tendenz außerhalb der Ereignisse («Der Vater erwachte eines Nachts...» «Er nahm ihn zu sich.» «Am anderen Morgen, als der Doktor aus dem Schlafzimmer trat...»).

Durchbrochen wird diese Perspektive jedoch mehrfach:

- In der «Peter»-Episode springt der «alte Herr» übergangslos in den szenischen Dialog, was eine Tilgung der auktorialen Perspektive zur Folge hat. Gleiches geschieht bei der Episode der Tante.
- In der eingeschobenen Geschichte des Ich-Erzählers wird eine distanzierte Ich-Perspektive (A) unvermittelt nach der auktorialen Perspektive (B) eingesetzt: «Im Hause des Arztes lebte eine ältliche Schwester desselben (...) in einer Abendgesellschaft bei seinen Eltern hatte er uns einmal...» Hier ist der Erzähler Handlungsbeteiligter, der aber reflektiert Wissen wiedergibt. Die subjektive Erlebnisperspektive (C) ist nicht realisiert. Sie wäre hier dysfunktional, weil die damaligen Erlebnisse des Ich-Erzählers in der Geschichte keine Rolle spielen können. Aus diesem Grund ist kein innerer Monolog möglich.
- In der Er-Erzählung allerdings ist die Erlebnisperspektive (D) möglich und auch andeutungsweise realisiert. Der alte Herr tritt als Erzähler punktuell in die Erlebnisperspektive seiner Figur ein: «So schlief er endlich ein.» Sprachlich gesehen deutet diese Formulierung bei Storm auf Ansatzpunkte der sog. erlebten Rede hin. Gleichwohl ist auch diese repräsentierte Innerlichkeit des Arztes als handelnder Figur ebenfalls dysfunktional (und deswegen nicht ausführlich realisierbar), weil die Spannung der Geschichte gerade aus der Ausblendung dieser inneren Prozesse resultiert.

Deutlich wird, wie komplex die Erzählsituation in literarischen Erzählungen im Vergleich zu alltäglichen gestaltet ist, und daß die Komplexität so groß ist, daß selbst das Instrumentarium der Literaturwissenschaft in Gefahr ist, allzu idealtypische Erzählsituationen als vorgegeben und durchgängig in der einzelnen Erzählung anzunehmen.

Ausblick

In der Analyse der Meta-Narration zeigten sich exemplarisch vielfältige Übereinstimmungen zwischen alltäglichem und literarischem Erzählen. Alltagserzählen ist durchaus künstlicher und elaborierter, als die Literaturwissenschaft vermutet. Und umgekehrt ist literarisches Erzählen an Erzählformen gebunden, die sich aus der Alltagserzählung herleiten. Literarisches Erzählen nutzt jedoch gegenüber dem alltäglichen spielerisch und verfremdend alle Möglichkeiten metanarrativer Erzählkonstitution.

Alltägliches und literarisches Erzählen zeigen ebenfalls auffällige Gemeinsamkeiten in dem Aufbau von Story-Erwartungen, Ereignisketten und Episoden. Literarisches Erzählen zeichnet sich aber auch hier durch eine Steigerung von Komplexität und artifiziellen Ordnungen aus. Schon am Beispiel der Durchbrechung der linearen Zeitstruktur und der Polyperspektivität der Ereigniskonstruktion wurde deutlich, wie der literarische Erzähler die Freiheit von den kommunikativen Bedingungen und dem Wahrheitsanspruch alltäglichen Erzählens zur Gestaltung neuer, komplexer und künstlicher Textwelten nutzen kann. Gleichwohl bleibt auch literarisches Erzählen in seinem Kern an sprachliche und strukturelle Formen gebunden, die das alltägliche Erzählen begründet hat, und zwar selbst dann, wenn die Erwartung, eine Geschichte zu lesen, durch Textmontagen durchbrochen, aufgelöst und verrätselt wird (‹negatives Erzählen›).

Notwendigerweise müssen sich die Unterschiede in der kommunikativen Funktion zwischen alltäglichem und literarischem Erzählen auch in der sprachlichen Gestaltung zeigen: ‹Innere Monologe› oder ‹erlebte Rede› – zur Darstellung von Innerlichkeit geeignet – sind in Alltagserzählungen aus pragmatischen Gründen eher okkasionell oder zufällig. Wer zudem Storms Erzählung unter sprachlich-stilistischem Aspekt untersucht, wird bemerken, wie selbst dieser Text, der aufgrund der dargestellten mündlichen Erzählsituation Anspruchslosigkeit suggeriert, mit semantischen Oppositionen, Metaphern und anderen Stilfiguren spielt und als sprachliches Kunstwerk intendiert ist.

Die Analyse von Gemeinsamkeiten und Unterschieden zwischen alltäglichem und literarischem Erzählen erweist sich somit als lohnende Aufgabe, die zur wechselseitigen Erhellung der Bedingungen, Strukturen und Wirkungen alltäglichen und literarischen Erzählens beitragen kann. Doch diese Aufgabe ist noch weitgehend ungelöst, da das Spektrum alltäglichen Erzählens weit vielfältiger ist, als hier exemplarisch angedeutet werden konnte.[21] Die Übereinstimmungen zwischen alltäglichem und literarischem Erzählen eröffnen dabei zwei Forschungsperspektiven: Intensiver als bisher müßte sich die Literaturwissenschaft mit elementaren Textmodellen auseinandersetzen, um sie für Analysen literarischen Erzählens nutzbar zu machen; zum anderen ist es unumgänglich, daß Linguistik und Psychologie den Horizont der Analyse alltäglichen Erzählens erweitern und eine Poetik der Alltagserzählung ausarbeiten.

Literatur

Brewer, William F./Lichtenstein, Edward H.: Stories are to Entertain. A Structural-Affekt Theory of Stories. In: Journal of Pragmatics 6 (1982), S. 473–486.
van Dijk, Teun A.: Textwissenschaft. Eine interdisziplinäre Einführung. München 1978.
Ehlich, Konrad: Erzählen im Alltag. Frankfurt/M. 1980.
Groeben, Norbert: Leserpsychologie: Textverständnis – Textverständlichkeit. Münster 1981.
Gülich, Elisabeth/Raible, Wolfgang: Linguistische Textmodelle. München 1977.
Ihwe, Jens (Hg.): Literaturwissenschaft und Linguistik. 3 Bde. Frankfurt/M. 1973.
Lämmert, Eberhard: Bauformen des Erzählens. 14. Aufl. Stuttgart 1989.
– (Hg.): Erzählforschung. Stuttgart 1983.
Prince, Gerald: Narratology. The Form and Function of Narrative. Berlin/New York/Amsterdam 1982.
Quasthoff, Uta: Erzählen in Gesprächen. Tübingen 1980.
Rumelhart, David E.: Notes on a Schema for Stories. In: D. G. Bobrow/A. Collins (Hg.): Representation and Understanding. Studies in Cognitive Science. London 1975, S. 211–236.
Stanzel, Franz K.: Theorie des Erzählens. 4. Aufl. München 1989.
Stierle, Karlheinz: Text als Handlung. München 1975.
Toolan, Michael J.: Narrative – A Critical Linguistic Introduction. London/New York 1988.
Wilensky, Robert: Story Grammars versus Story Points. In: The Behavioral And Brain Sciences 6 (1983), S. 579–623.

Anmerkungen

1 Vgl. Umberto Eco: Das offene Kunstwerk. Frankfurt/M. 1973. Peter Bürger: Prosa der Moderne. Frankfurt/M. 1988.

2 Vgl. Lämmert: Bauformen. Jürgen H. Petersen: Der deutsche Roman der Moderne. Grundlegung – Typologie – Entwicklung. Stuttgart 1991. Bruno Hildebrand: Theorie des Romans. 2 Bde. München 1972.

3 Ehlich.

4 Vgl. hingegen Wolfgang Haubrichs (Hg.): Erzählforschung. 3 Bde. Göttingen 1976–78. Lämmert (Hg.): Erzählforschung. Ferner: Hans Ulrich Gumbrecht: Erzählen in der Literatur / Erzählen im Alltag. In: Ehlich, S. 403–19, und die dort zitierte Literatur.

5 Eröffnet wurde der Dialog durch die Sammelbände von Ihwe. Wichtige Untersuchungen für den Dialog lieferten die Linguisten Gülich/Raible sowie Uta Quasthoff und die Literaturwissenschaftler Seymour Chatman: Story and Discourse: Narrative Structure in Fiction and Film. Ithaca/London 1978, und Toolan.

6 Helmut Henne/Helmut Rehbock: Einführung in die Gesprächsanalyse. Berlin/New York 1979, S. 129.

7 Quasthoff. Ferner Teun A. v. Dijk: Philosophy of Action and Theory of Narrative. In: Poetics 5 (1976), S. 287–338.

8 Rumelhart.

9 Ebd., S. 25.

10 Vgl. J. Stückrath «Figur und Handlung» in diesem Band.

11 Vgl. v. Dijk (Anm. 7) und William Labov/Joshua Waletzky: Erzählanalyse: Mündliche Versionen persönlicher Erfahrung. In: Ihwe (Hg.), Bd. 2, S. 78–126.

12 Eine zusammenfassende Darstellung der Affektstrukturen in alltäglichen Erzählungen fehlt noch. Vgl. Brewer/Lichtenstein, ferner Wendy G. Lehnert/Elaine W. Vine: The Role of Affect in Narrative Structure. In: Cognition and Emotion 1 (1987), S. 299–322. Die aufgezeigten emotionalen Strukturen in Alltagserzählungen machen eine Weiterentwicklung des story-grammar-Konzepts notwendig. Eine Möglichkeit besteht darin, die emotionalen Strukturen in Form von ‹Markierungen› in das linguistische Geschichten-Schema zu integrieren. Vgl. Dieter Boueke/Frieder Schülein: Beobachtungen zum Verlauf der Entwicklung der kindlichen Erzählfähigkeit. In: Eva Neuland/Helga Bleckwenn (Hg.): Stil, Stilistik, Stilisierung. Frankfurt/M. 1991, S. 71–86.

13 Vgl. Uta Quasthoff: Dabeisein durch Sprache: Zur Rolle der Perspektive im konversationellen Erzählen. In: Peter Canisius (Hg.): Perspektivität in Sprache und Text. Bochum 1987, S. 129–151.

14 Vgl. Klaus Brinker: Einführung in die linguistische Textanalyse. Bochum 1987.

15 Eine Systematisierung der sprachlichen Formen zur Darstellung von kognitiven und affektiven Strukturen in Alltagserzählungen ist noch kaum versucht worden. Vgl. aber Quasthoff (Anm. 13).

16 Vgl. Konrad Ehlich: Alltägliches Erzählen. In: Willy Sanders/Klaus Wegenast (Hg.): Erzählen für Kinder – Erzählen von Gott. Stuttgart 1983, S. 128–150.

17 Dieter Janik: Zum Verhältnis von ‹Redeformen› und ‹Sachverhalten› der erzählten Wirklichkeit. In: Lämmert (Hg.): Erzählforschung, S. 98–111.
18 In Theodor Storm: Sämtliche Werke. Bd. 2. München 1982, S. 811 f.
19 Lämmert: Bauformen. Jochen Vogt: Aspekte erzählender Prosa. Eine Einführung in Erzähltechnik und Romantheorie. 7. Aufl. Opladen 1990.
20 Stanzel.
21 Vgl. Ehlich.

Andreas Mahler

Aspekte des Dramas

Drama ist Spiel vor Zuschauern; es ist Spiel mit Wirklichkeiten und wirkliches Spiel. «The theatrical situation, reduced to a minimum, is that A impersonates B while C looks on.»[1] «Give me the map there», sagt zu Beginn des 1. Akts der Schauspieler Paul Scofield (A) als König Lear (B): «Know that we have divided/In three our kingdom». Vor den Augen der Zuschauer (C) baut sich so die fiktive Welt eines gealterten Königs und seiner drei Töchter auf. Diese Art der Bedeutungsvermittlung ist etwas grundsätzlich anderes als der Umgang mit der gleichen Geschichte in der Chronik des Holinshed. Die Chronik berichtet aus zeitlicher Distanz mit Hilfe eines fiktiven Erzählers, der die Handlungswelt beschreibt, ihre Figuren einführt und deren Handlungen referiert und kommentiert. Shakespeare hingegen berichtet nicht, sondern zeigt: Er präsentiert die Geschichte mit Hilfe von Schauspielern und ohne zeitliche Verschiebung. Damit ist eine entscheidende Differenz zwischen dramatischem und erzählendem Text benannt. Im Drama fehlt die vermittelnde Kommunikationsebene der Erzählinstanz: Äußeres (A–C) und inneres Kommunikationssystem (B_1–B_2) überlagern sich unmittelbar, die Darstellung des Inhalts erfolgt über die interne fiktive Rede der Figuren und die inszenatorische Umsetzung in externes wirkliches Spiel. Dies bestimmt seine kommunikative Struktur.

Ebenen der Kommunikation

Die Vermittlung von Bedeutung vollzieht sich im Theater auf drei sich überlagernden Kommunikationsebenen, deren gemeinsamer Bezugspunkt die dargestellte Geschichte *(histoire)* ist[2]: einer dramatischen (die Interaktion der Figuren auf der Bühne), einer theatralischen (die Kommunikation zwischen Schauspieler und Publikum) und einer lebensweltlichen Ebene (die gesellschaftliche Kommunikation über die Inszenierung und deren Bezug auf lebensweltliche Normen).

Diese kommunikativen Verhältnisse lassen sich durch eine Szene aus «Macbeth» verdeutlichen. Zwei Schauspieler (A_1/A_2) stehen auf der Bühne. Sie verkörpern Macbeth (B_1) und Lady Macbeth (B_2). Es ist die 7. Szene des 1. Akts, und beide beraten, ob sie ihren Gast Duncan, König der Schotten, töten sollen, um so der Prophezeiung der Hexen, Macbeth werde selbst König sein, nachzuhelfen. Macbeth befallen Zweifel: «If we should fail?» Lady Macbeth antwortet: «We fail!» Die Figuren (B_1/B_2) kommunizieren untereinander; ihre Kommunikation ist aufeinander bezogen (reziprok). In ihrem Dialog entfaltet sich die zu zeigende Geschichte, charakterisieren sich die Figuren, entwickelt sich die Handlung. Und doch ist bereits dieser Inhalt nicht völlig gewiß. Der zitierte dramatische Text der Lady Macbeth endet mit einem Ausrufezeichen, das «Folio» von 1623, einzige überlieferte Textfassung des «Macbeth» aus der Shakespeare-Zeit, verzeichnet hingegen ein Fragezeichen.[3] Bei der Umsetzung in theatralisches Spiel läßt sich die Replik der Lady Macbeth mithin mehrfach interpretieren: als schicksalergebenes Sichfügen («Dann scheitern wir eben!») oder als selbstbewußtes Aufbegehren («Scheitern? Wir?»). Davon können aber die Produzenten der Aufführung nur eine Version wählen.

In der Kommunikation zwischen Schauspielern und Publikum (C), die nicht reziprok ist und somit keine klärenden Rückfragen erlaubt, vereindeutigt sich die Interaktion. Die Wahlmöglichkeit ist also zugleich ein Wahlzwang, der das Bedeutungspotential einschränkt. Zudem stellt sich die Frage nach der gesellschaftlichen Vermittlung; ist den Produzenten aufgrund ihres Verständnisses von Geschlechterrollen Lady Macbeth als machthungrige Machiavellistin vorstellbar (Inszenierung der Fragezeichenversion), oder erscheint sie ihnen vor dem sozio-kulturellen Hintergrund bürgerlicher Verhaltensnormen eher als passiv-erduldende Stoikerin (Ausrufezeichenversion)?

Erst die auf den Vermittlungsebenen getroffenen Selektionen erzeugen also die Bedeutung, die die Produzenten mit der Aufführung eines

Theaterstücks im Rahmen einer bestimmten sozio-kulturellen Situation im Sinn haben. Dabei stehen die Kommunikationsebenen quer zu den Ebenen der Inhaltsvermittlung; Textsubstrat und Aufführung können sowohl illusionsstiftend die Kommunikation zwischen den Figuren als auch illusionsbrechend die Kommunikation zwischen Schauspieler und Publikum in das Zentrum der Aufmerksamkeit setzen. Auch der Zuschauer kann in gewissem Rahmen wählen, auf welche der Kommunikationsebenen er sich einläßt; in dramatischer Perspektive verfolgt er eine Beratungsszene zweier Figuren; in theatralischer Perspektive genießt er als Theaterkenner das Rollenspiel der die Szene vorführenden Schauspieler; in lebensweltlicher Perspektive konfrontiert er als gesellschaftlich bestimmter Mensch die auf der Bühne propagierten Normen mit seinen eigenen Verhaltenserwartungen.

Die Aufteilung der im Theater erfolgenden Bedeutungsbildung in eine ergebnishafte Inhaltsebene und drei prozeßhafte Ebenen bildet im folgenden die Grundlage für die Beschreibung von Elementen des Dramas.

Konventionen der Inhaltsebene

Die Inhaltsebene hat Konstruktcharakter; sie stellt eine fiktive Wirklichkeit dar, die in sich vollständig ist und keinerlei zusätzliche Semantisierung zuläßt: Die Frage nach der Anzahl der Kinder Lady Macbeths beantwortet nur der Text, und tut er das nicht, so ist diese Information nicht Teil des dargestellten Diskursuniversums und von daher irrelevant.[4] Ihre Begrenztheit macht die fiktive Welt zu einem Modell der unbegrenzten Wirklichkeit[5], das diese reduziert und perspektiviert, sie aber gerade deshalb unter einem ausgewählten Aspekt zu deuten vermag. Das Drama entwirft also auf der Inhaltsebene ein Sujet, das in seinem Antwort-, nicht Abbildcharakter immer «ein bedeutsames Instrument für die Sinnbestimmung des Lebens»[6] darstellt.

Ein Drama ist beschreibbar mit Hilfe der Elemente Figur, Handlung, Raum und Zeit. Die Elemente Raum und Zeit haben vornehmlich situierende Funktion; sie stellen den Rahmen, innerhalb dessen der zu zeigende Inhalt stattfindet: Es ist das Jahr 44 v. Chr., der Schauplatz ist Rom. Im Vordergrund der Inhaltsanalyse stehen aber die Figuren als Handlungsträger: Julius Cäsar wird ermordet. Die Betrachtung der Figuren als Aktanten reduziert das Figurenarsenal auf wenige Handlungsfunktionen.[7] Faßt man Handlung als intentionale Situationsveränderung, so ist diejenige Figur Subjekt der Handlung, die aus Unzufriedenheit mit der bestehenden Situation eine Veränderung anstrebt. Objekt der Handlung ist das erstrebte Gut, dessen Empfänger das Subjekt selbst oder andere sein können. Der Situationsveränderung widersetzt sich ein Opponent; über den entstehenden Konflikt entscheidet eine als Schiedsrichter fungierende situationsmächtige Instanz. Allen fünf Positionen können zudem Helferfiguren zugeordnet sein. So ist in Goethes «Iphigenie auf Tauris» Iphigenie das Subjekt eines Handlungskreises; das erstrebte Gut ist ihre Freilassung und die damit verbundene Rückkehr nach Griechenland, sie selbst dessen Empfängerin, Thoas Opponent wie auch entscheidungsmächtige Norminstanz, Arkas sein Helfer. Diesem Handlungskreis sind korrespondierend zugeordnet Orests Suche nach der ‹Schwester›, Thoas' Liebe zu Iphigenie sowie der Komplex des Opfertods der Eindringlinge Orest und Pylades. Die Konfliktstruktur aller vier Handlungskreise löst sich durch die Erkenntnis irdischer statt göttlicher Entscheidungsmacht; Thoas' Wort «So geht!» neutralisiert nicht nur seine Subjekt- bzw. Opponentenfunktion, sondern weist ihn zugleich als wesentliche Norminstanz des dargestellten Diskursuniversums aus. Damit bringt er seine Handlungsabsicht selbst zum Scheitern, während die des Geschwisterpaars gelingt.

Inhaltlich gesehen, lassen sich Dramen somit unterscheiden nach der Durchsetzung des Subjektwillens, nach den thematischen Dominanten des Objekts sowie nach dem Handlungsverlauf. Dabei kennzeichnet tragisch ausgerichtete Dramenformen eher eine Handlungsfolge um ein Subjekt, dessen Handlungsabsicht mißlingt, während komische Dramenformen eher bestimmt sind durch eine Handlungsfolge, die das Ausspielen komisch scheiternder Einlagen ermöglicht.[8] Während also im «Hamlet» das ernsthaft-kontinuierliche Streben des Helden nach wiederherstellender Gerechtigkeit sich letztlich nicht erfüllt, reüssiert in Molières «École des femmes» der jugendliche Horace und bekommt seine Agnès, bleibt aber gegenüber dem beständig düpierten Arnolphe eigentümlich blaß. Ein dominantes Thema der Komödie ist die Liebe, wenn sie zuweilen auch hinter der Darstellung komischer Intrigen und der damit verbundenen Thematik zurücktritt wie z. B. in Ben Jonsons «The Alchemist», wo das Thema frühneuzeitlichen Gewinnstrebens so lange durchgespielt wird, bis mit der Explosion der Alchemistenküche sich alle Hoffnungen in nichts auflösen. Handlungskonstitutive Themen der Tragödie sind hingegen neben der Liebe («Romeo and Juliet») und den mit ihr verbundenen Normen- und Rollenkonflikten

(«Othello») vornehmlich die Komplexe Macht/Ehrgeiz («Macbeth») sowie Rache/Ehre/Gerechtigkeit («Hamlet»).[9] Andere dramatische Subgattungen wie die Historien Shakespeares oder das Experiment einer Tragikomödie lassen sich den tragischen bzw. komischen Dramenformen zuordnen oder als Mischformen beschreiben; sie folgen entweder dem Schema der Tragödie der Macht («Richard III») bzw. benutzen die Machtthematik zur Inszenierung komischer Episoden wie die überbordenden Falstaff-Szenen («Henry IV») oder versehen eine potentiell tragische Handlung mit einem überraschenden guten Ausgang (Corneille, «Le Cid»).

Einer dominant syntagmatisch ausgerichteten Handlungsfolge in der Tragödie steht also gegenüber eine dominante Paradigmatik in der Komödie. Lear verteilt Macht und fordert Liebe; er verliert die ihn wirklich liebende Tochter, sein Gefolge, seine Autorität, den Verstand. Nach der kurzen Hoffnung auf Wiederherstellung der Ausgangsordnung durch Cordelia endet schließlich die Handlungsbewegung mit seinem Tod. Gegenüber einer solchen konsekutiven Verkettung spielt beispielsweise Molières «Le bourgeois gentilhomme» immer wieder die gleiche Situation komödiantisch aus; der um Klassenflucht bemühte Monsieur Jourdain eignet sich Adelsprädikate an, ohne daß ihm dies so recht gelingt: Der Unterricht im Tanz, im Fechten, in der Konversation, im gesellschaftlichen Umgang inszeniert repetitiv ein episodisches Scheitern des komischen Charakters, das sich schließlich überführt «in ein endgültiges»[10]. Damit stellt sich die Frage nach der Ereignishaftigkeit des dargestellten Inhalts. Mit Lotman läßt sich ein Ereignis begreifen als eine entscheidende weltverändernde Überschreitung semantischer Grenzen auf der Ebene der *histoire*. Die Grenzüberschreitung durch einen Helden enthält auch ein potentiell revolutionäres Element.[11] Eine alte Ordnung gerät in Gefahr durch eine neue Ordnung, die sich behauptet oder von der alten Ordnung wieder vereinnahmt wird. Der Komödie eignet dabei eher das Schema der Restitution. Die Usurpation des Thrones durch Duke Frederick in Shakespeares «As You Like It» wird rückgängig gemacht, die alte Ordnung wird wieder hergestellt. Die unvernünftigen Heiratspläne des alten Harpagon mit der jungen Mariane in Molières «L'avare» verflüchtigen sich mit dem Verlust seiner Geldkassette, die jungen Paare finden zueinander, und der Geizige nimmt teil am Fest. Der komödienhaften Formel von Grenzüberschreitung und Wiederherstellung steht in der Tragödie gegenüber die unversöhnliche Sanktion. Phèdres verbotene Liebe zu ihrem Stiefsohn Hippolyte, die Überschreitung zugelassener Wissensgrenzen durch Marlowes Doctor Faustus, Götz von Berlichingens Auflehnung gegen Machtwillkür finden ihre Strafe im Tod. Die Annullierung der Ereignishaftigkeit durch die Ausgrenzung bzw. Vernichtung der Heldenfigur führt in der Tragödie häufig nicht mehr zur Wiederherstellung der alten Ordnung, sondern eher zu einer generellen Infragestellung ihrer Werte und Normen. Dramen lassen sich demnach auch nach dem Kriterium der Ordnungsgläubigkeit unterscheiden. Nur selten gelingt dabei eine Überführung der dargestellten Wirklichkeit von einer alten zu einer neuen Ordnung wie beim Wandel von einem göttergläubigen zu einem autonomen Weltmodell in Goethes «Iphigenie».

In der Geschichte des Dramas läßt sich zudem eine Zurücknahme potentieller Ereignishaftigkeit beobachten. Offenes Austragen von Konflikten, z. B. in der Tragödie Shakespeares oder der Komödie Molières, weicht einer Tendenz zur Verinnerlichung in der Tragödie eines Racine oder der Komödie eines Marivaux und führt im modernen Drama schließlich zur Negation der Möglichkeit sinnhaften Handelns wie im Drama Becketts. Sieht man im Drama ein Modell gesellschaftlicher Interaktion, so bedeutet dies zugleich einen Wandel von ihrer repräsentativen Darstellung in einer als gültig empfundenen Adelskultur über ihre figurenzentrierte Einübung in der Phase der Verbürgerlichung bis zu ihrer fundamentalen Problematisierung im naturalistischen wie absurden Theater der Moderne.[12]

Konventionen der Vermittlung: das Textsubstrat

Rein typographisch besteht das Textsubstrat aus dem Haupttext, der die zu sprechenden Repliken der Figuren umfaßt, und dem Nebentext, in dem sich unter anderem vor allem Hinweise zu Ort, Zeit, Figurencharakteristik, Tonalität, Gestik, nichtverbalen Handlungen finden. Das Syntagma des Textes ist zudem in der Regel gegliedert in die Segmentierungseinheiten Akt, Szene und Auftritt, wobei in klassizistischer Tradition wie bei Ben Jonson, in der französischen oder deutschen Klassik jede quantitative Veränderung in der Figurenkonstellation eine neue Szene, jeder vollständige Figurenaustausch einen neuen Akt bedingt.

Grundprinzipien dramatischer Vermittlung sind das Prinzip der Konzentration und das Prinzip der Sukzession.[13] Sie sind bezogen auf das Verhältnis von Spielzeit und gespielter Zeit. Das Prinzip der Konzentration betrifft dabei die zeitliche Dauer, das Prinzip der Sukzession die Chronologie; die Begrenzung der Spielzeit durch die menschliche Aufnahmefähigkeit bedingt eine Begrenzung des Umfangs, der Ausfall einer vermittelnden Kommunikationsinstanz erwirkt eine chronologe lineare Abfolge von repräsentierter Geschichte *(histoire)* und repräsentierenden Szenen. Nur selten schreitet ein Stück im Lauf der Spielzeit auf der Ebene der gespielten Zeit zurück wie Harold Pinters «Betrayal», das in neun Szenen vom Jahr 1977 ins Jahr 1968 zurückführt. Ebenfalls nur selten spielt der dritte Faktor zeitorientierter Analyse, die Frequenz, eine Rolle wie in Alan Ayckbournes Trilogie «The Norman Conquests», in der zuweilen ein und derselbe Zeitpunkt aus dreifacher lokaler Perspektive, dem Eßzimmer, dem Wohnzimmer und dem Garten, dargestellt ist.

Konzentration und Sukzession bestimmen zudem die Präsentation der Geschichte. Sie kann zum einen unmittelbar durch szenisches Zeigen (offene Handlung), zum anderen narrativ durch figurales Erzählen (verdeckte Handlung) erfolgen. Ausschließliche szenische Präsentation würde dabei oftmals den zeitlichen Rahmen sprengen. Aus diesem Grund ist ein privilegierter Ort narrativer Vermittlung die Exposition, in der die Handlung bis an den Punkt *(point of attack)* herangeführt wird, an dem sodann das eigentlich zu zeigende Spiel beginnt. Dabei kann alle zum Verständnis notwendige Information sowohl blockhaft zu Beginn gegeben als auch bewußt bis gegen Ende hin hinausgezögert werden. So ist beispielsweise in Racines «Phèdre» mit dem charakteristischerweise an die Vertraute Œnone gerichteten Liebesgeständnis die Exposition bereits nach der dritten Szene abgeschlossen: «Je t'ai tout avoué». In Schillers «Braut von Messina» entfaltet sich die Vorgeschichte der feindlichen Brüder im Auftrittsmonolog ihrer Mutter Isabella vor dem Ältestenrat, erhält aber im Verlauf der Handlung noch Zusätze über das Verhältnis beider Brüder zur bis dahin im verborgenen gehaltenen Schwester. Im «König Ödipus» des Sophokles hingegen erhält der Zuschauer die entscheidende Information der Vorgeschichte erst am Ende des Dramas.[14] Eine Form raffender Inhaltsvermittlung ist auch der Botenbericht. In Shakespeares «As You Like It» tritt erst unmittelbar vor dem erwartbaren guten Ende zum ersten und einzigen Mal die Figur des Jaques de Boys auf, um vom kriegerischen Aufbruch des Usurpators Duke Frederick, seiner wunderbaren Bekehrung bei Eintritt in den Ardennerwald und seinem freiwilligen Machtverzicht zu berichten. Gegenüber einer solchen zeitsparenden Funktion narrativer Vermittlung erfüllt einer der bekanntesten Botenberichte der Weltliteratur, der *récit* des Théramène in Racines «Phèdre», vor allem eine Schicklichkeitsfunktion; gemäß der für die französische Klassik bedeutsamen Norm der *bienséance* wird der Tod des Hippolyte nicht auf der Bühne gezeigt, sondern nachträglich berichtet. Gleichzeitiges Berichten findet sich, ebenfalls aus Gründen der Schicklichkeit oder auch der technischen Darstellbarkeit, in der Technik der Teichoskopie (Mauerschau). So erfährt der Zuschauer die Hinrichtung in Schillers «Maria Stuart» aus der Perspektive des in einem Nebenraum befindlichen Grafen Leicester, der das verdeckte Ereignis beschreibt und zudem kommentiert.

Die Vermittlung dramatischer *histoire* kennt sowohl den regelhaften Kompositionstypus der geschlossenen Form, der die Geschichte mit einleitender Exposition (Anfang), zunehmender Verwicklung, krisenhafter Wendung (Mitte), Weiterführung und abschließender Lösung (Ende) präsentiert (Shakespeares «Richard II»), als auch das Gegenmodell, den eher freien Kompositionstypus der offenen Form. Zu unterscheiden ist zwischen der Tendenz zu narrativer Vermittlung zu Dramenbeginn und einem Überwiegen szenischer Präsentation am Dramenende. Die Schlußgestaltung differenziert zudem wiederum Tragödie und Komödie; die tragische Lösung modellierter Konflikte endet in der Regel in der Katastrophe[15], die komische Lösung in der Harmonie. Die normative Bevorzugung der geschlossenen Dramenform in Epochen der Klassik hat, insbesondere in Frankreich, die Diskussion einer von Aristoteles so nicht formulierten Lehre von den Einheiten hervorgebracht. Im Sinn der Wahrscheinlichkeit *(vraisemblance)* werden darin zur Betonung der dramatischen Perspektive die Eingrenzung des dargestellten Zeitraums, des Orts, des Figurenspektrums wie der Handlungsführung eingefordert. Ein Beispiel äußerster Beschränkung bietet hierfür Racines «Bérénice», wo binnen weniger Stunden in nur einem Raum die auf die Phase der Erkenntnis des notwendigen Verzichts konzentrierte Handlung durchgespielt wird.

Dramatische Texte realisieren sich in der Rede der Figuren. Dies geschieht sowohl im Dialog als auch im Monolog. Neben kommentierender oder abwägender Funktion spielt hierbei vor allem die Figurencharakterisierung eine wesentliche Rolle.[16] Damit kommt im Gegensatz zur Aktantenanalyse nunmehr die Figur als Charakter in den Blick. Was im narrativen Text oftmals durch auktoriale Beschreibung geleistet wird, muß also im Drama vorwiegend über die Figurenrede selbst vermittelt werden. Figurencharakterisierung läßt sich begreifen als Zuweisung und Bündelung semantischer Merkmale. Im Gegensatz zu realen Personen ist die Information über fiktive Figuren durch den Rahmen des Diskursuniversums begrenzt und demzufolge der Satz der sie charakterisierenden Merkmale endlich. Dies bedeutet, daß sich das Figurenarsenal über ein System von Äquivalenzen und Oppositionen bestimmt und die Spezifik einer Figur bereits über die Differenz zu den anderen Figuren gegeben ist; die Differenzierung nach Kontrast- bzw. Korrespondenzrelationen vollzieht sich dabei häufig nach den Kriterien Geschlecht (männlich vs. weiblich), Alter (jung vs. alt), Stand (hoch vs. niedrig) und Herkunft (fremd vs. heimisch). In diesem Sinn stellen sich literarische Figuren dar als «diskontinuierliche Signifikanten», als zunächst leere Zeichen also, denen im Textverlauf diskontinuierlich Signifikate zugeordnet werden.[17] Die Zuweisung charakterisierender Merkmale kann in monologischer oder dialogischer Form durch die Figur selbst (Eigenkommentar) oder aber durch andere (Fremdkommentar) in ihrer unmittelbaren Gegenwart bzw. im Vor- oder Rückverweis erfolgen. Die Technik der Figurencharakterisierung erweist sich häufig zugleich als Strategie der Sympathielenkung.[18]

Inhaltsvermittlung über Figurenrede ist perspektivisch gebrochen.[19] Ob eine Figur charakterisiert, ein Ereignis referiert oder kommentiert wird, immer geschieht dies aus der Sicht der sprechenden Figur. Das Diskursuniversum eines Dramas stellt sich also dar als Vielzahl figuraler Diskursuniversen, deren unterschiedliche Perspektiven sich stützen oder konterkarieren können. Während aperspektivische Dramen diese Möglichkeit einebnen, um eindeutige auktoriale Wahrheiten zu übermitteln, nutzen andere Dramen die Vielfalt figuraler Sichtweisen, um Meinungen und Einschätzungen, Normen und Werte zu entfalten. Der Begriff der Perspektive bezeichnet also nicht nur ein Phänomen der Informationsvergabe, sondern auch eine Kategorie der Wertung. Dramen mit geschlossener Perspektivenstruktur stellen figurale Einschätzungen nebeneinander, um sie schließlich entweder explizit durch die Privilegierung einer Sicht oder implizit als zu erschließende ‹Resultante› aller Figurenperspektiven auktorial zu versöhnen. So wird in Shakespeares «Twelfth Night» der Gegensatz zwischen der puritanischen Festfeindlichkeit des Malvolio und der exzessiven Festbegeisterung des Sir Toby aufgefangen in der Perspektive verfeinerter aristokratischer Spielkultur der Liebenden und durch das gute Ende auktorial bestätigt.[20] Gegenüber dieser Tendenz zur Vereindeutigung betonen Dramen mit offener Perspektivenstruktur die Ambivalenz der Vielfalt. Eine radikale Relativierung aller Perspektiven kennzeichnet die ‹großen› Tragödien Shakespeares («Hamlet», «King Lear»), aber auch die späten Stücke wie «The Tempest».

Perspektivenstruktur und Zuschauerlenkung stehen in einem engen Zusammenhang. Moralisch oder faktisch als falsch ausgewiesene Perspektiven spielen den Zuschauer in eine Position überlegener Distanz, die ihm Kontrolle über die dargestellte Welt suggeriert. Demgegenüber verunsichert die offene Perspektivenstruktur das Publikum. Die Bewertung des Todes der Cordelia in «King Lear» war ein solchermaßen provokatorisches Skandalon, so daß für lange Zeit auf der Bühne nur die zu einem guten Ende revidierte Fassung Nahum Tates gespielt werden konnte.

Konventionen der Vermittlung: die Aufführung

Die Einsicht, daß man «nicht *nicht* kommunizieren kann» [21], gilt in besonderem Maße für die Theatersituation: «All that is on the stage is a sign.» [22] Der Schauspieler des Richard III kann also nicht zufällig einen Hitler-Bart tragen, genausowenig wie das Bühnenbild zum «Lear» nicht aus Versehen ein Kreuz zeigen wird. Die prinzipielle Zeichenhaftigkeit und die Begrenztheit machen die Aufführung zum Text, der sich einer Fülle nonverbaler Codes zur Vermittlung seiner Inhalte bedient. Die Plurimedialität ist also ein wesentlicher Faktor theatralischer Bedeutungskonstitution. Von den Elementen des Dramas betrifft sie Zeit und Handlung am wenigsten; entscheidend wirkt sie auf Raum und Figur.

Die vollständige Semiotisierung der Theatersituation erklärt die «immense Wichtigkeit der Besetzung in der dramatischen Aufführung». [23] Durch sie erhält die Figur über die textuelle Charakterisierung hinaus individuelle, nicht beliebig reproduzierbare Merkmale, die Inszenierungen entscheidend voneinander abheben. Der Heinrich V des Laurence Olivier wirkt anders als die Darstellung derselben Rolle durch Kenneth Branagh. Statur, Physiognomie, Maske, Kostüm, Gestik, Mimik, Tonhöhe, Stimme, Sprechweise, Intonation, Phrasierung und Sprechtempo differenzieren die vorgegebene Rolle in strahlendes nationales Heldentum bzw. in ein eher zurückhaltendes und skeptisches Königsverständnis. Das theatralische Spiel benutzt also den menschlichen Körper als ikonisches Zeichen [24] und setzt seine akzidentellen Merkmale um in intentionale Bedeutung. Nicht zufällig besetzte der amerikanische Film die Rolle der unschuldigen Heldin lange Zeit mit blonden, die Rolle des bösen Vamp mit dunkelhaarigen Schauspielerinnen. Figurenbezogene Codes sind im nonverbalen Bereich: der vestimentäre (Kostüm), kosmetische (Maske), proxemische (Raumausnutzung: Distanz vs. Nähe), kinesische Code (Gestik, Mimik, Bewegung). Raumbezogene Codes betreffen vornehmlich den architektonischen Entwurf und die Ausgestaltung der Bühne, die Beleuchtungstechnik, die Verwendung von Requisiten sowie den Einsatz von Geräuschen und Musik. In der 6. Szene des 3. Aktes, einer der Heideszenen des «King Lear», zeigt sich ein sturmumtoster, spärlich beleuchteter, armseliger Innenraum eines Bauernhauses, in dem sich zu den Beschützerfiguren Gloucester und Kent das Trio der Wahnsinnigen, Lear, Edgar und der Fool, gesellt. Vor dieser Geräusch- und Raumkulisse entwickelt sich sodann ein Spiel, das die Flexibilität und Dynamik von Inszenierungsformen vorführt. Vom Spielleiter Lear wird eine Situation in Szene gesetzt, die den als Poor Tom verkleideten Edgar zum vorsitzenden Richter sowie den Fool und Kent zu dessen Beisitzern macht. Die Gruppierung der drei Figuren zum Tribunal (Proxemik) und ihre autoritative Gestik (Kinesik) verwandeln die Heideszene vor den Augen der Zuschauer in eine Gerichtsszene mit den Angeklagten Goneril und Regan. Dabei wird der äußere Rahmen des Spiels stets aufrechterhalten[25]: zum einen durch Kent, der zunächst noch außerhalb steht, zum anderen durch Edgars aus der Rolle fallendes, mitleidsvolles Beiseitesprechen, vor allem aber durch den Fool, dessen Bemerkung angesichts Gonerils vermeintlicher Weigerung, ihren Namen zu nennen: «Cry you mercy, I took you for a joint-stool», als proverbiale Äußerung («Ich habe Euch ganz übersehen») oder als wörtlicher, szenischer Bezug («Ich habe Euch bloß für einen Schemel gehalten») interpretiert werden kann.[26] Goneril wird hier also entweder durch ein Bühnenrequisit oder überhaupt nicht dargestellt und ist doch im Spiel präsent. Insofern als das Spiel im Spiel mit der Verurteilung der bösen Töchter anstrebt, was in der fiktiven Wirklichkeit kaum mehr möglich scheint, liegt zudem eine Form der Spiegelung, eine *mise en abyme*, vor, die imaginativ zu bewältigen sucht, was faktisch ungelöst ist.[27]

Die Aufführung aktualisiert das vorgegebene Textsubstrat im Spiel. Dabei tendieren Tragödien eher zur Aufrechterhaltung dramatischer Illusion, während diese in Komödien aus Freude am theatralischen Spiel zumeist durchbrochen wird. Tragödien spielen also den Zuschauer eher in eine dramatische Perspektive, Komödien hingegen eher in eine theatralische. Dies ist auch eine Funktion des Rollenspiels. Illusionsstiftendes Spiel kennzeichnet ein dominantes Rollenengagement, illusionsbrechendes Spiel zunehmende Rollendistanz.[28] Dabei bedeutet Rollenengagement nicht emotionale Identifikation mit der Figur. Bereits Diderot hat im «Paradoxe sur le comédien» auf die rationale Kalkuliertheit realistischer Effekte hingewiesen: Der Schauspieler geht nicht in der dargestellten fiktiven Figur auf, sondern steuert als «spectateur froid et tranquille» bewußt berechnend sein Spiel.[29] Die Aktivität des Schauspielers läßt sich auch beschreiben in Relation zu der von ihm dargestellten sozialen Rolle, die entweder selbst Rollendistanz zuläßt (wie die Rolle des Dandy in der Gesellschaftskomödie) oder solche Distanz als unaufrichtig brandmarkt (wie in der Gegenüberstellung vorgespiegelter Freundschaft und schurkischen Intrigantentums bei Iago) oder aber Identifikation voraussetzt (wie die Königsrolle in «Richard II»).[30] Aufrichtigkeit und Ich-Identität einerseits, Eindrucksmanipulation, Intriganz und Identitätszweifel andererseits bestimmen mithin bereits die sozialen Rollen der Figuren, deren Darstellung durch die Schauspieler je nachdem identifikatorisch verlängert oder distanzierend gebrochen werden kann. Dabei ist die Wahrnehmungsschwelle für illusionsstörende Brechungen historisch wie kulturell variabel; so blendet z.B. das chinesische Publikum die Anwesenheit nicht-kostümierter Bühnenarbeiter einfach aus, während sich europäische Zuschauer dadurch in ihrer Illusion irritieren lassen.[31]

Funktionen

Illusionsdurchbrechungen können den Zuschauer neben der theatralischen vor allem in eine lebensweltliche Perspektive versetzen. Der Glaube an die fiktive Welt wird dann nicht zum Zeigen virtuosen, selbstbewußten Spiels gebrochen, sondern zugunsten eines steten Bezugs auf die Realwelt verfremdet.[32] Das epische Theater Brechts nutzt solche Verfremdung im Zeichen sozialer Anklage. Dies ist *eine* Funktion dramatischer Fiktionen. Geht man davon aus, daß fiktionale Entwürfe eine «imaginäre Bewältigung defizitärer Realitäten»[33] leisten, d.h. auf lebensweltliche Fragen beschwichtigend bzw. problematisierend antworten, so eignet dem Drama ein Funktionsspektrum von versichernder Vereindeutigung zu ambivalentem Offenhalten. Lebensweltliche Defizite werden dabei entweder zugunsten der Geltung des Bestehenden zugeschüttet (Affirmation) oder anklagend hervorgekehrt (Negation) oder als unvermeidlich sichtbar gemacht (Ambivalenz). Affirmation und Negation versprechen alten bewährten bzw. neuen besseren Sinn und bewältigen dadurch lebensweltliche Kontingenz. Gegenüber dieser reduktiven Funktion behält das ambivalente Spiel offener Theaterformen die Komplexität von Wirklichkeit bei; statt Kontingenz zu tilgen, macht es sie bewußt. Die Polyperspektivik des «King Lear» dementiert sowohl die Geltung feudaler Autoritätsstrukturen, wie sie sich in der Restitution des Lear äußern würde (Affirmation), als auch ihren Ersatz durch neue Autoritäten wie im Sieg der expansiven Begierden seiner Töchter (Negation) und zeigt so das ganze Ausmaß der frühneuzeitlichen Autoritätskrise in ihrer unauflösbaren Widersprüchlichkeit (Ambivalenz): «Shakespeare zeigt die alte Welt im Gestus des Abschieds, die neue im Gewand einer Warnung und Vorahnung.» [34] Damit erweist sich das Theater wie jedes fiktionale Spiel als «Schule der Distanznahme» [35] und darin als Erkenntnismodell. Das Spiel der *mimicry*, in dem die Spieler eine andere Identität vortäuschen, ist also ein beobachtetes Spiel, dessen Zuschauer aus der Konfrontation mit gespielten Rollen und fiktiven Welten für die Lebenswelt lernt.[36] Die Funktion theatralischen Spiels subsumiert sich mithin in der Formel der Selbsterfahrung in Fremderfahrung. Als Ort des Entwurfs und der Ausgestaltung fiktiver Sujets ist das Theater eine privilegierte Instanz gesellschaftlicher Sinnproduktion, die sich zum einen der Antworten bereits sicher scheint, zum anderen die rechten Fragen erst zu suchen und zu stellen beginnt. In jedem Fall ist das Theater ein Ort der Weltdeutung: «Indem der Mensch Sujettexte schuf, lernte er es, Sujets im Leben zu erkennen und sich auf diese Weise das Leben zu deuten.» [37]

Literatur

Bentley, Eric: The Life of the Drama. London 1965.

Elam, Keir: The Semiotics of Theatre and Drama. London/New York 1980.

Esslin, Martin: Die Zeichen des Dramas. Theater, Film, Fernsehen. Übers. von Cornelia Schramm. Reinbek bei Hamburg 1989.

Fischer-Lichte, Erika: Semiotik des Theaters. 3 Bde. Tübingen 1983.

Matzat, Wolfgang: Dramenstruktur und Zuschauerrolle. Theater in der französischen Klassik. München 1982.

Pavis, Patrice: Problèmes de sémiologie théâtrale. Montréal 1976.

Pfister, Manfred: Das Drama. Theorie und Analyse. München 1977.

Schwanitz, Dietrich: Die Wirklichkeit der Inszenierung und die Inszenierung der Wirklichkeit. Untersuchungen zur Dramaturgie der Lebenswelt und zur Tiefenstruktur des Dramas. Meisenheim am Glan 1977.

Szondi, Peter: Theorie des modernen Dramas. 1880–1950. 19. Aufl. Frankfurt/M. 1989.

Warning, Rainer: Elemente einer Pragmasemiotik der Komödie. In: Wolfgang Preisendanz/Rainer Warning (Hg.): Das Komische. München 1976, S. 279–333.

Anmerkungen

1 Bentley, S. 150.
2 Zum Begriffspaar *histoire* vs. *discours* und seiner Auswertung für narrative Texte s. Tzvetan Todorov: Les catégories du récit littéraire. In: Communications. Bd. 8 (1966), S. 125–151; zur kommunikativen Struktur des Dramas s. Matzat, S. 13 ff.
3 Editoren begründen ihre Emendation aus einer vereindeutigenden Lektüre des unmittelbar nachfolgenden Ko-Textes; s. z. B. William Shakespeare: Macbeth. Hg. von G. K. Hunter. Harmondsworth 1973, S. 150. Das angesprochene Problem verschärft sich bei Übersetzungen.
4 L. C. Knights: How Many Children had Lady Macbeth? (1933) In: Ders.: Explorations. 3. Aufl. London 1958, S. 1–39.
5 Jurij M. Lotman: Die Struktur literarischer Texte. Übers. von Rolf-Dietrich Keil. München 1972, S. 300 ff.
6 Juri M. Lotman: Die Entstehung des Sujets – typologisch gesehen. In: Ders.: Kunst als Sprache. Untersuchungen zum Zeichencharakter von Literatur und Kunst. Hg. von Klaus Städtke. Leipzig 1981, S. 175–204, hier S. 203.
7 Vgl. Heinrich Lausberg: Handbuch der literarischen Rhetorik. 2 Bde. München 1960, Bd. 1, S. 572 f; das auf Étienne Souriau zurückgehende Modell hat mehrfache Transformationen und Umformulierungen erfahren, so v. a. bei Algirdas J. Greimas. Siehe hierzu Shlomith Rimmon-Kenan: Narrative Fiction: Contemporary Poetics. London/New York 1983, S. 34 ff.
8 Warning, S. 283 ff.
9 Zu diesem thematischen Typologisierungsvorschlag s. Wolfgang Weiß: Das Drama der Shakespeare-Zeit. Versuch einer Beschreibung. Stuttgart/Berlin/Köln/Mainz 1979, S. 139 ff.
10 Warning, S. 291.
11 Zur Struktur des Sujet s. Lotman (Anm. 5), S. 341.
12 Dietrich Schwanitz: Systemtheorie und Literatur. Opladen 1990, S. 122 ff.
13 Pfister, S. 273 ff.
14 Zur Gegenüberstellung von initial isolierter und sukzessiv integrierter Exposition s. ebd., S. 124 ff.
15 Zu den aristotelischen Handlungseinheiten des tragischen Irrtums des Helden *(hamartía)*, des Handlungsumschwungs *(peripéteia)* und des Erkennens des Irrtums *(anagnórisis)* s. Aristoteles: Poetik. Hg. von Manfred Fuhrmann. Stuttgart 1986, Kap. 10 ff.
16 Pfister, S. 220 ff.
17 Philippe Hamon: Pour un statut sémiologique du personnage. In: Poétique du récit. Paris 1977, S. 115–180, hier S. 124 ff.
18 Manfred Pfister: Zur Theorie der Sympathielenkung im Drama. In: Werner Ha-

bicht/Ina Schabert (Hg.): Sympathielenkung in den Dramen Shakespeares. Studien zur publikumsbezogenen Dramaturgie. München 1978, S. 20–34.

19 Zum Problem der Perspektivik im Drama s. Pfister, S. 90 ff.

20 Manfred Pfister: Studien zum Wandel der Perspektivenstruktur in elisabethanischen und jakobäischen Komödien. München 1974, S. 104 ff, v. a. S. 145.

21 Paul Watzlawick/Janet H. Beavin/Don D. Jackson: Menschliche Kommunikation. Formen, Störungen, Paradoxien. 6. Aufl. Bern/Stuttgart/Wien 1982, S. 51.

22 Jiří Veltruský: Man and Object in the Theater (1940). In: Paul L. Garvin (Hg.): A Prague School Reader on Esthetics, Literary Structure and Style. Washington 1964, S. 83–91, hier S. 84.

23 Esslin, S. 61.

24 Systematisierungsversuche hierzu bieten Elam, S. 49 ff, und Fischer-Lichte, Bd. 1. Ikonische Zeichen kennzeichnet eine Ähnlichkeit zwischen repräsentierender Materialität und repräsentierter Bedeutung; ein Stuhl auf der Bühne ist demzufolge nicht nur ein realer Stuhl, sondern stellt im fiktiven Diskursuniversum zugleich einen Stuhl dar. Ohne Ähnlichkeit hingegen sind indexikalische Zeichen wie Gesten und symbolische Zeichen wie Wörter.

25 Zum Zusammenhang von Rahmung, Interaktion und Drama s. (mit Bezug auf Erving Goffman) Schwanitz (Anm. 12), S. 100 ff.

26 Zur Semantik des «joint-stool» s. William Shakespeare: King Lear. Hg. von Kenneth Muir. 9. Aufl. London 1972, S. 125 f.

27 Der Begriff der *mise en abyme* stammt von André Gide; Formen und Funktionen solcher Ineinanderschachtelung bietet knapp Rimmon-Kenan (Anm. 7), S. 91 ff.

28 Warning, S. 311.

29 Denis Diderot: Œuvres esthétiques. Hg. v. Paul Vernière. Paris 1968, S. 306.

30 Schwanitz, S. 96 ff.

31 Susanne K. Langer: The Dramatic Illusion. In: Dies.: Feeling and Form. A Theory of Art. London 1953, S. 306–325, hier S. 324.

32 Matzat, S. 59.

33 Wolfgang Iser: Der Akt des Lesens. Theorie ästhetischer Wirkung. München 1976, S. 143.

34 Robert Weimann: Shakespeare und die Macht der Mimesis. Autorität und Repräsentation im elisabethanischen Theater. Berlin/Weimar 1988, S. 217.

35 Rainer Warning: Der inszenierte Diskurs. Bemerkungen zur pragmatischen Relation der Fiktion. In: Dieter Henrich/Wolfgang Iser (Hg.): Funktionen des Fiktiven. München 1983, S. 183–206, hier S. 204.

36 Roger Caillois: Die Spiele und die Menschen. Maske und Rausch. Übers. von Sigrid von Massenbach. Frankfurt/Berlin/Wien 1982, S. 27 ff; Caillois unterscheidet vier Arten von Spielen: Spiele der Kraft *(agôn)*, des Zufalls *(alea)*, der Maske *(mimicry)* und des Rauschs *(ilinx)*.

37 Lotman (Anm. 6), S. 204.

Jürgen Link

Elemente der Lyrik

Lyrik als ‹Ausdruck von Stimmungen›?

In einer über längere Zeiträume durchgeführten Umfrage unter Studierenden des Grundstudiums an der Universität Bochum zeigte sich eine erstaunliche Kontinuität bei folgenden Vorstellungen über Lyrik: ‹Ausdruck von Gefühlen›, ‹Ausdruck von Stimmungen›, ‹Ausdruck von Emotionen›, ‹Ausdruck von Subjektivität›. Sicher wäre diese Auffassung nicht so hartnäckig und nicht so verbreitet, wenn sie nicht tatsächliche Eigenschaften zumindest bestimmter Formen von Lyrik im Blick hätte.

Im folgenden sollen auf der Basis eines struktural-funktional und semiotisch orientierten Ansatzes die herkömmlichen Vorstellungen als ‹Effekte› von sprachlichen Strukturen analytisch einsichtig gemacht werden. Dabei wird sich gleichzeitig zeigen, daß diese Vorstellungen nur für einen historisch begrenzten Teil von Lyrik (im wesentlichen der sog. Goethezeit und ihrer Nachfahren) voll gültig sind.

Sangbarkeit, Tanzbarkeit

Für eine struktural-funktionale Analyse kultureller Kategorien ist ein Ansetzen bei der Etymologie im allgemeinen wenig aufschlußreich, häufig sogar irreführend. Die ‹Lyrik› selber bildet da eine Ausnahme: Lyra hieß ein altgriechisches Saiteninstrument, zu dessen Begleitung jene Lieder gesungen wurden, die der entsprechenden Grundgattung in okzidentalen Kulturen den Namen gaben. Diese Lieder waren (wie die Unmenge ihrer verschiedensten Nachfahren bis zu den heutigen Songs) strukturell auf musikalische Realisierung angelegt. Wir können also von Sangbarkeit als notwendiger Struktureigenschaft sprechen. Bei bestimmten Liedern kam und kommt bis heute Tanzbarkeit hinzu. Sangbarkeit und Tanzbarkeit erlegen der Sprache eine Reihe apriorischer Bedingungen auf: Metrum, Rhythmus, stark wiederholende (rekurrente) Strukturen, Übersichtlichkeit, Prägnanz in der Formulierung, (relative) Kürze. In musikalisch zu realisierenden Texten ist die Sprache also von vornherein nicht allein; sie bildet nur eine Strukturkomponente unter mehreren.

Betrachtet man das gesungene und/oder getanzte Lied als Gesamtstruktur, so stellt es sich als mehrstimmig in einem mehrfachen Sinn dar: Es besteht aus mehreren synchronisierten ‹Ebenen›, die sich (wie ein mehrstimmiger musikalischer Satz) als vertikal gebündelte Horizontalen darstellen lassen:

Eine solche geordnete Mehrebenenstruktur wollen wir *überstrukturiert* nennen.

Poesie vs Prosa

Sangbarkeit und/oder Tanzbarkeit fordern von der Sprache metrische, rhythmische und allgemein rekurrente Strukturen. Nun wäre es aber ein Irrtum, diese Bedingungen auf lyrische Texte zu beschränken. Auch alte Epen (wie die von Homer oder Wolfram von Eschenbach) wurden, auf Sangbarkeit angelegt, in einer Art rezitativartigem Singsang vorgetragen. Epen können also ebenfalls metrisch und rekurrent strukturiert sein. Unter Metrum verstehen wir ein annähernd genau wiederkehrendes Schema von Betonungen und Takten; Rhythmus dagegen kann unregelmäßig sein, so daß auch prosaische und standardsprachliche Texte einen Rhythmus besitzen. Metrische Texte (im Schriftbild üblicherweise an den regelmäßigen Zeilenbrüchen erkennbar) lassen sich als *poetisch* bezeichnen und den *prosaischen*, d. h. metrisch ungebundenen, entgegensetzen. Allerdings schrieben neuere Lyriker auch «Prosagedichte», also Lyrik in Prosa.

	lyrisch	episch	dramatisch
poetisch (metrisch)	metrische Gedichte (z. B. Goethe)	metrische Epen (z. B. «Ilias»)	z. B. Goethes «Iphigenie»
prosaisch	Prosagedichte (z. B. Trakl)	z. B. Romane	z. B. Hauptmanns «Die Weber»

Lyrik vs. Narrativik

Im Laufe unserer Annäherung an lyrische Strukturen ist bisher eine komplexe, im weiteren noch genauer zu analysierende Eigenschaft (‹überstrukturiert›) mit einer scheinbar sehr banalen (‹kurz›) kombiniert worden. In aller Regel sind Lieder / Gedichte kurz, Erzählungen / Dramen / Filmszenarien usw. jedoch erheblich länger. Dieser quantitative Unterschied hängt mit einem entscheidenden strukturellen zusammen: mit dem zwischen narrativen und nicht-narrativen Texten.

Unter einem narrativen Text verstehen wir einen Text, der sich auf eine Geschichte gründet. *Geschichte* soll in folgendem eingeschränkten Sinne verstanden werden:

1. Sie ist auf der Basis einer Konfiguration (interaktive Menge von Figuren) konstituiert;

2. sie läßt sich nach dem Verfahren von ‹vorher-nachher› idealiter in eine (einfach oder mehrfach) lineare Serie zeitlicher Sukzession einordnen;

3. sie läßt sich aus einem darstellenden Medium (z. B. Literatur) in ein anderes (z. B. Comic, Film) übertragen.

Zur Geschichte gehört demnach alles, was in und um eine Konfiguration in einem Text passiert, und zwar in idealiter chronologischer Abfolge. In einem konkreten Text kann die Darstellung allerdings anders verlaufen als die zugrunde liegende Geschichte, z. B. dadurch, daß mit dem Ende angefangen und die Geschichte Stück um Stück aufgedeckt wird (analytische Erzählungsform wie in vielen Detektivstories), oder auch durch andere Anachronien (Umstellungen), z. B. die sogenannte Rückblendentechnik.

Wir vertreten im folgenden die These, daß zumindest ein großer Teil, sozusagen ein Mainstream lyrischer Texte, den wir für strukturtypisch halten, zu nicht-narrativen Formen tendiert. Kürze spielt dabei zwar auch eine Rolle, ist aber nicht notwendigerweise damit kombiniert. Denn selbstverständlich gibt es auch sehr kurze narrative Texte, etwa das berühmte Diktum Cäsars «Ich kam, ich sah, ich siegte». Die Konfiguration besteht hier, da es sich um den Bericht über eine Schlacht handelt, aus Cäsar (sowie implizit seiner Armee) und (implizit) seinen Feinden. Der zeitliche Ablauf ist prägnant auf drei Ereignisse reduziert.[1]

Als Basis der weiteren Überlegungen zur Struktur nicht-narrativer, lyrischer Texte sollen die folgenden zwei Beispiele dienen:

Zwei Segel

Zwei Segel erhellend
Die tiefblaue Bucht!
Zwei Segel sich schwellend
Zu ruhiger Flucht!

Wie eins in den Winden
Sich wölbt und bewegt,
Wird auch das Empfinden
Des andern erregt.

Begehrt eins zu hasten,
Das andre geht schnell,
Verlangt eins zu rasten,
Ruht auch sein Gesell.

(Conrad Ferdinand Meyer)

Rudern, Gespräche

Es ist Abend. Vorbei gleiten
Zwei Faltboote, darinnen
Zwei nackte junge Männer: Nebeneinander rudernd
Sprechen sie. Sprechend
Rudern sie nebeneinander.

(Bertolt Brecht)

Es handelt sich um zwei Beispiele nicht-narrativer Textkonstitution. Angenommen, wir würden in den beiden Gedichten in einem Experiment Zeilen oder Strophen vertauschen, so wäre der Text in seiner fundamentalsten Struktur erschüttert. Dies trifft jedoch nicht zu auf die Anachronie in narrativen Texten. Dort gilt für alle Elemente der Geschichte das Prinzip einer irreversiblen Ordnung nach dem Prinzip ‹vorher-nachher›. «Ich siegte, ich sah, ich kam» schließt in seiner Verkehrung die richtige Ordnung in sich. Das gilt auch für narrative Balladen, die insofern zu den poetisch-narrativen, nicht aber zu den lyrischen Texten in einem struktural definierten Sinn rechnen.

Auch in «Zwei Segel» gibt es einzelne Ereignisse und Vorgänge; doch ein irreversibles Nacheinander von Interaktionen bzw. Prozessen um eine Konfiguration herum existiert nicht. Die Ereignisse aller drei Strophen erscheinen gleichzeitig, oder besser: außerzeitlich. Würden wir das Gedicht ins Narrative (etwa in Märchenform) umschreiben: «Es waren einmal zwei Segel, die erhellten eine tiefblaue Bucht...», so wäre augenblicklich eine ganz andere, balladeske Textsorte konstituiert.

Kann man also bei Märchen, Erzählungen, Romanen, Filmen usw. die Ordnung der Geschichte prinzipiell wiederherstellen, auch wenn sie durch Rückblendentechnik (oder durch Assoziationstechniken wie im narrativen Konzept des «stream of consciousness» von Joyce u. a.) verwirrt ist, so stellt sich diese Fragestellung bei (im engeren Sinne) lyrisch konstituierten Texten als sinnlos heraus. Deren Einheit wird, wie unsere Beispielgedichte zeigen, offensichtlich anders hergestellt als durch eine Geschichte. Der Gleichzeitigkeit, Punktualität bzw. Außerzeitlichkeit ihrer Elemente entspricht die Einheit eines ‹Bildes›, mit anderen Worten: einer imaginären Evokation.

Nach diesen Prämissen müßte in nicht-narrativen Texten eine Konfiguration (interaktives Netz von Figuren) fehlen. Das klingt nicht ohne weiteres plausibel: Kommen nicht in dem Gedicht von Brecht zwei Ruderer vor? Bei näherem Hinsehen sind sie aber nicht die Träger einer Geschichte, sie scheinen eher Elemente eines punktuellen Bildes, eben einer imaginären Evokation zu sein. Ein weiterer Einwand bietet sich an: Angenommen, in beiden Gedichten käme ein sog. *lyrisches Ich* vor. «Zwei Segel» könnte ja eine vierte Strophe enthalten, in der es sinngemäß hieße: «aber ich so allein!» – und in dem Brecht-Gedicht könnte noch ein «sehe ich» stehen. Unsere These lautet: Auch das lyrische Ich ist keine Figur. Figuren zeichnen sich dadurch aus, daß sie innerhalb einer Personenkonstellation (Konfiguration) eine bestimmte, unverwechselbare Position einnehmen. Das lyrische Ich (ebenso wie das lyrische Du oder Er/Sie) ist in diesem Sinn keine Figur.

Absoluter Gebrauch fundamentaler Kategorien

Wenn das lyrische Ich keine Figur ist, weil es nicht als Element zu einer Konfiguration gehört, wie wäre es dann strukturell zu kennzeichnen? Greifen wir noch einmal auf unsere erdachte Fortsetzung des Meyerschen Gedichts zurück: «aber ich so allein!» Semantisch (nicht stilistisch und ästhetisch) äquivalent könnte es auch heißen: ‹aber du so allein!›. Dieses insbesondere in neuerer Lyrik seit der Goethezeit verwendete ‹du› meint offensichtlich nicht (wie in einem narrativen Text) die Anrede an eine bestimmte Figur in einer Konfiguration, aus der heraus eine andere bestimmte Figur als ‹Ich› spräche. Man könnte dieses ‹lyrische Du› als Selbstanrede des lyrischen Ich in einer Art Monolog auffassen. Da der entsprechende Monolog aber strukturell außerhalb jeder Konfiguration verläuft, werden sowohl Ich wie Du absolut verwendet. Ich wie Du (bzw. auch Er, Sie, man usw. – semantisch äquivalent wäre auch ‹aber jener so allein!›) markieren allenfalls Subjektivität als solche, die Position eines ‹Innen› gegenüber einem ‹Außen› (und selbst das nicht immer). Das lyrische Ich wäre demnach eine der möglichen Textgestalten einer absolut verwendeten *lyrischen Subjektivität*. Weil das so ist, kann das lyrische Subjekt auch (wie in beiden Gedichten) durch Abwesenheit realisiert sein, d. h. als abstrakte, dem Text inhärente subjektive Perspektive.

Der von der Pragmatik gelöste absolute Gebrauch von textkonstitutiven Kategorien bzw. Redeformen ist für die Lyrik überhaupt charakteristisch: Nicht nur können die Personalpronomina ohne Bezug auf eine quasipragmatische Konfiguration benutzt werden – auch die Tempora des Verbs oder die Sprechakte (z. B. Frage, Befehl) tendieren zum absoluten Gebrauch. Ein Beispiel dafür liefert die erste Strophe von «Zwei Segel»; dort fehlen finite Verben. Die Partizipien «erhellend» und «schwellend» werden einfach mit Rufzeichen versehen.

Ähnlich grundlegend ist die Kategorie der (Subjekt-)Situation. Wir können sie in narrativen Texten als die jeweilige Lage einer bestimmten Figur der Konfiguration zwischen zwei Ereignissen definieren. Cäsars Lage nach dem «ich sah» wäre eine solche Subjektsituation, die seiner Feinde zum gleichen Zeitpunkt eine andere. In narrativen Texten sind die Situationen also quasi-pragmatisch definiert. Demgegenüber ist die lyrische (Subjekt-)Situation von der Pragmatik gelöst. Die ‹Bilder› (imaginären Evokationen) der beiden Gedichte schweben sozusagen frei.

Der tendenziell absolute Gebrauch struktureller Kategorien in der

Lyrik kann nun (und dadurch können lyrische Texte so komplex werden) prinzipiell auf alle existierenden Redeformen ausgedehnt werden. Er kann ausgesprochen pragmatische Redeformen ‹verfremden›[2] und auch einzelne narrative Sequenzen (z. B. nach ihrer Form quasi-‹autobiographische›) in den lyrischen Text einbinden. Sie werden dadurch aber durchgängig strukturell entpragmatisiert und entnarrativiert, was in der Lyrik des 20. Jahrhunderts zu komplexen Effekten geführt hat.

Ein Beispiel liefert Brecht im Zyklus der «Buckower Elegien», zu dem «Rudern, Gespräche» gehört. Häufig erscheint dort in einem lyrischen Zusammenhang ein quasi-pragmatisches ‹Ich› in einer quasi-pragmatischen Situation. Stellen wir uns folgenden Zusatz vor: «Sitzend an meiner Schreibmaschine/ Sehe ich sie rudern/ Sehe ich sie sprechen.» Das aufgerufene Ich kann nicht durch Du oder Er substituiert werden, ist also quasi-pragmatisch verwendet. Dennoch ist es strukturell nicht mit dem empirischen Autor Brecht in einem biographischen Augenblick gleichzusetzen, sondern bleibt eine ‹lyrische Perspektive›.

Zur Analyse überstrukturierter Texte: Abbildung des Paradigmas auf das Syntagma

Der Strukturalist Roman Jakobson hat ein einfaches, doch grundlegendes Gesetz aller von ihm so genannten poetischen Texte formuliert: «Die poetische Funktion überträgt das Prinzip der Äquivalenz von der Achse der Selektion auf die Achse der Kombination.»[3] Der Achse der Selektion entspricht die paradigmatische Ordnung von Sprachelementen, der Achse der Kombination die syntagmatische.

Am einfachen Beispiel der Alliteration läßt sich die Projektion paradigmatischer Serien auf ein Syntagma verdeutlichen. Bekanntlich hat Richard Wagner einige seiner Operntexte nach dem Grundsatz des Stabreims geschrieben, was zu Wendungen führte wie: «*W*interstürme *w*ichen dem *W*onnemond/ In mildem *L*ichte *l*euchtet der *L*enz». Ein Paradigma wird hier von allen mit «w» anlautenden Wörtern gebildet, ein zweites von allen mit «l» beginnenden. Diese paradigmatische Ordnung wird zum organisierenden Prinzip des Syntagmas erhoben (s. S. 93).

Die Alliteration läßt sich als Abbildung eines lautlichen Paradigmas auf ein lautliches Syntagma definieren. Doch auch die semantische Ebene ist nach diesem Grundsatz organisiert. Denn die Jahreszeiten bilden ein semantisches Paradigma:

Paradigma:

«*w*.......»
«*w*.......»
«Wonnemond»
«*w*ichen»
«Winterstürme»

Syntagma: «Winterstürme *w*ichen dem Wonnemond.»

«Winter» und «Frühling» besitzen die gemeinsame Teilbedeutung ‹Jahreszeit›. Sie stehen außerdem in einem semantischen Gegensatz ‹kalt› gegen ‹warm›:

Paradigma:

(«Jahreszeiten»:)
«Herbst»
«Sommer»
«Frühling»
«Winter»

Syntagma: «Winterstürme wichen dem Wonnemond / In mildem Lichte leuchtet der Lenz.»

Das eigentliche Verfahren Wagners besteht also darin, gleichzeitig lautliche und semantische Paradigmata auf das Syntagma des Textes abzubilden: Er wählte nicht etwa «Frühling» selbst aus, sondern Bezeichnungen wie «Wonnemond» und «Lenz», weil sie zum lautlichen wie zum semantischen Paradigma passen. Aus dem gleichen Grund werden als Attribute des Frühlings «Licht» und «leuchtend» ausgesucht (statt z. B. Wörter wie knospen, sprießen, warm).

Dadurch, daß das Prinzip der Abbildung einer paradigmatischen Ordnung auf ein Syntagma mehrfach (auf mehreren Ebenen der Struktur gleichzeitig) angewendet wird, entsteht eine enge gegenseitige Beziehung zwischen den Ebenen. Bildlich könnten wir sagen, daß neben sinnvollen ‹horizontalen› (syntagmatischen) Bezügen auch sinnvolle ‹vertikale› Bezüge («Akkorde») zwischen den einzelnen Ebenen geschaffen werden. Solche Texte sind im bezeichneten Sinne überstrukturiert. Das Beispiel Wagner kann darüber hinaus verdeutlichen, wie die Sangbarkeit/Tanzbarkeit mit der Überstrukturiertheit direkt zusammenhängt: Bekanntlich wollte Wagner in seinem «Gesamtkunstwerk» Text und Musik aufs engste verbinden. Der Stabreim (die Alliteration) ließ sich nun auffällig mit musikalischen Akzenten koordinieren. Wenn nämlich bereits die Parallelstruktur von Musik und Text einen vertikalen Bezug schafft, wird diese Mehrstimmigkeit mittels der Überstrukturiertheit sozusagen ins Innere des Textes selbst hinein verlängert. Auch der Text fächert sich auf in mehrere koordinierte ‹Stimmen›, unter denen vorläufig die lautliche, die metrisch-rhythmische und die semantische Ebene zu nennen wären.

An Meyers Gedicht «Zwei Segel» läßt sich die Überstrukturiertheit leicht aufweisen: Nicht nur die durchgängig reinen Reime bilden jeweils zwei Elemente eines Paradigmas auf das Syntagma des Gedichtverlaufs ab, hinzu kommen Alliterationen («Wie eins in den *W*inden/ Sich *w*ölbt und be*w*egt»; «Verlangt eins zu *r*asten/ *R*uht auch sein Gesell») und Assonanzen («Zu r*u*higer Fl*u*cht!»). Vor allem werden die beiden metrisch-rhythmischen Figuren der zwei Eingangsverse (als Paradigma) absolut identisch abwechselnd auf den gesamten Gedichtverlauf abgebildet – mit einem so starken Effekt von Sangbarkeit/Tanzbarkeit, daß diese Sprache gar nicht mehr vertont werden muß, weil sie ihre eigene ‹Musik› schon in sich trägt. Schließlich gilt das Gesetz starker paradigmatischer Organisation auch für die semantische Ebene in ihrem syntagmatischen Nacheinander: «Zwei Segel» – «Zwei Segel»; «eins/Des andern» – «Eins/Das andre»; «hasten» – «geht schnell»; «rasten» – «ruht». In diesen rekurrenten (wiederkehrenden) semantischen Komplexen wird so etwas wie Paarigkeit und paariges Verhalten suggeriert. Dabei stimmen die beiden ersten Wiederholungen semantisch wie lautlich überein, während die beiden letzten bei semantischer Identität im Lautlichen wechseln, allerdings im letzten Paar («rasten» – «ruht») wiederum mit der lautlichen Klammer einer Alliteration.

‹Stimmigkeit› und ‹Stimmung› als Effekte überstrukturierter Texte

Ein überstrukturierter Text, so zeigt sich, besitzt mehrere Ebenen, auf die Paradigmen abgebildet werden können (vor allem lautliche, rhythmische und semantische). Man kann einen solchen Text also auch ohne Vertonung mit einem mehrstimmigen musikalischen Satz vergleichen.

Ein des Deutschen nicht mächtiger Ausländer behielte durch den Vortrag des Gedichtes von C.F. Meyer einen sicherlich musikalischen Eindruck: gleiche Rhythmen, eine wiegende Folge von wiederkehrenden Lauten und Pausen. Das Gedicht wirkt also schon durch seine lautliche und seine metrisch-rhythmische Gestalt ohne Vertonung ‹mehrstimmig›. Beziehen wir nun auch die Bedeutung der Wörter wieder mit ein, so könnten wir sagen: Zwischen der Ebene der Bedeutungen (‹harmonische paarige Bewegung›) und den klanglich-rhythmischen Ebenen besteht Übereinstimmung: Meyer hat den Sinn sozusagen überzeugend sprachlich ‹vertont› und durch ‹Akkorde› zwischen den lautlichen und semantischen Ebenen Stimmungseffekte hervorgebracht.

Denotation und Konnotation, Desemantisierung und Resemantisierung

In der neueren Kunstlyrik läßt sich eine Tendenz zur Vermehrung der semantischen Ebenen beobachten, die begründet werden muß. So können wir in dem Gedicht «Zwei Segel» zunächst eine Bedeutungsebene isolieren, die man im allgemeinen die der wörtlichen Bedeutungen nennt. Dabei handelt es sich um einen Komplex ‹harmonische paarige Bewegung zweier Segel›, den wir imaginäre Evokation genannt haben und der sich etwa durch ein Foto oder eine Filmsequenz verstärken läßt: zweifellos ein schönes, ästhetisch befriedigendes Bild. Diese erste semantische Ebene ist die der *Denotation*, d. h. die Ebene der sprachlich üblichen Bedeutungen aller im Text niedergeschriebenen Zeichen.[4]

Unsere Faszination bei der Lektüre des Gedichts beruht aber vor allem auf dem spontanen Eindruck, daß mit dem Bild noch etwas anderes gemeint sein könnte – z. B. die Harmonie eines Liebespaars, wenn auch von einem solchen wörtlich gar nicht die Rede ist. Wenn wir aber eine solche Bedeutung annehmen, konstituieren wir damit eine zweite Bedeutungsebene (und wenn wir zusätzlich annehmen, es handle sich auch um die harmonische Bewegung eines Reimpaares, eine dritte). Solche zusätzlichen Ebenen assoziierbarer Bedeutungen werden als Ebenen der *Konnotation* bezeichnet.

Ein Vorurteil gegen Lyrikanalysen lautet, Konnotationsanalysen seien nicht überprüfbare Ratespiele, die allzu leicht in Geschwätz ausarten. In Wahrheit sind Konnotationen aber keineswegs ‹reine Gefühlssache›, ‹rein subjektiv› usw., auch wenn sie manchmal so erscheinen – sie folgen vielmehr sprachlichen Strukturen, Regeln und Zusammenhängen, und das auch dann, wenn sie unbewußt zustande kommen, wie bereits Freud in der Traumtheorie gezeigt hat. Im Falle des Meyer-Gedichts ist der Bezug zwischen Denotaten und möglichen Konnotaten ganz sicher metaphorisch, woraus sich bereits Einschränkungen für die Deutung ergeben. Jedes hypothetische Konnotat muß mit dem Denotat eine gemeinsame semantische Teilstruktur teilen: ‹harmonische paarige Bewegung›. Daraus ergibt sich die hohe Plausibilität der Konnotation eines Liebespaars, wie sie durch das Wort «Gesell» im Text (Denotat) nahegelegt wird. Das Bild (Ebene der Denotation) besteht aus nicht-menschlichen Gegenständen. Dadurch, daß die Segel auch mit dem Wort «Gesell» bezeichnet werden, rücken sie gleichzeitig in ein anderes semantisches Feld, das von menschlichen, insbesondere erotischen Beziehungen, was durch weitere metaphorische Begriffe wie «empfinden» und «erregt» bestätigt wird.

Wir können nun zusammenfassen und systematisieren. Dazu schlagen wir ein allgemeines Modell der ‹Ebenen› lyrischer Texte vor:

Signifikat-«Ebenen»	«Ebene» der Konnotation n		
	«Ebene» der Konnotation 2	Reimpaar	Subscriptio 2
	«Ebene» der Konnotation 1	Liebespaar	Subscriptio 1
	«Ebene» der Denotation	«Zwei Segel...»	imaginäre Evokation = Pictura
Signifikant-«Ebenen»	lautliche «Ebene»	Reime, Alliterationen usw.	
	metrische «Ebene»	daktylisches Metrum	
	rhythmische «Ebene»	«glatte Fügung»	

Wir haben den Terminus ‹Ebenen› absichtlich durch Anführungszeichen relativiert: Es handelt sich um einen metaphorischen Begriff, der nicht in verdinglichender Weise aufgefaßt werden darf. Zum Beispiel ist es willkürlich, die ‹Ebenen› so anzuordnen, wie in dem Modell geschehen. Allenfalls läßt sich der ‹mittlere› Platz der Denotation damit rechtfertigen, daß diese ‹Ebene› am ehesten strukturell mit standardsprachlichen Texten vergleichbar ist und also so etwas wie eine ‹Basis-Ebene› bildet.

In dem Schema sind die lautliche und die metrisch-rhythmischen Ebenen als Signifikant-«Ebenen» zusammengefaßt, weil deren strukturelle Gemeinsamkeit darin liegt, die Sprache zu organisieren und zu markieren, insofern sie materieller Träger von Bedeutung ist. Wir wollen nicht untersuchen, wodurch lautliche Eindrücke wie: melodiös, klangvoll oder hart, rauh hervorgerufen werden. Wir halten nur fest, daß die Sprache – unabhängig von ihrer Bedeutung – aus Lautmaterial besteht. Wir bezeichnen dieses Lautmaterial als Signifikant-Seite der Sprache (bezeichnendes Material), im Gegensatz zum Signifikat (bezeichnete Bedeutung). In den natürlichen Sprachen sind bestimmte Signifikant-Komplexe rein konventionell mit bestimmten Signifikaten (Bedeutungen) verbunden. Kehrt der gleiche Signifikant (z. B. deutsch /'bu:x/) wieder, so assoziiert der kompetente Sprecher das gleiche Signifikat («Buch»).

Diese Verbindung von Signifikant-Wiederholung und semantischer Identität macht sich der lyrische Text besonders intensiv zunutze. Im Deutschen hat der isolierte Laut /l/ keinen Sinn. Wenn wir sprechen, achten wir z. B. keineswegs darauf, wie oft der Laut /l/ in dem, was wir sagen, wiederkehrt. Anders, wenn in einem Text der Laut /l/ ständig und zudem noch jeweils vor einem betonten Vokal wiederholt wird (Alliteration). Sagen wir also mit Wagner: «In mildem Lichte leuchtet der Lenz», so unterstellen wir für die drei mit /l/ anlautenden betonten Silben eine gemeinsame Zusatzbedeutung, die sich der konventionellen Bedeutung der Worte überlagert. Diese Erscheinung soll als Semantisierung (genau ist gemeint: zusätzliche Semantisierung) der sprachlichen Signifikant-Ebenen bezeichnet werden, und es ist bereits erkennbar, daß auch der Vorgang der Semantisierung zu den Verfahren der paradigmatischen Organisation des Syntagmas gehört.

Mit dieser Semantisierung können wir eine gleichzeitige, sozusagen umgekehrte Erscheinung beobachten. Wenn wir hören: «In mildem Lichte leuchtet der Lenz», haben wir keinen auch nur annähernd so klaren Eindruck von der ‹normalen› Wortbedeutung wie etwa bei der Folge: «Im Frühling leuchtet die Sonne hell». Die Überlagerung durch eine zusätzliche Bedeutungsebene führt dazu, daß die Aufmerksamkeit für die denotierte Bedeutung verringert, abgelenkt, ja geradezu in die Irre geführt wird. Es läßt sich also sagen, daß der Semantisierung der Signifikant-Ebenen eine Desemantisierung der Ebene der Denotation entspricht. Diese Operation der literarischen und insbesondere der lyrischen Sprache ist häufig so gekennzeichnet worden, daß der Dichter aus der üblichen, normalen Sprache eine ‹neue Sprache schafft› oder, wie Mallarmé es sagte: «den Worten der Masse einen neuen Sinn» gibt.

Lyrische Symbolik

Wir hatten das Bild, das die Ebene der Denotation in beiden Gedichten jeweils entfaltet, in einem früheren Zusammenhang als imaginäre Evokation bezeichnet. Solche Evokationen sind für große Teile der Lyrik charakteristisch, ob es sich nun um intensiv aufgefaßte Landschaften handelt («Der Wald steht schwarz und schweiget»; Matthias Claudius) oder um faszinierende Details oder nostalgische Erinnerungen. Im Gedicht «Zwei Segel» erschien die imaginäre Evokation (Ebene der Denotation) recht deutlich überbaut durch Konnotationen (Liebespaar, vielleicht Reimpaar). Bei relativ kohärenten Konnotationen, die an relativ kohärente Bilder geknüpft sind, können wir von Symbolen sprechen.

Auch bei Brecht legt der auffällige Chiasmus der zweiten Gedichthälfte mit seinen eigenartigen Wiederholungen (die zugleich Veränderungen sind) die Annahme konnotierter (und eventuell symbolischer) Nebenbedeutungen nahe. Die beiden Sportler sprechen miteinander und rudern gleichzeitig. Üblicherweise rudert man schweigend, da alle Anspannung auf die körperliche Anstrengung konzentriert ist. Dieser Erwartung gegenüber konnotiert das Sprechen der beiden Männer einen Gegensatz zur körperlichen Tätigkeit, also eine semantische Akzentuierung geistiger Anstrengung. Nun laufen aber Rudern und Sprechen bei Brecht synchron, ebenso wie die beiden jungen Nackten nicht um die Wette rudern, sondern «nebeneinander» koordiniert fortschreiten. Man könnte darin eine Symbolisierung bekannter marxistischer Theoreme wie ‹Einheit von Theorie und Praxis› und ‹solidarischer Fortschritt› sehen.[5]

Werden an ein ‹Bild› – über den Mechanismus der Konnotation – eine oder mehrere Zusatzbedeutungen angeknüpft, so sprechen wir von einem literarischen Symbol im engeren Sinn. Systematisch gesehen bestehen Symbole aus analogen Entsprechungen zwischen einer Reihe von Elementen des denotierten Bildes (z. B. «zwei Segel», «Wasserfläche», «Winde», «synchrone Bewegung») und entsprechenden Elementen konnotativer Bedeutungen (s. S. 99).

In Anlehnung an die barocke Emblematik ließe sich die Bildebene von Symbolen allgemein als *Pictura* und die Bedeutungsebene(n) allgemein als *Subscriptio* (Plural: Subscriptiones) bezeichnen.[6]

Wir können abschließend folgende These formulieren: Ein großer Teil der Lyrik im engeren, hier analysierten Sinn tendiert zur Symbolik, weil die überstrukturierte Form der Sangbarkeit/Tanzbarkeit das Prin-

paradigmatische Beziehungen ↕	Pictura:	«Zwei Segel»	«dunkle Bucht»	«Winde»	«schnell oder langsam» «stets gleiche Reaktion»
	Subscriptio 1:	«Liebespaar»	«Umgebung»	«Lebensschicksale»	«Lust oder Leid» «immer harmonisch»
	Subscriptio 2:	«Reimpaar»	«Kontext»	«Rhythmus»	«Versbewegung oder Pause» «immer harmonisch»

← syntagmatische Beziehungen →

zip der Mehrstimmigkeit für alle ‹Ebenen›, also gerade auch für die semantischen ‹Ebenen› nahelegt und weil die Kürze der lyrischen Formen die vertikalen Dimensionen der Sprache gegenüber den horizontalen favorisiert.

Es ging in unserer Darstellung in erster Linie darum, strukturelle Bedingungen und Möglichkeiten lyrischer Texte allgemein zu kennzeichnen. Eine solche Betrachtungsart steht (entgegen einem verbreiteten Vorurteil) keineswegs im Gegensatz zu einer historischen Betrachtung, sondern bildet umgekehrt gerade deren Voraussetzung. So wird eine Geschichte der Lyrik auf jeden Fall nach den jeweiligen musikalischen und tänzerischen Kontexten (später, etwa in der europäischen Neuzeit, nach Formen der Deklamation) fragen und die jeweiligen konkreten Typen von Überstrukturiertheit mit solchen Kontexten in Beziehung setzen. Die strukturellen Faktoren bilden darüber hinaus ein Reservoir von Möglichkeiten, aus denen einzelne historische Konkretionen sozusagen ausgewählt haben. Die Gesetzmäßigkeiten einer solchen historischen Auswahl (d. h. der historischen Stilentwicklung) können hier nicht weiter dargestellt werden.

Grob gesagt, spielen dabei sowohl externe, d. h. übergreifend kulturelle, etwa religiöse, politische, ideologische als auch interne, immanent-literarische Tendenzen wie die von den russischen Formalisten beschriebene Entautomatisierung und Verfremdung[7] der Formen eine Rolle. Letztere wirkt allerdings unbeschränkt nur in Kulturen, die identische Wiederholung als langweilig auffassen und die Innovationen mit

Lust verbinden, wie die europäischen Kulturen der Neuzeit. In diesen Kulturen können wir gerade in der Lyrik einen Trend zur ständigen Überbietung, z. B. einen Trend zur ständigen Ausdehnung der Mehrstimmigkeit, d. h. der Semantisierung der Signifikantenebenen und zur Multiplikation der Konnotationsebenen beobachten, der im Symbolismus – Conrad Ferdinand Meyer kann als ‹Vorläufer› des Symbolismus aufgefaßt werden – einen ersten Höhepunkt erreichte.

Eine ‹interne› Entwicklungstendenz wirkt jedoch niemals allein determinierend, weil sie stets mit externen Entwicklungsfaktoren interagiert, zu deren wichtigsten in der europäischen Lyrik der Neuzeit die Tendenz zur Individualisierung, Subjektivierung und Verinnerlichung gehört. Die entsprechende Hoch-Wertung von Individualität/Subjektivität (vs. Sozialität/Kollektivität) gilt für die Kultur allgemein; sie führte folgerichtig zu einer Hochwertung der Literatur allgemein und insbesondere der Lyrik.

Literatur

Dilthey, Wilhelm: Das Erlebnis und die Dichtung. Berlin 1905.

Jakobson, Roman: Linguistik und Poetik. In: Jens Ihwe (Hg.): Literaturwissenschaft und Linguistik. Ergebnisse und Perspektiven. Frankfurt/M. 1971, Bd. II/1, S. 142–178.

Link, Jürgen: Biedermeier und Ästhetizismus. Fünf Gedichte des Westöstlichen Divans. München 1979.

–: Literaturwissenschaft und Semiotik. In: Walter A. Koch (Hg.): Semiotik in den Einzelwissenschaften. 2 Bde. Bochum 1990, Bd. 2, S. 521–564.

Staiger, Emil: Grundbegriffe der Poetik. Zürich 1946.

Stierle, Karlheinz: Text als Handlung. München 1975.

Striedter, Jurij (Hg.): Russischer Formalismus, Bd. 1. München 1969.

Anmerkungen

1 Wir könnten uns diesen Ablauf auch als Videospot vorstellen, etwa als witzige Einlage in einer Reklamesendung für «Asterix». Prägnante Formulierungen wie das Caesar-Dictum passen durchaus zu einer bestimmten prägnanten, nämlich epigrammatischen Lyrik.

2 Vgl. etwa Peter Handkes Gedicht «Die Aufstellung des 1. FC Nürnberg vom 27. 1. 1968» (Die Innenwelt der Außenwelt der Innenwelt. Frankfurt/M. 1969, S. 59).

3 Jakobson, S. 153.

4 Vgl. hierzu und zum folgenden auch meinen Beitrag in diesem Band: «Literatursemiotik».
5 Die Hypothese ist andernorts ausführlich begründet; vgl. Jürgen Link: Die Struktur des literarischen Symbols. Theoretische Beiträge am Beispiel der späteren Lyrik Brechts. München 1975.
6 Vgl. dazu ausführlich Jürgen Link: Das lyrische Gedicht als Paradigma. In: Helmut Brackert/Jörn Stückrath (Hg.): Literaturwissenschaft. Grundkurs 1. Reinbek bei Hamburg 1981, S. 211 ff.
7 Vgl. dazu Striedter.

Alwin Binder/Manfred Schluchter/
Günter Steinberg

Aspekte neuhochdeutscher Verse*

«Ich habe überhaupt nichts los als die Metrik. (...) Die Metrik ist rasend schwer; es sind vielleicht 6 oder 7 in Deutschland, die sie verstehen.»
Heinrich Heine zu Eduard Wedekind (16. 6. 1824)

Vorbemerkung

In den Jahren 1937 und 1938 schrieb Bertolt Brecht Gedichte, mit denen er aus dem dänischen Exil über den «Deutschen Freiheitssender» politisch aufklärend und agitierend in das nationalsozialistische Deutschland hineinwirken wollte. Die Reflexion auf die Bedingungen der Produktion und Rezeption dieser Gedichte (Exil, Verbreitung über den Rundfunk; zerstreute, unter politischer Repression lebende bzw. im politischen Untergrund arbeitende Hörerschaft; Empfangsbehinderung durch Störsender) führte Brecht zu wichtigen Entscheidungen bezüglich ihrer poetischen Form:

«Der Reim schien mir nicht angebracht, da er dem Gedicht leicht etwas In-sich-Geschlossenes, am Ohr Vorübergehendes verleiht. Regelmäßige Rhythmen mit ihrem gleichmäßigen Fall haken sich ebenfalls nicht genügend ein und verlangen Umschreibungen, viele aktuelle Ausdrücke gehen nicht hinein: der Tonfall der direkten, momentanen Rede war nötig. Reimlose Lyrik mit unregelmäßigen Rhythmen schien mir geeignet.» [1]

Brecht wußte, daß er sich mit diesen Entscheidungen gegen ein tradiertes Bild von Lyrik stellte. Daß «Lyrik, wenn sie schon auf den Reim verzichtet, doch gewohntermaßen wenigstens einen festen Rhythmus bietet» [2], gehörte zu den Erwartungsstereotypen seiner Zeitgenossen. Mit «festem Rhythmus» meinte Brecht, was in der Verstheorie *Metrum* genannt wird; er meinte die geregelte Abfolge von betonten und unbetonten Silben im Rahmen der Verszeile.

Brecht traf seine Entscheidung, auf Reim und festes Metrum zu verzichten, im Hinblick auf die historische Situation. An seinen Überlegungen, die sich nicht nur auf Lyrik beziehen, sondern Verse auch anderer Textarten (Drama, Lehrstück, Oper, Kantate; Arbeitersprechchöre) betreffen, ist erkennbar, daß literarische Formprobleme in engem Zusammenhang mit politischer Geschichte und gesellschaftlicher Wirklichkeit stehen. Selbst scheinbar so technische Fragen wie die Wahl eines Metrums oder die Entscheidung für oder gegen die Verwendung des Reims haben Implikationen, die über das Technische hinausgehen.

Zugleich ist an Brechts Ausführungen erkennbar, daß heute ein festes Metrum nicht ausschließliche Voraussetzung dafür ist, daß Verse als Verse begriffen werden. Das Metrum ist also nur einer unter mehreren Faktoren, die an der Konstituierung von Versen beteiligt sind. Gleiches gilt für den Reim. Verse ohne Reim und ohne festes Metrum gibt es in der neuhochdeutschen Literatur seit dem 18. Jahrhundert. Zur genaueren Unterscheidung von den Versen, die metrisch geregelt sind, kann man Verse ohne festes Metrum als ‹unmetrische Verse› bezeichnen.

Über die Rolle und Bedeutung von Metrum und Reim für den Vers wurde vor allem während des 17. und 18. Jahrhunderts intensiv nachgedacht und gestritten. Die Diskussion und die darauf bezogene Verspraxis haben gegen Ende des 18. Jahrhunderts zu einer bis dahin im Deutschen nicht vorhandenen Mannigfaltigkeit von Versformen geführt. Nur selten liegen ihre gesellschaftlichen und politischen Hintergründe so offen zutage wie bei Brecht; sie wären von einer Geschichte deutscher Verse aufzuhellen und darzustellen.

Grundbegriffe des Verses

Metrische Verse unterscheiden sich von Prosa formal dadurch, daß in ihnen Wert und/oder Zahl der Silben nach jeweils festem und wiederkehrendem Schema geregelt ist. Deshalb bezeichnet man den metrischen Vers, das heißt die Verszeile als Einheit, als *gebundene Rede* im Unterschied zur ungebundenen Rede der Prosa.

Das jeweilige Schema ist das *Metrum* des Verses. Es bestimmte in der *Antike*, den Artikulationsverhältnissen der griechischen und römischen Sprache gemäß, die Anordnung langer und kurzer Silben, die in unterschiedlicher, aber festgelegter Art zu Versfüßen kombiniert werden konnten. Die bekanntesten antiken Versfüße sind der Jambus (Abfolge kurz/lang: ◡–), der Trochäus (Abfolge lang/kurz: –◡), der Daktylus (Abfolge lang/kurz/kurz: –◡◡), der Anapäst (Abfolge kurz/kurz/lang: ◡◡–) und der Spondeus (Abfolge lang/lang: – –). Diese Versfüße ließen sich ihrerseits wieder zu Versen (z. B. dem Hexameter) und zu Versgruppen (z. B. dem Distichon) zusammenfügen.

In den germanischen und romanischen Sprachen wurden und werden Verse nach anderen Prinzipien gebaut.

Germanisch-deutsche Verse sind nicht durch Länge und Kürze der Silben, also nicht durch Silbenquantitäten, sondern durch Akzentuierung der Silben, das heißt durch dynamische Hervorhebung (in der Regel der Stammsilbe) gekennzeichnet. Die akzentuierten Silben werden Hebungen, die nicht akzentuierten Senkungen genannt. Dabei ist die Abfolge von Hebungen und Senkungen nicht starr geregelt. Die Möglichkeit, zwischen Hebungen eine unbestimmte Anzahl unbetonter Silben zu setzen, heißt Füllungsfreiheit und ist für diese Verstradition charakteristisch.

In den *romanischen* Sprachen werden Verse weder nach dem Prinzip der Silbenlänge bzw. -kürze noch nach dem Prinzip der Füllungsfreiheit gebildet, sondern nach dem Prinzip der Silbenzahl; Akzentverhältnisse spielen dabei eine untergeordnete Rolle.

Gemeinsam ist den drei Organisationsprinzipien, daß sie eine begrenzte, aber fest strukturierte Einheit, die Verszeile, konstituieren und den Vers als formale Einheit wiederholbar machen. Darauf beruht die Möglichkeit, Versreihen (stichische Anordnung) oder Versgruppierungen zu bilden, die als ganze formal unverändert wiederholt (Strophe) oder als losere Versgruppe erscheinen können.[3]

Opitzens prosodisch-metrische Lehre und ihr literarhistorischer Kontext

Bedeutet ‹gebundene Rede›, daß die Anordnung der Silben im Rahmen der Verszeile schematisch geregelt ist, dann ist es für die Verstheorie wie für die Praxis der Versproduktion ein zentrales Problem, ob bzw. in welchem Maße das sprachliche Material – die Wörter also und die Silben als deren kleinste Einheiten – das in einem Metrum (Versmaß) vorgegebene Gliederungsprinzip tatsächlich realisieren kann.

Grundlage für entsprechende Entscheidungen ist die jeweilige *Prosodie* einer Sprache, das heißt die Lehre von der Einteilung der Silben im Hinblick auf die Versifikation.

Am Anfang der neuhochdeutschen Verstradition stehen die prosodischen Entscheidungen von Martin Opitz (1597 bis 1639). Entgegen anderen prosodischen Überlegungen um 1600 legte Opitz fest, daß beim Bau von Versen allein die ‹natürliche Betonung› der Silben, das heißt der Wortakzent, zu berücksichtigen sei. Unter dieser prosodischen Voraussetzung schrieb Opitz in seinem «Buch von der Deutschen Poeterey» (1624):

> «Nachmals ist auch ein jeder verß entweder ein iambicus oder trochaicus; nicht zwar das wir auff art der griechen vnnd lateiner eine gewisse grösse der sylben können inn acht nemen; sondern das wir aus den accenten vnnd dem thone erkennen/ welche sylbe hoch vnnd welche niedrig gesetzt soll werden.» [4]

Mit seiner Aussage, daß «ein jeder verß entweder ein iambicus oder trochaicus» sei, setzte er die Forderung nach strenger *Alternation* [5]: Auf jede Hebung muß eine Senkung folgen und umgekehrt. Bemerkenswert ist, daß Opitz bei diesem von der antiken Prosodie völlig verschiedenen Prinzip die antiken Termini für Versfüße («iambicus oder trochaicus») beibehielt. Diese Bezeichnungen besagten bei ihm aber nichts anderes, als daß ein Vers mit unbetonter oder betonter Silbe beginnt und dann alternierend fortgeführt wird. Der letzte ‹Versfuß› durfte nach Opitz bei ‹jambischen› Versen um eine Senkung ergänzt, bei ‹trochäischen› Versen um eine Senkung gekürzt werden.

Opitzens Forderung nach streng alternierenden Versen zielte darauf, die bei Gebildeten allgemein für unzureichend gehaltene deutsche Verspraxis zu verbessern. Sie setzte sich ab von Reformversuchen, die an französischen oder antiken Vorbildern orientiert waren, stand aber auch im Gegensatz zu einheimischen Formtraditionen wie Volkslied, Sprechdichtung im Knittelvers, Meistergesang und Kirchenchoral, die nach der hochentwickelten Formenvielfalt der deutschen Versliteratur um 1200 (Minnesang, Versepos) allein lebendig geblieben waren und von denen keine am Prinzip der strengen Alternation orientiert war.[6]

Für das *Volkslied*, anonym entstanden und vorwiegend mündlich tradiert, galt weitgehend das Prinzip der Füllungsfreiheit bei festgelegter Zahl von Hebungen. Die Zeilen konnten vier- oder dreihebig sein.

«Es jágt ein Jáger wól gemút /
er jágt auß fríschem fréyen mút /
wol v́nter ein grúne Línden /
er jágt dersélben thíerlein also víl /
mit séynen schnéllen wínden.

Er jágt vber bérg vnd tíeffe thál /
v́nder ein stáuden vnd v́berál /
seyn hőrnleyn thét er blásen /
Sein líeb vnder eýner stáuden sáß /
thét auff den Jáger lósen.» (Str. I und II)[7]

Die Füllungsfreiheit bedeutete ein hohes Maß an Variabilität in der Gestaltung der Verszeile; sie konnte aber auch den Eindruck von Regellosigkeit und Holprigkeit erwecken.

Der übliche Vers der *Sprechdichtung* des 16. Jahrhunderts war der Knittelvers, der in der Form des ‹freien Knittels› freie Zahl der Silben (meist zwischen sieben und elf) und Endreim hatte, in der Form des ‹strengen Knittels› acht- oder neunsilbig war – mit einer Tendenz zur regelmäßigen Abfolge von betonten und unbetonten Silben.

Die musikalischem Vortrag dienenden Verse des *Meistergesangs* und großenteils auch die des *Kirchenchorals* waren durch die Zahl ihrer Silben bestimmt. Trotz der damit gegebenen Regelmäßigkeit waren sie ebenfalls nicht nach dem Prinzip der strengen Alternation gebaut.

Die Opitzische Reform zeigte einerseits deutlich synkretistische Züge, da sie in ihre Bestimmungen Elemente der verschiedenen Verstraditionen aufnahm: die Begriffe der Versfüße («iambicus oder trochaicus») entstammten der antiken Tradition; Vers- und Gedichtformen wurden aus dem Romanischen übernommen; daß die Verse durch Hebungen strukturiert wurden, entsprach der germanischen Verstradition.

Andererseits (und nur dadurch ließen sich die unterschiedlichen Elemente zusammenbringen) waren die Vorschriften Opitzens jedoch restriktiv. Sie unterwarfen die aus dem Romanischen übernommenen

Formen dem strengen Alternationsprinzip. Was sich ihm nicht fügte, wurde aus dem Kanon des normativ Zugelassenen ausgeschlossen, da es einen «übelen klang» habe.[8]

Opposition gegen die Alternation

Die strenge Befolgung der Opitzischen Regel, daß «jeder verß entweder ein iambicus oder trochaicus» sei, hatte zur Folge, daß ein Teil des Wortschatzes (z. B. «Tulipen», «Sterbliche») und geläufige Wortkombinationen (z. B. «Wiesen und Felder», «blühende Sommerlust») nicht verwendet werden konnte.

An dieser Praxis entzündete sich im Laufe des 17. Jahrhunderts die Diskussion. August Buchner (1591 bis 1661) suchte schon in den 1630er Jahren Opitzens Regel zu erweitern: Daktylus, Anapäst und Spondeus sollten ebenfalls ‹zugelassen› sein. Insbesondere für den Versanfang forderte er die Möglichkeit, statt mit einem ‹Jambus› mit einem ‹Spondeus› einsetzen zu können; er meinte damit Verse wie:

*Der wel*cher heute diese Nacht
Sein Leben hat zu ende bracht.[9]

Der entscheidende Angriff auf das Prinzip der strengen Alternation wurde im 18. Jahrhundert geführt. Aufklärung und Empfindsamkeit betonten in zunehmendem Maße den Subjektcharakter des Menschen, seine Fähigkeit zu geistiger und sittlicher Selbstbestimmung, die Unerschöpflichkeit seiner Innerlichkeit und die Einmaligkeit seiner Individualität. Dementsprechend galt Dichtung – im Sinne einer Selbstbewußtwerdung der natürlichen Vernunftbegabtheit des Menschen – als Medium moralischer Erziehung und als individueller Seelenausdruck.

Johann Jakob Breitinger (1701 bis 1776), einer der frühesten Theoretiker der neuen Dichtungsauffassung, formulierte in seiner «Critischen Dichtkunst» (1740) den Grundsatz, daß «man besser thäte, so man die Regel, die befiehlt die hohen und tiefen Accente beständig mit einander abwechseln zu lassen, fahren liesse»[10]. Das von Breitinger bis Johann Gottfried Herder (1744 bis 1803) vorgetragene Argument war, daß im Rahmen der Forderung nach strenger Alternation das starre Metrum die Entfaltung des Geistes hemme.

Angriffsziel war vor allem der deutsche Alexandriner, der im Drama und auch in der Lyrik des Barock der vorherrschende Vers war. Er war eine Adaption des französischen Alexandriners, mit dem er die feste Silbenzahl (12 oder 13 Silben) und die Zäsur nach der sechsten Silbe gemeinsam hatte, von dem er sich aber durch die strenge Alternation unterschied. Dem Denken der Barockzeit war dieser Vers insofern entgegengekommen, als es seine, durch die Zäsur bedingte, «zweischenkligte Natur» (Schiller) ermöglichte, antithetische Gedankenführung darzustellen.

Was itzund prächtig blüht sol bald zutretten werden.
Was itzt so pocht vndt trotzt ist morgen asch vnd bein.
Nichts ist das ewig sey / kein ertz kein marmorstein.
Jtz lacht das gluck vns an / bald donnern die beschwerden.
(Gryphius: Es ist alles eitell. V. 5–8) [11]

In dem Maße, wie die antithetische Struktur des barocken Weltbildes (strenger Dualismus Diesseits/Jenseits) nicht mehr allgemein anerkannt wurde, wurde auch die regelmäßige Teilung der Verszeile in zwei Hälften eher als Starrheit und Zwang denn als sinnvolles Ausdrucksmittel empfunden. Vor allem gegen die bei der Verwendung des Alexandriners durch die Form erzwungene Struktur der Aussagenfügung stellte Breitinger die «Erfoderung der Rede» [12]. Nicht die vorgegebene Form sollte Syntax und Gedankenführung, sondern umgekehrt sollte der Sinn dessen, was gesagt werden soll, die Form bestimmen. Unter diesem Axiom spielte Breitinger gegen die Alternation Verfahren aus, um deren Vermittlung schon Reformversuche vor Opitz bemüht gewesen waren: Er pries den Vorzug des Hexameters und empfahl für das Deutsche einen dem Französischen und Italienischen entsprechenden Vers. Sogar dem alten deutschen «kurtzen achtsylbigen Vers, mit welchem sich unsre Voreltern vor Opitzs Zeiten behulfen», räumte er wegen «beständiger Abwechselung der Füsse» Musikalität und darum den Vorzug vor der Alternation ein. [13]

Tendenzen der Versentwicklung im 18. Jahrhundert

Für die Entwicklung der Verspraxis, soweit sie von Opitz wegführte, war Friedrich Gottlieb Klopstock (1724 bis 1803) von größter Bedeutung. Er veränderte nicht nur die Ausdrucksfähigkeit der deutschen Sprache, sondern auch das Formbewußtsein seiner Zeitgenossen und ihre Auffassung vom Wesen der Dichtung und des Dichters.

«Als ich erschien, klimpertet Ihr auf einem hölzernen Hackbrett von *Alexandrinern*, gereimten Jamben, Trochäen, allenfalls Dactylen, wohlmeinend, treufleißig und unermeßlich; ich kam, und ließ aus *meiner* Region euch neue Sylbenmaasse hören. (...) Die höchste Poesie war mein Ziel, die Poesie des Herzens und der Empfindung. Ich zählte und maaß nicht nur, ich wägte die Sylben im Fluge des Wohllauts; auf eine vorher ungeahnte Weise machte ich Euch Eure ganze Sprache *melodisch*.»[14]

Mit diesen Worten, die er Klopstocks «heilige Muse» sprechen ließ, faßte Herder 1803 Klopstocks Leistungen für die deutsche Dichtung zusammen. Klopstock gewann seine «neuen Sylbenmaasse» zunächst in der Nachbildung antiker Verse. Er wählte den Hexameter als Versmaß für sein zwanzig Gesänge umfassendes biblisches Epos «Der Messias» (1748 ff). Für seine lyrische Produktion griff er vorwiegend zur Form der Ode, wobei er anfangs die Strophenformen aus der Antike übernahm:

Schön ist, Mutter Natur, deiner Erfindung Pracht
Auf die Fluren verstreut, schöner ein froh Gesicht,
Das den großen Gedanken
Deiner Schöpfung noch Einmal denkt.

(Der Zürchersee. Str. I)[15]

— ◡ — ◡ ◡ — | — ◡ ◡ — ◡ —
— ◡ — ◡ ◡ — | — ◡ ◡ — ◡ —
— ◡ — ◡ ◡ — ◡
— ◡ — ◡ ◡ — ◡ —

Klopstock befolgte die komplizierten Formgesetze der antiken Odendichtung genau. Das war nicht blinde Normerfüllung, sondern sollte dartun, daß die deutsche Sprache, genetisch und soziokulturell unter anderen Bedingungen stehend, der gleichen Größe und Würde fähig war wie die antiken Sprachen. Klopstock zielte auf Eigenständigkeit gegenüber der Antike. Sie äußerte sich schließlich darin, daß Klopstock eigene Verskombinationen und eigene Odenstrophen erfand.

Die übernommenen wie die selbst geschaffenen Epen- bzw. Odenverse genügten Klopstock allerdings dort nicht mehr, wo er sich mit seiner «Poesie des Herzens und der Empfindung» den unendlichen, irdische Erfahrung übersteigenden Dimensionen der Schöpfung zuwandte, die das Kopernikanische Weltbild dem Denken zugänglich gemacht hatte. Hier sprengte Klopstock die metrisch geregelten antiken und antikisierenden Formen und äußerte sich im Medium der von ihm erfundenen *freien Rhythmen*:

> Groß ist der Herr! und jede seiner Thaten,
> Die wir kennen, ist groß!
> Ozean der Welten, Sterne sind Tropfen des Ozeans!
> Wir kennen dich nicht!
>
> (Klopstock: Die Welten. V. 1–4)[16]

Freie Rhythmen folgen keinem festgelegten Organisationsprinzip mehr; es sind unmetrische reimlose Verse von ungleicher Länge. Sie sind dennoch oft metrisch ‹unterwandert›, indem sie Rudimente antiker Verse enthalten. (So nehmen im zitierten Beispiel Vers 1 und 3 verkürzend bzw. erweiternd den Hexameter auf, Vers 2 ist die erste Hälfte eines Odenverses.)

Klopstocks Durchbrechen enger Denk- und Formschemata hatte starke Wirkung auf die literarische Bewegung des «Sturm und Drang», die um 1770 einsetzte. Sie übernahm mit der neuen Sprache den neuen Dichtungsbegriff («Poesie des Herzens und der Empfindung»; Eigengesetzlichkeit der Kunst) sowie die Auffassung vom Dichter als dem keiner fremden Regel unterworfenen Genie.[17]

Im Zusammenhang damit steht die Suche der jüngeren Generation nach Formen, die nicht dem Alternationsprinzip unterworfen waren. Sie entdeckten dabei auch wieder die altdeutsche Verstradition (Volkslied, Knittelvers), die weitgehend aus dem literarischen Bewußtsein verdrängt war.

Volkslieder waren seit Herder und seinem aufwertenden Begriff «Volksdichtung» keine «gemeinen Liedlein» mehr. Herder sah in ihrer Eigenart nicht Unbeholfenheit und künstlerische Unzulänglichkeit, sondern den Ausdruck der Volksseele und eine Offenbarung des Menschengeistes. Er machte in Straßburg Goethe auf diese schriftlich kaum fixierte Poesie aufmerksam und regte ihn zu deren selbständiger Nachahmung an. Herders Volksliedsammlung, Goethes entsprechende Lieder («Es war ein König in Thule») und seine frühe Balladendichtung («Erlkönig») begründeten eine Tradition, die stark auf die Romantik wirkte und die bis ins 20. Jahrhundert geltende Vorstellung vom Gedicht als liedhafter Stimmungs- und Erlebnislyrik prägte.

Den stärksten Kontrast zum Formprinzip der Alternation bildeten jedoch die *freien Rhythmen*. Ihre Ungeregeltheit ist im Formalen die Antithese zum Ideal der Erfüllung vorgegebener Normen, das in den Regelpoetiken des 17. und frühen 18. Jahrhunderts galt.

Spude dich, Kronos!
Fort den rasselnden Trott!
Bergab gleitet der Weg;
Ekles Schwindeln zögert
Mir vor die Stirne dein Haudern.
Frisch, den holpernden
Stock, Wurzeln, Steine den Trott
Rasch in's Leben hinein!
(Goethe:
An Schwager Kronos. V. 1–8)[18]

Auseinandersetzung um den Reim

Klopstock verzichtete in seinen Dichtungen fast gänzlich auf ein Element, das bis dahin für deutsche Verse konstitutiv war: auf den Reim. Dieser Verzicht bedeutete eine Irritation für einen Teil des Publikums, der «den Reim für poetische Werke unerläßlich» hielt und dem die neuen Verse «keine Verse schienen».[19]

Auch die Schriftsteller waren, selbst bei zustimmender Aufnahme der neuen Dichtung, irritiert.[20] Die skizzierten Bemühungen um eine Prosodie stehen in Zusammenhang damit, daß für die neuen Versformen (Blankvers, Nachbildung antiker Verse) das gewohnte Strukturelement *Endreim*, das als Auszeichnung der Versgrenze und als Bindeglied der Zeilen fungierte, weggefallen war.

Gegen Ende des 9. Jahrhunderts hatte Otfried von Weißenburg den Endreim in die deutsche Dichtung eingeführt; bis ins 18. Jahrhundert galt er in Theorie und Praxis als selbstverständliches Merkmal gebundener Sprache. So auch bei Opitz; Georg Philipp Harsdörffer (1607 bis 1658) sagte, daß «die Reimen gleichsam die Riemen sind / durch welche das Gedicht verbunden und zusamen gezogen wird»[21]. Daniel Georg Morhof (1639 bis 1691) verteidigte 1681 den Endreim vor allem gegen ausländische späthumanistische Gelehrte, die ihn als barbarisch verwarfen, und gegen eine beachtliche ausländische Tradition (Petrarca, Ariost, Tasso, Lope de Vega, Milton), indem er gegen die «ungereimbte Dichterey» anführte:

«In Teutscher Sprache hat noch niemand es zu versuchen begehret/ist auch eine unnöthige Arbeit. Meines erachtens/wenn einer die ungereimbten Verse höher/als die andern halten/wollte/wäre es eben/als wenn jemand einer Strohfiedel vor einer wohlgestimmeten Geige den Vorzug gäbe.»[22]

Reime könnten, so Morhof, Führer zu guten Gedanken sein; sie seien in den «gemeinen Sprachen», das heißt den europäischen Volkssprachen im Gegensatz zum Lateinischen, notwendig und könnten nicht ausgelassen werden; sie seien ihnen von Natur gegeben wie dem Griechischen und Lateinischen die langen und kurzen Silben.

Parallel mit der Abwendung vom Prinzip der starren Alternation beginnt zu Anfang des 18. Jahrhunderts der Streit um den Reim, wobei die Reimgegner die Argumentation des 17. Jahrhunderts umkehren: Der Reim hindere, wie die strenge Alternation, die Entfaltung der Gedanken; er sei, urteilte 1722 Johann Jakob Bodmer (1698 bis 1783), geeignet, die Vernunft aus dem Vers zu verweisen.[23] Die Infragestellung des Reims geschah also im Namen der Aufklärungs- und Erziehungsfunktion der Literatur, das heißt im Zusammenhang mit der Herauslösung der Literatur aus höfisch-feudalen Bindungen und ihrer Integration in den bürgerlichen Selbstbewußtwerdungsprozeß.

Hier ergab sich bei den frühaufklärerischen Literaturtheoretikern aber bald eine Trennung in Fraktionen. Johann Christoph Gottsched (1700 bis 1766), dessen «Versuch einer Critischen Dichtkunst vor die Deutschen» (1730, 4. Aufl. 1751) in der ersten Hälfte des 18. Jahrhunderts einen ähnlich beherrschenden Einfluß ausübte wie Opitzens «Buch von der Deutschen Poeterey» im 17. Jahrhundert, hatte sich zunächst auf die Seite der Reimgegner geschlagen; in dem Maße aber, in dem die Schweizer Theoretiker Bodmer und Breitinger den Reim weniger ablehnten, weil er die Klarheit der Gedanken hindere, als vielmehr deshalb, weil er nicht erlaube, «poetischen Taumel»[24], Leidenschaft, überhaupt Herzensempfindung erhaben darzustellen, bezog Gottsched die Gegenposition, da er durch diese Forderungen sein an Verstand und Vernunft orientiertes Stilideal in Gefahr sah. Mit Klopstock setzten sich dann um die Jahrhundertmitte die Auffassungen der Schweizer durch und damit die allmähliche Anerkennung ungereimter Verse als Verse.

Gotthold Ephraim Lessing (1729 bis 1781), der die ästhetischen Anschauungen des späteren 18. Jahrhunderts maßgeblich prägte und vor allem mit Gottscheds poetologischen Anschauungen scharf ins Gericht ging, nahm schließlich 1753 folgendermaßen zum Reim-Streit Stellung:

«Den Reim für ein nothwendiges Stück der deutschen Dichtkunst halten, heißt einen sehr gothischen Geschmack verrathen. Leugnen aber, daß die Reime oft eine dem Dichter und Leser vortheilhafte Schönheit seyn können, und es aus keinem andern

Grunde leugnen, als weil die Griechen und Römer sich ihrer nicht bedient haben, heißt das Beyspiel der Alten mißbrauchen. Man lasse einem Dichter die Wahl. Ist sein Feuer anhaltend genug, daß es unter den Schwierigkeiten des Reims nicht erstückt, so reime er. Verliert sich die Hitze seines Geistes, während der Ausarbeitung, so reime er nicht.» [25]

Lessing begründete sein Sowohl-als-auch damit, daß er «nur auch hier auf eine republikanische Freyheit» dringe, «die ich überall einführen würde, wenn ich könnte» [26]. Er machte so darauf aufmerksam, daß die ästhetischen und poetologischen Diskussionen seiner Zeit ebenso wie die praktischen Formentscheidungen der Dichter politische Implikationen enthielten und daß sie von den Beteiligten gezielt mit politischen Implikationen versehen werden konnten.

Die unorthodoxe Haltung in der Frage des Reims, die Lessing artikuliert hatte, blieb für die Folgezeit bestimmend, wobei Goethes entsprechende Praxis traditionsbildend wirkte. Dichter konnten fortan den Reim verwenden oder nicht; der Reim war nicht mehr äußere formale Bedingung für den Vers. Die nunmehr vorhandenen formalen Alternativen erlaubten es, den Reim freier und distanzierter zu reflektieren, insbesondere seine sinnlich-klanglichen Potenzen und seine Fähigkeit, ästhetische Erwartungen zu wecken, die das korrespondierende Reimwort erfüllen oder enttäuschen konnte.

In solcher Distanzierung faßte Schiller im «Prolog» zum «Wallenstein» (1798) mit Bezug auf den in Knittelversen geschriebenen ersten Teil «Wallensteins Lager» den Reim als Verfremdungsmittel auf, das dem Rezipienten der Dichtung deren Kunstcharakter bewußtmachen und ihn vor der Illusion bewahren soll, auf der Bühne werde unmittelbar Wirklichkeit dargestellt.

Darüber hinaus interpretierte Georg Wilhelm Friedrich Hegel (1770 bis 1831) den Reim als ein Moment des Ästhetischen, in dem ein modernes Subjekt sich seiner selbst bewußt werden kann:

«Das Metrum der (antiken) rhythmischen Versifikation erwies sich als ein vielfach gegliedertes Verhältnis unterschiedener Längen und Kürzen, der Reim dagegen ist einerseits zwar materieller, andererseits aber in diesem Materiellen selbst abstrakter: die bloße Erinnerung des Geistes und Ohrs an die Wiederkehr gleicher oder verwandter Laute und Bedeutungen, eine Wiederkehr, in welcher das Subjekt sich seiner selbst bewußt wird und sich darin als die setzende und vernehmende Tätigkeit erkennt und befriedigt.» [27]

Perspektiven der Versentwicklung im 19. und 20. Jahrhundert

Das Ergebnis der skizzierten Entwicklungen ist, daß beim Übergang vom 18. ins 19. Jahrhundert der deutschen Dichtung eine bis dahin nicht vorhandene Fülle von Versformen zur Verfügung stand. Diese Formenvielfalt umfaßte

- die vormals als vulgär geltenden gereimten Verse germanisch-deutscher Tradition mit Füllungsfreiheit, vor allem Volksliedverse und Knittelvers;
- die alternierenden, meist gereimten Verse, die trotz der vormals heftigen Kritik sehr häufig verwendet wurden;
- den Blankvers (besonders für das Drama);
- antike Vers- und Strophenformen (Hexameter, Distichon; alkäische, asklepiadeische, sapphische Ode);
- die freien Rhythmen.

Grundsätzliche prosodische und metrische Neuerungen sind seither ausgeblieben, abgesehen von Richard Wagners Versuch, den durch *Alliteration*, das heißt lautgleichen Beginn betonter (Stamm-)Silben ausgezeichneten germanischen Stabreimvers wiederzubeleben. Vereinfachend läßt sich sagen, daß die Autoren des 19. (und des frühen 20.) Jahrhunderts weniger Energie für die eigenständige Entwicklung von Versformen als für die Auseinandersetzung mit den ererbten Versformen aufbrachten. Denn durch die Stilisierung der Goethezeit zur ‹Klassik› wurde deren Formenbestand für bürgerliche Schriftsteller zu einem nicht ignorierbaren Kanon, freilich nur für denjenigen problemlos verwendbar, der die historische Differenz zu jener Zeit weder fühlte noch reflektierte.

Für das 19. und 20. Jahrhundert läßt sich das Verhältnis zum Formrepertoire der Verstradition unter folgenden Aspekten beschreiben:

1. zustimmende Verwendung vorhandener Formen;
2. ironisch-parodistische Verwendung vorhandener Formen (z. B. Heinrich Heine, Wilhelm Busch, Christian Morgenstern);
3. versimmanente Problematisierung von verskonstituierenden Momenten (und dadurch tendenziell Infragestellung des Verses als Ausdrucksmedium);
4. Abwendung von der Versform zugunsten der Prosa.

Gottfried Benns 1912 publiziertes, dem Frühexpressionismus zugerechnetes Gedicht «Kleine Aster» ist ein Beispiel für die erwähnte Problematisierung des traditionellen Verses als Formprinzip:

Kleine Aster

Ein ersoffener Bierfahrer wurde auf den Tisch gestemmt.
Irgendeiner hatte ihm eine dunkelhellila Aster
zwischen die Zähne geklemmt.
Als ich von der Brust aus
unter der Haut
mit einem langen Messer
Zunge und Gaumen herausschnitt,
muß ich sie angestoßen haben, denn sie glitt
in das nebenliegende Gehirn.
Ich packte sie ihm in die Brusthöhle
zwischen die Holzwolle,
als man zunähte.
Trinke dich satt in deiner Vase!
Ruhe sanft,
kleine Aster![28]

In Sujet und Form setzt sich dieses Gedicht deutlich von der bis um 1900 vorherrschenden Verstradition ab. Zwar sind Verbindungen zu dieser erkennbar: Die unmetrischen Zeilen lassen sich verstehen als freie Rhythmen in der Tradition Klopstocks (auch in Benns Gedicht finden sich noch rudimentäre Bestandteile antiker Verse, besonders in Zeile 3, die sich als halber Pentameter interpretieren läßt); gleichzeitig und konträr zu dieser Tradition reimen einige Zeilen (Z. 1/3; 7/8) und wird das Mittel der Assonanz (Z. 4/5, 13/15) verwendet; Zeilen- und Kolongrenze treffen meist zusammen und akzentuieren so trotz fortlaufender Syntax das Zeilenende als (relativen) Sinneinschnitt. Aber da sich der sprachliche Duktus mit Ausnahme der Schlußzeilen, die rhetorische Klauseln parodieren, kaum von Prosa unterscheidet (Fehlen von Inversion o. ä.), wirken die vershaften Elemente des Textes, auch weil sie einander widersprechen, wie provokativ sichtbar gemachte Tradition, zitiert zu dem Zweck, sie zu zerbrechen.

Zu dieser im 20. Jahrhundert verstärkt einsetzenden Tendenz tritt eine zweite, die einen anderen Ausgangs- und Zielpunkt zu haben scheint:

Wissenschaftlicher Pluralismus 1977

Daß der Kandidat
es gewagt hat,
unsere Gesellschaft als kapitalistische zu bezeichnen –

Sie erinnern sich vielleicht an die Formulierung,
exakt kann ich es nicht angeben, aber im zweiten Drittel
des Vortrags etwa –
finde ich doch sehr mutig.

(Ernst Köhler) [29]

Auch hier ist die Sprache unmetrisch und zugleich verszeilenartig angeordnet, und auch hier wäre es möglich, Beziehungen zu freien Rhythmen in der Klopstock-Tradition aufzuzeigen; überdies kann man in Zeile 1 und 2 parodistisch gebrauchten Reim erkennen; auch stimmen Zeilen- und Kolongrenze meist überein. Dennoch scheint es in diesem Beispiel so zu sein, daß der Text nach den Regeln und dem Sprachduktus der Prosa konzipiert ist – er läßt sich ohne weiteres als Prosa sprechen oder lesen. Die Abweichung vom Druckbild der Prosa signalisiert jedoch, daß der Rezipient den Text nicht wie Prosa auffassen soll. Dabei fungiert die Anordnung in versartige Zeilen als Verfremdungsmittel, und der *Zeilenbruch* erhält semantische Funktion: Er drückt Distanz zur Prosa aus, indem er das spezifische Formelement Versgrenze ins Spiel bringt und beim Rezipienten das durch Tradition geprägte Verhaltens- und Erwartungsstereotyp induziert: Verse sprechen auf andere Weise über die Welt als Prosa, das semantische Gewicht der Wörter ist durch die Stellung in der Zeile mit bedingt, der Zeilenschluß ermöglicht eine gewisse Retardation des Gedanken- und des Lese- (oder Sprech-)Flusses und zugleich einen Spannungsbezug zur nächsten Zeile (‹Enjambement›).

Spätestens seit Einführung des Buchdrucks sind Verse immer auch im Hinblick auf ihre visuelle Rezeption verfaßt und präsentiert worden (versabhängiger Satzspiegel; außerdem großgeschriebene Versanfänge, Möglichkeit von Akrostichon und Telestichon, Anordnung der Verse um eine Mittelachse bei Arno Holz). Visuelle Komponenten werden aber für den Anspruch auf Verscharakter erst dort konstitutiv, wo der Bezug zur Prosa so stark ist, daß sich eine Verbindung zur Verstradition nur noch durch visuelle Analogie herstellen läßt.

Literatur

Albertsen, Leif Ludwig: Über die Notwendigkeit, heute auf neuen Wegen wieder Versanalyse zu treiben. In: Germanisch-Romanische Monatsschrift. Neue Folge 23 (1973), S. 11–31.

Arndt, Erwin: Deutsche Verslehre. Ein Abriß. 12., durchges. Aufl. Berlin 1990.

Asmuth, Bernhard: Aspekte der Lyrik. Mit einer Einführung in die Verslehre. 7., ergänzte Aufl. Düsseldorf 1984 (Grundstudium Literaturwissenschaft 6).
Behrmann, Alfred: Einführung in den neueren deutschen Vers. Von Luther bis zur Gegenwart. Stuttgart 1989.
Binder, Alwin u. a.: Einführung in Metrik und Rhetorik. 5., ergänzte und verb. Aufl. Frankfurt/M. 1987.
Breuer, Dieter: Deutsche Metrik und Versgeschichte. München 1981 (Pragmatische Texttheorie 5).
Heusler, Andreas: Deutsche Versgeschichte. Mit Einschluß des altenglischen und altnordischen Stabreimverses. Bd. 1–3. Berlin/Leipzig 1925–1929 (Grundriß der germanischen Philologie 8, 1–3).
Kayser, Wolfgang: Geschichte des deutschen Verses. Zehn Vorlesungen für Hörer aller Fakultäten. 2. Aufl. München 1971.
Paul, Otto/Glier, Ingeborg: Deutsche Metrik. 8. Aufl. München 1970.
Pretzel, Ulrich: Deutsche Verskunst. Mit einem Beitrag zur altdeutschen Strophik von Helmuth Thomas. In: Wolfgang Stammler (Hg.): Deutsche Philologie im Aufriß. Bd. 3, 2. überarb. Aufl. Berlin 1962, Sp. 2357–2546.
Wagenknecht, Christian: Deutsche Metrik. Eine historische Einführung. 2., durchges. Aufl. München 1989.

Anmerkungen

* Gekürzte Fassung des Aufsatzes Alwin Binder, Manfred Schluchter, Günter Steinberg: Aspekte neuhochdeutscher Verse (Metrum und Reim). In: Literaturwissenschaft Grundkurs 1. Hg. von H. Brackert und Jörn Stückrath in Verbindung mit Eberhard Lämmert. Reinbek bei Hamburg: Rowohlt 1981, S. 273–297.

1 Bertolt Brecht: Über reimlose Lyrik mit unregelmäßigen Rhythmen. In: Gesammelte Werke in 20 Bänden. Frankfurt/M. 1967, Bd. 19, S. 395–403, S. 403.

2 Ebd., S. 395.

3 Beschreibungsverfahren von Versen werden hier nicht dargestellt. Dazu verweisen wir auf Binder, dort auch weitere Grundbegriffe.

4 Martin Opitz: Buch von der Deutschen Poeterey. Nach der Edition von Wilhelm Braune neu hg. von Richard Alewyn. 2. Aufl. Tübingen 1966, S. 37f.

5 Opitz bringt zwar einen Klammerzusatz, in dem er eine Duldung des Daktylus zugesteht, «wenn er mit vnterscheide gesatzt wird». Dieser Zusatz ist jedoch sehr vage und durch kein Beispiel erläutert; er ist nicht geeignet, die apodiktische Forderung nach der Alternation wirklich in Frage zu stellen und hat bei der Rezeption von Opitzens Poetik auch keine Rolle gespielt.

6 Vgl. Hans-Jürgen Schlütter: Der Rhythmus im strengen Knittelvers des 16. Jahrhunderts. In: Euphorion 60 (1966), S. 48–90; Christian Wagenknecht: Weckherlin und Opitz. Zur Metrik der deutschen Renaissancepoesie. München 1971.

7 Das Weimarer Liederbuch. Schätzbare Sammlung alter Volkslieder. (Faksimile-

Ausg.) Zürich 1977, S. 587. – Das Gedicht wurde zwischen 1515 und 1550 erstmals gedruckt.

8 Opitz (Anm. 4), S. 38.

9 Marian Szyrocki (Hg.): Poetik des Barock. Reinbek bei Hamburg 1968, S. 68.

10 Johann Jacob Breitinger: Critische Dichtkunst. Faksimiledruck der Ausgabe von 1740, Bd. 2. Stuttgart 1966, S. 470.

11 Andreas Gryphius: Gesamtausgabe der deutschsprachigen Werke. Bd. 1. Hg. von Marian Szyrocki und Hugh Powell. Tübingen 1963, S. 33.

12 Breitinger (Anm. 10), S. 468.

13 Ebd., S. 454 u. 467.

14 Johann Gottfried Herder: Adrastea. Bd. 5, 1. Stück. In: Sämtliche Werke. Hg. von Bernhard Suphan. Bd. 24. Berlin 1886, S. 220 f.

15 Friedrich Gottlieb Klopstock: Oden. Hg. von Franz Muncker und Jaro Pawel. Stuttgart 1889, Bd. 1, S. 83.

16 Ebd., Bd. 1, S. 153.

17 Ebd. – Vgl. dazu Goethe in «Dichtung und Wahrheit» (10. Buch): «Nun sollte aber die Zeit kommen, wo das Dichtergenie sich selbst gewahr würde, sich seine eignen Verhältnisse selbst schüfe und den Grund zu einer unabhängigen Würde zu legen verstünde. Alles traf in Klopstock zusammen, um eine solche Epoche zu begründen.» (Johann Wolfgang Goethe: Werke. Hg. im Auftrage der Großherzogin Sophie von Sachsen. Weimar 1887–1919. Abteilung I, Bd. 27, S. 296).

18 Goethe (Anm. 17), Bd. 2, S. 65 und S. 309.

19 Goethe (Anm. 17), Bd. 26, S. 122 f (Dichtung und Wahrheit. 2. Buch).

20 Vgl. auch Goethes Schilderung der Situation nach der Publikation der ersten drei Gesänge des «Messias» (1748) in «Dichtung und Wahrheit». 18. Buch. Goethe (Anm. 17), Bd. 29, S. 82 f.

21 Georg Philipp Harsdörffer: Prob und Lob der Teutschen Wolredenheit. Das ist: deß Poetischen Trichters Dritter Theil. Nürnberg 1653, S. 75 f.

22 Daniel Georg Morhof: Unterricht von der Teutschen Sprache und Poesie. Hg. von Henning Boetius. Bad Homburg v. d. H. 1969, S. 276.

23 Vgl. VII. Discours. In: Johann Jakob Bodmer und Johann Jakob Breitinger: Die Discourse der Mahlern. Reprografischer Nachdruck der Ausgabe Zürich 1721–1723. Hildesheim 1969, Theil 2, S. 49–56.

24 [Bodmer:] Vorrede. In: Immanuel Jakob Pyra und Samuel Gotthold Lange: Freundschaftliche Lieder. Heilbronn 1885, S. 6.

25 Gotthold Ephraim Lessing: Briefe. In: Sämtliche Schriften. Hg. von Karl Lachmann. 3. Aufl. besorgt durch Franz Muncker. Bd. 5. Stuttgart 1890, S. 73.

26 Ebd., S. 73.

27 Georg Wilhelm Friedrich Hegel: Ästhetik. Redigiert von Friedrich Bassenge. Berlin/Weimar 1976. Bd. 2, S. 392.

28 Gottfried Benn: Gesammelte Werke in 4 Bänden. Hg. von Dieter Wellershoff. Bd. 3. 2. Aufl. Wiesbaden 1963, S. 7.

29 Tintenfisch 11. Jahrbuch für Literatur. Berlin 1977, S. 89.

Peter Heßelmann

Rhetorische Grundbegriffe

Rhetorik zwischen Diffamierung und Rehabilitierung

Über zweitausend Jahre als Bildungsmacht in Europa und bis gegen Ende des 19. Jahrhunderts hinein als Unterrichtsfach in den Schulen etabliert, erlebte die «ars bene dicendi» insbesondere in Deutschland im 20. Jahrhundert ihren vorläufigen Niedergang. Erst in den 70er Jahren kam es zu einer bis heute anhaltenden ‹Renaissance› in der Beschäftigung mit Rhetorik. Es erschien eine nahezu unübersehbare Flut an wissenschaftlichen Publikationen über die rhetorische Tradition und Methodik [1], literaturwissenschaftliche, semiotische, linguistische, kommunikationstheoretische, philosophische, theologische, juristische und medienkundliche Handbücher gingen nicht mehr achtlos an der Redekunst vorüber, die Curricula höherer Schulen nahmen sie erneut – wenn auch in rudimentärer Form – in ihr Arsenal bildungsrelevanten Lehrstoffes auf. In der Masse von populären praktischen Ratgebern und Anleitungen spiegelt sich ein breites Bedürfnis nach dem Erlernen einer sicheren, gewandt-wirkungsvollen Sprache und einem erfolgversprechenden Auftreten in der Öffentlichkeit einer Mediengesellschaft.

Obwohl als Gegenstand der Wissenschaft inzwischen rehabilitiert, wird allen mit Rhetorik zusammenhängenden Phänomenen auch noch gegenwärtig nicht selten mit Mißtrauen begegnet. Dabei ist die Diskreditierung rhetorischen Sprechens so alt wie Redekunst selbst. Ein mündiger Bürger möchte sich möglichst wenig beeinflussen lassen. Tatsächlich gibt es zahlreiche Beispiele für den Mißbrauch einer demagogischen Redegewalt nicht nur im nationalsozialistischen Deutschland. Die Denunzierung der Rhetorik leitet sich ab aus der seit Platon vorgebrachten philosophischen Kritik, die meist ethische Gesichtspunkte ins Feld führt. Als Überlistungstheorie könne Rhetorik lehren, jedes artikulierte Argument als wahr erscheinen zu lassen und Menschen zu jedem beliebigen, auch moralisch bedenklichen Handeln zu bewegen. Die pejorative Begriffsverwendung kann sich darüber hinaus auf die Ästhetik des im 18. Jahrhundert entwickelten deutschen Idealismus berufen. Wo Poesie als autonom, zweckfrei und als stets um Originalität bemühte individuelle Schöpfung galt, mußte es zur Ablehnung einer Theorie kommen, die die Produktion von Kunstwerken nach erlernbaren Regeln und mit kalkulierten Wirkungszielen unterrichtete.

Was die Applizierung der Rhetorik auf das literaturwissenschaftliche Terrain der Textinterpretation angeht, wurde beanstandet, daß die propädeutische Disziplin auf antike und moderne Dichtung die immer gleichen formalistischen Begriffsinstrumentarien anwende. Bei näherem Hinsehen erweisen sich die Vorwürfe als Vorurteile, die dem Selbstverständnis der Rhetorik nicht gerecht werden. Das Ziel jeglichen rhetorischen Bemühens ist in seiner persuasiven Wirkungsintention, der Überzeugung des Publikums, zu suchen. Als «ars bene dicendi» meint Rhetorik «(...) die Kunst des guten Redens (und Schreibens) im Sinne einer von Moralität zeugenden, ästhetisch anspruchsvollen, situationsbezogenen und auf Wirkung bedachten Äußerung, die allgemeines Interesse beanspruchen kann. Sie umfaßt sowohl die Theorie (‹ars rhetorica›, Redekunst) als auch die Praxis (‹ars oratoria›, Eloquenz, Beredsamkeit) und hat damit zugleich den Charakter von Kunstlehre und von Kunstübung.»[2]

Zur Geschichte der «ars rhetorica»

Seit dem 5. Jahrhundert v. Chr. ist Rhetorik Gegenstand wissenschaftlicher und didaktischer Überlegungen. Im öffentlichen Leben des Altertums entfaltete sie ihre eminente soziokulturelle Potenz insbesondere als politische Rede vor Versammlungen und Gremien («genus deliberativum»), als Gerichtsrede («genus iudiciale») und als Festrede («genus demonstrativum»). Von der rhetorischen Theorie ging darüber hinaus früh im Zuge einer Literarisierung ein starker Impuls auf die Dichtung aus. Die Rhetorik wurde zudem als Lehrfach fester Bestandteil des Unterrichtswesens und damit unverzichtbares Bildungsgut freier Bürger. Es galt, Regeln zu erlernen, um sich durch eine wirkungsmächtige Rede im Staatsleben und vor der Justiz behaupten und gleichzeitig die Zuhörer für die eigene Meinung gewinnen zu können. Auf seiten der Rezipienten bestand neben sachlichen Motiven geradezu ein Bedürfnis nach einer geschliffenen Rede, die ihnen ästhetisches Vergnügen bereitete. Vornehmlich von der Stoa und von den Römern, aber auch von Aristoteles wurden beträchtliche moralische Ansprüche an den Vortragenden und seine Erziehung gestellt. Die Beredsamkeit sollte stets der Tugend verpflichtet sein. Der staatsmännische «vir bonus» ciceronianischer Prägung zeichnete sich durch menschliche Vollkommenheit und universale Bildung auf der Basis der Philosophie aus.[3]

Die Rhetorik des Mittelalters knüpfte an die griechisch-römische Tradition an. In den sieben freien Künsten fest verankert, zählte die «ars rhetorica» neben Grammatik und Dialektik zum Trivium und blieb damit eine essentielle Komponente des Bildungswesens. Die christliche Predigttheorie schuf eine in Lehrbüchern überlieferte «ars praedicandi», um den Geistlichen das sprachliche Rüstzeug zur erfolgreichen Weitergabe der Heilsbotschaft und adäquate Hilfen zur Exegese der Heiligen Schrift bereitzustellen. Für die Abfassung von Urkunden, Briefen und anderen amtlichen Texten gab es Rat in den Handbüchern der «ars dictaminis».[4]

Im Humanismus bzw. in der Renaissance blieb Rhetorik in Schule und Universität Unterrichtsfach. Das antike Erbe lebte samt seinem Anspruch, Träger einer universellen Bildungsidee zu sein, fort.[5] Die Reformatoren, allen voran Luther, erkannten die Effizienz rhetorischer Mittel für ihre Predigten. Die vorerst letzte große Blüte erlebte die Rhetorik in der Ära das Barock. Im 17. Jahrhundert stellte die gesellschaftlich tonangebende Aristokratie die Beredsamkeit in den Dienst herrschaftlicher Repräsentation. Nicht nur Schule, Wissenschaft und Kunst, Forensik, Verwaltung und Homiletik, nahezu das gesamte öffentliche Leben war geprägt von der Rhetorik. Der ‹politische›, allseitig gelehrte, eloquente Hofmann hat seinen Ahnen im «vir bonus» Ciceros. Poesie und Rhetorik galten als verschwisterte «artes».[6]

Gegen Ende des 18. Jahrhunderts büßte die Redekunst einen beträchtlichen Teil ihrer Geltung ein, es kam zu einer Trennung von Rhetorik und Dichtung. Kant, Hegel und Goethe zählen zu den prominentesten Verächtern des als Hohlrednerei mit unseriösen, ja betrügerischen Absichten verunglimpften Vermächtnisses. Die Verdikte dieser führenden Persönlichkeiten des geistigen Lebens wirken bis heute nach. Die idealistische Philosophie und Ästhetik folgte neuen Bahnen, so daß die Rhetorik aus der Poetik verdrängt wurde und das Schulfach allmählich an Bedeutung verlor. Den ästhetischen Grundsätzen gemäß stand Dichtung nicht länger im Bann normativer, erlernbarer Regeln, sondern galt als individuelles Medium subjektiver Erfahrung oder Inspiration im Zuge der Propagierung einer zweckfreien Kunst.

Die Goethezeit markiert eine Zäsur in der Geschichte der nun reduzierten Rhetorik, aber von einer totalen Auflösung kann nicht die Rede sein. Schon im 18., mehr noch im 19. Jahrhundert wurde die Stilistik, die Lehre vom Redeschmuck, weitgehend von der rhetorischen «elocutio» separiert und zu einem sich verselbständigenden Fach rein technischer Applizierung von Sprache dekorierenden Figuren deklariert. Erst um 1900 war die noch tradierte Schulrhetorik auch aus dem altsprachlichen Unterricht nahezu verschwunden.[7] In beiden Jahrhunderten des allmählichen Verfalls blieben rhetorische Elemente in allen Textgattungen jedoch lebendig. Schiller, Goethe, Heine und andere namhafte Schriftsteller legen ebenso wie Dichter der Romantik Zeugnis ab für die Strukturierung ihrer Werke nach den – wenngleich mitunter modifizierten – Reglements der Redekunst. Die Autoren waren schon infolge ihrer Schulausbildung der Tradition verhaftet und bedienten sich ohne Skrupel aus dem reichen Schatz ihrer Anweisungen zur Texterstellung und Sprachgestaltung.[8] Daneben überdauerte die Rhetorik in der Homiletik des 19. Jahrhunderts fast ungebrochen.

Die deutsche literaturwissenschaftliche Forschung stieß – von einigen Ausnahmen abgesehen – erst seit den 60er Jahren des 20. Jahrhunderts auf die substantielle Bedeutung der Rhetorik in der Kulturgeschichte Europas. Mit der Wiederentdeckung der Literatur der frühen Neuzeit und dem Aufschwung der Mediävistik mußte die «ars bene dicendi» ins Blickfeld anfangs hauptsächlich historisch-rekonstruktiv orientierten Forschens rücken. Weitere Faktoren für das erwachte Interesse waren erprobte strukturalistische und formalistische Programme einer Textinterpretation, die nach einem neuen Werkzeug bei der Analyse von Literatur suchte. Die Erfahrungen mit agitatorischen Reden und Propagandaschriften in nationalsozialistischer Zeit und das Vordringen teilweise aggressiver Konsumentenwerbung in der Nachkriegsgesellschaft weckten eine zunehmende Wachsamkeit gegenüber den mitunter sublimen Verfahren manipulierenden Sprechens. Die amerikanische «New rhetoric» durchleuchtete in Zusammenarbeit mit Semiotikern, Linguisten, Kommunikationswissenschaftlern, Soziologen, Politologen, Philosophen und Psychologen und in Anknüpfung an die alte Affektenlehre die sozialen und psychologischen Bedingungen und Möglichkeiten wirkungsvoller persuasiver Beeinflussung im Rahmen verbaler und visueller Interaktion auf empirisch-experimenteller Basis wie die Entlarvung verführerischer Techniken.[9] Den vielfältigen Ansätzen dieses Zweigs reaktivierter Rhetorik ist die betagte Grundeinsicht gemeinsam, daß Sprache immer rhetorisch geformt und intentional sei. Das gilt ebenso für die philosophisch ausgerichtete Argumentationstheorie Perelmans.[10]

In Deutschland zeichnet sich nach einer Phase des historischen Studiums und inzwischen intensivierter sozialgeschichtlicher Analysen eine kritische Weiterentwicklung der Rhetorik ab, die den Gegebenheiten einer Mediengesellschaft Rechnung tragen soll. Ob auf der Basis der linguistischen Pragmatik, der Kommunikationstheorie, der Hermeneutik oder der neueren Toposforschung – zumeist steht das Verhältnis von demokratischer Öffentlichkeit und Rhetorik und deren emanzipatorisches Potential im Hinblick auf eine Etablierung einer auf Humanität und praktischer Vernunft in der Dialogführung wie im Handeln gründenden Sozialwissenschaft im Vordergrund.[11] Seriöse Versuche der Reanimation der vernachlässigten «rhetorica utens», sei es als Instrumentarium zum Abfassen überzeugender Texte, sei es als Anleitungen zu deklamatorischer Rede, stecken derzeit in den Anfängen.[12]

Grundbegriffe der Rhetorik

Das klassische rhetorische Texterstellungsmodell gliedert sich in fünf Bearbeitungsstadien der Rede. Die «inventio» enthält Regeln über das standardisierte Suchen und Finden von geeigneten Gedanken, Argumenten, Tatsachen, Exempeln etc. zur Bewältigung eines zu erörternden Themas hinsichtlich der angestrebten Wirkung. Die Topik, systematisiertes Reservoir von Fundorten («topoi», «loci») der Beweise, dient dabei als heuristisches Mittel. Das Abfragen der «topoi» erleichtert das Aufspüren einer angebrachten Beweisführung zur Person oder Sache. Fragen etwa nach dem Wer, Was, Wo, Womit, Warum, Wie und Wann einer Begebenheit vermögen die beabsichtigte Argumentation zu strukturieren. Dem Stadium der Stoffsammlung schließt sich die «dispositio», die Lehre der wirksamen Gliederung des Materials nach verschiedenen Ordnungsschemata, an. Denn der mittels der Suchformeln der «topoi» ausfindig gemachte Stoff muß der persuasiven Strategie zweckgerecht angepaßt werden. Das geschieht mit Hilfe detaillierter Anweisungen, die z. B. die vorteilhafte Plazierung der Beweise im Gang der Argumentation regeln.

Grundsätzlich sind zwei Ordnungsprinzipien verfügbar: die natürliche («ordo naturalis») und die künstliche («ordo artificialis») Disposition. Während das erste Ordnungssystem eine natürliche Ordnung der Dinge in räumlicher, zeitlicher und logischer Hinsicht voraussetzt, weicht das zweite absichtlich von der von der Natur vorgegebenen Reihenfolge der Ereignisse und der Kausalität ab, um den Adressaten zu überreden. Die Strukturierung des Materials kann u. a. – wie in der Aufsatzlehre – in einer dreigliedrigen Anordnung (Einleitung, Mittelteil, Schluß) münden. Es folgt die «elocutio», die Kunst der überzeugenden und ästhetisch befriedigenden sprachlichen Formulierung der in der «inventio» gefundenen und in der «dispositio» sortierten Gedanken. Hier fällt meist dem Redeschmuck («ornatus») eine wichtige Rolle zu. Den fertigen Text eignet sich der Redner durch Einprägen im Gedächtnis an. In dieser Phase der «memoria» werden mnemotechnische Übungen gelehrt. Die «actio» bzw. «pronuntiatio» rundet das Quintett ab. Sie umfaßt Instruktionen, die die Stimmführung, Mimik, Gestik und Körperhaltung mit dem vorzutragenden Text in Einklang bringen und zu einem gewinnenden öffentlichen Auftreten befähigen.

Im Mittelpunkt des Modells steht die Stufe der «elocutio». Zu ihr gehört die Theorie von der Angemessenheit («aptum») des sprachlichen Ausdrucks etwa in bezug auf den Gegenstand und den Zweck der Rede, den Sprecher, die je zu berücksichtigende temporäre und lokale Situation und die psychische Disposition des Adressaten. Im Idealfall harmonieren alle eingesetzten Strategien mit dem Ziel des Redners. Das «aptum» reguliert ebenso die Stimmigkeit der verwendeten Mittel untereinander. Darüber hinaus hat ein Verfasser für die Sprachkorrektheit («latinitas») und die Deutlichkeit («perspicuitas») Sorge zu tragen. Gleichfalls im Bereich der «elocutio» ist die Dreistillehre angesiedelt. Gewöhnlich wird bei den «genera dicendi» unterschieden in einen niederen («genus humile»), mittleren («genus medium») und gehobenen Stil («genus grande»). Das «genus humile» ist einfach, belehrend-informativ, relativ schmucklos und bewegt sich auf dem Niveau der Alltagssprache. Das «genus medium» nutzt mehr Schmuckmittel und hat einen eher unterhaltenden Charakter. Das «genus grande» prunkt mit reichem Dekor eines erhabenen Sprachgestus. Mit ihm wendet sich der Redner an ein Publikum, welches er durch einen leidenschaftlichen Vortrag erregen möchte. Die Wahl des passenden Stils hängt ab von der Intention des Deklamierenden, dem sozialen Status des Rede-Verfassers wie der Zuhörer und der zu behandelnden Sache. Eine Mischung der Stilebenen ist möglich.

Traditionell sind zunächst drei Redegattungen zu differenzieren. Zu der Trias zählen das «genus iudiciale», «genus deliberativum» und «genus demonstrativum». Im Lauf der Geschichte splitterte sich das aristotelische Dreierschema in eine Fülle von Redegattungen auf. Als Dreiheit erscheinen bei Aristoteles auch die Beeinflussungsebenen, die meist im Zusammenhang mit dem Trio der Stillehre genannt werden. Das «genus humile» zielt auf Belehrung («docere»), das «genus medium» auf unterhaltsame Darstellung («delectare») und das «genus grande» auf die heftige Bewegung der Emotionen («movere»). Während der niedere Stil mehr das Gebiet nüchtern-rationaler Überzeugung ist, konzentrieren sich die beiden anderen Stile auf das Ansprechen der Affekte, um das Publikum zur Zustimmung zu leiten.[13] Schon früh entwickelte sich eine Affektenlehre, die den psychologischen Konditionen emotionaler Einwirkung mittels Sprache systematisch nachging. Nur ein Durchschauen der psychischen Konstitution der Zuhörer verspricht dem Redner Erfolg. So ist es doch seine wichtigste Aufgabe, die Affekte der Adressaten zu erreichen und für seine Interessen zu nutzen. Allein darin liegt die Funktion des Einsatzes von rhetorischen Figuren, den Vehikeln bestimmter affektappellierender und aktivierender Eigenschaften, keinesfalls in der lediglich formalistischen Motivationen oder einem Selbstzweck folgenden Verzierung von ästhetisch befriedigenden Texten. Zur Weckung angenehmer Gefühle beim Rezipienten ist eine moderate Affektstufe («ethos») dienlich, zur Erzeugung von Ergriffenheit eine heftige («pathos»). Die jeweils zugehörigen Stillagen sind das «genus medium» und das «genus grande».

Für die Produktion wie Interpretation von Texten ist die Kenntnis der Topik, der Lehre von den Fundorten, belangvoll. Sie beherbergt eine Vielzahl systematisierter bewährter Abrufschemata, die der Redner bemüht, um sie für den jeweiligen Redegegenstand und das Argumentationsziel zu verwerten. Die «Findekunst» ist im Stadium der «inventio» behilflich, auf den geeigneten Gedanken zu kommen. Üblicherweise werden Fundstätten «a persona» und aus den Sachen resultierende («a re») auseinandergehalten. Das Finden der entsprechenden Gedanken bleibt also nicht dem Zufall überlassen, sondern geschieht durch gezieltes Abfragen. «Locus» oder «topos» meint demnach die Methode zur Auffindung eines Arguments.

Dem Toposbegriff steht eine bereits in der Antike geläufige Auffassung gegenüber, nach der die «topoi» die Gedanken bzw. Argumente und feststehenden Redewendungen samt deren inhaltlicher Füllung selbst sind. Sie wurden in Sammlungen überliefert, so daß die Voraussetzung für ein bequemes Nachschlagen geschaffen war. Die von Curtius für die Literaturwissenschaft inaugurierte «historische Topik» fußt auf diesem Verständnis des «topos».[14] Die Topik geriet von einem Instrument der Textproduktion zu einem Verfahren der Textinterpretation. In Verkennung der ursprünglichen Begriffsbedeutung wurde im Entwurf Curtius', der sich schnell in den modernen Philologien durchsetzte, aus der rhetorischen Kategorie eine Art literarisches Klischee, ein Denk- und Ausdrucksschema bzw. ein montierbares Versatzstück. Die Einschätzung der «topoi» als Archetypen europäischer Literatur, als historisch-systematisch zu untersuchende Formeln, stereotype Wendungen, Motive, Bilder, Zitate, Sentenzen, Themen etc. leistete einer Begriffsexpansion und damit dem anhaltenden Verlust ohnehin mangelnder definitorischer Schärfe Vorschub.

Die Teile der «oratio» werden herkömmlicherweise als Quartett begriffen. In der Einleitung («exordium») wird versucht, die Aufmerksamkeit und das Wohlwollen des Publikums zu erlangen. Die «narratio» bringt die Darstellung des Sachverhalts. In der «argumentatio» wird die Beweisführung und Begründung bzw. die Widerlegung des gegnerischen Standpunktes vorgenommen. Der Redeschluß («peroratio») faßt das Gebotene zusammen und hebt nochmals nachdrücklich auf die Affekte ab. Eine jeweilige Feindifferenzierung der Sektoren ist durchführbar.

Den umfangreichsten Part vieler Rhetorik-Lehrbücher nimmt innerhalb der «elocutio» der Redeschmuck («ornatus») ein.[15] Man kann zunächst Figuren und Tropen unterscheiden, wobei die Abgrenzung in den Redelehren strittig und keineswegs stringent ist. Die Figuren bezeichnen die vom normalen Sprachgebrauch abweichenden Besonderheiten ohne grundsätzliche Veränderung des eigentlich Gemeinten. Der Schmuck vermag sich in einzelnen Wörtern und in Wortverbindungen zu zeigen. Tropen sind übertragene, uneigentliche sprachliche Ausdrücke, die das Gemeinte nicht direkt artikulieren. In diese Sparte fallen z.B. Synonyme, Umschreibungen, Hyperbeln, Metaphern und Allegorien. Die Tropen sind auf die Bedeutung der Wörter, nicht auf syntaktische Konstruktionen zu beziehen. Bei den Wortverbindungen ist zu rubrizieren in Wort- und Gedankenfiguren. Prinzipiell können Wortfiguren durch Addition (z.B. Gemination, Anapher, Asyndeton), Elimination (z.B. Ellipse, Zeugma) und Permutation (z.B. Hyperbaton, Parallelismus, Chiasmus) gebildet werden. Die Gedankenfiguren strukturieren den Gedankengang. Denkbar ist eine Einteilung aufgrund des Kriteriums einer abweichenden Syntax (z.B. Frage, Hinhalten der Zuhörer, Hysteron proteron). Daneben gibt es durch Sinnverdeutlichung oder Sinnaussparung geformte Gedankenfiguren (z. B. Antithese, Oxymoron, erklärte Auslassung) und durch Erweiterung der Rede gestaltete (z. B. Evozierung abwesender Personen, Abwendung vom eigentlichen Publikum und Zuwendung zu einem anderen). Die Kunst der Wortfügung beinhaltet u. a. Anweisungen zur Anordnung der Wörter, zum Rhythmus, zur Melodie und Metrik des Vortrags.

Rhetorik als Basis eines ideologiekritischen Diskurses

Die Rhetorik hat einen Doppelcharakter: Sie ist einerseits eine Anleitung zur Produktion von Rede, andererseits stellt sie ein taugliches Begriffsinventar zur strukturellen und gehaltlichen Erschließung von Texten aller Art bereit. So offeriert sie auch im Rahmen einer pragmatischen Texttheorie ein fruchtbares heuristisches Analyse-Modell.[16] Als «ars bene dicendi» ist die Rhetorik eine hermeneutische Wissenschaft, die sich nicht als philologisches Propädeutikum im positivistischen Aufspüren und in der bloßen formalästhetischen Untersuchung der Figuren erschöpfen darf. Eine derartige Reduzierung übersieht allzu schnell den sozialhistorischen Kontext und die Praxisbezogenheit rhetorischen Sprechens. Die umfassende rhetorische Texterschließung vermag dagegen eine aufklärerisch-emanzipatorische Aufgabe zu erfüllen; denn sie ist in der Lage, die Funktion von sprachlichen Äußerungen nicht zuletzt ideologiekritisch zu reflektieren. Mit dem Instrumentarium der Rhetorik, einer «Gesellschafts-Wissenschaft kat exochen»[17], können manipulatives Sprechen und verschleierte Herrschaftsstrukturen in sozialen Gebilden und Kommunikationsakten dekuvriert werden. Die «ars bene dicendi» mit ihrem angestammten Prinzip von Rede und Gegenrede soll den verantwortungsbewußten argumentativen Dialog im demokratischen Gemeinwesen und die rationale politische Entscheidungsfindung fördern. Ziel einer Rekonstruktion der Rhetorik in der heutigen Zeit mag außer der Präparierung zu möglichst herrschaftsfreier Verständigung «eine Grammatik des vernünftigen Redens»[18] als Grundlage vernunftgeleiteten Handelns sein. Jedenfalls bietet eine sich auf ihre ethische Gebundenheit besinnende Redekunst eine Chance zum kritisch-toleranten öffentlichen Diskurs innerhalb einer demokratischen Streitkultur. Die zu intensivierende Integration der Rhetorik in die Schul- und Universitätsausbildung sollte zur Entwicklung der sprachlichen Kompetenz im geschilderten Sinne und zur freien Rede befähigen.[19] Eine Ignorierung der rhetorischen Tradition mißachtet die nicht zu unterschätzende wirkungsmächtige soziokulturelle Rolle der Disziplin in Vergangenheit und Gegenwart.[20]

Literatur

Bornscheuer, Lothar: Topik. In: Reallexikon der deutschen Literaturgeschichte. Begründet von Paul Merker und Wolfgang Stammler. 2. Aufl. Bd. 4. Hg. von Klaus Kanzog und Achim Masser. Berlin/New York 1984, S. 454–475.

Dockhorn, Klaus: Macht und Wirkung der Rhetorik. Vier Aufsätze zur Ideengeschichte der Vormoderne. Bad Homburg/Berlin/Zürich 1968 (Respublica literaria. 2).

Fischer, Ludwig: Rhetorik. In: Grundzüge der Literatur- und Sprachwissenschaft. Hg. von Heinz Ludwig Arnold und Volker Sinemus. Bd. 1. Literaturwissenschaft. 6. Aufl. München 1980, S. 134–156.

Haberkamm, Klaus/Richartz, Heinrich: Rhetorik und Topik. In: Literaturwissenschaft. Grundkurs 1. Hg. von Helmut Brackert und Jörn Stückrath in Verbindung mit Eberhard Lämmert. Reinbek bei Hamburg 1981, S. 298–320.

Jens, Walter: Rhetorik. In: Reallexikon der deutschen Literaturgeschichte. Begründet von Paul Merker und Wolfgang Stammler. 2. Aufl. Hg. von Werner Kohlschmidt und Wolfgang Mohr. Bd. 3. Berlin/New York 1971, S. 432–456.

Kopperschmidt, Josef: Allgemeine Rhetorik. Einführung in die Theorie der persuasiven Kommunikation. 2. Aufl. Stuttgart/Berlin/Köln/Mainz 1976.

Lausberg, Heinrich: Handbuch der literarischen Rhetorik. Eine Grundlegung der Literaturwissenschaft. 2 Bde. 3. Aufl. Stuttgart 1990.

Plett, Heinrich F.: Einführung in die rhetorische Textanalyse. 8. Aufl. Hamburg 1991.

Topik: Beiträge zur interdisziplinären Diskussion. Hg. von Dieter Breuer und Helmut Schanze. München 1981 (Kritische Information. 99).

Ueding, Gert/Steinbrink, Bernd: Grundriß der Rhetorik. Geschichte, Technik, Methode. 2. Aufl. Stuttgart 1986.

Anmerkungen

1 Das wachsende Interesse für Rhetorik dokumentiert die überwältigende Materialfülle in der Bibliographie von Robert Jamison und Joachim Dyck: Rhetorik – Topik – Argumentation. Bibliographie zur Redelehre und Rhetorikforschung im deutschsprachigen Raum 1945–1979/80. Stuttgart-Bad Cannstatt 1983. Die 1977 gegründete «International Society for the History of Rhetoric» gibt seit 1978 das Periodikum «Rhetoric Newsletter» und seit 1983 ein vierteljähr-

lich erscheinendes Organ mit dem Titel «Rhetorica. A Journal of the History of Rhetoric» heraus; schon 1980 begann die Publikation der Zeitschrift «Rhetorik. Ein internationales Jahrbuch». In den USA werden die Fachblätter «Philosophy and Rhetoric» (1968 ff) und «Rhetoric Society of America. Newsletter» bzw. «Quarterly» (1968 ff) veröffentlicht.

2 Jens, S. 432.

3 Zur Rolle der Rhetorik im Altertum vgl. Manfred Fuhrmann: Die antike Rhetorik. Eine Einführung. München/Zürich 1984 (Artemis Einführungen. 10).

4 Zur mittelalterlichen Rhetorik vgl. James J. Murphy: Rhetoric in the Middle Ages. A History of Rhetorical Theory from Saint Augustine to the Renaissance. Berkeley/Los Angeles/London 1974.

5 Joachim Dyck: Ticht-Kunst. Deutsche Barockpoetik und rhetorische Tradition. 2. Aufl. Bad Homburg/Berlin/Zürich 1969 (Ars Poetica. 1), S. 7.

6 Zum 16. und 17. Jahrhundert vgl. die Darstellungen von Wilfried Barner: Barockrhetorik. Untersuchungen zu ihren geschichtlichen Grundlagen. Tübingen 1970; Joachim Dyck: a. a. O.; Ludwig Fischer: Gebundene Rede. Dichtung und Rhetorik in der literarischen Theorie des Barock in Deutschland. Tübingen 1968 (Studien zur deutschen Literatur. 10).

7 Dieter Breuer: Schulrhetorik im 19. Jahrhundert. In: Rhetorik. Beiträge zu ihrer Geschichte in Deutschland vom 16.–20. Jahrhundert. Hg. von Helmut Schanze. Frankfurt/M. 1974. (Fischer Athenäum Taschenbücher. Literaturwissenschaft. 2095) S. 145–179.

8 Als Beispiele seien nur die Schulbildung Schillers und Nestroys genannt. Dazu Gert Ueding: Schillers Rhetorik. Idealistische Wirkungsästhetik und rhetorische Tradition. Tübingen 1971 (Studien zur deutschen Literatur. 27); Wolfgang Neuber: Nestroys Rhetorik. Wirkungspoetik und Altwiener Volkskomödie im 19. Jahrhundert. Bonn 1987 (Abhandlungen zur Kunst-, Musik- und Literaturwissenschaft. 373).

9 Vgl. New Rhetorics. Hg. von Martin Steinmann. New York 1967.

10 Vgl. Chaïm Perelman und L. Olbrechts-Tyteca: La Nouvelle Rhétorique. Traité de l'Argumentation. 2 Bde. Paris 1958; Chaïm Perelman: Das Reich der Rhetorik. Rhetorik und Argumentation. München 1980 (Beck'sche Schwarze Reihe. 212).

11 Hingewiesen sei nur auf Josef Kopperschmidt, a. a. O.

12 Gert Ueding: Rhetorik des Schreibens. Eine Einführung. Königstein/Ts. 1985 (Athenäum-Taschenbücher. 2181. Sprachwissenschaft).

13 Fischer, S. 149.

14 Vgl. Ernst Robert Curtius: Europäische Literatur und lateinisches Mittelalter. 9. Aufl. Bern/München 1978 (zuerst 1948).

15 Zum folgenden vgl. die vorzügliche Darstellung mit ausführlichen Beispielen bei Ueding/Steinbrink, S. 264–303.

16 Vgl. Dieter Breuer: Einführung in die pragmatische Texttheorie. München 1974 (Uni-Taschenbücher. 106).

17 Walter Jens: Von deutscher Rede. München 1969, S. 14.

18 Kopperschmidt, S. 9.

19 Eine Schlüsselstellung kommt dem Aufsatzunterricht zu, der sich seiner rhetorischen Wurzeln bei Einbeziehung moderner pädagogischer Erkenntnisse entsinnen könnte. Dazu Bernhard Asmuth: Die Entwicklung des deutschen Schulaufsatzes aus der Rhetorik. In: Rhetorik. Kritische Positionen zum Stand der Forschung. Hg. von Heinrich Franz Plett. München 1977 (Kritische Information. 50), S. 276–292; Rhetorik in der Schule. Hg. von Joachim Dyck. Kronberg/Ts. 1974 (Scriptor Taschenbücher S. 39); Eberhard Ockel: Rhetorik im Deutschunterricht. Untersuchungen zur didaktischen und methodischen Entwicklung mündlicher Kommunikation. Göppingen 1974 (Göppinger Arbeiten zur Germanistik. 134).

20 Zur Bedeutung der Rhetorik im Dekonstruktivismus vgl. den Beitrag von David Martyn in diesem Band («Dekonstruktion»).

II. Beispiele der Texthermeneutik

Ludwig Fischer

Bibel

Vorbemerkung

Die Geschichte der Bibelauslegung bietet ein besonders instruktives Beispiel dafür, wie die Auslegungs- und Verstehensgrundsätze dem historischen Wandel unterworfen sind und wie sie vom Verwendungszusammenhang der Texte bestimmt werden. Das liegt zunächst einfach daran, daß die Bibel inzwischen eine Auslegungsgeschichte von mehreren Jahrtausenden hat und daß sie eine Textsammlung ist, die mit einem besonderen Geltungsanspruch und daher mit besonderen Deutungsregeln versehen worden ist.

Die Definition der Bibel als ‹heilige Schrift› ist ein Ergebnis bestimmter, geschichtlich herausentwickelter Handlungszusammenhänge. Dieser Prozeß der Entstehung und Fixierung der biblischen Schriften zog sich über mehrere Jahrtausende in jüdisch und christlich geprägten Gesellschaften bzw. Gesellschaftssphären hin. Zum anderen ist dieser Entstehungsprozeß immer auch schon Auslegung der benutzten Texte: ihre Deutung auf die jeweilige Anwendung hin.

Die Entstehung des biblischen Kanons und seine Erforschung

Die Auslegungsgeschichte der biblischen Schriften beginnt schon innerhalb der Bibel selbst, weil die Autoren jüngerer Textbestandteile sich mit älteren Texten auseinandersetzen mußten, die bereits Geltung für die religiöse Praxis gewonnen hatten. Deshalb muß auch die Entstehungsgeschichte der Bibel erforscht werden, wenn man ihre Auslegungsgeschichte behandeln will.

Die Verschiedenheit der Textteile
als Auslegungsproblem für die Bibelinterpretation
Manche Grundsätze der Bibelinterpretation lassen sich nur verstehen, wenn man etwas über die Entstehung der Bibel als Textsammlung weiß – und das heißt ja immer auch: über den Gebrauch dieser Schriften.

Die Bibel ist eine Sammlung von Texten ganz unterschiedlicher Herkunft und Eigenart und sehr verschiedenen Alters. Diese Sammlung wurde erst in einem langwierigen Prozeß innerkirchlicher Auseinandersetzungen genauer abgegrenzt und schließlich durch offizielle Kirchenbeschlüsse als ‹Kanon› ihrem Bestand nach festgelegt. Diese Einsicht ist nicht selbstverständlich, sondern mußte sich als Ergebnis moderner Forschung erst nach und nach durchsetzen.

Jedem aufmerksamen Leser des Neuen Testaments wird auffallen, daß in den Evangelien mehrfach gleiche Begebenheiten in leicht verschiedenen Fassungen erzählt werden: Am deutlichsten ist dies bei der Passionsgeschichte, dem Bericht von Gefangennahme, Kreuzigung und Tod Jesu; die Darstellungen in den vier Evangelien weichen zum Teil nicht unerheblich voneinander ab. Diesen für den ‹naiven Leser› befremdlichen Sachverhalt hat die moderne historisch-kritische Forschung einsichtig machen können.

Man hat durch sprach- und stilkritische sowie formanalytische Untersuchungen mehrere Schichten in den Texten erkennen können [1]: Die jüngste Schicht ist die vorliegende schriftliche Fassung durch den jeweiligen Autor; die älteste Schicht muß ein sehr knapper mündlicher Bericht gewesen sein, der in den urchristlichen Gemeinden weitererzählt wurde und sich daher recht leicht verändern konnte.

Die vier Evangelien sind offenbar an verschiedenen Orten, von sehr unterschiedlich gebildeten Autoren und für ganz unterschiedlich geartete Gemeinden abgefaßt worden; diese je besonderen Bedingungen haben zu den verschiedenen Fassungen eines gleichaltrigen ‹Kerns› von Jesus-Erzählungen geführt.

Als Ergebnis der textgeschichtlichen Untersuchungen ergab sich mit einiger Sicherheit: Die uns vorliegenden Evangelien gehen auf Vorfassungen zurück, die – aus sehr verschiedenen Quellen gespeist – dann von den Autoren unter je besonderen theologischen Gesichtspunkten zusammengestellt und bearbeitet wurden.

Was hier an einem Beispiel für die Entstehungsgeschichte des Neuen Testaments angedeutet wurde, gilt grundsätzlich auch für das Alte Testament: Die biblischen Schriften insgesamt werden heute von der Forschung als zeitbedingte Produkte angesehen, die aus einer oft langen und komplizierten Überlieferung entstanden sind. Man hat in ihnen die unterschiedlichsten Traditionselemente erkannt und die heute vorliegende Form in vielen Fällen als eine relativ späte Überarbeitung nachgewiesen, bei der oft auch die Angabe eines bestimmten Autors nur als Vorspiegelung gelten kann.

Bei der Feststellung und Beschreibung der verschiedenen Elemente ist man darum bemüht, den genauen Verwendungszweck der Texte oder Textstücke bei ihrer Entstehung und Überlieferung zu ermitteln, den sogenannten ‹Sitz im Leben› – etwa bei dem herausgeschälten Bruchstück eines frühchristlichen Liedes seine Verwendung im Gottesdienst.

Durch die historisch-kritische Forschung werden die biblischen Texte grundsätzlich aller überlieferten Literatur gleichgestellt; man untersucht sie in gleicher Weise mit den Mitteln der Textkritik, der Sprach- und Stilanalyse, der form- und typengeschichtlichen Verfahrensweisen, den Methoden der religions- und kultursoziologischen Forschung, kurz: Man zieht die Verfahren all der Wissenschaften heran, die an der Erforschung von Kulturerzeugnissen vergangener Zeiten beteiligt sind.

Die Beziehung der Entstehungsgeschichte zur Auslegungsgeschichte der Bibel

Besonders am Neuen Testament wird augenfällig – allein schon durch die dort vorkommenden Zitate aus dem Alten Testament und ihre Deutung –, daß die Auslegungsgeschichte der Bibel schon innerhalb des biblischen Kanons beginnt. Erklären läßt sich das nur aus der langen Entstehungsgeschichte der Bibel.

Drei Momente sind dabei für die Auslegungsproblematik besonders wichtig:

– die Spannung zwischen älteren und jüngeren Bestandteilen der Bibel;
– die Einbettung ursprünglich profaner bzw. profan erscheinender oder fremdkultureller Texte oder Textteile in die religiös bestimmten biblischen Schriften;
– die Übernahme der heiligen Schriften des Judentums in den biblischen Kanon der christlichen Kirchen.

Die Notwendigkeit einer Umdeutung profaner bzw. profan erscheinender Textteile des biblischen Kanons

Besonders solche Textstellen oder Texte der Bibel, die in einem stärker profanen (weltlichen, nichtreligiösen) Zusammenhang entstanden waren oder die man später für ‹profanen Charakters› hielt, mußten umgedeutet werden, um sie unter die kanonischen Schriften aufnehmen zu können. Sie schienen gewissermaßen einer ‹Umfunktionierung› in Richtung auf die religiöse Verwendung zu bedürfen. Als Beispiel ist besonders die allegorische Auslegung des Hohenliedes, einer Sammlung von Liebesliedern zu nennen: «Braut» und «Bräutigam» des Textes wurden als allegorische Darstellungen von christlicher Kirche und Christus gedeutet. Derartige Umdeutungen von Elementen, die nicht in dem Rahmen der bestimmten religiösen Lebenspraxis entstanden und als erst nachträglich für sie verwandt wirkten, kann man bereits innerhalb der Bibel entdecken.

Im Neuen Testament hat man unter anderem bei manchen Gleichnissen, die in den Evangelien als Worte Jesu präsentiert werden, die Vermutung stützen können, daß Umdeutungen profaner Stücke vorlägen, indem man beispielsweise Entsprechungen in orientalischen Märchen beibrachte.[2]

Die Umdeutung der heiligen Schriften des Judentums bei ihrer Aufnahme in den biblischen Kanon der christlichen Kirchen

Für die Auslegungsgeschichte der Bibel im Christentum wurde entscheidend, daß das Alte Testament – die Sammlung von heiligen Schriften aus der jüdischen Religion – für die Christen seine Geltung nicht verlor, als die gegenüber dem Judentum scharf abgegrenzte Glaubensgemeinschaft entstand. Die Autorität des Alten Testaments wurde durch die Kirchen später sogar bestätigt und festgeschrieben.

Die Aufnahme des Alten Testaments in die christliche Bibel setzte voraus, daß die Christengemeinde einen Zusammenhang zwischen sich und dem alttestamentarischen Volk Israel sah. Geschichtlich beruht ein derartiger Zusammenhang zunächst einmal darauf, daß der Christusglauben im jüdischen Religionsraum entstand. Genauer aber ist zu sagen: Entscheidend für die Übernahme des Alten Testaments wurde, daß die Bezugsperson des neuen Glaubens, der historische Jesus, offenbar ein für die jüdische Religion ganz neues Verständnis der heiligen Schriften gepredigt hatte; er lehnte die herrschende jüdische Auffassung scharf ab, Gott habe in den Schriften gesetzliche Vorschriften gegeben, die es bis ins kleinste zu erfüllen gelte, um sich zu ‹rechtfertigen›. Statt dessen legte er das Gewicht auf die Verheißung in den Schriften, die von einem gnädigen, versöhnbaren Gott sprachen.

Das war keine bloß zufällige Neuauslegung der Bibel, sondern sie muß auf dem Hintergrund der veränderten sozialen Bedingungen der jüdischen Kultgemeinschaft gesehen werden, aus denen eine solche Interpretation entstand und die ihre Verbreitung begünstigten: Die Christen sahen in der Person Jesu den von Gott gesandten Versöhner, durch den der alte Bund Gottes mit dem Volk Israel von einem neuen

Bund Gottes mit allen Christusgläubigen abgelöst worden sei. Der strikte Bezug des Wirkens des historischen Jesus auf die heiligen Schriften des Judentums setzt sich bei den Christusgläubigen also um in eine Deutung dieses Jesus Christus vor dem Hintergrund jener Schriften: Die Verheißungen, die sich im Alten Testament finden, werden in ihm als erfüllt gesehen.

Damit behält zwar das Alte Testament seine Geltung in der neuen Glaubensgemeinschaft, aber seine Funktion wird radikal verändert: Das ‹gesetzliche Verständnis› ist durch Christi Leben und Tod überwunden; in der Auferstehungsgeschichte drückt man die Besiegelung dieser Überwindung aus. Nun sieht man gewissermaßen die gesamte im Alten Testament erzählte Geschichte auf Christus zulaufen; sie wird insgesamt zur Verheißung Gottes, die mit Christus als dem ‹Gottessohn› eingelöst ist.

Dieses vom jüdischen bis heute scharf abgesetzte christliche Verständnis des Alten Testaments muß zur Uminterpretation auch der einzelnen Texte führen; denn es ist eine Schriftensammlung mit Anspruch auf unmittelbare Gültigkeit, die hier von einer Glaubensgemeinschaft in eine andere übernommen wird.

Die Veränderung des Verwendungszusammenhanges der Bibel und die Entwicklung der Auslegungsverfahren der Bibelinterpretation

Das entscheidende Prinzip einer Aneignung befremdlicher, verlagerter oder ferngerückter Texte im biblischen Kanon bestand darin, einen zweifachen Sinn der Texte anzunehmen: einen wörtlichen und einen übertragenen, eigentlichen Sinn.

Bei vielen sehr alten Teilen des überlieferten Kanons führte die Uminterpretation gegenüber der ursprünglichen Bedeutung dazu, daß sich allmählich auch der Wortlaut des Textes veränderte; dieser Prozeß herrschte vor, solange die Texte nicht schriftlich fixiert waren.

Nachdem aber Bestand und Wortlaut der Bibel durch die kirchlichen Beschlüsse festgelegt waren, konnte sich die Auslegung nur mehr in erläuternden Schriften zur Bibel niederschlagen. Im Judentum begann diese Auslegungstradition schon lange vor Christi Geburt, im Christentum setzte sie noch während der kirchlichen Auseinandersetzungen um die Festlegung des Kanons ein.

Aus der nun fast zweitausendjährigen Auslegungsgeschichte der Bibel in den westlichen Kirchen sollen im folgenden zwei Phasen noch etwas näher besprochen werden.

Die Lehre vom mehrfachen Schriftsinn in der katholischen Kirche des Hochmittelalters

Der Auslegungsgrundsatz vom doppelten Schriftsinn schlug sich u. a. in zwei zentralen Interpretationsansätzen nieder:

– das Verfahren der allegorischen Interpretation

Dabei werden beispielsweise entsprechend dem religiösen Verwendungszusammenhang des Gesamttextes Teile umgedeutet, in denen man keinen unmittelbar religiösen Sinn mehr sah (z. B. das Hohelied).

– das Verfahren der typologischen Interpretation

Danach wurden beispielsweise Textstellen aus dem Alten Testament als Verweis auf die im Neuen Testament bezeugte Heilsgeschichte gedeutet, die mit dem Leben Jesu einsetzt.

Das Auslegungsprinzip vom zweifachen Schriftsinn wurde in Spätantike und Mittelalter systematisch erweitert und theoretisch abgesichert. Schließlich kam es sogar zur Annahme eines dreifachen, ja eines vierfachen Schriftsinns, um möglichst alle Erscheinungen der sich entfaltenden kirchlichen Welt aus der Bibel ableiten zu können.

Im Hochmittelalter war das Schema vom vierfachen Schriftsinn bereits ziemlich fest ausgebildet. Das gängige Beispiel für den vierfachen Schriftsinn war in der mittelalterlichen Schriftauslegung die Interpretation Jerusalems mit seinem Inbegriff, dem Tempel:

- Dem wörtlichen (buchstäblichen oder historischen) Schriftsinn nach – so gab das Schema an – sei die in der Wirklichkeit vorfindliche Stadt gemeint;
- ein zweiter, übertragener (mystischer oder allegorischer) Schriftsinn meine die christliche Kirche;
- ein dritter (moralischer) die Seele der Christen als ‹Ort› ihres Glaubens;
- ein vierter (anagogischer) schließlich das ‹himmlische Jerusalem› als überirdischen Bereich der Gottesherrschaft.

Grundsätzlich hängt die Auslegung der Bibel mit Hilfe eines mehrfachen Schriftsinns, wie schon betont, damit zusammen, daß sich eine Spannung zwischen aktueller Verwendung der Texte und vermeintlichem oder tatsächlichem Entstehungszusammenhang ausbildet. Dies gilt auch für das Schema vom vierfachen Schriftsinn: Je komplizierter sich kirchliche Organisation, Glaubenslehre und Glaubenspraxis entfalteten, je weiter sie sich damit von den Verhältnissen wegentwickelten, in denen die biblischen Texte entstanden waren, desto vielfältiger und ‹übertragener› mußte die Bibel als feststehende Grundlage dieser Glaubensgemeinschaft ausgelegt werden.

Die Differenz zwischen Entstehungs- und Verstehensbedingungen als Ausgangspunkt für die moderne Bibelauslegung

Eine entscheidend neue Phase der Bibelauslegung setzt mit der Entwicklung der neuzeitlichen Wissenschaften ein. Dabei spielt für die Beschäftigung mit der Bibel die Ausbildung eines modernen historischen Bewußtseins die wesentliche Rolle: Die Menschen erkennen einen unüberbrückbaren geschichtlichen Abstand zwischen sich bzw. ihrer Gegenwart und vergangenen Verhältnissen.

Das Bewußtsein für die Differenz zwischen den Entstehungs- und den Verstehensbedingungen eines Textes war bis ins 18. Jahrhundert hinein keineswegs selbstverständlich. So galten in der literarischen Theorie vorher die antiken Autoren, von deren großer zeitlicher Entfernung man natürlich wußte, dennoch als unmittelbare, für die Gegenwart gültige Autoritäten. Im Zuge der Auflösung einer eher auf Unbeweglichkeit der gesellschaftlichen Verhältnisse angelegten feudalen Gesellschaft wuchs das Bewußtsein davon, daß vergangene Zustände mit ihren Normen aus den Bedingungen der jeweiligen Zeit erklärt werden müssen und daß sie nicht die Maßstäbe für später entwickelte Verhältnisse abgeben können.

Der Ausbildung dieses historischen Bewußtseins entspricht im Bereich der Erkenntnistheorie die Berufung auf die menschliche ‹Vernunft›, die rationale Einsicht, als den einzig zu rechtfertigenden Maßstab für die Wahrheit. Im Rahmen solcher Veränderungen mußte sich auch das Verhältnis der Bibel grundlegend wandeln: ihre Aussagen konnte man nicht mehr gleichsam naiv als ‹Tatsachenschilderungen› hinnehmen, an die man eben – gegen alle Vernunfteinsicht – zu glauben hätte. So mußte die Bibel mehr und mehr als ein zeitbedingtes, geschichtlich erklärbares und zu erforschendes Dokument gelten.

Die Entwicklung des historisch-kritischen Verhältnisses zur Bibel soll nachfolgend an zwei Punkten verdeutlicht werden.

Der Konflikt von Bibelglaube und naturwissenschaftlich bestimmtem Weltbild

Zweifel an der unmittelbar zu nehmenden Wahrheit wurden besonders an den Punkten laut, an denen eine fortentwickelte naturwissenschaftliche Erkenntnis den buchstäblichen Aussagen der Bibel widersprach.

Unter anderem mußte die moderne Biologie, insbesondere die Evolutionsforschung, die Gültigkeit der Schöpfungsgeschichte als eines wahrheitsmäßigen Berichts vom tatsächlichen Entstehungsvorgang der Erde und der Lebewesen bestreiten. Dennoch hielt die katholische

Kirche noch lange gegen die naturwissenschaftliche Erkenntnis daran fest, daß die Schöpfungsgeschichte als unmittelbare Wahrheit über die Erdentstehung zu glauben sei.

Der Konflikt zwischen kirchlich festgelegtem Bibelverständnis und wissenschaftlichen Forschungsergebnissen hat den einzelnen Christen, der an der grundsätzlichen Autorität der Bibel festhielt, immer wieder – und bei vielen vermutlich bis heute – in tiefe Zweifel gestürzt:

– Einerseits ist in den Industriegesellschaften ein naturwissenschaftlich begründetes Weltbild die selbstverständliche, gar nicht mehr bedachte Grundlage des Alltagshandelns.
– Andererseits berichtet die Bibel wieder und wieder von Ereignissen, die auf der Durchbrechung eines naturgesetzlichen Ursachenzusammenhangs beruhen.

Deutliche Beispiele liefern die neutestamentlichen Wundergeschichten. So muß etwa die Auferweckung eines Toten durch Zuruf oder Berührung nach modernen wissenschaftlichen Erkenntnissen als völlig unmöglich gelten.

Soll nun der gläubige Christ derartige Erzählungen der Bibel für unwahr halten? – Die moderne Theologie hat entschlossen diese Folgerung gezogen: Wie die Texte der Bibel überhaupt, so sind auch die Wundergeschichten als zeitbedingte Dokumente zu sehen; in diesen Erzählungen bezeugt sich ein bestimmter Glaube, nämlich der an die Allmacht Gottes und an sein Handeln mit den Menschen. Die Menschen, zu deren Zeit die Texte des Neuen Testaments entstanden, hielten ‹Wunder› für einen Bestandteil ihrer Wirklichkeit; sie drückten ihren Glauben in den ihnen geläufigen Vorstellungen aus.

Diese Vorstellungen sind für ein modernes Weltverständnis unannehmbar; daher kann man christliche Gläubigkeit heute nicht mehr von einem ‹Wunderglauben› abhängig machen. Der Theologe Rudolf Bultmann geht sogar so weit zu erklären, selbst wenn es sich wissenschaftlich nachweisen ließe, daß Jesus tatsächlich einige ‹Wunder› vollbracht habe, so wäre dies für den christlichen Glauben heute völlig unerheblich, «weil sie als Werke eines Menschen der Vergangenheit uns unmittelbar nichts angehen. (...) Deshalb sind in der Diskussion die ‹Wunder Jesu›, sofern sie Ereignisse der Vergangenheit sind, restlos der Kritik preiszugeben, und es ist mit aller Schärfe zu betonen, daß schlechterdings kein Interesse für den christlichen Glauben besteht, die Möglichkeit oder Wirklichkeit der Wunder Jesu als Ereignisse der Vergangenheit nachzuweisen, daß im Gegenteil dies nur eine Verirrung wäre.»[3]

Der wörtliche Sinn des biblischen Textes ist damit insofern ‹unwesentlich› geworden, wie er als buchstäblich zu glaubende Wahrheit genommen würde. Er ist aber in einer anderen Hinsicht in den Vordergrund gerückt: als genau zu erforschendes Dokument zeitbedingter Ausdrucksweise. Dann aber erhebt sich unweigerlich eine Frage: Wenn die biblischen Texte als ganz und gar zeitbedingte, aus einer bestimmten geschichtlichen Lage erklärbare Zeugnisse begriffen werden müssen, wie können sie dann heute noch als gültige und bestimmende Grundlage für den christlichen Glauben ausgelegt werden?

Lösungsversuche durch ‹Entmythologisierung›
Im Grunde dreht sich die gesamte Arbeit der modernen Theologie um die oben gestellte Frage. Rudolf Bultmann hat mit seinem Prinzip der ‹Entmythologisierung› eine Lösung versucht, die inzwischen zum theologischen Allgemeingut gehört.

Danach wurde die Bibel von Menschen formuliert, die ein mythisches Weltbild hatten: Diese Menschen hielten das Vorhandensein von Geistern und Teufeln, das Eingreifen Gottes durch ‹Wunder›, den Wechsel von Personen zwischen der anschaulichen und einer überwirklichen Welt selbstverständlich für konkrete Wirklichkeit. Ihren Gottes- und Christusglauben bezeugten diese Menschen daher auch mit entsprechenden Berichten.

Für die ‹entmythologisierte› Welt, in der wir leben, komme es nun nicht auf die damals durchaus buchstäblich gemeinten Aussagen an, sondern auf das in ihnen enthaltene Zeugnis vom Glauben an Gott und Christus. Denn in seiner zeitbedingten Einkleidung enthalte dieses Zeugnis einen Sinn, der auch den modernen Menschen angeht. Es sei darin eine Verkündigung ausgedrückt, die zeitübergreifend auf die Grundlage jeder menschlichen Existenz in ihrem Selbstverständnis zielt.

«Denn das ist nun die Frage der sogenannten Entmythologisierung, ob mit der Erledigung der mythologischen Vorstellungen das letzte Wort gesprochen ist oder ob in ihnen ein bleibender Sinn Ausdruck gefunden hat; ob ihnen eine Anschauung, ja ein Wissen vom Wesen der menschlichen Existenz zugrunde liegt, das vielleicht nicht das einzig mögliche Verständnis menschlicher Existenz wäre – denn es gibt deren manche, und eines zu wählen ist immer Sache der Entscheidung –, das aber eine Möglichkeit ist, die ihr Recht nie verlieren kann. Liegt also jenen Mythologemen (d. h. Bestandteilen eines Mythos) ein solches Verständnis zugrunde? Und wie wäre es in der Vorstellungsweise und Sprache des modernen Menschen zum Ausdruck zu bringen?»[4]

Es versteht sich, daß die Theologen die vorletzte Frage bejahen: Die befremdlichen, geschichtlich fernher kommenden biblischen Texte enthalten eine zentrale Aussage, die über die Zeiten hinweg den Menschen vor existentielle Entscheidungen stelle. Die von Bultmann zuletzt gestellte Frage fassen die Theologen als eine ständige Aufgabe für die Bibelauslegung auf.

Die geschichtliche Differenz zwischen den Entstehungsbedingungen der Texte und den Voraussetzungen des Verstehens in der Gegenwart ist also der Ausgangspunkt für das Prinzip der ‹Entmythologisierung›. Zugleich wird mit diesem Ansatz erklärt: Das Verstehen des Textes bestehe darin, daß der Sinn des Textes Bedeutung für das Selbstverständnis des Lesers oder Hörers gewinnt. Dieser Sinn sei durch die historisch fremde Erscheinungsform des Textes hindurch zu suchen; aber er lasse sich nicht einfach von ihr ablösen, weil er ja in eben dieser zeitbedingten Formulierung begegnet.

Daraus ergibt sich, daß der ursprüngliche Text nicht einfach durch seine Interpretation ersetzt werden kann; denn auch diese Interpretation ist geprägt von den Lebens- und Denkbedingungen ihrer Zeit und darf daher den Text nicht sozusagen ‹verbauen› wollen, indem sie ihr Verständnis als unbedingt und zeitlos setzt – obwohl gerade dies in der Geschichte der Bibelauslegung immer wieder geschehen ist. Es gilt vielmehr: Jede Zeit muß den Bibeltext neu für sich auslegen.

Hinweise auf Weiterführungen
der modernen theologischen Hermeneutik

In der protestantischen Theologie seit Bultmann, aber auch in der allgemeinen, philosophischen Hermeneutik der gleichen Zeit – etwa bei Hans Georg Gadamer[5] – war die Erörterung des ‹hermeneutischen Problems› stark von der Existentialphilosophie geprägt. Daher beschäftigte sich die Diskussion der Verstehensbedingungen vor allem mit dem allgemein gefaßten Wesen des Menschseins überhaupt, mit der ‹existentialen Verfassung› des Menschen.

In neueren Erwägungen zur allgemeinen wie zur theologischen Hermeneutik sucht man die Voraussetzungen des Verstehens stärker in den konkreten gesellschaftlichen Lebensbedingungen. Das hat unter anderem dazu geführt, daß von verschiedenen ‹Positionen› in den aktuellen gesellschaftlichen Auseinandersetzungen aus programmatisch bestimmte ‹Interessen› in den Ansatz der Bibelauslegung hineingenommen werden. So gibt es z. B. Ansätze zu einer feministisch orientierten theologischen Hermeneutik[6], zu einer Hermeneutik aus dem Blickwinkel der ‹Befreiungstheologie›[7] oder auch zu einer psychologisch konzipierten Hermeneutik, die Erkenntnisse der Psychologie bzw. der Psychoanalyse in die Verstehensmöglichkeiten für biblische Texte einzubeziehen versucht.[8]

Solche Entwürfe radikalisieren in gewissem Sinn die skizzierten Grundprobleme der neuzeitlichen theologischen Hermeneutik, revidieren sie aber nicht grundsätzlich. Ausgangspunkt ist immer die historische und kulturelle Differenz zwischen Text und Deutung sowie die Berücksichtigung des konkreten Funktionszusammenhangs, in den der Text und seine Auslegung eingebunden sind. Die Frage nach dem ‹Sinn› der biblischen Texte wird schärfer als mit der existentialen Interpretation in der Bultmann-Nachfolge auf die soziale, kulturelle oder politische Situation derer bezogen, die die Texte verstehen wollen. Nach wie vor liegt aber die zentrale Herausforderung der Bibelauslegung in dem Geltungsanspruch der biblischen Schriften, dem sich auch die neuen Hermeneutiken stellen. So sehr die modernen theologischen Hermeneutiken ihren Prinzipien und Verfahren nach den allgemeinen Grundsätzen der Textinterpretation gleichgestellt werden, so sehr bleibt auch in ihnen die Besonderheit eines religiös geprägten Textverstehens erhalten, das den verpflichtenden oder auffordernden Charakter des Textsinns für die Lebenswirklichkeit der Leser oder Hörer durch die enorme geschichtliche Differenz zwischen Textfixierung und Auslegung hindurch zu fassen sucht. Nie wird daher eine theologische Hermeneutik die extremen Thesen ‹postmoderner› Text- und Literaturtheorien übernehmen können, in denen sich mit der normativen Vorgabe des Ausgangstextes auch die Frage nach dessen verbindlichem ‹Sinn› in den Verweisgeflechten der ‹Intertextualität› auflöst.[9]

Literatur

Zur Entstehung des biblischen Kanons

Bultmann, Rudolf: Die Geschichte der synoptischen Tradition. 5. Aufl. Göttingen 1961.

–: Theologie des Neuen Testaments. 4. Aufl. Tübingen 1961.

Dibelius, Martin: Die Formgeschichte des Evangeliums. 4. Aufl. Tübingen 1961.

Feine, Paul/Behm, Johannes/Kümmel, Werner: Einleitung in das Neue Testament. 17. Aufl. Heidelberg 1964.

Kaiser, Otto: Einleitung in das Alte Testament. 3. Aufl. Gütersloh 1975.

Kraus, Hans-Joachim: Geschichte der historisch-kritischen Erforschung des Alten Testaments. 3. Aufl. Neukirchen/Vluyn 1982.
Lohse, Eduard: Die Entstehung des Neuen Testaments. Stuttgart 1972.

Zur Auslegungsgeschichte und theologischen Hermeneutik
Bultmann, Rudolf: Das Problem der Hermeneutik. In: R. B.: Glauben und Verstehen. Bd. 2. 3. Aufl. Tübingen 1961, S. 211–236.
Ebeling, Gerhard: Artikel Hermeneutik. In: Religion in Geschichte und Gegenwart. Bd. III. 3. Aufl. Tübingen 1959, Sp. 242–262.
Robinson, J. M./Cobb, J. B. (Hg.): Die neue Hermeneutik. Zürich/Stuttgart 1965 (Neuland in der Theologie Bd. 2).
Stuhlmacher, Peter: Vom Verstehen des Neuen Testaments. 2. Aufl. Göttingen 1986 (Neues Testament Deutsch, Ergänzungsreihe Bd. 6).

Anmerkungen

1 Form-, stil-, typen- und überlieferungsgeschichtliche Studien zu den Evangelien liegen unter anderem in zwei immer noch wichtigen Werken vor: Rudolf Bultmann: Die Geschichte der synoptischen Tradition. 4. Aufl. Göttingen 1961 (zuerst 1921); Martin Dibelius: Die Formgeschichte des Evangeliums. 4. Aufl. Tübingen 1961 (zuerst 1919). Weitere Literatur zur Erforschung der Evangelien und der Bibel überhaupt in dem Artikel «Bibel». In: Religion in Geschichte und Gegenwart. Bd. 1. 3. Aufl. Tübingen 1957, Sp. 1122–1154 (F. Maass u. a.).
2 Vgl. etwa Bultmann: Die Geschichte, S. 221 f; Dibelius: Formgeschichte, S. 130ff (Parallelen im jüdischen und griechischen Schrifttum).
3 Rudolf Bultmann: Zur Frage des Wunders. In: Ders.: Glauben und Verstehen. Bd. 1. 4. Aufl. Tübingen 1961, S. 214–228, hier S. 227.
4 Rudolf Bultmann: Die christliche Hoffnung und das Problem der Entmythologisierung. In: Ders.: Glauben und Verstehen. Bd. 3. Tübingen 1960, S. 81–90, hier S. 85. Vgl. auch den Artikel «Entmythologisierung» (H. Ott). In: Religion in Geschichte und Gegenwart. Bd. 11. 3. Aufl. Tübingen 1958, Sp. 496–499.
5 Hans Georg Gadamer: Wahrheit und Methode. Tübingen 1960.
6 Vgl. etwa Elisabeth Schüssler Fiorenza: Brot statt Steine. Die Herausforderung einer feministischen Interpretation der Bibel. Freiburg/Schweiz 1988.
7 Vgl. Clodovis Boff: Theologie und Praxis. München/Mainz 1983.
8 Eugen Drewermann: Tiefenpsychologie und Exegese. Bd. I u. II. Olten/Freiburg 1984 u. 1985.
9 Vgl. dazu die Beiträge über Hermeneutik und Dekonstruktion in diesem Band.

Eberhard Lämmert

Zum Auslegungsspielraum von Gesetzestexten

Über die Mehrdeutigkeit poetischer Texte gibt es keinen Streit. Eine poetische Metapher entfaltet ihren Beziehungsreichtum erst dadurch, daß ihre Leser sie in wechselnden Lebenssituationen immer neu und anders verstehen können. Dieser offene Spielraum für sinnreiche Interpretationen ist sogar die Bedingung dafür, daß Literatur auch über die Zeiten hin lebendig, genauer: lebenswahr, bleibt.

Gilt diese Bedingung und damit die Qualität der Mehrdeutigkeit für Texte aller Art? Die lang geübten Regeln vom vierfachen Schriftsinn bei der Bibelauslegung und, in neuerer Wendung, die Lehre von der historischen Differenz zwischen Entstehungs- und Verstehensbedingungen eines Bibeltextes haben für den Bereich religiöser Schriften die Antwort bereits nahegelegt. Wie aber steht es mit solchen Texten, die schon von ihrem Gebrauchszweck her auf mögliche *Eindeutigkeit* angelegt sind? Gesetze sollen nach Möglichkeit einhellig befolgt werden; Zuwiderhandlungen stehen unter Strafandrohung. Müssen Gesetzestexte nicht den äußersten Gegensatz bilden zu denjenigen literarischen Texten, die dank ihrer Vieldeutigkeit lebendig bleiben?

Für den Literaturwissenschaftler lohnt sich die Frage nach dem Auslegungsspielraum von Gesetzestexten und nach den Methoden, nach denen diese Auslegung praktisch vollzogen wird. Hier kann er Prüfsteine finden nicht nur für die Verbindlichkeit seiner eigenen Interpretationsverfahren, sondern auch für die praktischen Auswirkungen einer Textauslegung. Denn Gesetzesauslegung im konkreten Fall – und nur dazu werden Gesetze ausgelegt – beläßt es nicht bei der schönen Freiheit möglicher Sinndeutungen; sie hat unmittelbare Folgen für den Betroffenen und greift unter Umständen empfindlich ein in seine Freiheit und sein Leben. Sie endet mit einem verbindlichen Urteil und setzt mit diesem Urteil womöglich noch Normen für weitere Urteile. Deshalb ist es für jeden, der mit Texten zu tun hat, lehrreich, die Wege zu verfolgen, auf denen sich aus Texten Urteile gewinnen lassen.[1]

Ungeschriebene und geschriebene Gesetze geben in allen Kulturstufen dem Zusammenleben der Menschen verbindliche Normen vor.

Feierliche Beurkundung und eine maßgebliche Publikation sichern die verbindliche Textgestalt eines schriftlich niedergelegten Gesetzes. Das ist nicht erst eine moderne Verpflichtung; so geht es zu, seit Moses die Gesetzestafeln vom Berge Sinai brachte.

Von den Überlieferungsproblemen alt-ehrwürdiger Gesetze soll hier nicht die Rede sein. Die heute übliche Verkündigung in einem Amtsblatt überhebt den Interpreten der Notwendigkeit, sich des ‹richtigen› Textes erst mühsam zu versichern. Aber sind Gesetzestexte deshalb schon wenigstens annäherungsweise so eindeutig zu handhaben, wie es der Gesetzgeber in der Regel wünscht?

Ausgerechnet die Verpflichtung zur Einhaltung von Gesetzen für die Zeit ihrer Geltung gibt den ersten Grund dafür ab, daß mit ihrer Eindeutigkeit nicht gerechnet werden kann. Nicht nur Wortbedeutungen können sich ändern wie in jedem historischen Textzeugnis. Vor allem ändert sich der Umkreis der Fälle, für die einmal erlassene Gesetze zuständig sind. Schon die technischen Veränderungen unserer Lebensverhältnisse erzwingen die Anwendung von Gesetzen auf Fälle, an die der Gesetzgeber beim Verfassen der Gesetze noch gar nicht denken konnte. Dazu reicht ein Blick auf die Verkehrsgesetze.

Als die ersten Flugzeuge ihre Start- und Landevorschriften bekommen mußten, war es nötig, auf Gesetze zurückzugreifen, die für Seehäfen gemacht waren. «Lange Zeit glaubte man, das Luftrecht sei nur eine Abart des Seerechts.»[2] Von daher haben der Flughafen, das Luftschiff und der Fluglotse ihre Namen; aber natürlich war die Dreidimensionalität des Luftverkehrs zuweilen ein harter Brocken für penibel auslegende Richter.

Verkehrsregeln für Pferdefuhrwerke mußten noch lange herangezogen werden, um die Autofahrer im Zaum zu halten. Kein Wunder, daß da vom Galoppverbot oder vom Tränkeverbot mühsam analoge Ableitungen gemacht werden mußten.[3]

Jedes Gesetz muß also auf die Dauer herhalten, auch solche Verhaltensweisen zu normieren, die bei seinem Erlaß noch nicht regelungsbedürftig waren oder überhaupt nicht existierten. Aus diesem Grunde ist die Auslegung von Gesetzen auch mehr als nur deren Interpretation. Sie dient der Konkretisierung von Gesetzen, oder besser noch: der Konkretisierung der Normen, die aus den Gesetzestexten abzuleiten sind.

Solche Konkretisierung geschieht oder verwirklicht sich vor allem durch Rechtsprechung. Rechtsprechung ist die tätige Form der Gesetzesauslegung.[4]

Diese verbindliche Funktion der Gesetzesauslegung ist schon von Hans-Georg Gadamer klar gefaßt worden:

«Die Aufgabe des Auslegens ist die der *Konkretisierung des Gesetzes* im jeweiligen Fall, also die Aufgabe der *Applikation*. Die Leistung produktiver Rechtsergänzung, die damit geschieht, ist gewiß dem Richter vorbehalten, der aber genauso unter dem Gesetz steht wie jedes andere Glied der Rechtsgemeinschaft. In der Idee einer rechtlichen Ordnung liegt, daß das Urteil des Richters nicht einer unvorhersehbaren Willkür entspringt, sondern der gerechten Erwägung des Ganzen.»[5]

Dem Richter wird also auferlegt, das Ganze des Gesetzeswerkes und womöglich dessen Einbettung in das gesellschaftliche Leben zu prüfen, bevor er sein Urteil bildet. Die Schwierigkeiten, die sich ihm dabei entgegenstellen, liegen dennoch nur zum Teil im Wortverständnis des Gesetzestextes selbst. Sie liegen zum anderen, größeren Teil in seiner Einschätzung von der Aufgabe des Gesetzes im gegenwärtigen Leben und damit in seiner – bewußten oder unbewußten – Einschätzung der Normen, nach denen die Menschen im Geltungsbereich des Gesetzes leben oder doch leben sollen.

Daraus ergibt sich die Notwendigkeit, einerseits die Gesetzestexte nach dem Spielraum zu befragen, den sie dem Richter zur Auslegung vorgeben, zum anderen die außertextlichen Bedingungen in Betracht zu ziehen, unter denen ein Richter seine Urteile fällt und ein Anwalt Urteile voraussehen kann, um seinen Mandanten erfolgreich zu beraten.

Sehr eng scheint dieser Spielraum bei solchen Gesetzestexten, die einen kleinen, genau umrissenen Normenbereich regeln. Der Artikel 22 des Grundgesetzes besteht nur aus wenigen Wörtern, und er regelt einen Sachverhalt, über den es seit dem Bestehen der Bundesrepublik noch keine Meinungsverschiedenheit gegeben hat: «Die Bundesflagge ist schwarzrotgold.»

Das ist eines der eindeutigsten Gesetze unserer Verfassung. Damit aber eine Bundesflagge halbwegs wie die andere aussieht, muß selbst diese Formulierung noch durch einige auslegende Bestimmungen oder Vereinbarungen präzisiert werden: Nicht jedes «Rot» ist zu verwenden, und längst nicht jedes «Gold» taugt für ein Fahnentuch; wie Länge und Breite der Streifen sich zueinander verhalten und ob sie längs oder quer laufen sollen – dies alles bedarf einer zusätzlichen Festlegung, damit nicht eine jeweils neue Interpretation bei nationalen Gedenktagen einen buntgescheckten Farbenzauber über die Bundesrepublik verhängt. Dies ist der entscheidende Unterschied zur Interpretation eines Gedichts und selbst der Bibel: Hier wird durch Konvention oder durch Verordnung darüber entscheiden, wie die geltende Interpretation lauten soll.

Gesetzestexte für einen eng umgrenzten Normenbereich lassen sich so bis zu einer weitgehenden Verständigung über ihren verbleibenden Spielraum regeln. Das gilt für eine ganze Reihe von Gesetzesvorschriften vorwiegend technischer Art, in denen die dort verwendeten Begriffe schon durch fachsprachliche Regelungen normiert sind.

Viel breiter jedoch, ja bis zur gegensätzlichen Auffassung dehnbar sind die Auslegungsspielräume von Gesetzen, deren Normenbereich sehr weit ist. Das gilt in erster Linie für die Formulierung der Hauptartikel von Verfassungen und Grundrechten.

Wo von der «Würde des Menschen» oder von dem «Recht auf die freie Entfaltung seiner Persönlichkeit» die Rede ist wie in den Artikeln 1 und 2 unseres Grundgesetzes, hilft die Einfachheit der Sätze nicht darüber hinweg, daß die hier beschriebenen Grundsätze in hohem Maße unbestimmt bleiben und daher auf eine besonders sorgfältige Auslegung angewiesen sind. Dort vollends, wo «Freiheiten» formuliert werden, wie in Artikel 4 die «Freiheit des Glaubens, des Gewissens und die Freiheit des religiösen und weltanschaulichen Bekenntnisses», sind die Auslegungsmöglichkeiten so gegensätzlich wie die Auffassung über den Inhalt des Freiheitsbegriffes selbst. Allgemein gilt, daß Formeln, die einen sehr weiten Bereich menschlichen Verhaltens normieren, notwendigerweise auch stark voneinander abweichende Auslegungen hervorrufen können.

Zur Vagheit solcher Grundbegriffe, wie sie insbesondere in Verfassungstexten anzutreffen sind, tritt eine weitere Vagheit hinzu: die der Anwendung von redensartlichen Formulierungen und feststehenden Erfahrungssätzen, das heißt von *Topoi*, in der Gesetzesformulierung und in der Rechtsprechung. Formeln wie «nach Treu und Glauben», aber auch schon solche wie «grober Unfug» und gar so verfängliche wie «die Natur der Sache», erlegen dem Richter in jedem konkreten Fall besonders schwierige Prüfungspflichten auf. Über die Anwendung solcher Redensarten und Gemeinplätze in der Gesetzesformulierung und in der Rechtsprechung gibt es eine Studie von Gerhard Struck, die für uns deshalb besonders aufschlußreich ist, weil sie gleichzeitig auf die Probleme und Spannungen hinweist, die zwischen der Rechtssprache und der allgemeinen Umgangssprache bestehen. Solche Gemeinplätze sind in der Umgangssprache längst geläufig, wenn sie in die

Fachsprache der Juristen übernommen werden. Struck kommt zu dem Urteil, daß gerade die längst anerkannten und von niemandem bezweifelten Topoi am vieldeutigsten sind. Der Gebrauch von Topoi bei der Gesetzesauslegung läßt deshalb besonders deutlich erkennen, bis zu welchem Grade außertextliche Konventionen auf die Ableitung eines Urteils aus einem Gesetzestext Einfluß haben. Wir greifen einen möglichst knappen und einfachen Fall heraus, zu dessen Regelung die schlichte Formel von der «Wahrung der guten Sitten» herangezogen wurde:

«So hat zum Beispiel das Landgericht Oldenburg entschieden, es verstoße gegen die guten Sitten, wenn ein Vertreter eine einfache Frau überredet. Das läßt natürlich das berechtigte Gegenargument zu, das Überreden sei eine allgemein übliche und nicht anrüchige Geschäftsvorbereitung. So, wie der Satz schlicht dasteht, kann er nicht stehenbleiben. Gemeint war wohl die Manier gewisser Vertreter, so lange auf ihr Opfer einzureden, bis dieses mit brummendem Schädel im Zustand physischer Erschöpfung bereit ist, einfach alles zu unterschreiben. Bei einfachen Leuten kommt es vor, daß sie nicht energisch genug sind, um solche Leute vor die Tür zu weisen. In solchen Fällen besteht der Vorwurf der Sittenwidrigkeit zu Recht, und ganz sicher hat das Landgericht seinen weitgehenden Satz auch nur für solche Fälle gemeint.»[6]

Nicht nur die Auffassung darüber, was «gute Sitten» und «Sittenwidrigkeit» sind, sondern schon die Einschätzung, ob es sich im vorliegenden Fall um eine «einfache Frau» handelt, sind sichtlich nicht aus dem einzelnen Fall, sondern nur aus allgemeinen und konventionellen Vor-Urteilen, häufig genug übrigens aus ungeschriebenen Regeln der öffentlichen Meinung, abzuleiten. Entsprechend groß bleibt der Ermessensspielraum, den die Anwendung solcher Topoi für die Beurteilung eines konkreten Falles öffnet. Deshalb ist es nur sinnvoll, daß die Jurisprudenz zur Herleitung von Urteilen aus den Gesetzestexten eine Reihe von Verfahren entwickelt hat, die die Handhabung eines solchen Ermessensspielraums eingrenzen oder zumindest überprüfbar machen.

Aus der Tatsache, daß jede Rechtsprechung Gesetze nicht nur interpretiert, sondern neu konkretisiert und dabei gegebenenfalls sogar Lücken im Gesetzestext ausfüllt, folgt unmittelbar, daß es Verfahren geben muß, mit denen sich eine solche Konkretisierung und Fortbildung von Gesetzestexten absichern läßt.

Solche Methoden stehen tatsächlich in der Rechtsprechung in festem Gebrauch, und wenn auch über ihre Anzahl und ihre Definition in der juristischen Hermeneutik keineswegs Einigkeit herrscht, so sind sie doch im einzelnen und auch in ihrer Zuordnung zueinander hinreichend genau zu bestimmen. In einer ersten groben Ordnung unterscheiden sie sich danach, ob sie Schlußfolgerungen aus der Analyse des *objektiv* gegebenen Textes ableiten oder ob sie sich am *Subjekt* der Gesetzgebung, also am Willen des Gesetzgebers, orientieren. Deshalb spricht man abkürzend auch von objektiven und subjektiven Methoden, und die folgende Aufreihung wird zeigen, wie weit diese Unterscheidung trägt.

Die grammatische Auslegung
Die erste Frage richtet sich auf die grammatische Zuordnung der leitenden Begriffe, aber auch auf die Abfolge und den Nexus der einzelnen Satzteile und Sätze eines Gesetzestextes. Hier können die philologischen Verfahren angewandt werden, die von der sprachwissenschaftlichen Textkritik für Texte aller Art ausgearbeitet wurden. Der Schwerpunkt dieser Verfahren liegt auf der möglichst genauen Ermittlung der Wortbedeutung. So bedarf der Artikel 27 des Grundgesetzes: «Alle deutschen Kauffahrteischiffe bilden eine einheitliche Handelsflotte» einer Klärung der auf den zweiten Blick gar nicht so einfachen Frage, was ein «Kauffahrteischiff» ist. Hier führt erst die Erkundung des fachsprachlichen Gebrauchs zu einer praktikablen Auslegung. Anspruchsvoller ist bereits die häufig notwendige Eingrenzung eines Begriffs durch seinen Gegenbegriff. Was «Fahrlässigkeit» ist, kann einigermaßen schlüssig erst mit Hilfe des Gegenbegriffs «Vorsatz» bestimmt werden, und dazu ist gegebenenfalls eine Gegenüberstellung verschiedener Paragraphen eines Gesetzes vonnöten. Weit schwerer ist es, Wörter von umgangssprachlich weitem Anwendungsbereich oder gar Grundbegriffe wie «Würde» oder «Freiheit» so einzugrenzen, daß ihr Rechtsgehalt ausgemacht werden kann. Hier steht, wie später noch deutlich wird, der öffentlichen Meinung ein breites Einfallstor zur unausgesprochenen Mitwirkung an der Gesetzesauslegung offen.

Die systematische Auslegung
Jeder Gesetzgeber legt Wert darauf, daß ein neues Gesetz möglichst widerspruchsfrei formuliert ist. Das betrifft die Einzelbestimmungen eines Gesetzes ebenso wie seine Vereinbarkeit mit anderen, bereits bestehenden Gesetzen. Jeder Paragraph eines Gesetzes ist also Teil eines Systems von Bestimmungen, die im gleichen Geltungsbereich der Gesetze einander nicht aufheben dürfen, wohl aber vielfach einschränken.

Um diese Einschränkungen zu regeln, ist das gesamte Gesetzeswerk, das das Zusammenleben von Menschen in einem bestimmten Geltungsbereich regelt, einerseits hierarchisch gegliedert: Bundesrecht geht vor Länderrecht. Aber auch innerhalb eines Gesetzes werden gegebenenfalls Rangabwägungen nötig, um zu sinnvollen Entscheidungen zu kommen. Schon im Grundgesetz selbst sind deshalb eine Reihe von Artikeln vorsorglich mit Einschränkungen versehen, damit die den Bürgern zugestandenen Rechte sich nicht mit ihnen auferlegten Pflichten überschneiden.

So schränkt im Artikel 5 des Grundgesetzes der Absatz 2 den Absatz 1 mit seiner Erklärung der Meinungs- und Pressefreiheit vorsorglich ein: «Diese Rechte finden ihre Schranken in den Vorschriften der allgemeinen Gesetze, den gesetzlichen Bestimmungen zum Schutze der Jugend und in dem Recht der persönlichen Ehre.» In den Absatz 3 desselben Artikels ist die Einschränkung gleich eingearbeitet: «Kunst und Wissenschaft, Forschung und Lehre sind frei. Die Freiheit der Lehre entbindet nicht von der Treue zur Verfassung.»

Was «Verfassungstreue» sei, ob sie nur das Handeln oder schon die Meinungsäußerung betrifft, und insbesondere, ob die Zugehörigkeit zu einer politischen Partei in diesem Sinne ein «Handeln» bedeutet, ist bereits wieder eine Sache der Auslegung, die sich nicht nur auf grammatische Prüfung berufen kann. Die Erfindung des Wortes «verfassungsfeindlich» hat den engen Bewegungsspielraum, in dem eine Verletzung der Verfassungstreue durch den Gegenbegriff «verfassungswidriges Verhalten» festzustellen war, erheblich erweitert, um den mit dem Extremistenbeschluß neu aufgetretenen politischen Interessen zu genügen: ein Beispiel dafür, wie schwer im Einzelfall eine fortbildende Systemerfüllung von einer Systemumgebung zu unterscheiden ist. Deshalb macht dieses Beispiel auch besonders deutlich, daß eine systematische Auslegung, für sich genommen, nicht immer schlüssig wird, sondern der – expliziten oder stillschweigenden – Ergänzung durch genetische Methoden bedarf.

Die genetische und die historische Auslegung

Die Frage nach dem Willen des Gesetzgebers beim Erlaß des Gesetzes wird auch heute, angesichts eines immer rascheren Wandels unserer Lebensverhältnisse, selten unterlassen, wenn die Methode der systematischen Textvergleichung nicht rasch zu einem Ergebnis führt. Diese Frage nach dem Ursprung des Gesetzes ist seit Savigny – also seit der Epoche, in der die historisch-genetischen Methoden auch in der allgemeinen Textphilologie und der Dichtungsauslegung in Blüte standen – eine der vorherrschenden Arbeitsformen der Gesetzesauslegung gewesen, und erst in neuerer Zeit gewinnen die objektiv-systematischen Methoden demgegenüber an Terrain.

Friedrich Müller trennt in seiner «Juristischen Methodik» mit Recht noch einmal die genetische Methode von der historischen ab, weil ihre Handhabung sich jeweils verschiedener Materialien bedient:

Die *historische* Auslegung im engeren Sinne befragt frühere Gesetzesformulierungen, um die ausdrückliche Zielsetzung neuerer Gesetze bestimmen zu können. Auch hier findet ein Textvergleich statt, der in etwa der Gegenüberstellung von Gegenbegriffen entspricht, nun aber mit dem Ziel, an der veränderten Formulierung abzulesen, was der neue Text speziell oder anders festlegen will. So wird es für den Richter oder Politiker, der die Ausformulierungen des Gleichheitsgrundsatzes im Grundgesetz richtig einschätzen will, hilfreich sein, auf die Weimarer Verfassung oder auf noch ältere Gesetze zurückzugehen.

Die *genetische* Methode befragt die Dokumente, die vom Gesetzgebungsakt selbst überliefert sind, also die unmittelbaren Umstände und Willensäußerungen bei der Entstehung des Gesetzes. Man sieht, daß diese Frage nach dem ‹Willen des Gesetzgebers› vergleichbar ist der althergebrachten Frage an poetische Texte: ‹Was wollte uns der Dichter damit sagen?› Es leuchtet hier wie dort ein, daß eine umsichtige und gründliche Beantwortung nicht mehr allein aus den vorliegenden Gesetzestexten möglich ist. Vielmehr müssen hier die geschichtlichen Begleitumstände, die zur Formulierung des Gesetzes geführt haben, sowie die Äußerungen des Gesetzgebers oder der gesetzgebenden Versammlung zur Begründung des Gesetzes aufgesucht und befragt werden.

So kann man sich sehr wohl die Frage stellen, warum auf Artikel 3, Absatz 3, unseres Grundgesetzes: «Alle Menschen sind vor dem Gesetz gleich» noch ausdrücklich der Absatz folgt: «Männer und Frauen sind gleichberechtigt». Der Grund ist einzig in der historischen Fortentwicklung der Gesetzgebung und auch der Rechtsprechung zu suchen. Heinz Wagner führt das in seinem Vergleich von Interpretationsgepflogenheiten in Literatur- und Rechtswissenschaft einleuchtend aus:

«Der Gleichheitsgrundsatz in seiner fast gleichbleibenden Formulierung ist zu verschiedenen Zeiten verschieden verstanden worden und hat seinen Inhalt erst von den Vorstellungen darüber empfangen, was als gleich und was als ungleich gelten soll. Bezog er sich ursprünglich nur auf die Männer, so heute auch auf die Frauen; im frühen 19. Jahrhundert meinte er nur die Gleichheit der politischen Rechte – dem gleichwohl das Dreiklassenwahlrecht nicht entgegenstand – und heute auch die soziale Gleichheit. Früher wandte er sich nur an die Verwaltung, heute gilt er auch für den Gesetzgeber.»[7]

Wie wenig selbstverständlich der Zusatz unseres Grundgesetzes, nach dem Männer und Frauen gleichberechtigt sind, selbst angesichts der Gleichheit aller Bürger vor dem Gesetz ist, zeigt ein Beispiel, das wiederum Gerhard Struck in seiner Untersuchung über Gemeinplätze in der juristischen Arbeit anführt:

«Der Bundesgerichtshof hatte die Gleichberechtigung im Höfeerbrecht abgelehnt. (...) Das hier interessierende Argument war folgendes: Der Bundesgerichtshof gab zu, daß Frauen häufig Höfe allein führen und geführt hatten, ohne daß sich ihre Unfähigkeit erwiesen hatte, meinte dann aber, das sei eine Abweichung von der Regel und spiele für das Grundsätzliche keine Rolle. Wenn der Bundesgerichtshof die Gleichberechtigung im Anerbenrecht für anwendbar erklärt hätte, so wären beim Nachrücken der Generationen immer mehr Frauen in die Hofeigentümerposition eingerückt. Wenn nicht, dann nicht. Ähnlich lag es bei der geleugneten ‹technischen Leistungsfähigkeit› der Frauen. Beim vorherigen Rechtszustand war es für die Frauen nicht sinnvoll, die Kenntnisse und Fähigkeiten zur Führung eines Hofes zu erwerben. (...) Wer die Gleichberechtigung fördern wollte, der brauchte nur im Vorgriff auf kommende Zustände den Frauen technische Kenntnisse und kaufmännische Fähigkeiten zuzuschreiben. (...) Das Urteil des Bundesverfassungsgerichts, das das oben genannte Bundesgerichtshof-Urteil aufhob, half mit, die Verhältnisse zu ändern.»[8]

Hier zeigt sich, wie die Rechtsprechung von sich aus noch angesichts des geltenden Artikels 3, Absatz 2 des Grundgesetzes die Auslegung des Gleichheitsgrundsatzes entweder zu hemmen oder fortzubilden in der Lage ist. Die soziale Ausgangslage bei der Formulierung von Art. 3 Abs. 2 GG war, daß Männer und Frauen in einem wichtigen beruflichen Bereich traditionell noch weitgehend ungleich behandelt wurden. Die Äußerungen des Bundesgerichtshofs zu Regel und Ausnahme legen auch offen, daß hergebrachte soziale Ungleichheiten als ein Sittengesetz aufgefaßt werden können, dessen Durchbrechung – selbst im Namen eines geltenden Gesetzes – ungehörig erscheint.

Wie anderseits eine bereits bestehende und ausgeübte Gleichbehandlung unter dem Druck politischer Umwälzungen rückgebildet, ja mit Hilfe einer gewaltsamen Neuauslegung des Wortes «Gleichheit» ins Gegenteil verkehrt werden kann, lehrt die Anwendung des schon in der Weimarer Verfassung verankerten Gleichheitsgrundsatzes durch die nationalsozialistische Rechtsprechung und deren Kommentierung.

Auch die Verfassung des «Großdeutschen Reiches» hatte den Gleichheitsgrundsatz übernommen. Ein zeitgenössischer Kommentator leitet jedoch selbst aus diesem Grundsatz noch das Recht zur Verfolgung ‹fremdartiger› Menschen ab:

«Eine formale Gleichheit, die die wesenhaften Unterschiede auslöschen oder ignorieren will, kann für den Gesetzgeber nicht maßgebend sein. An ihre Stelle ist die materielle Gleichheit des völkischen Rechts getreten, die aus dem Erlebnis der völkischen Art- und Wesensgleichheit (erwächst). Dieser neue Gleichheitsbegriff ermöglicht es, auch in der Gesetzgebung das Fremde von der eigenen Art (...) zu unterscheiden, während der Relativismus des früheren formalen Denkens auch hier eine Gleichbehandlung erfordert hätte.»[9]

Wie häufig bei einer sachverfälschenden Auslegung werden die dem eigenen Interesse entgegenstehenden Bestimmungen zuerst als «formale» beschimpft, um ihnen dann eine nicht gemeinte Materie unterzuschieben. Auch solche gewaltsamen Verkehrungen bei der Auslegung des Gleichheitsgrundsatzes muß man mitbedenken, wenn man den Nachdruck richtig einschätzen will, mit dem die ersten Artikel unseres Grundgesetzes die Gleichbehandlung aller und den Persönlichkeitsschutz hervorheben.

Dabei sollte man nicht übersehen, daß nunmehr im Grundgesetz zwischen dem Gleichheitsgrundsatz, wie Artikel 3 ihn formuliert, und jedermanns «Recht auf die freie Entfaltung seiner Persönlichkeit» aus Artikel 2 neue Spannungen entstanden sind. Sie kennzeichnen geradezu unsere soziale Ordnung und belassen der heutigen Rechtsprechung auch jenseits der Einschränkungen, die Artikel 2 selbst vornimmt, etwa bei der Abwägung zwischen Eigentumsrechten und Interessen des Gemeinwohls, einen nicht geringen Spielraum.

Die teleologische Auslegung

Die teleologische Auslegung versucht, den mit der Anwendung des Gesetzes erreichten *Zweck* herauszufinden. Wie ein solches Verfahren begründet werden kann, zeigt der folgende Gedankengang:

«Unser bürgerlicher Rechtsstaat legt die bürgerbelastenden Normen eng aus und bringt bürgerbegünstigende Normen zu größtmöglicher Wirkung; (...) maßgebend ist letztlich immer das vernünftige Ergebnis. Vernünftig ist eine Entscheidung, wenn sie mit dem Rechtsgefühl und den Rechtsanschauungen der Gegenwart – die ihrerseits wieder durch Norm und Entscheidung mitkonstruiert werden – im Einklang stehen.»[10]

So einleuchtend eine solche Formulierung scheint, die letzten Endes alle Rechtsprechung teleologisch, das heißt auf ein Ziel hin, ausrichten will, so bedenklich ist wiederum in der Praxis die Überantwortung richterlichen Handelns an solche «vernünftigen Ergebnisse». Denn gerade über die Vernunft einer Entscheidung können die Meinungen sehr weit auseinandergehen. Da hilft auch der – mit unseliger Erinnerung verbundene – Appell an das ‹gesunde Volksempfinden› oder an eine Instanz von ähnlicher Unbestimmtheit und jeweiliger Gefälligkeit nicht weiter![11]

Für einen historischen Auslegungswandel, der einem charakteristischen Wandel in der Zielsetzung entspricht, liefert die Geschichte eines der berühmtesten Gesetze, der «Magna Charta Libertatum», ein sprechendes Beispiel. Der «große Freibrief», der 1215 als das englische Grundgesetz verkündet wurde, sicherte jedem freien Mann bei Freiheitsentzug ein angemessenes Gerichtsverfahren, den «due process of law».[12] Dieser Ausdruck wurde jedoch im Englischen bald angewandt auf jedes «gesetzliche Verfahren» überhaupt und legitimierte damit allmählich auch jedes Polizeiverfahren. Was ursprünglich eine Sicherung zum Schutz der persönlichen Freiheit war, konnte auf diese Weise allmählich auch für gesetzlich eingerichtete Einschränkungen der Freiheit in Anspruch genommen werden: Mit «police power» behandelt zu werden, ließ sich danach, bei geschickter Auslegung, immer noch als die Erfüllung der Magna Charta verstehen.

Die Zielsetzung, auf die hin das Gesetz ausgelegt wurde, hatte sich damit in einer Richtung gewandelt, wie sie bei ungestörter Entwicklung eines Staatswesens selten anders verläuft. Hier bewahrte jedoch die zwingende Beachtung der älteren Urteile im angelsächsischen Bereich die Rechtsprechung davor, der Verdrängung einer bürgerbegünstigenden durch eine bürgerbelastende Norm allzu geschmeidig nachzugeben.

Man kann, wie Friedrich Müller das mit guten Gründen tut, bezweifeln, daß es sich bei der teleologischen Gesetzesauslegung überhaupt um eine besondere Methode handelt. Vielmehr dienen alle zuvor genannten, in ihre Schritten einzeln überprüfbaren Verfahren insgesamt dem Ziel, sinnvoll und damit auch zweckbestimmt Recht zu sprechen. Die Frage nach dem ‹Sinn und Zweck der Vorschrift› liegt tatsächlich unausgesprochen allen Verfahren zugrunde, mit denen geltende Gesetze praktisch konkretisiert werden: Ihr gemeinsames Ziel ist es nicht zuletzt, ein zweckmäßig erscheinendes Urteil auch stichhaltig zu formulieren.

Nicht anders als die Interpreten literarischer Texte und die Exegeten religiöser Schriften sind auch die Richter, Anwälte, Rechtsberater und schließlich die Laien, die mit Gesetzen umzugehen versuchen, bei der Anwendung der Auslegungsmethoden und bei der schließlichen Urteilsbildung von ihren individuellen und sozialen Lebensumständen abhängig. Nur so ist auch die Einrichtung eines oft mehrstufigen Instanzenzuges zu erklären, der den von einem Urteil Betroffenen gegen einseitige Ausnutzungen des Auslegungsspielraums ebenso wie gegen formale Fehler bei der Rechtsprechung schützen soll.

In einem engeren Sinne, als es der Hinweis auf die individuelle und soziale Bedingtheit jeglicher Textinterpretation nahelegt, ist die richterliche Handhabung der Gesetzesauslegung von Übereinkünften besonderer Art bestimmt, die eine Art Zwischeninstanz darstellen zwischen der öffentlichen Meinung und dem allgemeinen Rechtsempfinden einer Bevölkerungsmehrheit und den besonderen sittlichen, rechtlichen und weltanschaulichen Überzeugungen des einzelnen Richters: von einer *herrschenden Meinung*, die sich jeweils herausbildet «aus einer Übereinstimmung der wichtigsten Stimmen der Literatur mit der Auffassung der höchsten Gerichte»[13]. In der Fachliteratur erscheint sie deshalb auch lakonisch als hM.

Die Orientierung an Autoritäten und am Renommee anerkannter öffentlicher Organe und Institutionen ist kein Sonderfall berufsständischen Verhaltens. Vielmehr ist die bedeutende Rolle, die hM für den praktischen Umgang mit Gesetzestexten hat, wiederum besonders lehrreich und geeignet, die Aufmerksamkeit auf das entscheidende Gewicht herrschender Meinungen in allen Bereichen hermeneutischer Praxis zu lenken. Jedermann kann abschätzen, wie sehr etwa die Kunstkritik oder auch der Börsenkurs und selbst die Vorliebe für bestimmte Reiseländer von herrschenden Meinungen geprägt werden, und wer sich auskennt, weiß auch oder kann vermuten, wo und zu wessen Nutzen solche Regulative des ‹zünftigen› Verhaltens in die Welt gesetzt werden. Selbst oder gerade die schöngeistigen wissenschaftlichen Disziplinen machen davon keine Ausnahme. Überall dort, wo ständische Arbeits- und Lebensformen auch in modernen Demokratien hervortreten, entscheiden herrschende Meinungen auch über Karrieren und Lebensläufe.

Kaum irgendwo ist jedoch die Beachtung herrschender Meinungen so sanktioniert, ja vorgeschrieben und damit auch offengelegt wie im zunftgerechten Umgang mit Gesetzestexten. Wenn anderswo Autorität und Reputation auf nicht näher bestimmbaren und auch wandelbaren Übereinkünften beruhen, so sichern hier die obersten Gerichte und die anerkannten Kommentare und Handbücher der herrschenden Meinung Legitimität und Haltbarkeit. Im Bereich der Literatur entdecke ich allein bei den Meistersingern eine ähnlich verpflichtende Konvention, sich an Vorbildern zu orientieren und allenfalls in der Kunst des

Zitierens und der Kombination erlaubter Mittel miteinander zu konkurrieren.

Dennoch wäre es zu einfach zu denken, die herrschende Meinung würde nur von oben her oder von der Überlieferung bestimmt. Uwe Wesel hat die unterschiedlichen Prozeduren ihrer Entstehung nachgezeichnet und die äußeren wie die inneren Anstöße zur Wende einer herrschenden Meinung spannend beschrieben. Auch das Widerspiel zwischen der herrschenden Meinung und einer *anderen Meinung* – selbst dafür gibt es das feststehende juristische Kürzel aM – ist innerhalb der kurzen Geschichte der Bundesrepublik, insbesondere wieder bei der Auslegung des ‹weichen› Befundes der Verfassungsfeindlichkeit, recht rege gewesen.

Die Verfassung sichert dem Richter Unabhängigkeit der Rechtsprechung zu. Dennoch wird er bestrebt sein, die Auslegung der Gesetzestexte für den zur Verhandlung stehenden Fall an Entscheidungshilfen zu orientieren, die bereits als akzeptiert gelten. Eine unausgesprochene Befolgung des Zeitgeistes schützt den Richterspruch nicht davor, willkürlich ausgelegt zu werden. Die Befolgung der hM gibt dem unabhängigen Spruch zugleich den Schutz eines bereits unter Fachleuten herausgebildeten Konsensus.

Durch die herrschende Meinung werden autoritäre Strukturen maßgeblich für den Spielraum der Gesetzesauslegung auch in einer Demokratie. Sie müssen es wohl bis zu einem gewissen Grade sein, wenn wiederum ein so wichtiges Gut wie die Gleichbehandlung der Bürger vor dem Gesetz gesichert werden soll.

Ein Beweis für den Spielraum, den Gesetzestexte der Auslegung gleichwohl einräumen, ist die weitere Nutzbarkeit derselben Texte auch bei einer Wende der herrschenden Meinung. So wird es möglich, daß ein und derselbe Gesetzestext den «geschichtlichen Übergang von einer früheren zu einer späteren, von der vorgängigen wesentlich abweichenden Rechtsordnung unverändert» mitmacht.[14] Gesetzesbücher können sogar in ein gänzlich anderes Geltungsgebiet versetzt werden, wie etwa Teile des Code Napoléon nach Italien und Spanien, des deutschen BGB nach Japan. Dies ist nur denkbar, weil die Auslegbarkeit des Gesetzes dafür sorgt, daß der gleiche Wortlaut selbst unter verschiedenen «herrschenden Meinungen» gesetzeskonform, das heißt im Einzelfall stichhaltig konkretisiert werden kann.

«Der Wortlaut eines Gesetzbuchs dient als Gerüst und Grundgestell, gleichsam als ein Gerippe, das sich nur insoweit gliedert und Leben gewinnt, als es in Berührung mit dem Leben einer Rechts- und Volksgemeinschaft tritt.»[15]

Was Emilio Betti hier als die Vorbedingung zur Entfaltung eines ‹lebendigen Rechts› angibt, kann generell als ein Postulat verstanden werden, daß auch Gesetzestexte mehrdeutig sein müssen, um überhaupt Anwendung finden zu können. So ist auch der merkliche Wandel vorherrschender Auslegungen in der Regel ein Indikator für historische Prozesse und den Austrag sozialer Konflikte. Gesellschaftliche Kräfte und Tendenzen setzen sich so gegenüber anderen in der Rechtsprechung durch, ohne in Widerspruch zu geltenden Gesetzen zu treten.

Die eine Tendenz der Rechtsprechung: Beharrung auf bestimmten Normen, und die andere Tendenz: Mitwirkung am historischen Wandel der Normen, schließen also einander nicht aus. Sie halten im besten Fall einander die Waage.

Eine besondere Beharrlichkeit unter sehr verschiedenen Gesellschaftsordnungen hat allerdings die Norm, Andersdenkende auch rechtlich gesondert zu behandeln. Walter Jens hat das Urteil eines preußischen Oberverwaltungsgerichts aus der Kaiserzeit ausgegraben, das sich auf die Identität der Begriffe «sozialdemokratisch» und «staatsfeindlich» bezog und damit «einen Bürgermeister aus dem einzigen Grund zu einer Geldstrafe verdonnerte, weil er es gewagt hatte, einen sozialdemokratisch tätigen Uhrmachermeister als Beisitzer bei einer unteren Verwaltungsbehörde in Vorschlag zu bringen».[16]

Gerade bei solchen Urteilen spielen im Vorhof der Gesetzgebung und der Rechtsprechung neben den auslegungsleitenden Autoritäten auch andere Instanzen unseres sozialen Lebens und die Organe der öffentlichen Meinung eine nicht unwichtige Rolle: die Kirche, die Schulen, die Wachträume der Poeten, die Lebenserfahrungen der Alten und die wirtschaftlichen Verhältnisse.

Denn nicht die Gesetzestexte allein, sondern sie *und* ihre Auslegungen regeln, welche Freiheiten wir tatsächlich haben oder nicht. Am Zustandekommen dieser Auslegungen aber sind nicht nur unsere praktizierenden Richter und zuvor die gesetzgebenden Instanzen, sondern zwischenhinein auch die meinungsbildenden Organe und Kräfte unseres gesellschaftlichen Lebens beteiligt. Und das sind bei einer Demokratie wie der unsrigen nicht bloß die zünftigen Teilhaber an den herrschenden Meinungen, sondern, freilich immer noch mehr oder weniger, wir alle.

Literatur

Alexy, Robert: Theorie der juristischen Argumentation. 2. Aufl. Frankfurt/M. 1991.

Clauss, Karl: Semantik im Dienste des Rechts. In: Archiv für Rechts- und Sozialphilosophie 49 (1963), S. 375–407.

Coing, Helmut: Die juristischen Auslegungsmethoden und die Lehren der allgemeinen Hermeneutik. In: Arbeitsgemeinschaft für Forschung des Landes NRW. Geisteswissenschaften. Bd. 14 (1959), S. 5–25.

Derrida, Jacques: Gesetzeskraft. Frankfurt/M. 1991.

Forsthoff, Ernst: Recht und Sprache. Prolegomena zu einer richterlichen Hermeneutik. Darmstadt 1964 (zuerst: Halle 1940).

Haverkamp, Anselm: Zur Interferenz juristischer und literarischer Hermeneutik in Sachen Kunst (Art. 5 Abs. 3 GG). In: Text und Applikation. Hg. von H. R. Jauß. München 1980 (Poetik und Hermeneutik IX), S. 199–202.

Hoy, David Couzens: Interpreting the Law: Hermeneutical and Poststructuralist Perspectives. In: Southern California Law Review 58 (1985), S. 136–176.

Jesch, Dietrich: Unbestimmter Rechtsbegriff und Ermessen in rechtstheoretischer und verfassungsrechtlicher Sicht. In: Archiv des öffentlichen Rechts 82 (NF 43) (1957), S. 163–249.

Kairys, David (Hg.): The Politics of Law. A Progressive Critique. New York 1982.

Koch, Hans-Joachim/Rüßmann, Helmut: Juristische Begründungslehre. München 1982.

Larenz, Karl: Methodenlehre der Rechtswissenschaft. Berlin 1960.

Mennicken, Axel: Das Ziel der Gesetzesauslegung. Hamburg/Berlin/Zürich 1970 (Studien und Texte zur Theorie und Methodologie des Rechts 4).

Rottleuthner, Hubert: Richterliches Handeln. Zur Kritik der juristischen Dogmatik. Frankfurt/M. 1973.

Siebert, Wolfgang: Die Methode der Gesetzesauslegung. Erläutert an § 34 des Niedersächsischen Arbeitsschutzgesetzes für Jugendliche. Heidelberg 1958.

Anmerkungen

1 Auf das Standardwerk von Emilio Betti kann hier lediglich verwiesen werden: Allgemeine Auslegungslehre als Methodik der Geisteswissenschaften. Tübingen 1967 (zuerst: Theoria generale della interpretatione. Milano 1955).

2 Schleicher/Reymann/Abraham: Das Recht der Luftfahrt. Bd. I. 3. Aufl. 1960, S. 1.

3 Die Straßenverkehrsordnungen..., erläutert von Kurt Volkmann, Berlin/Leipzig 1929 (Guttentagsche SLG Dt. Reichsgesetze 175), S. 25 f.

4 Vgl. Friedrich Müller: Juristische Methodik, Berlin 1971, S. 16 ff.

5 Hans-Georg Gadamer: Wahrheit und Methode. Grundzüge einer philosophischen Hermeneutik. Tübingen 1960. 2. Aufl. 1965, S. 312.

6 Gerhard Struck: Topische Jurisprudenz. Argument und Gemeinplatz in der juri-

stischen Arbeit. Frankfurt/M. 1971 (Studien und Texte zur Theorie und Methodologie des Rechts 9), S. 16f.

7 Heinz Wagner: Interpretation in Literatur- und Rechtswissenschaft. In: Archiv für die zivilistische Praxis 165 (NF 45) (1965), S. 535f.

8 Sruck (Anm. 6), S. 115f.

9 Ernst Rudolf Huber: Verfassungsrecht des Großdeutschen Reiches. 2. Aufl. Hamburg 1939, S. 260f; zit. nach Theodor Maunz/Günter Dürig/Roman Herzog: Grundgesetz. Kommentar. Bd. 1. 3. Aufl. München 1973, Anm. 4, S. 288.

10 Wagner (Anm. 7), S. 543.

11 Bernd Rüthers: Die unbegrenzte Auslegung. Zum Wandel der Privatrechtsordnung im Nationalsozialismus. Tübingen 1968.

12 Leonidas Pitamic: Interpretation und Wortbedeutungswandel. In: Zs. f. öff. Recht 18 (1938), S. 435f.

13 Uwe Wesel: hM. In: Kursbuch 56 (1979), S. 91.

14 Betti (Anm. 1), S. 634f.

15 Betti (Anm. 1), S. 635.

16 Walter Jens: Wider die Isolation. In: «Die Zeit» vom 15. Oktober, S. 39.

Helmut Brackert

Wolframs von Eschenbach «Willehalm»

Annäherung an einen mittelalterlichen Text[1]

Nähert man sich dem «Willehalm», dem zweiten großen epischen Werk Wolframs von Eschenbach neben dem «Parzival», tauchen schon im Vorfeld der Erkundung Signale auf, die schwer zugängliches und unbekanntes Gelände ankündigen. Gewiß, das Werk wird von den wenigen Kennern geradezu emphatisch gepriesen, doch außer ihnen scheint sich hier niemand so recht auszukennen. Der «Willehalm» hat aber auch die Interpreten nie so angezogen wie der «Parzival» oder der «Tristan». Wer das Werk kennt, weiß weshalb. Es setzt jeder Interpretation, vor allem einem auf Einheit des Werks gerichteten Deuten Widerstand entgegen. Tatsächlich kranken die meisten Interpretationsversuche daran, daß sie das Werk auf einen einhelligen Sinn verpflichten oder die auch von ihnen wahrgenommene Disparatheit wenigstens auf eine Einheitlichkeit zurückbiegen möchten. Ich denke, daß jeder solcher Versuche aus der Sache heraus scheitern muß.

Nehmen wir die Gattungs- und Formfrage.[2] Ob man den «Willehalm» gattungstypologisch als Heldenepos, als höfischen Roman, als Legende oder als Mischform versteht, für alles gibt es Anhaltspunkte, aber eine sichere Zuweisung ist unmöglich. In einer statischen Gesellschaft wie der mittelalterlichen, deren Aufbau von hierarchischen Ordnungsvorstellungen geprägt ist, spielt jedoch die Zugehörigkeit eines Werks zu einer festen literarischen Traditionsform eine ungleich größere Rolle als heute. Im «Willehalm» sind die verschiedenen Gattungstraditionen vermischt und schieben sich unvermittelt ineinander; das Diskontinuierliche, die Durchbrechung der Gattungseinheit erscheint gerade als das Neue.

Dem «Willehalm» fehlt auch auf einer anderen Ebene die einheitsstiftende Kontinuität.[3] Traditionelle Sinndeutungsmuster, mit denen mittelalterliche Werke Erscheinungen der dinglichen Welt über strukturelle Ähnlichkeiten auf Vorgänge der Heilsgeschichte zu beziehen pflegen, fehlen hier fast völlig oder sind, wenn sie erscheinen, perspektivisch und nur punktuell handlungsdeutend. Die Weltgeschichte fügt sich hier nicht wie im «Rolandslied» in ein festes und fest bleibendes überzeitliches Schema. Die exemplarische Deutung von Wirklichkeit oder Figuren ist nirgendwo durchgehalten, vorbildliches Handeln und schuldhafte Verfehlungen treten hart nebeneinander, fast ohne Wertung. Höfisches wird durch Unhöfisches jäh abgeschnitten und ebenso jäh wieder fortgesetzt. Auch unter reichspolitischen oder heilsgeschichtlichen, territorialstaatlichen oder ständeideologischen Gesichtspunkten, so interessante Teilzusammenhänge sie fixieren mögen, ist ein übergreifender einheitlicher Sinn nicht zu konstruieren.

Handlung und Quelle

Verglichen mit den phantastisch-abenteuerlichen oder mythisch-märchenhaften oder erotischen Handlungen bekannterer mittelalterlicher Werke erscheint diese Geschichte, die einen Stoff der französischen Heldenepik aufgreift, wenig attraktiv. Sie führt in die Zeit Karls des Großen zurück; ihr Held, Graf Wilhelm von Toulouse, ursprünglich eine historische Figur, zeichnete sich unter den Karolinger-Herrschern, mit denen er verwandt war, als Kämpfer gegen die Sarazenen aus, verbrachte die letzten Jahre seines Lebens in einem von ihm selbst gestifteten Kloster und gewann nach seinem Tod als Befreier Südfrankreichs den Ruhm der Heiligkeit.

Die Handlung des umfangreichen, über 14000 Verse umfassenden Gedichts läßt sich, den Grundlinien nach, etwa so erzählen:

Der heidnische Großkönig Terramer, dessen mit Tybalt vermählte Tochter der Markgraf Willehalm entführt und, nach deren Übertritt zum Christentum, geheiratet hat, landet, um die Schmach seines Schwiegersohns zu rächen, mit einem riesigen Heer in der Provence. Bei Alischanz wird Willehalm von der erdrückenden Übermacht vernichtend geschlagen und entkommt als einziger dem Gemetzel.

Abseits vom Schlachtfeld trifft er auf seinen sterbenden Neffen Vivianz, der als Verteidiger des christlichen Glaubens in seinen Armen als Märtyrer stirbt. Der Tod des Verwandten erregt in Willehalm einen solchen Zorn, daß er wenig später den besiegten und bereits verstümmelten, wehrlos um sein Leben flehenden heidnischen Großkönig Arofel ohne Erbarmen eigenhändig enthauptet. In der Rüstung des Erschlagenen gelangt Willehalm unerkannt zu seiner Residenz Orange, von wo er nach kurzem Verweilen wieder aufbricht, um Hilfe gegen die Heiden zu holen. Er reitet zu seinem Lehnsherrn, dem französischen König, seinem Schwager, während seine Frau Gyburg die Stadt gegen den übermächtigen Vater verteidigt.

Nach vielen Behinderungen gelangt Willehalm schließlich an den Königshof, wo er zunächst abgewiesen wird und aus Zorn über die befremdliche Aufnahme vor versammeltem Hof den König beschimpft. Als sich die Königin, seine Schwester, einmischt und gegen ihn stellt, reißt er ihr die Krone vom Kopf und kann nur durch das Dazwischentreten seiner Mutter daran gehindert werden, sie totzuschlagen. Erst nach solchem wuthaften Zusammenstoß erreicht er es, und zwar durch Vermittlung der Königstochter Alyze und die Intervention seiner mächtigen Familie, daß der Krieg vom König zur Reichssache erklärt wird.

Inzwischen hat Gyburg, die selber in männlicher Rüstung auf der Mauer die Verteidigung der Stadt Orange leitet, unter großen Strapazen und unter Einsatz äußerster Mittel dem Angriff der Heiden standgehalten. Während der Kampfpausen versucht ihr Vater Terramer in langen Religionsgesprächen vergeblich, sie zur Rückkehr in die Familie und die alte Glaubensgemeinschaft zu bewegen.

Die Situation der Belagerten spitzt sich immer mehr zu. So herrscht große Erleichterung, als Willehalm mit einem Hilfsheer vom Königshof zurückkehrt und nun in einem längeren Kriegsrat, bei dem Gyburg in einer großen Rede zur Schonung der Heiden aufruft, die weiteren kriegerischen Planungen besprochen werden. Schon bald kommt es zur zweiten großen Konfrontation zwischen Heiden und Christen, wieder bei Alischanz.

Mit Unterstützung des riesenhaften Rennewart, eines Sohns Terramers, der unerkannt am Königshof als Küchenjunge dient und von Willehalm zum Helfer und Freund gemacht wird, werden die Heiden in einer gewaltigen, wechselvollen Schlacht besiegt. Die Christen geben sich dem Siegestaumel hin, aber die Freude über den Sieg wird durch das rätselhafte Verschwinden Rennewarts getrübt. Zu Willehalms tiefem Schmerz vermag niemand zu sagen, wo der Freund geblieben ist. Auch seine eigene Suche verläuft ergebnislos. Willehalm läßt die in der Schlacht gefallenen Heidenkönige feierlich aufbahren, einbalsamieren und unter der Obhut des Heidenkönigs Matribleiz mit einer versöhnlichen Botschaft an Terramer in ihre Heimat überführen. Mit dem Abzug des Heidenkönigs endet der überlieferte Text.

Im Mittelalter werden Handlungen in der Regel nicht frei erdichtet, sondern fast ausnahmslos – wie genau oder frei auch immer – einer Quelle nacherzählt. Der Dichter bindet sich grundsätzlich an eine Überlieferung, und solche Bindung entspricht der Auffassung traditionaler Gesellschaften, daß erst die Rückbeziehung auf eine vorgängige Überlieferung die Wahrheit des Erzählten verbürgen kann.

Auch Wolfram hat die Grundzüge seiner Handlung nicht selbst erfunden, verdankt sie vielmehr einer identifizierbaren Vorlage: dem Epos «Alischanz» aus dem französischen Zyklus der Wilhelms-Epen, das etwa zwischen 1180 und 1190 entstand. Während aber die Quelle sogleich in das Schlachtgeschehen der Hauptgeschichte hineinführt, eröffnet Wolfram sein Werk mit einem gewaltigen Gebet, einem Lobpreis auf den Dreieinigen Gott, einer Anrufung des Heiligen Wilhelm sowie einer gerafften Vorgeschichte der Ereignisse von Alischanz. Sodann hat Wolfram eine Reihe von Szenen eingefügt, in denen Gyburg neben Willehalm zur gleichwertigen Heldin der Geschichte aufgewertet wird. Schließlich hat Wolfram die zyklische und ereignisorientierte Anlage seiner Quelle stärker zentriert, indem er Willehalm und Gyburg in den Mittelpunkt rückte, Vivianz und Rennewart jedoch deutlich gegen sie zurücktreten ließ.[4]

Es ging bei der Herauslösung des Werks aus dem Zyklus der Quelle um die präzisere Herausarbeitung einer für das Werk grundlegenden Konstellation. Während etwa das frühere «Rolandslied» die Christen als Vertreter des Gottesreichs und, auf der anderen Seite, die zu bekehrenden oder auszurottenden Ungläubigen einander kraß gegenüberstellte, bezieht der «Willehalm» die Fronten aufeinander, indem er den Glaubenskrieg als Familiengeschichte entwirft: Zwischen den Fronten stehen Willehalm und Gyburg, die durch ihre Vorgeschichte – die Entführung, Christianisierung und neue Verehelichung Gyburgs – den Konflikt erst heraufbeschwören. Die Handlung wird also wesentlich getragen von Figuren, die durch ihre Lebensgeschichte und ihre verwandtschaftliche Bindung in ihrem Denken und Fühlen immer mit beiden Fronten verknüpft sind.

Die Korrespondenzfiguren zu Willehalm und Gyburg sind Rennewart und Alyze. Alyze, die Tochter des französischen Königs, die im

Konflikt zwischen Willehalm und ihren Eltern vermittelt, ist Christin. Rennewart, der Sohn Terramers, ist schon als Kind entführt worden und kämpft nun auf seiten der Christen, weil er meint, daß seine Familie ihn nach seiner Entführung nicht gesucht hat. Zwischen dem Küchenjungen Rennewart und Alyze entspinnt sich eine zarte Liebesbeziehung, die, als Rennewart mit Willehalm in den Krieg zieht, durch einen Kuß besiegelt wird.

Im «Rolandslied» war die einzige Figur zwischen den Fronten Genelun, der Verräter. Die Konstellation war hier ohne Rest auflösbar durch den Sieg der Christen und die Hinrichtung des Abtrünnigen. Wie aber ließ sich die Handlung des «Willehalm» abschließen?

Die Vorlage endete mit der Flucht Terramers nach der zweiten Schlacht und eröffnete damit die Aussicht auf neue Auseinandersetzungen in weiteren Teilen des «Willehalm»-Zyklus. Wolframs «Willehalm» aber war als selbständiges, für sich bestehendes Werk geplant, durfte also die Handlung nicht zur Fortsetzung offenlassen. Ein bloßer Sieg der Christen oder auch der Heiden konnte hier den Konflikt, der sich durch die familiäre Verflechtung der beiden Fronten ergab – und gerade durch Wolframs Änderungen noch verschärft worden war –, nicht beseitigen.

Über Willehalm–Gyburg konnte die Lösung nicht erfolgen. Denn Terramer hatte in den Religionsgesprächen mit der Tochter klargemacht, daß für ihn nur deren Rückkehr zu Tybalt und zum angestammten Glauben in Frage käme; mit ebensolcher Deutlichkeit hatte der an sich versöhnungsbereite Willehalm genau dies zurückgewiesen.

Es ist eine viel diskutierte Frage, ob das Werk in der überlieferten Gestalt vollendet oder Fragment ist.[5] Zweifellos ist noch nicht alles erzählt, denn ohne die Wiederbegegnung Rennewarts mit seinem Vater Terramer und die Heirat mit Alyze war das Verhältnis von Heiden und Christen nicht neu zu definieren und keine Versöhnung möglich. Wolfram mag ursprünglich eine solche harmonische Lösung im Auge gehabt haben. Die Logik der im Werk belassenen losen Fäden der Rennewartgeschichte spricht dafür. So wie er die Geschichte schließlich erzählt hat, bleibt aber Rennewart, über den die Fäden zu knüpfen gewesen wären, nach der Schlacht trotz intensivstem Suchen unauffindbar und damit, so könnte man schließen, auch der harmonische Schluß, ja überhaupt ein Abschluß des Werks.

Kaum zufällig hört die Geschichte an jener Stelle auf, von der sie zu Beginn ausgegangen war: Terramer ist wieder in seinem Land, und unausweichlich wird er den Krieg wiederaufnehmen. Damit schließt sich ein Kreislauf. Um sie als Einzelgeschichte zu erzählen, hatte Wolfram sie aus dem Zyklus herausgelöst. Am Schluß des «Willehalm» aber kehrt sie, ohne daß sich die Konstellation des Anfangs entscheidend verändert hat, wieder in den Zyklus zurück.

Aporie christlich-höfischer Ritterkunst

Das Werk, das der Dichter durch die Vermittlung des Landgrafen Hermann von Thüringen, eines der mächtigsten Reichsfürsten und Mäzene zu Beginn des 13. Jahrhunderts, kennengelernt hat, macht im Prolog eine entscheidende Vorgabe: Willehalm wird dort im Legendenstil als Heiliger angerufen, als Nothelfer und Beistand aller Sünder. Da die Heiligpreisung im Prolog mit spürbarer Emphase vorgetragen wird, ist zu erwarten, daß das folgende Werk den Helden als Heiligen präsentiert oder zum mindesten zeigt, wie er zum Heiligen wird.

Spätestens der Kampf Willehalms gegen Arofel nach der ersten Schlacht von Alischanz widerlegt solche Erwartung. Willehalm nutzt hier, entgegen den Regeln der Ritterlichkeit, eine momentane Blöße des anderen, um ihm ein Bein abzuschlagen und ihn kampfunfähig zu Boden zu strecken. Eine brutale Szene; denn von Willehalm, dem Heiligen des Prologs, heißt es, daß er sich über den Sturz des Verstümmelten freute. Dessen flehentliche Bitten um Schonung stoßen bei Willehalm, der sich für den Verlust seines Verwandten Vivianz rächen will, auf taube Ohren. Der lange Wortwechsel zeigt, daß genügend Zeit und Überlegung bleibt, um dem Gegner die Schonung zu gewähren, die an sich eine höfische Selbstverständlichkeit ist. Willehalm erschlägt und enthauptet den Verstümmelten. Ein greller Bruch läßt dann den Blick jäh von der Szene fortwenden, die harte Fügung kappt die Wahrnehmung des Unvorstellbaren. Wolfram lenkt auf die höfische Vorstellung des Minnerittertums zurück, die die Szene eingeleitet hatte, die aber in ihr gerade außer Kraft gesetzt worden war.

Nach seiner Rachetat legt Willehalm die Rüstung des Erschlagenen an und besteigt dessen Pferd Volatin. Der Mittelalterkundige wird sich hier an die Szene erinnern, in der Parzival seinen Verwandten Ither erschlägt und sich dessen Rüstung aneignet, die er, Zeichen unerkannter Versündigung, über das Narrenkleid der Mutter zieht. Es mag sein, daß Wolfram die eine Szene in der anderen spiegeln wollte – in der Szene selbst findet sich dafür kein Anhaltspunkt, eine Schuld Willehalms wird nicht einmal angedeutet. Das ethische System von Verfehlung und Bewährung, Schuld und Sühne bleibt in diesem Werk völlig ausgeblendet.

Ulrich Wyss hat dies so kommentiert: Ein Held wird im Prolog als Heiliger angerufen, handelt aber «nicht als Heiliger – sondern wie ein Mensch. Heiligkeit ist bei Wolfram nicht einfach vorausgesetzt, sondern wird selber zum Problem; der epische Prozeß treibt die tragische Aporie eines Kriegerstandes hervor, der in Gottes Namen Gottes Geschöpfe töten soll.»[6]

Man hat im Hinblick auf den «Willehalm» ganz allgemein von einer «Aporie christlicher Ritterkunst»[7] gesprochen, die auch daran sich zeigt, daß dieser Text wie kein zweiter der höfischen Blütezeit «das Scheinhafte und Hohle einer nur höfischen Denkweise entlarvt».[8] Es gibt aber auch keinen zweiten Text, der in solchem Ausmaß und in solcher Konsequenz von Gewalt bewegt wird, Gewalt zum Thema hat und Formen der Gewaltdarstellung entwickelt.[9] Er beginnt bereits mit gewalthafter Willkür: Heimrich enterbt seine Söhne und schickt sie mittellos in die Welt. Die Folgen für den zur Herrschaft bestimmten erstgeborenen Willehalm sind einschneidend: Auf seiner Landsuche wird er gefangen, verliebt sich in die Heidin Arabele, die Frau Tybalts, entführt sie, bringt Länder Tybalts in seinen Besitz und provoziert damit den verheerenden Rachefeldzug Terramers mit seinem wilden Gemetzel, das Wolfram prononciert als *mort* bezeichnet. Der drohende Verlust von Frau und Land erzwingt weiteres gewalthaftes Handeln: Nur erpresserisches Auftrumpfen gegen den Lehensherrn, lebensgefährliche Bedrohung der Schwester, massives und rigoroses Ausspielen der Familienhausmacht führen Willehalm am Königshof von Munleun zum Erfolg. Mit der Erklärung des Kriegs zur Sache des Reiches sind dann die weiteren gewalthaften Auseinandersetzungen vorbereitet, Willehalms Ansprüche auf *lant* und *wîp* sind in die große gemeinsame Aktion integriert.

Die Darstellung der Gewalt kulminiert in der zweiten Schlacht von Alischanz. Gewiß, Wolfram konnte hier literarische Muster wie offensichtlich auch eigene persönliche Kennerschaft nutzen, sich aber vor allem darauf verlassen, daß eine adlige Zuhörerschaft an solchen Beschreibungen interessiert war. Die subversiven Momente der Kampfdarstellungen, die um so deutlicher zutage treten, um so gewaltiger sich die Kämpfe gegen Ende des Werks massieren, werden seinen Zuhörern wohl eher nicht gefallen haben: daß z. B. die Beteiligten und auch der Erzähler offenbar den Überblick über das Geschehen mehr und mehr verlieren und die erzählte Wirklichkeit um kein Haar übersichtlicher ist als ein wirklicher Krieg[10] und daß, je dichter und verwirrender die Kämpfe werden, um so gewaltiger auch das Wissen um das Leid wächst, das die Erde mehr und mehr tränkt und das sich immer wieder Ausdruck schafft in der Form exzessiver Klage, die Christen und Heiden verbindet; «am erschütterndsten ist sie, wie sie über dem leer und still gewordenen Schlachtfeld liegt. Man fragt sich, ob da die Sonne wieder aufgehen kann.»[11]

Die letzte Schlacht ist auch deshalb so hoffnungslos, weil hier Verwandte aufeinanderstoßen: Willehalm kämpft gegen Gyburgs Vater; Rennewart erschlägt unwissentlich seinen Bruder; der schon unvermeidlich scheinende Kampf zwischen Vater und Sohn wird erst im letzten Moment vereitelt. War es in der ersten Alischanz-Schlacht noch neben dem Familien- und Territorialstreit vor allem um einen Glaubenskampf gegangen, so tritt dieser Gesichtspunkt im Kontext der zweiten Schlacht, der Auseinandersetzung zweier Weltmächte um die Weltherrschaft, gegenüber politischen Legitimationen zurück. Der Gedanke des Glaubenskampfes ist zwar auch hier nicht vergessen, tritt aber eher nebensächlich auf, und manchmal in abrupter Verschränkung von Diesseits und Jenseits, fast banalisiert oder lakonisiert.

Aber immer wieder wird das grausige Geschehen durch Reflexionen des Erzählers gebrochen; immer wieder stößt der Leser beim Erzähler auf Zeichen des Unwillens, ja der Ratlosigkeit, und so werden auch die unzähligen skurrilen, oft makabren Einfälle, der grausige Humor, die bitteren Ironien, die ungewöhnlichen Bilder als Zeichen der Selbstdistanzierung zu verstehen sein, mit denen das Geschehen abgewiesen wird, mit denen der Erzähler eine Aggression gegen das Erzählen aufbaut, mit denen er sich jegliche Freude verbittet, mit denen er die eigene Trauer und Betroffenheit zurückweist, mit denen er die zutiefst schockierenden Vorgänge zu verdecken sucht, mit denen er die eigene Bedrohtheit markiert.

Die Bluttaten enden mit dem Sieg der Christen. Das Schlachtfeld atmet Grauen, die Überlebenden suchen im Fressen und Saufen schnelles Vergessen, Willehalm irrt übers Schlachtfeld und klagt um den totgeglaubten Rennewart. Verzweifelt stellt er, hart an der Grenze des Blasphemischen, den Sinn des Erreichten, den Sieg, selbstzerstörerisch in Frage. Die Argumente, mit denen ihn sein Bruder auf seine Pflichten als Landesherren zurückbinden möchte, bringen das Mißverhältnis zwischen dem himmlischen und irdischen Ergebnis dieses Kriegs auf den Punkt. Unzählige Tote haben durch diesen Sieg die ewige Seligkeit erlangt; auf Erden, so zeigt sich dem schonungslosen Blick, schreibt sich der blutige Kontext der Gewalt weiter fort.

gotes hantgetât und *gotes kint*

Über dem Schluß des «Willehalm» liegt die ganze Last der leidvollen Geschichte, die das Werk erzählt. Die Schlacht ist geschlagen, doch der Familienkonflikt ist nicht gelöst, der Glaubenskrieg hat die unversöhnlichen Fronten erneut aufgerissen, die politische Lage nach dem Sieg hat sich gegenüber dem Anfang des Werks nicht entspannt, Vergeltungshandlungen stehen bevor. Dennoch schließt die Geschichte mit einer versöhnlichen Geste[12]: Willehalm läßt die in der Schlacht gefallenen Könige der Heiden einbalsamieren und mit einer Botschaft an Terramer durch den König Matribleiz in ihr Land überführen. Doch auch hier bleibt der gewalthafte Hintergrund: Die Geste des Siegers bezieht sich nur auf die Erschlagenen, die lebenden Heidenkönige werden in Ketten geschlossen. Und auch darin zeigt die Geste ihre beklagenswerte Realität, daß Willehalm in den Bedingungen, die er stellt, die Hoffnung auf Versöhnung mit der Undenkbarkeit ihrer Realisierung verschränkt.

Kurz zuvor hatte Willehalm in einer kleinen Binnenerzählung von einer traurigen Entdeckung berichtet: Am Tage des Siegs sei er, verwundet und dem Tode nahe, in einem Zelt auf dem Schlachtfeld auf 23 feierlich und prächtig aufgebahrte gefallene Könige gestoßen. Daß die eigene Todesnähe ihn empfänglich macht für das Gefühl einer frommen Achtung vor der anderen Religion, wird Willehalm bewußt, gerade auch im scharfen Kontrast zu der Plünderung des Schlachtfelds durch beutegierige Christen, gegen die Willehalm das Zelt von da an schützt. Solche Szenen zeigen, daß das Verhältnis von Christen und Heiden hier in Bewegung geraten ist, und lenken den Blick zurück auf jene Szene, an der sich diese Bewegung zum ersten Mal deutlicher fassen läßt: die große Rede Gyburgs im Kriegsrat der Männer.[13]

Gyburg spricht, aus der persönlichen Betroffenheit einer Frau heraus, die sich zum mindesten eine Mitschuld an diesem Krieg zurechnet, als letzte. Auch sie ist von der Notwendigkeit des Kriegs überzeugt, auch sie spricht von der Rache für Vivianz. Aber Gyburg plädiert für eine Schonung der Heiden als *gotes hantgetât* (als Gottes Geschöpfe), und zwar mit dem Argument, daß alle Menschen vor ihrer Taufe Heiden gewesen sind, auch die Christen.

Man hat wiederholt darüber diskutiert, weshalb das anfängliche *gotes hantgetât*, also die Geschöpflichkeit aller (auch der ungetauften) Menschen, kurz darauf in derselben Rede in *gotes kint* umformuliert ist, ein Ausdruck, der theologisch prägnant nur auf die getauften Christen zutrifft, da dem Menschen eben durch die Taufe die Gotteskindschaft zuteil wird.[14] Nun denke ich, mit Bertau, daß die Gleichsetzung nicht auf eine Ungenauigkeit des Sprachgebrauchs oder auf Reimnot zurückzuführen ist, sondern in der Konsequenz der Rede Gyburgs selbst liegt. Sie spricht nicht wie die Männer von Gegnern, sie spricht von ihren Verwandten, und da kann Schonung letztlich nicht bedeuten, daß man sie etwas glimpflicher erschlägt als im «Rolandslied», sondern daß man sie als Gottes Geschöpfe respektiert und nach Möglichkeit überhaupt nicht tötet.

Freilich, so wie die Rede Gyburgs immer wieder ansetzt, aber nicht eigentlich ein geschlossener, zwingender Argumentationsgang aufgebaut wird, ja zum Schluß die Sätze einer nach dem anderen zerbrechen und schließlich in fassungsloses Weinen übergehen, kann sich der Gedanke der Gotteskindschaft der Heiden gegen den Kontext der Geschichte noch nicht durchsetzen, einen Kontext, in dem der von der gemeinsamen Geschöpflichkeit und der Gotteskindschaft inspirierte Schonungsgedanke kaum mehr ist als eine Erinnerung an das, was eigentlich sein sollte. In ein harmonisches Verhältnis[15] war hier kaum etwas zu bringen. Dennoch verleiht der humanitätsgeschichtlich unerhört neue Gedanke, auch wenn er im Erzählkontext immer wieder verloren scheint, dem ganzen Werk von da an eine andere Färbung. Die Brüche und Inkongruenzen, Widersprüche und Unvereinbarkeiten in der Motivation von Gewalt und Krieg führen zu häufigeren und tieferen Irritationen als zuvor.

Der *sin* des Dichters und der Sinn der Geschichte

Der «Willehalm» macht die hermeneutische Situation des Interpreten schwierig. Denn weder von den gängigen Mustern der Erschließung fiktionaler Werke noch von den überkommenen Modellen faktischgeschichtlicher Sinnerschließung her bietet das Werk einen Ansatzpunkt für eine übergreifende Interpretation. Anderseits verbietet es sich, angesichts der gewaltigen Sinnkonstruktion, die der Prolog des Werks im trinitarischen Gebet entwickelt und in der emphatischen

Beschwörung eines göttlich inspirierten dichterischen *sins* auch für das poetische Subjekt festhält, die Ausweglosigkeiten und Widersprüchlichkeiten, in denen sich die Gewaltfolge der Geschichte konstituiert, für den eigentlichen ‹Sinn› des Erzählens zu nehmen.

Die Sinnzusammenhänge, die das Werk selbst herstellt, erweisen sich allerdings als wenig tragfähig: Die Liebe zwischen Willehalm und Gyburg, die eine völlig neuartige Form der Beziehung konstruiert, sowie die auf spontane menschliche Zuneigung gegründete Freundschaft zwischen Willehalm und Rennewart leben auf eine einzigartige Weise die Koexistenzmöglichkeit von Heiden und Christen bereits vor, bleiben aber in sich ambivalent, weil sie den Gewaltzusammenhang der Geschichte ja gerade mitbegründen bzw. spiegeln; der das ganze Werk beherrschende Sippengedanke, der Zusammenhalt herstellt und solidarisches Handeln ermöglicht, funktioniert gerade eben innerhalb der jeweiligen politischen Konsensgemeinschaft und vermag die Fronten nicht zu überbrücken.

Wolfram hat nur einen einzigen Weg gezeigt, der das Werk zur Einheit zusammenschließen könnte: die Idee der Sippenzusammengehörigkeit aller Menschen seit Adam, die bereits in den ersten Versen des Prologs, in der Beziehung von göttlichem Du und menschlichem Ich, programmatisch exponiert wird. Aber eigenartigerweise hat er diese Idee in die Geschichte quasi nur hineingezwängt, sie aber nicht zum alles beherrschenden, alle Gegensätze ästhetisch überwindenden Leitgedanken des Werks gemacht.

Daß alle Menschen untereinander und mit Gott in einem Verwandtschaftsverhältnis stehen und daß die daraus folgende Achtung vor dem Recht des anderen das Zusammenleben aller Menschen bestimmen sollte – diesen Grundgedanken haben Ruh und Bertau mit Recht als archimedischen Punkt des Werks bezeichnet.[16] Alle anderen Gestaltungsmomente und Sinnstrukturen erscheinen im «Willehalm» gebrochen, perspektiviert, relativiert oder punktualisiert, einzig dieser Grundgedanke, der seiner Essenz nach in den ersten Zeilen des Prologs bereits aufleuchtet, bleibt ohne Eintrübung.

Die hermeneutische Aufgabe der geistlichen und weltlichen Sinnvermittler des Mittelalters, besonders der Dichter, war es, die Sinnstrukturen der Weltordnung in den Grenzen der menschlichen Erkenntnismöglichkeit zu erfassen, d. h. das von Gott geschriebene Buch der Welt so weit wie möglich zu entziffern, wobei sich alle Erkenntnissuche grundsätzlich an die Wahrheitsangebote der Tradition anschloß. Wenn wir nun sehen, daß Wolfram sich im Prolog des «Willehalm» zur

Legitimation seines Werks nicht auf die Wahrheit einer Quelle beruft, sondern auf seinen *sin*, die gottgegebene Erkenntniskraft und schöpferische Intuition, mit dessen Hilfe der Dichter Wort und Sinn der rechten Schrift zu erkennen meint, so ist dies nicht als subjektive Wendung mißzuverstehen, sondern als (freilich unerhört kühner) Anspruch, das Buch Gottes ohne vermittelnde Zwischeninstanzen zu erkennen.[17]

Nur von hier aus ist Wolframs Arbeit als Prozeß eines Erzählens zu verstehen, durch den die Einsicht entfaltet wird, daß der Appell Gottes, die gemeinsame Geschöpflichkeit und die daraus folgende Achtung des Menschen vor dem Menschen zum obersten Grundsatz alles Zusammenlebens zu machen, und der real dominante Gewaltzusammenhang der Geschichte nicht zu vereinbaren sind. Es gab hier keine andere Lösung als die Destruktion der faktischen Geschichte durch den gottgeleiteten *sin* des Dichters. Die eigentliche, wahre, gottgewollte Geschichte dieses Kriegs war nicht zu erzählen; Lösungen gab es hier nicht, außer allein und punktuell durch die Gnade Gottes. Die harmonische Schöpfungsordnung des Eingangs findet sich in der Unordnung der faktischen Geschichte ebensowenig wieder wie der im Prolog exponierte Heilige Willehalm in der Erzählung, und einzig Gyburg, die aus dem schmerzvoll durchlebten Widerspruch zwischen der Geschichte Gottes und der Geschichte der Menschen heraus dem *sin* des Prologs in der Geschichte am nächsten kommt, wird in ihr auch *heilec* genannt. Im Prozeß der Erzählung aber arbeiten Prologsinn und Geschichte immer schwerer gegeneinander, tritt die Differenz immer quälender zutage, und deshalb bleibt Rennewart, der Garant der Tradition für eine harmonische Lösung, am Ende unauffindbar, und deshalb kehrt die Geschichte am Ende zu ihrem Ausgangspunkt zurück.

Die Annäherung an ein solches Werk bleibt für den Leser schwierig. Er darf die Wahrheit dieser Geschichte nicht in dem suchen, was sie erzählt, sondern in dem, was sie nicht oder noch nicht erzählen kann: also nicht in dem erzählten Gewaltzusammenhang, sondern in der auf Versöhnungsbereitschaft und Respektierung des anderen gegründeten Geschichte, die von der realen Geschichte gerade verweigert wird. Darin, daß Wolfram die unerhörten Erzählprobleme, die sich daraus ergaben, nicht durch eine ästhetische Konstruktion löste, den archimedischen Punkt vielmehr außerhalb des Werks beließ und dadurch die wahre Geschichte nicht als Lösung, sondern als erst noch zu lösende Aufgabe konstituierte, scheint mir die Aktualität dieses ebenso grandiosen wie unbekannten Werks zu liegen. Und dies bis heute.

Literatur

Bertau, Karl: Wolfram von Eschenbach. Neun Versuche über Subjektivität und Ursprünglichkeit in der Geschichte. München 1983.

–: Über Literaturgeschichte. Literarischer Kunstcharakter und Geschichte in der höfischen Epik um 1200. München 1983.

Bumke, Joachim: Wolframs Willehalm. Studien zur Epenstruktur und zum Heiligkeitsbegriff der ausgehenden Blütezeit. Heidelberg 1959 (Germ. Bibl. III).

–: Wolfram von Eschenbach. 5. Aufl. Stuttgart 1981.

Frey, Winfried: Wolframs von Eschenbach Willehalm. In: W. Frey u. a.: Einführung in die deutsche Literatur des 12. bis 16. Jahrhunderts. Bd. 1: Adel und Hof. Opladen 1985, S. 197–222.

Haug, Walter: Parzivals *zwivel* und Willehalms *zorn*. Zu Wolframs Wende vom höfischen Roman zur Chanson de geste. In: W. Schröder (Hg.): Wolfram-Studien III. Berlin 1975, S. 217–231.

–: Literaturtheorie im deutschen Mittelalter. Von den Anfängen bis zum Ende des 13. Jahrhunderts. Darmstadt 1985.

Kiening, Christian: Reflexion – Narration. Wege zum Willehalm Wolframs von Eschenbach. Tübingen 1991.

Mohr, Wolfgang: Willehalm. In: Ders.: Wolfram von Eschenbach. Aufsätze. Göppingen 1979, S. 266–331.

Pörksen, Uwe/Schirok, Bernd: Der Bauplan von Wolframs Willehalm. Berlin 1976 (Philolog. Studien und Quellen 83).

Ruh, Kurt: Höfische Epik des deutschen Mittelalters II. «Reinhart Fuchs», «Lanzelet», Wolfram von Eschenbach, Gottfried von Straßburg. Berlin 1980 (Grundlagen der Germanistik 25).

Wolfram von Eschenbach: Willehalm. Hg. von Joachim Heinzle. Frankfurt/M. 1991 (Bibliothek des Mittelalters 9).

–: Willehalm. Text der Ausgabe von Werner Schröder. Völlig neu bearbeitete Übersetzung. Vorwort und Register von Dieter Kartschoke. Berlin/New York 1989.

Anmerkungen

1 Bei dieser Annäherung bahnten mir vor allem die Arbeiten von Bertau, Bumke, Haug und die gerade erst erschienene Untersuchung von Kiening den Weg.

2 Vgl. zum folgenden vor allem Pörksen, S. 64 ff.

3 Vgl. dazu auch Haug: Literaturtheorie, S. 174 ff, und Kiening, S. 205 ff.

4 Vgl. dazu Bumke: Willehalm, S. 11 ff.

5 Vgl. Bumke: Wolfram, S. 118 ff.

6 Ulrich Wyss: Legenden. In: Epische Stoffe des Mittelalters. Hg. von V. Mertens und U. Müller. Stuttgart 1984, S. 54.

7 Vgl. Bertau: Über Literaturgeschichte, S. 107.

8 Bumke: Wolfram, S. 131.

9 Vgl. zum folgenden Frey, S. 201 ff, sowie Bumke: Wolfram, S. 129 ff.

10 Mohr, S. 294 f.
11 Ruh, S. 167.
12 Die Schlußpartie ist jetzt von Kiening, S. 216 ff, neu und interessant interpretiert worden.
13 Vgl. zum folgenden vor allem Bertau: Über Literaturgeschichte, S. 99 ff, und Mohr, S. 323 ff.
14 Vgl. Heinzle (Hg.): Willehalm, S. 1025 (zu 307, 26 ff); Carl Lofmark: Das Problem des Unglaubens in Wolframs ‹Willehalm›. In: Studien zu Wolfram von Eschenbach. Hg. von K. Gärtner und J. Heinzle. Tübingen 1989, S. 399 ff. Bertau: Über Literaturgeschichte, S. 99 ff.
15 Vgl. Bumke: Wolfram, S. 141.
16 Vgl. Bertau: Über Literaturgeschichte, S. 84 ff.
17 Vgl. dazu Ruh, S. 159 ff, sowie auch Haug: Literaturtheorie, S. 184 ff.

Hermann Bausinger

Märchen

Ist vom Märchen im Rahmen der Literaturgeschichte die Rede, so wird meist präzisierend von Kunstmärchen gesprochen. Dieser Begriff unterstellt, daß hier etwas Vorgegebenes nur ausgestaltet und verfeinert wird; oft schwingt auch der Verdacht mit, daß dies gar nicht gelingen könne, weil sich das schlichte Märchen solcher Überformung widersetze. Mit dem Begriff wird eine in der Romantik formulierte Opposition übernommen: Naturpoesie versus Individualpoesie, Volksmärchen versus Kunstmärchen. Danach ist das Volksmärchen eine universale Gattungsform, die – nach einem Wort der Brüder Grimm – gewissermaßen von selbst entsteht; das Kunstmärchen ist eine an dieser Gattung orientierte individuelle Dichtung. Das Volksmärchen lebt in der mündlichen Überlieferung; das Kunstmärchen ist in erster Linie Literatur, Lesestoff.

Mündliche und literarische Tradition

Es wird kaum überraschen, daß sich diese klare Opposition bei näherem Zusehen etwas verwischt. Zumindest in Deutschland ist die Vorstellung vom Volksmärchen aufs engste verbunden mit der Sammlung der Brüder Grimm; und ihre «Kinder- und Hausmärchen» suchen zwar den Eindruck zu erwecken, sie seien unmittelbar aus dem Volksmund aufgezeichnet, sind aber tatsächlich inhaltlich und stilistisch von den Brüdern, vor allem von Wilhelm Grimm, bearbeitet worden [1] und werden seither in dieser literarisch fixierten Form überliefert. Nun wird allerdings postuliert, daß es sich hier um einen späten Entwicklungsprozeß handle, bei dem eine Zwischenform von Volks- und Kunstmärchen entstanden sei, für die gelegentlich die Bezeichnung Buchmärchen [2] verwendet wird; die Sammlung bezeuge aber indirekt eine reiche mündliche Überlieferung, die bei uns inzwischen fast ganz zum Erliegen gekommen ist, die aber anderswo noch bis in die jüngste Zeit beobachtet werden konnte.

Tatsächlich gibt es aus Rand- und Rückzugsgebieten Europas ebenso wie aus einigen außereuropäischen Ländern nicht nur reichhaltige Sammlungen, die noch in den letzten Jahrzehnten bei begabten Erzählerinnen und Erzählern aufgezeichnet wurden, sondern auch Studien zu den Umständen und Vorgängen des Erzählens.[3] Die mündliche Tradition wirkt sich auf die Gestalt der Erzählungen in mehrfacher Hinsicht aus. Mündliches Erzählen bedeutet, daß sich die Erzählung jederzeit verändern kann und auch tatsächlich vielfach verändert. Das erstaunliche Gedächtnis geübter Erzählerinnen und Erzähler und die feste Erwartung der Zuhörerschaft, die in vielen Fällen die Geschichte schon kennt, wirken allzu großen Schwankungen entgegen – aber das ändert nichts an der Tatsache, daß es nicht die eine, gültige Form gibt.

Bogatyrev und Jakobson haben «Die Folklore als eine besondere Form des Schaffens» untersucht.[4] Sie heben hervor, daß sich die mündlichen Volksüberlieferungen sehr viel entschiedener als geschriebene Literatur an den kollektiven Überzeugungen, am herrschenden Geschmack der jeweiligen Gesellschaft oder Bezugsgruppe orientieren. Die beiden Verfasser sprechen von einer «Präventivzensur der Gemeinschaft»: Was nicht den gängigen Normen und Erwartungen entspricht, kann kaum überleben; der Erzähler nimmt die Urteile seines Publikums vorweg, kontrolliert diese aber auch kontinuierlich an dessen Reaktionen.

Inhaltlich tragen die Variabilität der Texte und die soziale Kontrolle

– zwar nicht zwangsläufig, aber im allgemeinen – dazu bei, daß Annäherungen an den eigenen Lebenskreis und an den der Zuhörer vorgenommen werden. Bei Märchen ist dies deshalb besonders auffallend, weil es der geläufigen Vorstellung einer ganz und gar realitätsfernen Gattung widerspricht.[5] In Sammlungen aus Gegenden, in denen das lebendige mündliche Erzählen von Märchen bis in die Gegenwart hineinreicht, tauchen immer wieder höchst moderne Züge und Requisiten auf[6]: Der König (es kann sogar durchaus auch der Ministerpräsident sein) telefoniert mit seiner Frau; der Märchenheld reist, um schnell in ein anderes Land zu kommen, mit dem Flugzeug; die sieben Zwerge stimmen – so in einer Fassung aus Graubünden – demokratisch ab, was mit Schneewittchen geschehen soll. Es ist anzunehmen, daß die Erzähler solche Modernisierungen mit der Absicht eines humoristischen Effekts vornehmen; aber sie bezeugen mit dieser Verfremdungsmöglichkeit doch, daß die Gattung Märchen weniger historisch oder mythisch festgeschrieben ist, als es das aus den Buchmärchen abgezogene Bild nahelegt.

Die Brüder Grimm reinigten die Märchen von moralisch fragwürdigen Partien und färbten sie im Sinne bürgerlicher Moral und Erziehung ein.[7] Dies war in gewisser Weise eine Modernisierung – aber auf der anderen Seite tilgten sie alle näherungsweise ‹modernen› Züge zugunsten einer archaisierenden Darstellung. Sucht man diese historisch-gesellschaftlich zu verorten, so könnte man mit dem freilich nicht sehr trennscharfen Schlagwort der Feudalzeit operieren. Aber die historisierende Tendenz zielte letztlich auf Enthistorisierung; die Märchen waren für Jacob und Wilhelm Grimm Reste und Zeugen einer mythischen Vergangenheit.

Diese Auffassung, eingebettet in die rückwärts gewandten Vorstellungen eines wesentlichen Teils der deutschen Romantik, wurde bestimmend für das Bild vom Märchen. Im Verlauf des 19. Jahrhunderts wurde das Märchen mehr und mehr der «Gattung Grimm» (eine Bezeichnung von André Jolles)[8] gleichgesetzt. Das Personeninventar blieb gleich, und auch die Requisiten wurden eingefroren; wenn Autoren – etwa im Zuge der kritischen Revision der Märchen seit den 60er Jahren unseres Jahrhunderts – ‹Requisitverschiebungen› anbrachten, also moderne Arbeitsverhältnisse, Sozialbeziehungen, Verkehrsmittel etc. in die Märchen einführten, geriet dies automatisch in den Umkreis der Parodie.

Aber nicht nur die Gestalt des Märchens wurde auf diese Weise festgelegt, sondern auch die Theorie seines Alters und seiner Herkunft.[9]

Märchen galten als uralt – wobei das ‹ur› so wichtig war wie das ‹alt›, weil sich die Spur in der konturlosen Landschaft jenseits der Geschichte zu verlieren schien. Zwar hatte schon Wilhelm Grimm festgestellt: «Das Märchen spielt sozusagen mit dem, was früher Bedeutung hatte» und damit die spezifische Form und Haltung des Märchens richtig beschrieben.[10] Aber das Interesse der Forschung übersprang diese Charakterisierung. Johannes Bolte rückte am Ende seiner Darstellung «Zur Geschichte der Märchen», welche die Erzählstoffe bis in die letzten historischen und geographischen Verästelungen verfolgt, die Motivforschung in den Mittelpunkt: Sie erst vermöge «die Vorgeschichte des Märchens, seine geistige und sittliche Welt» aufzuhellen.[11] Und auch Lutz Röhrich sucht primär «Vorstellungen einer Frühzeit» im Märchen: «Für die Erforschung von Herkunft und Alter des Märchens heißt das zentrale Problem: In welcher geschichtlichen Epoche sind die uns heute unwirklich erscheinenden Motive historische Tatsache oder wenigstens geglaubte Wirklichkeit gewesen?»[12]

Bei solchen Fragestellungen ist im allgemeinen die stillschweigende Vorgabe im Spiel, mündliche Überlieferung verharre gewissermaßen in einem geschichtslosen Zustand und konserviere die ältesten Schichten. Deshalb gibt es, gemessen an der Breite folkloristischer Forschungen, erstaunlich wenig Untersuchungen, die sich der besonderen Gesetzlichkeiten dieser Tradierungsform, der Spezifik der stets neu aktualisierten Produktion und der daraus abzuleitenden Wandlungsprozesse annehmen. Mündlichkeit galt vielmehr in erster Linie als Garantie für lange, ungebrochene Kontinuitäten – neben oder unter der Literaturgeschichte mit ihren epochalen Veränderungen. Und dies, obwohl schon für die frühen Sammlungen literarische Quellen eine wesentliche Rolle spielten – sei es, daß sie direkt daraus schöpften, oder sei es, daß die Gewährsleute durch literarische Vorlagen beeinflußt waren, wie dies inzwischen für wichtige Erzählerinnen der Brüder Grimm nachgewiesen ist.[13]

Tatsächlich ist mit einem dichten Ineinander von literarischer und mündlicher Kommunikation und Tradition zu rechnen. Das ältere Modell, nach dem die Literatur aus einer vitalen Unterströmung mündlich verbreiteter volkstümlicher Poesie schöpfte, wird heute öfter in Frage gestellt durch das gegenteilige, nach dem die mündliche Überlieferung letztlich auf das Werk einzelner Autoren zurückgeht und in vielen Fällen in literarischer Form faßbar ist. Die Frage nach dem Alter des Märchens wird dann entlang einer Linie verfolgt, auf der die italienischen Novellisten Gianfrancesco Straparola (1480–1557) und Giambattista

Basile (1575–1632), aber auch die französischen Verfasser der Feenmärchen einen wichtigen Platz halten. Wenige Jahre nach dem Tod Straparolas taucht in der deutschsprachigen Literatur erstmals eine Erzählung auf, die man als Märchen bezeichnen kann: die von Martin Montanus zwischen Schwänke, Exempel und Schauergeschichten geschobene Aschenputtel-Variante vom Erdkühlein.[14] Auch die Contes des fées[15] wirken nach Deutschland hinüber als beliebte Lektüre der gebildeten, französisch sprechenden Schicht, aber auch in Übersetzungen, Bearbeitungen und schließlich in einer eigenen Märchenpoesie – an erster Stelle ist hier Christoph Martin Wieland zu nennen. Die Märchenfassungen der Brüder Grimm sind bis zu einem gewissen Grad eine Gegenkonzeption zu den ironisch mit Wirklichkeit und Wunder spielenden Märchen der Aufklärungsepoche, die im frühromantischen Kunstmärchen eine Fortsetzung fanden; aber auch in der ‹Gattung Grimm› bleiben die archaischen Züge entschärft und sublimiert.

Das Märchen als ‹einfache Form›?

Es fällt jedenfalls auf, daß die literarische Märchenproduktion eng mit Rationalisierungsschüben verknüpft ist. Die mündlich weitergegebenen Märchen meiden zwar im allgemeinen die distanziert-ironische Einstellung; aber auch sie spielen «sozusagen mit dem, was früher Bedeutung hatte», um noch einmal Wilhelm Grimm zu zitieren. Dies heißt aber, daß ihre Interpretation nicht primär von den früheren Bedeutungen her erfolgen kann, daß sie vielmehr die Perspektive des Spiels einzubeziehen und näher zu bestimmen hat. Die Frage nach der Gestalt des Märchens kann nicht über die stoffliche Zerlegung in Motive beantwortet werden, sondern indem die Art und Weise der Motivverwendung und -verknüpfung untersucht wird. André Jolles zählte das Märchen in seinem gleichnamigen Buch zu den «Einfachen Formen», allerdings – paradox ausgedrückt – zu den etwas komplizierteren einfachen Formen, im Gegensatz etwa zu Rätsel, Legende, Witz. Mit dem Konzept der einfachen Formen erneuert Jolles die romantische Idee der Naturpoesie, die nach Jacob Grimm nicht durch «Zubereitung», sondern durch ein «Sichvonselbstmachen» charakterisiert ist.[16] Nach Jolles kommen die einfachen Formen ‹von selbst› zustande, wenn der Mensch mit einer bestimmten «Lebenshaltung» und «Geistesbeschäftigung» der Welt gegenübertritt; die bestimmte Haltung erzeugt einen bestimmten sprachlichen Gestus, der in einer Gattung seinen Ausdruck findet. Die einfachen Gattungsformen sind also keine beliebigen ästhetischen Angebote, unter denen nach Bedarf gewählt werden könnte; sie bilden vielmehr ein Inventar ästhetischer Erfahrungsmöglichkeiten des Menschen, welche die Welt in je spezifischer Weise aufschließen.

Für Jolles' Konzept spricht, daß bei der konkreten Realisierung einfacher Formen schon nach wenigen Sätzen, ja oft nach wenigen Worten deutlich ist, worum es sich handelt: Man weiß, ob ein Witz oder eine Legende oder ein Märchen folgt, weil man es bei jeder Passage mit «vom Ganzen geladenen und geschwängerten Einheiten»[17] zu tun hat.

Problematischer erscheint Jolles' Versuch, die einfachen Gattungsformen gewissermaßen aus einem einzigen Punkt heraus zu charakterisieren. Bei der Legende gelingt dies noch einigermaßen, indem er sie der spezifischen Geistesbeschäftigung der «imitatio», der religiös fundierten Nachfolge im mittelalterlichen Sinn, zuordnet – obwohl man darüber streiten kann, ob nicht das Moment des Wunders so wesentlich ist, daß es für die Definition der Legende nicht entbehrt werden kann. Wunder und das Wunderbare scheinen bei einer vorläufigen Annäherung auch für das Märchen charakteristisch. Aber bei genauerem Hinsehen zeigt sich, daß das Wunderbare im Märchen seinen Signalwert einbüßt. In den Worten von Jolles: «das Wunderbare ist in dieser Form nicht wunderbar, sondern selbstverständlich.»[18] Dies hängt mit der Geistesbeschäftigung zusammen, die Jolles für die Form Märchen postuliert; er bezeichnet sie als «naive Moral» und versteht darunter die «Erwartung, wie es eigentlich in der Welt zugehen müßte.»[19]

Der ungarische Märchenforscher Janos Honti hat dagegen eingewandt, diese Erwartung lasse im Grunde nur ein einziges Märchen zu, das vom Schlaraffenland – und gerade dieses Märchen mache sich über eine solche Erwartung lustig.[20] In dieser Beobachtung liegt freilich auch schon der Schlüssel für ein präziseres Verständnis des Märchens. Die Geschichte vom Schlaraffenland rückt deshalb in ein (selbst-)ironisches Licht, weil sie die Märchenhaltung pervertiert. Man kann schon bei der Behauptung bleiben, das Märchen erzähle, «wie es eigentlich in der Welt zugehen müßte» – aber diese «naive Moral» ist nicht so naiv und wirklichkeitsfremd, daß sie darunter ein kontinuierliches Lotterleben begreift. Das Märchen bedient sich des Erfahrungsprinzips, das man als «Ökonomie der Wunscherfüllung» bezeichnet hat; es erreicht das Glück nicht im direkten Zugriff, sondern über Hindernisse – weil «Glück nur in dem Maße empfunden wird, wie es gegen das Unglück absticht»[21].

Struktur und Stil

Fruchtbarer als die Etikettierung «naive Moral» war eine andere Beobachtung Jolles', die er eher beiläufig vorträgt: Das Märchen erzählt «so, daß uns das Ereignis selbst wichtiger erscheint als die Personen, die es erleben»[22]. Auf den ersten Blick möchte man hier Zweifel anmelden. Die Hauptpersonen der bekanntesten Märchen – Schneewittchen, Rotkäppchen, Dornröschen, Hänsel und Gretel, Brüderchen und Schwesterchen, das tapfere Schneiderlein – ziehen ja doch als Gestalten das Interesse auf sich und bilden ein Identifikationsangebot vor allem für Kinder. Aber bei genauerem Zusehen zeigt sich, daß die Gestalten so gut wie ausschließlich durch die jeweiligen Märchenereignisse charakterisiert sind und daß sie nicht beliebig mit anderen Ereignissen in Verbindung gebracht werden können.

Ungefähr gleichzeitig mit Jolles' Studie erschien in russischer Sprache die «Morphologie des Märchens» von Vladimir Propp; erst nach dreißig Jahren, 1958, kam eine englische Fassung und erst 1972 eine deutsche Übersetzung heraus.[23] Für den aus Petersburg stammenden Germanisten und Volkskundler Propp war die Erkenntnis von der Priorität der Ereignisse im Märchen der Ausgangspunkt für eine umfassende Strukturbeschreibung. Als Bauelemente des Märchens, als seine kleinsten Einheiten, hatte man bis dahin die Motive betrachtet. Propp zeigt, daß die Motive ihrerseits Teile enthalten, die ausgewechselt werden können, ohne daß sich der Gang der Erzählung verändert. Ob der Märchenheld von einem König einen Adler erhält, der ihn zu einem anderen Königreich trägt, ob ein alter Mann dem Märchenhelden ein Pferd schenkt, auf dem er in ein anderes Königreich reitet, oder ob er von einer Prinzessin einen Ring erhält, aus dem junge Männer steigen, die ihn zu dem fremden Königreich bringen – das ist für die Struktur der Handlung gleich, obwohl sich die Motive deutlich unterscheiden.[24] Für das strukturelle Gefüge des Märchens kommt es auf die Unterschiede der dramatis personae und der Gegenstände nicht an; entscheidend ist die Aktion. Propp bezeichnete sie als «Funktion»; der US-amerikanische Folklorist Alan Dundes schlug später den Begriff «Motifem» vor, der, angelehnt an den Begriff «Phonem», die strukturrelevanten Züge eines Motivs bezeichnet.[25]

Es versteht sich, daß sich auf diese Weise die bunte, scheinbar unendliche Vielfalt des Märchens auf eine relativ kleine Zahl von Strukturelementen begrenzen ließ. Propp selbst, der sich auf das «Zaubermärchen» konzentriert, operiert mit 31 Funktionen – von der «zeitweiligen Entfernung», dem «Verbot», der «Verletzung des Verbots» über viele weitere Stationen bis zur «Transfiguration» des Helden, der Bestrafung der Widersacher und schließlich «Hochzeit und Thronbesteigung». Einige Funktionsreihen können sich dabei wiederholen; andere können, ohne daß dadurch die Märchenhandlung zerstört würde, abgekürzt oder auch ausgelassen werden. Es ist nicht verwunderlich, daß das Proppsche Strukturgitter von anderen Forschern verändert und zum Teil drastisch reduziert wurde – bis hin zu der allerdings schon ironisch pointierenden Formel von Alan Dundes: «L → LL», wobei L für lack, für den Mangelzustand am Anfang, LL für lack liquidated, also für die nachhaltige Beseitigung des Mangels am Ende steht.

Eine solche Kurzbeschreibung ist sicher nicht falsch, aber unzureichend; sie führt von der Spezifik des Märchens weg. Aber auch angesichts der detaillierten Gliederung Propps erhebt sich die Frage, ob damit das Charakteristische des Märchens eingefangen ist. Abstrahiert man von den konkreten Zaubergaben und -vorgängen und bezieht sich auf die zusammenfassenden Charakterisierungen Propps (also beispielsweise: Erkundigung, Verrat, Betrugsmanöver, Mithilfe), dann ist vieles davon auch auf Roman- oder auf Dramenhandlungen übertragbar. Die Kritik, die Max Lüthi an Jolles' Bestimmung des Märchens übte, das für Jolles zentrale «gerechte Geschehen» könnte auch «mit den Mitteln der pseudorealistischen Erzählung» dargestellt werden,[26] läßt sich auch auf die meisten Strukturbeschreibungen anwenden. Es kommt offenbar nicht nur auf die Bauelemente und die Reihenfolge ihrer Verwendung an, sondern auch auf die besondere Art der Baustoffe und auf die Bindemittel, also auf die Art der Verknüpfung der Elemente.

Am Beispiel erläutert: Die 19. Funktion bei Propp[27] wird von ihm definiert als «Liquidierung, Aufhebung des Unglücks oder Mangels»; mit dieser Funktion erreicht die Erzählung nach Propp «ihren Höhepunkt» – man könnte wohl auch sagen: ihren Wendepunkt. Sie ist praktisch in allen Märchen des von Propp untersuchten Typus zu finden. Für die Umsetzung der Funktion führt Propp elf Möglichkeiten an; eine davon lautet: «Durch Anwendung eines Zaubermittels wird die Not überwunden.» Diese Etikettierung dürfte im Märchen von den sieben Raben[28] am Platz sein für die Partie, in der das Schwesterchen zum Glasberg kommt. In der Grimmschen Fassung wird dies folgendermaßen geschildert: «Was sollte es nun anfangen? Seine Brüder wollte es erretten, und hatte keinen Schlüssel zum Glasberg. Das gute Schwesterchen nahm ein Messer, schnitt sich ein kleines Fingerchen ab, steckte es in das Tor und schloß glücklich auf. Als es eingegangen war, kam ihm ein Zwerglein entgegen (...)» Die in diesem Passus enthaltenen Details verschwinden in der generalisierenden Strukturbeschreibung. Dabei ist es doch offensichtlich nicht gleichgültig, daß der Finger des Schwesterchens weder schmerzt noch blutet, daß diese ungewöhnliche Aufschließtechnik vielmehr völlig problemlos vollzogen und wie die selbstverständlichste Sache der Welt erzählt wird.

Diese fraglose Selbstverständlichkeit der Märchenhandlung ist, unabhängig von ihrer strukturellen Anordnung, ein durchgehendes Charakteristikum der Form Märchen, eine Frage des Stils mehr als der Struktur. Unter Stil ist dabei freilich nichts Ornamentales zu verstehen, mit dem das Geschehen ästhetisch aufgeputzt wird; es ist vielmehr die durchgängige, spezifische Einfärbung des Geschehens, die so eben nur im Märchen und in keiner anderen Gattung sichtbar wird. Der Schweizer Max Lüthi hat für die Formbeschreibung des Märchens eine Reihe eindringlicher Beobachtungen und Begriffe angeboten. Die zitierte Stelle aus dem Märchen von den sieben Raben bringt er als Beleg für die «Flächenhaftigkeit», für den «figuralen Stil» des Märchens.[29] Die Menschen, aber auch die Tiere im Märchen bewegen sich durch die Welt ohne «körperliche und seelische Tiefe»; wer und was sie sind, erweist sich fast ausschließlich an ihren Handlungen. Diese Beobachtung läuft parallel zur zentralen Stellung der «Funktionen», wie sie Propp hervorhebt. Aber dazu treten bei Lüthi andere Wesensmerkmale.

Am wichtigsten ist wohl die «Eindimensionalität»[30]. Man kann darüber streiten, ob der Begriff sich nicht an dem der Flächenhaftigkeit reibt; aber er erfaßt jedenfalls den wichtigen Sachverhalt, daß in der Gattung, die oft und mit einem gewissen Recht durch wunderbare Geschehnisse definiert wird, die Dimension des Wunderbaren fehlt. Lüthi nimmt damit eine Feststellung von Jolles auf und führt im einzelnen aus, daß der Märchenheld «weder Zeit noch Anlage» hat, «sich über Seltsames zu wundern». Die Märchenwelt ist zwar als ganzes wunderbar, aber innerhalb des Märchens gibt es keine Wunder. Das Märchen in seiner «Wirklichkeitsferne» bevorzugt nach Lüthi einen «abstrakten Stil»[31]: Dinge werden nur genannt; die «strenge Linearität» der Erzählung wird im allgemeinen nicht durch Ausmalungen gestört; die Handlung vollzieht sich «in scharf getrennten Stationen», und mit größter Präzision geschieht immer das, was not tut: «Im Märchen ‹klappt› alles.» Als beherrschendes Merkmal des abstrakten Märchenstils stellt Lüthi die «Isolierung»[32] heraus. Sie drückt sich einerseits in der scharfen Kontur alles Beschriebenen und in der Abkapselung der einzelnen

Episoden aus, prägt aber auch die geschilderten Sozialverhältnisse. Die Märchenfiguren stehen im allgemeinen nicht in lebendigen Beziehungen zu bestimmten Gruppen. Sie sind allein, aber eben dadurch sind sie gleichzeitig beziehungsfähig nach allen Seiten, offen für alles Neue: «Erst diese Isolierung aber ermöglicht jenes mühelose, elegante Zusammenspiel aller Figuren und Abenteuer, womit uns das Märchen so sehr entzückt.» Das mühelose Zusammenspiel wiederum hängt zusammen mit dem Wesenszug der «Sublimation»[33]: Das Märchen ist «imstande, jedes beliebige Element sublimierend in sich aufzunehmen.» Diese Charakteristik greift die Beobachtung vom Spielcharakter des Märchens auf; was in das Spannungsfeld des Märchens gerät, ist aus den Gesetzlichkeiten des Wirklichen (zu denen auch magische Glaubensvorstellungen gehören können) entlassen.

Schwerelosigkeit

Das Spielerische und die Sublimation finden ihre Bestätigung, haben aber auch ihre Begründung in dem glücklichen Ende; die ganze Handlung ist von diesem Ende her mit bestimmt. Die Märchenhelden nehmen im Verlauf der Geschichte meist große Mühen auf sich, aber es sind immer schon entlastete Mühen – Hörer und Leser haben die sichere Erwartung, daß sich alles nicht nur zum Guten, sondern zum Besten wendet, zu einem Glückszustand, der nicht hinterfragt wird. In einigen Märchen – beispielsweise in der Grimmschen Erzählung vom «Teufel mit den drei goldenen Haaren»[34] – kommt der Held oder die Heldin mit einer «Glückshaut» zur Welt. Dieser Begriff führt in Zusammenhänge der Religions- und Mythengeschichte mit Ausläufern in abergläubischen Vorstellungen: Kindern, die mit Resten der Embryonalhaut zur Welt kamen, wurde ein glückliches Leben vorausgesagt. Im Märchen sind auch diese Vorstellungen sublimiert: Die Glückshaut wird materialiter nicht definiert, sondern einfach benannt; und im Grunde haben alle Märchenheldinnen und -helden eine Glückshaut – was sie tun, schlägt ihnen letztlich zum Besten aus. Die Schwierigkeiten, die sich vor den Gestalten des Märchens auftürmen, sind aufgehoben in der Schwerelosigkeit der ganzen Märchengeschichte.

Die Gattung Märchen ist insgesamt durch weite Spannungsbögen charakterisiert. Extreme Schwierigkeiten sind plaziert in einem Feld der Schwerelosigkeit. Das Gewicht von Gut und Böse[35] ist erkennbar; aber die geordnete Moral wird ausmanövriert vom unbedingten

Glück. Das Märchen ist leicht verständlich und spielt doch in einem Raum des Unerklärlichen. Seine Wahrheit ist mit der Unwirklichkeit verknüpft, es ist eine poetische Wahrheit. Goethe sah in den Märchen «Spiele einer leichtfertigen Einbildungskraft», die den Menschen «außer sich hinaus ins unbedingte Freie führen und tragen»[36]. In vielen Kunstmärchen überwiegt diese Seite des unbedingten und auch willkürlichen Spiels – das Wort «bizarr» gehört zu den Lieblingsvokabeln der romantischen Märchendichter. Im Volksmärchen findet das unbedingt Spielerische aber sein Gegengewicht in einer festen Ordnung; hierher gehören die Wiederholungen, in die Steigerungsmomente eingebaut sind, hierher gehört aber auch die entschiedene und klare Handlungsführung, welche die Phantastik ungebundenen Fabulierens abschneidet.

In dem Befund, daß die Märchen an Dinge, Konstellationen und Vorgänge aus der Wirklichkeit erinnern, ohne der Wirklichkeit verpflichtet zu bleiben, steckt eine enorme Verlockung für Deutungen aller Art. Am einleuchtendsten sind dabei wohl psychologische Deutungen, die im Weg der zentralen Märchenfiguren reale Probleme und Lösungsansätze gespiegelt sehen – den Aufbruch junger Menschen etwa aus ihrer gesicherten und beengenden familiären Umgebung in eine sie befreiende Welt.[37] Viele Märchendeutungen unterwerfen sich aber auch vorgegebenen Systemen und Weltanschauungen.[38] Dies reicht vom anthroposophischen System der Einweihungs- und Entwicklungsstufen bis zu einem allgemeinen System unbewußter Prozesse, von religiösen Überformungen bis zu bornierten politischen Auslegungen. Das Märchen setzt der Deutungswut wenig Widerstand entgegen; aber die Leichtigkeit und Vieldeutigkeit der Gattung geht unter dem verifikationssüchtigen Zugriff der Deuter verloren. Es gibt allerdings – abgesehen von der Provokation alles Unerklärlichen – noch eine einleuchtende Begründung für die vielen Deutungsversuche. Marie-Louise von Franz, die selbst sensible Märchendeutungen auf der Grundlage der tiefenpsychologischen Methode Carl Gustav Jungs vorgelegt hat, sagt dazu: «Psychologische Deutung ist *unsere* Art, Märchen zu erzählen.»[39] Sie sieht hinter der Erklärungssucht also das Bedürfnis, die Märchenbilder auch in einer Zeit gegenwärtig zu halten, die diesen leichten und schönen Gebilden an sich nicht entgegenkommt.

Literatur

Bausinger, Hermann: Formen der «Volkspoesie». 2. Aufl. Berlin 1980.
Brackert, Helmut (Hg.): Und wenn sie nicht gestorben sind... Perspektiven auf das Märchen. Frankfurt/M. 1980.
Dundes, Alan: Analytic Essays in Folklore. The Hague/Paris 1975.
Enzyklopädie des Märchens. Handwörterbuch der historischen und vergleichenden Erzählforschung. Berlin 1975 ff (bisher 6 Bde.) (= EM).
Görög-Karady, Veronika (Hg.): D'un conte... à l'autre. La variabilité dans la littérature orale. Paris 1990.
Jolles, André: Einfache Formen. 6. Aufl. Tübingen 1982.
Klotz, Volker: Das europäische Kunstmärchen. Stuttgart 1985.
Lüthi, Max: Das europäische Volksmärchen. Form und Wesen. 8. Aufl. Bern 1985.
–: Märchen. 8. Aufl. Stuttgart 1990.
Propp, Vladimir: Morphologie des Märchens. Hg. von Karl Eimermacher. München 1972.
Röhrich, Lutz: Märchen und Wirklichkeit. 4. Aufl. Wiesbaden 1979.

Anmerkungen

1 Vgl. Enzyklopädie des Märchens (EM), Bd. 6, Sp. 171–195.
2 Ebd. Bd. 2, Sp. 974–977.
3 Eine umfassende Darstellung liegt vor aus Ungarn: Linda Dégh: Märchen und Erzählgemeinschaft. Berlin 1962.
4 Petr Grigorevitch Bogatyrev, Roman Jakobson: Die Folklore als eine besondere Form des Schaffens. In: H. Blumensath (Hg.): Strukturalismus in der Literaturwissenschaft. Köln 1972, S. 13–24.
5 Vgl. Hermann Bausinger: «Historisierende» Tendenzen im deutschen Märchen seit der Romantik. In: Wirkendes Wort 10 (1960), S. 279–286.
6 Vgl. z. B. Gyula Ortutay (Hg.): Ungarische Volksmärchen. Berlin 1957, S. 85–109.
7 Dies war ein wesentlicher Angriffspunkt der Märchenkritik nach 1968. Vgl. Otto F. Gmelin: Böses kommt aus Kinderbüchern. Die verpaßten Möglichkeiten kindlicher Bewußtseinsbildung. München 1972.
8 Jolles, S. 219.
9 Vgl. den Artikel: Altersbestimmung des Märchens in EM, Bd. 1, Sp. 407–419.
10 Kleine Schriften, 4. Bd., S. 569.
11 Johannes Bolte: Anmerkungen zu den Kinder- und Hausmärchen der Brüder Grimm. 5. Bd. Leipzig 1932, S. 264.
12 Röhrich, S. 3 f.
13 Vgl. Heinz Rölleke: Neue Erkenntnisse zum Beiträgerkreis der Grimmschen Märchen. In: L. Röhrich und E. Lindig (Hg.): Volksdichtung zwischen Mündlichkeit und Schriftlichkeit. Tübingen 1989, S. 83–91.

14 Martin Montanus: Schwankbücher. Hg. von Johannes Bolte. Tübingen 1899 (Neudruck Hildesheim/New York 1972), S. 260–266.
15 Vgl. EM, Bd. 3, Sp. 131–149.
16 Vgl. R. Steig: Achim von Arnim und Jacob und Wilhelm Grimm. Stuttgart/Berlin 1904, S. 118.
17 Jolles, S. 245.
18 Ebd., S. 243.
19 Ebd., S. 240.
20 Studies in Oral Epic Tradition. Budapest 1975, S. 59.
21 Paul Groth: Die ethische Haltung des deutschen Volksmärchens. Leipzig 1930, S. 48.
22 Jolles, S. 231.
23 Hier wird zitiert nach der von Karl Eimermacher herausgegebenen Ausgabe (München 1972).
24 S. 25 f.
25 Dundes, S. 68.
26 Lüthi: Volksmärchen, S. 83.
27 Ebd., S. 55–57.
28 KHM Nr. 25.
29 Lüthi: Volksmärchen, S. 13–24.
30 Ebd., S. 8–12.
31 Ebd., S. 25–36.
32 Ebd., S. 37–62.
33 Ebd., S. 63–75.
34 KHM Nr. 29.
35 Vgl. EM, 6. Bd., Sp. 316–323.
36 Noten und Abhandlungen zu besserem Verständnis des Westöstlichen Diwans, Abschnitt «Mahomet».
37 Vgl. z. B. Verena Kast: Wege aus Angst und Symbiose. Märchen psychologisch gedeutet. Olten/Freiburg 1982.
38 Vgl. Hermann Bausinger: Zu Sinn und Bedeutung der Märchen. In: Jacob und Wilhelm Grimm zu Ehren. Hg. von Hans-Bernd Harder und Dieter Henning. Kassel 1987, S. 13–33.
39 Zur Methode der Jungschen Märchendeutung. In: Frederik Hetmann: Traumgesicht und Zauberspur. Märchenforschung, Märchenkunde, Märchendiskussion. Frankfurt/M. 1982, S. 66–72.

Karl August Ott

Molières «Tartuffe»

Interpretation eines klassischen Dramas

Die Komödie «Le Tartuffe ou L'Imposteur», das fünfzehnte der erhaltenen 33 Stücke Molières, war zu seiner Zeit und ist noch heute das beliebteste und meistgespielte Werk des französischen Theaters.[1] Es ist zugleich typisch für die Kunstgesinnung des späten 17. Jahrhunderts und eignet sich daher in besonderem Maße dazu, einen Begriff von der Eigenart der klassischen französischen Dichtung zu vermitteln.

Andererseits war und ist dieses Werk das umstrittenste der französischen Literatur. Das Stück war noch nicht vollendet, und nur die ersten drei Akte waren durch private Aufführungen – allerdings auch vor dem König – bekannt geworden, als der Sturm bereits losbrach. Am heftigsten bekämpften es gewisse strenggläubige Kreise, weil dieses Stück ihrer Meinung nach nicht nur die falsche Frömmigkeit anprangerte, sondern die Religion überhaupt lächerlich machte. Unter ihrem Druck war der König genötigt, den «Tartuffe» wiederholt zu verbieten, während ein Pariser Pfarrer den Scheiterhaufen für Molière forderte und der Erzbischof von Paris einen jeden, der dieses Stück auch nur lesen würde, mit der Strafe der Exkommunikation bedrohte.[2] Molière selbst verteidigte hingegen unermüdlich die «Unschuld» seiner Komödie. Und doch erreichte er erst nach fünf Jahren zähen Ringens die Aufhebung des königlichen Verbots. Während die Kirche sich niemals von ihrem Interdikt abbringen ließ, wurde die Erstaufführung des «Tartuffe» zu seinem größten Triumph: In hellen Scharen strömte das Publikum an diesem Tag in sein Theater, und trotz (oder wegen) aller früheren und noch bestehenden Verbote war das Interesse so groß, daß der «Tartuffe» bis zum Ende der Saison auf dem Spielplan blieb und seitdem nicht mehr von der französischen Bühne verschwunden ist.

Von einer historischen Literaturbetrachtung wäre zu erwarten, daß sie uns die geschichtliche Bedeutung, den «Sitz im Leben», der Komödie Molières erklärt. Nur zu oft zeigt sich jedoch, daß statt dessen die Kontroversen des 17. Jahrhunderts – wenn auch unter umgekehrten Vorzeichen – erneut ausgetragen werden. So behauptet man einerseits, als ein rechter «Bürger» habe Molière im «Tartuffe» die Aufklärung vorweggenommen und den kirchlichen Lehren die Grundsätze einer «natürlichen» Moral entgegengesetzt – auch wenn man dabei in Kauf nimmt, Molière selbst der «Heuchelei» zu bezichtigen, denn nichts anderes seien die Beteuerungen der «Unschuld» seines Stücks gewesen.[3] Andererseits will man beweisen, daß gerade jene Passagen, in denen Molière seine Libertinage und seinen Atheismus bekannt haben soll, auch auf entgegengesetzte Weise zu deuten seien, da eben diese Stellen sehr wohl mit dem «christlichen Humanismus» eines Franz von Sales in Verbindung zu bringen sind.[4] Indessen besteht nicht einmal Einmütigkeit darüber, ob und inwieweit Molières Polemik überhaupt ernst zu nehmen ist: Für ihn sei die komische Wirkung seiner Stücke die Hauptsache gewesen; jede ernsthafte ideologische Auseinandersetzung hätte diese Wirkung nur beeinträchtigen können, und somit sei ihm gar nicht zuzumuten, daß er etwas anderes als nur komische Szenen und lächerliche Charaktere auf seiner Bühne darstellen wollte.[5]

Nun war Ludwig XIV. sicher nicht der Mann, der es geduldet hätte, daß die Troupe du Roi, wie Molières Ensemble seit 1665 hieß, vor seinen Augen ‹bürgerliche› Ideen verbreitet hätte. Andererseits hätten die kirchlichen Kreise der Zeit den vermeintlichen Zusammenhang des «Tartuffe» mit den Lehren des hl. Franz von Sales deutlicher als jeder moderne Interpret erkennen müssen. Und wenn man behauptet, Molière sei allein auf die komische Wirkung bedacht gewesen, so bliebe unverständlich, warum er gerade in diesem Fall volle fünf Jahre lang mit solcher Hartnäckigkeit um die Aufhebung des Aufführungsverbots kämpfte. Besonders bemerkenswert an seiner Verteidigung des «Tartuffe» ist dabei, daß Molière ein Argument vorbringt, das anzuziehen wohl keiner seiner Zeitgenossen gewagt hätte. Sowohl in seinen beiden an den König gerichteten Bittschriften wie auch in dem Vorwort seines Stücks spricht er nämlich vom Theater ganz so, als wäre von einer öffentlichen Institution die Rede, die man nicht ohne erheblichen Schaden verbieten und abschaffen könne. Zwar war es zu seiner Zeit ein Gemeinplatz, vom ‹moralischen Nutzen› des Theaters zu reden. Indes war der in der Praxis nicht erwiesen, und mit gutem Recht hielt man ihm daher entgegen: Es sei Aufgabe der Kirche und nicht der Komödie, das Evangelium und die christliche Moral zu predigen. Trotzdem wagte es Molière, das Theater als Institution neben die Kirche zu stellen, und das Faktum, daß er offenbar schließlich auch den König von seiner Auffassung überzeugen konnte, gibt Anlaß zu fragen, aus welchen Gründen er glaubte, ihren Nutzen ausgerechnet durch die Darstellung eines religiösen Heuchlers demonstrieren zu können.

Eine naheliegende Antwort wäre, die Heuchelei sei eben zu seiner Zeit ein weitverbreitetes Laster gewesen. Gewiß war es im Zeitalter des Sonnenkönigs mit der religiösen Aufrichtigkeit nicht immer und nicht überall zum besten bestellt. Hätte Molière tatsächlich aber nur ein Laster seiner Zeit angeprangert und damit eine Art Polizeifunktion ausgeübt[6], so bliebe unverständlich, wieso sein «Tartuffe» noch heute auf der Bühne erscheint und nach wie vor Anlaß zu immer neuen Deutungen gibt.

Daß Molières Darstellung über die Zeiten hinweg zu interessieren vermag, beruht allein darauf, daß er mit dem «Tartuffe» trotz des zeitgebundenen satirischen Gegenstands ein großes Kunstwerk geschaffen und mit ihm die Komödie auf einen bis dahin unerreichten Rang erhoben hatte. Seine Schaffung einer «hohen Komödie» aber wurde wesentlich dadurch bedingt, daß er seit seiner Rückkehr aus der Provinz und seit seiner Protektion durch «Monsieur», den Bruder des Königs, bald darauf durch den König selbst, am Hofe in Versailles zu spielen hatte. Hier hatte er es nämlich mit einem Publikum zu tun, das wohl das strengste und empfindlichste war, das es jemals in Europa gegeben hat, ein Publikum, das es sich nicht verzieh, sich unterhalten zu lassen, ohne daß ihm zugleich der Grund des eigenen Vergnügens einsichtig war, und das sich nicht zum Lachen hinreißen ließ, ohne zu befürchten, sich dessen vielleicht schämen zu müssen. Diesem Publikum wäre es als eine Zumutung erschienen, mit dummen Witzen und derben Späßen behelligt zu werden. Um diesem Publikum zu gefallen, verzichtete Molière auf die Aufführung bloßer Possen und Schwänke wie auf die Verwendung der Techniken der Commedia dell'arte und bemühte sich darum, *komische* Konflikte auf die Bühne zu bringen, die jene «augustes personnes», die sein Publikum bildeten, *ernsthaft* interessieren konnten.

Mit dem Verzicht auf die volkstümlichen komischen Gattungen verband sich andererseits eine völlige Veränderung des Personals der Komödie. Nur in wenigen Stücken seines Theaters finden wir die traditionellen komischen Figuren wieder. Die Hauptfiguren in Molières großen Komödien sind durchwegs ernsthafte und ernstzunehmende Personen, und nicht ihr angeborenes Naturell, nicht ihr ‹Charakter› veranlassen sie, so zu handeln, wie sie es tun, sondern allein der Umstand, daß sie sich in irgendeine Marotte verrannt haben und mit größter Verbissenheit ihre Chimären verfolgen.

Wie bereits Hegel erkannte, gewinnt Molières Theater auf diese Weise eine Ernsthaftigkeit, die es von aller früheren komischen Dichtung unterscheidet.[7] Mit Recht stellte er fest, daß die Hauptfiguren Molières eigentlich gar nicht komisch sind, sondern Individuen, denen es in ihrer «Borniertheit» mit ihrem Zwecke «bitterer Ernst ist». Hegel tadelt diese Ernsthaftigkeit und stellt ihr die «franke Lustigkeit» gegenüber, «wie sie als stete Versöhnung durch die ganze Aristophanische Komödie geht», so daß man ohne die Kenntnis des Aristophanes kaum wissen könne, wie «dem Menschen sauwohl sein kann». Das Versöhnliche an der alten Komödie aber ergibt sich nach ihm daraus, daß die handelnden Personen dort «für sich selbst» komisch sind, daß ihre Torheit «für sie selber» lächerlich erscheint. Wir lassen dahingestellt, ob das für Aristophanes wirklich zutrifft, halten jedoch fest, daß Hegels Bestimmung die Molièresche Komödie völlig richtig charakterisiert. Hier erscheint das Geschehen auf der Bühne in der Tat nur dem Zuschauer komisch, und es ist sehr die Frage, ob ihm jemals auch die Protagonisten lächerlich vorkommen und nicht nur verächtlich und verabscheuenswert.[8]

Nun stellt Molière den in ihre Chimäre verrannten Figuren völlig normale, vernünftig denkende Personen gegenüber. Und zwar sind das zumeist ihre Kinder und nächsten Verwandten, die von ihnen abhängig sind und sich mit ihren bornierten Zwecken auseinanderzusetzen haben. Aus dieser Charakterisierung der Figuren Molières ergibt sich bereits die Handlung seiner Komödien. Besonders in seinen großen und für sein Theater typischen Stücken kommt demgemäß nämlich die dramatische Handlung in der Regel dadurch in Gang, daß die von ihrem Wahn Besessenen ihre Gegenspieler zu unterjochen suchen und diese sich gegen ihre Vergewaltigung zu wehren haben. Dabei ist es allen Personen mit dem, was sie tun, bitterer Ernst: Die einen suchen die von ihnen Abhängigen zu bloßen Werkzeugen bei der Verfolgung ihrer chimärischen Zwecke zu machen, die anderen wehren sich mit allen Mitteln dagegen, in den Dienst von Zwecken gestellt zu werden, deren Widersinnigkeit klar zutage liegt.

Molières Protagonisten sind in der Regel nicht einfach harmlose Käuze, deren Schiefheiten und Abnormitäten lächerlich wirken. Sie sind vielmehr höchst gefährliche Personen, die ihre Manie zum Schaden anderer durchsetzen wollen. Immer wieder macht Molière in seinem Theater sinnfällig, daß die eigentliche Tendenz des in einer Chimäre befangenen Bewußtseins die Korrumpierung des fremden Bewußtseins ist. Lehnen die ‹normalen› Personen sich bei ihm nun aber gegen eine solche Unterdrückung auf, so wird aus der Komödie zwangsläufig die Darstellung eines Kampfs, in dem es letztlich um die

Frage geht, wie ein normales Bewußtsein sich gegenüber einem solchen hoffnungslos in eine Chimäre verrannten Bewußtsein behaupten soll. Dieser Kampf ist wesentlich ein geistiges Ringen, so viele Elemente aus der komischen Tradition Molière dabei auch verwendet haben mag, so daß man sein Theater mit Recht die «Comedy of Intellect» genannt hat.[9]

Zeigt er nun schon in der «École des Femmes», wie ein eifersüchtiger alter Narr sich christlicher Glaubenssätze bedient, um ein junges Mädchen gefügig zu machen, so hatte er seine Perspektive nur umzukehren, damit im «Tartuffe» die falsche Frömmigkeit überhaupt als ein Mittel zur Pervertierung und Beherrschung anderer erscheinen kann. In der Tat wird hier nicht der sündhafte Charakter der Heuchelei hervorgehoben, sondern ihre zerstörerische Wirkung; sie wird nicht theologisch, sondern allein moralisch-praktisch betrachtet. In dieser Perspektive aber erscheint sie bei ihm als die raffinierteste und zugleich radikalste Methode, andere dadurch zu beherrschen, daß man sie geistig korrumpiert. Der Geiz, die Misanthropie, die eingebildete Krankheit lassen sich leicht durchschauen, und man kann sich gegen ihre Ansprüche um so leichter wehren, als nichts dazu veranlassen kann, ihre Berechtigung anzuerkennen. Solange die Scheinheiligkeit hingegen glaubwürdig ist, kann man sich ihr nicht widersetzen, ohne den eigenen Glauben zu verleugnen. Und mit eben diesem Dilemma haben sich die Gegenspieler des Heuchlers in Molières Komödie herumzuschlagen.

Molière hat nicht nur dargestellt, wie sein Heuchler sich mit List und Tücke durchsetzt und schließlich, um die Komödie zu einem guten Ende zu bringen, doch noch entlarvt wird. Schon Aretin hatte in seinem «Hipocrito» die Entlarvung eines Scheinheiligen in solcher Art zum Thema der Komödie gemacht, und eben sein Beispiel zeigt den Abstand zwischen dem Mittelmaß und hoher Kunst. Molières genialer Einfall war nämlich, nicht den Heuchler, sondern das Opfer des Heuchlers zum eigentlichen Träger der Handlung zu machen. Man bemerkt sofort, welche weitreichenden Konsequenzen und dramaturgischen Komplikationen sich daraus ergeben mußten. Und wenn der «Tartuffe» eine herausragende Stellung in Molières Theater einnimmt, so liegt es nicht zuletzt daran, daß uns hier nicht einfach eine in irgendeine Chimäre verrannte Person vorgestellt wird, sondern zugleich geschildert wird, wie jemand zu einer derartigen Wahnidee überhaupt gebracht und in ihr festgehalten wird.

Molières Scheinheiliger ist ein finsterer Verbrecher, der auch dem Zuschauer als keineswegs komisch, sondern als durchaus verächtlich und hassenswert erscheint. Bei ihm ist (für den Zuschauer und auch für die ‹vernünftigen› Personen) von Anfang an klar, welches schreiende Mißverhältnis zwischen seinen Worten und seinen Taten besteht. Seinem frommen Getue nach zu schließen, hat er allem Weltlichen entsagt, und eben die Weltlosigkeit ist die Lehre, die er dauernd predigt. Solange er sich in Sicherheit glaubt, verrät er jedoch, wie faul und gefräßig er ist und in welchem Maße er der Fleischeslust und allen sinnlichen Begierden zugetan ist. Unverkennbar ist bei alledem, daß sein frommes Getue nur dem Zweck dient, Orgon, sein Opfer, zu täuschen, um ihn moralisch und wirtschaftlich zu ruinieren.

Dagegen ist der betrogene Orgon im Grunde ein rechtschaffener Mann und Familienvater, mit einem fatalen Hang zu einem frommen Leben und einer daraus entspringenden Leichtgläubigkeit, die ihn dazu verführt, Tartuffe für einen wahren Heiligen zu halten und seine Lehren wortwörtlich zu befolgen. Seitdem er Tartuffe des öfteren im Gottesdienst in sanfter demütiger Haltung beobachtet hat und ihn unter diesem Eindruck in sein Haus aufnahm, ist er ihm völlig verfallen. Sein Wunsch ist, ihn für immer an sich zu binden, wozu ihm nichts geeigneter erscheint als die Vermählung seiner Tochter mit einem so heiligen Mann.

Hier bedingen sich, wie man sieht, der Betrüger und der Betrogene wechselseitig; und jeder der beiden wäre ohne den anderen nicht der, der er ist. Zwar sind, da der eine bewußt betrügt, der andere hingegen Opfer eines falschen Scheins ist, ihre beiderseitigen Bestrebungen zwangsläufig einander entgegengesetzt. Trotzdem gibt es eine gewisse Parallelität zwischen ihnen: Tartuffe sucht Orgon zum Instrument seiner Machtgelüste zu machen, während Orgon sich seinerseits in dem Wahn, dem er selbst erliegt, dadurch zu bestätigen sucht, daß er seine ganze Familie tyrannisiert, um sie zu seiner eigenen Frömmigkeit zu bekehren.

Tartuffe hat zwar in Orgons Mutter, einer alten, ebenso starrsinnigen wie bornierten Person, ein weiteres Opfer gefunden. Alle übrigen Familienmitglieder widersetzen sich hingegen seinen Absichten, und sie tun es mit um so größerer Entschiedenheit, als sie den Betrüger als solchen durchschaut haben und nicht gewillt sind, sich dessen Machenschaften ohne Gegenwehr zu unterwerfen. Wie immer bei Molière, sind die Gegenspieler des weniger närrischen als kriminellen Protagonisten auch hier normale, vernünftige Personen, die sich gegen seine Forderungen auflehnen. Nur haben sie es in diesen Fall nicht allein mit dem Betrüger, sondern auch mit dem Betrogenen zu tun. Denn schließlich ist Orgon derjenige, von dem alle anderen abhängig sind und von dem daher die größte Gefahr ausgeht, während er selber in seiner Leichtgläubigkeit nicht bemerkt, daß er im Begriff ist, aus religiösem Wahn seine ganze Familie zu ruinieren.

Zwar sind die Ziele, die die verschiedenen Personen und Personengruppen verfolgen, einander vollkommen entgegengesetzt. Trotzdem sind alle Personen aufs engste miteinander verbunden, eben weil ihre Bestrebungen jeweils auf die anderen gerichtet sind und ein jeder darum bemüht ist, auf den anderen einzuwirken, sich gegen seinen Angriff zu wehren oder ihn selbst in Bedrängnis zu bringen. Dabei bilden die dadurch entstehenden Beziehungen ein kompliziertes Geflecht, das alle Personen – wie auch sonst bei Molière und wie im klassischen französischen Theater überhaupt – in ein solches enges Verhältnis zueinander setzt, daß das Handeln einer jeden Person Konsequenzen für alle anderen hat und jede Aktion zugleich Reaktion auf das Tun anderer ist. Da nun aber der Betrüger im Gegensatz zu dem Betrogenen steht (auch wenn Orgon das nicht wahrhaben will) und beide wiederum im Gegensatz zu den vernünftigen Personen, da sich im Verlauf der Handlung somit drei Parteien gegenüberstehen und sich wechselseitig bekämpfen, ist auch der Sinn ihres Handelns mehrfach gerichtet. Setzen beispielsweise die vernünftigen Gegenspieler alles daran, den Scheinheiligen zu entlarven, so kann das doch nur geschehen, indem gleichzeitig der Betrogene desillusioniert und zu der Einsicht gebracht wird, nicht nur einem falschen Schein zum Opfer gefallen zu sein, sondern vor allem sich selbst getäuscht zu haben.

Mit bloßen Vernunftgründen kann Orgon indessen nicht zur Raison gebracht werden. Schon im 1. Akt des Stücks unternimmt sein Schwager Cléante den Versuch, vernünftig auf ihn einzuwirken, und von all den ähnlichen Szenen in Molières Theater, in denen die Vernunft immer wieder mit einem bornierten chimärischen Bewußtsein ringt, ist diese Szene gewiß schon wegen der Bedeutung ihres Themas die großartigste und eindringlichste. Mag Cléante aber auch noch so überzeugend demonstrieren, daß die wahre Frömmigkeit nicht das vom Menschen fordert, was Orgon unter Tartuffes Einfluß von ihr verlangt; mag er ihm mit noch so guten Gründen beweisen, daß die Abkehr von der Welt, wie Orgon sie praktizieren will, den Grundprinzipien der christlichen Religion widerspricht und ebenso allen Gesetzen der primitivsten Humanität: Der in seinem Wahn befangene Orgon hat auf alles eine Antwort. Für ihn steht nämlich von vornherein fest, daß der bloße Versuch, ihn mit vernünftigen Einwänden vom Gegenteil dessen zu überzeugen, was er für wahr hält, ein untrüglicher Beweis der Libertinage und des Unglaubens sei.

Die Augen gehen ihm auch dann noch nicht auf, als sein Sohn ihm berichtet, er habe gehört und gesehen, wie Tartuffe, der mit Orgons Tochter vermählt werden soll, inzwischen seine Frau mit unzüchtigen Anträgen behelligt hat. Da er weiß, daß sein Sohn Tartuffe ohnehin nicht ausstehen kann, tritt derselbe Mechanismus wie zuvor in Kraft: Weil sein Sohn es gewagt hat, einen so heiligen Mann zu verdächtigen, kann er selber nur schlecht sein und verdient Strafe. Und nicht Tartuffe, sondern sein Sohn ist zuletzt derjenige, der aus dem Haus gejagt wird.

Da vor so viel Unvernunft alle Vernunft versagt, muß zu anderen Mitteln gegriffen werden. Man beschließt, Tartuffe zu überlisten, um Orgon endlich die Augen zu öffnen. Da man inzwischen die schwache Stelle Tartuffes entdeckt hat, soll der Schein gegen den Schein, die Täuschung gegen die Täuschung gesetzt werden. Elmire, die Gattin Orgons, geht scheinbar auf Tartuffes unzüchtigen Antrag ein, und da sie den Betrüger auch noch bei seiner Eigenliebe packt, fällt es ihr nicht schwer, ihn zu weiteren Annäherungsversuchen zu veranlassen, selbst auf die Gefahr hin, daß Tartuffe sich jetzt nicht mehr mit schönen Worten begnügen will. Wie soll sie aber seinem Begehren nachgeben, ohne den Zorn des Himmels fürchten zu müssen? Da ist Tartuffe in seinem Element. Er lehrt sie, mit dem Himmel sei leicht auszukommen, wenn man sich nur auf die Kunst der «Absichtslenkung» verstehe [10] und wisse, wie das Böse durch die Reinheit der Gesinnung zu eliminieren ist. Auch ihren Gatten brauche Elmire nicht zu fürchten: Das sei ein Mann, den man leicht nasführen kann, und er habe ihn inzwischen so weit gebracht, daß Orgon alles sehe, ohne zu glauben, was er sieht. Wähnt Tartuffe sich aber im Augenblick in völliger Sicherheit und glaubt er, an das Ziel seiner Wünsche gelangt zu sein, so hat Orgon unter dem Tisch versteckt alles mit angehört. Und wie er jetzt hervortritt, ist es mit der Scheinheiligkeit vorbei. Der Heuchler ist entlarvt und muß nun sein wahres Gesicht zeigen.

Das tut er denn auch! Nur stellt sich sofort heraus, daß die Bloßstellung des Heuchlers nicht das Ende der Komödie und keine Lösung des dramatischen Konflikts ist. In seiner Verblendung hat Orgon ihm sein Haus und sein ganzes Vermögen überschrieben, dazu noch die Briefe eines außer Landes geflüchteten Freundes anvertraut, so daß Orgon jetzt selber in Gefahr gerät, des Hochverrats bezichtigt zu werden. Tartuffe kann nach seiner Demaskierung zwar nicht mehr die Rolle des Scheinheiligen spielen. Um so eifriger übernimmt er jedoch die Rolle eines getreuen Staatsbürgers und Dieners des Königs. Auf seine Veranlassung hin ist bereits der Gerichtsvollzieher erschienen, der Orgon und seinen Angehörigen befiehlt, das Haus bis zum nächsten Morgen zu räumen. Nur wenig später trifft ein Polizeioffizier ein, der Orgon aufgrund der Denunziation Tartuffes als Hochverräter verhaften soll. Doch da tritt der große Umschwung ein, der das glückliche Ende der Handlung ermöglicht. Statt Orgon wird Tartuffe verhaftet, und zwar, wie der Offizier erklärt, weil dem König, der die Herzen seiner Untertanen nur zu gut kennt, die wahren Verhältnisse nicht verborgen geblieben seien. Eben durch seine Denunziation habe Tartuffe sich als ein lange gesuchter Verbrecher selber entlarvt, während die Verdienste, die Orgon sich um die Sache des Königs in den Kriegen der Fronde erworben hatte, nicht vergessen seien und die königliche Gerechtigkeit sich weit besser an die guten Taten als an die bösen erinnere.

Kann das Geschehen im «Tartuffe» zwar nicht für die handelnden Personen und schon gar nicht für den Protagonisten, wohl aber für den Zuschauer trotzdem komisch erscheinen, so ergibt diese Wirkung sich nicht daraus, daß am Ende der Schlechte bestraft und die Guten belohnt werden. Die Voraussetzung für diese Wirkung ist vielmehr, daß der Zuschauer dem Konflikt in der Rolle eines Zeugen beiwohnt, ohne selbst von ihm betroffen zu sein. Er allein kann die Angemessenheit oder Unangemessenheit, das Sinnhafte oder die Unsinnigkeit jeder Handlung einer jeden Person beurteilen. Und da er von vornherein weiß, daß Tartuffe ein Heuchler ist, kann er in dessen Tun und Reden von Anfang an die Doppeldeutigkeit des Gesagten und eigentlich Gemeinten erkennen, die scheinbare Übereinstimmung der Worte und Taten und die wirkliche Diskrepanz zwischen dem, was er vorgibt zu sein und im Grunde eigentlich ist. Derart ist es aber dem Zuschauer auch möglich, die Gegensätzlichkeit der verschiedenen Aktionen und Reaktionen wahrzunehmen und die paradoxe Gegensinnigkeit zu erkennen, die beispielsweise darin liegt, daß ein und dasselbe Verhalten den Heuchler täuscht und ihn zugleich bloßstellt, während Orgon eben durch die Täuschung Tartuffes von seiner Selbsttäuschung befreit und zur Wahrheit bekehrt wird.

Gibt Molière seinem Zuschauer somit das Gefühl, den handelnden Personen auf der Bühne überlegen zu sein und selbst im Einklang mit dem wahrhaft Vernünftigen zu stehen, so gibt er ihm andererseits keineswegs den Eindruck, schon im voraus zu wissen, wie alles ausgehen muß, und den Text der Komödie eigentlich gar nicht zu benötigen, um zur Erkenntnis dessen zu gelangen, was ihm hier vorgeführt wird. Der von ihm erzielte Effekt ist vielmehr der genau umgekehrte. Er benutzt nämlich das von ihm selbst erzeugte Überlegenheitsgefühl des Zuschauers in der Weise, daß dieser sich um so mehr für den genauen Wortlaut des Textes interessieren wird, je mehr er sich diesem Gefühl überläßt. Der Zuschauer kann Schritt für Schritt beobachten, welche Folgen sich aus bestimmten Absichten ergeben, wie eine Denk- und Verhaltensweise und selbst jeder einzelne Satz auf andere wirkt und in welches Verhältnis einer sich zu anderen durch diese oder jene Einstellung versetzt. Auf solche Weise wird aus der Darstellung zwischenmenschlichen Handelns im Drama unter Molières Feder ein Mittel zur praktischen Verifikation des Denkens und Handelns, und indem dabei die Wirkung auf andere, der tatsächliche Erfolg in der gegebenen Situation, stets der Maßstab für die Beurteilung des Verhaltens ist, geschieht diese Verifikation durchaus im Sinn jener «Verantwortungsethik», die den sittlichen Anschauungen einer Gesellschaft entsprach, deren anthropologische Grundansichten am gültigsten in dem Ideal des «honnête homme» zum Ausdruck kamen.

Erwies sich dabei die Form der dramatischen Darstellung als ein Instrument zur Überprüfung selbst religiöser Ideen und Überzeugungen, und zwar am Maßstab ihrer praktischen Wirkung, so hatte die Kirche sehr wohl Grund, über eine solche Entgegensetzung von Ethischem und Religiösem entrüstet zu sein. Jedoch entsprang ihre Entrüstung mehr der Theorie als der Praxis; denn der Grundsatz des *cuius regio eius religio* hatte sich längst durchgesetzt, und keine der bestehenden Kirchen besaß noch die moralische Autorität, auf die sie sich zu berufen pflegten. Ebenso war die bis in die Gegenwart anhaltende Entwicklung bereits in vollem Gange, daß die Staatsraison ohne Rücksicht auf religiöse Bedenken regiert – hatte sie sich doch als das einzige Mittel zur Beendigung der Religionskriege erwiesen.

Hält man sich die religiöse Situation der Zeit vor Augen, so wird auch der Schluß der Komödie verständlich, von dem man nur zu oft behauptet hat, Molière wende hier nur einen alten Theatertrick an und bei ihm müsse nun der König die Rolle eines *deus ex machina* spielen. Dem widerspricht indessen schon der Textbefund. Von Anfang an ist nämlich das Stück so angelegt, daß der Konflikt der Personen ohne eine äußere Einwirkung als ganz und gar unlösbar erscheint. Zudem werden schon im ersten Akt Orgons Verdienste um die königliche Sache erwähnt, an die der König sich am Ende erinnern wird. Und der letzte Akt ist so gestaltet, daß alles in Hoffnungslosigkeit versinken müßte, gäbe es nicht doch eine unvorhersehbare, aber wirksame Rettung. Im

Hinblick auf die Situation der Zeit ist aber der Umstand von größter Bedeutung, daß es aus religiösen Gründen zerstrittene Untertanen sind, die der König zu retten hat. Auf diese Weise läßt Molière den König in seinem Stück genau die Rolle spielen, die er der zeitgenössischen politischen Theorie nach in der Wirklichkeit spielte und auf der sein Anspruch auf ‹absolute›, von allen religiösen und moralischen Rücksichten entbundene Herrschaft beruhte: der Richter im Streit von religiösen Parteien zu sein, die von sich aus nicht zu Versöhnung und Frieden fähig sind.[11]

Es ist daher kein Zufall, daß Molière den König in seinen Bittschriften in der gleichen Weise und fast mit denselben Worten rühmt wie in seiner Komödie. Und wenn Molière auch für den «Tartuffe» nicht die für ein Lustspiel ideale Lösung gewählt hat, daß der Streit sich wie durch ein Wunder in ein Nichts auflöst und eigentlich gar nicht notwendig war, so hat er doch einen Schluß gefunden, der für den zeitgenössischen Zuschauer eine wahrhaft befreiende Wirkung hatte und ihm das wohltuende Gefühl gab, vor allem Eifer der Frömmler und Heuchler in Sicherheit zu sein.

Literatur

Molière: Œuvres. Ed. E. Despois et P. Mesnard. 13 Bde. Paris 1873–1900 (Les Grands Ecrivains de la France).

–: Œuvres complètes. Texte établ., prés. et ann. par G. Couton. 2 Bde. Paris 1971 (Bibl. de la Pléiade).

–: Tartuffe: Französisch/Deutsch. Übers. und hg. von Hartmut Köhler. Stuttgart 1986.

Adam, Antoine: Histoire de la littérature française du XVIIe siècle. 5 Bde. Paris 1952.

Baader, Renate (Hg.): Molière. Wege der Forschung. Darmstadt 1980.

Grimarest, Jean Léonor de: La Vie de M. de Molière. Ed. crit. par G. Mongrédien. Paris 1955.

Hösle, Johannes: Molière. Sein Leben, sein Werk, seine Zeit. München 1987.

Jasinski, René: Molière. Paris 1969.

Michaut, Gustave: La jeunesse de Molière. Les débuts de Molière à Paris. Les luttes de Molière. 3 Bde. Paris 1922–1925 (Reprint Genf 1968).

Mongrédien, Georges: Recueil des textes et des documents du XVIIe siècle relatifs à Molière. 2 Bde. Paris 1965.

Moore, Will Grayburn: Molière: A New Criticism. Oxford 1949. 5. Aufl. 1964.

Saintonge, Paul Frédéric/Christ, Robert Wilson: Fifty Years of Molière-Studies. A Bibliography 1892–1941. Baltimore 1942. Dies.: Thirty Years of Molière-

Studies. A Bibliography 1942–1971. In: R. Johnson jr. u. a. (Hg.): Molière and the Commonwealth of Letters: Patrimony and Posterity. Mississippi 1975, S. 747–826.

Anmerkungen

Die hermeneutische Reflexion, um die wir Karl August Ott gebeten hatten, konnte er seinem Beitrag leider nicht mehr hinzufügen. Er starb am 24. 12. 1991

1 Zur Wirkungsgeschichte des «Tartuffe» vgl. H. Salomon-Prins: Tartuffe devant l'opinion française (1664–1960). Paris 1962. Vgl. auch Jean-Pierre Collinét: Lectures de Molière. Paris 1974.

2 Die gründlichste Darstellung dieser langen Auseinandersetzungen bei Raoul Allier: La cabale des dévots. 1627–1666. Paris 1902. Die notwendigen Korrekturen dazu in der Introduction zu der Ausgabe des Tartuffe von Suzanne Rossat-Mignot, Paris 1958, und in dem Nachwort von Hartmut Köhler, a. a. O., S. 298 ff.

3 Cf. John Cairncross: Molière bourgeois et libertin. Paris 1963; ders.: «Tartuffe», ou Molière hypocrite. In: R. Baader (Hg.), S. 305–319.

4 Jacqueline Plantié: Molière et François de Sales. In: Revue d'histoire littéraire de la France 72 (1972), S. 769–1093. Ebenso Hösle, S. 156 ff.

5 Vgl. Michaut. Ebenso René Bray: Molière, homme de théâtre. Paris 1954.

6 Nach Jürgen Grimm: Molière. Stuttgart 1984, S. 18, darf man davon ausgehen, «daß Ludwig XIV. ein Gespür für die gesellschaftliche Ordnungsfunktion des Theaters besessen hat»; nur so finde «seine Begeisterung für das Theater eine befriedigende Erklärung».

7 G. W. F. Hegel: Vorlesungen über die Ästhetik. Hg. von F. Bassenge. Berlin 1955, S. 1102 ff.

8 Zu Hegels Unterscheidung zwischen alter und neuer Komödie vgl. Kurt Ott: Molière. In: Karl August Fassmann (Hg.): Die Großen der Weltgeschichte. Bd. V, S. 898–915.

9 So der Titel des bedeutenden Werks von J. D. Hubert, Berkeley/Los Angeles 1962.

10 Die «Absichtslenkung» war ein Grundbegriff der im 17. Jahrhundert zumeist von Jesuiten vertretenen kasuistischen Moraltheologie. Molière konnte damit rechnen, daß dieser Begriff auch dem breiten Publikum bekannt war, und zwar durch die Polemik, die Pascal in seinen «Briefen in die Provinz» wie in den «Schriften der Pfarrer von Paris» gegen die Kasuistik geführt hatte. Vgl. Blaise Pascal: Briefe in die Provinz. Übers., eingel. und komment. von K. A. Ott. Heidelberg 1990, besonders S. LXXIV f, 120, 421 ff.

11 Gerade die Bemühungen, Molière historisch zu verstehen, leiden nur zu oft daran, daß man von dem Werk unmittelbar auf die Wirklichkeit schließen will, ohne Rücksicht darauf, daß die sog. Wirklichkeit selber eine interpretierte ist und man daher von Ludwig XIV. als einem «rex ex machina» nicht ohne Be-

rücksichtigung der zeitgemäßen Ideologie des Königtums sprechen kann. Zu dem komplizierten Prozeß der «Genese des absolutistischen Staates aus der Situation des religiösen Bürgerkrieges» sei daher besonders verwiesen auf die Untersuchung von Reinhart Koselleck: Kritik und Krise. Ein Beitrag zur Pathogenese der bürgerlichen Welt. Freiburg/München 1959.

Thomas Borgstedt

Goethes Sonett «Mächtiges Überraschen»

Mächtiges Überraschen

Ein Strom entrauscht umwölktem Felsensaale
Dem Ozean sich eilig zu verbinden;
Was auch sich spiegeln mag von Grund zu Gründen,
Er wandelt unaufhaltsam fort zu Tale.

Dämonisch aber stürzt mit einem Male –
Ihr folgten Berg und Wald in Wirbelwinden –
Sich Oreas, Behagen dort zu finden,
Und hemmt den Lauf, begrenzt die weite Schale.

Die Welle sprüht, und staunt zurück und weichet,
Und schwillt bergan, sich immer selbst zu trinken;
Gehemmt ist nun zum Vater hin das Streben.

Sie schwankt und ruht, zum See zurückgedeichet;
Gestirne, spiegelnd sich, beschaun das Blinken
Des Wellenschlags am Fels, ein neues Leben.

Erlebniskunst

Obwohl das zitierte Sonett zu Goethes berühmten Gedichten zählt und häufig interpretiert worden ist, bleibt es weiterhin ein schwieriger Text. Zwar wirkt die Einfachheit des Motivs und die Eleganz der Form unmittelbar ansprechend, doch die Ausdeutung des Sinns ist wenig offenkundig und muß ohne kontextuelle Informationen vage bleiben. Wie dieser Deutungsspielraum genutzt wurde, soll ein Blick auf die Wirkungsgeschichte erläutern, um sodann nach Ansatzpunkten eines zeitgemäßen Verstehens zu fragen.

«Mächtiges Überraschen» ist das Einleitungsgedicht zu Goethes Sonettenzyklus von 1807/08, der 17 Gedichte umfaßt.[1] Die Wertschätzung dieses Zyklus war starken Schwankungen unterworfen, was mit dem Gattungsproblem zusammenhing. Die nichtantike Form des Sonetts war vom Aufklärungsklassizismus des 18. Jahrhunderts aus dem Gattungskanon verbannt worden und spielte auch im früheren Werk Goethes so gut wie keine Rolle. Der Vorbehalt war poetologisch begründet, denn das Sonett galt aufgrund seiner strengen Reglementierung von Strophe und Reim als ungeeignet für eine unmittelbare Ausdruckskunst. Goethe selbst spricht diese Schwierigkeit mehrfach an, so wenn er in seinem etwas früheren Gedicht «Das Sonett» im Hinblick auf den Reim ironisch bemerkt, im Sonett «mitunter leimen» zu müssen (HA 1, S. 245). Die Kompliziertheit der Form und die damit einhergehende Vermitteltheit des Ausdrucks veranlaßte Friedrich Gundolf am Anfang unseres Jahrhunderts, Goethes Sonetten «keinen hohen Rang» zuzumessen, bestimme sich doch «der Wert nach der Fülle und Ursprünglichkeit des ausgedrückten Lebens». Für Gundolf sind die Sonette «entstanden aus der handwerklichen Freude am sprachlichen Bilden, ja Bosseln unter der Anregung des romantischen Modespiels mit den südlichen Formen»[2], romanische Artistik also statt deutscher Ausdruckskunst.

Trotz der Vorbehalte gegen die virtuose Künstlichkeit der beispielhaften Renaissancegattung ergaben sich hermeneutische Anschlußmöglichkeiten, die zu einem wachsenden Interesse am vorliegenden Text führten. Dieses richtete sich auf die eindrucksvolle Bildlichkeit des Gedichts. Die Darstellung des kraftvollen Naturbildes vom Strom, den ein Bergsturz überraschend zum See staut, mußte geradezu als symbolisch-bedeutend verstanden werden und wurde auf die Lebenssituation des Dichters bezogen. Die entsprechende lebensgeschichtliche Stilisierung seiner Gedichte hatte Goethe selbst den Interpreten schon mit auf den Weg gegeben. Zum Lesen von Sonetten traf er sich im Advent 1807 mit Freunden im Hause des Verlegers Frommann, wo er sich in dessen Pflegetochter Minna Herzlieb verliebt haben soll. Seine spätere eigene Schilderung bleibt andeutungshaft und spricht dabei hauptsächlich von Poesie:

«Gewohnheit, Neigung, Freundschaft steigerten sich zu Liebe und Leidenschaft, die, wie alles Absolute, was in die bedingte Welt tritt, vielen verderblich zu werden drohte. In solchen Epochen jedoch erscheint die Dichtkunst erhöhend und mildernd, die Forderung des Herzens erhöhend, gewaltsame Befriedigung mildernd. Und so war diesmal die (...) Sonettenform höchst willkommen» (HA 1, S. 675).

Von einer derart «gemilderten Leidenschaft» handelt tatsächlich die Liebesgeschichte, die Goethes Zyklus von «Freundliches Begegnen» (Sonett II) über «Wachstum» (V) und «Abschied» (VII) bis zur Briefkorrespondenz «Die Liebende schreibt» (VIII–X) durchzieht. Das letzte Sonett bildet schließlich eine Scharade auf den Namen «Herzlieb» und vollzieht damit eine eindeutige Zuordnung. Da über diese «Liebe» dennoch weniges bekannt ist, das die Stilisierung der Sonette biographisch erläutern könnte, wurde früh an ihrer Authentizität gezweifelt. Schon Gundolf schätzte Minnas poetisches Gewicht gering ein. Umgekehrt meinte Paul Hankamer, Goethe habe sie «leidenschaftlich geliebt», welches Erleben seine «erste und autobiographisch unmittelbarste Darstellung» gerade in unserem Einleitungsgedicht gefunden haben soll.[3]

Als schwierig erwies sich jedoch nicht bloß die biographische Zuordnung, sondern auch die Erläuterung des konkreten Textsinns. Unter der Voraussetzung, daß der Strom den mit titanisch-olympischen Attributen ausgestatteten Dichter meine und Oreas den Einbruch der Liebe in Gestalt des «Mädchens», gab Ingrid Dzialas zu bedenken: «Das würde zu der unmöglichen Folgerung führen, daß die Liebe für Goethe eine hemmende, ihn begrenzende Macht gewesen sei, die ihn in seinem Streben einengte!»[4] Das Querstehende im Sinn des symbolisch scheinbar so einheitlichen Bildes wurde in der Folge mit interpretatorischer Großzügigkeit überspielt. Dzialas selbst schlägt vor, nicht den «willkürlichen Vergleich», sondern das «elementare Erleben» ins Zentrum zu stellen, die «Grundhaltung» an Stelle eines kunstvollen Sinns.

Somit tritt (wohl nicht zufällig in der Zeit des Nationalsozialismus) das individuelle Liebeserlebnis samt dessen möglicher idealistischer Erhöhung in den Hintergrund zugunsten einer eher lebensphilosophisch begründeten Bedeutsamkeit. Die verstärkte Betonung des elementarisch-schicksalhaften Geschehens führt zu einer deutlichen Aufwertung des Einleitungssonetts. Dabei tritt die konkrete Gestalt des Dichters sogar noch stärker ins Zentrum der Deutung. Paul Hankamer diagnostiziert eine Lebenskrise Goethes nach Schillers Tod: «Sein Leben hatte in klarer Zielgewißheit seinen Weg genommen, den Weg, wie er nun glaubte, zu seinem Ende hin»[5], wobei die Liebe ihn verwandelt habe und ihm «neues Leben» ermöglichte.

«Daß sich in dem Gedicht lang gehegtes und jetzt erneutes Erfahren und Ahnen bündig faßt, beweist die großartige Geschlossenheit des Sonetts. Hier schießt eine bislang verfließende Lebenserfahrung kristallisierend in ihre Form, eine Idee findet ihr Symbol, und die letzte Einsicht Goethes in das Schicksal eröffnet sich uns darin so weit, daß wir einen ersten Blick in das Geheimnis zu tun vermögen, dessen Abgrund sich auch für den Dichter niemals wesentlich tiefer erhellte als in diesen Jahren.»[6]

Im Bewußtsein der Konsequenzen, die in der Schicksalsbesessenheit der Kriegsjahre beschlossen lagen, war wenig später poetischer Rang nicht mehr in Kategorien eines schicksalhaft erhöhten Erlebens zu beschreiben. Wo Hankamer 1943 noch die «letzte Einsicht Goethes in das Schicksal» wahrnahm, meint Emil Staiger 1956:

«Die Liebe aber, die den Strom auf dem Weg zum Vater aufhält, enthebt ihn überhaupt der Not, das Ziel auf einem *Weg* zu suchen. Es gibt nun keinen Anfang, keine Mitte und kein Ende mehr. Das Ewige ist allgegenwärtig in der Spiegelung der Gestirne. Das in der Liebe gestillte Gemüt erfreut sich einer Offenbarung, die dem tätigen, immer vorwärts drängenden Geist verschlossen bleibt.»[7]

Neu und markant erscheint hier ein christliches Vokabular, das allerdings im Gedicht keinerlei Entsprechung hat. Gerade dies macht vollends deutlich, inwiefern hier die Nietzschesche Rhetorik der Macht zugunsten eines christlich-moralistischen Symbolismus verdrängt wird. Im ethischen Gestus folgert diese Deutung das Umgekehrte: Nicht die Dynamik der Todeserfahrung und ein Schicksalswissen wird wahrgenommen, sondern das Moment kontemplativer Besinnung im Bild des ruhenden Sees. Eine verwandte Tendenz zu einer erneuerten symbolisch-idealistischen Lesart zeigt Walther Killy:

«Es kommt also bei dem Gedicht auf keine seiner einzelnen Sphären für sich an, sie dienen alle dazu, die unbegreifliche Idee in ihrer Schwebe zu halten. Wir *sehen* Gestirne, spiegelnd sich – aber hinter ihnen leuchtet ein neues Leben. Der Strom ist verwandelt; das Schicksal hat ihn getroffen, er ist nicht mehr, was er sein wollte oder was er schien. Aber in der entsagungsvollen Beugung unter das naturnotwendige Geschick, im Glanz der Lichter am Fels wird ein Wahres erkennbar, ein Trost fühlbar. Oder besser: ein Schein dauernder Wahrheit.»[8]

Im Mittelpunkt steht nun die symbolische Bildkraft, das neue Leben erscheint als eine Art Neues Jerusalem, das erbaulichen Trost zu spenden vermag. Zum Kernmotiv wird die platonisierend verstandene «Spiegelung» einer metaphysischen Wahrheit. Ein christlich-ethischer und ästhetischer Idealismus löst also die lebensphilosophische Lesart ab. Es lebt aber auch die Frage nach dem individuellen Erlebnisausdruck fort, die sich auf die Wertschätzung des kunstvollen Einleitungssonetts nie günstig ausgewirkt hat. Hermann August Korff schlägt in seinem Standardwerk 1958 eine Auswahl aus den Sonetten vor, die «den reinen Geist des Minchen-Erlebnisses atmen» und den «idealen Phantasieroman Goethes sichtbar» machen sollen. In diese Auswahl hat er «Mächtiges Überraschen» nicht aufgenommen.[9]

Petrarkistische Topik

Die soweit überblickte Auslegungstradition folgt durchweg noch einer idealistischen, am Originalitäts- und Ausdrucksprinzip der Genieästhetik orientierten Poetik, für die historisch der Name Goethes selbst ja auch einsteht. Dennoch ist es nicht ausgemacht, daß die möglichen Sinndimensionen des Gedichts damit erfaßt wären, zumal sich dessen einzelne Motive gegen die Unterwerfung unter ein eindimensionales, hierarchisches Sinnprinzip interpretatorisch sperren, sei dies nun der Goethesche Erlebnisausdruck, ein Nietzschesches Schicksalswissen oder das Hegelsche Scheinen der Idee. Man wird zudem heute poetische Subjektivität nicht mehr fraglos als einen Angelpunkt literarischer Praxis benennen können, auf den sich die Formulierung verbindlicher humaner Wahrheiten oder auch nur einer Wahrheit des individuellen Lebens gründen ließe. Solcher Zweifel an den revolutionären Möglichkeiten der Subjektivität fördert nun allerdings den Sinn für die Historie. Auch damit hängt es zusammen, daß ein entsprechender Blickwechsel inzwischen gerade die vorindividualistischen, an rhetorischen Traditionen orientierten Dichtungsepochen, für die weder die organische Geschlossenheit des Sinns noch dessen Verbürgtheit in der Einheit des schöpferischen Subjekts verbindlich war, neuem Verständnis zugeführt hat. Dies gilt entschieden auch gerade für die Sonettkunst der Renaissance, deren vielschichtiger Sinn am *imitatio-* und Autoritätsprinzip des Humanismus teilhatte. Historisches Verstehen hat hier zunehmend die intertextuellen Spuren, die topischen Bildtraditionen und die ideengeschichtlichen Voraussetzungen zu rekonstruieren begonnen.[10] Indem sich das vorliegende Sonett Goethes solcher Tradition bewußt zuwendet, ergibt sich zwingend eine Konfrontation mit deren andersartigen Voraussetzungen, die ein Moment der poetischen Selbstreflexion freisetzen, das im Gedicht allenthalben spürbar ist. Dies aber ist aus heutiger Sicht durchaus interessant (interessanter jedenfalls als sein Hang zur Formulierung humaner Wahrheiten), und so kann man sich mit gutem Grund neben dem Ausdruckscharakter auch der Artistik dieses Textes einmal zuwenden, für die interpretatorisch einiges nachzutragen ist.

Die Frage nach dem Wortlaut, nach Vorbildern und Bezügen hat einen ersten Anhaltspunkt gefunden in einem Brief der Bettina von Brentano an Goethe vom Anfang Dezember 1807: «das bin ich! die Dir von Gott gegeben ist, als ein Damm, über welchen Dein Herz nicht mit dem Strohm der Zeit Schwimmen soll (...).»[11] Seit dem Hinweis auf diese Briefstelle gilt sie als konkreter Ausgangspunkt des Naturbildes in «Mächtiges Überraschen». Enge Bildbeziehungen bestehen aber auch zu Goethes Jugendhymne «Mahomets-Gesang» von 1772/73, in der es heißt: «Seht den Felsenquell/Freudehell,/Wie ein Sternenblick/Über Wolken/(...)» (HA 1, S. 42). Die exemplarische Sturm-und-Drang-Hymne beschreibt den genialisch-unaufhaltsamen Lebensweg des Propheten Mohammed im Bild eines Stromlaufs, der von einer Bergquelle bis ins Meer führt. Dieser offene Bezug auf ein beispielhaftes Bild der Geniezeit vermittelt unserem Text jetzt eine deutlich poetologische Signifikanz. Das Motiv der «Begrenzung» naturhaften Strebens läßt unvermittelt an ein weiteres Gedicht denken. In dem früheren Sonett «Natur und Kunst, sie scheinen sich zu fliehen/und haben sich, eh' man es denkt, gefunden» wird das Gattungsproblem des Sonetts im Sinne des klassischen Ausgleichs von naturhaftem Impuls und künstlerisch-formaler Beschränkung gedacht: «Und das Gesetz nur kann uns Freiheit geben» (HA 1, S. 245). Die Formstrenge der Sonettgattung wird so zur Chiffre künstlerischer Form schlechthin, und dem entspricht dann das Motto, das Goethe seinem Zyklus vorangestellt hat: «Liebe will ich liebend loben, Jede Form sie kommt von oben.» Das Frauenlob aber und die Kunstform sind zwei zentrale Determinanten der traditionellen petrarkisierenden Liebesdichtung.

Hans M. Wolff hat bezüglich unseres Sonetts schon 1952 einen ersten wichtigen Bezug auf Petrarca entdeckt. Das Sonett II, «Freundliches Begegnen», das man in petrarkistischen Termini als *innamoramento*-Sonett bezeichnen würde, ist in strenger struktureller und bildlicher Parallelität zum ersten gebaut: Analog zum Strom steigt der Sprecher hier einen «Felsenweg» (V. 2) hinab, im zweiten Quartett heißt es korrespondierend zu Oreas «Ein Mädchen kam, ein Himmel anzuschauen» (V. 6), im Terzett wendet sich der Dichter ab, doch kehrt er um, um sie am Ende in den Armen zu halten. Das erste Quartett, das den einsamen Wanderer in einer Bergwelt zeigt, ist wörtlich an Petrarcas berühmtes «Solo e pensoso» angelehnt, das im Umkreis Goethes von Johann Diederich Gries übersetzt worden war: «Einsam, gedankenvoll, die öd'sten Lande/Geh' ich durchmessend, langsam und verdrossen,/Und wend' umher den Blick, zur Flucht entschlossen,/Wo Menschenspur sich eingedrückt dem Sande.»[12] Auf Petrarcas «per fuggire intenti» (Canz. 35, V. 3) rekurriert Goethe wörtlich mit «unruh'gen Sinns, zur nahen Flucht gewillet» (Sonett II, V. 4). Neben der Felswelt der Quellregion findet sich gerade diese nervöse Bewegung im Strom des Einleitungssonetts wieder. Neben und mit dem geniehaften Streben ist der Strom von der petrarkischen Liebesmelancholie und Menschenscheu gekennzeichnet.

Die Petrarca-Bezüge des Goetheschen Sonettzyklus gehen aber noch weiter. So hat Petrarca mit Canz. 208 ein Strom-Sonett verfaßt, auf das sich Goethe ebenfalls bezieht.[13] Dort findet sich sowohl der wuchtige Auftakt («Rapido fiume, che d'alpestra vena»), das Streben zum Meer («suo dritto al mar») wie wörtlich das zentrale Motiv «und hemmt den Lauf», allerdings in Negation («il tuo corso non frena»).[14]

Festhalten läßt sich bis hierhin bereits, das Goethe den Anschluß an die Gattungstradition entschieden gesucht hat. Der Zyklus gibt dafür noch mannigfache Beispiele. Schon die Tatsache, daß er überhaupt einen Zyklus von Sonetten verfaßt, verweist auf das Gattungsvorbild des *Canzoniere*. Dahin weist auch die Unterlegung eines biographisch verbürgten Liebesgeschehens, die Unerfülltheit der Liebe, die Distanzierung und poetische Entrückung des Geschehens sowie die situative Gestaltung der einzelnen Stationen Begegnung, Abschied, briefliche Korrespondenz in der Trennung. Goethe schließt seinen Zyklus mit einer Scharade auf den Namen «Herz-lieb», Petrarca hatte seiner Dichtung ein ganzes Symbolfeld um den Namen «Laura» eingeschrieben. Darüber hinaus wird der Bezug ganz offen hergestellt. Das Mädchen wird den «lieben Frauen der Dichterwelt» verglichen (Sonett II, 7 f), sie wird «als Fürstin» gedacht (V, 12), und schließlich wird «Petrarcas Liebe» am Schluß des Zyklus unmittelbar genannt (XVI, 9).

Aus dieser Sicht läßt sich jetzt auch das zentrale Motiv unseres Textes ins Licht petrarkistischer Topik setzen. Der Einbruch der Liebe in Gestalt des Mädchens, der in «Mächtiges Überraschen» im Sturz der Bergnymphe Oreas abgebildet ist, wiederholt ein mythologisches Bild der Amortheologie des Mittelalters und der Renaissance. Es ist Amor, der die geliebte Dame begleitet, der als Jäger seine Pfeile durch die Augen der Geliebten auf den Dichter schleudert und diesen im Herzen verwundet. Gemeint ist ein Geschehen von elementarer Gewalt, das bei den Trobadors, im *dolce stil nuovo* und bei den Petrarkisten in zahllosen Bildfeldern entfaltet ist. Der Blick der Geliebten schlägt ein wie der

Blitz in einen Turm, der Dichter flieht wie ein verwundeter Hirsch, er ist gefangen in den Netzen der Haare der Geliebten usw.[15] Jener unwillkürliche Einbruch einer übermenschlichen Gewalt der Liebe ist traditionell in der Figur des Jägers Amor repräsentiert, die somit eine deutliche Analogie zu Goethes herabstürzender Bergnymphe Oreas aufweist, ja man kann den Namen des «Eros» in jenem der «Oreas» als Anagramm wiederentdecken.[16]

In solchem Verständnis kann sogar das Prädikat des «Dämonischen», das man im Hinblick auf spätere Äußerungen des Dichters als eine Art metaphysischen Schlüssel des Gedichts ansieht[17], als präzise Benennung erscheinen: In Platons Symposion heißt es von Eros, dieser sei kein Gott, sondern vielmehr ein «großer Dämon», ein Mittler zwischen Gott und den Menschen.[18] Offensichtlich sucht Goethe den unmittelbaren Dialog mit dem Gattungsvorbild. Das Gedicht spricht vom plötzlichen Einbruch des Eros in den Lebensweg des Dichters, und es tut dies in Worten und Bildern des Petrarca.

Poetik des Sonetts

Die Frage liegt nahe, ob nicht der Nachweis solcher Querbezüge die symbolische Sinneinheit – die das Bild des «Lebensstroms» gewährt hat – zugunsten eines intertextuellen Chaos zerstöre. Richtig ist, daß der Aufweis der Bezüge den Mythos von der Ursprünglichkeit des Sinns gründlich ‹dekonstruiert›. Der Sinn des Textes läßt sich nicht in einem Zentrum orten, in einem «hervorbrechenden Lebensmoment» (Schleiermacher) oder einer gespiegelten Idee, sondern er erscheint als ein Netz von einzelnen Sinnelementen, die kunstvoll in ein scheinbar geschlossenes Bild gewoben sind. Nun ist dies wohl kein Mangel an rationaler Struktur oder an poetischer Formung; denn auch dieses Muster kann einem organisatorischen Prinzip folgen und eine vernünftige Ordnung aufweisen. Die Bezüge sind zugänglich und rekonstruierbar und können als ein inszenierter wechselseitiger Kommentar gelesen werden. Sie scheinen dazu zu dienen, Goethes eigene poetische Voraussetzungen im Licht einer neubewerteten Tradition zu überprüfen.

Wie also kann «Mächtiges Überraschen» nun gelesen werden? Die unterschiedlichen intertextuellen Bezüge haben als gemeinsamen Fluchtpunkt immer stärker die Poetik des Sonetts selbst erscheinen lassen. Die Themen der Liebe, des Genies, der Verwandlung oder der Poesie lassen sich darauf beziehen. Mag «das Sonett» als Gegenstand dieses so ausdrucksstarken Gedichtes zunächst befremdlich wirken, so läßt sich dieser Sachverhalt doch wohl begründen. Selten wurde bedacht, daß es sich hier um das Einleitungsgedicht zu einem Zyklus handelt. In der petrarkistischen Tradition hatten solche Einleitungsgedichte stets eine besondere Funktion der Ankündigung, Einordnung und Rechtfertigung der folgenden Dichtung, und so war ihr Thema zwangsläufig die Liebessonettistik selbst.

«Mächtiges Überraschen» handelt vom unwillkürlich-elementarischen Einbruch der Liebe und von deren Verwandlung in Dichtung, insofern dies das Zentralmotiv der Petrarkischen Sonettistik ist. Für die unfreiwillige Überraschung durch die Liebe steht traditionell die Gestalt des Liebesdämons Eros und im Stromgedicht Goethes die des Bergdämons Oreas. In der Tradition bringt Amor den Dichter durch den Liebeseinbruch zum Dichten, was auf die platonische Liebeslehre zurückgeht, wo es heißt, daß jeder zum Dichter werde, den Eros treffe.[19] Eine solche Metamorphose in die Dichtung war schon in jenem Kontext des Sonetts präsent, der vom naturhaft-ungebändigten Streben des genialischen Dichters handelt und von dessen ‹klassischer› Bändigung durch die dichterische Form. Im Bild des gestauten Stroms, das, womöglich von der Metapher der briefeschreibenden Bettina angeregt, auf das Sturm-und-Drang-Bild vom stürmischen Mahomet und auf Petrarcas Rhonesonett verweist, sind diese Bezüge zusammengebunden. Sie konfrontieren mit der traditionellen Amorpoetologie und der modernen Geniepoetik die gegenläufigen Modelle einer Poetik des Sonetts. Daher rührt dann auch der Widerspruch, daß Oreas scheinbar zugleich dynamisches Liebesprinzip und eindämmendes Formprinzip sein soll. Die beiden Aspekte gehören unterschiedlichen Kontexten an und sind nicht ineinander überführbar. Hier kreuzen sich zwei poetologische Mythen, so daß ein doppelter Bezug auf Goethes eigene und auf Petrarcas Ikonologie gewahrt ist. Man könnte sogar die beiden Dichtungsmythen in den Elementen des Sonetts noch einmal wiedererkennen: die genialische Expression im Strom, die entsagungsvolle Bändigung im Damm, um sodann die Verbindung von «Natur und Kunst» als Klassizitätsprinzip und als Geburtsort der Goetheschen Sonettistik zu verstehen. Als «erhöhend und mildernd» hatte Goethe dieses Sonettieren im biographischen Rückblick ja schon stilisiert. Indem in der klassisch-symbolischen Rundung des Strombildes die Tradition mit all ihren Brüchen erkennbar bleibt, reflektiert Goethe auf den Kunstcharakter dieser Natürlichkeit, und es ist dieses Wissen, das uns ‹postmodern› besonders naheliegt.

Gundolf hatte die Sonette als Gedichte «über das Sonettieren selbst» und als «Paradigmata für Gattungen» bezeichnet, und er bewies damit viel Einsicht.[20] Goethe selbst hat der Artistik mit «südlichen Formen» jedenfalls nicht mit den nationalen Affekten seiner Verehrer gegenübergestanden, und dies ist heute mit Sympathie zu vermerken. Wie groß allerdings seine artistische Meisterschaft dabei war, ist im hermeneutischen Prozeß des Sinnverstehens meist doch untergegangen, weshalb auch dazu etwas nachzutragen bleibt. So wurde bemerkt, daß sich das Sonett dem dialektischen Muster der Gattungsform eng einschmiegt; übersehen wurde aber, daß es dabei tatsächlich eine präzise Selbstbeschreibung abgibt. Man betrachte nur einmal die Animation der Welle: Sie «sprüht, und staunt zurück und weichet». Hier hat man nicht nur das plastische Bild eines Gewässers, dessen Wasser sich an einem Hindernis drängt und staut, sondern man hat eine punktgenaue Selbstreferenz des Gedichttextes, der exakt am Übergang der Quartette in die Terzette beschreibt, wie sich der gleichmäßige Fluß der ersten Sonettstrophen bricht und verkürzt und verwandelt in den neuen Rhythmus der Terzette. «Sich immer selbst zu trinken» ist eine bezaubernde Metapher des Verschluckens der einen, verlorengegangenen Verszeile, und ebenso beschreibt «schwankt und ruht», was geschieht, wenn sich der neue Dreischritt reimend wiederholt. Am Ende dann, im neuen Leben des Sees, schweift der Blick zurück und faßt die gesamte Form des Sonetts in ihrer Geschlossenheit: «zurückgedeichet».

Doch es geht noch weiter. Das Bild der Spiegelung in «Mächtiges Überraschen» vermag die asymmetrische Strophenanordnung im Sonett zu erläutern: Die Dopplung der Quartette spiegelt sich gleichsam in den Terzetten in verkürzter Perspektive. Solches Spiegeln ist dem Gedicht durchweg eingeschrieben: Der Fels, der Vater-Ozean, die Hemmung des Stromlaufs und das Motiv der Spiegelung selbst stehen sich jeweils gedoppelt gegenüber. Und dies betrifft nicht nur das Wortmaterial, sondern auch das Bewegungsmoment: Die Eile des Stroms wird beantwortet von der Ruhe des Sees, während im Zentrum des Gedichts zwei gleichermaßen dynamische Strophen gegeneinandergetürmt sind. Die Spiegelstruktur des Sonetts und sein Dynamismus im Umbruch der Strophenform werden explizit genannt und zusätzlich von Wortmaterial und Bewegungsanordnung reproduziert. Alle Fasern des Gedichts sind also auf das Thema «Sonett» beziehbar, das durch intertextuelle Bezüge poetologisch problematisiert wird, dessen traditionelles Kernmotiv des Liebeseinbruchs ins Zentrum tritt, das aber auch und vor allem ein Naturbild der Sonettform entwirft, das deren problematisch gewordenen Kunstcharakter reflektiert und das schließlich selbst auf kunstvolle Weise symbolisch ist, insofern es Teil und Verkörperung dessen ist, was es meint: Sonett.

Literatur

Dzialas, Ingrid: Auffassung und Darstellung der Elemente bei Goethe. Berlin 1938 (= Germanische Studien. 216; zugl. Phil. Diss. Frankfurt/M.), S. 29–31.

Goethes Werke. Hamburger Ausgabe in 14 Bänden. Hg. von Erich Trunz. 12. Aufl. München 1981 (zit. als HA).

Gundolf, Friedrich: Goethe. Darmstadt 1963 (Nachdr. des 46.–50. Tausends Berlin 1930; zuerst 1916), S. 576–579.

Graham, Ilse: Strange Encounter: The Cycle of Sonnets 1807/8. In: Dies.: Goethe, Portrait of the Artist. Berlin/New York 1977, S. 34–60.

Hankamer, Paul: Spiel der Mächte. Ein Kapitel aus Goethes Leben und Goethes Welt. Tübingen 1943, S. 9–90.

Kaiser, Gerhard: Literatur und Leben. Goethes Sonettenzyklus von 1807/1808. In: Jahrbuch des Freien Deutschen Hochstifts 1982, S. 77–79.

Killy, Walther: Wandlungen des lyrischen Bildes. 6. Aufl. Göttingen 1971, S. 17–22.

Petrarca, Francesco: Canzoniere. Nach einer Interlinearübersetzung von Geraldine Gabor in deutsche Verse gebracht von Ernst-Jürgen Dreyer. Mit Anmerkungen zu den Gedichten von Geraldine Gabor. Basel/Frankfurt 1989 (zit. als Canz. mit Gedichtnummer).

Schlütter, Hans-Jürgen: Goethes Sonette. Anregung – Entstehung – Intention. Bad Homburg usw. 1969 (= Goethezeit. 1), bes. S. 111–116, 123–126.

Staiger, Emil: Goethe. 3 Bde. Zürich usw. 1952–59, Bd. 2 (1956), S. 444–448.

Anmerkungen

1 Als zur Zeit beste Gesamtdeutung des Sonettzyklus ist zu verweisen auf Kaiser.
2 Gundolf, S. 577 und 579.
3 Hankamer, S. 52 f. Eine kritische Diskussion der kontroversen biographischen Zuordnungen enthält die Arbeit von Schlütter, S. 131–135.
4 Dzialas, S. 30.
5 Hankamer, S. 46.
6 Ebd., S. 58.
7 Staiger, Bd. 2, S. 447.
8 Killy, S. 20.
9 Hermann August Korff: Goethe im Bildwandel seiner Lyrik. 2 Bde. Leipzig 1958, Bd. 2, S. 92.

10 Vgl. dazu etwa den schon klassischen Aufsatz von Alfred Noyer-Weidner zu einem zentralen Text des Renaissancepetrarkismus: Lyrische Grundform und episch-didaktischer Überbietungsanspruch in Bembos Einleitungsgedicht. In: Romanische Forschungen 86 (1974), S. 314–358.

11 Bettinas Briefwechsel mit Goethe, auf Grund ihres handschriftlichen Nachlasses hg. von Reinhold Steig. Leipzig 1922, S. 27f (zit. nach Schlütter, S. 109). Hinweise auf die Briefe Bettinas finden sich früh, bezogen auf Sonett I vor allem bei Killy und ausführlich bei Schlütter.

12 Johann D. Gries: Gedichte und poetische Übersetzungen. Stuttgart 1829, Bd. II, S. 90; zit. nach Hans M. Wolff: Goethe in der Periode der Wahlverwandtschaften (1802–1809). München 1952, S. 262.

13 Dieser Bezug zu Petrarcas Sonett «Rapido fiume» ist bislang unbemerkt geblieben, was wohl damit zusammenhängt, daß erst neuerdings eine vollständige deutsche Übersetzung des Canzoniere erschienen ist.

14 Hier folgt eine gegenüber der Übersetzung von Gabor/Dreyer etwas modifizierte deutsche Fassung: «Rascher Fluß, der Du aus Bergesadern rings umher nagend – wovon Dein Name rührt – Tag und Nacht mit mir herabsteigst, während Amor mich, Dich die Natur alleine leitet, geh Du voran: Deinen Lauf hemme weder Müdigkeit noch Schlaf; und bevor Du dem Meer sein Recht einräumst, sieh, da findest Du grüneres Gras und klarere Luft. Dort ist unsere lebendige und süße Sonne, die Dein linkes Ufer schmückt und beblümt; schmerzt etwa – o welche Hoffnung! – mein Säumen sie. Küß ihr den Fuß oder die schöne und weiße Hand: sag ihr – und das Küssen ersetze die Worte –: Der Geist ist rasch, doch das Fleisch ist müde». Gemeint ist die Rhone, die Petrarca in Vers 2 in irrtümlicher Etymologie auf «rodere»/Nagen bezieht (vgl. den Kommentar von Geraldine Gabor in F. Petrarca: Canzoniere, S. 1017f).

15 Vgl. dafür Hugo Friedrich: Epochen der italienischen Lyrik. Frankfurt/M. 1964, und Rainer Warning: Imitatio und Intertextualität. Zur Geschichte lyrischer Dekonstruktion der Amortheologie. In: K. W. Hempfer und G. Regn (Hg.): Interpretation. Das Paradigma der europäischen Renaissance-Literatur. Festschrift für Alfred Noyer-Weidner zum 60. Geburtstag. Wiesbaden 1983, S. 288–317.

16 Vgl. auch Graham, S. 58.

17 So etwa Staiger, Bd. 2, S. 447.

18 Platon, Symposion 202D-E (Sämtliche Werke Band 2. In der Übersetzung von Friedrich Schleiermacher hg. von W. F. Otto u. a. 10. Aufl. Reinbek bei Hamburg 1980).

19 Platon, Symposion 196E.

20 Gundolf, S. 577f.

Klaus Reichert

Fragendes Verstehen. Zu Paul Celans Gedicht «Psalm»

Name und Werk Paul Celans sind seit seinem frühen Gedicht «Todesfuge»[1] untrennbar mit der Thematik der Vernichtung des jüdischen Volkes verbunden. Sie ist aus keinem seiner Gedichte wegzudenken, auch wenn nicht ausdrücklich von ihr die Rede ist. Celan schreibt aus dem Grauen heraus – nicht darüber und nicht über es hinweg. Er ist sich der Unangemessenheit der Ästhetisierung eines Geschehens bewußt, das sich der Beschreibung entzieht. Von Band zu Band werden seine Gedichte dunkler, verschlossener, ‹hermetischer› und verweigern sich dem Verstehen. Gerade dadurch nähern sie sich aber, als Gedichte, dem Unbeschreiblichen, das außerhalb von ihnen liegt: Sie erschaffen die Unbeschreiblichkeit, die Abbildlosigkeit, im Prozeß des Gedichts selber. Begrifflich gesprochen läßt sich Celans Verfahren eines der Negation, des Paradoxons, der Aporie nennen. Solche Begriffe berühren sich mit dem, was Adorno als die einzig legitime Bestimmung des Kunstwerks heute gelten ließ: ihre Negativität. Zugleich stehen sie dadurch in der Tradition der Sprach- und Erlebnisfiguren, wie sie von der jüdischen und christlichen Mystik ausgearbeitet wurden. Mit Sprachartistik oder L'art pour l'art, gegen die beide Celan sich sträubte, haben sie jedenfalls nichts zu tun.

Im folgenden wird der Versuch gemacht, im hermeneutischen Dialog von Frage und Antwort etwas von der Dunkelheit des Gedichts «Psalm» aus dem Band «Die Niemandsrose» aufzuhellen und dabei bewußt zu halten, daß es den Schlüssel zum Verstehen dieses Gedichts nicht gibt, ebensowenig wie zu dem seines Anlasses.

Psalm

Niemand knetet uns wieder aus Erde und Lehm,
niemand bespricht unsern Staub.
Niemand.

Gelobt seist du, Niemand.
Dir zulieb wollen
wir blühn.
Dir
entgegen.

Ein Nichts
waren wir, sind wir, werden
wir bleiben, blühend:
die Nichts-, die
Niemandsrose.

Mit
dem Griffel seelenhell,
dem Staubfaden himmelswüst,
der Krone rot
vom Purpurwort, das wir sangen
über, o über
dem Dorn.[2]

Der Titel des Gedichts ist klar und eindeutig; er lenkt die Erwartung des Lesers in eine ganz bestimmte Richtung: Ein Psalm ist ein Lied, zum Preise Gottes und seiner Schöpfung gesungen, und gehört in den größeren Zusammenhang des Alten Testaments bzw. ist in seinem Kanon überliefert. Im biblischen Kontext steht auch die erste Zeile, deren Aussage eindeutiger, so scheint es, nicht sein könnte: «Niemand knetet uns wieder aus Erde und Lehm». Der Vers erinnert an die Schöpfungsgeschichte – die Erschaffung Adams aus «Erde und Lehm» – und konstatiert lakonisch, daß dieses Werk nicht noch einmal unternommen wird, daß die Schöpfung geschehen ist, unwiederbringlich. Aber wer ist das Objekt des Satzes: «uns»? Sind «wir», wir alle, die Leser, die Angesprochenen? Oder impliziert der alttestamentarische Verweis des Titels eine Einschränkung: «wir», d.h. die Juden? Sind «wir» die Lebenden, die nicht noch einmal geschaffen werden können, weil «wir» ja «sind»? Oder sind «wir» die Toten als die, die den Schöpfungskreislauf durchlaufen haben? Der Vers ruft diese Fragen hervor – zu beantworten sind sie nicht, oder zumindest noch nicht. Und so hat sich dieser klare und eindeutige Aussagesatz in eine mehrdeutige Frage verwandelt.

Der zweite Vers, noch einfacher gebaut als der erste, scheint zumindest der letzten der Fragen die Richtung zu geben: «Niemand bespricht unsern Staub.» Sind es nicht die zu Staub gewordenen, von denen die Rede ist? Es ist das Wort «Staub», das in diesem Zusammenhang vielfältige biblische Erinnerungen aufruft: Der Mensch sei vom Staub genommen und werde wieder zu Staub. Damit aber aus dem Staub ein Mensch werde, bedarf es – auch dies verweist zurück auf die Schöpfungsgeschichte – der Beseelung durch Gott, des göttlichen Atems. Eine Stelle in den Psalmen Davids bezeichnet die Bindung des Menschen an den göttlichen Atem, ohne den er zu Staub würde: «Verbirgst du dein Angesicht, so erschrecken sie; du nimmst weg ihren Odem, so vergehen sie und werden wieder zu Staub. Du lässest aus deinen Odem, so werden sie geschaffen, und du erneuest die Gestalt der Erde» (104, 29–30; Luther). Wenn also niemand den Staub beseelt, kann ein Mensch nicht daraus erstehen. Nun heißt es aber: «unsern Staub», d. h., da war oder ist ein «wir», das noch aus dem Staub spricht – entseelt im doppelten Sinne: gestorben und der göttlichen Herkunft verlustig gegangen. Oder aber – und auch diese Lesart ist möglich, denn sonst könnte das «wir» nicht sprechen –: ein auf seine Kreatürlichkeit reduziertes «wir». Beide Verstehensmöglichkeiten schließen einander nicht aus, sondern sind in eins gesetzt: Gestorbensein und schieres Dahinvegetieren sind ununterscheidbar. Der Schöpfungsgedanke scheint an ein Ende gekommen: nicht durch den Tod, der ja in einem natürlichen Kreislauf steht, sondern durch das Ausbleiben – oder das Versagen – dessen, was den Menschen Mensch sein läßt, selbst im Tod. Ein Wort in diesem Vers ist unbesprochen geblieben: «Niemand *bespricht* unsern Staub.» Die Alltagsbedeutung wird vielleicht zuerst verstanden werden: Niemand spricht über «unsern Staub», eine Mauer des Schweigens umgibt «uns», und hierdurch und durch das Ineins von Tod und Entmenschung wird die Celansche Thematik, nicht nur dieses Gedichts, unüberhörbar. «Besprechen» hat aber auch, und hier vielleicht zuerst, einen magischen Sinn: Wunden wurden, in den alten Traditionen vieler Völker, «besprochen», um sie zu heilen. Es gibt die weitergehende Vorstellung, durch ein «Machtwort» Unbelebtes zu beleben, zu schaffen. Gott «ruft» seine Schöpfung «hervor». Den Menschen hat er zwar anders erschaffen, hat ihn aus Materie gebildet und ihm dann seinen Geist eingehaucht, in vielen jüdischen Auslegungen aber war immer das Wort das Ursprüngliche, die Schöpfung ist mit und aus Worten gemacht, wie es noch zu Beginn des Johannes-Evangeliums heißt: «Im Anfang war das Wort und das Wort war bei Gott und Gott war das Wort. (...) Und das Wort ward Fleisch.» Wenn Celan also die Menschwerdung aus dem Wort negiert – will er dann damit sagen, daß das Schöpfungswerk unwiederholbar ist, oder stellt er, radikaler, die Schöpfung aus dem Wort überhaupt in Frage als illusionäre Sinngebung der Nichtigkeit der Menschenexistenz? Und schließlich ist es möglich, «Staub» vom Ende her zu denken: «Niemand» ist da, der die Toten aussegnet und in eine verheißene höhere Wirklichkeit entläßt; sie sind Staub und nichts sonst.

Blicken wir zurück auf die ersten beiden Zeilen des Gedichts, deren scheinbar eindeutige Aussagen sich im Nachhorchen in ein vieldeutiges Fragen verwandelten, so läßt sich eine erste Antwort versuchen: Die Verse sprechen von einer gottfernen Welt, Anfang und Ende von «uns» sind aus der Schöpfung gefallen, die Stelle Gottes hat «niemand» eingenommen. Ein Psalmeneingang als seine eigene Negation? Dreimal ist das «Niemand» durch seine Stellung betont gesetzt; in der dritten Zeile steht es sogar allein, als liefen die Zeilen zu auf dieses emphatisch gesetzte «Niemand», von dem sie ihren Anfang nahmen.

In der ersten Zeile der nächsten Versgruppe steht das Wort noch einmal, wiederum an exponierter Stelle, aber es ist in ein personifiziertes Nomen verwandelt: «Gelobt seist du, Niemand.» Das ist ein Bruch, ein Sprung, der alles bisher Verstandene in Frage stellt. Haben wir also falsch gelesen? Nein, denn das Wort war ja zunächst nur pronominal verwendet im Sinne eines ‹Keiner› und bezeichnete die Abwesenheit eines ‹Jemand›, dessen Negation. Wenn das Wort aber jetzt personifiziert erscheint, als ansprechbarer, angerufener Name gesetzt wird, ist die erste Bedeutung nicht ausgestrichen, sondern sie wird ergänzt und tiefer gefaßt. Die Negation ist nicht schlicht leer, nicht reine Abwesenheit, sie ist ein positiv gesetztes Etwas, das einen Namen hat, die Anwesenheit einer Abwesenheit (vorstellbar vielleicht wie ein amputiertes Glied, das gleichwohl spürbar bleibt). Ohne die erste Verwendung des Wortes wäre die zweite nicht als Schock erlebbar (oder die zweite nicht ohne die erste). Anders als im ‹klassischen› Gedicht, in dem sich im Leseprozeß die Bedeutungen allmählich herausbilden, inszeniert das Celansche Gedicht immer wieder einen Positionswechsel: Der Leser muß lernen, einmal gewonnene Bedeutungen wieder in Frage zu stellen, die Richtung seines Fragens zu ändern. Das Gedicht erhält dadurch eine Bedeutungsvielfalt, die nichts mit logischer Kohärenz und schon gar nichts mit einem außerhalb des Gedichts vorfindlichen referentiellen Bezug zu tun hat: Das Gedicht schafft sich seine eigene Wirklichkeit, die sprachlich hergestellt ist. Der Dichter schaltet mit den Wörtern und ihren Arten wie mit Schöpfungsmaterial und ordnet sie nach seinen Regeln.

Wenn wir schon im dreifachen «niemand» des Anfangs den abwesenden Gott vermuteten, so bestätigt sich das in der Anrufung des Namens «Niemand», zumal in einem Vers, der wie eine Davidsche Gottespreisung formuliert ist. Gott als ein Niemand klingt wie ein Hohn, und der Preis wird dadurch nur um so bitterer. Ist es erlaubt, eine sarkastische Fassung Gottes als Niemand mitzudenken, wie sie William Blake in seinem Wortspiel «Nobodaddy» wendet? In seinem Gedicht

«To Nobodaddy» heißt es: «Why art thou silent & invisible, / Father of Jealousy? / Why dost thou hide thyself in clouds / From every searching Eye?»[3] Vielleicht artikuliert das Schweigen und die Abwesenheit des Blakeschen «Nobodaddy» etwas, das auch Celans «Niemand» zugrunde liegt, aber angesichts des Geschehenen nicht mehr gesagt zu werden braucht, nicht mehr gesagt werden kann, weil es jenseits der Artikulationsschwelle liegt, die keine Begrifflichkeit erlaubt, sondern nur die Konkretion des Gedichts. Daß Celan die Blake-Stelle kannte, läßt sich nicht belegen – bei einem Dichter seiner Kenntnisbreite ist es aber auch nicht auszuschließen. Für unser Verständnis des Gedichts ist es auch unerheblich; denn einerseits brauchen wir Blake nicht, um Celans «Niemand» und was es einschließt zu verstehen, andererseits ist es hermeneutisch zulässig, den Assoziationen zu folgen, in deren Feld ein semantisch vieldeutiger Text steht; auch wenn er nicht ausdrücklich darauf verweist, sagt er doch stets mehr – vielleicht sogar anderes – als vom Autor intendiert.

Eine weitere Assoziation mag sich einstellen: Einer, der sich «Niemand» nannte und so von einem, den er verstümmelt hatte, ohnmächtig angerufen wurde, war Odysseus, «outis», der Listenreiche, der Verschlagene im doppelten Sinne, der göttliche Dulder, einer, in dem das Leid und dessen Überwindung durch einen kunstreichen Geist sich verschränken. Diese Assoziation führt zunächst weg vom bisher erreichten Verstehen. Wäre damit nicht die ganze ‹Laufrichtung› unserer Lektüre geändert – Mythologie statt Theologie? Auch so freilich ließe sich ein Verstehen versuchen – mit dem, der nicht wieder knetet, könnte der menschenerschaffende Töpfergott Prometheus gemeint sein, und der mythische Akt des Besprechens ist ohnehin eher mit mythisch-folkloristischen Vorstellungen verbunden als mit denen, die man als religiös zu bezeichnen gelernt hat. Trotzdem berührt sich diese Linie höchstens tangential mit dem Gedicht. Und dennoch kann Odysseus fungieren wie die imaginäre Zahl i, die nach Benutzung wieder wegzukürzen ist.[4] Mit Odysseus im Sinn verstehen wir nämlich «Niemand» nicht einfach nur als die Verleugnung oder Auslöschung des Namens, sondern zugleich als den Schlüssel zu diesem. Hätte der Polyphem im «ou-» des Namens das Synonym «me-» mitgehört, hätte er mit dem neuen Wort «metis», der List, verstanden, wen er vor sich hat. Ähnlich können wir bei Celans «Niemand» zurückfragen nach der Wurzel und erfahren, daß es «nicht ein Mann» heißt, und wenn wir das wörtlich nehmen, wie es poetischen Verfahren, den Celanschen zumal, eigen ist, können wir folgern: «nicht ein Mensch, sondern – Gott». So gesehen wäre also der Name «Niemand» als Negation einer Negation, als Litotes, der – oder ein – Name Gottes. Niemand ist in eins die Streichung Gottes als eines Niemand und die Setzung des Gottesnamens als «Niemand». Das erste ist alltäglicher Sprachgebrauch, das zweite kabbalistische Lehre. Nach den Vorstellungen der jüdischen Mystiker des Mittelalters ist die höchste Form Gottes – genannt «Ein-Sof», der «Ewige» – das dem Menschen nie begreifliche, unvorstellbare Nichts, das freilich nicht leer ist, sondern unendlich gefüllt, eine Substanz in einer anderen als dem Menschen zugänglichen Dimension. «Niemand» ist dann die Personifikation dieses Nichts, und Celans Vers, der sich in einer ersten Schicht wie eine Verhöhnung des Gottesnamens las, kann jetzt als das gelesen werden, was er sagt, als Lob des Unbegreiflichen, Erfüllten, Einen, des noch Ungeschiedenen vor der Schöpfung.

Nehmen wir eine weitere kabbalistische Vorstellung hinzu, die Lehre vom «Zimzum», von der Kontraktion Gottes in sich selbst, durch die die Schöpfung entstand. Dieser Rückzug hat überall seine Spuren hinterlassen – die Splitter seiner Manifestationen sind in der Welt versprengt, was einerseits heißt, daß er in allem Geschaffenen gegenwärtig ist, ihm einwohnt, zugleich andererseits, daß er nicht mehr bei sich ist, sondern, wie das Volk seines Bundes, im Exil. Es gibt bei den Kabbalisten eine reichhaltige Literatur über die Klage der «Schechina», der göttlichen Präsenz, die personifiziert vorgestellt ist, im Exil.

Umwegig wie dieser Exkurs zur Kabbala erscheinen mag, er erleichtert uns doch das Verständnis der folgenden Zeilen: «Dir zulieb wollen/wir blühn./Dir/entgegen.» Zunächst klingen diese Verse wieder wie ein Hohn – die absurde Gabe aus dem Staub an «Niemand», die Verkehrung des Toten in etwas Lebendiges, vielleicht als die emphatische Setzung eines Dennoch, das sich in dem betont gestellten «wollen» ausspricht. Aber wenn wir das über die göttliche Präsenz, die «Schechina», Gesagte hinzudenken, läßt sich das Gemeinte zugleich anders fassen. «Niemand» ist arm und verloren auf der Welt, ist auf die Zuwendung der «wir» angewiesen, auch auf deren Zeugenschaft, ohne die «Niemand» nicht wäre. Die «wir» blühen nicht für sich, verbleiben nicht in ihrem Staub, sondern für den anderen, für «Niemand». In der tiefsten Erniedrigung, der Vernichtung, gibt es (noch?) ein Du, dem «zulieb», dem «entgegen» neues Leben – pflanzlich, keimhaft, anfänglich – entstehen will. Es ist eine Verbindung hergestellt von «wir» zu «Niemand», ein Zueinander, eine Näherung, so wie die Pflanze – und das ist in den Versen nicht als Vergleich gesagt, sondern als Aussage – dem Licht entgegenblüht, da es sie anzieht. Eine zweite Bedeutung von «entgegen» darf freilich nicht überlesen werden, die des Dawider, so daß das «entgegen» des Verses den Gegensatz faßt: Annäherung und Entgegensetzung. Damit sind wir wieder bei dem inneren, dem unaufhebbaren Widerspruch des «Niemand», das niemanden und den allgegenwärtig-fernen Gott bezeichnen sollte, Tilgung und Setzung in eins. So blühen «wir» diesem Doppelten, diesem unvermittelbaren Widerspruch «zulieb», nähern «uns» ihm an und setzen «uns» ihm zugleich entgegen.

Wer oder was dieses «wir» ist, wird im nächsten Abschnitt des Gedichts gesagt: «Ein Nichts/waren wir, sind wir, werden/wir bleiben, blühend:/die Nichts-, die/Niemandsrose.» Das «wir» ist also zunächst als «ein Nichts» bestimmt, und zwar nicht auf Grund eines bestimmten Ereignisses, das hereingebrochen ist, sondern schon von Anfang her und in alle Zukunft. Das klingt wie die verzweifelte Klage Hiobs über die absolute Nichtigkeit der menschlichen Existenz, in ebenso elementaren wie unwidersprechbaren Wörtern hergesetzt, wie in eine Gesetzestafel gegraben. Die drei Zeitstufen erinnern aber zugleich an die Offenbarung des Gottesnamens auf dem Berg Horeb. Gott sprach zu Mose (2. Mose 3,14): «ehjeh asher ehjeh», was auf Grund des hebräischen Verbsystems, das unsere Zeitstufen nicht kennt, heißen kann: «Ich bin der ich bin» oder «ich war der ich war» oder «ich werde sein der ich sein werde». Übertragen auf die Celanschen Verse hieße das, daß der Allzeitigkeit Gottes die des «wir» zur Seite steht, ihr korrespondiert, freilich eines «wir» als «ein Nichts». Bezeichnet das die Nichtigkeit des «wir» angesichts der Größe dieses Du? Jedenfalls ist dieses «Nichts» nicht nichts, nicht leer – es ist in die Zeitlichkeit gesetzt, es wird «blühend» genannt, steht also in der grammatischen Form des Partizips, ist mithin nicht nur semantisch, sondern auch grammatisch virulent, in Bewegung.

Wie dieses «Nichts» konkret zu bestimmen ist, wird nach dem Doppelpunkt gesagt: «die Nichts-, die/Niemandsrose.» Nichts und niemand – im alltäglichen Sprachgebrauch wäre das nur eine Verdoppelung, eine Verstärkung durch abgewandelte Wiederholung des Gleichen. Hier ist es die ‹hart gefügte›, weil unvermittelte Gleichsetzung des Entgegengesetzten: «Nicht» und «Niemand», «wir» und der Gottesname, Tiefstes und Höchstes, blühen an einem Stock, sind dasselbe, die mit dem bestimmten Artikel bezeichnete Rose. Das ganze Gedicht, das den großen Hiobswiderspruch zwischen Schöpfer und Geschöpf entfaltete, läuft auf deren Identischsetzung zu. Freilich kommt das nach dem über die erfüllte Leere des Vorschöpfungsgottes und die «Schechina» Gesagten nicht unvorbereitet. Doch war das bisher Ausdeutung durch Bezug auf Vorstellungen, die außerhalb des Gedichts lagen, hier ist es jetzt direkt gesetzt. Die Gleichsetzung ist im übrigen keine starre Identifizierung – sie bleibt in Bewegung: Das «Nichts» des «wir» wird gleichsam zum angerufenen Gottesnamen nobilitiert, und dieser wird auf die Stufe des «wir» heruntergezogen, eine gegenläufige Bewegung. Nehmen wir die zweifache Negation in ihrer gespannten Einheit als Ganze, so ist diese wiederum der Rose, dem lebendigen Widerspruch des durch Nicht-Sein Bestimmten, entgegengesetzt. Die Rose erblüht aus dem Nichts und ist niemand zu eigen, gleichwohl ist sie da – ein gesetztes Sein aus dem und im Nicht-Sein, diesem zuwider.

Die Rose ist die Lieblingsblume der Dichter von jeher. Sie steht für Schönheit und Jugend, Liebe und Vollkommenheit der Form, sie ist die Blume der Himmelskönigin und wird sogar bei Dante zum Bild und Ort ihrer Apotheose, ist als ‹mystische Rose› Symbol der paradoxen Vereinigung mit dem Göttlichen. Andererseits steht sie für Vergänglichkeit, Tod und Grab, ist als rote Rose, wegen der Farbassoziation, Hauptsymbol der Märtyrer. Sie ist also schon in der Tradition antithetisch besetzt, steht aber immer für anderes – bei Celan ist sie ‹auf den Begriff gebracht›, in *ein* Denkbild zusammengezogen und steht oder ist für sich. Möglich ist, daß ihm ein anderer Dichter, der ihm viel bedeutete, bei dieser Fassung der Rose vorangegangen ist. Rilkes «Grabspruch» von 1925 lautet: «Rose, oh reiner Widerspruch, Lust,/Niemandes Schlaf zu sein unter soviel/Lidern.»[5]

Läßt sich dies vielleicht sogar als Hinweis lesen, in welche Richtung Celans für sich stehende Rose – zumindest: auch – zu denken sei, aus welcher sie kommt? Rilkes Rose heißt «reiner Widerspruch», faßt also begrifflich, was Celan vorführt. Rilke bestimmt dann den Widerspruch konkret: Niemandem gewährt die Rose Schlaf, obwohl doch alle Voraussetzungen dafür gegeben sind, sie hält wach, läßt die Augen offenstehen, obwohl so viele Lider geschlossen sind. Daß die Rose nicht ruhen läßt, stilisiert sie in einem Grabspruch zu einer Figur des Weiterlebens, vielleicht im Gedächtnis. In ihr wäre auseinandergesetzt, was bei Celan beim Namen genannt ist. Von Rilke her gedacht, erinnert «die Nichts-, die/Niemandsrose» die Schlaflosigkeit, ist Einspruch gegen das Vergessen. Freilich hat Celan Rilke weitergedichtet, und es ist mitzulesen, was von Rilke bis Celan historisch geschah: Das Nicht-zur-Ruhe-Kommen im Tod, diese Aporie des Ungeheuerlichen, ist historisch konkret geworden. Die «Lust», die Rilkes «reiner Widerspruch» auslöste, ist in Celans Aporie als «Schmerz» mitzulesen, ohne daß das gesagt werden müßte, da es ohnehin dem Ton des Gedichts abzuhören ist. (Auch solche verschleierte Negation gehört zum Verfahren dieses Gedichts, wie wir sahen, indem ein Kontext – wie der des geoffenbarten Gottesnamens – verkehrt wird, ohne überhaupt erst genannt zu sein.) Vor allem ist in Celans Gedicht die Rose nicht mehr dem Sprechenden äußerlich, ist nicht mehr ‹Bild›, das für anderes steht – sie *ist* das «wir», in einer Entbildlichung und Verweigerung ‹uneigentlichen› Sprechens, wie sie vielleicht nur aus dem jüdischen Bilderverbot und der Erfahrung des Leidens eines «wir», das die Fingierungen verschlug, verstehbar ist. Wie zentral im übrigen der unaufhebbare, dialektisch nicht vermittelbare Widerspruch zwischen Auslöschung und Eingedenken – in Celans Fügung: zwischen Staubgewordenem und dem Dennoch des Blühens, des verzeitlichten Weitertreibens – nicht nur für die Poetik dieses einen Gedichts ist, zeigt sich auch daran, daß «Die Niemandsrose» der Titel des Bandes ist, dem das Gedicht entstammt. Wie kein anderer Band vorher und nachher ist dieser – «Dem Andenken Ossip Mandelstams», des in den Lagern Stalins ermordeten geistesverwandten Dichters, gewidmet – von der Thematik der himmelschreienden Vernichtung und dem aporetischen Versuch, das Nichtzufassende dennoch zu fassen, bestimmt. Dafür ist die «Niemandsrose» die Chiffre.

Der letzte Teil des Gedichts benutzt botanische Termini zur genaueren Bestimmung dieser Rose – Griffel, Staubfaden, Krone: «Mit/dem Griffel seelenhell,/dem Staubfaden himmelswüst,/der Krone rot/(...)» Es sind gerade solche Teile der Blüte genannt, die für ihre Fortpflanzung lebensnotwendig sind, keine also, die mit einer ‹ästhetischen› Betrachtung der Rose assoziiert würden. Die Thematik des Lebens aus dem Nichts wird damit fortgeführt, die Verzeitlichung des «Nichts» des «wir» an der Rose entfaltet. Die Erinnerung ans «wir» verdeutlicht, wie die Ausdrücke hier auch zu verstehen sind: Der Griffel ist das Werkzeug des schreibenden Zeugen, der Staubfaden nimmt das Nichts des Staubes wieder auf, verkehrt es aber in ein Organ der Zeugung, wie immer dünn und vielleicht ‹fruchtlos› – ein einzelner Faden – es auch vorzustellen ist. Was in der Blüte eng zusammengehört und aufeinander angewiesen ist, liegt im Assoziationsfeld weit auseinander: Der Mensch ist Staub und ist doch die ‹Krone der Schöpfung› genannt worden. Wieder sind die Gegensätze in eins gezogen. Mit der ‹Krone› dürfen wir vielleicht noch einmal eine kabbalistische Vorstellung in Verbindung bringen: Krone heißt die erste und höchste Manifestation Gottes, sein Heraustreten aus dem Nichts in die Welt. Nach dem, was aus der Gleichstellung von Nichts und Niemand abzulesen war, würde es kaum überraschen, auch in der ‹Krone› der Rose Gottes «Schechina» wiederzufinden.

Hinter «Griffel» und «Staubfaden» stehen Adverbien, die bisher unberücksichtigt geblieben sind – «seelenhell» und «himmelswüst», die einzigen Wortneuschöpfungen im Gedicht. Wie sollen wir «seelenhell» verstehen – hell wie Seelen, von Seelen erhellt? Was soll die Zusammenfügung der beiden Wörter, die offenbar in Analogie zu seelenvoll oder ähnlichen Wörtern gebildet ist? Was heißt hier überhaupt «Seele(n)», was «hell»? Vielleicht hilft die Wortgeschichte weiter, aus der wir erfahren, daß ‹Seele› ursprünglich, bis ins späte Mittelalter, nur für die Abgeschiedenen, für das nach dem Tod vom Körper Getrennte, gebraucht wurde, bevor es die Bedeutung des im Körper Lebenden, ihn ‹Beseelenden›, annahm. Beide Bedeutungen könnten sich in Celans Gebrauch des Wortes verschränken – es wäre dann, wieder, das sich Ausschließende in eins gedacht. Und «hell»? Das hängt mit ‹hallen› zusammen, könnte somit auch Widerhall und Nachhall assoziieren und verbindet Akustisches – die durchdringende Stimme –, Visuelles – die Helle im Gegensatz zur Finsternis – und Bewußtseinsmäßiges – den klaren, scharfen Verstand. Alle drei Bedeutungsschichten, die einen hohen Intensitätsgrad, eine nicht zu betäubende Wahrnehmung, bezeichnen, sind Qualitäten der lebendig-toten Seele(n), die den Griffel führt. Das eine Wort «seelenhell» bringt das hellwache Eingedenken auf die bündigste Formel. Zugleich mag auch die Erinnerung an die Schöpfung, mit der das Gedicht einsetzte, hereinspielen, wiederum in bestimmter Negation. «Es war finster auf der Tiefe», heißt es zu Beginn des Schöpfungsberichts – in Celans Gedicht herrscht kein Urdunkel, sondern die Helle, die der Schöpfung vorausliegt oder an ihrem Ende steht. Vielleicht ist dies das «Licht vom unerschöpften Lichte», der Glanz von Gottes Thron, mit dem der christliche Kabbalist Christian Knorr von Rosenroth die Morgenröte bezeichnete[6] – Anbruch des Neuen und Hereinbrechen einer Dimension, die das menschliche Fassungsvermögen übersteigt, gleichwohl vom «Griffel» festgehalten werden muß. Die Verbindung zur Schöpfung wird noch deutlicher in «himmelswüst». Unmittelbar vor der zitierten Moses-Stelle heißt es: «Und die Erde war wüst und leer», wobei Luther mit «wüst und leer» das hebräische «Tohuvabohu», das Urchaos, übersetzt. Celan kehrt das um: Nicht die Erde ist «wüst», sondern der zuerst, vor der Erde, geschaffene Himmel. Das ist nichts weniger als eine Zurücknahme oder Verkehrung des Schöpfungsberichts: «da oben» ist schon das Chaos, nicht erst in der Menschenwelt. Oder umgekehrt: Das hier Geschehene hat zum Himmel geschrien, der dadurch nicht länger fern und ungreifbar ist, sondern in den Strudel des Chaos hineingezogen wurde. Mit «himmelswüst» ist der «Staubfaden» näher bestimmt: Die winzige Partikel, von der Leben seinen Anfang nimmt, entstammt dem Chaos, dem Ungeschiedenen jenseits aller Sinngebung. Wieder läßt sich sagen, daß eine Einheit des Unvereinbaren hergestellt ist: organische Organisation und deren wüster – das heißt auch: verwüsteter –, leerer, amorpher Grund und Ausgangspunkt.

Noch fehlt die nähere Bestimmung der Krone. Sie ist «rot/vom Purpurwort, das wir sangen/über, o über/dem Dorn.» Nicht aus sich selbst ist diese Rose rot erblüht, sie ist rot durch ein Wort, das «Purpurwort». Purpur paßt zunächst zu Krone, denn es ist die Farbe der Könige; purpurn war das Gewand des jüdischen Hohepriesters und der Vorhang vor dem Allerheiligsten im Tempel; vor allem ist Purpur die Farbe der christlichen Trauer, der Passion, als Farbanalogie zu dem am Kreuz vergossenen Blut. Jesus ist das fleischgewordene Wort – wir erinnern uns an den schon zitierten Satz aus dem Johannes-Evangelium –, und Celan zieht Menschwerdung und Märtyrertod in dem einen «Purpurwort» zusammen. Es ist aber wohl kein christlicher Jesus, der hier aufscheint, sondern der jüdische Prophet und der Rabbi, ein Schriftdeuter, der die toten Buchstaben zu neuem Leben erweckte, und die totgesagten Menschen dazu, durch das Wort. Das «Purpurwort» ist es, das die Krone gerötet hat, die Krone als Höchstes der Rose, die «wir» sind, das heißt: Passion, Tod und erweckendes Wort sind eins mit und in «uns». Zugleich ist es wieder von «uns» geschieden, denn «wir sangen» es, haben uns seiner entäußert, haben es bezeugt. Dabei ist wichtig zu merken, daß nicht von etwas gesungen wird – es wird gesungen: Das Gedicht selbst ist Ausdruck des «Purpurworts», ist es selber und bildet keine Wirklichkeit ab, die außerhalb des Gedichts zu suchen wäre. Gesungen wird das Wort «über, o über/dem Dorn.» Die Wiederholung erinnert daran, daß das Gedicht in einer Liedform, der des Psalms, geschrieben ist. Sie betont zugleich den Ort des Gesangs, einen Ort in der Luft, schwankend also und dem «Dir» entgegenblühend, mit dem «o», dem reinen Schmerzlaut, zwischen «über» und «über». Der «Dorn» verbindet sich mit «Krone» und gehört seit jeher zum Bild der Rose als Memento der Sterblichkeit und des Schmerzes gerade in dem, was diese vergessen zu machen scheint. Und dennoch erhebt sich der Gesang darüber, auch als Einspruch dagegen, im Schmerz tonlos zu verharren.

Wir sind damit am Ende der Interpretation dieses Gedichts. Wir haben versucht, es fragend zu verstehen und die Fragen selbst immer wieder in Frage gestellt. Die Dialektik von Frage und Antwort ist stets die Grundfigur des hermeneutischen Prozesses gewesen[7], und sie ist diesem Gedicht, das auf einer Bedeutungsvielfalt und Ketten von Negationen aufbaut, besonders angemessen. Auf einer oberen Ebene ist das Gedicht sehr einfach: Es preist als ein Psalm denjenigen, der nicht noch einmal die Schöpfung unternimmt, und hält ihm, wie einen paradoxen Einspruch, die Rose entgegen, die aus dem Nichts blüht und «wir», die im Gedicht Sprechenden, selbst sind. Doch die Einfachheit trügt; in den tieferen Schichten ist das Gedicht äußerst komplex. «Niemand» ist nicht niemand, sondern signalisiert die Anwesenheit eines Abwesenden; «Nichts» ist nicht nichts, sondern eine von «unsern» Stimmen erfüllte Leere. Der in der Interpretation extrapolierte Gottesname ist dem «wir» entgegengesetzt und fällt zugleich mit ihm zusammen. Die Rose bildet eine Einheit aus Negation und Setzung, Nicht-Sein und Lebendigkeit. Auf eine kurze Formel gebracht, ließe sich sagen: Das Gedicht gestaltet den unaufhebbaren Widerspruch zwischen Auslöschung und Eingedenken, es versucht, das Nichtzufassende zu fassen. Das Gedicht antwortet auf die Unbeschreiblichkeit eines historischen Geschehens gerade dadurch, daß es nicht in einem referentiellen Bezug zu ihr steht, sondern sich seine eigene Wirklichkeit erschafft: Die Aporie, das sich Ausschließende, bestimmt in immer neuen Setzungen und Gegensetzungen die Bewegung des Gedichts selber und ist damit auch eine Antwort auf die Möglichkeit des Gedichts nach Auschwitz.

Ein solches Verstehen des Gedichts basiert freilich nicht auf dem Gedicht allein. Es setzt viel Vorverständnis voraus, wodurch Herkunft und Richtung des Celanschen Dichtens, schon vor der Lektüre dieses einen Gedichts, bestimmt sind. Zugleich mußten wir immer wieder über das Gedicht hinausfragen, weil sein Auslegungsspielraum Assoziationen auslöste, auf die andere Texte eine Antwort geben mochten. So haben wir Stellen aus dem Schöpfungsbericht einbezogen und aus einem Psalm, Vorstellungen jüdischer und christlicher Mystik, Gedichte von Blake und Rilke. Das ist nicht Willkür, sondern bei einem so immens belesenen Dichter wie Celan erwartbar. Auch wenn sich im einzelnen nicht belegen läßt, daß er diese oder jene Anspielung bewußt im Sinn hatte, dürfen sie doch für die Interpretation fruchtbar gemacht werden, bedeutet ein Gedicht doch stets mehr – und vielleicht sogar anderes, wie die Dekonstruktivisten herausgearbeitet haben – als vom

Autor intendiert. Es steht in einem mehr oder weniger vielfältigen Bezugsfeld mit anderen Texten, ist intertextuell verstrebt.

Celans Lyrik wird oft ‹hermetisch› genannt, obwohl er selbst diese Kennzeichnung ablehnte. («Ganz und gar nicht hermetisch», schrieb er seinem englischen Übersetzer Michael Hamburger in ein Exemplar der «Niemandsrose».) Hermetisch meint dunkel, verschlossen, nur einem kleinen Kreis von Eingeweihten zugänglich. Das Wort leitet sich her von Hermes – genauer: von dem dreifach großen Hermes, Hermes Trismegistos –, unter dessen Namen als Autor einige spätantike Schriften zusammengefaßt sind, die die Geheimnisse der Schöpfung und der Welt, Gottes und der kosmischen Sphären zum Thema haben. Auf Poesie übertragen wurde der Ausdruck erst in den 30er Jahren dieses Jahrhunderts zur – negativen – Kennzeichnung des lyrischen Stils Giuseppe Ungarettis, eines Dichters übrigens, den Celan später übersetzt hat. Damals stellte sich die Frage nach der Legitimität sprachlicher Selbstreflexion auf Kosten ihrer Kommunizierbarkeit, eine Frage, die sich freilich schon seit Beginn der modernen Lyrik – bei Mallarmé, Rimbaud, Gerard Manley Hopkins – hat stellen lassen. Rehabilitiert wird die Kennzeichnung in der «Ästhetischen Theorie» Theodor W. Adornos, der in ihr geradezu die Verpflichtung einer sich notwendig Kommunikation und Konsum verweigernden modernen Dichtung sieht, wofür ihm Samuel Beckett und Paul Celan die bedeutendsten Zeugen sind. Adorno schreibt: «Die Abdichtung des Kunstwerks gegen die empirische Realität ist zum ausdrücklichen Programm geworden in der hermetischen Dichtung.»[8] Zu Celan im besonderen:

«Diese Lyrik ist durchdrungen von der Scham der Kunst angesichts des wie der Erfahrung so der Sublimierung sich entziehenden Leids. Celans Gedichte wollen das äußerste Entsetzen durch Verschweigen sagen. Ihr Wahrheitsgehalt selbst wird ein Negatives. (...) Die unendliche Diskretion, mit der Celans Radikalismus verfährt, wächst seiner Kraft zu.»[9]

Solche Bestimmungen verweisen auf den Ort, wo hermetische Gebilde – auch gesellschaftlich, politisch und im Kontext einer Kultur – stehen; Verständnishilfen bieten sie nicht. Dunkle oder verschlossene Gedichte hat es in der Geschichte immer wieder gegeben – wie lassen sie sich abgrenzen von den ‹modernen› einerseits, den ‹klassischen› andererseits? Auf eine kurze Formel gebracht, lassen sich ältere dunkle Gedichte bestimmen als Spiele mit dem Nichtverstehen des Lesers; es gibt in der Regel einen Schlüssel – ist der gefunden, erschließt sich das Gedicht, was nicht heißt, daß ein Verstehen sich problemlos ergibt; doch letzten Endes ist es konsensfähig. Auch ‹klassische› Gedichte, andererseits, kennen Auslegungsspielräume, aber ihre Realisierung ist in der Regel von hermeneutischen Paradigmenwechseln bedingt. (Im Falle Goethes etwa: von der Erlebnislyrik über deren idealistische, ‹allgemeingültige› Deutung zur Herausarbeitung des Spiels mit topischen Bildtraditionen und deren Reflexion.[10]) Im modernen hermetischen Gedicht ist der Auslegungsspielraum ungleich größer, und zwar so, daß er nur noch partiell vom Text determiniert ist. Es dürfte aufgefallen sein, daß in unserer Interpretation häufig ‹vielleicht› steht, häufig Konjunktiv- und Konditionalformen verwendet sind. Die Interpretation ist also nur eine Annäherung unter verschiedenen möglichen, die nebeneinander bestehen können, nicht vom Nacheinander wechselnder Paradigmen bedingt sind. Gadamer spricht in seinem Celan-Kommentar von der «Konvergenz und Äquivalenz von Verständnisebenen, die alle ‹richtig› sind.»[11] Das heißt, es stellt sich hier nicht mehr die Frage der ‹richtigen› oder ‹falschen› Auslegung. Das Gedicht löst im Leser Fragen aus, auf die es unterschiedliche Antworten parat hat, Antworten, die wieder zu neuen Fragen führen, die auch davon mitbestimmt sind, was der Leser ‹weiß› oder erwartet. Freilich muß er bereit sein, Wissen und Erwartung immer wieder vom Gedicht selbst korrigieren zu lassen. Er tritt also in einen Dialog mit dem Gedicht ein. Was dabei entsteht, ist ein Gebilde eigener Art, das ebensowohl von der Vielschichtigkeit des Textes wie von der Produktivität des Lesers abhängt. Wie in einem Gespräch kann im Verlauf die Richtung wechseln, werden die Akzente so gesetzt, wie ein anderer Leser sie nicht setzen würde, bleiben lose Fäden, die nicht weiter verfolgt, nicht eingenäht werden. Das Gedicht gibt in einem solchen fragenden Lesen immer nur Splitter seines Geheimnisses preis und zieht sich danach wieder in seine Verschlossenheit zurück.

Literatur

Adorno, Theodor W.: Ästhetische Theorie. Frankfurt/M. 1970.

Friedrich, Hugo: Die Struktur der modernen Lyrik. Hamburg 1956.

Gadamer, Hans-Georg: Wahrheit und Methode. 3. Aufl. Tübingen 1972.

–: Wer bin Ich und wer bist Du? Kommentar zu Celans «Atemkristall». Frankfurt/M. 1973.

Hamacher, W./Menninghaus, W. (Hg.): Paul Celan. Materialien. Frankfurt/M. 1988.

«Hermetismus, hermetisch». Artikel in: Historisches Wörterbuch der Philosophie. Basel/Darmstadt 1974. Bd. 3, Sp. 1075–1078.

Hocke, Gustav René: Manierismus in der Literatur. Sprach-Alchimie und esoterische Kombinationskunst. Hamburg 1959.
Iser, Wolfgang (Hg.): Immanente Ästhetik – Ästhetische Reflexion. München 1966.
Neumann, Peter Horst: Zur Lyrik Paul Celans. Göttingen 1968, insb. S. 53 ff.
Scholem, Gershom: Die jüdische Mystik in ihren Hauptströmungen. Zürich 1957.
–: Kabbalah. Jerusalem 1988 (zu «Nothingness» insb. S. 94f).
Schwarz, Peter Paul: Totengedächtnis und dialogische Polarität in der Lyrik Paul Celans. Düsseldorf 1966.

Anmerkungen

1 Zuerst in dem – wegen sinnstörender Druckfehler wieder zurückgezogenen – Band «Der Sand aus den Urnen» (Wien 1948), dann in «Mohn und Gedächtnis» (Stuttgart 1952, S. 37ff). Jetzt auch in: Gedichte I. Frankfurt/M. 1975, S. 41f.
2 Die Niemandsrose. Frankfurt/M. 1963, S. 23. Auch in: Gedichte I, S. 225.
3 William Blake: Complete Writings. Ed. by Geoffrey Keynes. Oxford 1969, S. 171.
4 Imaginär heißt eine Zahl, die Zahl i, die es nicht gibt und die trotzdem bei bestimmten Rechenvorgängen eingesetzt werden muß, um von einem ‹rationalen› oder realen Ausgangspunkt zu einem ‹rationalen› oder realen Ergebnis zu gelangen. Die Diskussion um die Geheimnishaftigkeit der Mathematik kreist immer wieder um diese imaginäre Zahl in Robert Musils Roman «Verwirrungen des Zöglings Törless».
5 Rainer Maria Rilke: Sämtliche Werke, Zweiter Band. Gedichte, Zweiter Teil. Hg. von Ernst Zinn. Frankfurt/M. 1963, S. 185.
6 In seinem Choral «Morgenglanz der Ewigkeit», in: Evangelisches Kirchengesangbuch. Kassel 1951, Nr. 349.
7 Hans-Georg Gadamer hat in «Wahrheit und Methode» der «Logik von Frage und Antwort» ein eigenes Kapitel gewidmet. Darin heißt es: «Daß ein überlieferter Text Gegenstand der Auslegung wird, heißt bereits, daß er eine Frage an den Interpreten stellt. Auslegung enthält insofern stets den Wesensbezug auf die Frage, die einem gestellt ist. Einen Text verstehen, heißt diese Frage verstehen. Das aber geschieht (...) dadurch, daß man den hermeneutischen Horizont gewinnt. Diesen erkennen wir jetzt als den *Frage*horizont, innerhalb dessen sich die Sinnrichtung des Textes bestimmt. – Wer verstehen will, muß also fragend hinter das Gesagte zurückgehen. Er muß es als Antwort von einer Frage her verstehen, auf die es Antwort ist. So hinter das Gesagte *zurück*gegangen, hat man aber notwendig über das Gesagte *hinaus*gefragt. Man versteht den Text ja nur in seinem Sinn, indem man den Fragehorizont gewinnt, der als solcher notwendigerweise auch andere mögliche Antworten umfaßt. Insofern ist der Sinn eines Satzes relativ auf die Frage, für die er eine Antwort ist, d. h. aber, er geht notwendig über das in ihm selbst Gesagte hinaus» (S. 351f). In unserer Interpretation wurde am Beispiel eines hermetischen Gedichts gezeigt, wie der Fragehorizont

sich immer wieder *verschiebt*: Jede dem Gedicht abgelesene Antwort verwandelte sich in eine neue Frage, die zu einer wieder anderen Antwort führte. Das einzig Konstante des Fragehorizonts ist seine Inkonstanz, der Wechsel von Negationen, die fortschreitend in eins gesetzt sind.

8 Adorno, S. 475.

9 Ebd., S. 477.

10 Vgl. hierzu Thomas Borgstedt: Goethes Sonett «Mächtiges Überraschen», in diesem Band.

11 Gadamer: Wer bin Ich und wer bist Du?, S. 129.

Hans Burkhard Schlichting

Hörspiel

Zur Hermeneutik akustischer Spielformen

> «Wenn ich schwiege, würde ich nichts mehr hören. Aber wenn ich schwiege, würden die anderen Geräusche wieder beginnen, für die mich die Worte taub machten, oder die wirklich aufhörten» (Beckett: Texte um Nichts, 1950).

Unser Ohr ist den eigenen Stimmbändern näher als den Schalleindrükken des Raums. Wer spricht, hört den Körperklang der eigenen Stimme; wer ihr zuhört, hört eine andere. Diesen Unterschied an der eigenen Stimme zu erfahren, ist erst durch akustische Speichermedien möglich geworden. Mit der Reproduktion des Selbstgesagten wird die Ausdeutbarkeit der eigenen Artikulationsweise bewußt. Ungewollte Nebentöne werden hörbar und das Geräuschambiente, das beim Reden in den Hintergrund trat.

«Das Mikrophon ist der Filter für das Sichtbare, also für alles Stoffliche»[1], lautet seit den Pioniertagen ein Kardinalproblem der Radiomacher, «denn die inneren Rhythmen einer unsichtbaren Stimme aufzufinden, die noch nicht einmal ein Sprechen-im-Namen verspricht, setzt große abstraktive Fähigkeiten voraus, die heranzubilden nicht Sache des Radios selbst sein kann.»[2] – Hörspiel heißt die variationsreiche Antwort auf dieses Problem. Denn statt die Mühen der Abstraktion ans

Publikum zu delegieren, machen Hörspielautoren, -dramaturgen, -komponisten, -regisseure und -techniker sie – insofern stellvertretend – zum Gegenstand ihrer Arbeit, deren Ziel nur in plausiblen Lösungen der Form bestehen kann.

Was dem Übertragungsmedium Radio an Körperlichkeit und Visualisierung des Gehörten mangelt, hat seine Entwicklung nicht verhindert, sondern vielmehr seine Imaginationskraft gefördert und mit dem Hörspiel eine *Kunstform* hervorgebracht, die zum Medium selbst gehört. Anders als bei Aufkommen des Fernsehens befürchtet, wurden deshalb die akustischen Spielformen des Radios auch nicht – etwa als vorübergehende Behelfslösung des optischen Defizits – mühelos von der uferlosen Fiction-Produktion der TV-Systeme abgelöst. Vielmehr tendieren einsichtige Reformen der Radioprogramme, die nicht auf deren Selbstabschaffung hinauslaufen, eher zum universellen Hörspiel, zur Anwendung seiner spielerisch entwickelten Verfahren statt zur ‹Ghettoisierung› der Radiokunst. Hörspiel ist in diesem Sinn nicht nur eine wünschbare, sondern eine notwendige Kompensation der Voraussetzungen des Mediums.

Hörspiel – ein magnetischer Text aus dem Radio

> «Für das Hörspiel schreiben, heißt auf Tonband schreiben» (Klaus Schöning, 1969).

Die Grenzen des Hörspiels sind die Grenzen seiner Medien, die es vom Theater ebenso unterscheiden wie von der gedruckten Literatur. Aber innerhalb dieser Grenzen, die im Verlauf der technischen Entwicklung schrittweise expandierten, entwickelten Hörspielmacher meist früher als die Kollegen journalistischer oder musikalischer Ressorts komplexe Vorstellungen von der Eigenwelt des Radios. Dies hängt mit der Tatsache zusammen, daß sich der Rundfunk im Hörspiel am frühesten von der Rolle des Nachrichten- und Übertragungsmediums löste und von sich aus sendbare Ereignisse produzieren mußte: Medien-Ereignisse.

Das geschah bis in die 40er Jahre hinein vorwiegend in Live-Sendungen oder im Abspielen von Plattenmitschnitten aus Studios mit differenzierter Raumakustik und entsprechender Mikrophonausstattung. Konzentrierte sich die dramaturgische Entwicklungsarbeit zunächst ganz auf die akustische Eingängigkeit der Abläufe *vor* den Mikrophonen, so weiteten sich die dramaturgischen und produktionsästhetischen Möglichkeiten mit der fortschreitenden Entwicklung der Studiotechnik. Entscheidende Neuerungen waren die Möglichkeiten der Blende (durch die Einführung des Potentiometers), der Mischung verschiedener Schallquellen (über das Reglersystem des Mischpultes), des Schnitts und der Montage (durch die Einführung schneidbarer Aufnahmen im Lichtton-, dann im Magnettonverfahren), des Playback-Verfahrens (über Mehrspur-Tonband), der mehrdimensionalen Räumlichkeit (über Stereophonie, Quadrophonie und Kunstkopftechnik bis zur elektronischen Raumsimulation), der erleichterten Originaltonaufnahme (durch mobile Bandgeräte von der Nagra-Maschine bis zum digitalen DAT-Kassettenrecorder), schließlich der noch immer expandierenden Entwicklung elektronischer Modulation und Schallerzeugung.[3]

Diese technischen Entwicklungen erweiterten sowohl das Material wie die möglichen Kunstgriffe akustischer Spielformen. Statt der alten Bestimmung des Hörspiels als *literarischer* Gattung in der Nachbarschaft von Lyrik, Epik und Dramatik waren zunehmend *mediale* Kategorien gefordert.[4] Schon 1961 sah Friedrich Knilli die technischen Voraussetzungen gegeben für die Emanzipation aus jeder Abhängigkeit von der Schriftkultur, auf die das Hörspiel nun gewissermaßen in freier Wahl seiner Möglichkeiten rekurriert, von der es sich aber auch abstoßen kann. Aus dieser Alternative entwickelte sich während der 60er und 70er Jahre in deutschen Hörspieldramaturgien die historische Kontroverse um das «Neue Hörspiel», an deren Anfang Knillis provokative Zielvorstellung stand:

> «ein *Totalhörspiel*, das den Illusionismus des herkömmlichen Hörspiels überwindet und die Bühne aus der Phantasie des Hörers in das Zimmer des Zuhörers verlegt, ein *Totalhörspiel*, das von der Vorstellung, Schallvorgänge hätten Schauplätze und Personen abzubilden, befreit ist, ein *Hörspiel*, das ganz in der *Eigenwelt* konkreter Schallvorgänge spielt als ein diesseitiges und totales Schall-Spiel, das der Hörer, der zur *Außenwelt* dieser Schallvorgänge gehört, in ein diesseitiges und totales Hör-Spiel verwandelt.»[5]

Die literaturwissenschaftliche Hermeneutik hat sich – ihrem Selbstverständnis als Wissenschaft vom Text entsprechend – schwergetan mit derart postliteralen Produktionsmitteln und Kunstgriffen der Radiokultur und ihrer ältesten Spielform, des Hörspiels. Solange diese Mittel selbst von schulbildenden Theoretikern und Praktikern des Mediums[6] nur als Hilfsmittel einer Renaissance des dichterischen Wortkunstwerks verstanden wurden, behielt der Text einen unbestrittenen Vorrang vor allen Fragen der medialen Darstellung, deren Beantwortung nicht die Exegeten, sondern die Regisseure, Akteure und Techniker bewegen mochte. Obwohl etwa im Falle der klassischen Hörspiele von Günter Eich meist jeweils mehrere Realisationen[7] vergleichbar gewesen wären, schienen ihre interpretatorischen Rätsel in literaturwissenschaftlicher Sicht doch allenfalls in der Textanalyse selbst lösbar zu sein. Erst relativ spät wurde die Erfassung und Analyse verfügbarer Produktionen zum integralen Bestandteil der ‹Hörspiel-Philologie›[8].

Nicht der Zugang zu den wohlarchivierten Tondokumenten behindert die Ausbildung einer wissenschaftlichen Hermeneutik akustischer Spielformen, sondern das Problem ihrer fachlichen Spezifikation. Denn im Verlauf der Geschichte des Hörspiels wird der – guten Gewissens zuletzt von Heinz Schwitzke unternommene – Versuch einer puristischen Gattungspoetik zunehmend durch Phänomene konterkariert, die sich der literarischen Zuordnung ebenso entziehen wie der direkten sprachlichen Ausdeutung. Wo sich der gesuchte Sinn nicht allein hinter Worten verbirgt, sondern inmitten einer komplexen Geräuschwelt und in einer alles andere als unauffälligen Musik, sind für die Analyse formale Abstraktionen und interdisziplinäre Anleihen gefragt, die oft schon beim Rückgriff auf technische Fachsprachen scheitern. Es ist deshalb kein Zufall, daß der weit überwiegende Teil der tragfähigen Sekundärliteratur zum Thema Hörspiel von den Praktikern des Metiers stammt und sich die Literaturwissenschaft weitgehend auf die – notwendigerweise zurechtrückende – Geschichtsschreibung beschränkte. 1974 beschrieb der amerikanische Literaturwissenschaftler Marc Ensign Cory das wachsende Dilemma der Interpreten:

> «auf der einen Seite das praktische Bedürfnis mit etwas zu arbeiten, das man (als Text) in der Hand hat, auf der anderen die Überzeugung, ‹daß das Kunstwerk Hörspiel eigentlich nur während der Stunde seiner Sendung lebt› (H. W. Krautkrämer).»[9]

Hörspielinterpretationen sind (auch) *Hörweisen* ungeschriebener Texte, deren ‹Beschriftung› in der Magnetisierung von Tonbändern oder Speicherplatten in schreibtischfernen Studios besteht. Auch wenn ein Manuskript der Produktion vorausgeht – und meist ist dies der Fall –, wird die Lektüre ergänzen und in der akustischen Imagination aufbauen müssen, was ungeschrieben ist und worauf allenfalls Regieanweisungen hindeuten: den Tonfall von Stimmen und Worten, die Materialität von Geräuschen und Tönen, musikalische Verläufe, die *akustische Signifikanz* der Text-Details, die Wirkung technischer Mittel, den ‹Klangleib› einer literarischen Anatomie. Dies jedenfalls hat ein Hörspiel-Leser mit dem Inszenator gemein – bestand doch für den BBC-Regisseur Donald McWhinnie «die Aufgabe des Radio-Regisseurs darin, die eigentliche artistische Funktion der Lautformen im Zusammenhang mit der Bedeutung in den Griff zu bekommen»[10].

Wo nicht der «Autor als Produzent»[11] in eigener Sache das Studio betritt, um mit der Hilfe eines technischen Teams buchstäblich «auf Tonband (zu) schreiben»[12], scheint seine Reichweite begrenzt. Es bleibt ihm die *Schrift*, die im Hinblick aufs Radio mit einem dreifachen Mangel behaftet ist:

- mit ihrem akustischen Defizit, ihrer eigenen Stummheit also, aus der heraus Ausdrucksformen ersonnen werden müssen, die
- das optische Defizit des Radios durch die Imaginationskraft akustischer Vorgänge und Stimmen kompensieren,
- deren Mangel an körperlicher Präsenz durch emotionale Intensität, sprecherischen Mimus, räumliche Differenzierung, zeitliche Verdichtung oder ausschwingende Erinnerung, und eine (nicht immer ‹schöntönende›) Musikalisierung von Sprache und Geräuschen ausgeglichen wird.

Gerade dieser dreifache Mangel aber hat die Imaginationskraft der Schreibenden auf eine Weise stimuliert, von der Alfred Döblin gegen Ende des ersten Rundfunkjahrzehnts eine umfassende Regeneration der Literatur erwartete:

> «Der Buchdruck, die Drucktype hat die Literatur und uns alle in einer unnatürlichen Weise zu Stummen gemacht; bestimmt hat dadurch unsere Sprache Schaden genommen; die lebende Sprache ist in ungenügender Weise in die geschriebene eingedrungen, und so hatte die Buchdruckerkunst bei uns offenbar eine Anämie und Vertrocknung der Sprache im Gefolge. Da tritt nun im ersten Viertel des 20. Jahrhunderts überraschend der Rundfunk auf und bietet uns, die wir mit Haut und Haaren Schriftsteller sind, aber nicht Sprachsteller, – und bietet uns wieder das akustische Medium, den eigentlichen Mutterboden jeder Literatur.»[13]

Den von Döblin vorgezeichneten Weg haben seit diesen Pionierzeiten zahlreiche Autoren beschritten, auch wenn sie im Rundfunk selten eine persönliche Produktionsstätte gesucht, sondern meist nur einen Manuskriptabnehmer gefunden haben, der als Produzent zugleich eine neue verlegerische Rolle übernehmen konnte und im weltweiten Netz des Programmaustauschs inzwischen über ein großes literarisches Eigenrepertoire verfügt.

Daß nicht mit jedem Text, der eigens für das Radio geschrieben worden ist, das Medium neu erfunden wird, ist eine Binsenweisheit, die für die Schreibenden freilich mit Einschränkung gilt. Alle professionellen Erfahrungen und patentierten Problemlösungen helfen einem Autor nichts, wenn er sie im Medium Schrift nicht zu einem einlösbaren akustischen Konzept verbindet, das bestehende Konventionen stützen, aber auch verletzen und neue Lösungen provozieren kann. Was dem akustischen Medium selbst am fernsten liegt, ist die Operationsbasis des Textautors: die Stummheit der Schrift, die seine akustische Imagination als ständige ‹Erfindung› des Mediums herausfordert. Insofern reflektiert oder transformiert jeder genuine Hörspieltext seine Voraussetzungen auf besondere Weise.

«Worte und Musik» – die Reichweite der Schrift

> «Die traditionellen Gesellschaften kannten zwei Orte des Zuhörens, und zwar zwei entfremdete: das arrogante Zuhören des Ranghöheren und das servile Zuhören des Untergebenen (oder ihrer Statthalter) (...). Eine freie Gesellschaft ist unvorstellbar, wenn man im vorhinein akzeptiert, in ihr die alten Orte des Zuhörens zu erhalten: die des Gläubigen, des Schülers und des Patienten» (Roland Barthes/Roland Havas: Zuhören, 1976).

«Words and Music»[14] heißt der letzte Text, den Samuel Beckett in seiner Muttersprache für das Radio schrieb[15]: ein Hörspiel, das gerade aus der Schrift heraus alle akustischen Komponenten determiniert, das aber dennoch ‹gehört› werden muß. Es ist im November 1961 entstanden – kaum aus der literarischen Reserve gelockt von der Fülle technischer Möglichkeiten, wie sie Friedrich Knilli in seinem internationalen Querschnitt aus demselben Jahr beschrieb, aber dem dramaturgischen Standard literarischer Hörspiele aus jener Zeit nicht allein durch sein Formniveau voraus, sondern auch durch die eigene Rolle, die hier im buchstäblichen Sinne die *Musik*[16] zu spielen hat. Zwei Jahre zuvor hatte Michel Butor, selbst Hörspielautor und zu Becketts Pariser Umkreis gehörend, an die eigenständigen «darstellerischen Fähigkeiten der Musik» und an die Tatsache erinnert, «daß die gesprochene Sprache, selbst die prosaischste, auf einer musikalischen Struktur begründet ist»:

> «Phänomenologisch gesehen liegt die Musik vor der artikulierten Sprache, ist vor ihr bedeutsam, bleibt sie immer das, was diese möglich macht, selbst wenn wir diesen Ursprung zu vergessen geneigt sind. (...) Die artikulierte Sprache kann von vornher-

ein als besonderer Fall musikalischer Strukturen erscheinen. Die Musik gräbt somit das Bett für den Text, formt den Raum, in dem er auftreten und sich mehr und mehr präzisieren kann.»[17]

Eine erste Bemerkung über sein Projekt notiert Beckett am 16. 2. 1961 unter der Überschrift «Words Music»[18] – eine Keimzelle des Titels und zugleich ein Programm: Wortmusik, Musik der Worte, Worte/Musik, Worte und Musik bestimmen im buchstäblichen Sinn die dramaturgischen Komponenten und Vorgänge des im November abgeschlossenen Hörspiels, das den Interpreten[19] immer wieder die Grenzen einer nur am Wortsinn orientierten Hermeneutik akustischer Spielformen vor Augen geführt hat.

Becketts Text ist ein akustisches Szenario für drei allegorisch bezeichnete Stimmen (‹Worte›, ‹Musik› und ‹Krak›, der ‹Croak› des Originaltextes), von denen eine wortlos bleibt, aber auf musikalische Weise beredt wird. Die Beredtheit von ‹Musik› überläßt Beckett keineswegs der Willkür des realisierenden Komponisten, sondern gibt – insoweit auf den Sprachcharakter von Musik vertrauend – semantisch genaue Anweisungen für die akustischen Ausdrucksbewegungen[20]: vom hörbaren Einsatz des Taktstocks bis zur Motivik und Gestik des Spiels. Insofern weitet sich der dramatische Text – über Gepflogenheiten bei Regieanweisungen in herkömmlichen Dialoghörspielen hinausgehend – zur semantischen Partitur aller akustischen Vorgänge, in der auch der dramaturgische Spielraum für die kompositorischen Lösungen bereits vorgezeichnet ist. Nicht zum Text gehört einzig die Notation des Komponisten, die ihn freilich erst realisierbar macht. Damit kann jede Produktion innerhalb der semantisch festgelegten Grenzen ihrer Musiksprache dennoch in der Wahl von Klangmaterial und Klangstrukturen frei verfahren und sich auf zeitgenössische Hörgewohnheiten einstellen.[21]

Eine männliche Stimme (‹Worte›) und ein Kammerorchester (‹Musik›) führen einen Dialog, in dem sie freilich nicht Herr ihrer selbst sind, sondern durch die Kommandos von ‹Krak› beherrscht werden. Er erteilt ihnen Aufgaben, stellt ihnen Themen, hört zu, unterbricht sie, schlägt unwillig mit einem Stock, läßt sie neu ansetzen. Was allmählich im Gegenspiel der beiden unter Kraks Regime entsteht, ist eine wortmusikalische Komposition. Das Miteinander von Worten und Musik ist das spannungsreiche Ergebnis eines Gegeneinanders[22], das den Ablauf des Hörspiels bestimmt – ein ebenso konkreter wie allegorischer Vorgang, der wegen dieses Doppelcharakters einen offenen Spielraum für Interpretationen läßt. Welche Komponente dabei die Oberhand behält, ist eine Frage, die die Interpreten seit langem beschäftigt. Dabei wurde freilich die akustische Konkretion oft zu leicht übergangen; denn in ihr stellt sich die Frage nach dem Verhältnis von Worten und Musik nicht als Frage nach der Dominanz, sondern nach der Fundierung. Becketts Gesprächsäußerung, daß «es eindeutig mit dem Sieg der Musik endet», entstammt einer mündlichen Weitergabe durch Adorno[23] und ist vielleicht eher im Sinne von Butors zitierter These über die Grammatik der Musik zu verstehen. Tatsächlich «gräbt» auch im Verlauf von Becketts Hörspiel die Musik «das Bett für den Text, formt den Raum, in dem er auftreten und sich mehr und mehr präzisieren kann».[24] Ein akustisches Ambiente, das sich für die anfangs rhetorisch leerlaufenden, dann zunehmend poetisch intensivierten ‹Worte› als tragfähig erweist. Der Beckett-Forscher Kedzierski konstatiert: «Es ist vielleicht das erste Werk Becketts, das nicht eindeutig mit dem Scheitern endet.»[25]

Nicht nur in den Verlautbarungen der drei *dramatis personae* stellt sich eine wechselseitige Abhängigkeit her, sondern auch in ihren – zunächst völlig hierarchisch scheinenden – Haltungen des Zuhörens. Denn die Frage nach den Dominanzverhältnissen ist auch für den Dritten im Bunde nur reziprok zu beantworten. Croak («My Lord») tritt mit geradezu feudalem Nimbus auf, ist aber doch nicht Herr seiner Obsessionen und Gebrechlichkeiten, aus denen ihn allenfalls ‹Worte› und ‹Musik› («My comforts! Be friends!») zuzeiten, aber nie endgültig erlösen können: durch die poetisch-musikalische Beschwörung des «Gesichts» einer unwiederbringlichen Geliebten, dessen Vision ihn plagt. Diese Beschwörung intensiviert sich in drei Etappen: in Versen über das Warten des einsamen Greises – «hockend über dem Herd», in dessen Asche das Gesicht jener Frau auftaucht, «die geliebt nicht zu gewinnen oder gewonnen nicht zu lieben war»; in einem *poème en prose* über jene vergangene Liebesnacht im Roggenfeld, zu der es Croaks Phantasie zurückdrängt; schließlich in einem Gesang über jenen auratischen Augen-Blick nach dem Liebesakt, auf den das Eindringen ins Auge der Geliebten folgt:

«dorthin, wo
alles schwarz, kein Betteln,
kein Geben, kein Wort,
kein Sinn, keine Not,
durch den Feim

hinab, ein kleines Stück,
dahin, woher ein Schimmer
von jenem Quellpunkt.»

‹Worte› und ‹Musik›, im Gesang vereinigt, werden zum fokussierenden Medium von Croaks Gedächtnis, das die Bruchstücke einer längst vergangenen Geschichte preisgibt; aber eben nur Bruchstücke, die sich einer *narrativen* Ausdeutung ebenso entziehen wie das Tableau des Stückes selbst.[26] Gewiß ist, daß auch Croak einen sprechenden Namen trägt, der in der deutschen Übersetzung ‹Krak› nur noch nachklingt, die wörtlich Gekrächze, Gequak heißen könnte, als Verb aber auch: Unheil verkünden, in übertragenem Sinn umgangssprachlich ‹sterben› meint, im Amerikanischen sogar ‹töten›.

Der *sensus allegoricus* der drei Figurennamen, von Beckett überdeutlich ins Spiel gebracht, hat eine Fülle von symbolischen Deutungen des Hörspiels angeregt: als Beziehung des Künstlers (Croak) zu seinen Schaffen-Komponenten, als Wechselspiel von Intellekt oder Bewußtsein (‹Worte›) mit Emotion und Unbewußtem (‹Musik›), schließlich als Drama des psychischen Apparats: Croaks Ich zwischen dem Überich der ‹Worte› und dem Es der ‹Musik›. Zu solchen Extrapolationen des ‹eigentlich Gemeinten› ermuntert der Text selbst, der schon eingangs an den rhetorischen Übungen von ‹Worte› vorführt, daß dem *sensus litteralis* bloßer ‹Worte› nicht zu trauen ist. – Indessen verknüpft der Schlußgesang die Sentenz «kein Wort, kein Sinn» nicht zufällig mit der Versenkung in ein Sinnesorgan: das Auge. Croak schlurft davon und entzieht sich dem letzten Vordringen von ‹Worten› und ‹Musik› in den «Quellpunkt» (wellhead) des Traumas, von dem er nicht loskommt.

Unter den *literarischen* Ebenen, zu denen die Schriftexegese vordringt, kommt ein *medialer* Subtext zum Vorschein. Was Worte und Musik als Künste des Ohrs bewirken, ist eine Beschwörung des inneren ‹Gesichts› ihres ungeduldigen Zuhörers und Auftraggebers. Dieses Gesicht aber stellt sich erst ein, nachdem ihm die anderen, körpernäheren Sinne ins Bewußtsein gerückt sind:

«Alter ist, wenn zu einem Mann,
hockend über dem Herd,
harrend auf das Weib,
daß es den Krug ins Bett steckt
und ihm den Grog bringt,
sie kommt, in der Asche,
(...)

wie in jenem alten Licht,
das Gesicht in der Asche,
jenem alten Sternlicht
auf der Erde nun wieder.»

Die poetische Ersetzung der zerfallenden Sinneseindrücke aus dem einen Sinn des Gehörs ist ein exemplarischer Vorgang, in dem Beckett auf unaufdringliche Weise die Voraussetzungen des eigenen Mediums ins Spiel bringt, das ein Medium des Unsichtbaren bleibt. Durch poetische Repräsentation und Allegorisierung der Sinne findet er eine literarische Lösung dieses Problems der entkörperlichten Einsinnigkeit. Durch die Musikalisierung von Sprache und rein akustischen Komponenten des Hörspiels verläßt Beckett andererseits die traditionelle Domäne der Schrift.

Becketts Lösung – geprägt von einer Überdetermination der Details der akustischen Anatomie, der nur der ‹Klangleib› für Regie und Komposition zu gestalten bleibt – ist noch semantisch und figurativ faßbar. Interpretierbar ist sie nur auf dem Weg über die Form, die die semantischen Partikel einer durchgängigen primären Sinnebene (der ‹Erzählung› einer Geschichte etwa) entzieht, um sie neu zu konstituieren und in ein Spiel zu versetzen, deshalb als ‹schwierig› gilt und abstraktive Anstrengungen verlangt. Aber tatsächlich praktiziert Beckett eine «Musikalisierung der Form»[27], die Rezipienten der Medien heute allgemein vertrauter sein dürfte als manchen auf semantische und figurative Gestaltung fixierten Dramaturgen und Interpreten.

Literatur

Döhl, Reinhard: Das Neue Hörspiel. Darmstadt 1988 (Geschichte und Typologie des Hörspiels. Hg. von Klaus Schöning/WDR. Bd. 5).

Hörburger, Christian: Das Hörspiel der Weimarer Republik. Versuch einer kritischen Analyse. Stuttgart 1975 (Stuttgarter Arbeiten zur Germanistik. Nr. 1).

Klippert, Werner: Elemente des Hörspiels. Stuttgart 1977.

Knilli, Friedrich: Das Hörspiel. Mittel und Möglichkeiten eines totalen Schallspiels. Stuttgart 1961.

Mixner, Manfred (Zusammenstellung): Hörspiel-Positionen. Beiträge zu einer ästhetischen Theorie des Radios. In: Sprache im technischen Zeitalter 29. Jg., Heft 117 der Gesamtfolge (März 1991).

Schöning, Klaus (Hg.): Neues Hörspiel. Frankfurt/M. 1970; Neues Hörspiel O-Ton. Frankfurt/M. 1974; Spuren des Neuen Hörspiels. Frankfurt/M. 1982; Hörspielmacher. Autorenportraits und Essays. Königstein/Ts. 1983.

Schwitzke, Heinz: Das Hörspiel. Dramaturgie und Geschichte. Köln/Berlin 1963.
Thomsen, Christian W./Schneider, Irmela (Hg.): Grundzüge der Geschichte des europäischen Hörspiels. Darmstadt 1985.
Wessels, Wolfram: Hörspiele im Dritten Reich. Zur Institutionen-, Theorie- und Literaturgeschichte. Bonn 1985 (Abhandlungen zur Kunst-, Musik- und Literaturwissenschaft. Bd. 366).
Würffel, Stefan Bodo: Das deutsche Hörspiel. Stuttgart 1978.

Anmerkungen

1 Richard Kolb: Das Horoskop des Hörspiels. Berlin-Schöneberg 1932 (Rundfunkschriften für Rufer und Hörer. Unter Mitwirkung der Reichs-Rundfunk-Gesellschaft. Bd. II), S. 22.
2 Wolfgang Hagen: Hören und Vergessen. Über Nicht-Analoges Sprechen im Radio. In: Friedrich A. Kittler/Georg Christoph Tholen (Hg.): Arsenale der Seele. Literatur- und Medienanalyse seit 1870. München 1989 (Literatur- und Medienanalysen. Bd. 1), S. 148.
3 Einen Überblick gängiger Produktionstechniken des Hörspiels bieten, wenn auch nicht auf aktuellem Stand, Knilli und Klippert sowie diverse Beiträge in den von Schöning herausgegebenen Sammlungen.
4 Vgl. Marc Ensign Cory: Das Hervortreten einer akustischen Kunstform. Zusammenfassung und Ausblick. In: Schöning (Hg.): Spuren des Neuen Hörspiels, S. 191 f.
5 Knilli, S. 8.
6 So die von Kolb (Anm. 1) bis Schwitzke dominierende und bis heute fortwirkende Schule der deutschen Hörspieldramaturgie.
7 In der Neuausgabe der Radioarbeiten dieses exemplarischen Hörspielklassikers sind konsequenterweise alle Produktionen der abgedruckten Texte erschlossen: Günter Eich: Gesammelte Werke in vier Bänden. Revidierte Ausgabe. Bd. 2 u. Bd. 3: Die Hörspiele. Hg. von Karl Karst. Frankfurt/M. 1991.
8 So etwa bei Hermann Keckeis: Das deutsche Hörspiel 1923–1973. Ein systematischer Überblick mit kommentierter Bibliographie. Frankfurt/M. 1973 (Schwerpunkte Germanistik), und bei Reinhard Döhl: Hörspielphilologie? In: Jahrbuch der deutschen Schillergesellschaft, Jg. 26 (1982), S. 489–511.
9 Cory (Anm. 4), S. 193 f.
10 Zit. nach Cory (Anm. 4), S. 194.
11 Vgl. Hermann Naber: Der Autor als Produzent. Der Karl-Sczuka-Preis für Radiokunst 1970–1980. In: Schöning (Hg.): Spuren des Neuen Hörspiels, S. 167–190.
12 Klaus Schöning: Tendenzen im Neuen Hörspiel. In: Rundfunk und Fernsehen. H. 1 (1969); zit. nach Cory (Anm. 4), S. 194.
13 Alfred Döblin: Literatur und Rundfunk (1929). In: Hans Bredow: Aus meinem Archiv. Probleme des Rundfunks. Heidelberg 1950, S. 313.
14 Zitiert nach dem synoptischen Abdruck von Becketts englischem Originaltext

und der autorisierten deutschen Übersetzung von Erika und Elmar Tophoven in: Samuel Beckett: Dramatische Dichtungen. Bd. 2. Frankfurt/M. 1964, S. 270–291.

15 Über Becketts Radioarbeiten informiert Marek Kedzierski: Samuel-Beckett-Repertoire I–IV. Südwestfunk Baden-Baden, 2. Programm 23., 25., 30. 8. und 1. 9. 1990. Eine umfassende Darstellung von Quellen und Interpretationsproblemen bietet Clas Zilliacus: Beckett and Broadcasting. Åbo 1976 (Acta Academiae Aboensis. Ser. A., Humaniora, vol. 51, Nr. 2).

16 Die dramaturgische Schulmeinung jener Zeit formuliert Schwitzke, S. 228: «Der beste Gebrauch von Musik und Geräusch im Hörspiel ist geschehen, wenn die Hörer am Ende meinen, weder Geräusch noch Musik gehört zu haben – oder aber, wenn sie Geräusch und Musik gehört zu haben glauben, obwohl nichts dergleichen verwendet wurde.»

17 Michel Butor: Musik, eine realistische Kunst (1959). In: Ders.: Repertoire 3. Aufsätze zur modernen Literatur und Musik. Aus dem Französischen von Helmut Scheffel. München 1965, S. 65 und 74.

18 Notizbuch «ETE '56»; Archiv der Reading University. – Im Singular als «Word and Music» ist die erste von drei Textfassungen betitelt, die in der George Washington University, St. Louis/Missouri, archiviert sind. Vgl. Zilliacus (Anm. 15), S. 100.

19 Eine Zusammenfassung und Weiterführung gängiger Textinterpretationen bietet Zilliacus (Anm. 15), S. 100–116.

20 Der dialogische Part von ‹Musik› besteht in klanglichen Formulierungen für Aussagen wie: «Humble muted adsum (Demütiges gedämpftes ‹Hier bin ich›) / Soft music worthly of foregoing, great expression / as before fortissimo, all expression gone / Love and soul music / Age music (Musik vom Alter) / La / Improvement of above / Suggestion for following / warmly sentimental, about one minute / Irrepressible burst of spreading and subsiding music / Triumph and conclusion / Brief rude retort / Rap of baton and statement with elements already used or wellhead (Thema Quellpunkt) alone».

21 Vergleichbar sind Kompositionen von John Beckett, einem Vetter des Autors (BBC 1962, Regie Michael Bakewell; SDR/NDR 1963, Regie Imo Wilimzig), von Aric Dzierlatka (Radio de la Suisse Romande 1967) und von Michael Winrich Schlicht – Gruppe Neue Musik Berlin (Radio Bremen 1975, Regie: Roland Pfrengle).

22 Dabei ist der Konflikt im fertigen Text bereits etwas gemildert. In der ersten Manuskriptfassung sagt ‹Worte› eingangs noch zu ‹Musik›: «How I hate you». Vgl. Zilliacus (Anm. 15), S. 112.

23 Diskussionsbeitrag von Theodor W. Adorno in: Über Samuel Beckett. Fernsehdiskussion WDR 2. 2. 1968.

24 Butor (Anm. 17), S. 74.

25 Marek Kedzierski: Samuel-Beckett-Repertoire (III): «Worte und Musik» und «Cascando». Sendemanuskript. Südwestfunk Baden-Baden, 2. Programm 30. 8. 1990, S. 14.

26 Dergleichen versucht Zilliacus (Anm. 15), S. 105 ff, der Croaks Geschichte als

die eines feudalen Schloßherrn erscheinen läßt, der seinen wetteifernden «minstrals» nach höfischem Brauch die Themen stellt.

27 Vgl. Stefan Hardt: De La Soul. Von der Seele des Hörspiels in hiphop, Rock und Jazz. Hörspiel-Soiree. Südwestfunk Baden-Baden, 2. Programm 3.11.1990.

Siegfried Zielinski

Auslegung von elektronischen Texten

Jean-Luc Godards Mini-Serie «Histoire(s) du cinéma»

Das medienkulturelle Niveau, auf dem wir uns im 20. Fin de siècle bewegen und das die Rede vom ‹elektronischen Text› grob markiert, zeichnet sich aus durch den Versuch der Machtübernahme einer spezifisch begründeten Bezeichnungspraxis: Das Symbolische in seiner höchsten Form des zweiwertigen Zahlencodes schickt sich an, den gesamten Prozeß der Herstellung, Speicherung, Vervielfältigung, Distribution und Nutzung von Zeichen zu dominieren. Basis dafür ist die Zerlegung der Buchstaben, Töne und Bilder in Symbole, deren Berechnung und Verarbeitung in Maschinen und Programmen. Mikroelektronik, Halbleitertechnik, Digitalisierung und Vermittlungsleitungen, die den Transport von Informationen in Lichtgeschwindigkeit organisieren, erschüttern die überlieferten Kommunikationsarchitekturen.

Die *serielle* Herstellung von ästhetischen Konstrukten wird auf diesem Niveau mit größerer Perfektion und gesteigerter Geschwindigkeit praktizierbar; aber sie ist nicht mehr das auszeichnende oder gar alleinstellende Qualitätskriterium. Die Welt avancierter Elektronik kennt prinzipiell weder Original noch Kopie. Was am ‹Endbahnhof›, dem Terminal, ankommt (und von dort unter Umständen modifiziert wieder verschickt wird), ist nicht mehr im haptischen Sinn existent; es hat eine flüchtige Präsenz und kann aufgrund seiner mathematischen und informationstheoretischen Basis immer und immer wiederholt werden. Aber die einzelnen Generationen gehen dabei nicht mehr ein Verhältnis des Abzugs oder der Vervielfältigung ein. Diskussionswürdig und die Methode der Hermeneutik zentral betreffend sind nun Verschiebungen, in denen die Serialisierung in die Modellbildung transformiert und in diesem Modus möglicherweise gar transgrediert wird.

Was auf diesem Niveau an Erzeugnissen einer «Techno-Ästhetik» entsteht, was an «Techno-Imaginärem»[1] generiert wird, steht zuallererst und offensichtlich für eine Erweiterung des Kulturindustriellen, und es bestätigt – oberflächlich betrachtet – die häufig beschworene Tendenz zur Sinnentleerung in der kulturellen Produktion, zur Selbstreferenzialität der Zeichen und Zeichenpakete im einzelnen ästhetischen Konstrukt oder in ganzen Kanälen. Das ‹sampling› in der Musikproduktion ermöglicht zum Beispiel den systematischen Raubbau an der gesamten Geschichte musikalischen Ausdrucks, wenn dieser nur in irgendeiner Form gespeichert zur Verfügung steht. Auf der Basis der Modellbildung können Instrumente und Stimmen generiert werden, rhythmische oder melodische Figuren als Muster berechnet und beliebig modifiziert werden... Die Literaturproduktion ist unterhalb der Erscheinungsebene und der Warenform des gedruckten Buchs weitgehend besetzt mit den Strategien und Praktiken der Simulation. Elektronische Textverarbeitung bedeutet ja viel mehr als nur den rationelleren Ersatz der Schreibmaschine. Sind Texte erst einmal als Daten im elektronischen Speicher verfügbar, können sie beliebig umgruppiert, arrangiert, getaktet, umformuliert, graphisch gestaltet werden. Analog zu den Datenbanken des Musiksampling stellt der Informationsmarkt mittlerweile für die verschiedensten Bereiche von Literatur Material in unvorstellbarem Umfang zur Verfügung. Aus den Datenspeichern können komplette Texte oder Textfragmente im Arbeitsspeicher des Autors als *Textverarbeiter* aktiviert, einfach zitiert, aber auch in Aussage und im Stil simuliert werden. Für die stilistische Modellierung existieren bereits in einfachen Formen Programme. Zwar liegt der Schwerpunkt in der alltäglichen Textverarbeitung immer noch bei den einfachen Befehlen zur Korrektur und Gestaltung. «Zunehmend werden jedoch auch die ‹höheren› Verfahren der Textherstellung unterstützt. Der Rechner wird nicht nur als Formulierungshilfe eingesetzt, sondern als *Formulierungs-Automat.*»[2]

Das Werk als ästhetische Verarbeitung, z. B. Überhöhung des Realen mit dem Anspruch auf Wahrhaftigkeit und die korrespondierenden Kategorien wie Künstler/Originalität, Schöpfung und Imagination, sind dann radikal ausgehebelt, wenn weder der Seinsbezug ästhetischer Konstruktion länger zwingend erscheint, noch das originäre Werk eines auch juristisch als Urheber dingfest zu machenden Individuums länger existiert[3], Originalität bestenfalls selbst nur noch als simulativer Akt im Sinne einer (Vor)täuschung, eines ‹fakes› oder eines Effekts hervorrufbar ist.

In audiovisuellen Texten, die das Höchstmaß an Speicher- und Rechenkapazitäten benötigen, sind wir erst mit den Anfängen einer vom Elektronischen *beseelten* Kultur konfrontiert. Allerdings bereits mit markanten Erscheinungen: Was einst photographisch ab-gebildet wurde, kann nun berechnet und prinzipiell ohne Vorlage außerhalb des Medialen auf den Bildschirm gebracht werden; die Ersetzbarkeit der Kameraoptik in der dreidimensionalen Computergraphik macht die im Rechner erstellten Bilder standpunktlos oder verleiht ihnen einen multiperspektivischen Blick; die Modelle digitalisierter Bilder können beliebig übereinandergeschichtet werden; der verändernde Zugriff des Rechners ist nicht nur auf die gesamte Fläche eines Bildes möglich, sondern bis in seine Mikrostruktur, den singulären Bildpunkt hinein; die einzelnen Bildkader können mit Hilfe entsprechender Programme mit dem musikalischen Rhythmus verkoppelt und akustisiert, auch in panikartige Fluchtbewegungen voreinander versetzt werden... Wir beobachten solche Phänomene alltäglich in der sogenannten Clip-Kultur der Musikvideos, bei denen den einen Hören und Sehen vergeht, den anderen hingegen – angekoppelt an die Medienmaschinen – die Sinne überhaupt erst richtig auf Touren geraten.

Aber die weitgehend oder vollständig mit dem Kulturindustriellen identischen Produkte, deren Techno-Ästhetik uns einfach durch die Effekte davonzutragen versucht[4], möglichst an den Ort, an dem wir an der Kasse unser Geld in Kulturwaren eintauschen, stehen nicht allein. Sie werden konfrontiert und konterkariert durch künstlerische Benutzungen der avancierten Medientechniken, die sich in der Tradition der historischen Avantgarde zu Hause fühlen. Und nur «das bedeutende Werk fordert zur Deutung heraus»[5]. – Jean-Luc Godard gehört zu denjenigen europäischen Filmemachern, die sich schon früh den elektronischen Reproduktionstechniken zugewendet haben, ergänzend zu ihrer Arbeit mit der traditionellen Kinematographie.[6] Im letzten Drittel der 80er Jahre begann er ein Projekt, das er in den 90ern fortführen will (und das sich auch deshalb hier als Deutungsobjekt besonders eignet – der Interpretation wird neuer Stoff zugeführt werden): die «Histoire(s) du cinéma», ein Versuch, der Geschichte der Bewegungsillusionen vor allem im Kino mit dem Instrument des Video, der elektronischen Illusionstechnik, eine Genealogie zu verfassen, «1 Geschichte» zu schreiben, wie er immer wieder im Text formuliert, um die Möglichkeitsform seines persönlichen Interpretationszugriffs zu kennzeichnen. Zehn Teile sind in der Mini-Serie geplant, zwei bisher fertiggestellt, die der Gegenstand unserer demonstrativen Interpretation sind.[7]

Die «Histoire(s) du cinéma» entstanden an einer Bruchstelle der Mediengeschichte. Sie thematisieren den kulturellen Kanon der Kinematographie; sie tun dies mit der analogen audiovisuellen Elektronik als Basistechnik; und sie verbinden diese Instrumentalisierung bereits mit dem Digitalen: Sowohl auf der akustischen Ebene als auch der ikonographischen kommt intensiv die computergestützte Herstellung zum Einsatz. Diese Mischung der Medienmaterialitäten, der im Konstrukt eine ästhetische Mischform entspricht, macht das Werk besonders gut geeignet für eine Diskussion der audiovisuellen Textur im Übergang zum Medienzeitalter des 21. Jahrhunderts, dessen Konturen wir darin zumindest erahnen können.

Herausforderung im Modus der Betrachtung

Das ist schon eine entscheidende Qualität von Kulturprodukten auf dem Niveau der elektronischen ReProduktion im allgemeinen wie des Godardschen Werks im besonderen: Es bietet zwei Varianten in der Nutzungsstrategie an, die zu je gegensätzlichen Realisierungsweisen der Textur in der Wahrnehmung als Voraussetzung für die laienhafte wie die professionelle Interpretation führen. Die «Histoire(s)» können im Kino oder über den Fernsehapparat als einmaliges (oder mehrmaliges) flüchtiges Ereignis goutiert werden. Zeitliche Reihung (Chronologie) und Ausdehnung (Dauer) sind dabei in der Rezeption identisch mit denjenigen, die dem Werk vom Autor und für die Distribution vorgeschrieben wurden. In diesem Modus wahrgenommen, haben die Tonbilder Godards, die nur zum Teil seine eigenen sind, den Charakter einer *kakatopischen* Komposition. Sie drohen sich einer Auslegung völlig zu entziehen – es sei denn, man setze ihren Sinn zentral dort an, die Filmgeschichte destruieren bzw. sie auch in der Interpretation im traumhaften Status belassen zu wollen. Godard schickt den Bilderreichtum von knapp 100 Jahren kinematographischer Produktion regelrecht auf die Treibjagd (kurze Szenen der verrückten Hasenjagd aus Jean Renoirs Meisterwerk «La règle du jeu/Spielregel» von 1939 sind in den ersten Teil immer wieder einmontiert); die einzelnen Bildkader und Einstellungen sind wie in panikartiger Flucht organisiert; sie stoßen sich gegenseitig aus dem Gesichtsfeld, überlappen einander, bleiben plötzlich stehen und beginnen erneut zu rasen; sie *implodieren* im Baudrillardschen Sinn. Ebenso die Töne: angerissene Dialogfetzen, übereinandergeschichtete Stimmen und musikalische Kompositionen; anklingende Opernarien, Freiheitslieder, Hymnen der Rockgeneration von den suiziden Songs Leonard Cohens über Janis Joplins heisere Rhythm & Blues-Stimme bis zu Rio Reisers Anarcho-Appell «Macht kaputt, was euch kaputt macht!» aus der Zeit mit «Ton, Steine, Scherben», von Godard brutal ans Ende der Faschismus-Sequenz im 1. Teil gesetzt.

Nur lose zusammengehalten werden die energetischen Ströme aus Klangmaterialien, Licht und Schatten, Farben, Figuren, kaum identifizierbaren Figuren und markant stilisierten Ikonen der Kinogeschichte, Zeugnissen der klassischen europäischen Malerei und schreienden Plakaten durch die Sprache des ReKonstrukteurs. Zwei semiologische Formen hat ihr Godard gegeben: Er spricht, flüstert mehr, fleht, murmelt – teilweise völlig unverständlich und in abgebrochenen syntaktischen Konstruktionen, teilweise emphatisch, retardierend, beschwörend – auf die vielkanalige Tonspur; die Tonmischung schiebt seine Stimme im Wahrnehmungsraum mal hinter die Bilder und Musik, mal dazwischen, selten nur in den Vordergrund. Und er benutzt ein ästhetisches Verfahren, das längst zum Godardschen Stilmittel geworden ist, mit dem er vor allem in seinen essayartigen Filmen experimentierte und das er nun mit elektronischen Mitteln in den «Histoire(s)» spielerisch auf die Spitze treibt: Wortfragmente, Wörter, Halbsätze, Titelphrasen, symbolische Zeichen allesamt, werden hell auf schwarzem Grund zwischen die Bildsegmente montiert, in einzelne Bilder eingestanzt, fungieren als Verbindungen wie Unterbrechungen, als Irritationen, aber auch als wie mit dem Marker hervorgehobene Organisatoren von Sinn für den schnellen Rezeptionsdurchgang.

So gesehen und gehört, verbleibt die Geschichtsschreibung Godards selbst im Imaginativen, scheint sich im selben psychischen Zeit-Raum aufhalten zu wollen wie der Gegenstand, dessen Historisierung sie probiert. (KINO... FABRIK DER TRÄUME[8] – diesen Sinnzusammenhang akzentuiert Godard mehrfach im ersten Teil.) Sie scheint keine Beschreibung und keine Erklärung sein zu wollen; das Denken als notwendiger Bestandteil der Hermeneutik scheint ausgeklammert. Das Konstrukt ist im Höchstmaß affektiv, aggressiv leidend im Prozeß des Angriffs der elektronischen Geschoßteilchen auf die gravitätische Ruhe der kinematographischen Mechanik. Paradigmatisch dafür ist eine Sequenz, die Godard pointiert immer wieder zwischen die galoppierenden Kineme montiert und die wie eine gewaltsame Verzögerung ihrer Flucht wirkt, wie der Versuch, der Panik Einhalt zu gebieten: im Bild, groß, einige Details eines 35-mm-Schneidetisches, des zentralen Artefakts der Gedanken- und Sinnesmonteure für das Kino; Antriebsrollen, über die ein belichteter Filmstreifen hin- und hergezerrt, positioniert und depositioniert wird; die Tonspur simuliert enervierend die Beschleunigungen und Zeitdehnungen. Die mit Gewalt (der Industrie, der Geschichte), mit Schmerzen (für den Filmemacher) verbundene Ablösung des Kinozeitalters durch die Elektronik wird hier übersignifikant demonstriert. In dem kurzen experimentellen Video «Puissance de la parole» (Die Macht der Rede), an dem der Regisseur zeitlich parallel zu den «Histoire(s)» arbeitete, spricht er zu ähnlichen Bildern im Off: «Im Eingeweide eines toten Planeten scheppert ein ausgeleiertes Triebwerk. Wiedererwachende Neonröhren spenden ein fahles, flackerndes Licht. Langsam, widerwillig gleichsam, wechselte ein Umschalter die Position (...)»[9]

Das Spiel, das sich für den Zuseher und den Zuhörer im Hinblick auf kommende kulturelle Produktionen hier entfaltet, ist vor allem eines zwischen und mit den semiologischen Ebenen, die uns als in ihrem Zeichencharakter verschiedene vertraut sind. Ikonographisches (die Bilder), Indexikalisches (die Geräusche) und Symbolisches (die gesprochenen und an der Tastatur des Titelcomputers geschriebenen Texte) wirken nicht mehr getrennt voneinander; sie verbinden sich in der ständigen Collagierung, Übereinanderschichtung und Rhythmisierung zu einem neuartigen Erlebnis. So könnte «fortgeschrittene Audiovision»[10] aussehen und sich anhören. Die Bilder erhalten musikalischen Status, werden quasi akustisiert; der Text wird ikonisiert und ebenfalls akustisiert; die Musik wie die indexikalischen Geräusche sind (laut)-malerisch verwendet, werden räumlich erfahrbar, zum Mittel der Gestaltungsarchitektur des Bandes. Wir erhalten einen Vorgeschmack von künftigen ästhetischen Konstrukten, die – wie hier nicht nur in der Bearbeitung sondern – ganz aus dem Rechner kommen und bei denen die Differenzen in doppelter Hinsicht aufgehoben sind: als Differenzen zwischen den Zeichencharakteren und als Differenzen zwischen Zeichen und Referenten. Das Reale, auf das sich der Code Godards wie in panischer Verzweiflung stürzt, ist in den «Histoire(s)» noch präsent – das Kino; aber schon nur noch als Materialfläche, an der sich die Elektronik abarbeitet und die sie vom einzelnen berechenbaren Bildpunkt her aufzulösen beginnt.

In diesem ersten Modus scheint die Wahrnehmung direkt an die Bewegung des Energiestroms, den Godard durch die Filmgeschichte schickt, angeschlossen. Sie ist *vibrierend* wie der «Schnittstil»[11] seines elektronischen *editing*, und sie bietet entsprechend polarisierte Genußhaltungen an: aggressive Ablehnung oder emphatische Zuwendung. Ein Mittelweg scheint ausgeschlossen.

Aber die elektronische Form, in der Godards Tonbilder zur Verfügung stehen, ermöglicht auch eine ganz andere Rezeption. Elektronische Audio- und Videosignale können von jedem Heimvideorecorder aufgezeichnet werden; erst einmal gespeichert – elektromagnetisch oder optoelektronisch: das ist prinzipiell gleichgültig –, können sie mit Hilfe eines Abspielgeräts und Monitors der Nutzung als *Lektüre* zugeführt werden. Das meint hier zunächst nichts anderes, als daß die Rezeption der audiovisuellen Textur nicht notwendig dem Zeitverlauf und der Ausdehnung des Produkts folgen muß, wie dies im Kino oder beim Rundfunkempfang des Fernsehers unausweichlich ist. Erst einmal aufgezeichnet, hat das Werk seinen definierten Produktstatus im Prinzip verloren und unterliegt nun den Gestaltungswünschen derjenigen, die in seinen Besitz geraten sind. Die «Histoire(s) du cinéma» sind eine ästhetisches Objekt gewordene Aufforderung zur Lektüre, will man ihre tieferen Sinnschichten freilegen. (Und sie sind dann auch kein Objekt mehr im epistemologischen Verständnis der Aufklärung, weil jeder Nutzervorgang im Modus der Lektüre sie in vielerlei Hinsicht neu zu konstituieren vermag.) In die taumelartige Anordnung der Bilder und Töne ist der Appell eingeschrieben, sich im Rezeptionsprozeß mit der medialen Tätigkeit des Regisseurs an der elektronischen Bearbeitungseinheit im Videostudio zu verbünden. Bei dieser Arbeit des ästhetischen Produzenten wird ja auch ständig die Zeit verlangsamt, werden Standbilder erzeugt, um genaue Überblendungen setzen zu können, muß bildgenau ediert werden... Der elektronische Fluß existiert nicht an sich und nicht für sich, sondern wird ständig umorganisiert und neu gebildet. – Neue Betrachtungskunst verlangt, wie Brecht formulierte, nach einer neuen Kunst der Betrachtung.

Der erste Rezeptionsmodus im Flüchtigen ist vor allem derjenige der Wahrnehmung als Materialorganisation vor meinem Auge und Ohr (Merleau-Ponty); der zweite ist die Voraussetzung für den Textausleger, will er in diesem Fall über die Einbildungskraft hinausgehende Bedeutungen aus dem Material herausholen. Interpretation als diskursive, also auch ordnende und strukturierende Tätigkeit wird bei einem galoppierenden Code unter dieser Voraussetzung überhaupt erst möglich.

Im Modus der Interpretation (ein Ausschnitt)

Rewind – slow motion – still – pause – fast forward – stop: Das sind die technischen Mittel (die sogenannten *features* des Videorecorders), die wir benötigen, um markante Spuren in der elektronischen Textur auf- und wiederzufinden. Nach einem ersten Durchgang durch das Bandmaterial haben sich die Schlußsätze aus dem 2. Teil von Godards Erzählung festgesetzt, eine Art ontologische Bestimmung des Kinos.

«Denn folgendes ist geschehen: Ganz zu Beginn des neunzehnten Jahrhunderts wollte die Technik das Leben reproduzieren. Man erfand daher die Photographie und das Kino. Aber da die Moral fest verankert war, und da man sich anschickte, dem Leben sogar dessen Identität zu entziehen, betrauerte man zugleich diese Inszenierung einer Tötung. Mit den Farben der Trauer, mit Schwarz und Weiß, begann die Kinematographie ihre Existenz.»[12]

Wir erinnern an den Beginn des 1. Teils und spulen auf den Anfang zurück. Nach einem Eröffnungsbild des ReKonstrukteurs (Godard) vor der Schreibmaschine, ‹der› Maschine des Diskurses, sehen wir eine der berühmtesten Einstellungen der Filmgeschichte: James Stewart als exzessiver Voyeur in Großaufnahme, den Photoapparat (das Tötungsgerät) im Anschlag, aus Hitchcocks «Fenster zum Hof». Erst nach einem Zwischenschnitt ist der Text bei uns als Sehenden – ein maschinell ungeschütztes Auge, neben das sich ruckartig ein zweites schiebt; ein Paar, das keines ist, denn im Modus des Standbildes wird deutlich, daß es zu verschiedenen Köpfen gehört; darauf das markante Insert: JEDES AUGE VERMITTELT FÜR SICH SELBST. Die Titelphrase wird eingeblendet, GLANZ UND ELEND, wunderschöne Kinofrauen tauchen auf und verschwinden wieder. Dann die Widmung: FÜR MARY MEERSON. Auch der Beginn des 2. Teils enthält eine solche Referenz: EINE EINSAME GESCHICHTE – JOHN CASSAVETES GEWIDMET.

Zwei große Verstorbene der Inszenierung von Illusionen auf der Leinwand; eine Frau, ein Mann, beide Symbolfiguren für eine andere Filmgeschichte jenseits des kulturindustriellen Dispositivs und ständig in mörderischer Spannung zu ihm stehend. Sie haben sich mit ihren (Schauspieler-)Körpern und mit ihren Psychen abgearbeitet an dem Versuch, das Reale und das Imaginäre gegen dessen Zurichtung durch die Traumfabrik Hollywood in eine Art Identität zu bringen. Und eine weitere dieser Symbolfiguren bestimmt visuell die Einleitung in den

1. Teil: Nicholas Ray, im Todeskampf gefilmt von Wim Wenders. Sein schmerzverzerrtes Gesicht schiebt sich über die zum erstenmal eingeblendete Einstellung mit den Transportrollen des Schneidetischs und dem darüber gezerrten Filmstreifen. In das Image Nick Rays stanzte Godard erneut eine Variante des Titels, HISTOIRE DU CINÉMA, und (weiß auf schwarzem Grund) folgt ein Spiel mit dem symbolischen Code der Buchstaben, das innerhalb des Films zu einem eigenen kleinen audiovisuellen Schauspiel wird: Das Wort HISTOIRE wird in drei Bestandteile zerlegt, HIS, TOI und RE; der mittlere Bestandteil, das TOI, blinkt mehrfach rhythmisch auf, und erneut sehen wir ein Bild Nick Rays (mit Augenklappe diesmal), in das Godard visuell seinen Verzweiflungsschrei insertiert: VATER, SIEHST DU NICHT, DASS ICH BRENNE. Verzögern wir den rasenden Code der Textur Godards, versetzen wir uns mit der audiovisuellen Zeitmaschine Videorecorder in die privilegierte Situation der die flüchtige Zeitstruktur ignorierenden Lektüre des Bandes, so drängt sich dieser Kontext als tragender, immer wieder akzentuierter Sinnzusammenhang auf: der Tod als zentrales Sujet und der Todeskampf als die Narration vorantreibendes Motiv (an das auch die Sexualität angebunden wird: A FILM IS A GUN AND A GIRL oder KISS ME DEADLY... der Text ist mit derlei Phrasen regelrecht durchsetzt). Und weil für Godard das Leben vom Kino nicht zu trennen ist (und umgekehrt), sind die «Histoire(s)» zugleich Reflexion über den Tod des Kinos am Ende des 20. Jahrhunderts, über die Leichen, die es uns hinterlassen hat und über die verzweifelten Versuche einiger Einsamer, das ‹Leichentuch› der Leinwand mit dem Leben des ästhetischen Scheins, mit Fiktion anzureichern oder damit auch das Reale zu verspotten. Im dramaturgischen Zentrum des ersten Teils steht die ontologische Erfahrung unseres Jahrhunderts: DER KRIEG IST DA... UND GOTT VERLIESS DIE MENSCHEN... EINUNDVIERZIG ZWEIUNDVIERZIG DREIUNDVIERZIG VIERUNDVIERZIG... DIE GROSSE ILLUSION... IST DAS LEBEN NICHT WUNDERBAR... Das Kino des Kriegs als gigantische Fiktion gegen das Reale. Fritz Langs Siegfried-Figur aus den «Nibelungen» schob sich schon ahnungsvoll zu Beginn in Zeitlupe ins Bild. Nun tauchen verstärkt deutsche Filmtitel auf: DIE MÖRDER SIND UNTER UNS (der erste Nachkriegs-Abrechnungsfilm Wolfgang Staudtes) oder LIEBELEI. KINO DES TEUFELS: Eine der wichtigsten ideologischen Waffen der Nazis, das im Schein sorgenfreie Unterhaltungskino, wechselt sich in markanten Ausschnitten ab mit dokumentarischen Aufnahmen aus den Todesfabriken und den

Schlachtfeldern, dazwischen zeitverzögerte Detailstudien der Gestik Adolf Hitlers, wieder das gehetzte Kaninchen aus Renoirs «Spielregel», ein Gewehr im Anschlag, Schnitt zum lachenden Führer, ein trockener Schuß, der Aufschrei Rio Reisers – ReKonstruktion von Geschichte kann sehr weit gehen. DAS KINO – in diesem Fall der Videofilm – ERSETZT UNSEREN BLICK DURCH EINE WELT, DIE ÜBEREINSTIMMT MIT UNSEREN WÜNSCHEN.

Bevor Godard den Krieg auf den Schlachtfeldern des Zweiten Weltkriegs beginnen läßt, inszeniert er den Kinokrieg, den brutalen Kampf zwischen gegensätzlichen Entwürfen für die Kinematographie, zugespitzt in den Polen Hollywood und frühes revolutionäres sowjetisches Kino (stellvertretend für Europa). Den schreienden bunten Bildern aus der Traumfabrik werden Einstellungen vom KINO DER WAHRHEIT gegenübergestellt, der tote Lenin etwa aus dem berühmten Film von Dziga Vertov, der Vaterfigur des *direct cinema*, des *cinéma vérité*. Die Gesichter der Proleten-Heldinnen aus Filmen Pudovkins oder Eisensteins versus den Glanz und die scheinbare Ausgelassenheit der US-amerikanischen Sterne der Leinwand. Die Schönste, die Godard immer wieder in zeitlich gedehnten Studien in ihrem Exhibitionismus regelrecht vorführt, Rita Hayworth, wird dann in einer langen Sequenz zugleich gefeiert und demontiert; indem er sie auf seinem Videoband mit ihrem Gönner und Mäzen zusammenführt, Howard Hughes, dem legendären Boss der «Radio Keith Orpheum Pictures Company», dem ENFANT DE SALAUD/SCHWEINEHUND, durch dessen Betten das halbe weibliche Hollywood der 30er und 40er Jahre stieg... Verbindungen, die im Realen existierten, welche die Geschichtsschreibung bisher nicht gesehen oder gezielt getrennt hat, werden durch die elektronische Collage wiederhergestellt.

Konklusion

Aus den einzelnen Images, den einzelnen Textfragmenten und tonalen Bruchstücken dieser allein aus mehr als 500 000 Einzelbildern zusammengesetzten Dekonstruktion von Kinogeschichte ist ihr Sinngehalt nicht herauszuholen. Er offenbart sich in den vom Regisseur hergestellten Relationen der singulären Elemente untereinander. Das Material, das wir außer der Selbstinszenierung Godards im Videofilm sehen und hören, ist sattsam bekannt, tausendfach reproduziert, auch serialisiert worden. Die Autorenidentität artikuliert sich in der *Beziehungsquali-*

tät. Vor allem dort – und künftig vielleicht ausschließlich – sind Originalität und Sinnproduktion aufzufinden. Das Kino schickte die Sinne auf Montage;[13] Godard, als der ReKonstrukteur 1 Geschichte, als der Analytiker der eigenen Psyche des Filmemachers und derjenigen der Zuschauer, breitet dieses Geflecht von Produkt gewordener Imagination aus und überzieht/durchzieht es mit seinem Text; und wir haben als Ausleger dieses mehrschichtigen Modells noch einmal die Möglichkeit, daraus eine für uns und (möglicherweise) andere bedeutsame Filmgeschichte zu erstellen.

Aber dies geht – dazu scheint uns die elektronische Textur provozieren zu wollen – nicht mehr ohne technische Hilfsmittel. Wir benötigen Krücken, um mit den mentalen Gebrechen fertig werden zu können, welche die Technikkultur uns zugefügt hat. Wir benötigen Maschinen, mit denen wir orientierend und sortierend eingreifen können. Die Möglichkeit des *eingreifenden Denkens* (im Brechtschen Sinn) scheint auf dem Niveau avancierter Medienproduktion mit dem Eingriff des maschinellen Handelns notwendig verknüpft zu sein. Erzeugnisse der entwickelten Technikkultur erfordern zu ihrer sinnvollen Benutzung die Einübung in entsprechende Kulturtechniken, zumindest flankierend zur Denkarbeit.

Die Symbiose von Kunst und Technik, von ästhetischer Imagination und technischer wie naturwissenschaftlicher Innovation war eine große Errungenschaft der Renaissance. Sie wurde mehr und mehr auseinandergerissen und gar zur Dichotomie erklärt im Prozeß der Ablösung des Subjekts von seiner Umwelt als einer zu beherrschenden Objektsphäre. Wollen wir die Menschen nicht der daraus entstandenen Hegemonie der Technikkultur erliegen lassen, brauchen wir sicher eine Fülle resistenter Kräfte. Aber ein neu anzuzettelndes Bündnis von Technikertum (künftig noch stärker: Mathematikertum) und Künstlertum ist in dieser Perspektive ein wichtiges Energiefeld. Godards Videoband und unser Einstieg in dessen Interpretation haben u. a. dies ausdrücken wollen. Semiologie, Psychoanalyse, Literatur-, Medien- und Ingenieurwissenschaften können wichtige, auch sich streitende Partner bei der Weiterentwicklung einer Hermeneutik für Kulturprodukte auf dem Niveau elektronischer Texturen sein.

Literatur

Fohrmann, Jürgen/Müller, Harro (Hg.): Diskurstheorien und Literaturwissenschaft. Frankurt/M. 1988.

Godard, Jean-Luc: Einführung in eine wahre Geschichte des Kinos. Übersetzt von Frieda Grafe und Enno Patalas. München/Wien 1981.

Hayward, Philip (ed.): Culture, Technology & Creativity in the Late Twentieth Century. London//Paris/Rom 1991.

Kammer, Manfred/Schanze, Helmut/Zimmermann, Hans Jürgen: Textsysteme und Veränderungen des Literaturbegriffs. Arbeitshefte Bildschirmmedien 19. Siegen 1990 (Publikationsreihe des DFG-Sonderforschungsbereichs Ästhetik, Pragmatik und Geschichte der Bildschirmmedien).

Kersting, Rudolf: Wie die Sinne auf Montage gehen. Zur ästhetischen Theorie des Kinos/Films. Frankfurt/M. 1989.

Rötzer, Florian (Hg.): Digitaler Schein. Ästhetik elektronischer Medien. Frankfurt/M. 1991.

Zielinski, Siegfried: Audiovisionen. Kino und Fernsehen als Zwischenspiele in der Geschichte. Reinbek bei Hamburg 1989.

– (Hg.): Video – Apparat/Medium, Kunst, Kultur. Ein internationaler Reader. Frankfurt/Bern/Paris/New York 1992.

Anmerkungen

1 Vgl. zu diesen zentralen Bezeichnungen im Diskurs über die neuen Phänomene und ihre möglichen Bedeutungen hervorragend die Anthologie Rötzers.

2 Vgl. Kammer u. a., S. 7f.

3 Vgl. dazu Gerhard Plumpe: Kunst und juristischer Diskurs. In: Fohrmann/Müller (Hg.), S. 330–345. Der Autor diskutiert hier u. a. das Problem der urheberrechtlichen Dingfestmachung eines computererzeugten Gedichts.

4 Hermeneutisch orientierte Aufsätze zur Ästhetik der Videokultur sind in deutscher Sprache äußerst rar. Vgl. dazu den Aufsatz George Barbers: Scratch and After. Edit Suite Technology and the Determination of Style in Video Art. In (dem hervorragenden Reader zum Thema): Hayward (ed.), S. 123.

5 Vgl.: Rehabilitierung des Naturschönen, Manfred Riedel im Gespräch mit Florian Rötzer. In: Rötzer (Hg.), S. 465. Riedel äußert diesen Satz im Kontext einer etymologischen Ableitung der Hermeneutik aus dem griechischen *Hermenia*, «bedeutsame Botschaft und Kunde».

6 Vgl. dazu das berühmte Filmkritik-Gespräch Godards mit W. Reichart, wiederabgedruckt in Zielinski (Hg.): Video.

7 «Histoire(s) du cinéma – 1A: Toutes ces histoires, 1B: Une histoire seule», beide 1988 produziert im Auftrag des französischen Abonnement-Fernsehsenders Canal +; die Bänder wurden bisher mehrfach auf Filmfestivals im Kino präsentiert und auch außerhalb Frankreichs im Fernsehen gezeigt. Eine roh übersetzte Fassung strahlte das Österreichische Fernsehen (FS 2) in seinem «Kunststücke»-

Programm Ende 1990 aus. Zur Interpretation zusätzlich heranziehbar sind auch die drei Aufsätze Claire Strohms, Jean-Paul Fargiers und Philippe Dubois' im Sonderheft der «Cahiers du cinéma» zu Godards 60. Geburtstag (Paris, November 1990) und Godard.

8 Die in Versalien geschriebenen Textteile sind Zitate aus Godards eingeblendeten Titeln.

9 Vgl. zu diesem Band Christopher Phillips: Jean-Luc Godard, Video Artist? In: Art in America, Nov. 1991, S. 108; Übersetzung, wie auch der übrigen Phrasen aus dem Englischen und Französischen, Gloria Custance und S. Z.

10 Vgl. dazu das Schlußkapitel in meinem Buch «Audiovisionen».

11 Bei der elektronischen Bearbeitung von audiovisuellem Material ist nur noch metaphorisch von ‹Schneiden› zu sprechen; das elektromagnetische Band (oder die optoelektronische Platte) als Träger der elektronischen Informationen bleibt völlig unangetastet, nur die Informationen selbst werden bearbeitet. Im Prinzip ist der ‹Schnitt› hier ein Vorgang des Überspielens, innerhalb dessen die Ausgangsmaterialien allerdings mit den Mitteln des Digitaleffektgeräts vielfältigen Veränderungen unterworfen werden können.

12 Sämtliche nicht anderweitig nachgewiesenen Zitate sind dem im Film gesprochenen Text Godards entnommen.

13 Formuliert in Anlehnung an den eindrucksvollen Buchtitel Kerstings: Wie die Sinne auf Montage gehen.

III. Literarische Typenbildung

Wilhelm Voßkamp

Gattungen

Zu den wichtigsten Einteilungs- und Gliederungsmöglichkeiten der Literatur und Literaturgeschichte gehören literarische Gattungen. Durch das Herausarbeiten signifikanter Faktoren und dominanter Tendenzen werden Gesichtspunkte gewonnen, die ein gegebenes literaturgeschichtliches Datenmaterial gruppieren, einander zuordnen und umfassender charakterisieren lassen.[1]

Der Begriff ‹Gattung› dient als Sammelbezeichnung für literarische Formen und Gruppen und erinnert an Systematisierungen in der Naturgeschichte (vgl. Carl von Linnés «System der Natur»). Das Problem literarischer Gattungen ist die Zuordnung von Texten unter Gesichtspunkten gemeinsamer Merkmale (etwa Übereinstimmungen von Stoff und Form) und die Frage des Wiedererkennens solcher Merkmale durch unterschiedliche Rezipienten.

Gattungsbegriffe sind unter bestimmten historischen Voraussetzungen entstanden. Daher werden jeweils wichtige vorliegende Gattungskonzepte in ihren historischen und theoretischen Zusammenhängen vorgestellt. Es folgen Überlegungen, wie man den Prozeß der Gattungsbildung historisch genauer analysieren und beschreiben kann. Am Beispiel des deutschen Bildungsromans wird ein struktur- und funktionsgeschichtlicher Ansatz entwickelt.[2]

Gattungen in der Literaturgeschichte

Bei der Bestimmung literarischer Gattungen lassen sich grundsätzlich zwei Hauptrichtungen beobachten: Die eine geht von normativen, geschichtsphilosophischen oder anthropologischen Prinzipien aus; die andere hebt den kommunikativen und historischen Charakter literarischer Gattungen hervor. Während bei den normativen Gattungskonzepten triadische Modelle die Hauptrolle spielen, betonen kommunikativ fundierte Gattungstheorien den historischen Charakter literarischer Gattungen im Sinne soziokultureller Konventionen.

Normative, geschichtsphilosophisch und anthropologisch begründete Trias-Modelle

Das in der deutschen Literaturwissenschaft eine besondere Rolle spielende gattungstheoretische Dreiermodell: Epik – Lyrik – Drama zeigt deutlich normative Züge. Der Gesamtbereich aller möglichen Literaturformen muß den drei Hauptgattungen – «Naturformen» (Goethe), «Grundbegriffe» (Emil Staiger) – unter- bzw. zugeordnet werden. Das führt dazu, daß einzelne Textformen wie die didaktische Lehrdichtung oder bestimmte Gebrauchsformen der Literatur in triadischen Systemen nur unzureichend einzuordnen sind oder gar ausgeschlossen bleiben. Auch die Hinzunahme solcher Textgruppen in der Form additiver Ergänzungen löst das Problem nicht befriedigend.[3]

Wichtig ist vor allem, daß man sich die historischen Entstehungsbedingungen der gattungstheoretischen Trias-Vorstellung in der zweiten Hälfte des 18. Jahrhunderts vergegenwärtigt. Erst nachdem sich der Kollektivsingular ‹Lyrik› als Sammelbegriff für unterschiedliche Gedichtformen herausgebildet hat und damit neben Epik und Drama eine dritte ‹Säule› vorhanden ist, kann sich der Übergang von einer bloß klassifikatorischen Regelpoetik zu einer triadischen Gattungskonzeption vollziehen.[4] Vergleicht man etwa eine Poetik wie die «Critische Dichtkunst» von Johann Christoph Gottsched[5] mit gattungstheoretischen Überlegungen von Goethe, Friedrich Schlegel oder Hegel am Ende des 18. und am Beginn des 19. Jahrhunderts, wird der diametrale Unterschied schlagartig deutlich. So heißt es bei Goethe: «Es gibt nur drei echte Naturformen der Poesie: die klar erzählende, die enthusiastisch aufgeregte und die persönlich handelnde: Epos, Lyrik und Drama.»[6]

Der Fülle und Heterogenität der bei Gottsched genannten Literaturformen wird seit dem Ende des 18. Jahrhunderts der Versuch einer geschichtsphilosophisch begründeten Reduktion auf drei «Naturformen» bzw. «Darstellungsweisen» (Hegel) der Dichtkunst gegenübergestellt. Friedrich Schlegel formuliert etwa 1799: «Epos = objektive Poesie, Lyrik = subjektive, Drama = Objektiv-Subjektive»[7] oder ein Jahr später: «Epos = Subjektiv-Objektiv, Drama = Objektiv, Lyrik = subjektiv»[8]. Bei Schlegel wechselt die Interpretation der ‹synthetischen› («subjektiv-objektiven») Gattung insofern, als sie zunächst beim Drama, dann aber beim Epos (wozu vor allem die «moderne Epopöe», der Roman, zählt) gesehen wird.

Versucht man, sich Klarheit über die Begriffe «subjektiv» und «objektiv» und deren wechselseitige Zuordnung in der idealistischen Kunstphilosophie zu verschaffen, ist es nützlich, einen Blick auf die Hegelsche Definition und Charakterisierung der drei Gattungen zu werfen. In der epischen Poesie, so formuliert Hegel, tritt der Dichter zurück, und die

«Begebnisse auszurunden ist die Aufgabe *der epischen Poesie*, insofern sie eine in sich totale Handlung sowie die Charaktere (...) in Form des breiten Sichbegebens poetisch berichtet und damit das Objektive selbst in seiner Objektivität herausstellt (...).

Die andere umgekehrte Seite (...) zur epischen Poesie bildet die *Lyrik*. Ihr Inhalt ist das Subjektive, die innere Welt, das betrachtende empfindende Gemüt, das, statt zu Handlungen fortzugehen, vielmehr bei sich als Innerlichkeit stehen bleibt und sich deshalb auch das Sich*aussprechen* des Subjekts zur einzigen Form und zum letzten Ziel nehmen kann (...).

Die *dritte* Darstellungsweise, die *dramatische Poesie* endlich verknüpft die beiden früheren zu einer neuen Totalität, in welcher wir ebensosehr eine objektive Entfaltung als auch deren Ursprung aus dem Inneren von Individuen vor uns sehen, so daß sich das *Objektive* somit als dem *Subjekt* angehörig darstellt (...)»[9]

Im Unterschied zu gattungstriadischen Modellen im 20. Jahrhundert (vgl. Emil Staigers «Grundbegriffe der Poetik») bleibt in der idealistischen Kunsttheorie – darauf hat Peter Szondi hingewiesen – das Bewußtsein von der Geschichtlichkeit der Gattungen präsent. Das hat zur Folge, daß das Spannungsverhältnis, das zwischen dem (spekulativen) System der Gattungen und den jeweiligen historischen Entfaltungen besteht, gesehen wird.[10]

In der triadischen Poetik Staigers tritt dieses Bewußtsein zugunsten einer anthropologischen und existentialistischen Intention zurück. Das wird deutlich, wenn es in den «Grundbegriffen» heißt, daß die «Poetik» sich «als literaturwissenschaftlicher Beitrag zum Problem der allgemeinen Anthropologie» versteht.[11] Mit Entschiedenheit wendet sich Staiger deshalb auch gegen historische Aspekte einer Gattungseinteilung. Die Vielfalt literarischer Formen interpretiert er nicht als Problem geschichtlicher Entwicklungen und damit zusammenhängender, jeweils besonderer historischer Konstellationen; vielmehr geht es ihm um allgemeine anthropologische Grundbefindlichkeiten des Menschen, die im «Lyrischen, Epischen und Dramatischen»[12] zum Ausdruck kommen.

Kommunikationsorientierte und struktur- und funktionsgeschichtlich ausgerichtete Gattungskonzepte

Nicht-normative Gattungskonzepte sind durch eine deutliche Abkehr von geschichtsphilosophischen und anthropologischen Prinzipien im Sinne triadischer Modelle gekennzeichnet. Literarische Gattungen werden als «geschichtlich situierbare Gebilde»[13] und als historisch bedingte Kommunikations- und Vermittlungsformen zu bestimmen versucht. Literarische Gattungen gelten als soziokulturelle, literarisch-soziale Konsensbildungen und nicht als normative, transgeschichtliche Formkonstanten.[14]

Dieser Gattungsbegriff ist das Ergebnis vor allem von Arbeiten zu strukturalistischen Aspekten der literarischen Evolution, zu rezeptionsästhetischen und rezeptionsgeschichtlichen Fragestellungen und zu Problemen einer sozial- und funktionsgeschichtlichen Betrachtungsweise der Literatur. Alle drei Forschungsansätze bestimmen in entscheidendem Maße die Konzeption neuerer Gattungstheorien.

Unter *strukturalistischen* Gesichtspunkten haben schon die Vertreter des «Russischen Formalismus» (etwa Viktor Sklovskij, Jurij Tynjanov und Boris Ejchenbaum) die Gattungstheorie durch ihre Konzeption der «literarischen Reihe» bzw. der «literarischen Evolution» nachhaltig gefördert. Auch den Prager Strukturalisten ging es um eine genauere Untersuchung bestimmter Textkonstanten und ihrer jeweiligen Abweichungen zum Zweck einer Rekonstruktion literarischer Typenbildungen, wobei bestimmte systemprägende Dominanten eine zentrale Rolle spielen. Inwieweit Gesetzmäßigkeiten der literarischen Evolution (Vorbereitung, Prägung, Erfüllung, Erweiterung, Korrektur, Verfall, eventuell auch Nachleben einer Gattung) auch mit sozialen und historischen Prozessen verknüpft sind und wie sich diese auf die Entstehung und Ausbildung literarischer Reihen und Typenbildungen auswirken, konnte allerdings noch nicht genauer angegeben und befriedigend erklärt werden.

Hier liegen auch die Schwierigkeiten gegenwärtiger Versuche, in der Tradition strukturalistischer und semiotischer Ansätze zu einer Lösung gattungsgeschichtlicher Probleme zu gelangen. Deutlich wird dies etwa bei Klaus Hempfer, wenn er formuliert, daß

> «(...) jede Gattung in ihrem geschichtlichen Entwicklungsprozeß aus relativen oder absoluten überzeitlichen Invarianten und historischen Variablen besteht (...). Hierbei stellt sich natürlich sofort die grundsätzliche Frage, wie das Ahistorisch-Konstante bestimmbar ist (...). Denkbar wäre (...), vom Archetypus auszugehen, der

ersten geschichtlichen Ausprägung der Gattung, wobei die ahistorischen Konstanten jene Elemente des Archetypus wären, die im historischen Prozeß durchgängig erscheinen.»[15]

Der Versuch, solche ahistorischen Konstanten im geschichtlichen Prozeß zu bestimmen, darf allerdings nicht durch das Abstrahieren «isolierter Einzelelemente vorgenommen werden»; wichtig sind vielmehr die Relationen zwischen den Elementen. Außerdem sollen die «diachronische Perspektive» und das «Prinzip der ‹Dominante› in einen strukturalen Gesamtzusammenhang» integriert werden, wobei Hempfer – unter Weiterführung linguistischer Ansätze – Sprechsituationen und «Sprechsituationstypen» im Blick auf «Differenzierungskriterien für Textgruppenbildungen» besonders betont hat.[16]

Noch weitgehend ungeklärt bleibt in diesen Versuchen das eigentümliche Eingebundensein literarischer Gattungen im historisch-sozialen Kontext und dessen Rolle und Funktion für geschichtliche Gattungsbildungsprozesse.

Rezeptionsgeschichtliche Ansätze zur Gattungstheorie, wie sie vor allem von Hans Robert Jauß zu den literarischen Gattungen im Mittelalter entwickelt worden sind, versuchen, Gattungsgeschichte – bei grundsätzlicher «Historisierung des Formbegriffs» – als einen zeitlichen Prozeß fortgesetzter «Horizontstiftung und Horizontveränderung» zu bestimmen, so daß

«(...) für die Metaphorik der Entwicklungs-, Reife- und Verfallsabläufe die teleologiefreie Begrifflichkeit des Durchspielens einer begrenzten Zahl von Möglichkeiten eintreten (kann). In dieser Begrifflichkeit ist ein Gipfelwerk durch eine so unerwartete wie bereichernde Horizontveränderung der Gattung, deren Vorgeschichte durch ein Versuchen und Erproben von Möglichkeiten, ihre Annäherung an ein geschichtliches Ende durch formales Erstarren (...) bestimmbar (...)»[17]

Jauß nimmt vorliegende strukturalistische Methoden zur Analyse formaler, systemprägender Dominanten auf, erweitert dieses synchronische Verfahren jedoch durch historisch-diachronische Untersuchungen, die sich vornehmlich auf den «Erwartungshorizont» von Rezipienten und Adressaten beziehen. Solche Erwartungshaltungen des lesenden Publikums gegenüber bestimmten Gattungen und literarischen Traditionen prägen die Entstehung und Geschichte literarischer Gattungen in entscheidender Weise. Erst aus der wechselseitigen Komplementarität von historisch unterschiedlichen «Erwartungen» und (diese wieder mit konstituierenden) Werk-‹Antworten› läßt sich die Geschichte einzelner Gattungen genauer ermitteln.

Das setzt nun allerdings eine Präzisierung und Konkretisierung des «Erwartungs»- und «Horizont»-Begriffs voraus, so daß leser- und publikumssoziologische Untersuchungen einerseits, sozial- und funktionsgeschichtliche Analysen andererseits unumgänglich sind. Sowohl die hermeneutisch fundierte Rezeptionstheorie von Hans Robert Jauß als auch die phänomenologisch orientierte Wolfgang Isers bleiben deshalb zu ergänzen, soll das Interaktionsverhältnis von Fiktion und Realität auch unter gattungstheoretischen und gattungshistorischen Aspekten genauer bestimmt werden.

Zu den Aufgaben einer *sozial-* und *funktionsgeschichtlich* orientierten Gattungstheorie gehört die Beschreibung der Selektionsstruktur literarischer Gattungen wie auch die genaue Bestimmung des Verhältnisses der relativen literarischen Autonomie einer einzelnen Gattung zu ihrer jeweiligen Sozialabhängigkeit und Zweckbedingtheit.[18]

Literarische Gattungen sind in besonderer Weise durch ihre Selektionsstruktur charakterisiert, bei der die vorhandenen, dominanten Text- und Lesererwartungskonstanten eine entscheidende Rolle spielen. Selektiv verhalten sich literarische Gattungen einerseits zum literarischen, andererseits zum sozialen Kontext, so daß die literarhistorische und realgeschichtliche Konstellation jeweils präzise angegeben werden muß, um das Verhältnis einer besonderen Gattung etwa zu anderen literarischen Formen und zeitgenössischen Diskursen bzw. zur historisch-sozialen Lebenswelt genauer beschreiben zu können.[19]

Systemtheoretisch läßt sich bei literarischen Gattungen von einer «verwirklichten Selektion» bzw. von einer Reduktion gegenüber der Komplexität des literarischen Lebens und der sozialen Wirklichkeit sprechen.[20] Der Vorgang der gattungsbildenden Selektion bzw. Reduktion vollzieht sich als dynamischer, zur Zukunft hin offener Prozeß in jeweils konkreten historischen Kommunikationssituationen.

Sozial- und funktionsgeschichtlich können Gattungen im Spannungsverhältnis zwischen ihrer relativen Autonomie und Sozialabhängigkeit gesehen werden, weil sie weder bloße (soziale) Zweckeinrichtungen darstellen noch ausschließlich durch ihr (literarisches) Eigengewicht charakterisiert sind.[21] Diese Doppelheit von Zweckbedingtheit und Eigengesetzlichkeit zeichnet generell den Status sozialer Institutionen aus, so daß sich bei einer sozial- und funktionsgeschichtlich orientierten Gattungstheorie eine Reihe auffallender Parallelen zur Theorie und Geschichte von Institutionen und – was die Dynamik der Gattungsbildung betrifft – zu Institutionalisierungs- und Entinstitutionalisierungsprozessen ergeben.

Die Herausbildung literarischer Gattungen kann als Folge eines Auskristallisierens, Stabilisierens und institutionellen Festwerdens dominanter Strukturen beschrieben werden. Dabei ist einerseits wichtig, daß Institutionalisierung dazu dient, «Konsens erfolgreich zu überschätzen (...)», so daß beim Leser oder Hörer entsprechende «Kontinuitätserwartungen» gegenüber Gattungen geweckt werden,[22] andererseits die Unvoraussehbarkeit möglicher Funktionen von Gattungen.

So, wie das Eingespanntsein literarischer Gattungen zwischen ihrer Sozialabhängigkeit und Eigengesetzlichkeit nur jeweils historisch präzise bestimmt werden kann, bleibt auch die Frage möglicher Funktionen nur ‹historisch› genauer beantwortbar. Über die verschiedenen Funktionen literarischer Gattungen gibt ihre Geschichte Auskunft. Unter dem Blickwinkel ihres Institutionencharakters lassen sich Gattungen generell als geschichtliche Bedürfnissynthesen bezeichnen, in denen bestimmte historische Problemstellungen bzw. Problemlösungen oder gesellschaftliche Widersprüche artikuliert und aufbewahrt sind. Kommunikativer Erfolg und Wirkung sind weitgehend davon abhängig, ob und inwieweit literarische Gattungen solchen historischen Erwartungen und Bedürfnissen von Rezipienten entsprechen.[23] Dabei ist zu beachten, daß literarische Gattungen weder monofunktional noch im Sinne bloß kontinuierlicher Funktionen zu verstehen sind. Diskontinuierliche Funktionen steuern vielmehr weitgehend ihre Geschichte.

Die damit verbundene Frage nach den Gesetzmäßigkeiten der Gattungsevolution bzw. -devolution verweist auf Probleme der Gattungsgeschichtsschreibung.

Aspekte einer struktur- und funktionsgeschichtlich orientierten Gattungsgeschichte des Bildungsromans

Entstehung und Geschichte des Bildungsromans in Deutschland machen in anschaulicher Weise gattungstheoretische Probleme unter struktur- und funktionsgeschichtlichen Aspekten deutlich. Das zugrundeliegende literarische Modell liegt relativ fest: Es handelt sich um die narrative Darstellung der Ausbildung eines individuellen Charakters in der konfliktreichen Auseinandersetzung mit der Realität, wobei die einzelnen Akzentuierungen und ‹Lösungsmöglichkeiten› schon entscheidende Hinweise auf sozial- und funktionsgeschichtliche Zusammenhänge und auf das Eingespanntsein dieser Romanformen zwischen literarischer Eigengesetzlichkeit und geschichtlicher Sozialabhängigkeit liefern.[24]

Im Bildungsroman findet die Auseinandersetzung zwischen Individuum und Wirklichkeit unterschiedliche historische Entfaltungen, und die Konfliktsituation wird jeweils unterschiedlich gelöst. Drei idealtypische Lösungsmodelle lassen sich hauptsächlich beobachten: Im ersten kommt es zu einer ‹Versöhnung› von Individuum und Realität, im zweiten unterwirft sich der einzelne der Wirklichkeit, im dritten dominiert das Scheitern des Individuums, oder es bleibt in permanenter Auseinandersetzung mit ihr. Die Tradition des deutschen Bildungsromans zeigt von Wielands «Agathon», Goethes «Wilhelm Meisters Lehrjahre(n)» und Novalis' «Heinrich von Ofterdingen» über Gottfried Kellers «Grüne(m) Heinrich» und Adalbert Stifters «Nachsommer» bis hin zu Thomas Manns Romanen insgesamt die Tendenz von Lösungen der Versöhnung von Individuum und Wirklichkeit zu solchen der unmöglichen Versöhnung oder auch des Scheiterns. Selbst die parodistische Verwendung des Bildungsromanmodells in der «Blechtrommel» von Günter Grass – «Wilhelm Meister auf Blech getrommelt» (H. M. Enzensberger) – verweist noch in der grotesken Umkehrung der gänzlich verweigerten Entwicklung und Bildung des ‹Helden› auf das traditionelle Muster.[25]

Hier mag unter gattungs- und sozialgeschichtlichen Gesichtspunkten kurz auf die Entstehungsbedingungen des Bildungsromans im 18. Jahrhundert und auf einzelne Positionen seiner Theorie im 19. Jahrhundert hingewiesen werden.

Sowohl die literarischen als auch die historisch-sozialen Entstehungsbedingungen des deutschen Bildungsromans finden sich in der zweiten Hälfte des 18. Jahrhunderts. Unter literarischen Aspekten handelt es sich um einen gattungskonstituierenden Selektionsprozeß insofern, als der Bildungsroman als eine deutsche Sonderform des ‹mittleren› Romans entsteht, der sich gleichermaßen gegen den vorliegenden ‹hohen›, etwa empfindsam-didaktischen Roman wie gegen den ‹niederen›, z. B. den satirischen Narrenroman abgrenzt und zugleich bestimmte Tendenzen der Autobiographie übernimmt.[26] Hingewiesen sei hier auf das erste historische Muster, Christoph Martin Wielands «Geschichte des Agathon» (1766/67), und auf den Prototyp der Gattung, Goethes «Wilhelm Meisters Lehrjahre» (1795/96).

Die historisch-sozialen Entstehungsbedingungen des Bildungsromans lassen sich nur im Zusammenhang einer Analyse bürgerlicher

Schichten in Deutschland im 18. und 19. Jahrhundert genauer bestimmen.[27] Erst wenn man die Besonderheit des gegenüber den westeuropäischen Nachbarländern politisch ‹verspäteten› und regional zu differenzierenden deutschen Bürgertums im einzelnen beachtet, wird die Form des deutschen Bildungsromans als einer spezifischen literarischen Utopie der inneren Selbstverwirklichung und individuellen Perfektibilisierung des Subjekts deutlich. Schon Friedrich von Blanckenburg beschreibt 1774 in seinem «Versuch über den Roman» das Modell des Charakterromans als «innere Geschichte» der Bildung und individuellen Vervollkommnung des Menschen.[28] Im literarischen Modell der individuellen Entwicklungs- und Bildungsgeschichte liefert diese Romanform eine ‹Antwort› auf historische Bedürfnisse und Dispositionen bürgerlicher Leser. Der Roman bietet seinen Adressaten Möglichkeiten der Identitätsbildung im Muster dargestellter, stufenweise sich selbst vollendender Individualität.

Im Unterschied zu dieser Rolle, die der Roman der individuellen Vervollkommnung im historischen Zusammenhang eines sich erst durch seine subjektive Privatheit gegenüber der höfischen Sphäre verselbständigenden – und zu sich selbst kommenden – Bürgertums im 18. Jahrhundert spielt, zeigt diese Romanform bereits in der ersten Hälfte des 19. Jahrhunderts in der literarischen Theorie wie auch in der Dichtungspraxis deutliche Züge der Verinnerlichung, die sich nach 1848 noch verstärken. Schon die Definition und Namengebung des Romans als «Bildungsroman» durch Karl Morgenstern (1820/21) offenbart die Tendenz, den Akzent hauptsächlich auf das Moment der inneren Bildung «eines ausgezeichnet Bildungsfähigen» zu legen.[29]

In welch starkem Maße die Konzeption des deutschen Bildungsromans mit historisch-politischen Wandlungsprozessen verknüpft ist und auf sie reagiert – es ist die Zeit der Restauration mit «Heiliger Allianz» und Karlsbader Beschlüssen –, zeigt vor allem Carl Nicolais 1819 erschienener «Versuch einer Theorie des Romans», in dem es heißt:

«(...) es giebt der Stunden, wo wir, zwischen der wirklichen Alltagswelt und der idealen Welt schwankend, erstere vermeiden wollen und letztere nicht erreichen können, aus eigner innerer Kraft. Da ist der Roman an seiner Stelle, und jenes Sehnen nach einem Ideal menschlicher Schöpfung, jenes Schwärmen unter den Gebilden, welcher der Dichter mit erhöheter und verschönter Wahrheit des wirklichen Lebens aufzustellen hat, reißt uns unwillkürlich mit ihm fort (...)»[30]

Auch Hegels berühmte, ironische Charakterisierung der Romanhelden gleicht eher einer Kapitulationserklärung des Individuums vor der Realität als einer Auseinandersetzung mit ihr, die zur eigenen Selbstverwirklichung führt. Die «Kämpfe» des einzelnen mit der Realität werden als «Lehrjahre» bezeichnet, die ihren Sinn durch die «Erziehung des Individuums an der vorhandenen Wirklichkeit» erhalten:

«Denn das Ende solcher Lehrjahre besteht darin, daß sich das Subjekt die Hörner abläuft, mit seinem Wünschen und Meinen sich in die bestehenden Verhältnisse und die Vernünftigkeit derselben hineinbildet, in die Verkettung der Welt eintritt und in ihr sich einen angemessenen Standpunkt erwirbt. Mag einer auch noch soviel sich mit der Welt herumgezankt haben, umhergeschoben worden sein, zuletzt bekommt er meistens doch sein Mädchen und irgendeine Stellung, heiratet und wird ein Philister so gut wie die anderen auch; (...)»[31]

Obwohl einzelne Kritiker und Schriftsteller einer Wendung ins bloß Private schon während der literarischen Richtung des «Jungen Deutschland» entgegentreten, wie der Romantheoretiker Hermann Münzenberger (1825) – der darauf hinweist, daß der Roman «zur Ausbildung des Ganzen beitrage und dadurch zur richtigen Erkenntnis unseres politischen Standpunktes (...) und uns so anmahnt und anfeuert, auf die Verbesserung und Veredlung der menschlichen Verhältnisse bedacht zu sein»[32] –, bleibt eine Haupttendenz der Bildungsromane im 19. Jahrhundert (vgl. Karl Immermanns «Epigonen», Gustav Freytags «Soll und Haben» oder Adalbert Stifters «Nachsommer») deutlich geprägt durch jene Verinnerlichung, die Thomas Mann mit dem für die deutsche Entwicklung seiner Meinung nach typischen «romantisch-unpolitischen (...) Bildungsindividualismus»[33] zu umschreiben versucht hat.

Die romantheoretische Charakterisierung, die der Ästhetiker und Hegelianer Friedrich Theodor Vischer 1857 gibt, faßt diesen Sachverhalt prägnant zusammen:

«Der Roman sucht die poetische Lebendigkeit da, wohin sie sich bei wachsender Vertrocknung des öffentlichen geflüchtet hat: im engeren Kreise, der Familie, dem Privatleben, in der Individualität, im Inneren (...). Es folgt aus dem Obigen, daß hier, im Conflicte dieser inneren Lebendigkeit mit der Härte der äußeren Welt, das eigentliche Thema des Romans liegt.»[34]

Die Zusammenhänge zwischen der Geschichte des Bildungsromans und der deutschen Gesellschaftsgeschichte im einzelnen aufzudecken, bleibt eine Aufgabe sozialhistorisch orientierter Romangeschichtsschreibung, die die Gattung «Bildungsroman» nicht allein und monokausal aus der politischen (nicht ökonomischen) Machtlosigkeit des deutschen Bürgertums im 19. Jahrhundert erklärt, sondern das komplizierte Interaktionsverhältnis zwischen literarischer Fiktion und historischer Realität jeweils genauer bestimmt. Unter funktionsgeschichtlichen Aspekten ist es dabei besonders wichtig, Übergänge von der utopisch-emanzipatorischen Intention der Romanform (vgl. Friedrich v. Blanckenburg) zu Formen der melancholisch-weltfluchtartigen Verinnerlichung und Resignation (vgl. Carl Nicolai) zu präzisieren und zu periodisieren. Die besondere literarische Ausprägung des deutschen Bildungsromans kann zudem nur im Vergleich mit dem Zeit- und Gesellschaftsroman des 19. Jahrhunderts etwa in Frankreich genauer als bisher analysiert werden (vgl. den französischen Desillusionsroman bei Flaubert im Unterschied zum deutschen Bildungsroman).

Daß der deutsche Bildungsroman unter Funktionsgesichtspunkten im Sinne einer soziokulturellen, ‹institutionalisierten Bedürfnissynthese› interpretiert werden kann, zeigt seine Geschichte seit der Entstehung im 18. Jahrhundert. In dieser für die deutsche Bildungs- und Sozialgeschichte paradigmatischen Gattung sind spezifische historische Problemstellungen und Problemlösungen ebenso wie besondere gesellschaftliche Widersprüche artikuliert und aufbewahrt. Erst eine genaue Rekonstruktion der einzelnen historischen Ausformungen und Stationen des Bildungsromans in seinen sozialen Verflechtungen würde verdeutlichen, in welcher Weise diese literarische Form auf historische Wirklichkeit reagiert und geschichtliche Realität mitprägt als Medium möglicher Identitätsstiftung und Identitätsvergewisserung bürgerlicher Leser in Deutschland.

Insgesamt mag der Bildungsroman als Ausdruck der und Antwort auf die Moderne verstanden werden.[35] Er zieht die ästhetischen Konsequenzen aus einem modernen Individualisierungsprinzip und antwortet mit einem utopischen Ganzheitskonzept auf bereits beginnende gesellschaftliche Ausdifferenzierung und Entfremdung. Auffallend ist in diesem Zusammenhang, daß dem Bildungsroman im Kontext der Französischen Revolution eine besondere Rolle zugewiesen wird. Er stellt – vergleichbar mit der Wirkungsmächtigkeit des Weimarer Klassikkonzepts[36] – ein Reflexions- und Verarbeitungsmedium für Krisenerfahrungen in der Moderne dar.

Untersucht man die Wirkungsgeschichte des gattungsbildenden Modells des deutschen Bildungsromans, Goethes «Wilhelm Meisters Lehrjahre», ergeben sich charakteristische Einblicke in den funktionsgeschichtlichen Zusammenhang zwischen Romangeschichte und Geschichte des gebildeten bürgerlichen Publikums in Deutschland. Es lassen sich – bis heute – zwei Rezeptionstraditionen beobachten, die durchaus unterschiedlich, ja antinomisch sind. Einerseits zeigt sich eine harmonisierende Rezeption des Bildungsromans, die prinzipiell – wenn auch zuweilen ironisch (etwa bei Hegel) – von einer Versöhnung von subjektiven und objektiv-gesellschaftlichen Interessen im Roman ausgeht. Solches Versöhnungsdenken läßt sich etwa in den Arbeiten von Karl Morgenstern, Friedrich Theodor Vischer und Wilhelm Dilthey beobachten. Eine solche Rezeption wird anthropologische Bedürfnisse befriedigen, die auf eine ‹Moral› im Bildungsbürgertum setzt und kaum kritisches Potential mobilisiert, sondern eher lebenspraktisch-sinnstiftend wirken will. Eine selbstreflexive, von vornherein auf Ironie und Widerspruch setzende Interpretation von Bildung und Bildungsroman (etwa bei Friedrich Schlegel) wird im Gegensatz dazu kritische Energien freisetzen können. Sie wird zudem weniger auf Gattungshomogenisierung als vielmehr auf Gattungsüberschreitung aus sein. Die Geschichte des Bildungsromans in Deutschland liefert, mit E. T. A. Hoffmanns «Kater Murr» beginnend, dafür eine Reihe von Beispielen.

Die Frage, die sich im Blick auf diese durchaus kontroverse Diskussion und dichotomische Rezeption des Bildungsromans in Deutschland anschließt, ist die, ob die Funktion des Bildungsromans nicht auf eine Funktionalisierung im Horizont bildungsbürgerlicher Interessen hinausläuft.[37] Neigungen zur Harmonisierung und Versöhnung in der Geschichte des Bildungsromans dürften den Bedürfnissen nach Homogenisierung im deutschen Bildungsbürgertum wenn nicht entsprechen, so doch entgegenkommen; während Tendenzen zur Kritik harmonistischer Ausgleichsmodelle mittels ironischer Selbstüberschreitung der Gattung oder Parodie des Bildungsromans den Erwartungen nach bürgerlicher Selbstkritik entgegenkommen. Letzteres ließe sich etwa an der zunehmenden Vorliebe für die Künstlerproblematik im Bildungsroman zeigen – bis in die Gegenwart (vgl. Günter Grass' «Die Blechtrommel» und Botho Strauß' «Der junge Mann»).

Selbstbestätigende Homogenisierung und kritische Selbstreflexion gehören zu den durchgehenden Tendenzen des deutschen Bildungsbürgertums. Die Geschichte des Bildungsromans scheint dieser Doppelgeschichte zu entsprechen. Es mag sein, daß der Bildungsroman gerade deshalb seine Aktualität bis ins 20. Jahrhundert behalten hat, weil die Dichotomie von «Selbstzweifel und Selbstgewißheit» im deutschen

Bürgertum ein Analogon hat. Bürgerliche Kultur ist durch einen Selbstwiderspruch charakterisiert, der ebenso der Geschichte und Theorie des Bildungsromans innewohnt. Harmonistische Homogenisierung und ironisch-kritische Selbstreflexivität scheinen sich in der Geschichte des Bildungsromans nicht auszuschließen. Damit wäre die ‹Erfolgsgeschichte› des Bildungsromans in Deutschland jedenfalls teilweise erklärbar; eine Untersuchung seiner Funktionsgeschichte könnte von dieser Doppelgeschichte ausgehen.

Die Gattungsgeschichte des deutschen Bildungsromans verweist auf prinzipielle Aspekte und Probleme der Gattungsgeschichtsschreibung und Gattungsbegriffe.

– Gattungen sind institutionalisierte Organisationsformen literarischer Kommunikation, in denen spezifische Welterfahrungen sedimentiert sind. Die Zuordnung von Texten zu bestimmten Textgruppen unter Gesichtspunkten gemeinsamer Merkmale (etwa beim Bildungsroman die Darstellung konfliktreicher Auseinandersetzung mit gesellschaftlicher Realität) stellt dabei ein Problem dar – das andere betrifft die Frage der Wiedererkennungsmöglichkeit solcher schematisierter Merkmale durch unterschiedliche Rezipienten (vgl. beim Bildungsroman die Tradition bildungsbürgerlicher Erwartungen).

– Gattungsbegriffe sind soziokulturelle Verständigungsbegriffe. Sie verweisen immer auch auf ihre Entstehungsbedingungen im allgemeinen historischen Kontext und auf den wissenschaftsgeschichtlichen Ort, in dem sie entstanden sind und gebraucht werden. Am Beispiel des Bildungsromans wird deutlich, daß diese literarische Sonderform ihre präzise bestimmbare Funktion sowohl im Gattungssystem der europäischen Romanliteratur als auch im Zusammenhang der deutschen Literaturwissenschaft (von Karl Morgenstern und Wilhelm Dilthey bis zu Thomas Mann) besitzt.

– Die Bestimmung einzelner literarischer Gattungen und die damit verbundene Abgrenzung gegenüber anderen setzt die jeweils (notwendig konstruktive) Strukturierung des reflektierenden Betrachters und Wissenschaftlers voraus. Deshalb bleibt die Standortgebundenheit des einzelnen Kritikers, Theoretikers und Historikers zu beachten. Die Zukunftsoffenheit von Geschichte verbürgt immer wieder mögliche neue Gattungsbegriffe und unterschiedliche Formen der Gattungsgeschichtsschreibung.

Literatur

Hempfer, Klaus: Gattungstheorie. Information und These. München 1973.

–: Zur pragmatischen Fundierung der Texttypologie. In: Walter Hinck (Hg.): Textsortenlehre – Gattungsgeschichte. Heidelberg 1977, S. 1–25.

Jauß, Hans Robert: Theorie der Gattungen und Literatur des Mittelalters. In: Ders./ Köhler, Erich (Hg.): Grundriß der romanischen Literaturen des Mittelalters. Bd. I. Heidelberg 1972, S. 107–138.

Kaiser, Gerhard R.: Zur Dynamik literarischer Gattungen. In: Horst Rüdiger (Hg.): Die Gattungen in der vergleichenden Literaturwissenschaft. Berlin 1974, S. 32–62.

Köhler, Erich: Gattungssystem und Gesellschaftssystem. In: Romanistische Zeitschrift für Literaturgeschichte 1 (1977), S. 7–21.

Marsch, Edgar: Gattungssystem und Gattungswandel. Die Gattungsfrage zwischen Strukturalismus und Literaturgeschichte. In: Wolfgang Haubrichs (Hg.): Probleme der Literaturgeschichtsschreibung (= LiLi-Beiheft 10). Göttingen 1979, S. 104–123.

Nies, Fritz: Für die stärkere Ausdifferenzierung eines pragmatisch konzipierten Gattungssystems. In: Christian Wagenknecht (Hg.): Zur Terminologie der Literaturwissenschaft. Akten des IX. Germanistischen Symposions der Deutschen Forschungsgemeinschaft. Stuttgart 1989, S. 326–336.

Raether, Martin: Probleme der literarischen Gattungen. In: Zeitschrift für romanische Philologie 89 (1973), S. 468–476.

Raible, Wolfgang: Was sind Gattungen? Eine Antwort aus semiotischer und textlinguistischer Sicht. In: Poetica 12 (1980), S. 320–349.

Sengle, Friedrich: Die literarische Formenlehre. 2. Aufl. Stuttgart 1969.

Szondi, Peter: Poetik und Geschichtsphilosophie II. Von der normativen zur spekulativen Gattungspoetik. Schellings Gattungspoetik. Hg. von Wolfgang Fietkau. Frankfurt/M. 1974.

Voßkamp, Wilhelm: Gattungen als literarisch-soziale Institutionen. Zu Problemen sozial- und funktionsgeschichtlich orientierter Gattungstheorie und -historie. In: Walter Hinck (Hg.): Textsortenlehre – Gattungsgeschichte. Heidelberg 1977, S. 27–42.

–: Methoden und Probleme der Romansoziologie. Über Möglichkeiten einer Romansoziologie als Gattungssoziologie. In: Internationales Archiv für Sozialgeschichte der deutschen Literatur 3 (1978), S. 28 ff.

Willems, Gottfried: Das Konzept der literarischen Gattung. Tübingen 1981.

Anmerkungen

1 Vgl. dazu und zum konkurrierenden Begriff der «Textsorte» Raible, S. 320–349. Der Begriff «Textsorte» hat den Vorteil, nicht historisch-normativ vorbelastet zu sein; Gattungen wären in diesem Sinn spezifische Textsorten, die eine größere Zahl von gemeinsamen Invarianten aufweisen (vgl. ebd., 339).

2 Im folgenden handelt es sich um eine Überarbeitung und Erweiterung des ersten

Teils meines Aufsatzes über «Literarische Gattungen und literaturgeschichtliche Epochen» in: Helmut Brackert/Jörn Stückrath i. Verb. mit Eberhard Lämmert (Hg.): Literaturwissenschaft. Grundkurs 2. Reinbek bei Hamburg 1981, S. 51–74. Für Hinweise zu den Anmerkungen danke ich Ursula Geitner.

3 Vgl. dazu Sengle. Zu den organologischen Voraussetzungen von Trias-Konzepten, v. a. bei Wilhelm Scherer, vgl. Willems.

4 Vgl. Klaus Scherpe: Gattungspoetik im 18. Jahrhundert. Historische Entwicklung von Gottsched bis Herder. Stuttgart 1968.

5 Johann Christoph Gottsched: Versuch einer Critischen Dichtkunst. Leipzig 1751 (Neudr. Darmstadt 1962).

6 Johann Wolfgang Goethe: Noten und Abhandlungen zu besserem Verständnis des «West-Östlichen Divans» (1819). In: Goethes Werke. Hg. von Erich Trunz. Bd. 2. 6. Aufl. Hamburg 1962, S. 187.

7 Friedrich Schlegel: Literary Notebooks, 1797–1801. Hg. von Hans Eichner. London 1957, Nr. 1750, S. 175.

8 Ebd., Nr. 2065, S. 204. Vgl. dazu Szondi, S. 133.

9 Georg Wilhelm Friedrich Hegel: Vorlesungen über die Ästhetik III. In: Hegel; Werke in 20 Bänden, Bd. 15. Frankfurt/M. 1970, S. 321 ff.

10 Vgl. Szondi, S. 20.

11 Emil Staiger: Grundbegriffe der Poetik. 3. Aufl. Zürich 1956, S. 253 f.

12 Vgl. ebd., S. 224 f.

13 Kaiser, S. 34.

14 In diesem Zusammenhang werden – statt isolierter Geschichten einzelner Gattungen – Austauschbeziehungen innerhalb des gesamten Gattungssystems rekonstruiert. Die Grenzen der einzelnen Gattungen können somit als durchlässig und diese selbst als flexibel gelten. Vgl. dazu Nies, S. 326–336.

15 Klaus W. Hempfer: Tendenz und Ästhetik. Studien zur französischen Verssatire des 18. Jahrhunderts. München 1972, S. 21. Vgl. auch die Unterscheidung zwischen einem «feste[n] Regelbündel (Kernmerkmale) und zusätzliche[n] periphere[n] Merkmale[n]» bei literarischen Gattungen (Marsch, S. 114 f).

16 Vgl. Hempfer: Gattungstheorie, S. 139 ff, und Ders.: Zur pragmatischen Fundierung, S. 21. Zur linguistischen Textsorten-Diskussion vgl. v. a. die Beiträge in dem Band: Textsorten. Differenzierungskriterien aus linguistischer Sicht. Hg. von Elisabeth Gülich und Wolfgang Raible. Frankfurt/M. 1972.

17 Jauß, S. 124.

18 Vgl. dazu im einzelnen Voßkamp: Gattungen, S. 29 ff, und Ders.: Methoden und Probleme, S. 28 ff.

19 Hier sind die Vorgaben der von Michel Foucault begründeten Diskursanalyse und die im Gefolge der sich anschließenden Diskussion entstandenen Überlegungen des «New Historicism» zu berücksichtigen. Vgl. dazu Diskurstheorien und Literaturwissenschaft. Hg. von Jürgen Fohrmann und Harro Müller. Frankfurt/M. 1988; außerdem Clemens Kammler: Historische Diskursanalyse (Michel Foucault). In: Neue Literaturtheorien. Eine Einführung. Hg. von Klaus-Michael Bogdal. Opladen 1990, S. 31–55. Zum «New Historicism», der im Rahmen einer «Cultural History» beabsichtigt, den literarischen Text in seinem

diskursiven Umfeld zu re-identifizieren, vgl. Anton Kaes: Geschichte als Literatur. Formen und Grenzen der Repräsentation von Vergangenheit. Hg. von Hartmut Eggert, Ulrich Profitlich und Klaus R. Scherpe. Stuttgart 1990, S. 56–66.

20 Vgl. dazu die Arbeiten von Niklas Luhmann: Moderne Systemtheorien als Form gesamtgesellschaftlicher Analyse. In: Jürgen Habermas/Niklas Luhmann: Theorie der Gesellschaft oder Sozialtechnologie – Was leistet die Systemforschung? Frankfurt/M. 1971, S. 7–24; Soziologie als Theorie sozialer Systeme. In: Ders.: Soziologische Aufklärung. Aufsätze zur Theorie sozialer Systeme. Bd. I. 3. Aufl. Opladen 1972, S. 113–136. Vgl. außerdem Köhler, S. 7–21.

21 Raether, S. 472.

22 Vgl. Niklas Luhmann: Institutionalisierungs-Funktion und Mechanismus im sozialen System der Gesellschaft. In: Zur Theorie der Institutionen. Hg. von Helmut Schelsky. Düsseldorf 1970, S. 30f.

23 Vgl. Voßkamp: Gattungen, S. 32; Ders.: Methoden und Probleme, S. 33; außerdem Ders.: Literaturgeschichte als Funktionsgeschichte der Literatur (am Beispiel der frühneuzeitlichen Utopie). In: Literatur und Sprache im historischen Prozeß. Hg. von Thomas Cramer. Bd. 1: Literatur. Tübingen 1983, S. 32–54.

24 Zum Bildungsroman vgl. allgemein Lothar Köhn: Entwicklungs- und Bildungsroman. Ein Forschungsbericht. Stuttgart 1969; Jürgen Jacobs: Wilhelm Meister und seine Brüder. Untersuchungen zum deutschen Bildungsroman. München 1972, und Martin Swales: Unverwirklichte Totalität. Bemerkungen zum deutschen Bildungsroman. In: Der deutsche Roman und seine historischen und politischen Bedingungen. Hg. von Wolfgang Paulsen. Bern 1977, S. 90–106.

25 Auffallend ist die Diskrepanz zwischen der Werkgeschichte und der Rezeptionsgeschichte des Bildungsromans in Deutschland; vgl. dazu Wilhelm Voßkamp: Der Bildungsroman als literarisch-soziale Institution. Begriffs- und funktionsgeschichtliche Überlegungen zum deutschen Bildungsroman. In: Zur Terminologie der Literaturwissenschaft (Anm. 14), S. 337–355. Zur Sonderstellung des Bildungsromans in Deutschland im Vergleich mit England vgl. Ders.: Der Bildungsroman in Deutschland und die Frühgeschichte seiner Rezeption in England. In: Bürgertum im 19. Jahrhundert. Deutschland im europäischen Vergleich. Hg. von Jürgen Kocka. München 1988, Bd. 3, S. 257–286.

26 Vgl. Voßkamp: Gattungen, S. 36.

27 Vgl. Georg Stanitzek: Bildung und Roman als Momente bürgerlicher Kultur. Zur Frühgeschichte des ‹deutschen Bildungsromans›. In: Deutsche Vierteljahresschrift für Literatur- und Geistesgeschichte 62 (1988), S. 416–450.

28 Christian Friedrich von Blanckenburg: Versuch über den Roman. Leipzig/Liegnitz 1774 (Faksimiledruck der Originalausgabe, mit einem Nachwort von Eberhard Lämmert. Stuttgart 1965).

29 Vgl. Karl Morgenstern: Über das Wesen des Bildungsromans (1820/21). In: Romantheorie. Dokumentation ihrer Geschichte in Deutschland 1620–1880. Hg. v. Eberhard Lämmert u. a. Köln 1971, S. 256f (= Neue Wissenschaftliche Bibliothek, Bd. 41).

30 Carl Nicolai: Versuch einer Theorie des Romans. Erster Teil (1819). In: Romantheorie (Anm. 29), S. 250f.

31 Georg Wilhelm Friedrich Hegel: Vorlesungen über die Ästhetik II. In: Werke. Bd. 14. Frankfurt/M. 1970, S. 220. Zu Hegels Romanbegriff in diesem Zusammenhang vgl. Hartmut Steinecke: Romantheorie und Romankritik in Deutschland. Die Entwicklung des Gattungsverständnisses von der Scott-Rezeption bis zum programmatischen Realismus. Bd. I. Stuttgart 1975, S. 53 ff.

32 Hermann Münzenberger: Beleuchtung des Romanes oder Was ist der Roman? Was ist er geworden? und Was kann er werden? (1825). In: Romantheorie (Anm. 29), S. 265.

33 Thomas Mann: Der Entwicklungsroman (1916). In: Romantheorie (Anm. 29), S. 117. Vgl. außerdem Thomas Manns Rede zum Gedächtnis von Walther Rathenau. In: Thomas Mann: Von deutscher Republik. Politische Schriften und Reden in Deutschland. Frankfurt/M. 1984, S. 195.

34 Friedrich Theodor Vischer: Ästhetik oder Wissenschaft des Schönen (1857). In: Romantheorie (Anm. 29), S. 340.

35 Vgl. auch Voßkamp: Bildungsroman (Anm. 25).

36 S. Wilhelm Voßkamp: Klassik als Epoche – Zur Typologie und Funktion der Weimarer Klassik. In: Epochenschwelle und Epochenbewußtsein. Hg. von Reinhart Herzog und Reinhart Koselleck. München 1987, S. 493–514.

37 Das «Bildungsbürgertum» ist jene bürgerliche Formation in Deutschland, die durch ein gemeinsames Bildungswissen konstitutiv verbunden ist. Vgl. Ulrich Engelhardt: «Bildungsbürgertum». Begriffs- und Dogmengeschichte eines Etiketts. Stuttgart 1986, S. 28; ferner: Bildungsbürgertum im 19. Jahrhundert. Teil II: Bildungsgüter und Bildungswissen. Hg. von Reinhart Koselleck. Stuttgart 1990.

Rainer Rosenberg

Epochen

Literaturgeschichtliche Epochenbegriffe stehen für abgrenzbare Zeiträume, innerhalb deren dem überwiegenden oder einem als repräsentativ ausgezeichneten Teil der Literatur bestimmte Merkmale abgelesen werden können, die als charakteristisch für die Unterscheidung von der jenseits der gesetzten Zeitgrenzen dominierenden Literatur angesehen werden und die der Name des Begriffs konnotiert. Die Epochenbegriffe entstanden im Zuge des unausgesetzten Versuchs der Periodisierung der Literaturgeschichte. Die uns heute geläufige Reihe *(Reformation / Renaissance – Barock – Aufklärung – Klassik / Romantik – Realismus)* begann sich im letzten Drittel des 19. Jahrhunderts durchzusetzen, wobei die Übertragung des Barockbegriffs auf die deutsche Literatur des 17. Jahrhunderts erst in den 20er Jahren des 20. Jahrhunderts breitere Akzeptanz gewann und der Vorschlag, die Literatur seit dem Aufkommen des Naturalismus oder des Symbolismus unter den Epochenbegriff der Moderne zu stellen, selbstverständlich auch jüngeren Datums ist. In den Problemkreis, der mit den literaturgeschichtlichen Epochenbegriffen angesprochen wird, gehören auch die Versuche, kürzere Abschnitte der Literaturgeschichte mit dem Namen einer literarischen Strömung, eines Kunst- und/oder Lebensstils zu bezeichnen oder unter Begriffen aus der politischen Geschichte zu subsumieren: *Sturm-und-Drang, Biedermeier* und/oder *Junges Deutschland, Vormärz, Naturalismus, Symbolismus, Expressionismus, Neue Sachlichkeit* usw.

Die Problematik der Epochenbegriffe liegt nur vordergründig in ihrer auf den ersten Blick zu erkennenden Heterogenität. Auch die Frage, ob diese oder jene Bezeichnung ‹angemessen› sei, d. h. die angenommenen wesentlichen Züge der Literatur des betreffenden Zeitabschnitts benennt, wird kaum mehr diskutiert, seitdem man zwischen Begriff und Bezeichnung zu unterscheiden gelernt hat und Begriffsbildung (im Sinne durchsetzungsfähiger Begriffe) als einen intersubjektiven Prozeß der Herstellung von Konsens versteht.

Das eigentliche Problem, das in den Epochenbegriffen zum Ausdruck kommt, ist die Periodisierung der Literaturgeschichte selbst. Dieses kann man zwar als ein Scheinproblem abtun, wenn man die theoretische Begründbarkeit von Epocheneinteilungen überhaupt in Frage stellt. Von dem systemtheoretischen Standpunkt aus, wie ihn z. B. Niklas Luhmann vertritt, erscheinen Epochen nicht mehr, wie in den älteren Entwicklungstheorien, als «die Form, in der die Einheit des historischen Prozesses sich herstellt bzw. erkannt werden kann. Epochen sind nicht evolutionsnotwendig. Sie sind, anders als Strukturen selbst, keine Bedingung der Möglichkeit von Strukturänderungen. Sie sind weder für Variation noch für Selektion, noch für Restabilisierung, noch für Trennung oder für zufallsabhängige Rekombination dieser evolutionären Mechanismen unerläßlich.»[1] Andererseits konstatiert Luhmann aber auch, daß «die soziokulturelle Evolution offensichtlich nicht zu einer langsamen, gleichmäßigen, kontinuierlichen Formenentwicklung» führt. «Man kann in ihren Resultaten Klumpenbildungen beobachten. Es kann Zeiten relativ häufiger und tiefgreifender Strukturänderungen geben und dann wieder Zeiten relativer Stagnation. Ein Beobachter kann daraufhin Epochen sehen.»[2]

In der Praxis erweist sich die Periodisierung als ein unverzichtbares

Ordnungsprinzip der Fakten. Ihre Problematik fängt damit an, daß keine Geschichtsschreibung alles, was sich ereignet hat, gleichgewichtig verzeichnen kann, sondern daß die Historiker die mitzuteilenden Ereignisse nach Relevanzkriterien, die standortgebunden, d. h. unterschiedlich und veränderlich sind, auswählen, und nach Zusammenhangsannahmen, die ebenfalls variieren, ordnen und interpretieren. Daß also jeder Versuch, die Vergangenheit abzubilden, als Konstruktion betrachtet werden kann, jedenfalls nicht zu leugnen ist, daß er konstruktive Elemente enthält. Die Periodisierung stellt zweifellos eines der wesentlichen konstruktiven Elemente der Historiographie dar.

Dabei liegen die Dinge für die politische Geschichtsschreibung insofern noch einfacher, als sie für die Zäsuren, die sie setzt, die Daten aus der politischen Geschichte und/oder aus der Wirtschafts- und Sozialgeschichte nimmt, also quasi autonom periodisieren kann. Aus der Heterogenität der literaturgeschichtlichen Epochenbegriffe (teils selbstgewählte Parteinamen literarischer Gruppierungen, teils historisierte Normbegriffe wie *Klassik* und *Moderne*, teils Begriffsübertragungen aus der Kunst-, Religions-, Philosophiegeschichte oder aus der politischen Geschichte) ist demgegenüber zu ersehen, daß die Literaturgeschichtsschreibung mit einer autonomen Periodisierung ihre Schwierigkeiten hatte. Bis heute gehen die Meinungen darüber auseinander, ob sie überhaupt anzustreben sei und was man darunter zu verstehen habe. Denn hier stellt sich erst einmal die Frage nach dem der Literaturgeschichtsschreibung zugrunde gelegten Literaturbegriff. Verbleibt er auf der Ebene der Literaturproduktion (Literatur als Textsystem), dann würde man unter einer autonomen Periodisierung heute wohl in erster Linie eine verstehen, die diskurs-, struktur- oder stilgeschichtliche Daten anvisiert. Faßt man den Gegenstand der Literaturgeschichtsschreibung als Geschichte der literarischen Kommunikation der Gesellschaft oder als Geschichte eines Kultursystems (kulturellen Subsystems), dann verlieren bestimmte kultur- und sozialgeschichtliche Daten ihren heteronomen Charakter, rücken in den Bereich der Autonomie.

Weiterhin macht es einen Unterschied, ob der zugrunde gelegte Literaturbegriff auf die Schicht der traditionell höher evaluierten Texte und/oder den Umgang mit diesen eingegrenzt ist oder ob er auch die literarische Massenproduktion umfaßt. Man kann zwar davon ausgehen, daß Unterscheidungen wie die zwischen Renaissance- und Barockkunst oder zwischen romantischer und realistischer Literatur (wie unterschiedlich die Werte von Zeit zu Zeit auch gesetzt wurden) auf analytisch nachweisbare Unterschiede in der künstlerischen Formierungsweise (‹Technik›, ‹Methode›, ‹Stil›) zurückgeführt werden können. Man kann annehmen, daß die Summe der Werke, die aufgrund ähnlicher Formierungsweise als *barock* oder als *romantisch* interpretiert worden sind, im großen und ganzen sich nach ihrer Entstehung zeitlich eingrenzen läßt, eine Barockarchitektur oder eine romantische Literatur als geschichtliche Phänomene objektivierbar sind. Das funktioniert, obwohl die Unterscheidung zwischen Renaissance- und Barockkunstwerken, zwischen romantischen und realistischen Texten nie die Festigkeit von Artunterschieden gewinnen kann (bei denen die Zwischenstufen fehlen) und obwohl allenfalls ein ungefährer Konsens darüber herstellbar ist, welche objektiven Merkmale für die Bestimmung etwa des *Romantischen* oder des *Realistischen* gelten sollen, also zumindest breite Randzonen bestehen, in denen die Zuordnung von interpretatorischen Entscheidungen abhängig bleibt. Aber selbst wenn man zumindest ‹Kernzonen› von romantischer und realistischer Literatur für zeitlich objektivierbar hält, kann mit dem Verfahren, nach dem das traditionelle Periodisierungsschema gebildet wurde, auch für die Geschichte der Literaturproduktion (selbst wenn sie als spezielle ‹Stil›-Geschichte konzipiert würde) immer nur eine grobe Orientierungshilfe gewonnen werden. Denn erstens ist es ja ein Verfahren, Innovationen zu markieren und Dominanzen zu bestimmen, das folglich die Gleichzeitigkeit des ‹Ungleichzeitigen› nicht abbilden kann. Die Kontemporaneität von deutscher Klassik und Romantik muß in eine zeitliche Abfolge übersetzt werden. Zweitens bezieht sich das Schema überhaupt nicht auf die gesamte Literaturproduktion, sondern nur auf einen schmalen Ausschnitt aus ihr. In einem bestimmten Zeitraum waren Literaturmuster, die wir als romantisch interpretieren, zweifellos auch in der Masse der Literaturproduktion dominant. Diese Zeit begann aber sicher nicht 1794 und auch nicht 1805 oder 1806 (die gewöhnlich eingesetzten Daten für den Beginn der Frühromantik bzw. für den Übergang von der *Klassik* zur *Romantik*), sondern später, und sie reichte auf jeden Fall weit in die Periode des Realismus hinein. Der Zeitpunkt, zu dem sich in der Masse der Literaturproduktion die Dominanz von den Literaturmustern der Spätaufklärung auf die der Romantik verschob, muß also irgendwann zwischen den Zäsuren liegen, die das traditionelle Periodisierungsschema setzt.

Aber welchen Literaturbegriff wir unserer Arbeit auch zugrunde legen, literaturgeschichtliche Periodisierung kann, wenn sie mit Begriffen wie Romantik oder Realismus Dominanzen bestimmen will, immer nur ungefähr sein. Denn Dominanzen stellen sich nicht auf den Tag ein. Sie sind auch nicht statistisch feststellbar. Wenn nichtsdestoweniger häufig Ereignisse (das Erscheinen eines künstlerisch innovativen Textes oder einer zukunftsträchtigen Programmschrift oder Goethes Tod) zur Zäsurierung der Literaturgeschichte herangezogen werden, dann markiert diese Art der Periodisierung im Grunde nur das Datum, von dem aus der Aufstieg einer dominant werdenden Strömung zu rechnen ist oder das das Ende einer Epoche besiegelt.

Noch komplizierter stellt sich das Periodisierungsproblem dar, wenn wir den nationalliterarischen Rahmen verlassen und übernationale, etwa gesamteuropäische Literaturzusammenhänge ausgemacht werden sollen. Denn einerseits ist wohl unstrittig, daß – um bei unserem Beispiel zu bleiben – die meisten europäischen Literaturen ihre romantische und ihre realistische Periode hatten. (Die nationalen ‹Literaturgeschichten› weisen sie aus.) Andererseits verläuft die Entwicklung der Literatur in den einzelnen europäischen Ländern nicht kongruent. In einigen ost- und südosteuropäischen Literaturen z. B. greifen *Aufklärung* und *Romantik* viel stärker ineinander als etwa in Deutschland oder behaupten romantische Literaturmuster noch lange ihre Vorherrschaft, nachdem die großen westeuropäischen Literaturen und die russische Literatur bereits vom realistischen Roman bestimmt werden. Dementsprechend differieren auch die in der Literaturgeschichtsschreibung der einzelnen Länder tradierten Epochensequenzen. Versuche zu einer einheitlichen Periodisierung der europäischen Literaturen haben demzufolge mit großen Phasenverschiebungen zu rechnen und können jeweils nur einen Teil der in der Nationalliteraturgeschichtsschreibung erhaltenen Epochenbegriffe (nämlich die gemeinsamen) gebrauchen.

Die ältesten, bereits seit der Antike verwendeten Periodisierungsarten waren die nach der Regierungszeit des Monarchen oder nach Zeitaltervorstellungen, die von der Annahme eines absteigenden oder aufsteigenden Verlaufs der Geschichte ausgingen (‹Goldenes›, ‹Silbernes Zeitalter›). Beide Periodisierungsarten sind von der neuzeitlichen Literaturgeschichtsschreibung auf die neuere Literatur übertragen worden, die von daher auch z. T. bis heute verwendete Epochenbegriffe erhielt (Siglo de Oro, Elizabethan Age, Zeitalter Friedrichs des Großen). In Übertragung des monarchischen Periodisierungsprinzips auf die Lebenszeit eines Dichters, die in der ursprünglichsten Form der Literaturgeschichtsschreibung – der Biographik – die Zäsuren gesetzt hatte, konnte auch ein Epochenbegriff wie *Goethezeit* gebildet werden.

Bis in die zweite Hälfte des 18. Jahrhunderts hinein erfüllten diese Periodisierungsarten jedoch mehr eine klassifikatorische Funktion, d. h., sie dienten der systematischen Zuordnung der Fakten. Solange in der bildenden Kunst wie in der Literatur die normative Geltung des griechisch-römischen Altertums unangefochten war, hatte auch die triadische Zeiteinteilung, die in der – die Kunstideale der Antike wiederaufgreifenden – Renaissance aufkam, prinzipiell keine andere Bedeutung. Erst mit der Entwicklung des historischen Denkens, das die vielen Geschichten zu der einen Geschichte zusammenschloß, der – zumeist gekoppelt mit teleologischen Richtungsannahmen – eine eigene Dynamik unterstellt wurde, gewann die Frage der Periodisierung ein neues Interesse: Der Historiker konnte sich nicht mehr damit bescheiden, die kontinuierlich sich verlängernde Reihe der Namen und Ereignisse nach abstrakten Zeitmaßen abzuteilen, wie das in den sog. Litterärgeschichten des 18. Jahrhunderts üblich gewesen war. Vielmehr war es ihm nun aufgegeben, im Gang der Ereignisse selbst die Zeitgrenzen aufzusuchen, an denen ein geschichtlicher Zustand von einem anderen abgelöst wurde oder in einen anderen überging. Die Geschichtsschreibung trat mit dem Anspruch auf, in ihrer Periodisierung den periodischen Verlauf der Geschichte selbst abzubilden.

Dabei weisen noch die deutschen ‹Literaturgeschichten› des 19. Jahrhunderts eine große Unterschiedlichkeit in der Periodisierung wie auch in den Periodenbezeichnungen auf. Hier einige Beispiele: Georg Gottfried Gervinus verwendet in seiner «Geschichte der poetischen National-Literatur der Deutschen» (1835–1842) das dynastische Periodisierungsschema nur noch für die älteste Zeit, die Mehrzahl seiner Setzungen versucht bereits literaturgeschichtliche oder literatursoziologische ‹Epocheninhalte› zu bestimmen: Die Dichtung in den Händen der Geistlichkeit; Übergang zur ritterlichen Poesie der staufischen Zeit; Blüte der ritterlichen Lyrik und Epopöe; Verfall der ritterlichen Dichtung und Übergang zur Volkspoesie; Aufnahme der volkstümlichen Dichtung; Rücktritt der Dichtung aus dem Volk unter die Gelehrten. Es folgen: Eintritt des Kunstcharakters der neueren Zeit; Wiedergeburt der Dichtung unter den Einflüssen der religiösen und weltlichen Moral und der Kritik; Umsturz der konventionellen Dichtung durch Verjüngung der Naturpoesie; Übersicht der schönen Prosa (Romanliteratur); Schiller und Goethe; Romantik. Vorwiegend literaturgeschichtlich gedacht ist auch die ziemlich schematisch erscheinende Epochensequenz August Vilmars[3]: Älteste Zeit (bis 1150); Alte Zeit (1150–1624); Neue Zeit (1624–1832). Die «alte» und die «neue» Zeit gliedert er in je drei Perioden: 1150–1300; 1300–1517; 1517–1624 und 1624–1720; 1720–1760; 1760–1832. (Die Daten 1517 und 1624 stehen für den Beginn der Reformation bzw. für das Erscheinen von Martin Opitz' «Teutschen Poemata» und «Buch von der deutschen Poeterey».) Ähnliches gilt für Wolfgang Menzel. Er periodisiert (in der «Neuen Ausgabe» seiner «Deutschen Dichtung»[4]) die neuere Literaturgeschichte folgendermaßen: Verwilderung im Reformationszeitalter; Die Renaissance; Die Natürlichkeitspoesie; Die Sturm-und-Drang-Periode; Romantik; Die jüngste Dichtung. Im Abschnitt Die Sturm-und-Drang-Periode wird die gesamte deutsche Literatur von Lessing bis Jean Paul abgehandelt, Goethe in den Unterabschnitten Die Kraftgenies und Die Poesie des Egoismus. Demgegenüber hat Vilmar einen Unterabschnitt Goethes und Schillers Nachfolger, der von Klinger bis zur Schwäbischen Schule reicht. Der Begriff der Romantischen Schule erscheint darin nur als einzelnes Stichwort. Ebenso findet sich der Begriff des Sturm-und-Drang bei ihm nur in dem Stichwort «Sturm-und-Drang-Dramatiker», das an anderer Stelle steht. Klassik als Epochenbezeichnung (mit Bezug auf die Zeit von Lessing bis Goethe) findet sich zuerst bei Heinrich Laube[5], der ein Kapitel seiner ‹Literaturgeschichte› Übergang zur Klassik überschreibt, und dann im Titel des vierten Buches von Joseph Hillebrands «Deutscher Nationalliteratur»[6]: Die nationalliterarische Klassik. Das klassische Zeitalter der deutschen Literatur heißt dann auch das dritte Buch von Hermann Hettners «Geschichte der deutschen Literatur im achtzehnten Jahrhundert» (1856–1870), das in Die Sturm-und-Drang-Periode und Das Ideal der Humanität unterteilt ist. Die Zeit davor periodisiert Hettner Vom Westfälischen Frieden bis zur Thronbesteigung Friedrichs des Großen (1648–1740) und Das Zeitalter Friedrichs des Großen. Letzteres gliedert sich bei ihm in die Zeit Von der Thronbesteigung Friedrichs des Großen bis zum Beginn des Siebenjährigen Krieges und Vom Beginn des Siebenjährigen Krieges bis zur Sturm-und-Drang-Periode. Wilhelm Scherers[7] Epochensequenz lautet für die neuere Literatur: Reformation und Renaissance (1517–1648); Die Anfänge der modernen Literatur (1648–1740); Das Zeitalter Friedrichs des Großen; Weimar (Goethe und Schiller); Romantik. Die Sturm-und-Drang-Dramatiker stehen bei ihm im letzten Abschnitt des Kapitels Das Zeitalter Friedrichs des Großen unter der Überschrift Die litterarische Revolution und die Aufklärung.

Obwohl – wie an diesen Beispielen zu erkennen – bestimmte Periodisierungen sich im Lauf der Zeit verfestigen und auch einige der uns heute geläufigen Epochenbezeichnungen sich allmählich herauskristallisieren, wird das Periodisierungsproblem in der Literaturwissenschaft bis zum Ende des 19. Jahrhunderts theoretisch wenig reflektiert, dominiert ein gewisser Pragmatismus in der Ordnung des Materials. Prinzipien «wissenschaftlicher Periodenbildung» versuchte 1901 Richard Moritz Meyer aufzustellen,[8] der die deutsche Literatur des 19. Jahrhunderts nach Dezennien gegliedert und die einzelnen Autoren jeweils dem Dezennium zugeordnet hatte, in das ihre erste Publikation fiel.[9] Theoretisch begründetes Periodisierungsprinzip bei Friedrich Kummer wurde die «Generation». Seine «Deutsche Literaturgeschichte, dargestellt nach Generationen» geht von der Hypothese aus, daß «alle etwa gleichzeitig lebenden Menschen, die aus den gleichen wirtschaftlichen, politischen und gesellschaftlichen Zuständen hervorgegangen sind», auch «mit verwandter Weltanschauung, Bildung, Moral und Kunstempfindung ausgestattet» seien.[10]

Die weitgehende Vereinheitlichung der Epochenvorstellungen in dem uns heute geläufigen Periodisierungsschema wurde erst von der geistesgeschichtlich orientierten Literaturwissenschaft zustande gebracht. Daß die Literaturhistoriker hierbei Anleihen bei der Kunstgeschichtsschreibung machten, die bereits über eine die gesamte christlich-abendländische Kunst umfassende, relativ konsensfähige Epochensequenz verfügte, ist nicht auf etwaige ‹Begriffsnot› zurückzuführen. Vielmehr weiteten sich ihre Epochenvorstellungen zu Epochen des ‹Geistes›, in denen die Literatur mit dem philosophischen, religiösen und politischen Denken sowie mit allen anderen Künsten vereinigt war. Es wurde ein ‹Zeitgeist› konstituiert, der das gesamte Denken, Fühlen, Handeln der Menschen durchdrang und der sich in allen Künsten in einem entsprechenden ‹Zeitstil› manifestieren sollte. Dieser Zeitstil war von der Kunstgeschichtsschreibung zumeist schon benannt. Die Perioden der Literaturgeschichte wurden – im Anschluß an Heinrich Wölfflins «Kunstgeschichtliche Grundbegriffe» (1915) – von einer Reihe von Literaturhistorikern daher jetzt als Stilperioden gefaßt, die Zäsuren aber auf Veränderungen des Zeitgeists zurückprojiziert (z. B. bei Oskar Walzel). Dabei kam die Tendenz zu einer typologischen Verallgemeinerung auf, in der Begriffe wie *klassisch* und *romantisch* zugleich eine überzeitliche, anthropologische Dimension erhielten (z. B. bei Fritz Strich).

Generell kann man sagen, daß erst in der geistesgeschichtlich orientierten Literaturwissenschaft der ersten Hälfte des 20. Jahrhunderts die Epochen zu Phänomenen (‹Wesenheiten›) wurden, die die Geschichte konstituieren. In ihrer Beschreibung spiegelte sich das – von Herder und Goethe beeinflußte – organizistische Denken, das die Geistesgeschichte auch in ihrer Werkästhetik voll ausgebildet hat. Die Epochen wurden in der Art lebendiger Organismen modelliert. Sie haben eine Frühzeit (Wachstum), eine Blütezeit und eine Zeit des Verfalls. Dazu Herbert Cysarz: «Perioden und periodologische Typen sind eben nicht Einteilungen eines bereits Bestehenden, sondern Verwirklichungs- und Entwicklungsformen eines außerhalb ihrer überhaupt nicht Existierenden.»[11]

Gegen diesen Begriffsrealismus erhob sich freilich auch damals schon Widerspruch. Als «arbeitshypothetische und vorläufige Hilfskonstruktionen»[12] bzw. als «regulative Ideen», Rahmenvorstellungen, die dem «Verstehen und Gliedern des geschichtlichen Stromes dienen sollen»[13] oder – nicht mehr rein nominalistisch aufgefaßt – als «conceptus cum fundamento in re», «dem erkennenden Geist entsprungene, aber in der Wirklichkeit verankerte, nicht nur ideelle Sinngebilde»[14], blieben Epochenbegriffe aber auch bei den meisten Kritikern des geistesgeschichtlichen Synthetisierens und Substantialisierens in Gebrauch. Eine durchgehende Periodisierung der Literaturgeschichte in stil- bzw. geistesgeschichtlichen Epochensequenzen hat sich jedoch nicht durchsetzen können, wurde von zahlreichen Literaturhistorikern auch aus prinzipiellen Gründen abgelehnt.

Daß bestimmte Epochenbegriffe dennoch vielfach auch in deren Sprachgebrauch Eingang gefunden haben, hängt offenbar damit zusammen, daß sie Resultate eines langen gesellschaftlichen Selbstverständigungsprozesses sind, in dem sie auch immer wieder umgearbeitet wurden. In ihnen überlagern sich bzw. verschmelzen die rezeptiven Erfahrungen mehrerer Generationen. Zwar ist das Periodisierungsschema, mit dem wir uns heute auseinanderzusetzen haben, erst relativ spät ‹fertig› geworden; aber Vorstellungen z. B. von einer Periode der *Romantik* oder von einer Periode des *Realismus* waren doch schon lange vorhanden und in das – sagen wir einmal: literaturhistorische – Durchschnittsbewußtsein eingegangen. Sie gehören schon lange zu den gewissermaßen normalen Voraussetzungen, unter denen ein diesen Perioden zugeordneter Text von einem durchschnittlich gebildeten Leser rezipiert, jedenfalls vom Literaturwissenschaftler analysiert und interpretiert wird, sind Bildungselemente und Bestandteile eines metahistorischen rezeptionsgeschichtlichen Zusammenhangs. Zweifellos gibt es den ‹naiven› Leser, der außerhalb dieses Zusammenhangs steht, der Literaturwissenschaftler jedenfalls steht aber immer darin. Sein Diskurs schließt immer an einen bestimmten Stand vorgeprägter Vorstellungen und Anschauungsweisen an, an denen er festhalten, die er freilich auch modifizieren oder völlig ablehnen kann, die er aber eben kennt. Er kann also zu der Auffassung kommen, daß ein bestimmter traditionell der deutschen Klassik zugeordneter Text gar nicht *klassisch*, sondern *romantisch* ist, oder auch, daß es überhaupt keine deutsche Klassik gegeben hat; er wird zu dieser Auffassung jedoch eventuell nur deshalb kommen, weil er weiß, daß der betreffende Text bisher einer deutschen Klassik zugeordnet worden ist.

Daran, daß der rezeptionsgeschichtliche Zusammenhang, in den die Epochenvorstellungen hineingehören, so geworden ist, wie er ist, haben zweifellos viele, ganz unterschiedliche Faktoren Anteil. Der bestimmte Komplex relativ beständiger Vorstellungen und Anschauungsweisen, die er transportiert, wäre aber nicht vorhanden, wenn in ihm nicht die Ergebnisse der Arbeit an Literatur und Kunst von Generationen ihren Niederschlag gefunden hätten. Die Unterscheidung z. B. von *Renaissance* und *Barock* oder von *Romantik* und *Realismus* widersprach offenbar nicht prinzipiell den Erfahrungen, die spätere Generationen im Umgang mit überlieferten Literatur- und Kunstwerken machten. Das muß zumindest einer der Gründe dafür gewesen sein, warum solche einmal getroffenen Unterscheidungen im Lauf der Rezeptionsgeschichte nicht wieder verschwanden und durch andere ersetzt, sondern weiter ausgearbeitet wurden. Die Geschichte etwa des Renaissance- oder des Romantikbegriffs läßt sich als die Geschichte eines ununterbrochenen Diskurses beschreiben, in dem der Begriff, in unterschiedliche Oppositionen gesetzt, zahllosen Versuchen einer Erweiterung oder Einengung, Präzisierung oder Differenzierung unterzogen wurde.

Das Wachsen dieses rezeptionsgeschichtlichen Zusammenhangs ist nicht als ein Prozeß des Erkenntnisfortschritts zu denken: Es ist nicht identisch mit dem theoretischen und faktologischen Erkenntnisfortschritt der Literaturwissenschaft, deren Ergebnisse in diesen Zusammenhang eingehen. Sondern er wächst mit neuen Interpretationen und Wertungen, die von den Zeiterfahrungen, Bewußtseinslagen und Bestrebungen der Rezipienten inspiriert sind, und weist dementsprechend immer auch Verwerfungen, Traditionsbrüche und radikale Umwertungen auf. Im Zusammenhang neuer Interpretationen und Wertungen können sich auch neueingeführte Epochenbegriffe durchsetzen, wie die Übertragung des Barockbegriffs auf die deutsche Literatur des 17. Jahrhunderts oder die Konstituierung einer Periode des Manierismus in der bildenden Kunst oder die Konkurrenz zeigt, die die Begriffe von Klassik und Romantik durch die Wiederaufnahme des Heineschen Begriffs vom Ende der Kunstperiode erhalten haben. Die grundsätzliche Problematik der Periodisierung der Literaturgeschichte und damit auch die Problematik des Einsatzes von Epochenbegriffen in anderer Funktion als der von – der Ökonomie des literaturwissenschaftlichen Diskurses dienlichen – Abbreviaturen ist durch neue Begriffsbildungen oder -übertragungen, durch eine Veränderung der Nomenklatur jedoch nicht aufzulösen.

Mit dem Auslaufen der meisten größeren Literaturgeschichtsprojekte in den letzten Jahren ist die Diskussion um Periodisierungsfragen in der deutschen Literaturwissenschaft abgeebbt. Während die von Luhmann erwogene Möglichkeit, die Epochensequenz auch in strukturgeschichtlich konzipierte Geschichtsverlaufsdarstellungen aufzunehmen und nach den Stufen der Systemdifferenzierung zu periodisieren, eigentlich dazu angetan war, die Historiker-Debatte über das Verhältnis von Struktur- und Ereignisgeschichte[15] neu anzufachen, wird vom poststrukturalistischen Standpunkt aus wieder häufiger die «Arbitrarität der Konstitution von Epochenbegriffen» hervorgehoben und die gesamte Problematik als wissenschaftlich unergiebig angesehen.[16]

Literatur

Brunkhorst, Martin: Die Periodisierung in der Literaturwissenschaft. In: Vergleichende Literaturwissenschaft. Hg. von Manfred Schmeling. Wiesbaden 1981, S. 25–48.

Cysarz, Herbert: Das Periodenprinzip in der Literaturwissenschaft. In: Emil Ermatinger (Hg.): Philosophie der Literaturwissenschaft. Berlin 1930, S. 92–129.

Grimm, Jürgen: Theorie und Praxis der literaturhistorischen Periodisierung. In: Romanistische Zeitschrift für Literaturgeschichte 8 (1984), S. 124–140.

Gumbrecht, Hans-Ulrich/Link-Heer, Ursula (Hg.): Epochenschwellen und Epochenstrukturen im Diskurs der Literatur- und Sprachhistorie. Frankfurt/M. 1985.

Meyer, Richard Moritz: Prinzipien der wissenschaftlichen Periodenbildung. Mit besonderer Rücksicht auf die Literaturgeschichte. In: Euphorion 8 (1901), S. 1–42.

Teesing, Hans P. H.: Periodisierung. In: Reallexikon der deutschen Literaturgeschichte. Begründet von Paul Merker und Wolfgang Stammler. 2. Aufl. Bd. 3. Berlin 1966, S. 74–80.

von Wiese, Benno: Zur Kritik des geistesgeschichtlichen Epochenbegriffs. In: Deutsche Vierteljahresschrift für Literaturwissenschaft und Geistesgeschichte 11 (1933), S. 130–144.

Anmerkungen

1 Niklas Luhmann: Das Problem der Epochenbildung und die Evolutionstheorie. In: Gumbrecht/Link-Heer (Hg.): Epochenschwellen, S. 16–17.
2 Ebd., S. 17.
3 Vgl. August F. C. Vilmar: Vorlesungen über die Geschichte der deutschen Nationalliteratur (1843). Marburg 1845.
4 Vgl. Wolfgang Menzel: Deutsche Dichtung von der ältesten bis auf die neueste Zeit. 3 Bde. Stuttgart 1858–1859.
5 Vgl. Heinrich Laube: Geschichte der deutschen Literatur. 4 Bde. Stuttgart 1839–1840.
6 Vgl. Joseph Hillebrand: Die deutsche Nationalliteratur seit dem Anfange des achtzehnten Jahrhunderts,... 3 Bde. Hamburg/Gotha 1845–1846.
7 Vgl. Wilhelm Scherer: Geschichte der deutschen Litteratur. Berlin 1880–1883.
8 Vgl. Meyer, S. 1–42.
9 Vgl. Richard Moritz Meyer: Die deutsche Litteratur des Neunzehnten Jahrhunderts. Berlin 1900.
10 Friedrich Kummer: Deutsche Literaturgeschichte des 19. Jahrhunderts, dargestellt nach Generationen. Dresden 1909, S. 2.
11 Cysarz, S. 118.
12 Franz Schultz: Klassik und Romantik der Deutschen. 2 Bde. Stuttgart 1935, S. 2.
13 von Wiese, S. 140 u. 137.
14 Teesing, S. 77.
15 Vgl. Jürgen Kocka: Einführung in die Sozialgeschichte. Begriffe – Entwicklung – Probleme. 2. erw. Aufl. Göttingen 1986, S. 73–79.
16 Vgl. Gespräch über Epochen am Freitag dem 13., 1984. In: Gumbrecht/Link-Heer (Hg.), S. 503–504.

Hans Otto Hügel

Unterhaltungsliteratur

«Afterschrifttum, Anti-, Pseudo-, Talmi-, Mülleimer- und Pfeffertüten-Literatur, Plüschlektüre, (...) Sensations-, (...) Traumliteratur, (...) Schmutz und Schund».[1] Solche und andere, an die 200 Bezeichnungen für die «minderwertige Prosaliteratur», die aus dem Bewußtsein, im Besitz der richtigen Wertmaßstäbe zu sein, formuliert wurden, hat Hans Friedrich Foltin 1965 zusammengestellt und auf ihre Herkunft wie Bedeutung überprüft.[2] Foltins Aufsatz markiert, mit Helmut Kreuzers «Trivialliteratur als Forschungsproblem» von 1967,[3] einen ersten Höhepunkt der seit Beginn der 60er Jahre einsetzenden literaturwissenschaftlichen Beschäftigung mit nicht kanonisierten Texten, die früher «vorwiegend Volksbibliothekare, Pädagogen und Juristen beschäftigt hatten».[4] Foltin unterschied wertende Bezeichnungen – wie die eben zitierten –, literatursoziologische, die sich auf Leserschaft, Verbreitungs- und Publikationsformen, Herstellungs- und Verpackungsweisen bezogen, sowie Begriffe, die sich an Themen und Inhalten orientierten, also Genres und Gattungen zu unterscheiden suchten und Bezeichnungen, die von Wirkungen oder Funktionen der Texte inspiriert wurden.

Wie schwierig die literatursoziologischen und Genrebezeichnungen, weil wenig erkenntnisfördernd und unscharf, im einzelnen auch sind, so erscheinen sie doch allesamt noch unproblematisch im Vergleich mit den wertenden oder gar mit den Funktionsbegriffen. So ruft die klassifizierende Anwendung wertender Bezeichnungen sofort Widerspruch hervor; nicht nur, weil die Gültigkeit der Kriterien bei der Anwendung auf einen Einzelfall bestreitbar ist, sondern weil solche Klassifizierung, gleichgültig, wie sie begründet wird, voraussetzt, daß die Grenzen von Literatur allgemein zu fassen sind.

Aus der Unmöglichkeit, Teilbereiche der Literatur mit Hilfe einzelner formensprachlicher Kennzeichen textintern auszugrenzen, hat die Forschung (schnell) Konsequenzen gezogen. War sie in den 60er Jahren angetreten, die von der literaturwissenschaftlichen Orthodoxie vertretene Dichotomie der Literatur in zwei Bereiche, in den kanonisierten untersuchungswürdigen und den der minderwertigen, zu überwinden, so schaffte sie mit diesem ihrem ersten und wichtigsten Forschungsergebnis zugleich den Forschungsgegenstand ab.[5] 1972 schrieb Günter Waldmann: «Es gibt Trivialliteratur nicht als eigenständige Textsorte, also als eigene literarische Ausprägung einer bestimmten (etwa emotiven, appellativen, kognitiven, ästhetischen) Sprachfunktion, und Trivialliteratur errichtet erst recht nicht eine eigene ‹triviale› Sprachfunktion, sondern sie enthält in jeweils wechselnden Verhältnissen viele dieser Sprachfunktionen.»[6] Wollte man nun nicht einfach das Rad der Forschungsgeschichte zurückdrehen,[7] so schienen zwei Auswege gangbar zu sein: Zum einen ließ sich das Wertungsproblem, nachdem es auf der textinternen Ebene nicht mehr zu behandeln war, auf der textexternen neu stellen, zum andern suchte man die soziale oder psychologische Funktion der nicht zum Kanon gehörenden Literatur zu erforschen, um der wertenden Dichotomie zu entgehen.

Die Literaturwissenschaft stellte sich daher bei der ‹minderwertigen Prosaliteratur› die Aufgabe, «die Formen und Bedingungen der Wertung, die ihr ihren Gegenstand erst eigentlich liefert» [8], zu reflektieren und damit die textexternen Voraussetzungen für literarische Wertung zu begreifen. Diese komplexe Aufgabe, die im Kern schon 1965 durch Kreuzers historisch-geschmackssoziologische Begründung des Trivialliteratur-Begriffs gestellt worden war,[9] wurde in der Folge von Arbeiten zur literarischen Wertung theoretisch zwar abgesichert,[10] aber kaum wirklich angepackt.

Mit der Konzentration auf die Wirkungen der trivialen/unterhaltenden/etc. Literatur behielt man implizit vielmehr die Dichotomisierung der Literatur bei: Gleichgültig, ob man der nicht-kanonisierten Literatur positiv verstandene Ventilfunktionen gegen psychischen oder sozialen Frust zubilligte oder sie negativ als Flucht- oder gar als Manipulationsliteratur im Dienste des herrschenden Systems verdammte – als Texte, die nur im Hinblick auf ihre Wirkung bedeutsam waren, blieb ihre Ästhetik auf der Strecke. Zwar sprach man das ästhetisch negative Urteil – wie noch bis in die frühen 60er Jahre – jetzt nicht mehr offen aus, sondern nur noch indirekt, indem man die negativen psychischen oder sozialen Wirkungen hervorhob bzw. diese Literatur nur unter Wirkungsaspekten für untersuchungswürdig hielt; mehr ‹Fortschritt› war damit aber nicht erreicht worden.

Hatte man früher literaturpädagogische Ziele durch Verbote bzw. durch ‹Herauflese-Unternehmungen› zu lösen gesucht, setzte man nun auf die Fähigkeit der (jugendlichen) Leser, durch Unterricht ihre (auf minderwertige Literatur gerichteten) Lesewünsche zu durchschauen: Das Ziel blieb Leseverhinderung, und mit dieser (indirekten) ästhetisch negativen Bewertung hatte man die aus der Mißachtung der Lektüre abgeleitete Mißachtung der Leser beibehalten. Angesichts der in die Hunderte von Millionen gehenden Produktion von Heftliteratur, um nur bei diesem literatursoziologisch leicht überschaubaren Marktsegment zu bleiben, mußte angenommen werden, daß diese Literatur tatsächlich die Wünsche ihrer Leser erfüllt. Als Konsequenz ergab sich: Aus der verkitschten Literatur war, um die Terminologie von Hermann Broch zu benutzen, auf den «Kitsch-Menschen» zu schließen.[11]

Um diesen «Kreistanz ums Triviale» zu durchbrechen, war man schließlich bereit, Literaturwissenschaft als Textwissenschaft zugunsten einer Wissenschaft vom Leser gänzlich aufzugeben[12] oder nur noch als sinnloses Glasperlenspiel zu betreiben, indem man das «Postulat der Äquivalenz von Rezeptionsvorlage und Rezipient»[13] bestritt.

Anders als in den bisher vorgeschlagenen Untersuchungsansätzen soll hier weder einseitig Unterhaltung als Angelegenheit des Rezipienten aufgefaßt noch die literarische Unterhaltung mit bestimmten Textqualitäten gleichgesetzt werden. Vielmehr gilt es darzulegen, was das für ein Lesevorgang ist, der Unterhaltung durch Literatur stiftet.

Unterhaltung ist nicht jede Form von Belustigung oder Zeitvertreib. Es genügt auch nicht, die Frage nach dem Begriff von Unterhaltung scheinbar witzig mit «Unterhaltung ist also, was unterhält»[14], zu beantworten und für alle weiteren Fragen die Wirkungsforschung allein für zuständig zu erklären. Literatur zur Unterhaltung von dem begrifflich zu unterscheiden, was wir uns angewöhnt haben, ‹Dichtung› zu nennen, macht auch und gerade Sinn, wenn damit keine Diffamierung der Unterhaltungsliteratur impliziert ist.

Erst wenn ich weiß, durch welche Lesehaltung Unterhaltung realisiert wird, kann ich Thesen zu Geschichte und Begriff der Unterhaltung am einzelnen Text überprüfen. Die Möglichkeit solcher Prüfung ist Bedingung für eine literaturwissenschaftliche Behandlung des Themas: Aus der Feststellung, daß es (auch unter Einbeziehung historischer Variablen) unmöglich ist, ‹Literatur zur Unterhaltung› inhaltlich, literarisch-strukturell präskriptiv zu bestimmen, läßt sich nicht ableiten, daß am einzelnen unterhaltenden Text gar keine objektiven Beobachtungen zu treffen sind. Die bei Unterhaltung eingenommene Lesehaltung antwortet auf Angebote, die die Texte objektiv machen, und diese Texte bringen nicht bloß Unterhaltung, sondern sind Unterhaltung, d. h. setzen eine eigene Form der Rezeptionshaltung voraus.[15] Allerdings, dies sei vorab gesagt, hilft auch der bestbegründete und neue methodische Ansatz nicht viel, wenn der Blick auf die Sachen der alte bleibt. Solange wir uns von dem (zugegebenermaßen zahlreich vertretenen) ‹Schrott›, der uns als Literatur zur Unterhaltung angeboten wird, verleiten lassen, diese Literatur generell[16] ästhetisch schlecht zu finden, kommen wir nicht weiter. Hier ist die Balance wichtig: Weder darf die ästhetische Kritik aus dem Untersuchungshorizont der Literatur zur Unterhaltung ausgeblendet werden, noch darf die Kritik grundsätzlich negativ ausfallen.

Entstehung der Unterhaltungsliteratur

Solange – von der antiken Formulierung des Topos bei Horaz bis ins 18. Jahrhundert – die Einheit von «Nutzen und Belehrung», von «Lehren und Ergetzen» zu den Grundvoraussetzungen jeder Rede und Dichtung gehörte, war an Unterhaltung in unserem Sinn nicht zu denken. Unterhaltung ist für uns eben nicht das Süße, das dem Nützlichen beigemischt ist, um Tugend und Moral zu befördern, sondern autonome Funktion. Unterhaltung im heutigen Sinne ist also frühestens mit der Aufhebung der aufklärerischen Poetik durch die Genieästhetik, also im späten 18. Jahrhundert zu erwarten.

Die literaturwissenschaftliche Forschung hat sich daran gewöhnt, «Die Entstehung der moderen Unterhaltungsliteratur» – so der Titel eines Buches von Martin Greiner[17] – in das späte 18. Jahrhundert zu legen. Für diese These sprechen in der Tat eine Reihe literatursoziologische Fakten. So steigt die Produktion von Romanen im Verlauf des 18. Jahrhunderts immer schneller. Ein Paradigmawechsel vom erbaulichen Lesen populärer Theologie zum empfindsamen Lesen von Erzählliteratur ist eingetreten, so daß die Forschung von einem neuen Lesertyp, dem Viel- und Neuigkeitsleser gegenüber dem älteren Wiederholungsleser, gesprochen hat. Autobiographische Angaben aus dieser Zeit, die bis zu 4000 Titel in drei Jahren als Lektüreleistung eines Schülers behaupten, belegen das. Es sieht also zunächst so aus, als ob schon in dieser Zeit sozial notwendige Bedingungen für Unterhaltung in unserem Sinn anzutreffen sind. Das Romanlesen scheint schon um 1770 alltäglich, selbstverständlich, permanent verfügbar und neutral bewertet gewesen zu sein, so daß jedermann, ohne Rollenwechsel und ohne sozialem Druck ausgesetzt zu sein, sich lesend unterhalten lassen konnte.

Dieser Auffassung ist entgegenzuhalten, daß zwar die Romanproduktion im 18. Jahrhundert rapide gestiegen ist, aber im Vergleich zur Produktion in der zweiten Hälfte des 19. Jahrhunderts, ganz zu schweigen von der heutigen, die absoluten Zahlen immer noch verschwindend klein waren. Waren es am Beginn des 18. Jahrhunderts weniger als zehn Romane jährlich, wurden um die Mitte des Jahrhunderts ungefähr 25 und am Ende 60 bis 150 Romane jährlich publiziert.[18] Auch wenn sie über Leihbibliotheken und Lesegesellschaften ein Vielfaches an Lesern erreichten, ist es doch fraglich, ob diese Produktion schon ausreichte, das Romanlesen alltäglich zu machen. Vor allem widersprechen Art und Umfang der Polemik, die von der Tageskritik das ganze Jahrhundert hindurch gegen das Romanelesen in Gang gehalten wurde, der These, daß schon in dieser Zeit Romankonsum Unterhaltung, d. h. eine sozial neutral bewertete Haltung war.

Kampf gegen die ‹Romanliteratur›

Kaum fiel um die Jahrhundertmitte die Romanproduktion zahlenmäßig ins Gewicht und kaum erschienen die ersten deutschen Originalromane, bekämpften die Kritiker erbittert die neue Gattung. Ob von Lessing in Rezensionen der «Berlinischen privilegierten Zeitung» oder von Rezensenten in der «Allgemeinen deutschen Bibliothek» am Ende des Jahrhunderts: Durchweg wird «die Legion deutscher Romanfabrikanten»[19] hart kritisiert. Lessing möchte am liebsten den Leser vom Roman ganz abbringen. Für die «elenden Romane»[20] hat er nur Hohn und Spott übrig; seiner Meinung nach überwiegt in der Gattung «erbärmlicher Schund». Er kennt den Roman nur an, wenn man «Nützliches aus einer Geschichte lernen»[21] kann oder wenn sie «eine Lehre, wodurch man einzig und allein instandgesetzt wird, untrüglich zu erkennen, ob gewisse Handlungen (...) tugendhaft oder boshaft»[22] sind, veranschaulicht.

Als Generallinie genommen, gilt Lessings Haltung auch noch am Jahrhundertende. So wird 1792 bei einem Frauen-Roman «Leonore Schmidt» von Franz Ehrenberg festgestellt, daß er «für manche Klassen von Leserinnen, wegen der guten, fein deutlich und ausführlich vorgetragenen Moralen, erbaulicher Betrachtungen, heilsamen Warnungen, eine empfehlungswürdige Lektüre sey».[23] Wenn aber Abenteuer geschildert werden, «die nichts als Abenteuer sind»[24], so ein Kritiker 1785, verfallen sie dem kritischen Richterspruch, und der Verfasser wird im Extremfall als «elender Skribent»[25] beschimpft. Für den Rezensenten dieses Romans bedarf es 1787 noch keiner näheren Begründung für sein vernichtendes Urteil. Der «elende Skribent» macht sich verdächtig allein dadurch, daß er weder wegen einer Tendenz noch um Ruhm zu erwerben noch um Kunst zu produzieren schreibt und schon gar nicht aus Beruf. Von allen Schreibmotiven, die der Rezensent akzeptieren könnte, nimmt der «elende Skribent» keines in Anspruch. Er schreibt fatalerweise nur so, «als ob es Graupen regnete», er schreibt nur für sich, zur Unterhaltung und zum Unterhalten, zum Vertreiben der «Langeweile»; das ist sein Vergehen.

Unterhaltungsliteratur wird zum Problem

Fast bis in die 90er Jahre des 18. Jahrhunderts werden Romane, die unterhaltendem Zwecke dienten, in Ästhetik und Kritik noch nicht als besondere Klasse aufgefaßt. Erzählungen, die keinen Nutzen zu erbringen scheinen, die also ‹unterhalten›, sind einfach schlechte Romane.

Am Jahrhundertende aber werden allmählich andere Stimmen bemerkbar, die die unterhaltenden Schriften, ihre Autoren und ihr Publikum als besondere Klasse begreifen. So finden sich zwischen 1785 und 1795 gehäuft Werke, die «Unterhaltung» als alleinige Lesefunktion im Titel tragen. «Unterhaltung fürs lesende Publikum» oder «Etwas wider die Langeweile, für die so es brauchen können, und haben wollen», «Sammlung von Geschichten, Erzählungen und kurze Aufsätze. Mädchen und Jünglinge zur angenehmen Unterhaltung»[26] heißen z. B. drei Titel von Sammelwerken aus den Jahren 1784/85. Gleichzeitig werden immer mehr Titel bibliographisch als Unterhaltungsliteratur eingeordnet. So verzeichnet Johann Samuel Ersch in seinem «Allgemeinen Repertorium der Literatur»[27] für das Jahrfünft von 1785 bis 1790 450, für das nächste Jahrfünft 530 und für die Jahre 1796 bis 1800 ungefähr 680 Titel unterhaltender Literatur (ausländische Autoren nicht gezählt) in den Rubriken: «Historische Romane im engeren Sinne»; Romane; Erzählungen; Komische Epopee; Romantische Epopee und Rittererzählungen; Morgenländische Erzählungen, Feenmärchen und Geistergeschichten. Zwar begründet sich die Systematik des Bibliographen sicherlich nicht aus dem Wunsch, Dichtung und Unterhaltungsliteratur klar zu trennen; Ersch suchte sichtlich nur ein brauchbares Verfahren, die Stoffmassen zu gliedern. De facto aber rückt seine Systematik, die an Zwecken und an Formen, vor allem aber an Stoffen der Literatur orientiert ist, doch Unterhaltungsliteratur und Dichtung als getrennte Felder ins Bewußtsein.[28]

Auch die Tageskritik spiegelt diesen Trend. Immer häufiger werden unterhaltende Werke als gesonderte «Klassen von Schriften»[29] aufgefaßt, bis schließlich im Januar 1795 zum erstenmal die «Allgemeine Literaturzeitung» dazu übergeht, Sammelrezensionen für die «ephemeren Produkte» der «Legion deutscher Romanfabrikanten» einzuführen.[30] Wie die Unterhaltungsliteratur selbst fallen zunächst auch ihre Verfasser, die «Fabrikautoren»[31] und ihre Leser, die als «der große Haufen, der nur liest, um die Zeit hinzubringen»[32], als das «nach Zeittödtung und Verbreitung der Langeweile haschende Publikum»[33] angesprochen werden, nur zunächst negativ in Bewußtsein. Allmählich aber werden so glatte Verurteilungen den Zeitgenossen problematisch. So zitiert ein Kritiker 1799 zustimmend die Vorrede des Romans «Zöglinge meiner Phantasie»: «Der tiefere Menschenkenner fühlt den ewigen Widerstreit der Phantasie mit dem Natürlichen, (zwischen) dem Vergnügen (und) dem Belehrenden.»[34]

Beim Zerfall der Poetik der Aufklärung entsteht also nicht sofort die Einsicht in die Wünschbarkeit der Unterhaltung, vielmehr wächst zunächst nur das Bewußtsein von der Problematik dieses Wunsches. «Das Herz des Lesers zu veredeln, ohne irgend ein Moralprinzip in Lehrform aufzustellen»[35], so wird gemäß der neuen Ästhetik die Aufgabe des Romans bestimmt. Statt das Herz zu rühren, an es zu appellieren, um es empfänglich für die Lehre zu machen, soll das Herz nun direkt durch die Darstellung veredelt werden. Die psychische und geistesgeschichtliche Grundlage dieser Ausdruckshaltung war – nach einer Formulierung von Paul Böckmann – «das zu sich selbst gebrachte Individualitäts- und Persönlichkeitsbewußtsein»[36], und von hier aus läßt sich begreifen, warum die Befreiung der Unterhaltung aus dem rhetorischen Verbund mit der Belehrung, die mit der Anerkennung der Autonomie aller Kunst zusammenging, zwar zu einem Problembewußtsein, nicht aber zu ihrer Emanzipation führen konnte.

Auf dem Hintergrund der Ausdrucksästhetik mußte die Unterhaltung um so stärker abgelehnt werden, je mehr sie ein Eigenrecht forderte. Unterhaltungsliteratur, die ja nicht aus innerer Notwendigkeit, sondern aus einer Laune heraus oder – noch schlimmer – des Gelderwerbs wegen geschrieben wurde, konnte die immensen Anforderungen, die an die Kunst gestellt wurden, um ihre Autonomie zu legitimieren, nicht erfüllen. Die Orientierung an einem großen Publikum widersprach geradezu dem Individualitätsprinzip der Geniekunst. Die Unterhaltung mußte vielmehr als Modeliteratur abqualifiziert werden, da Mode nach dem Verständnis der Zeit die «Menschen alle über einen Leisten»[37] schneidet. Als Modeliteratur mußte sie sich überdies dem Vorwurf aussetzen, sie gestalte nicht die ewigen «Geheimnisse der Natur» (Goethe), sondern richte sich nach den ephemeren Themen des Tages, sei bloß «Eintagsliteratur»[38], die nur kurze Zeit wirke. Aus zufälligen individuellen ‹elenden Skribenten› wurde so zwischen 1784 und 1800 eine ‹bestimmte Klasse› von Literaten, die notwendig schlecht war. Die Zweiteilung von Erzähl- und Unterhaltungsliteratur war geboren.

Emanzipation der Unterhaltungsliteratur

Bis hierhin hat im Ergebnis die Heranziehung der Tageskritik als Quelle kaum neue Erkenntnisse gebracht. Tageskritik und die Reflexionen der zeitgenössischen Großkritiker scheinen im gleichen Takt zu verlaufen und die ‹Literatur zur Unterhaltung› gleichermaßen abzulehnen. Das Bild verändert sich jedoch, wenn man die Tageskritik über die Jahrhundertwende hinaus verfolgt und nicht nur auf die negativen, sondern auch auf die positiven Signale der Kritik achtet. Denn parallel zur Ausweitung der in Frage kommenden Titel mehren sich gleichzeitig die Stimmen, die die Unterhaltung neutral oder positiv bewerten. So etwas wie eine normsetzende Kraft des größer gewordenen Marktes, nicht bloß eine zufällig größere literarische Qualität einzelner Unterhaltungsromane läßt sich beobachten. «Angenehm zu unterhalten» wird als positive Eigenschaft bemerkt. Selbst wenn ein Rezensent feststellen muß, daß eine Erzählung «keinen Endzweck gehabt zu haben scheint», muß er doch dem Verfasser auf der anderen Seite die Gerechtigkeit widerfahren lassen, daß sie von «ihm» und «von andern mit Vergnügen werde gelesen werden», da sie «die Erwartungen des Lesers» spannt.[39]

Der Erfolg Walter Scotts, James Fenimore Coopers und anderer heute vergessener Autoren führte im ersten Drittel des 19. Jahrhunderts zu einer fast allgemeinen Anerkennung der Unterhaltungsliteratur. Aus dem Schimpf auf Lektüre, die bloßes Zeittotschlagen sei, wird nun die nüchterne und lobende Feststellung, das rezensierte Werk biete gute Unterhaltung; während die gewerbliche Leihbibliothek 1800 noch als «Verderber der unbefangenen Jugend»[40] bezeichnet wurde, wird sie nunmehr nahezu ausnahmslos nüchtern als größter Abnehmer der ‹Romanliteratur› beschrieben. Vor allem das Verfassen von Unterhaltung und die Unterhaltungsliteratur selbst werden in den «Blättern für literarische Unterhaltung» unvoreingenommen und gemäß ihren eigenen Konventionen besprochen. Sogar das Schreiben zum Gelderwerb, selbst wenn man es am laufenden Meter tut, wird akzeptiert. So blickt 1830 ein Rezensent mit Achtung und ein bißchen Neid auf den «Novellen-Midas», «dessen fruchtbare Muse jeden Span aus der Rumpelkammer der Weltgeschichte in Novellenstoff verwandelt».[41] Gewiß, es werden nicht alle Produkte des Buchmarktes hochgelobt; aber es fehlt nunmehr der Verriß mit verallgemeinernder Absicht. Ein neues Werk wird nie Anlaß, die ganze Gattung zu verdammen. Zwar bleiben Dichtung und Unterhaltung noch generell getrennt, vereinzelt aber stellt man schon fest, daß auch die «Unterhaltungsliteratur (...) zum ästhetischen Gebiet gehöre».[42]

Bezeichnenderweise wird diese Einsicht 1845 in einer Rezension «über Dickens' Romane» formuliert. Über Autoren wie Dickens oder Scott und die großen Realisten fanden Kritik und das große Publikum zueinander, so daß die Trennung von Unterhaltungs- und Erzählkunst wenigstens partiell und für einige Jahrzehnte aufgehoben wurde. Allerdings blieb die Unterhaltungsliteratur, solange sie durch und im Medium ‹Buch› vertrieben wurde, an den Werkcharakter der Kunst gebunden. Sie blieb in Konkurrenz und im Vergleich mit ihr. Autoren des Realismus konnten der Unterhaltung sozusagen ein Gastrecht im literarischen Bewußtsein ihrer Zeit verschaffen. Heimrecht gab der Unterhaltung erst ein Medium, wie es heute das TV ist, das durch seinen Programmcharakter sie von dem Vergleich mit der Kunst befreite.[43]

Alles ist Unterhaltung: Die Familienzeitschrift

Die Revolution 1848/49 war auch für die Unterhaltungsliteratur ein großer Einschnitt. Die Romanliteratur wurde in diesen beiden Jahren «eine Seltenheit», da «keiner Ruhe fand zu romantischer Darstellung des Erlebten»[44]. Nach der schöpferischen Pause fanden die Autoren dann eine in vieler Hinsicht veränderte Situation vor. Mit der Revolution verschwanden mit einem Schlag die bisher beliebtesten literarischen Medien; Almanache und jährliche Taschenbücher im Kleinformat und mit Goldschnitt gab es nicht mehr. An ihre Stelle trat mit den Familienzeitschriften ein Medium, in dem zum erstenmal Unterhaltung in unserem Sinn angeboten wurde. Die Familienblätter waren – anders als frühere Romanreihen und Zeitschriften – völlig auf Unterhaltung hin angelegt und wurden so erfolgreich und durch ihr wöchentliches Erscheinen so alltäglich, daß sie Lesen und Unterhaltung als soziale Gewohnheit durchsetzten. Die reich illustrierten Familienzeitschriften hatten als erster literarischer Zeitschriftentyp Rundschaucharakter. Sie brachten neben dem literarischen Hauptteil Berichte aus allen Gebieten. Marktführer wurde bald die Zeitschrift, die noch heute Synonym für die Gattung ist: «Die Gartenlaube», die ab 1853 (bis 1944) erschien.

Viele dieser rund 350 Abonnementszeitschriften waren überregional verbreitet (z. B. «Daheim», «Über Land und Meer», «Vom Fels zum Meer», «Von Nord nach Süd»). Dabei erreichten sie zum Teil große

Auflagen. Auf den Spitzenwert von 328 000 Exemplaren kam aber selbst die «Gartenlaube» nur einmal bei einer Werbenummer. Insgesamt war der Erfolg dieses Zeitschriftentyps immerhin so groß, daß das Lesen selbstverständlich, alltäglich, sozial neutral wurde.

Ernst Keil, der Herausgeber der «Gartenlaube», hat 1852 in einem sechs Punkte umfassenden Plan die Prinzipien seines Redaktionsprogramms niedergelegt. In allen Abschnitten dieser Denkschrift, die die verschiedenen Themenbereiche seines Blatts behandelt, sind «populär, illustriert, elegant» die wichtigsten Stichworte, dann erst folgt die «Belehrung». Keil will es dem Leser so leicht wie möglich machen. Dem Leser werden keine Vorkenntnisse, ja keine Motivation abverlangt, indem der Unterhaltung der Vorrang vor allen anderen Zwecken eingeräumt wird. So schließt die programmatische Äußerung in der ersten Nummer mit den Worten ab: «So wollen wir Euch unterhalten und unterhaltend belehren. Über das Ganze aber soll der Hauch der Poesie schweben, wie der Duft auf der blühenden Blume.»[45] Die Metapher ist präzise. Alles was die «Gartenlaube» bringt – von der Technik über den biographischen Bericht bis zur Erzählung –, hat Sinn nur auf dem Hintergrund des Geistes, der über allem schwebt.

Die Familienzeitschrift begreift sich als ein einheitliches Medium. Sie weiß, daß ein Medium Botschaft nicht nur hat, sondern ist. Zum erstenmal gibt es ein Medium, das nicht nur ein Programm hat, sondern Programm macht. Dieses Programm wird von Keil «Hauch der Poesie» genannt, da er das Kind aus Publicitygründen nicht beim Namen nennen darf. «Poesie», das klingt gediegen und «elegant»;[46] «Hauch der Poesie» sagt aber schon, daß er es mit ihr nicht so genau nimmt. Keil visiert mit diesem Ausdruck kein Prinzip an, wie es mit dem ‹Humor› den poetischen Realisten seiner Zeit zur Verfügung stand. Er will die Wirklichkeit nicht verklären, sondern mit ihr unterhalten. Unterhaltung ist in der «Gartenlaube» nicht nur keine der Belehrung dienende Funktion, sie ist auch keine partielle Funktion mehr. Sie trägt vielmehr das ganze Medium. Damit entspricht sie unserem Verständnis von Unterhaltung, wie es heute in den Massenmedien sich darbietet, in denen ebenfalls das ganze Programm als Unterhaltung wahrgenommen werden kann.

Begreift man Unterhaltung als die eigentliche Botschaft der Familienzeitschriften, dann faßt man Unterhaltung nicht mehr als Objekt auf, das bestimmte Eigenschaften hat, sondern als bestimmte Weise des Mediengebrauchs. Solcher Mediengebrauch ist aber kein rein formaler Vorgang. Unterhaltung vermittelt Welt, ja sie muß es, will sie nicht zum bloßen Zeitvertreib degenerieren. Dieser Vermittlungsprozeß verwirklicht sich in Unterhaltung allerdings auf besondere Weise und bezieht sich in besonderem Maß auf ein Modell von Wirklichkeit, nicht auf diese selbst.

Lesevorgang: Unterhaltung

Um die Qualität dieses Vermittlungsprozesses und damit der für Unterhaltung charakteristischen Lesehaltung kurz zu entwickeln, sei auf ein kommentiertes Bild aus dem 25. Jahrgang der «Gartenlaube», als die Familienzeitschrift auf dem Höhepunkt ihrer Popularität war, verwiesen. «Ein Husarenstückchen» behandelt 1877[47] das Thema der Grenzen militärischer Disziplin. Das Bild zeigt, wie bei einer Parade ein Husar die geschlossene Linie verläßt, um ein auf dem Paradeplatz spielendes Kind zu retten. Während das Wörterbuch das Husarenstück als «kühnen Handstreich» kennt, verschiebt die «Gartenlaube» den Begriff ins Humanitäre. Aus der kriegerischen Tat wird ein Friedensereignis.

Mit der Verschiebung geht zugleich ein Prozeß der Verniedlichung zusammen. Der Konflikt, den das Disziplinthema enthält, wird abgebogen. Die Disziplinverletzung ist wegen der Rettung des Kindes von vornherein begründet. Daher übergeht die «Gartenlaube» auch die genaue Angabe der Folgen, die die Tat hatte: «Dem Husaren sei zwar dafür, daß er mit eigener Lebensgefahr ein Kind gerettet, ein Ehrenzeichen verliehen, aber zugleich dafür, daß er auf eigene Faust, ohne Erlaubnis und Meldung, aus dem Gliede herausgeritten, die für dieses Vergehen bestimmte Strafe diktiert worden.»[48] Die genaue Höhe der Strafe, immerhin Kerker von zehn Tagen, wird verschwiegen, der Leser bzw. Betrachter wird in keine Fragebereitschaft versetzt; der dramatische Moment bezieht ihn zwar mit ein in das Geschehen, aber die Art der Anteilnahme wehrt zugleich Fragen, die über das human interest-Moment hinausgehen, ab. Der Husar wird nicht zum dauerhaften Bild. Die Konzentration auf den «furchtbaren Augenblick» erlaubt ein Höchstmaß an emotioneller Beteiligung, bietet zugleich aber nur ein Minimum an Erfahrungspotential an.

Vom Problem, das das Militär gerade in dieser Zeit vorstellt, lenkt die «Gartenlaube» ab, indem sie jede oppositionelle Position durch militärischen Glanz für korrumpierbar ausgibt.[49] Man wird durch das Bild angerührt, aber es macht einen nicht betroffen. «Dauer ist den ‹lebenden Bildern› verloren; sie konnte von diesen irrenden, scheinhaft lebendigen Schemen nicht wiedergewonnen werden. Mitten in der Bewegung angehalten, flehen diese Figuren und Szenen geradezu, daß der Betrachter sie für sich ergänze.»[50] Idee wie Erfahrung fügen sich dem Wunsch nach human interest, schlüpfen ein ins Element des Genres, werden Unterhaltung.

Ideologische Kritik und Reflexion auf Genre und Geschichte sind möglich, werden aber nicht vom Bild gefordert. Die Betrachtungsweise eines Kunstkritikers muß gleichsam von außen an das Bild herangetragen werden; es ist offensichtlich, daß «Das Husarenstückchen» nicht mit solchen Maßstäben gemessen sein will. Es verlangt als Unterhaltung nicht nur nicht nach umfassender kunstkritischer Interpretation; es regt auch nicht zu solcher an. Nahegelegt werden vielmehr von dem «Husarenstückchen» zwei andere Betrachtungsweisen: Einmal ist ein konzentrierter Rezipient, ein ‹Connaisseur›, denkbar, der etwa das Thema der Disziplin würdigt und ein Kenner von Reitkunst, Militär und ihren Darstellungen ist; zum anderen ein genießender Rezipient, ein ‹mellow consumer›, der mit schweifendem Blick das menschlich bewegende Moment erfaßt und sich an Bewegung, am Glanz der Uniformen erfreut.

Der Unterschied zur Kunst ist evident: Sie würde mit Nachdruck auf ihre Interpretationsbedürftigkeit verweisen, Unterhaltung aber verdeckt diese gerade. Die Kunst macht dem Betrachter deutlich, wenn er nicht weit genug gefragt, nicht genau genug gesehen hat. Die Unterhaltung hingegen entläßt den Leser/Betrachter aus dem Zwang, eine Ganzheit wahrzunehmen. Wieviel oder wieweit wahrgenommen wird, bleibt dem Betrachter überlassen. Er kann bei der Unterhaltung den Rezeptionsvorgang an jedem Detail, auf jeder Stufe abbrechen, ohne daß die Unvollkommenheit des Rezeptionsvorgangs deutlich wird. Unterhaltung nimmt die Diskreditierung des dekonzentrierten Lesers, die zumindest seit Schillers Aufsatz «Über naive und sentimentalische Dichtung» (1795) die Diskussion beherrscht, zurück.

Unterhaltung hat immer ein zweifaches Gesicht, sie erlaubt partielle Konzentration und entläßt uns aus ihr – ohne daß wir ein schlechtes Gefühl haben müssen. ‹Connaisseur› und ‹mellow consumer› sind weder zerstreut wie der leere Freizeitmensch noch fiebrig gepackt wie der Fan. Beide haben ein gewisses Maß an Gelassenheit, das ihnen Distanz läßt, um das Unterhaltungsobjekt wahrzunehmen; beide verstehen auch genug von der Sache, um sie sich im Rahmen ihres Interesses zu erklären. Aber beide sind auch bereit, sich von der Unterhaltung in Bann nehmen zu lassen. Ohne vom gebotenen Ereignis, sei es ein Fußballspiel oder eine Show, fasziniert zu sein, würden wir uns nur berieseln lassen, wäre das, was objektiv Unterhaltung ist, subjektiv Zeitvertreib. Allerdings genügt schon wenig, um den ‹Connaisseur› oder gar den ‹mellow consumer› zu packen. Eine große Leidenschaft würde, wie Tieck einmal zum Thema gesagt hat, nur das Herz zerreißen; lieber erfreuen wir uns mit dem, was «halb ernst und halb launig»[51] zugleich ist.

Unterhaltung ist immer beides und immer beides halb, hierin liegt ihre geringe Wirkung, aber auch ihre Faszination. Unterhaltung in diesem Sinn ist nicht zu jeder Zeit und nicht in jeder Weise möglich. Vielmehr setzt sie eine befreite Situation voraus. Bitterböse Scherze gibt es, wie uns Hebel und Kleist lehren, zwar auch noch unter dem Galgen. Aber weder das sarkastische Gelächter noch das brüllende Lachen, wenn wir von und an unseren Emotionen gepackt werden, ist Unterhaltung. Unterhaltung, die diesen Namen verdient, spricht den Menschen als gelassenen, entspannten Betrachter an und läßt ihm dadurch immer auch ein Stück seiner Würde.

Literatur

Bark, Joachim: Trivialliteratur. Überlegungen zur gegenwärtigen Diskussion. In: Sprache im technischen Zeitalter 41 (1972), S. 52–65.

Fetzer, Günther: Wertungsprobleme in der Trivialliteratur-Forschung. München 1980.

Foltin, Hans Friedrich: Die minderwertige Prosaliteratur. Einteilung und Bezeichnungen. In: Deutsche Vierteljahrsschrift für Literaturwissenschaft und Geistesgeschichte 39 (1965), S. 288–323.

Grimm, Jürgen: In: Unterhaltung – zwischen Utopie und Alltag. Methodische und praktische Anwendung der Inhaltsanalyse am Beispiel von Kriminalheftromanen. Frankfurt/Bern/New York 1986.

Hienger, Jörg (Hg.): Unterhaltungsliteratur. Zu ihrer Theorie und Verteidigung. Göttingen 1976.

Kreuzer, Helmut: Trivialliteratur als Forschungsproblem. Zur Kritik des deutschen Trivialromans seit der Aufklärung. In: Deutsche Vierteljahrsschrift für Literatur und Geistesgeschichte 41 (1967), S. 173–191.

Rucktäschel, Anna-Maria/Zimmermann, Hans Dieter (Hg.): Trivialliteratur. München 1976.

Schulte-Sasse, Jochen: Literarische Wertung. 2. Aufl. Stuttgart 1976.

Waldmann, Günter: Theorie und Didaktik der Trivialliteratur. Modellanalysen, Didaktikdiskussion, literarische Wertung. München 1972.

Zimmermann, Hans Dieter: Schema-Literatur. Ästhetische Norm und literarisches System. Stuttgart 1979.

Anmerkungen

1 Der vielfach veränderte Text geht auf meine Antrittsvorlesung an der Wissenschaftlichen Hochschule Hildesheim am 28. Januar 1985 (abgedruckt erstmals in der Festschrift Heribert Heinrichs 1987) zurück.
2 Foltin, S. 296f.
3 Kreuzer.
4 Foltin, S. 288.
5 Vgl. Kreuzer, S. 174f.
6 Waldmann, S. 7.
7 Auf entsprechende Versuche verweist Joachim Bark: Der Kreistanz ums Triviale. Probleme der Forschung und des Unterrichts. In: Rucktäschel/Zimmermann (Hg.), S. 25f.
8 Waldmann, S. 8. Vgl. zeitgleich auch Bark, S. 62.
9 Kreuzer, S. 190.
10 Vgl. Fetzer und Schulte/Sasse.
11 Vom Kitschmenschen spricht Hermann Broch in: Zum Problem des Kitsches. In: Ders.: Der Denker. Eine Auswahl. Zürich 1966, S. 110. Vgl. dazu auch die Kritik an P. Nusser durch Grimm, S. 11.
12 Wenn man dem Vorschlag von Werner Faulstich (Domänen der Rezeptionsanalyse. Probleme, Lösungsstrategien, Ergebnisse. Kronberg 1977, S. 66: «Literaturwissenschaft ist als Textverarbeitung unwissenschaftlich... Literatur kann nur als rezipierte zum Forschungsgegenstand werden») folgte.
13 So Grimm, S. 8, 19f u. ö.
14 Die gängige Vorstellung, Unterhaltung sei ein menschliches Grundbedürfnis, das es immer gegeben habe, findet sich mit nur geringen Einschränkungen etwa bei Lous Bosshart: Dynamik der Fernseh-Unterhaltung. Eine kommunikationswissenschaftliche Analyse und Synthese. Freiburg (Schweiz) 1979 (vgl. das 1. Kap. Anthropologische Aspekte der Unterhaltung), oder bei Heinz Schwitzke: Der U-Teppich. Marginalien zur Geschichte der Unterhaltung. In: epd. Kirche und Rundfunk Nr. 85 vom 31. Okt. 1979, S. 1.
15 Im Grundsatz wiesen schon Peter L. Berger und Thomas Luckmann (Die gesellschaftliche Konstruktion der Wirklichkeit. Frankfurt/M. 1971 u. ö.) darauf hin, daß durch Unterhaltung auch unterhaltend Wirklichkeit vermittelt wird, denn: «Das notwendigste Vehikel der Wirklichkeitserhaltung ist die Unterhaltung» (S. 198).
16 Vgl. Zimmermann sowie Johannes Anderegg: Spiel und Abbild in der Unterhaltungsliteratur. In: Hienger (Hg.), S. 82–97, bes. S. 83. Zum Begriff der schematischen Kommunikation vgl. auch ebd., S. 22.
17 Hamburg 1964.
18 Vgl. Ernst Weber und Christine Mithal: Deutsche Originalromane zwischen 1680 und 1880. Eine Bibliographie mit Besitznachweisen. Berlin 1983, S. 79.
19 Vgl. z. B. Allgemeine Literaturzeitung vom 10. Januar 1795, Nr. 9, S. 66.
20 Vgl. Lessings Rezension von «Der mit seiner Donna Charmante herumirrende Ritter Don Felix» in der «Berlinischen privilegierten Zeitung» vom 4. Juli 1754

(zit. nach G. E. Lessing: Gesammelte Werke. Hg. von Paul Rilla. Berlin 1955, Bd. 3, S. 118: «Wenn dieser Titel nicht schon einen elenden Roman verriete, so dürften wir nur sagen, daß es ohngefähr eine Nachahmung der bekannten Felsenburg sein solle»).

21 Ebd., S. 92.

22 Ebd., S. 45.

23 Allgemeine deutsche Bibliothek, Bd. 107 (1792), 2. St., S. 447.

24 Allgemeine Litteratur-Zeitung. Erlangen 1785, 4. Bd., S. 83 (aus einer Rezension zu Vulpius: Abentheuer des Prinzen Kalloandre).

25 Vgl. Allgemeine deutsche Bibliothek. Anhang zum 56.–80. Bd., 5. Abtlg. 1. Bd., S. 2617 (aus einer Rezension zu «Der glückliche Abentheurer»).

26 Vgl. Michael Hadley: Romanverzeichnis Bibliographie der zwischen 1750–1800 erschienenen Erstausgaben. Bern u. a. 1977.

27 Jena 1793 ff, Reprint Bern 1964.

28 Vgl. die differenziertere und schärfere Systematik im 3. Jahrfünft, die ausschließlich der Unterhaltungsliteratur zugute kommt.

29 Vgl. etwa Friedrich Schillers Vorrede zu dem ersten Teile der merkwürdigsten Rechtsfälle nach Pitaval (Säkularausgabe, Bd. 13, S. 283).

30 «Einer detaillierten Kritik sind die zu ephemeren Producte, die selten auch nur von einer Messe zur andern leben, nicht werth: wir wollen daher künftig immer eine Anzahl von ihnen zusammen anzeigen, die etwas besseren herausheben, von den übrigen aber nur einige charakterisierende Züge (...) in diesen Annalen für den künftigen Literator und Geschichtsschreiber des deutschen Geschmacks aufbewahren» (Nr. 9, vom 10. Jan., Sp. 65–71, bes. Sp. 66).

31 Neue allgemeine deutsche Bibliothek 1799. 43. Bd., 1. Stück, 1.–4. Heft, S. 46.

32 Neue allgemeine deutsche Bibliothek, 66. Bd., 2. Stück, S. 351 (aus einer Rezension zu Vulpius' «Glorioso der große Teufel»).

33 Neue allgemeine deutsche Bibliothek 1800. 58. Bd., 2. Stück, S. 357 (aus einer Rezension zu «Matthias Klostermay'r, der sogenannte Bayerische Hiesel»).

34 Neue allgemeine deutsche Bibliothek 1799. 43. Bd., 1. Stück, 1.–4. Heft, S. 44.

35 Ebd.

36 Paul Böckmann: Formgeschichte der deutschen Dichtung. 4. Aufl. Darmstadt 1973, S. 628.

37 Johann Adam Bergk: Die Kunst Bücher zu lesen. Jena 1799, S. 20.

38 Vgl. Leif Ludwig Albertsen (Einleitung zu): Die Eintagsliteratur in der Goethezeit. Proben aus den Werken von Julius von Voß. Frankfurt/M. 1957.

39 Neue allgemeine deutsche Bibliothek 1800. 58. Bd., 2. Stück. S. 328 (aus einer Rezension zu Vulpius' «Aurora»).

40 Über Lektüre, ein Vorschlag an die weibliche Lesewelt. In: Journal des Luxus und der Moden 1800, 15. Bd., S. 627 ff, zit. nach: Lesewuth, Raubdruck und Bücherluxus. Das Buch in der Goethe-Zeit. Katalog zur Ausstellung des Goethe-Museums Düsseldorf. Düsseldorf 1977, S. 316.

41 Blätter für literarische Unterhaltung 1830, S. 961 (aus einer Rezension zu Georg Dörings «Der Hirtenkrieg»).

42 Blätter für literarische Unterhaltung 1845, S. 885.

43 Neben diesen literatur- und mediengeschichtlichen Voraussetzungen gehören zur Emanzipation der Unterhaltungsliteratur selbstverständlich auch noch sozial- und kulturgeschichtliche. Vor allem: die soziale Gleichberechtigung der Unterhaltungskünstler und die Entstehung einer populären Kultur, die nicht nur wegen sozialer Gratifikation (Herstellung sozialer Identität) rezipiert wird.

44 Blätter für literarische Unterhaltung 1850, S. 111.

45 Ferdinand Stolle und Ernst Keil: An unsere Freunde und Leser! In: Die Gartenlaube. Beiblatt zum Illustrirten Dorfbarbier 1853, Nr. 1, S. 1.

46 Plan zum Programm der Gartenlaube, a. a. O., S. 130.

47 Gartenlaube 1877, S. 837.

48 Gartenlaube 1877, S. 847.

49 Vgl. ihre Kommentierung: «Ein Teil der Wiener Garnison hatte vor allerhöchsten Herrschaften Revue zu passieren. Zu solch einem Schauspiel glänzender Art läuft Alt und Jung überall, ebenso da, wo der Liberale über den Militarismus zetert, wie da, wo er selbst in Bürgermiliz Hock parade macht» (ebd., S. 847).

50 Dolf Sternberger: Panorama oder Ansichten vom 19. Jahrhundert. Frankfurt/M. 1974 (zuert 1938), S. 61.

51 Ludwig Tieck: An Friedrich Laun. In: Friedrich Launs gesammelte Schriften. Neu durchgesehen, verbessert und mit Prolog von L. T. Stuttgart 1843, Bd. 1, S. 11.

Josef Früchtl

Kategorien der literarischen Ästhetik

Wer Auskunft über Kategorien der literarischen Ästhetik geben möchte, sieht sich mit einem delikaten Definitionsproblem konfrontiert. Wird Ästhetik schulgemäß als diejenige Disziplin der Philosophie definiert, die sich mit dem Schönen und der Kunst befaßt, so ist auch die Literatur auf selbstverständliche Weise Gegenstand dieser Disziplin. Die Selbstverständlichkeit hat allerdings, wie meistens, einen Haken. Die Literatur erscheint nämlich nur als besonderer Fall eines Allgemeinen, als bloßer Anwendungsfall des Schönen und der Kunst. Kategorien der literarischen Ästhetik sind demnach Kategorien der Ästhetik allgemein, angewendet auf den Bereich der Literatur. Wollte man dagegen dieses Begründungsverhältnis auflösen, so ginge es darum, fachwissenschaftliche Kategorien zu entwickeln, die ausschließlich im Bereich der Literatur ihre Gültigkeit haben würden. Man darf bezweifeln, ob ein solches Unternehmen gelingen kann. Im nachdrücklichen Interesse daran, die Literaturwissenschaft als eigenständige Disziplin zu konstituieren, tendiert es dazu, unter dem Etikett etwa einer ‹empirischen›, ‹soziologischen› oder ‹semiotischen› Literaturtheorie die philosophische Ästhetik zu umgehen. Wenn also im folgenden von Kategorien der literarischen Ästhetik die Rede ist, dann nicht im Sinne von spezialistischen Theorien und Methoden der Literaturwissenschaft, sondern allein in dem Sinn, die philosophisch-ästhetischen Grundlagen literarischer und literaturwissenschaftlicher Urteile aufzuzeigen. Dahinter steht die wissenschaftstheoretische Maxime, daß die Literaturwissenschaft ihre eigene Terminologie und eigene Methoden entwickeln soll, ohne sich von der philosophischen Ästhetik rigide abzugrenzen, daß also der Literaturwissenschaftler das eine tun soll, ohne das andere zu lassen.[1] Dabei kommt ihm nicht zuletzt der Umstand entgegen, daß in der Geschichte der Ästhetik häufig, wenn nicht gar meistens als Paradigma von Kunst die Literatur einsteht.

Das Schöne, Gute und Wahre

Ihrer Schuldefinition gemäß hat es die Ästhetik mit dem Schönen und jenen schönen Werken zu tun, die man Kunst nennt. Die Aufforderung, nun weiter zu definieren, was denn das Schöne und die Kunst sei, führt aber geradewegs zu jenen Kalamitäten, die nicht nur Philosophen hinlänglich bekannt sind. Gewiß nicht erst im 20. Jahrhundert, aber hier in einem sich ausbreitenden und verschärfenden Ton, geistert die ratlose bis entrüstete Frage ‹Ist das noch Kunst?› durch die einschlägigen Debatten. Und die Bedeutungsvielfalt des Prädikats ‹schön› läßt sich mit Tucholsky zur schönsten alltagssprachlichen Verwirrung steigern. («Schön, daß wir uns treffen, Wendriner. Wirklich schön praktisch hier. Und das schöne Wetter, und die schöne Aussicht, und dieser schöne Landwein!»[2]) Ob sich, mit anderen Worten, über Geschmack streiten läßt, ist für Weinkenner, Naturliebhaber, Museumsbesucher und Philosophen gleichermaßen und nach wie vor strittig. Unter Philosophen gilt das vor allem für diejenigen, die sich der von Gottlob Frege und Ludwig Wittgenstein initiierten, unter anderem von John L. Austin weiterentwickelten sprachanalytischen Tradition zurechnen. Sie fragen danach, welchen «Sprechakt» wir vollziehen – eine bloße Gefallensbekundung, ein kunstkritisches Urteil, eine stilkritische Bewertung etc. –, wenn wir etwas schön nennen. Die Bedeutung des Wortes ‹schön› verändert sich dann mit dem jeweiligen Sprechakt oder «Sprachspiel». Es ist ein allgemeines und vielsagendes Wort, das eine lange Liste speziellerer Wörter umfaßt und daher auch den Ruch des Nichtssagenden nicht vermeiden kann.[3] «Relativismus» und «Essentialismus» der Wortbedeutung stehen sich gegenüber. Und dieser Gegensatz ist der Sache nach nicht erst eine sprachanalytische Erfindung; er ist so alt wie die europäische Philosophie selber. Schon der platonische Sokrates begnügt sich in seinem ersten Dialog mit Hippias nicht damit, daß dieser aufzählt, «was schön ist», sondern möchte wissen, «was das Schöne ist».[4]

Platon hat die ästhetische Theorietradition nachhaltig geprägt. Das gilt nicht nur für die essentialistische, auf eine Wesensbestimmung bedachte Vorgehensweise, sondern auch für die Resultate. Deren wichtigstes, die Einheit des Schönen mit dem Wahren und dem Guten, erlangt sogar klassische Weihen und bildungsbürgerliche Popularität. So manchem Musentempel des 19. Jahrhunderts ist bekanntlich dieses Triumvirat eingemeißelt. Für Platon beruht gutes Handeln auf Wissen, böses Handeln auf fehlendem Wissen, und beide sind deshalb auch schön oder häßlich. Und um Schönes konträr von Häßlichem oder Schönes graduell von Schönerem zu unterscheiden, braucht man ein Kriterium, eine «Idee» oder ein «Urbild», das als Unterscheidungsmaßstab nicht selbst permanenter Veränderung unterworfen sein kann. Am ausführlichsten hat Platon diesen kriterialen Aspekt im «Symposion» behandelt, dem, neben dem «Phaidros», wichtigsten Dialog für die Schönheitskonzeption. Sie wird dort in einem Stufenweg beschrieben, der von der sinnlichen Wahrnehmung («aisthesis») körperlicher Schönheit seinen Ausgang nimmt, zur Schönheit der guten Lebensweise und sodann zu der der Erkenntnis («nòesis») übergeht, bis er zuletzt die unveränderliche und an keine sinnlich wahrnehmbare Form gebundene Idee der Schönheit selbst erreicht. Kriterium für die Beurteilung des «aisthetisch», ethisch und noetisch Schönen kann die Idee des Schönen demgemäß nur sein, wenn man sie zum einen in der Einheit mit den Ideen des Guten und des Wahren konzipiert. Zum zweiten tritt dieses Kriterium um so reiner hervor, je mehr das Schöne sich von der Stufe bloßer Sinnlichkeit – und sie hat schon bei Platon einen doppelten, erkenntnistheoretischen wie erotischen Sinn – entfernt.

So anachronistisch diese Konzeption anmuten mag, sie ist es durchaus nicht. Das Verhältnis des Schönen zur Sinnlichkeit nach einem Stufen- oder Sublimationsmodell zu denken, bleibt – als Hegelianer bietet Theodor W. Adorno einen Beleg – aktuell. Das gleiche gilt für die arg in Verruf geratene Einheitskonzeption. Etwas vorsichtiger, in einem schwachen dialektischen Sinn formuliert, besagt sie, daß sich das Schöne weder mit dem Wahren und dem Guten identifizieren noch vollkommen davon abtrennen läßt. Nur in einem Punkt, der Gegenüberstellung von Schönheit und Häßlichkeit, ist die Entwicklung unwiderruflich über Platon hinausgegangen. Ansatzweise schon bei Aristoteles und abgemildert durch den Begriff des Erhabenen erhält der Begriff der Häßlichkeit Zutritt zur ästhetischen Theorie, bis Karl Rosenkranz 1853 in der Nachfolge, aber nicht mehr im Sinne Hegels eine «Ästhetik des Häßlichen» vorlegt. Seither ist das Prädikat ‹schön› nicht mehr mit ‹ästhetisch› einfach gleichzusetzen. Aufgrund seiner weiteren Bedeutung tritt vielmehr der Begriff des Ästhetischen das Erbe des Schönheitsbegriffs an.

Ästhetischer Wahrheitsbegriff – apophantischer Wahrheitsbegriff

Ob es zulässig oder sinnlos ist, von ästhetischer Wahrheit zu reden, läßt sich zunächst sehr einfach und unbefriedigend beantworten: Alles hängt an der Wahrheitstheorie, die man vertritt. Die Antwort ist damit innerhalb der Philosophie von einer Disziplin an eine andere delegiert. Salopp darf man auch sagen, daß der Schwarze Peter weitergereicht worden ist; denn in der Philosophie ist man sich auch heute nicht darüber einig, welche Wahrheitstheorie wahr sei. Um der Rede von ästhetischer Wahrheit Sinn zu verleihen, lassen sich der philosophischen Diskussion aber Differenzierungen entnehmen, die im einzelnen dazu führen, auf die Kategorien des Scheins, der Welterschließung und der Erfahrung überzugehen.

Als erstes muß klargestellt werden, daß Wahrheit einem ästhetischen Phänomen nicht in der gleichen Weise zugesprochen werden kann wie, in der Terminologie schon des Aristoteles, einem prädikativen Urteil oder einer Behauptung («apòphansis»), daß ‹wahr› hier also nicht die Bedeutung «apophantisch-wahr» haben kann. Das ästhetische Phänomen, auch das literarische, urteilt und behauptet nicht. Würde es das doch tun, wäre es gerade nicht ernst zu nehmen. Die Probe auf diese Behauptung sei mit Mörikes «Septembermorgen» gemacht:

«Im Nebel ruhet noch die Welt,
noch träumen Wald und Wiesen:
Bald siehst Du, wenn der Schleier fällt,
den blauen Himmel unverstellt,
herbstkräftig die gedämpfte Welt
in warmem Golde fließen.»

Reduzierte man diesen Text auf das, was sich auch in einem apophantischen Urteil sagen ließe, so käme nicht mehr heraus als ein Wetterbericht[5]:

«Zunächst noch verbreitet Morgennebel,
besonders in den Niederungen.
Später aufklarend und sonnig
bei warmen Herbsttemperaturen.»

Die Wahrheit des Ästhetischen ist demnach etwas, was über die apophantische Wahrheit hinausgeht. In dieser Abgrenzung der verschiedenen Wahrheitskonzepte liegt aber auch bereits eine große Gefahr. In einem nüchternen Sinn gilt das Ästhetische in seiner Wahrheit autonom neben der apophantischen Wahrheit. Für diesen ersten Bedeutungsaspekt lassen sich, mit gewissen Einschränkungen, Platon und Aristoteles nennen sowie vor allem Alexander Gottlieb Baumgarten, der mit seiner «Aesthetica» Mitte des 18. Jahrhunderts der entstehenden philosophischen Disziplin ihren Namen gibt. In einem hypertrophen Sinn aber schwingt sich das Ästhetische zum Souverän über die Wahrheit auf. Im Ästhetischen offenbart sich dann eine Art von höherer Wahrheit. Unter diesem zweiten Bedeutungsaspekt läßt sich ein weites Spektrum von Theorietraditionen versammeln. Es reicht vom frühen Schelling über Schopenhauer und den frühen Nietzsche zu Heidegger, Gadamer und Adorno. Diese Tradition ist fast immer gemeint, wenn pauschal von ‹Wahrheitsästhetik› gesprochen wird.

Unter literaturästhetischen Gesichtspunkten verdient der genannte Baumgarten ein zusätzliches Interesse, denn seine Definition der Ästhetik als «Wissenschaft von der sinnlichen Erkenntnis» («scientia cognitionis sensitivae») wahrt deutlich den Zusammenhang mit der Rhetorik. Die ästhetische Wahrheit oder sinnliche Erkenntnis kann nicht mit dem Maß der seit René Descartes dominierenden mathematisch-logischen Wahrheit gemessen werden. Wie in der Antike die Rhetorik, so ist bei Baumgarten die Ästhetik der Ort des «Wahrscheinlichen» («verisimilitudo»).[6] Bemerkenswert ist für die Wahrheitsästhetik, daß sie sich an die Kategorie des Werks bindet. Die Wahrheit wird, wie Heidegger doppeldeutig formuliert, «ins Werk gesetzt».[7] Die Ästhetik ist hier nicht (primär) Theorie des Schönen oder des ästhetischen Urteils, sondern Philosophie der Kunst.

Ästhetischer Schein – zwischen Wahrheit und Wirkung

Baumgarten stellt eine Verbindung zwischen Schönheit und Wahrheit wieder über einen Begriff her, der für die Geschichte der Ästhetik von Anfang an fundamental ist: der Begriff des Scheins. Zur Abgrenzung von der logischen Wahrheit ist er erst dann nicht mehr dienlich, wenn mit Nietzsche der Grundsatz aufgestellt wird, daß es keine Wahrheit gibt, daß das, was wir uns angewöhnt haben, Wirklichkeit zu nennen, als Fiktion zu gelten hat, daß mithin alles Schein ist. Dieser Fiktionalismus richtet sich gegen eine Erkenntnis- und Wahrheitstheorie, die unter dem Schulbegriff des ‹Realismus› behauptet, Wahrheit sei gewissermaßen ‹dort draußen›, unabhängig vom Menschen und der Sprache, und das heißt genauer, im Plural gesprochen: unabhängig von den in Raum und Zeit, kulturell und historisch unterschiedlichen Menschen und Sprachen. Folgerichtig kommt es auf dieser philosophischen Traditionslinie zu einer Entgrenzung des ästhetischen Scheins und einer Aufwertung des Ästhetischen in allen Belangen. Ebenso folgerichtig kommt es zu einer Preisgabe aller überzeitlichen und transkulturellen Wahrheitsansprüche.

Seit Platon ist der Schein Relationsbegriff zur Wahrheit, dem (wahren) Sein oder dem Wesen. Im zehnten Buch der «Politeia» entwickelt er seine berühmte Kritik am Schein der Kunst. Ein Handwerker, der einen Stuhl herstellt, weiß, was ein Stuhl ist. Er bezieht sich auf die «Idee» oder das «Urbild» des Stuhls. Ein Künstler, der einen Stuhl malt, bezieht sich dagegen nur noch auf das handwerklich hergestellte «Abbild» eines Stuhls, zeigt also das Abbild des Abbilds und befindet sich im Abstand von der Wahrheit oder dem wahren Sein an dritter Stelle. Diese ontologische Degradierung des künstlich erzeugten Scheins kontrastiert bei Platon allerdings mit einer Auszeichnung des Scheins in der Sphäre der Ideen selber. Im «Phaidros» wird die Idee des Schönen vor allen anderen dadurch herausgehoben, daß sie die «Hervorscheinendste» ist. Diese widersprüchliche Einordnung erhält eine gewisse, wenn auch nicht zureichende Erklärung in der Äquivokation des Scheinbegriffs. Er hat nicht nur, entsprechend dem Begriff der «doxa», den Platon den Rhetoren vorwirft, die Bedeutung von «Wahrscheinlichkeit» und «Täuschung», sondern auch von «Leuchten», von «Glanz».[8] Diese Äquivokation erlaubt in der Folge verschiedene, ja gegensätzliche Interpretationen. Hegel entscheidet sich für den Platon des «Phaidros», wenn er das Schöne als das «sinnliche Scheinen der Idee» bestimmt.[9] Ähnliches gilt für Ernst Blochs «Ästhetik des Vor-Scheins». Die Kunst ist ihm, dem undogmatischen Marxisten, nicht Widerspiegelung dessen, was ist, sondern Antizipation dessen, was noch nicht ist.[10] Nietzsche entscheidet sich demgegenüber, zumindest in der «Geburt der Tragödie», für den rhetorischen Scheinbegriff, wertet ihn aber positiv und trennt ihn vom Ideen- bzw. Wahrheitsbegriff. Das Scheinen selbst, die Wirkung wird zum alleinigen Kriterium des Ästhetischen. Seiner temporalen Form nach wird es als augenblickliches oder plötzliches In-Erscheinung-Treten, als «Epiphanie» beschrieben, als «Rätsel», wenn es zudem in Form eines Kunstwerks auftritt. Das Ästhetische, und das heißt auch bei Nietzsche vornehmlich: die Kunst, untersteht nicht dem Imperativ der Moral und der Wahrheit, in ihr hat «der Wille zur Täuschung» daher «das gute Gewissen zur Seite».[11] Eine zwischen den Extremen gespannte Mittelstellung nimmt Adorno ein. Seine «Ästhetische Theorie» ist der Versuch, an einem emphatischen Begriff ästhetischer Wahrheit gerade durch die Äquivokationen und die Aporie des Scheinbegriffs hindurch festzuhalten. Während Nietzsche das Problem mit einem Gewaltstreich löst, plädiert der geduldige und kunstvolle Dialektiker dafür, den Knoten noch dichter zu knüpfen, um zu sehen, ob er sich nicht von allein löst.

Welterschließung und Stimmigkeit

An Mörikes «Septembermorgen» läßt sich die Abgrenzung des ästhetischen vom apophantischen Wahrheitsbegriff noch weiter fortführen. Denn das Gedicht bezieht sich nicht bloß, wie der Wetterbericht, auf etwas in der (ganzen) Welt, sondern auf die Welt (im ganzen) eines Subjekts. Das Gedicht führt in gesteigerter, ‹dichter› Form vor, was schon jede schlichte Metapher leistet. Wer sagt, daß ‹die Sonne lacht›, sagt nicht nur neutral, daß die Sonne scheint, sondern verbindet damit auch eine Wertung. Das Ganze der Welt eines Subjekts vergegenwärtigt sich, indem das Gedicht selber als ein stimmiges Ganzes erfahren wird, als eine aus Metaphorik, Klang und Rhythmus sich ergebende

Totalität. In diesem formalen Sinn bleibt es auch nach dem Ende der klassischen, auf metaphysische Sinnstiftung zielenden Konzeption, wie sie Hegel noch einmal entwickelt hat, legitim, vom Totalitätscharakter der Kunst zu sprechen. Entsprechend zentral wird die Kategorie der Stimmigkeit.[12] Sie liefert die ästhetische Spezifikation der allgemeineren, auf Wilhelm von Humboldt zurückgehenden und von Heidegger geprägten Kategorie der Welterschließung.

In «Sein und Zeit» korrespondiert der Begriff der Welt nicht eigentlich dem des Subjekts, sondern des «Daseins», jenem Seienden, dem es um sein Sein selbst, die Erschließung, das Verstehen, den Sinn seines Seins geht. Während die Rede von einem Subjekt impliziert, daß es einem Objekt gegenübersteht, soll mit dem Terminus des Daseins bedeutet werden, daß diese Gegenüberstellung ein sekundäres Stadium bezeichnet und daß ihr eines vorhergeht, in dem das (menschliche) Dasein «immer schon» mit seiner Welt vertraut ist. Welt ist nicht die bloße Ansammlung von Gegenständen, sondern ein Verweisungszusammenhang, ein Ganzes mit Bedeutsamkeit, aus dem sich die einzelnen, speziell wissenschaftlich isolierten Bedeutungen dann erst abheben. In «Sein und Zeit» wird die Erschließung, und das heißt zugleich das Verstehen der jeweiligen Welt, Stimmungen wie etwa der Furcht zugeschrieben. Nach seiner «Kehre» stellt Heidegger dagegen das Kunstwerk als Welterschließungs- oder Welteröffnungsmedium heraus.[13] Da er für die Welterschließung generell aber auch einen höheren Wahrheitsstatus reserviert, gerät er ästhetisch in die Gefahr einer Souveränitätsposition.

Ergänzend ist in diesem Zusammenhang die Kategorie des Neuen hervorzuheben. Die Ebene der Produktion und der Rezeption gehören dabei zusammen. Denn neue Techniken und Formen sind in der Kunst nicht an sich schon ein Wertkriterium, sondern nur in dem Maße, in dem sie, produktionsästhetisch gesehen, eine Lösung überkommener Probleme bieten und, rezeptionsästhetisch gesehen, neue Formen der Wahrnehmung ermöglichen. Wird Innovation an sich als Kriterium ausgerufen, so darf man dahinter, zumindest seit dem Beginn der ästhetischen Moderne, seit der Mitte des 19. Jahrhunderts, einen psychologischen Zwang zur Selbstdarstellung und ein Diktat des (Kunst-)Marktes vermuten. Sachlich werden darüber hinaus neue Mittel meist nur für alte Zwecke eingesetzt, und am Ende steht eine eigentümliche Form von Stagnation; eine Innovation, die nicht sachlich, um eines bestimmten Zwecks willen, sondern um ihrer selbst willen betrieben wird, läuft leer. Umgekehrt ermöglicht die Kunst neue Formen der Wahrnehmung nur in dem Maße, in dem sie technisch und formal innovativ verfährt. «Kafkaesk», beherrscht von einer riesigen labyrinthischen Institution und vom Mechanismus der Selbstbeschuldigung, erscheinen uns Situationen erst, seit Kafka die bürokratische Welt des Beamten lakonisch ins Gigantische und Schrecklich-Komische ausgeweitet hat.[14] Kitsch dagegen ist nur epigonal. Eine neue Sicht der Welt ermöglicht er allenfalls, wenn er durch das Licht der Kunst oder eines anderen welterschließenden Mediums, etwa der Philosophie, aber auch, gegen Heidegger, der Wissenschaft gebrochen wahrgenommen wird. Stärker als mit der Kategorie der Welterschließung tritt mit der der Innovation somit das Kriterium der Geschichte und der historischen Kennerschaft in den Prozeß ästhetischer Beurteilung ein.[15]

Ästhetische Erfahrung in Kants Kritik der Urteilskraft

Statt von «stimmiger Welterschließung» oder «künstlerischer Vergegenwärtigung neuer Sichtweisen» hätte stets auch schon von «ästhetischer Erfahrung» die Rede sein können. Dieser Begriff dient zwar, etwa bei Jauß und Bubner, dazu, sich von der Wahrheits- und Werkästhetik abzusetzen. Doch steht er zu ihr, wie beispielhaft die Theorien Adornos und Gadamers belegen, keineswegs in strikter Opposition. Gemeinsamer Anknüpfungspunkt ist Kants «Kritik der Urteilskraft» (1790). Da dieser den Begriff der ästhetischen Erfahrung explizit aber nicht verwendet, unterlegt man seiner sachhaltigen Analyse des ästhetischen Urteils den Begriff der Erfahrung aus Hegels «Phänomenologie des Geistes» (1807). Aus Erfahrungen kann man lernen, denn sie sind negativ und produktiv; man weiß hinterher besser, wie es mit den Dingen steht. Der Lernschritt betrifft nicht nur die Theorie, sondern auch die Praxis; Erfahrungen zerstören immer auch eingewöhnte Lebensformen. Sie sind durch ein aktivisches und ein passivisches Moment gekennzeichnet; man ‹macht› Erfahrungen und wird zugleich von ihnen ‹überfahren›, plötzlich von ihnen ereilt. Da sie für neue Erfahrungen offenbleiben, sind sie schließlich mit einem dogmatischen Standpunkt unvereinbar.

Diese Momente des Erfahrungsbegriffs sind aber für die Klärung des spezifisch Ästhetischen nicht hinreichend. Im Begriff der «reflektierenden Urteilskraft» analysiert Kant dagegen eine Urteilsstruktur, die sich zwischen einem sinnlich angeschauten und zur begrifflichen Bestimmung herausfordernden Besonderen und einem sich unendlich entziehenden Allgemeinen, dem subsumierenden, einordnenden Begriff, in der Schwebe hält. Unter einem anderen Aspekt analysiert er das ästhetisch-reflektierende Urteil als ein «Spiel», in dem die Erkenntnisvermögen der (produktiven) Einbildungskraft oder der Phantasie und des Verstandes (im Falle des Schönen) oder der Vernunft (im Falle des Erhabenen) harmonisch oder einfach zwanglos zusammenwirken. Diese Struktur des ästhetischen Urteils erklärt seinen eigentümlichen Geltungsanspruch, die Paradoxie, daß ästhetisch (schön oder erhaben) ist, «was ohne Begriff allgemein gefällt»; daß den Anderen «angesonnen» werden kann, dem Urteil eines einzelnen ohne logisch zwingende Gründe zuzustimmen (§§ 8 und 9). Die «subjektive Allgemeinheit» und «Notwendigkeit» des ästhetischen Urteils nennt Kant auch «exemplarisch»; denn exemplarisch ist ein Einzelnes, das ein Allgemeines (re)präsentiert. Die Geltung eines ästhetischen Urteils läßt sich nicht auf den Konsens, auf das, was alle sagen, gründen, ebensowenig aber auf die subjektive Überzeugung. Als «Idee» bleibt das einzelne ästhetische Urteil daher auf den Konsens bezogen (§ 22). Auch bei Kant hat es die Struktur eines rhetorischen Arguments: Der einzelne «wirbt» um Beistimmung, da er nicht strikt begründen kann, was er behauptet (§ 19). Ästhetische Urteile können in diesem Sinn gut oder schlecht begründet sein, und die spezifische Art dieser Begründung, der ästhetischen Rationalität, als erster herausgearbeitet zu haben, ist eine der großen Leistungen Kants.

Das ästhetische Urteil zeichnet nach Kant aus, daß es erstens autonom, mit einer eigenen Rationalität oder Logik, neben anderen Urteilsformen, vor allem denjenigen der Wissenschaft und der Moral, steht; daß es zweitens als einzelnes Urteil dennoch und zu Recht mit einem Anspruch auf Allgemeingültigkeit auftritt; daß es drittens nicht auf einen (bestimmten) Begriff zu bringen ist, sondern unendlich zu denken gibt, unabschließbar Welt erschließt; und daß sich das viertens auf lustvolle Weise vollzieht. Diese Merkmale werden in der Geschichte der Ästhetik in unterschiedlicher Ausprägung betont. So wird die eigentümliche Begriffslosigkeit des ästhetischen Urteils in der strukturalistischen und rezeptionstheoretischen Ästhetik als ‹Unbestimmtheit› oder ‹Mehrdeutigkeit› thematisch, in Anknüpfung an Nietzsche und mit der Tendenz, die Autonomieästhetik zugunsten einer Souveränitätsästhetik zu überhöhen, unter dem Begriff ‹Intensität›. In dieser letzteren Ausprägung verdrängt denn auch der Begriff der Erfahrung vehement den der Beurteilung, denn mit ihm läßt sich die Überschreitung des

Gewöhnlichen besser namhaft machen.[16] Die eigentümliche Lust am Ästhetischen wird besonders durch die Psychoanalyse erneut zum Thema gemacht, keinesfalls jedoch geklärt. Auch diesbezüglich hat Kant eine konstitutive Bedingung vorgegeben: Ästhetische Lust stellt sich nur ein, wenn eine Distanz, «Interesselosigkeit» gegenüber dem Phänomen besteht. Mit Aristoteles läßt sich diese Bedingung auch im Rahmen der Mimesis- oder Nachahmungslehre formulieren. Lust bereiten demnach ästhetische Phänomene nur, wenn wir wissen, daß es sich um Nachahmungen des Wirklichen, nicht um ein selber Wirkliches handelt. Deshalb kann das Häßliche und Schreckliche als Kunst ästhetisch erfahren werden.[17]

Das Gute, Böse und Erhabene

Das Ästhetische in seiner Autonomie zu begreifen, wie Kant das als erster getan hat, heißt, es von der Wissenschaft, der Moral und einer bloß sinnlichen Lust abzugrenzen. Die Abgrenzung von der Moral erscheint dabei als die größte Befreiung. Von Platons Vertreibung der ontologisch und pädagogisch unzuverlässigen Kunst aus dem idealen Staat über die bildungsidealistischen Deutungen der aristotelischen Katharsis-Lehre und Schillers berühmt-berüchtigter «Schaubühne als moralischer Anstalt» bis zur gängigen Redeweise vom Schriftsteller als ‹Gewissen der Nation› hinterläßt der Moralismus in der Ästhetik eine breite und manchmal verheerende Spur. Doch kann man auch im Falle der Moral wie schon in dem der Wahrheit sagen: Sowenig das Ästhetische von einem der beiden Bereiche dominiert werden darf, so wenig kommt es ohne jeglichen Bezug auf die beiden aus. Das läßt sich ironischerweise schon an Kant beobachten. Die «Kritik der Urteilskraft» stellt zwar gleich zu Beginn klar, daß ein Urteil über die Schönheit etwa eines Palastes sich nicht davon beeinflussen lassen dürfe, daß er womöglich dem Schweiße des Volks abverlangt ist (§ 2). Am Ende bleibt das Schöne aber doch immerhin «Symbol des Sittlich-Guten» (§ 59). Vergleichbares ließe sich an gegenwärtigen Puristen zeigen, jenen, die das Schöne rein erhalten wollen. Sie wollen das Gute oder – in der mit Poe, Flaubert und Baudelaire beginnenden Moderne – lieber das Böse nur dann als ästhetische Kategorie gelten lassen, wenn es nicht auf Sinnstiftung zielt, aber können nicht umhin, am Sinnbegriff festzuhalten, und sei es auch nur, um das Obsolete traditioneller Sinnerhöhung zu demonstrieren.[18]

Durch den Sinnbegriff drängt sich die Nähe des Ästhetischen zum Ethischen in eklatanter Weise auf. Kant spricht unausdrücklich davon unter dem Begriff der «Zweckmäßigkeit» (§ 10), Hegel ausdrücklich unter dem weitergehenden idealistischen Imperativ, es sei Aufgabe der Kunst, der Welt «ihre spröde Fremdheit zu nehmen».[19] In Anknüpfung an die von Aristoteles konzipierte sog. «Ethik des guten Lebens» mehren sich heute die Vorschläge für eine ästhetische Rehabilitierung dieser Ethik. Sie besteht gegen Platon und Kant darauf, daß die Suche nach dem individuellen und kollektiven guten Leben im Zentrum der Moral und der Moralphilosophie zu stehen habe, nicht die Suche nach allgemeingültigen Regeln. Im Falle ethischer Entscheidungen kommt es demnach darauf an, die Besonderheit der Situation wahrzunehmen, und diese Sensibilität, dieses ästhetische Vermögen in der weiteren, ‹aisthetischen› Bedeutung kann durch das Ästhetische in der engeren Bedeutung, speziell durch die Kunst, geschult werden, weil das Künstlerisch-Ästhetische auf das Besondere, die Nuance spezialisiert ist.[20]

In den ethischen Zusammenhang gehört, wenigstens der dominanten Traditionslinie nach, auch jene Kategorie, die in den letzten Jahren eine erstaunliche und durchaus nicht nur modische Reaktualisierung erfahren hat: die Kategorie des Erhabenen. Zwar steht sie von Pseudo-Longinos über Edmund Burke bis zu Nietzsche auch in der Tradition der Rhetorik, aber schon mit Burke und vor allem mit Kant tritt eine Veränderung ein. In der «Kritik der Urteilskraft» verlagert sich das Gewicht zwischen den beiden Erhabenheitsmomenten, den Affekten und der moralischen Freiheit, die sich bei Burke noch die Waage halten, deutlich zugunsten des letzteren. Das «mathematisch Erhabene», das, was «schlechthin groß» ist, wirkt zwar zweck- und sinnwidrig für das Auffassungs- und Darstellungsvermögen, und das «dynamisch Erhabene» tritt als «Furcht erregende Macht» auf, aber beide Aspekte machen zuletzt die «Überlegenheit» der menschlichen Vernunft anschaulich. Die «Achtung», ein moralisches Gefühl, das wir dem Erhabenen entgegenbringen, ist eigentlich Achtung für uns selbst als Vernunftwesen (§ 27). Doch tritt heute noch eine dritte, die erkenntnistheoretische und implizit ontologische Traditionslinie hervor. Sie kapriziert sich, angeführt von Jean-François Lyotard, auf den Aspekt des «Undarstellbaren», der Inkommensurabilität von Darstellung und Sache, also auf ein klassisches Problem der Ontologie. Das Erhabene wird so, anders als bei Kant, nur noch an der Kunst (der Avantgarde) erfahren, die die Paradoxie einer Darstellung des Undarstellbaren auf sich nimmt. Die Kategorie des Erhabenen kann sich auch in ihrer dritten Bedeutung nicht von der Ethik lösen. Das ist nicht nur an Lyotards geläufiger Forderung ablesbar, daß die Sache in der Darstellung ‹zu ihrem Recht› gelangen soll, sondern ideologiekritisch auch daran, daß das über alles Banal-Profane Erhobene offensichtlich Sinndefizite kompensieren soll. Hier gerät die Kategorie des Erhabenen in politisch trübes Fahrwasser, aus dem sie auch dann nur halb herauszuziehen ist, wenn man sie, Lyotard präzisierend, in eine kritische und eine metaphysische Seite zerlegt.[21]

Literatur

Bohrer, Karl Heinz: Plötzlichkeit. Zum Augenblick des ästhetischen Scheins. Frankfurt/M. 1981.

–: Nach der Natur. Über Politik und Ästhetik. München/Wien 1988.

Bubner, Rüdiger: Über einige Bedingungen gegenwärtiger Ästhetik. In: Neue Hefte für Philosophie 5 (1973), S. 38–73.

Bürger, Peter: Zur Kritik der idealistischen Ästhetik. Frankfurt/M. 1983.

Jauß, Hans Robert: Ästhetische Erfahrung und literarische Hermeneutik. München 1977.

Koppe, Franz: Grundbegriffe der Ästhetik. Frankfurt/M. 1983.

– (Hg.): Perspektiven der Kunstphilosophie. Texte und Diskussionen. Frankfurt/M. 1991.

Oelmüller, Willi (Hg.): Kolloquium Kunst und Philosophie. Bd. 1: Ästhetische Erfahrung. Paderborn 1981. Bd. 2: Ästhetischer Schein. Paderborn 1982.

Ritter, Joachim: «Ästhetik, ästhetisch». In: Ders. (Hg.): Historisches Wörterbuch der Philosophie. Bd. 1. Basel/Stuttgart 1971.

Szondi, Peter: Poetik und Geschichtsphilosophie I. Frankfurt/M. 1974.

Zimmermann, Jörg: Das Schöne. In: Martens, Ekkehard/Schnädelbach, Herbert (Hg.): Philosophie. Ein Grundkurs. Reinbek bei Hamburg 1985, S. 348–394.

Anmerkungen

1 Vgl. in diesem Sinn zuletzt P. Zima: Literarische Ästhetik. Methoden und Modelle der Literaturwissenschaft. Tübingen 1991.

2 Zit. nach Koppe: Grundbegriffe, S. 120.

3 Vgl. W. Strube: Ästhetische Wertäußerungen. Eine sprechakttheoretische Analyse. In: Koppe (Hg.): Perspektiven, S. 240–257.

4 Platon, Hippias I, 287e.

5 Dieses boshaft-schöne Beispiel gibt Koppe: Grundbegriffe, S. 129; vgl. auch S. 147.

6 Vgl. H. Niehues-Pröbsting: Rhetorische und idealistische Kategorien der Ästhetik. In: Oelmüller (Hg.), S. 94–110.

7 Vgl. Bubner, S. 60 ff.

8 Vgl. Oelmüller (Hg.), Bd. 1, S. 319 f; Ders., Bd. 2, S. 254.

9 G. W. F. Hegel: Werke. Bd. 13: Vorlesungen über die Ästhetik I. Frankfurt/M. 1975, S. 151.

10 Vgl. Ernst Bloch: Gesamtausgabe Bd. 5. Das Prinzip Hoffnung. Frankfurt/M. 1959, S. 174 ff, 945 ff.

11 Friedrich Nietzsche: Kritische Studienausgabe. Bd. 5. München 1988, S. 402 (Zur Genealogie der Moral 25); vgl. Bohrer: Plötzlichkeit, S. 111 ff.

12 Vgl. Theodor W. Adorno: Ästhetische Theorie. Gesammelte Schriften Bd. 7. Frankfurt/M. 1972; F. Koppe: Grundbegriffe, S. 130, 157 ff; Albrecht Wellmer: Zur Dialektik von Moderne und Postmoderne. Vernunftkritik nach Adorno. Frankfurt/M. 1985, S. 31 ff.

13 Martin Heidegger: Sein und Zeit. Tübingen 1979, bes. S. 12, 46, 54, 87, 134 ff; Ders.: Der Ursprung des Kunstwerks. In: Holzwege. Frankfurt/M. 1980, bes. S. 29 f, 48.

14 Milan Kundera: Die Kunst des Romans. München/Wien 1987, S. 109 ff.

15 Vgl. Th. W. Adorno: Ästhetische Theorie, S. 36 ff; Koppe: Grundbegriffe, S. 144 f.

16 Vgl. Bohrer: Natur, S. 87–97.

17 Vgl. Bohrer: Plötzlichkeit, S. 98 ff; Koppe: Grundbegriffe, S. 90 ff; A. C. Danto: Die Verklärung des Gewöhnlichen. Frankfurt/M. 1984, S. 35.

18 So besonders Bohrer: Natur, S. 110–132.

19 G. W. F. Hegel, a. a. O., S. 51.

20 Vgl. Josef Früchtl: Ethik und Ästhetik. Eine nachmetaphysische Attraktion. In: Philosophische Rundschau. 39. Jg. (1992), H. 1/2, S. 3–28.

21 Vgl. Jean-François Lyotard: Das Erhabene und die Avantgarde. In: Merkur, 38. Jg. (1984), H. 2; Chr. Pries (Hg.): Das Erhabene. Zwischen Grenzerfahrung und Größenwahn. Weinheim 1989; vgl. ebenfalls das Sonderheft des Merkur, 43. Jg. (1989), H. 9/10.

IV. Realisierungsformen des Literarischen

Stephan Fuchs

Probleme der Mündlichkeit und die Anfänge der deutschen Literatur

Im Jahre 797 mahnt Alcuin, führender Kopf der karolingischen Reformen, brieflich den Abt des Klosters Lindisfarne, darauf zu achten, daß während des gemeinsamen Priestermahls das Wort Gottes gelesen werde; es gehöre sich, dort den *Lector*, den Vorleser zu hören und nicht den Harfenspieler, die Predigten der Väter und nicht die Gesänge der Heiden. Alcuins scharfer Verweis gipfelt in den Worten: «Quid Hiniellus cum Christo?» – «Was hat Ingeld (der Held eines heroischen germanischen Liedes) mit Christus zu tun?» Eng sei das Haus und für beide kein Platz! [1]

Deutlich ist hier das Aufeinandertreffen zweier kultureller Welten des Frühmittelalters zu spüren: In die vermeintlich abgeschlossene klösterliche Welt der schriftlich-lateinischen Bildung dringt die laikale Welt der Volkssprache mit ihren paganen, mündlichen Traditionen ein. Sosehr man sich aus ideologischen Erwägungen oder mit Berufung auf althergebrachte Lebensformen um eine scharfe gesellschaftliche Trennung bemüht, so sehr konstituiert doch gerade die Verflechtung beider Kulturwelten mittelalterliche volkssprachliche Literatur, die in ihren Anfängen gleichsam als Produkt einer «Zwischenkultur», als «ein Vermittlungsprodukt zwischen mündlich volkssprachlicher Laien- und schriftlich lateinischer Klerikerkultur» [2] aus der Geschichte einer zwangsläufig verstummten, weil rein oralen Überlieferung hervortritt.

Eine Einschränkung von Literatur und Dichtung auf Schriftlichkeit, wie sie schon die Etymologie *littera* (Buchstabe) und *dictare* (etwas zum Aufschreiben vorsagen) nahelegt, scheint dem Dichtungsbegriff unserer vollständig literarisierten und multimedialen Gesellschaft einem unausgesprochenen Vorverständnis nach zugrunde zu liegen. Ein Blick auf die Kultur des Europäischen Frühmittelalters hingegen beweist eindrucksvoll, wie sehr jede schriftlich festgehaltene Literatur auf einem breiten, die Geschichte der Aufzeichnung an Dauer wohl um Längen übertreffenden Fundament mündlicher Überlieferung ruht. Die für uns faßbaren, d. h. die schriftlich überlieferten Anfänge der deutschen Sprache und Literatur etwa zeigen, wie sehr sich bei der allmählichen Verschriftung einer zunächst rein oralen Kultur die Bedingungen der Schriftlichkeit und der Mündlichkeit gegenseitig beeinflussen, welche Zugeständnisse die schriftliche Aufzeichnung der Oralkultur machen muß, welchen Veränderungen mündliche Formen und Traditionen durch ihre schriftliche Fixierung ausgesetzt sind. Nehmen wir das Wort vom ‹Vermittlungsprodukt› ernst, so fassen wir mit dem Problem der Mündlichkeit hier die Bedingungen unserer Literatur am Ort ihres Entstehens und gewinnen mit dem Einblick in die Andersartigkeit dieser literarischen Kultur zugleich Einsicht in die Bedingtheit unseres Literaturbegriffs.

Formen mündlicher germanischer Dichtung

Obwohl wir mit Sicherheit davon ausgehen können, daß in der Germania eine jahrhundertealte Tradition mündlicher Dichtung lebendig war, wissen wir von dieser Oralkultur zunächst nicht viel mehr als das Faktum ihrer Existenz. Grundsätzlich stehen zwei Wege ihrer Erschließung zur Verfügung: Zum einen geben uns schriftliche Quellen Bericht über Vortrag, seltener Inhalte mündlicher Dichtung, seien es Aufzeichnungen lateinisch schreibender Historiker, angefangen bei Tacitus bis zur Bemerkung Einhards über Karl des Großen verschollene Sammlung einheimischer Heldengesänge, seien es eher marginale Erwähnungen wie etwa in dem oben zitierten Brief Alcuins. Zum anderen lassen sich in Formen und Inhalten schriftlich überlieferter Dichtung verschiedenster Provenienz und verschiedensten Alters Reflexe mündlicher Kultur in unterschiedlicher Intensität feststellen. Doch beide Typen von Quellen bieten stets nur ‹indirekte› Zeugnisse, unterliegen starken Brechungen durch die Bedingungen der Schriftlichkeit, durch lateinisch-klerikale Bildungsideologie, durch Traditionen und materiale Voraussetzungen des Mediums der Schrift.

Wir müssen demnach (1.) von einer rein mündlich tradierten, niemals den Bedingungen einer schriftlichen Fixierung unterworfenen Literatur der Germanen, die ‹verklungen› und uns daher nicht mehr unmittelbar greifbar ist, und (2.) von einer reinen Leseliteratur, die in der Volkssprache erst im späten Mittelalter entsteht, vorläufig absehen. Somit bleiben Übergangsformen zwischen Mündlichkeit und Schriftlichkeit Ausgangsobjekte einer frühen Literaturgeschichte der Volkssprache.

Es lassen sich hier zwei große Gruppen unterscheiden[3]:

1. eine schriftlich fixierte und schriftlich oder auch mündlich konzipierte Literatur, die zu mündlichem Vortrag bestimmt ist und daher einen gewissen ‹mündlichen Stil› pflegen kann, wofür als prominentes Beispiel die höfischen Epen stehen können, aus althochdeutscher Zeit das «Ludwigslied» (Ende 9. Jh.), aber auch etwa die Bibelepik. Die große Bedeutung mündlicher Rezeption dieser Dichtung – sei es in höfischer Gesellschaft oder im Kloster, sei es wegen eines ganz oder zum Teil illiteraten Publikums oder um willen der gesellschaftlichen Unterhaltung und Belehrung – prägt wesentlich ihre Gestalt und erlaubt eine Abgrenzung von reiner Leseliteratur.

2. Davon oft nur undeutlich, aber wichtig zu trennen ist die schriftliche Fixierung genuin mündlicher Formen, wozu etwa das «Hildebrandslied», «Muspilli», die «Merseburger Zaubersprüche» (aufgezeichnet im 9. und 10. Jh.) und diverse Segen und Sprüche zu zählen sind. Sind auch diese nur als indirekte Zeugen mündlicher Dichtung zu betrachten, können insbesondere sie uns Aufschluß über mögliches Aussehen und Gestalt mündlicher germanischer Dichtung geben.

Mündliche germanische Dichtung: In erster Linie ist dabei an kleine, einfache Formen zu denken, von Sprichworten und didaktischer Merkdichtung (Gnomik), Zaubersprüchen, Segen, Hymnus und Gebet über kleine Szenen, Liebes- und Tanzlieder bis zu Märchen und Sagen. Diese Formen sind wohl kaum an eine bestimmte Zeit und an bestimmte soziale Gruppen gebunden, es ist weit und schwer faßbar tradiertes Wandergut oder gesunkenes Kulturgut.[4] Von den genannten *gebundenen* (d. h. nicht in reiner Prosa verfaßten) Formen sind einige Beispiele aus althochdeutscher Zeit überliefert; ihnen ist ihre unmittelbare Gebrauchsfunktion noch anzusehen: magisch-beschwörende Kleindichtung zu bestimmten Gelegenheiten, zu Ritus, Kult und Thing.

An größeren Formen scheinen Stammesgeschichte und Ursprungssagen in der Germania weit verbreitet gewesen zu sein. Da sie ebenso wie die reine Merk- oder Katalogdichtung, eine Form etwa zur Überlieferung von Götter- und Herrschergenealogien, die Funktion der Wissenstradierung erfüllen, läßt sich vermuten, daß auch diese Dichtung in gebundenen Großformen mündlich tradiert wurde.[5] Doch sind wie von der mündlichen Erzählprosa nur spärliche Spuren erhalten, in erster Linie wiederum Reflexe in lateinischen Historiographien oder späteren, synkretistischen, volkssprachlichen Fassungen nordischer Provenienz.

Die meistdiskutierte Gattung mündlicher Dichtung ist die heroische Dichtung, das Heldenlied bzw. die Heldenepik. Läßt sich schon an spät aufgezeichneten bzw. überformten Dichtungen, etwa an der «Älteren Edda», in der Nibelungentradition, im althochdeutschen «Ludwigslied» oder auch in der lateinischen, ‹christianisierten› Übersetzung eines germanischen Stoffs, dem «Waltharius» (aufgez. im 10. Jh.), formal und stoffgeschichtlich Zugang zur Gattung in ihrer mündlichen Gestalt finden, so kennt die germanistische Literaturgeschichte immerhin drei schriftlich überlieferte Beispiele, die uns einigermaßen unverzerrt Einblick in Form und Sprache dieser archaischen literarischen Gattung gewähren: das Fragment des deutschen «Hildebrandsliedes» (Anfang 9. Jh.), den altenglischen «Beowulf» (aufgez. im 10. Jh.) und das «Finnsburgfragment» (aufgez. um 1000).

Bedingungen und Gestalt mündlicher Dichtung

Am Beispiel des «Hildebrandsliedes» sollen einige Kennzeichen mündlicher Dichtung diskutiert werden.

> «Ik gihorta đat seggen,
> đat sih urhettun ænon muotin:
> Hiltibrant enti Hađubrant untar heriun tuem.
> sunufatarungo iro saro rihtun,
> garutun sê iro guđhamun, gurtun sih iro suert ana,
> helidos, ubar hringa, do sie to dero hiltiu ritun.»
>
> (Ich hörte berichten, daß zwei Krieger, Hildebrand und Hadubrand, (allein) zwischen ihren beiden Heeren, aufeinanderstießen. Zwei Leute von gleichem Blut, Vater und Sohn, rückten da ihre Rüstung zurecht, sie strafften ihre Panzerhemden und gürteten ihre Schwerter über die Eisenringe, die Männer, als sie zu diesem Kampf ritten.) [6]

Dieses einzige, fragmentarisch überlieferte Heldenlied in einem deutschen Idiom, von dem hier die ersten Zeilen zitiert sind, ist Ende des 9. Jahrhunderts in eine Handschrift des Klosters Fulda eingetragen worden. Drei wesentliche Abgrenzungen von einer Buchliteratur ‹modernen› Zuschnitts sind an diesem Beispiel möglich, einmal auf stofflich-funktionaler Ebene, einmal auf rhetorischer Ebene und schließlich auf formaler Ebene:

Erstens: Mündliche Dichtung verwaltet ein kollektives Gedächtnis, kollektive Erinnerungen der literaturtragenden Gesellschaft. Sie ist daher ausnahmslos anonym überliefert und verzichtet von vornherein auf einen Begriff von ‹Original›. Dies trifft noch bis ins hohe Mittelalter namentlich für die Gattungen der heroischen Dichtung und der Spielmannsepik zu. Bei den uns faßbaren Stoffen germanischer heroischer Dichtung handelt es sich ausnahmslos um Geschichten und Figuren aus Landnahmeperioden bzw. aus der Völkerwanderungszeit, dem *heroic age* der Germanen, so bei dem Hildebrandsstoff, der mit den unzähligen und zeitlich breit gestreuten Varianten der Dietrichs-(Theoderichs-)sage verknüpft ist, so beim Attila- und Burgundenstoff. Der Sänger des Liedes setzt aus den Zuhörern bekannten Motiven und Konstellationen improvisatorisch je nach Publikum, Redesituation und eigenen Vorstellungen eine Erzählung jeweils neu zusammen und pflegt damit die kollektive Erinnerung an die gemeinsame Vorzeit, tradiert mythische Initiationsszenen und Verhaltensmuster und konstituiert das Geschichts- und Weltbild seiner Gruppe. Die Erzählung selbst muß zuvor nur in Umrissen im Gedächtnis des einzelnen Sängers bewahrt gewesen sein, da eine solche Literaturtradition nicht auf wörtliche Wiederholbarkeit rekurriert, wie sie ohnehin bei dem Umfang der Großepik nur durch Schriftlichkeit zu erreichen wäre. Die Debatte um die konstitutiven Techniken und Bedingungen mündlicher Großdichtung entzündet sich naheliegenderweise vor allem am Problem der Gedächtnisleistung der Literaturträger und wird im Anschluß an die aus der Homer-Philologie hervorgegangene «theory of oral formulaic composition», kurz auch «Oral-Poetry»-Forschung, schon lange sehr breit und erfolgreich diskutiert. Die «Oral-Poetry»-Forschung stützt sich empirisch auf die Analyse von bis in die Mitte unseres Jahrhunderts noch lebendiger «Guslaren-Dichtung», mündlich aus dem Gedächtnis reproduzierter Großepik, vorgetragen von einfachen, ‹ungebildeten› Sängern in entlegenen serbischen Kaffeehäusern. Sie rechnet mit inhaltlichen *Schablonen*, die der Sänger aktuell und je nach Bedürfnis variiert einsetzt. Das Bild der germanischen Dichtung bietet mit seiner erzählerischen Dichte und Stringenz, wie sie in der nordischen Überlieferung am deutlichsten hervortritt, zwar wenige Anhaltspunkte für ein solches Verfahren; doch ist wohl nur durch derartige Techniken – vergleichbar improvisierenden Jazzmusikern – jahrhundertelange, bildungsmächtig wirkende, rein mündliche Tradierung literarischer Stoffe denkbar und möglich.

Zweitens: Da sich demnach eine mündliche Dichtung nicht durch Genauigkeit und inhaltliche Identität legitimieren kann und muß, beruft sie sich in der Redesituation unmittelbar auf die Erinnerung des Kollektivs. Der Eingang des «Hildebrandsliedes» («Ik gihorta dat seggen») ist ein aus der direkten Redesituation geborenes Aufmerksamkeitssignal und zugleich Berufung auf den Wahrheitsanspruch des Verbürgten und jedem Bekannten. Wir finden ähnliche Formeln auch im «Wessobrunner Gebet» («Dat gafregin ih mit firahim» – Das habe ich bei den Menschen erfahren), im «Muspilli» («Daz hortih rahhon» – Das hörte ich sagen) und noch in der Eingangszeile des «Nibelungenliedes» («Uns ist in alten maeren wunders vil geseit» – In alten Geschichten wird uns vieles Wunderbare berichtet). Die Berufung des Geschichtenerzählers auf andernorts und zu anderer Zeit schon Gehörtes weist diesen als weisen und womöglich vielgereisten Gedächtnisverwalter aus. Daß mündlich komponierte Dichtung gleichsam durch und durch von Redundanz geprägt sei, versucht wiederum die «theory of oral formulaic composition» darzustellen und macht so die mnemotechnische Leistung des Sängers eindrucksvoll durchsichtig: Neben den inhaltlichen *Schablonen* setze der Sänger sein gesamtes Epos mit Hilfe eines begrenzten Vorrats ständig variierter sprachlich-metrischer *Formeln* zusammen, die in bestimmte Funktionen und zur Beschreibung bestimmter Szenen oder Konstellationen einsetzbar sind – ein durch Gedächtnisleistung determinierter ‹Genotyp› erzeugt durch frei kombinierbare Zusammensetzung einen unendlich variablen ‹Phänotyp›. Doch es gelingt nicht, den Begriff der Formel und Schablone verbindlich zu definieren und somit ‹formulaische›, d.h. genuin mündliche Dichtung abzugrenzen – denn zweifellos ist weder alle formulaische Dichtung mündlicher Provenienz, noch ist alle mündliche Dichtung formulaisch. Obgleich sie sich auch von der Frage nach der inhaltlichen Funktion der zweifellos dicht auftretenden Formeln dispensiert, weist die «Oral Poetry»-Diskussion durch ihren Formelbegriff auf ein drittes wichtiges Charakteristikum hin.

Drittens: Die direkte kommunikative Situation der Präsentation mündlicher Dichtung bedingt eine nicht alltägliche, stilisierte Redeweise, eine gebundene Form. Es scheint der Gedanke nahezuliegen, daß metrisch geordnetes Sprechen, Vers und Reim genuine Produkte der Oralkultur sind, die sich dadurch Gedächtnisstützen schuf. Dem entspricht die Beobachtung, daß alle als gemeingermanische anzusprechende Gattungen der gebundenen Form unterliegen, zumeist mit Stabreim, einem Reim des Anlauts sinntragender oder bedeutender Wörter.[7] Auf ‹niederer› Ebene, greifbar in seinem alltäglich-praktischen Sinn der Verbindlichkeit und Beglaubigung durch wörtliche Wiederholbarkeit und Eindringlichkeit, findet Stabreim sich in Memorialversen, Runeninschriften, genealogischen Namenslisten und in

Rechtsformeln, die zum Teil bis heute redensartlich lebendig sind: Kind und Kegel, Haus und Hof, Mann und Maus. Die germanische Dichtung kennt als einzige definierbare metrische Form die stabende Langzeile. Am Beispiel des «Hildebrandsliedes» wird deutlich, wie sich die stabende Langzeile in einem Spätstadium, in dem schriftliche Aufzeichnung schon möglich und denkbar ist, auflöst: Präsentieren sich von den zitierten sechs Anfangszeilen noch fünf in der Form der Langzeile – die erste Zeile fällt hier heraus, wie noch einige andere Verse im weiteren Verlauf des Dichtungsfragments –, so kennen nur vier Zeilen einen geregelten Stabreim. Der Binnen- und Endreim lateinischer Tradition sowie die geregelte Silbenzählung in der Volkssprache wird wohl erstmals von dem gelehrten Dichtermönch Otfrid von Weißenburg in seinem «Evangelienbuch» (vollendet 871) versucht, bezeichnenderweise also in von lateinischen Vorbildern geprägter christlicher Dichtung.

Doch gerade die germanische Dichtung ist arm an Reimformen, ist geradezu eine metrische Monokultur. So ist die *germanische Langzeile* in ihrer reinsten Form am häufigsten in der spät aufgezeichneten und synkretistischen, oft schon deutlich unter dem Einfluß der Christianisierung stehenden nordischen Überlieferung zu finden. Dem Stabreimvers kommt eine spezifische Prosanähe zu, er kann zwanglos in Prosa oder freie Formen übergehen, ist nicht an die Langzeile oder an feste Regeln gebunden, wie gerade die als besonders ‹archaisch› angesehenen Kleinformen wie Spruch und Segen zeigen. Im sog. «Zweiten Merseburger Zauberspruch» überlagern sich mehrere Formen des bindenden Redeschmucks gerade in der eigentlichen Beschwörungsformel am Ende:

«Sose benrenki, sose bluotrenki,
sose liderenki,
ben zi bena, bluot zi bluoda,
lid zi geliden, sose gelimida sin!»

(Wie die Verrenkung des Knochens, so die des Blutes, so die des ganzen Gliedes! Knochen an Knochen, Blut zu Blut, Glied an Glied, als ob sie zusammengeleimt wären!)[8]

Diese Rhetorik der Wiederholung, des formelhaften Gleichlaufs mit Tendenzen hin zum Silben- und Endreim bei recht frei verteilten Assonanzen läßt sich nicht den Regeln der ‹klassischen› Stabreimtechnik subsumieren.

Diese Charakteristika der germanischen Metrik weisen auf die unmittelbare Gebrauchsfunktion der gebundenen Rede hin: Es geht nicht um artifiziellen Redeschmuck, wie er dem «poeta doctus» eignet, es geht um griffige, wiedererkennbare Formeln zur Beglaubigung und Beschwörung bei Kult oder Thing, um Eindringlichkeit durch Parallelismen und häufige Wortwiederholung – eine Dimension gebundener, mündlich produzierter und rezipierter Rede, die durch eine Reduzierung auf die Funktion der ‹Gedächtnisstütze› nur unzureichend beschrieben wäre. Um nochmals die Musik als Vergleich zu bemühen: Takt, Kadenz, Phrasenbildung und eine hohe Redundanz sind keinesfalls aus mnemotechnischen Erfordernissen geboren, vielleicht aber doch bis zu einem gewissen Grad Bedingung der Möglichkeit auswendigen Vortrags größerer Formen.

Probleme der Verschriftung der Volkssprache

Wird in weltlichen Kreisen der literarische Diskurs das gesamte Frühmittelalter hindurch rein mündlich geführt, bleiben auch mündliche Traditionen bis in die Neuzeit hinein – wiewohl vielfach überformt – etwa in Sage, Märchen oder Ballade lebendig, so handelt es sich doch um einen ‹untergründigen› Diskurs, der unter den Zeugnissen des lateinisch und schriftlich gebildeten Klerus gleichsam verschüttet ist. Die literarische Welt der Laiengesellschaft des frühen Mittelalters mit weltlicher, volkssprachlicher und mündlicher Tradition scheint nur an den zunächst spärlichen Berührungen beider ‹Bildungswelten› auf: den ersten Aufzeichnungsversuchen von Texten in der Volkssprache. Die frühe volkssprachliche Schriftlichkeit setzt sich ‹von oben› durch, durch kirchliche Missionierungsstrategie bzw. durch Ideologie der kulturellen Führerschaft unter starkem klerikalem Einfluß etwa unter Karl dem Großen. Schriftlichkeit ist nicht das Bedürfnis eines illiteraten Kollektivs, das die mündliche Literatur trägt.

An eine Aufzeichnung volkssprachlicher Dichtung oder Rituale – zumal heidnischer Herkunft – ist zunächst nicht gedacht, und so verdanken wir viele der wertvollsten Zeugnisse nachgerade dem Zufall. Das «Hildebrandslied» findet sich auf der leergebliebenen Anfangs- und Schlußseite einer Fuldaer Handschrift theologischen Inhalts nachträglich eingetragen. Ähnlich überliefert – als Seitenfüllsel, auf Spiegelblättern, in Buchdeckeln von Codices gänzlich anderer Provenienz – sind uns «St. Galler Credo und Paternoster», «Georgslied», «Muspilli» und viele der Sprüche und Segen. Es handelt sich um zufällige, ‹spontane› Niederschriften zu unterschiedlichen aktuellen Gelegenheiten, oft gar um für müßig erachtete Schreibübungen von Klosterschülern: Ein planvoll angelegter Codex mit Texten aus mündlicher volkssprachlicher Tradition ist nicht überliefert. Die wohl prominenteste Ausnahme, das «Heldenliederbuch Karls des Großen», von dem uns Einhard – übrigens einer der wenigen Laien der Gelehrtenkultur des Frühmittelalters – berichtet[9], ist verschollen. Von lateinischen Sequenzen oder Historien dagegen finden wir oft Dutzende, ja dreistellige Zahlen von Überlieferungsträgern.

Gerade die konstitutive Zweisprachigkeit des schriftlich-lateinisch gebildeten Klerus ist die wichtigste Voraussetzung für den Eintritt der Vulgärsprache in die Schriftlichkeit und somit in die Literaturgeschichte: Ist doch für jedes frühe volkssprachliche Schriftzeugnis ein lateinisch gebildeter Schreiber bzw. Übersetzer bzw. Verfasser die Voraussetzung. So sind auch die ältesten Zeugnisse in althochdeutscher Sprache zum weitaus größten Teil direkte Übersetzungsprodukte aus dem Lateinischen: einmal kleinere liturgische und katechetische Texte, Paternoster, Credo, Beicht- und andere Formeln, unverzichtbare Werkzeuge der Missionierung, zum anderen die gewaltige Fülle an Glossen, über lateinische Texte geschriebene deutsche Worte oder Phrasen, zum Teil vereinzelt, zum Teil zu zusammenhängenden Interlinearübersetzungen ausgebildet. Diese Glossen sind, wie auch etwa das ‹älteste deutsche Buch›, der sog. «Abrogans» (um 790), ein alphabetisch geordnetes lateinisch-deutsches Wörterbuch, dem klösterlichen Schulgebrauch zuzuordnen. Zeigt sich hier die deutsche Sprache noch in ihrer untergeordneten, dienenden Funktion als wohl für unzureichend empfundener Behelf für das Lateinische, so tritt uns seit der Zeit der karolingischen Reformen eigenwertige deutsche Dichtung in schriftlicher Form entgegen.

Zunächst ebenso noch direkte Übersetzungen spätantiker Literatur, wie der althochdeutsche «Isidor» oder «Tatian» (Anfang 9. Jh.), finden sich schon bald selbständige große Dichtungen, so der altsächsische «Heliand» und «Genesis» (2. und 3. Drittel 9. Jh.), insbesondere die große «Evangelienharmonie» des elsässischen Mönches Otfrid von Weißenburg (vor 871), die alle noch in unterschiedlicher Weise auf Traditionen der mündlichen volkssprachlichen Dichtung rekurrieren, indem sie mit der stabenden Langzeile arbeiten. Geistliche Dichtung in der Volkssprache muß aber, wie sich in Otfrids Vorbemerkungen – bezeichnenderweise lateinische Widmungsbriefe und eine deutsche

Vorrede – zeigt, ausführlich legitimiert und dichtungstheoretisch abgesichert werden. Seine dezidierte Absicht, mit der Süße des Evangeliums die frivolen, profanen Gesänge zu verdrängen – ein verbreiteter polemischer Topos, wie er sich auch in Alcuins oben zitiertem Brief findet – und denen, die Schwierigkeiten mit dem Latein haben, das Wort in deutscher Sprache zu verkünden[10], sprechen wohl in erster Linie einen klösterlichen Rezipientenkreis an, vielleicht auch adelige Laien – doch allemal ist an mündlichen Vortrag seiner schriftlichen Komposition gedacht. Otfrid durchbricht die Lehre von den drei heiligen, weil biblischen Sprachen Hebräisch, Griechisch und Latein, die allein für würdig gehalten werden, geistliche Inhalte zu überliefern, und reflektiert ausgiebig die Schwierigkeiten einer Dichtung in der Volkssprache, die er sich nur nach dem Vorbild der ausgebildeten lateinischen Dichtersprache vorstellen kann, wohingegen sich ihm das Fränkische als «inculta» und «indisciplinabilis», roh und schwer zu bändigen erweist.[11]

Vor welchen Problemen die Aufzeichnung volkssprachlicher Texte, sei es mündlichen Ursprungs, sei es gelehrte Übersetzungs- oder Buchdichtung, steht, zeigt sich schon an der fundamentalsten materialen Voraussetzung, dem Alphabet. Im germanischen Raum waren seit dem ersten Jahrhundert Runenalphabete in Anlehnung an mediterrane Schriftsysteme in Gebrauch, die aber nicht der schriftlichen Kommunikation oder der Aufzeichnung literarischer Texte dienten, sondern ausschließlich kultische und magische Bedeutung hatten, für wortmagische Rituale oder kurze Inschriften dienstbar waren. Gerade in einem synkretistischen Zeugnis wie dem «Wessobrunner Gebet», einem Anfangsfragment eines Schöpfungshymnus aus dem frühen 9. Jahrhundert mit heterogenen Elementen germanischer und christlicher Mythologie, findet sich noch die Verwendung von runischen Zeichen in lateinischer Schrift. Innerhalb der Germania verfügten allein die Westgoten schon im 4. Jahrhundert dank der singulären Leistung einer gotischen Bibelübersetzung ihres Bischofs Wulfila über eine entwickelte Schrift auf griechischer Basis mit lateinischen und runischen Elementen. Doch die deutschsprachigen, lateinisch gebildeten Schreiber und Autoren konnten fast 500 Jahre später nicht mehr daran anknüpfen und sahen sich gezwungen, auf die Schriftzeichen des Lateinischen zurückzugreifen. Die Strukturierung des Lautvorrats, die zahlreichen Reibe- und Zischlaute, die Diphthonge der volkssprachlichen Idiome, fanden freilich keinerlei Entsprechungen im lateinischen Alphabet, und so kommt es zur phonetischen Umbesetzung einzelner Zeichenfolgen, zur Erweiterung durch Akzentsetzungen und zur Einführung neuer

Graphen wie *k, z, y* und *w*, gebildet aus einem doppelten *u* (engl. «double-u»)[12] oder der Spirans *đ*, wie sie sich im «Hildebrandslied» findet. Das «Hildebrandslied» offenbart sich auch darin als zufälliger Irrläufer der Überlieferung, als von seiner eigentlichen Gebrauchsfunktion abgelöstes Artefakt, daß es in seiner aufgezeichneten Form ein seltsames Konglomerat aus langobardischen und sächsischen, hoch- und niederdeutschen Sprachelementen bietet, uns also eine rein schriftliche, niemals so gesprochene Kunstsprache präsentiert. Denn freilich kann ein neues graphisches System, wie es etwa von dem Merowingerkönig Chilperich (6. Jh.), von Karl dem Großen[13] oder von Otfrid[14] angeregt bzw. praktiziert wurde, so lange nicht verbindliche Gültigkeit haben, wie keine Hochsprache, sondern regional teils sehr unterschiedliche Mundarten herrschen und allein diese zu Papier gebracht werden. Ein moderner Mundartenforscher steht bei der Aufzeichnung seiner Feldforschung vor denselben Schwierigkeiten, letztlich sind die Probleme einer Phon-Graph-Entsprechung erst durch den Duden gewaltsam und rein pragmatisch gelöst und spiegeln sich in der aktuellen Debatte um Rechtschreibreformen.

Neben früheren weitreichenden Einflüssen des Latein auf Lexik und Wortbildung der gesprochenen Sprache, sei es aus provinzialrömischer Zeit, sei es aus früher Missionierung, werden nun im Rahmen planvoller Verschriftungsbemühungen bewußte Anleihen bei lateinischer Grammatik, Syntax und Morphologie erforderlich. Das anspruchsvolle Latein des Klerus kennt komplizierte syntaktische und grammatische Strukturen, die einer rein mündlich existierenden Sprache fehlen; auch hier müssen erst Äquivalente geschaffen werden. So finden sich in althochdeutschen Übersetzungstexten Partizipialkonstruktionen oder Akkusative mit Infinitiv in einer Häufigkeit, der die Mühe des Übersetzers anzumerken ist. Dies zeugt nicht etwa von fehlendem sprachlichem Geschick, sondern bietet in Ermangelung vorhandener sprachlicher Möglichkeiten kreative Neuschöpfungen an, die sich gleichsam experimentell erst über die Dauer von Jahrhunderten bewähren müssen. Auch treten erstmals mit den Übersetzungsvorhaben komplexer und schwieriger Texte Abstrakta in einer Dichte und Differenziertheit auf, wie sie eine Oralkultur nicht benötigt und nicht kennt und wie sie der religiösen und sozialen Welt der Germanen ohnehin völlig fremd waren: zentrale Begriffe der christlichen Lehre wie «resurrectio» (Auferstehung), «redemptio» (Erlösung) oder «conscientia» (Gewissen) finden mehr als zehn Übersetzungsversuche.[15] Die Dienstbarmachung der Volkssprache für die Schriftlichkeit schafft eine neue, veränderte

Literatursprache und erstmals eine Wissenschaftssprache – beides zunächst im Gewand der Kirchensprache und nach dem Vorbild des Lateinischen.

Eine Kultur der zwei ‹Bildungswelten›

Die Gesellschaft des Frühmittelalters ist zutiefst von Mündlichkeit geprägt: Verwaltung, Rechtsprechung, Herrschaftsausübung und Handel funktionieren mündlich, so auch Dichtung, jede Form von Literatur und Unterhaltung, die als mündlicher Vortrag goutiert wird und Funktionen der Wissensvermittlung und Bildung erfüllt. Denn nicht bloß das einfache Volk, auch der weltliche Adel, die gesamte Führungsschicht der Gesellschaft war das Frühmittelalter hindurch praktisch vollständig illiterat und blieb es zum großen Teil bis zum Ende des Mittelalters. Selbst das Wort im emphatischen Sinn, das offenbarte Wort, vergegenwärtigt sich das Mittelalter als gesprochenes und gehörtes, in der gesellschaftlichen Kommunikationssituation: So wie Gott sein «Fiat lux» spricht, wird in der Liturgie das Wort verlesen, in der Predigt kommentiert und hörbar ausgelegt, in den Sakramenten der Kirche öffentlich zelebriert.

Der Dichter der Germanen ist einerseits als Myste, Kultredner, Träger eines mythologischen Wissens mit vielleicht seherischen Fähigkeiten vorstellbar, andererseits unter dem Namen *Skop* westgermanisch überliefert, einem Dichter und Sänger am Herrscherhof mit unterhaltenden, memorierenden, panegyrischen oder auch spöttischen-zurechtweisenden Aufgaben. Unter dem Namen *spilman* ist schließlich im deutschen Sprachraum der weltliche Dichter und Sänger bezeugt, der sowohl die Funktionen des Hofdichters als auch die des *ioculator* oder *mimus*, des Spaßmachers, ausüben kann. Dabei handelt es sich um einen heterogenen Sammelbegriff für alle Arten von Trägern der mündlichen Kultur, von fahrenden Komödianten der Straße und Feste unteren Standes bis zu gebildeten Berufsdichtern an Königshöfen, die durchaus auch aristokratischen oder geistlichen Standes sein können. Doch weder kann mündliche Dichtung auf Berufsdichter – Adlige wie Geistliche beteiligen sich aktiv an einer «oral poetry» – noch auf bestimmte gesellschaftliche Gruppen oder auf eine bestimmte Epoche des Mittelalters beschränkt werden: Von der karolingischen Zeit bis in die Volkskultur des Spätmittelalters tritt der *Spielmann* als Träger einer bedeutenden und lebendigen Tradition mündlicher Dichtung und Unterhaltung auf, indem er jedoch von Anfang an polemisch bekämpft wird von den wortgewaltigen und wirkungsmächtigen geistlichen Trägern der Schriftlichkeit, die für eine Ächtung unnützer heidnischer und verderblicher Lieder eintreten, sakrale oder zumindest christianisierte mündliche Dichtung produzieren und bewußt als Ersatz zu lancieren trachten. So ist allemal an eine Konkurrenz von sakraler und profaner mündlich-volkssprachlicher Dichtung an den frühmittelalterlichen Fürstenhöfen zu denken.

Ebenso wie die Fürsten und Höfe Sänger und Spielleute in ihrem Gefolge unterhalten, beschäftigen sie auch Schreiber geistlichen Standes, die der Hofkapelle angehören und daher «Capellani» genannt werden, da es gelegentlich einer Niederschrift oder der Berufung auf Geschriebenes bedarf. Obwohl Bildungspflege keineswegs als ursprüngliches Ideal der Klosterkultur zu betrachten ist – dem frühen benediktinischen Denken galt Lesen und Schreiben eher als Kontemplation und Askese –, obwohl ein Gutteil der Fratres und Weltgeistlichen des Lateinischen und der Schrift nicht oder nur rudimentär mächtig gewesen sein mag, hat der Klerus das gesamte frühe Mittelalter hindurch das alleinige Monopol der Schriftlichkeit, also der Schreib- und Lesefähigkeit.

Durch die das ganze Mittelalter über verteidigte Lehre von den *tres linguae sacrae* war die Sprache des Volkes, d. h. der Laizität, von vorneherein von Heilsverwaltung und somit auch von Schriftlichkeit ausgeschlossen. Seit der Zeit der Kirchenväter, seit der Vulgataübersetzung des Evangeliums ins Lateinische (4. Jh.), sprach und schrieb die westliche Kirche Latein. Das Latein der Kirche, eine aus dem ‹klassischen› Latein römischer Literaten nach den Bedürfnissen der Geistlichkeit weiter- und wegentwickelte Sprache, verbürgt zugleich eine Internationalität der frühmittelalterlichen Kultur Europas, die in ihrer Bedeutung kaum zu überschätzen ist. Äußerungen in lokalem Idiom waren beschränkt auf eine enge Region, allein Latein konnte in ganz Europa vernommen und verstanden werden – wenn nicht nur von der Geistlichkeit, so doch zumindest durch ihre Vermittlung und Übersetzung. Wurde und wird diese gesamteuropäische Bildungs- und Verkehrssprache auch zuweilen als ‹Kirchen- und Küchenlatein› polemisch abgetan, so darf nicht übersehen werden, daß dieses Idiom, obzwar keine lebendige ‹Volkssprache›, an Dauer ihres tatsächlichen Gebrauchs, Verbreitung und Vielgestaltigkeit des in ihr Aufgezeichneten das klassische Latein bei weitem übertrifft. Wir können demnach in Spätantike und Frühmittelalter von der Existenz eines Lesepublikums lateinischer, vorwiegend freilich geistlicher, aber auch vereinzelt antiker Literatur in den Klöstern ausgehen.

Das gesamte frühe Mittelalter über decken sich die Konstituenten klerikaler Bildung vollständig: Wer lesen und schreiben konnte, tat dies in lateinischer Sprache, wer des Lateins – zumindest in größerem Umfang – mächtig war, konnte auch lesen und schreiben. *Litteratus* meint den lateinisch Gebildeten, denjenigen, der Latein sprechen, lesen und schreiben kann, «litterati loqui» oder auch «grammatice loqui» meint lateinisch sprechen, und noch Dante versteht unter «litterati poeti» die lateinischen Autoren im Gegensatz zu den volkssprachlichen. *Illitterati* oder auch *Idiotae* (entlehnt aus dem griechischen Wort für Einzelperson, Privatmann) heißen ursprünglich ganz unpolemisch die, welche nur ihre eigene Sprache kennen, demnach also die nicht lateinisch Gebildeten, die somit zunächst auch nicht schreib- und lesekundig sind. Sosehr uns eine solche strikte Trennung von alltäglich gesprochenem Idiom und exklusiver Literatursprache gerade innerhalb des bilingualen Klerus befremden mag, so muß man sich vor Augen halten, daß sich bis in unsere Zeit das geschriebene Wort einer anderen ‹Sprache›, anderer Lexik, Semantik, anderen Stils bedient als das gesprochene Wort, daß eine Literatursprache als auf ihren Funktionsbereich begrenzte Sondersprache die gesamte Literaturgeschichte und somit auch die Sprachgeschichte wesentlich geprägt hat und noch heute prägt.

Da die Kirche der einzige Ort war, an dem schriftliche Überlieferung systematisch gepflegt wurde, waren ihre Institutionen auch der einzige Ort, an dem Lesen und Schreiben erlernt werden konnten: Die einzigen ‹Schulen› waren ursprünglich die Klosterschulen. Diese bildeten – Einfluß der karolingischen Reformen – spätestens seit Ende des 8. Jahrhunderts nicht nur ihre Mitglieder in einer ‹inneren›, dem Noviziat angegliederten Schule aus, sondern auch einige Personen, die nicht dauerhaft ans Kloster gebunden waren, in einer ‹äußeren› Schule. In der beinahe jeder Infrastruktur baren Welt des Frühmittelalters bildet die Kontinuität der äußeren Lebensbedingungen, hervorragend die benediktinische «stabilitas loci», seit 743 für alle Klöster des Reichs verbindlich, wesentliche Voraussetzung einer schriftlich-gelehrten Bildungstradition. Grundlage dafür ist neben der Wissensvermittlung in Schulen die Pflege des Schrifttums in Bibliotheken. Diese sind Zeugnis großen Reichtums; Bücher sind zu einer Zeit, da noch kein Papier erfunden und ausschließlich Pergament, d. h. Tierhaut als Schreibstoff dienen kann, außerordentlich kostbar und selten, werden über große

Distanzen ausgeliehen, oft als Bußleistung in jahrelanger und stupider Arbeit kopiert. Die großen und weithin berühmten Bibliotheken der Karolingerzeit, St. Gallen, Fulda oder die Aachener Hofbibliothek, werden kaum mehr als einige Dutzend Bände enthalten haben: Bibeltexte, Lehrbücher, Kommentare, patristische Schriften, wenige römische Autoren.

So prädestiniert auch Königs- und Fürstenhöfe als Orte gelehrter Bildung erscheinen mögen, da sie Geistliche als Schreiber und womöglich Berater unterhielten und die Mittel zu einer Bibliothek gehabt haben mögen, so sehr steht ihnen doch das Wesen der *Reiseherrschaft* im Wege: Machtausübung funktioniert ohne einen ausgeprägten und durch Infrastruktur gesicherten Beamten- und Verwaltungsapparat nur unmittelbar, durch persönliche Repräsentanz. Karl dem Großen etwa, der sich nach langen Jahren der Königsherrschaft mit seinem Hof dauerhaft in Aachen niederläßt, gelingt es wohl nur unter dieser Voraussetzung, seine singuläre ‹Akademie› ins Leben zu rufen und somit eine dezidierte ‹Bildungspolitik› zu betreiben. Doch die Bibliothek wird nach dem Tod Karls in alle Winde zerstreut, zur Zerfallszeit des Karolingerreichs unter Normannen-, Sarazenen- und Ungarnkämpfen zieht sich die literarische Bildung ausschließlicher denn je ins Kloster zurück.

Dem geistlichen Stand gelingt es so, eine exklusive Kommunikationsgemeinschaft mit Anspruch auf alleinige Heilsverwaltung zu bilden und eine Ideologie des Wortes und der Schriftlichkeit zu pflegen. Die christliche Religion verstand sich – darin jüdischem Denken eng verpflichtet – seit jeher als Offenbarungsreligion, deren Verkündigung durch das Wort erfolgt. Die Tradierung und jederzeit wiederholbare und wiederholte Auslegung des Wortes als zentrales Anliegen der Kirche baut auf eine nachprüfbare Wörtlichkeit der Überlieferung, die nur durch schriftliche Fixierung zu erreichen ist. Als Offenbarungsreligion also zugleich Buchreligion, hat das Wort wie auch das Buch sakralen, oft geradezu magischen Charakter. Das göttliche Mysterium, der geheime Plan der Schöpfung, Wissen und Weisheit sind ‹lesbar›, sie werden von der Intelligenz des Frühmittelalters, die eine rein klerikale ist, in Kategorien der Schriftlichkeit vergegenwärtigt.

Die Kirche kann als einzige gesellschaftliche Gruppierung die antike Bildungstradition – wiewohl kaum ungebrochen – weiterführen, während die politischen Führungsschichten, zumindest des gesamten westlichen Europas, nach dem Zerfall des Römischen Reichs aus gänzlich anderen Kulturen erwachsen. Mit gewissen Lateinkenntnissen, schon weniger mit Lesefähigkeit des Hochadels ist durchaus zu rechnen, ohne daß dies jedoch jemals zu einem verbindlichen Anspruch geworden wäre. Eine Ausnahme stellen die Frauen der hochadligen Gesellschaft dar: Ihnen wurde schon früh ein gewisses Maß an Bildung, oft auch Schrift- und Lateinkenntnisse zugemutet, daher treten auch Frauen das ganze Mittelalter hindurch als bedeutende Literaturgönnerinnen in Erscheinung und treten wohl als erste weltliche Gruppe dem Lesepublikum bei. Die wenigen Beispiele prominenter Laien, die sich mit schriftlicher Bildung oder in der *lingua sacra* versuchten, dürfen nicht darüber hinwegtäuschen, daß sich die politische Führungsschicht kaum je die Kritik der Gebildeten ob ihrer schriftlichen ‹Unbildung› einhandelt. Im Gegenteil, noch von Kaiser Friedrich Barbarossa heißt es, er sei «illiteratus, sed morali scientia doctus». Solcherart häufig zu findende Äußerungen zeigen, daß *illiteratus* und *litteratus* «nicht verschiedene Bildungsgrade, sondern verschiedene Bildungsweisen, ja Bildungswelten»[16] unterscheiden: Die andere Bildungsnorm des Hochadels beruft sich auf volkssprachliche Überlieferung, sei es im Bereich der Rechtsprechung oder der Historie, sei es im kulturellen Kontext von Sage und Brauch, sei es in der Dichtung – auf eine Überlieferung, die eben nicht schriftlich fixiert ist, sondern als mündliche Tradition jahrhundertelang bildungsmächtig und prägend wirkt.

Das kulturelle Selbstbewußtsein der aus historischem Blickwinkel prominentesten Träger der Oralkultur, der politischen Führungsschicht, die aus der mündlichen Tradition ihre Identität und Legitimation ihrer Lebensformen und Interessen bezieht, wirkt weniger befremdend, blickt man auf vergleichbare Strukturen der heutigen Gesellschaft: Maschine schreiben oder mit dem Textverarbeitungsprogramm gut umgehen zu können, ist Sache der Bediensteten, nicht die des Führungspersonals, das seiner Tätigkeit wesentlich mündlich, in Sitzungen und Konferenzen nachgeht. Mit neuen Entwicklungen in der maschinellen Spracherkennung und synthetischen Sprachwiedergabe deutet sich wiederum eine Revolution der Schriftlichkeit, eine Beschränkung der Schreib- und Lesekompetenz einzelner Bereiche auf ‹dienende› Funktionen an. Für die Laiengesellschaft des Mittelalters mag Schriftkenntnis, zumindest was Literatur betrifft, einen ähnlichen Stellenwert gehabt haben wie heute Kenntnisse der Notenschrift: Man kann Musikliebhaber, Musikförderer, Konzertbesucher sein, ohne jemals mangelnder Partiturkenntnisse geziehen zu werden.

Die Laienbildung entwickelt sich ab dem 12. Jahrhundert nicht zuletzt aufgrund der Bedürfnisse einer im städtischen Umfeld immer mehr erstarkenden Kaufmannsschicht, im Gefolge städtischer Kathedralschulen und den beginnenden Universitäten, die das Monopol der rein klerikalen Klosterschulen durchbrechen. Insbesondere das mangelnde Vertrauen in die rein mündliche Rechtstradition führt dazu, daß nach der Jahrtausendwende die bis dahin recht fraglose Trennung der beiden *Bildungswelten* allmählich vielen Gebildeten obsolet wird, wobei es die Jahrhunderte hindurch nicht an Bemühungen fehlt, Rechtstraditionen, sei es in lateinischer Übersetzung, sei es in der Volkssprache, aufzuzeichnen. Schon aus dem 10. Jahrhundert ist ein Sprichwort bezeugt, das erst 200 Jahre später Beliebtheit und Verbreitung erlangt und einen tiefgreifenden Wandel in der Beurteilung wie in der Struktur der Bildungswelten indiziert: «Rex illitteratus asinus coronatus» – ein illiterater König ist ein gekrönter Esel! Eine solche Wertschätzung der Schriftlichkeit ist allererst die Bedingung der Möglichkeit der Entstehung eines Lesepublikums volkssprachlicher, nichtgeistlicher Literatur.

Die Einsicht, daß Literaturgeschichte als Geschichte des dichterisch aufgezeichneten Wortes auf einem breiten, was Ausdehnung, Gattungen, Formen und Techniken betrifft, kaum je mehr als undeutlich und spekulativ zu erkennenden Fundament mündlicher Dichtung steht, ist geeignet, den herrschenden Literaturbegriff zu relativieren und zu differenzieren. Der scheinbar exzeptionelle mittelalterliche Medienwechsel von der Mündlichkeit zur Schriftlichkeit findet seine Fortsetzung bis in unsere Zeit hinein. Mit einer strikten Fixierung der Literatur auf Schriftlichkeit schlösse man nicht nur den weitaus größten illiteraten Teil der Bevölkerung bis ins 19. Jahrhundert von jeder Literaturgeschichte aus; man verkennte auch die immense Bedeutung jener Medien, die sich im 20. Jahrhundert mindestens quantitativ einen Platz vor dem gedruckten Wort erobert haben: Hörfunk, Film und Fernsehen. Daß hier, wie auch etwa in volkstümlicher Erzählung, in Texten von Schlager und Popmusik, in Lesung und Vorträgen, Schule und Universität, ebenso im Theater Literatur mündlich präsentiert und rezipiert, wiedergegeben und weitertradiert wird, zeigt, daß Literatur nicht an ein Medium – man ist versucht zu sagen: am allerwenigsten an das der Schriftlichkeit – zu binden ist. Es zeigt zugleich, daß eine Pluralität von Realisierungs- und Präsentationsformen konstitutiv für Literaturgeschichte ist: Der Beginn der schriftlichen Aufzeichnung ehedem rein mündlicher Volkssprache im frühen Mittelalter zeigt exemplarisch, daß jederzeit mit vielfältigen Formen des Übergangs, mit Zwischenstufen zu rechnen ist, daß sich ein Wechsel in verschiedenen gesellschaftlichen Gruppen, in verschiedenen Produzenten- und Rezipientenkreisen verschieden schnell und graduell abgestuft vollzieht, daß Ideologie, Tradition und Lebenspraxis den Prozeß gleichermaßen hervorrufen und beeinflussen und vor allem, daß ein neues Medium eine neue Sprache, neue sprachliche Formen bedingt und neue ästhetische Anforderungen und Ansichten hervorbringt.

Literatur

Eggers, Hans: Deutsche Sprachgeschichte, Bd. I. Überarb. Neuaufl. Reinbek bei Hamburg 1986.

Grundmann, Herbert: Litteratus – illiteratus. Der Wandel einer Bildungsnorm vom Altertum zum Mittelalter. In: Archiv für Kulturgeschichte 40 (1958), S. 1–65.

Gschwantler, Otto: Älteste Gattungen germanischer Dichtung. In: Neues Handbuch der Literaturwissenschaft, Bd. 6: Europäisches Frühmittelalter. Hg. von Klaus von See. Wiesbaden 1985, S. 91–123.

Haubrichs, Wolfgang: Geschichte der deutschen Literatur von den Anfängen bis zum Beginn der Neuzeit. Hg. von Joachim Heinzle. Bd. I/1. Königstein 1988.

Haymes, Edward: Das mündliche Epos. Eine Einführung in die ‹Oral Poetry›-Forschung. Stuttgart 1977.

Kartschoke, Dieter: Geschichte der deutschen Literatur im frühen Mittelalter. München 1990.

Kuhn, Hugo: Versuch einer Theorie der deutschen Literatur im Mittelalter. In: Ders.: Text und Theorie. Stuttgart 1969, S. 3–9.

–: Zur Typologie mündlicher Sprachdenkmäler. In: Ders.: Text und Theorie. Stuttgart 1969, S. 10–27.

Schlosser, Horst Dieter: Althochdeutsche Literatur. Ausgewählte Texte mit Übertragungen. 2. Aufl. Frankfurt/M. 1990.

von See, Klaus: Das Frühmittelalter als Epoche der europäischen Literaturgeschichte. In: Neues Handbuch der Literaturwissenschaft, Bd. 6: Europäisches Frühmittelalter. Hg. von Klaus von See. Wiesbaden 1985, S. 5–67.

–: Skop und Skald. Zur Auffassung des Dichters bei den Germanen. In: Ders.: Edda, Saga, Skaldendichtung. Aufsätze zur skandinavischen Literatur des Mittelalters. Heidelberg 1981, S. 347–360.

Voorwinden, Norbert/Haan, Max de: Oral Poetry. Das Problem der Mündlichkeit mittelalterlicher epischer Dichtung. Darmstadt 1979 (WdF 555).

Wehrli, Max: Literatur im deutschen Mittelalter. Eine poetologische Einführung. Stuttgart 1984.

Anmerkungen

1 MGH, Epist. Merov. et Carol. aevi IV, Nr. 124.
2 Kuhn, Versuch einer Theorie, S. 4.
3 Vgl. die Systematik von Wehrli, S. 59–60.
4 Vgl. Wehrli, S. 60f.
5 Gschwantler, S. 109.
6 Text und Übersetzung nach Schlosser, S. 264–65.
7 Gschwantler, S. 92.
8 Text und Übersetzung nach Schlosser, S. 254–55.
9 Einhard: Vita Karoli Magni. MGH SS rer. Germ., Kap. 29.
10 Otfrids Evangelienbuch. Hg. von Oskar Erdmann, bes. von Ludwig Wolf. 6. Aufl. Tübingen 1973, Ad Liutbertum 5–13.
11 Otfrids Evangelienbuch (Anm. 10), Ad Liutbertum 58–59.
12 Grundmann, S. 33.
13 Einhard (Anm. 9), Kap. 29.
14 Vgl. Otfrids Evangelienbuch (Anm. 10), Ad Liutbertum 57ff.
15 Eggers, Bd. I, S. 249.
16 Grundmann, S. 13.

Dennis Green

Schriftlichkeit und Mündlichkeit im Hoch- und Spätmittelalter

Aus den vielen Wandlungen, die der kulturellen Renaissance des 12. Jahrhunderts zugrunde liegen, greife ich drei heraus, die zusammengenommen einer Revolution der Schriftlichkeit gleichkommen. Von grundsätzlicher Bedeutung ist die Bildungsrevolution: die Entstehung städtischer Kathedralschulen eines neuen Gepräges, die den Klosterschulen den Rang streitig machten und aus denen später die Universitäten als gleichfalls neuartige Bildungseinrichtungen hervorgegangen sind. Zweitens wurde durch diese Wandlung die Buchrevolution des 12. Jahrhunderts hervorgerufen. Darunter versteht man normalerweise das sog. *pecia*-Verfahren (das die Vervielfältigung einer größeren

Anzahl zuverlässiger Handschriften ermöglichte, um dem gesteigerten Schulbedarf zu entsprechen). Man darf sie aber auch als neue Einstellung zum Buch als Arbeitsinstrument auffassen: An Stelle von Mönchen, die einen Text als Bußleistung abschreiben, um über ihn in Andacht versunken zu grübeln, haben wir es jetzt mit einer Entsakralisierung des Wissens zu tun. Berufliche *stationarii* (Buchhändler) entsprechen nicht nur Massenbedürfnissen durch eine neue Produktionsweise, sondern auch neuartigen Bedürfnissen, indem sie Rubriken, Register, Querverweise und alphabetische Hinweise einführen, um das Nachschlagen zu erleichtern. Diesen beiden Wandlungen liegt drittens eine Revolution des Schreibens zugrunde: Zuvor waren die Skriptorien weitgehend auf Klöster und Bischofssitze beschränkt, jetzt aber verschiebt sich ihr Schwerpunkt in die Städte und Kanzleien der Territorialfürsten, was einen enormen Zuwachs an Schreibzentren mit sich brachte. Wenn diese drei Wandlungen eine Revolution der Schriftlichkeit bedeuten, so erhebt sich die Frage, ob sie etwa mit der gleichzeitigen Entstehung der Hofkultur in Verbindung steht und, wenn ja, wie sich diese Schriftlichkeit der in der Laiengesellschaft vorherrschenden Mündlichkeit anpaßte.

Entstehung eines geregelten Schriftbetriebs

Daß die Stadt des Mittelalters auf die Schriftlichkeit angewiesen war, unterliegt keinem Zweifel, vor allem im Falle des Fernhändlers, der von einem festen Ort aus seine Geschäfte am besten schriftlich abwickelte. Das hat mit der Zeit auch zur Entstehung städtischer Laienschulen und einer schriftlich geführten Stadtverwaltung beigetragen, so daß man sogar behauptet hat, der Einbruch der Laien in den klerikalen Bereich der Schriftlichkeit sei genauso sehr auf Stadteinwohner wie auf den Hof zurückzuführen. Auch an den Höfen bestand ein Bedarf an *litterati* bei der Durchführung ihrer immer komplexer werdenden Verwaltungsaufgaben. Das ist an der Entstehung fürstlicher Kanzleien abzulesen (mit der Folge, daß diese Höfe jetzt imstande waren, eine Schriftliteratur herzustellen, auf lateinisch oder in der Volkssprache), aber auch daran, daß die Hofverwaltung der englischen und französischen Könige den Intellektuellen eine Reihe von einträglichen Stellen anbieten konnte. Auch andere Herrscher, die es den Königen gleichtun wollten, wie etwa Heinrich der Löwe, sahen die Vorteile der Schriftlichkeit und des Kanzleiwesens ein. Vor allem in Rechtsfragen konnten die Höfe deren Verhältnisse zum Papsttum gespannt waren (wie in Deutschland, sogar nach dem Investiturstreit), nicht auf diejenigen verzichten, die im römischen Recht bewandert waren, so daß auch in dieser Beziehung Beschäftigungsmöglichkeiten für Kleriker an weltlichen Höfen bereitstanden.

Diesen am Hof beschäftigten Klerikern (oder zumindest denen, die eine klerikale Ausbildung gehabt hatten, ohne die Weihen zu empfangen) verdanken wir die Anfänge der Hofliteratur, denn mit wenigen Ausnahmen gehen die frühesten Erzählwerke in Frankreich und Deutschland auf klerikale Verfasser zurück. Hier geht die Aufnahme der Schriftlichkeit über pragmatische Verwaltungszwecke hinaus und erfaßt den kulturellen Bereich. In Frankreich und im normannischen England steht die Entwicklung einer modernen Hofliteratur in engstem Zusammenhang mit der Ausbreitung der Lesefähigkeit in den Fürstenhäusern, die diese Literatur fördern, während Deutschland die Bühne der Hofliteratur nicht zuletzt deshalb später betreten hat, weil hier die Adelsbildung weniger entwickelt war. Im Westen wird der Ritter wie auch der Fürst dazu angehalten, sich mit der Schriftlichkeit zu beschäftigen, ihm bietet sich das Nebeneinander von Rittertum und Wissen *(chevalerie et clergie)* als erstrebenswertes Ideal. Damit hat sich das Bedürfnis, als *litteratus* ausgebildet zu werden, auch am Hof des Laienadels eingenistet: Prinzipiell erfaßt es den Herrscher, aber auch die adlige Dame (seit langem war es nicht unter deren Würde, sich mit dem Lesen zu beschäftigen) und den Ritter. In manchen Fällen mag der Zugang zur Schriftlichkeit nur ein indirekter gewesen sein: Graf Balduin II. von Guines (gest. 1206) konnte nicht lesen, ließ sich aber lateinische Werke übersetzen und laut vortragen, so daß er als *quasi litteratus* bezeichnet werden konnte. Als die Hofliteratur dazu überging, volkssprachliche Werke hervorzubringen, die zum Vortrag vor Hörern bestimmt waren, brachte es ihre schriftliche Form mit sich, daß sie auch Laien zugänglich waren, die lesen konnten, ohne aber (wie die Kleriker) lateinisch lesen zu können. Der *miles litteratus* als potentieller Leser tritt zunächst häufiger in England und Frankreich als in Deutschland auf; doch auch hier spielte die lesekundige Adlige eine bedeutende Rolle im Literaturbetrieb.

Der Begriff ‹Litteratus›

Diese historischen Wandlungen stellen die Gültigkeit einer in bezug auf das Frühmittelalter konzipierten Definition von *litteratus* in Frage, die den Begriff mit dem Kleriker verbindet, der lateinisch lesen konnte. Jetzt stehen wir etwas Neuem gegenüber: einem Laien, dessen Lesefähigkeit mit seiner Muttersprache in Verbindung steht. Diese Situation wird dort in der Hofliteratur vorausgesetzt, wo nicht nur mit einem Publikum gerechnet wird, dem das Werk vorgelesen wird, sondern gelegentlich auch mit dem individuellen Leser. Sie wird auch in dem Bericht erfaßbar, den der Engländer Walter Map (ca. 1140–1209) über den Ketzerführer Valdes erstattet. Durch einen mündlichen Vortrag der Alexiuslegende religiös aufgewühlt, bittet Valdes zwei Kleriker um eine schriftliche Übersetzung der Evangelien, damit er sie lesen und in seiner Predigttätigkeit benutzen könne. Valdes kann also lesen, wenn auch nicht lateinisch; Walter Map bezeichnet ihn und seine Anhänger trotzdem als *illiterati*, wodurch er seine Verachtung der Ansprüche dieser Laien verrät, aber auch sein Bestreben, das Bildungsmonopol der Kleriker aufrechtzuerhalten, indem er die Lesefähigkeit auf den Bereich des Lateinischen beschränkt.[1]

Derselbe Übergang des Terminus *litteratus* vom Lateinischen zum Volkssprachlichen ist auch in der deutschsprachigen religiösen Literatur des 13. Jahrhunderts zu konstatieren. Grundvoraussetzung ist die Entstehung einer neuen Rezipientenklasse, vorwiegend Frauen (laikal oder religiös), die eine Zwischenstellung einnehmen, indem sie wie die Kleriker religiöse Schriften für sich selbst lesen möchten, aber als Laien nicht imstande sind, lateinisch zu lesen. Ihren Lesebedürfnissen konnte also am besten entsprochen werden, wenn man ihnen religiöse Werke in der Volkssprache zur Verfügung stellte. Daß die Laienlektüre nicht immer religiösen Gehalts zu sein brauchte, geht z. B. aus der Bemerkung des anonymen Verfassers eines weltlichen Werks hervor, er habe etwas auf deutsch gelesen, obwohl er des Lateinischen nicht mächtig sei («swie ich der buoche niene kan, / ich hân doch tiutsche gelesen»).[2]

Wie viele Laien, deren Lesefähigkeit auf die Volkssprache beschränkt blieb, es im 13. Jahrhundert gegeben hat, entzieht sich unserer Kenntnis; im 14. Jahrhundert jedoch häufen sich die sprachlichen Zeugnisse dafür, daß die traditionelle Unterscheidung zwischen *litteratus* und *illitteratus* (lesen kann, wer lateinisch liest) nicht mehr tragfähig ist. Die neue Situation verlangt, daß man neue Termini verwendet.

An Stelle der eindeutigen Unterscheidung zwischen (lesekundigen) Klerikern und (leseunkundigen) Laien nimmt man jetzt eine Zweiteilung unter letzteren vor, indem diejenigen, die im Lesen einigermaßen qualifiziert sind («verstanden layen» oder «kluge» oder «vernonftige»), von denen unterschieden sind, die überhaupt keine Lesefähigkeit besitzen («einfaltige leigen»). Im 15. Jahrhundert, als Stadtschulen in Deutschland bestanden, die Leseunterricht ohne den Umweg über das Lateinische erteilten, kommen Fälle vor, in denen die Lesefähigkeit explizit von lateinischen Sprachkenntnissen getrennt wird, wie z. B. bei der Vermittlung einer Übersetzungsliteratur an Laien, «die das latin nit verstanden grüntlich und doch lesen können teutsch», oder als Geiler von Kaysersberg bei seiner Übertragung von Gersons «Ars moriendi» eine Leserschaft ins Auge faßte, die «das latin nit verstand»[3].

Symbiose von Mündlichkeit und Schriftlichkeit

Diese Entwicklung einer volkssprachlichen Lesefähigkeit haben wir vor dem Hintergrund eines beständigen Zusammenspiels von Schriftlichkeit und Mündlichkeit zu sehen. Die Symbiose dieser beiden Möglichkeiten ist für das Mittelalter charakteristisch, es besteht ein Hin und Her zwischen beiden, die Hofliteratur (wie bei Balduin von Guines) nimmt ihren Anfang am Schnittpunkt zwischen hörendem Publikum und einem schriftlichen Text zum Vortragen. Dieses Zusammenspiel ist auch dort anzutreffen, wo damit gerechnet wird, daß ein Werk von Hörern, aber auch von Lesern rezipiert werden kann.

Wie tief eingesessen es gewesen sein muß, ist sogar im Falle eines für den individuellen Leser bestimmten Werks wahrscheinlich zu machen; denn diese Kommunikationsweise blieb nicht auf die Schriftlichkeit beschränkt, sie drang auch in die mündliche Dimension ein. Während die unterschiedlichen Stufen, in die die Übermittlung der Schriftliteratur eingeteilt werden kann, für uns unter den heutigen Umständen weitgehend auf das Visuelle begrenzt sind, durchzieht sie im Mittelalter ein Zusammenspiel von gesprochenem und geschriebenem Wort. Was das Verhältnis zwischen Werk und Quelle betrifft, so stand natürlich einem *litteratus* im Mittelalter die Möglichkeit offen, seine Quelle zu lesen, aber es gab auch andere Möglichkeiten. Der Autor kann auf einen mündlichen Gewährsmann angewiesen gewesen sein (wie oft behauptet wird) oder auf Hilfe und Rat von anderen, die zu Schrifttexten Zugang hatten, die ihm wegen seiner Leseunkundigkeit verschlossen waren (wie schon in Bedas Bericht über Caedmon am Anfang des 8. Jahrhunderts) oder wegen seiner mangelhaften Kenntnisse einer Fremdsprache (so war Konrad von Würzburg auf den mündlichen Vermittlungsdienst eines Übersetzers aus dem Französischen angewiesen).

Bei der schriftlichen Aufzeichnung seines Werks konnte der Autor einem Schreiber diktieren oder möglicherweise selbst die Feder führen. Die augenfällige Mündlichkeit ersterer Möglichkeit ist im Falle der Lyrik in einigen Bildern der Manessischen Handschrift bezeugt: Bligger von Steinach, Reinmar von Zweter und Konrad von Würzburg diktieren ihren Schreibern, die zum Aufzeichnen eine Schriftrolle oder Schreibtafel in der Hand halten.

Nach dem Diktat besteht die nächste Stufe im Schreiben, entweder vom beruflichen Schreiber oder vom Autor ausgeführt. In jedem Fall haben wir die mittelalterliche Gewohnheit in Betracht zu ziehen, laut zu schreiben, indem man beim Schreiben etwa sich selbst diktiert. Als Alber (ca. 1190) seine auktoriale Aufgabe zusammenfaßt («wir suln sî gerne schrîben, / daz unser hant und unser zunge / sî ein warnunge / der armen und der rîchen»[4]), erinnert diese Zusammenarbeit von Hand und Zunge beim Schreibvorgang an das, was Paulinus von Nola schon um 400 in ähnlichem Zusammenhang behauptet hatte *(lingua et manus)*. Was sich uns als stille Tätigkeit darstellt, hatte im Mittelalter eine durchaus mündliche Dimension.

Auf der letzten Stufe konnte die Übermittlung des Textes an seinen Rezipienten auf zwei Weisen vorgenommen werden: Er konnte ihn laut vorgelesen bekommen oder ihn selbst lesen. Die erste Möglichkeit steht in einem spiegelbildlichen Verhältnis zu dem Autor, der einem Schreiber diktiert, indem ihr die Mündlichkeit augenfällig anhaftet, insbesondere in bezug auf Formulierungen wie «legi audire», «oïr lire» und «hoeren lesen». Auch der zweiten Möglichkeit fehlt es aber nicht an einer mündlichen Dimension, denn man las auch für sich selbst nicht im stillen, sondern laut. So hat z. B. Bruder Philipp am Anfang des 14. Jahrhunderts die individuelle Erbauungslektüre aufgefaßt («swaz sî las mit dem munde, / daz verspartes in des herzen grunde»[5]), und bei Johann von Würzburg finden wir etwa gleichzeitig eine aufschlußreiche Vignette: Eine Frau möchte einen Brief lesen, jedoch den Inhalt nicht preisgeben, so daß sie gezwungen ist, andere aus dem Zimmer zu verweisen («‹ich wil doch vor mim ende / daz brievelin lesen daz er mir / gap› (...) / und hiez do von ir gan / die dri juncvrawen wol getan. / Si wolt ir hainlich nie gesagen / kaim liut»[6]). Daß sie so verfahren muß, setzt die Gewohnheit der lauten Lektüre voraus, auch wenn man für sich selbst liest, so daß sogar von der schriftlichen Literatur, die im Mittelalter für den Leser bestimmt war, behauptet werden kann, sie sei auf jeder Stufe potentiell mit der Mündlichkeit verbunden.

Die Doppelformel ‹hoeren oder lesen›

Erst diese Verzahnung des gesprochenen mit dem gelesenen Wort gibt uns die Möglichkeit, eine Doppelformel zu verstehen, die auf eine zweifache Rezeption zahlreicher Werke hinweist, von seiten der Hörer oder der Leser. Diese Formel war in der lateinischen Literatur der Antike beheimatet (z. B. *audientes aut legentes*; *lego vel audio*), ist aber auch im Mittellateinischen belegt (z. B. *legere vel legentem audire*; *lector vel auditor*) und findet ab dem 12. Jahrhundert auch in die volkssprachlichen Literaturen Eingang, d. h. zu einer Zeit, als in den Volkssprachen der erste größere Einbruch in die Schriftlichkeit zu verzeichnen ist. Da mit dem individuellen Leser zu rechnen ist (wie selten er auch immer geblieben sein mag), haben diese volkssprachlichen Literaturen erst jetzt den Punkt erreicht, der für das Lateinische von der Antike bis zum Spätmittelalter in Geltung blieb. Es ist aber für die mittelalterliche Symbiose kennzeichnend, daß diese Literaturen, so sehr bestrebt sie auch gewesen sein mögen, die bisher von den Klerikern beherrschte Schriftlichkeit auch für sich selbst zu beanspruchen, zumindest noch insofern Verbindungen mit der Mündlichkeit aufrecht erhielten, von der sie sich distanzierten, als auch sie noch mit dem öffentlichen Vortrag neben der Privatlektüre rechneten. An der Doppelformel ‹hoeren oder lesen› ist also abzulesen, daß das Lesen das Hören nicht einfach ablöste, sondern daß beide Rezeptionsmöglichkeiten eine Zeitlang nebeneinander bestanden.

Dieselbe Schlußfolgerung gestattet auch ein Überblick über die verschiedenen Rezeptionszusammenhänge, die für diejenigen Werke rekonstruiert werden können, in denen die Doppelformel verwendet wird. Wenn die deutschen Zeugnisse auch für andere Sprachen gültig sind, so gab es fünf unterschiedliche Kontexte, in denen eine zweifache Rezeption vorgesehen wurde.

Der weltliche Adelshof

Im ersten Zusammenhang (Hofliteratur für den Laienadel) dient das noch weitverbreitete Analphabetentum des deutschen weltlichen Adels um 1200 als ausreichende Erklärung dafür, daß diese Literatur diesem Publikum mündlich vorgetragen werden mußte; aber gerade deshalb dürfte es uns vielleicht schwerfallen, uns mit einer Leserezeption am Hof anzufreunden. Bei diesem Hofpublikum darf man aber in bildungsmäßiger Hinsicht eine grobe Zweiteilung vornehmen: eine leseunkundige Mehrheit (zu der der Herrscher gehören konnte, aber auch männliche Familienmitglieder, weltliche Hofbeamte und sein ritterliches Gefolge) und eine lesekundige Minderheit (hier kommt vor allem der Frauenadel in Frage, aber auch, wenn es sich um eine sozial oder politisch bedeutende Adelsfamilie handelt, die am Hof tätigen Kleriker und Kanzleimitglieder). Es ist zu vermuten, daß die Hofgesellschaft keineswegs homogen war; sie schloß *illitterati* ein, die nur hören konnten, aber auch *litterati*, die hören und lesen konnten. Unter solchen Umständen ist leicht zu begreifen, daß die schriftliche Aufzeichnung der volkssprachlichen Literatur eine Doppelformel relevant werden ließ, die eine zweifache Rezeption umschreibt.

Die Stadt

Vom zweiten Zusammenhang (Stadtliteratur) läßt sich behaupten, daß ihr Publikum so wenig homogen wie der Adelshof war. Bei der Durchführung ihrer schriftlichen Geschäftshandlungen und Verwaltungsaufgaben waren die Stadtgemeinden lange auf Weltgeistliche angewiesen (hier ähneln sie den Feudalherren, die auf die Dienstleistungen ihrer Hofkleriker nicht verzichten konnten). Der Literaturbetrieb oberrheinischer Städte wie Konstanz, Basel und Straßburg ist ausgesprochen buntscheckig, aus weltlichen und geistlichen Herren der Umgebung samt Gefolge bestehend, wobei die klerikalen und ministerialen Mitglieder des jeweiligen bischöflichen Hofs nicht zu vergessen sind. Aus der Förderung der lateinischen neben der deutschsprachigen Literatur an solchen Höfen geht ihre gemischte kulturelle Beschaffenheit hervor, die eine Erklärung dafür liefert, daß die Stadtliteratur lesende und hörende Rezipienten finden konnte.

Das Kloster

Der dritte Zusammenhang betrifft die Klosterliteratur, die, wenn sie auch nicht mehr die führende Rolle spielt wie im Frühmittelalter, keineswegs zu unterschätzen ist. Bei der Beantwortung der Frage, warum in solchen Zentren der Latinität auch eine volkssprachliche Literatur produziert wird, die nicht ausschließlich Leser vorsieht, muß zweierlei bedacht werden. Die erste Erwägung betrifft die in vielen Ordensregeln vorgeschriebene Gewohnheit der privaten Erbauungslektüre in der

Mönchszelle, aber daneben die Möglichkeit, einen Text vortragen zu hören, z. B. im Refektorium. Das erklärt, warum im Kloster mit zwei unterschiedlichen Rezeptionsweisen zu rechnen war, liefert aber noch keine Erklärung dafür, daß man sich auch der Volkssprache bedient hat. Um diese zweite Besonderheit zu erklären, darf man auf die Anwesenheit leseunkundiger Laienbrüder hinweisen, auf die ritterlichen Ministerialen, die oft zum Klosterverband im weitesten Sinne gehörten, und auf die Mitglieder der ritterlichen Orden, die als Ritter rekrutiert wurden und deshalb weitgehend leseunkundig waren. Klosterliteratur dieses Typs wurde also von einem *litteratus* verfaßt, der im Lateinischen bewandert war, und richtete sich vorwiegend, jedoch nicht ausschließlich an die Leseunkundigen innerhalb des Klosterbereichs. Hier setzt sie Analphabeten und Lesekundige voraus, so daß die Doppelformel diesen disparaten Bedürfnissen genauso gerecht zu werden vermochte wie in einem weltlichen Zentrum.

Religiöse Laiengemeinschaften
Zum vierten Zusammenhang gehören Werke, die als Erbauungsbücher für religiöse Gemeinschaften der Laien bestimmt waren, insbesondere für Frauen, deren religiöse Bedürfnisse weitgehend zur Förderung der religiösen Literatur in der Volkssprache im 13. Jahrhundert beigetragen haben. Wurden bis dahin Predigten lateinisch aufgezeichnet, die als Richtlinien für künftig in der Volkssprache zu haltende Predigten konzipiert waren, so diente jetzt ihre Verdeutschung dem Zweck, das Bedürfnis religiöser Frauenkreise nach erbaulichem Lesestoff zu befriedigen. Wie die Mönche haben diese Frauen Tischlektüre und individuelle Erbauungslektüre gepflegt, so daß auch für sie eine zweifache Rezeption ihren guten Sinn hatte; aber wie bei den Laienbrüdern umfaßte der Bildungsstand dieser Frauen keineswegs das Lateinische.

Der bischöfliche Hof
Der letzte Zusammenhang, in dem die zweifache Rezeption angesiedelt war, ist der bischöfliche Hof. Wenn auch relativ wenige Werke hierher gehören, liegt die Bedeutung dieser Gruppe darin, daß diese Höfe den weltlichen Adelshöfen spiegelbildlich entsprechen. Waren diese bei Führung der schriftlichen Verwaltung auf Kleriker angewiesen, so hat die feudalpolitische Stellung der Kirchenfürsten dazu geführt, daß an ihren Höfen nicht nur Kleriker, sondern auch Ritter anwesend waren. Wir wissen ferner, daß ihre literarischen Interessen oft ebenso profan wie die ihrer weltlichen Verwandten waren, so daß in beiden Beziehungen auch hier nicht an einen homogenen Hof zu denken ist.

In jedem der fünf besprochenen Kontexte ist die Inhomogenität der betreffenden Gesellschaftsgruppe zu betonen. Die Anwesenheit von Laien (in welcher Form auch immer) in Klöstern und religiösen Gemeinschaften oder an bischöflichen Höfen hatte zur Folge, daß in diesen Zentren die Literatur auch mündlich vorgetragen wurde. Dagegen hat die Verwaltungstätigkeit der Kleriker an Laienhöfen (neben lesekundigen adligen Frauen) und im Auftrag der Stadtpatrizier in diese ansonsten größtenteils illiteraten Laiengruppen den Gärstoff des Lesens eingeführt.

Es wäre aber verfehlt, aus alledem den Schluß zu ziehen, daß die Entstehung der Gewohnheit, zwei Publikumsschichten anzureden (Leser und Hörer), mit den ersten Belegen der Doppelformel zeitlich zusammenfiel. Was die Gewohnheit betrifft, so kommt die historische Priorität der Klosterliteratur zu. Im Frühmittelalter zeigen verschiedene mit dem Klosterleben verbundene Autoren, daß sie zwei unterschiedliche Adressatengruppen im Sinn haben (z. B. Otfrid, Notker, Priester Wernher), ohne sich der Doppelformel zu bedienen (beim Armen Hartmann mag zwar Ähnliches erstmalig um 1150 belegt sein, doch gibt es Gründe dagegen, seine Formulierung strenggenommen für eine echte Doppelformel zu halten). Was die Doppelformel selbst betrifft, so fällt auf, daß die frühesten Belege alle der Hofliteratur entstammen und sich ungefähr um denselben Zeitpunkt gruppieren. Diese Belege legen nahe, daß die ersten ausdrücklichen Hinweise auf eine zweifache Rezeption der für Laien bestimmten volkssprachlichen Literatur im Zeitraum 1187 bis 1210 zu datieren sind. Das Neue an diesen Belegen besteht darin, daß die explizite, gar demonstrative Verwendung der Doppelformel sich zuerst in der Hofliteratur durchsetzte. Die Verschriftlichung der Laienliteratur hatte zur Folge, daß eine bislang auf das Lateinische beschränkte Formel jetzt dazu verwendet wird, in einer neuartigen Literatursituation das poetologische Selbstbewußtsein zu fördern.

Öffentliche und individuelle Literaturrezeption

Die Einsicht, es gehe um Leser (wenn auch wenige) neben Hörern (wenn auch vielen), stellt uns vor ein Problem, insbesondere wenn wir anzunehmen bereit sind, daß die Hörrezeption der mittelalterlichen Literatur nicht nur auf einem weitverbreiteten Analphabetentum beruhte, sondern auch auf der öffentlichen Funktion dieser Literatur und den sozialen Anlässen, bei denen sie zur Geltung kam. Aus der sozialen Funktion dieser Literatur ergibt sich ihre soziale Rezeption. Sie dient dem Zweck, ein Gemeinschaftsbewußtsein zu erzeugen und aufrechtzuerhalten, entweder im politischen Sinne einer um den Herrscher gruppierten Gesellschaft, die sich mit seiner Machtdemonstration identifiziert, oder im sozialen Sinne eines Ritterstandes, der kulturelle Autonomie erstrebt, indem er sich von geistlicher Bevormundung emanzipiert. In jedem Fall erzielt die Literatur diesen Zweck besser bei kollektiven Anlässen, wo die Gruppe ihre Zusammengehörigkeit durch öffentliche Verlautbarung bestätigt bekommt, als durch die Privatlektüre isolierter Individuen. In den Augen der Auftraggeber (und der meisten Rezipienten) dieser Literatur lag ihre Funktion im öffentlichen Bereich, was eine öffentliche, daher akustische Rezeption mit sich brachte.

Dieser Gruppensituation entgegengesetzt ist die Isolierung des Schreibers oder Lesers: Man hört einen Vortrag als kollektives Erlebnis, aber beim Lesen isoliert sich der Leser, der sich in einen Text vertieft und sich von andern abschneidet. Nehmen wir die soziale Funktion der mittelalterlichen Literatur und deren öffentliche Vortragssituation ernst, so stellt man sich nur schwer vor, wo sich eine Gelegenheit für die isolierte Privatlektüre ergeben haben kann. Dieser Schwierigkeit ist man in einer Geschichte der deutschen Literatur im Spätmittelalter mit dem Hinweis begegnet, daß die Literaturrezeption, zumindest in den erzählenden und wissensvermittelnden Gattungen, sich immer mehr vom gesellschaftlich-zeremoniellen Bereich zurückzog, um Gegenstand privater Lektüre zu werden.[7] Damit bahnt sich eine Entwicklung von vorgetragener zu gelesener Literatur an. Die Behauptung, diese Entwicklung lasse sich im 14. und 15. Jahrhundert nachzeichnen, heißt aber nicht, daß sie nicht vor 1300 eingesetzt haben kann, auch wenn ihre Geschwindigkeit und ihr Ausmaß erst später merklich größer wurden. Diese Möglichkeit läßt sich schon theoretisch dadurch erklären, daß man den mündlichen Vortrag durch die Verbindung des Verbums ‹lesen› mit dem Adverb ‹offenlîche› sprachlich zum Ausdruck bringen konnte; denn die Aussage, etwas finde öffentlich statt, setzt logischerweise die Möglichkeit voraus, es könnte auch insgeheim, der Öffentlichkeit entzogen, stattfinden. Die Möglichkeit, daß dieser Geheimbereich, von der Außenwelt getrennt, mit der Schriftlichkeit in Verbindung stehen könnte, wird von Ulrich von Lichtenstein um die Mitte des 13. Jahrhunderts erwähnt, dessen «schrîber» im Zusammenhang mit einer «heimlîche» (im Sinne von Privatzimmer) auftaucht: «In der zît mîn schrîber quam, / den ich in eine heinlîch nam: / ez muoste vil verholne sîn. / ich bat in lesen daz büechelîn»[8]. Hier liest zwar einer dem andern laut vor, aber es handelt sich um eine Privatlektüre zu zweit, die dadurch möglich wird, daß man sich von den anderen zurückziehen kann. Das hier im Vorbeigehen Angedeutete läßt sich aus anderen Quellen bestätigen, die auf den von der religiösen Gemeinschaft oder der Hofgesellschaft abseits stehenden Privatraum hinweisen, aber auch auf die Wahrnehmung dieser Gelegenheit zur Privatlektüre.

Ulrich von Lichtenstein warnt also davor, die von Walther von der Vogelweide am Thüringer Hof und noch von Ulrich von Hutten am Burgleben überhaupt geübte Kritik zu verallgemeinern, an diesen Zentren habe ein so lärmvolles Treiben geherrscht, daß keine individuelle Lektüre in Frage käme. Andere Hinweise auf die ersten Anfänge eines bescheidenen Privatlebens sind architektonisch belegbar: die Einteilung der Burg in Saal und Kammer, das Vorhandensein einer *kemenâte* für die Frauen (wenn sie als Leserinnen in Frage kommen, dann ist man versucht, ihr Lesen hier angesiedelt zu sehen) oder der fast privat anmutende abgeschlossene Raum eines Burggartens (nicht von ungefähr verabreden Tristan und Isolde mehr als einmal hier ein Rendezvous oder wird das gesellschaftsfeindliche Liebesverhältnis zwischen Mabonagrin und seiner Mätresse hier angelegt). Was in der Burg möglich war, kommt auch im religiösen Bereich vor, trotz der Vorherrschaft der Liturgie und des kollektiven Gottesdienstes. Im Kloster trieb man die Privatlektüre neben dem mündlichen Vortrag (zu diesem Zweck benutzte man Mönchszellen oder Arbeitsnischen im Kreuzgang oder im *dormitorium*), während die Zurückgezogenheit den Einsiedler und die *inclusa* in einem noch höheren Maße charakterisiert (man rechnet also damit, daß die Auslegung des Hohen Liedes auf die Einzelseele hin, statt auf die Kirche, mit der *vita solitaria* in Verbindung stehen könnte).

Es ist aber auch danach zu fragen, ob diese Möglichkeiten in die Wirklichkeit umgesetzt wurden, um neben dem öffentlichen Vortrag die Privatlektüre oder eine daran grenzende Lesepraxis entstehen zu lassen. Eine Abgeschlossenheit im Familienkreis wird in Hartmanns «Iwein» geschildert, als die Tochter ihren Eltern im quasi privaten *boumgarten* der Burg vorliest.[9] Wir gehen einen Schritt weiter, wenn wir es mit zwei Menschen zu tun haben, die zusammen lesen, wie im Bild des Dichters Waltram in der Manessischen Handschrift oder in Dantes Schilderung von Paolo und Francesca bei der Lektüre des Lanzelotromans. Es handelt sich immer noch um zwei Personen, wenn einer einem anderen vorliest: Ulrich von Lichtenstein wird ein Brief von seinem Schreiber vorgelesen, aber Ähnliches kommt bei Ebernand von Erfurt (um 1220) vor, als eine Jungfrau der Königin vorliest, die im Bett liegt.[10]

Diese Beispiele, wie beschränkt der Kreis auch immer gewesen sein mag, berühren noch nicht unser Anliegen, die Einzelperson, die für sich selbst allein liest. Diese Situation ist aber bei der Erbauungslektüre vorauszusetzen, wo etwa der Psalter unter Ausschluß anderer gelesen wird (in Wolframs «Parzival» beschäftigt sich Sigune als eingemauerte *inclusa* mit dem Psalter, und dasselbe trifft auf eine andere *inclusa* im Prosa-«Lancelot» zu).[11] Gegenstand solcher Privatlektüre kann auch ein Gebetbuch sein, wie im «Passional» am Ende des 13. Jahrhunderts (wo «alleine» und «heimelichen» darauf hinweisen, daß in der Abgeschlossenheit gelesen wurde) oder im «Väterbuch» um dieselbe Zeit (durch «alleine» und «mit inneclicher andaht» hervorgehoben).[12] Um einen religiösen Lesestoff unbestimmten Gehalts geht es bei Wolframs Trevrizent als Einsiedler oder bei Heinrichs von Veldeke Schilderung von St. Servatius (er liest für sich allein, «eine», und ihm wird audrücklich nachgesagt, er halte sich abseits vom Hofleben: «he ne willet nimmer komen te hove»).[13]

Obwohl das letzte Beispiel einen religiösen Lesestoff betrifft, stellt es die Möglichkeit unter Beweis, daß einer, der am öffentlichen Hofleben hätte teilnehmen sollen, die Gelegenheit zur Einzellektüre finden konnte. Auch in einem durchaus weltlichen Zusammenhang kann das zum Vorschein kommen, und zwar ohne jede weitere Bemerkung, so daß mit etwas Seltstverständlichem zu rechnen ist. So schildert Konrad von Würzburg den Dichter Wirnt von Grafenberg, wie er in einer «kemenâte» einen Roman für sich liest, und bei Ulrich von Etzenbach (um 1275–1285) nimmt ein «meister» die Gelegenheit wahr, während andere schlafen, «an sîner kamer» zu lesen.[14] Ähnliches ist dort anzunehmen, wo ein Brief gelesen wird (im «Jüngeren Titurel», wohl 1260–1270, liest König Artus einen Brief im geheimen, «tougen»)[15], vor allem wenn es sich um einen Liebesbrief handelt (Ulrich von Lichtenstein nimmt seinen Schreiber beiseite, um den Inhalt eines solchen Briefes zu erfahren). In letzterem Fall braucht die Privatlektüre nicht etwa durch den romantischen Wunsch nach gefühlsmäßigem Alleinsein veranlaßt worden zu sein – Ulrich mußte mit dem Schreiber allein sein, weil ihm dieser vorlas. Die Situation wäre auch nicht anders gewesen, wenn Ulrich den Brief hätte selbst lesen können; denn bei Johann von Würzburg haben wir schon gesehen, daß eine Frau andere aus dem

Zimmer verweisen muß, um einen Brief zu lesen und dessen Inhalt geheimzuhalten, eben weil sie laut für sich liest.

Ein letzter Schritt auf dem Weg, auf dem der individuelle Leser sich von der Öffentlichkeit zurückzieht, ist in der stillen Lektüre zu erblikken, in der völligen Verinnerlichung des Lesevorgangs, die lateinische Formulierungen wie *sibi legere, per se scrutari* oder noch eindeutiger *tacite legere, legere in silentio* umschreiben. Wann diese Stufe erreicht wurde, läßt sich schwer ausmachen. Wenn in der Benediktinerregel vorgeschrieben wird, der Mönch müsse so für sich lesen, daß er seine Nachbarn nicht stört, so könnte es darum gehen, daß er nur *sotto voce* lesen sollte, nicht still. Ist vom 14. und 15. Jahrhundert behauptet worden, die Gewohnheit des stillen Lesens habe sich bis jetzt vom Skriptorium und vom Hörsaal der Universität ausgebreitet, um weitere Laienkreise zu erfassen, so muß darauf entgegnet werden, daß es keine über jeden Zweifel erhabenen deutschsprachigen Belege gibt und daß der darauffolgende Zeitabschnitt der Erforschung noch harrt. Wir müssen uns statt dessen damit begnügen, daß es nicht an Belegen dafür fehlt, daß mit dem individuellen Lesen, still oder nicht, von jetzt an zu rechnen ist.

Literatenkultur und Erfindung des Buchdrucks

Der Zuwachs an lesekundigen Laien, um 1400 unbestreitbar, doch schon im 13. Jahrhundert feststellbar und nicht ohne Spuren vor 1200, ist in einer letzten Beziehung von historischer Bedeutung. Auf die an und für sich unmögliche Frage, warum es um 1450 zur Erfindung des Buchdrucks gekommen sei, hat man die Antwort gegeben: weil bis dahin Westeuropa eine kräftig blühende Literatenkultur hervorgebracht hatte, die stark genug war, um die Massenproduktion gedruckter Bücher aufzunehmen. In einem engeren Zusammenhang hat man einen Überblick über die altfranzösische Lyrik beim Übergang vom Vortrag zur Schriftlichkeit mit der Vermutung abgeschlossen, der Buchdruck könne nicht von ungefähr in dem Zeitabschnitt erfunden worden sein, in dem die Welt der Literatur so sehr darauf vorbereitet war.[16] Der Übergang von der Mündlichkeit zum Lesen, gleichgültig ob wir ihn mit Handschriften um 1200 ansetzen oder mit gedruckten Büchern nach 1450, kann nicht von heute auf morgen vor sich gegangen sein, er muß Jahrhunderte gedauert haben. Dieser Übergang fällt in die Jahrhunderte vor Gutenberg, so daß der Buchdruck nur deshalb zu einem lohnenden Geschäft werden konnte, weil schon zuvor so viele Laien im Spätmittelalter für das Lesen gewonnen worden waren. Während Eisenstein der Nachweis gelungen ist, wieviel die Erfindung des Buchdrucks für die Neuzeit bedeutete (sie betrachtet ihn als geistigen Schrittmacher für die Renaissance, die Reformation und die Genese der naturwissenschaftlichen Denkweise)[17], muß die Medaille auch umgekehrt werden: Wir haben uns auch mit der Frage zu beschäftigen, wieviel die geistigen Entwicklungen vom 12. Jahrhundert an für die Erfindung des Buchdrucks bedeutet haben.

Literatur

Bumke, Joachim: Höfische Kultur. Literatur und Gesellschaft im hohen Mittelalter. München 1986.

Clanchy, Michael T.: Looking back from the invention of printing. In: Literacy in historical perspective. Hg. von Resnick, Daniel P. Washington D. C. 1983, S. 7ff.

Cramer, Thomas: Brangend und brogend. Repräsentation, Feste und Literatur in der höfischen Kultur des späten Mittelalters. In: Höfische Repräsentation. Das Zeremoniell und die Zeichen. Hg. von Hedda Ragotzky und Horst Wenzel. Tübingen 1990, S. 259ff.

Grundmann, Herbert: Litteratus – illitteratus. Der Wandel einer Bildungsnorm vom Altertum zum Mittelalter. In: Archiv für Kulturgeschichte. Bd. 40 (1958), S. 1ff.

–: Religiöse Bewegungen im Mittelalter. Untersuchungen über die geschichtlichen Zusammenhänge zwischen der Ketzerei, den Bettelorden und der religiösen Frauenbewegung im 12. und 13. Jahrhundert und über die geschichtlichen Grundlagen der deutschen Mystik. Darmstadt 1961.

Saenger, Paul: Silent reading: its impact on late medieval script and society. In: Viator. Bd. 13 (1982), S. 367ff.

Schmidt, Wieland: Vom Lesen und Schreiben im späten Mittelalter. In: Beiträge zur Geschichte der deutschen Sprache und Literatur. Bd. 95 (1973). Sonderheft: Festschrift für Ingeborg Schröbler zum 65. Geburtstag, S. 309ff.

Scholz, Manfred Günter: Hören und Lesen. Studien zur primären Rezeption der Literatur im 12. und 13. Jahrhundert. Wiesbaden 1980.

Schreiner, Klaus: Laienbildung als Herausforderung für Kirche und Gesellschaft. Religiöse Vorbehalte und soziale Widerstände gegen die Verbreitung von Wissen im späten Mittelalter und in der Reformation. In: Zeitschrift für historische Forschung. Bd. 11 (1984), S. 257ff.

Steer, Georg: Der Laie als Anreger und Adressat deutscher Prosaliteratur im 14. Jahrhundert. In: Zur deutschen Literatur und Sprache des 14. Jahrhunderts. Dubliner Colloquium 1981. Hg. von Walter Haug/Timothy R. Jackson und Johannes Janota. Heidelberg 1983, S. 354ff.

Anmerkungen

1 Walter Map: De nugis curialium I 31. Hg. von Montague R. James, Christopher N. L. Brooke und Roger A. B. Mynors. Oxford 1983, S. 124.
2 Von dem übeln wîbe. Hg. von Karl Helm. Tübingen 1955, V. 92 f.
3 Karl Schreiner: Laienbildung als Herausforderung für Kirche und Gesellschaft. Religiöse Vorbehalte und soziale Widerstände gegen die Verbreitung von Wissen im späten Mittelalter und in der Reformation. In: Zeitschrift für historische Forschung. Bd. 11 (1984), S. 330 und 346.
4 Alber: Tundalus. Hg. von A. Wagner. Erlangen 1882, V. 10 ff.
5 Bruder Philipp: Marienleben. Hg. von Heinrich Rückert. Quedlinburg 1853, V. 766 f.
6 Johann von Würzburg: Wilhelm von Österreich. Hg. von E. Regel. Berlin 1906, V. 9976 ff.
7 Thomas Cramer: Geschichte der deutschen Literatur im späten Mittelalter. München 1990, S. 11 f.
8 Ulrich von Lichtenstein: Frauendienst. Hg. von Karl Lachmann. Berlin 1841, V. 60, 17 ff.
9 Hartmann von Aue: lwein. Hg. von Georg F. Benecke, Karl Lachmann und Ludwig Wolff. Berlin 1968, V. 6435 ff.
10 Ebernand von Erfurt: Heinrich und Kunigunde. Hg. von Reinhold Bechstein. Quedlinburg 1860, V. 3501 ff.
11 Wolfram von Eschenbach: Parzival. Hg. von Karl Lachmann. Berlin 1926, V. 438, 1. Prosa-Lancelot. Hg. von Reinhold Kluge. Bd. I. Berlin 1948, S. 202, 17 ff.
12 Passional. Hg. von F. K. Köpke. Quedlinburg 1852, S. 195, 60 ff. Väterbuch. Hg. von K. Reißenberger. Berlin 1914, V. 417 ff.
13 Wolfram von Eschenbach: Parzival (wie Anm. 11), V. 459, 21. Heinrich von Veldeke: Sente Servas. Hg. von Theodor Frings und Gabriele Schieb. Halle (Saale) 1956, V. 912 ff.
14 Konrad von Würzburg: Der Welt Lohn. Hg. von Edward Schröder. Berlin 1959, V. 52 ff. Ulrich von Etzenbach: Alexander. Hg. von Wendelin Toischer. Tübingen 1888, V. 23450 ff.
15 Albrecht von Scharfenberg: Jüngerer Titurel. Hg. von Werner Wolf. Berlin 1955, V. 2480, 1.
16 Sylvia Huot: From song to book. The poetics of writing in Old French lyric and lyrical narrative poetry. Ithaca 1987, S. 337.
17 Elizabeth L. Eisenstein: The printing press as an agent of change. Communications and cultural transformations in early-modern Europe. Cambridge 1979.

Hans-Thies Lehmann

Theater als szenische Darbietungsform

Aus philologischer Perspektive kann die Frage nach der szenischen Darbietung gleichbedeutend sein mit der Untersuchung impliziter Verweise im Schrifttext auf seine angestrebte szenische Darbietung. Theaterwissenschaftlich wird hingegen von den Inszenierungsformen her gedacht, die sich in relativer Unabhängigkeit von der Intention der Autoren auf den Text anwenden lassen. Produktiv ist die Differenz. Es rächt sich, wenn überhastet zwischen Drama und Theater harmonische Entsprechung postuliert wird. Dramatische Literatur kann – hinsichtlich der Schauspieltechnik, Bühnengestaltung oder Publikumsstruktur – auf ein ihrer Zeit nicht gemäßes Theater stoßen und sich theatergeschichtlich erst viel später realisieren: Kleist, Büchner. Theaterideen können an einem unzulänglichen technischen Standard scheitern; manche Theaterutopien des frühen 20. Jahrhunderts finden erst in der Gegenwart zu einer theatertechnisch adäquaten Realisierung. Texte können mehr oder weniger gezielt den Konflikt mit den etablierten Theaterpraktiken suchen: Brecht, Gertrude Stein, Heiner Müller. Auszugehen ist davon, daß jede Transposition eines ästhetischen Gebildes in eine andere Darstellungsweise unabsehbare und unkontrollierbare Veränderungen hervorbringt.

Text und Inszenierung – methodische Probleme

Es gilt, den in der Neuzeit angewachsenen Konflikt zwischen literarischem Text und Theaterwirklichkeit festzuhalten. Leitender Gesichtspunkt einer systematischen Analyse und Hermeneutik der szenischen Darbietung eines Textes ist demnach nicht die mehr oder minder große Adäquation zwischen Text und Aufführung, sondern ihre Relation, die von weitgehender Überschneidung beider Felder (klassische mise-en-scène) bis zur weithin verselbständigten performance reicht. Analysegegenstand ist allerdings auch nicht die schwankende Realität des einen oder anderen Theaterabends (Aufführung), sondern die interne ästhetische Organisation des theatralen Vorgangs, insofern sie sich idealtypisch aus den Beobachtungen der Aufführung rekonstruieren läßt. Dieses Konstrukt ist es, das vom Begriff «Inszenierungstext» benannt wird.[1]

Entgegen der Tendenz, den Begriff des Dramas immer weiter auszudehnen, um darunter auch noch die offenkundig nichtliterarischen Phänomene des modernen Theaters fassen zu können, ist eine klare Unterscheidung zu treffen zwischen dem literarischen Dramentext und dem ästhetischen Ganzen namens Theater. Das Drama ist wesentlich als eine Form von Literatur aufzufassen[2], und man tut der Analyse der Literatur und des Theaters keinen Gefallen, wenn man den Bruch zwischen beiden vernachlässigt. An den Tragödien des Aischylos, an Shakespeare oder der klassizistischen Tragödie eines Racine sticht sogleich ins Auge, daß der Bedeutungsgehalt der Texte weit über das in der theatralen Darbietung Realisierbare hinausschießt. Das aufgeführte Shakespeare-Drama ist nicht das ‹wahrere›, sondern ein anderes gegenüber dem Text – um viele Dimensionen ärmer und zugleich durch die ‹plurimediale› Qualität des Theaters bereichert.

Die spezifische Produktivität des Theaters ist gebunden an eine *doppelte Rezeptionsschranke*: Es soll bei aller Komplexität doch stets im flüchtigen Jetzt der Aufführung und tendenziell für das gesamte Publikum verständlich und unterhaltsam sein. Es wäre ein falsches Verständnis der theaterwissenschaftlichen Analyse, wollte man sie auf die Aufgabe festlegen, speziell das durch diese doppelte Rezeptionsschranke des Theaters Bedingte zu thematisieren. Vielmehr ist vom Text wie vom Theater her das Spannungsverhältnis divergierender ästhetischer Artikulationen zu denken, nicht klassifikatorisch der Bruch zu kitten.

Aus diesem Grund ist die Wahl des Begriffs «dramatischer Text» für den szenisch realisierten Text unglücklich.[3] Unversehens wird der Abstand von Text und Theater zugeschüttet und zugleich die Einsicht erschwert, daß das dramatische Theater eine sehr besondere, auffällige und in keiner Weise normsetzende Ausprägung der Theaterkunst darstellt – im bürgerlichen Zeitalter Europas entwickelt und zur Blüte gekommen. Die Anfänge des europäischen Theaters in der Antike sind viel weniger dramatisch, als es die neuzeitliche Perspektive nahelegt; als Verbindung von Chorliedern, Tanz und Epeisodien entfalteten sie eine eigene theatrale, aber wesentlich «prädramatische» Formsprache.[4] Ebenso läßt die Vielfalt von Schreibweisen für die Bühne im 20. Jahrhundert von Gertrude Stein und den Surrealisten über die Bühnenexperimente des Bauhauses bis zu den Sprechstücken eines Peter Handke, der Sprechoper

Ernst Jandls, den Theatertexten eines Heiner Müller oder den Sprachcollagen eines Robert Wilson sich nicht als ‹dramatisch› charakterisieren, ohne alle Distinktionskraft des Begriffs Drama aufzugeben. Theaterhistorisch ist für die Gegenwart vielmehr mit nichtdramatischen, eher schon ‹postdramatischen› szenischen Formen zu rechnen.

Eine überholte und irreführende Beschreibung liefert die von Roman Ingarden überkommene Unterscheidung von Haupt- und Nebentext im Drama. Sie befördert die Annahme, mit Hilfe des Nebentextes und der impliziten Regieanweisungen lasse sich dem Drama etwas wie seine virtuelle ideale szenische Realisierung ablesen. Pfister[5] behauptet etwa für das «klassische» Drama ein «analytisches» Verhältnis von Haupt- und Nebentext, für das «realistische» ein synthetisches. Aber abgesehen von der Problematik der Opposition klassisch/realistisch kann keineswegs dem klassischen Repertoire von Konventionen die Fähigkeit zugeschrieben werden, den Sprechtext analytisch zu erläutern oder zu spezifizieren – vielmehr geht dieser weit über den theatralen Kanon hinaus. «Synthetisch» fungiert Theater (ob explizit im «Nebentext» gefordert oder nicht) auf je spezifische Weise immer. Unerheblich die Frage nach der «latenten» Inszenierung, die der Konvention gehorcht. Der Text ist über sie hinaus, das zeitgenössische Theater läßt den Usus leichter erkennen als der zufällige Nebentext des Dramas. Bühnenanweisungen sind hilfreich für die Rekonstruktion, doch spiegeln sie im wesentlichen nur die Theaterkonventionen einer Epoche, in welcher naturgemäß der dramatische Text einen Platz durch die Relation zu anderen einnahm, der Norm folgend, gegen sie protestierend, sie listig unterlaufend – kurz: durch ein intertextuelles Verhältnis zur Norm, nicht als deren Beleg und Bestätigung. Seine Bedeutungen zu einem späteren Zeitpunkt theatralisch zu ‹aktualisieren›, muß daher vielfach, wie die praktische Theatererfahrung lehrt, in planvoller Mißachtung des Nebentextes bestehen: Was einst als provokatorische Abweichung von der Norm Bedeutung angenommen hat, ist vielleicht im Verlauf der nachfolgenden Entwicklung selbst zur Norm geworden, so daß Treue dazu gerade Verfälschung wäre.

Im übrigen sind in vielen Fällen szenische Anweisungen zugleich essentieller Bestandteil des poetischen Schrifttextes, statt nur technische Anweisung an das Theater zu sein. Bei so unterschiedlichen Autoren wie Heiner Müller und Samuel Beckett finden sich Bühnenanweisungen, die so sehr eingewobener Bestandteil des Textes sind, daß sie in vielen Inszenierungen auf der Bühne gesprochen werden. Während der spätere Beckett aber streng auf der Einhaltung seiner Anweisungen bestand, ließ Müller seine szenischen Stichworte auch als «Haupttext» zu. Die begriffliche Unterscheidung bleibt also an der Oberfläche.

Ebenso richtig wie trivial ist die Beobachtung, daß bestimmten Typen von Theatertexten ihre szenische Darbietung gleichsam eingeschrieben ist. Das bürgerliche Schauspiel des 18. und 19. Jahrhunderts ist im allgemeinen für die Guckkastenbühne konzipiert, vertrüge sich schwer mit den repräsentativen Formen der szenischen Darbietung, wie sie für die höfische Oper die Regel war. Das pièce à machine des 17. Jahrhunderts setzt, wie der Name sagt, eine szenische Darbietung mit Hilfe der Spektakelmaschinerie voraus, die strenge tragédie classique eines Racine die fast abstrakte Bühnenrealität des Hôtel de Bourgogne. Die antike Tragödie war auf die Freilicht- und Arenabühne bezogen, das Fronleichnamspiel auf den mittelalterlichen Simultanschauplatz. Obgleich für theaterhistorische wie textphilologische Forschung gilt, daß Theatertext und Theaterwirklichkeit sich gegenseitig erhellen können, ist dennoch auf ihrer Differenz zu bestehen. So unsinnig es angesichts des Reichtums musikalischer Werte wäre, eine Opernaufführung als szenische Darbietung des Librettos zu betrachten, so verfehlt ist jede Analyse der szenischen Darbietung durch das Theater, die nicht die je eigene Semantik des Textes und der szenischen Darbietung erfaßt.

Das 20. Jahrhundert

Wie in allen anderen Künsten auch, bedeutet die Epochenwende vom 19. zum 20. Jahrhundert für das Theater, seinen Begriff, seine Praxis und seine Stellung im Verhältnis zu anderen ästhetischen Diskursen einen tiefen Einschnitt. Von der Seite der dramatischen Literatur her ist die epochale Krise unter verschiedenen Gesichtspunkten beschrieben worden[6]: Auflösung der essentiellen Voraussetzungen des Dramas, Episierung, Lyrisierung, Transformationen bei den Rettungs- und Lösungsversuchen angesichts der Krise des Dramas, innere Aushöhlung der dramatischen Formsprache, wo sie dennoch beibehalten wird. Aus der Sicht der Theaterwissenschaft stellt sich dieser Einschnitt noch in anderem Lichte dar: Die Durchsetzung (durch und seit Max Reinhardt) des *Regietheaters*, das die Theateraufführung zum autonomen Gesamtkunstwerk macht, läßt den historisch latent gebliebenen Spalt zwischen dem Text und der eigenen ästhetischen Wirklichkeit des Theaters aktenkundig werden. Zugleich können mit Hilfe der neu entdeckten Möglichkeiten der Regie, der Bühnen- und Beleuchtungstechniken (elektrisches Licht, Drehbühne) emotionale Wirkungspotentiale von zuvor nicht gekannter Intensität und subtilste atmosphärische Durchleuchtungen der szenischen Hintergründe von Texten erreicht werden.

Vor dem Hintergrund der Sprachskepsis verstärkt sich gegenüber der auf den dramatischen Text und den Schauspielervirtuosen zentrierten Praxis des 19. Jahrhunderts die Rolle der *nichtsprachlichen Elemente* im Theater. Die große expressive (und expressionistische) Geste, die Bildwirkung der Bühne insgesamt, Lichtstimmungen und Tonkulisse, spezielle Formen wie Pantomime und Tanz sowie die damals begründete Tradition des ‹Ausdruckstanzes›, die am Anfang des modernen Tanztheaters steht, zeugen davon.

Insbesondere durch Stanislawski wird der folgenschwere Schritt getan, die Ausbildung des *Schauspielers* nicht mehr wie in der Tradition mehr oder weniger als Übermittlung gewisser Fertigkeiten von Generation zu Generation, vom Altmeister zum Schüler aufzufassen. In workshop und systematischem Training transformiert sich die technische Ausbildung zur «Arbeit des Schauspielers an sich selbst». Die physische Präsenz von Spielern und Spielraum wird wichtiger als das Detail des dramatischen Textes, in der Probenarbeit tritt anstelle des wortwörtlich im literarischen Text fixierten Worts der «Subtext» oder die «Überaufgabe» in den Vordergrund, die körperlich-gestische und psychologische Durchdringung der Rolle. Bei der Suche nach exaktester Realitätstreue des Theaterraums geht Stanislawski so weit, selbst angrenzende, für den Zuschauer niemals sichtbare Räume eines Hauses genau zu gestalten und zu möblieren, um den Schauspielern die größtmögliche Einfühlung in ihre fiktive Bühnenrealität zu erleichtern.

In den ersten Jahrzehnten des 20. Jahrhunderts, der goldenen Epoche des internationalen weltweiten Theaterexperiments, entwickeln sich eine Serie von *radikalen Regie- und Schauspielkonzeptionen*, z. B. bei Appia, Craig, Meyerhold, Brecht und Artaud, die mit Ausnahme von Brecht sämtlich auf Distanz gehen zur Vorherrschaft des literarischen Textes im Theater und neue Theaterkonzepte entwickeln, deren Gemeinsamkeit darin besteht, Theater nicht in erster Linie als szenische Darbietung des Textes zu begreifen, sondern textfremd bis textfeindlich orientiert zu sein.

Adolphe Appia sieht im Darsteller nicht primär den Vermittler zwischen Werk und Rezipient, sondern einen Bestandteil der Gesamtinszenierung, eines unter vielen «Ausdrucksmitteln», durch welches das Gesamtkunstwerk Theater sich verwirklicht. Appia entwickelt seine Konzeptionen wesentlich aus der Beschäftigung mit Wagner. Vom Tondrama her wird der Blick frei für die Konzeption eines durchstilisierten Theaters, in dem die Akteure sich einer rhythmischen Raum-Zeit einpassen, die – verbunden mit den neuen Dimensionen der seit kurzem elektrischen Bühnenbeleuchtung – ein Bühnengeschehen von traumbildartiger Präzision und Intensität organisiert.

Wie Appias Ideen auf postmoderne antimimetische Theaterformen der Gegenwart vorausdeuten (Robert Wilson), so greift auch Edward Gordon Craig die naturalistische Imitation der Schauspieler an und verlangt strengste Künstlichkeit der Bühnengestaltung. Um eine den anderen Kunstformen ebenbürtige konstruktiv-kompositorische Kohärenz möglich zu machen, fordert Craig den Verzicht auf alle psychologisierende Zufälligkeit und Einfühlung, wünscht sich in polemischer Überspitzung den Auszug der Schauspieler aus dem Theater überhaupt und ihre Ersetzung durch eine «Über-Marionette».

Wsewolod E. Meyerhold, der Inspirator gewaltiger Revolutionsspektakel, bekämpft scharf den Naturalismus seines früheren Lehrers Stanislawski, wendet sich gegen den Vorrang des Worts vor der physisch-körperlichen Aktion im Theater und beruft sich wie viele andere Theaterrevolutionäre jener Zeit für die Erneuerung des Theaters auf vorbürgerliche und außereuropäische Theaterformen (Barock, ursprüngliche Volkstheatertraditionen, Elemente der Noh-Bühne). Unter dem Eindruck des Taylorismus entwickelt er als zentrale Methode der nicht-psychologischen physischen Theaterspielkultur das System der Biomechanik.

Brecht begründet unter den Stichworten Episierung und Verfremdung eine Inszenierungs- und Schauspieltradition der zeigenden Distanznahme und der Historisierung. Die Inszenierung ist nicht so sehr Realisierung des vorgegebenen literarischen Textes als vielmehr dessen Ausstellung, historisierende Auslegung und kritische Durchleuchtung. Theater setzt sich als autonomer Partner in ein kritisch-dialogisches, weithin auch polemisches Verhältnis zum Text. Mit dem Konzept des «Lehrstücks» geht Brecht so weit, die szenische Darbietung der Texte nur für die Spielenden vorzusehen: Theater als eine (Selbst-)Belehrung durch das Einnehmen unterschiedlicher und gegensätzlicher Haltungen, eine Praxis des Theaters ohne Publikum.

Antonin Artauds Theater der Grausamkeit verneint die gesamte Tradition des Literaturtheaters als Manifestation einer fleischlosen Zivilisation und Theaterkultur toter Verdopplung (des Textes durch das

Theater). Sein Theaterentwurf, der, häufig auf dem Weg der Simplifizierung und des Mißverständnisses, zur Inspirationsquelle der Theateravantgarden bis heute wurde, will dem Text im Ganzen der Inszenierung nur einen untergeordneten Stellenwert belassen. Das Wort soll sich der musikalisch-gestisch-räumlichen Textur eines die Nerven der Zuschauer mehr als ihren Intellekt aufwühlenden Theaters einpassen.[7]

Ein weiterer Zug des modernen Theaters, der dessen Verhältnis zum Text affiziert, ist die Neigung zu *Grenzüberschreitungen* aller Art. Seit Dada und Futurismus fiel die Grenze zwischen Aktionskunst und Theater, happening und performance sind im Zwischenbereich angesiedelt. Tanztheater oder die Inszenierung von Bühnenbildern überschneiden sich mit Ballett und Installationskunst. Wesentliche Tendenzen des Avantgardetheaters seit dem Theater der Gegenstände bei den Futuristen, der Licht-Spiel-Maschine eines Moholy-Nagy, den mobilen Raumplastiken eines Schlemmer sprengen den Rahmen des literarischen Theaters und lassen die Aufgabe der szenischen Darstellung des literarischen Werks in völlig neuen Beleuchtungen und Kontexten erscheinen. Film und Medien werden im modernen High-tech-Theater selbstverständlicher Bestandteil der szenischen Darbietung.

Systematische Typologie gegenwärtiger Darbietungsformen

Die szenische Darbietung der dramatischen Weltliteratur bleibt unterdessen ein wesentlicher Bestandteil des etablierten Theaterrepertoires. Der Versuch einer Typologie der Inszenierungsformen des gegenwärtigen Theaters muß hier beschränkt bleiben auf die Frage nach dem Umgang mit älteren, häufig zu ‹Klassikern› gewordenen Theatertexten, an denen sich immer wieder die verfehlte Debatte um die sogenannte Texttreue entzündet. Folgende Modelle haben sich in herausragenden Theaterarbeiten etabliert:

1. Die archäologische Rekonstruktion, also der Versuch, über den Zeitabstand hinweg eine szenische Darbietung den erschlossenen Aufführungsbedingungen der Epoche des Textes anzugleichen. In manchen Inszenierungen der Berliner Schaubühne reichte diese Tendenz bis zum exakten Zitat historischer Inszenierungen.
2. Die ideologiekritische Historisierung, etwa im Sinne der Regie- und Bearbeitungspraxis Brechts, verdeutlicht mittels der szenischen Darbietung die historische Distanz zwischen Werk und gegenwärtiger Rezeption und sucht auf diese Weise historisch-kritischen Genuß

der alten Werke zugleich mit der Erkenntnis ihrer ‹ideologischen› und zeittypischen Begrenztheiten zu erzielen.

3. Die Wiederverwendung des Textes als ‹Material›, häufig mit neuen Theater- oder Textelementen in aktualisierender Collage verknüpft, sucht sich das sprachliche Material unbefangen verfügbar zu machen und gibt der Benutzung des Textes Vorrang vor dem Respekt und der ‹korrekten› Interpretation.
4. Durch eine möglichst neutrale Präsentation das vielfältige Sinnpotential ohne deutende Zurichtung sichtbar zu machen, kennzeichnet eine szenische Darbietung, bei der sich die Regie bemüht, mit einem Minimum an Festlegung die Integrität des Textkosmos möglichst unangetastet zu lassen.
5. Im Gefolge poststrukturalistischer Theorien und ‹postmoderner› Kunstauffassungen wird seit den 1970er Jahren zunehmend eine theatrale Dekonstruktion des Textes praktiziert, bei der dessen Bedeutungsschichten durch das Öffnen der Unentscheidbarkeiten und Vieldeutigkeiten in ein selbstreflexives Spiel von Lesarten transformiert werden.
6. Beim Rekurs auf Urphantasien, archaische Grundmodelle und den Mythos wird der Versuch unternommen, den Abstand zwischen Text und szenischer Darbietung durch die Konzentration auf archaische, speziell mythische Muster hin zu überbrücken.
7. Eine ganz eigene Weise der szenischen Darbietung ist durch das Theater Robert Wilsons entstanden, in dem die Bühne offen ihre vollständige Autonomie gegenüber dem dargebotenen Text behauptet und sich nicht als metaphorische Übertragung, sondern als szenographische Parallelaktion zum Text konstituiert.

Es versteht sich, daß diese im Anschluß an Pavis[8] vorgenommenen, jedoch etwas anders akzentuierten idealtypischen Unterscheidungen in der Praxis der szenischen Darbietung vielfältige Überschneidungen aufweisen und zugleich andere Unterscheidungen zwischen Weisen der szenischen Darbietung von Texten zu treffen wären: stilisierend-formalistische versus realistisch-charakterisierende szenische Darbietung; reiche und prunkvolle Ausstattung versus «armes Theater» im Sinne von Jerzy Grotowski oder Peter Brook; symbolisierender versus abbildender Gebrauch der Theaterzeichen.

Historischer Überblick über die Theaterformen

Mit Richard Southern lassen sich Zeitalter, Phasen oder Zustände des Theaters unterscheiden, wobei sich versteht, daß ein solcher strukturaler Überblick nur näherungsweise die Geschichte der szenischen Darbietung erfaßt. Gewisse Formen existieren in mehreren oder allen Zeitaltern des Theaters, historische Epochen kennen die Koexistenz verschiedener Theaterphasen.

Das erste Zeitalter des Theaters kennt nur den *kostümierten Schauspieler*, der in aller Regel unter freiem Himmel bei kultisch-ritueller Gelegenheit ohne Zuhilfenahme weiterer Hilfsmittel ‹Theater› macht (Beispiel: der wilde Mann in Bayern). Es läßt sich demonstrieren, daß in allen Zivilisationen diese simple Form die Keimzelle des Theaters darstellte. Einige der ‹Attribute› des Spielers (das häufig Tiergottheiten verkörpernde Kostüm, die Maske, Benutzung von Musikinstrumenten) können dabei zu hoher artistischer Meisterschaft entwickelt werden. Das Textelement bleibt gegenüber dem Reichtum anderer Bestandteile der Aufführung wie Tanz und Pantomime (Kathakali in Indien) untergeordnet. Wo Worte in frühen theatralen Riten eine Rolle spielen (z. B. im englischen Mummer's Play), haben sie eine mehr emotionale und atmosphärische Funktion, wurden in ihrer oft höchst dunklen Bedeutung nicht erfaßt.

Die zweite Phase besteht in einer *Elaborierung* dieser Darstellungsweise. Ein spezieller Raum für die Zuschauerschaft und häufig auch schon eine Abgrenzung/Erhöhung der Spielfläche zur Bühne gehören dazu. Neben dem frühen Noh-Theater und großen religiösen Festaufführungen z. B. in Tibet, Mexiko und Vorderasien rechnet Southern zu dieser Phase auch die mittelalterlichen Theaterformen in Europa. Diese setzen nach Anfängen mit szenisch dargestellten Kirchenliedern zunächst in der Kirche mit noch lateinisch formulierten biblischen Szenen ein. Ausweitung und Profanisierung der geistlichen Spiele führen seit dem 13. Jahrhundert zur Verlagerung vor die Kirche, dann auf den Marktplatz: Passions-, Fronleichnams-, Dreikönigs- und Weihnachtsspiele verlassen den Raum der kirchlichen Lettner-Bühne, auf der zunächst gesungen und gespielt wurde. Charakteristisch für die mittelalterliche szenische Darbietung ist die Simultanbühne: Aufreihung der Spielstätten (Häuser, mansiones) auf Podien vor dem Hintergrund der Häuserfassaden, so daß das Publikum, das mit den Stationen des Spiels mitwandert, ohne die räumlich-perspektivische Illusion eines gerahmten Theater-Bilds bleibt. Analog dazu die ‹Wagenbühne› in England, bei der die auf Wagen errichteten Spielorte durch die Stadt gezogen werden. Auch beim Spiel in Häusern werden die Schauplätze nebeneinander errichtet. Der Text, zunächst aus dialogisierter Liturgie hervorgegangen, kann angesichts der Dimensionen der szenischen Darbietung nur drastisch verkürzend sein. Während die Sukzessionsbühne der Renaissance im Sinne der neuen Werte logischer Kohärenz, individueller Perspektivierung und Dynamik die Bewegung vom Publikum auf die Szenensequenz verlegen wird, hat auf dem mittelalterlichen Simultanschauplatz der einzelne Spieler durch großzügigste Geste und holzschnittartiges Spiel sich zu verdeutlichen, läßt doch die große Masse der Spieler und der Zuschauer auf den Kirch- und Marktplätzen wenig Raum für differenzierte Artikulation.

Die dritte Phase ist historisch mit der beginnenden Säkularisierung verbunden und charakterisiert durch eine gesteigerte ästhetische Qualität: Reduktion der Anzahl der Spieler, Anfänge einer gewissen *Professionalisierung*. Die Inhalte der Darstellung sind nicht mehr rein religiös. Am höfischen Ballett in Frankreich oder den Interludes im England des 16. Jahrhunderts läßt sich der Übergang zu einer nun häufiger in Gebäuden plazierten verfeinerten Darstellung demonstrieren. Am deutschen Theater der Renaissance tritt der Charakter des Übergangsstadiums dieser Phase deutlich hervor. Neben Ansätzen der Professionalisierung herrscht das Laienspiel weiter vor, es gibt noch keine festen Theater, die szenische Darbietung findet in Schulen, Rathäusern, Wirtshäusern oder privaten Wohngemächern statt. Während im Schultheater der Akzent auf der Rhetorik liegt, herrscht im Fastnachtsspiel der Mimus über das Wort. An die Stelle des Bühnenbildners Phantasie tritt vielfach eine realistischere Raumgestaltung, die in der Neutralbühne ohne Dekor bestehen kann, durch Gestus und Kostüme der Spieler glaubhaft definiert; oder auch, wie im ausgebildeteren italienischenTheater der Renaissance, ein neuer architektonischer Symbolismus der Szene.

Im vierten Zeitalter, zu dem keineswegs alle Theaterkulturen voranschreiten, wird schließlich die regelmäßig vorhandene *Bühne* organisiert, ein Bühnen- und Theaterraum (noch nicht systematisch in Gebäuden, sondern vielfach weiterhin unter freiem Himmel) mit regulär gebotenen praktischen Spielmöglichkeiten. Die Bühne verfügt nun über einen Hintergrund, eine Möglichkeit für effektvolle Auftritte (und Abgänge), erhöhte Spielfläche und einen Raum für Requisite und Kostümwechsel. Zu diesem Zeitalter der organisierten Bühne sind die vielfältigen Ausprägungen des noch nicht von Bühnenarchitektur und

Szenerie beherrschten Budentheaters zu rechnen, die Pastorale im baskischen Tardets, das Public Playhouse und die höfische Spektakelbühne für die ‹masques› eines Inigo Jones. Während in Europa die Vorherrschaft der Bühnenszenerie und dann der Wunsch nach möglichst vollkommener Illusionierung die Theaterentwicklung vom 17. bis zum 20. Jahrhundert bestimmen, bleiben die meisten anderen Theaterkulturen bei dieser vierten Phase des Theaters stehen, so die klassische chinesische oder indische Bühne.

Die fünfte Phase ist das Zeitalter des überdachten *Theaterhauses* mit Bühnendekoration, in dem nun häufiger, vielleicht schon täglich gespielt wird. Abgesehen von modernen interkulturellen Austausch- und Adaptionsprozessen ist diese vom 16. bis zum Beginn des 20. Jahrhunderts anzusetzende Phase spezifisch europäisch. Sie sieht vom Ausgang der Renaissance bis ins Zeitalter des Barock die internationale Durchsetzung der scène à l'italienne, der perspektivisch angelegten Kulissenbühne, deren malerischer Illusionismus an die Stelle des architektonischen Symbolismus der Renaissance tritt. Rasche und staunenerregende Verwandlungen werden möglich. Mehr als prunkend-festlicher Bildhintergrund denn als Charakteristik der jeweils verlangten Spielorte konzipiert, eignet sich diese barocke Illusionsbühne für die Darbietung großer Opern. Dagegen führen im bürgerlichen Zeitalter der anwachsende Bedarf an Zimmer- und Innenraumdekoration wie auch die Nachteile der Kulissenperspektive (sie funktioniert nur illusionierend für wenige richtig gelegene Plätze im Zuschauerhaus) zur Entwicklung einer als wirklichkeitsnäher angesehenen Form der szenischen Darbietung. Herrschte auf der Illusionsbühne des höfischen Zeitalters eine von Konventionen bestimmte Rhetorik und Darstellungsweise vor, so läßt sich zum bürgerlichen Theater des 18. Jahrhunderts hin eine Evolution konstatieren, die von künstlichen zu tendenziell natürlichen – oder doch als naturwahrer betrachteten – Theaterzeichen im Theater der Aufklärung führt.[9]

Im sechsten Zeitalter des Theaters triumphiert die künstlerische Tendenz zur Vervollkommnung der theatralen *Illusion*. Die komplexe und widersprüchliche Geschichte dieses Konzepts ist hier nicht zu skizzieren. War die perspektivische Illusion der Renaissance vor allem repräsentativer Schauwert, die überschärfte Tiefenperspektive der barocken Kulissenbühne nicht zuletzt Ausdruck der Lust an der optischen Täuschung, so führt das Bedürfnis nach konsistenter Theaterillusion als Gegenwelt zur Wirklichkeit im 19. Jahrhundert zum Illusionismus der *Guckkastenbühne* mit der imaginären ‹vierten Wand› zum Publikum hin. Nutzung der neuen Gasbeleuchtung für illusionierende Bühneneffekte und Verdunklung des Zuschauerraums tragen ebenso zur Illusion bei wie die Verwendung von Wandeldekorationen, Rundhorizonten usw. Mit der Illusion geht das Streben nach möglichst weitgehender Einfühlung einher. Dieses Theater des Illusionismus bringt jedoch zugleich Einschränkungen mit sich: Das Theaterspiel unterliegt den Zwängen der Bühnenapparatur, die eigene Phantasie bei der Rezeption kann erlahmen, die Dominanz des schauspielerischen Virtuosentums und des Repräsentationstheaters verdrängen die neuen sozialen und technischen Wirklichkeiten, höhlen die Authentizität des Theaterspiels aus, das ästhetisch eine eklektische Formenvielfalt der szenischen Darbietung zeigt: von gleichsam lebendiger Historienmalerei, neo-antiker Stilisierung und pompösen Ausstattungsorgien bis zur neuen Texttreue und dem Bemühen um Realistik bei den Meiningern und dem naturalistischen Theater, in dem die Vergegenwärtigung des den Menschen beherrschenden Milieus auf der Bühne die sozialkritischen Thesen der Dramen bereits belegt.

In der siebten Phase, die bis in die Gegenwart reicht, wird das Zeitalter der Illusion zugunsten gezielter und bewußter *Anti-Illusion* beendet: Symbolismus und Expressionismus brechen mit dem Primat der Abbildung, von Brecht und Artaud zum Theater des Absurden und zur postmodernen Collage zieht sich – stets neben bewahrenden Rückgriffen auf vergangene Theatertraditionen der vielarmige Strom moderner (und postmoderner) Spielformen, die in beliebig anmutender Variationenfülle Text und Theater aufeinander beziehen: Reduktion ganzer Dramen auf Monologe, chorische Transpositionen, Musikalisierung, verfremdende Rhythmisierung, Collagen und radikale Amputationen an Texten, elektronische Abspaltung des Gesprochenen vom Spieler mit Hilfe elektronischer Mittel, Dauerrezitationen, Techniken extremer Verlangsamung und Beschleunigung der Sprache, fortwährender Rollentausch, Einbeziehung der Rezipienten in die szenische Darbietung des Textes usw. Mit einiger Verzögerung holt fortgeschrittene Theaterästhetik heute zugleich die Veränderungen der Moderne in anderen Künsten nach und sucht nach Wegen, im Umfeld fortschreitender Medienkultur die Besonderheit des Theaters als Kunst des Ereignisses zu behaupten.

Literatur

Brauneck, Manfred: Theater im 20. Jahrhundert. Programmschriften, Stilperioden, Reformmodelle. Reinbek bei Hamburg 1982.

Derrida, Jacques: Das Theater der Grausamkeit und die Geschlossenheit der Repräsentation. In: Ders.: Die Schrift und die Differenz. Frankfurt/M. 1976 (L'écriture et la différence. Paris 1967).

Fischer-Lichte, Erika: Semiotik des Theaters. Tübingen 1983.

Ingarden, Roman: Das literarische Kunstwerk. Tübingen 1931.

Kindermann, Heinz: Theatergeschichte Europas (10 Bde.). Salzburg 1957ff.

Kowzan, Tadeusz: Littérature et spectacle. La Haye/Paris 1975.

Kristeva, Julia: Die Revolution der poetischen Sprache. Frankfurt/M. 1978.

Lehmann, Hans-Thies: Theater und Mythos. Die Konstitution des Subjekts im Diskurs der antiken Tragödie. Stuttgart 1991.

–: Die Inszenierung: Probleme ihrer Analyse. In: Zeitschrift für Semiotik. H. 1 (1989), S. 29–49.

Pavis, Patrice: Dictionnaire du théâtre. Paris 1987.

–: Klassischer Text und szenische Praxis. In: Christian W. Thomson (Hg.): Studien zur Ästhetik des Gegenwartstheaters. Heidelberg 1985.

Pfister, Manfred: Das Drama. (5. Aufl.). München 1988.

Schechner, Richard: Theater-Anthropologie. Spiel und Ritual im Kulturvergleich. Übers. von Susanne Winnacker. Reinbek bei Hamburg 1990.

Southern, Richard: The seven Ages of the Theatre. New York 1961 (dt. Die sieben Zeitalter des Theaters. Gütersloh 1966).

Szondi, Peter: Theorie des modernen Dramas. Frankfurt/M. 1963.

Anmerkungen

1 Vgl. hierzu besonders J. Kristeva und den Beitrag «Aspekte des Dramas» von Andreas Mahler in diesem Band.

2 Vgl. dagegen E. Olson: Tragedy and the Theory of Drama. Detroit 1961, zustimmend zitiert von M. Pfister, S. 389.

3 Vgl. Pfister, S. 24f und passim.

4 Vgl. H.-Th. Lehmann: Theater und Mythos, S. 50ff.

5 Vgl. Pfister, S. 40f u. Abschnitt 3.3.

6 Vgl. (noch immer) vor allem P. Szondis Theorie des modernen Dramas.

7 Vgl. zur inneren Kohärenz der auf den ersten Blick oft abenteuerlichen Darlegungen von Artaud vor allem Derrida.

8 Vgl. P. Pavis: Klassischer Text und szenische Praxis.

9 Vgl. E. Fischer-Lichte, Bd. 2.

Joachim Paech

Vom Feuilletonroman zum Fernsehspiel

Untersuchungen zur Literatur in den Massenmedien bewegen sich leicht auf einen Punkt zu, an dem die Frage nicht mehr lautet «Was ist Literatur?» (Sartre; Adorno), sondern «Was ist nicht mehr Literatur?». Solange die gattungsspezifischen Bestimmungen nicht verändert werden, wird kaum Zweifel bestehen, daß es sich auch dann noch um Literatur handelt, wenn das lyrische Gedicht Elemente der Werbung oder die epische Darstellung Zeitungsreportagen aufnimmt. Solche vergleichsweise harmlosen Interventionen ursprünglich außerliterarischen Materials führen bestenfalls zu Diskussionen um das ‹eigentliche Wesen› von Literatur, was Literatur soll und was nicht. Ausgrenzungen unerwünschter literarischer Erscheinungen haben immer wieder zu hierarchischen Differenzierungen, z. B. in eine hohe und eine niedere, triviale Literatur geführt, woraufhin Literaturdebatten oder allmähliche Anpassungsprozesse zu Veränderungen des Literaturbegriffs geführt haben, die im wesentlichen Ausweitungen oder Aktualisierungen der Gattungsspezifik literarischer Darstellungsformen sind.[1] Sie rühren in der Regel nicht an die Grenzen der Literatur selbst, sondern reagieren auf die Herausforderungen ihrer ökonomischen, soziokulturellen und auch medialen Umgebung.

Die modernen Massenmedien scheinen zunächst nichts anderes zu sein als eine solche sich dynamisch verändernde Umwelt für die literarische Produktion, Distribution und Konsumtion: Seit ihrem Auftreten im 19. Jahrhundert ist eine oftmals widersprüchliche und schwierige Anpassung der Literatur an die neuen Massenmedien der (illustrierten) Presse, des Films, des Radios und des Fernsehens im Sinne ihrer ‹Modernisierung› festzustellen, was neue literarische Gattungen (Feuilletonroman, Drehbuch, Hörspiel) hervorgebracht hat, die in einem direkten Verhältnis zu den neuen Medien stehen. Die Literatur ist demnach im Zeichen der modernen Massenmedien durch eine besondere Differenzierung in eine literarische Gattungs- und eine nicht mehr literarische Medienseite gekennzeichnet. Diese Differenzierung spielt grundsätzlich auch eine Rolle zwischen Drama und Theateraufführung; sie findet sich radikalisiert im Verhältnis der Literatur zu den modernen Massenmedien, wenn wesentliche Eigenschaften von ‹Literatur›, z. B. ihre buchstäbliche Textbasis, nicht mehr gewährleistet sind. Es ist wenig hilfreich, durch eine zu weitgehende Anpassung des Literaturbegriffs die Differenz zwischen der Literatur und den technisch-apparativen Medien zu verwischen: Ebensowenig wie Theater ‹Literatur› ist, sind es Film, Radio, Fernsehen oder Video.

Der Feuilletonroman der Massenpresse

Die Massenpresse als Medium der (Vor-)Veröffentlichung der zeitgenössischen Romanliteratur ist in Frankreich in der ersten Hälfte des 19. Jahrhunderts entstanden. Für die 1836 gegründeten Tageszeitungen «La Presse» und «Le Siècle» wurden Fortsetzungsromane in die Zeitung aufgenommen, um auch ein an Unterhaltung interessiertes Publikum mit hoher Auflage und niedrigen Preisen zu erreichen. Die Kritik der «Littérature industrielle» (Sainte-Beuve) führte zur Trennung zweier Literaturen, deren populärer Teil so lange abgelehnt wurde, bis er von der Zeitungs- zur Buchform mutiert war (das betrifft die Romane von Dumas, Balzac oder Sue und fast die gesamte Romanliteratur seit dem ersten Drittel des 19. Jahrhunderts).[2] Ein Großteil der «Lesestoffe der kleinen Leute» (Schenda) ist aus den populären Medien nie herausgekommen und hat daher die Aufmerksamkeit der Literaturkritik nie erregen können, es sei denn, daß sie mit dem Verdikt ‹Schund› abgetan oder bekämpft wurde.[3] Die Literatur des ‹poetischen Realismus› in Deutschland erschien nach französischem Vorbild ebenfalls nahezu vollständig im Feuilleton der Gesellschafts- bzw. Familienzeitschriften («Gartenlaube», «Westermanns Monatshefte» oder «Deutsche Rundschau»), und Storm, Raabe, Fontane, um nur die Prominentesten zu nennen, haben alle ihre Novellen und Romane in Zeitschriften und auch in der Massenpresse vorveröffentlicht (längere Fortsetzungsromane waren zunächst den Tageszeitungen vorbehalten, während die Novellen in wenigen Folgen der Zeitschriften abgedruckt wurden). Die philologische Literaturwissenschaft hat der Tatsache des Schreibens für den Zeitungsmarkt kaum Beachtung geschenkt und ihren Gegenstand erst in der Buchform des Textes wahrgenommen; die Literatursoziologie dagegen hat sich immerhin für die paradoxe Tatsache interessiert, daß die Massenpresse die moderne ‹Institution Literatur› überhaupt erst konstituiert und den autonomen Autor, der ausschließlich von seiner literarischen Arbeit lebt, ermöglicht hat.[4]

Aus der Abhängigkeit vom Mäzenatentum befreit sich die Literatur zur Produktion für den literarischen Markt, um dort neue Abhängigkeiten (aber auch Einträglichkeiten) vorzufinden: Der Geschmack eines breiten Lesepublikums wird zum «Maßstab der Literaturproduktion»[5]. Endlose Auseinandersetzungen mit den Sittlichkeitsvorstellungen der Leser jener Zeitungen und Zeitschriften, deren Annahme und Ablehnung von Texten über Erfolg und finanzielle Sicherheit des Autors entschieden, hatten erheblichen Einfluß auf das Schreiben; Texte mußten geändert werden oder wurden von vornherein mit der Schere im Kopf verfaßt. Paul Heyse: «Ich aber habe keine Lust, es immer und immer wieder mit Tantchen Toutlemonde zu verschütten, schreibe vielmehr jetzt eine unabsehliche märkische Geschichte, in welcher gleich anfangs viel vom lieben Gott geredet wird. Dieses soll dann die Gartenlaube ihren Lesern und Leserinnen zur Magenstärkung nach aller Marliteratur [die Romane der Eugenie John, gen. Marlitt, waren seit 1866 sprichwörtliche Gartenlauben-Literatur; J. P.] auftischen (...) Gehe hin und tue desgleichen. Spielhagen, Freytag, Fontane, Raabe usw. sind schon vorangegangen.»[6] Als seit den 1870er Jahren auch der Buchhandel mit höheren Auflagen und Honoraren eine professionelle Produktion der Buchliteratur ermöglicht, ist eine vielfältige ‹Institution Literatur› etabliert. Daß auch ihre Höhenkammliteratur aus den Niederungen der Massenpresse mit den entsprechenden massenmedialen Darstellungsformen hervorgegangen ist, ist schnell verdrängt und vergessen worden. Wenn allerdings die audiovisuellen Massenmedien, Film und Fernsehen, besonders intensiv die Romanliteratur des 19. Jahrhunderts verarbeiten, dann ist dies nicht zuletzt ein Indiz für den Rückgriff auf populäre Formen der Literatur.

Die Massenpresse unterscheidet sich wesentlich vom bis dahin dominierenden Buchmedium der Literatur; geringer Preis und massenhafte Verbreitung machen die Publikationen vom Markt (Anzeigenaquisition und Publikumsgeschmack) abhängig; die schnelle Erscheinungsfolge (Beschleunigung und Periodizität) dient der politischen und kommerziellen Information, die um Anteile mit dem Gebrauchswert ‹Unterhaltung› ergänzt wird, um auch ein unpolitisches Publikum zu erreichen. In diesem Kontext erscheint Literatur (je nach Charakter der Zeitung oder Zeitschrift) in Fortsetzungen oder in Serien, was selbstverständlich erhebliche Rückwirkungen auf die gattungsspezifische Darstellungsform von Literatur hat (das Zeichenmaterial unterscheidet sich nicht). Fortsetzungen bieten Fragmente eines intendierten Ganzen, deren Teile in ständiger Wiederaufnahme verbunden werden.[7]

Serien dagegen machen die Teile zu Varianten eines Ganzen, das es nie geben wird, sondern sich in grundsätzlich endlosen Wiederholungen erschöpft (Fortsetzungen haben ein Ende, Serien laufen aus); während das Erzählschema der Serien gleichbleibt, variieren Personen und Situationen innerhalb eines stereotypen, sich nur allmählich wandelnden Registers.[8]

Die massenmedialen Darstellungsformen der Literatur in der Massenpresse sind entweder in der populären «trivialen» Literatur so relevant, daß sie zu einer Abwertung dieser Literatur innerhalb der ‹Institution Literatur› beigetragen haben, oder sie sind so unbedeutend, daß sie für die ‹hohe Literatur› (z. B. des poetischen Realismus) bei der Literaturwissenschaft kaum Beachtung gefunden haben. Beide Extreme sind falsch, Medien- und Gattungsspezifik der Erscheinung jeder Literatur in der Massenpresse haben ihre Spuren hinterlassen, die dann noch deutlicher zutage treten, wenn bei der Transformation in audiovisuelle Medien zur gattungs- auch die zeichenspezifische Differenz hinzukommt.

Der literarische Film

Mit der Erfindung des Films Ende des 19. Jahrhunderts (1894/95) entsteht ein technisch-apparatives Massenmedium, das von vornherein nicht auf Schrift, sondern in der Erweiterung der Fotografie auf der Artikulation mit ikonischem Zeichenmaterial und der Repräsentation durch bewegte Bilder beruht (Kittler). Der Film beginnt seine Laufbahn definitiv außerhalb der ‹Institution Literatur›. Zu Beginn dieses Jahrhunderts zunächst nur ein Baustein innerhalb der Programme der Unterhaltungsindustrie (Varieté, Music Hall, Jahrmarkt), wird der industriell hergestellte Film bis ca. 1910 weltweit zum Massenmedium. Nachdem bis zur Jahrhundertwende über 80 Prozent aller Filme sog. Topics, Travellogues oder in Frankreich Vues und Panoramas waren (also kurze bewegte ‹Postkarten› von nah und fern, von Paraden vor Kaisern oder von Kriegen, Katastrophen und Sportereignissen), änderte sich dieses Verhältnis in der Filmproduktion um 1904 drastisch: Bis 1907 waren überall, auch in Frankreich, die fiktionalen erzählenden Filme (Burlesken ebenso wie ‹anspruchsvolle› Literaturadaptionen) mit über 90 Prozent vertreten. Die Ursache ist eine grundsätzliche Umstrukturierung der Produktion, des Vertriebs und der Rezeption des Films in diesen Jahren. Die Produktionsweise von Filmen ist in dieser Zeit aufwendiger und auch teurer geworden, so daß ökonomische Zwänge es verbieten, in der Wirklichkeit ‹Ereignisse› abzuwarten, die man im Studio ebenso gut und besser reproduzieren oder erfinden kann (Méliès wird berühmt für seine ‹actualités pastiches› wie die «Affaire Dreyfus», «Ausbruch des Ätna» oder die vorgeahmte «Krönung Edward VII»). Die Ansprüche an die Qualität der Filme hatte bewirkt, daß die Studioproduktion der Filmarbeit ‹on location› vorgezogen wurde. Die Zuschauer waren der ewigen Paraden, Stapelläufe oder Staatsempfänge müde; sie waren nur mit neuen Bildern vor die Leinwände zurückzuholen, die seit etwa 1905 (in den USA machen die ersten ‹Nickelodeons› auf) überwiegend in ortsfesten Kinos zu finden sind: Das Kino hatte den Weg von den Varietés über die Jahrmärkte zu den Kinos zurückgelegt und war nun dort angekommen, wo ein massenhafter Bedarf an neuen ‹Filmereignissen› statt bisher ‹gefilmten Ereignissen› die sich etablierende Filmindustrie herausforderte. Da die Filme nicht mehr verkauft, sondern verliehen wurden, zirkulierten sie jetzt durch die ortsfesten Häuser. Kinos hatten ‹ihr› Publikum, das in den Vorstädten anders als im Zentrum der Metropolen war, in Arbeiterbezirken anders als in den Vergnügungsvierteln, wo sich seit ca. 1910 die schmutzigen kleinen Ladenkinos zu Filmtheatern und Kinopalästen mauserten. Diese Entwicklung bis etwa zum Ersten Weltkrieg sollte gegenwärtig sein, wenn jetzt von der Literarisierung des Films die Rede ist.

In der ‹Institution Cinéma› (die Filmproduktion, Filmvertrieb und Kinorezeption einschließt) werden Filme nach deutlich reglementierten Gattungen in den Studios produziert, durch Verleihgesellschaften auf dem Markt vertrieben und in Kinos für ein Publikum projiziert, dessen Erwartungen sich im Rahmen von Gattungszuweisungen regeln (man geht in einen Western). Eine Geschichte der Filmgattungen könnte Veränderungen im Medienhandeln innerhalb der ‹Institution Cinéma› verdeutlichen.

Schwieriger ist das komplexe Zeichenmaterial des Films zu bestimmen. Die fotografische Abbildung verweist auf eine ikonische Zeichenebene, die in der Bewegungsabbildung jedoch doppelt transformiert wird: Durch die dargestellte Bewegung wird das Bild transparent zum vorfilmisch Abgebildeten der Erzählung – der Signifikant wird imaginär (Metz); durch die Kamerabewegung (Schwenk, Annäherung, Kippen) wird zusätzlich der Bildausschnitt verändert, wodurch allmählich eine zweite Artikulationsebene eingeführt wird. Weitere Abbildungseigenschaften wie Bildgröße, Beleuchtung, Farbe, Tiefenschärfe, schließlich auch der Ton kommen hinzu (ohne daß die ‹Sprache des Films› damit hinreichend gekennzeichnet wäre).

In der Geschichte der Beziehung zwischen Literatur und Film spielt eine besondere Rolle, daß beide Medien auf unterschiedliche Weise auf dieselben Veränderungen der Wahrnehmungsbedingungen im Zuge der Industrialisierung reagiert haben. Durch die mechanischen Bewegungen von Eisenbahn und Fließband entsteht ein ‹filmischer Blick›, der in der Literatur (bei Flaubert, Dickens, Fontane u. a.) erzählt wird, bevor das Kino ihn in der dispositiven Konstellation des Zuschauerblicks zum Kamerablick institutionalisiert. David Wark Griffith, der frühe große Filmerzähler, hat die narrative Struktur seiner Filme (z. B. Parallelmontagen) nach eigenem Bekenntnis bei Dickens gefunden, der, wie Sergej Eisenstein betont, Erfahrungen mit derselben antagonistischen Gesellschaftsstruktur und ihrer urbanen Lebensräume wie später Griffith mit vergleichbaren stilistischen Mitteln wiedergibt.[9]

Die massenmedialen Darstellungsformen von Literatur im Film haben also vorfilmische Gemeinsamkeiten zur Voraussetzung, deren Bedeutung vor allem in der Affinität der Literatur des 19. Jahrhunderts (und ihrer Nachfolger) zum Film liegt, von deren populären Aspekten bereits die Rede war.

Filmgeschichtlich ist zunächst das Theater (besonders das populäre Theater des romantischen Melodrams und das Varieté) Vor-Bild für den Film geworden, da das Theater den Bildraum für die starre Filmkamera konstituierte, in den dann auch ‹Bilder der Literatur› szenisch wie ‹tableaux vivants› eingefügt werden konnten, bevor Kamerabewegung und narrative Montage den Erzählfluß der Literatur eingeholt haben.

Von Anfang an haben für den Film vor allem die Stoffe der populären Unterhaltungsliteratur eine wesentliche Rolle gespielt. Und wenn auch als erste Literaturverfilmung Louis Lumières Adaption von Motiven des Goetheschen «Faust» 1896 genannt wird, gefolgt von «Le Cabinet de Méphistophélès», «Le Laboratoire de Méphisto» oder «Faust et Marguérite» (scène à transformation), dann handelt es sich hier gattungsspezifisch um das Melodrama und medienspezifisch um die Fähigkeit zum Zaubern, die dem ‹magischen› Medium Film eignet und die vor allem von dem Besitzer eines Zaubertheaters Georges Méliès weidlich ausgenutzt wurde. Ebenfalls von Anfang an bedient sich der Film der sequenziellen Gliederung seiner Stoffe, für 1897 ist zum Beispiel eine Serie von 13 Tableaux «La vie et la passion de Jésus Christ» angegeben.

Diese rudimentären Ansätze zu medien- und gattungsspezifischen Darstellungsformen von Literatur bzw. literarischem Erzählen im Film verstärken sich zur ‹Literarisierung› des Films seit seiner Durchsetzung als Industrie und der Entstehung einer komplexen ‹Institution Cinéma› (etwa seit 1907/08). Von nun an wird nicht nur in ständig umfangreicher werdenden Filmen ‹Literatur› massenhaft verarbeitet (verfilmte Literatur unterstützt in der Regel den Buchmarkt, s. Hugos «Les Misérables»[10]); alle Bereiche der ‹Institution Literatur› werden in Mitleidenschaft gezogen, Autoren wenden sich der Filmindustrie zu (G. Hauptmann, Schnitzler, Brecht, Hofmannsthal), Theaterregisseure führen auch in der Filmindustrie Regie (Reinhardt, Jessner, Piscator), Theaterschauspieler arbeiten beim Film mit (Bassermann, Weber, Kortner); Verlage publizieren ‹Ciné-Romans›, und das Kinopublikum teilt künftig seine Aufmerksamkeit mit der Literatur, dem Theater und anderen Medien (je nach kultureller Orientierung).

Das Jahr 1913/14 wurde in Deutschland zum Autorenfilmjahr.[11] In einem programmatischen Sonderheft «Kunst und Literatur im Kino» der Fachzeitschrift «Lichtbildbühne» hieß es: «Die Außenwelt muß es wissen, daß erste künstlerische und literarische Kräfte freudig in unsern Arbeitskreis eingetreten sind.»[12] Von den Autoren wurden weniger Bearbeitungen als Originalmanuskripte für den Film erwartet, «die den künstlerischen Eigenheiten des Films gerecht werden» sollten.[13] In derselben Ausgabe der «Lichtbildbühne» hieß es, daß «nur der ein guter Filmdichter sein kann, der unsere Technik, Ausdrucksmöglichkeiten, die Mängel und Vorzüge der Filmsprache kennt».[14] Aber welcher angehende Filmdichter hatte sich schon ein Filmstudio von innen angesehen (die berühmte Filmstadt ‹Neu-Babelsberg› der späteren Ufa existierte seit 1912)? Eine Initiative von Kurt Pinthus versammelte zu Übungszwecken ‹Kinostücke› von Max Brod, Walter Hasenclever, Else Lasker-Schüler u. a. in einem «Kinobuch» (keine dieser Filmerzählungen wurde jemals verfilmt).[15] Die bekanntesten ‹Autorenfilme› von 1913 deuten die beiden Tendenzen an: der Regisseur Max Mack verarbeitete als literarische Vorlage das Theaterstück «Der Andere» von Paul Lindau (verfilmt mit Albert Bassermann), und Hanns Heinz Ewers verwendete literarische Stoffe der deutschen Romantik im Drehbuch zu «Der Student von Prag» (mit Paul Wegener, Regie: Stellan Rye).

Eine Literaturgeschichte des Films hätte sich nicht nur um die originären Vorlagen der Literatur und ihre Verfilmung zu bemühen; ihr Gegenstand hätte der komplexe Austauschprozeß zwischen der ‹Institution Literatur› und der ‹Institution Cinéma› zu sein. Während die französische und deutsche Avantgarde des ‹Cinéma pur› (René Clair u. a.) bzw. ‹absoluten Films› (Hans Richter, Walter Ruttmann) jegliche Vor-Schriften der Literatur zurückweist und Film als ‹Malerei mit Licht› (Germaine Dulac) versteht, bringt der filmische Expressionismus (Prototyp «Das Cabinett des Dr. Caligari» 1919, Regie: Robert Wiene, nach einer Vorlage von Hans Janowitz und Carl Mayer) mit dem literarisch anspruchsvollen Drehbuch eine ‹neue Literatur› hervor, die nach der Einführung des Tonfilms (seit 1927/29) wegen ihrer Nähe zum Drama als neue Gattung auch auf dem literarischen Markt erscheint.[16] Der literarische Expressionismus und die Literatur der Neuen Sachlichkeit nehmen ihrerseits Erfahrungen der Kinorezeption in ihre Schreibweise und Thematik auf; die montageförmige Filmwahrnehmung wird in direkte Beziehung zur schockförmigen Wahrnehmung des modernen Großstadtlebens gesetzt. Die filmische Schreibweise in Alfred Döblins Roman «Berlin Alexanderplatz» (1929) – ein Stoff, der von Döblin multimedial auch als Hörspiel (1930) und Film (Regie: Piel Jutzi, 1931) ausgewertet wurde – hat Parallelen in den USA, z. B. bei Dos Passos, dessen Roman «Manhattan Transfer» (1925) ebenfalls eine ‹filmische Wahrnehmung› der modernen Großstadt ausdrückt.[17] Die Mitarbeit von Schriftstellern in der ‹Filmfabrik Hollywood› wird für Faulkner und Fitzgerald zur einträglichen, aber auch leidvollen Erfahrung, die von deutschen Autoren im Exil wiederholt wird. Unter ihnen war Bertolt Brecht, der im ‹Dreigroschenprozeß› gegen die Verfilmung seines Bühnenstücks durch G. W. Pabst (1931) das Kunstwerk «im Zeitalter seiner technischen Reproduzierbarkeit» (Benjamin) neu definierte.

Das Beispiel des italienischen Neorealismus ist für die Filmjournalisten der Pariser Filmzeitschrift «Cahiers du Cinéma» der Ausgangspunkt dafür, die ‹Vor-Schriften› der literarischen Drehbücher für den Film zurückzuweisen und den medienspezifischen Autor für den Film zu fordern, der wie der literarische Autor jedoch mit der Kamera als Federhalter (‹caméra stylo›) den Film ‹schreibt›.[18] Noch einmal wird also von André Bazin und François Truffaut das Modell der Literatur für eine ‹Autorenpolitik› des Films zitiert und in Deutschland mit dem Oberhausener Manifest 1962 kopiert. Noch intensiver wird der Austausch zwischen der Literatur des ‹Nouveau roman› und dem Film der ‹Nouvelle vague› in Frankreich (Resnais, Duras, Robbe-Grillet), England (Pinter, Osborne) und Deutschland (Handke, Weiss, Kluge). Neue Technologien (16 mm Schmalfilm und später Video) geben dem filmenden Autor zwar neue Möglichkeiten des Erzählens mit der Kamera

(Drehbücher werden von Godard als Video-Scenarios mit der Kamera ‹geschrieben›), die jedoch eher vom Modell Literatur weg mit Vor-Bildern der Malerei zu polyästhetischen elektronischen ‹Vilmen› führen (Godard, Viola).[19]

Die massenmediale Darstellungsweise von Literatur im Film erschöpft sich nicht im filmischen Wiedererzählen einer literarischen Vorlage (was, wie gesagt, nur als die diskursive Anordnung eines Geschehens im filmischen oder umgekehrt im literarischen Text vorzustellen ist). Die medienspezifische Differenz, die das Zeichenmaterial einschließt, hat auf beiden Seiten zu neuen Gattungen des literarischen Films, der modernen Literatur mit filmischer Schreibweise, des Ciné-Romans und Roman-Cinéma (Robbe-Grillet), des Buchs nach dem Film geführt, die auf den intensiven Austausch zwischen Literatur und Film verweisen.

Das Hörspiel

Alfred Döblin hat als einer der ersten Schriftsteller darauf bestanden, daß für «die Literatur (...) der Rundfunk ein veränderndes Medium (ist). Formveränderung muß oder müßte die Literatur annehmen, um rundfunkgemäß zu werden, und wie stellt sich oder kann sich überhaupt die Literatur zu diesen Ansprüchen des Rundfunks stellen?»[20] Statt der Reduktion auf die rezitierbare Literatur (Lyrik zum Beispiel) muß sich die Literatur verändern, um radiogemäß zu sein, muß der Schriftsteller zum ‹Sprachsteller› (Döblin) werden.

Gerade dort also, wo die Zeichenstruktur des Mediums lediglich den Schritt vom Lesen zum Vor-Lesen verlangt, wird die Gattungskonstitution einer neuen Literatur für das Radio gefordert. Der Roman scheitert nicht am Film, aber am Radio. Die neue «Gattung hat den Merkmalen des Radio – Hörbarkeit, Kürze, Prägnanz, Einfachheit – Rechnung zu tragen. Der Rundfunk hat sein Hörspiel (...) durchaus mit Hilfe der wirklichen Literatur zu entwickeln, denn es ist Sprache und dichterische Phantasie dazu nötig.»[21] Das Hörspiel erscheint als die medienspezifische Gattung des Rundfunks, eine Mischung aus dem Rhythmischen der Lyrik, des Dramatischen der (Theater-)Szene, des Epischen des universellen Erzählens. Die Darstellungsform des Hörspiels verlangt nach einer neuen Literatur, das unterscheidet sie von den übrigen Medien, die vorgefundene Literatur ver-wertet haben. Und das literarische Hörspiel ist nicht identisch mit dem gesendeten; es ist eine literarische Gattung, die ihr akustisches Äquivalent im anderen Medium des Radios hat: Der Text nimmt den Rhythmus des Sprechens, die (szenische) Interaktion der Sprecher und die Verlautbarung des Erzählens auf, reichert sich mit Geräuschen an, konstituiert einen Hörraum und macht ihn zum Wahrnehmungsraum.

Hörspieltheorien bestimmen den Darstellungsmodus des Mediums je nachdem, wo der Wahrnehmungsraum lokalisiert wird: In der Rückkoppelung zwischen Sender und Empfänger hatte Brecht die Kommunikationsfunktion des didaktischen Apparats Radio für das «Badener Lehrstück» (Sendung 1934 Radio Brüssel) festgemacht. «Das Weltbild des Ohres» hat Rudolf Arnheim mit dem Organ verbunden, das den Eingang zur Innenwelt des Hörers bedeutet, wo jenes Bild von der Welt entsteht, das vom Hörspiel akustisch vermittelt werden soll.[22] Eine Gattungstypologie des Hörspiels verbindet Analogien zu Darstellungsformen anderer Medien: Der ‹Hörfilm› z. B. verschiebt nicht nur das Defilee der Bilder vor den Augen zum Defilee der Töne durch die Ohren, sondern ist in Ruttmanns Versuch «Weekend» (1930) tatsächlich eine Filmaufzeichnung ohne Bilder gewesen. Ruttmann verwendete die Lichtton-Spur als Aufzeichnungsmedium.[23] Bezeichnungen wie ‹Oratorische Balladen›, ‹Dialog-Novellen›, ‹innere Monologe› kennzeichnen die falsche Mimesis der Gattungen anderer Medien, die auch dem ‹Hör-Spiel› noch eigen ist.[24]

Veränderte technisch-apparative Produktionsmittel des Rundfunks (vor allem die Bandaufzeichnung, die das Abmischen von Aufnahmen auf mehreren Kanälen zuläßt, UKW und mehrkanalige Übertragungen für den Stereorundfunk) haben nach dem Zweiten Weltkrieg den akustischen Hörraum so entschieden verändert, daß sich das Gewicht von der Seite der primär literarischen Definition des Hörspiels (nie gab es so viele Veröffentlichungen von Hörspieltexten wie in den 50er und 60er Jahren) zur Seite des Mediums Radio zu verschieben begann. Auf der Hörspieltagung der Gruppe 47 in Ulm (1960, als das Fernsehen bereits das Kommando übernommen hatte) kam es zur Kontroverse. Das alte, nach dem ‹Eich-Maß› (Günter Eichs) konzipierte Hörspiel, inszeniert auf der ‹inneren Bühne› des Hörers, wurde vom medienspezifischen ‹totalen Schallspiel› herausgefordert, das Friedrich Knilli propagiert hatte.[25] Bis heute, und auch das kennzeichnet (s)eine mediale Darstellungsform, ist das Radio nicht nur das Medium der Literatur, sondern das Sprachrohr der Literaten geblieben.

Fernsehspiel (MAZ und Videorecorder)

«Was ist das Fernsehspiel?» hieß 1952 die Frage, kurz nachdem das bundesdeutsche Fernsehen mit seinen Programmen begonnen hatte. Gedacht wurde an das Fernsehspiel als die ‹Krönung des Fernsehens›, etwas, das es nur im Fernsehen geben würde: «In ihm kristallisieren sich alle nur denkbaren Mittel der Gestaltung zu einem neuen Ganzen, das es außerhalb des Fernsehens nicht gibt, das weder Film, noch Bühnenstück noch Hörspiel ist und in dem es immer wieder gelingt, eine neue Wirklichkeit vor dem Fernsehen hinzustellen und ihn in den Bannkreis dieses Erlebens zu ziehen. Wenn der Anspruch des Fernsehens auf künstlerisches Eigenleben irgendwo unbestreitbar ist, dann hier.»[26] In endlosen ‹Mutmaßungen über das Fernsehen› wurden Gesetzmäßigkeiten für ein Medium aufgestellt, dessen technische Entwicklung vielen ästhetischen, ökonomischen und soziokulturellen Prognosen immer wieder den Boden entzog.[27] Das Fernsehspiel als medienspezifische Gattung des Fernsehens wurde ursprünglich ‹live› produziert und mit dem ‹Wesen› des Mediums, seinem Live-Charakter identifiziert. Durch die magnetische Aufzeichnung (MAZ) rückte das Fernsehspiel in die Nähe des Spielfilms, der bereits zu einem festen Bestandteil fiktionaler Fernsehsendungen geworden war. Nun wurde der kleine Bildschirm zum ‹Wesen› des Mediums erklärt, das nur Großaufnahmen und intime Nähe für die intime Privatsphäre des Wohnzimmers zulasse – heute denkt man nach über normale Bildschirme für das hochauflösende (kinoähnliche) Fernsehen (HDTV) mit einer Diagonalen von 170 cm und Seitenverhältnissen von 16 : 9 statt bisher 4 : 3.[28] Schließlich wurde der radioähnliche Ereignischarakter des Fernsehens hervorgehoben (erinnert sei an die ‹Straßenfeger› einer Krimireihe oder Fußballweltmeisterschaft), bis auch diese Definition des Fernsehens am Videorecorder zuschanden wurde, weil jede Fernsehsendung aufgezeichnet und zeitversetzt gesehen werden kann.[29] Inzwischen fragt man sich auch, ob einzelne Sendungen (ein Fernsehspiel, ein Film, eine Show, ein Magazin) auf ihren Sendeplätzen nicht nur provisorische Programmangebote für ‹Programmsurfer› und ‹Wellenreiter› sind, die ‹zappend› per ‹remote control› durch die 20 bis 30 Kanäle des Programmangebots springen und gelegentlich eine Videokassette dazwischenschalten, die im Schnellvorlauf im «audiovisuelle(n) Durchlauferhitzer Videorecorder» durchgesehen wird.[30]

Auf der anderen Seite hat die interaktive Verwendung des Videorecorders (und der Bildplatte) zu einer Literarisierung filmischen Sehens geführt. Filme (alle Wort-Bild-Kommunikate) können auf dem Videorecorder ‹gelesen› werden wie ein Buch; der Fluß der Bilder und Töne kann angehalten werden, man kann blättern, einzelne Bildsequenzen wie einen Wort-Text ‹Satz für Satz› durcharbeiten. «Was lange als das Privileg der gestellten Schrift gegenüber den gestellten Bildern galt, ist an diese weitergereicht worden. Mit dem Magnetband oder – noch flexibler und rascher – mit der Bildplatte ist das Blättern im filmischen Text ebenso möglich wie das Unterstreichen oder Markieren von Textstellen für die beschleunigte oder selektive Zweit- oder Drittlektüre.»[31] Für die Analyse verfilmter Literatur ist der Videorecorder zum unverzichtbaren Arbeitsgerät geworden.

Als Theodor W. Adorno nach Krieg und Faschismus nach Deutschland zurückkehrte, berichtete er in Horrorszenarien von der amerikanischen Kulturindustrie, besonders dem Fernsehen: «Das Medium selbst (...) fällt ins umfassende Schema der Kulturindustrie und treibt deren Tendenz, das Bewußtsein des Publikums von allen Seiten zu umstellen und einzufangen, als Verbindung von Film und Radio weiter.»[32] Heute ist unser Alltag zu einem Bestandteil der noch viel totaleren Fernsehwirklichkeit geworden, in der wir gelernt haben, uns einzurichten. Literatur ist ein Programmteil dieser Fernseh-(Medien-)wirklichkeit, dem wir uns lesend (in Buch, Zeitung, Zeitschrift), sehend (in Kino, Fernsehen, Video) oder hörend (in Radio, Literaturkassette) widmen können. In diesem multimedialen Rahmen ist noch einmal nach den spezifischen Darstellungsformen von Literatur im Fernsehen zu fragen.

Daß eine Antwort, die sich auf einen der Parameter dieses Mediums bezieht, unsinnig ist, hat die Mediengeschichte des Fernsehens gezeigt; nichts ist so sehr ‹Institution› wie das Fernsehen: Produktion, Distribution und Konsumtion des Fernsehens sind in einem Maße verschränkt, daß jede kleinste Veränderung an einer dieser Positionen ein Erdbeben in der gesamten Struktur nach sich zieht (die Diskussion um das ‹hochauflösende Fernsehen› z. B. betrifft die Aufnahmetechnik, die Produktionsästhetik, die terrestrische und Satellitensendekapazität, die Heimgeräte und – last but not least – das alltägliche Leben und Wohnen, wenn künftig mehrere Quadratmeter große Bildschirme an den Wänden hängen sollen). In diesem Scenario ist ‹Literatur› längst allgegenwärtig: als Lebensform prominenter Zeitgenossen, über die berichtet wird; als Drama, dessen Theateraufführung Anlaß für Fernsehdokumentationen in Magazinen oder Vollprogrammen sind; als Serien, deren Struktur den Rezeptionswechsel vom wiederholten Kinobesuch zum ‹Fluß des Lebens mit dem Fernsehen› mitgemacht hat; als Fernseh/Film, der zwischen Kino und Fernsehschirm austauschbar sein muß, weil er von Kino und Fernsehen kofinanziert und koproduziert worden ist. Und wenn in diesem Rahmen eine Programmsparte lautet ‹Das literarische Fernsehspiel›, dann ist das ein Etikett, dessen Gattungsspezifik dem ‹Zapper› zur Warnung, den literarisch interessierten Zuschauern aber zur Information dient, daß es sich nicht um ein ‹literarisches Quartett›, sondern ein Experiment in einer Nische handelt, in die sie sich, diesmal nicht mit einem Buch, zurückziehen können.

Literatur

Bohn, Rainer u. a. (Hg.): Ansichten einer künftigen Medienwissenschaft. Berlin 1988.

Bürger, Christa u. a. (Hg.): Zur Dichotomisierung von hoher und niederer Literatur. Frankfurt/M. 1982.

Hay, Gerhard (Hg.): Literatur und Rundfunk 1923–1933. Hildesheim 1975.

Hess-Lüttich, Ernst W. B. (Hg.): Text Transfers. Probleme intermedialer Übersetzung. Münster 1987.

Kaes, Anton (Hg.): Kino-Debatte. Texte zum Verhältnis von Literatur und Film 1909–1929. München 1978.

Knilli, Friedrich u. a. (Hg.): Literatur in den Massenmedien. München 1976.

Kreuzer, Helmut (Hg.): Literaturwissenschaft – Medienwissenschaft. Heidelberg 1977.

– /Schanze, Helmut (Hg.): Fernsehen in der Bundesrepublik Deutschland. Perioden – Zäsuren – Epochen. Heidelberg 1991.

Paech, Joachim: Literatur und Film. Stuttgart 1988.

Rother, Rainer: Die Gegenwart der Geschichte. Ein Versuch über Film und zeitgenössische Literatur. Stuttgart 1990.

Anmerkungen

1 Vgl. Guntram Vogt: Zur Veränderung des Literaturbegriffs durch die Massenmedien. In: Diskussion Deutsch 9 (1972), und Helmut Kreuzer: Veränderungen des Literaturbegriffs. Göttingen 1975.

2 Vgl. Hans-Jörg Neuschäfer u. a.: Der französische Feuilletonroman. Die Entstehung der Serienliteratur im Medium der Tageszeitung. Darmstadt 1986.

3 Vgl. Rudolf Schenda: Volk ohne Buch. Studien zur Sozialgeschichte der populären Lesestoffe 1770–1910. München 1977.

4 Vgl. Peter Bürger: Literarischer Markt und autonomer Kunstbegriff. Zur Dichotomisierung der Literatur im 19. Jahrhundert. In: Ch. Bürger u. a. (Hg.), S. 241–265.

5 Eva D. Becker: «Zeitungen sind doch das Beste». Bürgerliche Realisten und der

Vorabdruck ihrer Werke in der periodischen Presse. In: Helmut Kreuzer (Hg.): Gestaltungsgeschichte und Gesellschaftsgeschichte. Stuttgart 1969, S. 390.

6 Heyse-Storm-Briefwechsel, Bd. 2, S. 159 (20. 1. 1886), zit. nach Eva D. Becker (Anm. 5), S. 397.

7 Vgl. Umberto Eco: Serialität im Universum der Kunst und der Massenmedien. In: Ders.: Im Labyrinth der Vernunft. Texte über Kunst und Zeichen. Leipzig 1990.

8 Vgl. zu einem solchen Register Schenda (Anm. 3), S. 325 f.

9 Sergej Eisenstein: Dickens, Griffith und wir (1944). In: Ders.: Ausgewählte Aufsätze. Berlin 1960, S. 157–229.

10 Malvine Rennert: Victor Hugo und der (!) Kino, zit. nach Paech, S. 91. Vgl. Gerhard Zaddach: Der literarische Film. Ein Beitrag zur Geschichte der Lichtspielkunst. (Diss. Breslau) Berlin 1929, S. 22.

11 Vgl. Heide Schlüpmann: Unheimlichkeit des Blicks. Das Drama des frühen deutschen Kinos. Basel/Frankfurt/M. 1990, S. 246 f; Helmut H. Diederichs: Anfänge deutscher Filmkritik. Stuttgart 1986.

12 Zaddach (Anm. 10), S. 24.

13 Ebd., S. 23.

14 Ebd., S. 25.

15 Kurt Pinthus (Hg.): Das Kinobuch (1913). Frankfurt/M. 1983.

16 Vgl. Béla Balázs: Das Filmszenarium, eine neue literarische Gattung. In: Ders.: Essay, Kritik 1922–1932. Berlin 1973 (Staatliches Filmarchiv der DDR).

17 Vgl. Ekkehard Kaemmerling: Die filmische Schreibweise. In: Matthias Prangel (Hg.): Materialien zu Alfred Döblins Berlin Alexanderplatz. Frankfurt/M. 1975.

18 Alexandre Astruc: Eine neue Avantgarde: Die Kamera als Federhalter (1945). In: Theodor Kotulla (Hg.): Der Film – Manifeste, Gespräche, Dokumente. Bd. 2: 1945 bis heute. München 1964, S. 111–115.

19 Joachim Paech: ‹Passion› oder Die EinBILDungen des Jean-Luc Godard. Frankfurt/M. 1989 (Reihe Kinematograph 6).

20 Alfred Döblin: Literatur und Rundfunk. In: Hay (Hg.), S. 231.

21 Ebd., S. 236.

22 Rudolf Arnheim: Das Weltbild des Ohres. In: Ders.: Rundfunk als Hörkunst. München 1979, S. 16–19.

23 Vgl. Jeanpaul Goergen: Walter Ruttmann. Eine Dokumentation. Berlin 1989, S. 130–132.

24 Vgl. Heinz Schwitzke: Das Hörspiel. Dramaturgie und Geschichte. Köln/Berlin 1963.

25 Knut Hickethier: Aufbruch in die Mediengesellschaft. Die ‹Gruppe 47› und die Medien. In: Akademie der Künste (Hg.): Dichter und Richter. Die Gruppe 47 und die deutsche Nachkriegsliteratur. Berlin 1988, S. 117. Vgl. auch H. Schwitzke: Hörspiel (Anm. 24), S. 233–240.

26 Heinz Eckert, zit. nach Knut Hickethier: Das Fernsehspiel der Bundesrepublik. Themen, Formen, Struktur, Theorie und Geschichte 1951–1977. Stuttgart 1980, S. 40.

27 Anne Rose Katz (Hg.): Vierzehn Mutmaßungen über das Fernsehen. München 1963.
28 Vgl. Lüscher, Paech, Ziemer u. a. (Hg.): HDTV – ein neues Medium? Mainz 1991 (ZDF Schriftenreihe H. 41).
29 Vgl. Claus Eurich / Gerd Würzberg: 30 Jahre Fernsehalltag. Wie das Fernsehen unser Leben verändert hat. Reinbek 1983.
30 Siegfried Zielinski: Audiovisionen. Kino und Fernsehen als Zwischenspiele in der Geschichte. Reinbek 1989, S. 238.
31 Ebd., S. 237.
32 Theodor W. Adorno: Prolog zum Fernsehen (1953). In: Ders.: Eingriffe. Neun kritische Modelle. Frankfurt / M. 1970, S. 69.

V. Literarische Institutionen

Gerhard Plumpe

Autor und Publikum

Literatur ist entweder interessant oder langweilig, nicht aber wahr oder falsch, teuer oder preiswert, gerecht oder ungerecht, gottgefällig oder blasphemisch. Wer solche Codierungen verwendet, der nimmt die Literatur aus der Perspektive anderer Kommunikationssysteme wahr, der Wirtschaft etwa, der Religion oder der Philosophie. Auf «Werke» – und ihre Funktionen «Autor» und «Publikum» – hat die Literatur ja kein kommunikatives Privileg, so daß einzig und allein innerhalb literarischer Kommunikation von «Werken», «Autoren» und «Publikum» die Rede sein könnte. Der Autor existiert vielmehr auch als juristische Figur, die Rezipienten kommen im Wirtschaftssystem als Konsumenten vor, Werke können als sozialgeschichtliche Quelle, als erbauliche oder gotteslästerliche Texte, als politische Agitation usw. gelesen werden.[1]

Eine Darstellung des Autors und des Publikums hat sich an dieser Problemlage zu orientieren. Zu vermeiden ist ein Ansatz, der Sachverhalte diverser Kommunikationssysteme vermengt, also etwa wirtschafts- und bildungsgeschichtliche, politische, juristische und poetologische Aspekte mehr oder weniger locker miteinander verbindet.

Als weitere Konsequenz dieser systemtheoretischen Sicht der Dinge ergibt sich die Notwendigkeit einer strikten historischen Begrenzung: nicht «Von den Anfängen bis in die Gegenwart» soll von Autoren und ihrem Publikum die Rede sein, sondern einzig im Hinblick auf ihre Funktion im modern differenzierten Literatursystem, d.h. seit Ausgang des 18. Jahrhunderts. Es mag immer Leute gegeben haben, die anderen etwas erzählt haben, es mag seit langer Zeit Schreiber geben, deren Texte andere lesen: literarische Instanzen, d.h. «Werk»-Funktionen, sind «Autor» und «Publikum» erst da, wo sich Literatur als spezifisch codierte Kommunikation ausdifferenziert hat, also von allen anderen Kommunikationen deutlich unterscheiden läßt.[2]

Der Autor im Rechtssystem

Wo taucht der Autor im Recht auf? Michel Foucault hat darauf hingewiesen, daß der Name des Autors erst im 18. Jahrhundert jene enge Verbindung mit dem geschriebenen Text eingegangen ist, die heute selbstverständlich erscheint. Foucault vermutet, daß diese Kopplung von Autor und Werk mit der Einbindung der Literatur in das Wirtschafts- und Rechtssystem der modernen Gesellschaft in Zusammenhang steht.[3] Erste Vorstellungen über ein Eigentum des Autors an seinen Texten bildeten sich im deutschen Recht des 18. Jahrhunderts aus, als der expandierende literarische Markt und die übliche Praxis des Büchernachdrucks Regelungsprobleme aufwarfen, die mit den herkömmlichen Privilegien nicht mehr bewältigt werden konnten. Denn die stets nur regional gültigen Privilegien boten angesichts des deutschen Partikularismus nur wenig Schutz gegen den Nachdruck, mit dem sich besonders seit Mitte des Jahrhunderts süddeutsche und österreichische Verleger – nicht selten mit staatlicher Förderung – gegen das ökonomische Übergewicht des norddeutschen Buchhandels zur Wehr setzten. Anders als im zeitgenössischen englischen Recht wurde das Eigentum des Autors in der Tradition des Römischen Rechts zunächst als Sacheigentum am Manuskript begriffen. Nachdem dieses auf den Verleger übergegangen war, hatte der Autor keinerlei weitere Rechte an seinem Werk mehr und mußte z. B. Eingriffe jeder Art dulden. Aus der Sicht der Verleger war diese Konzeption ebenfalls wenig hilfreich, konnte doch der Nachdrucker seinen Anspruch auf eine rechtmäßig erworbene Sache, das gekaufte Exemplar eines gedruckten Buches gründen. An die Stelle der römisch-rechtlichen Konstruktion trat daher im Verlauf des 18. Jahrhunderts die vom Naturrecht beeinflußte Auffassung, daß der Autor durch die ins Werk investierte Arbeit ein Eigentum erwerbe, das über das Manuskript als Sache hinausgehe und den «gelehrten Grundstoff», also den Inhalt, das geistige Substrat betreffe und das Recht der Nutzung und Verwertung begründe. Während man das «geistige Eigentum» für unveräußerbar hielt, erkannte man dem Autor das Recht zu, seine Verwertungsinteressen einem Verleger vertraglich abzutreten, der dadurch ein «ius alios excludendi ab usu rei suae» erhalte; dieses Recht verletze der Nachdrucker jedoch.[4]

Die Konstruktion des Autors als juristische Figur geschah also zunächst in der Perspektive der Verleger und ihrer wirtschaftlichen Interessen. Das Eigentum des Autors mußte plausibel begründbar sein, um seine Übertragung (Zession) an den Verleger rechtsgängig zu machen.

Hervorgegangen aus der Arbeit des Autors, trägt das Werk alle Kennzeichen des Eigentums, wie die einigermaßen emphatischen Sätze Simon Nicolas Linguets zum Ausdruck bringen:

«Wofern es ein Eigentum gibt, das heilig, unwidersprechlich ist, so ist es das eines Autors über sein Werk. (...) Die Verfertigung eines Buches (...) ist eine wahre Schöpfung, das Manuskript ist ein Teil seiner Substanz, welche der Schriftsteller aus sich herausbringt.»[5]

Positives Recht ist diese Konzeption im Allgemeinen Preußischen Landrecht von 1794 geworden, dessen verlagsrechtlicher Abschnitt den Autor freilich nur in dem Maße berücksichtigte, als er aus der Perspektive des Vertragsrechts und der Verleger relevant war. Auf die Frage, was denn ein ‹literarisches Eigentum› eigentlich ist, gab das Landrecht keine Antwort. Diese Frage brauchte die Verleger und ihre Juristen auch nicht zu interessieren, da es für sie nur darauf ankam, das Verlagsrecht auf die Zession der Nutzungsrechte zu gründen. Urheberrechtliche Aspekte kamen im engeren Sinn erst da ins Spiel, wo die Interessen der Autoren auch über die Abtretung der Verwertungsrechte an den Verleger hinaus zur Sprache kamen. Die urheberrechtliche Diskussion um die Eigenart des «literarischen Eigentums» führte zu einer außerordentlich folgenreichen Fassonierung des Werkbegriffs. Sie griff ebenfalls auf die Eigentumslehre des Naturrechts zurück, bestimmte das Werk nun aber dezidiert als «individualisierte Sache», als «formierten Stoff», der durch und durch von der Personalität seines Autors geprägt sei. Das «eigentümliche» Werk ist Eigentum des Autors. Weil das Recht Eigentum an immateriellen Gedanken oder Ideen nicht kannte und die handgreifliche Stofflichkeit des mit dem Federhalter beschriebenen Papiers zuwenig war, kaprizierte sich das entstehende Urheberrecht auf die Materialität des formierten, individuell gestalteten Stoffes als Objekt des Eigentums.

Im englischen Recht ist diese Konzeption zuerst entwickelt worden.[6] In der deutschen Rechtslehre hat wohl Johann Jacob Cella in einer Abhandlung gegen den Nachdruck als erster das englische Konzept der «eigentümlichen Form» aufgegriffen und zur Begründung des Autorrechts ins Feld geführt. Was, wenn nicht das Materielle von Papier, Druckerschwärze und Einband, wenn nicht das Ideelle der artikulierten Gedanken «macht (...) das Wesentliche eines Buches aus?», fragte Cella im Jahre 1784:

«Welches sind die wesentlichen Stücke, auf denen das individuelle Eigentum des Verfassers an selbigen beruht? – Daß gerade die Anzahl einzelner Wahrheiten und

Begebenheiten, daß sie in dieser und keiner anderen Ordnung (...), in dieser Sprache vorgetragen sind: dies macht das Wesentliche eines Buches aus, wodurch sich das Buch des einen Verfassers von dem Buch eines andern unterscheidet.»[7]

Wenn ein Nachdrucker dieses «Individuum» kopiere, «ohne auch nur einen Federstrich von dem Seinigen dazu zu setzen», dann lädiere er die Rechte des Autors. Wie Cella und die englischen Juristen war auch Johann Gottlieb Fichte der Ansicht, daß die individualisierende Formgebung des Autors die Bedingung jeden Eigentumsanspruchs an Werken der Literatur bilde. Fichtes Präzisierung der Werkkategorie und des Autorrechts ist dann in Hegels Rechtsphilosophie aufgenommen und systematisch begründet worden.[8]

Fichtes und Hegels Bestimmungen des Autors und seines Eigentums, die die juristischen Diskussionen des 18. Jahrhunderts resultativ ausformuliert haben, sind in die Rechtstheorie und die Gesetzgebung des 19. Jahrhunderts eingegangen und bestimmen urheberrechtliches Denken bis in die Gegenwart. So sagt das Urhebergesetz der Bundesrepublik lapidar: «Werke im Sinne dieses Gesetzes sind nur persönliche geistige Schöpfungen» (§ 2) – und: «Urheber ist der Schöpfer des Werks» (§ 7). Diese Bestimmungen bleiben auch da in Kraft, wo dem «Werk» – wie im Falle aleatorischer Computertexte – der Autor fehlt. Da das Recht «autorlose» Werke nicht kennt, sind Computerpoeme entweder keine «Werke» oder eben doch Formintentionen des Programmierer-Autors.[9] So stabilisiert das Recht die Instanz «Autor», unbeeindruckt von allen Tendenzen der Literatur, Autorensubjekte in der Anonymität der écriture verschwinden zu lassen oder von dem Prozessieren selbstreferentiell operierender elektronischer Medien abzuhängen. Als kulturelles Ereignis mag es den ‹Tod des Autors› geben – das Recht läßt ihn wiederauferstehen, solange Artefakte als Eigentum in Frage kommen.

Der Autor im Literatursystem

An der juristischen Figur des Autors als «Urheber eigentümlicher Werke» konnte sich die Literatur orientieren, als sie im letzten Drittel des 18. Jahrhunderts den Prozeß ihrer Ausdifferenzierung aus dem alteuropäischen Wissens- und Bildungssystem zu reflektieren begann. Ausdifferenzierung wurde zunächst als Individualisierung verstanden; die Spezifik der Literatur erschien als Resultat der unvordenklichen, inkalkulablen Personalität des Autors, die sich jeder normativ-erwartbaren Einhegung durch Gepflogenheiten thematischer, stilistischer oder moralisch-religiöser Konvenienzen zu verweigern hatte. Daß zentrale Formeln der literarischen Selbstreflexion aus der ‹Autor›-‹Werk›-Relation im Recht importiert wurden, läßt sich in aufschlußreicher Deutlichkeit an Edward Youngs einflußreicher Unterscheidung zwischen dem regelbefolgenden Gelehrten und dem ‹genialen Dichter›, der nur auf sein ‹Ich› hört, ablesen. In seiner Schrift «Conjectures on original composition» (1759) sagt Young klar und deutlich: «Learning is borrowed knowledge; genius is knowledge innate and quite our own.»[10]

Während der mimetischen, regelgerechten Literatur «all mental individuality» fehle, habe das Werk des «Genies», das «without the pale of learnings, authorities and laws» liege, «unprescribed Beauties» zum Ergebnis. Aus dem Vergleich von gelehrter Mimesis und «genialer» Dichtung zieht Young den Schluß, daß allein die individuelle Prägnanz das Werk zum Kunstwerk mache und ihm jene «Eigentümlichkeit» gebe, die seinen Verfasser allererst zum «Autor» mache: «His works will stand distinguished; his the sole property of them; *which property alone can confer the noble title of an author.*»[11]

So gewendet, gestattete die Figur des ‹genialen› Autors dem Literatursystem eine erste Reflexion auf den Vorgang seiner Ausdifferenzierung zu einer ‹autonomen› Kommunikationskonvention der Gesellschaft. Der Autor gewann in seiner Überhöhung zum ‹Genie› die Funktion eines ‹Autonomiebegründers›.

Die Konzeption des Autors als Autonomiebegründers wies jedoch eine Reihe von Defekten auf. Diese zeigten sich vor allem in dem so zeittypischen Kommunikationsparadox; in der Umwelt der Gesellschaft kommen psychische Systeme vor, die sich als Person wahrnehmen und ihre Identität aus der Distanz zur Gesellschaft gewinnen mögen. Soll diese Identität der Person – wie ‹genial› immer sie sei – aber mitgeteilt werden, so ist dies nur in der Gesellschaft möglich, d. h. als Kommunikation. Diesen Eintritt in die Gesellschaft mußte die Person aber als Bedrohung ihrer Identität wahrnehmen, die allein im sprachlosen Außen der Gesellschaft sie selbst, authentisch bleibt. Dieses Paradox – zu sprechen und sich im Sprechen verfehlen zu müssen – ist von höchster Signifikanz für die paradoxe Situation des Autors als Autonomiebegründers gewesen; die Formeln sind bezeichnend: «individuum est ineffabile», heißt es, «spricht die Seele, ach so spricht die Seele nicht mehr», klagt Schiller; Hamann radikalisiert einen Satz des Horaz:

«impossibilissimum est, communia proprie dicere». Ist der Autor als «geniales Individuum» nur im Außen der Gesellschaft ganz bei sich, dann verfehlt er sich notwendigerweise immer dann, wenn er sich ausdrücken will, bedarf er dazu doch der Gesellschaft.[12]

Aus dieser paradoxen Begründung literarischer Autonomie in der Person des Autors ergaben sich einige bezeichnende Konsequenzen. So zunächst der absolute Vorrang der Autorindividualität vor ihrem Werk; liegt der Grund des Werks in sozialexterner Individualität, dann erscheint es selbst als deren Ausdruck zweitrangig und zweideutig; zweitrangig, weil alles auf die bewußtseinsimmanente Intention ankommt, die das Werk bestenfalls nachträglich fixieren kann; zweideutig, weil diese Wiederholung der authentischen Vision des Autors Medien der Kommunikation benötigt, die sie zu verfehlen drohen. Wenn die Seele nicht mehr spricht, wenn sie spricht, dann könnte es besser sein zu schweigen. Der geniale Autor schweigt, weil er sich in der Gesellschaft verfehlt; der beste Autor ist der, dessen Werk ungesagt bleibt. Das Aufkommen des ‹Künstlers ohne Werk› als romantisches Motiv ist aus dieser Problemlage heraus leicht erklärlich.

Als Versuch der Selbstreflexion sich ausdifferenzierender Literatur blieb die Konzeption des ‹sprachlosen› Autors freilich eine Sackgasse, auch wenn sie in der Folgezeit immer wieder aufgegriffen wurde und die Leser dazu anhielt, im Gesagten der Werke das ‹Ungesagte› zu prämieren. Ist das Individuelle bzw. Geniale aber das Unsagbare, dann bleibt der Literatur nichts als die langweilige Attitüde einer in sich selbst sich erschöpfenden Verweigerung, die freilich nur da ‹Sinn› macht, wo sie Mitteilung und Information zu unterscheiden zuläßt, also als ‹beredtes Schweigen› entzifferbar wird. An der Versuchung, den Autor als «Genie» und alle soziale Kommunikation in eine schroffe Gegensätzlichkeit zu manövrieren, hatte Lessing bereits 1768 Kritik geübt.[13]

Lessing bringt in Erinnerung, daß Literatur Kommunikation ist, die der Sprache als Medium bedarf und also nur in der Gesellschaft möglich ist. Folglich hat eine angemessene Selbstbeschreibung moderner Literatur keine Möglichkeiten, außergesellschaftliche Ressourcen zu ihrer Begründung heranzuziehen; sie muß Literatur vielmehr als spezifische Kommunikationskonvention in der Gesellschaft beschreiben lernen. Wenn die Literatur in dieser Weise aber nicht länger durch die Individualität ihrer Autoren begründet werden kann, dann liegt die nüchterne Einsicht nahe, daß sie genau das ist, was sie ist: «Poesie ist Poesie», hat Friedrich von Hardenberg im Gleichklang mit ähnlichen

Formeln Friedrich Schlegels 1798 gesagt. Die tautologiche Definition der Romantiker koppelte die Literatur von allen externen Begründungsinstanzen – insbesondere ‹Personen› – ab und entsprach damit dem Stand ihrer Ausdifferenzierung um 1800. Nicht länger als ‹natürliche Person› war der Autor eine literaturrelevante, gar konstitutive Figur, er überlebte allein als Fiktion des Literatursystems, das ihn in eigene Regie nahm, unbekümmert darum, daß Autoren in seiner Umwelt als Rechtssubjekte oder Warenproduzenten oder was immer vorkommen mochten. «Autor, Publikum pp sind *literarische* Begriffe», hat Friedrich Schlegel gesagt.[14]

Entsprechend hängt es von der Programmierung des ‹Werks› ab, welche Autorrolle ihm im Literatursystem zugeordnet wird. Es kann an dieser Stelle um keine vollständige Auflistung jener Autorkonzepte gehen, die die moderne Literatur in den letzten zweihundert Jahren mit mehr oder weniger Erfolg ins Spiel gebracht hat. Neben der weiter in Geltung gebliebenen – in ihrer Emphatik freilich heruntergestimmten – Instanz der Individualität fällt vor allem die Tendenz ästhetizistischer Literaturprogramme ins Gewicht, den ‹Autor› in seinem ‹Werk› verschwinden zu lassen und als Person zu vergleichgültigen. Klassisch sind die Worte von Stéphane Mallarmé geworden:

«Das reine Werk verlangt das *Verschwinden des Autors*, der die Worte nur durch den Zusammenstoß ihrer Ungleichheiten einmal in Bewegung versetzt und ihnen dann die Initiative überläßt; wie der Schein eines Feuerwerkes das Geschmeide aus Edelsteinen überläuft, so entzünden sie sich in wechselseitigen Reflexen, und dieser Vorgang ersetzt sowohl den Rhythmus des Atems, von dem das alte lyrische Gedicht getragen wurde, wie auch die pathetisch überhöhte personelle Führung der Phrase. Die Anordnung des Versbuches eliminiert überall den Zufall; dieser Ordnung bedarf es auch noch, um den Autor auszusparen.»[15]

An diese Nihilierung des Autors im Werk konnte im 20. Jahrhundert eine strukturale Theorie der Literatur anknüpfen, die es nicht länger ‹kümmert, wer spricht› und die das Genre der Dichterbiographie überging.

Eine andere markante Autorrolle des Literatursystems war mit der Wiederbelebung des Motivs vom ‹inspirierten Dichter› verbunden, das am Anfang der europäischen Literatur stand, dann von der dominanten Figur des «poeta doctus» in den Hintergrund gedrängt wurde, um im 18. Jahrhundert – über manches Mißverständnis seiner antiken Bedeutung hinweg – zur Etablierung des ‹Genie-Autors› wiederaufgegriffen zu werden. Im Zuge des Abweises ästhetizistischer Selbstbeschreibungen der Literatur konnte die Idee der Inspiration neues Gewicht gewinnen, um die Relevanz der Dichtung als ‹Offenbarung substantieller Wahrheiten› – jenseits der semantischen Genügsamkeit des L'art pour l'art – zu konturieren. Exemplarisch sei auf Rilke verwiesen, der die Privatmythologie seiner «Duineser Elegien» explizit auf eine Eingebung zurückführte. Solche Motive wirken unter den Bedingungen moderner Literaturkommunikation aber allenfalls als originelle Selbstbeschreibung ohne irgendeine Publikumsverpflichtung auf Nachvollzug, wie auch Recht und Wirtschaft nicht auf den Einfall gekommen sind, statt des – wie immer inspirierten – Autors den ‹Inspirator› – Götter, Engel, Musen – als Inhaber der Verwertungsrechte an den ‹inspirierten› Texten anzuerkennen.

Folgenreich war schließlich auch die Konzeption der Avantgarden im ersten Drittel des 20. Jahrhunderts, der es – verkürzt und schematisch gesagt – in letzter Instanz um eine Entdifferenzierung der Differenz von Autor und Publikum, bzw. um eine Aufhebung der Asymmetrie ihrer Rollen zu tun war. Diese Strategie der Entdifferenzierung, die den Autor nicht im Werk, sondern im Publikum – das keines mehr sein sollte – verschwinden ließ, stand im Zusammenhang jenes radikalen Projekts einer Liquidierung ‹autonomer› Literatur – ihrer sog. Überführung ins Leben –, das der Avantgarde die historische Kontur gab. Dabei ließen sich eher anarchische Varianten, die – wie im Falle Dadas – den Autor als Geräuschquelle in die Lärmkulisse seiner Umwelt aufgehen ließen, um das Werk – als Differenz von Medium und Form – aufzuheben, von dezidiert politischen Varianten unterscheiden, die – wie im Falle Benjamins und Brechts – den «Autor als Produzenten» in die Reihe des klassenbewußten Proletariats zurücktreten ließen, um nicht länger mit ‹Werken›, sondern mit operativen, an neue Medien gebundenen Wortprodukten rechnen zu können. Exemplarisch ist die Formulierung bei Benjamin:

> «Denn an der Presse, an der sowjetrussischen jedenfalls, erkennt man, daß der gewaltige Umschmelzungsprozeß (...) nicht nur über konventionelle Scheidungen zwischen den Gattungen, zwischen Schriftsteller und Dichter, zwischen Forscher und Popularisator hinweggeht, sondern daß er sogar die *Scheidung zwischen Autor und Leser* einer Revision unterzieht.»[16]

Nach der Ernüchterung des avantgardistischen Schwungs solcher Programme und dem Dahinschwinden ihrer politischen Prämissen steht der «Autor als Produzent» heute als ‹Wortarbeiter› im Medienzeitalter da, als Gewerkschaftsmitglied, dessen Texte in der Gesellschaft jedoch nur als ‹interessante Werke› oder ‹eigentümliche Schöpfungen› literarisch bzw. juristisch Resonanz finden. In der modernen Gesellschaft bleibt der Autor «interessante Individualität» (Friedrich Schlegel) und Urheber, in welcher Drapierung ihn das Literatursystem auch immer vorführen mag.

Ausdifferenzierung des Publikums

Die Entstehung des Publikums als kommunikative Funktion des Literatursystems im 18. Jahrhundert war an vielfältige Voraussetzungen gebunden, von denen hier nur einige zentrale angesprochen werden. Da ist zunächst der Wegfall jener Zugangsrestriktionen zu beachten, die den Umgang mit Buch und Theater im ständischen System Alteuropas privilegierten, während die ‹Waren› des sich allmählich durchsetzenden literarischen Marktes im Prinzip allen zur Verfügung standen; die Ökonomisierung der Literatur egalisierte den Zugang zu ihr. Aber eben nur im Prinzip, da das zeitgenössische Erziehungssystem noch keineswegs jene generelle Lese- und Rezeptionsfähigkeit zur Verfügung stellte, die die Gesellschaft als ganze zu jenem routinierten Literaturkonsumenten hätte machen können, der die oft beschriebene Wende von der intensiven zur extensiven Lektüre in großem Stil vollzogen hätte. Um 1770 konnten in den deutschen Territorien erst 15 Prozent der Bevölkerung lesen, um 1800 20 Prozent. Erst das 19. Jahrhundert hat hier für Wandel gesorgt, in dessen Verlauf eine Durchalphabetisierung der Bevölkerung erreicht wurde. Mit der Entstehung eines massenhaften Lesepublikums pluralisierten sich die Programmierungen und Vertextungen des ‹interessanten Werks› in bislang ungeahnter Weise, von subtiler Esoterik über solide Realismen bis hin zu derben Späßen, um den diversen Unterhaltungsansprüchen eines hochdifferenzierten Publikums entsprechen zu können.

Von entscheidender Bedeutung für die Ausprägung eines spezifisch modernen Publikums war die Ausdifferenzierung der Religion im 18. Jahrhundert, in deren Folge die christliche Dogmatik von einem ubiquitären, in die stratifizierte Gesellschaft verwobenen und sie symbolisch repräsentierenden Normengefüge mit unbedingtem Geltungsanspruch zu einer bereichsspezifischen Konvention depotenziert wurde, die ihre soziale Umwelt immer weniger verpflichten konnte. Erst dieser Rückzug der Religion entlastete das moderne Publikum von allen Erbauungsdirektiven und gab ihm die Möglichkeit frei, sich von Literatur ausschließlich unterhalten zu lassen – eine Möglichkeit, die in der Geschichte Alteuropas ein erstes Mal in der römischen Kaiserzeit, etwa bei Quintilian, in den Blick trat, der gegen die Horazsche Funktionsformel «prodesse et delectare» das Primat der Unterhaltung («solam voluptatem») für die Poesie propagierte, auch um sie von den pragmatischen Leistungen der Rhetorik abzugrenzen.

In der heftig geführten Diskussion um die sog. Lesewut im späten 18. Jahrhundert kann man den letzten – und im Ergebnis vergeblichen – Versuch sehen, das Unterhaltungsinteresse des Publikums noch einmal den Ansprüchen religiöser oder moralischer Didaxe zu unterwerfen. In dem Maße, in dem solche Ansprüche aber um 1800 endgültig ‹Umwelt› für die literarische Kommunikation geworden sind, kann sich das Publikum auf Unterhaltung einstellen und immer interessantere statt ‹erbauende› Werke erwarten.

Um diese aber lesen bzw. im Theater sehen zu können, bedurfte es der Verfügbarkeit von Freizeit, die ebenfalls erst im 18. Jahrhundert progressiv zur Verfügung gestellt wurde, als sich die Arbeitszeit aus einer Gemengelage diffus ineinander verschachtelter Tätigkeiten zu separieren begann, so daß dezidiert ‹freie› Zeit entstehen konnte. Von alten Erbauungsforderungen entbunden, stellte sich die Frage ihrer sozialen Erfüllung. Die Freizeit wurde zur Zeit der Unterhaltung, die sich vorrangig als Kunstkommunikation vollzog und weitere Leistungen nicht mehr zu erbringen hatte. In einer Abhandlung über das Lesen heißt es z. B. im Jahre 1795:

> «Wer wird es tadeln, wenn der Mann, der mehrere Stunden des Tages den wichtigsten Dingen aus irgendeinem Teile der Wissenschaften nachgedacht hat, nun ein Buch zur Hand nimmt, aus dem er freilich keine wichtigen Wahrheiten lernen kann, das ihm aber doch Vergnügen und *Unterhaltung* zu gewähren (...) imstande ist? Wer wird es tadeln, daß ein Mann von seiner Arbeit ermüdet (...) ein Buch zur Hand nimmt, das, wenn es ihn auch nichts weiter lehrt (...), ihn dennoch die Beschwerden der Arbeit vergessen macht und ihn vor *Langeweile* schützt? (...) Wie manche Tagesstunden würden (...) viele Menschen in der traurigsten Geschäftslosigkeit hinbringen müssen, wenn sie nicht ihre Zuflucht zu einem *unterhaltenden Buche* nehmen könnten?»[17]

Die Zeit der Unterhaltung war zunächst die Zeit des Abends; erst seit Ende des 18. Jahrhunderts begannen die Theatervorstellungen konventionell in den Abendstunden. Dabei kam es mit der Zeit zu einer typenprägnanten Haltung des Publikums, die als Aufmerksamkeitsabsorption durch Lektüre und Theater beschrieben werden kann. Das Verhalten alteuropäischer Theaterbesucher war ‹zerstreut›, auf das literarische oder musikalische Ereignis alles andere als konzentriert, wie die befremdete Bemerkung Seumes anläßlich eines Theaterbesuchs in Triest zu Beginn des 19. Jahrhunderts deutlich machen kann. In Italien hatten sich die alten Gepflogenheiten offenbar länger erhalten.

«Hier hörte ich zuerst den betäubenden Lärm in den italienischen Theatern. Man bedient sich des Schauspiels zu Rendesvous, zu Konversationen, zur Börse und wer weiß wozu sonst noch. Nur die Lieblingsarien werden still angehört.»[18]

Demgegenüber verhält sich das moderne Publikum konzentriert, seine Aufmerksamkeit wird vom ‹Werk› absorbiert, und störende Geräusche – Räuspern und Husten z. B. – werden zurückgehalten oder für die Pausen aufgespart. Sarkastisch hat Brecht, der das Publikum und seine Gewohnheiten zeitweilig abschaffen wollte, diese ‹kontemplative› Haltung aufs Korn genommen:

«Gehen wir in eines dieser Häuser und beobachten wir die Wirkung, die es auf die Zuschauer ausübt. Sich umblickend, sieht man ziemlich reglose Gestalten in einem eigentümlichen Zustand: sie scheinen in einer starken Anstrengung alle Muskeln anzuspannen, wo diese nicht erschlafft sind in einer starken Erschöpfung. Untereinander verkehren sie kaum, ihr Beisammensein ist wie das von lauter Schlafenden, aber solchen, die unruhig träumen, weil sie, wie das Volk von den Albträumern sagt, auf dem Rücken liegen. Sie haben freilich ihre Augen offen, aber sie schauen nicht, sie stieren, wie sie auch nicht hören, sondern lauschen. Sie sehen wie gebannt auf die Bühne.»[19]

Bezeichnender noch als diese Aufmerksamkeitsabsorption durch Literatur war jener Mentalitätswechsel, der es dem modernen Publikum erlaubt, die verschiedenen Kommunikationsofferten der Gesellschaft friktionsfrei zu wechseln, also z. B. von Arbeit auf Unterhaltung, von Unterhaltung auf Arbeit reibungslos umzuschalten, ja beides störungsfrei – allen kulturkonservativen Beschwörungen einer Reizüberflutung zum Trotz – nebeneinander herlaufen zu lassen, etwa konzentriert zu arbeiten und gleichzeitig mit Gewinn Musik zu hören. Das ist nichts weniger als irgendeine spätromantische Entdifferenzierung von Freizeit und Arbeit, sondern die synchrone Inklusion der Person in mehr als ein soziales Funktionssystem. Dies betont die richtungsweisende Studie von Erich Schön über die ‹Leserrevolution› im 18. Jahrhundert.[20]

Publikumsprojekte des Literatursystems

Schriftmedien entbehren der Vorteile des ‹authentischen› Bezugs unter Anwesenden, erweitern dafür aber qua Abstraktion die Reichweite von Kommunikation in räumlicher und zeitlicher Hinsicht ungemein. Dieser Sachverhalt hat in Verbindung mit der wachsenden Binnendifferenzierung des Lesepublikums zu einer Anonymisierung literarischer Kommunikation geführt, die den Kontakt zwischen Autoren und Rezipienten weithin auf die ökonomischen Mechanismen des literarischen Marktes – inklusive solcher Marketingstrategien wie Literaturkritik, Dichterlesungen oder neuerdings talkshows – beschränkt. Vor diesem Hintergrund ist es um so bezeichnender gewesen, daß das moderne Literatursystem um 1800 ein Publikumsprojekt entwickelte, das auf eine ästhetisch integrierte Gesellschaft abzielte. Dieses romantische Publikumsprojekt erwartete von einer ‹populären›[21] Literatur die soziale und diskursive Integration einer Gesellschaft, die den Zeitgenossen – keineswegs nur in Hinsicht der Situation der Literatur und ihrer Leserschaft – als zerrissen, d. h. hochdifferenziert erschien. ‹Populäre› Literatur sollte in Anlehnung an die unterstellte Leistung des antiken Mythos die sozialen Differenzierungen in Bevölkerungsgruppen und Diskursarten progressiv aufheben. Entsprechend heißt es in Schillers Ankündigung seiner hochambitionierten «Horen» 1794:

«Man wird streben, die Schönheit zur Vermittlerin der Wahrheit zu machen und durch die Wahrheit der Schönheit ein dauerndes Fundament und eine höhere Würde zu geben. Soweit es tunlich ist, wird man die Resultate der Wissenschaft von ihrer scholastischen Form zu befreien und in einer reizenden, wenigstens einfachen, Hülle dem Gemeinsinn verständlich zu machen suchen. (...) Auf diese Weise glaubt man zur Aufhebung der Scheidewand beizutragen, welche die schöne Welt von der gelehrten zum Nachteile beider trennt, gründliche Kenntnisse in das gesellschaftliche Leben und Geschmack in die Wissenschaft einzuführen.»[22]

Dieser Grundgedanke eines literarisch integrierten Publikums stand auch hinter den romantischen Projekten der «neuen Mythologie» und der «schreibenden Nation» bei Friedrich von Hardenberg:

«Das Schreiben in Gesellschaft ist ein interessantes Symptom (...). Man wird vielleicht einmal in Masse schreiben, denken und handeln. Ganze Gemeinden, selbst Nationen werden ein Werk unternehmen.»[23]

Schließlich ist auch Nietzsches Konzeption des «dionysischen» Kollektivs und des attischen Tragödienchores dieser romantischen Idee verpflichtet geblieben, der die imaginäre Einheit des Publikums als Antizipation einer nachmodernen, entdifferenzierten Gesellschaft galt:

«Unter dem Zauber des Dionysischen schließt sich nicht nur der Bund zwischen Mensch und Mensch wieder zusammen: auch die entfremdete, feindliche oder unterjochte Natur feiert wieder ihr Versöhnungsfest mit ihrem verlorenen Sohne, dem Menschen. (...) Jetzt ist der Sklave freier Mann, jetzt zerbrechen alle die starren, feindseligen Abgrenzungen, die Not, Willkür oder ‹freche Mode› zwischen den Menschen festgesetzt haben.»[24]

Der poetische Schwung solcher Versöhnungsszenarien scheiterte freilich an der harten Prosa der modernen Gesellschaft, für die das Publikum nur eine Kommunikationskonvention unter anderen ist, dessen interne Differenzen im Hinblick auf Vorlieben, Wertmaßstäbe und Attitüden in keiner Idee von Einheit mehr zusammenfinden. Sarkastisch hat Gottfried Keller diese Kollision von romantischem Publikumsprojekt und sozialer Differenzierung in seinem «Grünen Heinrich» am Exempel eines ländlichen Tellspiels vorgeführt, das den Schillerschen Gedanken der «Popularität» nur zitiert, um ihn alsbald auf die Realitäten nicht länger versöhnbarer Dissonanzen auflaufen zu lassen.

Solche Ernüchterung mag dann zu ästhetizistischer Publikumsverachtung motiviert haben, zum Rückzug literarischer Kommunikation aus den anonymen Marktstrukturen in die quasi-sakralen Verhältnisse überschaubarer Zirkel mit strikt kontrollierten Zugangsrestriktionen, wie sie am Dichterkreis um Stefan George exemplarisch sichtbar geworden sind. Dessen forciertes Projekt, seiner Dichtung die Aura des Authentischen für eine Gemeinde von Eingeweihten zu verschaffen, hat freilich nicht verhindern können, daß die elitäre Geste als Marketingstrategie empfunden wurde und auf dem literarischen Markt ein eigenes, immer wieder kopierbares Segment bildet.

Das ‹universal-integrierte› und das ‹elitäre Publikum› umschreiben wohl die Spannbreite der Konzepte, mit denen das moderne Literatursystem seine ‹Werke› adressiert hat, wobei die erste Variante unter den gewandelten Bedingungen der historischen Avantgarde im 20. Jahrhundert – etwa bei Brecht und seiner Idee einer Entdifferenzierung von Produzenten und Rezipienten im Prozeß des sog. kollektiven Lernens – noch eine späte Reprise erlebte. In der Gegenwart haben postmoderne Bestseller wie Umberto Ecos «Der Name der Rose» oder Patrick Süßkinds «Das Parfüm» mit Hilfe einigermaßen raffinierter Mehrfachcodierungen diverse Lektüren für ein differenziertes Lesepublikum ermöglicht: die Wirklichkeit ‹populärer› Literatur für eine Gesellschaft, deren Einheit nirgendwo mehr repräsentiert werden kann.

Literatur

Bosse, Heinrich: Autorschaft ist Werkherrschaft. Paderborn u. a. 1981.

Foucault, Michel: Was ist ein Autor? In: Ders.: Schriften zur Literatur. München 1974.

Grimm, Gunter E. (Hg.): Metamorphosen des Dichters. Das Rollenverständnis deutscher Schriftsteller vom Barock bis zur Gegenwart. Frankfurt/M. 1992.

Haferkorn, Hans J.: Zur Entstehung der bürgerlich-literarischen Intelligenz und des Schriftstellers in Deutschland zwischen 1750 und 1800. In: Bernd Lutz (Hg.): Deutsches Bürgertum und literarische Intelligenz 1750–1800. Stuttgart 1974.

Kiesel, Helmuth/Münch, Paul: Gesellschaft und Literatur im 18. Jahrhundert. München 1977.

Kreuzer, Helmut (Hg.): Der Autor. In: Zs. f. Litwiss. und Linguistik 11 (1981), Heft 42.

Plumpe, Gerhard: Eigentum – Eigentümlichkeit. Über den Zusammenhang ästhetischer und juristischer Begriffe im 18. Jahrhundert. In: Archiv für Begriffsgeschichte (1980).

Schneider, Irmela (Hg.): Die Rolle des Autors. Stuttgart 1981.

Schön, Erich: Die Verdrängung der Sinnlichkeit oder die Verwandlungen des Lesers. Stuttgart 1987.

Schücking, Levin L.: Die Soziologie der literarischen Geschmacksbildung. 2., erw. Aufl. Leipzig/Berlin 1931.

Ungern-Sternberg, Wolfgang v.: Schriftsteller und literarischer Markt. In: Sozialgeschichte der deutschen Literatur. Hg. v. R. Grimminger. Bd. 3 (Deutsche Aufklärung bis zur frz. Revolution). München 1980.

Wittmann, Reinhard: Buchmarkt und Lektüre im 18. und 19. Jahrhundert. Tübingen 1982.

Anmerkungen

1 Vgl. Niklas Luhmann: Einführende Bemerkungen zu einer Theorie symbolisch generalisierter Kommunikationsmedien. In: Ders.: Soziologische Aufklärung. Bd. 2. Opladen 1975, S. 170ff; vgl. auch Ders.: Soziale Systeme. Grundriß einer allgemeinen Theorie. Frankfurt/M. 1984, S. 222ff; Ders.: Das Medium der Kunst. In: Delfin 7 (1986), S. 6ff.

2 Gerhard Plumpe: Codeprobleme des Literatursystems. In: A. Barsch (Hg.): Empirische Literaturwissenschaft. Frankfurt/M. 1992.

3 Foucault, S. 23.

4 Justus Henning Böhmer: Kurze Einleitung zum geschickten Gebrauch der Akten. Halle 1731. Zit. Ludwig Gieseke: Die geschichtliche Entwicklung des deutschen Urheberrechts. Göttingen 1957, S. 80; vgl. die grundlegende Abhandlung von Johann Stephan Pütter: Der Büchernachdruck nach echten Grundsätzen des Rechts geprüft. Göttingen 1774.

5 Simon Nicolas Linguet: Betrachtungen über die Rechte des Schriftstellers und seines Verlegers. Frankfurt/M. 1978, S. 48.

6 Vgl. Albert Osterrieth: Die Geschichte des Urheberrechts in England. Leipzig 1895.
7 Johann Jacob Cella: Vom Büchernachdruck. In: Ders.: Freimütige Aufsätze. Ansbach 1784, S. 103 ff.
8 Johann Gottlieb Fichte: Beweis der Unrechtmäßigkeit des Büchernachdrucks. In: Ders.: Sämtliche Werke. 3. Abtlg. 3. Bd. Berlin 1846, S. 237. Georg Wilhelm Friedrich Hegel: Grundlinien der Philosophie des Rechts. Frankfurt/M. 1970 (Theorie-Werkausgabe Bd. 7), S. 104. Vgl. Gerhard Plumpe: Der Autor als Rechtssubjekt. In: H. Brackert/J. Stückrath (Hg.): Literaturwissenschaft. Grundkurs 2. Reinbek 1981, S. 179 ff.
9 Vgl. Gerhard Plumpe: Kunst und juristischer Diskurs. In: Jürgen Fohrmann/Harro Müller (Hg.): Diskurstheorien und Literaturwissenschaft. Frankfurt/M. 1988, S. 330 ff, hier S. 338–341.
10 Edward Young: Conjectures on original composition. London 1759, S. 36.
11 Ebd., S. 54 (Hervorh. G. P.).
12 Vgl. Gerhard Plumpe: Kunst ist Kunst. Vom Subjekt zur Tautologie. In: Symptome 6 (1990), S. 66 ff; s. auch Niklas Luhmann/Peter Fuchs: Reden und Schweigen. Frankfurt/M. 1989, S. 138 ff; Luhmann und Fuchs beobachten diesen Vorgang allerdings erst im 19. Jahrhundert.
13 Gotthold Ephraim Lessing: Hamburgische Dramaturgie. 96. Stück. In: Werke. Hg. von K. Wölfel. Bd. 2. Frankfurt/M. 1967, S. 502 f.
14 Friedrich Schlegel: Kritische Ausgabe. Hg. von E. Behler u. a. Bd. 16, S. 75.
15 Stéphane Mallarmé: Krise des Verses. Zit. W. Kraus (Hg.): Symbole und Signale. Frühe Dokumente der literarischen Avantgarde. Birsfelden b. Basel o. J., S. 153 (Hervorh. G. P.).
16 Walter Benjamin: Der Autor als Produzent. In: Ders.: Versuche über Brecht. Frankfurt/M., S. 101 (Hervorh. G. P.).
17 Zit. Erich Schön: Der Verlust der Sinnlichkeit oder die Verwandlungen des Lesers. Stuttgart 1987, S. 244 f (Hervorh. G. P.).
18 Johann Gottfried Seume: Spaziergang nach Syrakus. In: Prosaschriften. Köln 1962, S. 237 f.
19 Bertolt Brecht: Schriften zum Theater. Frankfurt/M. 1968, S. 142 f.
20 Schön, S. 280 f.
21 Im Sinne der Schillerschen «Popularität»; vgl. Friedrich Schiller: Über Bürgers Gedichte. In: Sämtliche Werke. Bd. 5. Hg. von G. Fricke und H. G. Göpfert. München 1967, S. 973 f.
22 Ebd., S. 871.
23 Friedrich v. Hardenberg (Novalis): Werke und Briefe. Hg. von A. Kelletat. München 1962, S. 414.
24 Friedrich Nietzsche: Die Geburt der Tragödie aus dem Geist der Musik. In: Werke in drei Bänden. Hg. von K. Schlechta. Bd. 1. München 1966, S. 24 f.

Walter Hömberg

Verlag, Buchhandel, Bibliothek

«Die Buchhändler sind alle des Teufels, für sie muß es eine eigne Hölle geben.»[1] Das spannungsreiche Verhältnis zwischen Autoren, Verlegern und Buchhändlern ist selten so markant formuliert worden wie in diesem Ausspruch Goethes vom 21. Mai 1829 gegenüber Kanzler von Müller. Der Weimarer Staatsminister war freilich materiell so gestellt, daß er auf die Honorare seiner Verleger nicht unbedingt angewiesen war. Mit der zunehmenden Professionalisierung des Schriftstellerberufs wurde die Abhängigkeit vom literarischen Markt und von den Vermittlungsinstanzen später dann viel drückender empfunden.

Die Literaturwissenschaft hat die materielle Seite der literarischen Produktion und Distribution meist ignoriert. Erst in jüngerer Zeit finden die damit zusammenhängenden kommunikativen Prozesse mehr Beachtung. Und dabei werden auch die Institutionen der Vermittlung zwischen Autor und Leser in einem neuen Licht gesehen. Wie für jede Kommunikation, so ist auch für die Literaturvermittlung der Aspekt der *Selektion* zentral. Die wichtigsten Stufen in diesem Prozeß stellt unser Schaubild schematisch dar.

Verlag

Wie in allen Gesellschaftsbereichen ist auch in der Literaturvermittlung eine immer stärkere berufliche Ausdifferenzierung und Spezialisierung zu beobachten. Waren in der Frühzeit der Buchproduktion die Drucker zugleich auch Verleger und Verkäufer, so wurden die technische Herstellung und die Verbreitung im Laufe der Geschichte immer stärker voneinander getrennt.[2] Seit dem 18. Jahrhundert entwickelten sich der herstellende und der verbreitende Buchhandel auseinander. Eine organisatorische Klammer für beide Bereiche bildete der 1825 in Leipzig gegründete Börsenverein der Deutschen Buchhändler – und seine Nachfolgeorganisation tut dies bis heute.

Will ein Autor mit seinem Werk die Öffentlichkeit erreichen, so wendet er sich in der Regel direkt an einen Verlag. Die Prüfung des

Der Prozeß der Literaturvermittlung

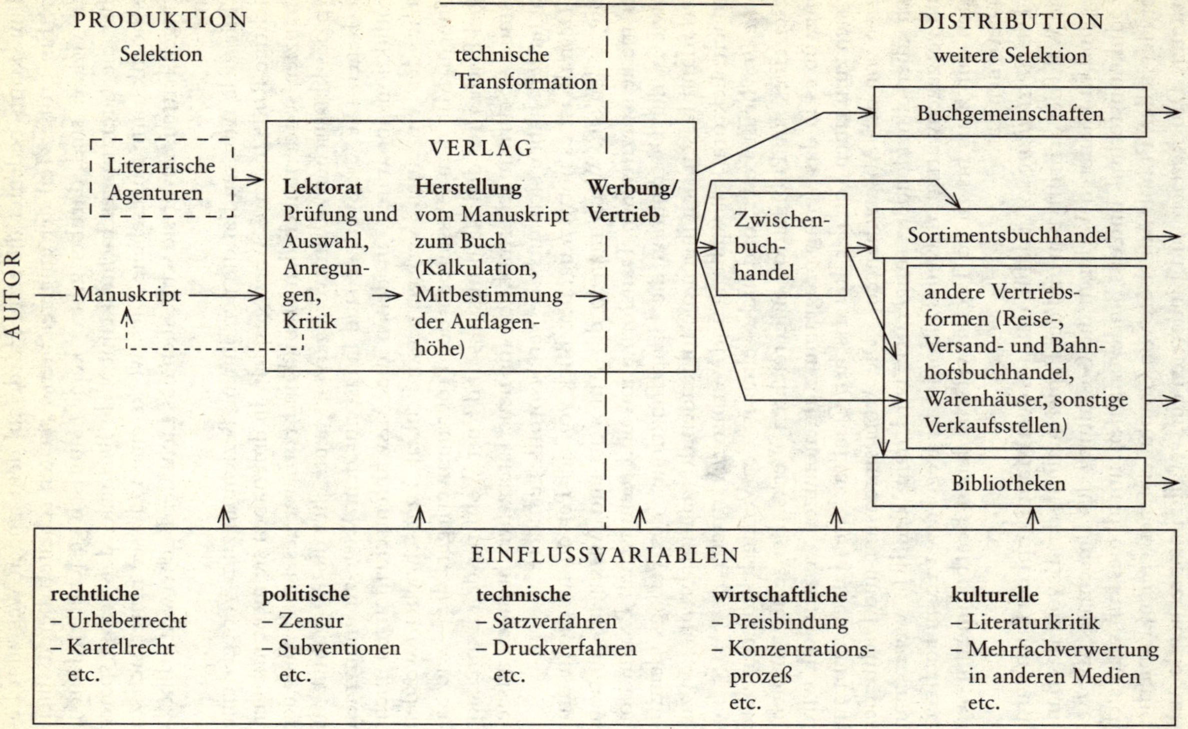

Manuskripts bedeutet die erste Hürde auf dem langen Weg zum Leser. Ein großer Teil der eingereichten Arbeiten scheitert bereits hier. Wie viele es sind, darüber gibt es keine empirisch gesicherten Daten. Aber die Literaturgeschichte kennt viele Beispiele, daß selbst später als hochkarätig angesehene Dichtwerke eine Odyssee hinter sich zu bringen hatten, bevor sie schließlich das Licht der Bücherwelt erblickten.[3]

Für viele Autoren hat die persönliche Beziehung zum Verleger eine wichtige Rolle für ihre Arbeit gespielt. In ihm haben sie nicht nur den Finanzier, sondern auch den Freund und Förderer gesehen.[4] Aber der Typ des klassischen ‹Kulturverlegers› ist heute eher die Ausnahme als die Regel. Die Großverlage sind längst auf dem Wege zu anonymen Produktionsapparaten, in denen die Auswahlentscheidungen nicht mehr der einzelnen Verlegerpersönlichkeit zugeschrieben werden können. Mit dem Aussterben der Programmverleger, die – wie Samuel Fischer für den Naturalismus und Kurt Wolff für den Expressionismus – Schrittmacherfunktion für neue Literaturrichtungen ausgeübt hatten, haben sich auch die Verlagsprofile geändert.

Deshalb ist es notwendig, den Blick von der Person auf die Institution zu lenken. Wenn man in der Autoren- und Aussagenselektion, der medienspezifischen Transformation und technischen Produktion sowie in der Distribution die Hauptfunktionen des Verlags identifiziert, dann lassen sich ihnen die folgenden drei Hauptabteilungen zuordnen: Lektorat, Herstellung und Werbung/Vertrieb.

Lektor heißt Leser, und nicht selten ist der Verlagslektor der erste Leser eines zur Publikation eingereichten Werks. Bei seiner Empfehlung, ob es in das Verlagsprogramm aufgenommen werden soll, wird er sich zum einen von der literarischen Qualität leiten lassen, zum anderen von den Absatzchancen. «Die Arbeitsintensität und Dichte der sich überschneidenden Tätigkeiten wird dann deutlich, wenn man sich vergegenwärtigt, daß ein Lektor in der Regel etwa 20, in Fachverlagen durchaus bis zu 60 Titel in verschiedenen Bearbeitungsphasen zu betreuen hat.»[5]

Die *Herstellung* sorgt dafür, daß aus dem Manuskript ein Buch wird. Die Wahl der Schrifttypen und der Papierqualität, das Layout des Bandes und in kleineren Verlagen die Gestaltung des Umschlags, die Reproduktionstechnik und das Bindeverfahren, um all dies kümmert sich der Hersteller. Er holt Angebote von Graphikern, Setzereien, Papierlieferanten, Druckereien und Bindereien ein, vergibt entsprechende Aufträge und achtet auf die Koordination der verschiedenen Produktionsvorgänge. Nicht zuletzt ist er für die Kalkulation der Kosten zuständig.

Der *Vertrieb* liefert die fertigen Bücher aus. Das geschieht nur zu einem geringen Teil (etwa 14 Prozent des Gesamtumsatzes) direkt an die Buchkäufer. In den anderen Fällen erreichen die Verlagsprodukte ihre Leser über den Buchhandel. Der wichtigste Vertriebsweg ist der Sortimentsbuchhandel (60 Prozent), gefolgt von anderen Verkaufsstellen, etwa den Buchabteilungen in Schreibwaren- oder sonstigen Fachgeschäften (9 Prozent), vom Reise- und Versandbuchhandel (8 Prozent), von Waren- und Kaufhäusern (5 Prozent) sowie Buchgemeinschaften (4 Prozent).[6]

Der Vertrieb arbeitet eng mit der *Werbeabteilung* zusammen. Wegen der Fülle der Neuerscheinungen ist die Publikumswerbung für einzelne Bücher nur eingeschränkt möglich. Die Verlage konzentrieren sich dabei auf solche Titel, die sie als ‹bestsellerverdächtig› besonders herausstellen wollen, oder sie weisen in Sammelanzeigen etwa auf das monatlich aktuelle Taschenbuchangebot hin. Als Erstabnehmer stehen die Händler bei den großen Publikumsverlagen im Zentrum der Werbebemühungen. Sie werden regelmäßig mit Informationen versorgt und zusätzlich über Vertreter mit den Neuerscheinungen bekannt gemacht. Public-Relations-Aktionen wie Autorenlesungen, Signierstunden und Preisausschreiben verfolgen das gleiche Ziel.

Selbst Branchenkenner können das Buchangebot kaum noch überblicken. Seit Mitte der 80er Jahre sind in der Bundesrepublik Deutschland jedes Jahr mehr als 60000 Titel neu erschienen. 1990 kamen 61015 Titel auf den Markt, davon 44779 als Erstauflage und 16236 als Neuauflage.[7] Mit 14,7 Prozent stellte die Belletristik die stärkste Sachgruppe. Im globalen Vergleich lag die Bundesrepublik hinter der Sowjetunion und den Vereinigten Staaten von Amerika an dritter Stelle.

Die Verlagslandschaft wirkt zunächst recht vielfältig: Die einschlägigen Handbücher verzeichnen etwa 2000 westdeutsche Buchverlage mit einem Jahresumsatz über 20000 DM. Die Statistik zeigt aber, daß sehr wenige viel und viele sehr wenig produzieren: So entfiel im Jahre 1988 auf 41,9 Prozent der Unternehmer ein Umsatzanteil von insgesamt 0,9 Prozent, während 4,1 Prozent der Unternehmen 60 Prozent des Gesamtumsatzes erwirtschafteten.[8]

Immer mehr mittelständische Verlage haben in den letzten Jahrzehnten ihre ökonomische Selbständigkeit verloren. Der hohe Konzentrationsgrad im Bereich der Buchproduktion ist vor allem deshalb wenig bekannt, weil die alten Verlagsnamen meist auch unter neuen Besitzern weitergeführt werden. So gehören traditionsreiche Häuser wie S. Fischer, Rowohlt, Metzler und Wunderlich neben Goverts, Kindler, Droemer-Knaur, Stahlberg, Krüger und Schroedel inzwischen zur Holtzbrinck-Gruppe. Und der Münchner Verleger Herbert Fleissner hält neben Langen-Müller, Bechtle, Herbig, Limes und Nymphenburger u. a. auch Anteile an Ullstein und Propyläen.

Die Großverlage sind immer mehr zu *Multimediakonzernen* expandiert. Das extremste Beispiel bietet Bertelsmann. 1835 als Verlag für volkstümliche religiöse Literatur gegründet, hat sich das Unternehmen inzwischen zum zweitgrößten Medienkonzern der Welt entwikkelt. Er umfaßt heute:

- zahlreiche deutsche Verlage aus den Bereichen Literatur, Sachbuch, Lexikon, Kartographie, Theologie (darunter Blanvalet, Goldmann, Knaus, Mosaik, Orbis, Prisma und Kiefel);
- mehrere ausländische Verlage in Europa und Übersee;
- zahlreiche Spezialverlage für Fachbücher und Fachzeitschriften (wie Heinrich Vogel, Gabler, Vieweg und Westdeutscher Verlag);
- zahlreiche Buch- und Schallplattengemeinschaften in Europa, Amerika, Australien und Neuseeland;
- Musik- und Videoproduktionsfirmen in vielen Ländern;
- Film- und Fernsehbetriebe sowie Beteiligungen an diversen Rundfunksendern;
- maßgebliche Anteile an großen Zeitungs- und Zeitschriftenverlagen (z. B. Gruner + Jahr, Morgenpost, Berliner Verlag);
- zahlreiche Druck- und Papierfirmen sowie Dienstleistungsunternehmen.[9]

Die ökonomische Rationalität solcher Konzentrationsprozesse liegt vor allem in der Möglichkeit zur publizistischen Mehrfachverwertung begründet: Der Hardcover-Edition folgt, in immer kürzeren zeitlichen Abständen, zunächst die Buchklub- und dann die Taschenbuchausgabe. Vorab- und Nachdrucke in Zeitungen und Zeitschriften lenken das öffentliche Interesse auf die Neuerscheinungen, die immer häufiger durch Verfilmungen auch in anderen Medien vermarktet werden.

Doch Quantität ist bekanntlich nicht gleich Qualität. Die wichtigsten literarischen Autoren der Nachkriegszeit haben ihre Werke nicht den Medienriesen, sondern kleinen bis mittelgroßen Verlagshäusern wie Luchterhand (Grass), Kiepenheuer & Witsch (Böll), Hanser (Strauß) oder Suhrkamp (Walser, Johnson, Handke) anvertraut. Häufig haben gerade die kleinen Verlage als Entdecker neuer Talente und als Seismographen gesellschaftlicher Entwicklungen eine Pionierrolle gespielt.

Vor allem die späten 60er und frühen 70er Jahre haben ein reiches Spektrum an Minipressen und Alternativverlagen hervorgebracht. Manche Autoren konnten sich hier zuerst artikulieren, bevor sie dann später von etablierten Verlagen abgeworben wurden. Nach wie vor gibt es zahlreiche solcher Ein-Mann- bzw. Ein-Frau-Unternehmen, wenn auch die Szene ärmer geworden ist. «Ulcus Molle-Info», das Sprachrohr der Alternativverlage, hat Ende 1990, nach 21 Jahren, das Erscheinen eingestellt mit der Begründung, das Blatt sei «zu einem Anachronismus geworden, (...) ein Fossil, weil es heute weder eine eigenständige Alternativ-Presse mehr gibt noch in irgendeiner Form von underground-Literatur die Rede sein kann».[10]

Buchhandel

Die wichtigste Rolle bei der Literaturbeschaffung spielt immer noch die *Sortimentsbuchhandlung*, die traditionellerweise in Form eines Einzelhandelsgeschäfts geführt wird. Der Buchhändler wird, sofern er kein Spezialsortiment betreut, eine möglichst breite Palette von Buchtypen und Literatursorten ständig auf Lager halten, da das Angebot die Nachfrage stimulierend beeinflußt: Sach- und Fach-, Hobby- und Ratgeberbücher, Bildbände und Kinderbücher, Belletristik der verschiedensten Gattungen und Entstehungszeiten für unterschiedliche Erwartungen und Ansprüche. Eine Vollbuchhandlung mittlerer Größe dürfte im Durchschnitt rund 30000 Titel vorrätig haben. So groß jedoch das aktuell vorhandene Angebot auch ist, es wird immer nur einen kleinen Ausschnitt aus der mehr als 500000 lieferbare Titel umfassenden deutschsprachigen Buchproduktion ausmachen können, von der fremdsprachigen Literaturflut gar nicht zu reden.

Der Käufer verlangt häufig ein bestimmtes Werk eines bestimmten Autors in einer bestimmten Ausgabe und Auflage – und hier beginnt eine spezifische Aufgabe des Buchhändlers: das Besorgungsgeschäft. Gemäß deutscher Buchhandelstradition, die auch im Ausland weithin als vorbildlich angesehen wird, ist der Sortimenter bestrebt, prinzipiell jedes gewünschte lieferbare Buch ohne Aufpreis für Porto- und Bearbeitungskosten zu beschaffen. Daß dies schnell und kostengünstig geschieht, ermöglicht u. a. der sogenannte *Zwischenbuchhandel*: Barsortimente und Grossisten halten eine große Anzahl gängiger Titel aus verschiedenen Verlagen bereit und liefern sie auf Anforderung umgehend an die Buchhändler aus.

Der Zwischenbuchhandel dient vor allem der Rationalisierung des Bestell- und Lieferverkehrs: Die Sammelbestellung erleichtert dem Buchhändler, die Sammelauslieferung dem Verleger die Arbeit. Den Nutzen hat der Buchkäufer. Als Konsequenz eines ausgeklügelten Verteilersystems kann er den gewünschten Band, falls es sich nicht um ein ausgefallenes Fachbuch handelt, bereits nach 24, spätestens 48 Stunden in Empfang nehmen. Ein großes Barsortiment hat rund 150000 Titel ständig vorrätig und unterhält ganze Konvois von Lieferwagen, um die Buchverkaufsstellen regelmäßig anzusteuern.[11] Der im Verlagswesen und generell im Medienbereich zu beobachtende Konzentrationsprozeß hat vor dem Zwischenbuchhandel, über den gut ein Viertel des gesamten Buchverkaufs abgewickelt wird, nicht haltgemacht: Der Löwenanteil am Grossogeschäft entfällt auf die Branchenführer Koch, Neff & Oetinger, Koehler & Volckmar sowie Lingenbrink.

Voller Stolz – und wohl nicht zu Unrecht – resümiert eines der führenden Branchenmagazine: «Die Bundesrepublik Deutschland hat das dichteste und beste Distributionsnetz für Bücher in der Welt.» Diesem Superlativ folgt freilich ein anderer auf dem Fuße: «Mittlerweile sind deutsche Bücher fast die teuersten auf der Welt.»[12] Als einzige Ausnahme von der Wettbewerbsregel ermöglicht das Kartellgesetz hierzulande feste Buch-Abgabepreise, die für alle Verkaufsstellen verbindlich sind. Diese vertikale Preisbindung geht zurück auf die Buchhändlerische Verkehrs- und Verkaufsordnung von 1888 und soll vor allem die Vielfalt des Angebots garantieren. Auf Dumpingofferten, wie sie etwa Supermarktketten oder die Filialen der Kaffeegroßröster von Zeit zu Zeit feilbieten, reagiert der durch ein kompliziertes Vertragssystem fest untereinander verbundene Buchmarkt entsprechend allergisch.

Die Kritik der Buchhändler an ‹neuen› Vertriebswegen ist alt. Sie hat schon im vergangenen Jahrhundert die Diskussionen innerhalb der Standesorganisation bestimmt. In einem vertraulichen Gutachten des Vereinsausschusses an den Vorstand des Börsenvereins von 1901 heißt es: «Der Vereinsausschuß erkennt einstimmig in den Warenhäusern eine große Gefahr für den Buchhandel und würde es für das Wünschenswerteste ansehen, wenn ein Warenhaus-Buchhandel völlig ausgeschlossen sein könnte.»[13] Der Nationalökonom Karl Bücher setzt zwei Jahre später in einer Streitschrift dagegen: «(...) wenn man gute und billige Bücher unter das Volk bringen will, so liegt nichts näher, als sich der Läden zu bedienen, die das Volk ohnehin regelmäßig besucht; den vornehmen Buchladen aber betritt es, wie die Apotheke, nur im äußersten Notfalle.»[14] Diverse empirische Erhebungen haben seither diese These erhärtet. Die sog. Schwellenangst des Käufers kann man als die Kehrseite jenes elitären Nimbus ansehen, mit dem sich das Buchgewerbe in der Vergangenheit gerne umgeben hat. Zwar hat seit gut zwei Jahrzehnten bei den «Fürsten unter den Organwaltern des Geistes» (so der Rechts- und Politikwissenschaftler René Marcic in einer Laudatio auf die Buchhändler[15]) ein Umdenken eingesetzt; aber der klassische Sortimentsbuchhandel ist bis heute ein schichtspezifischer Distributionsort geblieben.

So dicht das Buchvertriebsnetz in der Bundesrepublik im Vergleich zu anderen Ländern auch ist, es weist doch etliche regionale Lücken auf. Nicht einmal in jedem zweiten Ort zwischen 5000 und 10000 Einwohnern gibt es eine Buchhandlung; vor allem die Bundesländer Baden-Württemberg, Bayern, Hessen, Nordrhein-Westfalen, Sachsen-Anhalt und Thüringen sind relativ schlecht versorgt.[16]

Nicht zufällig nennen die Buchkäufer bei der Frage nach den Haupteinkaufsquellen das *Warenhaus* bereits an zweiter Stelle.[17] Seit der Berliner Großkaufmann Wertheim 1892 als erster in seinem Warenhaus in der Leipziger Straße eine eigene Buchabteilung einrichtete, hat sich diese Vertriebsform stark ausgebreitet. In mehr als 330 Filialen präsentieren allein die vier größten Kaufhauskonzerne im Bundesgebiet ihre Bücher: vor allem verbilligte Restauflagen (Modernes Antiquariat) und warenhauseigene Sonderausgaben, Belletristik- und Sachbuchbestseller, Taschenbücher und Jugendliteratur, daneben Lexika, Kunst- und Bildbände, Reise- und Sprachführer. Nur in Ausnahmefällen ist das Verkaufspersonal buchhändlerisch geschult; das Angebot zielt vor allem auf den ‹Impulskunden›, der im Vorübergehen per Selbstbedienung ein Buch erwirbt.

Während das Warenhaussortiment normalerweise nur zwischen 2000 und 4000 Titel umfaßt, ist das Angebot im *Bahnhofsbuchhandel* noch weiter reduziert. Seine Verkaufsstellen offerieren neben aktuellen Bestsellern vor allem Taschenbücher. Den größten Umsatz machen sie jedoch mit Periodika, mit Zeitungen, Zeitschriften und Magazinen. Eine Bahnfahrt bietet ideale Gelegenheiten zum Lesen, und so nimmt es nicht wunder, daß es Verkaufsstellen für ‹Reiseliterarien› fast schon so lange gibt wie das Verkehrsmittel Eisenbahn.

Auf einen noch längeren Stammbaum kann der *Reise- und Ver-*

sandbuchhandel verweisen: Sowohl die ‹Buchführer› des 15. und 16. Jahrhunderts als auch die wandernden ‹Kolporteure› des 18. und 19. Jahrhunderts sind diesem Vertriebszweig zuzurechnen. Wichtigstes Merkmal des Reisebuchhandels: Haupt- oder nebenberufliche Vertreter suchen den potentiellen Kunden zu Hause auf und führen ihm Muster aus ihrem Angebot vor, meist Reihenwerke wie Lexika oder Handbücher, die teilweise in Fortsetzung, gelegentlich auch als Loseblattsammlung geliefert werden. Der Versandbuchhandel gewinnt seine Kunden durch Anzeigen, Kataloge, Werbedrucksachen; das Angebot entspricht im allgemeinen dem des Reisebuchhandels, und beide Formen treten betriebsmäßig fast immer gemeinsam auf. Die Möglichkeit der Ratenzahlung macht teure Fachbücher und Nachschlagewerke einem größeren Kreis von Interessenten erschwinglich und ermöglicht zugleich den Händlern eine kostengünstige Kalkulation.

Das *Drugstore*-Vertriebssystem, bei dem (Taschen-)Bücher in Supermärkten, Tankstellen, Friseurläden usw. feilgeboten werden, hat sich im deutschen Sprachraum, nicht zuletzt aufgrund der geschilderten differenzierten Infrastruktur, bisher nicht durchsetzen können, ist aber auf dem Vormarsch.

Wichtiger als die Frage, woher er seine Lesestoffe bezieht, ist für den Buchkäufer die Tatsache, daß er aus dem ständig anschwellenden Büchermeer genau jene Titel herausfindet, die seinen Wünschen und Bedürfnissen entsprechen. Dazu sind bibliographische Hilfestellungen und Beratung nötig, wie man sie am ehesten von einem fachkundigen Buchhändler erwarten kann. Daß diejenigen Gruppen der Bevölkerung, die dieser Hilfen am meisten bedürfen, von diesem Angebot am wenigsten Gebrauch machen, bleibt ein Problem – nicht nur für den Buchhandel.

Buchgemeinschaft

Das Buch ist – anders als die (Abonnements-)Zeitung, das Radio- und das Fernsehprogramm, die ins Haus geliefert werden – ein Abholmedium. Schon die Beschaffung verlangt beträchtliche Aktivität. Diese Distributionsbarriere versuchen die Buchgemeinschaften zu überwinden: Sie liefern Literatur im Abonnement.

Die Auswahl wird den Mitgliedern, die gemäß Abnahmeverpflichtung normalerweise eine Bestellung pro Quartal aufgeben, leicht gemacht: Das riesige Angebot der Verlage schrumpft in den Buchklubs auf eine übersichtliche Zahl zwischen 300 und 600 Titeln.[18] Die Buchgemeinschaften selektieren Selektiertes, von den ganz wenigen Eigenproduktionen einmal abgesehen (etwa bei der Büchergilde Gutenberg und beim Spezialfall Wissenschaftliche Buchgesellschaft). Bei der Zusammenstellung der Vierteljahresprogramme können sie die Publizitätskarriere der Originalausgaben und die Publikumsresonanz in Form von Verkaufszahlen bereits ins Kalkül ziehen. Auffallend das Kumulationsprinzip: Goodseller, die eine gute Chance haben, gewählt zu werden, werden durch eben diese Wahl zu Bestsellern, Bestseller zu Supersellern.

Neben der rigiden Selektion liegt eine der Ursachen für den Erfolg in der Art der Präsentation. Die Klubkataloge sind attraktiv aufgemacht; vielfarbig und bilderreich, erinnern sie an die Programmzeitschriften für den Rundfunk. Durch die Beschränkung auf handlungsbezogene Informationshäppchen wird in den Programmillustrierten die prinzipielle Gleichartigkeit und Gleichwertigkeit der angebotenen Lesestoffe suggeriert.[19]

Die Angebotsillustrierten der großen Buchklubs reduzieren die Komplexität literarischer Texte beinahe ausnahmslos nach demselben Rezept: Sie begnügen sich mit inhaltsbezogenen Hinweisen, und zwar im allgemeinen auf Person und ‹Schicksal› der Handlungsprotagonisten. Meist wird ein Konflikt angedeutet, dessen Auflösung offenbleibt. Gelegentlich folgt ein Verweis auf die Verkaufskarriere des betreffenden Buches («Weltbestseller!») oder auf die multimediale Verwertung («verfilmt von Volker Schlöndorff») als Gütesiegel. Kaum einmal ein Wort zu Form, Gattung, Stil oder zum Entstehungskontext. Kaum auch helfende Hinweise für den Erwartungshorizont des Lesers im Hinblick auf Schwierigkeitsgrad und Anspruchsniveau – mit Ausnahme der Kinderliteratur («von 3 bis 6») und eines ganz bestimmten Genres: «für reife Leser».

Als Vorläufer der Buchgemeinschaften stellten sich die *Volksschriftenvereine* des 19. Jahrhunderts die Aufgabe, «gute und gemeinnützige Bücher unter dem Volke zu verbreiten, und zu diesem Zweck schon vorhandene Volksschriften in Masse auf(zu)kaufen, die Herausgabe neuer und Wiederauflegung älterer (zu) veranstalten, und diese Schriften in möglichst wohlfeilen Preisen unter das Volk (zu) bringen» (so 1843 der Württembergische Volksschriftenverein).[20] Was «gute» Bücher sind, das bestimmten jeweils die Träger dieser Institutionen – normative Organisationen unterschiedlicher Provenienz, vor allem Kirchen, Arbeiter- und Bürgervereinigungen. Seit der Jahrhundertwende gibt es erwerbswirtschaftlich ausgerichtete Buchgemeinschaften, und dieser Typ hat sich durchgesetzt. Heute betreuen sie in der Bundesrepublik etwa sieben Millionen Mitglieder, ungefähr eine Million davon in den neuen Bundesländern. Der weitaus größte Teil der Mitgliedschaften entfällt auf die Buchklubs von Bertelsmann.

Auch wenn die Buchgemeinschaften es als ihre Aufgabe bezeichnen, «die Gewohnheit des Lesens zu verkaufen»[21] – das Angebot wurde in den letzten Jahren hauptsächlich in eine andere Richtung erweitert: In den Katalogen nehmen nicht nur Medienprodukte wie Schallplatten und Tonkassetten, sondern auch Radio-, Phono-, Fernsehgeräte, Foto- und Filmapparate, Graphiken und andere Kunstgegenstände, Spiele, Bastelmaterial, Hobby- und Geschenkartikel einen immer größeren Raum ein. Die Entwicklung zum *Freizeitklub* zeigt sich auch im Angebot von Reisen, Fotodiensten und verbilligten Kinokarten. Bertelsmann hat seine Ladengeschäfte «Club-Center» getauft – vom Buch ist da gar nicht mehr die Rede. «France Loisirs», der französische Ableger des Konzerns, führt nur noch die Freizeit in seinem Firmenschild.

Die Umsatz- und Ertragssteigerung resultiert, wie der Leiter der Abteilung Öffentlichkeitsarbeit von Bertelsmann berichtet, «wesentlich auch aus dem Non-book-Geschäft der Buchklubs»[22]. Da die Programme der Gravitation der Ökonomie folgen, ist eine weitere Expansion dieser Angebotssparten zu erwarten. Die Klubs werden sich vor allem ihren Anteil am audiovisuellen Markt sichern wollen und das Geschäft mit Videobändern noch weiter forcieren.

Bibliothek

Heute, wo ein Taschenbuch weniger als eine Kinokarte kostet, stellt der Preis objektiv kaum noch eine Barriere zum Bucherwerb dar. Das war bis weit ins 19., ja bis ins 20. Jahrhundert hinein anders, und nicht zuletzt deshalb wurden schon früh Institutionen gegründet, die literarische Texte sammeln, aufbewahren und – zunächst nur einem stark eingegrenzten Benutzerkreis – zugänglich machen sollten. Sieht man von Vor- und Frühformen – den assyrischen Tontafel-, den griechischen Papyri-, den mittelalterlichen Pergament-Handschriftensammlungen – ab, so kann man in den humanistisch-reformatorischen Gelehrtenbüchereien und in den wissenschaftlichen Bibliotheken der Aufklärungszeit die Wurzeln unseres modernen Bibliothekswesens erblicken. Die jedermann zugängliche Öffentliche Bibliothek ist erst eine Frucht der

Volksbildungsbewegung des vergangenen Jahrhunderts. Neben diesen beiden Haupttypen, den Wissenschaftlichen und den Öffentlichen Bibliotheken, existiert heute noch eine bunte Mischung von Spezialbüchereien, die sich entweder auf bestimmte Sammelgebiete oder auf spezielle Zielgruppen konzentrieren.

Die *Wissenschaftlichen Bibliotheken* lassen sich einmal nach ihren sachlichen Aufgaben, zum anderen nach ihrer regionalen Reichweite gruppieren. Den umfangreichsten Sammelauftrag haben die Deutsche Bibliothek in Frankfurt am Main und die Deutsche Bücherei in Leipzig.[23] Alle im Inland erscheinenden Schriften, die deutschsprachigen Veröffentlichungen des Auslands sowie die Übersetzungen deutscher Literatur in fremde Sprachen werden dort gesammelt und bibliographisch erfaßt. Die Landes- oder Staatsbibliotheken sind ebenfalls Archivbüchereien, allerdings eingeschränkt auf einen bestimmten regionalen Raum; darüber hinaus stehen sie der Bevölkerung ihres Gebiets als Gebrauchsbibliotheken für den Leihverkehr zur Verfügung. Die Bibliotheken der Universitäten und Hochschulen sind im allgemeinen als Universalbibliotheken konzipiert, die alle dort vertretenen Fachgebiete mit Literatur versorgen. Institutsbibliotheken schließlich enthalten ebenso wie die Büchereien von Forschungsanstalten, Parlamenten, Behörden etc. nur die jeweilige Spezialliteratur.

Anders als die Wissenschaftliche Bibliothek, die vorwiegend für den fachlich Interessierten Lesestoffe bereitstellt, ist die *Öffentliche Bibliothek* ein «Bücherschrank für jedermann»[24]. Die Bestände sind entsprechend gemischt; sie umfassen Sach- und Fachbücher, Nachschlagewerke, Belletristik und Unterhaltungsliteratur, zum Teil auch Zeitungen und Zeitschriften sowie audiovisuelle Medien: Schallplatten, Diareihen, Bild- und Tonkassetten.

Während die bisher genannten Bibliotheksformen ohne Ausnahme von der öffentlichen Hand, von Bund, Ländern und Gemeinden, unterhalten werden, haben die *Spezialbibliotheken* sehr unterschiedliche Träger, etwa gesellschaftliche Gruppen, Vereine, Wirtschaftsunternehmen. Die von den Kirchen eingerichteten Pfarr- und Gemeindebüchereien spielen vor allem in kleineren Orten eine wichtige Rolle. Andere Büchersammlungen sind an bestimmte Institutionen gebunden: Schulbibliotheken (teilweise aufgegliedert in Schüler- und Lehrerbüchereien), Werksbibliotheken, Bibliotheken in Altersheimen, Krankenhäusern, Kasernen und Strafanstalten.

Nach einer bibliothekarischen Faustregel oder besser: Wunschformel soll die Zahl der öffentlich zugänglichen Bücher doppelt so groß sein wie die Einwohnerzahl; die Bibliothek einer Stadt mit 15 000 Einwohnern sollte also mindestens 30000 Bände umfassen. Dieses Richtmaß bleibt in der Bundesrepublik noch ein Zukunftstraum. Nach der offiziellen Statistik gab es 1989 in den alten Bundesländern insgesamt 10929 Bibliotheken, darunter 4988 Öffentliche, 4666 Katholische, 1078 Evangelische und 197 sonstige Bibliotheken. Die Bestände summieren sich auf 99311664 Medien, das sind 1,61 pro Einwohner. Zwar ist die Zahl der Entleihungen im vergangenen Jahrzehnt angestiegen (sie lag 1989 bei 219679102), die Erwerbungsetats sind jedoch deutlich gesunken.[25] Nach wie vor gilt: «Das Literaturangebot in unseren Öffentlichen Bibliotheken ist noch durchaus unzureichend.»[26]

Während Medien wie Hörfunk und Fernsehen (durch Rundfunkgesetze, Steuervergünstigungen etc.) und Kultureinrichtungen wie Opernhäuser, Theater und Museen (durch Subventionen) zum Teil massive gesellschaftliche Stützung erfahren, ist dies beim Medium Buch und bei der Kulturinstitution Bibliothek nur in bescheidenem Maße der Fall. Die politischen Entscheidungsgremien wenden sich mit Vorliebe den repräsentativen und publizitätsträchtigen Objekten zu, eine stille Institution wie die Bibliothek erfährt kaum öffentliche Aufmerksamkeit. «Bibliotheken sind unverzichtbare Bestandteile der kommunalen Kultur»[27] – die Anschaffungsetats, die in der Bundesrepublik pro Kopf der Bevölkerung um vieles hinter vergleichbaren Ländern zurückliegen, dokumentieren allerdings, daß den großen Postulaten bisher nur bescheidene Taten gefolgt sind.

Vor allem der ländliche Raum ist stark benachteiligt.[28] Mobile Bibliothekssysteme, die das Buch zum Leser bringen, könnten in dünn besiedelten Regionen die Literaturversorgung garantieren. Die meisten Bücherbusse und Fahrbibliotheken sind bisher indes dort eingesetzt, wo am wenigsten Mangel besteht: in den Großstädten. Das Kumulationsprinzip gilt offensichtlich auch im Bereich der Kultur.

Die politischen Umwälzungen zu Beginn der 90er Jahre haben auch Auswirkungen auf das Medienverhalten gehabt. Nach dem Wegfall staatlicher und gesellschaftlicher Stützen beginnt der Mythos vom «Leseland DDR» zu wanken.[29] Nicht nur manche Buchverlage, sondern vor allem auch die Bibliotheken in den neuen Bundesländern, die im Vergleich besser ausgestattet waren und stärker genutzt wurden, kämpfen ums Überleben. Indizien sprechen dafür, daß die gesellschaftliche Neuorientierung manche erreichte Standards der Lesekultur durchaus gefährden kann.

Literatur

Börsenverein des Deutschen Buchhandels (Hg.): Buch und Buchhandel in Zahlen 1991. Frankfurt/M. 1991.

Göhler, Helmut/Lindner, Bernd/Löffler, Dietrich: Buch, Lektüre, Leser. Erkundungen zum Lesen. Berlin/Weimar 1989.

Heinold, Wolfgang Ehrhardt: Bücher und Büchermacher. Was man von Verlagen und Verlegern wissen sollte. 3. Aufl. Heidelberg 1989.

–: Bücher und Buchhändler. Was man vom Einzelhandel mit Büchern wissen sollte. 2. Aufl. Heidelberg 1990.

Kehr, Wolfgang/Neubauer, Karl Wilhelm/Stoltzenburg, Joachim (Hg.): Zur Theorie und Praxis des modernen Bibliothekswesens. 3 Bände. München 1976.

Saxer, Ulrich/Langenbucher, Wolfgang/Fritz, Angela: Kommunikationsverhalten und Medien. Lesen in der modernen Gesellschaft. Gütersloh 1989.

Schmitt, W. Christian: Vor dem Ende der Lesekultur. 20 Jahre Buch- und Literaturmarkt aus nächster Nähe. Kehl/Strasbourg/Basel 1990.

Unseld, Siegfried: Der Autor und sein Verleger. Frankfurt/M. 1985.

Wissenschaftliche Kommission Lesen: Leseförderung und Buchpolitik. Eine Expertise. Bonn 1977; auch in: Bertelsmann Briefe, Jg. 1977, H. 89.

Wittmann, Reinhard: Geschichte des deutschen Buchhandels. Ein Überblick. München 1991.

Anmerkungen

1 Nach Siegfried Unseld: Goethe und seine Verleger. Frankfurt/M. 1991, S. 617.

2 Vgl. Wittmann, S. 30 ff.

3 Als Beispiel unter vielen sei auf die Editionsgeschichte von James Joyce' «Dubliners» und «Ulysses» verwiesen. Vgl. dazu Unseld: Der Autor und sein Verleger, S. 33 f.

4 S. das Urteil Wolfgang Koeppens (ebd., S. 9).

5 Gernot Keuchen: Karriere im Verlag. Prinzipien der Arbeit in Lektorat und Redaktion. 2. Aufl. Hardebek 1983 (= Seminar Branchenpraxis 7), S. 17.

6 Vgl. Börsenverein, S. 26. Die Zahlen geben die geschätzten Umsätze buchhändlerischer Betriebe aus den alten Bundesländern im Jahr 1990 wieder.

7 Vgl. ebd., S. 46 ff.

8 Vgl. Helmut Volpers: Der gesamtdeutsche Buchmarkt 1990/91. Eine Bestandsaufnahme – ein Jahr nach der Vereinigung. In: Media Perspektiven, Jg. 1991, H. 11, S. 737.

9 Vgl. Bertelsmann: Geschäftsbericht 1989/90. Gütersloh o. J. (1991).

10 Josef Wintjes: Wie ein toter Fisch im Wasser... In: Ulcus Molle-Info, Jg. 1990, H. 7–9/10–12, S. 1.

11 Vgl. Heinold: Bücher und Buchhändler, S. 145 ff.

12 Robert Engelmann/Martin Lemberg: Zwischenbuchhandel: Umdenken nötig. In: Buchmarkt, 9. Jg. 1974, Nr. 10, S. 46.

13 Zitiert nach Martin Lemberg: Warenhausbuchhandel: Die heimlichen Herren. In: Buchmarkt, 11. Jg. 1976, Nr. 11, S. 28.
14 Karl Bücher: Der deutsche Buchhandel und die Wissenschaft. Denkschrift im Auftrage des Akademischen Schutzvereins. 3. Aufl. Leipzig 1903, S. 300.
15 René Marcic: Das Buch und sein Verwalter. Sentenzen und Fragmente über ein Baugesetz der menschlichen Gesellschaft. Wien o. J. (1966), S. 34.
16 Zum folgenden s. Börsenverein, S. 20 ff.
17 Vgl. Elisabeth Noelle-Neumann/Rüdiger Schulz: Typologie der Käufer und Leser. Eine Wertanalyse des Buches in der Mediengesellschaft. In: Archiv für Soziologie und Wirtschaftsfragen des Buchhandels, Bd. LXII, 1987 (= Beilage zum Börsenblatt für den Deutschen Buchhandel, Nr. 1 vom 2. 1. 1987), S. W 2189.
18 Vgl. Martin Hutter/Wolfgang R. Langenbucher: Buchgemeinschaften und Lesekultur. Studie zum Programmangebot von sechs Buchgemeinschaften (1972 bis 1977). Berlin 1980 (= AfK-Studien 16).
19 Vgl. u. a. Club-Katalog Bücherbund, Oktober–Dezember 1991, S. 7, 13, 18, 21.
20 Württembergische Jahrbücher für vaterländische Geschichte, Geographie, Statistik und Topographie. Jg. 1843, H. 1. Stuttgart/Tübingen 1845, S. 51.
21 Hans Zopp: Alles über Buchgemeinschaften. Manuskript, o. O. o. J. (wohl 1979), S. 16. Der Verfasser war als Vorstandsmitglied der Bertelsmann AG für den Unternehmensbereich Klubs zuständig.
22 Manfred Harnischfeger: Lesen wir wieder? Mode geworden. Leserbrief in: Die Zeit, Nr. 5 vom 23. 1. 1976, S. 12.
23 Vgl. Rupert Hacker: Bibliothekarisches Grundwissen. 3. Aufl. München 1976, S. 16 ff.
24 Ebd., S. 23.
25 Vgl. Deutsches Bibliotheksinstitut: Deutsche Bibliotheksstatistik 1989. Teil D, Berlin 1990, S. 116 f.
26 Friedrich-Adolf Schmidt-Künsemüller: Strukturprobleme des Bibliothekswesens. In: Wolfgang Kehr/Karl Wilhelm Neubauer/Joachim Stoltzenburg (Hg.): Zur Theorie und Praxis des modernen Bibliothekswesens. Bd. 1. München 1976, S. 165 f.
27 Aloys von der Stein: Öffentliche Bibliotheken müssen kommunale Dienstleistungen werden. In: Kulturpolitische Mitteilungen. Informationsdienst der kulturpolitischen Gesellschaft, Jg. 1980, Nr. 9, S. 4.
28 Vgl. Walter Hömberg/Karlheinz Rossbacher: Lesen auf dem Lande. Literarische Rezeption im ländlichen Siedlungsgebiet Salzburgs. Salzburg 1977, S. 48 ff.
29 Vgl. Helmut Göhler/Cordula Günther/Bernd Lindner/Dietrich Löffler: Leseland DDR: Ein Mythos und was davon bleiben wird. In: Media Perspektiven, Jg. 1991, H. 7, S. 438–454.

Frank Schirrmacher

Literaturkritik

«Literaturkritik», so schrieb Oscar Wilde, «könnte meiner Meinung nach in Form von Notizen gebracht werden: maßgeblich soll dabei nicht das Urteil des Gelehrten oder Pedanten sein, sondern nur die Lesbarkeit des Textes: wenn ein Buch fade ist, sollten wir es gar nicht erwähnen; wenn es geistvoll ist, wird es besprochen». Das ist kein schlechter Vorsatz für Literaturkritik. Hinzuzufügen wäre: Wenn es schlecht ist, wird es verrissen. Doch der deutliche Verriß, das klare, negative Urteil stehen in Deutschland immer noch im Verdacht der Beckmesserei.

Dabei hat die Literaturkritik, auch die streitbare, in Deutschland große Ahnen: Lessing, Moses Mendelssohn, die Brüder Schlegel, Börne und Heine, Tucholsky und Jacobsohn. Es ist ein Gewerbe, das der Aufklärung entstammt und in seinen besten Partien selber aufklärend wirkt. Denn Kritik, die nur verdunkelt, predigt, anbetet oder selber nachdichtet, hat ihren Namen nicht verdient.

Kritik, die ein klares Urteil klar ausspricht, hat jedoch viele Gegner. Noch heute gilt sie manchem als ‹zersetzend› oder destruktiv, und nichts ist bezeichnender, als daß totalitäre Regime bestrebt waren, Literaturkritik durch ‹Literaturbetrachtung› zu ersetzen. Kritik, noch in ihrer harmlosesten Form der Literaturkritik, ist nichts Selbstverständliches. Der ‹Verriß›, gar die ablehnende Kritik, wird von manchen geahndet wie ein Delikt. Noch Anfang der 90er Jahre, im Zusammenhang mit dem Literaturstreit um Christa Wolf, wurden Kritiker als ‹Scharfrichter› und Kritiken als ‹Hetzjagden› bezeichnet.

Die deutsche Literaturkritik, die in Wahrheit außerordentlich vielstimmig und widersprüchlich ist, beruft sich auf unterschiedliche Gewährsmänner. Doch ist der erste und wichtigste immer noch Gotthold Ephraim Lessing, der gleichsam die Magna Charta der Literaturkritik geschrieben hat. In den «Briefen antiquarischen Inhalts» gibt er Verhaltensregeln für den Kritiker:

«Die Höflichkeit ist keine Pflicht, und nicht höflich sein, ist noch lange nicht grob sein. Hingegen zum besten der mehrern freimütig sein, ist Pflicht; sogar es mit Gefahr sein, drüber für ungesittet und bösartig gehalten zu werden ist Pflicht. Wenn ich

Kunstrichter wäre, wenn ich mir getraute, das Kunstrichterschild aushängen zu können: so würde meine Tonart diese sein. Gelinde und schmeichelnd gegen den Anfänger; mit Bewunderung zweifelnd, mit Zweifel bewundernd gegen den Meister; abschreckend und positiv gegen den Stümper; höhnisch gegen den Prahler, und so bitter als möglich gegen den Kabalenmacher. Der Kunstrichter, der gegen alle nur einen Ton hat, hätte besser gar keinen. Und besonders der, der gegen alle nur höflich ist, ist im Grunde gegen die er höflich sein könnte, grob.»

Lessing, so hat der Theaterkritiker Alfred Kerr vermerkt, sei «ein unglaublicher Vorläufer». Schon Heine hatte darauf hingewiesen, daß es die Sprache Lessings war, und das heißt: die Klarheit des Stils, die sein dauerhaftes Vermächtnis bildeten. «Sein Stil», schrieb Heine in der «Geschichte der Religion und Philosophie in Deutschland», «ist ganz der Stil der römischen Bauwerke: höchste Solidität bei höchster Einfachheit (...). Daher in der Lessingschen Prosa so wenig von jenen Füllwörtern und Wendungskünsten, die wir bei unserem Periodenbau gleichsam als Mörtel gebrauchen. Noch viel weniger finden wir da jene Gedankenkaryatiden, welche ihr la belle phrase nennt.»

Daran wäre auch heute und mit Nachdruck zu erinnern. Eine hochtheoretische, vom aktuellen philosophischen Modejargon beeinflußte Kritik hat allzuoft das Publikum verprellt, das sie zu gewinnen trachtete. Anders als die wissenschaftlichen Disziplinen der Literaturwissenschaft und Literaturgeschichte, auch der Kulturphilosophie, wendet sich die Literaturkritik an eine literarisch interessierte Öffentlichkeit, ja an Öffentlichkeit schlechthin. Um sie zu erreichen, muß sie verständlich sein, ohne komplexe Sachverhalte zu simplifizieren.

Innerhalb der letzten 20 Jahre, in denen eine gewaltige Mediengesellschaft entstanden ist, hat auch die Funktion der Literaturkritik sich gewandelt. Mittlerweile liegt ihr Verdienst schon in ihrer puren Existenz: darin, daß die Kritik aus einer fast unübersehbaren Fülle von Neuerscheinungen, Neuauflagen und Gesamtausgaben eine Auswahl trifft, die sie der Öffentlichkeit vorstellt. Die kulturkritische These, unbekannte Autoren und kleine Verlage hätten angesichts dieses Verteilungskampfes keine Chance, läßt sich auch bei großer selbstkritischer Prüfung nicht aufrechterhalten. Die verschiedenen Institutionen der Literaturkritik – Zeitungen, Rundfunk, Fernsehen, die «Bücher-Bestenliste» des Südwestfunks, das Gremium «Buch des Monats» in Darmstadt – sind ehrgeizig darum bemüht, auch unbekannten und unauffälligen literarischen Erscheinungen Öffentlichkeit zu verschaffen.

Kritik und Öffentlichkeit

In den letzten Jahrzehnten wurde immer deutlicher, daß die Kritik zwischen Verlag, Autor und Buchmarkt einerseits, dem Leser andererseits vermittelt. Sie unterrichtet zunächst darüber, was ist. Sie zeigt, was existiert. Wolfgang Koeppens Satz über einen Kritiker – «Er schreibt über mich, also bin ich» – gilt für die Kritik insgesamt. Was kritisiert wird, ist vorhanden. Die wirkliche Waffe der Kritik liegt nicht darin, daß sie bewertet, sondern in ihrer Macht zu entscheiden, was ist und was nicht ist. Daß Kritik ‹totschweigen› kann, daß ein Künstler ‹nicht mehr vorkommt›, und wie die Jargonformeln auch immer heißen mögen, reflektiert, was Nichtbeachtung durch die Kritik bedeuten kann.

Jenseits dieser Grenze, jenseits des gleichsam ‹ontologischen Sprungs›, der Schriftsteller existent und Werke diskutabel macht, relativiert sich die sogenannte Macht der Kritik. Ob ein Werk positiv oder negativ beurteilt wird, ist für den Verkauf und den Ruhm eines Werks oft nicht ausschlaggebend. Zwar gibt es keine Untersuchung, die die Wirkung einer Rezension positivistisch analysiert. Tatsache aber ist, daß heftig umstrittene Werke (wie etwa Elfriede Jelineks «Lust») auf die Bestsellerlisten geraten – andere (wie etwa Ulla Hahns «Ein Mann im Haus»), die fast auf das gleiche Publikum zielen und aus den gleichen Gründen umstritten sind, aber nicht ins Gewicht fallen.

Freilich ist hier nur von einem Ausschnitt der Literatur die Rede. Ein wesentlicher Teil der verkäuflichen und oft massenhaft verkauften Literatur kommt bei der Kritik gar nicht vor. Die Werke etwa von Utta Danella, Heinz Konsalik und auch Luise Rinser treten bei der Literaturkritik kaum in Erscheinung. Aber auch internationale Erfolgsautoren wie der amerikanische Schriftsteller Stephen King sind millionenfache Bucherfolge geworden, praktisch ohne jeden Beistand der Literaturkritik. Unbekannte Autoren mit literarischem Anspruch können dagegen sehr wohl von der Kritik ‹durchgesetzt› werden. Prominentes Beispiel dafür war der 1988 erschienene Roman «Die letzte Welt» von Christoph Ransmayr. Der weithin unbekannte Autor wurde plötzlich einhellig in fast allen deutschsprachigen Zeitungen gerühmt und in kürzester Frist zum Bestseller. Zwar behaupten viele Kritiker, daß es ihnen nicht um Bestsellerruhm gehe. Doch ist diese vornehme Seriosität zumeist die halbe Wahrheit. Jeder Kritiker, der sein Handwerk versteht, möchte einem Werk, von dem er überzeugt ist, größte Aufmerksamkeit und höchste Auflagenzahlen verschaffen.

Institutionen der Kritik

Bundesrepublik Deutschland

Literaturkritik ist eine pragmatische Tätigkeit: Sie ist an Foren und Formen gebunden, die sich in der Bundesrepublik des ausgehenden 20. Jahrhunderts genau beschreiben lassen. Jenseits der akademischen Fachkritik, wie sie in germanistischen und auch internationalen Zeitschriften geübt wird, nutzt die Kritik ihre traditionellen wie neue, hinzugetretene Institutionen. Eine Fülle von literarischen Zeitschriften und Magazinen betreibt, wie zu Lessings Zeiten, Literaturkritik für das interessierte Publikum. Einen weitaus größeren Kreis der Öffentlichkeit erreicht die Literaturkritik in Tages- und Wochenzeitungen. Daneben haben sich längst der Rundfunk und mittlerweile auch das Fernsehen als Multiplikatoren der Kritik etabliert. Die Kritik im klassischen Sinn, als ‹Rezension›, ‹Verriß› oder Lobrede, findet aber nach wie vor in den Zeitungen statt. Neben solchen Zeitungen, die für ihre Kritik lediglich die ‹Waschzettel› der Verlage abschreiben oder Rezensionen der Nachrichtenagenturen übernehmen, gibt es eine Reihe von Regionalzeitungen mit einem überaus ehrgeizigen, selbständigen und umfassenden Literaturteil.

Die «Frankfurter Allgemeine Zeitung» hat den umfassendsten Literaturteil aller deutschsprachigen Zeitungen. Im Laufe eines Jahres werden in ihr mehrere tausend Bücher besprochen: Neben der täglichen Buchbesprechung im Feuilleton findet sich, wie auch bei den anderen überregionalen Tageszeitungen, eine Extraseite für Rezensionen jeden Samstag. Zu den wichtigsten literaturkritischen Institutionen zählt neben den Tageszeitungen «Süddeutsche Zeitung» und «Frankfurter Rundschau» vor allem die in Hamburg erscheinende Wochenzeitung «Die Zeit». Alle diese Zeitungen publizieren mindestens vier Literaturbeilagen pro Jahr, von denen die Beilage zur Buchmesse die wichtigste ist. Gegenstände der Kritik sind nicht nur belletristische Neuerscheinungen, sondern auch wissenschaftliche Werke und Neuauflagen, die oft Anlaß zu Revisionen geben. In dieser Hinsicht erfüllen die Zeitungen auch die Aufgabe, ein literarisches Gedächtnis des Alltags zu sein.

Neben den Printmedien hat sich seit jeher der Rundfunk der Literaturkritik gewidmet. Alle Rundfunkanstalten unterhalten eigene Literaturredaktionen, und fast alle ‹freien› Kritiker arbeiten auch für den Rundfunk. Das Fernsehen dagegen hat seit jeher große Schwierigkeiten mit literarischen Werken und kommt oft über Porträts, bildhafte Umsetzungen und Interviews nicht hinaus. Erst in jüngster Zeit ist durch die Talk-Show «Das literarische Quartett» der Versuch unternommen worden, die Praxis der Literaturkritik auch im Fernsehen zu etablieren. Die allmähliche Verfertigung des Urteils beim Reden war hier zu studieren; freilich auch die ungeheuren Defizite einer Literaturkritik, deren Maßstäbe im bloß Geschmäcklerischen liegen. Zwar sind die Einschaltquoten dieser Veranstaltung gering, doch entsprechen sie den Auflagenziffern einzelner überregionaler Tageszeitungen.

Auch die Literaturkritik unterlag in der früheren DDR starkem behördlichen Druck. Kritik an Gegenwartsliteratur konnte nur in den vom Staat kontrollierten Literaturzeitschriften erscheinen oder in jenen Untergrundpublikationen, den «Mappen», die ebenfalls partiell von der Staatssicherheit gesteuert waren. Offiziere der Staatssicherheit hatten durch Agenten unmittelbar Einfluß auf die Gestaltung der Mappen gewonnen, ohne daß dies den Beteiligten bewußt geworden wäre. Zu den wichtigsten Zeitschriften zählten «Sinn und Form», die «neue deutsche literatur» (Organ des DDR-Schriftstellerverbands) und die «Weimarer Beiträge». Einige der in der DDR lebenden Kritiker konnten in den letzten Jahren dieses Staates auch in West-Deutschland publizieren, u. a. Fritz Rudolf Fries. Ohne Zweifel entwickelte sich innerhalb der DDR eine indirekte und andeutende Kritik, die auf das Zeichensystem der Eingeweihten setzte. Doch auch in der Bundesrepublik wurde, wenn es um Bücher der DDR ging, oft ‹Sklavensprache› gesprochen. Aus Sorge, den Autoren zu schaden, indem man sie falsch lobte oder falsch verriß, entwickelte sich fast so etwas wie eine DDR-typische Literaturkritik.

Ausland

Es gibt nur wenige internationale Foren der Literaturkritik. Die meisten sind innerhalb des deutschen Sprachraums ohne Bedeutung. Einen Sonderfall bildet die «Neue Zürcher Zeitung», deren Einfluß auf literarische Debatten erheblich ist. Sie versteht sich als Korrektiv, das die narzißtische Enge der deutsch-deutschen Selbstbeobachtungen relativiert. Besondere Bedeutung im Bereich der Literaturkritik wuchs den Schweizer Zeitungen während der Nazi-Zeit und in den ersten Nachkriegsjahren zu. Helmut Korrodi von der «Neuen Zürcher Zeitung» (den Thomas Mann wegen seiner ‹emigrationsfeindlichen› Haltung scharf kritisierte) und Max Rychner, Feuilletonchef der Züricher Tageszeitung «Die Tat», zählten zu den einflußreichsten Kritikern, weit über die Grenzen der Schweiz hinaus. Rychner gehört in den Umkreis jener Literaturkritiker, die, wie Ernst Robert Curtius, Walter Benjamin, Kurt Tucholsky, Siegfried Jacobsohn und Siegfried Kracauer in den 20er Jahren, der ästhetischen Moderne zum Durchbruch verhalfen: Kafka, Joyce, Proust und Valéry wurden von ihnen in ihrer Bedeutung fast augenblicklich als epochale Erscheinungen erkannt.

Das wichtigste Rezensionsorgan der angelsächsischen Welt ist die in New York erscheinende «New York Review of Books», die, obwohl nur in einer Auflage von knapp 130000 Exemplaren verbreitet, nahezu alle intellektuellen und literarischen Multiplikatoren erreicht. Ebenfalls in Amerika erscheint die Vierteljahresschrift «World Literature Today», die in Kurzrezensionen die Literaturen fast aller Erdteile vorstellt. Zu den spektakulären Institutionen der Kritik zählte außerdem die in Frankreich produzierte und weltweit zu empfangende Sendung «Apostrophes».

Kritiker und Kritik

> «Du würdest dem unaufhörlichen Wechsel von Genuß und Arbeit, den das Leben des Zeitungsmannes ausmacht, nicht widerstehn; und widerstehn, das ist die Voraussetzung alles Könnens. Du wärst so entzückt, die Macht auszuüben, Werke des Geistes zum Tod oder zum Leben verurteilen zu können, daß du in zwei Monaten zum reinen Journalisten würdest. Journalist sein heißt, Prokonsul in der Republik der Literatur sein. Wer alles sagen kann, wird bald alles tun! (...) Der Journalismus ist eine Hölle, ein Abgrund, in dem alle Lügen, aller Verrat, alle Ungerechtigkeit lauert; niemand bleibt rein, der ihn durchschreitet.»

An dieser warnenden Einschätzung Balzacs bezüglich der journalistischen Literaturkritik hat sich bis heute wenig geändert. Ende der 60er Jahre entstand, von dem Lyriker Peter Hamm abschätzig geprägt, das Wort vom «Großkritiker». Zu ihnen wurden Hans Mayer, Joachim Kaiser, Marcel Reich-Ranicki, Walter Jens, Walter Höllerer und Günter Blöcker gezählt. Kaum zufällig entstammten viele dieser Kritiker jener Organisation, aus der auch ein Großteil der relevanten Autoren stammte: der Gruppe 47. Hier wurde erstmals das Verfahren der schonungslosen Kritik an den Texten anderer geübt – Günter Grass beschrieb es in seinem Roman «Das Treffen in Telgte». Jener viele oft verletzende Ton der fast unbarmherzigen Kritik wurde bei den Tagungen der Gruppe 47 eingeübt und perfektioniert. Hier kritisierten freilich noch Schriftsteller andere Schriftsteller, ehe sich, Anfang der 60er Jahre, jene Gruppe der reinen Kritiker herauszubilden begann, die fortan das literarische Leben der Bundesrepublik prägte.

Als Anfang der 60er Jahre ein Großteil der jungen deutschen Nachkriegsliteratur entstand und unbekannte Autoren von sich reden machten – Günter Grass, Martin Walser, Peter Weiss, Siegfried Lenz, Uwe Johnson –, entschied sich auch der Kampf um Einfluß und Macht in der Kritik. Friedrich Sieburg, der wohl einflußreichste Kritiker der Bundesrepublik, Hans-Egon Holthusen und Hans Hennecke prägten die literarischen Auseinandersetzungen der 50er Jahre. Doch während Sieburg noch Autoren wie Alexander Kluge und Arno Schmidt in ihrer Bedeutung erkannte, distanzierte er sich von der Gruppe 47 und ihren Protagonisten. Exemplarisch ist die Auseinandersetzung um den Romancier Gerd Gaiser. Sie bezeichnet genau den Generationenwechsel und Einflußwandel in der bundesrepublikanischen Literaturkritik. Sieburgs Versuche, Gaiser als repräsentative Figur der Nachkriegsliteratur zu etablieren, waren damals erfolgreich. Gaiser war einer der angesehensten Schriftsteller seiner Zeit; seine Romane von Offiziersehre und Jagdfliegerethos wurden hoch gerühmt. Als 1963 Marcel Reich-Ranicki den «Fall Gerd Gaiser» beschrieb (nach einer vorangegangenen Intervention von Walter Jens mit dem Essay «Gegen die Überschätzung von Gerd Gaiser»), indem er seine literarischen Werke einer schonungslosen Kritik unterzog und damit ein «kompromittiertes Weltbild» öffentlich machte, war dies zugleich ein Paradigmenwechsel der Literaturkritik. Mit dem «Fall Gaiser» begann die bundesrepublikanische Literaturkritik.

Seit jeher wurde Literaturkritik mit der Person des Kritikers identifiziert. Seit 1945 haben sich neben der Macht der Institutionen der Kritik nur wenige Kritiker behaupten können. Manche haben gerade ein Jahrzehnt die öffentliche Meinung geprägt. Zu ihnen zählen Friedrich Sieburg und Hans Egon Holthusen in den 50er Jahren, Günter Blöcker und Hans Mayer in den 60er Jahren, Fritz J. Raddatz in den 70er Jahren. Nur wenige Schriftsteller haben auch als Kritiker gewirkt und über Einfluß verfügt; der wichtigste unter ihnen ist Hans Magnus Enzensberger. Der wohl einflußreichste und umstrittenste Kritiker, der das literarische Leben über Jahrzehnte dominierte und breite Wirkung auf weite Kreise der Öffentlichkeit hatte, war Marcel Reich-Ranicki.

Das Verschwinden des Kritikers

1986 veröffentlichte Hans-Magnus Enzensberger in der «Neuen Zürcher Zeitung» einen Aufsatz mit dem Titel «Rezensenten-Dämmerung». Darin schrieb er:

«Daß der Kritiker (...) keine Rolle mehr spielt, liegt auf der Hand. (...) Er ist von der gesellschaftlichen Bühne abgetreten, weil er nicht mehr gebraucht wird; weil die Literatur von der er sprach, ihrerseits übergreifende Bedeutung eingebüßt hat. Die Literatur ist frei, aber sie kann die Verfassung des Ganzen weder legitimieren noch in Frage stellen; sie darf alles, aber es kommt nicht mehr auf sie an. (...) Zwei traditionelle Berufe, die es verstanden haben mit der Zeit zu gehen, sind an die vakante Stelle der Kritiker getreten: die Zirkulationsagenten und die Pädagogen. Jene gehören überwiegend der Sphäre der freien Marktwirtschaft an, diese bilden die solide Basis der verstaatlichten Kultur.»

Enzensbergers Votum ergänzt sein Jahrzehnte früher formuliertes (und mittlerweile revidiertes) Verdikt vom «Tod der Literatur», das das Ende der schöngeistigen, aber «gesellschaftlich irrelevanten» Literatur formulierte. Tatsächlich ist der Kritiker eine Erscheinungsform des 19. und beginnenden 20. Jahrhunderts. Zeitschriften wie «Der Kunstwart» (1887), «Pan» (1895) oder «Jugend» (1896) waren immer auch Orte der einflußreichen Kritik. Die Lizenz zu urteilen, zu raten und zu schlichten ist der Literaturkritik im Gefolge des postmodernen ‹anything goes› zusehends abhanden gekommen. Niemand glaubt mehr an formale Kategorien, die es erlauben, einen Text ‹objektiv› zu bewerten. Die Subjektivität des Kritikers spielt deshalb eine immer größere Rolle, und es sind jene Kritiker, die sich am engagiertesten zu ihrer Parteilichkeit bekennen, die über den verspürbaren Einfluß verfügen.

Auch die Gegenstände der Kritik haben sich nachhaltig verändert. Der Kritiker muß nicht mehr – wie etwa in den 20er Jahren – einer mißverstandenen Moderne zu Ansehen verhelfen. Die literarische Moderne bis hin zu Beckett und Thomas Pynchon wurde in den Feuilletons bereits rezipiert. Auch die konservative Kritik der 50er Jahre ist längst erloschen. Niemand würde heute mehr die Bedeutung der Gruppe 47 ernsthaft in Frage stellen, so wie es noch Anfang der 60er Jahre Friedrich Sieburg getan hat. Tatsächlich scheint heute alles möglich und alles erlaubt, es gibt keine Kunstrichtung, die sich per se widerrufen sähe – darin liegt aber auch das Dilemma der aktuellen Kritik. Sie muß mit dem Vorwurf sich auseinandersetzen, daß ihre Gegenstände in einer elektronischen Mediengesellschaft kaum noch jemand interessieren.

Die Funktion und Rolle der Kritik hat am besten Marcel Reich-Ranicki erfaßt: Kritik muß Aufmerksamkeit für einen Autor verschaffen und sich, wenn sie von ihm überzeugt ist, auch entschieden für ihn einsetzen. Ihre Aufgabe kann nicht akademische Interpretation oder gerechtes Abwägen sein. Tatsächlich hat sich gerade in der Literatur der letzten Jahre – zum Beispiel Thorsten Becker, Peter Maiwald, Rainald Goetz – gezeigt, daß die Kritik bei vielversprechenden Anfängern eher auf übertriebenes Lob setzt, in der Hoffnung, zu besseren Büchern zu motivieren.

Gegen die rigorose Haltung Reich-Ranickis hat eine Reihe anderer Kritiker, unter anderem Reinhard Baumgart und Peter Hamm, Stellung bezogen. Hamm plädiert für eine verherrlichende Kunstbeschreibung, die, wie im Fall Peter Handke, ihren Gegenstand nicht analysiert, sondern anzubeten scheint. Reinhard Baumgart, einer der wichtigsten und einflußreichsten Kritiker der Bundesrepublik, plädiert für eine «Reflexionskritik» in der Tradition Walter Benjamins, die hochintellektuell, aber zugleich auch intuitiv den Gegenstand beschreibt. Seine Arbeiten über Thomas Mann, Franz Kafka oder Joseph Roth haben selber literarische Qualität. Der Literaturkritiker Jörg Drews ist der Anwalt einer avantgardistischen und extrem elaborierten Literatur. Er zählt zu den großen Befürwortern Arno Schmidts und Hans Wollschlägers.

Anders als der intellektuell ungeheuer anregende Reinhard Baumgart ist Reich-Ranicki zunehmend zu einem populistischen und populären Kritiker geworden. Er forderte den Kritiker auf, sich nicht mehr in die esoterische Rolle des ‹Kunstwarts› zurückzuziehen. Dem steht die oft unberechenbar wirkende Eindeutigkeit des oft nicht überprüfbaren Urteils gegenüber: Gerade in dem Verzicht auf akademische Absicherung aber liegt ein Reiz der Literaturkritik. Es gibt jenseits der formalen Erfordernisse (Kenntnisse des Kanons, der literarischen Zusammenhänge, des kulturellen Systems) keine nachprüfbaren Kriterien und Prinzipien der Literaturkritik; ihre Quelle ist die ins Extrem gesetzte Subjektivität des Kritikers.

Theorien oder Saisonideologien

Anders als in den politisch geprägten späten 60er und frühen 70er Jahren versteht sich die Kritik der Literatur nicht mehr primär als eine politische. Im Gegenteil, die engagierte Literatur scheint ebenso wie ihre früheren Verfechter dem Vergessen anheimgegeben. Aber auch hochkomplexe Theoriebildungen der Postmoderne wie der französische und amerikanische Dekonstruktivismus spielen in der aktuellen Literaturkritik keine oder nur eine marginale Rolle. Tatsächlich scheint die Kritik außerordentlich theorieresistent zu sein. Darin kommt ihre Funktion erneut zum Vorschein: Sie muß zwischen einer interessierten Öffentlichkeit und dem Buch vermitteln. Ihre Aufgabe ist weder, die Schriftsteller zu belehren, noch an Büchern die Plausibilität von Theorien zu exemplifizieren.

Dennoch lassen sich jenseits der geraden aktuellen Saisonideologien Konstanten in der Kritik feststellen. Die Kritik, die ihren eigenen Standpunkt immer wieder in Frage zu stellen bereit ist, verrät deutlich das Erbe Walter Benjamins und Theodor W. Adornos. Der moralische Gestus der Nachkriegsliteratur, wie er etwa für Paul Celan eingeklagt wurde, findet in dieser Theoriebildung sein rationales Konstrukt.

Die Kritiker am deutschsprachigen Roman scheinen zuweilen Abbilder der Literatur zu sein, für die sie plädieren. Die Vielfältigkeit der Stimmen widerlegt die Behauptung, der Literaturbetrieb sei uniform und eintönig. Diese Lebendigkeit kommt der Literatur, ihren Meistern und ihren Debütanten, zugute. Die literarische Selbstverständigung der Epoche wird durch ihre Verbreitung in der Kritik nicht nur öffentlich, sondern zu einer Tatsache, zu einem Faktum der Wirklichkeit. Darin, Literatur in die Lebenswelt zu integrieren, liegt die wahre Leistung der Kritik.

Literatur

Baumgart, Reinhard: Glückseligkeit und Jammerseele. Über Leben und Schreiben, Vernunft und Literatur. München 1986.

Drews, Jörg: Die Entwicklung der westdeutschen Literaturkritik seit 1965. In: P. M. Lützeler/E. Schwarz (Hg.): Deutsche Literatur in der BRD seit 1965. Königstein/Ts. 1980.

Enzensberger, Hans Magnus: Mittelmaß und Wahn. Gesammelte Zerstreuungen. Frankfurt/M. 1991.

Hinck, Walter: Germanistik als Literaturkritik. Frankfurt/M. 1983.

Hohendahl, Peter Uwe (Hg.): Geschichte der deutschen Literaturkritik. Stuttgart 1985.

Jarmatz, Klaus: Zur Geschichte der Literaturkritik der DDR. In: Ders.: Forschungsfeld Realismus. Berlin 1975.

Reich-Ranicki, Marcel: Literatur der kleinen Schritte. Deutsche Schriftsteller in den sechziger Jahren. München 1991.

«Betrifft Literatur». Über Marcel Reich-Ranicki. Hg. von Peter Wapnewski. Stuttgart 1990.
Sieburg, Friedrich: Zur Literatur 1924–1956. Hg. von Fritz J. Raddatz. Berlin 1987.
Wellek, René: Geschichte der Literaturkritik 1750–1950. 4 Bde. Berlin 1959-1990.

Hartmut Eggert

Deutschunterricht

Aktuelle Erwartungen

Unstrittig ist bislang die Aufgabe des Deutschunterrichts, die jungen Mitglieder der Gesellschaft zur aktiven Teilhabe an der Schriftkultur (Lese- und Schreibfähigkeit) zu qualifizieren. Als strittig erweist sich hingegen schon mit Blick auf unterschiedliche Schultypen und -stufen, aber auch auf Curricula einzelner Bundesländer, in welchem Umfang der Erwerb literarischer Kompetenz (Kenntnis der literarischen Tradition und verschiedener Umgangsformen mit literarischen Texten) verbindlich gesetzt werden soll.

In der immer häufiger erhobenen Forderung, der Literaturunterricht solle in Richtung auf eine allgemeinere Medienerziehung verändert werden, spiegeln sich die gesellschaftlich-kulturelle Entwicklung und veränderte Erwartungen, die in diesem Zusammenhang an Sozialisationsaufgaben der Schule gestellt werden. Nimmt man Lehrpläne und Curricula (d. h. vornehmlich die strukturelle Verbindung von Lernzielen, Lehrgegenständen und Lernmethoden) als Anhaltspunkte für gesellschaftliche Normsetzungen, so zeigt sich in der Gegenwart ein heterogenes, zum Teil widersprüchliches Bild. Nach einer Phase in den 70er Jahren, in der der Deutschunterricht seinen herausgehobenen Status im Kanon der Schulfächer eingebüßt hatte, wird ihm zunehmend wieder der Status eines Grundlagenfachs zugesprochen, allerdings vorrangig zur Sicherung von Kompetenzen, die zur reflektierten Teilnahme an der sogenannten Informationsgesellschaft befähigen.

Die theoretische Debatte über die zukünftige Rolle der Geisteswissenschaften (Kompensationstheorem vs. kritische Mitwirkungskompetenz in einer hochtechnisierten Gesellschaft) hat in diesem Bereich gesellschaftlicher Konsensbildung über die zukünftigen Aufgaben der Schule eins ihrer unübersehbaren Praxisfelder.[1] So hieß es zum Beispiel im September 1989 in der «Kieler Erklärung» der Fachgruppe der Deutschlehrerinnen und Deutschlehrer des Deutschen Germanistenverbandes:

> «Die Industrie und die Universitäten aber auch andere Institutionen formulieren nachdrücklich ihre hohen Erwartungen an den Deutschunterricht. Der Deutschunterricht ist aufgefordert, zunehmende Defizite des sprachlichen Ausdrucks abzubauen, Defizite, die sich vorwiegend aus gesellschaftlichen Entwicklungen ergeben haben, man denke nur an die zunehmende Flut der Medien, an das hohe Freizeitangebot, an den teilweisen Wegfall der Familien als sprachlicher und kultureller Sozialisationsinstanz. Um hier kompensatorisch zu wirken, benötigt der Deutschunterricht u. a. zunächst einmal einen höheren Stundenanteil.»[2]

Jede Form von ‹Kompensation› oder ‹Defizitausgleich› setzt aber feste normative Vorstellungen über erwünschte Fähigkeiten, Kenntnisse und Verhaltensweisen voraus. In den öffentlichen bildungspolitischen Kontroversen erweisen sich häufig frühere Akzentsetzungen im Alltag des Schulfachs als die Vergleichsbasis – man denke an die Debatten über Rechtschreibung, Auswendiglernen von Gedichten oder die Lektüre von Werken klassischer Autoren (zumeist ‹Schulklassiker›); sie sind zumeist nicht frei von verklärender Sicht auf die Vergangenheit. Eine kritische Geschichte des Schulfaches ‹Deutsch› kann hier eine korrigierende gesellschaftliche Erinnerungshilfe sein. Allerdings darf ein solcher Rückblick nicht nur auf Lehrpläne oder Programmschriften zurückgreifen, sondern muß so weit als möglich eine Rekonstruktion des Schulalltags, kultureller und politischer Strukturen einbeziehen.[3]

Bedeutung schulischer Rahmenbedingungen

An dieser Stelle sei daran erinnert, daß wesentliche Reformen des Literaturunterrichts in der Bundesrepublik sowohl auf einer Kritik an einer nationalistisch zugespitzten ‹Deutschkunde› (Instrumentalisierung der Literatur im Dienste eines aggressiven Nationalismus) als auch an einer autoritär verfaßten Lernschule (Vorrang von reproduktivem Wissen und Überakzentuierung von Sekundärtugenden) beruhen. Gegenwärtiger Literaturunterricht sollte deshalb nicht nur unter dem Gesichtspunkt der Lerninhalte und Arbeitsgebiete reflektiert werden, sondern auch unter der Fragestellung, welche Lernbedingungen und Unterrichtsmethoden die institutionellen Organisationsformen der Schule ermöglichen. Damit begrenzte Individualisierungen für Lerngruppen möglich und Handlungsspielräume bei der Bildung von Unterrichtssequenzen eröffnet werden, sind Lehrpläne heute zumeist als ‹Rahmenpläne› abgefaßt; in ihnen werden zwar Lernziele und Arbeitsgebiete zur Sicherung eines Grundbestandes an Fähigkeiten und Kenntnissen festgelegt, seltener aber detailliert vorgeschriebene Lehrinhalte (z. B. verbindliche Lektürelisten).

Wie wichtig institutionelle Formen und Vorgaben für Lektüreerfahrungen sind, kann sich jeder vergewissern, wenn er die Form freiwilliger Individuallektüre und das Modell des ‹freien literarischen Zirkels› den geläufigen Organisationsbedingungen von Literaturunterricht in den öffentlichen Schulen kontrastiert: die Lesegruppe als Jahrgangsgruppe (Klassenverband); Festlegung des Zeitrhythmus und Zeitpunkts für die Beschäftigung mit Literatur im Wochenstundenplan: Raumordnung und -ausstattung (Klassenraum, Fachraum, Bibliothek als Lern- und Leseorte); Einschränkungen in der Textwahl (gemeinsame Klassenlektüre) und in der Verfügbarkeit von Texten (Schulbibliothek, Kostenbeteiligung der Eltern an den Schullektüren); Verpflichtung des Lehrers auf Bewertung von Leistungen innerhalb eines verbindlichen Notensystems und daraus resultierendem Konkurrenzverhalten der Schüler im Hinblick auf individualisierbare Leistungsdifferenzierung.

Solche Vergewisserungen mögen banal erscheinen; aber nur so wird verständlich, daß in radikaleren Reformüberlegungen zur Leseerziehung und -förderung häufig andere Organisationsformen (jahrgangsübergreifende Lesegruppen, freie Arbeitsgemeinschaften außerhalb des starren Zeitschemas ‹Stundenplan›, alternative Lernorte, Begutachtung im Stilmuster der Literaturkritik statt Notenbewertung etc.) erwogen wurden und warum vielfach neue Konzepte und Lernziele im Schulalltag auf Widerstand stießen bzw. scheiterten. Die Schulklasse ist weit entfernt vom Idealtypus der ‹freien literarischen Gesellschaft› von (bürgerlichen) Privatleuten, der häufig genug das implizite Leitbild in Zielvorstellungen literarischer Bildung darstellt.[4] Der schulische Literaturunterricht ist allenfalls eine Instanz, durch die Voraussetzungen für die Teilhabe an literarischer Kultur (Enkulturation) sukzessiv geschaffen werden können. Die bildungspolitische Kontroverse, inwieweit der Deutschunterricht die Aufgabe der ‹Medienerziehung› zu übernehmen habe und die Betonung des ‹Defizitausgleichs› im Bereich sprachlichen Ausdrucks zeigen an, daß die Beherrschung der Kulturtechniken Lesen und Schreiben keine selbstverständlichen Gegebenheiten sind und wohl auch nie waren.

Bildungsgedanke / Erziehungsprogramm

In den übergreifenden Konzepten für den Literaturunterricht sind in Deutschland bis heute Fortführungen, Abwandlungen und Reflexe des Programms einer «ästhetischen Erziehung» (Schiller) als Kompensation politischer Beeinträchtigung und zivilisatorischer Schäden zu erkennen, allerdings mit erheblichen Umakzentuierungen des ursprünglichen Kompensationsgedankens:

- War das Konzept einer gesellschaftlichen Selbstreflexion im Medium der Literatur zum Zwecke der Gestaltung von Zukunft im Laufe des 19. Jahrhunderts bereits in Richtung auf eine schulische Erziehung zur Literatur verändert worden, und zwar verengt zur Nationalliteratur, so steht heute Literaturunterricht häufig gegen Geschichtsverlust. Die Rückkehr der Literaturgeschichte vor allem in die gymnasialen Lehrpläne der Oberstufe (Sekundarstufe II) steht unter diesem Vorzeichen.
- Wenn heute wieder ein höherer Anteil literarischer Werke am Textsortenspektrum für den Deutschunterricht gefordert wird, so geschieht dies seltener unter der Maßgabe, gesellschaftliche Normvorstellungen und alltägliche Verhaltensweisen im Medium fiktionaler Texte zu erweitern; vielmehr soll erklärtermaßen in der Beschäftigung mit Literatur ein Ausgleich zu den anders gerichteten Mediengewohnheiten der Kinder und Jugendlichen geschaffen werden, die sich durch die gesellschaftlich geförderte Entwicklung herausgebildet haben. Auf diese Weise sollen durch Literaturunterricht Elemente der literarischen Kultur bewahrt werden.
- Andererseits lebt der ursprünglich sehr viel weiter gedachte ‹Spielgedanke› des ästhetischen Erziehungsprogramms des 18. Jahrhunderts in Konzepten der Kreativitätsförderung im Rahmen individueller Bildungsprozesse fort. Er hat in jüngerer Zeit zu methodischen Innovationen im Literaturunterricht (‹Produktiver Umgang mit Texten›) geführt.

Der letztgenannte Aspekt macht deutlich, daß solche Hervorhebungen von Gegenwartstendenzen nicht als einsinnige, kausale geschichtliche Ableitungen mißverstanden werden dürfen. Denn die produktiven Formen des Umgangs mit literarischen Werken sind zugleich eine Gegenbewegung zur Überbetonung analytisch-interpretativer Verfahren im Literaturunterricht, die in Anlehnung an literaturwissenschaftliche Praxis dort Eingang fanden.

Verhältnis zur Literaturwissenschaft

Im Gegensatz zum allgemeinen ‹on dit›, daß Lehrpläne prinzipiell hinter gesellschaftlichen Entwicklungen zurückbleiben und Schule deutlichen Phasenverschiebungen gegenüber der Lebenswelt außerhalb ihrer selbst unterliegt, kann man – ohne ins Detail zu gehen – aufzeigen, daß Lehrpläne in diesem Jahrhundert sehr schnell auf Trends und Impulse der Literaturwissenschaft (wie auf politische Vorgaben) reagiert haben. Das gilt bereits für die Revision der Lehrpläne in der Weimarer Republik, bei der das ‹kulturkundliche Prinzip› in den Deutschunterricht eingeführt wurde in enger Orientierung an dem kulturkundlich-strukturalen Denken in weiten Bereichen der damaligen Geisteswissenschaften;[5] es gilt aber auch für die Lehrplanrevisionen in den späten 50er und frühen 60er Jahren, bei denen die formale Poetologie – in der Regel mit der ‹immanenten Methode› assoziiert – grundlegend wurde. Der Zusammenhang zwischen Literaturwissenschaft und Strukturierungsprinzipien für den Literaturunterricht ist ebenso in den 70er Jahren zu beobachten, als die Sinnfrage nach dem Wert von ‹Literatur an sich› zum Untergrundthema der Lernzielbestimmungen wurde, und zwar in so verschiedenen, aber parallelen Vorgängen wie denen des Programms vom ‹kritischen Lesen› oder der Ausrichtung auf Textsortentypologien mit ihrer Herkunft aus der Sprachwissenschaft unter dem neu eingeführten Lehrplanstichwort ‹Umgang mit Texten›.

In diesem Kontext der Lehrplan-Revisionen wurden ohne größeren Widerstand längst brüchige Traditionen einer rein geistesgeschichtlichen Orientierung der Literaturgeschichte abgelöst; in den Vordergrund rückten unterrichtliche Methoden, nach denen die literarischen Werke häufig Exempel und Übungsmaterial für ‹Textanalyse› und ‹Interpretation› wurden; dadurch sollte ein Fundus instrumentellen Wissens für den reflexiv-analytischen Umgang mit Literatur ausgebildet werden. – Die bereits erwähnte Rückkehr der Literaturgeschichte als exemplarische Epocheneinführung in einer Abfolge von Kurssequenzen folgt wiederum Tendenzen der Literaturwissenschaft zu Beginn der 80er Jahre. Als gewichtige normsetzende Instanz für den Literaturunterricht erweist sich bei genauer Analyse der Geschichte der Lehrplanrevision im 20. Jahrhundert somit die Literaturwissenschaft und die mit ihr verbundene akademische Professionalisierung der Deutschlehrer.[6]

Verhältnis Schullektüre / Privatlektüre

Will man nüchtern die Möglichkeiten der Schule zur Leseerziehung und literar-ästhetischen Bildung einschätzen, so sollte man sich nicht eines übergreifenden Blicks auf Bedingungen und Verlaufsformen literarischer Sozialisation (verstanden als die Gesamtheit der Prozesse zur Herausbildung stabiler Leserollen und von ‹Lesemündigkeit›) versagen. Aus biographischer Leseforschung ist bekannt, daß ein ‹Anregungsklima für Lektüre› in Familie, Schule, Umwelt zwar eine stimulierende Bedingung darstellt, aber nicht notwendig zu selbstbestimmtem Leseverhalten führen muß. Schon die Tatsache, daß es in einer Familie, insbesondere unter Geschwistern, Leser und Nichtleser geben kann, verweist auf diesen Zusammenhang. Für stabile, über die Adoleszenz hinausreichende Lesegewohnheiten hat sich bisher eine intensive Lesephase in später Kindheit und frühem Jugendalter als bedeutsam erwiesen. Das dafür charakteristische tagträumerisch-phantasierende Lesen – mit dem zumeist die Phänomene Lesefreude, Leselust (gesteigert als ‹Lesesucht› oder ‹Lesewut›) assoziiert werden – kann gekennzeichnet werden als Ort der Ausarbeitung altersspezifischer Wunschträume, Form mentalen Probehandelns und Refugium gegenüber den Anforderungen der Realität. Derartige Privatlektüre bezieht einen Großteil ihrer Dynamik aus latenter Opposition, aus Ablehnung oder Kritik der mächtigen Sozialisationsinstanzen Familie, Schule und Umwelt. In diesem Bereich wird deshalb vielfach anderes und anders gelesen, als es die normsetzenden Instanzen Schule und Elternhaus gern sehen würden[7] (vgl. die ‹Schmutz- und Schunddebatten› der Vergangenheit, aber auch Kontroversen über die Lektüre von Heftliteratur, Comics, Trivialromanen etc. Freilich hat sich die öffentliche Debatte in jüngerer Zeit auf die Fernsehgewohnheiten von Kindern und Jugendlichen unter dem Stichwort ‹Fernsehsucht› verlagert.).

Literaturpädagogische Zielsetzungen wie ‹Weckung von Lesefreude› (eine Standardformel in Lehrplänen) und ‹Ausbildung selbstbestimmter Lesemotivationen› sind zuweilen verbunden mit Forderungen nach Individualisierung des Literaturunterrichts, insbesondere für die Sekundarstufe I (Altersgruppe von 10- bis 16jährigen).[8] In ihm sollen Anregungen für intensive Privatlektüre gegeben und individuellen Leseerlebnissen stärker Rechnung getragen werden. Das wird dort zunehmend für wichtig erachtet, wo im sozialen Herkunftsmilieu der Schüler ein entsprechendes Anregungsklima fehlt oder im Schwinden begriffen ist (Änderung der Mediengewohnheiten der Erwachsenen).

Allerdings ist bei der Einschätzung des möglichen Erfolgs derartiger Bemühungen zu beachten, daß die Bereitschaft, solche Anregungen aufzunehmen und persönliche Leseerlebnisse mitzuteilen, mit dem Lebensalter der Schüler wechselt und daß sich die ‹literarische Pubertät› vielfach eben als Oppositionsbewegung gegen Sozialisationsinstanzen ausbildet.[9]

Die Behandlung von ‹Lieblingsbüchern› der Kinder und Jugendlichen im Unterricht kann zum Beispiel aus zwei Gründen enttäuschend sein: Zum einen wird dies häufig als Eingriff in die labile Individualsphäre empfunden; zum anderen können die Schüler meist nicht mitteilen, was sie daran fasziniert. Könnten sie es, würden sie in der Regel diese Bücher nicht mehr lesen. Die nachträgliche Abwertung gerade dieser Lektürephase gehört zu den auffälligen Merkmalen des erwachsenen Lesers. Aufgrund dieses Spannungsverhältnisses zwischen Privat- und Schullektüre wird letztere in den Erinnerungen an die Schulzeit zusätzlich abgewertet. Wegen der ambivalenten Einstellung zu den früheren Phasen der Kindheits- und Jugendlektüre wurde deshalb auch die Forderung erhoben, daß jeder Literaturlehrer sich über den Verlauf der eigenen literarischen Sozialisation Klarheit schaffen soll, um seinen Schülern den nötigen Spielraum für verschiedene Formen lustbetonten Lesens zu gewähren und sie gegebenenfalls angemessen hinsichtlich ihrer Lektüre zu beraten.[10] Die empathische Beziehung des Schülers zur Lehrperson, die nicht dekretierbar ist, spielt für die Akzeptanz der Ratschläge darüber hinaus eine gewichtige Rolle, gerade in Sachen der Literatur wie anderer Werke der ästhetischen Kultur.

Kanonprobleme

In der wissenschaftlichen Beschäftigung mit dem Deutschunterricht gibt es einen deutlichen Überhang an Normdiskussionen (Lernzielbestimmung) gegenüber der Erforschung schulischer Praxis und deren Ergebnissen (Evaluation). Die Erörterung dessen, was der Literaturunterricht leisten soll und wie er zu begründen ist (Legitimierung), übersteigt bei weitem die Vergewisserung darüber, was er tatsächlich leistet.[11] – Daraus resultiert u. a. ein wechselseitiges Mißtrauen von Lehrern als ‹Unterrichtspraktikern› und den Didaktikern als ‹Theoretikern des Unterrichts›. Deshalb kann man auch zu erheblichen Fehleinschätzungen darüber kommen, wie tief Lehrplanrevisionen – die häufig im engeren Zusammenhang mit didaktischer Reflexion stehen – wirklich greifen. Dieser Gesichtspunkt läßt sich am Problem des schulischen Lektürekanons verdeutlichen.

In der umfassenden Reformdebatte Ende der 60er, Anfang der 70er Jahre in Westdeutschland über die Aufgaben des Deutschunterrichts wurde heftig gestritten, welche ‹Texte› in Zukunft Vorrang haben sollten. Die Auswahlgesichtspunkte unterschieden sich je nach der Frage, welche Bedeutung Werken der literarischen Tradition zukommen solle. Mitte der 70er Jahre ließen sich die Diskussionslinien wie folgt bündeln: (1) Moderne vs. ältere Texte; (2) Weltliteratur vs. Nationalliteratur; (3) Trivialliteratur vs. hohe Literatur; (4) Gebrauchsliteratur vs. Dichtung; (5) Verschüttete und unterdrückte Literatur vs. herkömmlicher Kanon.[12]

Man kann aus diesen Gegenüberstellungen erkennen, daß hier – aus unterschiedlichen Gründen – die Gültigkeit eines bildungsbürgerlichen (national-)literarischen Kanons und traditioneller literarischer Bildung befragt wurde. In der Tat war ein ‹Modernisierungsschub› für den Deutschunterricht damals festzustellen. Anfang der 80er Jahre konnte dann im Rahmen einer kurzfristigen öffentlichen Debatte der damalige konservative bayerische Kultusminister Maier mit unverhohlener Häme feststellen, daß die bedeutenden Werke der literarischen Tradition allen Unkenrufen zum Trotz ihren Platz im Schulkanon behauptet haben (und auch die Reformer wieder über die Notwendigkeit eines literarischen Kanons diskutieren).[13] Sieht man davon ab, daß hier auch ein Stück von self-fulfilling prophecy von Konservativen im Spiel war, so zeigte sich wieder der nachhaltige Einfluß der Literaturwissenschaft auf die Trends des Literaturunterrichts. Deren Bemühung um eine Revision der Literaturgeschichtsschreibung hatte zu nachhaltigen Ergebnissen geführt und Überlegungen stimuliert, wie neue methodische Ansätze (sozialgeschichtlich, rezeptionsästhetisch, mediengeschichtlich etc.) im schulischen Literaturunterricht berücksichtigt werden könnten und sollten.

Bei systematischer Auswertung von Lehrplänen, Schulbibliotheken (vor allem von ‹Klassenbüchern›) ließe sich trotz periodischer Modernisierung von Schullektüren ein Grundbestand von literarischen Werken ermitteln, die sich zu einem *faktischen* Schulkanon zusammenschließen und der Auskunft gäbe über literarische Grundorientierungen von einzelnen Generationen.

Auf der Ebene der Lernziel- und Normdebatte stellt sich die Frage eines Kanons allerdings als Problem *bewußter* Traditionswahl und literarischer Werthierarchien. Die weiterhin offene Frage ist darin zu sehen, inwieweit durch einen begrenzten Korpus von Pflichtlektüren eine gemeinsame Basis für die Ausbildung des Geschichts- und Kulturbewußtseins innerhalb einer Gesellschaft geschaffen werden kann und wer über die Kanonhoheit verfügen soll. Kanon-Debatten sind im Ansatz immer Auseinandersetzungen über die funktionale Indienstnahme von Werken der literarischen Tradition für zumeist außerliterarische Zielsetzungen und Wertbildung gewesen. Aufmerksam sollte man verfolgen, ob im Gefolge der deutschen Einigung eine neue Kanon-Debatte entsteht. Denn die unterschiedliche Legitimierung von Lektüreauswahl (‹Erbe-Diskussion› in der damaligen DDR, vor allem aber auch die Berücksichtigung von Weltliteratur – im Zeichen des sog. sozialistischen Internationalismus) hat zum Teil zu unterschiedlichen literarischen Grundorientierungen geführt.

Im Hinblick auf den gesellschaftlich durchaus einflußreichen Schulkanon sollte bedacht werden, daß er auch eigenen Gesetzmäßigkeiten folgt. So fällt z. B. auf, daß Romane einen geringeren Stellenwert gegenüber kürzeren Prosaformen, Drama und Lyrik im Literaturunterricht einnehmen, als der Bedeutung dieser Gattung in der literarischen Geschichte der Neuzeit und deren Bevorzugung in der Privatlektüre entspräche. Hier zeigt sich angesichts des Textumfangs ein enger Zusammenhang von Unterrichtsmethodik und schulisch kanonisierten Umgangsformen mit Literatur. Es läßt sich beobachten, daß manche Autoren bevorzugt werden, deren Werke leichter ‹didaktisierbar› sind, d. h. sich eher einer Instrumentalisierung übergeordneter Lernziele oder exemplarischer Behandlung (zum Beispiel für Regeln der Gattungspoetik) fügen.[14]

Bedeutung der Formen des Umgangs mit Literatur

Wie der tendenzielle Konflikt zwischen Ausbildung von Kultur- und Traditionsbewußtsein auf der einen Seite und Ansprüchen der Ich-Entwicklung (Identitätsbildung) auf der anderen zu berücksichtigen ist, hat zu Überlegungen und methodischen Vorschlägen geführt, die musische Komponente des Deutschunterrichts explizit zu verstärken. In der Geschichte und Praxis des Musik- und Kunstunterrichts ist es eine selbstverständliche Vorstellung, daß er auch in der Schule nicht auf Analyse der Kunstwerke und kunsthistorische Reflexion beschränkt sein sollte, sondern praktisch künstlerische Tätigkeit unabdingbar dazugehört. Aufgrund der Geschichte und Aufgaben des Deutschunterrichts, bei dem die Beschäftigung mit literarischen Werken nur einen Teilbereich ausmacht und der in der Gegenwart als ‹integrierter Sprachunterricht› angelegt ist, geraten derartige Bemühungen leicht in den Verdacht der ‹Dichter›-Schulung. ‹Produktiver Umgang mit Texten›, für den in jüngerer Zeit ein breiteres Spektrum von unterrichtsmethodischen Formen entwickelt wurde, soll dagegen zusätzliche Zugangsformen zu literarischen Kunstwerken und Dimensionen ästhetischer Erfahrung erschließen helfen.[15]

In der theoretischen Diskussion über ästhetische Erfahrung wurde zuweilen der individualtherapeutische Effekt, der unabweisbar in der aktiven Kunstrezeption (‹Leseerlebnis›) und Kunstproduktion bedeutsam sein kann, in die Erwägungen einbezogen. Er kann aber für schulischen Literaturunterricht nur randständig sein, wenn damit nicht ein erneuter Zugriff aufs Unbewußte und die ‹Intimisierung› von Literatur methodisch initiiert werden soll, der die Geschichte der Kindheits- und Jugendlektüre mitgeprägt hat. – Es scheint, als habe die Krise traditioneller literarischer Bildung – innerhalb derer die literarischen Werke Aufgaben von kollektiver Sinnstiftung (normative Gesinnungsbildung) und Philosophieersatz übernommen haben – eine Tendenz befördert, über die Bedeutung von Literatur als Kunst in individuellen und kollektiven Bildungsprozessen erneut schärfer nachzudenken.[16] Soll Literaturunterricht nicht zu einem Ort nachhängender Illusion über den Bildungswert von Literatur werden, so bedarf es bei der *Konzeptbildung* einer eingehenden Berücksichtigung der Geschichte der ästhetischen Moderne und des Funktionswandels von Kunst.

So ist die Gattungsgeschichte der Kunstformen des 20. Jahrhunderts davon mitgeprägt, daß es Weiterentwicklungen durch die Auseinandersetzung zwischen ‹alten› und ‹neuen› Medien gab, die Gattungsgrenzen ins Fließen gerieten. Bei der Gegenstandswahl berücksichtigte der Literaturunterricht diesen Aspekt zur Literatur dort, wo es Affinitäten und wechselseitige Beeinflussungen gibt (z. B. Drama – Hörspiel, Roman – Film). Unter dem Stichwort Medienerziehung wird dagegen verstanden, *Bewußtheit* im Umgang mit den neuen Medien (vor allem Fernsehen) zu ermöglichen und eine gegebene lebensweltliche Alltagspraxis reflexiv zugänglich zu machen.

Einer der methodischen Zugriffe besteht darin, durch Analyse der Medienprodukte Einsichten in deren Konstruktcharakter zu ermöglichen. Wie hierzu z. B. das Drehen eines eigenen Videofilms von nachhaltigerem Erfolg für ‹Sehschulung› sein dürfte als die Vermittlung einer filmwissenschaftlichen Fachsprache, so können neue Zugangsmöglichkeiten und gesteigerte Wahrnehmung literarischer Werke durch produktiven Umgang mit Texten bzw. eigene Textproduktionen geschaffen werden. Dazu würde aber auch gehören, daß in der Lehrerausbildung neben literaturwissenschaftlichen Analyse- und Interpretationsverfahren praktische Erfahrung mit literarischen Methoden vermittelt wird (literarische Schreibpraxis).[17]

Entsprechend dem öffentlichen Charakter von Schulen sollte es ihre vorrangige Aufgabe sein, zu Formen des intersubjektiven, reflexiven Umgangs mit Literatur und zur Individualisierung (nicht: Subjektivierung) von kultureller Praxis zu befähigen. Mit der Vielfalt literarischer Werke vertraut zu machen gehört ebenso dazu, wie die Fähigkeit auszubilden, Lektüre für die Entwicklung der Gedanken- und Gefühlswelten produktiv nutzen zu können. Die Bedeutung des Deutschunterrichts in der Zukunft wird sich u. a. daran bemessen, ob er dazu beitragen kann, den Umgang mit der ‹Medienrealität› (zu der auch die Literatur gehört) reflexiv zu handhaben durch Kenntnis ihrer Geschichte, Vielfalt, Produziertheit und Wertigkeit.

Literatur

Baurmann, Jürgen/Hoppe, Otfried (Hg.): Handbuch für Deutschlehrer. Stuttgart 1984.

Braun, Peter/Krallmann, Dieter (Hg.): Handbuch Deutschunterricht. Bd. 1: Sprachdidaktik; Bd. 2: Literaturdidaktik. Düsseldorf 1983.

Dahrendorf, Malte: Literaturdidaktik im Umbruch. Aufsätze zur Literaturdidaktik, Trivialliteratur, Jugendliteratur. Düsseldorf 1975.

Hebel, Franz: Spielraum und Festlegung. Innovatorisches und Institutionelles in Sprache und Literatur. Königstein 1979.

Hopster, Norbert (Hg.): Handbuch ‹Deutsch› – Sekundarstufe I. Paderborn 1984.

Ivo, Hubert: Zur Wissenschaftlichkeit der Didaktik der deutschen Sprache und Literatur. Frankfurt/M. 1977.

Kreft, Jürgen: Grundprobleme der Literaturdidaktik. Eine Fachdidaktik im Konzept sozialer und individueller Entwicklung und Geschichte. Heidelberg 1977.

Müller-Michaels: Literatur im Alltag und Unterricht. Aufsätze zu einer Rezeptionspragmatik. Kronberg/Ts. 1978.

Nündel, Ernst (Hg.): Lexikon zum Deutschunterricht, mit einem Glossar. 2., durchges. Aufl. München 1981.

Spinner, Kaspar H. (Hg.): Identität und Deutschunterricht. Mit Beiträgen von H. Herwig u. a. Göttingen 1980.

Fachzeitschriften: Der Deutschunterricht; Diskussion Deutsch; Praxis Deutsch; Wirkendes Wort.

Anmerkungen

1 Zusammenfassende Erörterung bei Hans Peter Herrmann: Abschaffung der Geisteswissenschaften? Standortbestimmung im aktuellen Streit zwischen Politik und Hochschulen. In: Wozu noch Germanistik? Wissenschaft, Beruf, Kulturelle Praxis. Hg. von J. Förster, E. Neuland und G. Rupp. Stuttgart 1989, S. 50–65.

2 Mitteilungen des Deutschen Germanistenverbandes, 36. Jahrgang, H. 4, S. 38.

3 Aus den verschiedenen geschichtlichen Arbeiten zum Deutschunterricht soll in dieser Hinsicht eine Veröffentlichung hervorgehoben werden: Otto Ludwig: Der Schulaufsatz. Seine Geschichte in Deutschland. Berlin/New York 1988.

4 Vgl. Bernhard Gleim: Der Lehrer als Künstler. Zur praktischen Schulkritik der Bremer und Hamburger Reformpädagogen. Weinheim 1985.

5 Theodor Litt: Gedanken zum «kulturkundlichen» Unterrichtsprinzip. In: Die Erziehung, 1. Jg. 1926, S. 38–57, 99–112.

6 Vgl. Ivo.

7 Vgl. Dieter Richter: Die Kinder und ihre strengen Freunde; und: Die Leser und die Lehrer. Bilder aus der Geschichte der literarischen Sozialisation. In: Lesebilder. Geschichten und Gedanken zur literarischen Sozialisation. Hg. von D. Larcher und Ch. Spiess. Reinbek bei Hamburg 1980, S. 153–160 bzw. 201–222.

8 Klaus Gerth: Literarisches Leben in der Schule. In: Praxis Deutsch 52 (März 1982), S. 15-21.

9 Werner Graf: Jugend – Literatur. In: Erziehung im Jugendalter – Sekundarstufe I. Hg. von Skiba/Wulf/Wünsche. Stuttgart 1983, S. 471–476 (= Enzyklopädie Erziehungswissenschaft, Bd. 8).

10 Ernst Nündel/Werner Schlotthaus: Angenommen, Agamemnon: wie Lehrer mit Texten umgehen. München 1978, S. 177 ff.

11 Zur Systematik vgl. Kreft, S. 217 ff.

12 Vgl. Helmut Brackert: Literarischer Kanon und Kanon-Revision. In: Brackert/Raitz (Hg.): Reform des Literaturunterrichts. Eine Zwischenbilanz. Frankfurt/M. 1974, S. 134–164.

13 Vgl. z. B. das Heft 64 vom April 1982 der Zeitschrift «Diskussion Deutsch» mit dem Thema «Über Kanon sprechen».

14 Hartmut Eggert: Leser zwischen Lehrplan und Literaturwissenschaft oder: Was ist die Lebenswelt der Literatur? In: Didaktik im Umbruch. Hg. von Gerd Heursen. Königstein 1984, S. 168–185; zum Kanon-Thema vgl. auch Ivo, S. 111–128.
15 Günter Waldmann: Grundzüge von Theorie und Praxis eines produktionsorientierten Literaturunterrichts. In: Handbuch ‹Deutsch› für Schule und Hochschule. Hg. von N. Hopster. Paderborn 1984, S. 98 ff.
16 Norbert Hopster: Vorüberlegungen zum Umgang mit literarischen Texten im Deutschunterricht. In: Handbuch ‹Deutsch›, S. 77 ff.
17 Rüdiger Scholz/Hans Peter Herrmann: Literatur und Phantasie. Schöpferischer Umgang mit Kafka-Texten in Schule und Universität. Stuttgart 1990.

Gerhard Dette

Literarische Gesellschaften, Verbände, Literaturhäuser

Akademien

Weitsichtig hatte bereits an der Wende zum 19. Jahrhundert Friedrich Schlegel empfohlen: «Wie die Kaufleute im Mittelalter so sollten die Künstler jetzt zusammentreten zu einer Hanse, um sich einigermaßen gegenseitig zu schützen» [1], was nur wenige Jahrzehnte später die ersten Schriftstellervereine so oder ähnlich sich zum Ziel setzten. Doch schien es zunächst und früher schon den Akademien vorbehalten, und dies zuallererst unter staatlicher oder hoheitlicher Ägide, die Rolle des Wahrers und Hüters von Literatur zu übernehmen. Stand dabei zuerst, wie schon bei den Sprachgesellschaften des 17. Jahrhunderts, die Absicht der Sprachpflege im Vordergrund, die auch Leibniz bei der Gründung der Berliner Akademie der Wissenschaften im Auge hatte (während die schon vier Jahre zuvor gegründete Akademie der Künste der Ausbildung bildender Künstler dienen sollte), war diese Absicht gegen Ende des 18. Jahrhunderts dahin erweitert worden, «auch das literarische Schaffen zu fördern».[2] Dennoch dauerte es noch über zweihundert Jahre, ehe in Deutschland Dichter Mitglieder einer Akademie werden konnten.

Erst im Jahre 1926 kam es nach mancherlei Kämpfen zur Gründung einer «Sektion für Dichtung» innerhalb der Preußischen Akademie der Künste (die bereits ein knappes Jahrhundert zuvor um eine «Sektion für Musik» erweitert worden war). Dem Wunsch nach repräsentativer Anerkennung des Berufsstandes angesichts der von vielen Schriftstellern empfundenen sozialen Deklassierung schien damit entsprochen zu sein; und doch war man sich nicht einig über den «konkreten Nutzen» einer Dichterakademie. Vor allem die Frage, ob man arbeiten oder nur repräsentieren wolle, bildete immer wieder Anlaß zu Kontroversen innerhalb der Sektion[3], deren Mitglieder durch Kooptierung gewählt und (natürlich) nicht besoldet wurden, von den konkreten Nöten der Schriftsteller und der Literatur – seien es soziale und wirtschaftliche oder der bald als quälend empfundene Druck literarischer Zensur – gar nicht zu reden.

Im Grunde ist dies das Problem der Künstlerakademien in Deutschland bis heute geblieben, der am 28. August 1949 (Goethes 200. Geburtstag) in der Frankfurter Paulskirche proklamierten und seit 1950 in Darmstadt residierenden Deutschen Akademie für Sprache und Dichtung, einer reinen Sprach- und Literaturakademie, ebenso wie der von der Bayerischen Staatsregierung schon ein Jahr zuvor gegründeten Bayerischen Akademie der Schönen Künste und der 1954 vom West-Berliner Senat «in der Tradition der Preußischen Akademie der Künste» (so die Präambel des Gesetzes zur Errichtung) ins Leben gerufenen Akademie der Künste mit jeweils eigenen Abteilungen für Literatur und auch der im Oktober 1949 gegründeten Akademie der Wissenschaften und der Literatur in Mainz, soweit es deren auf Betreiben Alfred Döblins der wissenschaftlichen Akademie angeschlossene «Klasse der Literatur» betrifft. Mit Ausnahme der Akademie in Darmstadt, die als selbständige Institution die Rechtsform eines eingetragenen Vereins besitzt (aber zu über 90 Prozent aus öffentlichen Mitteln finanziert wird), sind sie staatliche Einrichtungen. Doch räumen ihnen die Satzungen eine weitgehende Unabhängigkeit ein.

Mitglied dieser Akademien kann nur werden, wer von ihren Gremien aufgrund seiner künstlerischen Leistungen dazu gewählt wird. Darin sind die bestehenden Akademien sich gleich, und es sichert ihnen auf dem literarischen Feld einen hohen Rang.

In allem, was sie tun, sind sie auf die freiwillige Mitarbeit ihrer Mitglieder angewiesen. Um so erstaunlicher ist, was sie an Publikationen zuwege bringen wie in Darmstadt, wo in einer stattlichen Reihe von Veröffentlichungen vergessene oder verloren geglaubte Texte (vor allem der literarischen Emigration) vorgelegt worden sind, oder in Mainz, wo in der Literaturklasse solide editorische Arbeit im Bereich der klassischen Moderne geleistet wird. Von der Öffentlichkeit wird dies in der Regel wenig bemerkt, weniger jedenfalls als die Vergabe von Literaturpreisen, an der auch Akademien sich beteiligen. Gelegentlich machen sie damit sogar Schlagzeilen.[4] Der Öffentlichkeit entgeht indessen, daß die Akademien auch – nach dem antiken Vorbild im Hain des Akademos – Stätten der Diskussion und des Gesprächs ihrer Mitglieder untereinander sind, wenn sie zu den Jahrestagungen und aus anderen Anlässen zusammenkommen. Die eigene Wirkung solcher von den Zwängen des Betriebs freien und, vor allem, keinen unmittelbaren Zwecken unterworfenen Kommunikation darf nicht unterschätzt werden, so schwer sie auch zu messen ist.

Der P.E.N.-Club

Solchem Wunsch nach literarischem Diskurs, der sich zugleich entschieden mit dem Willen zum Schutz der Literatur und ihrer Autoren verband, verdankt sich die Gründung des P.E.N.-Clubs, die 1921 auf Initiative der englischen Romanschriftstellerin Amy Dawson-Scott in London erfolgte. Unter dem in der literarischen Welt längst gut bekannten Etikett – dessen Name für «Poets; Playwrights; Editors; Novellists» steht, wobei unter das «E» bald auch die «Essayists» gefaßt wurden – ist eine weltweit verbreitete Vereinigung von Autoren entstanden, welche, ursprünglich als ein ‹Dining-Club› für Schriftsteller konstituiert, die Atmosphäre eines englischen Clubs bis heute nicht verloren hat. Über die Aufnahme neuer Mitglieder, die von Angehörigen des Clubs vorgeschlagen werden kann, entscheidet das jeweilige Präsidium nach den Kriterien literarischer Qualität (was auch hier den Vorwurf des Elitären und gelegentlich sogar den unlauterer Begünstigung provoziert); die Tätigkeit für den Club geschieht ehrenamtlich, wobei die Mitgliedschaft selbst wiederum mit der Zahlung eines (nicht gerade niedrigen) Club-Beitrages verbunden ist.

1923 bereits bildete sich ein deutsches P.E.N.-Zentrum, das 1933 aufgelöst wurde. Nicht von ungefähr gab es unter national-sozialistischer Herrschaft keinen deutschen P.E.N. Denn die Vereinigung verfolgte bald – durchaus im Sinne ihrer Gründerin Amy Dawson-Scott und anders als die mit sich selbst beschäftigten Akademien – moralisch-politische Ziele:

«Der P.E.N. ist ein Klub, dessen Klubgeist nicht in erster Linie nach innen verpflichtet, sondern nach außen [...]. Seine Charta ist das Grundgesetz einer Weltliteratur, die dem Frieden dienen will und selbst im Krieg den Völkerhaß verwirft, unbehinderte Gedankenfreiheit und freien Austausch von Ideen innerhalb jedes Landes und zwischen den Sprachen und Völkern vertritt, jeden Angriff auf Meinungsfreiheit, Freiheit der Kunst und der Medien bekämpft, jede Zensur [...] zurückweist, das Recht auf Kritik an Regierungen, Staaten, sozialen und anderen Mißständen nicht nur für erlaubt, sondern für geboten hält und die Menschenrechte, wo immer sie bedroht sind, verteidigt.»[5]

Diese Ziele nimmt der P.E.N. mit großer Energie wahr, wie viele seiner Resolutionen es dokumentieren. Sie begründen die Internationalität seiner Organisation (mit über 80 nationalen Zentren in aller Welt) und haben zu dem Ansehen geführt, welches der P.E.N. unangefochten und weltweit genießt. Ihr moralischer Anspruch hat freilich nicht verhindern können, daß das nach dem Zweiten Weltkrieg auf Betreiben von Peter de Mendelssohn und Johannes R. Becher 1949 in Göttingen neu konstituierte deutsche P.E.N.-Zentrum zwei Jahre später auseinanderbrach, was die Gründung zweier deutscher P.E.N.-Clubs, des «P.E.N.-Zentrums Bundesrepublik Deutschland» mit Sitz in Darmstadt und eines «P.E.N-Zentrums Deutsche Demokratische Republik», zur Folge hatte. Sie dauert bis heute an, und die Vereinigung beider deutscher Zentren wird auf sich warten lassen, solange im ostdeutschen Club Autoren (und auch Personen, die schreibend gar nicht hervorgetreten sind) als Mitglieder vertreten sind, die die Mitgliedschaft anderer aus politischen Gründen verhindert oder deren Ausschluß betrieben haben. Das stellt den P.E.N. gerade im Hinblick auf seine Charta vor ein beinahe unlösbares Problem.

Es ist nicht sein einziges. Denn die gewissermaßen extrovertierte, politische (wenngleich jeglicher Parteipolitik sich verweigernde) Ausrichtung des P.E.N. bringt es mit sich, daß die ästhetisch-literarische Diskussion der Mitglieder untereinander heute eher eine untergeordnete Rolle spielt. Zwar hat man in den letzten Jahren eine ‹Reliterarisierung› des Clubs angestrebt und die Themen der Jahresversammlungen entsprechend gewählt; sie ist indessen wohl nicht ganz so leicht zu erreichen angesichts der eher an das öffentliche Gewissen als an den ästhetischen Sinn appellierenden Grundsätze der für alle nationalen Zentren verbindlichen Charta, welcher der P.E.N. in erster Linie seine Reputation verdankt.

Berufsständische Organisationen

Mit der Reputation hatten es in neuerer Zeit die Dichter nicht immer leicht. Doch ging es neben Akademie-Gezänk und neben moralischen Zielen auch – und dies um so dringlicher, je mehr die Schriftsteller sich auf einem freien Literaturmarkt behaupten mußten – um handfeste materielle Belange eines allmählich sich herausbildenden Berufsstandes. Auf sie vor allem konzentrieren sich die auf das Berufsbild entschiedener als auf literarische Absichten fixierten berufsständischen Organisationen. Es ist gewissermaßen ihr Spezifikum, das sie von anderen literarischen Vereinigungen unterscheidet, so daß behauptet werden kann, «daß die wirtschaftliche Interessenvertretung das wichtigste Merkmal moderner schriftstellerischer Berufsorganisationen ist»[6].

Daß eben auch dies ‹politische› Ziele sind, ist den Schriftstellern erst allmählich bewußt geworden, und die Diskussion darüber und folglich auch über die Wege zur Durchsetzung der konkreten wirtschaftlichen Interessen hat nicht nur im Verlauf der 150jährigen Geschichte schriftstellerischer Interessenvertretungen zur Bildung immer wieder neuer, miteinander konkurrierender Vereinigungen und Verbände geführt, bis von den nationalsozialistischen Machthabern ihre Auflösung erzwungen wurde; sie blieben gerade deswegen auch in der Verfolgung der berufspolitischen Interessen weitgehend macht- und erfolglos. Erst im Jahr 1969, nachdem es in der Nachkriegszeit, nicht zuletzt aufgrund der Aufteilung Deutschlands in verschiedene Besatzungszonen, lediglich regionale Neugründungen auf der Satzungsgrundlage des ehemaligen Schutzverbandes deutschsprachiger Schriftsteller im Exil gegeben hatte, war nach dem berühmt gewordenen Wort Heinrich Bölls «das Ende der Bescheidenheit» gekommen: Unter dem Druck der wirtschaftlichen Verhältnisse gelang es erstmals, die regionalen Verbände in einer zentralen Organisation, dem Verband deutscher Schriftsteller (VS), zusammenzufassen. Über die Ziele hieß es in seiner Satzung:

> «§ 3. Der Verband hat den Zweck, die kulturellen, rechtlichen, beruflichen und sozialen Interessen seiner Mitglieder zu fördern und zu vertreten sowie die internationalen Beziehungen der Schriftsteller zu pflegen. (...) § 4. Der Verband tritt für praktizierte Demokratie, insbesondere die Freiheit der Meinungsäußerung ein.»[7]

Sehr bald hat der Verband jedoch bemerkt, daß es angesichts der besonderen Abhängigkeit der Autoren von den Verwertern ihrer Produkte, in erster Linie also den Verlagen und Rundfunkanstalten, zur

Sicherung der materiellen Interessen seiner Mitglieder einer stärkeren tarifpolitischen, einer ‹gewerkschaftlichen› Ausrichtung bedurfte. So schloß der VS sich 1973 der Industriegewerkschaft Druck und Papier an, die ihrerseits 1989 in der seit langem angestrebten Industriegewerkschaft Medien aufging. An warnenden und streitbaren Stimmen im Prozeß der gewerkschaftlichen Orientierung hat es freilich von Anbeginn nicht gefehlt. Im Vordergrund stand bei ihren Gegnern die alte Furcht der Schriftsteller, in der Freiheit ihrer schöpferischen Tätigkeit eingeengt zu werden. So hat sich bereits 1973 wenige Wochen nach dem Beschluß des VS zur gewerkschaftlichen Organisation der eher konservativ und standespolitisch ausgerichtete Freie Deutsche Autorenverband (FDA) konstituiert, der in seiner Satzung «den autonomen Freiheitsraum der Kulturschaffenden» (§ 2) zu sichern und zu erhalten beansprucht. An gleichem kulturpolitischen Einfluß, wie ihn in Angelegenheiten der Literatur der VS immer wieder zu nehmen versucht und mit gehöriger öffentlicher Resonanz reklamiert, fehlt es dem Freien Deutschen Autorenverband gleichwohl, was nicht nur an seiner geringen Mitgliederstärke liegt, über die man verbindliche Auskunft kaum erhält. An Reputation, vor allem der literarischen, hat zeitweise freilich auch der VS verloren. Kaum mehr treten auf den Verbandsversammlungen diejenigen Autoren von Rang auf, die dem VS bei seiner Gründung Gewicht gaben. Teils mochten sie sich an den verbandsinternen Querelen um eine von bestimmten Mitgliedern Ende der 70er und Anfang der 80er Jahre betriebene und von anderen kritisierte nachsichtige Haltung gegenüber den Statthaltern staatlicher Kulturpolitik im Schriftstellerverband der DDR nicht beteiligen, teils haben sie den Verband verlassen, als er sich, wie die Kritiker meinten, jeglicher Souveränität durch den Eintritt in die Mediengewerkschaft begab.

Kriterium für die Mitgliedschaft im Verband ist die Berufszugehörigkeit und nicht vorrangig der Nachweis literarischer Qualität. Mitglied sowohl im VS wie im Freien Deutschen Autorenverband kann auf eigenen Antrag werden, wer mindestens ein Buch veröffentlicht hat oder die Sendung eines Hör- oder Fernsehspiels nachweisen kann. Von literarischem Rang ist nicht mehr die Rede. Doch bietet der Berufsverband durch solche Öffnung auch weniger bekannten oder jungen, noch nicht arrivierten Autoren die Möglichkeit der Kontaktaufnahme zu Kollegen, die sonst bei dem in aller Regel einsam sich vollziehenden Geschäft des Schreibens kaum besteht, und schafft für den einzelnen das gesellschaftlich kaum gewährte Gefühl von Solidarität eines Berufsstandes, auch wenn die letztere auf den jüngsten Jahreskongressen des VS für den außenstehenden Beobachter hinter verbandsinternen Auseinandersetzungen zunehmend sich verliert. Nicht selten mag mit einer Mitgliedschaft auch die Hoffnung auf (sonst womöglich fehlende) literarische Anerkennung oder zumindest auf Beachtung der eigenen Produktion sich verbinden, wie sie durch Lesungen im Beiprogramm der jährlichen Verbandstagungen möglich wird. Dies ist vor allem der Fall bei kleineren literarischen Verbänden wie der «Europäischen Autorenvereinigung Die Kogge» mit Sitz in Minden, der «Regensburger Schriftstellergruppe international» oder der Vereinigung der Schriftsteller-Ärzte.[8]

Literarische Gesellschaften

Die zuletzt genannten kleineren Verbände ähneln in ihrer vordringlich der Literatur und ihrer Vermittlung dienenden Funktion den literarischen Gesellschaften, zu deren Erscheinung sie gewissermaßen einen fließenden Übergang bilden, wie im Falle der Erlanger Neuen Gesellschaft für Literatur (der gleichlautende Vereinigungen in Berlin und Marburg an die Seite zu stellen sind), und denen sie auch darin gleichen, daß sie sowohl für Schreibende wie für Lesende offen sind.

Ein kürzlich erschienenes Handbuch nennt 63 solcher literarischer Gesellschaften in Deutschland, die sich seit einigen Jahren in einer Arbeitsgemeinschaft zusammengeschlossen haben.[9] Die älteste unter ihnen ist das 1859 am Geburtstag Schillers gegründete Freie Deutsche Hochstift mit Sitz im Frankfurter Goethe-Haus. Die literarischen Gesellschaften sind, wie man gesagt hat, «eine ‹Erfindung› des 19. Jahrhunderts»[10]. Ihr Gründungsmotiv fanden sie vor allem in der Verehrung der großen deutschen Dichter und der damit verbundenen Absicht, das geistige Erbe der Nation zu wahren und zu verwalten. Dabei haben sie, vor allem die sog. Namens-Gesellschaften, die sich die Pflege und Verbreitung des Werks eines Autors zur Aufgabe gemacht haben, von Anbeginn entschieden zur literarischen Kultur in Deutschland beigetragen. Unübersehbar ist das bei den größten unter ihnen, der 1885 gegründeten Goethe-Gesellschaft und der seit 1895 existierenden Deutschen Schillergesellschaft, die ihrerseits mit bedeutenden Instituten, der seit neuestem so heißenden Stiftung Weimarer Klassik (ehedem NFG) in Weimar einerseits, dem Schiller-Nationalmuseum mit dem ihm angeschlossenen Deutschen Literaturarchiv in Marbach andererseits, in Verbindung stehen.

Literaturhäuser

In dem Bemühen, der Literatur unabhängig von der durch merkantile Überlegungen gesteuerten Verlagsproduktion eine zeitgemäße (und deshalb nolens volens mit jener Produktion vielfach verflochtene) Heimstatt zu schaffen, hat man neuerdings als kommunale Einrichtungen, wiewohl unter der Trägerschaft eines eingetragenen Vereins, sog. Literaturhäuser gegründet. Vieles soll hier möglich sein wie in den schon seit Beginn der 80er Jahre zumeist aus Eigeninitiative von Autoren ins Leben gerufenen und in der Regel bald von Ländern und Kommunen alimentierten «Literaturbüros», die es u. a. in Unna, Düsseldorf, Frankfurt und München gibt und die sich zunächst als Beratungsgesellschaft für Autoren verstanden, unterdessen aber selbst mit einer Fülle literarischer Veranstaltungen aufwarten. Dies tun nun mit einem durchaus beeindruckenden Programmangebot auch die Literaturhäuser in Berlin, Hamburg und Frankfurt (während man in München noch um die Einrichtung streitet) und eifern damit der singulären und inzwischen schon ehrwürdigen Einrichtung des Literarischen Colloquiums Berlin nach, in dessen Villa am Wannsee seit 1964 in einer glücklichen Verbindung von literaturwissenschaftlicher Bemühung und Autoreninitiative, und genährt noch vom Geist der legendären Gruppe 47, mit Workshops, Autorentreffen, Seminaren und Lesungen der zeitgenössischen Literatur ein Forum geschaffen worden ist, das bis heute seinesgleichen sucht. In den kommunalen Literaturhäusern wird derlei für die moderne Freizeitkultur aufpoliert. Exemplarisch verkündet so das Literaturhaus in Frankfurt sein Konzept:

> «Geschrieben und gelesen wird in der Stille. Der Austausch über Literatur geschieht in der Öffentlichkeit (...). An der Arbeit des Literaturhauses können sich alle Institutionen beteiligen: die Bibliotheken, die Universität, die Medien, Museen und der Börsenverein des Deutschen Buchhandels, die literarischen Vereinigungen der Stadt und der Umgebung. Das Literaturhaus will nicht imitieren, was andere schon lange und gut machen, es will mit eigenen Ideen und Mitteln der Literatur einen größeren Stellenwert in der Öffentlichkeit (...) verschaffen. Deshalb wird das Haus als kommunale Einrichtung offen sein für alle, die mit Literatur zu tun haben oder an ihr interessiert sind. Es soll Autoren zu gegenseitigem Austausch anregen. Das Literaturhaus ist auch ein Ort der Geselligkeit. Es nimmt die Tradition des literarischen Salons wieder auf. Im Erdgeschoß wird es daher neben einer literarischen Buchhandlung ein Café/Restaurant geben, in dem sich Literaturliebhaber, Neugierige und Bürger treffen können.»[11]

Mag sein, daß Literatur so erneut zum Medium oder auch nur zum Gegenstand von Unterhaltung in jenem wohlverstandenen Sinn wird, den das Wort einmal besaß. Die Notwendigkeit ihres besonderen Schutzes jedenfalls würde sich dann erübrigen, wenn Literatur – unter dem wohlwollenden Blick von Kulturpolitikern – derart umfassend gesellschaftlich institutionalisiert wird. Doch ist vor solchem Optimismus wohl auch zu warnen, und dies durchaus im Interesse der Literatur:

«Heute gibt es in jeder Stadt», hat ein Schriftsteller und Verleger kürzlich angemerkt, «einen Kulturdezernenten, der immer nur darüber nachdenkt, mit welchem Schnickschnack er die Bürger unterhalten kann. Die haben den Ehrgeiz, die Leute aus dem Haus zu locken, weil sie Angst haben, sie könnten an Langeweile ersticken. Es erscheint – von unserem Kulturverständnis aus gesehen – nicht erstrebenswert, daß jemand nach Haus geht, sich einschließt, in den Sessel setzt, eine Flasche Rotwein öffnet und Bücher liest. (...) Alleinsein ist eine Tugend, die in dieser Gesellschaft überhaupt nicht gefördert wird. Und Lesen ist nun mal per definitionem Alleinsein. Ein guter Leser bildet sich in diesem Alleinsein aus. Ich finde, es müßte Schulfach werden: Alleinsein können.»[12]

So entfaltet Aufklärung stets von neuem ihre Dialektik. Vielleicht muß am Ende Kunst und mit ihr die Literatur gegen das Wohlwollen der sie fördernden Institutionen wiederum verteidigt werden.

Literatur

Arnold, Heinz Ludwig: Literaturbetrieb in der Bundesrepublik Deutschland. Ein kritisches Handbuch. 2. Aufl. München 1981.

Assmann, Michael (Bearb.): Der Georg-Büchner-Preis 1951–1987. Eine Dokumentation (nach dem Katalog zur Ausstellung Der Georg-Büchner-Preis 1951–1978, Deutsches Literaturarchiv, Marbach 1978). München 1987.

Emmerich, Wolfgang (Hg.): Der Bremer Literaturpreis 1954–1987. Bremerhaven 1988.

Engelmann, Bernt (Hg.): VS vertraulich, Bde. 1–3. München 1978/79.

– (Hg.): Bestandsaufnahme. München 1980.

Fohrbeck, Karla: Handbuch der Kulturpreise und der individuellen Künstlerförderung in der Bundesrepublik Deutschland 1979–1985, im Auftrag des Bundesministeriums des Innern erstellt von K. F. Köln 1985.

Gregor-Dellin, Martin/Endres, Elisabeth (Hg.): P. E. N. – Schriftstellerlexikon Bundesrepublik Deutschland. München 1982.

Jens, Inge: Dichter zwischen rechts und links. Die Geschichte der Sektion für Dichtkunst der Preußischen Akademie der Künste dargestellt nach den Dokumenten. München 1971.

Kron, Friedhelm: Schriftsteller und Schriftsteller-Verbände. Schriftsteller-Beruf und Interessenpolitik 1842–1973. Stuttgart 1976.

Literarische Gesellschaften in Deutschland. Hg. von der Arbeitsgemeinschaft Literarischer Gesellschaften e. V., zusammengestellt und bearb. von Sven Arnold. Berlin 1991.

P.E.N.-Zentrum Bundesrepublik Deutschland. Autorenlexikon. Göttingen 1993.

Steiner, George: Von realer Gegenwart. Hat unser Sprechen Inhalt? Mit einem Nachwort von Botho Strauß. München 1990.

Das Literaturbuch 1993/94. Literarisches Leben in der Bundesrepublik Deutschland. Hg. v. Deutschen Kulturrat. Baden-Baden 1993.

Anmerkungen

1 Friedrich Schlegel: Ideen. In: Athenaeum. Eine Zeitschrift von A. W. und F. Schlegel, ausgew. u. bearb. v. Curt Grützmacher. Bd. 2. Reinbek bei Hamburg 1966, S. 151.

2 Vgl. zur Geschichte der Berliner Akademie I. Jens, hier: S. 12.

3 Ebd., S. 49–97.

4 Vgl. dazu: Der Georg-Büchner-Preis 1951–1987. Lesenswert darin die Darstellung von Ernst Johann (S. 13–37), die einen ebenso gedrängten wie informativen Abriß der Entstehungsgeschichte der Akademien enthält.

5 So Gregor-Dellin/Endres, S. 7f.

6 Kron, S. 32.

7 Vgl. die eingehende Darstellung bei Kron. Zur spezifischen Situation des VS finden sich anschauliche Belege in den Dokumentationen von Engelmann.

8 Hinweise darauf erscheinen regelmäßig in der Zeitschrift «Der Literat» (Verlag und Redaktion Inka Bohl, Bad Soden).

9 Literarische Gesellschaften in Deutschland.

10 Wilhelm Solms: Literarische Gesellschaften in Deutschland – ein Überblick. In: Literarische Gesellschaften in Deutschland, S. 14.

11 Faltblatt «Literaturhaus Frankfurt am Main» (Bockenheimer Landstr. 102, 60323 Frankfurt a. M.).

12 Michael Krüger in einem Gespräch mit R. Gier und G. Heinemann, abgedruckt in der Literaturzeitschrift «Am Erker», Heft 23, Münster 1991. – Das Problem der Überwucherung des ‹primären› Kunstwerks durch das Sekundäre des Betriebs wird einer grundsätzlichen Analyse unterzogen von Steiner.

Dian Schefold

Meinungsfreiheit, Zensur und Meinungslenkung

Zensur, abgeleitet ursprünglich vom Amt des Zensors der römischen Republik, hat im neueren juristischen Sprachgebrauch (insb. Art. 5 Abs. 1 Satz 3 des Grundgesetzes) eine präzise Bedeutung als «präventive Vorschaltung eines behördlichen Verfahrens (...), vor dessen Abschluß das Werk nicht publiziert werden darf»[1]. Dieser auch im juristischen Schrifttum nicht unumstrittene, aber zur Abgrenzung von anderen Einschränkungen der Meinungs- und Kunstfreiheit unentbehrliche Zensurbegriff weicht von der Betrachtungsweise vieler Literaturwissenschaftler ab, die Zensur als Inbegriff aller Beschränkungen und Grenzen literarischer Freiheit verstehen. Aber gerade die technische Einengung des juristischen Zensurbegriffs öffnet den Blick dafür, daß Meinungsfreiheit von ganz verschiedenen Seiten bedroht und Zensur nur ein Aspekt ist, freilich mit konkretem und charakteristischem historischem Stellenwert.

Einmal setzt Zensur Techniken der Verbreitung von Schriften, praktisch den Buchdruck voraus. Trotz Vorbereitung durch mittelalterliche Ketzerverfolgungen und Kontrolle der universitären Bibliotheken beginnt die Zensurproblematik mit der Erfindung des Buchdrucks.

Weitere Voraussetzung ist der Gegensatz zwischen nach Öffentlichkeit strebendem, aus einer sich autonom verstehenden Gesellschaft erwachsendem Schrifttum und einem staatlichen Bereich, der gegenüber dieser Sphäre Herrschaft beansprucht. Idealistisch-monistische Erziehungskonzepte wie das Platons, das unwahre, Gott, Helden oder den Tod negativ darstellende Dichtung oder bestimmte Arten der Musik aus der Politeia verbannen will, negieren zwar die individuelle Freiheit, sind aber keine Zensur im modernen Sinn. Schließlich setzt Zensur als rechtstechnisches Instrumentarium einen Apparat qualifizierter Zensoren, einen Katalog von Prüfungsmaßstäben und einen Mechanismus von Sanktionen voraus. Auch dies ist erst in der Neuzeit denkbar; es gibt dem zensierten Schrifttum zugleich die Chance der Berechenbarkeit der Maßstäbe.[2]

Der Kampf zwischen Meinungsfreiheit und Zensur

Diese Voraussetzungen erklären Zeit, Ort und geschichtliches Umfeld der Entstehung der Zensur: die westdeutschen geistlichen Territorien gegen Ende des 15. Jahrhunderts, namentlich unter dem Kurfürsten und Erzbischof von Mainz, Berthold von Henneberg (1486), also am Ort der Erfindung des Buchdrucks, nahe der Messestadt Frankfurt, in einem geistlichen Territorium und im Zusammenhang mit den Bestrebungen zur Reichsreform des späten 15. Jahrhunderts.

Entscheidend für die Entwicklung der Zensur wurde die Reformation. Nach einem kaiserlichen Mandat von 1521 gegen Luthers Schriften forderten und präzisierten mehrere Reichsabschiede Regelungen, die die Reichsstände zur Aufsicht über die Druckereien auf ihrem Territorium und zur Handhabung der Zensur verpflichteten. In diesen Zusammenhang gehörte auch die Verpflichtung zur Angabe des Impressums, also von Namen und Wohnort des Druckers auf jedem Druckerzeugnis. Dauerhafte Form der Regelung waren die Reichspolizeiordnungen von 1548 und 1577. Die Grundlagen wurden in den kaiserlichen Wahlkapitulationen immer neu bekräftigt und blieben im Grundsatz bis 1806 in Kraft. Dahinter stand die Vorstellung eines staatlichen, also zunächst kaiserlichen Bücherregals. Zu den Hoheitsrechten gehört, Tatsache und Inhalt der zu veröffentlichenden Bücher zu bestimmen. Zensur bedeutet somit obrigkeitliche Genehmigung, Privilegierung des Drucks oder der Verbreitung eines Druckwerks. Sie hängt insofern mit der Entstehung des Urheberrechts wie mit der Pflicht zur Ablieferung von Pflichtexemplaren [3] zusammen.

Neben einzelnen kaiserlichen Bücherkommissaren und einer kaiserlichen Kommission am Ort der Buchmesse, in Frankfurt, oblag die eigentliche Vorzensur den Landesherren, die ihre Zensurbehörden einzurichten und im einzelnen zu instruieren hatten. Dies führte zu ganz unterschiedlichen Maßstäben und Praktiken, etwa konfessioneller Ausrichtung, und einer Sonderstellung der Universitäten. Ein erstes Ziel der Zensur war der Kampf gegen die spätmittelalterliche, in der Reformation gipfelnde Religionskritik, wobei einerseits Reich und Territorium das römische Bekenntnis schützten, andererseits kircheneigene Zensurmaßnahmen, gipfelnd im vom Tridentinischen Konzil postulierten «Index librorum prohibitorum» (1559/64), religionsfeindliche Schriften zu unterbinden trachteten. Demgegenüber schützten die protestantischen Landesherren Luthers von Reichs wegen verbotene Schriften und übten die Zensur im Sinn ihres Bekenntnisses.

Auch sie waren jedoch keineswegs zensurfeindlich. Wie durch die Gebote und Verbote der Polizeiordnungen sollten durch die Zensur Verletzungen der Sittlichkeit, des öffentlichen Friedens und Schmähungen verhindert werden. So konnte sich die Zensur in vielfachen Richtungen auswirken: gegen Schmähungen, Pamphlete, Pasquille; gegen religiöse – vor allem sektiererische und jüdische – oder religionskritische Tendenzen, gegen Gefährdungen der monarchischen Autorität. Voltaires und Montaignes Werke etwa galten der kaiserlichen Bücherkommission insgesamt als verbotswürdig.

Der Zwiespalt zwischen Liberalisierungstendenzen und Zensur unterschiedlicher Ausrichtung verschärfte sich im aufgeklärten Absolutismus. Zunächst räumte schon die laxe Handhabung, vor allem in paritätischen freien Reichsstädten, und die Abschaffung der Zensur in England – und damit auch in Hannover – infolge der Glorious Revolution Autoren und Verlegern Umgehungsmöglichkeiten ein. Aber auch der aufklärerische Anspruch etwa Friedrichs II. erforderte konsequenterweise Freiräume, so daß «Gazetten, wenn sie interessant sein sollten, nicht genieret werden müßten»[4]. Einige preußische Zeitungen und Buchhandlungen wurden zeitweilig von der Zensur völlig freigestellt. Literarische und publizistische Diskussionen wurden offener, erst in Vorbereitung, dann in Verarbeitung der Ereignisse der französischen Revolution, bis hin zu des jungen Fichte «Zurückforderung der Denkfreiheit von den Fürsten Europens, die sie bisher unterdrückten»[5]. Rechtlich entsprach dem die Forderung nach Abschaffung der Zensur, infolge der erwähnten Entwicklungen aufgestellt in fast allen Erklärungen der Menschenrechte, besonders in Art. 11 der (französischen) Erklärung der Menschen- und Bürgerrechte vom 26.8.1789: «Die freie Mitteilung der Gedanken und Meinungen ist eines der kostbarsten Menschenrechte. Jeder Bürger kann also frei schreiben, reden und drucken unter Vorbehalt der Verantwortlichkeit für den Mißbrauch dieser Freiheit in den durch das Gesetz bestimmten Fällen.» Damit war die Zensur ausgeschlossen – freilich nicht anderweitige Beschränkbarkeit von Meinungsäußerungen.

Aber dieses Programm blieb gerade für das Deutschland der Vorrevolutions- und Revolutionszeit uneingelöst. Zunächst kehrte auch Friedrich II. schon 1743 wieder zur Zensur zurück, wohl auch angesichts der militärischen Erfordernisse. Nach Lessings Eindruck beschränkte sich die verbleibende Meinungsäußerungsfreiheit in Preußen «einzig und allein auf die Freiheit, gegen die Religion so viel Sottisen zu Markte zu bringen, als man will»[6]. Erst recht ging unter Friedrich Wilhelm II. dessen Minister J. Chr. v. Wöllner zunächst mit einem gegen alle aufklärerischen Tendenzen gerichteten Religionsedikt, dann durch ein Zensuredikt vom Dezember 1788 mit späteren Verschärfungen gegen Bücher, Zeitschriften und Zeitungen vor. Dem fiel ein Viertel der Berliner Druckpressen zum Opfer, darunter die Berlinische Monatsschrift, die auch einen Vorabdruck aus Kants «Religion innerhalb der Grenzen der bloßen Vernunft» (1793) veröffentlicht hatte. Kant mußte sich verpflichten, daß er sich «fernerhin aller öffentlichen Vorträge, die Religion betreffend, es sei die natürliche oder geoffenbarte, sowohl in Vorlesungen als in Schriften, gänzlich enthalten werde»[7].

Aber auch von kaiserlicher Seite bestand die Bücheraufsicht fort, und gerade angesichts der revolutionären Gärung strebte die Wahlkapitulation Kaiser Leopolds II. 1790 eine Verschärfung der Pressekontrolle an. Auch die napoleonische Zeit war trotz zeitweiliger Lockerungstendenzen einer Erweiterung literarischer Freiheit wenig günstig. Die Ernüchterung des deutschen Bürgertums gegenüber dem revolutionären und napoleonischen Frankreich tat dazu ein übriges; Goethes skeptische Position in dem sonst relativ liberalen Sachsen-Weimar kann dafür als kennzeichnend gelten.[8]

Die Befreiungskriege wurden demgegenüber auch als Kampf um bürgerliche und politische, und damit speziell um Pressefreiheit verstanden; auffallend ist 1813 und in den darauf folgenden Jahren die Zunahme der Presseerzeugnisse. Rechtlich entsprach dem in Preußen eine Lockerung der Zensuranweisungen, in einigen Staaten (etwa Sachsen-Weimar 1816, für die literarische Entwicklung besonders wichtig) die Abschaffung der Zensur, in den süddeutschen Verfassungen die grundsätzliche Gewährleistung der Pressefreiheit, wenn auch mit Vorbehalten.[9] Auch die deutsche Bundesakte vom 8.6.1815 behielt in Art. 18d wenigstens der Bundesversammlung baldige «Abfassung gleichförmiger Verfügungen über die Pressefreiheit» vor.

Aber die Praxis des Metternichschen Systems legte diese Bestimmungen in restriktivem Sinn aus. Das Attentat des Studenten Sand auf den Dichter Kotzebue war nur der konkrete Anlaß, um ein perfektes Zensursystem zu restaurieren: durch die sog. Karlsbader Beschlüsse vom 20.9.1819, vier Bundesgesetze, die, unter Metternichs Druck in Geheimverhandlungen beraten, neben den Universitäten namentlich auch die Meinungsverbreitung durch die Druckerpresse einzuschränken trachteten. Zwar handelte es sich bei dem entscheidenden Gesetz um zunächst ‹provisorische› Bestimmungen hinsichtlich der Freiheit der Presse, in deren Text der diskreditierte Begriff ‹Zensur› vermieden wurde; aber in der Sache ging es um nichts anderes: Alle Schriften von bis zu 20 Druckbogen wurden einer Genehmigungspflicht (und damit Zensur) unterstellt, und die Bundesstaaten wurden verpflichtet, die Genehmigungsvoraussetzungen strikter zu handhaben.

Damit war, gerade unter den Bedingungen erwachter bürgerlicher Öffentlichkeit, ein System geschaffen, das Politik, aber auch Wissenschaft und Literatur einschneidend zu kontrollieren in der Lage war und, in Verbindung mit den «Demagogenverfolgungen», die Herrschaft des von Metternich geprägten monarchischen Prinzips gegen liberal-demokratische Kräfte absicherte. Das System, durch weitere Beschlüsse der 20er und 30er Jahre sowie durch Maßnahmen der einzelnen Gliedstaaten vervollständigt, hatte verheerende Folgen vor allem für den Markt der Zeitungen und Zeitschriften. Unter den vielen ihr Erscheinen einstellenden Blättern war Ludwig Börnes «Zeitschwingen» und «Waage» sowie Lorenz Okens «Iris», unter den Tageszeitungen der «Teutsche Beobachter». Nach den Unruhen infolge der französischen Julirevolution war der Höhepunkt der Entwicklung das förmliche Verbot des Jungen Deutschland durch Bundesbeschluß vom 10.12.1835. Das Verbot wandte sich gegen «eine literarische Schule..., deren Bemühungen unverhohlen dahin gehen, in belletristischen, für alle Classen von Lesern zugänglichen Schriften die christliche Religion auf die frechste Weise anzugreifen, die bestehenden socialen Verhältnisse herabzuwürdigen und alle Zucht und Sittlichkeit zu zerstören»; folglich wurden gegen Verfasser, Verleger (z. B. Hoffmann und Campe), Drucker, Verbreiter der Schriften der Schule, «zu welcher namentlich Heinrich Heine, Carl Gutzkow, Heinrich Laube, Ludolph Wienbarg und Theodor Mundt gehören», alle administrativen und kriminellen Sanktionen angedroht. Heinrich Heines Werk, aber etwa auch die Herausgabe der «Deutsch-Französischen Jahrbücher» durch Ruge und Marx in Paris lassen den zensorischen Einfluß durchgängig erkennen.[10]

Immerhin blieb, vor allem nach der Julirevolution, die Möglichkeit des Ausweichens in die davon nachhaltig erfaßten Staaten wie Belgien, Frankreich, die Schweiz, die alle keine Zensur mehr kannten. So brach mit der Februar- bzw. Märzrevolution 1848 das Zensursystem der Ära Metternich auf einen Schlag zusammen. Schon ein Bundesbeschluß vom 3.3.1848 stellte den Bundesstaaten die Abschaffung der Zensur und die Einführung der Pressefreiheit anheim. Alle Bundesstaaten folgten dieser Ermächtigung; erst dies ermöglichte die politischen Auseinandersetzungen von 1848. Zu den wichtigsten Ergebnissen der Grundrechtsdiskussion in der Paulskirche gehörte die Gewährleistung von Meinungsfreiheit und Zensurverbot[11]. Auch die preußischen Verfassungsberatungen von 1848 gingen zunächst in dieser Richtung. Nach dem Staatsstreich des Königs und den Verfassungsberatungen von 1849 blieben Meinungsfreiheit und Zensurverbot, aber andere gesetzliche Schranken wurden zugelassen.[12]

Neuere Einschränkungsproblematik

Schon diese Entwicklung zeigt, daß mit der Revolution von 1848 das Zensurproblem zwar weitgehend gelöst, die Problematik entsprechender Freiheitsbeschränkungen aber keineswegs überwunden war. Wenn auch auf Reichsebene nach der Reaktion auf die Märzrevolution Grundrechte verfassungsrechtlich nicht gewährleistet wurden, auch nicht in der Reichsverfassung von 1871, brachte das Reichspressegesetz vom 7.5.1874 eine reichsgesetzliche Gewährleistung der Pressefreiheit unter Ausschluß der Zensur, und in den Verfassungsbestimmungen des Art. 118 Abs. 2 Satz 1 der Weimarer Reichsverfassung, Art. 5 Abs. 1 Satz 3 des Grundgesetzes ist das Zensurverbot ausdrücklich enthalten. Aber schon seine Tragweite blieb begrenzt: Bis 1918 galt es nur für Presse-(Druck-)Erzeugnisse, also nicht für Theateraufführungen, nach der Weimarer Verfassung blieb die Filmzensur vorbehalten, und auch nach geltendem Recht wird diese praktisch durch die Hintertür der sog. Freiwilligen Selbstkontrolle der Filmwirtschaft wieder eingeführt. Darüber hinaus kam es auf Grund des Belagerungszustands im Ersten Weltkrieg auch in Deutschland zu echten Zensurmaßnahmen. Die eigentliche Zensurproblematik hat sich demgegenüber in den letzten Jahrzehnten auf autoritär regierte und besonders die sozialistischen Staaten verlagert. Die dort in den letzten Jahren geführten Diskussionen und Kämpfe erst um eine Verrechtlichung, dann um die Abschaffung der Zensur erinnern weithin an die dargestellte Entwicklung in Deutschland.

Aber schon die Jahre der auf die Märzrevolution folgenden Reaktionsperiode zeigten, daß auch ohne Zensur wirksame Kontrollen möglich blieben: bis zum Erlaß des Reichspressegesetzes, in geschickter Anknüpfung an den Widerstand des Buchhandels gegen die Gewerbefreiheit, durch einen Konzessionszwang für Drucker, Buchhändler, Leihbibliotheken, Zeitungsverkäufer, mit Überprüfung der Zuverlässigkeit sowie einer Kautionspflicht für periodische Druckschriften. Auf

Dauer und im Prinzip bis heute gelten ferner weite und die Verantwortlichkeit aller an einem Presseprodukt Beteiligten erfassende Strafbestimmungen, mit der Möglichkeit der Beschlagnahme von Druckerzeugnissen schon bei Verdacht des Verstoßes. Diese Regelungen begünstigten die auch wirtschaftlich bedingte Verlagskonzentration.

Inhaltliche Maßstäbe für die Eingriffe waren zunächst Gesichtspunkte der Staatssicherheit, wie sie im preußischen Verfassungskonflikt mit Bismarcks Pressenotverordnung vom 1.6.1863 nochmals allbeherrschend hervortraten und anläßlich von Sondermaßnahmen im Kulturkampf sowie, vor allem, im Zuge des Sozialistengesetzes vom 21.10.1878, die begrenzte Schutzwirkung des Reichspressegesetzes offenlegten. Auf Dauer angelegt waren demgegenüber die Vorschriften des allgemeinen Strafrechts: Zum Schutz des Staates, der persönlichen Ehre, der Religion, der Sittlichkeit, speziell auch Jugendlicher hatte die literarische Freiheit zurückzutreten. Die Auseinandersetzung um die schließlich am 25.6.1900 verabschiedete «Lex Heinze» machte diesen Konflikt nochmals deutlich.

«Kunst im Konflikt» [13] – diese Formel umschreibt daher treffend die häufigen Beschlagnahmen und Verbote von Presse- und Literaturerzeugnissen, auch wenn sie oft nicht zu Strafverfahren und relativ selten zur Verurteilung von Autoren führten. Wilhelm Buschs «Heiliger Antonius von Padua», Schriften Hermann Bahrs, Richard Dehmels, Ludwig Thomas und Nummern des «Simplizissimus» mit Arbeiten Arthur Schnitzlers, Knut Hamsuns, Frank Wedekinds gehörten zu den Opfern in der Zeit des Kaiserreichs; aus der Weimarer Republik sind etwa Carl Einsteins «Schlimme Botschaft» und Johannes R. Bechers «Leichnam auf dem Thron» zu nennen. Schärfer noch wirkte sich die fortbestehende Theaterzensur gegenüber Aufführungen etwa von Henrik Ibsen («Stützen der Gesellschaft», «Gespenster»), Gerhart Hauptmann («Die Weber») [14], Hermann Sudermann («Sodoms Ende»), Carl Sternheim («Die Hose») und vor allem gegenüber fast allen Stücken Frank Wedekinds aus. Auch nach Abschaffung der Theaterzensur durch die Weimarer Verfassung führten nachträgliche Verbote, oft unter Druck rechtsradikaler Störtrupps, zu ähnlichen Ergebnissen. Zwar schützte die Berliner Justiz dabei Schnitzlers «Reigen», aber etwa Arnold Bronnens «Vatermord», Carl Zuckmayers «Fröhlicher Weinberg», Friedrich Wolfs «Cyankali» und Alfred Döblins «Ehe» unterlagen zumindest zeitweilig Aufführungsverboten. «Zur Bekämpfung der Schund- und Schmutzliteratur» erging am 18.12.1926, gestützt auf Art. 118 II der Weimarer Verfassung, ein Gesetz, das die Überlassung solcher Schriften an Jugendliche verbot, wenn Schriften durch mit Sachverständigen besetzte Prüfstellen auf eine Liste gesetzt waren. Auch diese Möglichkeit beleuchtete die Konfliktsituation und führte zu einer Radikalkritik etwa von Kurt Tucholsky, Thomas und Heinrich Mann an der staatlichen Kulturpolitik.

So gingen staatliche Maßnahmen, auch zum Schutz der Staatsautorität in der Endphase der Weimarer Republik, und rechtsradikale Agitation gegen die literarische Moderne allmählich in entsprechende Diskriminierungen durch die nationalsozialistische Regierung, etwa gegen Erich Maria Remarques «Im Westen nichts Neues», über. Mit der offiziell propagierten Bücherverbrennung vom 10.5.1933, vorbereitet durch die Eliminierung der sozialdemokratischen und kommunistischen Presse, wurde darüber hinaus eine globale «Gleichschaltung» des Schrifttums angestrebt und in der Folge, durch die «berufsständische Selbstverwaltung» der Reichskulturkammer mit ihren sieben Einzelkammern und unter Leitung des Goebbelsschen Reichspropagandaministeriums, erreicht.[15] Künstlerische und publizistische Tätigkeit außerhalb der Kammern wurde rechtlich und faktisch unmöglich. Wer die «Zuverlässigkeit und Eignung» im Sinn der Machthaber nicht besaß, konnte nur illegal arbeiten, schweigen oder emigrieren. Speziell im Pressebereich oblag die Wahrnehmung der «öffentlichen Aufgabe» auf Grund des Gesetzes vom 4.10.1933 dem Schriftleiter als staatlich kontrollierter Kontrollinstanz. Hinzu kam eine Konzentration der Presse in den Händen der NSDAP-eigenen «Franz Eher Nachf. GmbH», die schließlich bis zu 82,5 Prozent der deutschen Presse kontrollierte.

Die Alliierten mußten daher im Rahmen der Entnazifizierung und Demokratisierung vor allem auch das Presse- und Verlagswesen neu ordnen, zunächst durch Lizensierung. Die demokratische Pressegesetzgebung betonte wiederum die öffentliche Aufgabe der Presse, und die in Westdeutschland prägende privatwirtschaftliche Ordnung knüpfte, freilich unter Ausschaltung der nationalsozialistischen Konzentrationsmaßnahmen, an die Eigentumsverhältnisse vor 1945 oder 1933, also an eine eher konservative Verlagspolitik an.

Verfassungsrechtlich ist durch Art. 5 des Grundgesetzes die Meinungs-, Presse-, Rundfunk-, Film- und Informationsfreiheit mit den Schranken der allgemeinen Gesetze, des Jugendschutzes und des Rechts der persönlichen Ehre umfassend gesichert, die Zensur verboten. Zusätzlich gewährleistet Art. 5 Abs. 3 die Kunstfreiheit ohne Nennung von Schranken, so daß, wie die Rechtsprechung allmählich herausarbeitete, die Kunst nicht den Schranken sonstiger Meinungsäußerungen unterliegt und insofern privilegiert ist.[16] Kehrseite ist freilich, daß die Gerichte entgegen den Intentionen vieler zeitgenössischer Künstler jeweils definieren müssen, was Kunst ist, und daß sich die Schrankenproblematik, wenn auch etwas verschoben, weiterhin stellt.

Zum Schutz dieser Grundrechte hat die Rechtsprechung des Bundesverfassungsgerichts entscheidende Bedeutung erlangt, vor allem dessen Rekurs auf die von Rudolf Smend zur Weimarer Verfassung entwikkelte Lehre, daß freiheitsbeschränkende «allgemeine Gesetze» gem. Art. 5 Abs. 2 GG nur Gesetze sein könnten, die einem überwiegenden, höherrangigen Gemeinschaftsgut als der Meinungsfreiheit dienten.[17] Gewiß, die Auseinandersetzungen um Meinungsfreiheit und Staatsschutz im kalten Krieg (Spiegel-Affäre) und angesichts der Terrorismus-Problematik sowie um den Jugendmedienschutz[18] gingen, zeitweilig verschärft, weiter; aber im Vergleich zu früher erwiesen sich Meinungs- und Kunstfreiheit doch als besser gesichert.

Allerdings schützt das Bundesverfassungsgericht auch das allgemeine Persönlichkeitsrecht, das sich aus Art. 1 Abs. 1, 2 Abs. 1 GG ergibt. Wirkte es zunächst als Schranke vor allem für die Individualsphäre beeinträchtigende Inhalte der Boulevardpresse oder der Werbung, so wurde es von der Rechtsprechung auch als Schranke der Kunstfreiheit akzeptiert. Faktisch verboten daher Gerichte etwa Klaus Manns «Mephisto»-Roman, das dokumentarische Theaterstück «Der Geist von Oberzell» und Rainer Hachfelds Karikatur von F.-J. Strauß, erzwangen Veränderungen von Friedrich Delius' satirischer Festschrift «Unsere Siemens-Welt» und setzten sich mit zahlreichen weiteren literarischen und künstlerischen Werken unter diesem Aspekt auseinander.[19] Staatliche Eingriffe in die literarische Freiheit manifestieren sich heute somit besonders in zivil-(und straf-)gerichtlichen Verboten auf Klage interessierter, meist wirtschaftlich mächtiger Privater. Die Vermeidung solcher Prozesse zwingt die Verlage zu einer Selbstzensur, deren Bedeutung angesichts der Verlagskonzentration und der ruinösen Folgen im Fall von Verurteilungen erheblich sein dürfte.

Von der Beschränkung zur Lenkung der Meinungsfreiheit

Diese Entwicklung macht erneut deutlich, daß mit der Überwindung des Systems der Vorzensur literarische Freiheit nicht gewährleistet, sondern nur die Fragestellung verschoben ist. Wie vor der Trennung von Staat und nach bürgerlicher Öffentlichkeit strebender Gesellschaft, so treten auch nach der Relativierung dieser Unterscheidung Einflußfaktoren auf die Literatur zutage, die nicht primär grundrechtliche Freiheit beschränken, sondern das Meinungsspektrum lenken. Die Erfahrungen des Nationalsozialismus und mancher sozialistischer Staaten – namentlich der DDR – haben gezeigt, daß dadurch eine Zensur überflüssig oder nicht als solche erkennbar werden kann, weil sie in den Bereich der Buch- und Presseproduktion verlagert wird.[20] Diese Situation ist vergleichbar der – wenn auch wegen der pluralistischen Strukturen und der Möglichkeiten alternativer Meinungsverbreitung ungleich weniger gravierenden – in andern Industriegesellschaften, in denen eine Meinungslenkung im Rahmen eines kapitalintensiven, vielfach durch Verflechtungen mit dem staatlichen Bereich gekennzeichneten Meinungsmarkts erfolgt.

Solche Versuche der Meinungslenkung lassen sich bis zur Genese amtlicher Publizistik in der napoleonischen Zeit, etwa durch die Gründung des «Moniteur», dann, «auf Anregung der höheren Behörde», des «Rheinischen Merkurs» (1814) und durch die offiziöse «Allgemeine Preußische Staatszeitung» (1819) zurückverfolgen.[21] Die Maßnahmen gehören ins Umfeld des in den preußischen Reformen verfolgten Konzepts einer nationalen Bildungsreform und von Hegels Staatsphilosophie, die öffentliche nur als vom Staat getragene, verantwortete Meinung verstehen konnte und daher den Ausdruck solcher Meinung zur Staatsaufgabe machen mußte.[22]

Mit dem Wegfall der Zensur gewannen diese Lenkungsmechanismen an Bedeutung. Noch 1848 begann die preußische Regierung mit der indirekten Lenkung einer von ihr finanzierten Zeitung. In der Reaktionsphase nutzten die Regierungen zentrale Pressestellen und subventionierten formell unabhängige, intern aber mehr oder weniger explizit auf den Regierungskurs verpflichtete Blätter, wobei – etwa im Fall der «Norddeutschen Allgemeinen Zeitung» – die Finanzierung und inhaltliche Festlegung indirekt über eine Bank erfolgte. Dem gleichen Zweck diente der Bismarcksche «Reptilienfonds».[23] Erst recht sollte im Ersten Weltkrieg eine aktive Presse- und Medienpolitik den Kriegszielen dienen. Während in der Weimarer Republik zunächst die freie Bildung der öffentlichen Meinung nicht beeinflußt werden sollte und eben deshalb solches Gewicht auf die nur «allgemeinen» Gesetze als Schranke der Meinungsfreiheit gelegt wurde, brachte schon die Spätphase der Weimarer Republik mit den Notverordnungen «zur Sicherung der Staatsautorität» etwa Verpflichtungen zum unentgeltlichen Abdruck behördlicher Kundgebungen und Entgegnungen im redaktionellen Teil von Presseorganen. Die Lenkung der Presse war somit bereits vorgezeichnet, als das erwähnte nationalsozialistische Schriftleitergesetz die Schriftleiter «in ihren beruflichen Pflichten und Rechten» auf eine «durch dieses Gesetz geregelte öffentliche Aufgabe» festlegte.

Von heute her liegt es nahe, demgegenüber auf der Trennung von publizistisch-literarischer Öffentlichkeit und Staat zu insistieren. Aber die Ansätze staatlicher Meinungslenkung sollten nicht losgelöst von der inneren Entwicklung des Presse- und Verlagswesens und dessen Beeinflussung durch die öffentliche Hand gesehen werden. Einerseits mußten Zuverlässigkeitsprüfung und Konzessionszwang in der Reaktionszeit die innere Struktur des Druckerei-, Verlags- und Buchhandelsgewerbes beeinflussen. Umgekehrt bedingten sich die volle Preßgewerbefreiheit des Reichspressegesetzes und die Entwicklung des Verlagswesens im späten 19. Jahrhundert gegenseitig: Der Verlag gewann gegenüber der Redaktion, aber auch dem Autor an Einfluß. Dies galt erst recht, als in der Weimarer Republik Hugenberg den führenden Pressekonzern einseitig strukturierte und als mit dem Rundfunk ein neues Medium von Anfang an ähnliche Probleme mit sich brachte. Die Parallelen zur Gegenwart, namentlich zum Kampf um die Rundfunkverfassung im Widerstreit von privater und öffentlicher Macht, liegen auf der Hand;[24] die Konzentration auch der Buchverlage und deren Gefährdung durch private Unterlassungs- und Schadensersatzansprüche bei Persönlichkeitsverletzungen spitzen die Probleme privater Meinungslenkung zu. Solche Fragestellungen machen zwar das Zensurverbot nicht überflüssig, nachträgliche staatliche Sanktionsmöglichkeiten gegen Druckerzeugnisse nicht weniger problematisch. Aber sie zeigen, daß literarische und publizistische Freiheit nicht mehr ausschließlich als Freiraum organisierter und garantierter privater Meinungsträger gegenüber staatlicher Einflußnahme gesichert werden kann.

Literatur

Breuer, Dieter: Geschichte der literarischen Zensur in Deutschland. Stuttgart 1982.

Dankert, Birgit/Zechlin, Lothar (Hg.): Literatur vor dem Richter. Beiträge zur Literaturfreiheit und Zensur. Baden-Baden 1986.

Eisenhardt, Ulrich: Die kaiserliche Aufsicht über Buchdruck, Buchhandel und Presse im Heiligen Römischen Reich Deutscher Nation (1496–1806). Karlsruhe 1970.

Göpfert, Herbert/Weyrauch, Erdmann (Hg.): «Unmoralisch an sich...» Zensur im 18. und 19. Jahrhundert. Wiesbaden 1988.

Houben, Heinrich Hubert: Verbotene Literatur von der klassischen Zeit bis zur Gegenwart. 2 Bde. Berlin/Bremen 1924/28 (Neudruck Hildesheim 1965).

Kanzog, Klaus: Zensur, literarische. In: Reallexikon der deutschen Literaturgeschichte. Bd. 4. 2. Aufl. Berlin u. a. 1984, S. 998–1049.

Kapp, Friedrich/Goldfriedrich, Johann: Geschichte des deutschen Buchhandels. 4 Bde. und Registerband. Leipzig 1886–1923 (Neudruck 1970).

Leiss, Ludwig: Kunst im Konflikt. Berlin 1971.

Schütz, Hans J.: Verbotene Bücher. München 1990.

Schwartländer, Johannes/Willoweit, Dietmar (Hg.): Meinungsfreiheit. Grundgedanken und Geschichte in Europa und USA. Kehl u. a. 1986.

Wilke, Jürgen (Hg.): Pressefreiheit. Darmstadt 1984.

Anmerkungen

1 So BVerfGE 83,130 (155); statt Einzelnachweisen muß für das folgende im wesentlichen auf die allgemeinen Literaturangaben verwiesen werden.

2 Kennzeichnend etwa Benjamin Constant: Betrachtungen über die Rede seiner Exzellenz des Ministers des Innern zugunsten des Gesetzentwurfs über die Pressefreiheit (1814). In: Ders.: Werke. Hg. von A. Blaeschke/L. Gall. Bd. 4. Berlin 1972, S. 287ff (304f).

3 Dazu BVerfGE 58, 137.

4 So eine bei F. Schneider: Pressefreiheit und politische Öffentlichkeit. Neuwied 1966, S. 65, Anm. 39 wiedergegebene Äußerung.

5 1793, in: Fichtes Werke. Hg. von I. H. Fichte. Bd. 6. Berlin 1845/46 (Neudruck 1971), S. 3 ff.

6 Brief an Chr. Fr. Nicolai vom 25.8.1769; zit. nach F. Schneider (Anm. 4), S. 131.

7 Dazu der Bericht Kants: Der Streit der Fakultäten (1798, d. h. nach dem Tod Friedrich Wilhelms II., als sich die Zensurverhältnisse milderten). Vorrede in: Kant-Studienausgabe Bd. 6. Wiesbaden 1967, S. 267 (273).

8 Vgl. Goethes Gespräch mit Eckermann vom 27.3.1831, wo dem «Unfug der Pressefreiheit» die «Seite des Gesetzlichen» gegenübergestellt wird.

9 Dazu im einzelnen E. R. Huber: Deutsche Verfassungsgeschichte seit 1789, Bd. 1. 2. Aufl. Stuttgart 1975, S. 356ff; bei E. R. Huber: Dokumente zur deutschen Verfassungsgeschichte, 3 Bde., 3. Aufl. 1978–1990, auch die Verfassungstexte und die im folgenden zitierten Vorschriften.

10 Zu Heine etwa aus «Deutschland – Ein Wintermärchen» (1844), das Ende des Vorworts und Caput II am Ende; «Ideen – Das Buch Le grand», Cap. 12 (1826); zu Marx und Engels vgl. K. Marx/F. Engels: Pressefreiheit und Zensur. Hg. von I. Fetscher. Frankfurt/M. 1969. – Reiches Material auch bei W. Siemann: Ideenschmuggel. Historische Zeitschrift Bd. 245 (1987), S. 71 ff.

11 § 143 der Verfassung des Deutschen Reichs vom 28.3.1849.

12 Art. 27/28 der Verfassungsurkunde vom 31.1.1850.

13 So der Titel der eindrücklichen Dokumentation von Ludwig Leiss, Berlin 1971, dem die meisten folgenden Beispiele entnommen sind.

14 Vgl. M. Pagenkopf: Das Preußische OVG und Hauptmanns «Weber». Bonn 1988.

15 Dazu H. Storek: Dirigierte Öffentlichkeit. Opladen 1972, S. 26ff; H. Denkler/K. Prümm (Hg.): Die deutsche Literatur im Dritten Reich, 1976, bes. S. 66ff.

16 BVerfGE 30, 173 (191ff), 67,213 (224ff), 77,240 (251ff), 81,278 (289ff), 82,1 (5f), 83,130 (138ff).

17 R. Smend: Das Recht der freien Meinungsäußerung (1928), wiederabgedruckt in Ders.: Staatsrechtliche Abhandlungen. 2. Aufl. Berlin 1968, S. 89ff; darauf beruhend BVerfGE 7,198 (209f) bis hin zu BVerfGE 82,43 (50ff); 82,236 (258ff).

18 Vgl. nach den Beiträgen insb. von Stefen, Groth, Naumann, Breunung/Nocke, Schefold, in: Dankert/Zechlin (Hg.), nunmehr insb. BVerfGE 83,130ff (Fall Mutzenbacher).

19 BVerfGE 30,173ff, 75,369ff, BGH JZ 1965,637, OLG Stuttgart DuR 1976,75ff; vgl. auch BGHZ 78,9; BVerfGE 66,116ff. Gegenbeispiele z.B. BVerfGE 67,213 (229); 81,278 (294ff).

20 Dazu aufschlußreich M. Jäger: Das Wechselspiel von Selbstzensur und Literaturlenkung in der DDR. Aus Politik und Zeitgeschichte Nr. B 41–42/91, S. 13ff, mit vielen Beispielen.

21 Dazu und zum folgenden Schneider (Anm. 4), S. 174ff; vgl. K. Koszyk: Deutsche Presse im 19. Jahrhundert. Berlin 1966.

22 Vgl. Hegel: Grundlinien der Philosophie des Rechts (1821), insb. §§ 257f, 314–319; dazu J. Habermas: Strukturwandel der Öffentlichkeit. 5. Aufl. Neuwied 1971, S. 144ff.

23 Zu all dem M. Overesch: Presse zwischen Freiheit und Lenkung. Preußen und seine offiziöse Zeitung von der Revolution bis zur Reichsgründung. Pullach 1974; R. Nöll von der Nahmer: Bismarcks Reptilienfonds. Mainz 1968.

24 Vgl. nur die Entwicklung der Rundfunk-Rechtsprechung von BVerfGE 12,205 (260ff) über 57,295 (319ff) bis 83,238 (295ff).

VI. Grundfragen der Literaturwissenschaft

Andreas Thomasberger

Textsicherung und Textkritik

In den gängigen Hölderlin-Ausgaben liest der Leser die Verse 91 bis 93 der Hymne «Friedensfeier» so: «Viel hat von Morgen an, / Seit ein Gespräch wir sind und hören voneinander, / Erfahren der Mensch; bald sind wir aber Gesang.» In der von Hölderlin angefertigten, deutlich lesbaren Abschrift des Gedichts steht: «bald sind aber Gesang».[1] Das Wort «wir» wurde von späteren Herausgebern eingefügt, wofür es durchaus gute Gründe gibt. In den üblichen Leseausgaben steht jedoch der veränderte Text, ohne daß irgend etwas auf diesen Sachverhalt hinwiese. Der gedruckte Text ist also an dieser Stelle von einem Herausgeber hergestellt, was über die Bedeutung des einzelnen Falls hinaus den Zweifel an der unproblematischen Gegebenheit von Texten weckt und die Aufmerksamkeit auf die oft stillschweigend vollzogenen Herstellungsarbeiten lenkt, auf deren Zuverlässigkeit wir vertrauen, wenn wir uns einem Text als Leser und Interpreten zuwenden.

Der überlieferte und während der Überlieferung möglicherweise veränderte Text bildet nicht nur die Grundlage der literaturwissenschaftlichen, sondern auch der historischen, rechts- und nicht zuletzt religionswissenschaftlichen Arbeit. Textkritische Fragen stellen sich zudem in der Philosophie[2], und eine besondere Tradition hat die kritische Bearbeitung des Notentextes in der Musik.[3] Diese übergreifenden Probleme der wissenschaftlichen Sicherung von Texten haben in Osteuropa zur Entwicklung einer eigenen Disziplin, der Textologie, Anlaß gegeben, während in Deutschland die Textkritik dem jeweiligen Fach zugeordnet ist und die Diskussion allgemeiner Fragen zunächst von der Deutschen Forschungsgemeinschaft initiiert und organisiert wurde.

Die textkritische Arbeit im einzelnen findet an den Arbeitsstellen der Textausgaben statt, die vorwiegend von Akademien und ähnlichen Institutionen, seltener von Universitäten veranstaltet werden. 1973 wurde eine «Arbeitsgemeinschaft philosophischer Editionen» gegründet, 1985 eine «Arbeitsgemeinschaft für germanistische Edition» (Universität Osnabrück; dort auch ein Aufbaustudiengang Editionswissenschaft). Sie ermöglicht den Austausch zwischen den einzelnen

Disziplinen durch regelmäßige Tagungen und legt seit 1987 die Diskussionsbeiträge in dem Internationalen Jahrbuch für Editionswissenschaft «editio» vor.

Geschichte und Ziele

Das Fixieren menschlicher Äußerungen durch (Schrift-)Zeichen bringt offenbar stets die Möglichkeit von Fehlern und Entstellungen mit sich, so daß eine kritische Überprüfung das schriftliche Festhalten von Texten von Anfang an begleitet hat. Lange vor der Einführung der Schrift in den engeren abendländischen Kulturkreis wurden z. B. um 2800 v. Chr. in Vorderasien Archive mit Tontafeln angelegt, die religiöse Texte überlieferten: «Die Hüter der Tontafeln, die die kostbaren Texte zu bewahren hatten, wachten über den genauen Wortlaut der Originale und versuchten, Fehler der Abschreiber zu verbessern»[4]. Ähnlich läßt sich die Textüberlieferung bis zur Erfindung des Buchdrucks insgesamt beschreiben, wenn auch ein entscheidender Unterschied darin liegt, daß die erhaltenen Texte des europäischen Altertums, einschließlich der Bibel, nicht in Originalen überliefert sind, der genaue Wortlaut daher aufgrund verschiedener Abschriften und anderer Zeugnisse nur rekonstruiert werden kann, letztlich aber unsicher bleiben muß. Waren für die kritische Sichtung der Texte im antiken Griechenland bereits differenzierte Ansätze entwickelt worden und wandte sich das Interesse zur Zeit der Renaissance und des Humanismus erneut der Erhaltung der alten Texte zu[5], so kommt die systematische wissenschaftliche Textkritik im deutschen Sprachraum erst im 19. Jahrhundert auf. Ziel der Untersuchung der verschiedenen Abschriften, in denen die alten Texte überliefert waren, sollte die weitestmögliche Annäherung an das verlorene Original sein. Die Methode, Fehler in Abschriften zu bestimmen und die Überlieferungslage chronologisch geordnet darzustellen, war besonders von Karl Lachmann so weit entwickelt worden, daß sie jedem textlichen Sachverhalt angemessen schien. Konsequent wendete er sie auch bei der ersten kritischen Ausgabe eines Autors der neueren deutschen Literatur an, der Schriften Lessings (erschienen 1838 bis 1840). Wie bei den Verzeichnissen der Lesarten alter Texte wurden die Abweichungen der verschiedenen Drucke vollständig angegeben. Damit fanden ohne Ausnahme die Unterschiede im Wortlaut Beachtung, die erst im Lauf der Überlieferung zustande gekommen waren, ob nun mit oder ohne Beteiligung des Autors. Daß dieses Verfahren angesichts der günstigeren Situation, von neueren Autoren durchaus Originalmanuskripte zu besitzen und daher die Entstehung der Texte darstellen zu können, der Überlieferungslage nicht angemessen war, hat Reinhold Backmann schon 1924 in einem wegweisenden Aufsatz kritisiert.[6]

Adäquate Formen, die Entwicklung eines Textes, der in einer mehrfach überarbeiteten Handschrift überliefert ist, dem Leser sichtbar zu machen, legte dann Friedrich Beißner mit der seit 1943 erschienenen «Großen Stuttgarter Ausgabe» der Werke Hölderlins vor. Ausgehend von der Idee, daß jeder neue Entwurf auf ein in sich vollendetes Kunstwerk ziele, stellte Beißner «das *ideale* Wachstum des Gedichts»[7] vollständig und möglichst übersichtlich dar. Das Wort des Dichters soll von «Verderbnissen und Entstellungen» gereinigt vorliegen, der Leser das Entstehen mitdichtend verfolgen können.[8] Kritisiert wurde an dieser Darstellungsweise, daß der in der Handschrift sichtbare Sachverhalt zu kurz komme. Nicht die Positionen der Varianten, der vom Autor im Verlauf der Entwürfe erwogenen Wendungen, nicht die Art der Korrekturen oder die zeitliche Abfolge der Schreibphasen werden erkennbar, sondern die vom Herausgeber immer schon gedeutete Entwicklung des Gedichts. Dagegen forderte Hans Zeller die Trennung von «Befund und Deutung»[9]; die Darstellung des Editors müsse sich bemühen, dem Leser die Handschrift rekonstruierbar zu machen. Ein entsprechendes Verzeichnungsverfahren legte er bei der Herausgabe der Werke C. F. Meyers vor.[10] Der entscheidende systematische Fortschritt dabei war der Hinweis auf die Subjektivität des Herausgebers, auf andere Entscheidungsmöglichkeiten oder bleibende Unsicherheiten. Hängt der Leser hier weniger von den Deutungen des Editors ab, hat er sich auf ein äußerst kompliziertes Zeichensystem einzulassen, das den Text weitenteils Vers für Vers, selten in größeren Entstehungsabschnitten vorstellt. Beißners wie Zellers Argumente und Verfahrensweisen regten die Diskussion bis heute an und wurden zu Orientierungspunkten für vorliegende oder entstehende kritische Editionen (z. B.: Brentano, Droste-Hülshoff, Heine, Hofmannsthal, Klopstock und Mörike).

Damit ist die Spannweite bezeichnet, in der sich die Diskussion, deren Zentrum der Textbegriff bildet und in deren Verlauf die Edition sich von einer Technik zur Wissenschaft entwickelt, seit etwa 20 Jahren bewegt. Eine Reihe deutsch-französischer Kolloquien fand seit 1977 statt, der Dialog mit der anglo-amerikanischen Tradition blieb allerdings in Ansätzen stecken. Insgesamt hat die Diskussion wenig Abschließendes erreicht, nicht einmal eine verbindliche Fachsprache, was sich z. B. an der Auseinandersetzung um den Textbegriff zeigt, der weder nur mit der Beschreibung historischer und materialer Daten noch durch die Herausarbeitung des Kunstcharakters faßbar ist.[11] Am zutreffendsten und folgenreichsten dürfte der Textbegriff sein, der den Text als dynamisches Phänomen versteht. Die Entwicklung eines Werks hängt danach nicht von äußeren Voraussetzungen ab, wie einer vom Editor stillschweigend angenommenen Absicht des Autors, sondern entfaltet sich mit den verschiedenen Fassungen, vom Entwurf bis zur Letztfassung des Autors, ohne daß eine Fassung als der endgültige Text, die übrigen als Vorarbeiten angesehen werden. Die Textfassungen – «vollendete oder nicht vollendete Ausführungen eines Werks, die voneinander abweichen»[12] – stellen insgesamt den Text des Werks dar, wobei die Entwicklung wie die Eigenständigkeit gleichermaßen zu beachten sind. Dieser Textbegriff schließt auch das Verhältnis des Lesers zum Text ein, insofern ein Text nicht als eine ein für allemal bestehende, sondern als eine immer erneut wahrnehmend zu konstituierende Größe angesehen wird. Dadurch kommt die geschichtliche Komponente in den Blick: Der Text wird zu unterschiedlichen Zeiten unterschiedlich gelesen und wirkt auch verschieden. Als geschichtlicher löst er sich vom Autor; denn eine gedruckte Fassung, die so nicht beabsichtigt war, kann eine beachtliche Wirkung entfalten und derart zur Geschichte des Textes beitragen.[13]

Die Erfahrung mit den vorliegenden Editionen und die theoretische Diskussion darüber führten zu einer konsequenten Erneuerung der Textpräsentation in der «Frankfurter Ausgabe» der Werke Hölderlins (seit 1975). Die Handschriften werden hier vollständig fotomechanisch reproduziert, eine nach Arbeitsphasen typographisch differenzierte Umschrift gibt auf der gegenüberliegenden Seite die Entzifferung der Herausgeber und ihre Deutung des Schreibprozesses wieder. Daran schließt sich in «linearer Textdarstellung» die chronologische Abfolge der Textphasen, aus der der jeweils gültige Text einer Phase durch die Schrifttype hervorgehoben ist. Lassen sich «wesentliche Abweichungen»[14] unter den Texten der einzelnen Phasen feststellen, wird schließlich von jeder Fassung ein konstituierter Text gedruckt. Die sonst übliche Trennung von ediertem Text und Apparat ist damit aufgehoben, die Handschrift wird ebenso sichtbar wie die dynamische Entwicklung des Textes. Dem Leser gibt die fotomechanische Wiedergabe Gelegenheit, die Ergebnisse der Editoren zu überprüfen und zu revidieren; allerdings ersetzt in schwierigen Fällen selbst eine gute Reproduktion nicht die Handschrift.

Ein derart differenziertes Verfahren läßt sich wohl nur für ein anders kaum zu erfassendes, nicht allzu umfangreiches Werk rechtfertigen. Demgegenüber wurden Konzepte entwickelt, Auswahlausgaben einiger vollständig dargestellter Werke eines Autors vorzulegen, die als exemplarisch für das Gesamtwerk gelten können. Spätestens hier wird deutlich, daß das Bedürfnis nach gesicherten Texten sich nicht außerhalb jeder Ökonomie und jenseits wirtschaftlicher Interessen bewegen kann.

Aufgaben und Verfahren

Welche Arbeitsschritte sind nötig, um einen kritisch gesicherten Text herauszugeben? Zunächst bedarf es der Ermittlung möglichst aller vorhandener Überlieferungsträger, d. h. der erhaltenen Handschriften, Drucke und, bei Autoren des 20. Jahrhunderts, der audiovisuellen Aufzeichnungen durch Anfragen bei Literaturarchiven und der Zentralkartei deutscher Autographen (Berlin). Das entstehende Archiv wird neben den Originalen oder Reproduktionen der Werkhandschriften etc. die der Briefe und für die Textgeschichte wichtigen Dokumente enthalten sowie die Forschungsliteratur. Kataloge, bisher auf Karteikarten, künftig eher elektronisch gespeichert, ermöglichen das Auffinden der Überlieferungsträger zu einzelnen Werken, bieten Querverweise und verzeichnen Namen und Datierungen; liegen (im Idealfall) alle Überlieferungsträger zu einem Werk vor, ist der Arbeitsvorgang abgeschlossen, der traditionell als *recensio* (Musterung) bezeichnet wird.

Bezüglich der abschriftlich überlieferten älteren Texte käme die Auswahl der begründbar dem Werk zuzuordnenden Lesarten und die Aussonderung von nicht Zugehörigem hinzu. Bei neueren Autoren sind in den Handschriften Eintragungen fremder Hände zu beachten, in den Drucken Eingriffe, die nicht auf den Autor zurückgehen. Sie reichen von Druckfehlern über die Normierung von Orthographie und Interpunktion – Hofmannsthals Gedichte wurden, trotz seines vehementen Protests, in den Buchausgaben von 1907 bis 1924 mit immer mehr Satzzeichen gedruckt – bis zur Umgestaltung des ganzen Werks oder Eingriffen der Zensur. Die kritische Prüfung der Überlieferungsträger *(examinatio)* sollte bei älteren Texten die im Laufe der Abschriften verderbten Stellen markieren, um eine begründete Verbesserung aufgrund anderer Zeugnisse *(emendatio)* oder einer Vermutung des Editors *(conjectura)* vornehmen zu können. Dies ist bei neueren Autoren dann nötig, wenn der edierte Text, also die Fassung, die repräsentativ für das Werk steht, auf einem Druck beruht, dem eine verlorene Reinschrift zugrunde gelegen haben muß und der erkennbare Fehler aufweist, die aufgrund der mit anderen Handschriften belegten Textentwicklung emendiert werden können.

Die Kriterien für die Auswahl einer repräsentativen Fassung haben sich im Laufe der Forschung verändert. Zog man im 19. und der ersten Hälfte des 20. Jahrhunderts die Ausgabe letzter Hand als letzte Willensäußerung des Dichters und ‹reifstes› Stadium des Werks vor, geht man heute vom Erstdruck als dem entscheidenden Schritt in die Öffentlichkeit aus und bietet bei Neufassungen wichtige Textstadien parallel. Die reinschriftliche Druckvorlage des Autors gilt als deutlichster Beleg seiner Absichten, sie wird häufig der Textkonstitution zugrunde gelegt; für den Erstdruck als der Gestalt, mit der der Text historisch zu wirken begann, sprechen auch rezeptionsgeschichtliche Argumente. Sahen es frühere Editoren als Auftrag an, einem oft schwer belegbaren Autorwillen zur Geltung zu verhelfen, bezieht man heute im Sinn eines dynamischen Textbegriffs die Autorisation auf alle Fassungen des Werks, an denen der Autor mitgewirkt hat. Ein Entwurf ist so lange die einzige autorisierte Fassung, bis er durch eine Neubearbeitung ersetzt wird; problematischer ist die Duldung von Druckfassungen (passive Autorisation), mit denen der Autor womöglich eine historische Gestalt seines Werks, die nicht nur auf ihn zurückgeht, akzeptiert.

Die Edition von handschriftlichen Entwürfen und Aufzeichnungen, bei zu Lebzeiten ungedruckten Werken das einzig Vorliegende, setzt deren Entzifferung voraus. Das klingt banal, bildet aber in der Praxis meist die entscheidende Herausforderung der textkritischen Arbeit:

> «Die Fähigkeit eines Editors zeigt sich darin (und es ist gleichzeitig seine Aufgabe), ein mit Korrekturen übersätes Manuskript zunächst in unberührtem Zustand sehen zu können, als unbeschriebenes Blatt Papier, um dann möglichst weitgehend erkennen und ermitteln zu können, wie dieses Blatt in einzelnen Arbeitsschritten mit ‹Text›, mit Buchstaben und Zeichen, bedeckt wurde, wie sich Teile dieses ‹Textes› veränderten, andere konstant blieben, und warum das so war. Der Editor muß also den konkreten Entwicklungsprozess sehen, d. h. nachvollziehen können, und er muß ihn beschreiben und darstellen, d. h. deuten können.» [15]

Die Darstellung des entzifferten und nachvollzogenen Schreibprozesses bildet dann, wie oben beschrieben, den weiteren, nicht weniger anspruchsvollen Teil der editorischen Aufgabe.

Besondere Probleme stellen Aufzeichnungen mündlicher Überlieferung wie Volkskunst oder szenischer Aufführungen mit Tonband, Film etc., die in Schrift übertragen werden sollen. Hörfehler, die Zuordnung zu Sprechern, die Schreibweise insgesamt und die Gliederung der Texte (Zäsuren, Satzzeichen) müssen hier bedacht werden. Liegt ein Text dagegen nur in Drucken vor, ist zu prüfen, welcher Wortlaut aus angebbaren Gründen dem Werk am ehesten zugehören kann. Besonders im 18./19. Jahrhundert stellten Verlage ohne Wissen und Honorierung des Autors häufig Doppeldrucke her, die zwar im Erscheinungsbild der offiziellen Auflage entsprachen, jedoch häufig gravierende Fehler aufwiesen. Der Vergleich der Drucke kann aufgrund bestimmbarer Fehler erkennen lassen, was auf den Autor zurückdeutet und was nicht. Der Begriff des Textfehlers ist allerdings schwer definierbar. Eindeutige Druckfehler («Duch» statt «Durch») oder Sachirrtümer des Autors, die nicht korrigiert, sondern im Apparat erörtert werden, sind noch die überzeugendsten Beispiele für einen Problembereich, der damit bestimmt werden kann, daß ein Textfehler «im Zusammenhang seines Kontexts keinen Sinn *zuläßt*. In Bezug auf die neuere Literatur ist ‹Sinn› zu verstehen als textspezifische Logik, als textinterne Struktur.» [16] Ob das vielzitierte Beispiel «er legte seine breite Stimme in Falten» [17] einen Fehler enthält, kommt auf Art und Entstehungszeit des Textes an; im Zweifel sollte der Editor nicht eingreifen.

Für das mühsame Kollationieren, d. h. das Vergleichen von Drucken auf Abweichungen hin, wurden bereits vor etwa 50 Jahren Maschinen entwickelt.[18] Durch die Möglichkeit des automatischen Einlesens gedruckter Texte und mit der Erstellung einer Liste von Abweichungen bieten heutige Computer weitgehende Arbeitserleichterung. Liegt ein Text in mehreren vom Autor anerkannten Drucken vor, sollte die Textkonstitution dennoch auf einer Fassung beruhen und nicht durch Kontamination (Verschmelzung) einen Wortlaut erstellen, der historisch niemals vorlag. Die Edition nachgelassener Werke bedeutet nicht nur das Entziffern der Handschriften, sondern Fragen nach der Zusammengehörigkeit von Entwürfen, der Reihenfolge von Textteilen, der hier besonders schwer zu ermittelnden Datierung der Blätter und der dem unfertigen Textzustand angemessenen Darstellung im Druck.

Sind die Aufgaben der Textkritik zu differenzieren, wenn es sich um ältere, abschriftlich überlieferte Texte handelt oder um neuere, die als nachgelassene Handschrift, als Druck, als Manuskripte und Drucke oder mittels elektronischer Aufzeichnungsverfahren vorliegen, ist die Frage der Differenzierung nach literarischen Gattungen, nach der Besonderheit des Werks oder Eigenarten der Arbeitsweise des Autors umstritten. Die Edition eines Dramas stellt andere Probleme als die eines

Gedichts, ein Versepos des 18. Jahrhunderts, von dem nur eine Abschrift und Drucke bekannt sind (Goethes «Reineke Fuchs»), andere als ein Roman des 20. Jahrhunderts, der weitenteils in nachgelassenen Entwürfen überliefert ist (Hofmannsthals «Andreas»), ein Autor, der nach langem Nachdenken zu schreiben beginnt, wird andere Handschriften hinterlassen als einer, dessen Werk sich auf dem Papier, mit dem Aufschreiben jedes Einfalls entwickelt.

Diese Unterschiede begründen jedoch nicht prinzipiell andere Methoden der editorischen Arbeit; die Entzifferung und Darstellung des Schreibprozesses, die Ermittlung der Textgeschichte und die kritisch begründete Konstitution des Textes, wozu nach dem dynamischen Textbegriff alle Fassungen gehören, bilden stets die Hauptaufgaben. Sind diese erfüllt, kann das Manuskript, nach dem die Ausgabe gedruckt werden soll, hergestellt werden. Von hier an bietet die EDV Hilfen: z. B. die schnellere und bequemere Korrektur einzelner Stellen im eingegebenen Text, die automatische Erstellung von Registern oder schließlich das Einlesen von Drucken. Bei einfacher Seitengestaltung, z. B. fortlaufendem Prosatext, kann das gespeicherte Editionsmanuskript für die Buchherstellung direkt verwendet werden.

Der entstehende Band wird nach der herkömmlichen Gliederung alle Teile einer kritischen Ausgabe, und zwar in dieser Reihenfolge enthalten: Text: edierter Text, eventuell mehrere Fassungen; Apparat: Editionsprinzipien, Entstehungsgeschichte, Überlieferung, Varianten, Zeugnisse, Erläuterungen, Register. Der aufgrund der ermittelten Textgeschichte edierte Text soll die genannte(n) repräsentative(n) Fassung(en) des Werks bieten. Die Entstehungsgeschichte gibt Nachweise für die Datierung der Arbeitsphasen und beschreibt den Entstehungsprozeß. Der Abschnitt zur Überlieferung verzeichnet jeden Überlieferungsträger mit einer Sigle (z. B. H = Handschrift, D = Druck), beschreibt Aufbewahrungsort (mit Signatur), Beschaffenheit und Anzahl der Blätter, Umfang des überlieferten Textes, nennt Datierungen, Eintragungen fremder Hand oder gibt die bibliographischen Daten zu einem Druck. Hier wird begründet, warum ein bestimmter Überlieferungsträger als Textgrundlage für den edierten Text gewählt wurde; sind Emendationen nötig, werden sie in einer Liste aufgeführt und begründet. Als Varianten werden die Abweichungen vom edierten Text verzeichnet. Größere Entwürfe sollen zusammenhängend dargestellt, einzelne Worte in bezug auf die Stelle, von der sie abweichen, geboten werden. Der edierte Text wird mit einem Zeilen- bzw. Verszähler versehen, so daß die betroffene Stelle genau zitierbar ist.

Unter den Zeugnissen soll der Leser alle überlieferten Äußerungen des Autors und seiner Gesprächspartner zum jeweiligen Werk finden. Weniger Übereinkunft besteht hinsichtlich des nötigen Inhalts der Erläuterungen. Sie sollen dem Leser Verständnishilfen bieten, die auf den eingehenden Kenntnissen beruhen, welche der Editor vom Werkzusammenhang gewonnen hat, sie sollen jedoch nicht die Grenze zur Interpretation überschreiten, indem sie nur Gedeutetes, nicht Belegbares bieten. Erläutert werden Namen, Sachen oder sprachliche Eigenheiten, deren Bekanntschaft beim angenommenen Leserkreis nicht vorauszusetzen ist. Hinzu kommen Hinweise zur Form des Werks, besonders auf Quellen, die der Autor aufnahm, sowie auf den Weg, über den er sie sich aneignete; ähnliche oder identische Formulierungen in anderen Werken des Autors (Parallelstellen) können genannt werden. Namen- und Sachregister, Verzeichnisse von Überschriften und Anfängen sowie ein Inhaltsverzeichnis erschließen die Ausgabe für den Benutzer.

Liegt das Gesamtwerk eines Autors mit Briefen, Gegenbriefen und anderen Dokumenten in der skizzierten Weise ediert vor, spricht man von einer historisch-kritischen Ausgabe. Die kritisch ermittelte historische Textgestalt sollte bei der Übernahme in abgeleitete Ausgaben nicht nach heutigen Regeln ‹normalisiert›, d. h. in bezug auf Orthographie und Interpunktion verändert werden. Die Studienausgabe bietet neben dem Text Hinweise zu Entstehung und Überlieferung, eine Auswahl des varianten Textes, Dokumente zur Wirkungsgeschichte und Erläuterungen, die eher interpretierenden Charakter haben oder auf Interpretationen verweisen. Eine Leseausgabe enthält den Text, dazu vielleicht ein Vor- oder Nachwort sowie Sacherläuterungen; sie verzichtet auf textkritische Erörterungen. In dieser Form liegt der bei weitem größte Teil literarischer Werke vor. Eine Studienausgabe wird in der Regel von den meisten ‹anerkannten› Autoren veranstaltet, während die aufwendige historisch-kritische Ausgabe einer geringen Anzahl vorbehalten bleibt.

Verhältnis zur Interpretation

Mit dem gesicherten Text stellt die Edition die Grundlage für die Interpretation, die literaturwissenschaftliche Deutung, zur Verfügung. Die editorische Arbeit selbst enthält aber bereits Interpretation in dem spezifischen Sinn, daß das Entziffern von Zeichen ein Vorverständnis verlangt und somit die editorischen Erkenntnisse und Entscheidungen stets auch Ergebnisse von Deutungen sind. Die Interpretation der Handschrift ergibt die Konstitution des Textes (Hans Zeller), vom Text geht die Interpretation im allgemeinen Sinn aus. Die Erarbeitung der Textgeschichte eines Werks wird häufig neue Zusammenhänge erkennen lassen, so daß Überlieferungsträger anders zugeordnet werden können, die vorausgesetzten Annahmen also revidiert werden müssen. Die Methoden der Editionstechnik bedürfen der Grundlegung durch diese Reflexion auf ihre Voraussetzungen, wenn sie über technische Arbeitsverfahren hinaus wissenschaftlich fundiert werden sollen.[19]

Die Arbeit des Editors an den Überlieferungsträgern ist immer geleitet von der Vorstellung von dem zu erwartenden Text, die sich, ausgesprochen oder unausgesprochen, bei der Deutung der Handschriften, von der kleinsten Entzifferung bis zur Darstellung komplizierter Entwurfszusammenhänge, bei der Bewertung von Drucken oder der Fixierung von Mündlichem in Gestalt der vorgelegten Ergebnisse zeigt. Daß subjektiv und geschichtlich bedingtes Verstehen zur Interpretation von Überlieferungsträgern und damit zur Voraussetzung eines Textes gehört, soll aber nicht bedeuten, daß dieser willkürlich konstituiert werden darf. Ein Text wird um so mehr überzeugen, je präziser ein Editor das Voraussetzungsverhältnis von Befund und Deutung bei seiner Erarbeitung des Textes bedenkt, so daß sich Idee und Gegebenes, Werk- und Textbegriff wechselseitig korrigieren und derart ‹gesichert› herstellen können.

Das mit dem kritisch edierten Text vorliegende Werk bietet der Interpretation eine erweiterte Grundlage. Mit Entwürfen und früheren Fassungen werden oft Anspielungen oder Quellen, an die sich der Autor zunächst anlehnte, sichtbar. Ausführlichere, weniger dicht formulierte Fassungen können zum Verständnis der späteren, konzentrierteren beitragen, die Intentionen des Autors können, gerade durch Unterschiede, deutlicher werden. Die literaturwissenschaftliche Interpretation erhält mit dem edierten Text nicht nur eine gesichertere Grundlage, sondern auch beachtliche heuristische, das Auffinden neuer Erkenntnisse befördernde Möglichkeiten. So kann der Fassungsvergleich Bedeutungsebenen und -richtungen eines Werks in den Blick treten lassen, die bei ausschließlicher Untersuchung einer Fassung nur schwer oder gar nicht sichtbar werden. Für jeden Interpreten, der den erkenntniserweiternden Wert und die wissenschaftliche Bedeutung einer gesicherten und differenzierten Grundlage für seine Tätigkeit erkannt hat, erweist sich die Arbeit mit einem kritisch edierten Text als unerläßlich.

Literatur

editio. Internationales Jahrbuch für Editionswissenschaft. Hg. von Winfried Woesler. Bd. 1 ff. Tübingen 1987 ff.
Handbuch der Editionen. Deutschsprachige Schriftsteller. Ausgang des 15. Jahrhunderts bis zur Gegenwart. Bearb. von Waltraud Hagen u. a. 2. Aufl. München 1981.
Jahrbuch für Internationale Germanistik. Reihe A. Kongreßberichte. Bd. 11 (1981): Edition und Interpretation. Hg. von Louis Hay und Winfried Woesler.
Kraft, Herbert: Editionsphilologie. Darmstadt 1990 (darin: Wilhelm Ott: Edition und Datenverarbeitung, S. 59–70).
Martens, Gunter/Zeller, Hans (Hg.): Texte und Varianten. Probleme ihrer Edition und Interpretation. München 1971.
Martens, Gunter/Woesler, Winfried (Hg.): Edition als Wissenschaft. Festschrift für Hans Zeller. Beihefte zu editio. Bd. 2. Tübingen 1991.
Scheibe, Siegfried u. a.: Vom Umgang mit Editionen. Eine Einführung in Verfahrensweisen und Methoden der Textologie. Berlin 1988.
Scheibe, Siegfried/Laufer, Christel (Hg.): Zu Werk und Text. Beiträge zur Textologie. Berlin 1991.
Stern, Martin (Hg.): Textkonstitution bei mündlicher und bei schriftlicher Überlieferung. Beihefte zu editio. Bd. 1. Tübingen 1991.
Zeitschrift für deutsche Philologie 101 (1982), Sonderheft: Probleme neugermanistischer Edition/105 (1986), Sonderheft: Editionsprobleme der Literaturwissenschaft. Bes. von Norbert Oellers und Hartmut Steinecke.

Anmerkungen

1 Friedrich Hölderlin: Friedensfeier. Lichtdrucke der Reinschrift und ihrer Vorstufen. Hg. von W. Binder und A. Kelletat. Tübingen 1959.
2 W. Jaeschke u. a. (Hg.): Buchstabe und Geist. Zur Überlieferung und Edition philosophischer Texte. Hamburg 1987.
3 Georg Feder: Musikphilologie. Eine Einführung in die musikalische Textkritik, Hermeneutik und Editionstechnik. Darmstadt 1987.
4 Rudolf Pfeiffer: Geschichte der Klassischen Philologie. Von den Anfängen bis zum Ende des Hellenismus. 2. Aufl. München 1978, S. 35.
5 Rudolf Pfeiffer: Die Klassische Philologie von Petrarca bis Mommsen. München 1982.
6 Reinhold Backmann: Die Gestaltung des Apparates in den kritischen Ausgaben neuerer deutscher Dichter. In: Euphorion 25 (1924), S. 629–662.
7 Friedrich Beißner: Editionsmethoden der neueren deutschen Philologie. In: Zeitschrift für deutsche Philologie 83 (1963), Sonderheft, S. 81.
8 Friedrich Hölderlin: Sämtliche Werke. Große Stuttgarter Ausgabe. Hg. von F. Beißner. Bd. 1. «Vorbemerkungen des Herausgebers». Stuttgart 1943, S. 318.
9 Hans Zeller: Befund und Deutung. Interpretation und Dokumentation als Ziel und Methode der Edition. In: G. Martens/H. Zeller (Hg.), S. 45–89.

10 Conrad Ferdinand Meyer: Sämtliche Werke. Historisch-kritische Ausgabe. Hg. von H. Zeller und A. Zäch. Bd. 1–15. Bern 1958ff.
11 Gunter Martens: Was ist ein Text? Ansätze zur Bestimmung eines Leitbegriffs der Textphilologie. In: Poetica 21 (1989), S. 1–25.
12 Siegfried Scheibe: Grundprinzipien einer historisch-kritischen Ausgabe: In: Martens/Zeller (Hg.), S. 17.
13 Herbert Kraft: Die Geschichtlichkeit literarischer Texte. Eine Theorie der Edition. Bebenhausen 1973.
14 Friedrich Hölderlin: Sämtliche Werke. ‹Frankfurter Ausgabe›. Bd. 4. Oden I. Hg. von D. E. Sattler und M. Knaupp. Frankfurt/M. 1984, S. 9.
15 Siegfried Scheibe: Zum editorischen Problem des Textes. In: Zeitschrift für deutsche Philologie 101 (1982), Sonderheft, S. 14.
16 Hans Zeller: Befund und Deutung. In: Martens/Zeller (Hg.), S. 70.
17 Siegfried Scheibe: Grundprinzipien einer historisch-kritischen Ausgabe. In: Martens/Zeller (Hg.), S. 43.
18 Bernhard Fabian/Dieter Kranz: Interne Kollation. Eine Einführung in die maschinelle Textvergleichung. In: Martens/Zeller (Hg.), S. 385–400.
19 Hermann Krings: Historisch-kritische Methode und die Idee des Zwecks. Editorische Tätigkeit als Wissenschaft. In: Zeitschrift für philosophische Forschung 38/1 (1984), S. 56–67.

Dietrich Naumann

Wissenschaftstheoretische Voraussetzungen der Texterschließung

Die Literatur spricht – darstellend, exemplifizierend und ausdrückend, verallgemeinernd und typisierend, metaphorisch, symbolisch, allegorisch usw. – über die Welt. Die Literaturwissenschaft und als ihr zentraler Bestandteil die Interpretation spricht – möglichst buchstäblich und genau – über die Literatur. Die Wissenschaftstheorie bzw. literaturwissenschaftliche Methodologie spricht – auch möglichst buchstäblich und genau, wenn auch riskanter – über die Wissenschaften bzw. die literaturwissenschaftlichen Tätigkeiten. Und metametatheoretisch kann man natürlich auch über den Status der Wissenschaftstheorie sprechen.

Das wissenschaftstheoretische Programm einer rationalen Konstruktion und kritischen Revision der Wissenschaftspraxis bedeutet für die Methodologie der Literaturwissenschaft, daß sie zunächst angewiesen ist auf eine Bestimmung des spezifischen Gegenstands dieser Wissenschaft selbst. Insofern impliziert sie stets eine Ästhetik bzw. Literaturtheorie. Denn nur auf dieser Basis kann sie ihre zentrale Aufgabe, nämlich die Klassifikation, Abgrenzung, Systematisierung und normative Reflexion der wissenschaftlichen Verfahrensweisen, überhaupt übernehmen.

Erklären und Verstehen

Die zentralen Kategorien der neueren Wissenschaftsphilosophie sind die des Erklärens und des Verstehens. Die logisch-empiristische Wissenschaftstheorie hat nun versucht, ein universales Modell wissenschaftlicher Erklärungen aufzustellen, das sowohl für die Naturwissenschaften wie für die Sozial- und historischen Wissenschaften gelten soll: «Eine kausale Erklärung eines bestimmten *spezifischen Ereignisses* zu geben, heißt einen Satz, der dieses Ereignis beschreibt, aus zwei Arten von Prämissen abzuleiten: aus *universalen Gesetzen* und aus *singulären Sätzen*, die wir die *spezifischen Randbedingungen* nennen können.» [1] Während aber dem Naturwissenschaftler primär an der Aufstellung möglichst allgemeiner Theorien bzw. deren experimenteller Erprobung gelegen ist, also an der Bestätigung (oder Infragestellung) der Prämisse des universalen Gesetzes durch das gefolgerte spezifische Ereignis, ist der Historiker umgekehrt an der Erklärung besonderer Ereignisse oder Ereignisreihen und -komplexe interessiert.

In der naturwissenschaftlichen Erklärung gilt das einzelne Ereignis nur als typisches, generisches, nicht wie in den historischen Wissenschaften als individuelles, das gerade in seiner Einmaligkeit und Unwiederholbarkeit zu erfassen ist. Eine solche Erfassung aber ist zunächst ein Akt der *Interpretation*, die jeder Identifikation, Klassifikation, Benennung, sogar der sinnlichen Wahrnehmung vorausgeht.[2] Das Verstehen ist seinerseits Voraussetzung der Erklärung, das Was-Verstehen Voraussetzung des Warum-Verstehens, und man kann den skizzierten Antagonismus vielleicht dadurch beseitigen, daß man die beiden Verfahren als Antworten auf je verschiedene Fragen ansieht. Verstehen und Erklären wären also weder Konkurrenten noch Alternativen, sondern komplementär. Da nun aber geschichtliche Darstellungen vor allem auch der Mitteilung von Tatsachen dienen, d. h. sagen, was gewesen ist oder wie es gewesen ist, sind Erklärungen, d. h. das Sagen, wie es dazu gekommen ist, faktisch zumeist in Beschreibungen, Interpretationen und Erzählungen verflochten; und umgekehrt setzen Erzählungen, insofern sie ordnen und systematisieren, in der Regel Erklärungen voraus.

Dafür ein Beispiel. Wilhelm Scherer setzt in seiner Literaturgeschichte von 1883 Goethes «Werther» zu Rousseau in Beziehung und schreibt in diesem Zusammenhang: «Im ‹Werther› weht, wie in allen Schriften Rousseaus, ein wahrhaft revolutionärer Atem.»[3] Dieser Satz enthält zunächst eine Interpretation, nämlich die – im folgenden an Sprache, Stil, Gedanken und politischer Intention erläuterte – Charakterisierung des «Werther» als «revolutionär»; aber diese Interpretation ordnet den «Werther» in einen allgemeinen geschichtlichen Kontext ein und insinuiert insofern zugleich eine Erklärung. Die erklärende Bezugnahme auf die Schriften Rousseaus taucht wiederum als Parallelisierung auf und wird zudem ihrerseits in den interpretativ-erklärenden Kontext des Revolutionären hineingestellt. Das «wahrhaft» schließlich akzentuiert und wertet zugleich.

Aus dem tatsächlichen Ineinander verschiedener Verfahrensweisen folgt jedoch nicht die Unmöglichkeit ihrer logischen und funktionalen Differenzierung. Sonst bestünde die Gefahr, daß die Reduktion von Objektivität auf Interaktion oder die Aufhebung des Wahrheitsanspruchs an Interpretation dazu führt, daß in der intimen Kommunikation mit dem Vergangenen, in der aktualisierenden Aneignung des anderen, zugleich die Eigentümlichkeit und damit gerade die Produktivität des Fremden verschwinden. Aus diesem Grund hat Dilthey an einem wenn auch auf intersubjektive Verständigung hin relativierten Objektivitätsanspruch der Geisteswissenschaften, der mit einem Verzicht auf einen Absolutheitsanspruch ja durchaus vereinbar ist, stets festgehalten. Objektivismus und Antidogmatismus waren für ihn und sind tatsächlich kein Widerspruch.

Interpretation

Das Zentrum der Literaturwissenschaft ist die metasprachliche Explikation (ästhetisch) artikulierten Sinns, die Interpretation. Welche prinzipiellen Rahmenbedingungen lassen sich für sie angeben? Die sich zunächst stellenden Probleme sind die Frage der Anwendbarkeit der

Wahr-falsch-Dichotomie sowie – damit zusammenhängend – das Postulat der Widerspruchsfreiheit.

Wahrheit
Das Postulat der Widerspruchsfreiheit besagt, daß Systeme wissenschaftlicher Aussagen – und auch Interpretationen sind solche Systeme – keine einander widersprechenden Sätze enthalten dürfen, da aus einer Kontradiktion, dem logisch Falschen, jeder beliebige Satz logisch folgt. Daß diese Alternative speziell der Literaturwissenschaft Schwierigkeiten bereitet, hat mehrere Gründe. Einer dürfte in der Eigenart des Gegenstands der Literaturwissenschaft, der schönen Literatur, liegen. Im Vergleich zu anderen Textsorten – z. B. wissenschaftlichen, die möglichst präzise darstellen, oder Gesetzestexten, die auf Eindeutigkeit zielen – zeichnen sich ästhetische Texte durch Ambivalenz, Polyvalenz, Mehrdeutigkeit aus. So liegt es nahe, über die nahezu topische Unausschöpfbarkeit des poetischen Sinns hinaus eine prinzipielle Unsagbarkeit des Sinns zu postulieren und den Sinn ‹an sich› in der Vielfalt der faktischen Interpretationen aufgehen zu lassen.

Dagegen läßt sich einiges einwenden: Die im Vergleich zu sog. expositorischen, Sach- und Gebrauchstexten vielfältigen symbolischen Funktionen ästhetischer Gegenstände machen diese nicht zu Mysterien und lassen sich, wie die Geschichte der Ästhetik und der Literaturtheorie zur Genüge zeigt, ihrerseits analysieren. So stellen Kunstwerke etwas dar, stellen Eigenschaften, die sie besitzen, aus, exemplifizieren sie und/oder drücken etwas, oft Gefühle, aus, exemplifizieren es metaphorisch, und zwar tun sie meistens alles dieses.[4]

Analoges gilt für die Analyse des einzelnen Werks. Zunächst ist individueller Sinn als individueller unsagbar. Individualitäten sind allenfalls – durch Namen – benennbar, charakterisiert werden können sie nur durch Eigenschaften bezeichnende Allgemeinbegriffe, und Allgemeinbegriffe treffen definitionsgemäß immer auch auf andere Gegenstände zu. Insofern sind Individualitäten nur beschreibbar, als sie als Durchschnitt verschiedenen allgemeinen Klassen gleichzeitig angehören.[5] Jedes interpretatorische Modell ist eine Idealisierung[6], deren Genauigkeit abhängig ist von der Vollständigkeit der Erfassung der spezifischen Eigenschaften des Textes und der Differenziertheit des zu dieser Erfassung zur Verfügung stehenden Vokabulars. Natürlich kann «keine kritische Erläuterung der inneren Metapher des Werks (...) das Werk ersetzen, insofern die Beschreibung einer Metapher einfach nicht die Kraft der Metapher besitzt, die sie beschreibt»[7]; aber dies ist auch nicht ihre Aufgabe und würde obendrein eine unnötige Verdoppelung bedeuten.

Auch in bezug auf die Polyvalenz ist zu differenzieren. Es ist ein Unterschied, ob eine Textstelle genuin ambig ist oder mehrdeutig in dem Sinn, daß sie mehrere konträre Deutungen zuläßt. Ersteres ist eine Eigenschaft des Textes und der Nachweis seiner Ambiguität eine interpretatorische Aussage, letzteres ist eine Schwierigkeit der Interpretation, und die Aussage über die Nicht-Nachweisbarkeit einer einsinnigen Interpretation ist eine meta-interpretative. Ambiguität im ersteren Sinn läßt sich ihrerseits eindeutig bestimmen, und jede Interpretation, die der Ambiguität nicht Rechnung trägt, ist falsch. Mehrdeutigkeit im letzteren Sinn ist ein bedauerlicher wissenschaftlicher Sachverhalt, und jede Interpretation, die von zwei gleichberechtigten Deutungsalternativen nur eine nennt, ist unvollständig. Jedenfalls ist es ein Kategorienfehler, aus ‹Widersprüchen› und Ambivalenzen von Texten auf die Notwendigkeit widersprüchlicher und ambivalenter Interpretationen zu schließen.

Auch ‹inklusive›, ‹integrative›, d. h. gegensätzliche Deutungen vereinigende, oder ‹entfaltende›, gegen Sinnreduktionen sich richtende, Interpretationen erheben Wahrheitsansprüche, und Wahrheit ist ein Prädikat, das eine Beziehung eines Satzes, einer Aussage, eines Gedankens zu einem Sachverhalt ausdrückt. Daher erscheint es problematisch – wie in der Rezeptionsästhetik –, den Sachverhalt der Bedeutung in Bedeutungszuschreibungen, den Gegenstand der Interpretation in die historische Vielfalt der Interpretationen selbst aufzulösen. Die ältere phänomenologische Ansicht, daß das literarische Werk als «intersubjektiver, intentionaler Gegenstand» «nicht psychisch und (...) allen Bewußtseinserlebnissen, sowohl denen des Verfassers wie auch denen des Lesers, transzendent»[8] ist, ist mit dem Interpretations‹geschehen› gewiß kompatibler. Und wenn man einen derartigen idealen Gegenstand, der ja auch nur eine gewordene, gebundene, keine seinsautonome Entität ist, als ein Postulat, eine Fiktion, eine regulative Idee behandelt, entgeht man auch dem Vorwurf, die Welt mit einer Fülle neuer Wesen zu bevölkern.

Begrifflichkeit

Unstrittiger als der Objektivitäts- und Objektivierbarkeitsanspruch von Sinnzuschreibungen ist die Forderung nach deren intersubjektiver Verstehbarkeit. Dabei ist dieses «pragmatische Kriterium»[9], das die normale wissenschaftliche Kommunikation sichern soll, angesichts literarischer Neuerungen wie auch bei innovativen Forschungsprozessen nicht leicht zu handhaben. Die Begriffe der Literaturwissenschaft sind als induktive Verallgemeinerungen Elemente eines metasprachlichen Systems, das seinen Gegenstandsbereich, nämlich das Textuniversum, unter den für wesentlich gehaltenen Hinsichten organisiert. Insofern ist dieses System zunächst abhängig von dem Ist-Zustand seines Gebiets, und da dieser Zustand sich durch neue Produktionen oder neue Genres – deren Formulierung selbst ein begriffliches Problem ist – ständig ändert, befindet sich die literaturwissenschaftliche Terminologie in einem durch Etabliertheit und Trägheit verzögerten ständigen Anpassungsprozeß.

Dafür, daß solche Prozesse manchmal sehr spät in Gang kommen, ein bekanntes Beispiel: Obwohl es seit dem 1. Jahrhundert v. Chr. Romane gibt und obwohl mit der Aristotelischen Differenzierung zwischen Geschichtsschreibung und Dichtung nach den Kriterien Wirklichkeit/Möglichkeit und Besonderheit/Allgemeinheit ein trennscharfes poetologisches Instrumentarium bereitlag (vgl. Aristoteles: Poetik, Kap. 9), wurde der Roman von der antiken Literaturkritik und Literaturtheorie ignoriert und mit unspezifischen und wechselnden Verlegenheitstermini belegt: ἱστορία (= Kunde, Geschichte), μῦθος (= Rede, Äußerung) oder δρᾶμα (= Handlung, Drama). Erst im 18. Jahrhundert wird das heute dominierende literarische Genre in die Gattungspoetik integriert.

«Für ein Kategoriensystem braucht nicht gezeigt zu werden, daß es wahr ist, sondern was es leisten kann» [10], und die Einschätzung dieser Leistung ist abhängig davon, welche Aspekte des Gegenstandsbereichs man für relevant hält. Daher das wissenschaftliche Spiel permanenter expliziter und impliziter Umdefinitionen, von Begriffserweiterungen und Begriffsverengungen, wechselnden Identifikationen und Differenzierungen.

Zur Illustration sei ein Blick geworfen auf einen Ausschnitt aus der Geschichte des Symbol- bzw. Allegoriebegriffs. «Die Symbolik verwandelt die Erscheinung in Idee, die Idee in ein Bild, und so, daß die Idee im Bild immer unendlich wirksam und unerreichbar bleibt und, selbst in allen Sprachen ausgesprochen, doch unaussprechlich bliebe», während die Allegorie «die Erscheinung in einen Begriff, den Begriff in ein Bild» verwandelt, «doch so, daß der Begriff im Bilde immer noch begrenzt und vollständig zu halten und zu haben und an demselben auszusprechen sei.» Dies die berühmten und folgenreichen, zunächst akzeptierten, dann sanktionierten und später attackierten Begriffsbestimmungen Goethes aus den «Maximen und Reflexionen» (Nr. 749f). Ursprünglich hatten die beiden Begriffe nichts miteinander zu tun. Während die Allegorie ein eingeführter, definierter und differenzierter Terminus der Schulrhetorik war, hatte der Begriff des Symbols eine vor allem theologisch geprägte Geschichte hinter sich, in deren Verlauf er des öfteren mit dem Begriff der Allegorie synonym geworden war. Indem Goethe diese beiden Begriffe koppelt, inauguriert er ein kontrastives erkenntnistheoretisch-ästhetisches System (Symbol, Idee, Unaussprechlichkeit vs. Allegorie, Begriff, Aussprechbarkeit), das auch auf Grund der normativen Präferenz für das Symbol als «lebendig-augenblickliche Offenbarung des Unerforschlichen» (Maximen und Reflexionen, Nr. 752) sowohl das rhetorische System zu überlagern als auch das ästhetische System umzuorganisieren geeignet war.

Allerdings bedeutet die dargelegte Historizität und Konventionalität der Begriffe – ebensowenig wie die logische Unmöglichkeit ihrer präzisen Definition – nicht, daß im normalen Forschungsprozeß die terminologischen Gewohnheiten zu vernachlässigen wären, und für umstürzende Neuorientierungen bieten sich explikative Definitionen an – wie denn auch die zitierten Goetheschen solche sind.

Prüfbarkeit

Die logische Prämisse des Wahrheitsanspruchs und das pragmatische Postulat der intersubjektiven Verstehbarkeit sind ihrerseits Voraussetzungen des im engeren Sinn wissenschaftstheoretischen Kriteriums der Prüfbarkeit. Wie Gesetzesaussagen und historische Erklärungen sind auch interpretatorische Aussagen Hypothesen, die grundsätzlich an Hand von ‹Beobachtungen› überprüft werden können. Dabei allerdings ergeben sich für die Geisteswissenschaften, insbesondere die Textauslegung, charakteristische Schwierigkeiten.

Zwar ist das Vertrauen des älteren Positivismus in die Möglichkeit unmittelbarer Erkenntnis durch Sinneswahrnehmung und ihrer Übersetzung in die mittelbare Erkenntnis der Wissenschaft inzwischen geschwunden; denn auch die sog. Protokollsätze, die nach Rudolf Carnap die Erlebnisinhalte als die einfachsten erkennbaren Sachverhalte beschreiben sollen, enthalten, weil sie Allgemeinbegriffe verwenden, theoretische Implikationen. Gleichwohl unterscheiden sich die Beobachtungen notierenden Basissätze von den generalisierenden Theorien durch ihre logische Struktur. Handelt es sich bei den ersteren, die einzelne Ereignisse beschreiben, um singuläre Es-gibt-Sätze, so bei den allgemeine gesetzliche Zusammenhänge formulierenden Hypothesen um All-Sätze. Dagegen haben die Argumente, die Interpretationen stützen oder sie widerlegen sollen, denselben logischen Status wie diese selbst, basieren selbst auf Interpretationen oder sind solche. Der Unterschied zwischen interpretatorischer Hypothese und ‹Beobachtung› besteht weder darin, daß die letztere irgendwie erfahrungsnäher ist als die erstere, noch in den Satztypen, sondern nur in ihrer jeweiligen Funktion, in ihrem Stellenwert im Rahmen der Argumentation.

Dafür ein Beispiel. Eduard Mörikes Gedicht «Auf eine Lampe» von 1846 endet mit dem Vers: «Was aber schön ist, selig scheint es in ihm selbst.» An der Interpretation dieses Verses, speziell des Wortes «scheint», hat sich eine berühmt gewordene Kontroverse zwischen Emil Staiger und Martin Heidegger entzündet, von der es bis heute unklar ist, ob sie entschieden, noch unentschieden oder überhaupt unentscheidbar ist. In dieser Kontroverse wurde der letzte Vers folgendermaßen konträr paraphrasiert: «Was aber schön ist, selig scheint es in ihm selbst zu sein», i. e. scheint = lat. videtur (Staiger); und: «Was aber schön ist, selig leuchtet es in ihm selbst», i. e. scheint = lat. lucet (Heidegger). Abgesehen von den ohnehin voraussetzungsvollen und komplizierten literatur-, philosophie- und geistesgeschichtlichen Argumenten, die in dieser Debatte und ihrer Fortsetzung vorgebracht worden sind und die schon ihrer Herkunft aus weit entfernten Kontexten nach mit Beobachtung von Tatsachen nichts zu tun haben, implizieren auch die Textbeobachtungen, die von den Kontrahenten zur Stützung ihrer jeweiligen Auffassungen beigebracht worden sind, durchweg sowohl allgemeine ästhetische Theorien als auch empirische Hypothesen über deren faktische Maßgeblichkeit. Das rhythmische Argument z. B., das auf die Akzentuierung des «scheint» hinweist, oder das rhetorische Argument, das die Alliterationen «schön – scheint» und «selig – selbst» feststellt, basieren auf einer Ästhetik der Stimmigkeit und ihrer Anwendung durch Mörike, da nur auf einem solchen Hintergrund der seinerseits interpretatorische Befund, daß zwischen diesen selbst Interpretationen entsprungenen ‹Tatsachen› und der relativierenden Bedeutung des «scheint» ein Widerspruch besteht, widerlegende Kraft hat. Ebenso setzt das – starke – Argument, daß nur die Interpretation des «scheint» als «leuchtet» einen signifikanten und komplexen Bezug zu der Lampe herstellt (die faktisch nicht mehr leuchtende Lampe leuchtet sozusagen symbolisch), eine Ästhetik der Kohärenz und des Kontrasts seitens des Autors voraus, die ihrerseits erst durch eine Gesamtinterpretation seines Werks zu formulieren wäre.

Was hier zur Verifizierung oder Falsifizierung, Bestätigung oder Widerlegung, zur Prüfung einer Interpretation aufgeboten wird, funktioniert als Argument überhaupt nur auf dem Hintergrund einer Fülle auf Interpretationen gründenden historischen Wissens.[11] Aber wenn das Leben selbst «ein Kommentar zu etwas anderem (ist), das wir nicht erreichen» (Julio Cortázar), und Literatur und Literaturwissenschaft die zugleich strengsten und – deswegen – unzuverlässigsten Sprachen sein sollen, durch die der Mensch sich nicht nur erkennt, sondern auch verwandelt (Paul de Man), so mögen das Entschwinden der Bestätigungen und die labyrinthische Struktur des Bestätigungsraums sogar ihren anthropologischen Sinn haben – aber nur als Resultat und nicht als Dogma.

Literatur

Danto, Arthur C.: Die Verklärung des Gewöhnlichen. Eine Philosophie der Kunst. Frankfurt/M. 1984.

de Man, Paul: Allegorien des Lesens. Frankfurt/M. 1988.

Frank, Manfred: Das Sagbare und das Unsagbare. Frankfurt/M. 1989.

Gadamer, Hans-Georg: Wahrheit und Methode. Grundzüge einer philosophischen Hermeneutik. Tübingen 1965.

Goodman, Nelson: Sprachen der Kunst. Ein Ansatz zu einer Symboltheorie. Frankfurt/M. 1973.

Haussmann, Thomas: Erklären und Verstehen. Zur Theorie und Pragmatik der Geschichtswissenschaft. Frankfurt/M. 1991.

Hirsch, E. D.: Prinzipien der Interpretation. München 1972.

Ingarden, Roman: Vom Erkennen des literarischen Kunstwerks. Darmstadt 1968.

von Kutschera, Franz: Ästhetik. Berlin/New York 1989.

Lobsien, Eckhard: Das literarische Feld. Phänomenologie der Literaturwissenschaft. München 1988.

Lotman, Jurij M.: Die Struktur literarischer Texte. München 1972.

Popper, Karl R.: Logik der Forschung. Tübingen 1971.

Stegmüller, Wolfgang: Probleme und Resultate der Wissenschaftstheorie und Analytischen Philosophie. Berlin/Heidelberg/New York 1969.

–: Walther von der Vogelweides Lied von der Traumliebe und Quasar 3 C 273. Betrachtungen zum sogenannten Zirkel des Verstehens und zur sogenannten Theorienbeladenheit der Beobachtungen. In: Ders.: Rationale Rekonstruktion von Wissenschaft und ihrem Wandel. Stuttgart 1979.

Titzmann, Michael: Strukturale Textanalyse. Theorie und Praxis der Interpretation. München 1977

von Wright, Georg Henrik: Erklären und Verstehen. Frankfurt/M. 1974.

Zimmermann, Jörg: Sprachanalytische Ästhetik. Ein Überblick. Stuttgart 1980.

Anmerkungen

1 Karl R. Popper: Das Elend des Historizismus. Tübingen 1971, S. 96.
2 Vgl. Ernst Gombrich: Kunst und Illusion. Köln 1967, passim.
3 Wilhelm Scherer: Geschichte der deutschen Literatur. Berlin 1883, S. 500.
4 Vgl. Goodman.
5 Vgl. Lotman, S. 425.
6 Vgl. Titzmann, S. 30.
7 Danto, S. 264.
8 Ingarden, S. 12.
9 Titzmann, S. 21.
10 Nelson Goodman: Weisen der Welterzeugung. Frankfurt/M. 1984, S. 157.
11 Vgl. die neue Interpretation von Heinz Schlaffer: Ursprung, Ende und Fortgang der Interpretation. In: Georg Stötzel (Hg.): Germanistik – Forschungsstand und Perspektive. 2. Teil. Berlin/New York 1985, S. 385–397.

Horst Steinmetz

Sinnfestlegung und Auslegungsvielfalt

Die Rolle des Interpreten und das Gespenst der richtigen Interpretation

Die Frage nach dem Auslegungsspielraum, den literarische Texte gewähren, ist eigentlich die Frage nach der Macht oder gar Allmacht des Interpreten. Die Geschichte der Textinterpretation demonstriert und illustriert in aller wünschenswerten Deutlichkeit, daß die Grenzen der in Texten ‹gefundenen› Bedeutungen nicht durch die Texte selbst festgelegt sind. Auf die Texte und die in ihnen angeblich anwesende Bedeutung beruft sich noch so gut wie jeder Interpret, auch dann, wenn seine Deutung weit von der anderer abweicht. Dies aber heißt nichts anderes, als daß es der Interpret und nicht etwa der Text ist, der darüber entscheidet, wie weit der Auslegungsspielraum jeweils reicht, reichen soll oder reichen darf. Welchen Sinn, welche Bedeutung man mit literarischen Texten verbindet, ist darum eine Entscheidung, die der Interpret fällt.

Die Einsicht in dieses ungleichgewichtige Verhältnis von Text, Bedeutung und Interpret ist allerdings erst relativ jungen Datums. Bis weit ins 20. Jahrhundert herrschte die Auffassung, daß literarische Texte eine mehr oder weniger fest umrissene Bedeutung besäßen, zumindest einen umgrenzten Bedeutungskern, den der Text sogenannten willkürlichen Auslegungen gewissermaßen selbst entgegenhalten könnte. Der Interpretation war daher die Aufgabe zuerteilt, diese Bedeutung – die überdies in der direkten Verlängerung der Absicht des Autors stehe – im Text sichtbar zu machen. In diesem Sinn definierten die Hermeneutiker unter Anführung Friedrich Schleiermachers in den ersten Jahrzehnten des 19. Jahrhunderts das ‹Verstehen› eines Textes. Verstanden hatte man einen Text dann, wenn man die vom Autor in ihm verarbeitete Bedeutung erkannt bzw. wiedererkannt hatte. Es ging darum, ein einmal im Text «Erkanntes» wiederzuerkennen, wie August Boeckh in Anlehnung an Schleiermacher formuliert hat.[1] Der berühmte und vielzitierte Satz, den alle Hermeneutiker unterschrieben, nämlich: es gälte darüber hinaus in der Interpretation den Autor besser zu verstehen, als er sich selbst verstanden habe, ändert an dieser Auslegungstheorie, die auf die Bloßlegung eines im Text zu ermittelnden Bedeutungskerns konzentriert ist, grundsätzlich nichts. Denn das, was durch den Autor unbewußt, selbst das, was durch sprachliche Vieldeutigkeit im Text gleichsam neben der bewußten Autorintention oder über sie hinaus erscheint, wird nach dieser Auffassung immer in semantischer Beziehung zum intendierten ‹Erkannten› stehen.

In der Nachfolge dieser klassischen Hermeneutik entstand eine literaturwissenschaftliche Interpretationspraxis, die dem Gespenst der sogenannten richtigen Interpretation verfallen war. Die richtige Interpretation war die, welche die eigentliche, die genuine, nur dem einzelnen und bestimmten Text eignende Bedeutung aufzuspüren und darzustellen vermochte. Regelmäßig wurde dabei das (häufig psychologisierende) Verstehen der geisteswissenschaftlichen Methode dem Erklären und Begründen naturwissenschaftlicher Auslegung gegenübergestellt, das notwendige, der individuellen Eigenart des zu deutenden Textes allein gerecht werdende intuitive Erfassen des Sinns hervorgehoben. Die reinste Verwirklichung der richtigen Interpretation sah man überdies dann erreicht, wenn die Bedeutung im Text und im Text allein, unter Verzicht also auf alle textexternen Faktoren, gewonnen werden konnte. Im englisch-amerikanischen *new critiscism*, in der französischen *explication de texte* und in der deutschen Strömung der *werkimmanenten Interpretation* fand diese Auslegungspraxis ihre Höhepunkte.

Einschneidende Relativierungen der Textautorität, aber auch entscheidende Erweiterungen des Prinzips, nach dem der Interpret den Autor besser als dieser sich selbst verstehen könne, brachten die marxistische Literaturtheorie und die Rezeptionsästhetik. Marxistische Interpretation ging davon aus, daß literarische Texte vor allem Zustände und Bedingungen menschlicher und ökonomischer Wirklichkeit widerspiegelten und darum Bedeutungen tragen konnten, die in offenem Gegensatz zum vom Autor Intendierten ständen. Friedrich Engels bescheinigte auf diese Weise zum Beispiel Honoré de Balzac, daß dieser in seinen Romanen unbewußt, doch unter dem Einfluß seiner Zeit stehend, etwas ganz anderes dargestellt habe, als er bewußt beabsichtigt hatte.[2] – Die Rezeptionsästhetik räumte als erste literaturwissenschaftliche Theorie dem Leser bzw. dem Interpreten Einfluß auf die Rezeptions- bzw. Interpretationsresultate auch offiziell ein. Sie sah den Leser als konstituierendes Element der Bedeutungserzeugung, so daß Texte, die von verschiedenen Rezipienten und in unterschiedlichen Rezeptionssituationen aufgenommen werden, notwendigerweise Bedeutungsvarianten aufweisen müßten. Rezeptionsgeschichte wurde daher zu einem der adäquaten Mittel erklärt, mit dessen Hilfe die Bedeutungsvielfalt der Texte legitimiert werden könne. Allerdings hielt die Rezeptionsästhetik letztlich an einer mehr oder weniger beständigen textinternen Bedeutung fest, denn Rezeptionsgeschichte ist nach rezeptionsästhetischer Sicht mit der «Entfaltung des Bedeutungspotentials» der Texte gleichzusetzen.[3]

Ende des 20. Jahrhunderts sind alle vorangehenden Interpretationstheorien allerdings von einer Strömung überflügelt worden, die in beispielloser Weise die Größen der Text- und Autorautorität über Bord geworfen hat. Die moderne, besser: postmoderne Auffassung des Dekonstruktivismus leugnet die Existenz fester Bedeutung generell. Basis dieses Interpretationsmodells ist die Sprachphilosophie Jacques Derridas, nach der Sprache nicht auf Gegenstände, auf außersprachliche Wirklichkeit verweist, sondern ausschließlich auf andere Sprachzeichen. Bedeutung entsteht daher lediglich als Beziehungsbedeutung. Semantische Kohärenz und Konsistenz gibt es als solche nicht, sie entstehen allenfalls als Folge einer vom Interpreten mehr oder weniger willkürlich abgebrochenen unendlichen Kette von Bedeutungserweiterungen. Literarische wie jede andere Sprache produziert als ein Netz von Signifikanten, das ein Netz ohne Ränder ist, Bedeutungsreihen, die de facto zu keinem Ende gelangen. Jede Bedeutung ist kontextabhängig, die Kontexte ihrerseits aber sind unendlich. Und diese Kontexte wiederum sind eigentlich andere Texte, so daß die Bedeutung eines literarischen Textes eine jeweils intertextuell fundierte Bedeutung ist. Interpretation hat daher prinzipiell nichtvereinheitlichend zu verfahren, hat jede angenommene bedeutungsmäßige Einheit des Textes eben zu dekonstruieren.

Die extreme Position des Dekonstruktivismus desavouiert endgültig alle Konzepte, die der Interpretation die Aufgabe zugewiesen hatten, eine feste, im Text aufgehobene Bedeutung zu ermitteln. Interpretation wird demgegenüber zu einem Verfahren, das seinen Ausgang nur zum Teil im Text selbst findet und außertextliche Faktoren und Standpunkte zu produktiven Ansatzpunkten macht. Zugleich wird die Rolle, die der Interpret im Hinblick auf die Methoden und die Ergebnisse der Interpretation spielt, erheblich aufgewertet. Denn er ist es, der die zahlreichen Relationen, Widersprüche und Verweisungen innerhalb und außerhalb der Texte aufspürt und als richtungweisende Interpretationsimpulse einsetzt.

Mit der im Dekonstruktivismus erreichten Entwicklung scheint zugleich auch jegliche Begrenzung der möglichen Bedeutungen, die mit einem Text verbunden werden können, aufgegeben. Wenn sich der Sinn eines Textes nur in einer im Prinzip unendlichen Intertextualität ausspricht, sich selbst dabei zugleich und fortwährend wieder untergrabend, dann wird auch der Auslegungsspielraum unendlich. Genau hier jedoch verfängt der Dekonstruktivismus sich in seinen eigenen Prämissen. Letztlich nämlich geht es ihm gar nicht um Bedeutungen welcher Art auch immer, sondern um die Demonstration ständiger, nicht abzuschließender Bedeutungsveränderung und -erweiterung. Dadurch aber erhalten die Texte nicht nur unendliche Bedeutungsmöglichkeiten, sondern sie drohen zugleich auch jede wie immer geartete Identität zu verlieren. Dabei wäre nicht einmal an erster Stelle der Verlust derjenigen Identität zu beklagen, die die Texte als semantische Einheiten formte, sondern vor allem der Identitätsverlust, der sie gerade in ihrer Eigenschaft als Bedeutung schaffende und variierende trifft: Sie alle sollen ja denselben Prozeß unendlicher Bedeutungsverknüpfungen und -verschiebungen veranschaulichen. Die dekonstruktivistische Textinterpretation de- und enthistorisiert literarische Werke nicht nur – alle Werke belegen denselben Vorgang –, sie nivelliert sie auch, indem sie sie als gleichwertige und gleichartige Repräsentanten desselben sprachlichen Vorgangs über alle Zeiten und Kulturen hinweg definiert.

Text und Kontext

Es wäre jedoch falsch, mit den exzessiven Tendenzen des Dekonstruktivismus zugleich seine grundsätzlich zutreffenden Erkenntnisse zurückzuweisen. Was man als eine Art Mindesteinfluß des Dekonstruktivismus wünschen kann, ist die Relativierung des Strebens aller bisherigen Interpretationsrichtungen, Texten eine unter allen Umständen kohärente und konsistente Bedeutung zuzuerkennen. Interpretationen neigen bislang grundsätzlich dazu, literarische Werke auf *einen* Sinn festzulegen, häufig in expliziter Auseinandersetzung mit früheren oder anderen Interpretationen, die ebenfalls *einen* Sinn verkünden oder verkündet haben. Dekonstruktivistische Interpretationspraxis sollte wenigstens die Wahrnehmung der Mehr- und Vielstimmigkeit literarischer Bedeutung schärfen. Literarische Texte verlieren nichts an Wert, wenn man in ihnen Bedeutungslagen, Sinnebenen entdeckt, die nicht in einem einzigen fundierenden oder übergeordneten Bedeutungskomplex miteinander ausgeglichen oder aufgehoben werden können. Sogar Bedeutungswidersprüche ‹beschädigen› das Werk nicht.

Wichtiger allerdings als dieser wünschenswerte Einfluß des Dekonstruktivismus ist die Konsequenz, mit der die Kontextabhängigkeit aller Interpretation im Dekonstruktivismus herausgearbeitet ist. Was in der Rezeptionsästhetik und in anderen Theorien nur in Ansätzen entwickelt wurde, wird hier als unabdingbare Voraussetzung und Bedingung aller interpretatorischen Arbeit fixiert. Damit ist zugleich entschieden, daß die Auslegungsvielfalt nicht die Folge willkürlicher oder unkontrollierter Deutung ist, sondern notwendiges Ergebnis. An das Gespenst der richtigen Interpretation sollte jetzt auch von denen nicht mehr geglaubt werden, die keine Anhänger des Dekonstruktivismus sind. Daß es bislang noch von keinem einzigen Text die ‹richtige› Interpretation gibt, konnte bisher vielleicht noch mit dem Argument verteidigt werden, die adäquate Interpretationsmethode sei noch nicht gefunden. Der Dekonstruktivismus hat eines zeigen können, nämlich daß das Fehlen richtiger Interpretationen nicht durch inadäquate Interpretationstheorien, -methoden oder -modelle verursacht, sondern unvermeidliche Wirkung des Interpretierens selbst ist. Interpretationen erfolgen grundsätzlich von außerhalb der Texte liegenden Standpunkten, Perspektiven, Annahmen aus, produzieren darum von den gewählten Standpunkten, Perspektiven, Annahmen her profilierte Bedeutungen. Interpretationen entstehen aus einem Miteinander, aus einem Aufeinanderbeziehen von Text und Außertextlichem, von Text und Kontext.

Das Problem der Sinnfestlegung wie das der Auslegungsvielfalt ist ein Problem der Anwendung der Kontexte, die im Vollzug der Interpretation mit dem Text verbunden werden.

Die Kontextgebundenheit aller Interpretation kann man sich auch mit Überlegungen verdeutlichen, die nicht aus dem Dekonstruktivismus, sondern aus der hermeneutischen Tradition hervorgehen, Überlegungen, wie sie z. B. Paul Ricœur angestellt hat. Ricœur kommt zu Schlußfolgerungen, die in mancher Hinsicht denen des Dekonstruktivismus gleichen, indem er den Status schriftlicher Texte in ihrem Verhältnis zu mündlichen untersucht.

Die schriftliche Fixierung eines Textes ist oder war zunächst nichts anderes als die Festlegung einer mündlichen Rede. Diese schriftliche Festlegung reduziert allerdings die zur mündlichen Rede gehörenden außertextlichen Kommunikationselemente (Mimik, Gebärde u. a.). Schriftlich fixieren, schreiben schafft daher Distanz von der mündlichen Redeform. Dadurch werden die in die mündliche Kommunikation eingebundenen Rollen von Sprecher und Hörer geschwächt. Und dadurch wiederum wird auch die in der mündlichen Rede sich akzentuierende Sprecherintention bei zunehmender Schriftlichkeit in zunehmendem Maße schwächer, immer weniger leicht erkennbar, bis sie schließlich gänzlich verschwindet. Schriftlichkeit beraubt den Text seiner ursprünglichen kommunikativen Umgebung, sie ‹dekontextualisiert› ihn. Will man den schriftlichen, ursprünglich mündlichen Text rezipieren, muß man ihn ‹rekontextualisieren›. Die Rekontextualisierung ist nötig, weil der Text ohne sie nicht zu ‹verstehen›, nicht zu interpretieren ist. Die Rekontextualisierung ist jedoch nicht als etwas nur wohl oder übel Notwendiges aufzufassen, als etwas Negatives, das die eingetretene Verfremdung wieder aufheben muß, mit der Rekontextualisierung sind auch positive und fruchtbare Konsequenzen verbunden. Sie nämlich schafft die Voraussetzung dafür, daß Texte auch in anderen als den originären Kontextsituationen rezipiert werden können. Denn die Rekontextualisierung muß nicht notwendigerweise in der Rekonstruktion der ursprünglichen Kommunikationskontexte bestehen.

Gesteigert wird die kommunikative Verfremdung bei solchen Texten, die nicht als schriftliche Fixierung vormals mündlicher Rede entstehen, sondern die von vornherein als schriftliche entworfen werden. Sie existieren von Anfang an als dekontextualisierte Texte. Sie richten sich daher auch nicht mehr an bestimmte Leser oder Empfänger, sondern an «ein Publikum, das im Prinzip jeden umfaßt, der lesen kann» [4]. Ihren Höhepunkt findet die Distanzierung von einer konkreten Kommunikationssituation (eben die Dekontextualisierung) nach Ricœur im fiktionalen literarischen Text. Er gewinnt als «Projektion einer Welt» oder als «vorgeschlagene Welt» definitiven autonomen Status, er wird zum «Werk».[5] Das Werk, als Repräsentant einer eigenständigen Welt, kennt keinen Sprecher mehr, der eine bestimmte Botschaft mit bestimmten Intentionen vermitteln will. An die Stelle des Sprechers ist der Autor getreten, der Schöpfer der Welt des Werks. Darum ist es nicht mehr Aufgabe des Lesers oder Interpreten, die Intention eines Sprechers zu rekonstruieren, sondern sich der Welt des Werks zu konfrontieren. Das literarische Werk appelliert nach Ricœur nicht mehr an konkrete, genau zu identifizierende Wirklichkeit(en), es richtet sich vielmehr auf die «Lebenswelt» des Rezipienten, der sich der Tatsache bewußt sein muß, daß im literarischen Text die «Referenz 1. Grades» durch eine «Referenz 2. Grades» ersetzt ist.[6]

Literarische Werke werden erst zugänglich, erhalten Sinn und Bedeutung, wenn sie im Akt der Lektüre oder Interpretation rekontextualisiert werden. Die Rekontextualisierung zielt dabei nicht auf die Wiederherstellung eines ursprünglichen, durch die schriftliche Fixierung ausgeblendeten Kontextes, wie es bei nichtliterarischen Texten der Fall sein kann, zum Beispiel bei Briefen. Der literarische Text besitzt oder besaß keinen ‹ursprünglichen›, keinen nur ihm eigenen Kontext. In Weiterführung von Ricœurs Überlegungen müßte man bei literarischen Texten darum eigentlich von Kontextualisierung und nicht von Rekontextualisierung sprechen. Der literarische Text entsteht kontextlos, muß jedoch kontextualisiert werden, will er verstanden werden können.

Die in den letzten Jahrzehnten von unterschiedlichen philosophischen, sprach- und literaturwissenschaftlichen Standorten aus (Rezeptionsästhetik, Dekonstruktivismus, Ricœur) hervorgehobene Kontextgebundenheit des ‹Verstehens› literarischer Texte macht deutlich, daß die Auslegungsvielfalt, welche die Rezeptions- und Interpretationsgeschichte literarischer Werke kennzeichnet, nicht aus ungezügelter Deutungslust oder unangemessenem Umgang mit den Texten hervorgeht. Die Auslegungsvielfalt ist vielmehr Ausdruck der Beschaffenheit literarischer Werke.

Die Folgerungen, die man aus der Kontextgebundenheit der Interpretation ziehen muß, betreffen auch die Bedeutung als solche, die mit Texten verbunden wird. Wenn es so ist, daß literarische Texte mit Kontexten verknüpft werden müssen, um überhaupt Bedeutung zu gewinnen, dann heißt das nichts anderes, als daß Bedeutung auch nur in der

Perspektive und in Abhängigkeit von gewählten Kontexten greifbar wird. Es gibt keine andere als kontextabhängige Bedeutung. Und das wiederum zwingt dazu, den Gedanken endgültig aufzugeben, Texte könnten eine Bedeutung an sich, eine unabhängig von Kontexten existierende Bedeutung besitzen. Selbst wenn man eine solche Bedeutung theoretisch annimmt, sie bliebe unerreichbar, weil Bedeutung nur in derjenigen Form ‹zugänglich› wird, nur in derjenigen Form entstehen kann, die der Kontext vorgibt. Alle Bedeutung ist darum gemessen an einer theoretisch angenommenen Gesamtbedeutung immer nur partiale Bedeutung. Der Kontext aktualisiert stets Teilbedeutungen, neben denen andere Teilbedeutungen möglich, ja unumgänglich sind. Aus diesem Grund kann keine Interpretation die Bedeutungsmöglichkeiten eines Textes ausschöpfen, weil keine Interpretation alle anwendbaren Kontexte auch tatsächlich zur Anwendung bringen kann.[7]

Blickt man auf die Geschichte der Interpretationspraxis, kann man im übrigen ohne große Schwierigkeit erkennen, daß alle Textdeutungen über Kontexte ausgeführt worden sind. Das gilt auch für diejenigen, in denen behauptet wird, sie hätten sich ausschließlich auf den Text selbst konzentriert und keine außertextlichen Elemente benutzt. Die Kontexte können relativ abstrakt sein, sie mögen noch so implizit bleiben, sie sind dennoch immer vorhanden. So ging man z. B. auch in der Periode der werkimmanenten Interpretation – trotz gegenteiliger Behauptung – von Kontexten aus. In diesem Fall lieferte vor allem die Vorstellung vom harmonischen Kunstwerk, in dem alle Teile in funktionalem Zusammenhang stünden und miteinander ein kohärentes und konsistentes Ganzes bildeten, den allgemeinen Hintergrund, von dem aus die konkreten Bedeutungszuerkennungen gesteuert wurden.[8]

Konsequenzen der kontextuellen Interpretation

Mit der Konstatierung der außertextlichen Kontextreferenz, die die Interpretation und ihre Bedeutungszuerkennung profiliert, mit der daraus sich ergebenden nur jeweils partialen Bedeutung ist allerdings das Problem nicht gelöst, ob man eine daraus hervorgehende – wie es doch scheint – unbegrenzte Auslegungsvielfalt akzeptieren muß. Hat man sich damit abzufinden, daß Texte diejenige Bedeutung annehmen, die ihnen von den jeweils an sie herangetragenen Kontexten aus zuwächst? Anders formuliert: Sind alle Kontexte, die in einer Interpretation eingesetzt werden oder eingesetzt werden können, gleich sinnvoll? Alle Kon texte führen zu Bedeutungserzeugung, aber sind alle Bedeutungen, die auf diese Weise geschaffen werden, gleichwertig und gleichrangig? Gibt es Bedeutungen, die zurückgewiesen werden können oder gar müssen, gibt es darum auch Kontexte, die als inadäquat abgelehnt werden müssen? Und umgekehrt, gibt es Kriterien, mit deren Hilfe man eine positive Auswahl interpretativer Kontexte vornehmen könnte?

Obwohl es Kontexte gibt, die ihre Berechtigung gleichsam selbst dokumentieren, die darum auch in der Literaturwissenschaft regelmäßig angewendet werden und die schließlich auch sinnvolle Deutungsresultate ermöglichen (auf sie wird noch eingegangen werden), kann man dennoch nicht grundsätzlich und vorab über die ‹Adäquatheit› der Kontexte entscheiden. Adäquatheit und Fruchtbarkeit der Kontexte beweisen sich erst in der vollbrachten Interpretation, in ihren Ergebnissen. Darum kann auch eine Entscheidung über die Akzeptierbarkeit der in Interpretationen erreichten Bedeutungen nur von Fall zu Fall getroffen werden. Die Ablehnung einer Bedeutung wird dabei im Prinzip zur Ablehnung des eingesetzten Kontextes.[9] Berühmte Interpretationen sind jedoch nicht selten diejenigen geworden, die auf den ersten Blick von scheinbar unangemessenen, jedenfalls ungebräuchlichen Kontexten aus erfolgt sind, die aber gerade durch ihre ungewohnte Perspektive und die daraus hervorgehende Bereicherung oder Veränderung bis dahin geläufiger Bedeutung überzeugt haben. Eines der bekanntesten Beispiele bildet Freuds Interpretation von Sophokles' Tragödie «König Ödipus». Der Kontext der Psychoanalyse hat seinerzeit nicht nur das Drama des Sophokles mit einer völlig neuen Bedeutung versehen, sondern überhaupt einen neuen Kontext fruchtbar gemacht, der neben und nach Freud unendlich oft als Interpretationsfolie gedient hat.

Prinzipiell unterscheiden kann man hingegen die interpretativen Kontexte, die der nichtwissenschaftliche Leser einerseits, der professionelle Interpret andererseits an die Texte herantragen. Auch die Privatlektüre des ‹normalen› Lesers, der also keine professionelle Interpretation anstrebt, bedarf des Kontextes, damit der Text lesend gedeutet werden kann. In der Regel wird dieser Kontext durch die Lebenswelt des Lesers geprägt. Und dieser lebensweltliche Kontext besteht meist aus einer vielschichtigen Mischung aus persönlichen Erfahrungen, persönlichem Wissen, eigenen Leseerinnerungen und allgemeingesellschaftlichen Faktoren, wie sie Beruf, Familie, Erziehung u. a. produzieren. Derartige lebensweltliche Kontexte können wiederum in der Perspektive bestimmter übergreifender Leseziele eingesetzt werden. Denn man kann mit sehr unterschiedlichen Absichten lesen: um sich zu entspannen, um zu lernen, um sich bestimmte Wünsche zu erfüllen usw. Leseziele oder -attitüden dieser Art legen die Weise fest, in der mehr inhaltlich orientierte Kontexte angewandt werden. Wie dieser Vorgang auch im einzelnen aussehen mag, das Resultat der Privatlektüre ist in den weitaus meisten Fällen eine mehr oder weniger subjektive Deutung, eine jedenfalls nicht systematisch erarbeitete, eine eher spontan entstehende Bedeutung.[10]

Nicht spontan in diesem Sinn sind Kontextbildung und -einsatz, die der professionelle Interpret vornimmt. Auch bei ihm gibt es allerdings etwas, das mit der Leseattitüde oder dem Leseziel des Privatlesers verglichen werden kann. Der berufsmäßige Interpret führt seine Interpretation gemeinhin als Kommunikationsbeitrag aus, der an Fachgenossen gerichtet ist, der andere überzeugen will, der sich häufig auch mit den Deutungen anderer kritisch auseinandersetzt. Dieser Kommunikationscharakter der – gewöhnlich schriftlich fixierten – Interpretation ist nicht ohne Einfluß auch auf Auswahl und Einsatz der Kontexte, nicht ohne Einfluß auch auf die Argumentation in der eigentlichen Deutung, auf die Präsentation der Resultate. Was an der Deutung des Privatlesers für diesen implizit, unausformuliert oder von selbstverständlicher, darum nicht notwendig zu prüfender Geltung bleiben kann, muß in der professionellen Interpretation explizit gemacht werden. Bereits daraus ergeben sich für die berufsmäßige Interpretation Eigenschaften, die sie von der privat-spontanen Deutung markant abgrenzt.

Weichen hier professionelle Interpretation und Privatdeutung – die letzte könnte man vielleicht, um sie von der Interpretation zu unterscheiden, ‹Rezeption› nennen – voneinander ab, in anderer Hinsicht kennen sie wieder Übereinstimmungen. Es sind Übereinstimmungen, die die Anwendung der Kontexte betrifft. Der Einsatz eines bestimmten Kontextes garantiert nicht automatisch auch bestimmte, in jedem Fall vorhersagbare Sinnfestlegungen. Damit ist nicht gemeint, daß jeder Interpret den Kontext anders verstehen kann, daß der eine ihn strikter mit dem Text verknüpft als der andere, so daß die jeweils erreichten Bedeutungen aus diesen und ähnlichen Gründen differieren. Derartige Divergenzen, die verschiedenartigem Gebrauch des Kontextes entspringen, lassen zwar trotz aller Gleichgesinntheit über den Kontext als solchen verschiedene Bedeutungen entstehen; doch sind die Unterschiede nicht von der Art, daß die Interpreten sich nicht doch verständigen könnten. Die Bedeutungsunterschiede sind Gradunterschiede innerhalb eines prinzipiell anwesenden Konsensus. Einschneidender sind Unterschiede anderer Art beim Einsatz des Kontextes. Man kann den Text nämlich in dessen Verlängerung deuten, aber auch in einem kritischen Verhältnis zu ihm. Die Bedeutung etwa, die man Kafkas Romanen zuerkennt, wird sehr unterschiedlich sein, je nachdem, ob man die Werke als eine weitgehend zutreffende Wiedergabe der Wirklichkeit deutet oder als verzerrende ‹unrealistische› Spiegelung der Wirklichkeit. In beiden Fällen ist der Kontext ‹Wirklichkeit› Ausgangspunkt der Deutung.

Die Geschichte der Literaturwissenschaft kennt eine besonders anschauliche Form dieser Interpretation, in welcher derselbe Kontext in gleichsam doppelter Richtung eingesetzt werden kann: die sog. historische Interpretation. Historische Interpretation in ihrem traditionellen Sinn will sagen, daß man einen literarischen Text vom historischen Hintergrund aus interpretiert, und zwar so, daß der Text in seiner Weise formuliert und ausspricht, was auch außerhalb des Textes existiert. Seine Bedeutung wird gewissermaßen in Einklang mit Bedeutungen außertextlicher Gegebenheiten gebracht. Der historische Hintergrund kann jedoch auch so eingesetzt werden, daß im Text zu identifizierende Abweichungen von diesem Hintergrund aus erkennbar werden. Jetzt bestätigt der Text den Kontext nicht mehr oder nicht mehr vollständig – obwohl dieser auch nun die Interpretationsperspektive liefert –, sondern markiert einen kritischen, nuancierenden oder sonstwie prononcierten Standpunkt gegenüber dem Kontext.[11]

Literaturwissenschaftliche Interpretationskontexte. Am Beispiel der «Emilia Galotti»

Mit dem historischen Hintergrund ist ein Kontext genannt, der in der literaturwissenschaftlichen Interpretation regelmäßig angewendet wird. Neben ihm gibt es eine Reihe anderer, die immer wieder als Ausgangsbasis dienen. Überblickt man die gebräuchlichen und möglichen, kann man versuchen, sie in Klassen oder Kategorien einzuteilen. Man kann zum Beispiel zwischen literaturwissenschaftlichen Kontexten im engeren Sinn und solchen unterscheiden, die nicht spezifisch für die Literaturwissenschaft sind. Zu den letzteren gehören etwa Theologie, Psychologie und Gesellschaft. Es sind großräumige Kontexte, die der einzelnen, der konkreten Interpretation breiten inhaltlichen Spielraum lassen. Dennoch legen sie die angestrebte Bedeutung in charakteristischer Weise fest, rücken vor allem bestimmte Aspekte und Dimensionen eines Werks in den Mittelpunkt. Auch sie erzeugen immer nur partiale Bedeutung.

Eines der Werke aus der deutschen Literaturgeschichte, das vielfältig und widersprüchlich interpretiert worden ist, ist Lessings «Emilia Galotti». Die Auslegungsvielfalt, die diese Tragödie erfahren hat, ist eindeutig die Folge der Vielfalt der eingebrachten Interpretationskontexte.[12] Darum eignet sich dieses Drama besonders gut, um an ihm die hier zur Diskussion stehenden Probleme zu illustrieren.

Im Zentrum der Deutungsvielfalt der «Emilia Galotti» steht der Tod der Titelheldin. Die Frage: Warum stirbt Emilia Galotti? beschäftigt die Interpreten bereits seit über zweihundert Jahren. Und ihre Beantwortung war und ist abhängig von den angewandten Kontexten. Nähert man sich dem Drama zum Beispiel von religiösem Hintergrund aus, lautet die Antwort anders, als wenn man von psychologischen oder gesellschaftlichen Fragestellungen ausgeht. Im Rahmen eines religiösen Deutungskontextes – zugespitzt auf die Religionsvorstellungen des 18. Jahrhunderts – gewinnen selbstverständlich diejenigen Motive und Handlungselemente des Dramas großes Gewicht, die auf diesen Kontext direkt ansprechen: Emilias unbedingte Frömmigkeit, die Tatsache, daß ihre erste Begegnung mit dem Prinzen in einer Kirche und während des Gottesdienstes stattfindet; die Anspielungen auf Ereignisse und Gestalten aus der Geschichte des Christentums. Schuld und Sühne sind im Zusammenhang mit Emilias Tod beinahe notwendig auftretende Deutungsbegriffe.

Entscheidend aber ist die Zuspitzung des Problems auf die Frage, ob der Tod der Heldin noch mit der Theodizee vereinbar ist, die Lessing und viele seiner Zeitgenossen wortreich in zahlreichen Schriften verteidigt haben. Ist dieser Tod – der ja nicht nur ein Tochtermord ist, sondern auch ein gerade noch vermiedener Selbstmord – als positive oder negative Lösung eines Konflikts zu deuten? Einerseits beweisen Vater und Tochter mit der Entscheidung für den Tod ihre Treue und Standhaftigkeit, retten sie die Unschuld der Tochter, bleibt die Tugend unangetastet, bewahren die Galottis ihren menschlichen Selbstwert. Der Tod ist die würdevolle Antwort der Schwachen auf Bedrohung und Gewalt. Andererseits kann der Tod als Ausdruck resignativer Verzweiflung gesehen werden. Die Theodizee wird aufgegeben, der Tochtermord zum Zeichen einer nicht mehr sittlichen Welt, in der die Guten die hilflosen Opfer der Bösen werden.

Ähnliche Gegensätze wie in diesen Deutungen ergeben sich aus anderen Strukturen und Motiven des Dramas. So besteht etwa Orsina auf einer vorgegebenen Ordnung des Weltgeschehens, in dem nichts auf ‹Zufall› beruhe. Dem entspricht zunächst die gradlinige und konsequente Handlungsführung, deren kausaler Nexus vollkommen zu sein scheint. Andererseits ist unverkennbar, daß alles, was in dieser Tragödie geschieht, eine schier endlose Reihe von Zufällen bildet. Irrt Orsina und müssen irdische Ereignisse darum als nur lose aneinanderhängende Einzelfakten angesehen werden? Oder ist der Zufall wiederum nur oberflächliche Erscheinung eines verborgenen Sinngefüges?

In andere Bedeutungsverbindungen zieht eine psychologisch orientierte Interpretation den Tod der Heldin und seine Aussage. Jetzt treten die psychischen Konditionen der Hauptgestalten ins Zentrum, wird etwa die psychische Entwicklung Emilias zum Tod hin eines der Schlüsselmotive der Deutung. Auch die von Goethe zuerst aufgestellte Behauptung, heimlich liebe Emilia den Prinzen, habe ihn deswegen in der Kirche nicht entschieden genug zurückgewiesen, kann als Interpretationsargument herangezogen werden. Und der von ihr gewollte Tod kann nun verstanden werden als von ihr selbst gewünschte Strafe und Rettung zugleich, Strafe für eine unverzeihliche Schwäche und Rettung vor den möglichen Folgen dieser Schwäche.

Erneut anders wird die Bedeutung der Tragödie ausfallen, wenn ein sozialer oder sozialgeschichtlicher Kontext die Interpretation lenkt. Dann wird das tragische Schicksal des Bürgers den Hauptakzent erhalten, der Tod als Katastrophe des Bürgers und zugleich als Symptom höfischer Willkür und Macht gedeutet werden. Im sozialen Einfallswinkel aber kann auch die innere Brüchigkeit bürgerlichen Verhaltens aufleuchten, das der vom Hof ausgehenden Gewalt und Verführung nicht gewachsen ist.

Innerhalb der weiträumigen Interpretationskontexte wie Theologie, Psychologie, Gesellschaft ist die mögliche Auslegungsvielfalt relativ groß, so daß auch noch andere Bedeutungsvarianten als die hier skizzierten unschwer denkbar sind. Dennoch wird an den angeführten Beispielen sichtbar geworden sein, inwiefern unterschiedliche Bedeutungsfestlegungen in direkter Abhängigkeit von den gewählten Kontexten stehen.

Ebenfalls großräumig, jedoch eher literaturwissenschaftlicher Art sind bestimmte Kontextsorten, die mit ihren historisch-ideologischen Inhalten die Interpretation von Werken und Autoren über längere Zeit konditionieren. Die Interpretationsgeschichte Lessings liefert auch hierfür Anschauungsmaterial. In der Zeit, da man in Lessing vor allem den Begründer des deutschen Dramas sah, lag das Schwergewicht auf anderen Bedeutungswerten seiner Werke als in der Periode, in der man ihn als dritten Klassiker neben Goethe und Schiller verehrte. Weil der

Begründer der deutschen Dramatik gegen viele Widerstände kämpfen, gewissermaßen Pionierwerk verrichten mußte, war man schnell geneigt, ihm eine Anzahl angeblicher Unvollkommenheiten zu vergeben, wozu man unter anderem den forcierten Tochtermord in «Emilia Galotti» rechnete. Der Klassiker Lessing wurde hingegen von der Überzeugung aus interpretiert, die frühere Widerspenstigkeit seiner Werke sei gezähmt und sie könnten als sicherer nationaler Besitz genossen werden. In der Phase, in der Lessing insbesondere als bürgerlicher Autor begriffen wurde, wurde auch «Emilia Galotti» vor allem als Zeugnis des Strebens nach bürgerlicher Emanzipation ausgelegt. Gegenwärtig überwiegt das Bild vom dialektischen Aufklärer Lessing, der sich nicht scheut, die Grundsätze seiner kritischen Analysen wieder zum Gegenstand eben dieser Analysen zu machen. Für die «Emilia»-Interpretation heißt das, auch die in dem Drama zur Darstellung gelangenden aufklärerischen Ideale (Familie, Erziehung, Individualität) bleiben nicht von wachsamer Untersuchung verschont.

In gewisser Weise zugespitzt erfolgt Bedeutungszuerkennung innerhalb genuin literarischer oder literaturwissenschaftlicher Kontexte wie Gattung, Stil, Literaturgeschichte, Gesamtœuvre eines Autors. Ihre konturierende Funktion ist so deutlich, daß sie hier kaum näher beschrieben zu werden braucht. Die Gattungsperspektive zum Beispiel wird den Tod Emilias vor allem im Vergleich mit früheren bürgerlichen Trauerspielen deuten, wird die Übereinstimmungen und Abweichungen dieses Werks mit vorangehenden Repräsentanten der Gattung hervorheben und seine Bedeutung im Rahmen eines solchen Vergleichs festlegen.

Das Beispiel der «Emilia Galotti» kann umrißhaft illustrieren, auf welche Weise und warum Auslegungsvielfalt die Folge der Vielfalt angewandter Kontexte ist. Selbstverständlich wird die einzelne Interpretation sich in der Regel nicht auf einen einzigen Kontext beschränken, sondern mehrere einbringen, die interferieren, aber auch in einer Art hierarchischer Ordnung wirken können. So kann eine theologische mit einer gattungsspezifischen Interpretation kombiniert werden, und beide können wieder einer ideologischen Deutungsperspektive untergeordnet sein.

Die praktisch allen literarischen Werken widerfahrende Auslegungsvielfalt vermittelt die Einsicht, daß nicht die Texte selbst in den Interpretationen sprechen, sondern bestenfalls durch Kontextualisierungen zum Sprechen gebracht werden. Die dadurch entstehenden Bedeutungsvarianten werden zugleich durch die Kontexte legitimiert. Darum brauchen unterschiedliche Bedeutungen weder miteinander versöhnt noch gegeneinander ausgespielt zu werden. Auch die Tatsache, daß die Einzelbedeutungen sich nicht zu einer homogenen Gesamtbedeutung ergänzen, braucht nicht zu beunruhigen. Lessings «Emilia Galotti» ist ein Werk, das sich als solches behauptet, auch wenn die verschiedenen ihm zuerkannten Bedeutungen es auf den ersten Blick als Werk in Frage zu stellen scheinen. Natürlich mag es Kontexte geben, die zu unsinnigen und darum unakzeptablen Resultaten führen. Sie werden jedoch vermutlich vor allem in der privaten, spontan-rezeptiven Lektüre zustande kommen, können aber selbst dort noch ihre besondere Funktion haben und für den individuellen Rezipienten einen Wert besitzen.

Sinnfestlegung ist immer partial. Das ist kein Nachteil, sondern ein Vorteil. Denn die Partialität der Sinnfestlegung bewahrt das Werk davor, einseitig usurpiert zu werden. Auslegungsvielfalt ist ein strukturelles Kennzeichen aller Interpretation. Sie ist ein Symptom des unendlichen Prozesses, in dem sich das ‹Verstehen› literarischer Werke vollzieht, die darum auch nie definitiv ‹verstanden› sind.

Literatur

Boeckh, August: Enzyklopädie und Methodologie der philologischen Wissenschaften. Hg. von Ernst Bratuschek. Leipzig 1877.

Culler, Jonathan: On Deconstruction. Theory and Criticism after Structuralism. London/Melbourne/Henley 1983 (dt.: Dekonstruktion. Derrida und die poststrukturalistische Literaturtheorie. Reinbek bei Hamburg 1988).

Fish, Stanley: Interpreting the ‹Variorum›. In: Critical Inquiry 2 (1975/76), S. 465–485.

Gadamer, Hans-Georg: Wahrheit und Methode. 2. Aufl. Tübingen 1965.

Hirsch, E. D.: Prinzipien der Interpretation. München 1972.

Jauß, Hans Robert: Literaturgeschichte als Provokation. Frankfurt/M. 1970.

Marxismus und Literatur. Eine Dokumentation in drei Bänden. Hg. von Fritz J. Raddatz. Reinbek bei Hamburg 1969.

Ricœur, Paul: The Hermeneutical Function of Distanciation. / What is a Text? Explanation and Understanding. In: Ders.: Hermeneutics and the Human Sciences. Essays on Language, Action and Interpretation. Cambridge 1981, S. 131–164.

Schleiermacher, Friedrich: Hermeneutik und Kritik. Hg. von Manfred Frank. Frankfurt/M. 1977.

Stierle, Karlheinz: Dimensionen des Verstehens. Der Ort der Literaturwissenschaft. Konstanz 1990 (Konstanzer Universitätsreden 174).

Anmerkungen

1 Boeckh, S. 10.
2 Marxismus und Literatur. Bd. 1, S. 158.
3 Vgl. Jauß, S. 186.
4 «an audience which extends in principle to anyone who can read» (Ricœur, S. 139).
5 «projection of a world», «proposed world» (ebd., S. 142).
6 «first order reference», «second order reference» (ebd., S. 14).
7 Weiterreichende Konsequenzen aus dieser Sachlage zieht z. B. Stanley Fish. Er vertritt die These, Interpretationen seien grundsätzlich bestimmt durch Text und Deutungsauffassungen sozialer Gemeinschaften, in denen die Interpretationen entstehen. Solche Interpretationsgemeinschaften («interpretive communities») verfügten über Interpretationsstrategien («interpretive strategies»), die die Art der Interpretation gewissermaßen schon vor der Kenntnisnahme des Textes festlegten. Vgl. Fish, S. 465–485.
8 So zeigt auch Emil Staigers angeblich nur dem Text verantwortliche «Kunst der Interpretation», die allgemein als exemplarisches Vorbild der werkimmanenten Interpretation gilt, die Kontextabhängigkeit der vorgelegten Deutung. Die zentrale These vom ‹Spätling› Mörike ist ohne Bezug auf Außertextliches schlechterdings nicht möglich. Vgl. Emil Staiger: Die Kunst der Interpretation. Zürich 1955, S. 9–33.
9 Natürlich kann es auch so sein, daß nicht der Kontext, sondern die Art und Weise seiner Anwendung zur Ablehnung der konstituierten Bedeutung führt. Man kann den Gebrauch, den Einsatz des Kontextes kritischer Analyse unterziehen.
10 Die Subjektivität der spontanen Deutung muß keinesfalls immer auch eigenständig, individuell sein. Der nichtwissenschaftliche Leser unterliegt über weite Strecken bestimmten überindividuellen Lesegewohnheiten, die großenteils sozial bedingt sind. Darum werden sich in der Praxis zahlreiche subjektive Deutungen eines Textes doch im wesentlichen gleichen, weil sie durch den gleichen sozial geprägten ‹Habitus› geprägt sind, der die Einstellung gegenüber ästhetischen Phänomenen wie auch ihrer Verarbeitung festlegt.
11 Im Horizont dieser Problematik werden im übrigen die Interpretation beeinflussende Entscheidungen des Interpreten sichtbar, die noch vor der Entscheidung über den eigentlichen Kontext liegen. So ist etwa sein Literaturbegriff ein außerordentlich wichtiges Element. Eine Auffassung von Literatur, die in ihr ein mögliches kritisches Potential sieht, zielt von vornherein auf andere Sinn- und Bedeutungsmöglichkeiten als die, in der Literatur eine bestätigende, reproduzierende Funktion zugedacht wird.
12 Zum folgenden vgl. meine Interpretation der «Emilia» in: Lessings Dramen. Interpretationen. Stuttgart 1987, S. 87–138.

Jürgen Landwehr

Fiktion oder Nichtfiktion

Zum zweifelhaften Ort der Literatur zwischen Lüge, Schein und Wahrheit

Pro captu lectoris habent sua fata libelli. (Ganz wie der Leser sie aufnimmt, so haben die Büchlein ihr Schicksal.)
Terentianus Maurus:
De litteris, syllabis et metris. Vers 1286

Widersprüchliche Auskünfte

Unter denen, die über Wahrheitsgehalt und Wirklichkeitsbezug von Literatur diskutieren und richten, sind zwei Gruppen unterscheidbar[1]: zum einen diejenigen, die sich ‹der› Wahrheit sicher sind, Philosophen und Theologen, Volks- und Gesellschaftsbild(n)er, nicht zuletzt Zensoren; zum andern die Kenner im engeren Sinn, die Kunst- und Literaturexperten. Beiden Gruppen liegt daran, der Literatur ihren Ort zuzuweisen: den einen zur Absetzung ihrer Rede- und Schreibweisen von denen der Literatur, den andern zur Ausgrenzung ihres besonderen Gegenstands- und Zuständigkeitsgebiets Literatur. Denn Ordnung soll herrschen im Felde jedes Diskurses, besonders aber an seinen Rändern.[2]

Bei allen Differenzen – einheitlich ist das Prinzip des Vorgehens der Experten: die Ab- und Ausgrenzung der Literatur. Die Bestimmung ihres Wesens ist immer auch die Bestimmung durch ihr Anderssein. Drei Kriteriensätze haben sich zur Begründung dieser Differenz durchgehalten und bewährt:

1. Das Kriterium der Herkunft oder Quelle dichterischer Begabung und Eingebung, deren Bestimmungen reichen vom Numinosen (göttliche Begeisterung, Enthusiasmus, Inspiration) über die Unfaßbarkeit (Genie) bis zum Dubiosen (Ekstase, Rausch, Wahnsinn).

2. Das Kriterium der Wirkungen und Folgen des Umgangs mit Literatur. Selbst bei behaupteter Nutz- und Folgenlosigkeit bestreitet niemand ernstlich, daß z. B. das Lesen reale Auswirkungen hat, und sei es die Ablenkung und Zeitvergeudung. Strittig sind hier weniger die Auswirkungen selbst (die Versetzung in einen Zustand der Illusion, der

«Selbstvergessenheit»[3], der Fesselung und Erregung) als vielmehr deren Benennung und Bewertung. Dem Vergessen des Wahren und Wichtigen (Selbst- und Wirklichkeitsflucht im Eskapismus, Sinnenlust und Scheinbefriedigung, Kompensation) stehen positiv gegenüber: Reinigung von Affekten (Katharsis), allgemeiner Nutzen und (ästhetisches) Vergnügen (Horaz' «prodesse» und «delectare») bis hin zur Erfahrung von Freiheit (Schiller), Autonomie oder gar Versöhnung (Adorno).

Konstitutiv für die beiden bisher genannten Kriterien ist das Wahrheitskriterium: das Verhältnis der Literatur zur Wirklichkeit (das Mimesis-Verhältnis) und zur ‹wahren Rede›. Hier lassen sich vier Grundpositionen unterscheiden:

– Die Verwerfung aufgrund fehlender Wahrheit und nur vorgetäuschten (Welt- und Fach-)Wissens: Die Dichtung ist nur Kopie einer selbst schon scheinhaften oder ideologisch verfälschten Wirklichkeit, verbreitet also ungewollt Irrtümer oder, noch verwerflicher, willent- und wissentlich Falsches; sie ist dann Lüge, Täuschung, Trugbild (mit wechselnden Begründungen von Platon bis Adorno).

– Die Indienstnahme: Wenn Literatur und das Bedürfnis nach ihr schon nicht auszumerzen sind, dann soll sie die Wirklichkeit wenigstens so darstellen, wie sie die Wissenden ‹erkannt› haben, die Position aller dogmatisch und totalitär eingestellten Einzelnen, Gruppen, Systeme.

– Formen der Rettung: Vorausgesetzt wird auch hier, daß Literatur keine im strengen Sinne wahre Rede ist, sondern deren unbeholfene Vorstufe (Schema: vom Mythos zum Logos), didaktisch nützliche Unterform (Anschaulichkeit statt gelehrter Abstraktion) oder auch eine für Schreibende unumgängliche Ausdrucks- und Bewältigungsform. In jedem Fall ist Literatur hier Einkleidung oder Verhüllung, die zwar unterschwellig ‹nützen› kann, deren wörtliches Verstehen aber nicht ausreicht, sondern die, in Fortführung der Homer- und vor allem der Bibelexegese, der zweier ‹Sprachen› mächtigen Hermeneuten bedarf, auf daß ihre verborgene Meinung und, gegebenenfalls, Wahrheit ausdrücklich werde.

Rettung durch Ausgrenzung – damit kann auch die Auffassung von der Autonomie der Literatur (seit Ausgang des 18. Jahrhunderts) bestimmt werden. Literatur soll nun gerade nicht an anderen Formen des Sprachgebrauchs gemessen werden; ihre ‹Eigengesetzlichkeit› garantiert ihr dann die Freiheit, deren das Genie bedarf, um «sich seine Regeln selbst geben» zu können (Kant). Diese Freiheit von Vorschriften und Zwecken und vor allem von Wirklichkeitsanbindung wird zu Ende gedacht im L'art pour l'art-Konzept.

– Hier genau setzt (logisch, nicht historisch) die Ausgrenzung durch Überbietungen ein. Ihren Verfechtern eröffnet Literatur gerade aufgrund ihrer Andersartigkeit und ihres Freiraums der Erfindungen und im Gegensatz zu den zweck- und herrschaftsgebundenen Sprachformen den Zugang zu ‹eigentlichem Sinn› und ‹höherer Wahrheit›, die anders weder gesagt noch gar erfahren werden können. Diese Position wird eröffnet durch Aristoteles' These, Dichtung sei philosophischer als die Geschichtsschreibung, da sie nicht das – oft unwahrscheinliche – wirklich Geschehene darstelle, sondern das, «was geschehen könnte, d. h. das nach den Regeln der Wahrscheinlichkeit oder Notwendigkeit Mögliche»[4]. Diese Absage an einen engen Wahrheitsbegriff läßt nun auch Erfindungen zu und begründet Glaubwürdigkeit nicht mehr nur in einer Wirklichkeitsentsprechung, sondern auch in der inneren Stimmigkeit der poetischen Komposition.[5] Das Kriterium der Wahrheit wird dadurch erweitert, so daß gerade Erfindungen sie darstellbar, vermittelbar und erfahrbar machen, eine Auffassung, die noch Adornos «Ästhetische Theorie» fundiert. Nach ihr ist es der Rätsel- und Scheincharakter der Kunstwerke, der deren Wahrheitsgehalt allererst ermöglicht.[6] Fiktionalität als Wahrheitsbedingung?

Einige unumgängliche Absprachen

Ist Literatur nun fiktional oder nicht? – Die Experten sind uneins. Zudem ist an literaturinternen Problemfällen kein Mangel, wie die Genres ‹Dokumentartheater› und ‹faction› belegen.[7] Grenzüberschreitungen finden sich auch bei Lesern, die aus der Lektüre südamerikanischer Romane landeskundliche Informationen ziehen und die philosophischen Reflexionen eines Romanautors als Wahrheiten aufnehmen.[8] Erschwerend kommt hinzu, daß der Begriff Fiktion und seine Ableitungen im modernen Verständnis erst seit Ausgang des 17. Jahrhunderts verwendet werden. Zunächst sind deshalb die Begriffe zu klären. Aber nicht im Sinne von Vorentscheidungen darüber, was wahr, wirklich etc. ist, denn dies fordert dogmatische Setzungen und logische Zirkelschlüsse[9] geradezu heraus. Die Begriffsbestimmungen sollen einzig als Beschreibungsbegriffe dienen, für deren Anwendung Bedingungen anzugeben sind. Zu ändern ist dafür die Fragestellung. Sie lautet nun: Unter welchen Bedingungen kann sinnvoll davon gesprochen werden, daß Menschen (Einzelnen, Gruppen, Kulturen; zu bestimmter Zeit etc.) etwas als wahr, wirklich, möglich, erfunden und eben auch fiktional gilt?

Zum Gegenstand wird so die Einstellung realer Menschen im Umgang mit Literatur. Bestimmungsgrund ist demnach allein die Auffassung der an Kommunikations- und Literaturprozessen Beteiligten.[10]

Dann kann gelten: Wahr, wirklich, fiktional etc. ist, was bestimmte Menschen für wahr, wirklich, fiktional etc. halten.

Zur Vermeidung unnötiger Verwirrungen sei vereinbart:

1. *Wahr* und *falsch* gelte zunächst nur für Aussagen (auch im Sinne von Feststellungen, Behauptungen) aufgrund ihres Wirklichkeitsverhältnisses – immer nach Auffassung der Beteiligten.

Wahr sind Aussagen dann, wenn (a) die Gegenstände, auf die sich die Aussage bezieht, die Referenzbereiche, als wirklich gelten (Existenzpräsupposition) und (b) die Eigenschaften (im weitesten Sinne), die ihnen zugeschrieben werden, als ihnen wirklich zukommend gelten. Falsch sind Aussagen, in denen (b) nicht zutrifft. Ist die Aussage wahr, drückt sie einen bestehenden Sachverhalt aus; ist sie falsch, einen nichtbestehenden (aber hinsichtlich wirklicher Gegenstände!).

2. Gegenstände und Sachverhalte können angesehen werden als *wirklich* oder *nichtwirklich* und als *möglich* oder *unmöglich*. Diese Begriffe bezeichnen die Auffassung der Seinsweise oder, weniger irreführend[11], des (modalen) Status der Gegenstände/Sachverhalte. Ihre Relationen können, etwas vereinfacht[12], so veranschaulicht werden:

<table>
<tr><td colspan="2">möglich</td><td>unmöglich</td></tr>
<tr><td>wirklich</td><td colspan="2">nichtwirklich</td></tr>
</table>

D. h.: Alles *Wirkliche* ist *möglich*, aber nicht alles *Mögliche* ist *wirklich*; das *Unmögliche* ist immer *nichtwirklich*; das *Nichtwirkliche* ist teilweise *möglich*, teilweise *unmöglich*. Mittels dieser Modalitäten können Nichtfiktion und Fiktion hinreichend und brauchbar bestimmt, ihre Anwendbarkeit auf den Umgang mit Literatur untersucht werden.

Der Bereich der Nichtfiktionen

Aufgrund ihrer Sprachlichkeit sei Literatur vorläufig verstanden als Form der Kommunikation. Da Nichtfiktion wie Fiktion als Modi und Ergebnisse des Kommunizierens aufgefaßt werden, sind Besonderheiten des Umgangs mit Literatur vor zwei Folien zu ermitteln:

1. der direkten Kommunikation; für sie sei das Modell des Gesprächs gewählt mit Anwesenheit der Beteiligten und real gegebener Situation;

2. der Kommunikation mittels Schriften. Für sie soll gelten: Abwesenheit des Schreibers, daher keine Rückfragmöglichkeit und Trennung der Situationen des Schreibens und Lesens. Und hier hängt, entgegen manchen Verzeichnungen, alles vom Leser ab: von seinen Kenntnissen und Fähigkeiten, seinem Wissen und Wollen, seiner Bereitschaft, auf Textvorgaben und -lenkungen einzugehen – oder sie zu verkennen oder zu verwerfen. Sein Vorgehen entscheidet über die Ausarbeitung der Schrift zu (s)einem Text durch Wahl seiner Leseeinstellung und die Zuordnung zu einer Textsorte. Dabei entscheidet er, als was er den Text liest, und damit über das Verhältnis des Textes zunächst zu seiner, aber eventuell auch zu des Autors Lebenswelt und Wirklichkeit. «Pro captu lectoris...» (vgl. Motto). Darum genügt hier der Bezug auf das Lesen.

In einem dritten Schritt ist dann zu fragen, ob das Lesen von Schriften, die konventionell als Literatur gelten, den modalen Varianten in diesen zwei Kommunikationsformen entsprechen kann.

Wirkliches

Nichtfiktional ist die direkte Kommunikation des Gesprächs, wenn (a) die Äußerungen sich auf Gegenstände beziehen, die allen Beteiligten als wirklich gelten, und die Aussagen als wahr gelten und (b) die Beteiligten «als sie selbst», d. h. ernsthaft, aufrichtig und verpflichtungsbereit sprechen und hören (und nicht irgendwelche Rollen vortäuschen oder spielen) sowie (c) die gegebene Situation von keinem der Beteiligten miß- oder umgedeutet wird. Erfüllt sein müssen alle drei Bedingungen; denn es verändert alles, wenn jemand z. B. ein Polizist zu sein vorgibt und andere wegen eines wirklichen Verstoßes zur Rede stellt oder wenn mir jemand, in der Meinung, ich sei Pfarrer oder Therapeut, seine Lebensbeichte ablegt oder wenn bei einzelnen Teilnehmern Irrtümer bezüglich des institutionellen Rahmens vorliegen, eine Situation, von der Lustspiele, aber auch Kafkas Romane zehren.

Nicht nur der Inhalt ist also entscheidend, sondern auch die Ausdrucksweise, die Sprechhandlungen und die in diesen ausgedrückten und konstituierten Rollen müssen verträglich[13] sein sowohl mit den jeweiligen Wirklichkeitskriterien als auch mit der (Auffassung der) gegebenen Situation.

Nichtfiktional sind daher Schriften und Lesesituationen, bei denen nach Auffassung der lesenden Person (a) Schreibweise und zugewiesene Textsorte verträglich sind mit wahrheitsfähigen und ernsthaften Äußerungsformen, (b) der Text sich auf Wirkliches bezieht und (c) der Schreiber zurechnungsfähig ist und ‹als er selbst› spricht, also mit ‹ich› sich auf sich selbst bezieht.

Können Texte, die (zum Lesezeitpunkt) konventionell als Literatur gelten, als nichtfiktional gelesen werden? Sie werden es: historische Romane als Tatsachenberichte, Gedichte als wahre Aussagen des wirklichen Menschen Goethe, Rilke, Brecht... So gelesen, sind literarische Texte Nichtfiktionen.

Irrtum und Lüge: verzerrte Kommunikation

Nichtfiktionen, wenngleich keine ‹normale› Kommunikation, sind auch Irrtum und Lüge. Die Auffassungen der Beteiligten, d. h. ihr (jeweiliges) Wissen, ihre Absichten und Absichtsunterstellungen, entscheiden hier alles. Und dieses Wissen ist einseitig, sofern es nicht, metakommunikativ, wieder gemeinsam wird.

Einfach ist der Fall des Irrtums: Eine Person behauptet in einem Gespräch etwas, von dem sie überzeugt ist, daß es wahr ist, eine andere Person weiß oder ist überzeugt, daß die Behauptung falsch ist.

Bei der Lüge ist zu unterscheiden: Weiß in einer Gesprächssituation nur die lügende Person, daß sie lügt, ist die Lüge erfolgreich und damit die Äußerung für die anderen wahr. Wissen es aber alle Beteiligten, ist es zwar noch eine Lüge, aber sie ist nicht erfolgreich. Schließlich können die zuhörenden Personen dem Sprecher unterstellen, wissentlich und willentlich zu lügen, dann kann dies zutreffen oder auch nicht. Verzerrt ist die Kommunikation in jedem Fall.

In der schriftlichen Kommunikation entscheidet wiederum allein der Leser, ob er dem Schreiber Irrtum aufgrund falschen oder fehlenden Wissens oder aber Täuschungsabsichten unterstellt.

Kann auch Literatur als Irrtum oder gar als Lüge gelesen werden? Als Irrtum dann, wenn es bei sonst verläßlichem Erzählen zu internen Widersprüchen kommt (der ‹Schlaf› Homers) oder bei realistischem Erzählen zu ‹falscher› Darstellung von äußeren Fakten, z. B. in historischen Romanen. Und für die Lüge braucht nur auf den vielzitierten Vorwurf Platons verwiesen werden, daß «die Dichter lügen».[14] So gelesen, sind literarische Texte keine Fiktionen, sondern sie vermitteln wissent- und willentlich Falsches zum Zwecke der Täuschung. Die Entscheidung liegt auch hier bei den Lesenden.

Träume und Gespenster
Ernsthaft, aufrichtig und verpflichtungsbereit können wir reden auch über Noch-nicht- und Nicht-Wirkliches sowie über entschieden Nicht-und-niemals-Wirkliches: über Künftiges, Erwartetes, Geplantes; über Geträumtes, nur Vorgestelltes, Gewünschtes und Erfundenes sowie über die Vorstellungen, Einbildungen und Erfindungen anderer: über Einhörner, Nixen und eben auch Gespenster. Solche Kommunikation ist nichtfiktional dann, wenn allen Beteiligten durch den Kontext oder durch ausdrückliche Hinweise klar ist, daß es sich um Künftiges, Erwartetes, Geträumtes, Erfundenes handelt. Unproblematisch sind dann auch Äußerungen über Drachen, Pegasus, Sherlock Holmes.[15] Auf sie wird Bezug genommen nicht als Gegenstände in der Welt, sondern als Inhalte von wirklichen Vor- und Darstellungen. «Peter glaubt an Gespenster», «Einhörner werden dargestellt als…» sind nichtfiktionale, da wahrheitsfähige Aussagen.

Der Leser von Vorhersagen und Traumgeschichten sowie von Texten über Vorstellungen, Erfindungen und Darstellungen behandelt diese dann als nichtfiktional, wenn er ihnen diesen Status aufgrund von ausdrücklichen Hinweisen («Die Glaubenswelt des Mittelalters») oder aufgrund eigener Entscheidung zuweist. Dem Schreiber wird dabei unterstellt, daß er zurechnungsfähig ist, d. h. die Unterscheidung von *wirklich* und *nichtwirklich* kennt und berücksichtigt.

Gar nicht so selten werden literarische Erfindungen von ‹realitätstüchtigen› (Nicht-)Lesern als bloße Hirngespinste und Phantastereien abgetan. Literatur wird damit als völlig sinn- und funktionslos eingestuft, und es wird ihr jeder Wirklichkeitsbezug und Wahrheitsgehalt abgesprochen. Wer Literatur so völlig ausgrenzt und sie als Darstellung bloßer Erfindungen distanziert liest, liest sie als nichtfiktional.

Welcher Raum bleibt dann noch für Fiktionen?

Merkwürdige Verdoppelungen: das Fiktionsspiel

Wenn jemand, der sagt: «Ich habe geträumt, ich hätte einen Fisch gefangen, und den essen wir heute zum Mittagessen», sich weigert, gescherzt zu haben und auf seinem Vorsatz beharrt, müssen seine Gesprächspartner an seiner Zurechnungsfähigkeit zweifeln. Irritationen beginnen immer dann, wenn unklar ist, als was etwas gemeint ist oder wenn es für andere zu Vermischungen der Statusbereiche wirklich und nichtwirklich kommt. Die Zuschreibung des Wahnsinns hat hier ihren Grund, die Grenzziehungen müssen, bei Strafe des Ausschlusses, gewahrt werden; streng ist hier «die Ordnung des Diskurses», der «Wille [und die Verpflichtung] zur Wahrheit».[16] Spätestens seit diese Ordnung etabliert ist, bestehen aber auch Möglichkeit, Drang und Lust, diese Ordnung zu durchbrechen, die Grenzen zu überschreiten: im Fiktionsspiel.

Im Fisch-Beispiel: Wenn die anderen nicht am Verstand des Sprechers zweifeln, sondern den Tisch decken und von leeren Tellern essen, treten sie ein in dieses Spiel.

Fiktionen entstehen immer dann, wenn etwas gewußt Nichtwirkliches als wirklich gesetzt und gebraucht wird, als ob es wirklich sei: Gegenstände und/oder deren Eigenschaften, Sachverhalte, aber auch Rollen der Beteiligten und/oder Situationsgegebenheiten. Für das Zustandekommen der Fiktion genügt die Setzung schon eines dieser Bereiche. Fiktionen sind Formulierungen (‹Codierungen›) von Äußerungen (im weitesten Sinne), die unter diesen Bedingungen der umdeutenden Setzung oder der freien Erfindung eines oder mehrerer Bereiche hervorgebracht oder, vor allem, als solche «gebraucht» werden. Hierin dann unterscheiden sie sich vom Spiel: Fiktionen sind formulierte, aufgezeichnete Spiele.

Entscheidend dafür ist in direkter Kommunikation, daß der Eintritt in dieses Spiel bei (unterstellt) klarem Verstand, willent- und wissentlich und für alle Beteiligten erkennbar vollzogen wird und die Beteiligten diesen Übertritt mitvollziehen, zumindest tolerieren.

Ernsthaft und aufrichtig (und nicht selbst Spiel oder vorgetäuscht) ist das Eingehen der Beteiligten auf diese Setzung(en), real ist auch ihr Tun im Spiel. Das Fiktionsspiel ist ein eigenes, historisch und kulturell ausdifferenziertes Handlungsschema, das erlernt werden muß. Das Eingehen darauf ist in der Regel freiwillig und kann deshalb auch aufgekündigt werden, freilich um den Preis des (Selbst-)Ausschlusses aus dem Spiel (‹Spielverderber›). Einigung vorausgesetzt, ist in diesem Spiel alles zulässig, ist das Verträglichkeitsprinzip der nichtfiktionalen Kommunikation aufgehoben: Nur Mögliches, aber auch Unmögliches kann als wirklich gesetzt werden (sprechende Tiere, Zeitreisen), jede beliebige Rolle kann eingenommen werden; auch Ausdrucksweisen und Sprechhandlungen unterliegen keinen Beschränkungen.

Damit entstehen jedoch merkwürdige Doppelungen: Die Beteiligten sind zugleich sie selbst (und wissen dies normalerweise auch), und zugleich können sie, selbstvergessen, jemand anderes sein; die wirkliche Umgebung bleibt bestehen, und zugleich formen sie innerhalb dieser eine eigene Welt mit selbstgesetzten Regelungen und Regeln (ohne die kein Spiel möglich ist), mit selbstgesetzten Gegenständen und Sachverhalten, auf die sie sich als (ob) *wirklich* beziehen können. Deshalb ist es nur sinnvoll, wenn das Eingehen auf Fiktionen als Vertrag[17] bezeichnet wird, der innerhalb der wirklichen Situation eine eigenständige Enklave aus- und eingrenzt.

Beim Lesen ist nun die entscheidende Differenz zu den Nichtfiktionen, daß der Leser dem Schreiber die Fähigkeit unterstellt, zwischen *wirklichen* und *nichtwirklichen* Gegenständen, Sachverhalten und Rollen unterscheiden zu können und ihn nicht täuschen zu wollen, und daß er bereit ist, dessen umdeutende Setzungen und freie Erfindungen (oder was der Leser dafür hält) für die Enklave seiner Lektüre zu behandeln, als ob sie *wirklich* seien, z. B. die juristischen, mathematischen, philosophischen Fiktionen (Firmen als Personen, Punkte ohne Raum, den Laplaceschen Dämon etc.).

Für dem Umgang mit Literatur gilt dann analog: Literatur wird als Fiktion gebraucht, wenn dem Schreiber Zurechnungsfähigkeit und Unterscheidungsvermögen unterstellt werden, aber auch die Absicht, eine Fiktion zu schreiben (und nicht zu lügen, zu täuschen etc.) Hinzutreten muß aber die Bereitschaft, die dargestellte Welt und auch die Instanzen im Text, die das literarische Fiktionsschreiben erst hervorbringt, als *wirklich* aufzufassen: Erzähler, lyrisches Ich und ihre Adressaten im Text, aber auch die erschriebene Autorrolle.[18] In diesem Wirklichnehmen haben die Selbstvergessenheit, die Illusion und das Vergnügen am imaginierend Mithervorgebrachten, Furcht und Mitleid ihren Grund. Der so liest oder zuschaut, ist demnach zugleich er selbst und ein anderer, nämlich ein Mitspieler – eine für alle, die gelenkt sind vom Willen zur Wahrheit (und Macht), nicht nur merkwürdige, sondern erschreckende Verdoppelung, da ein unkontrollierbarer Freiraum.

Mit Hilfe dieser Bestimmungen des Fiktionsbegriffs lassen sich auch einige oft verwirrte Begriffe sinnvoll präzisieren:

Fiktional bezeichnet die Eigenschaft, (Teil der) Fiktion zu sein, und ist anwendbar auf Äußerungen und Texte sowie auf das in diesen Äußerungen Hervorgebrachte (die Welt der Fiktion, die Rollen wie die des fiktionalen Erzählers).

Fiktiv ist ein Oppositionsbegriff zu *wirklich* und bezeichnet den Status ausschließlich von Gegenständen und Sachverhalten, die, obwohl als nichtwirklich gewußt, als wirklich behandelt werden. (‹Fiktive Texte› gibt es nicht!)

Fingiert schließlich bezeichnet den Status von Gegenständen und Sachverhalten, die es gleichfalls nicht gibt, deren Existenz bzw. Bestehen aber vorgetäuscht wird mit dem Ziel der Täuschung.

So eindeutig also die Begriffe bestimmbar sind, so ungenau, verworren und vieldeutig ist das Feld des faktischen Gebrauchs von Fiktionen und ihrer Funktionen.

Gewußte Fiktionen (andere gibt es nicht) müssen reale Funktionen haben, es gäbe sie sonst nicht. Als freischaltende Setzungen wie als freie Schöpfungen dienen sie in jedem Fall der Freisetzung von den Beschränkungen des Wirklichen, darin dann der Vereinfachung, Erleichterung, Entlastung wie auch der Entfaltung der kreativen Fähigkeiten, der Erprobung von Alternativen, dem Durchspielen von (Un-)Möglichkeiten etc. – Aber sie sind Äußerungen, Aufzeichnungen, Codierungen. Und als solche treten sie scheinbar gleichwertig neben andere Reden, Texte, Bilder – und können so mit den *wahren* verwechselt werden. Denn Fiktionen können nur metakommunikativ indiziert werden; in Reden und Schriften gibt es keine übergreifenden fiktionsanzeigenden Indizien [19], die Angst Platons und vieler Späterer vor Grenzverwischungen ist also nicht unbegründet. Zeichenrealität gewinnen auch die Inhalte von Fiktionen, werden Bestandteil unseres Wissens und stehen dann gleichwertig neben anderem Verzeichneten: Gewußtem, Erinnertem. Verkehrungsbedroht ist auch das Rollenspiel: Was geschieht, wenn einer seine erklärte Rolle z. B. als ‹advocatus diaboli› benutzt, um ungefährdet seine wirkliche Meinung sagen zu können? Und weiter: Wo genau verläuft die Grenze zwischen dem als Fiktion Imaginierten und dem «Imaginären» (im Sinne Lacans) [20] mit seinen undurchschauten Vertauschungen von «Realem» und selbst- oder fremdentworfenem Bild? Einbildungskraft ist hier wie dort am Werke. Was verhindert schließlich, die Vorgabe der Fiktionen zu «agieren» (Lorenzer), zu leben nach den Vor-Schriften und -bildern der Literatur, des Films, und eigene wie fremde Einbildungen «rückzuschreiben» (Freud) in die eigene Vergangenheit? – Die Verwirrung der «Liebhaber», auch sie ist so unbegründbar nicht. Das Leben ist ungenau.

Erneute Komplikationen – und die Andeutung eines Auswegs

Wenn, pro captu lectoris, Literatur als Fiktion gelesen wird, sind die Fragen des Wahrheitsgehalts und des Wirklichkeitsbezugs, so scheint es, negativ entschieden, und die ab- und ausgrenzenden Experten wären im Recht: Solches Lesen wäre nur ein – enklavisches – So-tun-als-ob. Und doch wird Literatur seit alters auch als Mimesis gesehen, als Nachahmung, Abbildung, Widerspiegelung, als Darstellung von Exemplarischem. Und immer wieder gelten diese Abbildungen oder Darstellungen als wahrer, treffender, unmittelbar-anschaulicher als andere Formen des Redens über Welt.

Hier genau greifen die realistischen Verwechslungen, die naiven und raffinierten Entfiktionalisierungen. Literatur wird (miß-)verstanden entweder als Aussage über Wirkliches (inklusive über Erlebtes, Empfundenes) oder als exemplarische Darstellung von Wirklichkeitsentsprechendem. Doch muß schon die Frage, ob von einzelnem (dem Exemplum) auf Allgemeines geschlossen werden darf, strenggenommen verneint werden. Entscheidender ist, daß zwischen der Struktur einer sprachlichen Äußerung/Gestaltung und ‹der› Wirklichkeit keine Analogie bestehen kann: Wirkliche Abläufe folgen keiner Erzähllogik. Und realistische Verwechslungen sind auch die Auffassung der Literatur als Autor-Rede: als Ausdruck der Meinung, des Erlebens etc. des schreibenden Menschen (und nicht der literarisch erst erschriebenen Autorrolle).

Ist dagegen dann alles doch nur enklavisches Spiel?

Literatur ist kein Reden-über und keine Kommunikation im üblichen Sinn; sie ist Kunst, künstlerische Gestaltung von und mittels Sprache. Erst die sprachkünstlerische Schreibweise, die ‹Form›, die Komposition ermöglichen, erstalten die Rollen des Autors im Text, des Erzählers, des lyrischen Ichs und die dargestellte Welt. Die Komposition ist daher notwendig Konstruktion, ihr Ergebnis immer «übernatürlich», «das Überirdische», «eine kleine Welt für sich» mit nur «innere[r] Wahrheit» (Goethe); also Überordnung und Surrealismus im eigentlichen Sinn. Und überordnend sind noch die dargestellte Unordnung, das Absurde, das Groteske. Es sind die literarische Gestaltung auf ein Ende, einen Zielpunkt zu und daher die Komposition vom Ende her, die den Eindruck geordneten Lebens erweckt und dadurch Sinn suggeriert, dem Sinnbegehren der Lesenden zu antworten scheint.[21] Und doch ist diese Ordnung geschaffen nur als Einschreibung in literarischen Schriften, die die Lesenden nach- und mitschaffend erst ausimaginieren zu einer ‹Welt›. Hier kann der Umschlag erfolgen: Die lesend mithervorgebrachte Welt kann kurzschlüssig gleichgesetzt werden mit ‹der› Wirklichkeit; die Grenzen der Enklave sind aufgehoben. Oder aber das gerade enklavisch Imaginierte wird zur Kompensation, zur Flucht- und Ersatzwelt. Die Enklave wird zur *wahren* Welt schlechthin: Eintritt ins Imaginäre. – Kein Ausweg?

Auch in der Enklave spielen wirkliche Spieler wirklich; auch Lesen von Literatur als Fiktion ist reales Tun. Und real sind daher auch die Erfahrungen des Lesens – im Gegensatz zu den im Wortsinn nur eingebildeten Inhalten. Wird nun Literatur als Kunst gelesen, wird der Leser zum Koautor, sein Lesen wird zum Mitschaffen, zur «Sympoiesis» (Friedrich Schlegel). Und in diesem – realen – Mitschaffen kann er erfahren: die Entfaltung seiner ‹Vermögen›, seine Einbildungskraft ebenso wie sein Sprach- und Sprachkunstvermögen im Sprachspiel der und mit Literatur, die dies längst vorgezeichnet hat in selbstverauffälligenden Spielen mit ihren Mitteln, in Selbstzitaten und -reflexionen. So gelesen, wird Literatur zu einem Exemplum anderer Art, zur «Vorahnung»[22] nämlich anderen Handelns, zur Erprobung und Erfahrung von Alternativen, die so anderswie und -wo nicht möglich sind: von surrealer Ordnung, Stimmigkeit und Schönheit oder auch deren surrealer Infragestellung, von praktizierter Reflexion von Sprache und Welt in den ‹Gegenwelten› der Literatur, von eigenem Tun und Können. Dieses Handeln hat Wirklichkeitsbezug, als selbst reales wie auch im Vergleich zu anderem, und Wahrheitsgehalt dann, wenn es als ‹wahrhaft menschengemäß› im Unterschied zu anderem Handeln begriffen wird. Auch dies kann gemeint sein, wenn von der Wahrheit der Literatur die Rede ist: wirkliche Provokation im Wortsinn zu sein gerade durch ihr Anderssein, ihre Freiheit zum Fiktionsspiel, zur überbietenden Überschreitung der Grenzen nun des *Wirklichen*, auch der Wirklichkeitsverpflichtung der Sprache und des Denkens. Solche Andersartigkeit und Freiheit werden versinnlicht im Lesehandeln und darin ästhetisch erfahrbar. Das Wahrheitskriterium aber ist nicht länger mehr gebunden allein an das Dargestellte, sondern «handlungsästhetisch»[23] zu begründen und zu erfüllen.

Dies ist eine Möglichkeit des Lesens. Diese Freiheit vorzuschreiben, wäre paradox. Zu ihrer Nutzung zu provozieren, wie schon die Literatur selbst, ist es nicht. Verwirrende Fragen können auch Möglichkeiten erschließen; Fragemöglichkeiten für Kenner und Forschung, aber auch Erfahrungsmöglichkeiten beim Lesen.

Literatur

Assmann, Aleida: Die Legitimität der Fiktion. Ein Beitrag zur Geschichte der literarischen Kommunikation. München 1980.

Dürrenmatt, Friedrich: Sätze über das Theater. In: Ders.: Theater. Essays und Reden. Zürich 1985, S. 176–211.

Gabriel, Gottfried: Fiktion und Wahrheit. Eine semantische Theorie der Literatur. Stuttgart 1975.

Hamburger, Käte: Wahrheit und ästhetische Wahrheit. Stuttgart 1979.

Harth, Dietrich/Gebhardt, Peter: Mimesis und Fiktion. In: Dies. (Hg.): Erkenntnis der Literatur. Theorien, Konzepte, Methoden. Stuttgart 1982, S. 27–30.

Henrich, Dieter/Iser, Wolfgang (Hg.): Funktionen des Fiktiven. München 1983 (Poetik und Hermeneutik. Bd. 10).

Iser, Wolfgang: Das Fiktive und das Imaginäre. Perspektiven literarischer Anthropologie. Frankfurt/M. 1991.

Landwehr, Jürgen: Text und Fiktion. München 1975.

Schlaffer, Heinz: Poesie und Wissen. Die Entstehung des ästhetischen Bewußtseins und der philologischen Erkenntnis. Frankfurt/M. 1990.

Searle, John R.: Der logische Status fiktionalen Diskurses. In: Ders.: Ausdruck und Bedeutung. Untersuchungen zur Sprechakttheorie. Frankfurt/M. 1982, S. 80–97.

Weimar, Klaus: Enzyklopädie der Literaturwissenschaft. München 1980, bes. §§ 162–280.

Anmerkungen

1 Vgl. dazu den informativen, die historische Entfaltung des Problems nachzeichnenden Überblick von Schlaffer.

2 Zu den «Prozeduren», die diese Ordnung gewährleisten sollen, vgl. Michel Foucault: Die Ordnung des Diskurses. Frankfurt/M. 1977.

3 Von Platons «Ion» (als Verlust des «vollen Bewußtseins») über Augustinus (als Sünde) bis hin als Spezifikum (Schopenhauer), ja Auszeichnung (Adorno) der ästhetischen Aktivität. Vgl. auch U. Schödlbauer: Ästhetische Erfahrung. In: Harth/Gebhardt, S. 49–51.

4 Aristoteles: Poetik. Kap. 9, 1451 a.

5 Vgl. Aristoteles: Poetik. Kap. 9 und 24, dazu die Anmerkungen des Herausgebers Manfred Fuhrmann der Ausgabe Stuttgart 1982, S. 114 und 135 f.

6 Vgl. Theodor W. Adorno: Ästhetische Theorie. Frankfurt/M. 1973.

7 Kontraktion aus engl. «fact» und «fiction».

8 Vgl. zu dieser Frage Gabriel; widersprechend K. Hamburger, bes. S. 118–123.

9 Damit eine wahre Aussage über das, was *wahr* ist, gemacht werden kann, muß *wahr* ja schon vorausgesetzt werden.

10 Das *Wahre, Wirkliche* etc. werden dabei aufgefaßt als sog. «intensionale Objekte», d.h. als Inhalt («Intension») des Glaubens, Meinens, Auffassens von Personen. Vgl. dazu ausführlich John R. Searle: Intentionalität und der Ge-

brauch der Sprache. In: Günter Grewendorf (Hg.): Sprechakttheorie und Semantik. Frankfurt/M. 1979, S. 149–171.

11 Vgl. dazu Gabriel, S. 31 f.

12 Vgl. zu genaueren Bestimmungen z. B. Kuno Lorenz: Modalität. In: J. Mittelstraß (Hg.): Enzyklopädie Philosophie und Wissenschaftstheorie. Mannheim u. a. 1984, S. 904–906. (Das erkenntnistheoretisch sehr strittige Paar *notwendig/nichtnotwendig* kann hier entfallen.)

13 Vgl. das «aptum» der antiken Rhetorik.

14 Zitiert noch in Hans Magnus Enzensberger: Der Untergang der Titanic. Eine Komödie. Frankfurt/M. 1978, S. 61. – Ernst? Ironie? Fiktion?

15 Vgl. die unnötigen Komplizierungen in Gabriel, S. 33–42, und zur Klarstellung Searle.

16 Foucault (Anm. 2), S. 11, 15 u. ö.

17 Assmann, S. 151–155.

18 Es ist die Schreibweise, der Stil, der diese Rolle schafft und dem Leser als Autorbild vermittelt. Dies zur Ergänzung von Weimar, bes. §§ 159, 165, 214, 228 f, 249.

19 Mit der einen, allerdings auch nicht entscheidenden Ausnahme: der Anwendung von Verben innerer Vorgänge (fühlen, glauben, empfinden, denken etc.) auf Dritte. Auch die Umgangssprache ist hier ungenau.

20 Zur Einführung vgl. z. B. Helga Gallas: Das Textbegehren des «Michael Kohlhaas». Reinbek bei Hamburg 1981, bes. S. 15.

21 Vgl. Schlaffer, S. 102–114, bes. S. 112.

22 Hans Blumenberg: «Nachahmung der Natur». Zur Vorgeschichte des schöpferischen Menschen. In: Studium generale 10 (1957), S. 266–283, hier S. 283.

23 Zum Verhältnis von Darstellungs- und Handlungsästhetik vgl. einführend Theodor Elm: Die moderne Parabel. München 1991, S. 9–15.

Harro Müller

Autonomie und Funktion

Theoretiker der modernen bürgerlichen Gesellschaft wie Jürgen Habermas, Niklas Luhmann, Reinhart Koselleck oder Michel Foucault gehen davon aus, daß im Übergang vom 18. zum 19. Jahrhundert eine Epochenschwelle zu lokalisieren ist. Folgt man Niklas Luhmann, wird von der stratifikatorischen Gesellschaft, die schichtenmäßig spezifiziert und in einem Zentrum abbildbar ist, auf die funktional ausdifferenzierte Gesellschaft umgestellt. Diese besteht aus einzelnen Teilsystemen, ohne daß ein Teilsystem – sei es Politik oder Wirtschaft – eine strenge Führungsrolle beanspruchen könnte. Das hat auch gravierende Folgen für Kunstproduktion, -distribution und -rezeption. Die Moderne ist nämlich dadurch gekennzeichnet, daß sich ein eigenständiges Kunstsystem herausbildet, das mit Hilfe eines Leitcodes (schön/häßlich), spezifischer Programmatiken (z. B. Ästhetiken und Stilkonventionen) und neuer Rollenverteilungen sich selbst als Institution organisiert.[1] In dem unter Innovationsdruck stehenden Kunst- und Literatursystem äußern sich Autoren über das Autonomiepostulat und über mögliche Funktionszuweisungen von Kunst/Literatur aus der Teilnehmerperspektive. Das sind meist kognitiv interessante, aber eben auch interessengeleitete Stellungnahmen innerhalb des Kunstsystems, die häufig genug Selbstüberschätzungen enthalten.

In der modernen Gesellschaft haben die funktional nicht ersetzbaren Teilsysteme unterschiedlichen Erfolg. Am besten haben in der Moderne die Teilsysteme Politik, Wirtschaft und nicht zuletzt Wissenschaft reüssiert. Unzweifelhaft ist aber auch im Kunstsystem mit der Ausdifferenzierung ein interner Komplexitätszuwachs verbunden. Da Kunst als schöne oder nicht mehr schöne Kunst in der Moderne nicht mehr unauflöslich mit religiösen, metaphysischen, kognitiven und moralisch-praktischen Fragestellungen verknüpft ist, kann sie als eigensinnige Wertsphäre Autonomie für sich beanspruchen, die erhebliche ästhetische Verfahrenszugewinne ermöglicht. Sie wird viel stärker als in vormodernen Zeiten auf Selbstreferenz umgepolt. Diese Selbstreferenz aktualisiert sich in Programmen wie dem der Schlegelschen progressiven Universalpoesie, welches erlaubt, mit Hilfe allegorischer und ironischer Verfahren ein vielfach selbstbezügliches Spiel zu inszenieren, das allerdings stets auf eine begrifflich nicht mehr faßbare, eben nur noch ästhetisch vermittelbare Sinnfülle verweisen soll.[2]

Jedoch keine Selbstreferenz ohne Fremdreferenz; denn bevor man sich auf etwas selbstreferentiell beziehen kann, muß man etwas als etwas schon beobachtet haben. Deshalb konkurrieren in der Moderne ‹ästhetizistische› und ‹realistische› Kunstkonzeptionen, die das Spiel zwischen Fremdreferenz und Selbstreferenz auf unterschiedliche Weise spielen: Ästhetizistische Positionen betonen die Selbstreferenz, indem sie den Hauptakzent auf das Selbstverweisungsspiel von Kunst legen; realistische Positionen setzen auf Fremdreferenz und heben die Abbildungsqualität von Kunst hervor. Darüber hinaus stellt Ausdifferenzierung als Ausdifferenzierung Kunst und Literatur vor erhebliche Probleme. Denn die funktionale Ausdifferenzierung ermöglicht zwar ästhetischen Komplexitätszugewinn, impliziert zugleich aber religiösen, metaphysischen, kognitiven und moralisch-praktischen Verbindlichkeitsverlust. Daß das Kunstsystem z. B. das politische oder das ökonomische System zur Umwelt hat, wird bis heute von vielen, die sich in ihrem Selbstverständnis vorwiegend im Kunstsystem situieren, als irritierend und verstörend erfahren. Auf die ‹Marginalisierung› des Kunstsystems antworten sie häufig mit Zentralisierungswünschen, in die sich fast immer Entdifferenzierungsträume einklinken, die entweder von alten Einheiten vor der Ausdifferenzierung oder von neuen Einheiten jenseits der Ausdifferenzierung träumen. Das kann man sich besonders gut an der Kunstreligion klarmachen, wie sie auf unterschiedliche Weise vom Deutschen Idealismus präsentiert worden ist. Die bis heute erfolgreichste Formulierung eines derartigen idealistischen Programms, das in the long run die Umweltgrenzen zu den anderen Teilsystemen wieder aufheben will, hat Friedrich Schiller in seinen «Ästhetischen Briefen» vorgenommen. Sie sind Zeugnisse eines Autors, der in der außerordentlich krisenhaft verlaufenden Umbauperiode zur modernen Gesellschaft und angesichts der bestürzenden Ereignisse der Französischen Revolution mit konstruktiver Energie folgende Selbstbeschreibung anfertigt: Der Künstler als Individuum ist zugleich Repräsentant der Menschheitsgattung, deren Geschichte geschichtsphilosophisch mit einem triadischen Fortschrittsmodell eingefangen werden kann. Der ‹real› nicht erreichbare ideale Zielpunkt wird mit Hilfe einer Entdifferenzierungsphantasie gefaßt: Schiller träumt den utopischen Traum einer ursprungsphilosophisch abgesicherten ästhetischen Versöhnung von Natur und Kultur, von Politik, Ethik und Kunst, also von einem Zustand jenseits von Ausdifferenzierung. Die entscheidenden Schritte auf dem Weg zu diesem Ziel leistet nun das Kunstsystem, wobei es die Funktion des für autonom erklärten Kunstwerks als ‹lebende Gestalt› ist, stets zwecklos – d. h. symbolisch – auf jene utopische Zielprojektion zu verweisen, indem die Kunstwerke so strukturiert werden, daß sie in ihrer Faktur die Versöhnung vorwegnehmen.

Friedrich Schillers Funktionsbestimmung der autonomen, ‹funktionslosen› Kunst innerhalb eines geschichtsphilosophisch ausgelegten universalen Versöhnungsprogramms geht von der Voraussetzung aus, daß der Kollektivsingular ‹Geschichte› eine sinn- und identitätsverbürgende Qualität enthält. Den Glauben an diese Form von Geschichtsmetaphysik, der es ja allererst ermöglicht, den Kunstwerken aufrichtigen, selbständigen Schein als utopischen Vor-Schein zuzuweisen, teilt Friedrich Nietzsche nicht mehr. Denn für Nietzsche hat mit dem Tod Gottes auch der Kollektivsingular ‹Geschichte› seine Legitimationskraft verloren. Nicht umsonst verspottet er den schwäbischen Dichter als «Moraltrompeter von Säckingen». Dennoch ist Nietzsche zumindest in einer spezifischen Hinsicht nicht so weit von Schiller entfernt, wie häufig von vielen Nietzsche-Adepten angenommen wird. Auch für Nietzsche steht nämlich das ästhetisch-poietische Vermögen des Menschen im Zentrum seiner Überlegungen. Im Insgesamt der menschlichen Handlungs- und Verhaltensweisen erhält es absolute Priorität als Ort, wo Neues imaginiert und Sinnentwürfe produziert werden können. Und wie Schiller träumt er einen Entdifferenzierungstraum, der allerdings nicht mehr geschichtsphilosophisch domestiziert ist: Es ist der Traum einer differenzlosen Einheit von Politik und Kunst. Das Idealbild, das Nietzsche vorschwebt, skizziert er mit kräftigen Zügen in seiner Schrift «Genealogie der Moral»; es ist aus heutiger Perspektive symptomatisch, daß Nietzsche zur Exemplifizierung seiner Entdifferenzierungsphantasie vormoderne Staatsgründergestalten bemüht:

> «Dergestalt beginnt ja der ‹Staat› auf Erden: ich denke, jene Schwärmerei ist abgetan, welche ihn mit einem ‹Vertrage› beginnen ließ. Wer befehlen kann, wer von Natur ‹Herr› ist, wer gewalttätig in Werk und Gebärde auftritt, was hat der mit Verträgen zu schaffen! Mit solchen Wesen rechnet man nicht, sie kommen wie das Schicksal, ohne Grund, Vernunft, Rücksicht, Vorwand, sie sind da, wie der Blitz da ist, zu furchtbar, zu plötzlich, zu überzeugend, zu ‹anders›, um selbst auch nur gehaßt zu werden. Ihr Werk ist ein instinktives Formen-schaffen, Formen-aufdrücken, es sind die unfreiwilligsten, unbewußtesten Künstler, die es gibt – in Kürze steht etwas Neues da, wo sie erscheinen, ein Herrschafts-Gebilde, das *lebt*, in dem Teile und Funktionen abgegrenzt und bezüglich gemacht sind, in dem nichts überhaupt Platz findet, dem nicht erst ein ‹Sinn› in Hinsicht auf das Ganze eingelegt ist.»[3]

Nun zeigt dieses Zitat mit kaum zu überbietender Deutlichkeit, was passiert, wenn das Ästhetisch-Poietische totalisiert wird, indem man davon ausgeht, daß Code und Programm des Kunstsystems auch Code und Programm des politischen Systems seien. Weil Nietzsche dafür plädiert, die Ausdifferenzierungszugewinne in der Moderne rückgängig zu machen, ist seine Konzeption gesellschaftstheoretisch von eigentümlicher Naivität: Er will ein vormodernes Projekt reaktivieren. Setzt man diese Konzeption in die Realität um, bringt sie wahrhaft katastrophale und menschenmordende Effekte hervor, da ihr keinerlei Formen von kontrollierender und prüfender Verfahrensrationalität bekannt sind und sie leicht zur puren Apologie ästhetisch-charismatischer Führerschaft verkommen kann. Zudem entsprechen diesem undemokratischen ästhetischen Absolutismus in der Moderne Volksgemeinschaftsideologien rechter und linker Provenienz, in denen man sich stets als Teil eines lebenden Ganzen verstehen darf.

Diese einführenden Bemerkungen lassen einen Schluß zu. Offensichtlich kommt es darauf an – wenn man über Autonomiepostulat und mögliche Funktionszuweisungen von Kunst in der Moderne nachdenkt –, möglichst erklärungskräftige Theorien der modernen bürgerlichen Gesellschaft zu haben, die eine Situierung des Kunst- und Literatursystems erlauben. Dabei wäre auch danach zu fragen, welche Leistungen das Kunstsystem für andere Teilsysteme, aber auch für die Gesamtgesellschaft überhaupt erbringt. Da sind im 20. Jahrhundert besonders Positionen interessant, die unter dem Namen Kritische Theorie firmieren, zu der u. a. neben Herbert Marcuse und Max Horkheimer auch Walter Benjamin, Theodor W. Adorno und Jürgen Habermas gehören.

Kunst als Überwinterungsstrategie: Theodor W. Adorno

Walter Benjamin denkt in den 30er Jahren intensiv über eine materialistische Kunsttheorie nach.[4] Dabei verknüpft er auf eigenwillige Weise messianische und geschichtsphilosophische Gesichtspunkte. Für die Benjaminsche Perspektive ist zentral, auf welche Weise das Kunstsystem mit dem politischen System verbunden werden kann, um wirksame Effekte im antifaschistischen Kampf zu erzielen.[5]

In den «Thesen zur Geschichte» wird das Konzept einer nicht-auratischen, operativen Massenkunst, in welcher das Ästhetische in den materiellen Reproduktionsprozeß der Gesellschaft eingegliedert wird und die Konsumenten prinzipiell Produzenten werden können, verbunden mit einer Theorie des historischen Subjekts. Als Subjekt der Geschichte wird die Arbeiterklasse definiert – und zwar als Erkenntnis- wie als Handlungssubjekt –, die als «kämpfende, unterdrückte Klasse selbst» weiß: «Es ist niemals ein Dokument der Kultur, ohne zugleich ein solches der Barbarei zu sein.» Daher ist es eine dringliche Aufgabe auch der Literaturwissenschaft im Rahmen des kollektiven Subjekts Proletariat, «die Geschichte gegen den Strich zu bürsten», um Haß und Opferwillen zu stärken, damit das Proletariat als «die letzte geknechtete, als die rächende Klasse» auftreten kann. Das sind starke Sätze.

Und es wäre manchmal bei der Lektüre literaturwissenschaftlicher Bücher zu wünschen, daß diese zumindest etwas von diesem ‹Haß und Opferwillen› zeigen würden. Allerdings steht und fällt die Benjaminsche Position trotz ihrer eigenwilligen, ‹messianischen› Augenblickskonzeption mit dem marxistischen Klassenkampfmodell, und wer will – angesichts der aktuellen Erfahrungslage – ernsthaft unterschreiben, daß das Proletariat in der Geschichte sowohl Erkenntnis- als auch Handlungssubjekt sei? Fällt diese Prämisse, dann steht allerdings auch die Funktionalisierung von Kunst für politische Kampfverhältnisse trotz der Dialektik des Technikbegriffs wieder zur Disposition. Von diesen Überlegungen bleibt unberührt, daß Walter Benjamins materiale Arbeiten zur Literaturgeschichte vom Trauerspielbuch über den Wahlverwandtschaftenaufsatz bis hin zum Passagen-‹Werk› auch für die heutige Literaturwissenschaft viele ungeborgene Schätze enthalten.

Gegen dieses radikale Konzept, in dem die aktuelle Kunstproduktion wie auch die Aneignung der literarischen Vergangenheit wieder revolutionären Gebrauchswert für das kollektive Subjekt Proletariat gewinnen soll, erhebt Theodor W. Adorno erhebliche Einwände und entwickelt als Freund und Opponent in produktiver Auseinandersetzung mit Walter Benjamin seine ästhetische Theorie.[6] Zunächst kritisiert Adorno Benjamin immanent, indem er dessen typologische Gegenüberstellung auratische Kunst vs. Reproduktionskunst als undialektisch verwirft, weil diese Sortierung den wahren Momenten der auratischen Kunst nicht gerecht wird. Diese aber gilt es zu retten.[7]

Sodann ist für Adorno – und hier kritisiert er die Gesamtkonzeption Benjamins aus einer externen Perspektive – zutiefst problematisch, ob das Proletariat angesichts der Erfahrungslage im 20. Jahrhundert (Stalinismus, Faschismus) noch als historisches Kollektivsubjekt bezeichnet werden kann. Denn Adorno schätzt die Dialektik zwischen Produktivkräften und Produktionsverhältnissen nicht so ein, daß diese Fortschritte in der Geschichte ermöglicht; und die Entwicklung der technischen Produktivkräfte, die für Benjamin die Bedingung der Möglichkeit einer emanzipativen egalitären Massenkunst darstellt, ist nach Adorno zugleich der Grund dafür, daß sich der Herrschaftszusammenhang im Spätkapitalismus so verdichtet, daß er in einer Metapher von einem «universalen Verblendungszusammenhang»[8] sprechen kann. Unter dieser Prämisse erweist es sich als voreilig, wenn nicht als illusionär, seine Hoffnung auf das Proletariat als Erkenntnis- und Handlungssubjekt zu setzen, allenfalls hilft eine Strategie des Überwinterns. Angesichts des sich ständig reproduzierenden Zwangs- und Verblendungszusammenhangs versucht Adorno zur Fundierung seiner ästhetischen Theorie eine geschichtsphilosophische Revision des Marxismus, indem jene Verschärfung des Herrschaftszusammenhangs mit Hilfe einer Theorie der instrumentellen Vernunft erklärt wird.

Bereits in der ökonomischen Gesellschaftsformation der antiken Sklavenhaltergesellschaft läßt sich die Grundkonzeption der instrumentellen Vernunft nachweisen, weil schon hier die Herrschaft über äußere Natur konvergiert mit der Herrschaft über die innere Natur des Menschen. Diesen Zusammenhang zwischen innerer und äußerer Naturherrschaft der instrumentellen Vernunft – entfaltet in der zusammen mit Max Horkheimer geschriebenen «Dialektik der Aufklärung»[9] – faßt Adorno in seinem späteren Werk «Negative Dialektik» pointiert so zusammen:

«Daß Vernunft ein anderes als Natur und doch ein Moment von dieser sei, ist ihre zu ihrer immanenten Bestimmung gewordene Vorgeschichte. Naturhaft ist sie als die zu Zwecken der Selbsterhaltung abgezweigte psychische Kraft; einmal aber abgespalten und der Natur kontrastiert, wird sie auch zu deren Anderem. Dieser ephemer entragend, ist Vernunft mit Natur identisch und nichtidentisch, dialektisch ihrem eigenen Begriff nach. Je hemmungsloser jedoch die Vernunft in jener Dialektik sich zum absoluten Gegensatz der Natur macht und an diese in sich selbst vergißt, desto mehr regrediert sie, verwilderte Selbsterhaltung, auf Natur; einzig als deren Reflexion wäre Vernunft Übernatur.»[10]

Diese Herrschaft der instrumentellen Vernunft über innere und äußere Natur, die sich im Ablauf der Geschichte des Bürgertums massiv verschärft hat, gilt es zu brechen. Nun zeigen sich aber Momente eines herrschaftsfreien, mimetischen Umgangs mit Natur in der Kunst. Das ist der springende Punkt, wo Adorno Gesellschaftstheorie mit Ästhetik engführt. Dabei zielt seine Ästhetik wesentlich auf eine Theorie der modernen Kunst; deren Beginn wird in die Mitte des 19. Jahrhunderts verlegt. Hier setzt besonders in Frankreich eine Weise der authentischen Kunstproduktion ein, die nicht mehr – z. B. mit Hilfe des Symbolbegriffs – Sinn gestaltet, sondern sich als autonome durch ihre Faktur, ihre Verfahrensweise gegen jegliche positive Sinnzuweisung wehrt.[11]

Kunst ist nach Adorno konstruktiv und mimetisch[12], trägt zwar das Mal des Affirmativen[13], enthält aber auch stets Momente, die auf einen Zustand von herrschaftsfreiem Glück hinweisen. Insofern trägt Kunst trotz Bilderverbots immer auch utopische Züge: «Utopie ist ein jedes Kunstwerk, soweit es durch seine Form antizipiert, was endlich es selber wäre, und das begegnet sich mit der Forderung, den vom Subjekt verbreiteten Bann des Selbstseins zu tilgen.» Zugleich ist authentische

Kunst relativ autonom, ist also autonom und fait social, ihre Funktion ist die Funktionslosigkeit. In einer Gesellschaft, in der die instrumentelle Vernunft an alle Dinge ein Identitätszeichen heftet und diesen so mehr oder weniger Gewalt antut, vertritt Kunst das Prinzip des Nichtidentischen und ist so als bestimmte Negation in der Gesellschaft zugleich der Gesellschaft oppositiv zugeordnet. Adorno favorisiert die hermetische Moderne, die aufgrund ihrer Machart Widerspruch erhebt gegen korrumpierende Vereinnahmungsversuche. Aus dieser Argumentationsperspektive erklärt sich auch, warum moderne Kunst sich gegen einen schnellen kommunikativen Zugriff sperrt. Deshalb kritisiert Adorno schneidend die Produkte der Kulturindustrie, die jenes Moment des Nichtidentischen verraten und von den jeweiligen Konsumenten nur affirmativ aufgenommen werden können.[14] Innerhalb dieses Ansatzes ist sowohl die Konzeption der engagierten Kunst als auch die des l'art pour l'art nicht haltbar:

«Jede der beiden Alternativen negiert mit der anderen auch sich selbst: engagierte Kunst, weil sie, als Kunst notwendig von der Realität abgesetzt, die Differenz von dieser durchstreicht; die des l'art pour l'art, weil sie durch ihre Verabsolutierung auch jene unauslöschliche Beziehung auf die Realität leugnet, die in der Verselbständigung von Kunst gegen das Reale als ihr polemisches Apriori enthalten ist. Zwischen den beiden Polen zergeht die Spannung, an der Kunst bis zum jüngsten Zeitalter ihr Leben hatte.»[15]

Der dargelegte konzeptuelle Zusammenhang verdeutlicht, welchen Stellenwert die Produktion authentischer Kunst für Adorno innerhalb des organisierten Spätkapitalismus besitzt. Sie ist die letzte Zufluchtsstätte, wo noch ein Moment des Wahren aufscheint; deshalb wird der Künstler zum Statthalter jenes Gesamtsubjekts glorifiziert, das einst kommen soll:

«Der Künstler, der das Kunstwerk trägt, ist nicht der je Einzelne, der es hervorbringt, sondern durch seine Arbeit, durch passive Aktivität wird er zum Statthalter des gesellschaftlichen Gesamtsubjekts. Indem er der Notwendigkeit des Kunstwerks sich unterwirft, eliminiert er aus diesem alles, was bloß der Zufälligkeit seiner Individuation sich verdanken könnte. In solcher Stellvertretung des gesamtgesellschaftlichen Subjekts aber (...) ist zugleich ein Zustand mitgedacht, der das Schicksal der Vereinzelung tilgt, in dem endlich das Gesamtsubjekt gesellschaftlich sich verwirklicht.»[16]

Diese Apologie der ästhetischen Moderne, die Adorno auch in vielen scharfsinnigen Analysen zu einzelnen Werken vorgeführt hat, ist nun mehrfach kritisiert worden:

- Der universale Verblendungszusammenhang, von dem Adorno ausgeht, ist allenfalls eine plausible Artikulation eigener historischer Erfahrungen (Faschismus, Stalinismus, industrielle Verwertung kultureller Traditionen im kapitalistischen Amerika); keineswegs handelt es sich um eine systematisch ausgewiesene Kategorie, die empirisch hinreichend abgesichert wäre.[17]
- Die Kritik an der instrumentellen Vernunft ist nicht folgerichtig verknüpft mit der Fortentwicklung genuin Marxscher Kategorien. In diesem Zusammenhang bemerkt Jürgen Habermas lapidar: «Mit politischer Ökonomie hat Adorno sich nicht befaßt.»[18]
- Adorno bleibt verhaftet einer produktionsästhetisch orientierten Werkästhetik und vermag theoretisch allenfalls die literarische klassische Moderne von Baudelaire bis Beckett zu erfassen.[19]

In der Tat wäre es schwierig, postmoderne Kunst mit ihren Mehrfachcodierungen, ihrem Zusammenmontieren von E- und U-Kunst, ihren ironischen Zitierspielen mit Adornoscher Ästhetik erfassen zu wollen. Dafür ist sie wohl zu sehr eine Materialästhetik, die von der Annahme ausgeht, es gäbe letztlich bei der ästhetischen Materialbehandlung einen Progreß, der die Qualität authentischer Kunst ausmacht. Diese vielleicht nicht immer hinreichend explizierte Fortschrittsprämisse wird von der Postmoderne nicht mehr geteilt.

Adornos freilich ambivalente Apologie des Ästhetischen findet in der heutigen Diskussion ihre Fortsetzung in der dekonstruktiven Apologie des Poetischen. Jenseits dieser Apologien ist gleichviel danach zu fragen, was aus einer Literaturwissenschaft wird, die folgender Aussage von Adorno nicht mehr Achtung schenken will:

> «Die Fähigkeit, Kunstwerke von innen, in der Logik ihres Produziertseins zu sehen – eine Einheit von Vollzug und Reflexion, die sich weder hinter Naivetät verschanzt, noch ihre konkreten Bestimmungen eilfertig in den allgemeinen Begriff verflüchtigt, ist wohl die allein mögliche Gestalt von Ästhetik heute.»[20]

Kunst und Lebenswelt: Jürgen Habermas

Während für Benjamin, Adorno und auch Marcuse[21] das Ästhetische ein Zentrum ihrer gesellschaftstheoretischen Reflexionen darstellt, stellt Ästhetiktheorie für Jürgen Habermas kein Hauptarbeitsgebiet dar. Der heute wohl bedeutendste Vertreter der Kritischen Theorie übernimmt von Adorno allerdings nicht jene mimetische Naturkonzeption, um die dessen Denken ständig kreist; und auch jener universale Verblendungszusammenhang besitzt für Habermas allenfalls die Wahrheit einer Metapher. Vielmehr geht es ihm um eine Rekonstruktion des Historischen Materialismus im Hinblick auf eine Theorie des kommunikativen Handelns. Dabei ist unter Rekonstruktion ein Verfahren zu verstehen, bei dem man eine Theorie in ihre einzelnen Teile aufgliedert und diese dann neu zusammensetzt, um die Anordnung der theoretischen Elemente genau zu erkennen und, wenn nötig, zu verändern.

Die außerordentlich produktive Auseinandersetzung mit Theorien von Karl Marx und von Max Weber hat sich in dem 1981 erschienenen zweibändigen Hauptwerk «Theorie des kommunikativen Handelns» niedergeschlagen.[22] Dies opus maximum zentriert sich ganz wesentlich um eine Theorie der Moderne und ist zugleich ein reiches Ideenmagazin, mit dessen Hilfe Jürgen Habermas in den 80er Jahren seine Auseinandersetzungen mit postmodernen und dekonstruktivistischen Positionen geführt hat.[23]

Habermas geht davon aus, daß die nachmetaphysische Moderne, in der vormoderne Gesamtinterpretationen von Geschichte, Mensch, Gesellschaft und Kultur ihre Gültigkeit verloren haben, sich gegenüber vorgängigen Zeitabschnitten durch Komplexitätszugewinn auszeichnet. Dabei wird die Moderne stets als ein Projekt begriffen, das noch nicht abgeschlossen ist, sondern das vielmehr engagiert und verantwortungsbewußt fortgesetzt werden soll. Gegenüber allen postmodernen Pluralisierungsspielen und relativistischen Beliebigkeitsannahmen wird der außerordentlich ambivalent verlaufende Modernisierungsprozeß als ein evolutionär gerichteter Prozeß gefaßt, der außerordentliche Chancen, aber auch große Gefahren und Risiken in sich birgt. Die moderne Gesellschaft produziert und reproduziert sich über systemische und soziale Integration. Die ausdifferenzierten Teilsysteme Politik und Wirtschaft mit ihren Steuerungsmedien Macht und Geld sorgen für die systemische Reproduktion. Soziale Integration bewerkstelligen die ausdifferenzierten kulturellen Handlungssysteme Wissenschaft, Recht und Kunst. In diesen drei Handlungsbereichen sind jeweils Expertenkulturen tätig. In der Wissenschaft geht es um das Aufstellen, Prüfen und vorläufige Bestätigen von wahren Sätzen, in dem Bereich Moral/Recht geht es um Diskussion und Klärung von normativen Richtigkeitsfragen, im Kunstsystem um Aufrichtigkeits- bzw. Authentizitätsprobleme. Beziehen sich Wissenschaft auf die objektive und Moral/Recht auf die soziale Welt, so ist Kunst mit der subjektiven Welt relationiert.

Nun wirken sowohl die systemisch ausdifferenzierten Teilsysteme mit ihren Steuerungsmedien als auch die ausdifferenzierten Expertenkulturen in unterschiedlicher Weise auf die Lebenswelt ein, in der die einzelnen auch in der Moderne situiert sind. Die Lebenswelt nimmt man stets aus Teilnehmerperspektive wahr, in ihr muß man bei seinen jeweiligen Lebensvollzügen kognitive, moralisch-praktische und expressive Elemente miteinander verknüpfen. In diesem Dreierschema – ausdifferenzierte Teilsysteme, ausdifferenzierte kulturelle Handlungssysteme und Lebenswelt – ist der Status der Lebenswelt besonders prekär, da sie ohne Sinnressourcen nicht auskommt, die notwendig sind, damit die einzelnen ihr Leben ausrichten können. Diese Sinnressourcen sind aber nicht beliebig beschaffbar, auch nicht schlicht vermehrbar; gleichviel sind sie im strengen Sinn bestandsnotwendig und doch extrem verwundbar.

So besteht die nicht zu übersehende Gefahr, daß in der fortschreitenden Moderne die ausdifferenzierten Teilsysteme die Lebenswelt kolonisieren, während die Expertenkulturen trefflich dazu beitragen können, die Sinnressourcen veröden zu lassen, wenn es ihnen nicht gelingt, ein produktives dialogisches Verhältnis zum Publikum herzustellen. Kunst stellt sich also in der Moderne als eine eigensinnig ausdifferenzierte autonome Wertsphäre dar, bei der Habermas in einer gewissen Korrektur seines Schemas im Lauf der 80er Jahre gegenüber dem Wahrhaftigkeits- und Authentizitätspostulat stärker die welteröffnende Perspektive hervorhebt.[24] Als ausdifferenziertes kulturelles Handlungssystem ist Kunst gleichviel rückgebunden an ihre lebensweltlich situierten Adressaten, die ihrerseits darüber entscheiden müssen, welche Form von ‹Lebenskunst› sie wählen wollen, d. h. wie und auf welche Weise sie ihr Leben kognitiv, moralisch-praktisch und expressiv strukturieren wollen. Allerdings gibt es in der Moderne dafür jenseits formaler Kommunikationsbedingungen, die mit Hilfe von Formen schwacher transzendentaler Argumentation abgesichert werden können, keine universalisierbare Generallösung.

Jürgen Habermas' «Theorie des kommunikativen Handelns» ist allerdings von einer normativ aufgeladenen Ausgangsintuition geprägt, die seine stupende intellektuelle Produktion massiv motiviert. Sie impliziert die Hoffnung, daß es möglich sei, auch in der ausdifferenzierten Moderne mit ihren pathologischen Deformationen Formen von unversehrter Intersubjektivität auszubilden. In einer gerade erschienenen Veröffentlichung hat Jürgen Habermas im Rückgriff auf seine Gewährsleute Walter Benjamin und Theodor W. Adorno seinen leitenden

Impuls, der zugleich die gesamte Kritische Theorie motiviert, so in Worte gefaßt:

«Intuitionen (...) retten, die in der Philosophie unabgegolten sind. Dabei geht es um die Erfahrung von nicht-nivellierender Gleichheit und individuierender Gemeinsamkeit, um die Erfahrung einer Nähe über die Distanz zu einem in seiner Differenz anerkannten Anderen hinweg, um die Erfahrung einer Verschränkung von Autonomie und Hingabe, einer Versöhnung, die die Differenzen nicht auslöscht, einer zukunftsorientierten Gerechtigkeit, die solidarisch ist mit dem ungesühnten Leid vergangener Generationen, um die Erfahrung der Reziprozität freigebender Anerkennung, eines Verhältnisses, in dem ein Subjekt dem anderen assoziiert ist, ohne der entwürdigenden Gewalt des Tausches zu unterliegen – einer höhnischen Gewalt, die Glück und Macht des einen nur um den Preis des Unglücks und der Ohnmacht des anderen zuläßt.»[25]

Nachbemerkung

In den präsentierten Modernetheorien ist die nur knapp skizzierte Benjaminsche trotz ihrer eigenständigen Umschrift am ehesten noch strukturell mit herkömmlicher Geschichtsphilosophie und ihren Entdifferenzierungsträumen verknüpft; bei Adorno hat die als ambivalent charakterisierte Kunst, die autonom und fait social zugleich ist, gleichviel die Qualität einer promesse de bonheur, weil Kunst unverzichtbare Erfahrungsmöglichkeiten eines mimetischen Umgangs mit sich, der Natur und anderen aufbewahrt; Jürgen Habermas vertritt eine nachmetaphysische Konzeption der Moderne jenseits geschichtsphilosophischer Rahmenkonstruktionen. Sie erlaubt es ihm, Kunst als eigenständige, autonome, ausdifferenzierte Wertsphäre zu fassen. Er setzt aber seine Hoffnung auf eine dialogische Hin- und Herbewegung zwischen Lebenswelt und Kunstsystem, die ermöglichen soll, daß in der Lebenswelt Anregungen des Kunstsystems aufgenommen werden, um auf individuelle Weise Formen von unversehrter Intersubjektivität ausbilden zu können.

Zu diesem Dialog könnte die Literaturwissenschaft, die auch einmal über die von ihr verursachten sinnverödenden Effekte nachdenken sollte, einen produktiven Beitrag leisten. Dabei müßte sie immer wieder die Anstrengung auf sich nehmen, Theorien der Jetztzeit mit ästhetischen Erfahrungen zu konfrontieren, damit sich aus dem Wechselspiel zwischen Erfahrung und Theorie(n) innovative Erkenntnisse erzielen lassen.

Literatur

Adorno, Theodor W.: Noten zur Literatur I–IV. Frankfurt/M. 1958ff.

–: Negative Dialektik. Frankfurt/M. 1966.

–: Ästhetische Theorie. Frankfurt/M. 1970.

Benjamin, Walter: Gesammelte Schriften. Hg. von R. Tiedemann und H. Schweppenhäuser. Frankfurt/M. 1974ff.

Habermas, Jürgen: Theorie des kommunikativen Handelns. 2 Bde. Frankfurt/M. 1981.

–: Der philosophische Diskurs der Moderne. Frankfurt/M. 1985.

–: Nachmetaphysisches Denken. Frankfurt/M. 1988.

Horkheimer, Max/Adorno, Theodor W.: Dialektik der Aufklärung. Amsterdam 1947.

Luhmann, Niklas: Soziale Systeme. Frankfurt/M. 1984.

–: Die Wissenschaft von der Gesellschaft. Frankfurt/M. 1990.

Anmerkungen

1 Vgl. Harro Müller: Systemtheorie und Literaturwissenschaft. In: Neue Literaturtheorien. Eine Einführung: Hg. von K.-M. Bogdal. Opladen 1990, S. 201ff.

2 Vgl. Manfred Frank: Einführung in die frühromantische Ästhetik. Frankfurt/M. 1989.

3 Friedrich Nietzsche: Werke in drei Bänden. Hg. von Karl Schlechta. Bd. 2. München 1966, S. 827.

4 Vgl. Harro Müller: Materialismus und Hermeneutik. Zu Benjamins späten theoretischen Schriften. In: Ulrich Nassen (Hg.): Studien zur Entwicklung einer materialen Hermeneutik. München 1979, S. 212–233.

5 Walter Benjamin: Gesammelte Schriften, Bd. 1. Hg. von R. Tiedemann und H. Schweppenhäuser. Frankfurt/M. 1974, S. 431–700.

6 Adorno: Ästhetische Theorie.

7 Vgl. den Brief Adornos an Benjamin vom 18.3.1936. Er ist zuerst abgedruckt in Theodor W. Adorno: Über Walter Benjamin. Hg. von R. Tiedemann. Frankfurt/M. 1970, S. 252.

8 Vgl. Adorno: Negative Dialektik, S. 233f, 296f; Ästhetische Theorie, S. 252.

9 Horkheimer/Adorno.

10 Adorno: Negative Dialektik, S. 283.

11 Adorno: Ästhetische Theorie, S. 231.

12 Ebd., S. 363.

13 Ebd., S. 10.

14 Vgl. den Abschnitt «Kulturindustrie, Aufklärung als Massenbetrug». In: Horkheimer/Adorno, S. 177–217.

15 Theodor W. Adorno: Noten zur Literatur III. Frankfurt/M. 1965, S. 110.

16 Theodor W. Adorno: Noten zur Literatur I. Frankfurt/M. 1958, S. 194f.

17 Vgl. z.B. Burckhardt Lindner: Herrschaft als Trauma. Adornos Gesellschafts-

theorie zwischen Marx und Benjamin. In: Adorno. Hg. von H. L. Arnold. München 1977, S. 72–91.
18 Jürgen Habermas: Philosophisch-politische Profile. Frankfurt/M. 1971, S. 198.
19 Vgl. z. B. Martin Lüdke: Über Beckett hinaus. In: Geist gegen Zeitgeist. Erinnern an Adorno. Hg. von J. Früchtl und M. Calloni. Frankfurt/M. 1991, S. 192 ff.
20 Theodor W. Adorno: Noten zur Literatur II. Frankfurt/M. 1961, S. 43.
21 Herbert Marcuse: Die Permanenz der Kunst. München 1977.
22 Vgl. auch zum folgenden Jürgen Habermas: Theorie des kommunikativen Handelns. 2 Bde. Frankfurt/M. 1981.
23 Habermas: Der philosophische Diskurs der Moderne.
24 Ebd., S. 240 ff.
25 Jürgen Habermas: Texte und Kontexte. Frankfurt/M. 1991, S. 135 f.

Detlef Kremer

Ereignis und Struktur

Struktur und Ereignis sind Relationsbegriffe. Von einem Ereignis läßt sich nur relativ zu vorgängigen bzw. nachfolgenden Strukturen sprechen, es bezeichnet die Unterbrechung oder Aufhebung einer Dauer und die Möglichkeit zu neuer Strukturbildung. Die Beziehung von Struktur und Ereignis ist reflexiv, und das heißt, sie ist umkehrbar. Wenn sich Ereignisse nur im Hinblick auf Strukturen definieren lassen, dann können auch Strukturen nur durch ereignishafte Zäsuren im historischen Prozeß begrenzt werden: «Ohne Überraschungsmomente gäbe es deshalb keine Strukturbildung, weil nichts vorkäme, was zu verknüpfen wäre.» [1]

Ereignisse lassen sich mit unterschiedlicher Plausibilität auf Individualitäten, historische Individuen oder Gruppen, beziehen. Für Strukturen gilt dies in der Regel nicht. Sie bezeichnen Sachverhalte von größerer Abstraktion, die sich nicht auf subjektive Entscheidungen gründen lassen, sondern ihrerseits Funktionsbestimmungen für Subjektivität markieren. Unter diesem Gesichtspunkt unterscheiden sich die verschiedenen Konzepte der neueren Geschichtsschreibung nicht prinzipiell, sondern nur graduell über ihr jeweiliges Mischungsverhältnis von Struktur und Ereignis, Individuellem und Allgemeinem.

Jede gegenwärtige Verwendung des Begriffspaars ‹Struktur/Ereignis› muß sich seiner Herkunft aus der neueren Geschichtswissenschaft bewußt sein. Bevor ich seinen Erscheinungen in der Literaturwissenschaft (am Beispiel von Formalismus und Strukturalismus) nachgehe, empfiehlt es sich deshalb, zunächst einige zentrale Stationen seiner Entwicklung im historischen Denken zu umreißen: Historismus, Geschichtsphilosophie, Struktur- und Sozialgeschichte. Anschließend möchte ich die Bedeutung des Ereignisbegriffs für eine ästhetische Bestimmung des autonomen literarischen Kunstwerks prüfen und dabei erproben, inwieweit ‹Struktur› und ‹Ereignis› als Leitbegriffe einer literaturwissenschaftlichen Textanalyse verwendbar sind, die die gleitende, nicht reduzierbare Zeichenführung des literarischen Textes respektiert.

L. v. Ranke und die Ereignisgeschichte

Gegenüber den Geschichtsphilosophien des Deutschen Idealismus und ihren zum Teil materialistischen Traditionen im 19. und 20. Jahrhundert hat die disziplinäre Geschichtswissenschaft eine größere Nähe zu den konkreten historischen Ereignissen gehalten. Die Selbstverpflichtung des Historikers auf Objektivität läßt ihn dem Problem der Interpretation zugunsten einer quellenkritischen Aufbereitung von ‹Tatsachenmaterial› ausweichen, dessen chronologische Abfolge zugleich den Maßstab historischer ‹Mimesis› im Sinne einer Nacherzählung wirklicher Begebenheiten absteckt. Was Jörn Rüsen im Zusammenhang mit Georg Gottfried Gervinus' Variante des Historismus ausführt, läßt sich verallgemeinern: «Die Erzählung vergegenwärtigt vergangenes menschliches Handeln in zeitlichem Ablauf als einen anschaulichen, rein durch sich selbst verständlichen Ereigniszusammenhang».[2]

Aber selbst der historistische Versuch, die Ereignisse vermeintlich selbst sprechen zu lassen, sie so wiederzugeben, wie sie ‹eigentlich gewesen› sind, kommt ohne strukturelle Kriterien und Ordnungsvorgaben nicht aus. Rankes Wendung zum ‹Eigentlichen› spielt zwar auf keine tieferliegende Gesetzmäßigkeit einer bestimmten historischen Epoche an, sondern sucht den ‹Sinn jeder Epoche› in den Ereignisfolgen selbst. Dennoch konstruiert Ranke oberhalb der Ebene historischer Ereignisse ‹strukturelle› Verschiebungen auf der Ebene des Staates, die als Ausdruck der höchsten Mächte von einem weltgeschichtlichen Prozeß zu sprechen erlauben. Genaugenommen läßt sich ein beliebiger historischer Vorgang nur dann zu einem Ereignis qualifizieren, wenn er in Beziehung zu eben diesen ‹Mächten› steht. Bei aller Akzentuierung des Individuellen und Ereignishaften in der Geschichte schneidert Ranke in beinahe geschichtsphilosophischer Manier ein allgemeines Prinzip der Weltgeschichte zurecht, das er als «Macht an sich» [3] auf die «göttliche Ordnung der Dinge» zurückbezieht.

Letztlich bleibt der Historischen Schule, soweit sie sich auf allgemeine Merkmale bezieht, keine andere Möglichkeit, als das, was in der Geschichte faktisch geschehen ist, nachträglich in den Stand der Notwendigkeit zu erheben. Zum Maßstab historischer Notwendigkeit wird die Durchsetzung einer bestimmten «Macht»: «Die Begebenheiten entwickeln sich in dem Zusammentreffen der individuellen Kraft mit dem objektiven Weltverhältnis; die Erfolge sind das Maß ihrer Macht.» [4] Ordnungskriterium von Rankes Historismus ist der Bezug zum legitimen, das heißt hier: preußischen Staat. Rankes Begriff des «Zeigens» verweist auf ein ästhetisches Motiv, das den historistischen Geschichtsschreiber als Erzähler ausweist. Bei aller Verpflichtung zu Objektivität und Wissenschaftlichkeit bewahrt es die Nähe zu literarischen Aussageweisen und berücksichtigt Fragen der ästhetischen Komposition. Eine so verstandene Geschichtsschreibung scheut vor der begrifflichen Analyse oder gar strukturellen Rekonstruktion einer Epoche zurück und hält sich daran, ihren ‹Sinn› in der narrativen Verknüpfung von Ereignissen zu ‹zeigen›.

Strukturgeschichte und Strukturalismus

Selbst wenn der Prozeßcharakter neuzeitlicher Geschichte nur über die ständige Vermittlung von Strukturen und Ereignissen zu beschreiben ist, so läßt sich für die neuere, nach-historistische Geschichtswissenschaft sicherlich eine Akzentverlagerung in Richtung auf Strukturanalysen und die Beschreibung von Systemprozessen feststellen. Schon die terminologische Selbsteinschätzung deutet das an: weg von der älteren Ereignisgeschichte der Haupt- und Staatsaktionen, hin zu einer zumeist sozialgeschichtlich orientierten Strukturgeschichte. Die Krise des Historismus am Ende des 19. Jahrhunderts steht in engem Zusammenhang mit der technisch-industriellen Revolution, die eine ständig wachsende Bedeutung des ökonomischen Sektors nach sich zieht. Unter dem Primat der Ökonomie werden Bedingungsgefüge sichtbar, die quer zur historischen Personen- und Ereignisgeschichte liegen. Sie stellt Gesetzmäßigkeiten in Rechnung, die sich nicht auf die Intentionalität von historischen Individuen oder Gruppen beziehen lassen. Merkwürdigerweise führt die Krise des Historismus in Deutschland zunächst zu einer Festigung der politisch-diplomatischen Ausrichtung der Geschichtswissenschaft unter nationalem Vorgebot.[5] Strukturelle Fragestellungen werden bevorzugt im sozialwissenschaftlichen Kontext, etwa bei Max Weber, formuliert. Erst nach dem Zweiten Weltkrieg kann sich sehr zögernd eine Sozialgeschichte durchsetzen, die zum Teil bei Karl Marx, stärker bei Max Weber anknüpft. Von hier aus erhält auch die starke sozialgeschichtliche Konjunktur der germanistischen Literaturwissenschaft in den 1970er und 80er Jahren ihre entscheidenden Impulse. Sie findet ihren Ausdruck u. a. in Rolf Grimmingers «Sozialgeschichte der deutschen Literatur», von der insbesondere der Band zum 18. Jahrhundert vor Augen führt, wie sehr die Literatur von politischen, ökonomischen, sozialen und psychologischen Voraussetzungen her verstanden werden muß.[6]

Die deutsche Sozialgeschichte der jüngeren Vergangenheit ist dem Vorbild der französischen Strukturgeschichte verpflichtet, die seit Anfang des 20. Jahrhunderts die Ablösung einer historischen Ereignisgeschichte konsequent verfolgt hat. Der Literaturhistoriker Henri Berr, Begründer der «Revue de synthèse historique», und der Wirtschaftshistoriker François Simiand haben gemeinsam das Konzept einer integralen Strukturgeschichte entworfen, das seit 1929 in einer Gruppe von Historikern um die Zeitschrift «Annales d'histoire économique et sociale» ausgearbeitet wird. Besonders zu nennen sind hier Marc Bloch und Lucien Febvres, die eine strukturelle Sozialgeschichte schreiben, die grundsätzlich alle Aspekte und Teilbereiche von Geschichte umfassen soll, also neben der Sozial- und Wirtschaftsgeschichte auch Kultur- und Kunstgeschichte und eine historische Psychologie, die sich unter dem Namen einer Mentalitätsgeschichte eingeführt hat. In ihrer Tradition hat Fernand Braudel seit etwa 1960 eine strukturelle Dreigliederung der Geschichte vorgeschlagen: eine Geschichte der Ereignisse, eine Geschichte der kurzfristigen Konjunkturen und eine Geschichte der langen Dauer («histoire de longue durée»). Er legt dabei das Hauptgewicht auf die Phasen langer Dauer, in denen das Ereignis notwendig ausgeschlossen und der historische Prozeß zu strukturellen Tableaus erstarrt ist.

Eine radikale Ausformulierung hat die Strukturgeschichte bei Claude Lévi-Strauss gefunden, der das letzte Glied des Kompositums «Strukturgeschichte» streicht und das erste zu einer strukturalen Analyse bzw. einem Strukturalismus ausbaut. Wenn Struktur und Ereignis als relative Werte verstanden werden können, über deren jeweilige Akzentuierung verschiedene Geschichtskonzepte voneinander abgrenzbar sind, so nimmt Lévi-Strauss das Begriffspaar zum Anlaß für eine disziplinäre Unterscheidung zwischen Geschichtswissenschaft und Ethnologie. Er verpflichtet erstere auf Ereignisse und «bewußte Äußerungen» und bezieht die Ethnologie «auf die unbewußten Bedingungen des sozialen Lebens»[7]. Die strukturale Analyse grenzt das Ereignis und die bewußten Äußerungen aus und versucht, nach dem strukturalistischen Modell der Sprache, wie es Ferdinand de Saussure zuerst entworfen hat, die unbewußten konstitutiven Elemente zu ermitteln, aus denen sich die Erscheinung eines bestimmten sozialen oder kulturellen Systems als synchronischer Querschnitt ergibt. Dabei bleibt die Bedeutung dieser «tiefenstrukturellen» Elemente, ihre Referenz, unerheblich; es interessiert lediglich ihr funktionales Zusammenspiel, das nach quasi-mathematischer Gesetzmäßigkeit und Modellbildung eine soziale Struktur hervorbringt.

In seinen frühen Schriften hält Lévi-Strauss noch an der Verbindbarkeit des Strukturbegriffs mit historischer Methodik fest und will sich ausdrücklich nicht auf einen bloßen Funktionalismus reduziert wissen. Es ist ihm aber zu keiner Zeit an einer theoretischen Klärung der Beziehung von synchronen Strukturen und diachronem Wandel gelegen. Anfang der 60er Jahre, besonders in «Das wilde Denken», grenzt er deshalb konsequent die Ebene des Ereignisses und der Geschichte überhaupt aus der strukturalen Analyse aus, die letztendlich darin besteht, ein System von Elementen, ihre Transformationsgesetze und die endliche Menge ihrer Kombinationsmöglichkeiten zu bestimmen. Wie Saussure nicht an der Bedeutung eines Sprachzeichens interessiert ist, das an sich willkürlich bleibt, sondern am differentiellen Zusammenspiel der Zeichen (‹*S*tein› erhält Bedeutung, weil es von ‹*B*ein› unterschieden ist), so konzentriert sich Lévi-Strauss auf synchrone kulturelle Zeichensysteme, deren Bedeutung sich über die Differenzen der Zeichenelemente bzw. der Zeichensysteme untereinander ergibt. So hat ein beliebiger Mythos keine Bedeutung in sich selbst, sondern nur in Abgrenzung von anderen Mythen und einzelne Elemente eines Zeichensystems nur in Abgrenzung von und in Kombination mit den übrigen Elementen des Systems. Die Begriffe der Bedeutung und der Interpretation verschwinden in der strukturalistischen Praktik, soziale Strukturen als formale semiotische Modelle und gesetzmäßige Transformationen an sich bedeutungsloser Elemente zu behandeln.

Lévi-Strauss handhabt die «differentiellen Abweichungen» von Zeichensystemen nicht als historischen Wandel, er verfolgt sie nicht in ihrem diachronen Verlauf, sondern beschränkt sie explizit auf ihre Synchronie.

Ereignis als ästhetische Sinngarantie

Im Zuge einer beschleunigten Ausdifferenzierung gesellschaftlicher Teilsysteme gegen Ende des 18. Jahrhunderts hat sich offenbar die Kunst des Ereignisses angenommen. Etwa gleichzeitig mit der Geschichtsphilosophie und dem Historismus etabliert sich Kunst um 1800 als ‹autonomes› kulturelles System. Man kann das Postulat ästhetischer Autonomie in seinem Absolutismus mit Recht anzweifeln und selbst wieder in seiner sozialgeschichtlichen Bedingtheit verstehen. Aber es muß doch eingeräumt werden, daß sich moderne Literatur seit 1800 weniger denn je in die Systematik theoretischer (auch historischer) Diskurse übersetzen läßt. Sie unterzieht das vorgegebene, alltägliche Sprachsystem einer Rhetorik der Vieldeutigkeit, Verrätselung und Selbstreflexion und verdichtet es zu einem eigenständigen Aussagemodus.

Früher Garant dieser Transformation der ‹flachen› Alltagswelt zu künstlerischer Erhabenheit ist das Genie, dessen Originalität gegenüber der Masse des Publikums zum Ausdruck des Individuellen wird, zum Ereignis schlechthin. Von der Romantik bis hin zum Symbolismus kann deshalb der Dichter/das Genie immer häufiger in die Rolle des Schamanen schlüpfen, der die geregelte Langeweile, die leere Zeit des Alltags mit dem erfüllten Augenblick der Poesie überschreitet.

Schon in Kants «Kritik der Urteilskraft» findet der Wertmaßstab des großen, weil mit unendlichem Reflexionspotential ausgestatteten Kunstwerks seinen Fluchtpunkt in einem erhabenen Ereignis, das wesentlich durch Entgrenzung, durch Entstrukturierung gekennzeichnet ist. Kant beschreibt das Erhabene als Ästhetisierung von Macht- und Gewaltphantasien.

Heinrich von Kleist hat die Vermutung geäußert, daß ein plötzliches und unscheinbares Gebärdenspiel, «das Zucken einer Oberlippe (...) oder ein zweideutiges Spiel an der Manschette» [8], die Französische Revolution in Gang gesetzt habe. Er sagt damit weniger etwas über die Geschichte der Französischen Revolution aus als etwas über seine eigene Literatur. Er bringt ein ästhetisches Verhältnis zur Geschichte zum Ausdruck. Kleists Pointe über die zuckende Oberlippe Mirabeaus beruht auf einer Imagination des Erhabenen und stellt das Ereignis in einen Kontext mit unwillkürlicher Machtausübung, ganz so wie er es in seinen Erzählungen und Dramen immer wieder in Szene setzt. Vor die inhaltlich verfügbaren Bilder einer Tradition des Pathetisch-Erhabenen schiebt sich bei Kleist die materiale Präsenz einer erhabenen, in sich gebrochenen Kunst-Sprache. Sie reflektiert die psychologischen und ästhetischen Bedingungen einer Tradition des Erhabenen in Form und Material der Poesie selbst, als poetische Grammatik des dramatischen Ausdrucks und der Empfindung. Als Beispiel sei kurz an Penthesileas gewalttätige Vereinigung mit Achilles erinnert:

«Doch sie – die Löwin hätte ihn gehört,/ Die hungrige, die wild nach Raub umher,/ Auf öden Schneegefilden, heulend treibt;/ Sie schlägt, die Rüstung ihm vom Leibe reißend,/ Den Zahn schlägt sie in seine weiße Brust./ Sie und die Hunde, die wetteifernden,/ Oxus und Sphinx den Zahn in seine rechte,/ In seine linke sie; als ich erschien,/ Troff Blut von Mund und Händen ihr herab.» [9]

Stärker als vom Inhalt der Handlung geht der Affront vom aggressiven Schnitt der Syntax aus, der eine zusammenhängende Vorstellung eher verhindert als ermöglicht. Kleists eigenwillige Brechung der Satzgefüge entfaltet einen formalen Zeit-Rhythmus der Sprache, der die Handlungsführung eigenständig begleitet und verfremdet. Seine Sprache zerlegt den dramatischen Vorgang in einzelne Fragmente und folgt dabei der Zeitfügung des Ereignisses. Kleists zahlreiche Techniken der Auflösung gängiger Satzgefüge wie die Exponierung oder Isolation des grammatischen Subjekts stellen – wie die obsessiven Hypotaxen in den Erzählungen – die Form der Sprache so sehr heraus, daß der Eindruck einer sich selbst inszenierenden, beschleunigten Sprachdramatik entsteht: die sprunghafte Selbstverfertigung der Sprache beim Schreiben.[10] Jenseits einer Semantik des intensiven Augenblicks, die bei Kleist der Katastrophe verpflichtet ist, realisiert Kleists Sprache das, was er zur Bedingung des Ereignisses macht: Plötzlichkeit.[11]

In seinem Essay «Der Sürrealismus» (1929) findet Walter Benjamin eben die Zeitstruktur der Plötzlichkeit in surrealistischen Texten am Werk. Er hebt ihren Ereignischarakter als «profane Erleuchtung»[12] hervor und deutet damit an, daß eine avantgardistische Literatur der Moderne auch in der Tradition der «religiösen Erleuchtung» steht.

Namentlich das Ziel mystischer Praktiken, die «unio mystica», zeichnet sich durch eine «Ekstase» aus, die einerseits das Außer-sich-Sein des Mystikers, andererseits ein Heraustreten aus der Zeit, genauer aus dem Kontinuum der Zeit meint. In der religiösen wie in der ästhetisch-profanen Erleuchtung stellt sich ein intensives Sinnerlebnis des glücklichen oder auch tödlichen, jedenfalls aber außergewöhnlichen Augenblicks ein, das dem leeren Verlauf der Zeit enthoben ist. Diese im radikalen Sinne ereignishafte «Jetztzeit» politischer Kämpfe oder Revolutionen charakterisiert Benjamin in gleicher Weise wie die «dialektischen Bilder», die er vornehmlich in der Kunst auffindet: «Wo das Denken in einer von Spannungen gesättigten Konstellation plötzlich einhält, da erteilt es derselben einen Chock, durch den es sich als Monade kristallisiert.»[13] Im Begriff ereignishafter «Jetztzeit» läßt Benjamin den Prozeß der Zeit in «Struktur» übergehen, in eine monadische Struktur, die im Sinne einer «Stillstellung des Geschehens»[14] einen Raum begrenzt, der, insofern er Kunst ist, den sinnvollen Augenblick des Ereignisses wiederholbar macht. Kunst läßt die Einmaligkeit des Ereignisses zur räumlichen Struktur von Zeichen gerinnen, die ihre Prozeßhaftigkeit in jeder Lektüre erneut entfaltet oder zumindest entfalten kann. Über diesen Umstand kann sich letztlich auch die Literaturwissenschaft nicht hinwegsetzen, zumindest keine, die an der Differenz des literarischen Textes interessiert ist.

Russischer Formalismus

Zu Beginn des 20. Jahrhunderts und wie Lévi-Strauss in Auseinandersetzung mit Saussures Vorlesungen zur Sprachwissenschaft gerät der Russische Formalismus in eine paradoxe Problemkonstellation von formalen literarischen Strukturen und ihrem Wandel in der Literaturgeschichte. Seit 1915 im «Moskauer Linguistik-Kreis» und 1916 in der «Gesellschaft zur Erforschung der poetischen Sprache» (Opojaz) etabliert sich der Formalismus besonders in den Aufsätzen Viktor Sklovskys und Boris Eichenbaums.[15] Er erhält seine reflektierteste Ausprägung in den Untersuchungen Jurij Tynjanovs und Roman Jakobsons in den 20er Jahren, bis er um 1930 in politische Ungnade fällt. Die literaturwissenschaftliche Innovation des Russischen Formalismus besteht zunächst darin, Literatur nicht als schönes Transportmittel von Ideologie oder Geist, sondern als autonomen Aussagemodus mit einer spezifischen Materialität zu verstehen. Vor jeder Frage nach literarischer Referenz muß geklärt werden, wie ein literarischer Text ‹gemacht› ist, aus welchen konstitutiven Formelementen er komponiert ist. Gegenüber psychologischen und hermeneutischen Einfühlungstheorien betont Sklovsky die Analyse des literarischen Verfahrens. Trotz der mechanistisch anmutenden Vorstellung des Kunstwerks als Summe aller darin angewandten Kunstmittel, die im Verlauf der 20er Jahre durch einen anspruchsvolleren Systembegriff ersetzt wird, beinhaltet Sklovskys Poetik von Anfang an eine wahrnehmungspsychologische und, daraus folgend, eine geschichtliche Dimension, die die spätere Rezeptionsästhetik etwa bei Hans Robert Jauß stark beeinflußt hat. Sklovsky bezieht die formale Struktur des literarischen Kunstwerks auf eine spezifische Korrektur der Wahrnehmung: Das, was im alltäglichen Umgang standardisiert und deshalb unzugänglich geworden ist, stellt Literatur in einen neuen Kontext und macht es dadurch neu wahrnehmbar. Ihre Qualität zur Durchbrechung automatisierter Wahrnehmungsstrukturen nennt er «Verfremdung». Insofern sie «Verfahren» ist, rückt sie die Prozeß- bzw. Ereignishaftigkeit der Literatur gegenüber ihrer Strukturiertheit ins rechte Licht:

«Ziel der Kunst ist es, ein Empfinden des Gegenstandes zu vermitteln, als Sehen, und nicht als Wiedererkennen; das Verfahren der Kunst ist das Verfahren der ‹Verfremdung› der Dinge und das Verfahren der erschwerten Form, ein Verfahren, das die Schwierigkeit und Länge der Wahrnehmung steigert, denn der Wahrnehmungsprozeß ist in der Kunst Selbstzweck und muß verlängert werden; die Kunst ist ein Mittel, das Machen einer Sache zu erleben; das Gemachte hingegen ist in der Kunst unwichtig.» [16]

Die literargeschichtlichen Konsequenzen seines Verfremdungsbegriffs sind Sklovsky nicht entgangen. Die Erweiterung des Formalismus um das Moment literarischer Evolution verfolgt jedoch Tynjanov in den 20er Jahren. Er bestimmt die «Eigenart eines literarischen Werks» zunächst abstrakt als «Anwendung des konstruktiven Faktors auf das Material» [17]. Tynjanov präzisiert diese Vorstellung im Hinblick auf eine «dynamische Sprachkonstruktion», die sich nur in ihrer historischen Veränderung entfalten läßt. Dabei bringt er einen Begriff des «literarischen Systems» ins Spiel, das sich in synchroner Hinsicht von andersartigen Systemen unterscheidet und das in diachroner Perspektive in Differenz zu anderen literarischen Systemen besteht. Für die Geschichtlichkeit des Systems soll das Wort «Reihe» einstehen. «Daß ein Faktum als *literarisches* Faktum existiert, hängt von seiner Differenzqualität ab (d. h. von seiner Korrelation sei es zur literarischen, sei es zur außerliterarischen Reihe), mit anderen Worten, von seiner Funktion.»[18] Es liegt nahe, ein jeweiliges literarisches System als Epoche zu verstehen: «Was in der einen Epoche als literarisches Faktum erscheint, gilt für die andere als alltagssprachliche, außerliterarische Erscheinung (und umgekehrt), je nachdem, in welchem literarischen System sich das betreffende Faktum befindet.»[19] Tynjanov erwähnt kurz Brief und Briefroman im 18. Jahrhundert als Beispiel dafür, wie eine außerliterarische Erscheinung, eine Gebrauchsform wie der Brief ins «Zentrum» eines literarischen Systems rückt, um nach wenigen Jahrzehnten zunächst an die «Peripherie» gedrängt und schließlich ganz aus dem System verbannt zu werden. Was allgemein für den Wandel literarischer Systeme gilt, rechnet Tynjanov auch auf die Ebene des Genres bzw. des künstlerischen Verfahrens herunter. Als evolutionäres Grundmodell dient Sklovskys Unterscheidung von Verfremdung und Automatisierung der Wahrnehmung, das mit einer dialektischen Metaphorik des Kampfes und der Entgegensetzung angereichert ist. Tynjanov unterscheidet vier Stufen der Evolution: (1) dialektische Herausbildung eines revolutionären «Konstruktionsprinzips», (2) Anwendung und Stabilisierung, (3) größtmögliche Ausdehnung und damit notwendig verbunden (4) erneute Automatisierung.

Ausdrücklich verwahrt sich Tynjanov gegenüber einer Vorstellung der Literaturgeschichte als einer «planmäßige(n) Evolution», die sich in ruhigen Bewegungen auf ein geschichtsphilosophisches Ziel hin entwickelte. Er denkt eher in Kategorien der «Verschiebung» und des «Sprung(s)»[20], die jeweils nur für ein bestimmtes System, ein bestimmtes Genre, ein bestimmtes Verfahren zu überprüfen sind, nicht aber zu einer universalen Strukturgeschichte der Literatur totalisiert werden können. Hierin liegt m. E. der Grund dafür, daß der Russische Formalismus in literargeschichtlicher Hinsicht insgesamt stärker an Differenz als an Identität interessiert bleibt. Er ist weniger an der Literaturgeschichte als an zahlreichen diskontinuierlichen Literaturgeschichten interessiert.[21]

Ereignis und Sujet: J. M. Lotman

Einen weitgehenden Versuch, das Ereignis im Rahmen des Strukturalismus zu thematisieren, hat Jurij M. Lotman unternommen. In «Die Struktur literarischer Texte» (1972) knüpft er an die formalistische Unterscheidung von literarischer und außerliterarischer Reihe an und bestimmt das Ereignis als «revolutionäres Element, das sich der geltenden Klassifizierung widersetzt»[22]. Zum Ereignis können literarische Texte werden, wenn sie entweder literarische oder nichtliterarische, z. B. moralische oder politische, Normen brechen. D. h. aber auch, daß sich von einem Ereignis nur im Hinblick auf eine vorgängige Struktur und im Hinblick auf ein System sprechen läßt, innerhalb dessen ein bestimmtes Ereignis als ein solches erscheint. Die strikte Einhaltung einer Norm ermöglicht ebensowenig den Raum für ein Ereignis wie das gänzliche Fehlen einer Norm. Lotman erläutert diesen Sachverhalt am trivialen Beispiel eines Ehepaares, das sich über abstrakte Kunst streitet und mit diesem Streit zur Polizei geht. Diese wird sich jedoch weigern, auch nur ein Protokoll aufzunehmen, da aus polizeilicher Perspektive nichts geschehen ist. Psychologen oder Kunstkritiker könnten hier von einem Ereignis sprechen, nicht jedoch die Polizei.[23] Ereignisse kann es nur innerhalb eines rahmensetzenden Systems geben und nur durch Verschiebung, Transformation oder Negation einer vorgegebenen Struktur. Systemtheoretisch bindet Lotman ein Ereignis an die Unwahrscheinlichkeit seines Auftretens und den – vom Standpunkt der Struktur – damit verbundenen hohen Informationsgehalt: «Je geringer die Wahrscheinlichkeit ist, daß ein bestimmtes Ereignis eintritt (d. h. je mehr Information die Mitteilung darüber enthält), desto höher rangiert es auf der Skala der Sujethaftigkeit.»[24]

Aus der semantischen Kombination von Ereignis, Information und «Sujet» zeigt Lotman einen Weg auf, erstens zwischen «sujetlosen und sujethaften» Texten zu unterscheiden und zweitens den Begriff des Ereignisses auf den inneren Aufbau von literarischen Texten anzuwenden. Die Skala reicht vom Telefonbuch als extrem sujetlosen Text bis hin zum komplexen literarischen Text, der als Paradefall von Sujethaftigkeit gilt. Lotman gibt ein anschauliches Beispiel dafür, wie durch ein schlichtes Ereignis, ein einfaches Zeichen, ein sujethaltiger Text entsteht. Ausgangspunkt ist eine geographische Karte, die über keinerlei Sujet verfügt: «Zeichnen wir aber in die Karte einen Pfeil ein, der z. B. die Strecke regelmäßiger Schiffsverbindungen oder Flugrouten andeutet, so wird der Text sujethaltig: es wird eine Handlung eingeführt, die die (in diesem Falle geographische) Struktur überwindet.»[25]

Lotman bestimmt ein Ereignis als «kleinste unzerlegbare Einheit des Sujetaufbaus»[26], und es wird an dem voranstehenden Zitat deutlich, daß es an Handlung, allgemeiner gesagt: an Bewegung gebunden ist. Beides schließt Veränderung auf der Ebene des einzelnen Textes ein. Lotman konkretisiert die semantische Bewegung in einem Text über den Begriff der Figur: «Ein Ereignis im Text ist die Versetzung einer Figur über die Grenze eines semantischen Feldes.»[27] Es wird bei Lotman nicht ganz klar, ob «Figur» in jedem Fall als handelndes Individuum verstanden werden muß, ganz in der Tradition Vladimir Propps und dessen «Morphologie des Märchens» gebraucht er beides aber durchgängig synonym. Schon seine drei Merkmale des Sujets legen das nahe: (1) ein semantisches Feld, bestehend aus zwei sich ergänzenden Teilmengen, (2) eine Grenze zwischen diesen Teilmengen und (3) ein Held als Handlungsträger, der dann das Ereignis einführt, wenn er diese Grenze überschreitet.[28] Tut er dies nicht, bleiben Ereignisse und somit ein sujethafter Text aus: «wenn der Held seinem Wesen nach mit seiner Umwelt übereinstimmt oder nicht mit der Fähigkeit ausgestattet ist, sich von ihr abzuheben, so ist eine Entwicklung des Sujets unmöglich.»[29]

Lotmans Beitrag zur strukturalen Erzähltheorie vermeidet es, wie Paul Ricœur es der Narrativik Roland Barthes' oder Algirdas J. Greimas' vorwirft, «die Chronologie auf die Logik zu reduzieren.»[30] Er ist bestens geeignet, aufgrund des Wechselspiels von Struktur und Ereignis Handlungsabläufe in narrativen Texten als Bewegung der Figuren durch den imaginären Raum des jeweiligen Textes zu analysieren. Seine Grenze besteht darin, daß er den Prozeß eines literarischen Textes an die Bewegung seiner Figuren (im Sinne von handelnden Individuen) bindet. Erst wenn man den Begriff der Figur ganz allgemein als signifikantes Element, als einzelnes Zeichen oder als Aussage, faßt, lassen sich die Möglichkeiten von Lotmans strukturalistischem Modell ausschöpfen. Der Prozeß des Textaufbaus gestaltet sich dann als Wiederholung, Variation und/oder Negation bestimmter Signifikanten oder Aussagen.

Von dieser Veränderung her läßt sich das Begriffspaar ‹Struktur und Ereignis› auch auf die Lektüre literarischer Texte anwenden. Zwar sind Texte in sich nicht zeitlich ausgedehnt, aber sie geben durch eine «Ordnung der Aufeinanderfolge»[31] eine bestimmte Zeitabfolge der Lektüre vor. Damit ist der Lektüre nichts weniger zur Aufgabe gestellt, als diese prozessuale Ordnung eines literarischen Textes zu entfalten. Sinnbezüge können dann im Sinne Lotmans als Ereignisse begriffen werden, die jedoch, und das bezeichnet einen gravierenden Unterschied, in jedem Lektüreakt als Strukturen festgehalten werden. Eine praktische Hermeneutik, die die prozessuale Ordnung eines Textes respektiert, muß sich dem paradoxen Umstand stellen, daß (Sinn-)Ereignisse nur strukturell feststellbar sind, damit aber ihren Ereignischarakter verloren haben. Mit diesem Paradox kann sie nur dann leben, wenn sie ihre strukturellen Sinnfestschreibungen immer wieder zugunsten der Prozessualität des Textes auflöst, d. h. ihre Sinnstrukturen wieder in Richtung auf die Ereignisfolge des Textes öffnet.

Gleitende Signifikation

Um den in dieser Kürze notwendig abstrakten und trockenen Entwurf einer ‹prozessualen Hermeneutik› mit etwas Leben zu füllen, möchte ich abschließend einen Blick auf Franz Kafkas Erzählungen werfen, die Musterbeispiele einer gleitenden Signifikation sind. Ihre prozessuale Ordnung ergibt sich daraus, daß sie ihre Aussagen fortwährend dementieren oder leicht variieren und durch andere Aussagen ersetzen, denen es in der Folge ebenso ergeht. Diese ständige Verschiebung von Struktur und Ereignis kennzeichnet seine Romane ebenso wie seine Mikroerzählungen. Sein bekanntester Roman trägt nicht zuletzt deshalb den Titel «Der Proceß», weil er genau die prozessuale Logik der gleitenden Signifikation erfüllt. Auf engstem Raum vollzieht die kleine Erzählung «Die Bäume» nichts anderes: «Denn wir sind wie Baumstämme im Schnee. Scheinbar liegen sie glatt auf, und mit kleinem Anstoß sollte man sie wegschieben können. Nein, das kann man nicht, denn sie sind fest mit dem Boden verbunden. Aber sieh, sogar das ist nur scheinbar.» [32] Eine Lektüre dieses Textes unterliegt dem Zwang, jeden Satz mit einem Vorstellungsbild zu füllen, das im folgenden Satz nicht ausgeführt, sondern dementiert oder verändert wird. Der Text liest sich als eine Verschiebung bzw. Negation der Aussagen bis hin zum Schluß, der allerdings keinen Abschluß markiert, sondern nahelegt, zum Anfang des Textes zurückzukehren, um erneut der widersprüchlichen Aussagefolge nachzugehen. Für die Struktur des letzten Satzes könnte dann ein erneutes «Denn wir sind wie…» zum Ereignis werden.

Ein weiteres einschlägiges Beispiel wäre der Gesang Josefines aus Kafkas letzter Erzählung, ein Gesang, der gleichzeitig die Stimmgewalt einer Diva, das kaum vernehmbare Piepsen einer Maus und offensichtliches Schweigen zitiert und zwischen allen Positionen fortwährend changiert. Der ereignishafte Prozeß des Textes entsteht durch ein durchgängiges Verschieben der Aussagestrukturen.[33]

Daß Struktur und Ereignis auf einander bezogen bleiben, ohne je zur Kongruenz zu kommen, handelt Kafka als praktische Erkenntnistheorie in seiner Erzählung «Der Kreisel» ab, in der ein Philosoph sich bei spielenden Kindern herumtreibt, um den Bewegungsablauf eines Kreisels in «Ruhe» zu erkennen: «Kaum war der Kreisel in Drehung, verfolgte ihn der Philosoph, um ihn zu fangen. (...) hatte er den Kreisel, solange er sich noch drehte, gefangen, war er glücklich, aber nur einen Augenblick, dann warf er ihn zu Boden und ging fort.» [34] Das Ereignis des sich drehenden Kreisels gibt unter dem Griff des Philosophen nur die Struktur eines toten Holzstücks preis. Für eine praktische Hermeneutik literatischer Texte bedeutet die Lehre des Philosophen die Notwendigkeit, das Wechselspiel von Ereignissen und Strukturen auf der Ebene des Textes zu analysieren und es nur strukturell festzuschreiben, um es sogleich wieder zu öffnen. Andernfalls werden aus beweglichen Texten unversehens ‹dumme Holzstücke›.

Literatur

Benjamin, Walter: Über den Begriff der Geschichte. In: Ders., Gesammelte Schriften. Bd. I.2. Hg. von R. Tiedemann und H. Schweppenhäuser. Frankfurt/M. 1980.

Faber, Karl-Georg/Meier, Christian (Hg.): Historische Prozesse. München 1978.

Grimminger, Rolf (Hg.): Deutsche Aufklärung bis zur Französischen Revolution 1680–1789. In: Sozialgeschichte der deutschen Literatur. Band 3. München 1980.

Koselleck, Reinhart: Vergangene Zukunft. Zur Semantik geschichtlicher Zeiten. Frankfurt/M. 1979.

– /Stempel, Wolf-Dieter (Hg.): Geschichte. Ereignis und Erzählung (Poetik und Hermeneutik V). München 1973.

– /Mommsen, Wolfgang J./Rüsen, Jörn (Hg.): Objektivität und Parteilichkeit. München 1977.

Lévi-Strauss, Claude: Strukturale Anthropologie I. Frankfurt/M. 1977.

Lotman, Jurij M.: Die Struktur literarischer Texte. München 1972.

Luhmann, Niklas: Soziale Systeme. Grundriß einer allgemeinen Theorie. Frankfurt/M. 1984.

Schieder, Theodor/Gräubig, Kurt (Hg.): Theorieprobleme der Geschichtswissenschaft. Darmstadt 1977.

Striedter, Jurij (Hg.): Russischer Formalismus. München 1971.

Anmerkungen

1 Luhmann, S. 391. Vgl. auch Reinhart Koselleck: Darstellung, Ereignis und Struktur. In: Ders.: Vergangene Zukunft, S. 145.

2 Jörn Rüsen: Der Historiker als «Parteimann des Schicksals». Georg Gottfried Gervinus und das Konzept der objektiven Parteilichkeit im deutschen Historismus. In: Koselleck/Mommsen/Rüsen (Hg.), S. 118f.

3 Leopold v. Ranke: Aus Werk und Nachlaß. Bd. IV. Vorlesungseinleitungen. Hg. von V. Dotterweich und W. P. Fuchs. München 1975, S. 89. Die Stelle lautet im Kontext: «In der Macht an sich erscheint ein geistiges Wesen, ein ursprünglicher Genius, der sein eigenes Leben hat, mehr oder minder eigentümliche Bedingungen erfüllt und sich einen Wirkungskreis bildet. (...) der in der Welt erscheinende Geist ist nicht so begriffsgemäßer Natur: alle Grenzen seines Daseins füllt er aus mit seiner Gegenwart; nichts ist zufällig in ihm, seine Erscheinung ist in allem begründet.»

4 Leopold v. Ranke: Geschichte Wallensteins. In: Ders.: Sämtliche Werke. Bd. 23. Leipzig 1872, S. VIII.

5 Vgl. Dieter Groh: Strukturgeschichte als «totale» Geschichte? In: Schieder/Gräubig (Hg.), S. 326f.

6 Vgl. Grimminger (Hg.).

7 Lévi-Strauss, S. 32.

8 Heinrich v. Kleist: Über die allmähliche Verfertigung der Gedanken beim Reden. In: Ders.: Sämtliche Werke. Hg. von H. Sembdner. Bd. 2. München 1952, S. 323f.

9 Kleist: Penthesilea (Anm. 8). Bd. 1, S. 427.

10 Vgl. Horst Turk: Dramensprache als gesprochene Sprache. Untersuchungen zu Kleists Penthesilea. Bonn 1965.

11 Vgl. Karl Heinz Bohrer: Plötzlichkeit. Zum Augenblick des ästhetischen Scheins. Frankfurt/M. 1981.

12 Walter Benjamin: Der Sürrealismus. In: Ders.: Gesammelte Schriften. Hg. von R. Tiedemann und H. Schweppenhäuser. Bd. II.1. Frankfurt/M. 1980, S. 297.

13 Benjamin, Bd. I.2, S. 702f.

14 Ebd., S. 703.

15 Vgl. Victor Erlich: Russischer Formalismus. München 1964; Striedter: Russischer Formalismus; Aage A. Hansen-Löve: Der russische Formalismus. Wien 1978.

16 Viktor Sklovskij: Die Kunst als Verfahren. In: Striedter, S. 15.

17 Jurij Tynjanov: Das literarische Faktum. In: Striedter, S. 409.

18 Jurij Tynjanov: Über die literarische Evolution. In: Striedter, S. 441.

19 Ebd.

20 Jurij Tynjanov: Das literarische Faktum. In: Striedter, S. 395.

21 Vgl. Hans Günther: Literarische Evolution und Literaturgeschichte. In: Der Diskurs der Literatur- und Sprachhistorie. Hg. von B. Cerquiglini und H. U. Gumbrecht. Frankfurt/M. 1983, S. 265–279.

22 Lotman, S. 334.
23 Ebd., S. 333 f.
24 Ebd., S. 336.
25 Ebd., S. 340.
26 Ebd., S. 330.
27 Ebd., S. 332.
28 Vgl. ebd., S. 341.
29 Ebd., S. 342.
30 Paul Ricœur: Narrative Funktion und menschliche Zeiterfahrung. In: Romantik. Hg. von V. Bohn. Frankfurt/M. 1987, S. 70.
31 Roman Ingarden: Das literarische Kunstwerk. 3. durchgesehene Auflage. Tübingen 1965, S. 328.
32 Franz Kafka: Sämtliche Erzählungen. Hg. von Paul Raabe. Frankfurt/M. 1970, S. 19.
33 Vgl. hierzu ausführlicher Detlef Kremer: Kafka. Die Erotik des Schreibens. Frankfurt/M. 1989, S. 49 ff.
34 Kafka (Anm. 32), S. 320.

Norbert Mecklenburg

Begriffe der literarischen Wertung

Wo es Literatur gibt, da gibt es auch das, was man sich in der Literaturwissenschaft angewöhnt hat, literarische Wertung zu nennen. Der Umgang mit Literatur, Schreiben und Lesen, literarische Kultur und Kommunikation insgesamt sind von Wertungsvorgängen durchsetzt. Literarische Wertung heißt, einem Text künstlerische Qualität zu- oder absprechen. Sie ist nicht nur, in einem engeren Sinn, das, was man seit der klassischen Kunstphilosophie ästhetisches Urteil nennt. Sie ist ebenso, in weiterem Sinn, in persönlichen Zuneigungen und Abneigungen enthalten, in Zustimmungen und Ablehnungen gegenüber einzelnen Werken, Autoren, Richtungen oder Gattungen, in Buchkauf, Lektürewahl und Lesetip, in Einstellungen und Einschätzungen, Urteilen und Vorurteilen gegenüber literarischen Erscheinungen aller Art, in der Annahme oder Abweisung von Manuskripten durch Verleger und Lektoren, in der Auswahl von Gedichten in Anthologien, von besprechenswerten Neuerscheinungen durch Zeitungs- und Rundfunkredakteure, in Curricula für den Literaturunterricht wie in Studienplänen der philologischen Hochschulfächer, in Förderungs-, Zensur-, Unterdrükkungsmaßnahmen gegenüber Literatur durch staatliche, religiöse oder andere Machtapparate, in Bestsellerlisten, Autorenwettbewerben und Preisverleihungen.

Literarische Wertung vollzieht sich ausdrücklich oder unausdrücklich, bewußt oder unbewußt, als begleitendes Gefühl beim Lesen oder als Argumentation in literarischen Gesprächen, Debatten, Kontroversen. Sie findet sich in der Literaturwissenschaft – und zwar in allen ihren Bereichen – ebenso wie in der Literaturkritik. Begriffe der literarischen Wertung sind diejenigen Konzepte, die wir, als *Mitspieler* der literarischen Kommunikation, benutzen, um unsere Einschätzungen und Stellungnahmen gedanklich zu artikulieren und rational zu begründen, oder die wir, als wissenschaftliche *Beobachter* der literarischen Kommunikation, benutzen, um die in ihr auftretenden Wertungsvorgänge zu beschreiben, zu analysieren und zu erklären.

Der Begriff ‹literarische Wertung› selbst ist eine akademische, dem literarischen Leben und der Praxis von Literaturkritik eher fernstehende Prägung. Er verweist auf das allen einzelnen Begriffen vorausliegende *Problem* der literarischen Wertung, das seinerseits letztlich auf eine Krise der literarischen Kultur insgesamt zurückgeht, thesenhaft formuliert: auf die Spannung von Unvermeidbarkeit und Unsicherheit literarischer Wertung in der heutigen westlichen Kultur. In unserer modernen Welt des Konsumkapitalismus und der Medienkultur ist das Angebot an Kunst und Literatur ins Unermeßliche gewachsen. Zugleich sind Geltung und Orientierungskraft traditionaler Weltbilder und Wertsysteme, zu denen auch bis heute vertretene Kunst- und Literaturauffassungen gehören, geschwunden oder zumindest gebrochen. Die künstlerische Literatur gerät in den westlichen Industrieländern aus einem über zweihundert Jahre lang zentralen in einen marginalen Geltungsbereich der Kultur. Kunst und Literatur werden, wie vor ihnen Religion, aus einer auch öffentlichen zu einer nur mehr rein privaten Sache. Der einzelne Literaturinteressierte ist konfrontiert mit einer immer weiter expandierenden, weltumspannenden Kultur- und Medienindustrie, die den zur Verfügung stehenden Reichtum der Kulturgüter durch die Beliebigkeit ihrer Verwertbarkeit zu entwerten droht. Er steht vor der Entscheidung, sich dieser Beliebigkeit lustvoll auszuliefern oder, ohne das sichernde Netz allgemein verbindlicher Normen und Werte, die geistige Anstrengung auf sich zu nehmen und eine individuelle kritische Kompetenz zu entwickeln, um angesichts der Unendlichkeit des Leseangebots denjenigen Bereich seines endlichen Lebens, in welchem Literatur eine Rolle spielen soll, möglichst sinnvoll zu gestalten. Vielleicht aber ist gar nicht eine Entscheidung, sondern eine befriedigende Balance zwischen beiden Haltungen, zwischen ‹Lust› und ‹Sinn›, beim literarischen Lesen erstrebenswert. Ob dabei allerdings Begriffe und Theorien der literarischen Wertung, die seit siebzig Jahren in der Literaturwissenschaft ausgearbeitet worden sind, hilfreich sein können, ist mehr als zweifelhaft. Denn die Geschichte der Wertungstheorien gehört weitgehend zur Ideologiegeschichte der Literaturwissenschaft.

Erst im Verlauf der letzten beiden Jahrzehnte, mit der überfälligen Kritik an der bisherigen Theorieentwicklung, mit der Integration von Wertung und Kritik in die literarische Hermeneutik [1], mit der Analyse der logischen Grundlagen und der soziologischen Dimensionen literarischer Wertungsvorgänge, erreichte die Wertungstheorie ein Reflexionsniveau, das modernen literatur- und wissenschaftstheoretischen Standards [2] ebenso wie der Erfahrung von Verschiebungen auf dem literarisch-kulturellen Feld im elektronischen Zeitalter adäquat ist. Eine zunehmende Tendenz zu potenzierter Metatheorie freilich, indem die literaturwissenschaftliche Wertungstheorie nunmehr sich selbst als akademisch institutionalisierten «Wertungsdiskurs» zum Gegenstand macht [3], potenziert auch, anstatt es aufzuheben, das Auseinanderdriften von Literaturwissenschaft und literarischer Kultur, auf das die Wertungstheorien von Anfang an eine problematische, weil diesen ihren Ausgangspunkt verdrängende, Reaktionsbildung darstellten. Nachdem alle modernen und postmodernen Theoriepositionen zum Problem der literarischen Wertung durchgespielt worden sind, wäre es angebracht, Wertungstheorie zurückzuführen auf Anleitung und begleitende Reflexion zu einer kompetenten und kritischen Wertungs*praxis*. Ohne eine solche Praxis dürfte sich die literarische Kultur in den Beliebigkeiten eines Konsumismus auflösen, der das Alltagsleben ohnehin immer stärker durchdringt.

Soziologie der literarischen Wertung

Der weiteste Rahmen, in welchem Problem und Begriffe der literarischen Wertung behandelt werden können, ist der soziologische. Eine Soziologie der literarischen Wertung, zu der in bisherigen wissenschaftlichen Arbeiten erst Bausteine vorliegen, untersucht Wertungsvorgänge im ‹Sozialsystem Literatur›, also auf demjenigen kulturellen Feld der Gesellschaft, wo sich das literarische Leben abspielt. Sie analysiert die sozialen Determinanten, Funktionen, Wirkungen der Wertungshandlungen von einzelnen und gesellschaftlichen Gruppen in bezug auf Literatur. Sie beschreibt Formen institutionalisierter Wertung, also in zentralen Institutionen wie Literaturkritik [4], Verlagen, Medien, Schule und Wissenschaft. Sie untersucht aber auch Grenzbereiche wie Justiz und Zensur, wo Wertung eine Rolle spielt in Gestalt staatlicher Normen und Sanktionen, als Aushandeln ästhetischer gegen ethische, religiöse, politische Werte. In modernen Demokratien westlichen Typs spielt der in den Verfassungen garantierte Grundwert der Kunstfreiheit dadurch eine Schlüsselrolle, daß einer inkriminierten Schrift entweder Kunststatus oder literarischer Wert zu- oder abgesprochen werden kann.

Weiterhin widmet sich die Soziologie der literarischen Wertung dem sozialgeschichtlichen Aufstieg und Niedergang von literarischen Normen [5], Einstellungen, Geschmacksrichtungen, den Normierungs- und Kanonisierungsprozessen in der Literaturgeschichte sowie den Diskursen, die diese Prozesse steuern und begleiten. Sie fragt nach der Funktion von literarischen Kanons in verschiedenen sozio-kulturellen Bereichen [6], und sie entwickelt mit dem Begriff der Kanonizität ein neuartiges Analyseinstrument. Sie untersucht die soziologischen Aspekte von normativen Hierarchisierungen und Dichotomisierungen der Literatur. Besonders wichtig ist dabei die für das Literatursystem der vergangenen zweihundert Jahre konstitutive Dichotomie von Kunst- und Trivialliteratur [7], die allzu lange Zeit auch in den Debatten über Kitsch und Kulturindustrie dominierte, ehe für diese Bereiche differenziertere Konzepte der Analyse und Kritik entwickelt wurden.

Schließlich beobachtet die Soziologie der literarischen Wertung, in spezifischer ‹Außensicht›, die aus der Einbettung des literarisch-kulturellen Feldes in die gesamtgesellschaftliche Sozialstruktur hervorgehenden ‹feinen Unterschiede› in den alltagskulturellen wie kunstbezogenen Werteinstellungen der verschiedenen sozialen Schichten. Sie identifiziert das, was bei ‹Innensicht› als ästhetische Urteilskraft und literarische Wertungskompetenz erscheint, als Aneignung von ‹kulturellem Kapital› und analysiert dessen sozialdistinktive Funktion.[8]

Eine Soziologie der literarischen Wertung fände an der letzten west- bzw. ersten gesamtdeutschen Literaturdebatte geeignetes Beobachtungsmaterial. Diese begann mit kontroversen, überwiegend negativen Bewertungen der Erzählung «Was bleibt» von Christa Wolf durch Rezensenten.[9] Sie steigerte sich unter dem polemischen Schlagwort «Gesinnungsästhetik»[10] zu einem Streit um Wert und Geltung zunächst der Literatur in der DDR, dann auch in der früheren Bundesrepublik, und sie gipfelte in einem Normendiskurs über das Verhältnis von Ästhetik, Politik und Moral. Es ging im einzelnen um die argumentative Begründung und die ethische Legitimation von literaturkritischen Wertungen, die, in geradezu ‹konzertierter Aktion› und in einflußreichen Medien vorgetragen, ihrerseits als diktatorischer Dogmatismus, politische Kampfpublizistik oder «am Maul des Zeitgeistes speichelleckender Opportunismus»[11] kritisiert wurden. Es ging, unter dem Motto ‹Was bleibt?›, um kritisch wertende Bilanz einer ganzen Literaturepoche, die mit dem Ende der deutschen Teilung ihren endgültigen Abschluß gefunden hat. Und es ging, im Streit um Literatur als politisch-moralische Instanz, als stellvertretende Trauer-, Erinnerungs- und Gewissensarbeit, auch um die Divergenz generationsspezifischer Lektüreerfahrungen und Werturteile.[12]

Soziologisch interessant an dieser Debatte – Stichwort: Wer darf sprechen?[13] – ist vor allem die unauflösliche diskursive Verflechtung literarischer Wertung mit Macht: mit publizistischer, sofern es um Positionsgewinne auf einem Feld geht, das, wie das literarische, als ganzes von Marginalisierung bedroht ist; und mit politischer und ökonomischer Macht, sofern das Ende der DDR samt ihrer Kultur und Literatur willkommenen Anlaß gibt, politischen Dissens, Differenzerfahrungen und Entwürfe von Alternativen gegenüber dem triumphierenden Konsumkapitalismus zum Schweigen zu bringen.

Logik der literarischen Wertung

Der engste Rahmen einer Erörterung von Fragen der literarischen Wertung ist der logisch-argumentative. Explizit vollzogene und artikulierte literarische Wertungen sind Formen kommunikativen Handelns, selbst dann, wenn ein einsamer Leser sich selbst über den Wert des Gelesenen Rechenschaft zu geben bemüht. Aber nicht nur um eigene literarische

Wertungen plausibel begründen und mitteilen, sondern auch um solche anderer, z. B. als Autorität auftretender Kritiker, durchschauen und kritisch prüfen zu können, muß man Hauptbegriffe einer Logik der literarischen Wertung kennen. Dazu gehören: der Begriff des Wertes selbst; das Grundmodell, nach welchem literarische Wertungen als rationale Argumentationen geformt sind; der von der philosophischen Tradition geprägte Begriff des ästhetischen Urteils und das Problem der Geltungsgründe solcher Urteile.

Der Begriff des Wertes und seine Verwendung in den Theorien der literarischen Wertung bedürfen kritischer Prüfung. Denn gleichen Ursprungs mit dem defensiven historischen Ausgangspunkt dieser Theorien in der Kulturkrise der Moderne ist ihre Prägung durch einen Leitbegriff, der genau die Verdinglichung der Kultur zum Ausdruck bringt, gegen die jene Werttheoretiker kulturkritisch wetterten. Wie in der industriellen Praxis «das Produkt von den Produzenten sich trennt und in der allgemeinen Dingform des ‹Gutes› sich verselbständigt, so verfestigt sich in der kulturellen Praxis das Werk, sein Gehalt zu einem allgemeingültigen ‹Werte›.» [14] Diese im Wertbegriff selbst enthaltene Tendenz zur Verdinglichung, zur Mystifikation hat sich bei den phänomenologisch ausgerichteten Theoretikern der literarischen Wertung bis heute fortgesetzt, indem sie von Werten wie von kostbaren Dingen reden, die am Kunstwerk als einem ‹Wertträger› hängen wie Schmuck am Weihnachtsbaum. In der gegenwärtigen, sprachanalytisch aufgeklärten Theoriebildung dagegen wird Wert als reiner Relationsbegriff grundsätzlich im Kontext kommunikativen Handelns betrachtet: als Eigenschaft, Bedeutung, Beziehung, aufgrund deren etwas für jemand oder für eine Gruppe als – mehr oder weniger, in dieser oder jener Hinsicht – wertvoll erscheint oder gilt.

Das logische Grundmodell literarischer Wertung ist eine dem Gegenstand gemäße Abwandlung des Modells wertender Argumentation überhaupt: Es ist eine Verkettung logisch verschiedener Satztypen mit normativem Obersatz (Aufstellung einer Norm, eines allgemeinen Kriteriums), deskriptivem Untersatz (Beschreibung des Gegenstandes) und präskriptivem Schlußsatz (Bewertung des Gegenstandes). Ein Beispiel: Obersatz: Eine gute Kurzgeschichte soll ein Stück Alltagswirklichkeit in erzählerischer Konzentration darstellen. Untersatz: Die Kurzgeschichte XXX des Autors Y stellt folgendes Stück Alltagswirklichkeit… mit folgenden Mitteln erzählerischer Konzentration… dar. Schlußsatz: Die Kurzgeschichte XXX des Autors Y ist eine gute Kurzgeschichte.

Dementsprechend gehen Begründung und Geltungsprüfung von literarischen Wertungsäußerungen immer in zwei Richtungen: auf den besonderen Gegenstand, den literarischen Text, und auf ein allgemeines Kriterium, eine Norm. Plausibel, intersubjektiv nachvollziehbar wird eine literarische Wertungsäußerung also unter drei Bedingungen: (1) Die empirischen, auf den bewerteten Text bezogenen beschreibenden, analysierenden, interpretierenden Aussagen müssen wahr bzw. plausibel sein. (2) Das herangezogene allgemeine Kriterium muß intersubjektiv akzeptiert sein oder werden. (3) Die Verknüpfung von text- und von normbezogenen Aussagen in der Wertungsäußerung muß logisch-argumentativ richtig sein.

Natürlich ist dies ein idealisiertes und vereinfachtes Modell. Literaturkritische Argumentation ist in der Regel sehr viel komplexer und gemischter, und die Logik wird in ihr auf oft schwer durchschaubare Weise von einer *Rhetorik* der literarischen Wertung artikuliert und überlagert, die auf Überreden wie auf Überzeugen gerichtet sein kann. Aber gerade darum benötigen wir ein analytisches Modell, das uns zeigt, wie wir im Zweifelsfall die Schlüssigkeit einer literaturkritischen Argumentation prüfen können.

Das Problem des ‹ästhetischen Urteils› wird seit Kant in der Frage nach dessen Geltungsgründen gesehen. Denn anders als empirische Aussagen greift es zwar auch auf Erfahrung zurück, nicht jedoch auf begriffliche Regeln, nach denen sie zu einer objektiven, allgemeingültigen Erkenntnis verarbeitet werden könnte. Seit Hegel und anderen Kritikern der Ästhetik Kants bewegt sich die Wertungsdebatte zwischen ‹Objektivismus› und ‹Subjektivismus›, ‹Dogmatismus› und ‹Skeptizismus›, ‹Absolutismus› und ‹Relativismus› hin und her. Angesichts dieser offenen Debatte, die heute unter postmodernen Vorzeichen erneut aufgerollt und ‹dekonstruiert› wird, sollte auf zwei Einsichten nicht verzichtet werden: (1) Nur ein Objektbezug zum literarischen Werk, wie immer subjektiv vermittelt und individuell gefärbt in ästhetischer Erfahrung und literarischer Lektüre, ermöglicht Objektivierung in empirischen, analytischen, interpretativen Sätzen, welche die eine Seite der intersubjektiven Plausibilität von literarischen Wertungen ausmacht. (2) Der von Kant behauptete, letztlich anthropologisch begründete Allgemeinheitsanspruch des ästhetischen Urteils muß zwar zugunsten eines ästhetischen Pluralismus zurückgenommen werden; doch dieser entgeht einem Relativismus des ‹anything goes›, indem er die von Kant herausgestellte Autonomie, den Eigenwert und die Eigenleistung von Kunst und Literatur nicht als idealistische Illusion denunziert, sondern als offenes Angebot an einen potentiell unbegrenzten Teilnehmerkreis über historische, soziale, kulturelle Geschmacksgrenzen hinweg versteht.

Lektüre – Wertung – Kritik

Welche Rolle spielt literarische Wertung im Kernbereich literaturwissenschaftlicher Arbeit, der Kommentierung von Texten? Der Kommentar muß nicht nur das Auseinanderdriften von literarischer Kommunikation und akademischer Wissenschaft kritisch reflektieren, sondern auch in sich selbst die Spannung zwischen Lektüre und Theoriebildung immer neu austragen. Dabei könnte ein neuformuliertes Leitkonzept des ‹kritischen Interpretierens› von Nutzen sein.

Längst ehe sich der problematische Diskurs über literarische Wertung etablierte, ist plausibler von Kritik die Rede gewesen. Im Begriff der Kritik[15] sind bis heute gültige Leitvorstellungen der Aufklärung und des ‹Projekts der Moderne› (Habermas) wie Emanzipation, Öffentlichkeit, Autonomie konnotiert. Dadurch enthält er eine permanente Kritik derjenigen Institution, die mit ihm den Namen gemeinsam hat: der Literaturkritik, wie auch der anderen, welche sich von dieser abgrenzend schied: der Literaturwissenschaft. So weit sich beide Institutionen von jener Leitidee der Kritik und von ihrem ursprünglichen Miteinander unter dieser Idee – bis heute wegweisend formuliert und realisiert von den Brüdern Schlegel[16] – entfernt haben, so sehr bleiben sie weiterhin an ihr zu messen. Gesellschaft und Bewußtsein, Kultur und Wissenschaft in der modernen Welt, deren intendierter, wenn auch längst nicht realisierter demokratischer Pluralismus alle überlieferten und neu entstehenden Dogmatiken in Frage stellt, müssen sich am Prinzip der kritischen Prüfung[17] orientieren. Auch Kunst und Literatur und die Weisen ihrer Aneignung sind davon nicht ausgenommen. Ohne Kritik, das – möglichst weit zu verbreitende – Vermögen, begründet zu unterscheiden, auszuwählen, zu verwerfen, würden Literatur und ihre Rezeption noch mehr in den Beliebigkeiten bloßen Kulturkonsums versinken, als dies ohnehin geschieht. Ohne Kritik wird Literatur als Kunst nicht ernst genommen.

Dem widerspricht keineswegs deren Spielcharakter. Freilich erfordert es eine spezifische geistige Beweglichkeit, um ins wahrnehmende, imaginierende, sinnbildende und -auflösende Spiel ästhetischer Lektüre Kritik so einzubeziehen, daß sie weder auf ein «Potztausend»[18] hinausläuft noch auf ein scheinbar abschließend-schlüssiges ‹Werturteil›, das eine ganzheitlich komplexe, aspekt- und widerspruchsreiche, bald mitspielend-mimetische, bald distanzierend-kritische Lektürebewegung mit einer der von den Wertungstheorien angebotenen dürren Formeln zum Stillstand bringt.

Die Rezeptionsforschung hat bisher, außer der Dialektik von Norm und Wert (Mukařovský[19]), Erwartungshorizont und Innovation (Jauß[20]), wenig über Wertungsaspekte literarischer Lektüren zu sagen gewußt. Es käme bei der Analyse von Lektürezeugnissen, seien es literaturwissenschaftliche Kommentare, seien es einfache Leseprotokolle, darauf an, die Vielfalt und Komplexität von gedanklichen Operationen und rhetorischen Strategien der Wertung zu erfassen. Ebenso käme es darauf an, das unaufhebbare Spannungsverhältnis zwischen Lektüreerfahrung, an die alle Wertungsakte zurückgebunden bleiben, und Theoriebildung, in deren Rahmen allein Wertungskriterien und -normen rational begründet werden können, bewußt zu halten. Die Kunst der Kritik besteht darin, allgemeine Wertungskriterien und besondere Texterfahrung experimentierend einander anzunähern und in plausibler evaluativer Argumentation zu verknüpfen. Dem entspräche eine Form des literaturwissenschaftlichen Kommentars, die sich an einem Konzept ‹kritischen Interpretierens› orientiert, das die Spannungen von Lektüre und Verstehen, Poetik und Hermeneutik nicht beseitigt, vielmehr produktiv macht.

Das Epitheton ‹kritisch›, das in der Wertungstheorie der vergangenen Jahre allzuoft als bloß schmückendes gebraucht worden ist, besagt, daß die Wertungsmomente, die aller hermeneutischen Praxis eingelagert sind, auf die umfassende Leitidee der Kritik bezogen werden, auf einen weiten Reflexionsrahmen also, der Kunst, Kultur und Gesellschaft umfaßt. Es besagt, daß der dialektische Doppelcharakter von Kunst und Literatur, ihr ästhetischer Autonomieanspruch bei gleichzeitiger historisch-sozial-kultureller Verflechtung, wahrgenommen wird, methodisch: durch Rollenwechsel zwischen ‹Mitspielen› und ‹Beobachten›, Verstehen und Erklären. Es besagt, daß die innere Dynamik der Texte, die in ihrem ästhetisch-poetischen Spiel- und ihrem sprachlich-schriftlichen Zeichencharakter angelegt ist, aufgenommen wird: Texte als kohärent-inkohärente, Sinn auf- und abbauende Spannungsfelder. Wertung und Kritik können dabei ebenso wie dem Ganzen eines Werks auch Teilaspekten gelten. Hierbei könnte kritisches Interpretieren viel von dem anti-hermeneutischen Verfahren lernen, das sich Dekonstruktion nennt[21], ohne dessen dogmatische (Anti-)Poetik übernehmen zu müssen.

Kriterien der literarischen Wertung

Kriterien sind Maßstäbe, nach denen wir etwas bewerten. Sie können direkt akzeptierte Normen oder, häufiger, aus solchen Normen abgeleitete, im Blick auf die mit Text und Lektüre gegebene Bewertungslage formulierte und kombinierte Konzepte sein. In idealtypischer literaturkritischer Argumentation bildet ihre Aufstellung und Explikation den Obersatz, den Schlußsatz ihre schlüssige Anwendung auf den Text, der im Untersatz beschrieben wird, welcher natürlich aus mehreren Sätzen oder sogar aus einer ganzen Abhandlung bestehen kann. Die Schwierigkeiten und die Kunst der literarischen Wertung liegen indessen nicht erst in dieser im Prinzip leicht durchschaubaren Logik der Kriterienanwendung, sondern zum guten Teil schon im Auffinden, Auswählen, Kombinieren von geeigneten Kriterien. Denn Festigkeit, Eindeutigkeit und Geltungskraft literarischer Normen und Kriterien drohen sich nicht erst im literaturkritischen ‹Sprachspiel› selbst, seiner Dialektik von Lektürewahrnehmungen und theoriebezogener begrifflicher Fixierung, immer wieder aufzulösen. Schon die Kriterienwahl wird irritiert durch einen soziologischen oder historischen Blick, unter dem sich Normen und Kriterien als Verfestigungen, Vereindeutigungen und Dogmatisierungen von Wertungskommunikation und Wertungsgeschichte[22] erweisen.

Seit dem Zerfall vormoderner Weltbilder und der ihnen zugehörigen normativen Poetiken vollzieht sich ein permanenter Aufstieg und Niedergang von literarischen Wertungskriterien, der mit dem Wandel der Epochen und Strömungen und der sie begleitenden Literaturauffassungen verflochten ist. Wertungskriterien treten dabei in der Regel verdeckt auf: als poetologische Wesensbestimmungen. Das gilt wie für Kriterien der klassischen Literaturdoktrin, die Wesen und Wert der Dichtung in ihrer Symbolisierungskraft sah, ebenso für Kriterien der literarischen Moderne wie das der Verfremdung. Um das chaotisch anmutende Neben- und Gegeneinander der Kriterien überschaubar und handhabbar zu machen, bedarf es einer kritischen Literaturtheorie, welche Offenheit für die historische und kulturelle Vielfalt der Literatur, ihrer Funktionen und Gebrauchsweisen mit einem Festhalten am universalistischen Prinzip der Kunstautonomie verbindet, das ein kritisches Prinzip ist, indem es jeder Reduktion des ‹Eigensinns› und Eigenwerts der Literatur entgegentritt.

Zur Praxis der literarischen Wertung gehört die ständige Kritik der Kriterien. Solche Kritik kann dann zu begründeter Veränderung der

Kriterienwahl, -kombination und -gewichtung führen oder zumindest zu einem differenzierteren, genaueren Verständnis eingespielter Kriterien. Nehmen wir als Beispiel das ebenso verbreitete wie vieldeutige Kriterium der Modernität. Von Anfang an wohnt ihm ein Widerspruch inne. Denn gleichzeitig mit dem Aufstieg des geschichtlichen Bewußtseins, das auch Kunst und Literatur in ihre Zeit verflochten sieht, wurde die Idee der Kunstautonomie geboren, der gemäß künstlerische Werke ihre Bedeutung und ihren Eigenwert immer auch in Distanz zur Zeit entfalten. ‹Mit dem Zeitalter fortschreiten›: Zeitadäquatheit, Progression, Innovation – diese und verwandte Konzepte geben recht unscharfe Kriterien ab, es sei denn, sie werden sehr eng auf die Entwicklung künstlerischer Gestaltungsmittel eingegrenzt. Sie unterliegen der Gefahr dogmatischer Fixierung, denn jede Zeit nimmt sich selbst gern zum Maßstab. Das wiederum provoziert einen Skeptizismus, der dem Kriterienbündel der Modernität prinzipiell ablehnend gegenübersteht. Rational begründen ließen sich solche temporalen Kriterien allein im Rahmen gesellschaftlicher und literarischer Entwicklungslogiken; aber diese geraten leicht in den Verdacht, bloße Rationalisierungen von Geschichts- und Literaturideologien zu sein.

Wenn Modernität ein Kriterium sein soll, was ist dann das Kriterium für Modernität? Und wenn Modernität einen Vorrang bestimmter Texte begründen soll, wo bleibt dann die fundamentale ästhetische Erfahrung der Gegenwärtigkeit nichtmoderner Literatur aus früheren Zeiten oder anderen Kulturen in unseren heutigen Lektüren? Vollends in der jetzigen, als postmodern – oder bereits als post-postmodern? – deklarierten Epoche sind Normativität und Kanonizität der klassischen Moderne, der künstlerischen Avantgardebewegungen des 20. Jahrhunderts und der Kriterien moderner Literatur geschwunden wie zuvor die der älteren Klassiken. Im Zeitalter unbegrenzter kulturindustrieller Reproduzierbarkeit, der Remakes, des postmodernen Spiels mit älteren Schreibweisen verlieren Negativkriterien wie Konventionalität oder Epigonalität – all das, was künstlerisch ‹nicht mehr möglich› ist – an Plausibilität. Um diesen Prozeß der Entkanonisierung der Moderne nicht in die ohnehin sich ausbreitende Beliebigkeit einmünden zu lassen, bedürfte es eines Wertungsverhaltens, das die einzelnen Kriterien der Modernität sorgfältig differenziert und ihren Gebrauch vorsichtig eingrenzt. Die geschichtlichen Erfahrungen, normativen Grundorientierungen und künstlerischen Potentiale, die das ‹Projekt der Moderne› enthält, müssen dabei keineswegs aufgegeben werden.

Literarische Wertungskultur

Begriffe und Theorien der literarischen Wertung sollten nicht als ein steriler Spezialbereich der akademischen Literaturwissenschaft angesehen werden, sondern in Hinblick auf ihre Orientierungsleistung für literaturkritische Praxis: wissenschaftliche, journalistische und vor allem Lektürepraxis literaturinteressierter Leser. Denn Wertungskompetenz, kritische Sensibilität, Wahl- und Urteilsfähigkeit müssen zu den wichtigsten Bildungszielen in unserer gegenwärtigen Kultur mit ihren extrem heterogenen ästhetischen Angeboten gerechnet werden. Das *praktische* Erkenntnisinteresse der literaturwissenschaftlichen Wertungstheorie sollte sich demgemäß auf Entwicklung und Pflege einer literarischen Wertungskultur richten.

Daraus ergeben sich Gesichtspunkte für eine Didaktik der literarischen Wertung[23] in Schule, Universität und weiteren Bildungseinrichtungen, andererseits Kritikpunkte in Hinblick auf eine gegenwärtige Wissenschaftskultur, die sich solchen Zielsetzungen weitgehend verschlossen hat. Schulische Didaktik der literarischen Wertung hätte statt fachwissenschaftlicher Propädeutik und literaturhistorischen Faktenwissens die altehrwürdige und nicht widerspruchsfreie Idee ästhetischer Erziehung – denn Ästhetik und Erziehung stehen notgedrungen in Spannung zueinander – als Anleitung zu einer Kunst des Lesens zu konkretisieren, einer Kunst, die kritische Kompetenz einschließt. Die entsprechende Kunst des Lehrens bestünde dann weniger in curricularer und unterrichtsplanerischer Rationalität als vielmehr darin, eigene Fähigkeit zu Freude und Kritik an literarischen Werken – jene wäre ohne diese blind wie diese ohne jene leer – in sich lebendig zu halten und etwas davon an die Lernenden weiterzugeben.

Im literaturwissenschaftlichen Fachstudium, gerade weil es längst nicht mehr vorrangig Lehrer ausbildet, sondern Kompetenzen für ebenso breitgestreute wie stellenknappe Berufsfelder, vorwiegend im Kulturbereich, vermitteln soll, gewinnt Wertungskompetenz eine entsprechende Bedeutung. Literaturstudenten sollten noch so geringe Freiräume, die ihnen heutige Studien- und Prüfungsordnungen lassen, durch Teilnahme am kulturellen und literarischen Leben, durch selbstbestimmte – einsame oder gemeinschaftliche – Lektüre alter und neuer literarischer Werke, durch Wahl solcher Lehrveranstaltungen, die zugleich mit wissenschaftlicher Fachkompetenz literarische Bildung und literaturkritisches Bewußtsein vermitteln, dazu nutzen, ihre eigene literarische Wertungskompetenz auszubilden. Dabei sollten spezielle Studienkomponenten oder ergänzende Studiengänge für Literaturkritik genutzt werden, wie sie einzelne – leider zu wenige – Universitäten anbieten.

Im ganzen ist die derzeit herrschende Wissenschaftskultur diesem Lern- und Bildungsziel wenig günstig. In der heutigen Literaturwissenschaft hat sich mit der immer weitergetriebenen Spezialisierung ein Mangel an Interesse und Kompetenz für literarische Erfahrung und Wertung ausgebreitet. Der gegenwärtige «Regel-Germanist» – so sieht ihn ein Kenner der Szene – hat keine Zeit für Literatur, weil damit beschäftigt, «eine neue Theorie wie Jägersoße über die längst hundertmal abgeschossenen Gegenstände zu gießen.» [24] Neben dem verbreiteten Typus des literaturblinden oder -erblindeten Wissenschaftsmanagers nimmt sich der des philologischen Spezialisten, der sich um seine Autoren mit seinesgleichen nach Art von Fan-Gemeinden vereinigt, unter entsprechender Verkümmerung kritischer Urteilsfähigkeit, geradezu liebenswert aus. Nichts jedenfalls deutet darauf hin, daß Literaturwissenschaftler – und auch literaturwissenschaftliche Wertungstheoretiker – eine größere literarische Wertungskompetenz hätten als nichtprofessionelle Leser.

Ein Literaturwissenschaftler dagegen, der nicht verdrängt hat, daß der Grund seines Tuns literarische Erfahrung und daß er selbst immer auch Teilnehmer, nicht nur Beobachter der literarischen Kommunikation ist, sollte die Literaturwissenschaft als einen immer mehr nur sich selbst reproduzierenden Betrieb weniger und mehr die Literatur ernst nehmen. Er – oder sie – sollte sich nicht scheuen, persönliche Erfahrung mit Literatur in die wissenschaftliche Arbeit einzubeziehen und entsprechend zu lehren und zu schreiben. Ein dialogisches Verhältnis nicht nur zwischen Literaturwissenschaft, Literaturkritik und Autoren, sondern auch zwischen ‹Experten› und ‹Laien› wäre zu kultivieren, wobei jene mittlerweile lernen müßten, von diesen zu lernen. Schließlich sollten die Grenzen des eigenen professionellen und kulturellen Feldes immer wieder überschritten werden zugunsten interdisziplinärer und vor allem inter*kultureller* Offenheit, des wohl wichtigsten ‹Lernziels› moderner Kulturen überhaupt. Solche Offenheit könnte der Verfestigung institutioneller kultureller Praxis entgegenwirken und eine literarische Wertungskultur fördern, die literaturwissenschaftlicher Wertungstheorie ein gutes Stück voraus wäre.

Literatur

Gebhardt, Peter (Hg.): Literaturkritik und literarische Wertung. Darmstadt 1980 (Wege der Forschung 334).

Herrnstein Smith, Barbara: Contingencies of Value. Alternative Perspectives for Critical Theory. Cambridge (Mass.) 1988.

Heydebrand, Renate von: Wertung, literarische. In: Reallexikon der deutschen Literaturgeschichte. Bd. 4, 2. Aufl. Berlin 1984, S. 828–871.

Lenz, Bernd/Schulte-Middelich, Bernd (Hg.): Beschreiben, Interpretieren, Werten. Das Wertungsproblem in der Literatur aus der Sicht unterschiedlicher Methoden. München 1982.

Mecklenburg, Norbert: Kritisches Interpretieren. Untersuchungen zur Theorie der literarischen Wertung und Literaturkritik. 2. Aufl. München 1976.

– (Hg.): Literarische Wertung. Texte zur Entwicklung der Wertungsdiskussion in der Literaturwissenschaft. Tübingen 1977 (Deutsche Texte 43).

Menges, Karl/Rancour-Laferriere, D. (Hg.): AXIA Davis Symposium on Literary Evaluation. Stuttgart 1981.

Müller-Seidel, Walter: Probleme der literarischen Wertung. Über die Wissenschaftlichkeit eines unwissenschaftlichen Themas. 2. Aufl. Stuttgart 1969.

Schrader, Monika: Theorie und Praxis literarischer Wertung. Literaturwissenschaftliche und -didaktische Theorien und Verfahren. Berlin 1987.

Schulte-Sasse, Jochen: Literarische Wertung. 2., völlig neu bearb. Auflage. Stuttgart 1976.

Anmerkungen

1 Mecklenburg: Kritisches Interpretieren.

2 Siegfried J. Schmidt: Literarische Wertung. In: L. Jordan u. a. (Hg.): Lyrik – Erlebnis und Kritik. Frankfurt/M. 1988, S. 186–211.

3 Jochen Schulte-Sasse: Literarische Wertung: Zum unausweichlichen historischen Verfall einer literaturkritischen Praxis. In: LiLi H. 71: Wertung und Kritik. Hg. von H. Kreuzer. Göttingen 1989, S. 13–47; hier S. 22.

4 C. J. van Rees: The Institutional Foundation of a Critic's Connoisseurship. In: Poetics 18 (1989), S. 179–198.

5 Thomas Anz: Vorschläge zur Grundlegung einer Soziologie literarischer Normen. In: Internationales Archiv für Sozialgeschichte der deutschen Literatur 9 (1984), S. 128–144.

6 Vgl. den in mehrfacher Hinsicht sehr instruktiven Aufsatz von Michael Böhler: Der Lektürekanon in der deutschsprachigen Schweiz. Eine Problemskizze. In: Amsterdamer Beitr. z. Neueren Germ. 30 (1990), S. 9–63.

7 Jochen Schulte-Sasse: Die Kritik an der Trivialliteratur seit der Aufklärung. Studien zur Geschichte des modernen Kitschbegriffs. München 1971.

8 Pierre Bourdieu: Die feinen Unterschiede. Kritik der gesellschaftlichen Urteilskraft. Frankfurt/M. 1982.

9 Vgl. die Dokumentation von Rezensionen in: Deutschunterricht 43 (1991), H. 1, S. 77–104.

10 Ulrich Greiner: Die deutsche Gesinnungsästhetik. In: Die Zeit Nr. 45 vom 2. 11. 1990, S. 59.

11 Gert Heidenreich: Die bösartigen Dichter. In: Süddeutsche Zeitung vom 2./3. 2. 1991, Beilage S. I.

12 Jochen Vogt: Langer Abschied von der Nachkriegsliteratur. In: Weimarer Beiträge 37 (1991), S. 452–461.

13 Klaus-Michael Bogdal: Wer darf sprechen? Ebd., S. 597–603.

14 Herbert Marcuse: Kultur und Gesellschaft. Bd. 1. Frankfurt/M. 1964, S. 62.

15 Theodor W. Adorno: Kritik. In: Ders.: Kritik. Kleine Schriften zur Gesellschaft. Frankfurt/M. 1971, S. 10–19.

16 Peter Gebhardt: Friedrich Schlegel und Ansätze. In: Ders. (Hg.), S. 412–469 .

17 Hans Albert: Traktat über kritische Vernunft. Tübingen 1968.

18 Friedrich Schlegel: Kritische Ausgabe. Hg. von E. Behler. Bd. 2. München 1967, S. 154 (Lyceums-Fragment Nr. 57).

19 Jan Mukařovský: Kapitel aus der Ästhetik. Frankfurt/M. 1970.

20 Hans Robert Jauß: Literaturgeschichte als Provokation. Frankfurt/M. 1970.

21 Harro Müller: Hermeneutik oder Dekonstruktion? Zum Widerstreit zweier Interpretationsweisen. In: K. H. Bohrer (Hg.): Ästhetik und Rhetorik. Lesarten von de Man. Frankfurt/M. 1992.

22 Jürgen Stenzel: Literaturgeschichte als Wertungsgeschichte. In: Germanisch-Romanische Monatsschrift 37 (1987), S. 361–375.

23 Norbert Mecklenburg: Aufriß einer Didaktik der literarischen Wertung. In: Ders. (Hg.): Zur Didaktik der literarischen Wertung. Frankfurt/M. 1975, S. 7–33.

24 Hermann Kinder: *Schweine*-Bande. In: Text + Kritik (1988), H. 100, S. 30.

VII. Zur Geschichte der Literaturwissenschaft

Helmut Brackert

Zur Geschichte der Germanistik bis 1945

Die folgende Skizze setzt sich ein bescheidenes Ziel. Sie beschränkt sich auf eine einzige nationalsprachige Philologie, die Germanistik, und sie verzichtet auf eine geschlossene oder gar vollständige Darstellung. Sie stellt vielmehr eine Reihe von literaturwissenschaftlichen Interpretationen ein und desselben Werks, nämlich des Goetheschen «Die Leiden des jungen Werthers» nebeneinander, um an ihnen die wichtigsten Stationen einer Geschichte der Literaturwissenschaft zu markieren. Auf äußerste Knappheit verpflichtet, muß sie zwar auch zu Generalisierungen greifen; im Unterschied zu textferneren Darstellungen vermag sie so jedoch die Generalisierungen an den literaturgeschichtlichen Darstellungen selbst zu überprüfen.

Georg Gottfried Gervinus (1805–1871)

In seiner «Geschichte der poetischen Nationalliteratur der Deutschen»[1] greift Gervinus im Kapitel über Goethe die beiden etwa gleichzeitig entstandenen Werke «Götz von Berlichingen» und «Werther» heraus. Beide lassen nach seiner Auffassung Goethes Doppelnatur erkennen: Auf der einen Seite das «wühlende, reformatorische Bestreben seiner Jugend», auf der anderen Seite der Drang nach Mäßigung, nach Bändigung noch des wildesten Stoffs. Sehr schnell ist Gervinus dann jedoch bei seiner Leitvorstellung[2]:

> «Im *Götz* machte sich das Freiheitsgefühl Luft, das eben anfing in Deutschland Boden zu fassen. (...) *Werther* stellte ein Bild des moralischen Genies auf, in Beziehung auf unsere geselligen Verhältnisse gesetzt. Ein Charakter entwickelt sich vor uns, dem alles Bestehende Hinderniß und Schranke scheint; wie er in der Kunst der Regel spottet, so auch der bürgerlichen Gesellschaft, die die Natur in uns zerstöre und nichts als Anständigkeit dafür biete (...).»

Beide Werke sind für Gervinus kompensatorische: Da die Gegenwart um 1770 kein Handeln, kein (und im Sinne des Autors müssen wir sagen: noch kein) tätiges Eingreifen im politischen Bereich zuließ, konnte die Literatur noch nicht von großen Taten der Gegenwart, sondern nur (wie im «Götz») von solchen der Vergangenheit handeln oder die inneren Bewegungen, die Ideale und moralischen Appelle, mit denen der Zeitgeist auf die politische Entmächtigung reagierte, im Reflex zurückwerfen.

Damit ist Gervinus bei seinem zweiten Thema: der Wirkung dieser Literatur für die Dichtung selbst wie auch, was ihm wichtiger erscheint, für die Zustände des Lebens. Während der «Götz», wie es heißt, «gesetzte Männer» fürchten lehrt, Goethe «begünstige die Anarchie und das Faustrecht und möchte gern diese Zeiten wieder herstellen», konnte der «Werther» nach Gervinus deshalb so stark wirken, weil er ein «zu unmittelbares Abbild des Lebens» darstellte, um «nicht seine nächsten und unmittelbarsten Wirkungen auf das Leben zurück zu machen». Wie Goethe selbst damals in der «Periode der gestörten Ideale» stand, so war sie in dieser Zeit, «wo man die Wirklichkeit mit der Poesie maß und verglich, eine gemeinsame für die ganze deutsche Jugend (...). (*Werther*) erregte nicht eine Krankheit, sondern deckte das vorhandene Übel auf.»

Ist damit auf etwas weniger als zwei Seiten der gesamte «Werther» und seine zeitgeschichtliche Wirkung auf die politische Situation Deutschlands bezogen und interpretiert, so ist damit zugleich das Interesse des Autors am Gegenstand erschöpft. Eine ästhetisch-formale Interpretation findet sich nicht; aber auch die geschichtliche Dimension erscheint eigenartig verkürzt, wenn Gervinus wichtige Angaben über geschichtliche Zusammenhänge der Entstehung, der formalen Tradition, der Rezeption einfach beiseite läßt bzw. in einem letzten Satz gerade noch andeutet.

Gervinus' «Geschichte der poetischen Nationalliteratur der Deutschen», die, wie auch andere Literaturgeschichten der Zeit zwischen Restauration und gescheiterter Revolution von 1848, die patriotischen Erhebungs- und Einigungshoffnungen im Medium des nationalen Literaturerbes wachzuhalten suchte, wurde bei der vierten, 1853 erschienenen Auflage umbenannt: «Geschichte der deutschen Dichtung» hieß sie von nun an, und diese Änderung ist symptomatisch für das resignative Bewußtsein des Verfassers und anderer politisch engagierter deutscher Liberaler nach 1848. Die politische Praxis, die nach den Vorstellungen von Gervinus am Ende der Kunstperiode die künstlerischen Kompensationsformen ablösen sollte, ergab sich nicht als kontinuierlicher gesellschaftlicher Fortschritt im Sinne zunehmender nationaler und individueller Selbstbestimmung, sie wurde vielmehr ‹von oben› hergestellt. Welche Konsequenzen dies für die Literaturwissenschaft hatte, wird nirgendwo deutlicher als an jener wissenschaftsgeschichtlichen Richtung, die im letzten Drittel des Jahrhunderts herrschte: dem Positivismus. Einer ihrer wichtigsten, tonangebenden Vertreter war in Deutschland der Germanist Wilhelm Scherer.

Wilhelm Scherer (1841–1886)

Als wichtigstes Merkmal des Positivismus gilt die naturwissenschaftlich-empirische Ausrichtung der geisteswissenschaftlichen Verfahren. Sie war die Konsequenz einer Krise, in die die Geisteswissenschaften in der zweiten Hälfte des 19. Jahrhunderts gerieten:

1. Die germanistische Fachwissenschaft entwickelte sich im Zusammenhang einer politisch-nationalen Einigungsbewegung. Die Germanistik wurde in diesem Rahmen als die wichtigste Wissenschaft im nationalen Selbstfindungsprozeß begriffen. Doch in der Zeit nach den Befreiungskriegen und nach dem Scheitern der Revolution von 1848 weicht die nationale Begeisterung zunehmender Ernüchterung. Die germanistische Wissenschaft findet sich in den Status quo und akzeptiert, ja feiert den von oben verordneten gesellschaftlichen Zustand.

2. Gegenüber dem Fortschritts- und Entwicklungsgedanken der Aufklärungsepoche und des deutschen Idealismus isoliert der Historismus des 19. Jahrhunderts das Einzelphänomen und macht es zu einem Wert an sich. Damit beginnt die Wendung zum Antiquarischen, zur Sammlung von Fakten, die meist den größeren Zusammenhang außer acht läßt.

3. Ein weiteres Krisenmoment entstand durch den Aufstieg der Naturwissenschaften. Die Geisteswissenschaften sahen sich aus ihrer einst beherrschenden Position verdrängt, und dies durch Wissenschaften, deren unmittelbarer Nutzen für das Leben an Erfindungen und technischen Entwicklungen ablesbar war.

Der Positivismus in der Literaturwissenschaft kann als Antwort auf diese Krisensituation verstanden werden. Scherer geht es um die «Universalität erfahrungsgemäßer Betrachtung, von welcher auf allen Gebieten der Wissenschaft die schönsten Resultate erwartet werden.» [3] Aus unendlich vielen Einzelbeobachtungen soll ein umfassendes Naturgesetz des geistigen Lebens formuliert werden. Also nicht Konstruktion auf der Basis vorgegebener philosophischer Prinzipien, sondern der gigantische Versuch einer objektiven Erfassung aller Daten der kulturellen Welt in ihrem ursächlichen Zusammenhang.

In seinem Aufsatz «Goethe-Philologie» von 1877 hat Scherer die vielzitierte Formel geprägt vom «Ererbten, Erlernten und Erlebten» und damit programmatisch umschrieben, was der Forschung seiner Schule von nun an als Aufgabe vor Augen stand: die literarischen Werke auf die realen Faktoren zurückzuführen: die Quellen eines Stoffs, die technischen Fertigkeiten des Autors, die geographischen und zeitlichen Details der Entstehungsgeschichte eines Werks etc.

Ganz in diesem Sinn spielt die Tatsache, daß der «Werther» auf Erlebnissen Goethes beruht, für Scherer eine entscheidende Rolle. Doch es geht ihm nicht bloß um den Nachweis der Tatsächlichkeit des Berichteten, vielmehr um die naturwissenschaftlich exakte Rekonstruktion der physischen und psychischen Motivationen für einen Selbstmord, der auch der eigene hätte sein können:

«Er (Goethe; H. B.) suchte zu erklären, wie ein Mensch dazu kommen könnte, sich das Leben zu nehmen. Er wollte das Schicksal aus dem Charakter hervorgehen lassen. Die genaueste Motivierung (...) war seine Absicht (...). (Er) führte uns eine Krankheitsgeschichte vor; wir sollen die innere Disposition, Ursachen und die Symptome erkennen und ihren Verlauf bis an sein Ende verfolgen.» [4]

Scherer versucht an der Identität von künstlerischer Gestaltung und dargestellter Wirklichkeit festzuhalten, aber es gelingt ihm nur durch eine etwas künstliche Trennung. Auf einer theoretischen Ebene wird die Geschichte dem positivistischen Verfahren angeglichen und der Briefroman auf eine mit naturwissenschaftlicher Exaktheit beschreibbare Krankengeschichte reduziert; auf der praktischen Ebene der Interpretation ergibt sich der Widerspruch, daß sich die Form nicht oder genauer: nicht überall als Folge exakter Beobachtung aufweisen läßt und daß im Falle des «Werther» der Kranke ja selbst der Beobachtende und überdies auch noch der künstlerisch Formende ist.

Schließlich die Bewertung des «Werther». Scherer stellt fest, daß in diesem Werk wie in den Schriften Rousseaus ein revolutionärer Atem weht. «Goethes Roman protestiert gegen eine Gesellschaft, welche die glänzenden Talente eines jungen feurigen Mannes nicht würdig zu nutzen versteht; er protestiert gegen die ständische Ungleichheit, gegen den Hochmuth des Adels (...) er protestiert gegen die herrschende Moral (...) er protestiert gegen die konventionelle Pedanterie des Stils (...).» Doch Scherer – und hier mischen sich in die Bewertung die monarchistischen Gesinnungen des Kaiserreich-Apologeten – liebt die Revolution nicht; sein Herz schlägt für das Geordnete. Revolution stört nur den ruhigen Gang der ästhetischen Bildung:

«So hatte die Reformation in die humanistische Bewegung eingegriffen. So hatte Opitz unnötig mit der Vergangenheit gebrochen. So hatte Gottsched die Anknüpfung an das volkstümliche Drama verschmäht. So leugnete jetzt wieder Goethe die Ehrfurcht vor dem Bestehenden und riß eine stürmische Jugend mit sich fort.»

Damit ist Gervinus' Position in ihr Gegenteil verkehrt. Blieb der «Götz» nach Scherer ein Werk der Willkür, weil alle Umarbeitungen nichts halfen; gab dieses Werk darum auch der Folgezeit «ein schlechtes Beispiel», so gelang es dagegen im Falle des «Werther», das Werk «von Schlacken zu reinigen und in ein durch und durch vollendetes Kunstwerk zu verwandeln». Zum großen literarischen Werk wird der «Werther» erst dadurch, daß er, im Unterschied zum «Götz» den revolutionären Protest auf der ästhetischen Ebene aufzuheben vermag.

Im letzten Jahrzehnt des 19. Jahrhunderts wird der Positivismus mehr und mehr von einer Forschungsrichtung abgelöst, die in mannigfachen Varianten bis in die Nachkriegszeit hinein eine Dominante der Literaturwissenschaft geblieben ist und die vor allem dem Philosophen Wilhelm Dilthey entschiedener Impulse verdankte: die *Geisteswissenschaft*. In entschiedener Kritik an der vom Positivismus geforderten kausal-deterministischen Dichtungslehre hat Dilthey für die Literaturwissenschaft einen theoretischen Begründungszusammenhang entwikkelt.

Wilhelm Dilthey (1833–1911)

Der Mensch lebt nach Dilthey immer schon in einer irgendwie verstandenen Welt, und dies, weil er sich seines eigenen Lebens als eines sinnvollen Bedeutungszusammenhangs verstehend innezuwerden vermag. Dieser sinnvolle Bedeutungszusammenhang ist nicht wie der Kausalzusammenhang, den Scherer voraussetzt und zu erklären sucht, die Folge einer Kette von Ursachen und Wirkungen, sondern ein Sinnkontext von Erfahrungen und Erlebnissen, in dem das einzelne Lebensmoment seine Bedeutung durch seinen Zusammenhang mit dem Ganzen erhält. Dieser sinnvolle Lebenszusammenhang steht dem erkennenden Geist niemals als Objektzusammenhang gegenüber, sondern liegt jedem wissenschaftlichen Erkenntnisvorgang immer schon voraus. Durch diese seine lebensgeschichtliche Einbettung unterscheidet sich das geisteswissenschaftliche Verfahren grundsätzlich von dem der Naturwissenschaft.

Da das Objekt der Naturwissenschaften «die unabhängig vom Wirken des Geistes hervorgebrachte Wirklichkeit» darstellt, können wir uns die physische Welt durch das Studium ihrer Gesetze um so besser *erklären*, je stärker es uns gelingt, das erlebende Subjekt aus dem Erkenntnisvorgang auszuschalten. Im Gegensatz dazu setzt das geisteswissenschaftliche Verstehen immer schon einen Zusammenhang von Subjekt und Objekt voraus. Dieser Zusammenhang ist nach Dilthey darin begründet, daß fremde Objektivationen dem erkennenden Geist nur über eine gemeinsame Erlebnisstruktur *verstehbar* sind: Es «entsteht inhaltlich das Verhältnis, daß, was ich an einem anderen verstehe, ich in mir als Erlebnis auffinden, und was ich erlebe, ich in einem Fremden durch Verstehen wiederfinden kann»[5].

Dieser Verstehensbegriff gilt nicht nur für gleichzeitige Phänomene, sondern für die geschichtliche Welt überhaupt. «Die erste Bedingung für die Möglichkeit der Geschichtswissenschaft liegt darin, daß ich selbst ein geschichtliches Wesen bin, daß der, welcher die Geschichte erforscht, derselbe ist, der die Geschichte macht», wobei vorausgesetzt wird, daß das Erlebnisvermögen des verstehenden Subjekts und das in die geistigen Objektivationen eingegangene Erlebnis über die geschichtliche Distanz hin im wesentlichen gleichbleibt.

Zu den bedeutendsten Objektivationen des Geistes gehören für Dilthey die Werke der Dichtung. Sie müssen und können «verstanden» werden, weil sich in ihnen – wie etwa im Werk Goethes – bedeutende Individuen in einer Form objektiviert haben, die über die Zeiten hinweg Orientierungen zu schaffen vermag und weil die Art der Objektivation über die strukturelle Gemeinsamkeit menschlichen Erlebens hin verstanden wird. Gerade Goethe hat es nach Dilthey in einem äußersten Ausmaß vermocht, die persönlichen Erlebnisse und Erfahrungen seines überreichen Lebens durch Poesie ins Bedeutsame und damit ins Überzeitlich-Typische zu erheben. Geisteswissenschaftliche Erkenntnis, so zeigt sich, interessiert sich nicht, wie der Positivismus, für das Leben in seiner positiven Faktizität, sondern für dessen überzeitliche Gültigkeit.

Dennoch war der Positivismus mit Dilthey nicht auf einmal überwunden. Wie heftig noch in den ersten Jahrzehnten des neuen Jahrhunderts innerhalb der neuen literaturwissenschaftlichen Richtung die Auseinandersetzung mit der Scherer-Schule und deren Gewichtung lebensgeschichtlicher Momente geführt wurde, wird etwa an Friedrich Gundolfs monumentalem Goethebuch von 1916 erkennbar.

Friedrich Gundolf (1880–1931)

«Goethe ist der einzige Deutsche, der jene Harmonie (von Schicksal, Schöpferkraft und Gestalt; H. B.) völlig erreicht hat, er ist deshalb unser vorzugsweise klassischer Mensch. Darum ist bei ihm weniger als bei irgendeinem anderen modernen Menschen nötig, seine Werke aus seinem Leben heraus zu erklären, hinter seine Werke zu greifen, um sein Leben zu erfassen: denn sie selbst sind sein Leben.» [6]

War bei Scherer, wenigstens in seiner Theorie, die Qualität des Werks noch abhängig gemacht von dessen Gehalt an lebensgeschichtlicher Realität, so wird hier umgekehrt die Bedeutung lebensgeschichtlicher Details für das zu interpretierende Werk desto geringer eingeschätzt, je bedeutender das Werk, und das heißt nach geisteswissenschaftlicher Voraussetzung: die Identität von Leben und Werk, sich präsentiert.

Folgerichtig sieht Gundolf im «Werther» auch nicht die Darstellung einer «vereinzelten Lebensepisode Goethes», nicht den Briefroman einer «unglücklichen Liebe»; er hebt auch nicht ab auf eine «wirkliche Tragik, die Goethe durchgemacht hat», oder auf das konkrete «Leiden Goethes an seiner eigenen Existenz, hervorgegangen aus dem Widerstreit zwischen kosmisch expansiver Lebensfülle und Beschränkung des Augenblicks». Es geht vielmehr letztlich nur um das, was diese «wirkliche Tragik Goethes» zum «Erlebnis» macht: deren Bewältigung, deren Abschluß im dichterischen Werk.

Das wird besonders signifikant an Gundolfs Bewertung der Geschichte des jungen Jerusalem, eines mit Goethe bekannten Legationsrates, der sich am 30. 10. 1772 in Wetzlar erschossen hatte. Für Gundolf erklärt sich der ungeheure Erfolg des Werks vor allem aus dessen Fehleinschätzung als Darstellung einer Sensationsgeschichte des Jahres 1772 und aus der Tatsache, daß dieser Roman für das Lesepublikum nur die «Vorbereitung, die Begründung eines schrecklichen Vorfalls» war. «Für Goethe (...) war der ganze Selbstmord nur der symbolische, der symbolschaffende Anlaß, seine eigene pathetische Leidensgeschichte abzuwenden und abzuschließen.» Der junge Jerusalem und sein Selbstmord, so Gundolf, boten sich Goethe «im kritischen Moment, da alles in ihm selbst bereit war, sich als reife Frucht von ihm abzulösen, als das geeignete Symbol für den Träger der Handlung an, in welcher seine Empfindungen und Erlebnisse sich objektivieren mußten». Die realen biographischen Fakten sind Teil eines geistigen Erlebnisraums insofern, als sie sich dem inneren Geschehen fügen; dem titanischen Ich, das Goethe darstellte, fiel das gemäße Symbol zu. Fast könnte man sagen: Der realen Lebenswirklichkeit kommt die einzige Aufgabe zu, dem großen, und das heißt in diesem Zusammenhang immer: dem produktiven Menschen, solche symbolischen Ausdrucksmöglichkeiten im rechten Augenblick bereitzustellen. Biographie ist lediglich Material des dichterischen Ausdrucks; im Augenblick der Gestaltung wird das eigentlich Biographische daran getilgt.

An Gundolfs «Werther»-Interpretation enthüllt sich, allerdings in einer extremen Weise, etwas für die geisteswissenschaftliche Richtung insgemein Wesentliches: die Mythisierung, ja Mystifikation der großen schöpferischen Persönlichkeit. Und hierbei ist zweierlei zu beobachten: Zum einen betont diese quasi kultische Verehrung in deutlicher Opposition zum Positivismus das Individuell-Elitäre; die große Persönlichkeit verkörpert etwas Einmaliges, nicht mit gewöhnlichem Maßstab Meßbares, und diese Einmaligkeit des genialen Menschen hebt sein Werk «weit über die monographische Beschreibung eines bloß psychologischen Vorgangs» hinaus. Die große Persönlichkeit ist eben qua Genialität und Einmaligkeit nicht mit den Maßstäben einer am generellen Fall ausgerichteten Psychologie zu messen: sie hebt in diesem Sinn Kausalität auf. Zum anderen wird dieses Einmalige wiederum nicht bloß im Individuellen belassen, sondern immer wieder versucht, auf der Ebene der Genialität Typologien zu entwickeln: Nicht die Beschreibung des je einmaligen Konfliktfalls Werther ist das Ziel, sondern Werther als typischer Ausdruck einer Konfliktsituation und Konfliktlösung des genialen, in diesem Fall kosmisch-titanischen Menschen.

Josef Nadler (1884–1963)

In Nadlers «Literaturgeschichte der deutschen Stämme und Landschaften» (1912 bis 1928), die unter dem Titel «Literaturgeschichte des deutschen Volkes» 1938 bis 1941 in vierter, völlig neubearbeiteter Auflage erschien, beginnt die «Werther»-Interpretation mit der Feststellung:

«Die größten Gefahren erwuchsen der deutschen Seele aus den weitverzweigten Sproßformen des Pietismus (...). Die Beschränkung auf die kleinen Seeligkeiten des Lebens, das Spielen mit Gefühlsleben und Leidenschaften, (...) bedrohte alle echten und tiefen Menschen mit Selbstvernichtung. Im besonderen verdarb dieses empfindsame Seelenleben die ganze Altersstufe für die Wirklichkeit, für alles was den Menschen gebieterisch umdrängte, was zum Kampf aufforderte, was bezwungen sein wollte. Und gerade für die Kunst der Antike, der das Mutterland neu zuzustreben begann, brachte es klare Augen, die am Wesentlichen geschult waren, brachte es Selbstzucht, Männlichkeit, Gesundheit, Lebenskraft, Lebenswillen.» [7]

Hier treten offensichtlich und unverhüllt handfeste völkisch-nationalistische Wertungen ins Spiel. Eine pointierte Opposition verdeutlicht Gefahr und Gefährdetes, Bedrohung und Bedrohtes: auf der einen Seite die deutsche Seele, an sich echt und tief und auf männliche gesunde Tugenden hin entworfen; auf der anderen Seite die zerstörerischen Einflüsse von außen: die dem deutschen Wesen zutiefst unnatürliche und ungemäße Empfindsamkeit des Pietismus, die den deutschen kämpferischen Menschen in seinem Lebenswillen und Daseinskampf lähmt. Und dann der Dichter, der mitten in dieser Opposition steht, sie durchlebt und durchleidet, sie aber auch überwindet, indem sich bei ihm das Gesunde, Männliche, Natürliche des deutschen Wesens durchsetzt. Sein Beispiel gewinnt Signalwirkung; er befreit nicht nur sich selbst, nicht nur die andern, sondern er überwindet damit zugleich das ungesunde, verderbliche Wertherfieber. Nadler schließt seine Interpretation, indem er den einen Pol seiner Ausgangsposition noch mal mit einem biologistischen Argument auseinandertreibt: Wo alle durch den unheilvollen Einfluß des Pietismus dem Wertherfieber zu erliegen drohen, gibt es doch unterschiedliche Grade von Anfälligkeit. Die Schwachen erliegen aus Mangel an Widerstandskraft; aber die Starken gesunden, und Nadler versieht diese neue Opposition noch mit einer entschiedenen Wertung: «Dieses Wertherfieber war eben die Heilung. Mochten die Schwachen immer zugrunde gehen, die an dem Buche nicht gesunden konnten und wollten. Die Starken hat es gesund gemacht.»

Zum Schluß sollen noch zwei Richtungen ins Auge gefaßt werden, die, wenigstens bis zum Ende des Zweiten Weltkriegs, im Schatten der Geisteswissenschaft standen und erst in den 50er und 60er Jahren in Deutschland im breiteren Ausmaß rezipiert wurden: die materialistisch-soziologische und die formal-werkimmanente Methode.

Georg Lukács (1885–1971)

Als Beispiel für die erstere nehmen wir Lukács' «Werther»-Interpretation von 1936.[8] Lukács setzt ein mit der Frage nach dem ‹Einfluß› der Aufklärung. Gegenüber der geisteswissenschaftlichen Geschichtslegende, Aufklärung sei gleichzusetzen mit dürrem Rationalismus, und der damit komplementär verbundenen Verherrlichung des Irrationalismus wird jetzt als wichtigstes Verdienst der Aufklärung hervorgehoben: ihr rücksichtsloser Kampf gegen Religion und Philosophie, gegen die Institutionen des Feudalabsolutismus und die feudalreligiösen Gebote der Moral, wobei die inneren Widersprüche dieses aufklärerischen Kampfes nach Lukács die ideologischen Widersprüche der bürgerlichen Revolution selbst provozieren. Besonders in Rousseau treten demnach «die ideologischen Seiten der plebejischen Durchführung der bürgerlichen Revolution zum erstenmal in dominierender Weise hervor».

Lukács stellt das Schaffen des jungen Goethe in diese Entwicklungslinie, hebt jedoch hervor, daß die spezifische Position Goethes durch die besondere ökonomisch-gesellschaftliche Zurückgebliebenheit Deutschlands geprägt ist. Goethe sei zwar kein Revolutionär gewesen; «aber in einem breiten und tiefen historischen Sinn, im Sinne der innigen Verknüpftheit mit den Grundproblemen der bürgerlichen Revolution bedeuten die Werke des jungen Goethe einen Gipfelpunkt der europäischen Aufklärungsbewegung, der ideologischen Vorbereitung der großen französischen Revolution».

Damit ist für Lukács der Rahmen umrissen, in dem sich seine «Werther»-Interpretation bewegt. Nur von ihm her ist das spezielle Problem des «Werther» «das große Problem der freien und allseitigen Entfaltung der menschlichen Persönlichkeit, das Problem des bürgerlich revolutionären Humanismus», in seiner vollen Tragweite zu begreifen. Zweifellos habe Goethe nicht aus einer wirklich fundierten Einsicht in die ökonomisch-sozialen Zusammenhänge heraus das Werk geschaffen; aber kraft einer intuitiven dichterischen Genialität habe er die entscheidenden Bewegungen und Konflikte der Zeit mit den Mitteln der dichterischen Gestaltung herausgearbeitet. Der Kampf des jungen Goethe habe sich gegen jene konkreten Formen der Unterdrückung und Verkümmerung der menschlichen Persönlichkeit gerichtet, die das feudale Deutschland seiner Tage hervorbrachte; zugleich aber habe Goethe die Dialektik der bürgerlichen Gesellschaft aufgezeigt, die einerseits die Persönlichkeitsentwicklung als höchsten Wert feiere, andererseits im Zusammenhang der kapitalistischen Arbeitsteilung gerade diese Persönlichkeit wieder der Zerstückelung und Entfremdung anheimgebe. Der «Werther» sei insgesamt ein «glühendes Bekenntnis zu jenem neuen Menschen, der im Lauf der Vorbereitung der bürgerlichen Revolution entsteht», und das zutiefst Volkstümliche des Werks sei darin zu erblicken, daß nicht nur Werther «der toten Erstarrung der Aristokratie und des Philistertums gegenüber(stehe), sondern auch immer wieder Figuren aus dem Volk», ja Werther selbst sei «immer der Repräsentant des volkstümlich Lebendigen dieser Erstarrung gegenüber».

Solche Interpretation, so ausgreifend und umfassend sie sich vorführt, möchte man in ihrem abstrakten Reduktionismus doch auch wieder als unsensibel bezeichnen: Die lebendige Individualität des Romans wird überhaupt nicht sichtbar. Einzelzüge werden nicht herausgearbeitet, alles ist auf wenige leitende Gesichtspunkte zurückgeführt. Das Interesse des Interpreten ist stärker von den inhaltlichen Aussagen des Werks, von dessen realen Protest-, ja Revolutionsproklamationen bestimmt als von der Tatsache, daß wir es hier, auch wenn diese Proklamationen für den Roman konstitutiv sein mögen, doch in jedem Fall um eine Übersetzung in künstlerisch-literarische Form zu tun haben.

Damit liegen bereits die Unterschiede deutlich zutage. Die reduktive Einebnung ist Folge einer Parteilichkeit für progressive Werte, die in der Interpretation immer wieder als solche benannt werden: Humanismus, Volkstümlichkeit im Sinne einer entschiedenen Parteinahme für die Belange der arbeitenden Klassen, revolutionärer Kampf gegen Unterdrückung und Ausbeutung im Interesse einer Entfaltung allseitig entwickelter Persönlichkeit. Aber, und hier liegt ein entscheidender Unterschied zur Geisteswissenschaft, diese Parteilichkeit ist eindeutig als Tendenz der Interpretation festgelegt, sie ist von Anfang an erkennbar; zum anderen wird, anders als in der Literaturwissenschaft der Geisteswissenschaft, nicht versucht, das Werk auf einen einzigen geschichtslos-typologischen Nenner zu bringen; vielmehr wird der geistesgeschichtliche Ort des Romans, der durchaus fixiert wird, selbst wieder im Zusammenhang einer geschichtlichen Totalität situiert. Es mag bedenklich sein, wenn hier, fast gewaltsam, das «Werther»-Geschehen im Sinne der festgelegten Parteilichkeit als Vorbereitung der bürgerlichen Revolution verstanden wird; es mag bedenklich sein, wie hier ein Werk, für das die elitäre Sentimentalität seines Helden konstitutiv scheint, auf die Linie des ‹Volkstümlichen› gebracht wird. Immerhin war mit solchen Interpretationen eine Alternative zur Geschichtslosigkeit der geisteswissenschaftlichen Richtung bezeichnet, zu einer Zeit, als sich die Literaturwissenschaft zu einer nationalen, völkischen oder sogar rassischen Heilslehre entwickelt hatte.

Die werkimmanente Methode

Bereits in der Vorkriegszeit, also zur Zeit der Vorherrschaft der geisteswissenschaftlichen Methode, hatten sich einzelne Forscher einer stärker innerliterarischen Betrachtungsweise wie gattungsgeschichtlichen

Einzeluntersuchungen auf phänomenologischer Grundlage zugewendet[9], und schon 1939 hatte Emil Staiger, einer ihrer Hauptvertreter, in seinem Buch «Die Zeit als Einbildungskraft des Dichters» die neue Interpretationslehre der werkimmanenten Methode theoretisch wie praktisch begründet.

In seiner programmatischen Einleitung «Von der Aufgabe und den Gegenständen der Literaturwissenschaft» setzte sich Staiger (geb. 1908) dezidiert vom Positivismus und mit gleicher Entschiedenheit von einer falsch gehandhabten geisteswissenschaftlichen Interpretationsweise ab. Die Erforschung des Ererbten, Erlernten und Erlebten, so Staiger, könne immer nur «bis zur Pforte des Dichterischen geleiten (...), weil das Schöpferische sich nicht begründen lasse.» [10] Kausalität sei daher auch keine Kategorie der Literaturwissenschaft; denn den Geist könne man nicht «erklären»; die Dichtung selbst sei zu untersuchen, «nicht etwas, das dahinter liegt»; Staiger faßt sein Ziel am Ende der Einleitung so zusammen: «Aus diesen Gründen haben wir uns entschlossen, mit aller Behutsamkeit das einzelne Kunstwerk zu beschreiben. Eine wissenschaftliche Beschreibung nennen wir Auslegung, wir legen also Dichtung aus.»

Es darf als Verdienst dieser Richtung angesehen werden, die Aufmerksamkeit der Literaturwissenschaft von den Zusammenhängen, in denen Texte stehen, wieder stärker auf die Texte selbst, auf deren sprachliche Bilder und deren Aufbau gelenkt und damit den Interpreten als Leser, den Leser als Interpreten ernst genommen zu haben. Das ist an Staigers «Werther»-Interpretation deutlich zu erkennen; schon an der Häufigkeit wörtlicher Zitate und deren strikter Ausdeutung wird die starke Textbezogenheit ablesbar. Andererseits wird man gerade hier nicht übersehen dürfen, wie die Insistenz auf Texttreue Hand in Hand geht mit kapitalen Vorurteilen, ja wie diese um so gefährlicher wirken, als sie nicht ausgewiesen sind, sondern sich hinter dem Anspruch verbergen, hier handle es sich, im Unterschied zu früheren literaturwissenschaftlichen Interpretationsansätzen, endlich einmal um eine bloß behutsame Beschreibung des einzelnen Werks.

Es wäre dies im einzelnen zu zeigen, etwa durch Staigers Ausblendung der sozialen Problematik bzw. durch deren Hinüberspielen in den geschichtslosen Bereich des Ewig-Menschlichen sowie durch die Verharmlosung der inneren Gefährdung von Werther, Lotte und besonders Goethe oder durch das in diesem Zusammenhang seltsam anmutende Engagement für die Lebensordnung der Ehe, wodurch der Text von vornherein in einer außergewöhnlich selektiven Wahrnehmung erscheint.[11]

Zusammenfassung

Sieht man einmal von dem Sonderfall der völkisch-nationalistischen Literatur ab, läßt sich generalisierend sagen, daß alle dargestellten Richtungen wichtige und notwendige Gesichtspunkte der literaturwissenschaftlichen Arbeit bezeichnen: Gervinus den politischen; Scherer den der Genese, der psychologischen Motivation, der empirisch-praktischen Richtigkeit; Gundolf den der Genialität; Lukács den des Wechselverhältnisses von literarischer und gesellschaftlicher Entwicklung; Staiger den der Sprache und des Stils. Und alle genannten Hauptrichtungen haben wichtige Ergebnisse erzielt; der Tatsachenempirismus des Positivismus hat gerade auf dem Bereich der Edition, des Sachkommentars, der Biographie, der Quellenforschung, der Bibliographie Resultate hervorgebracht, die noch heute zum Grundbestand des historischen Textwissens gehören.[12] Man wird es auch als Verdienst ansehen dürfen, daß diese Schule, wenn auch einseitig, darauf drang, die äußeren historischen und soziologischen Bedingungen literarischer Phänomene in die literaturwissenschaftliche Arbeit einzubeziehen.

Die Geistesgeschichte setzte eine neue Wertelehre gegen den Relativismus der historischen Schule und des Positivismus. Ideengeschichtliche Zusammenhänge von Literatur und Philosophie, Literatur und bildender Kunst, Literatur und Geschichte werden ausgewiesen; formgeschichtliche Untersuchungen stellen die Gattungsgeschichte in ein neues Licht; in der Gestaltanalyse werden, in Abkehr von Scherers analytischer, antiindividualistischer und antimetaphysischer Gesetzesmechanik, morphologische Kategorien für die Erschließung literarischer Werke entwickelt; die ausgreifende Dichterbiographik sowie die monumentalen Werk- und Epochendarstellungen suchen das Spezialwissen des Positivismus in die große Systematik übergreifender Konstruktionen zu integrieren.[13]

Ein literatursoziologisch-materialistischer Ansatz wie der von Lukács arbeitet in seinen dynamischen Abstraktionen Grundprinzipien einer gesellschaftlichen, das heißt aus spezifischen geschichtlichen Situationen und Entwicklungen resultierenden Funktionsbestimmung von Literatur heraus.

Die werkimmanente Methode schließlich kann für sich das Verdienst in Anspruch nehmen, den Text als in sich gegründete Lese- und Deutungseinheit wiederentdeckt und energisch auf die konkrete Bedeutung der stilistisch-sprachlichen Form- und Aufbauelemente hingewiesen zu haben.

Allerdings wird eine solche etwas pauschale Einschätzung der unterschiedlichen Richtungen auch nicht deren negative Seiten außer acht lassen dürfen. Sie liegen zum einen in der Vereinseitigung der jeweiligen Position. Hand in Hand mit solchen vereinseitigenden Tendenzen ging zum anderen eine zunehmende Abstrahierung vom individuellen Werk; jede der Richtungen versuchte, die literarischen Phänomene in den Rahmen der eigenen Begrifflichkeit und Systematik zu zwängen, wobei – und darin liegt der eigentliche negative Gesichtspunkt – die unausweichliche Notwendigkeit von Abstraktionen und Konstruktionen selbst nur im Ausnahmefall zum Gegenstand der Reflextion gemacht wurde. Jede Richtung glaubte sich im Gegenteil, mehr oder weniger selbstherrlich, jeweils im Besitz der gültigen Wahrheit.

Möglicherweise hat die Zeit nach 1945 in diesem Punkt wirklich einen Fortschritt gebracht, wenn man denn von einem solchen sprechen will: Vielleicht ist das selbstreflektorische Moment einer jeden Beschäftigung mit den Werken der Literatur stärker geworden; vielleicht treten die eigenen Interessen, Intentionen, historischen Voraussetzungen, Interpretationsbedingungen stärker als in der Vergangenheit ins Bewußtsein des Literaturwissenschaftlers, und es gelingt ihm besser, den Gefahren zu begegnen, denen das Fach in seiner Geschichte immer wieder erlegen ist: Die Literaturwissenschaft hat Sinn immer wieder nur als Produktion des genialen Subjekts oder als Ausfluß ebenso geschichtsloser wie machtvoller Allgemeinideen zu begreifen vermocht, statt zugleich auch als Ausdruck eines übergreifenden Diskurses, dessen geschichtliche Formation selbst noch die scheinbaren Eigenmächtigkeiten des produzierenden Individuums mit konturiert und dessen historische Konkretheit die Sinndimension der Werke überhaupt erst erkennbar werden läßt.

Wieweit der Anspruch, den wir heute den frühen Formen literaturwissenschaftlicher Arbeit entgegenstellen, die Gefahr einer neuen Blindheit in sich birgt und wo er für eine spätere Generation kritisierbar sein wird, diese Fragen sind für uns nicht zu beantworten. Vielleicht könnte die Geschichte der Literaturwissenschaft uns aber lehren: etwas selbstkritischer zu werden gegenüber der eigenen Arbeit, etwas nachsichtiger gegenüber den Auffassungen anderer und überhaupt etwas gelassener im Umgang mit der eigenen Wissenschaft.

Literatur

Cases, Cesare: Georg Lukács und Goethe. In: Goethe Jahrbuch 103 (1986), S. 138–151.

Dünninger, Josef: Geschichte der deutschen Philologie. In: Deutsche Philologie im Aufriß. Hg. von W. Stammler. Bd. I, 2. Aufl. Berlin 1966, Sp. 83–222.

Fohrmann, Jürgen: Das Projekt einer deutschen Literaturgeschichte. Entstehung und Scheitern einer nationalen Poesiegeschichtsschreibung zwischen Humanismus und deutschem Kaiserreich. Stuttgart 1989.

Hauff, Jürgen u. a. (Hg.): Methodendiskussion. Arbeitsbuch zur Literaturwissenschaft. 2 Bde. Frankfurt/M. 1971.

Hüppauf, Bernd (Hg.): Literaturgeschichte zwischen Revolution und Reaktion. Aus den Anfängen der Germanistik 1830–1870. Frankfurt/M. 1972.

Kelling, Dieter: Josef Nadler und der deutsche Faschismus. In: Brücken. Germanistisches Jahrbuch DDR–ČSSR. Prag 1986/87, S. 132–147.

Salm, Peter: Drei Richtungen der Literaturwissenschaft. Scherer – Walzel – Staiger. Tübingen 1970 (= Konzepte der Sprach- und Literaturwissenschaft 2).

Weimar, Klaus: Geschichte der deutschen Literaturwissenschaft bis zum Ende des 19. Jahrhunderts. München 1989.

Anmerkungen

1 Georg Gottfried Gervinus: Geschichte der poetischen Nationalliteratur der Deutschen. 5 Bde. Leipzig 1835.

2 Die folgenden Zitate bei Georg Gottfried Gervinus: Geschichte der deutschen Dichtung. Bd. 4, Leipzig 1853, S. 474 ff.

3 Die folgenden Zitate bei Wilhelm Scherer: Vorträge und Aufsätze zur Geschichte des geistigen Lebens in Deutschland und Österreich. Berlin 1874, S. 409 ff. Ders.: Aufsätze über Goethe. Berlin 1889, S. 14 f.

4 Die folgenden Zitate bei Wilhelm Scherer: Geschichte der deutschen Literatur. Berlin 1883, S. 494 ff.

5 Wilhelm Dilthey: Gesammelte Schriften Bd. VII. 2. Aufl. Stuttgart 1957, S. 315.

6 Friedrich Gundolf: Goethe. Berlin 1920, S. 4, die folgenden Zitate S. 167 ff.

7 Josef Nadler: Literaturgeschichte des deutschen Volkes. Bd. 2 (1740–1813). 4. Aufl. Berlin 1938, S. 252, das folgende Zitat S. 253.

8 Die folgenden Zitate bei Georg Lukács: Goethe und seine Zeit. Bern 1947, S. 20 ff.

9 Vgl. etwa Karl Vietor: Geschichte der deutschen Ode (1923); G. Müller: Geschichte des deutschen Liedes (1925); W. Kayser: Geschichte der deutschen Ballade (1936); F. Beißner: Geschichte der deutschen Elegie (1941).

10 Emil Staiger: Die Zeit als Einbildungskraft des Dichters. Zürich/Leipzig 1939, S. 12 ff.

11 Vgl. Emil Staiger: Goethe. 1749–1786. Zürich/Freiburg 1952, S. 148 ff.

12 Textedition (z. B. Weimarer Goethe-Ausgabe 1878–1919. Herder-Ausgabe von Suphan 1877–1913); Bibliographie (z. B. K. Goedeckes Grundriß zur Geschichte der deutschen Dichtung, 1887 abgeschlossen); Biographie (z. B. Erich Schmidt: Lessing, 1884–92; R. M. Meyer: Goethe, 1895).

13 Heinrich Wölfflin: Kunstgeschichtliche Grundbegriffe (1914); Fritz Strich: Klassik und Romantik (1922); Oskar Walzel: Gehalt und Gestalt im Kunstwerk des Dichters (1923).

Jost Hermand

Neuere Entwicklungen zwischen 1945 und 1980

Die unmittelbare Nachkriegszeit

Als im Wintersemester 1945/46 – nach der militärischen Niederlage des deutschen Faschismus – der germanistische Lehrbetrieb wiederaufgenommen wurde, war von ‹neueren Entwicklungen› noch wenig zu spüren. Mehrere der bekannteren NS-Germanisten hatten ihre Ämter niederlegen müssen. Der Rest der Lehrstühle blieb weiterhin mit ehemaligen Parteigenossen, Mitläufern oder bestenfalls Vertretern der inneren Emigration besetzt. Schließlich war das Fach Germanistik bereits in den 20er Jahren ein recht konservatives gewesen, so daß sich 1933 nur einige, meist jüdische Vertreter dieses Fachs gezwungen sahen, ins Exil zu gehen. Nach 1945 kam fast niemand zurück, der fähig gewesen wäre, diesem Fach – aufgrund seiner antifaschistischen Gesinnung – eine neue Richtung zu weisen. Und so dominierte in der ersten Nachkriegszeit in allen vier Besatzungszonen erst einmal eine Germanistik des Vertuschens, Verschweigens, ja der Maskenhaftigkeit. Weder antifaschistische Äußerungen noch Schuldbekenntnisse wurden laut. Statt dessen erschienen Werke wie «Die deutsche Tragödie von Lessing bis Hebbel» (1948) von Benno von Wiese, in denen nicht Reue oder Sühne im Vordergrund standen, sondern im Sinne von Hans Sedlmayrs Manifest «Verlust der Mitte» vom gleichen Jahr eher der Verlust der Theodizee beklagt wurde.

Selbst als es im Spätherbst des Jahres 1949 – im Zuge des Kalten Krieges – zur Teilung Deutschlands in die westliche Bundesrepublik und die östliche Deutsche Demokratische Republik kam, änderte sich die Situation der Germanistik nicht über Nacht. In manchen Teilbereichen verlief die Entwicklung noch eine Weile recht ähnlich. Solange es keinen anders ausgebildeten Nachwuchs gab, ließen sich die meisten Universitätsinstitute – trotz vieler politischen Zweckerklärungen – nicht einfach auf einen neuen Kurs umpolen. Und so wirkten hüben wie drüben bis weit in die 50er Jahre, wenn nicht noch länger, jene Professoren, welche bereits vor 1945 Germanistik gelehrt hatten und nicht gesinnt waren, noch einmal den ‹Fehler› eines massiven Engagements für eine bestimmte Ideologie zu begehen. Auch in den Jahren nach 1949 blieben demzufolge die meisten Germanisten weiterhin bei einem unverbindlichen Klassikkult und wichen den Werken der ‹Moderne› weitgehend aus.

Besonders bruchlos spielte sich dieser Vorgang in der frühen DDR ab. Hier brauchte man nicht in die Klassik zu flüchten. Im Gegenteil, hier wurde der Kult der Klassik geradezu von Staats wegen verordnet. Bereits Franz Mehring und Georg Lukács, die Begründer der marxistischen Ästhetik, hatten die Literatur der Goethezeit als das höchste nationale Kulturerbe bezeichnet und dadurch in den Sozialismus ‹verrettet›. Um ihr diesen Status zu geben, stellten sie die Weimarer Klassik als den Höhepunkt der bürgerlichen Literaturentwicklung zwischen 1750 und 1850, also zwischen Lessing und Heine, hin, d. h., sie interpretierten sie im Sinne jener progressiv-humanistischen Intentionen, die sich auch in den Idealen der Französischen Revolution sowie Hegels Geschichtsphilosophie manifestieren. Von den hohen Würdenträgern der frühen DDR – darunter Walter Ulbricht, Johannes R. Becher, Helmut Holtzhauer und Alexander Abusch – wurde daher die Weimarer Klassik gern zum Nonplusultra der deutschen Literatur schlechthin erhoben und im Hinblick auf den «Faust II» von den Bürgern und Bürgerinnen der DDR als einem ‹freien Volk auf freiem Grund› gesprochen.[1] Wohl am stärksten äußerte sich diese unmittelbare Identifikation mit den Klassikern der bürgerlichen Literatur bei den Goethe-Feiern (1949), den Lessing-Feiern (1954) und den Schiller-Feiern (1955), wo unentwegt von ‹unserem Goethe›, ‹unserem Lessing› und ‹unserem Schiller› die Rede war und der Sozialismus als die politische Realisierung des bürgerlichen Humanismus hingestellt wurde.

Besonders wichtige Rollen bei dieser Hochwertung des klassischen Kulturerbes spielten der in Leipzig lehrende Germanist Hermann August Korff, der 1953 sein bereits in den 20er Jahren begonnenes vierbändiges Werk «Geist der Goethezeit» abschloß, andererseits marxistisch orientierte Goethe-Forscher wie Georg Lukács und Gerhard Scholz.[2] Innerhalb dieser Forschungsrichtung, die sich jeder nur denkbaren Unterstützung erfreute, legten in den 50er Jahren unter anderem Germanisten und Germanistinnen wie Karl-Heinz Dahn, Hans-Dietrich Dahnke, Siegfried Streller, Ursula Wertheim, Hedwig Voegt und Edith Braemer – in Form von Monographien oder Aufsätzen für das «Goethe-Jahrbuch» sowie die 1955 gegründete Zeitschrift «Weimarer Beiträge» – viele wichtige Einzelforschungen vor, die das bis dahin existierende Bild der Goethezeit vor allem im Hinblick auf die sogenannten Spätaufklärer und deutschen Jakobiner beträchtlich erweiterten.

Die Kehrseite dieses Klassikkults war eine weitgehende Abwertung der bürgerlichen Literatur nach 1848. Auch sie geht auf den Einfluß von Lukács zurück, der an den meisten Werken der sog. modernen Literatur, soweit sie nicht an klassischen Modellen geschult waren, entweder die Überbetonung der Form (Formalismus) oder die Überbetonung des Stofflichen (Naturalismus) bemängelte – und hierbei selbst vor dem Verdikt des ‹Dekadenten› nicht zurückschreckte. Lukács ließ darum innerhalb der deutschen Literatur des 20. Jahrhunderts nur Autoren wie die Brüder Mann, Feuchtwanger, Arnold Zweig usw. gelten, deren Werke sich durch eine ‹klassische› Synthese von typenhafter Figurengestaltung, realistischer Handlungsführung und traditionsverpflichteter Romanform auszeichneten. Andere moderne Autoren, einschließlich vieler sozialistisch orientierter, fanden hingegen in seinen Augen keine Gnade. Diese Anschauungen wurden nicht nur von Becher aufgegriffen, der 1955 im Hinblick auf Lukács erklärte: «Wir wurden mündig erst in deiner Lehre», sondern auch von den meisten jüngeren DDR-Germanisten geteilt, die – in diesen Jahren – gegenüber der älteren Ordinarienhierarchie noch einen schweren Stand hatten und in den Schriften von Lukács den ersten Durchbruch zu einer marxistischen Ästhetik erblickten. Selbst Hans Mayer, der sich in Leipzig auch zu einigen von Lukács weniger favorisierten Autoren (wie Brecht) bekannte, hielt sich in diesem Zeitraum – im Hinblick auf die Hochschätzung des ‹klassischen Jahrhunderts› – weitgehend an Lukács, mit dem ihn zugleich die Bewunderung der Werke Thomas Manns verband. Zu einer Änderung dieser Sehweisen sollte es erst nach den politischen Ereignissen von 1956 kommen, als Lukács durch seine Beteiligung am Ungarnaufstand plötzlich in der DDR seine bisherige Vorbildfunktion einbüßte.

In der Bundesrepublik nahm dagegen die Klassikverkultung in den 50er Jahren ganz andere Formen an. Hier wurden die Werke Goethes, Schillers und ihrer Zeitgenossen nicht in progressiv-humanistischer Absicht in den breiten Strom der Literatur des aufsteigenden Bürgertums zwischen 1750 und 1848 eingebettet, sondern weitgehend in den Bereich des Kunstautonomen erhoben, um sie dadurch gegen jede ideologische Indienstnahme abzuschirmen. Statt sich durch die politische Reklamierung des klassischen Erbes für die neue Gesellschaft als die Vertreter eines anderen, besseren Deutschlands auszuweisen, hielten die westdeutschen Germanisten zu Anfang der 50er Jahre – unter Umgehung der Vergangenheit und zugleich Ausschaltung aller Zukunftskonzepte – weiterhin an den Anschauungen der Inneren Emigration[3], das heißt den unveränderlichen Werten der abendländischen Tradition fest, ohne dabei irgendwelche konkreten kulturpolitischen Standpunkte zu beziehen. Allerdings lassen sich in diesem Umkreis – im Hinblick auf ihren Forschungsgegenstand – mindestens zwei verschiedene Richtungen unterscheiden: eine konservativ-humanistische und eine strukturalistisch-formanalytische.

Der Hauptvertreter der konservativ-humanistischen Strömung war anfangs der Schweizer Germanist Emil Staiger, der in seinen «Grundbegriffen der Poetik» (1946, 2. Aufl. 1951) eine betont zeitlose, existentialistisch gefärbte Formenlehre entwickelte, die sich vor allem an ‹klassischen› Modellen orientierte und dementsprechend das Prinzip des Erzählerischen noch immer am Versepos und nicht am modernen Roman exemplifizierte. In seinen eigenen Interpretationen, die sich – in scharfer Ablehnung alles ‹Modernen› – fast ausschließlich mit ‹klassischen› Meisterwerken beschäftigten, ließ sich Staiger weitgehend von den Texten selbst «anmuten», das heißt bevorzugte eine nachvollziehende, sich einwiegende, kongeniale Ausdeutung des jeweiligen Werks, die meist auf den Nachweis der «inneren Stimmigkeit» des betreffenden Gedichts oder Dramas hinauslief.[4] Theoretisch faßte Staiger diese Methode 1955 in seinem Vortrag «Die Kunst der Interpretation» zusammen. Ähnlich verfuhren Germanisten wie Kurt May, Heinz Otto Burger, Oskar Seidlin, Paul Stöcklein, Erich Trunz, August Closs und Heinrich Henel. Auch sie verzichteten weitgehend auf jede gesellschaftliche Relevanz und beschränkten sich allein auf das Werkimmanente, wobei sie ihren ‹liebenden› Bezug zu den zu interpretierenden Werken entweder auf existentielle Fragen verengten, ins Abstrakt-Geistesgeschichtliche ausweiteten oder mit höchst subtilen ästhetischen Wertungsproblemen verbanden.[5]

Die strukturalistisch-formanalytische Richtung, die sich zu Anfang weitgehend auf Bücher wie «Morphologische Literaturwissenschaft» (1947) von Horst Oppel, «Das sprachliche Kunstwerk» (1948) von Wolfgang Kayser sowie den ersten und einzigen Band von Paul Böckmanns «Formgeschichte der deutschen Dichtung» (1949) stützte, wirkt dagegen etwas professionalisierter. Bei ihr stand weniger der liebende Bezug als der wissenschaftliche Nachweis bestimmter sprach-, form-, gattungs- oder baugesetzlicher Komponenten im Vordergrund. Unter weitgehender Absehung vom Inhaltlichen versuchte sie das spezifisch Poetische in jener «Gestaltqualität» zu erkennen, die Dichtung überhaupt erst zur Dichtung mache.[6] Statt illustrierende Beispiele für eine «allgemeine Kultur- und Geistesgeschichte» zu liefern, wie es in diesem Umkreis in deutlicher Ablehnung der marxistischen Widerspiegelungstheorie immer wieder heißt[7], solle sich die Literaturwissenschaft nur mit in sich geschlossenen «sprachlichen Gebilden» beschäftigen.[8] Auf diese Weise ergaben sich bis zur Mitte der 50er Jahre innerhalb dieser Richtung deutliche Querbezüge zu Staigers «Kunst der Interpretation», während sich in den Jahren nach 1955 in ihr auch Einflüsse des US-amerikanischen New Criticism, vor allem in der durch das Buch «Theory of Literature» (1949; deutsch 1959) von René Wellek und Austin Warren vermittelten Form, bemerkbar machten.

Erst gegen Ende der 50er Jahre trat neben diese beiden Richtungen eine dritte, die meist mit dem Schlagwort des ‹Modernistisch-Elitären› charakterisiert wird. Dieser Variante der westdeutschen Germanistik lag weitgehend jener im Zuge des steigenden Wohlstands entstehende Liberalismus zugrunde, durch den auch das Moment der Bewegung, ja Entwicklung wieder an Bedeutung gewann. Statt Literatur weiterhin als etwas Ewiges oder Statisches zu betrachten – und sich von der eigenen Zeit desinteressiert abzuwenden –, kam in dieser Strömung erstmals ein Stolz auf die eigene Zeit und ihre Literatur zum Ausdruck. Allerdings geschah dies unter Absehung aller inhaltlichen Konsequenzen, die aus dieser Hinwendung zur Moderne resultieren könnten. Das belegt wohl am deutlichsten das damals vielbeachtete Buch «Die Struktur der modernen Lyrik. Von Baudelaire bis zur Gegenwart» (1956) des Romanisten Hugo Friedrich, in dem es bei der Entwicklung zur Moderne um eine rein abstrakte, innerliterarische Progression geht, deren Ziel eine steigende Verselbständigung und damit Autonomisierung der sprachkünstlerischen Mittel ist. Auch in der Germanistik wurde dadurch die Lyrik zusehends zum eigentlichen «Paradigma der Moderne»[9], während Dramen und Romane – wegen ihrer «größeren

Welthaltigkeit», wie es damals hieß – zusehends in den Hintergrund traten. Das Resultat dieser Entwicklung war eine aller spezifisch avantgardistischen Elemente entleerte ‹Moderne›, in der lediglich ein Soziologe wie Theodor W. Adorno noch ein dialektisches Widerstandspotential gegen die mit hegemonialem Anspruch auftretende Kulturindustrie sah, während Moderne-Anhänger wie Walter Höllerer das Neue einfach um des Neuen willen begrüßten.[10]

Politische Polarisierungen in Ost und West

Solange der Kalte Krieg die gesamte ideologische Situation überformte, waren auch die literaturwissenschaftlichen Fronten relativ klar: In der DDR forderte der Staat von der Germanistik ein ideologisches Engagement für die These, daß dieser Staat der einzige legitime Erbe des aufklärerischen Humanismus sei; in der Bundesrepublik, wo ein solcher Appell ausblieb, zogen sich die meisten Germanisten auf das Konzept der Autonomie der Kunst zurück oder begannen, sich für eine nichtavantgardistische Moderne zu interessieren. Ins Wanken gerieten diese Fronten erst, als es in beiden Staaten zu politischen und ökonomischen Veränderungen kam, die so tiefgreifend waren, daß sie auch in der Germanistik zu deutlichen Polarisierungen führten.

In der DDR geschah dies 1956 durch den Beginn der Entstalinisierung auf dem XX. Parteitag der KP der UdSSR sowie den Ungarnaufstand des gleichen Jahres, bei dem auch Lukács eine wichtige Rolle zu spielen versuchte. Die Reaktion auf diese höchst komplexen Prozesse bestand einerseits in einer scharfen Kritik an einer allzu ‹bürgerlichen› Interpretation des kulturellen Erbes, andererseits in einer nachdrücklichen Rückbesinnung auf den ursprünglich revolutionären Charakter der sozialistischen Literatur. Die ersten, die dabei ins Kreuzfeuer der Meinungen gerieten, waren Georg Lukács und Hans Mayer, denen – unter anderem von Hans-Günther Thalheim[11] – ein demokratisch-klassenneutraler Standpunkt, eine allzu große Verehrung konservativ-humanistischer Autoren des 20. Jahrhunderts und eine damit korrespondierende Geringschätzung der sozialistisch-revolutionären Literatur vorgeworfen wurde. Mayer zog daraus die Konsequenzen und verließ einige Jahre später die DDR. Doch trotz dieser Kritik an den verschiedenen Formen einer überlebten Qualitätsnorm in der ‹bürgerlichen› Literaturtradition wurde das Klassikkonzept – wie auch der hinter ihm stehende, aber jetzt kaum noch genannte Lukács – keineswegs aufgegeben. Auch in der Folgezeit beriefen sich viele DDR-Germanisten, vor allem Helmut Holtzhauer, Karl-Heinz Dahn, Hans-Heinrich Reuter und Rudolf Dau, immer wieder auf den vorbildlichen Charakter Goethes und Schillers und wiesen jede Kritik klassischer Werke nachdrücklich zurück.

Auf diese Weise wurde selbst das verstärkte Eintreten der Berliner und Leipziger für die sozialistische Literatur des 20. Jahrhunderts, in der viele ‹Weimarer› lediglich eine minderwertige Tendenzliteratur, aber keine hohe Dichtung sahen, häufig ins Bürgerlich-Humanistische umgebogen. Das zeigte sich sogar auf der im April 1959 von der SED einberufenen «Bitterfelder Konferenz», die im Zeichen des Mottos «Kumpel, greif zur Feder!» stand und zu einer Stärkung der sozialistischen Elemente in der Literatur beitragen sollte, auf der jedoch den anwesenden Schriftstellern vornehmlich empfohlen wurde, endlich den sozialistischen «Wilhelm Meister» oder «Faust» zu schreiben. Jene Germanisten, die sich in diesen Jahren an die Aufarbeitung der bisher weitgehend unerschlossenen sozialistisch-revolutionären Literatur machten, hatten daher keinen leichten Stand. Das gilt vor allem für die Leipziger Arbeitsgruppe zur Erforschung der proletarisch-revolutionären Literatur, die zur gleichen Zeit gegründet wurde und zu der vor allem Alfred Klein, Klaus Kändler und Friedrich Albrecht gehörten. Diese Gruppe veröffentlichte in der Folgezeit eine stattliche Reihe von Bänden, welche sich sowohl mit dem «Bund proletarisch-revolutionärer Schriftsteller» (BPRS) als auch jenen mit der KPD sympathisierenden oder ihr angehörenden Schriftstellern der späten 70er Jahre beschäftigten, welche sich wie die Autoren der späteren Volksfrontbewegung mit den Mitteln des Worts gegen den Faschismus zur Wehr zu setzen versuchten. Ein ähnlich linker Elan liegt jenen Studien zugrunde, mit denen sich damals jüngere DDR-Germanisten für die Werke Bertolt Brechts (Ernst Schumacher, Werner Mittenzwei) oder marxistisch orientierte DDR-Schriftsteller wie Hermann Kant und Volker Braun (Dieter und Silvia Schlenstedt) einsetzten. In diesen Jahren wagte man es erstmals, einige der älteren ‹bürgerlichen› Germanisten, wie Joachim Müller in Jena, wegen ihrer klassenneutralen Interpretationsweise offen anzugreifen.[12]

In der Bundesrepublik vollzog sich eine ähnlich geartete ideologische Polarisierung erst gegen Mitte der 60er Jahre. Ausgelöst wurde diese Wende durch den Rücktritt Konrad Adenauers, die Kanzlerkandidatur Willy Brandts, die erste ökonomische Krise, den Sturz Ludwig Erhards und schließlich die Formierung einer Großen Koalition im Jahr 1966.

Aufgrund dieser Ereignisse spaltete sich die Intellektuellenschicht und damit auch die Germanistik in einen konservativen bis reaktionären und einen liberalen bis linksliberalen Flügel. Zum ersten, als sensationell empfundenen Auftreten der Liberalen kam es 1966 auf dem Münchner Germanistentag, der unter dem Titel «Nationalismus in Germanistik und Dichtung» stand und auf dem sich Eberhard Lämmert, Karl Otto Conrady und Peter von Polenz in aller Offenheit mit der NS-Germanistik auseinandersetzten. Dieser «Sündenfall», erklärten sie, sei weder durch eine Autonomisierung der Dichtung noch durch eine unverbindliche Gesellschaftsenthobenheit des eigenen Fachs wiedergutzumachen, sondern verlange eine durchgreifende Liberalisierung der Gesamtdisziplin. Mit diesen Thesen lösten sie all jenen die Zunge, welche – wie Levin L. Schücking, Horst Rüdiger und Hans-Egon Hass – die geschmäcklerische Subjektivität der rein werkimmanenten Methode seit langem ablehnten, ja die sogenannte «Kunst der Interpretation» – in den Worten Walter Muschgs – als eine «literarische Landplage» empfanden.[13]

Was sich in München noch in akademischen Formen abgespielt hatte, nahm 1968 auf dem Berliner Germanistentag – im Zuge der sich damals formierenden Außerparlamentarischen Opposition – geradezu tumultuarische Formen an. Hier konnten von «14 Vorträgen nur 8 gehalten werden»[14], so erbittert war inzwischen der Widerstand gegen eine «irrelevante», das heißt einfühlsam-subjektive oder modernistisch-elitäre Germanistik geworden. Was auf seiten der Studenten und Assistenten, aber auch einiger linksliberaler Professoren auf dieser Tagung gefordert wurde, war nicht nur eine verstärkte Vergangenheitsbewältigung, sondern eine methodische Neubesinnung der Germanistik schlechthin, für die das im gleichen Jahr erscheinende Buch «Synthetisches Interpretieren. Zur Methodik der Literaturwissenschaft» von Jost Hermand, in dem sowohl die NS-Germanistik als auch der Formalismus der 50er Jahre einer detaillierten Kritik unterzogen wurden, erste Ansätze bot. Im Zuge dieser Aufbruchsgesinnung war im liberalen Lager – gegen die Proteste der Konservativen – allerorten von einer ‹Umgestaltung der Germanistik› die Rede.

Zu den wichtigsten Resultaten dieses Umbruchs gehören vor allem folgende: (1) die verstärkte Auseinandersetzung mit dem Faschismus, wie sie sich in Bänden wie «Literatur unterm Hakenkreuz» (1969) von Ernst Loewy und «Völkisch-nationale und nationalsozialistische Literaturtheorie» (1973) von Klaus Vondung niederschlug; (2) die kritischen Bedenken gegen die Klassikzentriertheit der bisherigen Germanistik, für die der von Reinhold Grimm und Jost Hermand herausgegebene Sammelband «Die Klassik-Legende» (1972) bezeichnend ist; (3) die Hinwendung zu den demokratisch-revolutionären oder zumindest linksliberalen Traditionen innerhalb der deutschen Literatur, die sich mit Publikationen wie den frühen Bänden der «Sammlung Insel» (1965–1968), den Reclam-Anthologien zum «Jungen Deutschland» (1966) und zum «Deutschen Vormärz» (1967), der Heine-Ausgabe von Klaus Briegleb (1968–1975), der von Walter Grab herausgegebenen Reihe «Deutsche revolutionäre Demokraten» (1971–1973), den Bänden zur deutschen Exilliteratur (1972ff) von Hans-Albert Walter sowie der von Gert Mattenklott und Klaus Scherpe edierten Reihe «Literatur im historischen Prozeß» (1973ff) belegen läßt; (4) die neue Auseinandersetzung mit den verschiedenen Formen der Avantgarde, die in den 50er Jahren als weitgehend überholt galten, in Publikationen wie dem von Hans-Jürgen Schmitt herausgegebenen Sammelband «Die Expressionismusdebatte» (1973) und dem Buch «Theorie der Avantgarde» (1974) von Peter Bürger; (5) die Ausweitung der Germanistik in die Bereiche des Rundfunks und des Fernsehens (Friedrich Knilli), der Trivialliteratur (Helmut Kreuzer) sowie der Literaturkritik (Peter Uwe Hohendahl) und (6) die Einbeziehung rezeptionsästhetischer Kriterien, wie sie Hans Robert Jauß seit 1967 befürwortete, um so «das Vergangene stärker mit dem Gegenwärtigen zu verknüpfen» und der Literaturwissenschaft wieder eine größere Relevanz zu geben.[15]

Auf diese Weise entwickelte sich schließlich ein immer stärkeres Verlangen nach einem unmittelbaren Praxisbezug, das sich entweder in Form liberaler bis linksliberaler Unterrichtsmodelle oder in Bekenntnissen zum kulturpolitischen Kurs der DKP oder den linksradikalen, sog. maoistischen Gruppen niederschlug. Während die Linksliberalen – aufgrund ihrer subjektivistisch-antiautoritären Gesinnung – dabei eher mit in der DDR als Dissidenten geltenden marxistischen Theoretikern wie Ernst Bloch, Roger Garaudy, Ernst Fischer oder älteren Anarchisten sympathisierten, priesen die linksradikalen K-Gruppen oder Roten Zellen vornehmlich populistisch-revolutionäre Vorbilder wie den kommunistischen BPRS und gaben 1971 dem ersten Band ihrer «Materialistischen Wissenschaft» – unter Weglassung der Autorennamen, die ihnen viel zu ‹bürgerlich› erschienen – den plakativen Titel «Zum Verhältnis von Ökonomie, Politik und Literatur im Klassenkampf». Im Gegensatz zu Bänden wie «Methodenkritik der Germanistik» (1970) von Marie Luise Gansberg und Paul Gerhard Völker oder «Marxistische Literaturwissenschaft und Literatursoziologie» (1972) von Florian Vaßen, in denen auch Theoretiker wie Theodor W. Adorno und Walter Benjamin berücksichtigt werden, wurde in diesem Band – mit kaum zu überbietender Radikalität – der ideologische Nachdruck allein auf den direkten Bezug zu den revolutionären Volksmassen gelegt.

Die neue Toleranz im Zeichen des subjektiven Faktors

Daß der linksliberale bis linke Elan gegen Mitte der 70er Jahre allmählich einem neuen Subjektivismus wich, gilt für die Germanistik beider deutschen Staaten, hatte jedoch jeweils andere Ursachen und nahm zum Teil auch andere Formen an. In der DDR hing diese Wende weitgehend mit der Ablösung Walter Ulbrichts durch Erich Honecker zusammen, die von vielen ostdeutschen Intellektuellen einerseits als Auftakt zu einer längst überfälligen ‹Liberalisierung› begrüßt, andererseits als eine Zurücknahme der bisherigen Hochschätzung von Literatur und Germanistik bedauert wurde. Indem sich die DDR immer stärker zu einem der führenden Industriestaaten der Welt entwickelte, kam es in ihr zwangsläufig zu einer steigenden Aufwertung aller unterhaltenden Kunstformen, einschließlich ihrer westlichen Varianten, die eine Entspannung vom Alltagsstreß erlaubten – und damit zu einer wesentlich realistischeren Einstellung jener E-Literatur gegenüber, von der sich die Partei bisher eine wichtige Rolle im Rahmen einer sozialistischen Nationalpädagogik erhofft hatte.

Für die DDR-Germanistik bedeutete das einen endgültigen Abschied von den hochgespannten Erwartungen eines Ulbricht, Becher, Brecht und Lukács, die trotz aller Verschiedenheit den gleichen Traum einer «Hohen Kunst für jedermann» gehegt hatten. Statt also weiterhin mit starrem Anspruch die Meisterwerke der klassischen, bürgerlich-realistischen und sozialistischen Literatur als alleingültige Vorbilder hinzustellen, gingen die Germanisten dieses Staats nach 1971 – im «realexistierenden Sozialismus» – immer stärker dazu über, sich mit rezeptionsästhetischen Fragen zu beschäftigen, um so der tatsächlichen Funktion von Literatur im Gesellschaftsleben auf die Spur zu kommen. Von bahnbrechender Bedeutung war in dieser Hinsicht der von Manfred Naumann betreute Sammelband «Gesellschaft – Literatur – Lesen. Literaturrezeption in theoretischer Sicht» (1973), der von einer «genetischen, produktionsästhetischen Orientierung und gnoseologischen

Fixierung», wie es in der DDR selber hieß, zur «Orientierung auf funktionale und wirkungsgeschichtliche Zusammenhänge» überleitete.[16] Beispiele dieser neuen Sicht bieten das Buch «Literaturverhältnis im Vormärz» (1975) von Rainer Rosenberg und der von Ingeborg Münz-Koenen herausgegebene Sammelband «Literarisches Leben in der DDR. 1945–1960» (1979), in denen es – im Gegensatz zu Lukács oder einem orthodoxen Vertreter des Sozialistischen Realismus wie Hans Koch – nicht mehr primär um Fortschritt und Reaktion in der Literatur, sondern um die höchst komplexen Widersprüche innerhalb einer Epoche oder um die Einsicht in die mangelnde Breitenwirkung bestimmter Formen sozialistischer Literatur geht.

Im Zuge dieser Umorientierungen, die zu einer merklichen Unterhöhlung des bisherigen Anspruchs führten, die Germanistik der anderen, besseren deutschen Literatur zu sein, kamen plötzlich auch die Literatur der Romantik, des Biedermeiers, des Ästhetizismus um 1900, der inneren Emigration, der westlichen Moderne und vieles andere ins Blickfeld einer Germanistik, die solchen Phänomenen bis dahin nur eine geringe oder überhaupt keine Beachtung geschenkt hatte. Im Verlauf dieses Abbaus kollektiver Erwartungen und Wertungen schob sich – trotz vieler Gegenreaktionen von seiten älterer Antifaschisten und Sozialisten der mittleren Generation, die weiterhin an einem Repräsentanzanspruch von Literatur festzuhalten versuchten – zusehends eine liberale Ich-Vorstellung in den Vordergrund. Bereits 1975 gab es in Jena eine Tagung zum Thema «Individuum, Subjektivität, Geschichte», auf der bedauert wurde, daß man die Subjektivität bisher bei der Entstehung wie auch bei der Rezeption von Literatur ungebührlich vernachlässigt habe. In der Folgezeit war daher in der Germanistik und Literaturkritik der DDR viel von ‹Differenzierung›, ‹Selbstverwirklichung›, ‹persönlicher Handschrift› und ‹künstlerischer Subjektivität› die Rede, wobei man sich häufig auf Marx berief, der nicht nur die politische, sondern auch die menschliche Emanzipation gefordert habe und dessen höchstes Ideal stets die Entwicklung aller menschlichen Eigenschaften gewesen sei. Daraus ergab sich in der DDR-Germanistik – im Gegensatz zur bisherigen Klassenbezogenheit – ein steigendes Interesse am Persönlichen, Besonderen, Biographischen, Minderheitsorientierten oder Geschlechtsspezifischen, was zu einer merklichen Abschwächung aller größeren, jetzt als ‹schematisch› bezeichneten Zusammenhänge führte. Manche DDR-Germanisten gingen bereits in der zweiten Hälfte der 70er Jahre dazu über, im Hinblick auf die Konzeption literarischer Werke nicht nur von relativer Autonomie, sondern von Autonomie schlechthin zu sprechen – und so das einzelne immer stärker über das Allgemeine zu stellen.

Eine ähnliche Entwicklung spielte sich in den gleichen Jahren in der Bundesrepublik ab. Auch hier kam es nach dem Abflauen des linksliberalen bis linken Engagements um 1973/74 zu einer deutlichen Verstärkung des subjektiven Faktors. Was zu dieser Trendwende führte, war einerseits der staatliche Druck auf alle mit der DKP oder maoistischen Organisationen sympathisierenden Literaturwissenschaftler, andererseits die steigende Einsicht vieler Linker in die utopische Überspanntheit ihrer Ansprüche im Rahmen einer marktorientierten Kulturindustrie, die selbst rebellische Impulse sofort zu kooptieren verstand. Und so kam es auch in der Germanistik dieses Staats, die in diesen Jahren aufgrund der rapide zunehmenden Studentenzahlen eine ungeahnte Expansion erlebte, zu einer willigen oder widerwilligen Anpassung an das realexistierende System.

Es gab zwar auch in den Jahren nach 1973/74 noch eine Reihe von Germanisten, die weiterhin ihrem linksliberalen bis linken Engagement treu zu bleiben versuchten, wie Bücher wie «Die Sickingen-Debatte» (1974) von Walter Hinderer, «Proletarische Lebensläufe» (1974) von Wolfgang Emmerich, die Bände der Reihe «Leske Republik» (1975 ff), «Literarischer Jakobinismus in Deutschland» (1976) von Inge Stephan, «Sozialistische Literatur in Deutschland. Ein historischer Überblick» (1976) von Frank Trommler, «Zur Theorie und Geschichte der frühen Arbeitererinnerungen» (1976) von Georg Bollenbeck, die Metzlersche «Literaturgeschichte in einem Band» (1979), «Unsere Republik. Politische Statements westdeutscher Autoren» (1980) von Alfred Estermann, Jost Hermand und Merle Krueger sowie «Soziale Romane im Vormärz» (1980) von Hans Adler belegen. Die Mehrheit der Germanisten bezog jedoch nach diesem Zeitpunkt immer deutlicher Stellung gegen eine vorwiegend sozialhistorisch oder gar gesellschaftskritisch orientierte Richtung. Und zwar kam diese Kritik nicht nur aus dem konservativen Lager (Benno von Wiese, Gerhard Kaiser), sondern auch aus den Reihen der ehemaligen 68er selber, die zu diesem Zeitpunkt erkannten, wie abstrakt ihr Engagement für die Unterdrückten gewesen war und die jetzt wieder den ‹Bürger› mit all seinen Ansprüchen und ästhetischen Sensibilitäten in sich selbst zu entdecken begannen.

Demzufolge trat sogar bei vielen Liberalen bis Linksliberalen an die Stelle des kollektiven Gewissens wieder das Subjektive. Allerdings sollte man dabei zwischen solchen unterscheiden, die dadurch bei einer larmoyanten Melancholie, wenn nicht gar einem blanken Zynismus landeten [17], und solchen, die selbst der Wendung zum Subjektiven – im Sinne des Slogans «The Personal is the Political» – noch eine engagierte Note abzugewinnen suchten. Wogegen die letzteren jetzt opponierten, waren freilich nicht mehr die alten Klassenbarrieren, sondern die auch in vorgeblich demokratischen Gesellschaften weiterbestehenden soziokulturellen und geschlechtsspezifischen Machtverhältnisse. Von großer Wichtigkeit war dabei das Buch «Außenseiter» (1975) von Hans Mayer, dem die These zugrunde liegt, daß die bürgerliche Aufklärung «gescheitert» sei, da sie ihr «Gleichheitspostulat» weder gegenüber Minderheiten wie Juden und Schwulen noch gegenüber Frauen nie wirklich eingelöst habe. Immer wieder sei im Hinblick auf die Unterdrückten, hieß es hier, nur von der «leidenden Menschheit», aber nicht von den «konkret leidenden Menschen» die Rede gewesen.[18]

Was Mayer noch als Scheitern hinstellte, wurde von Jüngeren wesentlich optimistischer beurteilt und zum Anlaß einer Kampagne gegen weiterbestehende Vorurteilsstrukturen genommen. Dafür sprechen Germanisten wie Wolfgang Popp, die sich mit dem Thema der Homosexualität in der Literatur zu beschäftigen begannen, oder Germanistinnen wie Renate Möhrmann und Silvia Bovenschen, die mit Büchern wie «Die andere Frau. Emanzipationsansätze deutscher Schriftstellerinnen im Vorfeld der Achtundvierziger-Revolution» (1977) bzw. «Die imaginierte Weiblichkeit. Exemplarische Untersuchungen zu kulturgeschichtlichen und literarischen Präsentationsformen des Weiblichen» (1979) die Grundlagen einer feministischen Literaturwissenschaft zu legen versuchten. Mit diesen neuen Sehweisen rückte jedoch nicht nur das Geschlechtsspezifische, sondern überhaupt das Psychologische, das heißt Emotionale und damit das im subjektiven Sinne Identifikatorische in den Vordergrund. Während man im Bereich des liberalen bis linksliberalen Lagers bis dahin vorwiegend in einem übersubjektiv-normativen Sinn von Nation, Gesellschaft oder Klasse gesprochen hatte, wurden jetzt im gleichen Lager eher Begriffe wie Identität, Authentizität oder Selbstfindung als richtungweisend empfunden. Und zwar geschah dies meist im Sinne eines neuen Pluralismus oder einer neuen Toleranz, wie es innerhalb dieser neusubjektiven Gruppen hieß, wodurch sich die ehemals von bestimmten linksliberalen Leitideen beeinflußte Opposition innerhalb der westdeutschen Germanistik zusehends in eine Vielzahl höchst unterschiedlicher Richtungen zersplitterte. Das Resultat dieser Entwicklung war eine Situation, die in den frühen 80er Jahren zu einer Fülle neuer Diskurse poststrukturalistischer, destruierender, systemtheoretischer, psychoanalytischer, feministischer und hermeneutischer Art führte, die entweder in Reinkultur auftraten oder sich mit den bestehenden sozialgeschichtlichen Interpretationspraktiken vermischten, während neue Formen eines politischen Engagements, wie sie um 1980 mit der Friedensbewegung und den Grünen entstanden, von der Germanistik kaum noch wahrgenommen wurden.

Literatur

Berghahn, Klaus L./Pinkerneil, Beate: Am Beispiel «Wilhelm Meister». Einführung in die Wissenschaftsgeschichte der Germanistik. Königstein 1980.

Conrady, Karl Otto: Einführung in die Neuere deutsche Literaturwissenschaft. Reinbek bei Hamburg 1966.

Hauff, Jürgen/Heller, Albrecht/Hüppauf, Bernd/Köhn, Lothar/Philippi, Peter: Methodendiskussion. Frankfurt/M. 1971.

Hermand, Jost: Synthetisches Interpretieren. Zur Methodik der Literaturwissenschaft. München 1968.

–: Kultur im Wiederaufbau. Die Bundesrepublik Deutschland. 1945–1965. München 1986.

Kimpel, Dieter/Pinkerneil, Beate (Hg.): Methodische Praxis der Literaturwissenschaft. Modelle der Interpretation. Kronberg 1975.

Maren-Grisebach, Manon: Methoden der Literaturwissenschaft. München 1970.

Materialien zur Geschichte der marxistischen germanistischen Literaturwissenschaft in der DDR. In: Zeitschrift für Germanistik (1982), S. 5–19, 158–171, 262–277, (1983), S. 41–51, 142–155, 290–298, 389–404, (1984), S. 5–18, 297–308 und (1985), S. 5–17.

Müller, Hans-Harald: Tendenzen der westdeutschen Literaturwissenschaft. In: Linguistik und Didaktik (1984), S. 87–114.

Renz, Peter: Sprach- und Literaturwissenschaft in der Bundesrepublik und in der DDR. Erlangen 1981.

Rosenberg, Rainer: Zur Geschichte der literaturwissenschaftlichen Germanistik in der DDR. In: Wissenschaft und Nation. Zur Entstehungsgeschichte der deutschen Literaturwissenschaft. Hrsg. von Jürgen Fohrmann und Wilhelm Voßkamp. München 1991, S. 29–41.

Scharfschwerdt, Jürgen: Literatur und Literaturwissenschaft in der DDR. Eine historisch kritische Einführung. Stuttgart 1982.

Thierse, Wolfgang/Kliche, Dieter: DDR-Literaturwissenschaft in den siebziger Jahren. In: Weimarer Beiträge (1985), S. 267–308.

Voßkamp, Wilhelm: Zur Wissenschaftsgeschichte der deutschen Literaturwissenschaft in der Bundesrepublik. In: Wissenschaft und Nation, S. 17–28.

Anmerkungen

1 Vgl. Deborah Vietor-Engländer: Faust in der DDR. Frankfurt 1987, S. 18–27.
2 Vgl. Materialien (1983), S. 145, und (1985), S. 5.
3 Zu den Versuchen, auch die deutsche Klassik zu ‹faschisieren›, vgl. u. a. Georg Ruppelt: Schiller im nationalsozialistischen Deutschland. Stuttgart 1979, sowie Kirsten Belgum, Karoline Kirst-Gundersen und Paul Levesque: «Faust im Braunhemd». Germanistik and Fascism. In: Our Faust? Hg. von Reinhold Grimm und Jost Hermand. Madison 1987, S. 153–167, und Arno Klönne: «Heimkehr zu Goethe?» In: Diskussion Deutsch 100 (1988), S. 144–156.
4 Emil Staiger: Die Kunst der Interpretation. Zürich 1955, S. 14f.
5 Vgl. Klaus L. Berghahn: Wortkunst ohne Geschichte. Zur werkimmanenten Methode der Germanistik nach 1945. In: Berghahn/Pinkerneil, S. 98–112.
6 Horst Oppel: Morphologische Literaturwissenschaft. Mainz 1947, S. 108.
7 Paul Böckmann: Formgeschichte der deutschen Dichtung. Bd. 1. Hamburg 1949, S. 2.
8 Wolfgang Kayser: Das sprachliche Kunstwerk. München 1948. S. 5.
9 Vgl. Reinhold Grimm (Hg.): Zur Lyrik-Diskussion. Darmstadt 1966.
10 Vgl. zur westdeutschen Germanistik der 50er Jahre auch Hermand: Synthetisches Interpretieren, S. 120–167.
11 Hans Günther Thalheim: Kritische Bemerkungen zu den Literaturauffassungen von Georg Lukács und Hans Mayer. In: Weimarer Beiträge (1958), S. 139–149.
12 Vgl. Materialien (1982), S. 167.
13 Zit. in Conrady, S. 149.
14 Vgl. Der Berliner Germanistentag 1968. Hg. von Karl Heinz Borck und Rudolf Henß. Heidelberg 1970, S. 22.
15 Hans Robert Jauß: Literaturgeschichte als Provokation. Frankfurt/M. 1970, S. 152.
16 Wolfgang Thierse/Dieter Kliche: DDR-Literaturwissenschaft in den siebziger Jahren. In: Weimarer Beiträge, 1985, S. 276.
17 Vgl. Michael Schneider: Den Kopf verkehrt aufgesetzt oder Die melancholische Linke. Darmstadt/Neuwied 1981.
18 Hans Mayer: Außenseiter. Frankfurt/M. 1975, S. 9f.

VIII. Aktuelle Positionen

Uwe Japp

Hermeneutik

Während das Lesen von Texten eine Passion sein kann, war das Deuten und Auslegen schon früh eine Profession. Wer einen Text auslegt, geht davon aus, daß der Autor einen Sinn in den Text hineingelegt hat, der nicht jedem zugänglich ist. Die Position dieses berufsmäßigen Interpreten ist dabei eine mittlere, weil er von anderen zu anderen spricht. In diesem Sinne sagt Sokrates zu Ion: «Ihr seid also Sprecher der Sprecher?» Und Ion antwortet: «Allerdings.» [1]

Die Aufgabe der Philologie

Diese Nachträglichkeit des Interpreten – wir könnten sie auch als seinen professionellen Mangel an Originalität betrachten – wird von dem Schleiermacher-Schüler Boeckh zum allgemeinen Wesen der philologischen Wissenschaft erklärt: «Hiernach scheint die eigentliche Aufgabe der Philologie das Erkennen des vom menschlichen Geist Producirten, d. h. des Erkannten zu sein. Es wird überall von der Philologie ein gegebenes Wissen voraus gesetzt, welches sie wiederzuerkennen hat.» [2] Zwar können wir in dieser Definition die sokratische Frage wiedererkennen, aber mit einem entscheidenden Unterschied. Ions Anspruch als Interpret (bzw. Rhapsode) bestand insbesondere darin, gut über Homer und andere Dichter sprechen zu können. Nun würden wir aber das von den Dichtern Produzierte – etwa die «Odyssee» oder die «Ilias» – nicht als ein gegebenes «Wissen» ansehen, wie wir eine Dichtung auch nicht unbedingt als etwas «Erkanntes» auffassen, sondern als etwas Erfundenes oder eben Gedichtetes. Die Formel vom Erkennen des Erkannten berücksichtigt gerade das Spezifische der Dichtung (und der Interpretation von Dichtung) nicht. Während der Interpret tatsächlich ein bestimmtes Wissen vermitteln will, gilt dies so von dem Dichter nicht.

Daß aber Boeckh meinte, die Aufgabe der Philologie durch die Formel vom Erkennen des Erkannten definieren zu können, läßt sich u. a. dadurch erklären, daß er in erster Linie klassischer Philologe war und daher mehr an philosophische als ausgesprochen dichterische Texte dachte. Wir können uns also vorstellen, daß Boeckh bei seiner Definition der Aufgabe der Philologie weniger an Homer als an Platon (und hier möglicherweise auch an den von Schleiermacher übersetzten Dialog «Ion») dachte. Boeckh: «Wir sollten als Philologen nicht wie Platon philosophiren, aber doch die Schriften Platons verstehen, und zwar nicht allein als Kunstwerke in Rücksicht der Form, sondern ganz, auch in Rücksicht des Inhalts; denn die Erklärung, die doch wesentlich philologisch ist, bezieht sich auch, und zwar vorzüglich, auf das Verstehen des Inhalts.»[3] Nun ist aber deutlich, daß sich ein literarischer Text durchaus von einem philosophischen Text unterscheidet. Zwar wird diese Differenz gelegentlich von beiden Seiten her ostentativ überschritten (etwa im philosophischen Roman Voltaires oder im philosophischen Dialog Platons); dennoch machen gerade diese Überschreitungen auf die diskursive Differenz aufmerksam, die sie ‹verletzen›. Eben weil es sich in bezug auf die Literatur nicht um ein gegebenes Wissen handelt, das wir nur wiederzuerkennen brauchten, sondern um Sinn, den wir ebensogut verstehen wie mißverstehen können, gibt es die philologische Hermeneutik. Damit stellt sich aber auch die Frage, was die Sprecher der Sprecher dem einfachen Leser voraushaben.

Eine Antwort auf diese Frage gibt Platon in dem Dialog «Ion», der einer der frühesten Texte zum hermeneutischen Problem ist. Freilich wird dieses Problem hier in Form einer Verdopplung vorgestellt, da Platon den Dichter als «Hermeneuten» der Rede der Götter bezeichnet[4], mithin der Interpret als ein Hermeneut in zweiter Potenz erscheint. Die professionellen Interpreten der Antike waren die Rhapsoden, deren Beruf in der Deutung und Darstellung der Dichter bestand.

Das hermeneutische Problem

Als ein Rhapsode also wird Ion in dem gleichnamigen Dialog eingeführt. Sokrates begrüßt ihn mit den folgenden, das hermeneutische Problem in wesentlichen Elementen beschreibenden Worten:

«Wahrlich, oft habe ich schon euch Rhapsoden beneidet um eure schöne Kunst. Denn sowohl, daß am Leibe geschmückt zu sein und euch aufs schönste zu zeigen eurer Kunst angemessen ist, als auch daß ihr in der Notwendigkeit seid, mit vielen anderen trefflichen Dichtern euch zu beschäftigen, besonders aber mit dem Homeros, dem trefflichsten und göttlichsten der Dichter, und seinen Sinn zu verstehen, nicht seine Worte nur, das ist beneidenswert. Denn es kann doch keiner ein Rhapsode sein, wenn er nicht versteht, was der Dichter meint; da ja der Rhapsode den Zuhörern den Sinn des Dichters überbringen soll, und dies gehörig zu verrichten, ohne einzusehen, was der Dichter meint, ist unmöglich. Dies also ist beneidenswert.» [5]

Die Pointe – oder genauer gesagt: die Ironie – des nun folgenden Dialogs liegt aber gerade darin, daß Sokrates Ion dahin bringt, einsehen zu müssen, daß seine Verherrlichung (sprich Auslegung) des Homer keine kunstmäßige sei, sondern ebenso wie der Dichter aus göttlicher Begeisterung heraus spreche, so auch der Interpret. Mit anderen Worten: Sokrates beneidet in Wirklichkeit niemanden so wenig wie den Rhapsoden (den Interpreten, den Hermeneuten, den Literaturwissenschaftler).

Gleichwohl bleibt seine Beschreibung des hermeneutischen Problems für alle späteren ‹Hermeneutiker› verbindlich. Dieser Beschreibung zufolge kommt es darauf an, nicht nur die Worte, sondern den Sinn eines Textes zu verstehen. Im Grunde gibt es kein anderes Problem der Hermeneutik. Es gibt nur zahlreiche Umschreibungen des Problems und ‹Lösungen›. Die Lösung, die Sokrates (bzw. Platon) selbst nannte, wurde lange – und vielfach bis heute – als eine solche angesehen. Tatsächlich verschiebt sie aber nur das Problem. Die Frage, was der Dichter meinte, ist keine Frage einer Text-Hermeneutik, sondern allenfalls eine, die durch ‹Einfühlung› in ein fremdes und fernes Subjekt zu beantworten wäre. Daß Dilthey diesen Weg im vermeintlichen Anschluß an Schleiermacher betont hat, beruht, wie wir heute wissen, auf einem Mißverständnis der Schleiermacherschen «Hermeneutik». Bei Schleiermacher heißt es dazu unmißverständlich: «Man muß so gut verstehen und besser verstehen als der Schriftsteller.» [6]

Die Bedeutung des Autors

In dieser bedeutsamen und häufig (zum Schaden der Hermeneutik) mißachteten hermeneutischen Maxime spricht sich keine Hybris des Interpreten gegenüber dem Autor aus. Es bleibt vielmehr dabei, daß die Hermeneutik in bezug auf die literarischen Werke ein nachträgliches Unternehmen ist. Was mit der genannten Maxime vielmehr bezweifelt wird, ist die Bedeutung des Autors für die Interpretation und für den hermeneutischen Diskurs. Die Auffassung, man könne den Sinn eines Werks nur richtig verstehen, wenn man weiß, was der Autor gemeint hat, ist erstens zirkulär: weil wir bei den meisten Autoren eine ‹Meinung› nicht anders verstehen als durch die Interpretation von Texten. Zum anderen sind Ausführungen eines Autors zu seinem Werk zwar immer interessant, aber für die Interpretation nicht entscheidend. Das hat etwa Valéry als Autor in eigener Sache ausgesprochen: «*Es gibt keinen wirklichen Sinn eines Textes.* Der Autor hat hier keine Autorität. Was immer er hat sagen wollen: er hat geschrieben, was er geschrieben hat. (...) Wenn er im übrigen sehr wohl weiß, was er machen wollte, so trübt doch gerade diese Kenntnis in ihm die Wahrnehmung dessen, was er wirklich geschaffen hat.» [7] Nun könnte man einwenden, auch diese Aussage sei nicht entscheidend, weil sie vom Autor selbst stammt. Aber ein Autor kann auch ein guter Interpret sein (auch seiner eigenen Werke); nur legitimiert sich diese Interpretation nicht durch seine Autorschaft, sondern durch seinen Beitrag zum hermeneutischen Diskurs.

Valérys Beitrag geht in dieser Hinsicht aber offenbar weiter. Er kritisiert und korrigiert nicht nur eine spezifisch neuzeitliche Überschätzung des Autors, er wendet sich auch gegen die wesentlich ältere Idee, daß es einen wirklichen Sinn eines Textes gebe. Diesen Sinn hatte Sokrates (im «Ion») von den Wörtern unterschieden und ihn mit der ‹Meinung› des Autors identifiziert. Diese Position können wir als hermeneutischen Essentialismus bezeichnen. Wenn Valéry dagegen an diesen Sinn nicht mehr ‹glaubt›, so können wir (mit Gadamer) von der Position eines hermeneutischen Nihilismus sprechen. Im Anschluß an Valéry gibt es nunmehr unendlich viele mögliche Interpretationen eines Textes; aber es gibt keine Instanz mehr, mit der wir entscheiden könnten, welche Interpretation die bessere, geschweige denn die richtige ist. Diese beiden Positionen beschreiben nicht nur in einem großen Bogen den Anfang und die Gegenwart der Hermeneutik, sie markieren zugleich in gänzlich zeitloser Weise zwei Extreme der hermeneutischen Reflexion. Zwischen diesen Extremen entfalten sich die hermeneutischen ‹Systeme›, die alle auf die eine oder andere Weise auf der Suche nach dem Sinn sind.

Hermeneutische Systeme

Dabei ist die Differenz zwischen Wort und Sinn systembildend. Schon sehr früh (nämlich im Umkreis der klassischen Homerinterpretationen) setzte sich die Auffassung durch, daß es nicht darauf ankomme, das Wort zu überwinden, um ‹hinter› ihm den eigentlichen Sinn zu entdecken. Vielmehr pluralisiert sich der Sinn. Man unterscheidet also zwischen einem wörtlichen und einem allegorischen Sinn: zwischen dem *sensus litteralis* und dem *sensus allegoricus*. Die Kunst besteht nun darin, den Text auf zwei Ebenen zu verstehen. Entsprechend pluralisieren sich die Auslegungsarten. So entsteht zunächst die grammatisch-rhetorische Auslegung und damit das einfachste hermeneutische System.

Im Mittelalter wird dieses System zur sogenannten Lehre vom vierfachen Schriftsinn ausgebaut. Man unterscheidet jetzt zwischen einem wörtlichen, einem allegorischen, einem moralischen und einem anagogischen Sinn. Dante hat etwa ausdrücklich darauf hingewiesen, daß seine «Göttliche Komödie» in einem solchen vierfachen Sinn geschrieben und zu verstehen sei. Diese dogmatische Auffächerung des Sinns, die als solche nur für das Mittelalter und auch hier nur für die theologische Hermeneutik typisch ist, wurde aber bald in Frage gestellt. Die Gefahr eines willkürlichen Hineinlesens (Schleiermacher: «Vom Unterschiede des Auslegens und Einlegens» [8]) war nicht zu übersehen, weshalb häufig dafür plädiert wurde, die Auslegung auf den *sensus litteralis* zu beschränken.[9] Auch Schleiermacher befindet später: «Eigentlich hat doch jedes Wort nur Eine Bedeutung.» [10] Nur darf der Interpret sich mit dieser Eigentlichkeit nicht begnügen. Er muß vielmehr berücksichtigen, daß ein Wort in einem eigentlichen und einem uneigentlichen Sinn gebraucht werden kann.

Zusammenfassend kann man sagen, daß die Hermeneutiken des 18. und 19. Jahrhunderts (Chladenius, Meyer, Ast, Schleiermacher, Boeckh u. a.[11]) in der Regel eine Einheit des Sinns voraussetzen. In einer teilweise erstaunlich schematischen Weise verkehrt sich die Frage nach der Pluralität des Sinns in die Frage nach der Pluralität der Auslegungsarten. Die hermeneutischen Systeme präsentieren sich als exegetische Regelsysteme. Zu dieser Entwicklung führt Dilthey folgendes aus:

> «Diese Kunst der Interpretation hat sich nun ganz so allmählich, gesetzmäßig und langsam entwickelt, als etwa die Befragung der Natur im Experiment. Sie entstand und erhält sich in der persönlichen genialen Virtuosität des Philologen. (...) Zugleich aber verfährt jede Kunst nach Regeln. Diese lehren Schwierigkeiten überwinden. Sie überliefern den Ertrag persönlicher Kunst. Daher bildete sich früh aus der Kunst der Auslegung die Darstellung ihrer Regeln. Und aus dem Widerstreit dieser Regeln, aus dem Kampf verschiedener Richtungen über die Auslegung lebenswichtiger Werke und dem so bedingten Bedürfnis, die Regeln zu begründen, entstand die hermeneutische Wissenschaft. Sie ist die Kunstlehre der Auslegung von Schriftdenkmalen.» [12]

Die Zahl der Auslegungsarten schwankte zwischen zwei und sechs, meistens waren es aber vier. Friedrich Ast unterschied zwischen historischem, grammatischem und geistigem Verstehen, wobei das historische Verstehen für den Inhalt der Werke zuständig sein sollte, das grammatische für die Form, das geistige schließlich für den Geist des Autors.[13] Man hat die Vision der romantischen Hermeneutik häufig in dem Satz zusammengefaßt, es gelte, sich in den Autor hineinzuversetzen – und hat in dieser spekulativen Psychologie das spezifisch ‹Romantische› sehen wollen. Man muß hierzu einschränkend bemerken, daß dabei nicht immer genügend unterschieden wird, ob die Aufforderung tatsächlich dahin geht, sich in den Geist des Autors zu versetzen oder aber in den des ursprünglichen Lesers. Am besten wird man diesem anstößigen Satz gerecht, wenn man ihn als Anleitung zu einer regelgeleiteten Reflexion auf den individuellen Stil eines Autors versteht. So jedenfalls können wir Schleiermachers und Boeckhs Einlassungen in dieser Sache verstehen.

Schleiermacher hat zwischen einer grammatischen und einer psychologischen (bzw. technischen) Auslegung unterschieden. Über die Art der Anwendung heißt es in der kompendienartigen, nicht voll ausformulierten Darstellung von 1819: «Das minimum von psychol(ogischer) Interpret(ation) wird angewendet bei vorherrschender Objectiv(ität) des Gegenstandes: reine Geschichte, vornämlich im Einzelnen, denn die ganze Ansicht ist immer subjectiv afficirt. Epos. (...) Das minimum von grammat(ische)r beim max(imum) von psychol(ogische)r in Briefen nämlich eigentlichen (...).» Und daran anschließend: «Es giebt keine andere Mannigfaltigkeit in der Auslegungsmethode als das obige.»[14]

Trotzdem hat dann Boeckh wieder vier Auslegungsarten unterschieden, nämlich grammatische, historische, individuelle und generische Interpretation. Erst hiermit (mit der Zahl vier) sei die Enumeration vollständig. Boeckh bemerkt allerdings auch eine Schwierigkeit, die alle diese Systeme betrifft. Man muß fragen, ob die verschiedenen Auslegungsarten, die die hermeneutische Theorie unterschieden hat, in der interpretatorischen Praxis ebenfalls getrennt zur Anwendung kommen können. Boeckh antwortet: «Wir haben sie zwar dem Begriffe nach bestimmt gesondert, bei der Ausübung selbst aber gehen sie beständig ineinander über.»[15] Die Praxis führt, wie Boeckh sagt, in einen «Circel»; denn die verschiedenen Auslegungsarten gehen nicht nur ineinander über, sie setzen sich auch wechselweise voraus. Diese wechselseitige Durchdringung und Abhängigkeit, die hier das Verhältnis der einzelnen Auslegungsarten zueinander betrifft, soll auf einer anderen Ebene auch den Vorgang der Auslegung schlechthin strukturieren. Und erst hier ist von dem sog. *hermeneutischen Zirkel* die Rede, demzufolge der Interpret vom Einzelnen zum Ganzen und vom Ganzen zum Einzelnen vorzugehen habe (in Schleiermachers Formulierung: «Jedes Verstehen des Einzelnen ist bedingt durch ein Verstehen des Ganzen.» [16]).

Mechanische und kunstmäßige Auslegung

Man hat sich daran gewöhnt, die Wende der Hermeneutik ins Allgemeine und Philosophische mit Schleiermacher beginnen zu lassen. Schleiermachers Reflexion auf den hermeneutischen Zirkel (und damit auf «ein Verstehen des Ganzen») richtete sich zunächst gegen die eingeschränkte Bedeutung der sog. *Stellenhermeneutik*, die eigentlich nichts anderes als ein Kommentar war. Aber erst dort, wo das Verstehen aus der alles Reden begleitenden Unausdrücklichkeit hervortritt, wird es zur Praxis der Auslegung, wird es zu einer Tätigkeit, wie Schleiermacher sagt:

> «Viele, ja vielleicht die meisten von den Thätigkeiten, aus denen das menschliche Leben besteht, vertragen eine dreifache Abstufung der Art, wie sie verrichtet werden(:) eine fast geistlose und ganz mechanische, eine, die auf einem Reichtum an Erfahrungen und Beobachtungen beruht, und endlich eine im eigentlichen Sinne des Wortes kunstmäßige. Unter diese nun scheint mir auch das Auslegen zu gehören, sofern ich nämlich unter diesem Ausdruck alles Verstehen fremder Rede zusammenfasse.» [17]

Schleiermachers Anstrengung galt der Ausformulierung dieser dritten Abstufung. Die Hermeneutik sollte damit in den Rang einer allgemeinen Kunstlehre erhoben werden. – Das Paradox, daß eine Kunst sich möglicherweise dadurch auszeichnet, daß sie nicht gelernt und also auch nicht gelehrt werden kann, bleibt auch hier bestehen, da Schleiermacher daran festhält, die Auslegung als Kunst anzusehen: «Das Auslegen ist Kunst.» [18] Er grenzte sich damit gegen die Spezialhermeneutiken seiner Vorgänger ab: «Die Hermeneutik als Kunst des Verstehens existiert noch nicht allgemein, sondern nur mehrere specielle Hermeneutiken.» [19] Die Spezialhermeneutik bezeichnete Schleiermacher als ein abgekürztes Verfahren, und er meinte, diese Abkürzung gehe auf Kosten der Wissenschaftlichkeit: wenn die Spezialhermeneutik in eine Sammlung von Observationen ausarte.[20] Als solche Sammlungen von Observationen hat aber Schleiermacher die meisten Hermeneutiken seiner Zeit betrachtet, auch die philologische Hermeneutik («und die Philologen haben auch nur specielle Zwecke vor Augen gehabt»).

Hierher gehört nun die Unterscheidung zwischen einer laxeren und einer strengeren Praxis. Die laxere Praxis geht davon aus, daß sich das Verstehen von selbst ergibt. Ihr kommt es nur darauf an, in gewissen schwierigen Fällen ein mögliches Mißverstehen zu vermeiden («Mißverstand soll vermieden werden»). Dies sei das Verfahren der speziellen Hermeneutiken. Dagegen gehe die strengere Praxis davon aus, «daß sich das Mißverstehen von selbst ergibt und daß Verstehen auf jedem Punkt muß gewollt und gesucht werden»[21]. Diese Unterscheidung kann auch heute noch als eine ausgezeichnete Einführung in die allgemeine Hermeneutik gelten. Wie allgemein die Hermeneutik hier geworden ist, ermißt man freilich erst, wenn man von dieser Verschärfung der hermeneutischen Aufmerksamkeit dazu übergeht, die mit ihr einhergehende Ausweitung des hermeneutischen Gegenstandsbereiches zu betrachten.

Der hermeneutische Zirkel

Die Frage, welchen Sinn der hermeneutische Zirkel für die Literaturwissenschaft haben könne, ist häufig gestellt worden. Man kann fragen, ob es sich hierbei überhaupt um einen methodisch vollziehbaren Vorgang handelt – oder um etwas, das wir sowieso schon immer irgendwie tun. Diese zweite Deutung hat insbesondere Heidegger nahegelegt, indem er den Zirkel zu einer Grundstruktur des Daseins erklärte. Aus analytischer Perspektive dagegen erscheint der Zirkel als ein methodisches *Quidproquo*: als die Ersetzung des einen durch das andere, wobei man beides (eigentlich) nicht hat. Man hat deshalb auch versucht, den hermeneutischen Zirkel aufzulösen bzw. analytisch umzuformulieren. Das Ganze wird dann etwa als Gesetzeshypothese aufgefaßt, unter die das einzelne zu subsumieren sei.[22] Das ist möglicherweise bei kurzen und überschaubaren Texten plausibel; aber schon die umfangslogische Dimension eines Romans läßt es fraglich erscheinen, ob hier in einem strengen Sinn Gesetzeshypothesen gefunden werden können, die nicht selbst kontrovers und letztlich spekulativ sind. Ebenso fraglich ist freilich, was aus hermeneutischer Perspektive als das Ganze eines Romans angesehen werden soll. Was ist zum Beispiel das Ganze des «Mann ohne Eigenschaften»? Wir würden eben antworten, dieses Ganze sei nicht anders als in verschiedenen Interpretationen da, und wären mit dieser Antwort offenbar erneut in einen hermeneutischen Zirkel verstrickt.

Dennoch ist gerade diese Zirkelstruktur für die Hermeneutik typisch; man kann sie daran erkennen. Umgekehrt ist es für manche formalisierende Methoden typisch, daß sie ihre Option auf Rationalität und Genauigkeit durch einen ostentativen Verzicht auf Ganzheitsentwürfe (ganzheitliche Interpretationen) durchzusetzen versuchen. Das ist etwa in Roland Barthes' Balzac-Lektüre der Fall. Hier wird zwar ein ganzer Text («Sarrasine») gedeutet – und zwar äußerst minutiös, nämlich Satz für Satz und Wort für Wort; aber gerade durch dieses minutiöse Vorgehen zerfällt der Text in lauter einzelne Teile, die nacheinander kommentiert, aber nicht zusammen gedeutet werden.[23] In dieser Hinsicht ist die strukturalistische Balzac-Lektüre von Roland Barthes allerdings nicht sehr neu. Sie wiederholt auf einem methodisch raffinierteren Niveau, was die Philologen des 18. und 19. Jahrhunderts unter dem Titel des ununterbrochenen Kommentars *(commentarius perpetuus)* betrieben haben.

Die Frage der Überprüfung

Nun stellt sich auch hier zunächst ein umfangslogisches Problem. Denn um etwa den «Mann ohne Eigenschaften» auf diese Art zu lesen, wäre offenbar ein Menschenleben zu kurz. Zudem entstünde (wenn wir uns vorstellen, daß ein Computer diese Arbeit übernehmen könnte) ein monströses Werk, das den vielfachen Umfang des «Mann ohne Eigenschaften» hätte. Es stellt sich schließlich die Frage, wer dieses Werk lesen sollte und es im ganzen verstehen könnte. Aus diesen Gründen ist zwar zuzugeben, daß die hermeneutischen Sinnentwürfe eines Ganzen riskant sind – hier wäre wieder der Unterschied zwischen «Auslegen und Einlegen» zu beachten; es ist aber ebenso deutlich, daß sie durch andere Verfahren nicht zu ersetzen sind. Man könnte auch sagen, eben weil die hermeneutischen Sinnentwürfe riskant sind, seien sie interessant. Aber dies ist keine Frage, die den Wert der Methoden betrifft, sondern dessen, was man wissen will. Zudem hat das hermeneutische Risiko nicht den Charakter eines *acte gratuit*. Vielmehr sind auch die singulären Entwürfe eines Ganzen auf ein übergeordnetes Ganzes bezogen. Die romantische Hermeneutik dachte hierbei an die Instanz des ‹Lebens›. Als ein adäquaterer Bezugspunkt erscheint heute die Forschung (bzw. die Forschergemeinschaft); denn eine Interpretation ist ja nicht damit beendet, daß sie ihren Sinn entworfen hat. Vielmehr wird dieser Sinnentwurf von anderen aufgenommen, überprüft und möglicherweise abgelehnt. In diesem Sinn ist von einer (hermeneutischen) Interpretation nicht nur zu fordern, daß sie in sich konsistent ist, sondern auch, daß sie anderen – und das heißt: allen anderen – Interpretationen standhält. Die Hermeneutik hat es deshalb nicht nur mit der regelmäßigen Hervorbringung von Interpretationen zu tun, sondern insbesondere mit deren Überprüfung. Und man kann sagen, daß die Hermeneutik im 20. Jahrhundert mit dieser Frage der Überprüfung das ihr eigentümliche Problem entdeckt. Mit den Worten Eric Donald Hirschs: «Die methodische Aktivität der Interpretation beginnt, wenn wir anfangen, unsere Vermutungen zu prüfen und zu kritisieren.» [24] Die allgemeinere Konsequenz dieser Einsicht liegt aber darin, daß auch dann, wenn wir mit dieser methodischen Aktivität der Überprüfung nicht anfangen, es andere tun. So ist zum Beispiel Ion wenig geneigt, seine Vermutungen über das Werk Homers zu prüfen und zu kritisieren. Aber Sokrates ist dazu um so mehr geneigt.

Selbstthematisierung der Hermeneutik

In Gadamers *philosophischer* Hermeneutik erhalten diese Verhältnisse wiederum eine andere Deutung. Hier kommt es überhaupt nicht so sehr darauf an, was wir tun, sondern darauf, «was über unser Wollen und Tun hinaus mit uns geschieht» [25]. Im Anschluß an Heideggers Auslegung des hermeneutischen Zirkels erscheint an unserem Tun nur das wichtig, was wir immer schon tun. In Hinsicht auf die uns hier besonders interessierende Frage der Textauslegung heißt es etwa: «Wer einen Text verstehen will, vollzieht immer ein Entwerfen. Er wirft sich einen Sinn des Ganzen voraus, sobald sich ein erster Sinn im Text zeigt. Ein solcher zeigt sich wiederum nur, weil man den Text schon mit gewissen Erwartungen auf einen bestimmten Sinn hin liest. Im Ausarbeiten eines solchen Vorentwurfs, der freilich beständig von dem her revidiert wird, was sich bei weiterem Eindringen in den Sinn ergibt, besteht das Verstehen dessen, was dasteht.» [26] Daraus folgt nun – oder soll folgen: «Der Zirkel des Verstehens ist also überhaupt nicht ein ‹methodischer› Zirkel, sondern beschreibt ein ontologisches Strukturmoment des Verstehens.» [27]

Das mag so sein, ist aber für den Literaturwissenschaftler – und darüber hinaus für jeden, der die Hermeneutik anwenden will – relativ bedeutungslos. Für den Literaturwissenschaftler kann der Sinn des Zirkels nicht darin bestehen, jeweils der Struktur des Daseins gewahr zu werden, weil dies ihm nichts über den zu verstehenden Text und auch nichts über seine Interpretation sagt.

Andererseits radikalisiert Gadamer hiermit lediglich, was sich bereits im 19. Jahrhundert als Tendenz abzuzeichnen beginnt. Schon Boeckh meinte, die Hermeneutik solle nicht «bloß praktische Regeln» enthalten, sie solle vielmehr zum Bewußtsein bringen, was sonst nur «bewußtlos» getrieben werde. Diese Tendenz zur Selbstthematisierung der Hermeneutik, die in der Folge weniger die Auslegung als den Akt des Verstehens analysiert, wird von Gadamer in Form einer ontologischen Geschehens-Metaphysik zugespitzt: «*Das Verstehen ist selber nicht so sehr als eine Handlung der Subjektivität zu denken, sondern als Einrücken in ein Überlieferungsgeschehen*, in dem sich Vergangenheit und Gegenwart beständig vermitteln. Das ist es, was in der hermeneutischen Theorie zur Geltung kommen muß, die viel zu sehr von der Idee eines Verfahrens, einer Methode beherrscht ist.» [28]

Die Hermeneutik wird allgemein, indem sie philosophisch wird. Aus theologischer, juristischer und philologischer Hermeneutik entwickelt sich die philosophische Hermeneutik, die nun beansprucht, den anderen Hermeneutiken ein Bewußtsein ihrer selbst zu geben. Von hierher entsteht die Grundlagenproblematik des Verstehens und hiermit zusammen die sog. *Verstehen-Erklären-Kontroverse*, in der die Geisteswissenschaften und die Naturwissenschaften sich voneinander abgrenzen. Das erscheint durchaus folgerichtig und dem Selbstaufklärungsprozeß der Wissenschaften dienlich. Nur stellt sich die Frage, ob und wie sich vom Niveau der allgemeinen Hermeneutik Rückschlüsse auf die speziellen Hermeneutiken ziehen lassen. Wenn es zunächst so scheint, als seien die Interessen der speziellen Hermeneutiken auf selbstverständliche Weise in der allgemeinen Hermeneutik aufgehoben, so erweist sich das bei näherem Hinsehen als Schein. Tatsächlich hat die spezielle Hermeneutik (und hier insbesondere die philologische Hermeneutik) wenig oder gar nichts von der Grundlagenproblematik lernen können, jedenfalls nichts, was für sie von praktischem Interesse wäre. Häufig ist es deshalb so, daß Hermeneutik und Interpretation gar nichts miteinander zu tun haben. Während sich die Hermeneutik als reine Theorie (als Philosophie des Verstehens) etabliert, realisiert sich die Interpretation weiterhin als ein praktisches Handwerk (als *ars interpretandi*). Die Frage nach der gelungenen Vermittlung zwischen Theorie und Praxis läßt sich freilich auch an alle anderen Methoden im Zusammenhang der philologischen Wissenschaften richten. [29]

Literatur

Betti, Emilio: Allgemeine Auslegungslehre als Methodik der Geisteswissenschaften. Tübingen 1967 (Orig. 1955).

Boeckh, August: Enzyklopädie und Methodenlehre der philologischen Wissenschaften. Nachdruck der Ausgabe Leipzig 1886. Darmstadt 1966.

Danneberg, Lutz/Müller, Hans-Harald: Wissenschaftstheorie, Hermeneutik, Literaturwissenschaft. In: Deutsche Vierteljahrsschrift für Literaturwissenschaft und Geistesgeschichte 58 (1984).

Frank, Manfred: Das individuelle Allgemeine. Textstrukturierung und -interpretation nach Schleiermacher. Frankfurt/M. 1977.

Gadamer, Hans-Georg: Wahrheit und Methode. Grundzüge einer philosophischen Hermeneutik. 2. Aufl. Tübingen 1965 (1. Aufl. 1960).

Hirsch, Eric Donald: Prinzipien der Interpretation. München 1972 (Orig. 1967).

Nassen, Ulrich (Hg.): Texthermeneutik. Aktualität, Geschichte, Kritik. München 1979.

Schleiermacher, Friedrich D. E.: Hermeneutik. Hg. von H. Kimmerle. Heidelberg 1959.

Szondi, Peter: Einführung in die literarische Hermeneutik. Hg. von J. Bollack und H. Stierlin. Frankfurt/M. 1975.

Wach, Joachim: Das Verstehen. Grundzüge einer Geschichte der hermeneutischen Theorie im 19. Jahrhundert. 3 Bde. Nachdruck der Ausgabe Tübingen 1926. Hildesheim 1966.

Anmerkungen

1 Platon: Ion, 535a.
2 Boeckh, S. 10.
3 Ebd.
4 Ion, 534a.
5 Ion, 530b/c.
6 Schleiermacher, S. 56.
7 Paul Valéry: Zur Theorie der Dichtkunst. Frankfurt/M. 1962, S. 188f. Vgl. dazu Uwe Japp: Sinnkrise und Sinnverstehen. Hermeneutische Probleme mit Valérys Cimetière marin. In: Poetik und Hermeneutik IX. Hg. von H. R. Jauß. München 1981.
8 Schleiermacher, S. 38.
9 Vgl. J. A. Ernesti: Institutio Interpretis Novi Testamenti. Leipzig 1761.
10 Schleiermacher, S. 32. Vgl. auch die Einleitung des Herausgebers in F. D. E. Schleiermacher: Hermeneutik und Kritik. Hg. von M. Frank. Frankfurt/M. 1977.
11 Vgl. Wach und Szondi.
12 Wilhelm Dilthey: Die Entstehung der Hermeneutik. In: Ders.: Gesammelte Schriften. V. Bd. Stuttgart 1957, S. 320.

13 Friedrich Ast: Grundlinien der Grammatik, Hermeneutik und Kritik. Landshut 1808.
14 Schleiermacher, S. 83.
15 Boeckh, S. 83.
16 Schleiermacher, S. 46.
17 Schleiermacher, S. 123 f.
18 Schleiermacher, S. 82.
19 Schleiermacher, S. 79.
20 Schleiermacher, S. 93.
21 Schleiermacher, S. 86.
22 Vgl. H. Göttner: Logik der Interpretation. München 1973.
23 Roland Barthes: S/Z. Paris 1970 (dt. Frankfurt/M. 1987).
24 Hirsch, S. 257.
25 Gadamer, S. XIV.
26 Gadamer, S. 251.
27 Gadamer, S. 277.
28 Gadamer, S. 274 f.
29 Vgl. Uwe Japp: Hermeneutik. Der theoretische Diskurs, die Literatur und die Konstruktion ihres Zusammenhanges in den philologischen Wissenschaften. München 1977; Ders.: Hermeneutica. In: Deutsche Vierteljahrsschrift für Literaturwissenschaft und Geistesgeschichte 58 (1984).

Helga Gallas

Psychoanalytische Positionen

Die Psychoanalyse Sigmund Freuds

Um 1900 begründete Sigmund Freud (1856–1939) eine neue wissenschaftliche Disziplin, die Psychoanalyse. Im Unterschied zum Großteil der damaligen Psychiater ging er davon aus, daß seelische Störungen meist nicht auf organische Schäden (z. B. des Gehirns) zurückzuführen sind, sondern auf unbewußte psychische Konflikte. Gegenstand der neuen Wissenschaft war daher die Aufdeckung der unbewußten Bedeutung von Handlungen, Reden, psychischen und somatischen Symptomen. Den Zugang zu dieser den Patienten unbewußten Bedeutung verschaffte sich Freud mit einer neuen Methode, der sogenannten freien Assoziation. Er ließ die Patienten frei und ohne Selbstzensur alles sagen, was ihnen zu bestimmten Elementen ihrer Rede und ihres Traums einfiel. Diese spontanen Einfälle führten auf die unbewußten Gedanken, die jeder Rede und, wie sich zeigte, auch den neurotischen Symptomen zugrunde liegen; in der Regel drehen sie sich um einen unbewußten Wunsch, der oft sexueller Herkunft ist. Speziell die Analyse der Träume brachte Freud darauf, wie das Unbewußte ‹arbeitet›: Bestimmte Mechanismen der Traumarbeit – nämlich Verdichtung, Verschiebung, Überdeterminierung, Symbolisierung und sekundäre Bearbeitung – sorgen dafür, daß aus den latenten Traumgedanken (so nennt Freud die Gedankenketten, zu denen man durch freie Assoziation gelangt) der sog. manifeste Trauminhalt wird (der Traum in der Form, in der man ihn nach dem Erwachen erinnern und erzählen kann).[1] Schließlich konnten Träume, Fehlleistungen, Witze, psychische und bestimmte körperliche Symptome als Bildungen des Unbewußten aufgefaßt werden, in denen sich verdrängte Wünsche manifestieren – jedoch entstellt und für das wache Bewußtsein unkenntlich gemacht.

Gleichzeitig mit seiner Behandlungsmethode für psychische Krankheiten und der Entdeckung der Gesetze des Unbewußten schuf Freud eine Theorie der Entwicklung der menschlichen Sexualität und der menschlichen Subjektwerdung: wie aus dem auf die Mutter angewiesenen, aber auch rücksichtslosen Neugeborenen der mehr oder weniger selbstbewußte und lebenstüchtige Erwachsene wird, der – als Mann oder als Frau – seine Rolle in der Gesellschaft übernimmt. Dieser Prozeß hat die Verdrängung unerfüllbarer Kindheitswünsche ins Unbewußte zur Folge (z. B. die dauernde Nähe der Mutter und die sofortige Befriedigung aller Bedürfnisse), ferner die Sublimierung der Wünsche, d. h. ihre Ausrichtung auf andere, von der Gesellschaft höher bewertete Ziele. Freud nannte diesen langwierigen Prozeß den Übergang vom «Lustprinzip» zum «Realitätsprinzip», es sei kein endgültiger Übergang, immer wieder gebe es Regressionen, d. h. Rückfälle auf überwunden geglaubte Stadien der Entwicklung. Knotenpunkt dieser Entwicklung ist für Freud der sog. Ödipuskomplex, in den die Kinder im Alter von drei bis fünf Jahren eintreten: Das Kind wendet sich dem gegengeschlechtlichen Elternteil als Liebesobjekt zu und empfindet den gleichgeschlechtlichen Elternteil in dieser Beziehung als Rivalen – nachdem zuvor für beide Geschlechter, den Jungen wie das Mädchen, die Mutter das erste libidinöse Objekt war. Der Haß gegen den Rivalen kann bis zum Todeswunsch gehen, die Liebe für die gegengeschlechtliche Person bis zum Wunsch nach genitaler Vereinigung (Inzest mit Vater oder Mutter). Diese Konstellation zeigt aber auch Momente des Gegenteils: eine zärtliche Einstellung zum gleichgeschlechtlichen und eine eifersüchtig-feindselige zum gegengeschlechtlichen Elternteil (homosexuelle Komponente).

Die Überwindung des Ödipuskomplexes erfolgt nach Freud beim Jungen durch die Kastrationsangst (aufgrund der dem Vater-Rivalen zugeschriebenen Kastrationsdrohung), beim Mädchen durch den Penisneid (wobei die Mutter für den fehlenden Penis verantwortlich gemacht wird).[2] Kastrationsangst und Penisneid bewirken die Aufgabe des inzestuösen Objekts und die Identifizierung mit der Rolle des gleichgeschlechtlichen Elternteils. Für Freud stellt der Ödipuskomplex ein notwendiges Durchgangsstadium der geschlechtlichen Reifung dar; durch die mit seiner Überwindung in Zusammenhang stehende Bildung des Über-Ichs steht er zudem am Anfang von Moral, Gewissen und Gesetz. Das Inzestverbot durch den Vater steht symbolisch für alle späteren Autoritäten.

Schon bald erkannten Freud und die Psychoanalytiker um ihn, welche Möglichkeiten sich aus den neuen Einsichten für die Analyse geisteswissenschaftlicher Phänomene ergaben, unabhängig vom medizinischen Bereich.[3] Es war Freud selbst, der in «Die Traumdeutung» erstmals die Ödipus-Konzeption zur Erklärung eines literarischen Textes heranzog. Freud führte Hamlets Zögern, den Mörder seines Vaters zu töten, auf einen unbewußten Todeswunsch gegen den Vater aufgrund einer libidinösen Besetzung der Mutter zurück. Aus ähnlichen Interpretationen hat die psychoanalytische Literaturwissenschaft, die sich in der Folge etablierte[4], weitreichende Konsequenzen gezogen, was den Status eines literarischen Textes angeht: Der literarische Text wird als Ort angesehen, an dem regressive Wünsche zur Sprache kommen, ihre Artikulation stehe im Dienste des Lustprinzips oder auch der Abwehr unbewußter Wünsche: das Werk als Kompromißbildung zwischen Phantasie (als der vorgestellten Befriedigung unbewußter Wünsche) und Abwehr (der Verkleidung und Bestrafung dieser Wünsche). Die Traumdeutung gilt als Modell der Literaturdeutung, Ziel ist die Rekonstruktion eines latenten Textes. Die Traumarbeit wird als Analogon zur dichterischen Phantasie angesehen, die Mechanismen der Traumarbeit werden auch im literarischen Text wiedererkannt.

Neben der Werkinterpretation gibt es zwei weitere Hauptanwendungsbereiche psychoanalytischer Methoden in der Literaturwissenschaft: zum einen die Rezeptionsforschung, wobei ähnliche psychische Prozesse wie die, die zur Ausarbeitung eines literarischen Werkes geführt haben, auch beim Leser vermutet werden – diesem ebenso unbewußt wie dem Autor; zum anderen die Erforschung der Dichterpersönlichkeit, die sich neben den historischen vor allem den psychischen Determinanten der Biographie widmet. – Im folgenden soll an einem literarischen Beispiel kurz skizziert werden, wie eine Freudsche ödipale Interpretation aussehen könnte.

Kleists «Michael Kohlhaas»[5] und Freuds Ödipuskomplex

Ausgangspunkt wäre also: Ein in der Position des Sohns befindlicher Protagonist versucht, einen anderen, der für ihn die Position des Vaters einnimmt (also den Zugang zur Mutter versperrt und mit Kastration droht), als Nebenbuhler auszustechen oder zu beseitigen. Die Protagonisten eines ödipalen Konflikts in der Literatur können, aber müssen nicht als Väter oder Mütter auftreten; sie treten nur in die Funktionen ein, die diesen zukommen, sie substituieren also Vater- bzw. Mutterfiguren.

Kohlhaas hat es mit mehreren Autoritäten zu tun: dem Junker Wenzel, der ihm an einer Zollschranke unrechtmäßig zwei seiner Pferde abnimmt und sich in der Folge als lächerliche Autorität erweist; der Junker wird später – in seiner Funktion, die Rechte des Kohlhaas einzuschränken und dessen Rache auszulösen – ersetzt durch den Kurfürsten von Sachsen; dieser ist als oberster Landesherr zwar eine höhere Autorität, aber ebenfalls eine eher lächerliche Figur, die Kohlhaas' Mut und Todesverachtung um so glanzvoller erscheinen lassen. Die dritte Autoritätsperson ist der Kurfürst von Brandenburg, eine respektable Person, deren Anordnungen sich Kohlhaas schließlich beugt. Als Mutterfiguren kämen die zwei Frauen in Frage, mit denen Kohlhaas es zu tun hat: seine Frau Lisbeth, die durch – zumindest mittelbare – Schuld des brandenburgischen Kurfürsten stirbt. Nach ihrem Tod wird Lisbeth ersetzt durch die geheimnisvolle Zigeunerin, die Kohlhaas wie eine Doppelgängerin seiner Frau vorkommt und ihn, erfolgreicher als Lisbeth, im Kampf gegen den sächsischen Kurfürsten unterstützt. Die Frauen erscheinen in der Erzählung also nicht als inzestuöse, begehrte Objekte, die vor einer brutalen Vaterfigur geschützt werden müssen[6], sondern als Figuren, die (wie die Mutter den Sohn) den Helden hilfreich im Kampf gegen die Autorität (als Substitut des Vaters) unterstützen und immer auf seiner Seite sind (so wie der Sohn sich die bedingungslose Hilfe der Mutter im ödipalen Konflikt erträumt). Die Zigeunerin wird übrigens von Kohlhaas stets ‹Mütterchen› genannt, die beiden Kurfürsten sind seine ‹Landesväter›.

Wir haben es durchaus mit einer für das Ödipus-Schema typischen Dreiecksstruktur zu tun. Nach dem psychoanalytischen Modell muß der in der Position des Sohns Befindliche auf die Zerstörung des Vaters sinnen, und er muß auf die Gewinnung des väterlichen Rechts aus sein. Anfangs verhält sich Kohlhaas nach diesem Muster: Er zerstört den Besitz des sächsischen Landesvaters, nämlich Land und Leute, und setzt sein eigenes Recht (erklärt die Fehde, gibt Mandate aus usw.). Als Kohlhaas schon fast gezwungen ist, sich dem kurfürstlichen Gesetz zu beugen, gibt ihm die Zigeunerin den entscheidenden Fingerzeig, wo die verletzliche Stelle der Autorität sich befindet: im Wissen um sein Geschlecht, verstanden als Vater-, Herr- und Regentschaft (sie weissagt auf einem Zettel dem Kurfürsten dessen künftiges Schicksal und das seines Hauses, übergibt den Zettel aber nicht ihm, sondern Kohlhaas). Kohlhaas jauchzte über die Macht, so heißt es im Text, «die ihm gegeben war, seines Feindes Ferse, in dem Augenblick, da sie ihn in den Staub trat, tödlich zu verwunden» (S. 97). Dieser Zettel, den Kohlhaas in einer Kapsel und an einem seidenen Faden um den Hals trägt (vielleicht als mütterliches Symbol aufzufassen), scheint das Todesurteil des Kurfürsten zu enthalten; jedenfalls erlangt Kohlhaas durch ihn einen grandiosen Sieg über den Kurfürsten. Dieser ist bereit, zur Erlangung des Zettels alles zu tun; Kohlhaas jedoch verschlingt den Zettel, nachdem er ihn gelesen hat, vor den Augen des Kurfürsten, der daraufhin in Krämpfen niedersinkt und ohnmächtig, wie entmannt auf dem Boden liegt.

Eine Schwierigkeit unserer Interpretation scheint zu sein, daß das Objekt, um das sich alles dreht, nicht die Mutter als Begehrte bzw. eine sie substituierende Frauenfigur ist, sondern zwei Pferde. Anfangs stolze, wohlgenährte Rappen, werden sie Kohlhaas erst abgenommen, dann zugrunde gerichtet und kommen an den Schinder. Man könnte in ihnen Phallussymbole sehen, also Symbole der männlichen Potenz.[7] Die Ruinierung dieser Pferde würde dann für die Kastrationsdrohung stehen. Wir befänden uns im zweiten Akt des ödipalen Dramas, in dem die Besetzung der Mutter als libidinöses Objekt bereits erfolgt ist und nun die Kastrationsangst und die Mutter als helfende bestimmend sind.

Zu klären wäre dann, wieso sich die Haß-Liebe des Kohlhaas nur auf einen der beiden Kurfürsten richtet: Der Kurfürst von Sachsen scheint den schwachen Teil der Vater-Imago zu verkörpern, den von der Mutter nicht anerkannten und im Bunde mit ihr zu quälenden Teil. Der Kurfürst von Brandenburg würde für den Teil der Vater-Imago stehen, der die starken, potenten, die Mutter besitzenden Teile verkörpert. Im Unterschied zum Kurfürsten von Sachsen wird der Brandenburger von der Zigeunerin anerkannt – sie prophezeit ihm eine Zukunft. Dieser Vater übernimmt die Verkündung des Urteils für Kohlhaas' Taten: auf Landfriedensbruch steht Tod. Das ist ein eindeutiger Bruch der Kohlhaas zugesagten Amnestie. Um so mehr verwundert sein geradezu freudiges Einverständnis mit diesem Todesurteil. In der Logik der bisherigen Interpretation könnte diese Haltung als von Schuldgefühlen diktierte Selbstbestrafung anzusehen sein, als Selbstbestrafung für das gegen den Vater gerichtete Konkurrenzstreben: die Usurpation der feudalen Privilegien, die Selbstjustiz und das Ansichreißen der Macht im sächsischen Staat.

Bei aller Plausibilität in einzelnen Punkten ist eine solche Interpretation (die hier allerdings nur sehr schematisch vorgeführt werden kann) doch unbefriedigend. Die Argumentation verbleibt fast ausschließlich auf der sexuellen Ebene, und die Erzählung ist zu eingeschränkt als personales Drama aufgefaßt, ganz abgesehen von der Fragwürdigkeit der Symbolinterpretationen.

Der französische Psychoanalytiker Jacques Lacan (1901–1981) hat – gestützt auf die Erkenntnisse der strukturalen Linguistik, die Freud noch nicht zur Verfügung standen – dessen Theorie neu interpretiert und weitergeführt.

Auch der Ödipus-Komplex wurde unter dem Aspekt der Sprache und gestützt auf die Erkenntnisse der strukturalen Ethnologie neu beschrieben.[8] Im folgenden soll Lacans Sicht kurz skizziert werden, bevor an einigen Punkten aufgezeigt wird, wie eine ödipale Interpretation des Kohlhaas-Textes im Sinne Lacans aussehen könnte[9] und welche Folgerungen daraus für die psychoanalytische Literaturwissenschaft zu ziehen wären.

Lacans Konzeption des Ödipus

Das Gesetz, das mit der Kastrationsdrohung durchgesetzt werden soll, ist in erster Linie das Inzestverbot. Die Wirkung dieses Verbots für den Sohn ist: Alle Frauen (außerhalb der Familie) sind erlaubt, wenn auf die eine (die Mutter) verzichtet wird. Als Repräsentant dieses Verbots erscheint der Vater. Er ist jener Dritte, der durch seine Anwesenheit und sein Wort die enge duale Beziehung zwischen Mutter und Kind unterbindet, der den Wunsch des Kindes nach symbiotischer Einheit mit der Mutter beschneidet. Lacan spricht von der «symbolischen Kastration», und das heißt: Trennung vom mütterlichen Objekt, das als verloren gelten und in Zukunft durch andere Objekte substituiert werden muß (für beide Geschlechter).

Die symbolische Kastration wird daher auch als Voraussetzung dafür angesehen, daß überhaupt ein Wunsch (auf andere Objekte als die Mutter) entstehen kann; sie schafft also erst, was sie zu verbieten scheint: den Wunsch, oder wie es in der Terminologie Lacans heißt: das Begehren, und das Recht darauf. Nur wer wünschen, begehren kann, findet Objekte, für die zu streiten, zu arbeiten, zu leben sich lohnt. Nur wer sicher weiß, was er begehren darf, welche Rechte er hat, ist sicher im Genießen des gewählten Sexualpartners, im Genießen der Früchte seiner Arbeit – ohne Angst, sie nicht verdient zu haben. Die Kastration in diesem Sinn muß also gesucht, sie darf nicht vermieden werden; sonst beherrschen Ungewißheit und Zweifel das Subjekt. Lacan hebt die narzißtische Dimension des Ödipus-Schemas hervor: Das Kind bildet ein erstes Ich im sogenannten Spiegelstadium (im 6. bis 8. Monat), und zwar aufgrund der Wahrnehmung der eigenen Gestalt im Spiegel als einer ganzen, vollkommenen sowie, und das ist entscheidend, der Anerkennung dieser Wahrnehmung durch den zustimmenden, bewundernden Blick der Mutter. Als Folge dieser Spiegelidentifikation glaubt das Subjekt sich immer schon mit einer Einheit und Vollkommenheit ausgestattet, der es real nicht entspricht. Es ist auf Hilfe angewiesen, es muß sich ständig den Wünschen anderer beugen. Diese erste Ich-Gewißheit ist also eine Täuschung, die die Abhängigkeit des menschlichen Subjekts übertüncht – und sie ist Quelle auch aller späteren Selbstüberschätzung, aller Größen- und Allmachtphantasien. Dieses erste Ich ist narzißtisch, da es auf der erotisch-aggressiven Beziehung zu seinem Ebenbild beruht, und es ist äußerst fragil, ständig von Angst vor Zerfall bedroht. Es kann sich allein in der Konkurrenz mit dem anderen bestätigen. Die Rivalität (etwa im vorsprachlichen Kinderspiel zu beobachten) würde jedes menschliche Zusammenleben unmöglich machen, wenn das Kind nicht lernte, die Sprache zu gebrauchen. Die Einführung in die Sprache, in die symbolische Ordnung, wie Lacan sagt, führt dazu, daß das Subjekt – statt zu handeln (streiten, schreien, schlagen) – sein Begehren artikuliert. In die Sprache wird das Kind vor allem von der Mutter eingeführt; sie trennt es dadurch vom ursprünglichen Körper-Sein und eröffnet die Möglichkeit, sich anderen zu- und von der Mutter wegzuwenden; sie unterstützt damit, willentlich oder nicht, den Kastrationsprozeß. Symbolische Kastration bedeutet in der Lacanschen Theorie daher auch Eintritt in die symbolische Ordnung, die Sprache, welche die ursprüngliche Aggressivität der Rivalitätsbeziehung – wie sie in der ödipalen Beziehung des Knaben zum Vater wieder auftaucht – zu verbalisieren und damit zu überwinden erlaubt. Die ödipale Konstellation ist für Lacan deshalb auch nicht mehr an ein bestimmtes Lebensalter gebunden.

Was wird in dieser Perspektive aus den Positionen ‹Mutter› und ‹Vater› im ödipalen Dreieck? Die Mutter als Inbegriff des Begehrten ist nach dieser Konzeption eine nachträgliche Wirkung des Verbots, die nachträgliche Phantasie des Subjekts vom paradiesischen Zustand mit der Mutter. Der ödipale inzestuöse Wunsch erscheint so nicht mehr als Wunsch nach tatsächlicher genitaler Vereinigung mit der Mutter, sondern erstens als Wunsch nach einem Ort vor jeder Trennung, als Phantasie von totaler Geborgenheit und Erfüllung; zweitens als Wunsch des Subjekts, vom Blick der Mutter in seiner Einmaligkeit und Größe bestätigt, anerkannt zu werden; und drittens als Wunsch, für die Mutter alles zu sein, ihr Begehren auszufüllen (Begehren nach dem Begehren des Anderen) und nicht zuzulassen, daß sich ihr Begehren auf etwas Drittes richtet. Dem Vater kommt eher eine befreiende denn eine repressive Funktion zu. Er ist nicht Vollstrecker der Kastration, spricht auch keine Drohung real aus, sondern symbolisiert das Gesetz, das zunächst im Inzestverbot besteht. Lacan führt die Unterscheidung zwischen imaginärem und symbolischem Vater ein. Der imaginäre Vater wäre das *Bild* des allmächtigen, allwissenden, brutalen, kastrierenden Vaters, das sich das Kind macht; zu ihm entwickelt es eine rivalisierende Beziehung der Haßliebe, ihn sucht es zu beseitigen oder zu ersetzen. Der symbolische Vater ist Funktionsträger des Gesetzes, er steht symbolisch für die Ordnung, der das Kind sich unterwerfen soll. Lacan spricht daher auch von der Instanz «Name-des-Vaters» (nom-du-père). Der tatsächliche Vater ist eine Mischung aus beiden, immer aber schwächer als der symbolische Vater.

«Michael Kohlhaas» und Lacans Konzept des Begehrens

In der Konzeption der symbolischen Kastration bei Lacan ist das Begehren eine zentrale Kategorie. Sich davon zu trennen, das Begehren der Mutter auszufüllen, verlangt, sein eigenes Begehren zu finden. Unsere erste Frage wird also sein: Was begehrt Kohlhaas, was treibt ihn?

In der Konfrontation mit dem Junker muß Kohlhaas sich als unzulänglich und machtlos erkennen – sehr im Unterschied zu dem Bild, das er als erfolgreicher Kaufmann von sich haben mag. Die Demütigung, in die er sich versetzt sieht, reaktiviert die Todesangst des narzißtischen Ichs der Spiegelphase, so könnte man deuten; d.h., die Demütigung gleicht einer Bedrohung seiner Ich-Identität. Zum Verursacher der Bedrohung, dem Junker, nimmt Kohlhaas eine auf Rivalität gegründete Beziehung auf – er will ihn beseitigen und an seine Stelle treten. Letzteres zeigt die Wahl seiner Kampfmittel, die für einen Junker, nicht aber für einen Kaufmann charakteristisch sind: Erklärung der Fehde, Erlassung von Mandaten usw. – so als wollte er klarmachen, wer der bessere Junker sei. Diese imaginäre Identifikation mit dem Rivalen ist der Kampf mit dem eigenen Spiegelbild, in dem das Subjekt sich selbst, aber entfremdet wahrnimmt. Bei dem Kampf mit dem Spiegelbild-Rivalen geht es um die Anerkennung des Subjekts durch den anderen, wobei das Objekt in den Hintergrund tritt – so wie Kohlhaas das eigentliche Streitobjekt, die beiden Pferde, zeitweilig völlig zu vergessen scheint. Die Rivalitätsbeziehung läßt eine Fülle von Größenphantasien hervorbrechen: Kohlhaas tritt auf als eine Mischung aus Kaiser und Christus, er nennt sich «einen Statthalter Michaels, des Erzengels» (S. 41), einen «Reichs- und Weltfreien, Gott allein unterworfenen Herrn» (S. 36). Als ihm seine Kampfmittel genommen sind, tritt er in eine neue erotisch-aggressive Rivalitätsbeziehung, nämlich zum Kurfürsten von Sachsen. Ihm will er «wehtun», das ist Kohlhaas mehr wert als das Leben – eine merkwürdige Verschiebung im Vergleich zu seinem ursprünglichen Wunsch, nämlich der Wiederherstellung seiner beiden Pferde und der Bestrafung des Junkers.

Dieser neue Wunsch wurde Kohlhaas von der Zigeunerin suggeriert; sie übergab den Zettel mit der Prophezeiung nicht dem eigentlichen Adressaten, sondern Kohlhaas und machte den Kurfürsten dadurch zu einem Gehetzten. Die Zigeunerin trieb dabei ein Begehren, das uns nicht näher erläutert wird. Welche Rechnung hat sie mit dem Kurfürsten zu begleichen? Jedenfalls wird Kohlhaas zum Vollstrecker ihres Wunsches; sie wird sein Komplize, aber Kohlhaas auch der ihrige! Es geht also nicht um das ödipale Begehren *für* die Mutter, sondern um das Begehren *der* Mutter, dem Kohlhaas unterworfen scheint. Über seine Frau Lisbeth, die ihn störend an seine Pflichten als Familienvater erinnert, geht Kohlhaas hinweg. An ihre Stelle wird die Zigeunerin gesetzt, deren Pläne seine Größen- und Rachephantasien stützen.

Und was wird aus den Pferden als Phallussymbol in unserer ersten Interpretation? Der Phallus ist auch bei Freud nicht nur Symbol des männlichen Organs, sondern das, was zur Vollständigkeit fehlt (für beide Geschlechter). Er ist also Signifikant der imaginären Ganzheit des Ichs. In diesem Sinn wären die Pferde Phallussubstitute (nicht Phallussymbole). Ihre Ruinierung entspräche einer Bedrohung der über imaginäre Identifikation erreichten Einheit des Ichs. Aber auch die Kapsel mit dem Zettel kann in diesem Sinn als Phallussubstitut aufgefaßt werden (für den Kurfürsten wie für Kohlhaas, der damit das, was ihm fehlt, ersetzt).

Die Zweiteilung der Autorität wäre mit Lacans Unterscheidung von imaginärem und symbolischem Vater zu erklären, wobei auch der Brandenburger das Urteil nicht allein fällt, sondern im Namen des Kaisers in Wien – dieser als oberste symbolische Gesetzesinstanz nur ein Name.

Endet die Erzählung also mit der Annahme der symbolischen Kastration, erkennt Kohlhaas die Grenzen seines Ichs an und verzichtet auf Allmachtsphantasien? Mit dem doppelten Urteil wird zum Schluß ein raffinierter, witziger Ausweg gefunden: Einerseits beugt sich Kohlhaas dem Rechtsspruch und nimmt die Strafe für seine Mordbrennereien auf sich, er verzichtet darauf, sein eigenes Recht setzen zu können; andererseits triumphiert er über seine beiden Rivalen. Der Junker wird bestraft und der Kurfürst von Sachsen vernichtet, denn Kohlhaas verschlingt vor seinen Augen auf dem Richtplatz den Zettel mit der Prophezeiung des kurfürstlichen Schicksals. Damit rettet er seine Überlegenheitsphantasien. Der Zettel war mit Mundlack versiegelt (eine Oblate aus Teig), so als nähme Kohlhaas teil am Verzehr der Hostie, die die Teilnahme am ewigen Leben eröffnet; gleichzeitig erinnert die Szene an den Auserwählten des Herrn, den Propheten, der Gottes Wort verschlingt. Kohlhaas, eben noch der Gesetzesübertreter, präsentiert sich als der Auserwählte, der dem gesetzlosen, verirrten Volk (Israel) das Gesetz des Vaters bringt – hier ist es aber eine Prophezeiung der Mutter (die Kohlhaas ihrerseits zur Überbringung auserwählt hat). Die Prophezeiung besagt: In der Zukunft, in der Geschichte wird man ein Urteil fällen. Kohlhaas bleibt das letzte Wort – eine Anspielung auf das

Metier des Schriftstellers, ebenso wie die Schrift auf dem Zettel, die ihm ‹Genugtuung› verschaffen wird.

Einen ähnlich ambivalenten Status wie der Richtspruch hat das Gesetz, dem Kohlhaas sich unterwirft: Es beruht auf Gesetzesbruch und erhält so einen illegitimen Charakter (Kohlhaas war ja, wenn er sich stellt, für seine Taten Straffreiheit zugesichert worden), und «die ganze Stadt» (S. 94) und mit ihr der Leser hoffen, daß es nicht durchgesetzt wird. Der Schluß könnte daher als Annahme und gleichzeitig Umgehung der symbolischen Kastration gedeutet werden; denn die Identifikation mit der vollendeten Gestalt ist nicht aufgehoben, sondern gerade besonders bestätigt.

Kleists Geschichten sind öfter so konstruiert, daß eine Frage vorgelegt wird, die aufgrund der verwickelten Situation nicht mit Ja oder Nein entschieden werden kann: Ist der Protagonist gut oder schlecht? Muß er verurteilt oder freigesprochen werden? Ist er ein rechtschaffener Kaufmann oder ein Verbrecher? Es geht um den Wert des Subjekts, um das Bild, das es sich von sich selber machen kann – abzulesen im Bild, das sich die anderen von ihm machen (man beachte, wie wichtig Kohlhaas ist, was Luther von ihm denkt). Diese fehlende Ich-Gewißheit ist es, die den Text als Suche des Protagonisten nach seiner Identität erkennen läßt. Ihn treibt die Frage: Wer bin ich? und vielleicht auch die Suche, das Begehren nach dem Gesetz, das sicher macht und Rechte verschafft, die man ohne Skrupel genießen kann.

Was ergibt sich aus diesen beiden kurzen Analysen für die psychoanalytische Literaturwissenschaft? Im Vergleich zu ihren Anfängen und auch im Vergleich zu einigen heutigen Übereinkünften dieser Richtung zeichnen sich wichtige Akzentverschiebungen ab: Literarische Figuren sind keine realen Personen, ihre Charaktere sind zwar nach bestimmten Gesetzen konstruiert, aber nicht im Sinne eines tatsächlichen Krankheitsbildes (Kohlhaas etwa trägt hysterische, zwangsneurotische und narzißtische Züge). Hamlet sei kein reales Wesen, sagt Lacan, sondern ein Platz, auf dem sich Begehren entfalte: «Hamlet hat keine Neurose, er demonstriert uns Neurose.» [10]

Zwar wird man einen literarischen Text auch weiterhin als Ausdruck einer psychischen Konfliktstruktur des Schreibenden verstehen können, aber nicht länger als eine Art Ersatzbefriedigung oder als Hort regressiver Wünsche. Die Überwindung der aus der Spiegelphase stammenden narzißtischen Dimension ist nach Lacan unüberwindbar; der Wunsch nach Anerkennung, nach Erwiderung seines Begehrens ist für das menschliche Subjekt konstitutiv und unstillbar. Der Wunsch, das

Begehren ist daher nicht als Regression aufzufassen, auch nicht als privat und subjektiv, sondern als intersubjektiv.

Ein literarischer Text kann als artikuliertes Begehren verstanden werden – aber weder im Sinne von Regression noch im Sinne einer bewußten Aussage oder Absicht des Schreibenden. Der Schreibende ist auf der Suche nach Sinn, er legt den Sinn nicht fest; seinem eigenen Text kann er so verständnislos gegenüberstehen wie ein Träumer seinem eigenen Traum. Das Subjekt des Textprozesses ist nicht der Autor, auch nicht der Erzähler oder eine der Figuren, sondern der Text selbst mit seiner Verschlungenheit und Widersprüchlichkeit, mit seinen Verschiebungen und Verdichtungen.

Wenn das Ziel der psychoanalytischen Methode die Rekonstruktion eines unbewußten, latenten (Sub-)Textes ist, so geht es dabei weniger darum: Was wird anderes gesagt (als der manifeste Text sagt), sondern vielmehr darum: Wer spricht von welcher Position aus zu wem? (Kohlhaas z. B. spricht als Erzengel, als Christus, von der Position der Zigeunerin bzw. ihres Begehrens aus usw.) Die Unterscheidung zwischen bewußtem und unbewußtem Text wird damit weitgehend hinfällig.

Eine psychoanalytische Deutung kann eine komplexe Dimension des literarischen Textes erfassen, die bei anderen Deutungen, z. B. historischen, unberücksichtigt bleibt. Der Zusammenhang der psychoanalytischen Ergebnisse mit den Ergebnissen anderer Verfahren ist allerdings noch weitgehend wissenschaftliches Brachland bzw. Ort unterschiedlichster Auffassungen.

Literatur

Cremerius, Johannes (Hg.): Psychoanalytische Textinterpretation. Hamburg 1974.

Curtius, Mechthild (Hg.): Seminar: Theorien der künstlerischen Produktivität. Frankfurt/M. 1976.

Freud, Sigmund: Gesammelte Werke, chronologisch geordnet. Hg. von Anna Freud u. a. Bd. I–XVIII. London 1941 (bes. Bd. II/III: Die Traumdeutung. Über den Traum; Bd. VIII: Der Dichter und das Phantasieren, und Bd. XIII: Der Untergang des Ödipuskomplexes; Ichideal, S. 256ff); oder: Studienausgabe. Hg. von Alexander Mitscherlich u. a. Bd. I–X. Frankfurt/M. 1969–1981.

Groeben, Norbert: Literaturpsychologie. Literaturwissenschaft zwischen Hermeneutik und Empirie. Stuttgart 1972.

Lacan, Jacques: Schriften. Bd. I–III. Hg. von Norbert Haas. Olten 1973–1980 (bes. Bd. I: Das Spiegelstadium als Bildner der Ichfunktion, und in Bd. II: Die Bedeutung des Phallus).

Laplanche, J./Pontalis, J.-B. (Hg.): Das Vokabular der Psychoanalyse. 2 Bde. Frankfurt/M. 1973.
Pfeiffer, Joachim: Literaturpsychologie 1945–1987. Eine systematische und annotierte Bibliographie. Würzburg 1989.
Schönau, Walter: Einführung in die psychoanalytische Literaturwissenschaft. Stuttgart 1991.
Urban, Berd/Kudszus, Winfried: Psychoanalytische und psychopathologische Literaturinterpretation. Darmstadt 1981.
Widmer, Peter: Subversion des Begehrens. Jacques Lacan oder Die zweite Revolution der Psychoanalyse. Frankfurt/M. 1990.

Anmerkungen

1 Zu den Mechanismen der Traumarbeit vgl. Freud: Die Traumdeutung, Kap. VI; zum Traum als Wunscherfüllung vgl. Kap. III.

2 Zum Für und Wider dieser Auffassung vgl. z. B. Janine Chasseguet-Smirgel (Hg.): Psychoanalyse der weiblichen Sexualität. Frankfurt/M. 1974.

3 Zur Frühgeschichte der psychoanalytischen Literaturinterpretation, insbes. zu «Imago. Zeitschrift für die Anwendung der Psychoanalyse auf die Geisteswissenschaften», die Freud 1912–1937 herausgab, vgl. Jens Malte Fischer (Hg.): Psychoanalytische Literaturinterpretation. Tübingen 1980.

4 Einen Überblick über Geschichte, Gebiete und Methoden der psychoanalytischen Literaturinterpretation bieten Groeben und neuerdings Schönau. Bei Schönau auch eine Übersicht über die psychoanalytischen Richtungen, die sich neben oder nach Freud etabliert haben. Im folgenden kann nur auf eine dieser Richtungen eingegangen werden, die Schule Lacans.

5 Die Seitenangaben im folgenden beziehen sich auf die Ausgabe: Heinrich von Kleist: Sämtliche Werke und Briefe. 2 Bde. Hg. von Helmut Sembdner. 7. Aufl. München 1983.

6 Wie es Rank für verschiedene Handlungskonstellationen, z. B. in Schillers Dramen, gezeigt hat. Otto Rank: Das Inzest-Motiv in Dichtung und Sage. Grundzüge einer Psychologie des dichterischen Schaffens. Leipzig/Wien 1912 (Reprint 1974).

7 Freud hat eindringlich vor solchen Symbolinterpretationen gewarnt, wenn sie nicht durch die Assoziationen des Analysanden selbst nahegelegt werden. Dennoch sind Symboldeutungen in der psychoanalytischen Literaturwissenschaft äußerst beliebt, besonders in den sich auf C. G. Jung stützenden Arbeiten: Jung nahm im Unterschied zu Freud ein sog. kollektives Unbewußtes an, in dem archetypische Bilder aufbewahrt seien.

In unserem Text erscheint die Parallelisierung von Pferden und Phallus allerdings nicht ganz willkürlich, da auch sonst in der Literatur Pferde häufig im Zusammenhang mit männlicher Überlegenheit, Potenz und Ehre (Ritter) stehen. Kohlhaas sieht ja offensichtlich seine Würde als Mann und Mensch aufs innigste mit diesen zwei Pferden verknüpft.

8 Eine gute erste Einführung in die Psychoanalyse und in die Theorie Lacans bietet Terry Eagleton: Einführung in die Literaturtheorie. Stuttgart 1988, S. 138 ff.
9 Eine ausführlichere Analyse bietet Helga Gallas: Das Textbegehren des ‹Michael Kohlhaas›. Die Sprache des Unbewußten und der Sinn der Literatur. Reinbek bei Hamburg 1981 – allerdings nicht unterschieden zwischen Interpretationsansätzen nach Freud und nach Lacan.
10 Jacques Lacan: Hamlet. In: Wo es war Nr. 3/4 (1987), S. 51.

Erich Schön

Sozialgeschichtliche Literaturwissenschaft

Daß jene ‹literatursoziologischen› und ‹materialistischen› Ansätze, die in den 70er Jahren Konjunktur hatten, weithin abgedankt haben, ist aus der Sicht einer sozialwissenschaftlich arbeitenden Literaturwissenschaft keineswegs nur zu bedauern. Der Grund dafür ist, daß die Verengung des Begriffs literatursoziologischer Interessen auf ein als ‹materialistisch› behauptetes Verfahren gewiß an der Diskreditierung sozialgeschichtlicher Orientierungen der Literaturwissenschaft mit schuld ist. Diese Diskreditierung lag darin, daß unter diesem Etikett oft nichts anderes vorgenommen wurde als eine – methodologisch gesehen – traditionelle Textexegese, deren Spezifik lediglich in ihrer politischen Einseitigkeit lag. Vielfach meinte die ‹materialistische› Methode die Reduktion von Literatursoziologie auf den Versuch, jenes Gesellschaftliche im Text aufzufinden, das sich nach der marxistischen Vorstellung dort ‹widerspiegelt›. Die Schwierigkeiten, die ‹Vermittlung› von materieller ‹Basis› und künstlerischem Werk (als Teil des ‹Überbaus›) konkret zu zeigen, führten zur Ausbildung immer abstrakterer Vorstellungen von dieser ‹Widerspiegelung›. So galt es Georg Lukács als Kriterium großer Kunst, daß sie die Wirklichkeit ‹richtig› widerspiegelt, d.h. ihr Wesen und ihre historische Tendenz. Sein strukturalistischer Nachfolger Lucien Goldmann bezog die Widerspiegelung nicht mehr auf Inhalte, sondern auf das Verhältnis von Gesellschaftsstruktur und literarischer Form und sah z.B. eine «Homologie zwischen der klassischen Romanstruktur und der Struktur des Tausches in der liberalen Wirtschaft».[1] – Eine andere Variante dieser Richtung fand gar die Gesellschaftlichkeit der Literatur schon darin, daß sie sich auf Autoren und Texte konzentrierte, deren politisches Engagement – möglichst im ‹richtigen› Sinn – offensichtlich war, so als sei die Beschäftigung mit sozial engagierter Literatur bereits Literatursoziologie. Freilich wurden durch diese Praxis die möglichen Perspektiven sozialgeschichtlicher Literaturwissenschaft eher verdunkelt. Der Schaden, den diese doktrinäre Verengung hinterlassen hat, besteht in der Gefahr, daß sozialgeschichtliche Literaturwissenschaft überhaupt mit jenen in den 70er Jahren dominierenden Ansätzen identifiziert wird. Das Positive ihres Endes liegt also in der Möglichkeit, sich des faktischen und möglichen Spektrums sozialgeschichtlicher Literaturwissenschaft neu zu vergewissern.

Ihre methodische Selbstgewißheit bezog die materialistische Position – im Anschluß an den sog. Positivismusstreit zwischen der Kritischen Theorie und der positivistischen Soziologie – aus ihrer Polemik gegen die «empirische Literatursoziologie»[2], der sie dabei aber oft gar nicht gerecht werden wollte, die sie vielmehr um der eigenen Selbstdarstellung willen verengend auf positivistische Positionen festlegte. Gewiß war die empirische Literatursoziologie zunächst geprägt von den Positionen Alphons Silbermanns («Daher bleiben Aussagen über das Kunstwerk selbst und seine Struktur außerhalb kunstsoziologischer Betrachtungen») und Hans Norbert Fügens («Indem die Literatursoziologie das literarische Werk nicht als künstlerisches, sondern als soziales Phänomen betrachtet, fällt für sie die Möglichkeit der ästhetischen Wertung fort»[3]). Die positivistische empirische Literatursoziologie verstand sich als «Zweig der Soziologie, der erstens [Literatur] als Objektivation sozialen Verhaltens und sozialer Erfahrung untersucht und zweitens sich in seinem Erkenntnisinteresse auf ein zwischenmenschliches Verhalten richtet, das die Herstellung, Tradition, Diffusion und Rezeption fiktionalen Schrifttums und seiner Inhalte betreibt»[4]. Sie erlaubte damit aber sowohl den Anschluß an die ältere, an Institutionen orientierte Beschäftigung mit dem «literarischen Leben»[5] wie die Nutzung ihrer Ergebnisse für eine methodologisch avanciertere «Soziologie des literarischen Lebens» im Anschluß an geistes- und kulturgeschichtliche, wissens- und religionssoziologische Forschungen[6], bis hin zu den aktuellen, von der Systemtheorie geprägten Ansätzen.[7]

So sehr seinerzeit zu Recht an der empirischen Literatursoziologie kritisiert wurde, daß sie dem ästhetischen Gegenstand und seinen Potenzen nicht gerecht werde, wenn sie sich nur mit dem manifesten Verhalten der am literarischen Prozeß Beteiligten beschäftige und dem Werk, dem ästhetischen Objekt, äußerlich bleibe, so wenig wird die alte Kritik dem methodischen Bewußtsein heutiger Soziologie noch gerecht. Freilich hat sich die Soziologie als ‹Mediensoziologie› längst ohnehin dem zugewandt, wozu sie in der Realität den Gegenstand findet: dem Fernsehen vor allem und zunehmend den Neuen Medien. Hier rächt sich inzwischen die weitgehende medienwissenschaftliche Abstinenz der Literaturwissenschaft in den letzten 20 Jahren: Die in den 70er Jahren von Weitsichtigeren erhobene Forderung, die Literaturwissenschaft müsse sich – auf der Basis eines erheblich erweiterten Literaturbegriffs – auch mit ihrer medialen Vermittlungsform, vor allem Film und Fernsehen, beschäftigen, blieb weithin entweder fast folgenlos oder wurde in spezialisierte Departements kanalisiert. Heute dagegen läuft umgekehrt das ‹Buch als Medium› in der längst anders orientierten Medienforschung oft gerade eben noch mit.[8]

Letztlich ging es seit je um eine Arbeitsteilung zwischen den wissenschaftsgeschichtlich etablierten Institutionen der Soziologie und der Literaturwissenschaft, die dem nicht derart zerteilbaren Gegenstand zwar nicht gerecht wurde, vielen Beteiligten aber willkommen war. Die Terminologie ist zwar manchmal anders als bei Erich Köhler, aber der Sache nach im Sinne seines Unterscheidungsvorschlags, «Soziologie der Literatur» als eine Disziplin(!) der Soziologie und «Literatursoziologie» als eine Methode(!) der Literaturwissenschaft zu betreiben[9], entstand in der Literaturwissenschaft in Distanzierung von der empirischen Literatursoziologie und im Anschluß an ‹dialektische› Positionen (wie Lukács und Goldmann) eine ‹Textsoziologie›. Sie versteht sich als strukturalistische und diskursanalytische Methode zur Textbeschreibung, bei bewußtem Verzicht auf die Anbindung an sozialhistorische Sachverhalte und ihre Analyse, wobei das zur Anknüpfung an die «Literatursoziologie» noch beibehaltene Anhängsel ‹-soziologie› jedenfalls nicht im wissenschaftlich eingeführten Wortsinn zu verstehen ist.[10]

Literaturgeschichte als Sozialgeschichte

Daß Literaturgeschichte als Sozialgeschichte geschrieben werden könne und solle, war einmal Programm[11]: Was an den Werken und am literarhistorischen Prozeß erklärungsbedürftig sei, sollte durch den Rekurs aufs Soziale erklärt werden. Das heißt auch: andere Dimensionen seien zu vernachlässigen; die sozialgeschichtliche Fundierung sei geeignet und zureichend, literarhistorische Konsistenz herzustellen.

Da nun aber im jeweiligen historischen Moment unter vergleichbaren, oft denselben sozialen Dispositionen sehr verschiedene Werke entstehen, die von der Literaturwissenschaft gegeneinander zu profilieren wären, wurde bald offenbar, daß eben dies mit der Rückführung des Werks auf ein soziales Substrat seiner Genese nicht zu leisten ist. Die diesem Paradigma verpflichteten Literaturgeschichten führen es vor: Abgetrennt vorab-behandelt wird die sozialgeschichtliche Situation, z. B. durch Darstellung der allgemeinen politischen Situation, der Institutionen des literarischen Lebens oder anderer literatursoziologischer Fakten. Den Zusammenhang zu den später behandelten literarischen Werken herzustellen bleibt meist der Phantasie des Lesers überlassen; die Kritik nannte es Buchbindersynthese.

Gattungen, wie es in diesen Unternehmungen geschieht, zum Ordnungsprinzip der Literaturgeschichte zu machen, setzt voraus, was erst noch zu zeigen wäre: daß sich die Geschichte der Literatur als Geschichte von Gattungen entwickelt. Diese Prämisse verwischt gattungsübergreifende Zusammenhänge, wie sie z. B. für eine biographisch orientierte Analyse offenkundig sind, bearbeiten doch viele Autoren einen Stoff durch mehrere Gattungen hindurch.[12] Eine problemorientierte Analyse wird durch die Departementalisierung nach Gattungen geradezu blind gemacht. So werden z. B. die engen Zusammenhänge zwischen Roman und Drama im 18. Jahrhundert durch die nach Gattungen strukturierte Literaturgeschichtsschreibung verschüttet (und damit die Erkenntnismöglichkeiten abgeschnitten, die in der Beobachtung des Wechselns eines Problems von einer Gattung in eine andere liegen).

Die zentralen Probleme dieses Konzepts von Literaturgeschichte stehen in engem Zusammenhang miteinander. Da ist zunächst das Problem der *Vermittlung* von dem stets nur allgemein zu fassenden sozialhistorischen Hintergrund ins einzelne Werk. Weder die Theorien der ‹Widerspiegelung› noch solche, bei denen – wie hier – die Institutionen der literarischen Produktion und Rezeption mit den Werken zunächst über die Kategorie der Öffentlichkeit und dann über das System der Gattungen vermittelt werden, erklären ja, *wie* ein bestimmtes Werk in seiner Besonderheit zustande kommt. Hier sind vielmehr lange Erklärungsketten notwendig.

Ein Beispiel: Die Entwicklung der deutschen Literatur im 18. Jahrhundert ist mit dem Schlagwort, daß sich die Entwicklung des Bürgertums als ‹Verbürgerlichung› in der Literatur widerspiegele, nicht spezifisch zu beschreiben. Vielmehr muß man mindestens die funktionalen Zusammenhänge nachvollziehen: daß das Bürgertum als soziale Gruppe entstand, daß es eine bestimmte Lebensweise ausbildete, daß hier die Geschlechterrollenverteilung eine bestimmte Form annahm, daß Bildung einen bestimmten Wert bekam. Erst auf der Basis dieser Beschreibung der Lebenssituation ist dann von den daraus – v. a. nach Geschlechtern – differenziert resultierenden Bedürfnissen zu reden; und wiederum dann erst davon, daß diese sich als Nachfrage nach neuen Lesestoffen umsetzen, und wiederum dann erst davon, daß diese Nachfrage eine bestimmte Literaturproduktion anregt, die aber ihrerseits nicht einfach eine Entsprechung der Bedürfnisse der nachfragenden Rezipienten ist, sondern sich diesen zum Teil sogar bewußt versperrt – und so fort.

Das zweite Problem ist der *Universalitätsanspruch* dieses Konzepts von Literaturgeschichte. Die Probleme, die beim Versuch entstehen müssen, alle literarischen Fakten in der einen Dimension des Sozialen zu erklären, haben ihre Ursache aber nicht in der sozialgeschichtlichen Erklärung (die insofern auch keineswegs gescheitert ist), sondern im Konzept der Literaturgeschichte, den Zusammenhang der Werke unter *ein* Prinzip zu organisieren. Nachdem die ältere Vorstellung einer Entwicklung der Literatur nach immanenten Gesetzen nicht haltbar war, versuchte man, die so offenkundig wirksame sozialhistorische Beziehung zum kohärenzstiftenden Prinzip zu machen. Zu fragen ist, welche Vorstellung von Geschichte hinter dem Versuch steht, überhaupt irgend *ein* Prinzip für den historischen Zusammenhang als strukturstiftend anzunehmen.

Beide Probleme lösen sich auf in einem übergreifenden dritten: Es liegt darin, daß die vorliegenden Unternehmungen letztlich doch immer die Perspektive auf *Texte* haben, und dabei auf den Versuch, diese Texte zu verstehen. Nur von dieser Perspektive her erklärt sich ja auch der Versuch, alle Texte in die Kohärenz einer Literaturgeschichte zu integrieren. Diese Reduktion des Interesses offenbart dann mit einem Mal die Inkonsequenz, ja Widersprüchlichkeit des gesamten Unternehmens: Wenn der sozialhistorische Aufwand nur eben diesem Ziel dient, oder anders: wenn die dargestellten sozialhistorischen Gegebenheiten danach selektiert werden, was als geeignet erscheint zum Verstehen der Texte, dann ist im Grunde ein wirklich sozialhistorisches Interesse nur sehr begrenzt vorhanden. Selbst wenn man von den Fragen nach der Wissenschaftlichkeit und der Legitimation einer Disziplin absieht, deren Ziel sich im Verstehen literarischer Texte erschöpft, ist doch offensichtlich, daß hier die Sozialgeschichte nur Instrument, nur Hilfswissenschaft zur Verfolgung eines anderen, jedenfalls nicht sozialgeschichtlichen Interesses ist. Die in den vorliegenden «Sozialgeschichten der deutschen Literatur» zu findende Trennung der sozialgeschichtlichen ‹Hintergründe› und der literarischen Gattungen ist deshalb auch nicht nur eine arbeits- oder darstellungspraktische Lösung, sondern zeigt den bloß propädeutischen Charakter der sozialgeschichtlichen Eingangsteile.

Zu diesem Widerspruch trug sicher mit bei, daß diese Unternehmungen sich zugleich an der damals aktuellen Rezeptionsästhetik orientieren wollten – vielleicht ohne die Konsequenzen zu sehen. Ein Verständnis von Literaturwissenschaft etwa im Sinne der Formel Isers: Literaturwissenschaft sei eine Wissenschaft von Texten (und sonst von nichts)[13], mußte von vornherein eine sozialhistorische Orientierung konterkarieren.

Sozialgeschichtliche Interpretation

Sozialgeschichtliche Interpretation bedeutet, daß nicht beansprucht wird, alle Texte oder literarische Phänomene könnten durch die Rückbindung an ihre soziale Situation besser verstanden werden; auch nicht, daß sich durch solche Rückbindung literarhistorische Kohärenz zwischen den Werken ergibt. Die sozialgeschichtliche Interpretation ging ursprünglich aus von der Position des jungen Lukács: «Das wirklich Soziale [aber] in der Literatur ist: die Form», von der Ästhetik der Kritischen Theorie[14] und von der Ideologiekritik. In funktionsgeschichtlicher Orientierung besteht sie darauf, daß es Texte gibt, die zentral von da her zu verstehen sind, daß sie auf bestimmte sozialhistorische Probleme antworten. Dies ist nicht im Sinne einer Widerspiegelung oder Wiedergabe sozialer Fakten gemeint, die derart aus dem Kunstwerk als einer Quelle für die Sozialgeschichte erkennbar würden, sondern so, daß diese Texte sozialhistorische Probleme in einer Weise darstellen, wie sie nur im Medium der Literatur möglich ist.

Als Beispiel eine Interpretation von Heinrich L. Wagners Trauerspiel «Die Kindermörderin».[15] Nach Heinz-Dieter Weber verschränken sich hier literarische und sozialgeschichtliche Entwicklung: Mit der Thematisierung des Kindsmordes in der Form des Trauerspiels verbindet sich die neue gesellschaftliche Sicht des Kindsmordes als einer Handlung von tragischer Qualität. Dabei ist Wagners Drama gerade keine sozialgeschichtliche Studie über das Elend der wirklichen Kindesmörderinnen. Es geht vielmehr um ein ästhetisches Problem: Gibt der Fall einer Kindsmörderin in literarischer Behandlung nur eine traurige Geschichte ab und kann als Unglück Teilnahme und Mitleiden beanspruchen? Oder eignet er sich als tragisches Paradigma? Letzteres hätte, im Verständnis des Begriffs seit dem 18. Jahrhundert, die Kollision gegensätzlicher Normen, für die es keine Lösung gibt, also den unvermeidbaren Konflikt je für sich berechtigter oder gar notwendiger, aber unvereinbarer Alternativen zum poetischen Prinzip. – Schon bevor Wagner die Situation der Kindsmörderin als tragische literarisch behandelte, bereitete sich ihre gesellschaftliche Neuinterpretation als tragisch in der juristischen Diskussion seit der Jahrhundertmitte vor. Mehr und mehr sah man nicht nur die kriminelle Schuld und das soziale Unglück, sondern erblickte in der sozialen Ausweglosigkeit der betroffenen Frauen einen unausweichlichen Konflikt. Dabei war es Funktion dieser gesellschaftlichen Neuinterpretation, als tragisch, verstehbar zu machen, was vorher bloß gräßlicher, unverständlicher Mord war. Man erkannte an, daß diese Konfliktsituation in denselben naturrechtlichen Normen ihren Ursprung hat wie jene Gesetze, mit denen das Verhalten in der Konfliktsituation kollidiert: Die literarischen Figuren Evchen oder Goethes Gretchen vertauschen bezeichnenderweise das unterbürgerliche Milieu ihrer prosaischen Vorbilder mit dem bürgerlichen und betonen so den Schritt vom sozialen Mitleid zum tragischen Konflikt.

Wagners Drama läßt aber, wie sich schon dadurch andeutet, daß in einer zweiten Fassung kein Kindsmord stattfindet, weil der Vater noch rechtzeitig zur Einlösung des Eheversprechens eintrifft, auch die Lesart als warnendes Exempel zu: Wenn der ehewillige Verführer nur durch Intrige zurückgehalten wird, dann geschieht der Kindsmord gewissermaßen nur voreilig, nicht aufgrund eines unausweichlichen Konflikts. Das führt zu der Sicht, daß tragisch hier nicht die äußeren Umstände sind, sondern der innere Konflikt der Heldin, wie Wagner es sie ja auch aussprechen läßt: Nicht die äußeren Umstände führen zum tragischen Konflikt, sondern, daß die in ihnen geltenden Normen von der Heldin internalisiert wurden; es ist ein Konflikt des Gewissens, weil sie Gefühlen gefolgt ist, die im Widerspruch zu ihren eigenen Normen stehen.

Literaturwissenschaft in sozialgeschichtlichem Interesse

Die konsequenteste sozialhistorische Orientierung liegt darin, synchronisch wie historisch Literaturwissenschaft in sozialgeschichtlichem Interesse zu betreiben. Man mag dabei die Anwendung auf die Gegenwart als ‹Literatursoziologie›, die historische Wendung als eine ‹Sozialgeschichte der Literatur› bezeichnen, solange eine Verwechslung mit den genannten literaturgeschichtlichen Unternehmungen ausgeschlossen ist. Literaturwissenschaft in sozialgeschichtlichem Interesse zu betreiben, heißt vor allem nach der Rolle zu fragen, die Literatur im Leben der Menschen spielte und spielt. Dieses Interesse ist insofern der ‹Funktionsgeschichte› der Literatur verwandt, setzt aber im Gegensatz zu deren Praxis konsequent bei den realen historischen Subjekten an: den Menschen. Zentral ist, daß dieses Vorgehen Ernst macht mit der Einsicht, daß (in der Terminologie Lotmans) der ‹Text› als bloß materielle Zeichengestalt bedeutungsleer ist und erst als Resultat der in der Rezeption vorgenommenen Bedeutungskompletion zum ‹Werk› wird. Oder vereinfacht: Erst im Umgang lebendiger Menschen mit Literatur hört diese auf, bloß bedrucktes Papier zu sein. Literaturwissenschaft in sozialhistorischem Interesse hat zum Gegenstand nicht die Literatur in der Potentialität des Textes, sondern als rezipierte; oder entsprechend, mit Blick auf die Genese, als produzierte. Insofern ist diese Sozialgeschichte der Literatur Beschreibung der ‹Realität der Literatur› und fällt – unter Einbezug von Formen der Mündlichkeit – weithin zusammen mit der ‹Sozialgeschichte des Lesens› oder allgemeiner des Rezipierens; das Lesen ist ja nur seine vom Medium Manuskript, Buch, Zeitschrift etc. bestimmte Form. Andere Medien (und damit Rezeptionsformen) sind ebenso zu betrachten, z. B. Theater, Film, elektronische Medien.

Damit stehen die Menschen im Mittelpunkt des Interesses, weniger die Texte. Alle rezeptionsästhetischen Konstruktionen, um funktionsgeschichtliche Aussagen allein aus den Texten heraus zu treffen, sind ja durch historisch-empirische Befunde stets leicht als spekulative Spielereien zu erweisen, die einen sehr weiten Wissenschaftsbegriff voraussetzen. Wichtig ist deshalb, keine begrifflichen und methodischen Verwischungen zu gestatten, am wenigsten solche, die dazu führen könnten, die sozialgeschichtliche Rekonstruktion auf ein textinterpretatives Verfahren zu reduzieren. Das Konzept der ‹Realität der Literatur› vermeidet zugleich den platten Dualismus der älteren Literatursoziologie: die Aufspaltung des Umgangs der Menschen mit der Literatur in eine ‹Wirkung der Gesellschaft auf die Literatur› (als Widerspiegelung etc.) und/oder die ‹Wirkung des Textes auf die Gesellschaft›.

Die Abgrenzung von der positivistischen Literatursoziologie mit ihrer Beschränkung auf das manifeste Verhalten der am literarischen Prozeß Beteiligten ist dabei eindeutig. Obwohl auch die Soziologie inzwischen mit Kategorien wie z. B. der Subjektivität von Medienrezipienten oder den Qualitäten ihres Erlebens arbeitet, ist Literaturwissenschaft in sozialgeschichtlichem Interesse nicht Soziologie (oder Geschichte), sondern Literaturwissenschaft, nicht als Methode oder Teildisziplin, sondern als Art, sie zu betreiben. Denn es geht ihr um die Begegnung der Menschen mit der Literatur, damit auch und gerade um die Funktion des (von der positivistischen Literatursoziologie ausgeklammerten) literarischen bzw. ästhetischen Objekts. Aber eben dieses erhält erst Realität durch die Rezeption, in der allein der Mensch aktives Subjekt und der Text nur passives Objekt sein kann.

Für die Frage nach der historisch-empirischen Funktion der Literatur ist ein kontrolliertes Verständnis des Textsinns notwendige, aber nicht hinreichende Voraussetzung. Es geht darum, wie Literatur dazu diente, sich gesellschaftlich über ein Problem zu verständigen; sich im Schreiben und in der Rezeption daran abzuarbeiten und so das Problem zu bewältigen. Dazu können – im ‹materialistischen› Jargon gesprochen – ‹falsche› Widerspiegelungen ebenso dienlich sein wie ‹richtige›; und andererseits den Lesern ‹falsche› Rezeptionen ebenso nützlich wie ‹richtige› – das meint aber nicht den Verzicht auf diese Unterscheidung: Gerade die Abweichung von der richtigen Bedeutung, als Autorintention, als hermeneutisch ermittelter Textsinn etc. ist aufschlußreich. Daß derart der Sinn der Texte nicht der rezeptionsästhetischen Beliebigkeit (in ‹Entfaltung des Sinnpotentials›) überlassen, sondern auf einem wie auch immer feststellbaren Sinn insistiert wird, bedeutet nur nicht, daß diese Sozialgeschichte der Literatur nach immer neuem Sinn der Texte fragt, ihr Verstehen in hermeneutischem Fortschritt optimieren will. Vielmehr ist dieses Verstehen nur Instrument, nur Hilfsmittel für die Erfassung der historisch-empirischen Funktion der Werke, etwa im Abgleich dessen, was der hermeneutische Wissenschaftler feststellt und wie die historisch-empirischen Leser ihn funktionalisierend und nach ihren eigenen Zwecken sich aneignend verstanden haben. Die Funktion der Literatur für die Rezipienten ist nicht gebunden an ihr ‹richtiges›, d. h. dem Textsinn adäquates Verstehen, sondern steht dazu in einem komplizierten Verhältnis: Auch ein textdeformierendes Verstehen kann für die ja stets als Bedürfnissubjekte zu denkenden Rezipienten funktional sein. Wichtiger als die Unterscheidung von richtigem und falschem Verstehen des Textsinns kann die Kategorie der Arbeit am Problem sein. Deshalb ist die sozialhistorische Erklärung nicht daran zu messen, ob sie zum Verstehen des Textsinns beiträgt. Wo es möglich ist, ist selbstverständlich eine Verbindung mit der sozialhistorischen Interpretation sinnvoll.

Jener Universalitätsanspruch, wie er der ‹Literaturgeschichte als Sozialgeschichte› zum Problem wurde, kann hier nicht aufkommen. Was – zum Beispiel – die Zeitgenossen gar nicht rezipierten, muß man nicht unter Bezug auf deren sozialhistorische Befindlichkeit erklären wollen. Das trifft auf manche Werke des «Sturm und Drang» zu, die erst ein Jahrhundert später aus literarhistorischem bzw. historistischem Interesse aufgeführt wurden. (Möglich wäre ein Zugang allenfalls ex negativo: warum die Zeitgenossen etwas nicht rezipierten). Daß derart den populären Werken besondere Aufmerksamkeit gewidmet wird, mag eine Absage an die Negativitätsästhetik (im Sinne Adornos) beinhalten, die den Wert eines Kunstwerks nach dem Grad seiner Abweichung von den Erwartungen der Rezipienten bemaß. Aber es heißt nicht, die Zustimmung der Zeitgenossen zu der Instanz zu machen, die den Wert der literarischen Werke bestimmt: Sind doch so auch Defizite eines gesellschaftlichen Zustandes konstatierbar, ja sogar seine Pathologie.

Noch aus einem anderen Grund ist Literaturwissenschaft in sozialgeschichtlichem Interesse nicht auf den Textsinn konzentriert. Die Beschreibung der ‹Realität der Literatur›, des Umgangs der Menschen mit ihr und der Rolle, die sie für sie spielt, kann sich nicht beschränken auf die kognitive Ebene. Wer ‹Rezeption› intellektualistisch verkürzt auf richtiges oder falsches ‹Sinnverstehen›, dem ist offenbar die Erfahrung verlorengegangen, daß das Lesen eines literarischen Textes nicht nur darin besteht, eine ‹Sinnkonstitution aus Geschriebenem› zum Ergebnis zu haben, sondern daß es seine Funktion darin hat, für den Leser ein bestimmtes Lektüreerlebnis zustande kommen zu lassen. Die kognitivistische Verkürzung auf die ‹Bedeutungsproduktion aus dem Text› läßt eben das verschwinden, was die Besonderheit von Literatur ausmacht. Real, d. h. zum sozialen Faktum, wird Literatur gerade dadurch, daß sie ästhetisch erfahren wird; und dieser Begriff der ästhetischen Erfahrung betont die Einheit von Sinnverstehen und literarischem Erleben, in das Momente wie Lust, Sinnlichkeit, Vergnügen, Betroffenheit oder Beteiligung am Text eingehen.[16]

Nur als ein willkürlich gewähltes Beispiel für diese Art des Arbeitens können hier einige Einsichten über die Situation in der Sozialgeschichte des Lesens im späten 18. Jahrhundert angedeutet werden.[17] Es ist ein Paradox, im Ergebnis ein blinder Fleck in der Wissenschaftsgeschichte, daß – von professionellen Lesern abgesehen – die Romane des späten 18. Jahrhunderts überwiegend von Frauen gelesen werden. Fast alle Beteiligten, von den (männlichen) Autoren und Ästhetikern des 18. Jahrhunderts bis zu den heutigen Literarhistorikern, wissen dies sehr wohl. Aber mit wenigen Ausnahmen verdrängen sie es: Die textorientierte Literaturwissenschaft lebt mit der unzutreffenden Fiktion eines geschlechtsneutralen Lesens, einer geschlechtsneutralen Literatur.

Die sozialhistorische Situation erklärt sich aus ihrer historischen Genese: daß sich mit der Entwicklung des modernen Bürgertums auch die moderne Differenzierung der Geschlechtercharaktere ausbildete und daß dies eine für Männer und Frauen verschiedene materielle und geistige Lebenssituation zur Folge hatte. Diese ist sozialgeschichtlich spezifisch für die Frauen zu beschreiben, lektürebezogen z. B. über das Vorhandensein der zum Lesen nötigen materiellen Mittel und der zeitlichen Positionierung der Lesesituation. Darüber hinaus ergeben die Restriktion in den realen Handlungsmöglichkeiten sowie die in ihrer Spezifik historisch neue Geschlechtsrolle als Hausfrau, Gattin und Mutter und andere Faktoren eine eigene Bedürfnisstruktur. In ihr entstehen, wie es scheint, aus Defiziten in der weiblichen Rolle, also der Konzentration auf die neuen Aufgaben in der familiären Emotions- und Beziehungsarbeit (Stichworte: Entstehung der Kindheit, Emotionalisierung der familiären Binnenstruktur), bestimmte Anforderungen[18] an die Lektüre, die mit für die Dominanz des Familienromans mit seiner zentralen Liebeshandlung ursächlich sind.

Für die Konstituierung bürgerlicher Weiblichkeit durch die Romanlektüre ist nicht nur die Modellierung der weiblichen Rolle auf der inhaltlichen Ebene wichtig. Noch wichtiger ist, daß die Leserin für ihre Bedürfnissituation im Lesen und durch die Anwendung bestimmter Rezeptionsmuster bestimmte Gratifikationen erhält. Diese liegen nicht einfach in ‹Escapismus› oder ‹phantasiehafter Ersatzbefriedigung›, sondern in der Teilhabe an Handlungszusammenhängen, in der Möglichkeit zu affektiven Beziehungen zu fiktiven Figuren, im projektiven Agieren in einer Rolle mit anderen Handlungsmöglichkeiten oder in empathischer Erfahrung und der Übernahme fremder affektiver Zustände.

Die qualitativen Merkmale weiblichen Lesens, etwa die Dominanz des stofflichen Interesses, gründen im späten 18. Jahrhundert in der literatursoziologischen Situation. Sie entsprechen zudem der geringeren formalen Bildung der Frauen – im Verhältnis zu den Männern, die deshalb das weniger disziplinierte Lesen der Frauen mit Mißtrauen betrachten; und mit Mißtrauen vielleicht sogar gerade deshalb, weil sie selbst ja keine Romane lesen und argwöhnen, daß sich ihnen die Frauen in einen Bereich unkontrollierter affektiver Erfahrung entziehen. Eben diese qualitativen Merkmale des weiblichen, lustbetonten, aus der Sicht der Männer mit ihrer höheren formalen Bildung literarisch ‹inkompetenten›, weil vom stofflichen Interesse bestimmten Lesens allerdings werden dann im 19. Jahrhundert – im Zuge der Verfestigung der zunächst gesellschaftlich formierten Geschlechtscharaktere zu vermeintlichen Natureigenschaften – ausgewiesen als feste weibliche Eigenschaften.

Das Beispiel des weiblichen Lesens im 18. Jahrhundert zeigt – über den historischen Fall hinaus –, daß Literaturwissenschaft in sozialgeschichtlichem Interesse zwangsläufig auf die Frage stößt, was die Bedingungen sind für die Lesekultur sozialer Gruppen in bestimmten historischen Situationen wie für literarische Kultur überhaupt. Eines ihrer genuinen Arbeitsfelder ist deshalb auch die Erforschung der literarischen Sozialisation. Denn ihr ist bewußter als der philologischen Literaturwissenschaft, wie wenig selbstverständlich es ist, daß Literatur auf Dauer überhaupt Realität hat.

Literatur

Kiesel, Helmuth/Münch, Paul: Gesellschaft und Literatur im 18. Jahrhundert. Voraussetzungen und Entstehung des literarischen Markts in Deutschland. München 1977.

Link, Jürgen/Link-Heer, Ursula: Literatursoziologisches Propädeutikum. München 1980.

Scharfschwerdt, Jürgen: Grundprobleme der Literatursoziologie. Stuttgart 1977.

Schmidt, Siegfried J.: Die Selbstorganisation des Sozialsystems Literatur im 18. Jahrhundert. Frankfurt/M. 1989.

Schön, Erich: Der Verlust der Sinnlichkeit oder die Verwandlungen des Lesers. Mentalitätswandel um 1800. Stuttgart 1987.

Statt zahlreicher Einzeltitel sei hier auch hingewiesen auf das zweimal jährlich erscheinende «Internationale Archiv für Sozialgeschichte der deutschen Literatur» (IASL). Bd. 1 (1976) ff; Tübingen 1976 ff sowie auf die jährlich erscheinende «Bibliographie der Buch- und Bibliotheksgeschichte» (BBB). Bearbeitet von Horst Meyer. Bd. 1 (1980/81) ff; Bad Iburg 1982 ff.

Anmerkungen

1 Detaillierter bei Dietrich Steinbach: Grundlagen einer theoretisch-kritischen Literatursoziologie. Die dialektische Theorie und Methode. In: Der Deutschunterricht 23 (1971), H. 2, S. 16–27; s. auch Scharfschwerdt.

2 Zusammenfassend Bernd J. Warneken: Zur Kritik positivistischer Literatursoziologie. In: Literaturwissenschaft und Sozialwissenschaften 1. Stuttgart 1971, S. 81–150.

3 Alphons Silbermann: Kunst. In: René König (Hg.): Fischer Lexikon Soziologie. Frankfurt/M. 1967, S. 164–174, hier S. 166. Hans Norbert Fügen: Die Hauptrichtungen der Literatursoziologie und ihre Methoden. 5. Aufl. Bonn 1964, S. 41.

4 Hans Norbert Fügen: Einleitung. In: Ders. (Hg.): Wege der Literatursoziologie. Neuwied 1968, S. 19.

5 Vgl. Eva D. Becker/Manfred Dehn: Literarisches Leben. Eine Bibliographie. Hamburg 1968.

6 Scharfschwerdt.

7 Schmidt.

8 Die aktuelle Repräsentativstudie von Bernward Frank/Gerhard Maletzke/Karl H. Müller-Sachse: Kultur und Medien. Baden-Baden 1991, handelt gerade noch auf 27 von 498 Seiten vom Lesen.

9 Erich Köhler: Einige Thesen zur Literatursoziologie. In: Peter Bürger (Hg.): Seminar: Literatur und Kunstsoziologie. Frankfurt/M. 1978, S. 135–144. Zuerst in Germanisch-Romanische Monatsschrift 24 (1974), S. 257–264.

10 Z. B. Peter V. Zima: Kritik der Literatursoziologie. Frankfurt/M. 1978. Ders.: Textsoziologie. Stuttgart 1980.

11 Paradigmatisch die seit Beginn der 80er Jahre erschienenen Literaturgeschichten, vor allem Rolf Grimminger (Hg.): Hansers Sozialgeschichte der deutschen Literatur. München; Horst Albert Glaser (Hg.): Deutsche Literatur. Eine Sozialgeschichte. Reinbek bei Hamburg 1980ff. – Kritisch schon: Heinz-Dieter Weber: Literaturgeschichte als Sozialgeschichte? In: Der Deutschunterricht 33 (1981), H. 1, S. 56–78.

12 Beispielsweise Heinar Kipphardts «März»: Kinofilm, Fernsehspiel, Roman, Hörspiel, Schauspiel, «März-Gedichte».

13 Wolfgang Iser: Überlegungen zu einem literaturwissenschaftlichen Studienmodell. In: Jürgen Kolbe (Hg.): Ansichten einer künftigen Germanistik. München 1969, S. 193–207.

14 Vgl. vor allem Theodor W. Adorno: Rede über Lyrik und Gesellschaft. In: Ders.: Noten zur Literatur I. Berlin/Frankfurt 1958, S. 73–104.

15 Heinz-Dieter Weber: Kindesmord als tragische Handlung. In: Der Deutschunterricht 28 (1976), H. 2: Literatursoziologie III: Sozialgeschichtliche Interpretationen, S. 75–97.

16 Vgl. auch die programmatisch-methodologischen Überlegungen in Schön, S. 23ff.

17 Erich Schön: Weibliches Lesen: Romanleserinnen im späten 18. Jahrhundert.

In: Helga Gallas/Magdalene Heuser (Hg.): Untersuchungen zum Roman von Frauen um 1800. Tübingen 1990, S. 20–40.

18 Mit dem Begriff Schendas: «Exigenzen». Vgl. Rudolf Schenda: Volk ohne Buch. 3. Aufl. Frankfurt/M. 1988.

Norbert Groeben

Empirisch-konstruktivistische Literaturwissenschaft[1]

Die Literaturwissenschaft gilt als Prototyp einer hermeneutischen Wissenschaft, d. h. einer Disziplin, in der das ‹Verstehen› als Methode der Textauslegung eingesetzt wird. Allerdings hat der Siegeszug der Naturwissenschaften dazu geführt, daß sich seit dem Ende des 19. Jahrhunderts eine Reihe von ursprünglich hermeneutischen Disziplinen zu empirischen Wissenschaften gewandelt hat; dies gilt für die Psychologie, Soziologie, Pädagogik, in denen seither das intersubjektiv systematische Beobachten und Erklären im Vordergrund stehen.[2] Die empirisch-konstruktivistische Konzeption einer Literaturwissenschaft postuliert, daß eine vergleichbare ‹Empirisierung› auch für die Erforschung von Literatur möglich, sinnvoll und nützlich ist. Dadurch wird eine Vernetzung mit den empirischen Sozialwissenschaften angestrebt, die deren Empiriebegriff auch für die literaturwissenschaftliche Analyse zu adaptieren versucht und so die Literaturwissenschaft in einer empirischen interdisziplinären Kommunikations- bzw. Kulturwissenschaft etablieren möchte.

Nach diesem Wissenschaftsverständnis gibt es auch im Bereich literaturwissenschaftlicher Analysen eine Fülle von Sätzen, deren Geltung nicht (nur) mit der Zugangsweise des Verstehens ‹geprüft› werden sollte. Dazu gehören Sätze wie die folgenden:

1. Ein bestimmtes Textgenre (z. B. der Kriminalroman) ist durch ein konstitutives Inhaltsmerkmal (z. B. Sieg des Guten über das Böse) und/oder Strukturmerkmal (z. B. Problemauflösung vom Schluß her) ge-

kennzeichnet; und dieser Textinhalt bzw. das Strukturmerkmal wirken auf die Rezipienten in einer bestimmten Weise (z. B. ‹mit den Ungerechtigkeiten des Alltagslebens versöhnend› bzw. ‹entspannend durch Spannungsaufbau und -lösung›).

2. Die Literaturkritik (z. B. der 70er Jahre) hat das Werk eines bestimmten Literaten (z. B. Uwe Johnson) auf eine bestimmte Lesart (z. B. ‹Dichter des zweigeteilten Deutschlands›) festgelegt.

Wie leicht erkennbar, handelt es sich bei diesen Sätzen um solche, die in unterschiedlichen Zusammenhängen vorkommen können: (1) in einer Gattungsexplikation oder Analyse literarischer Wirkung und Wertung sowie (2) der Erforschung von Institutionen des Literatursystems (z. B. der Literaturkritik). Die klassisch-hermeneutische Analyse versucht nun, die Geltung solcher Sätze dadurch zu belegen, daß ‹Daten› aus der Textrezeption des analysierenden Wissenschaftlers angeführt werden. Dies erscheint aus empirisch-konstruktivistischer Sicht als methodisch unzureichend; denn Texte generell (und literarische allemal) können auf verschiedene Art und Weise rezipiert werden, so daß durch dieses Vorgehen keine zureichend intersubjektive Erkenntnis gesichert werden kann. Der Grund dafür liegt in der (kognitiven) Konstruktivität der menschlichen Informationsverarbeitung (auch und gerade von in literarischen Texten transportierten ‹Informationen›). Bei der kognitiven Verarbeitung von Texten werden Bedeutungen eben nicht nur rezipiert, sondern auch aktiv geschaffen (konstruiert), bis der Text einen für den Leser kohärenten Sinn ergibt.

Was bedeutet ‹empirisch-konstruktivistisch›?

Diese Kernannahme der aktiven Konstruktivität menschlicher Informationsverarbeitung ist innerhalb und außerhalb der Literaturwissenschaft entwickelt worden. Innerhalb der literaturwissenschaftlichen Theorie handelt es sich dabei vor allem um Modelle der Rezeptionsästhetik [3] und Semiotik [4], die die Mehrdeutigkeit und Offenheit des Kunstwerks herausgestellt haben. Diese Polyvalenz des literarischen Texts kommt dadurch zustande, daß er durch eine Reduzierung rezeptionssteuernder Komponenten [5] gekennzeichnet ist, durch die sich für den Leser verschiedene, aber in sich kohärente Bedeutungen ergeben können. Folglich ist der Rezipient ein notwendiger ‹Vollender› des Kunstwerks (Eco), und seine (produktive) Rezeption wird zur ‹bedeutungskonstitutiven Instanz› (Schmidt). Damit wird der essentialistischontologische Textbegriff der klassischen hermeneutischen Textauslegung in Richtung auf einen ‹funktionalen› Textbegriff überwunden[6], der immer die Bedeutung eines Textes für einen Rezipienten *in* einer bestimmten Situation bezeichnet. Gestützt wird diese Perspektive auch durch empirische Ergebnisse und Theorien in der (kognitiven) Textwissenschaft sowie Sprach- und Denkpsychologie. Hier konnte bereits für nichtliterarische Texte gesichert werden, daß die Rezeption immer aus einem aktiven Zusammenfügen von im Text übermittelten Informationen mit dem Weltwissen des Lesers besteht, d.h. einer Bedeutungskonstruktion, die für ihn ‹Sinn macht›[7]. Diese Konstruktivität gilt für literarische Texte in noch stärkerem Maße.[8]

Die empirische Literaturwissenschaft zieht aus dieser Kernannahme eine radikalere Folgerung als die Rezeptionsästhetik, die an der hermeneutischen Methodik festhält. Dagegen fordert die empirische Position, die Textrezeption intersubjektiv-systematisch zu erforschen. Der Unterschied zwischen der hermeneutischen Methode des Verstehens und der empirischen Systematik soll an einem Beispiel verdeutlicht werden.

Gegeben sei die Hypothese, daß die ‹Helden› in Kriminalromanen so geschildert werden, daß entweder ‹sympathetische› oder ‹bewundernde› Identifikation ausgelöst wird (bzw. werden soll).[9] Eine hermeneutische Analyse würde nun – idealtypisch – so vorgehen, daß sie besonders symptomatische Beispiele von Kriminalromanhelden (zum einen ‹unvollkommene alltägliche Helden›, zum anderen ‹vollkommene Helden›) auswählt und an diesen verdeutlicht, daß ein entsprechendes Identifikations‹angebot› vorliegt. Die empirisch-systematische Inhaltsanalyse[10] geht dagegen sehr viel analytischer vor. Zunächst wäre eine repräsentative Stichprobe von Kriminalromanen auszuwählen. Sodann zerlegt die Inhaltsanalyse die ausgewählten Kriminalromane in einzelne Analyseeinheiten und ordnet diese bestimmten von der Hypothese abgeleiteten Kategorien zu. Auf diese Weise wird geprüft, ob der Inhalt der Kriminalromane in der Tat (überzufällig) häufig die von der Hypothese postulierten Merkmale aufweist. Als Analyseeinheiten könnten z.B. (relativ formal) einzelne Abschnitte der jeweiligen Romane angesetzt werden; es sind aber gegebenenfalls auch inhaltlich-thematische Festlegungen möglich. Als Kernstück des inhaltsanalytischen Vorgehens ist die Ableitung der Kategorien anzusetzen, anhand deren in diesem Fall das ‹Identifikationsangebot› der Texte systematisch erfaßt werden kann, also z.B. sympathetische oder bewundernde Identifikation.[11] Die einzelnen Analyseeinheiten werden systematisch den explizierten Bedeutungskategorien zugeordnet, und zwar von mindestens zwei Personen; die Intersubjektivität dieser Zuordnung ist durch eine Übereinstimmungsmessung auch quantitativ ausdrückbar. Anhand der Ergebnisse läßt sich feststellen, ob – wie theoretisch behauptet – vor allem Analyseinheiten mit sympathetischer und bewundernder Identifikation auftreten oder nicht; die Zufälligkeit bzw. Überzufälligkeit der quantitativen Relationen wird durch sogenannte inferenzstatistische Tests geprüft.

Darin kommt der zentrale Unterschied zwischen dem hermeneutischen und dem empirisch-systematischen Vorgehen zum Ausdruck. Die hermeneutische Methode besteht vor allem darin, ‹positive› Beispiele für die jeweilige Hypothese herauszusuchen, anzuführen und in einer dem Einzelfall angemessenen Komplexität zu diskutieren. Demgegenüber ist die empirisch-systematische Methodik darauf ausgerichtet, auch die ‹negativen› Daten, die nicht der Hypothese entsprechen, zu berücksichtigen – entsprechend dem Prinzip der Falsifikation, wie es seit Popper[12] in den empirischen (Sozial-)Wissenschaften weiterentwickelt worden ist.[13]

Damit ist in der empirischen Literaturwissenschaft eine Perspektive verbunden, die alle mit literarischen Texten in Verbindung stehenden Handlungsprozesse in den Mittelpunkt stellt. Als solche hat vor allem Schmidt[14] die Handlungsrollen der Produktion, Rezeption, Verarbeitung und Vermittlung von Literatur eingeführt. Dabei repräsentieren er und seine Mitarbeiter[15] jenen Strang der ‹Empirisierung› der Literaturwissenschaft, der von der Theoriebildung ausgeht; komplementär dazu hat Groeben[16] die Grundlegung der konstruktivistischen Wissenschaftskonzeption von der Entwicklung empirischer Methoden aus konzipiert.

Handlungsrollen im Literatursystem

Die Forschung der Empirischen Literaturwissenschaft bezieht sich also vor allem auf die genannten vier Handlungsrollen, wobei die Erforschung der Textrezeption wegen ihrer theoretischen Bedeutung besondere Aufmerksamkeit auf sich gezogen hat. Unter dem Aspekt der Produktion herrscht bislang noch die psychologisch ausgerichtete Erforschung der Persönlichkeit und Kreativität des Autors vor. Dabei konnte gesichert werden, daß sowohl die Genie-Irrsinn- als auch die Neurose-These der Kreativität nicht als adäquat anzusehen sind.[17] Literarische Kreativität entsteht nicht *durch* ‹Irrsinn› bzw. ‹Neurose›, sondern höchstens *trotz* solcher Belastungen. Allerdings ist die kreative Persönlichkeit als eine paradoxale zu beschreiben, in der sich psychopathologische Belastungen und ‹gesunde› Vitalität und Bewußtheit konstruktiv verbinden (vgl. die klassische Untersuchung von Barron [18] sowie das Prozeßmodell von Rothenberg [19]). Prozeßanalysen der Produktion sind dagegen unter Rückgriff auf Berichte und Reflexionen von Literaten bisher eher unsystematisch (hermeneutisch) als inhaltsanalytisch empirisch vorgenommen worden.[20] Das gleiche gilt für die Analyse der Produktionsvoraussetzungen einzelner Werke, für die es jedoch bereits erste Ansätze gibt.[21] Probleme ergeben sich allerdings in bezug auf den Empiriebegriff und die Aussagenreichweite empirischer Untersuchungen für die historische (diachrone) Perspektive.[22]

Die Kernannahme der kognitiv-konstruktiven Textverarbeitung konnte – bezogen auf die Rezeption literarischer Texte – durchweg empirisch bestätigt werden: so die von Schmidt[23] aufgestellte These, daß die Rezipienten an literarische Texte nicht das sonst übliche ‹Wahrheits›kriterium anlegen und verschiedene in sich kohärente Bedeutungen generieren bzw. zumindest tolerieren.[24] Allerdings ist hier noch weitere nach Text- und Lesergruppen sowie Situations- und Funktionsaspekten differenzierende Forschung notwendig.[25] Die Konstruktivität der Informationsverarbeitung macht es notwendig, die Rezeption als eine Text-Leser-Interaktion zu modellieren, für die der Leser ein erhebliches (und in der hermeneutischen Literaturwissenschaft zumeist unterschätztes) Gewicht besitzt. Daß Leser an literarischen Texten heraussuchen, was für ihre Lebensthematik bedeutsam ist und es mit ihrem Welt- bzw. Alltagsverständnis zusammenfügen, hat sich immer wieder nachweisen lassen. Diese These der ‹normalisierenden› Bedeutungskonstituierung (vgl. aus hermeneutischer Perspektive: Steinmetz[26]) ist vor allem innerhalb einer psychoanalytisch orientierten empirischen Rezeptionsforschung ausgearbeitet und überprüft worden.[27] Über diese individuellen Lesermerkmale hinaus konnten als übergreifende Einflußfaktoren vor allem relativ formale Variablen gesichert werden wie Alter, damit zusammenhängende Lesekompetenz, verbale Intelligenz und die Deutschnote.[28] Auch für die Geschlechtsvariable konnte ein Einfluß nachgewiesen werden (z. B. hinsichtlich der ‹Emotionalität› der Rezeption[29]); doch muß die soziale Genese solcher Unterschiede einbezogen werden.

Doch auch der Textfaktor ist für die durchschnittliche Rezeption relevant. Einzelmerkmale allerdings, wie die Ich- oder Er-Erzählform, die in der hermeneutischen Literaturwissenschaft ausführlich diskutiert werden, fallen nicht ins Gewicht.[30] Komplexere Merkmale jedoch wie Äquivalenzen, Abweichungen und Mehrdeutigkeiten spielen für den Poetizitätseindruck eine Rolle.[31] Prosa wird z. B. durch zu viele Metaphern und Wiederholungen als ‹überpoetisiert› empfunden, durch zu abstrakte Ausdrücke oder Fachsprache als ‹unterpoetisiert›[32]. Textteile, die für die Rezeption zentral sind, lassen sich als Abweichungen/Parallelitäten auf den Niveaus der Phonologie, Grammatik und Semantik feststellen.[33] Auch hier geht es in Zukunft darum, die Relevanz unterschiedlicher Merkmalskomplexe für verschiedene Textgenres und unterschiedliche Lesergruppen zu sichern[34].

Unter dem Aspekt der Verarbeitung und Wirkung literarischer Texte unterscheidet die Empirische Literaturwissenschaft dezidiert zwischen Textinhalt/-struktur als Wirkungspotential und der davon beeinflußten, aber nicht vollständig determinierten Wirkung.[35] Denn die (kognitive) Konstruktivität der Rezipienten hat eben zur Folge, daß die Wirkungspotentiale von Texten in ihrer Richtung verändert bzw. sogar gebrochen werden können. Um die Textinhalte und -strukturen zu sichern, verwendet die Empirische Literaturwissenschaft die schon erwähnte Methode der Inhaltsanalyse. Mit ihr lassen sich Einzeltexte untersuchen, aber auch Textkategorien, historische Entwicklungen und die Frage nach der Widerspiegelung gesellschaftlicher Realität in der Literatur. In der Schulbuchdiskussion der 70er Jahre konnte z. B. nachgewiesen werden, daß die Schulbücher eher die Geschlechtsrollen und Berufe des 18. und 19. Jahrhunderts ‹abbildeten› als die des 20. Jahrhunderts.[36] Historische Entwicklungen hat z. B. Martindale[37] untersucht. Ausgehend von psychoanalytischen Unterscheidungen (Primär-/Sekundärprozeß) konnte er überzeugend darstellen, daß literarische Innovation durch eine typische Abfolge (im Sinne einer Evolutionstheorie) zustande kommt: nämlich vorrangig durch einen bewußt gewählten Stilwechsel als Veränderung der literarischen ‹Form› und innerhalb der jeweiligen Stilepoche durch das Ansteigen der primärprozeßhaften Inhalte bis zu deren Maximum, wonach wieder ein Stilwechsel erfolgt. Auch die hermeneutischen Gattungskonzepte lassen sich auf diese Weise systematisch nachprüfen, wie es etwa Grimm[38] für die Kategorie des Kriminalromans getan hat, wobei er die traditionell behauptete Spannungs-Entspannungsabfolge sichern konnte, aber nicht die für solche ‹Trivialliteratur› häufig als konstitutiv angesehene ‹Dominanz des Adjektivs›.[39] In Zukunft wird die konkrete Wirkung von Texten auf Individuen und gesellschaftliche Gruppen eingehender zu untersuchen sein. Für nichtliterarische Texte liegt hier eine jahrzehntelange Forschung vor, welche untersucht hat, wie diese Texte die Einstellungen von Lesern verändern.[40] Für literarische Texte steht eine entsprechende Forschung noch weitgehend aus.[41]

Unter der Vermittlungsperspektive sind für die Empirische Literaturwissenschaft die Ergebnisse der klassischen psychologisch-soziologischen Forschung zur Lesemotivation von besonderer Bedeutung. Sie verweisen auf eine schichtspezifische Verteilung: Angehörige der Mittelschicht entwickeln eine stabilere Lesemotivation als Angehörige der Unterschicht. Elternhaus, Schule und die jeweilige Peer-group lassen sich dabei als zentrale Vermittlungsinstanzen nachweisen.[42] Für die Instanz der Literaturkritik hat sich vor allem die Vernetzung mit anderen politischen bzw. weltanschaulichen Überzeugungen sichern lassen[43]; allerdings steht hier eine systematische (inhaltsanalytische) Überprüfung der meisten hermeneutischen Hypothesen noch aus.[44] Das gilt zum Teil auch für die Literaturdidaktik als relativ direkter Anwendung literaturwissenschaftlicher Forschung; allerdings geht von der Literaturdidaktik selbst eine starke Empirisierungsdynamik aus, weil sie interessiert ist, die Effektivität ihrer Vermittlungskonzepte möglichst systematisch nachzuweisen.[45]

Das Verhältnis zur hermeneutischen Literaturwissenschaft und andere offene Probleme

Mit der Empirisierung der Literaturwissenschaft ist eine Veränderung der Schwergewichte literaturwissenschaftlicher Forschung verbunden, wie das für jeden Paradigmawechsel gilt[46], und zwar gleichgültig, ob man von einer Ersetzungs-, Ergänzungs- oder Integrationsrelation zur hermeneutischen Literaturwissenschaft ausgeht. Auch wenn die zur Zeit institutionell herrschende hermeneutische Literaturwissenschaft empirische Methoden, Theorien und Untersuchungen nur als Ergänzung akzeptiert, erweitert sie dadurch ihre Problemhorizonte – sowohl in Richtung auf neue Medien als auch um größere Theorie-Praxis-Integration.[47]

Offen bleibt allerdings die Frage, inwieweit eine Empirisierung der Methodik auch im Bereich historischer Problemstellungen möglich sein wird.[48] Radikal-konstruktivistische Empiriker sehen eine Möglichkeit in systemtheoretischen Analysen[49], mit denen aber wissenschaftstheoretische Probleme verbunden sind: zum einen, ob sich in solchen Analysen nicht der Empiriebegriff wieder zu weit in Richtung unsystematischer Subjektivität bewegt[50]; zum anderen, wie das systemtheoretische mit dem handlungstheoretischen Sprachspiel verbunden werden soll.[51] Unabhängig davon, wie diese Fragen beantwortet werden, bietet die skizzierte Empirisierung der Literaturwissenschaft allerdings den Vorteil einer stärkeren Vernetzung mit den übrigen empirischen Sozialwissenschaften (wie Pädagogik, Psychologie, Soziologie, Publizistik, Politologie); und es spricht viel dafür, daß die Literaturwissenschaft nur im Rahmen einer solchen interdisziplinären empirisch-kommunikationswissenschaftlichen bzw. -kulturwissenschaftlichen Konzeption ihr Gewicht wird bewahren können – vor allem im Vergleich mit den übermächtigen naturwissenschaftlichen bzw. technologischen Disziplinen.

Literatur

Grimm, Jürgen: Unterhaltung – zwischen Utopie und Alltag. Methode und praktische Anwendung der Inhaltsanalyse am Beispiel von Kriminalromanen. Frankfurt/M. 1986.

Groeben, Norbert: Literaturpsychologie. Literaturwissenschaft zwischen Hermeneutik und Empirie. Stuttgart 1972.

–: Rezeptionsforschung als empirische Literaturwissenschaft. Paradigma- durch Methodendiskussion an Untersuchungsbeispielen. Tübingen 1977/1980.

Groeben, Norbert/Landwehr, Jürgen: Empirische Literaturpsychologie und Sozialgeschichte der Literatur. Internationales Archiv für die Sozialgeschichte der Literatur 1992, S. 143–235.

Groeben, Norbert/Vorderer, Peter: Leserpsychologie: Lesemotivation – Lektürewirkung. Münster 1988.

Hauptmeier, Helmut/Schmidt, Siegfried J.: Einführung in die Empirische Literaturwissenschaft. Braunschweig 1985.

Hoffstaedter, Petra: Poetizität aus der Sicht des Lesers. Eine empirische Untersuchung der Rolle von Text-, Leser- und Kontexteigenschaften bei der poetischen Verarbeitung von Texten. Hamburg 1985.

Ibsch, Elrud/Schram, Dick H. (Hg.): Rezeptionsforschung zwischen Hermeneutik und Empirie. Amsterdam 1987.

Martindale, Colin: Psychologie der Literaturgeschichte. In: R. Langner (Hg.): Psychologie der Literatur. Theorien, Methoden, Ergebnisse. Weinheim/München 1986, S. 165–211.

– (Hg.): Psychological approaches to the study of literary narratives. Hamburg 1988.

Peer, Willie van: Stilistics and psychology. Investigations of foregrounding. London 1986.

Schmidt, Siegfried J.: Grundriß der empirischen Literaturwissenschaft. Bd. I: Der gesellschaftliche Handlungsbereich Literatur. Braunschweig/Wiesbaden 1980; Bd. 2: Zur Rekonstruktion literaturwissenschaftlicher Fragestellungen in einer empirischen Theorie der Literatur. Braunschweig/Wiesbaden 1982.

–: Die Selbstorganisation des Sozialsystems Literatur im 18. Jahrhundert. Frankfurt/M. 1989.

Wermke, Jutta: «Hab a Talent, sei a Genie!» Kreativität als paradoxe Aufgabe. 2 Bde. Weinheim 1989.

Anmerkungen

1 Diese Arbeit entstand im Rahmen eines Forschungsstipendiums der DFG (Gr 633/9–1).

2 Vgl. Rolf Prim/Heribert Tilmann: Grundlagen einer kritisch-rationalen Sozialwissenschaft. Heidelberg 1973; Hartmut Esser u. a.: Wissenschaftstheorie. 2 Bde. Stuttgart 1977; Norbert Groeben/Hans Westmeyer: Kriterien psychologischer Forschung. München 1980.

3 Hans Robert Jauß: Literaturgeschichte als Provokation. Frankfurt/M. 1970; Ders.: Ästhetische Erfahrung und literarische Hermeneutik. Frankfurt/M. 1982; Wolfgang Iser: Die Appellstruktur der Texte. Konstanz 1971; Ders.: Der Akt des Lesens. München 1976.

4 Umberto Eco: Einführung in die Semiotik. München 1972; Ders.: Das offene Kunstwerk. Frankfurt/M. 1973; Ders.: Lector in fabula. München 1987.

5 Siegfried J. Schmidt: Literaturwissenschaft zwischen Linguistik und Sozialpsychologie. In: Zeitschrift für Germanistische Linguistik 2.1 (1974), S. 9–80; bei Iser: ‹Leerstellen›.

6 Gerhard Pasternack: Theoriebildung in der Literaturwissenschaft. München 1985.

7 Das Konstrukt der ‹Sinnkonstanz› bei Hans Hörmann: Meinen und Verstehen. Frankfurt/M. 1976; vgl. auch Norbert Groeben: Leserpsychologie: Textverständnis – Textverständlichkeit. Münster 1982.

8 Vgl. László Halász (Hg.): Literary discourse. Aspects of cognitive and social psychological approaches. Berlin/New York 1987; Martindale (Hg.); Dietrich Meutsch/Reinhold Viehoff (Hg.): Comprehensions of literary discourse. Results and problems of interdisciplinary approaches. Berlin/New York 1989.

9 Vgl. Hans Robert Jauß: Ästhetische Erfahrung (Anm. 3). Vgl. Grimm, S. 63.

10 Vgl. Klaus Merten: Inhaltsanalyse. Einführung in Theorie, Methode und Praxis. Opladen 1983; Holger Rust: Methoden und Probleme der Inhaltsanalyse. Tübingen 1981; Peter Vorderer/Norbert Groeben (Hg.): Textanalyse als Kognitionskritik? Möglichkeiten und Grenzen ideologiekritischer Inhaltsanalyse. Tübingen 1987; Ruth Rustemeyer: Praktisch-methodische Schritte der Inhaltsanalyse. Münster 1992.

11 Grimm, S. 102 f.

12 Karl Raimund Popper: Logik der Forschung. Wien 1934.

13 Vgl. Groeben: Literaturpsychologie. Vgl. zusammenfassend Groeben: Rezeptionsforschung. Groeben/Landwehr, S. 145 ff.
14 Schmidt: Grundriß, Bd. 1 u. Bd. 2.
15 Vgl. Hauptmeier/Schmidt.
16 Vgl. Groeben: Literaturpsychologie; Ders.: Rezeptionsforschung.
17 Vgl. zusammenfassend Groeben, Literaturpsychologie; Norbert Groeben/Peter Vorderer: Empirische Literaturpsychologie. In: R. Langner (Hg.): Psychologie der Literatur. Weinheim/München 1986, S. 105–143.
18 Frank X. Barron: Creative person and creative process. New York 1967.
19 Albert Rothenberg: Kreativität in der Literatur. In: Langner (Hg.) (Anm. 17), S. 78–104.
20 Vgl. Christoph Eykmann: Schreiben als Erfahrung. Bonn 1985.
21 Vgl. Gebhard Rusch/Siegfried J. Schmidt: Das Voraussetzungssystem Georg Trakls. Braunschweig 1983; Vera Nünning: Voraussetzungssystem und Produktionshandeln Virginia Woolfs am Beispiel von Orlando. In: SPIEL 7 (2) (1988), S. 347–372.
22 Vgl. unten den Abschnitt: «Das Verhältnis zur hermeneutischen Literaturwissenschaft».
23 Schmidt: Grundriß, Bd. 1.
24 Vgl. Dietrich Meutsch/Siegfried J. Schmidt: Über die Rolle von Konventionen beim Verstehen literarischer Texte. In: SPIEL 4 (2) (1985), S. 381–408; Elrud Ibsch: Zur literarischen Sozialisation. Beobachtungen zur Polyvalenz-Konvention. In: SPIEL 7 (2) (1988), S. 333–345.
25 Norbert Groeben/Margrit Schreier: The Hypothesis of the Polyvalence Convention. A Systematic Survey of the Research Development from a Historical Perspective. Poetics 1992 (im Druck).
26 Vgl. Horst Steinmetz: Rezeption und Interpretation – Versuch einer Abgrenzung. In: Amsterdamer Beiträge zur neueren Germanistik (1974), S. 37–82.
27 Vgl. Norman Norwood Holland: 5 readers reading. New Haven 1975.
28 Vgl. Jürgen Baurmann: Textrezeption und Schule. Stuttgart 1980; Hartmut Heuermann u. a.: Werkstruktur und Rezeptionsverhalten. Göttingen 1982: positiver Einfluß auf die Rezeptionstiefe bzw. -adäquanz.
29 Vgl. E. Hansen: Emotional processes. Engendered by poetry and prose reading. Stockholm 1986.
30 Vgl. Hans-Werner Ludwig/Werner Faulstich: Erzählperspektive empirisch. Untersuchungen zur Rezeptionsrelevanz narrativer Strukturen. Tübingen 1985; auch Dirk Hendrik Schram: Norm en normdoorbreking. Amsterdam 1985.
31 Vgl. Hoffstaedter: Poetizität.
32 Eberhard Frey: Text und Stilrezeption: empirische Grundlagenstudien zur Stilistik. Königstein/Ts. 1980.
33 Vgl. Peer.
34 Vgl. ansatzweise Martindale (Hg.)
35 Vgl. Vorderer/Groeben: Textanalyse (Anm. 10); Groeben/Vorderer.
36 Vgl. Alphons Silbermann/Udo Michael Krüger: Abseits der Wirklichkeit. Das Frauenbild in deutschen Lesebüchern. Köln 1971; zusammenfassend

R. Frommholz: Lesebuchkritik. In: Dietrich Boueke (Hg.): Deutschunterricht in der Diskussion. Bd. 2. Paderborn 1979, S. 418–446.

37 Colin Martindale: Romantic progression. The psychology of literary history. New York 1975; zusammenfassend Ders.: Psychologie der Literaturgeschichte. In: Langner (Anm. 17), S. 165–211.

38 Vgl. Grimm.

39 Ebd., S. 160ff.

40 Vgl. zusammenfassend Arno Drinkmann/Norbert Groeben: Metaanalysen für Textwirkungsforschung. Methodologische Varianten und inhaltliche Ergebnisse im Bereich der Persuasionswirkung von Texten. Weinheim 1989.

41 Vgl. zu Ebenen und Richtungen solcher Wirkung Groeben/Vorderer.

42 Vgl. den Überblick bei Groeben/Vorderer.

43 Vgl. Reinhold Viehoff: Literaturkritik im Rundfunk. Tübingen 1981.

44 Vgl. z. B. als hermeneutische Analyse der eingangs aufgeführten Hypothese: Nikolai Riedel: Untersuchungen zur Geschichte der Rezeption Uwe Johnsons. Ein Beitrag zur empirischen Rezeptionsforschung. Hildesheim 1985.

45 Vgl. Jürgen Kreft u. a.: Der Schüler als Leser. Identität und Abwehr. Paderborn 1981; Heiner Willenberg u. a. (Hg.): Zur Psychologie des Literaturunterrichts. Frankfurt/M. 1987, sowie Wermke.

46 Im Sinne von Thomas Samuel Kuhn: Die Struktur wissenschaftlicher Revolutionen. Frankfurt/M. 1967.

47 Vgl. NIKOL (Hg.): Angewandte Literaturwissenschaft. Braunschweig 1986.

48 Vgl. Reinhold Wolff/Norbert Groeben: Zur Empirisierung hermeneutischer Verfahren in der Literaturwissenschaft. Möglichkeiten und Grenzen. In: Helmut Kreuzer/Reinhold Viehoff (Hg.): Literaturwissenschaft und empirische Methoden. Göttingen 1981, S. 27–51.

49 Vgl. Schmidt: Selbstorganisation.

50 Vgl. Gerhard Pasternack: Intradisziplinäre Theoriebildung und interdisziplinärer Diskurs. Diskussionspapier zu W. Rusch / S. J. Schmidt: Das Voraussetzungssystem Georg Trakls, 1983. In: SPIEL 4 (1) (1985), S. 155–176 (Anm. 21).

51 Vgl. zu den Schwierigkeiten Theo Herrmann: Über begriffliche Schwächen einiger kognitivistischer Kognitionstheorien. Begriffsinflation und Akteur-System-Kontamination. In: Sprache und Kognition 1 (1982), S. 3–14.

Clemens Kammler

Historische Diskursanalyse

Foucault und die Folgen

Foucault (1926–1984) war Philosoph und Theoretiker der Humanwissenschaften, kein Literaturwissenschaftler. Dennoch galt der Literatur in allen Phasen seiner theoretischen Arbeit sein besonderes Interesse. Seine literaturtheoretischen Denkansätze gehen dabei von vier zentralen Problemstellungen aus:

– Im Mittelpunkt der Arbeiten der frühen und mittleren 60er Jahre [1] steht die These von der «Selbstbezüglichkeit der Literatur» als einer die herrschende soziale Ordnung untergrabenden subversiven Praxis.
– In der «Archäologie des Wissens» (1969), dem Versuch eines «Discours de la méthode» zu seinen bis dahin erschienenen Untersuchungen, entwickelt Foucault das Konzept einer Diskursanalyse, ohne allerdings die Besonderheit literarischer Diskurse eingehend zu berücksichtigen.
– In den Arbeiten der 70er Jahre [2] werden die institutionellen Rahmenbedingungen von Diskursen (und indirekt auch ihre Qualifikation als ‹literarisch›) stärker thematisiert.
– In den unmittelbar vor Foucaults Tod erschienenen Werken schließlich gerät Literatur als Technik der Selbstdarstellung und -konstitution ins Blickfeld.[3]

1. Foucaults Forschungen finden im Diskursbegriff eine Art Kristallisationspunkt. Er definiert «Diskurs» als «eine Menge von Aussagen, die einem gleichen Formationssystem zugehören». Eine sprachliche Formulierung ist «Aussage» unter der Bedingung, daß sie als Resultat einer «diskursiven Praxis» beschreibbar ist. Diese Praxis ist weder die Tätigkeit eines Subjekts noch ein linguistischer Code, mit dessen Hilfe sich beliebig viele konkrete Aussagen erzeugen ließen, sondern ein Ensemble von «Regeln», die einen Diskurs als endliche Menge tatsächlich formulierter sprachlicher Sequenzen ermöglichen. Solche Regeln zu eruieren, ist das Geschäft der Diskursanalyse. Sie bestimmen die Formation (= Anordnung) der Gegenstände, auf die sich ein Diskurs beziehen kann, der Subjektpositionen, die in ihm eingenommen werden

können, der Begriffe, die in ihm verwendet werden und der Theorie bzw. ‹Strategien›, die ihn prägen. Nach diesen Regeln müssen die Diskurse einer gegebenen Epoche organisiert sein, um nicht aus dem Bereich des Sagbaren ausgeschlossen, also z. B. als Wahnsinn qualifiziert zu werden. Die Gesamtheit der in einer Epoche faktisch formulierten Diskurse bezeichnet Foucault als deren «Archiv». Als «Historisches Apriori» enthält es «die Gesamtheit der Regeln, die eine diskursive Praxis charakterisieren».

Die eigentliche Faszination dieses Ansatzes liegt in seiner Negation hermeneutischer Exegesen einerseits, strukturalistischer Systemanalysen andererseits. Foucault wendet sich also gegen die Suche nach einem verborgenen Sinn wie gegen ein Modell der Texterklärung, für das die empirischen Diskurse bloße Manifestationen einer abstrakten Struktur bleiben.

2. Die offene Frage nach dem spezifisch «Literarischen» hat Foucault in den frühen Analysen zur «Archäologie der Humanwissenschaften» und in den etwa zeitgleich publizierten «Schriften zur Literatur» zu beantworten versucht. Literatur erscheint dort als «Gegendiskurs» zu den herrschenden wissenschaftlichen und philosophischen Rationalitätsformen der Moderne, die Foucault in «Die Ordnung der Dinge» mit den an Zeitgeist-Formeln erinnernden Kategorien «Episteme» bezeichnet.[4] Als gleichsam «dionysisches» Kräftepotential[5] mißachtet und verletzt sie die kulturell herrschenden Diskursregeln, um eine «Befreiung des Wortes» zu schaffen. Der neuzeitlich-rationalistischen Auffassung von der Sprache als einer Repräsentation des Realen stellt Foucault, hierin Nietzsche verpflichtet, die These von der radikalen «Selbstreferenz» der Sprache entgegen, deren Disziplinierung durch sprachliche Konvention das Resultat diskursiver Praxis sei. Literatur sei in der Moderne insofern «subversiv», als sich in ihr das eigentliche, anarchische, nicht auf die repräsentative Funktion reduzierbare «Sein der Sprache» manifestiere.

Foucault selbst hat 1975 in einem Interview[6] eingeräumt, daß seine frühen Schriften zur Literatur keine Diskursanalysen im strengen Sinn darstellten. Außerdem sei es in Büchern wie «Raymond Roussell» (1963) und «Der Fall Rivière» (1973)[7] weniger um die internen Strukturen oder Diskursregeln von Literatur gegangen als um die Bestimmung der «Schwelle», hinter der ein Diskurs eines Kranken oder eines Kriminellen beginnt, «innerhalb des als Literatur qualifizierten Bereichs zu funktionieren». Vor allem aber räumt Foucault hier ein, daß sein Versuch, im Anschluß an Blanchot, Bataille und Barthes die Literatur als Gegendiskurs ihrem die historisch-soziale Wirklichkeit widerspiegelnden Charakter entgegenzusetzen, nicht mit allen «Sakralisierungen» ihres Gegenstands brechen konnte. Denn die Rede vom «Gegendiskurs» habe den falschen Eindruck entstehen lassen, Literatur sei als solche subversiv.

3. Ein weiterer Einwand wiegt jedoch schwerer, da er den methodologischen Status der Diskursanalyse selbst bis hin zur «Archäologie des Wissens» betrifft. Foucault hat in seinen frühen Schriften die diskurskonstitutive Rolle sog. «nicht-diskursiver» Praxisformen zu wenig beachtet. Zu Recht hat H. Fink-Eitel in diesem Zusammenhang von einer «Illusion des autonomen Diskurses» gesprochen.[8]

Mit dieser Illusion aufzuräumen, war das Ziel der machttheoretischen Schriften der 70er Jahre. Bereits in der «Archäologie des Wissens» hieß es, der Diskurs sei «von Natur aus der Gegenstand eines Kampfes und eines politischen Kampfes». Dieser Gedanke wird in der Inauguralvorlesung am «Collège de France»[9] aufgegriffen. Das Motiv des anarchischen Gegendiskurses, für den in seinen frühen Schriften Literatur und Wahnsinn Paradigmen waren, ist hier noch präsent. Ihm korrespondiert eine Gleichsetzung von Macht und «Repression». Von dieser Vorstellung verabschiedet sich Foucault jedoch in den 70er Jahren, wenn er «Macht» zur Produzentin von Wissen erklärt und umgekehrt.

Bereits die Frage, was «Literatur» sei, wird jetzt auf der Grundlage institutionell wie diskursiv verankerter Machtverhältnisse gestellt. Ob der Literaturbegriff als normative Kategorie verwendet wird oder z. B. auch Groschenhefte und Schlagertexte umfaßt, ist eine Frage, die von Institutionen (wie Universität, Schule oder Literaturkritik) in unterschiedlichen Epochen völlig verschieden beantwortet werden kann. Daraus folgt für den «Nominalisten» Foucault, daß «Literatur» nur ein Name ist, der in unterschiedlichen Diskursen unterschiedlichen Gegenstandsformationen zugeschrieben werden kann. Wenn sich diskursive und nicht-diskursive Elemente vereinigen, um zielgerichtet auf den Diskurs einzuwirken, so spricht Foucault von einem «Dispositiv». Denjenigen Theorietyp, der nicht bloß diskursive System- und Regelzusammenhänge «ausgräbt» («Archäologie»), sondern gleichzeitig ihre Vernetzung mit Machtverhältnissen untersucht, die auch von außen auf Diskurse einwirken, nennt er «Genealogie».

4. Der strikte Nominalismus des Diskursanalytikers Foucault wird an der Rolle, die Literatur in seinem Spätwerk[10] spielt, vollends deutlich. In den frühen Schriften korrespondierte der These von der Selbstbezüglichkeit der Literatur diejenige vom Verschwinden des Autors als des ver-

meintlichen Urhebers seines Diskurses. In seinen letzten Schriften thematisiert Foucault autobiographische Literatur als Praxis der «Selbstsorge», als Form, in der sich Subjektivität in der Moderne konstituiert.

Literaturwissenschaftliche Anschlüsse an Foucault

«Es kann keine Foucault-Schüler oder gar Foucault-Schule geben.» [11] François Ewald begründet seine These mit dem Argument, daß Foucault sein Denken immer als «vagabundierendes» [12] verstanden habe, als Serie von philosophischen «Akten» in der Tradition Nietzsches, als Operationen des Denkens, die sich immer einer aktuellen Situation verdanken, in die sie strategisch eingreifen. Niemals aber habe Foucault den Anspruch auf ein Erfassen von Totalität gestellt. Dem entspricht seine konstante Weigerung, seine Arbeit als allgemeine «Theorie» (des Diskurses oder der Macht) etikettieren zu lassen. Statt dessen benutzt er das Bild der «Werkzeugkiste», deren Inhalt man sich aus gegebenem Anlaß bedienen könne, wenn es um die Demontage von Machtsystemen gehe.

Wenn also Literaturwissenschaftler seine Arbeiten teilweise selektiv und eklektisch verwenden, ist das mehr als legitim. Allerdings hat es auch zu einer unübersichtlichen Forschungslage geführt. [13] Zum einen erlebt Foucaults Diskursbegriff eine fragwürdige Konjunktur und läuft in bestimmten Verwendungsweisen Gefahr, zur Leerformel zu verkommen. Zum anderen verknüpfen manche Literaturwissenschaftler durchaus heterogene Ansätze aus dem Umkreis des französischen ‹Poststrukturalismus› zu einer ‹Diskurstheorie›, deren methodologischer Bezug zu den Arbeiten Foucaults rudimentär bleibt.

Drei Linien literaturwissenschaftlicher Foucault-Rezeption soll im folgenden exemplarisch nachgegangen werden.

1. In der Diskussion über Diskursanalyse und Literaturwissenschaft [14] ist generell bezweifelt worden, daß sich die Foucaultschen «Werkzeuge» auf den Gegenstandsbereich Literatur anwenden lassen. So sah Manfred Frank einen Widerspruch zwischen Foucaults Ablehnung totalisierender Allgemeinbegriffe und seinem Begriff des «Archivs». Demgegenüber fanden andere – wie Frank hermeneutisch orientierte – Literaturwissenschaftler in Foucaults Arbeiten Ansatzpunkte für eine kritische Reflexion ihres theoretischen Selbstverständnisses.

Nach Auffassung Harro Müllers kann auch eine diskurstheoretischfunktionale Analyse des Werkbegriffs die hermeneutische Perspektive bereichern. Dieser Begriff «homogenisiert (...) das Kommunikationsprogramm über Kunstwerke, organisiert die Beteiligung, reduziert Einstellungsbeliebigkeit und reguliert massiv die Erwartungen» (S. 239). Der Diskurstheorie wird von Müller innerhalb der Literaturwissenschaft die selbstreflexive Aufgabe zuerkannt, die eigene Arbeit als Machtspiel, als «aktive Sinnordnungspolitik» zu hinterfragen.

Neben dieser «Beobachterperspektive» reklamieren H. Müller und auch J. Fohrmann aber weiterhin eine – mit Foucaults methodologischem Selbstverständnis sicher unvereinbare – hermeneutische «Teilnehmerperspektive». Denn die Literaturwissenschaft könne weder auf den Werkbegriff noch auf die interpretierende Arbeit des «Kommentars» verzichten. Danach läge die Aufgabe der Diskursanalyse – bezogen auf das hermeneutische Sinnverstehen der Literaturwissenschaft – auf einer Metaebene: Sie hätte zu zeigen, welche diskursiven Praktiken Interpretationen ermöglichen. Letztere bleiben nach Fohrmann das unabdingbare Geschäft der Literaturwissenschaft; denn «solange Bedeutung... hergestellt werden soll, sind Signifikate auf Signifikanten zu beziehen» (S. 255). Dies bedeutet für die Diskursanalyse eine grundlegende Infragestellung ihrer von Foucault postulierten gegenstandsexternen Beobachterposition. Denn wenn die von Foucault geforderte Differenz von Objektsprache und Metasprache nicht existiert, ist seine Diskursanalyse nichts anderes als die unbewußte «Rückkehr des Kommentars – im Kommentar über seine Formierung» (S. 254f).

2. Friedrich A. Kittler hat Foucaults Diskursanalyse auf der Basis ihrer methodologischen Prämissen in verschiedenen Arbeiten, insbesondere aber in seinem Buch «Aufschreibesysteme» weiterentwikkelt.[15] Auch Jürgen Link knüpft mit seinem Konzept von «Literaturanalyse als Interdiskursanalyse»[16] an Foucault an. Hatte Foucault in der «Archäologie des Wissens» von «interdiskursiven Konfigurationen» gesprochen, so bezog er sich auf regional begrenzte Gemeinsamkeiten zwischen unterschiedlichen Diskursen. Link nennt im Anschluß daran «Interdiskurs» diejenigen diskursiven Elemente, die in mehreren Diskursen vorkommen.[17] Er unterscheidet dabei zwischen «operativen» interdiskursiven Elementen wie Meßverfahren oder mathematischer Formalisierung und «imaginären» Elementen (Metaphern, Symbolen usw.), die als elementar-literarische Anschauungsformen den «Rohstoff» von Literatur bilden. Link wirft Foucault vor, die imaginären Elemente und die ihnen eigenen Machteffekte in seiner Analyse von Machtdispositiven zu wenig berücksichtigt zu haben.

Als typische Beispiele für solche Diskurselemente führt Link die «Kollektivsymbole» an, Sinnbilder, die von verschiedenen sozialen Trägern in den unterschiedlichsten Praxisbereichen verwendet werden. Von «Fairness» etwa ist heute nicht nur im sportlichen, sondern auch im juristischen, ethischen oder politischen Diskurs die Rede. War es auf der Grundlage der methodologischen Reflexionen Foucaults zunächst schwierig, einen spezifischen Ort von Literatur innerhalb der Vielfalt des Diskurses zu bestimmen, so ist dies nach Link nun möglich: Der literarische Diskurs der Moderne ist für ihn ein «auf spezifische Weise elaborierter Interdiskurs»[18], der nicht zuletzt spezifisch literarischen Regeln gehorcht.

Ein besonders prägnantes Beispiel für Links generatives Analyseverfahren bietet seine Untersuchung zur «Lyrikevolution Brecht – Malkowski»[19]. Der «Diskurs» der «Buckower Elegien» Brechts, nach Link ein strukturiertes Ensemble literarischer Produktionsregeln wie Reimlosigkeit, epigrammatische Knappheit, prägnant lakonische Formulierung, dialektische Triade als Prozeßschema usw., sei durch Grenzen markiert, die andere mögliche Regeln ausschlössen. Link weist nach, daß Malkowski[20], dessen Gedichte in der neueren Literaturwissenschaft einer «Neuen Subjektivität» zugerechnet werden, die Regelapparatur – vermutlich unbewußt – gleichzeitig benutzt und überschreitet. Die Gedichte des Brechtschen Zyklus unterliegen nach Link einer «Situationsregel»: Sie beziehen sich immer auf eine alltägliche Situation und verwenden die Form eines «quasi-pragmatischen» lyrischen Ichs, das im Unterschied zu einem «romantischen oder postromantischen» Ich dem Leser das «Verschmelzen in einer absoluten Subjektivität» unmöglich mache.

Malkowski bedient sich beider Formen des lyrischen Ichs und verzichtet im Unterschied zu Brecht auf die Beschreibung solcher Alltagssituationen, die sich auf kollektive Erfahrungen beziehen lassen und diesen Bezug durch «die Konnotation von kulturell stereotypen Kollektivsymbolen» herstellen. So soll etwa in Brechts Version «Ginge da ein Wind / Könnte ich ein Segel stellen» aus dem Motto der «Buckower Elegien» der «Wind» das Kollektivsymbol «stürmische Massenbewegung» konnotieren. Die Regelüberschreitungen Malkowskis sind nach Link eine Reaktivierung von «Ideologeme(n) des Natürlich-Gegebenen, Spontan-Erscheinenden und Anthropologisch-Konstanten», die der Marxist Brecht durch «ideologische Ausschlußregeln» aus dem Potential des lyrisch Sagbaren eliminiert habe.

Das Problem, welche Arten von Regelabweichung innerhalb eines

Diskurses noch zulässig sind, ohne dessen Grenzen zu sprengen, und welche «diskursiven Ereignisse» neue Diskurse konstituieren, löst Link mit Hilfe des von Foucault selbst abgelehnten Ideologiebegriffs. Malkowski – so Link – hebe die «ideologischen Ausschlußregeln» Brechts auf, um andere Ideologeme an ihre Stelle treten zu lassen.

Jochen Hörisch und Hans-Georg Pott kritisieren das szientistische Selbstverständnis des Linkschen Ansatzes, das in Links Ablehnung der Theorie des «hermeneutischen Rests» seinen Ausdruck finde. Dieser «Rest» sei auch der differenziertesten Literaturanalyse prinzipiell unzugänglich. «Systematische Verkennung rätselhafter Strukturen», die für Dichtung charakteristisch seien, ja «Identifikation mit dem Aggressor von Dichtung» lauten die Vorwürfe.[21] Interessanterweise trifft sich diese Kritik teilweise mit Foucaults früherer Konzeption von Literatur als «Gegendiskurs», wenn Hörisch und Pott in der Negation «okzidentaler Herrschaftslogik» die eigentliche Leistung von Literatur sehen und auf deren «Autonomie» gegenüber der Zwangsrationalität sozialer Zusammenhänge innerhalb der modernen Industriegesellschaft pochen.[22]

3. Link wie auch seine Kritiker können sich also auf Foucault berufen. Denn dieser hat seinen Lesern auch empfohlen, die von ihm zur Verfügung gestellten Werkzeuge pragmatisch zu verwenden, statt nach dem «wahren» theoretischen Ansatz oder der verborgenen Sinnkontinuität seines Werks zu fragen.

Der Literaturtheoretiker Terry Eagelton vergleicht die Diskursanalyse deshalb mit der klassischen Rhetorik: Diese untersuche «die Art, wie Diskurse aufgebaut sind, um bestimmte Effekte zu erzielen».[23] Das setze einen bewußten Umgang mit den eigenen politischen Zielen voraus. Als Beispiel für das Gelingen einer solchen Diskurspolitik führt Eagelton die Frauenbewegung an. Hier habe man Diskurse konsequent im Kampf gegen Unterdrückung benutzt.

Der Wahrheitswert von Diskursen ist für Eagelton wie für Foucault von sekundärem Interesse, da es ihnen nicht um Wahrheit als solche, sondern nur um ihre möglichen Wirkungen im Machtspiel der Diskurse geht. Hier droht an die Stelle begründeter Entscheidungen für bestimmte Diskursstrategien postmoderne Beliebigkeit zu treten. Eagelton siedelt daher am Ausgangspunkt jeglicher Diskursanalyse und -politik die Beschäftigung mit (politischer) Moral an. Nur eine «genuin moralische Argumentation» könne die Grundlage angemessener Diskursstrategien sein.[24]

Doch bleibt anschließend zu fragen, ob das Problem der Wahrheit hier nicht nur von der theoretischen auf die praktische Ebene verschoben wird, ohne dort wirklich gelöst zu werden. Denn welche andere Grundlage hätte eine solche Moral als die widersprüchlichen Dispositive des Machtwissens selbst, in die wir verstrickt sind? Ist es auf einer solchen ‹Grundlage› nicht entweder der Beliebigkeit oder dem puren Machtinteresse überlassen, wofür oder wogegen sich der Diskursstratege engagiert? Was soll beispielsweise einen Mann dazu veranlassen, sich für die Frauenbewegung einzusetzen, außer dem Interesse, sich bei den Frauen beliebt zu machen? Und was soll uns dazu bringen, dem von Eagelton befürchteten «Tod der Literatur» entgegenzuarbeiten, außer der Tatsache, daß wir selbst Literaturwissenschaftler sind und dieser ‹Tod› uns arbeitslos machen würde?

Antworten auf diese Fragen sind möglich. Eine Diskursanalyse, die ausschließlich an Foucault orientiert bleibt, wird solche Antworten allerdings nicht liefern können.

Literatur

Eagelton, Terry: Einführung in die Literaturtheorie. Aus dem Englischen von Elfie Bettinger und Elke Hentschel. Stuttgart 1988.

Erdmann, Eva/Forst, Rainer/Honneth, Axel (Hg.): Ethos der Moderne. Foucaults Kritik der Aufklärung. Frankfurt/New York 1990.

Fohrmann, Jürgen/Müller, Harro (Hg.): Diskurstheorien und Literaturwissenschaft. Frankfurt/M. 1988.

Foucault, Michel: Archäologie des Wissens. Aus dem Französischen von Ulrich Köppen. Frankfurt/M. 1973.

–: Schriften zur Literatur. Aus dem Französischen von Karin von Hofer. München 1974.

–: Raymond Roussel. Aus dem Französischen von Renate Hörisch-Helligrath. Frankfurt/M. 1989.

–: Funktionen der Literatur. Ein Interview mit Michel Foucault. In: Eva Erdmann u. a. (Hg.), S. 229–234.

Kammler, Clemens: Michel Foucault. Eine kritische Analyse seines Werks. Bonn 1986.

–: Historische Diskursanalyse (Michel Foucault). In: Klaus-Michael Bogdal (Hg.): Neue Literaturtheorien. Eine Einführung. Opladen 1990, S. 31–55.

Kittler, Friedrich A.: Aufschreibesysteme 1800/1900. 2. Aufl. München 1987.

Link, Jürgen: Elementare Literatur und generative Diskursanalyse. München 1983.

–: Link-Heer, Ulla (Hg.): Kulturrevolution. Zeitschrift für angewandte Diskurstheorie. Essen. 1. Jg. 1982 (erscheint dreimal jährlich).

Anmerkungen

1 Michel Foucault: Wahnsinn und Gesellschaft. Eine Geschichte des Wahns im Zeitalter der Vernunft. Frankfurt/M. 1969, und Die Ordnung der Dinge. Eine Archäologie der Humanwissenschaften. Frankfurt/M. 1971. Mit einem neuen Vorwort des Autors. – Alle Werke Foucaults werden hier und im folgenden nach ihren deutschen Ausgaben zitiert; die Klammern im Text beziehen sich auf die Jahreszahl der französischen Erstedition.

2 Vgl. Michel Foucault: Überwachen und Strafen. Die Geburt des Gefängnisses. Frankfurt/M. 1977, und Sexualität und Wahrheit I. Der Wille zum Wissen. Frankfurt/M. 1977.

3 Zu diesem Aspekt ausführlicher Eva Erdmann: Die Literatur und das Schreiben. «L'écriture de soi» bei Michel Foucault. In: Erdmann u. a. (Hg.), S. 260–279.

4 Foucault setzt sich in der «Archäologie des Wissens» (S. 29) selbstkritisch dagegen ab.

5 Vgl. dazu Friedrich Nietzsche: Die Geburt der Tragödie. In: Ders.: Werke in drei Bänden. Hg. von Karl Schlechta. München 1966, S. 7–134.

6 In: Erdmann u. a. (Hg.), S. 229.

7 Foucault: Raymond Roussel, und Der Fall Rivière. Hg. von Michel Foucault. Materialien zum Verhältnis von Psychiatrie und Strafjustiz. Frankfurt/M. 1975.

8 Vgl. Hinrich Fink-Eitel: Foucault zur Einführung. Hamburg 1989, S. 55 ff.

9 Michel Foucault: Die Ordnung des Diskurses. München 1974.

10 Michel Foucault: Der Gebrauch der Lüste (Sexualität und Wahrheit. Bd. 2). Frankfurt/M. 1986, und Die Sorge um sich (Sexualität und Wahrheit. Bd. 3). Frankfurt/M. 1985.

11 François Ewald: Die Philosophie als Akt. Zum Begriff des philosophischen Akts. In: Erdmann u. a. (Hg.): Ethos, S. 91.

12 Vgl. François Ewald: Foucault – Ein vagabundierendes Denken. Vorwort zu: Michel Foucault: Dispositive der Macht. Berlin 1978, S. 7–20.

13 Vgl. die Bibliographie von Gabriele Kalmbach. In: Fohrmann/Müller (Hg.), S. 441–456.

14 Die angeführten Stellenangaben beziehen sich auf Fohrmann/Müller (Hg.). Es handelt sich dabei um folgende Beiträge: Manfred Frank: Zum Diskursbegriff bei Foucault (S. 25–44); Harro Müller: Einige Notizen zu Diskurstheorie und Werkbegriff (S. 235–243); Jürgen Fohrmann: Der Kommentar als diskursive Einheit der Wissenschaft (S. 244–257).

15 Vgl. Kittler und ders.: Grammophon, Film, Typewriter. Berlin 1986, sowie Gerhard Plumpe: Mütter und Schreibmaschinen. Zu Friedrich Kittlers Neubegründung der Literaturgeschichte. In: «Kulturrevolution» Nr. 13. Oktober 1986, S. 11 f.

16 Vgl. Link.

17 Vgl. Jürgen Link: Warum Foucault aufhörte, Symbole zu analysieren. Mutmaßungen über «Ideologie» und «Interdiskurs». In: Gesa Dane u. a.: Anschlüsse. Versuche nach Michel Foucault. Tübingen 1985, S. 105–114.

18 Jürgen Link: Literaturanalyse als Interdiskursanalyse. Am Beispiel des Ursprungs

literarischer Symbolik in der Kollektivsymbolik. In: Fohrmann/Müller (Hg.): Diskurstheorien, S. 286.

19 Vgl. Link, S. 126 ff.

20 Vgl. Rainer Malkowski: Was für ein Morgen. Gedichte. Frankfurt/M. 1975.

21 Jochen Hörisch/Hans-Georg Pott: Literaturwissenschaft als Rationalitätskritik. Antwort an Jürgen Link. In: Link, S. 178 f.

22 Ebd., S. 178 f.

23 Vgl. Eagelton, S. 200.

24 Ebd., S. 203.

Werner Röcke

Literaturgeschichte – Mentalitätsgeschichte

Literarische Texte bilden Schnittpunkte ganz verschiedener Diskurse. Sie verbinden Meinungen und Überzeugungen, Absichten und Wünsche, Redeweisen und Sprechformen, zu denen auch die nonverbalen Sprachen wie Körpersprachen, Gestik u. ä. zu rechnen sind. Alle diese Elemente verweisen auf Diskurse unterschiedlichster Art, in die sie eingebunden sind, auf die sie sich beziehen und die ihnen auch die Regeln und Deutungsschemata der jeweils spezifischen Deutung von Welt vorgeben. Bei der Interpretation des literarischen Textes ist diese Vernetzung in die einzelnen Diskurse zu berücksichtigen: Sie verfährt in dem Sinne historisch, als das Material, das im Text montiert ist und hier seinerseits auf variable Weise reflektiert und literarisiert wird, aus unterschiedlichen Sichtweisen und Bewertungen historischer und sozialer Realität erwächst. Dabei liegt es auf der Hand, daß die Collage der Diskurse im literarischen Text auf jeweils besondere, nicht zuletzt auch von Gattungskonventionen oder Erfordernissen des ‹Sitzes im Leben› geprägte Weise erfolgt. Sicher richtig ist auch, daß einzelne Gattungen wie der Roman, die Formen der Schwankdichtung oder andere dialogische Textformen diesem diskurstheoretischen Ansatz eher entsprechen als stärker monologische Formen wie das Epos [1] oder auch konventionalisierte lyrische Formen wie der Minnesang. Dennoch gilt auch in diesem Fall, daß die historische Realität nicht unmittelbar in den Text Eingang findet, sondern in der kollektiven «memoria» des Epos ebenso wie in den stereotypen Darstellungsmustern des Minnedienstes die unterschiedlichsten Deutungsmöglichkeiten historischer oder gesellschaftlicher Erfahrungen zum Tragen kommen, deren Sinn nur aus ihrem Verbund: dem literarischen Text selbst, ablesbar ist.

Die Frage, welche Konsequenzen daraus für die Reformulierung einer Sozialgeschichte der Literatur zu ziehen sind, ist bislang nicht abschließend zu beantworten. Wie so oft in der Geschichte der Philologien scheinen mir aber auch in diesem Fall wichtige Anregungen aus benachbarten Disziplinen zu kommen: zum einen aus der ‹histoire des mentalités›, welche die französische Geschichtsschreibung der letzten Jahrzehnte maßgeblich geprägt hat und die für die veränderte Konzeption einer Sozialgeschichte der Literatur wichtige Perspektiven eröffnet; zum anderen aus wissens- und kultursoziologischen Konzeptionen, deren Relevanz für literaturwissenschaftliche Problemfelder inzwischen in immer stärkerem Maße berücksichtigt wird.

Literaturgeschichte und Mentalitätsgeschichte

Liegt der Hauptmangel des Konzepts einer ‹Literaturgeschichte als Sozialgeschichte› in der Überzeugung von einer Homologie zwischen Literatur und Gesellschaft, so ist demgegenüber bereits in der älteren deutschen Sozialwissenschaft – z. B. bei Karl Lamprecht und Max Weber –, dann vor allem in der französischen Mentalitätsgeschichtsforschung die Notwendigkeit gesehen worden [2], zwischen den objektiven Gegebenheiten und materiellen gesellschaftlichen Strukturen auf der einen, dem Verhalten der historischen Subjekte auf der anderen Seite noch eine dritte Ebene des Verstehens und des Wissens anzunehmen. Die Besonderheit dieser ‹dritten Ebene› liegt darin, daß sie das Verhalten der Subjekte prägt, ihrerseits aber auch von den gesellschaftlichen Gegebenheiten und den Handlungsmöglichkeiten der Menschen geprägt ist. Hinzu kommt, daß sie keineswegs einheitlich ist, sondern folgende Denkformen umfaßt:

a) die unterschiedlichsten Deutungsmuster und Verstehensmodelle von Wirklichkeit, mittels derer die Menschen ihre diffuse Wahrnehmung gesellschaftlicher Prozesse zu ordnen sowie historische Veränderungen zu deuten und ihr alltägliches Leben zu organisieren vermögen;

b) kategoriale Formen des Denkens, die – wie z.B. die Kategorien ‹Raum› und ‹Zeit› – «als eine Art ‹historisches Apriori› dem Denken selbst entzogen sind»;[3]
c) Einstellungen zu elementaren Phänomenen des Lebens wie Sexualität und Liebe, Krankheit und Angst, Tod und Vergänglichkeit.

Es liegt auf der Hand, daß diese Gegenstandsbestimmung der Mentalitätsgeschichte außerordentlich vage bleibt und deshalb auch zu Recht als vortheoretisch und diffus kritisiert worden ist.[4] Hinzu kam die Kritik von literaturwissenschaftlicher Seite, daß die Mentalitätshistoriker zwar auch literarische Texte berücksichtigt, diese aber zu bloßen Dokumenten historischer Prozesse herabgemindert und ihrer besonderen Literarizität beraubt hätten.[5] Die Neigung, die «Differenz zwischen lebensweltlichen Einstellungen und Literatur einzuebnen und dabei vor allem die Vermittlung durch die literarische Form zu vernachlässigen», schien bislang die Relevanz der Mentalitätsgeschichte für die Literaturgeschichte einzuschränken, wenn nicht sogar in Frage zu stellen.[6] Dennoch sehe ich in der aktuellen Diskussion um Probleme und Möglichkeiten einer Mentalitätsgeschichte auch Perspektiven für eine Sozialgeschichte der Literatur, die nicht dem «Ableitungs»-, sondern dem «Beziehungs»-Sinn verpflichtet bleibt. Im Mittelpunkt stehen dabei jene Deutungsmuster von Wirklichkeit, mittels derer die historischen Veränderungen verstehbar werden und die das Denken und Handeln der Menschen nachhaltig prägen.

Deutungsschemata sozialer Wirklichkeit

«Weltbilder», «Geschichtsbilder» oder «attitudes mentales» sind als vorstrukturierte und in der Regel als präreflexive Formen des Wissens von der Wirklichkeit zu verstehen. So sind im Mittelalter vor allem zwei Formen der Deutung von sozialer Wirklichkeit denkbar: Entweder wird Gesellschaft als binäres oder als triadisches System unterschiedlicher Stände oder ‹Ordnungen› gedacht oder mit Hilfe sozialer Metaphern wie dem Bild von der Gesellschaft als Körper, dessen einzelne Organe und Glieder einander ergänzen sollen. Dementsprechend sind auch die Vorstellungen von möglichen Formen der Vergesellschaftung oder Kommunikation der Subjekte vorstrukturiert, ebenso die Verstehensmöglichkeiten von einer personalen Bindung zwischen Gott und Mensch.

Was aber zeichnet diese Deutungsmuster aus, und inwiefern unterscheiden sie sich von anderen Formen des Wissens und Verstehens von Wirklichkeit? Die wichtigsten Besonderheiten sind:

1. Neben den Gesetzen und Konventionen gibt es in jeder Gesellschaft Vorstellungsmuster, die im Unterschied zu den Gesetzen und Konventionen nicht bewußt realisiert oder gar reflektiert werden, sondern unbewußt wirken. Sie repräsentieren Denk- und Verhaltensweisen, welche die unterschiedlichsten Bereiche des gesellschaftlichen und des privaten Lebens einer Epoche strukturieren.[7] Dabei kann davon ausgegangen werden, daß die Einstellungen zu Fragen der Gesellschaft, der Herrschaft und des Fürstenamtes in wesentlich höherem Maße Gegenstand der Reflexion sind als z. B. Fragen des sozialen Prestiges und der Überlegenheit über andere. So hat Georges Duby auf die lange Zeit selbstverständliche Geltung des triadischen Gesellschaftsmodells hingewiesen, dessen erste Belege bereits aus dem 11. Jahrhundert datieren und dessen Gültigkeit bis ins 18. Jahrhundert nachzuweisen ist.[8] Gesellschaft wird danach als hierarchische Ordnung der Krieger («bellatores»), der Kleriker («oratores») und der Handarbeiter («laboratores») gedacht. Zwar wird dieses Modell im Laufe der Zeit erweitert, differenziert und den veränderten sozialen Gegebenheiten angepaßt; aufgehoben wird es jedoch erst, als im 18. Jahrhundert aufgrund der gesellschaftlichen Veränderungen Denkmodelle dieser Art der sozialen Wirklichkeit nicht mehr genügten. Bis dahin aber wurde die feudale Gesellschaft ganz selbstverständlich und trotz aller gegenläufigen Entwicklungen entsprechend diesem triadischen Modell dargestellt und interpretiert. Dabei war zwar nicht das triadische Modell selbst Gegenstand der Reflexion, wohl aber seine je unterschiedliche Ausformulierung und Erweiterung.

Noch weitgehend der Reflexion entzogen ist demgegenüber ein anderes Beispiel feudaladliger Mentalität. Georges Duby hat beim frühmittelalterlichen Adel auf eine Lust an der Verschwendung und der ‹Gabe› aufmerksam gemacht, die einer periodischen Verschleuderung von Gütern und Produktion jeglicher Art gleichkam, für die Demonstration der eigenen Überlegenheit aber offensichtlich unabdingbar war.[9] Dabei wurde diese Verschwendung nur in den seltensten Fällen im Hinblick auf Nutzen oder Schaden reflektiert, sondern zumeist nur praktiziert, und dies nach Normen, die verbindlich wirkten, obwohl sie offensichtlich nicht bewußt waren. In literarischen Texten der Zeit hingegen sind die unterschiedlichsten Gebrauchsweisen dieser Regeln denkbar. Sie können – z. B. in der didaktischen Literatur – lediglich zitiert und damit bestätigt werden. Sie können – wie in der Schwank-, Fabliaux- und Novellendichtung – höchst raffiniert ästhetisiert, verlacht und in Frage gestellt werden. Sie können aber auch – z. B. im höfischen Roman – in Meinungen und Handlungen unterschiedlicher Figuren erprobt und diskutiert, dialogisiert und an ihre Grenzen geführt werden. Alle diese Gebrauchsweisen stellen unterschiedliche Modi der Reflexion von Wirklichkeitserfahrungen dar. Weder bilden sie die realen Strukturen ab, noch ‹drücken› sie diese ‹aus›, sondern repräsentieren unterschiedliche Möglichkeiten, wie das Material der historischen Erfahrungen in literarischen Texten erörtert und erprobt, d. h. aber auch bewußtgemacht werden kann.

2. Mentalitäten oder Weltbilder wirken kollektiv und verbinden den einzelnen mit seinem Stand oder seiner Familie, seinem Lehnsverband oder einer anderen politischen Ordnung. Sie umfassen «kollektive Sinnwelten und Legitimationsmuster (...) als entscheidende, kausale Voraussetzung für gesellschaftliches wie im Regelfall auch individuelles Handeln» [10].

3. Ideologien, Lehren oder Dogmen zeichnet zum einen eine Tendenz zur Geschlossenheit und zur Ausgrenzung jeglicher Widersprüche aus, zum anderen sind sie nur in verbindlichen Formulierungen, d. h. in der Regel in schriftlicher Form denkbar. Demgegenüber ist für Mentalitäten einerseits eine Logik der Partialisierung kennzeichnend, andererseits bilden sie nicht bestimmte «‹Zustände› mit genauen Konturen, die einfach darstellend beschreibbar sind; eher sind es funktionierende Mechanismen, Reaktionsarten, die sich unterschiedlich artikulieren können (...) Mentalitäten sind immer eine Summe von Möglichkeiten unterschiedlicher Bandbreite, innerhalb gewisser Grenzen voll von Widersprüchen und daher an Meinungen und Verhaltensweisen zwar abzulesen, ohne mit ihnen identisch zu sein. Sie (...) sind etwas wie der ‹Tonus› des Denkens und Verhaltens».[11] Mentalitäten also sind aus den unterschiedlichsten «Beziehungsbündeln» [12] zusammengesetzt, erreichen jedoch niemals jene Tendenz zur Demonstration «idealer Gegensatzlosigkeit» [13], die für Ideologien und andere Lehren, Regeln oder Normen charakteristisch ist. Demgegenüber ist für Mentalitäten ihr «Beziehungssinn» [14] kennzeichnend: Sie bilden eine Summe von Meinungen und Wertvorstellungen, deren «Sinn nur durch die Kombination dieser Einzel-Elemente entsteht».[15] So sind Weltbilder häufig triadisch – wie im Falle des Gesellschaftsbildes von den ‹Drei Ordnungen› – oder dualistisch-antithetisch gebaut. Dementsprechend wird das Ideal gerechter Herrschaft anhand von Schreckensbildern ungerechter, weil dem eigenen Vorteil, nicht dem ‹gemeinen Nutz› verpflichteter Herrschaft erläutert; das Bild vom gehorsamen, seinen ständischen Aufgaben verpflich-

teten Bauern anhand seines Gegenbildes, die Isolation des gesellschaftlichen Außenseiters als Verlust seiner ständischen Bindungen und menschlichen Züge perhorresziert. In all diesen Fällen wird das richtige anhand des falschen Verhaltens erläutert, die ideale anhand der verwerflichen Herrschaft, der Gehorsam gegenüber Gott anhand der Gefahren des Teufels. Daran wird deutlich, daß Mentalitäten nur als Strukturen unterschiedlicher Meinungen und Wertungen denkbar sind, nicht aber diese Meinungen und Wertungen selbst bezeichnen.

Für die Ausgangsfrage nach den Möglichkeiten einer Sozialgeschichte der Literatur ist das insofern von Bedeutung, als auch in literarischen Texten die Mentalitäten oder Weltbilder nicht als manifeste Lehre zutage treten, sondern in den unterschiedlichsten Textfunktionen zerstreut sind, z. B. in den Handlungsmöglichkeiten der literarischen Figuren, in den Erzählerkommentaren, in den Stilisierungen der dargestellten Wirklichkeit. Die Aufgabe der Interpretation besteht dann darin, den Zusammenhang dieser Einzelelemente als komplexe Struktur sichtbar zu machen. Auch in diesem Fall gilt, daß die einzelnen Elemente isoliert nicht sinnvoll sind, sondern ihr Sinn erst aus ihrer Kombination erwächst. Dabei ist aber zu berücksichtigen, daß auch diese Elemente zumeist nur interpretiert und auf die unterschiedlichste Weise dialogisiert in den literarischen Text eingehen: Sie können affirmiert oder in Frage gestellt, ästhetisiert oder verlacht, überhöht oder kritisiert werden; abhängig ist das nicht zuletzt von den literarischen Gattungen, denen die entsprechenden Texte zuzurechnen sind.

4. Mentalitäten zeichnen sich durch «Mechanismen der Selbstzensur und der Selbstberichtigung aus. Sobald verbindliche Grenzen der Überzeugungen und Wertmaßstäbe überschritten werden, erscheinen Meinungen als undenkbar, Verhaltensweisen als ‹unvorstellbar› oder gar als ‹unmöglich›» [16]. Dieser Horizont der Erwartungen und des Möglichen, des Zumutbaren und des Denkbaren ist im Mittelalter recht eng gefaßt. In der Neuzeit wird er zwar erweitert, folgt aber der gleichen Logik einer strikten Grenze zwischen akzeptablen und nicht akzeptablen Denk- und Verhaltensmustern. So sind Reiseberichte und Reiseromane des Mittelalters durch einen Gegensatz von vertrauter und fremder Welt gekennzeichnet. In der Fremde verlieren die Menschen ihre gewohnte Gestalt und werden zu grotesken Mischwesen mit Hundeköpfen und Kranichschnäbeln, mit übergroßen Füßen oder Verschränkungen von Kopf und Brust: Die Natur ist überaus reich und faszinierend, aber dennoch bedrohlich zugleich.[17] Diese Welt der Fremde ist mit den vertrauten Maßstäben nicht mehr meßbar. Gleichwohl ist der Gegensatz von Eigenem

und Fremdem für die Interpretation zentral. Denn ebenso wie andere «attitudes mentales» sind auch die Bilder von der Fremde antithetisch konstruiert: Auch der Blick auf die grotesken Mischwesen der Fremde ist noch gegenbildlich an die ideale Gestalt von Mensch und Natur in der vertrauten Welt gebunden, ergibt also isoliert keinen Sinn, sondern bedarf, soll er denn verstanden werden, des Bezugs auf sein Gegenteil.

5. Im Konzept der Mentalitätsgeschichtsschreibung ist – im Sinne eines Schichtenmodells von drei vertikal angeordneten historischen Ebenen – unter der Geschichte der kurzfristigen Ereignisse die mittelfristige Geschichte der politischen, gesellschaftlichen oder ökonomischen Strukturen und unter dieser die «lange Dauer» der kollektiven Überzeugungen und Vorstellungen postuliert worden.[18] Allerdings wäre in einer Theorie der «longue durée» kollektiver «attitudes mentales» nicht nur das jeweils recht unterschiedliche Beharrungsvermögen der Weltbilder selbst, sondern auch ihrer einzelnen Elemente zu berücksichtigen. Für eine diachrone Beschreibung der «attitudes mentales» ist es deshalb kennzeichnend, daß es neben konstanten Elementen und kurzfristigen Moden auch «Komponenten gibt, die in verschiedenen Zeiten auftauchen, ohne daß wahrscheinlich gemacht werden kann, daß sie übernommen oder durch gelehrte Traditionen überliefert sind; sie scheinen vielmehr unter bestimmten Bedingungen ‹erkennbar› zu sein oder sie erwecken (nach einem langen Zeitintervall) ‹plötzlich› neuerlich Interesse»[19]. Damit aber ist jeglicher Teleologie des historischen Prozesses, wie sie noch für das Konzept einer ‹Literaturgeschichte als Sozialgeschichte› gilt, der Boden entzogen: In dem Maße, wie die «attitudes mentales» nicht als kompakte Einheiten, sondern als variable Systeme einzelner Komponenten gedacht werden, können sie zu unterschiedlichen Zeiten mit jeweils unterschiedlichem Akzent aktualisiert oder vergessen werden.

Die französische «nouvelle histoire» ist also in dem Sinn als «histoire totale» konzipiert, daß kein Bereich menschlichen Handelns isoliert betrachtet wird, sondern ihr wechselseitiger Bezug im Mittelpunkt steht. Dieser «Beziehungs-Sinn» gilt in besonderem Maße für die Verbindung historischer, gesellschaftlicher und literarischer Diskurse. Die drei Perspektiven sozialgeschichtlicher Forschung:

– die objektiven historischen Gegebenheiten;
– die Formen des Wissens von dieser Wirklichkeit, also die Bilder und Sprechmuster, die Wahrnehmungsformen und Deutungsschemata;
– die Verhaltensformen der historischen Subjekte,

werden im literarischen Text aufeinander bezogen, diskutiert und auf häufig recht überraschende Weise interpretiert.[20] Dabei ist die Frage noch nicht endgültig zu beantworten, ob das Konzept einer «histoire totale» nicht die Annahme noch weitergehender Affinitäten zwischen den einzelnen Bereichen menschlichen Handelns erfordert. František Graus scheint dies zumindest im Hinblick auf die Mentalitäten einer Epoche anzunehmen, wenn er diese nicht nur als «Summe von Möglichkeiten unterschiedlicher Bandbreite», sondern auch als «‹Tonus› des Denkens und des Verhaltens» bezeichnet.[21]

Mentalitätsgeschichte und Habitustheorie

Von Graus selbst werden mögliche Perspektiven eines gemeinsamen ‹Tonus› des Denkens und Handelns nicht mehr erörtert; ebensowenig sind bislang die theoretischen Voraussetzungen einer «histoire totale» von ihren Befürwortern verdeutlicht worden.

Eine Möglichkeit, den Zusammenhang zwischen unterschiedlichen Bereichen menschlichen Denkens und Handelns in einer Epoche genauer zu fassen, bietet die Habitustheorie Pierre Bourdieus, die gemeinsame Strukturen des Denkens und Handelns und damit Vermittlungsinstanzen zwischen Kollektivem und Individuellem sowie zwischen sozialen, ökonomischen und künstlerischen Gegebenheiten erarbeitet. «Der Gedanke» – so Bourdieu –, «daß zwischen verschiedenen Aspekten einer historischen Totalität, (...) eine Wahlverwandtschaft oder, nach dem Ausdruck der Linguisten, eine Strukturaffinität besteht, ist nicht neu.» Allerdings verdanke sich «die Suche nach dem geometrischen Ort aller symbolischen Ausdrucksformen, die eine Gesellschaft oder Epoche hervorbringt, (...) häufiger einer transzendenten oder mythischen Eingebung als einem wirklich wissenschaftlichen Impuls.»[22] Mit einer Strukturaffinität z. B. zwischen Darstellungsmodi der bildenden Kunst und der Literatur, Formen der politischen Theorie und des theologischen Denkens einer Epoche ist also kein gemeinsames «geistiges Wesen» oder eine gemeinsame «Idee» gemeint, sondern ein «System verinnerlichter Muster (...), die es erlauben, alle typischen Gedanken, Wahrnehmungen und Handlungen einer Kultur zu erzeugen»[23]. Ebenso wie die Sprache – Bourdieu greift hier Denkformen der generativen Grammatik Noam Chomskys auf – als System von Regeln gelernt und beherrscht wird, die den Sprecher dazu instand setzt, immer neue und kompliziertere Zusammenhänge sprachlich auszudrücken, werden auch die verschiedenen kulturellen Praktiken aus einem Ensemble «im voraus assimilierter Grundmuster» [24] generiert und weiterentwikkelt. Bourdieu nennt dieses System von Grundmustern «Habitus». Damit ist, ähnlich wie bei dem Begriff ‹Mentalität›, eine Struktur des Denkens und Verhaltens gemeint, eine «generative Grammatik der Handlungsmuster» [25], die zwar in den unterschiedlichsten Formen realisiert werden kann, nicht aber diese Formen selbst bezeichnet.

Für die Konzeption einer Sozialgeschichte der Literatur ist dieser theoretische Ansatz nützlich, weil er erlaubt, den wechselseitigen Bezug unterschiedlicher Kunstformen, Deutungsmuster und Wertungssysteme in einer Epoche genauer zu fassen, als dies früher möglich war. Allerdings hat Bourdieu bislang weder den historischen Wandel derartiger Systeme noch die besondere Rolle, die der Literatur dabei zukommt, eingehender erörtert. Zwar sind auch Literatur und Kunst von einem besonderen Habitus des Denkens, Sprechens und Handelns geprägt; doch beschränken sie sich in den seltensten (und in der Regel auch langweiligsten) Fällen darauf, dieses Ensemble von «attitudes mentales» lediglich zu reproduzieren. Vielmehr zeichnen sich literarische Texte dadurch aus, daß sie vorgegebene Deutungsmuster zugleich wiederholen und reflektieren, häufig genug aber auch dialogisieren, problematisieren, in Frage stellen oder sogar negieren. Diese «attitudes mentales» aber betreffen die unterschiedlichsten Praxisbereiche einer Epoche, keineswegs nur ihre politischen oder gesellschaftlichen Diskurse. Aus diesem Grund möchte ich vorschlagen, Literaturgeschichte stärker im Kontext einer allgemeinen Kulturgeschichte zu verorten, welche neben den sozialen und politischen, den rechtlichen, theologischen oder künstlerischen Praxisbereichen gerade auch die Mentalitäten einer Epoche umfaßt, also die Glaubensvorstellungen und Wissensformen, die Wertsysteme und Deutungsschemata von Wirklichkeit, die Reflexionsmuster von Geschichte und Aktualität, kurz: all das, «was in der Gesellschaft als ‹Wissen› gilt» und «was ‹jedermann› in seinem alltäglichen, nicht- oder vortheoretischen Leben weiß» [26]. Auch in diesem Fall aber ist das Verhältnis von Literatur- und Kulturgeschichte weder als Homologie noch im Sinne einer wechselseitigen ‹Ableitung› zu denken, sondern als Montage unterschiedlicher Diskurse im und durch den literarischen Text, der sie ihrem vorgegebenen Gebrauchszusammenhang entzieht und zu einem neuen Sinnzusammenhang verbindet. Aufgabe literarischer Kritik ist es – so Pierre Macherey –, die Erforschung der «Ursachen» eines Textes durch die Erforschung seiner «Gesetze» zu ersetzen. «Die Literaturkritik wird dann fragen müssen: Aufgrund welcher Beziehung, im Verhältnis zu welchem anderen außerhalb seiner selbst wird das Werk produziert?»[27] Erst in diesem Sinn öffnet die Verbindung von Literatur-, Sozial- und Mentalitätsgeschichte neue Perspektiven seines Verstehens.

Literatur

Bachtin, Michail M.: Das Wort im Roman. In: Rainer Grübel (Hg.): Die Ästhetik des Wortes. Frankfurt/M. 1979, S. 154–300.

Berger, Peter L./Luckmann, Thomas: Die gesellschaftliche Konstruktion der Wirklichkeit. Eine Theorie der Wissenssoziologie. Frankfurt/M. 1984.

Bourdieu, Pierre: Der Habitus als Vermittlung zwischen Struktur und Praxis. In: Ders.: Zur Soziologie der symbolischen Formen. Frankfurt/M. 1970, S. 125 bis 158.

Chartier, Roger: Intellektuelle Geschichte und Geschichte der Mentalitäten. In: Ulrich Raulff (Hg.): Mentalitäten-Geschichte. Zur historischen Rekonstruktion geistiger Prozesse. Berlin 1987, S. 69–96.

Graus, Frantisek: Mentalität. Versuch einer Begriffsbestimmung und Methoden der Untersuchung. In: Ders. (Hg.): Mentalitäten im Mittelalter. Methodische und inhaltliche Probleme. Sigmaringen 1987, S. 9–48 (Vorträge und Forschungen XXXV).

Jöckel, Sabine: Die «histoire des mentalités»: Baustein zu einer historisch-soziologischen Literaturwissenschaft. In: Romanistische Zeitschrift für Literaturgeschichte 11 (1987), S. 146–173.

Koselleck, Reinhart: Geschichte, Geschichten und formale Zeitstrukturen. In: Ders.: Vergangene Zukunft. Zur Semantik geschichtlicher Zeiten. Frankfurt/M. 1989, S. 130–143.

Le Goff, Jacques: Les mentalités. Une histoire ambigue. In: Ders./P. Nora: Faire de l'histoire 3. Paris 1974.

Macherey, Pierre: Die literarische Analyse, Grab der Strukturen. In: Ders.: Zur Theorie der literarischen Produktion. Studien zu Tolstoj, Verne, Devoe, Balzac. Darmstadt/Neuwied 1974, S. 48–72.

Müller, Jan-Dirk: Literaturgeschichte/Literaturgeschichtsschreibung. In: Dietrich Harth und Peter Gebhardt (Hg.): Erkenntnis der Literatur. Theorien, Konzepte, Methoden der Literaturwissenschaft. Stuttgart 1982, S. 195–227.

Peters, Ursula: Literaturgeschichte als Mentalitätsgeschichte? Überlegungen zur Problematik einer neueren Forschungsrichtung. In: Germanistik – Forschungsstand und Perspektiven. Vorträge des Deutschen Germanistentages 1984. Hg. von Georg Stötzel. Bd. 2. Berlin/New York 1985, S. 179–198.

Anmerkungen

1 Den Begriff ‹monologisches Schreiben› hat Michail Bachtin in seiner Romanpoetik für Erzählformen vorgeschlagen, die noch nicht das Nebeneinander un-

terschiedlicher Denk- und Redeweisen verschiedener Sprecher kennen, sondern Sprache und Ideologie der epischen Helden mit der des Autors verschmelzen. Demgegenüber beschreibt Bachtin den Roman als dialogische Erzählform, die ganz unterschiedliche Sprechweisen und Ideologien miteinander verbindet (S. 154–300).

2 Im Anschluß an Hagen Schulze: Mentalitätsgeschichte – Chancen und Grenzen eines Paradigmas der französischen Geschichtswissenschaft. In: Geschichte in Wissenschaft und Unterricht 36 (1985), S. 247–271.

3 Vgl. Jöckel.

4 Vgl. dazu vor allem Jöckel und auch Peters.

5 Chartier, S. 91.

6 Müller, S. 211 f.

7 Ausführlicher dazu vgl. Otto Gerhard Oexle: Deutungsschemata der sozialen Wirklichkeit im frühen und hohen Mittelalter. Ein Beitrag zur Geschichte des Wissens. In: Graus (Hg.): Mentalitäten im Mittelalter, insbes. S. 66, 75 u. ö.

8 Vgl. Georges Duby: Die drei Ordnungen. Das Weltbild des Feudalismus. Frankfurt/M. 1981.

9 Georges Duby: Krieger und Bauern. Die Entwicklung von Wirtschaft und Gesellschaft im frühen Mittelalter. Frankfurt/M. 1977, S. 52 ff.

10 Schulze (Anm. 2), S. 259.

11 Graus, S. 16.

12 Graus, S. 17.

13 Wolfgang Fritz Haug: Umrisse zu einer Theorie des Ideologischen. In: Manfred Berentz u. a.: Theorien über Ideologie. Berlin 1979, S. 197.

14 Vgl. Klaus R. Scherpe: «Beziehung» und nicht «Ableitung». Methodische Überlegungen zu einer Literaturgeschichte im sozialen Zusammenhang (am Beispiel der Nachkriegsliteratur). In: Das Argument 137 (1983), S. 10–19.

15 Graus, S. 14.

16 Graus, S. 16.

17 Ausführlicher dazu Werner Röcke: Schreckensort und Wunschwelt. Bilder von fremden Welten in der Erzählliteratur des Spätmittelalters. In: Der Deutschunterricht 44, H. 2 (1992), S. 32–48.

18 Zusammenfassend dazu Le Goff, S. 82.

19 Graus, S. 24.

20 Otto Gerhard Oexle: Die «Wirklichkeit» und das «Wissen». Ein Blick auf das sozialgeschichtliche œuvre von Georges Duby. In: Historische Zeitschrift 232 (1981), S. 61 f.

21 Graus, S. 16.

22 Bourdieu, S. 125.

23 Bourdieu, S. 143.

24 Bourdieu, S. 143.

25 Bourdieu, S. 150.

26 Berger/Luckmann, S. 16.

27 Macherey, S. 70.

Georg Stanitzek

Systemtheorie? Anwenden?

‹Systemtheorie›? – schon das Wort löst in den Literaturwissenschaften nicht selten Ressentiment aus. Denn man pflegt hier ein ambivalentes Verhältnis zu Theorien. Einerseits weiß man sehr wohl, daß es ohne sie nicht geht. Theorie organisiert Beobachtungen am Gegenstand und wird deshalb gebraucht. Andererseits gibt es – aus demselben Grund – ein tiefsitzendes Mißtrauen gegenüber jedweder theoretischen Vorgabe: Wenn diese zwar überhaupt erst eine bestimmte Ordnung aufeinander bezogener Befunde und Argumente gewährleistet, so besteht die Kehrseite darin, daß dann natürlich bestimmte andere Beobachtungen unterbleiben. Deshalb hat man in der Literaturwissenschaft gegenüber jedem Theoriebezug leicht den Vorwurf ‹Textferne› parat – wiewohl sich nicht genau angeben läßt (denn dazu bräuchte man wieder: Theorie), was denn nun die Metaphern ‹Nähe› und ‹Ferne› zu bedeuten haben. ‹Theorie anwenden›, das legt immer den Verdacht nahe, es gehe um die Unterwerfung der Literatur unter einen ‹Systemzwang› – denkbar ungünstige Voraussetzungen für die Anwendung einer Theorie, die auf den Namen *System*theorie getauft ist.

Dabei ließen sich unter diesem Titel präzise Überlegungen gerade zu einer Theorie von Beobachtungsverhältnissen finden.[1] Niklas Luhmann hat vorgeschlagen, *Beobachtung* als Handhabung einer Differenz zu fassen, genauer: Jede Beobachtung vollzieht eine *Unterscheidung*, indem sie die eine – statt der anderen – Seite dieser Unterscheidung bezeichnet. Was beobachtet wird – sei es ein Text, eine Gattung, ein Stilmittel oder ein soziales System –, ist mithin abhängig von der Unterscheidung, deren sich die beobachtende Operation bedient. Das bedeutet freilich zugleich, daß jede Beobachtung einen ‹blinden Fleck› aufweisen muß. Dieser blinde Fleck ist sie selbst; denn sie kann sich nicht selbst beobachten, kommt sie doch selber auf keiner der beiden Seiten der Unterscheidung, die sie verwendet, vor. Was dann noch möglich ist, ist die Beobachtung von Beobachtungen, das Unterscheiden von Unterscheidungen. – Konsequent ist Systemtheorie als Projekt des *rekursiven* Beobachtens, der ‹Beobachtung zweiter Ordnung›, ausgelegt, die es mit der Unterscheidung von Unterscheidungen zu tun hat.

Insofern wäre statt ‹Systemtheorie› der Name ‹Unterscheidungstheorie› vielleicht sogar der treffendere. Als Unterscheidungstheorie weiß die Systemtheorie zugleich, daß es einen privilegierten Beobachterstandpunkt nicht geben kann. Denn auch auf die Beobachtung von Beobachtungen trifft der genannte Sachverhalt zu: daß sie die Unterscheidung, die sie verwendet, nicht auf sich selber anwenden kann. Allenfalls die Unsicherheit dieses Wissens läßt sich gewinnen. Man kann nur darauf setzen, daß sich Unterscheidungen im rekursiven Prozeß des Beobachtens mit Ertrag zueinander ins Verhältnis setzen lassen.

‹Systemtheorie›? Dieser globale Titel setzt zudem einen Akzent, der sachlich nicht in jeder Hinsicht gerechtfertigt ist. Zwar geht es von Haus aus um eine soziologische Theorie, welche die Gesellschaft als umfassendes soziales System sowie einzelne Bereiche – unter ihnen Kunst und Literatur – als soziale Systeme zu beschreiben sucht. Doch sind eine Reihe weiterer Instrumentarien entwickelt worden, die wahrzunehmen sich lohnte: So findet man unter dem Dach der Systemtheorie präzise Hinweise zur Theorie der Kommunikation, der Medien und der Evolution. Innerhalb der komplexen Architektur der soziologischen Theorie behandeln die bislang vorliegenden Überlegungen zur Kunst aber eher Teilaspekte – und die nicht immer mit der wünschenswerten Sorgfalt.[2] Auch ist der Status von ‹Literatur› bisher weder von Luhmann noch von ihn lesenden Literaturwissenschaftlern befriedigend erörtert worden. – In einer Einführung empfiehlt es sich daher nicht, einschlägige Grundbegriffe herzuzählen und zu definieren.[3] Es empfiehlt sich statt dessen wohl doch, sie ‹anzuwenden›, versuchsweise, fallweise – und dabei eine Auswahl weiterer Konzepte vorzuführen: Selektion, Unwahrscheinlichkeit, Kommunikation, Ereignis, Verstehen, Erfolg (einer Kommunikation), System, Code (eines Systems), Programm. Man muß sich nur im klaren sein, daß man auf diesem Weg an Stelle des vollen Umfangs systemtheoretischer Fragen und Begriffe eher den ‹Stil› dieser Fragen und Begriffe zu fassen bekommt.

Zitieren wir also etwas, zum Beispiel folgende – jetzt ‹nahe›-liegende? – Zeile: «*Wie* kann man d i e s e Z e i l e JETZT anwenden?» Literatur? Offenbar kann man sich nicht recht vorstellen, was Nähe – ‹Textnähe› – in Anbetracht dieses Textes bedeuten könnte. Es bleibt nichts übrig als: ihn zu beobachten, ihn zu unterscheiden. Und wir haben damit ja auch bereits begonnen, schon dadurch, daß wir ihn zitiert haben. Denn Zitieren heißt Beobachten, ein Zitat trifft eine Unterscheidung, nämlich die von Text und Kontext. Man hätte sie auch anders treffen können. Man hätte das Zitat auch ‹vollständig› geben können; das wäre aber auch eine Unterscheidung von Text und Kontext. Immer ist diese Unterscheidung die Leistung eines Beobachters, der seinen Gegenstand konstruiert. Das gilt für jeden Textbezug; Texte sind Konstruktionen von Beobachtern, die mit Unterscheidungen operieren, die sich mit wiederum anderen Unterscheidungen beobachten lassen. Immer handelt es sich um eine *Selektion* aus einem Repertoire möglicher Unterscheidungen, die unter ‹Beobachtungsdruck› steht: warum diese und nicht jene?

Nun könnte man einwenden, daß «*Wie* kann man *d i e s e Z e i l e* JETZT anwenden?» sich bereits selbst unterscheidet – z. B. von anderen Sätzen –, daß die zitierte Zeile insofern zwar als Konstruktion eines Beobachters begriffen werden kann, aber eben doch nicht als beliebige. Vielmehr wäre der Spielraum der zu treffenden Beobachtungen dadurch eingeschränkt, daß sie eben auf diese Zeile zutreffen oder nicht zutreffen. Das setzt voraus, daß man die Differenz von Gegenstand und Beobachtung ansetzt, eine Unterscheidung der Beobachtung zweiter Ordnung also. Doch die in dieser Unterscheidung implizierte Unterstellung, daß der Gegenstand der Beobachtung selbst (s)einen Unterschied macht, kommt ihrerseits nur zum Tragen, wenn sie von einer eigenen Beobachtung (Unterscheidung) des Gegenstands ausgeht. Aber von welcher?

Das Problem, das man mit der Unterscheidung der zitierten Zeile hat, liegt nicht zuletzt darin, daß sie kaum eine Interpretation auszuschließen scheint. Daran ändert sich auch dann nichts, wenn man den Eintrag in Lichtenbergs «Sudelbuch» vollständig zur Kenntnis nimmt: «*Wie* kann man *d i e s e Z e i l e* JETZT anwenden? N[ota] B.[ene!] ein heurist.[isches] Mittel (£ion)» (L 858).[4] Im Gegenteil: Zwar mag sich auf Grund dieses Zusatzes der Eindruck einstellen, daß hier nur einer jener zahlreichen Imperative vorliegt, mit welchen Lichtenberg sich in seinen «Sudelbüchern» zu bestimmten intellektuellen Verhaltensweisen anzuhalten suchte. Man hätte dann nur auf Zeilen zu beziehen, was sich andernorts über Bücher gesagt findet: «*Wenn du ein Buch oder eine Abhandlung gelesen hast, so sorge dafür(,) daß du es nicht umsonst gelesen haben magst; abstrahiere dir immer etwas daraus zu deiner Besserung, zu deinem Unterricht oder für deine Schriftsteller-Ökonomie*» (J 2070), und wenn so zu lesen wäre, dann wüßte man, was es mit ‹Anwenden› auf sich hat: Bei allem, was man liest, sollte man die Anwendung des Gelesenen im Auge behalten. Aber wenn überhaupt etwas, dann wird wohl eben diese Lektüre von der zitierten Zeile ausgeschlossen, und zwar durch die Betonung: «*d i e s e Z e i l e*», was ja heißt:

‹keine andere, sondern eben diese›. Oder sollte sich das auf eine Zeile beziehen, von der wir nichts wissen sollen, so daß wir hier als Leser ‹ausgeschlossen› werden? Zugleich wird jedoch ausgeschlossen, daß nicht jegliche andere Anwendung eingeschlossen werden kann. So könnte man ‹diese Zeile› etwa anwenden, indem man – das hervorgehobene ‹Jetzt› ließe sich als Aufforderung dazu lesen – die in ihr verwendeten Wörter befragte: « *Wie viele Fälle sind hier möglich? Wie kann man* das Wort nehmen? in wie vielerlei Sinn. NB.» (L 829) Man könnte freilich mit gleichem Recht – eben weil keine Einschränkung des Wortsinns dies verbietet – versuchen, das ‹Gewicht› der fraglichen Zeile zu ermitteln: «Einen leeren Bogen vollkommen trocken zu wiegen(,) alsdann (mit: « *Wie* kann man *diese Zeile* JETZT anwenden?», G. S.) vollzuschreiben(,) wieder zu trocknen, und wieder zu wiegen.» (J 1461) Und nichts hinderte, noch weiter zu gehen und die Zeile ‹anzuwenden›, indem man folgenden Imperativ auf sie bezöge: *«Etwas dabei zu tun oder zu denken(,) was noch kein Mensch in der Welt je dabei getan oder gedacht hat.»* (L 20), usw. Und das sollte ein ‹heuristisches Mittel› sein?

Die Systemtheorie Luhmanns versucht, ihre Gegenstände – im Zuge ‹funktionaler Analyse› [5] – vor dem Hintergrund ihrer *Unwahrscheinlichkeit* zu begreifen: Sachverhalte, so selbstverständlich sie wirken mögen, als unwahrscheinlich zu setzen, um sich sodann zu fragen, wie sie gleichwohl möglich sind. Zum Beispiel liegt es nahe, Lichtenbergs Frage als mißlungenes, nicht zu Ende gedachtes Aperçu abzutun, das ‹nur den normalen Verkehr aufhält›. Wie kommt es überhaupt dazu, daß es gerechtfertigt erscheinen kann, sich mit einem solchen Sprachgebilde ernsthaft zu beschäftigen? Aber die damit unterlegte Normalitätsannahme ist noch zu unscharf. Eine besser kontrollierte Vergleichshinsicht ergibt sich, wenn man den Satz als sozialen Sachverhalt ansetzt, nämlich als *Kommunikation.* [6] Systemtheorie faßt kommunikative Ereignisse als die elementaren Einheiten, in denen sich Gesellschaft vollzieht, indem Kommunikationen an Kommunikationen anknüpfen und weitere Kommunikationen veranlassen. Versuchen wir, die Eintragung Lichtenbergs als Kommunikation zu begreifen. Die Einheit einer Kommunikation ist jeweils die Einheit dreier Selektionen: einer *Information*, als Auswahl aus einem Bereich möglicher Informationen; einer *Mitteilung*, als Wahl der Kundgabe dieser Information; eines *Verstehens*, dessen Selektionsleistung in der Bestimmung der Differenz von Information und Mitteilung besteht. Minimalbedingung für das Eintreten des Ereignisses Kommunikation ist also, daß Information und Mitteilung als Differenz verstanden werden können. Nur so macht Kommunikation einen Unterschied, z. B. von Geräuschen oder Gekritzel, nur so kommt sie zustande.

Daß sie zustande kommt, ist nun aber selber als unwahrscheinlich anzusehen, und diese Unwahrscheinlichkeit läßt sich offenbar auch als diejenige von « *Wie* kann man *d i e s e Z e i l e* JETZT anwenden?» begreifen. Denn wie kann man diese Zeile verstehen, wenn Verstehen heißt, Information und Mitteilung zu unterscheiden? Man könnte den Satz ja übersetzen mit: ‹Welche Information liegt darin, daß jetzt hiermit eine Mitteilung erfolgt?› Weil so aber die Unterscheidung von Information und Mitteilung nicht möglich ist, wäre es auch die Kommunikation nicht. Noch bevor es überhaupt zu irgendeiner Art von Verstehen käme, würde unser Notat als unverständliches Objekt allenfalls flüchtig wahrgenommen und dann schlicht beiseite gelassen. So käme es gar nicht dazu, daß dieser Text – neben der des Verstehens – eine weitere Unwahrscheinlichkeitsschwelle, von der jede Kommunikation betroffen ist, überwinden könnte. Dabei geht es um die erfolgreiche *Annahme* der Kommunikation im Unterschied zur *Ablehnung*, darum, daß der von einer Kommunikation seligierte Sinn dann auch von folgenden Kommunikationen aufgenommen wird (so daß Lichtenbergs Satz z. B. zum Ausgangspunkt für weitere Reflexionen über Sätze würde) – selbst ein noch so verständliches Argument muß ja damit rechnen, daß ein ‹Nein› folgt.

Bedenkt man, daß maßgebliche Lichtenberg-Editionen lange auf eine Wiedergabe von « *Wie* kann man *d i e s e Z e i l e* JETZT anwenden?» verzichtet haben, erscheinen diese Überlegungen nicht mehr als ‹rein theoretisch›. Der Sachverhalt verweist vielmehr auf ein weiteres Unwahrscheinlichkeitsmoment: daß Kommunikation ihren Empfänger überhaupt erreicht. Doch sind diese Überlegungen natürlich hypothetischer Natur. Denn wir versuchen ja jetzt, diese merkwürdige Zeile zu verstehen. Man gibt ihr damit geradezu Autorität, indem man nämlich unterstellt, daß sie einen Unterschied macht, der erheblich und daher nachzuvollziehen ist. Und mehr noch: Selbst der anscheinend äußerst unwahrscheinliche Fall ihrer Annahme, ihres ‹Erfolgs› als Kommunikation liegt vor, denn wir verstehen nicht nur irgendwie ihren Sinn, sondern machen ihn darüber hinaus fast zum Kriterium der Frage, was sich mit Systemtheorie anfangen läßt. Wie ist das überhaupt möglich? Es kann hier nicht darum gehen, die bezeichnete Unverständlichkeit der Zeile zu verharmlosen, sondern nur darum, wie dieses Unverständliche, entgegen dem erwartbaren Normalfall, Verstehensbemühungen herausfordert und ihnen Aussicht auf Erfolg verspricht.[7]

Das heißt zunächst: Wie ist Verstehen hier möglich, wenn es nur als Unterscheidung von Mitteilung und Information vollzogen werden kann? Offenbar muß im Fall unserer vertrackten Zeile die Unterscheidung anders getroffen werden als bislang angenommen. Sie läßt sich nur treffen, wenn man von einer speziellen Modellierung der Kommunikation ausgeht, nämlich: daß hier die Mitteilung über sich selber informiert, und zwar nicht darüber, *daß* sie stattfindet – denn das wäre trivial im Sinne der beschriebenen ‹stupiden› Unverständlichkeit –, sondern *wie* sie stattfindet. Hier macht nämlich – anders als sonst – der Satz auf sein Medium, auf die Buchstaben aufmerksam, aus denen er besteht. «Man liest nicht die Buchstaben, sondern (...) die Worte» [8], meint der Wissenschaftler. «Der Leser sei aufrichtig: hat er nicht sogar jetzo, da ich darüber zanke, vergessen, daß er hier Buchstaben vor sich hat und sein Ich dazu?» [9], bemerkt hingegen der Schriftsteller und verfährt damit in einer Lichtenbergs Zeile vergleichbaren Weise. Die Information liegt in der *Form* der Mitteilung; und die Unterscheidung von Mitteilung und Information wird als Unterscheidung der Form getroffen. Daß Lichtenbergs Frage verstanden wird, setzt damit voraus, daß es sich um eine Kommunikation handelt, die auf die Beobachtung von Form hin lenkt. Nur unter dieser Voraussetzung vermag die von jener Zeile ausgehende Unsicherheit, statt Ärger auf sich zu ziehen, als Qualität (der Form) [10] erscheinen.

Nichts anderes ist gemeint, wenn Systemtheorie von Kunst oder von Literatur als sozialem *System* handelt [11]: daß Kommunikationen an Kommunikationen anknüpfen, in denen auf Form hin orientierte Beobachtungen sich rekursiv aufeinander beziehen, so daß Formen damit rechnen können, als solche einen – ‹ihren› – Unterschied zu machen. So beobachten etwa Lichtenbergs Notizen die Maximen des französischen Moralisten La Rochefoucauld (vgl. J 283), und so werden wiederum diese Notizen von Goethe und den Romantikern beobachtet. Analog zu anderen sozialen Systemen, die aus kommunikativen Ereignissen bestehen [12] und sich in kommunikativen Ereignissen fortzeugen, läßt sich auch die Kunst begreifen: Ihre Elemente sind als Kommunikationen in einen Prozeß eingebunden, in dem sie in der rückgreifenden Beobachtung vorausgegangener Formen ihr abweichendes Profil bestimmen und im Vorgriff unterstellen können, mit dieser Kontur für künftige Beobachtungen einen Unterschied zu machen.

Wenn es in diesem Kommunikationssystem um Form geht, ist damit das, was man sonst der Form als ‹Inhalt› entgegenzusetzen pflegt, keineswegs ausgeschlossen. Im Gegenteil hat man allen Grund, Lichtenbergs «JETZT» jenes «*Jetzt*» an die Seite zu stellen, das Hegel zehn Jahre später gegen die Common sense-Vorstellung von der ‹sinnlichen Gewißheit› angeführt hat: «Auf die Frage: *was ist das Jetzt?* antworten wir also zum Beispiel: *das Jetzt ist die Nacht.* Um die Wahrheit dieser sinnlichen Gewißheit zu prüfen, ist ein einfacher Versuch hinreichend. Wir schreiben diese Wahrheit auf (...). Sehen wir *jetzt, diesen Mittag*, die aufgeschriebene Wahrheit wieder an, so werden wir sagen müssen, daß sie schal geworden ist.» [13] Aber selbst wenn man vermuten kann, daß mit «*Wie* kann man *diese Zeile* JETZT anwenden?» eine analoge Analyse des ‹Jetzt› vorliegt, so macht diese Vermutung doch in diesem Zusammenhang nur Sinn, insofern sie Auskunft über die spezifische Organisation dieser Zeile verspricht; und die läge dann gerade im extremen Unterschied zu einem philosophischen Text, in welchem das Jetzt-Argument bloß als Durchgangsstation auf dem Weg zur Wahrheit des Geistes dient – während es in unserer Zeile in seiner Gleichgültigkeit gegenüber Nacht und Mittag rätselhaft-beharrlich auf sich selbst verweist. Das wird dem Philosophen schal erscheinen, aber Themen und Motive kommen im Kommunikationszusammenhang der Kunst letztlich nur im Hinblick auf Form in Betracht. «Le bon goût vient plus du jugement que de l'esprit», schreibt La Rochefoucauld [14]; «Verstand faßt Theorie sehr gut; Judicium entscheidet über die Anwendung. Daran fehlt es sehr vielen Menschen, und öfters den größten Gelehrten und Theoretikern am meisten», variiert Lichtenberg (K 68). Sosehr die Themen Urteilskraft oder Anwendung als solche die wissenschaftliche Kommunikation faszinieren mögen, schon diese Sätze so zusammenstellen heißt, die Themenselektion auf die Kommunikation der Form hin zu beobachten.

Ein System, in dem die Lichtenberg-Zeile als Kommunikation von Form beobachtet wird, muß ein codiertes System sein. [15] Denn mit dem Bezug auf Form ist nur gewährleistet, daß sich das Verstehen in Anbetracht jener zunächst beliebig erscheinenden Frage nach einer Anwendung nicht in allen erdenklichen Anwendungen ergeht. Prinzipiell ließe sich aber alle und jede Kommunikation unter dem Gesichtspunkt des genannten Formbegriffs sehen. Hat nicht jeder Satz eine Form? Warum diese und nicht jene? Und wenn das offenbleibt: Warum überhaupt? Form an sich kann kein Wert sein, es geht vielmehr um *gelungene* Form, und selbst diese ist als ‹Wert› nicht adäquat begriffen, sondern wiederum nur als Moment einer Unterscheidung: ‹gelungen/mißlungen›, ‹überzeugend/verfehlt›, ‹schön/häßlich› oder wie immer man die beiden Seiten dieser Unterscheidung auszeichnen möchte. Sie fungiert als *Code* des Kunstsystems, als Leitunterscheidung, die von jeder Kommunikation im System getroffen werden muß. Eben darin hat das System seine Einheit; nur indem es sich auf den Code – wie implizit auch immer – zurückbezieht, unterscheidet es sich selbst und bestimmt so im Prozeß der Kommunikation auf autonome Weise, wo seine Grenzen liegen, d. h.: was es selbst und was – im Unterschied dazu – seine *Umwelt* ist. Nur in dieser Differenz hat das System seine Identität (im Unterschied zu anderen sozialen Systemen, etwa zur Wissenschaft, deren Kommunikationen mit ‹wahr/falsch› codiert sind). Genau das war gemeint, wenn wir oben festgehalten haben, daß es nicht nur um das Verstehen, sondern in einem zweiten Schritt um die Differenz von Annahme und Ablehnung geht: Erfolg oder Mißerfolg einer Kommunikation ergeben sich darin, wie sie auf den Systemcode bezogen werden.

Über den Erfolg von « *Wie* kann man *d i e s e Z e i l e* JETZT anwenden?» ist damit natürlich noch nichts gesagt. Es sind wiederum nur die Bedingungen angegeben, unter denen das Unwahrscheinliche wahrscheinlich wird, d.h. nun: ein so merkwürdiger Satz (jenseits bloßen Verstehens) zur Prämisse für weitere Kommunikationen werden kann. Mit dieser Wahrscheinlichkeit ist keine Erfolgsgarantie verbunden, denn Kommunikation ist – im durch den Code geschlossenen System – ein offener Prozeß. Unter der Voraussetzung des Codes – daß es also um gelungene (statt mißlungene) Formen geht, an die man anknüpft und auf die man zurückgreifen kann – entfaltet sich das Spiel eines Kommunikationsprozesses mit großer Beobachtungssubtilität und entsprechendem formbezogenen Unterscheidungsreichtum: Unterscheidungen von Gattungen, von Stilen und Stilepochen, von Werken und Autoren. In diesem Spiel werden mit diesen Unterscheidungen auch allererst die Kriterien erzeugt, nach deren Maßgabe die Annahme (oder Ablehnung) erfolgt. Solche Kriterien sind als *Programme* vom Code wohl zu unterscheiden.[16] Denn der Code ‹gelungen/verfehlt›, ‹schön/häßlich› informiert ja seinerseits nicht darüber, was denn nun als gelungen und schön überzeugt und was nicht.

Zum Beispiel? Lichtenbergs Sudelbuch-Einträge gelten heute als Startpunkt der deutschen Aphoristik, ihr Autor ist Klassiker, was zur Folge hat, daß man sich die Frage, ob es sich um ein ‹gelungenes› Werk handelt, nicht mehr unbedingt stellt.[17] Im frühen 19. Jahrhundert hat ein Autor wie Schleiermacher das noch anders gesehen. Er bemängelt an Lichtenberg «eine gewisse Unfähigkeit(,) sich zu allgemeinen und großen Ideen zu erheben», und vermißt unter diesen Ideen insbesondere die des ‹Ganzen›: Lichtenbergs Schriften führten nicht auf eine «Darstellung des ganzen Menschen unter einer gewissen Einheit»;

statt dessen finde man verstreute Bemerkungen etwa über «gewisse Hülfsmittel der Erfindung» (‹heuristische Mittel›), und von denen kämen «auch nur ein Paar witzige Anwendungen vor»; Lichtenberg habe «in artistischer Hinsicht eben so wenig (wie in autobiographischer; G. S.) ein Ganzes ins Auge fassen» können.[18] Schleiermachers Urteil folgt einem Programm, dem zufolge man Form mit Hilfe der Unterscheidung ‹Ganzes/Teile› zu beobachten hat. Nur was ein Ganzes bildet, kann als gelungen gelten.

Es ist wenig angebracht, sich über dieses Urteil einfach lustig zu machen. Zum einen hat auch die Literaturwissenschaft abschätzige Wertungen des Aphorismus – als Genre insgesamt – sehr lange tradiert.[19] Zum anderen wird man Schleiermachers Beobachtung zugute halten müssen, daß sie – unter Voraussetzung der verwendeten Unterscheidung, wie sonst? – zutreffend ist. Denn in der Tat widersprechen Texte wie die hier erörterte Zeile dem, was man sich um 1800 unter Aphorismus oder Fragment vorzustellen pflegte. Eine anregende ‹Dunkelheit› und Unverständlichkeit mochte man durchaus von ihnen erwarten; aber immer waren sie als Teile eines Ganzen zu verstehen, sei es im Stil der Aufklärung (als Teil eines vernünftigen Diskurses), sei es im frühromantischen Stil des Novalis (als Teil eines umfassenden Kunstwerks).[20] Von beidem kann in Anbetracht der zitierten Zeile keine Rede sein. Wenn man sie dennoch der Rede wert erachtet, so könnte man ihre Qualität darin sehen, daß hier der Aphorismus die Verpflichtung auf ein an Mündlichkeit – etwa das ‹bon mot› der Konversation – gebundenes Stilideal aufkündigt. Mit «*Wie* kann man d i e s e Z e i l e JETZT anwenden?» exponiert sich die Form im Medium der Buchstaben, die Kommunikation im Medium der Schrift. Der Rückverweis auf den Schriftcharakter zieht die Verweisungen auf einen umfassenden ‹ganzen› Sinn ein. Er leistet damit zugleich eine Vereinsamung des Textes als Text, dessen Unverständlichkeit den Beobachter herausfordert, nämlich die Beobachtung von Beobachtungen erzwingt und gestattet. – ‹Textnähe›? Wenn man die fragliche Zeile auf solche Weise als gelungene Form auszeichnet, so basiert natürlich auch das auf einem Beobachtungsprogramm – nur daß jetzt ‹Schriftlichkeit/Mündlichkeit›, ‹verständlich/unverständlich› als Unterscheidungen dienen. Es handelt sich also um kein letztes Wort, denn Kommunikation ist ein offener Prozeß.

So könnte man diese Theorie anwenden. Doch haben wir nicht im Lauf unserer von Systemtheorie geleiteten Fragen en passant ‹erschlichen›, daß es sich bei jener Zeile um eine Kommunikation handelt und daß es darauf ankommt? Wird damit nicht überspielt, daß statt dessen einfach eine Notiz, genauer: eine im strengen Sinn private Bemerkung ihres Verfassers vorliegt? Man könnte ja vermuten, daß Lichtenberg selber diese letztere Lektürevariante beglaubigt, indem er in der hinzugesetzten ‹Erläuterung› – «N[ota] B.[ene!] ein heurist.[isches] Mittel (£ion)» – mit dem in Klammern gesetzten «£ion» gleichsam höchstpersönlich unterzeichnet. Was «£ion» heißt, läßt sich nicht präzise angeben; doch weiß man soviel, daß damit eine Chiffre vorliegt, welche Lichtenberg gelegentlich – z. B. wenn es um Sex geht – verwendet, um sich selbst zu bezeichnen. Man könnte einwenden, daß dies die Annahme, es gehe bei jener Zeile um die Beobachtung von Kommunikation, entscheidend relativiert. Es wäre womöglich zu folgern, daß man es hier eben mit L., Lichtenberg oder £ion, zu tun hat, mit diesem menschlichen Individuum, das sich selbst – und für sich selbst – chiffriert und auf das man daher zurückzugehen hätte, wenn man seine Aktivitäten verstehen will. Die zitierte Zeile wäre demgemäß primär als Handlung aufzufassen und auf die Intentionen, das Bewußtsein des Individuums zurückzuführen. Man hätte also – statt Kommunikationsprozesse – den Urheber zu erforschen, um solche Zeilen adäquat zu beobachten. Insofern wären diese denn doch als ‹Teile› eines umfassenden ‹Ganzen›, des Individuums nämlich, zu fassen.

Dieser Einwand stimmt mit einem grundsätzlichen überein, den Literaturwissenschaftler gegen die Systemtheorie Luhmanns erhoben haben: Statt als Kommunikationen seien die Elemente des Sozialsystems Literatur als «literarische Handlungen» anzusetzen und auf Individuen zurückzurechnen, welche wechselseitig ihre «Handlungen intentionsgerecht interpretieren».[21] Nun würde sicher niemand, auch kein Systemtheoretiker, bestreiten, daß Lichtenberg vermutlich am besten wußte, was er gemeint hat. Auch ist es selbstverständlich möglich, darüber zu kommunizieren, ob und inwiefern bestimmte Formen einen individuellen Stil charakterisieren. Das geschieht aber als Kommunikation im Kommunikationssystem, und Luhmann hält daran fest, daß ein Kommunikationssystem ein autonomes System ist, das nur aus Kommunikationen besteht, keineswegs aus Menschen. Menschliche Individuen – Systemtheorie spricht von ‹Bewußtseinen› bzw. psychischen Systemen – gehören vielmehr in die Umwelt eines solchen Systems.[22] Sie können, mitsamt ihrem Selbstverständnis, ihren eventuellen Intentionen oder Bedürfnissen, nur in der Kommunikation von der Kommunikation konstruiert werden, nicht in sie ‹eingehen›.

Auch der Autor eines Textes ist in dieser Hinsicht in keiner anderen, dem Leser gegenüber privilegierten Lage. Zwar notiert Lichtenberg gelegentlich bestimmter Sudelbuch-Einträge in Klammern: «Ich verstehe mich» (z.B. Miszellen-Heft 36 und L 790), und er tut das gerade an Stellen, deren Formulierung in ihrer Vorläufigkeit und mangelnden Ausführung zu wünschen übrig läßt, so daß man übersetzen könnte: «soli mihi» (J 1051), ‹das ist nur für mich selbst gesagt, doch ich (£ion) verstehe, was ich hier intendiere›. Aber die damit behauptete Selbstverständlichkeit ist offenbar keineswegs garantiert; an anderer Stelle reduziert sie sich auf eine Hoffnung: *«In dem, was ich hier sage(,) ist mehr(,) als ich auszudrücken imstande bin. Ich werde mich aber hoffentlich immer wieder verstehen, wenn ich dieses lese.»* (J 1738) Und diese Hoffnung kann trügen, da es selbst über zweifellos gelungene Formulierungen heißt: «Wenn ich zuweilen in einem meiner alten Gedankenbücher einen guten Gedanken lese, so wundere ich mich, wie er mir (...) so fremd hat werden können, und freue mich nun so darüber, wie über einen Gedanken eines meiner *Vorfahren.*» (K 44) Damit ist nun aber gesagt, daß auch für den Autor selber die ‹eigenen› Notate nur als Kommunikation in Betracht kommen, daß er also darauf verwiesen ist, Mitteilung und Information zu unterscheiden und daraus seine Schlüsse zu ziehen, und daß insofern die Sudelbücher, noch bevor sie weitere Leser finden, Momente eines Kommunikationsprozesses geworden sind.[23] Und nur in ihm – denn anders können sich die Vorfahren nicht zu Wort melden – läßt sich ausmachen, was ‹gemeint› sein könnte; der Rückgang auf der Kommunikation vorausliegende etwaige Intentionen hilft nicht weiter.

Wie kann man Systemtheorie jetzt anwenden? Eingangs wurde bemerkt, daß die Suche nach ‹Textnähe› in der Literaturwissenschaft mit einer ambivalenten Einstellung zu Theorien verbunden ist. Nichtsdestoweniger findet eine ebenso neugierige wie rasche Rezeption jeglicher Art Theorie statt – von den einen als lebendige Debatte begrüßt, von den anderen als bloßes ‹Theoriekarussell› abgetan. Möglicherweise gehört dieser Sachverhalt selbst zu jener Ambivalenz. Denn auch für die Beobachtung von Texten gilt, was schon Lichtenberg wußte: «Man muß etwas Neues machen(,) um etwas Neues zu sehen.» (J 1770) Und manches spricht dafür, daß sich gerade im Zuge der neuen Beobachtung jener Effekt einstellt, den die Nähe-Metapher eher umschreibt als begreift. Vielleicht führt das einerseits zu Flüchtigkeit, mitunter auch Verantwortungslosigkeit im Umgang mit Theorie. Darunter hätte dann nicht zuletzt Systemtheorie zu leiden, denn sie eignet sich aufgrund ihrer komplexen Begrifflichkeit nicht für schnellen Konsum. Andererseits wird man festhalten wollen: «Es ist sehr gut, die von andern hundertmal gelesenen Bücher immer noch einmal zu lesen, denn obgleich das Objekt einerlei bleibt, so ist doch das Subjekt verschieden.» (H 54) Verschieden ist es eben nur, weil es unterschiedlich beobachtet. Systemtheorie bietet sich an, das zu beobachten.

Literatur

Bibliografia delle opere di Niklas Luhmann. In: Claudio Baraldi/Giancarlo Corsi/Elena Esposito: GLU. Glossario dei termini della teoria dei sistemi di Niklas Luhmann. Urbino 1991, 173–195 (Schriftenverzeichnis bis inklusive 1989).

Fohrmann, Jürgen: Der Kommentar als diskursive Einheit der Wissenschaft. In: Ders./Harro Müller (Hg.): Diskurstheorien und Literaturwissenschaft. Frankfurt/M. 1988, S. 244–257.

Geitner, Ursula: Die «Beredsamkeit des Leibes». Zur Unterscheidung von Bewußtsein und Kommunikation im 18. Jahrhundert. In: Das achtzehnte Jahrhundert 14 (1990), S. 181–195.

Gumbrecht, Hans Ulrich: Pathologien im Literatursystem. In: Dirk Baecker et al. (Hg.): Theorie als Passion. Niklas Luhmann zum 60. Geburtstag. Frankfurt/M. 1987, S. 137–180.

Hörisch, Jochen: Die verdutzte Kommunikation. Literaturgeschichte als Problemgeschichte. In: Merkur 45 (1991), S. 1096–1104.

Jäger, Georg: Die Avantgarde als Ausdifferenzierung des bürgerlichen Literatursystems. Eine systemtheoretische Gegenüberstellung des bürgerlichen und avantgardistischen Literatursystems mit einer Wandlungshypothese. In: Michael Titzmann (Hg.): Modelle des literarischen Strukturwandels. Tübingen 1991, S. 221–244.

Luhmann, Niklas: Einführung in die Systemtheorie. Vorlesung im Wintersemester 1991/92 auf Tonband-Cassetten [14 Cassetten à 90 Minuten]. Heidelberg 1992.

Meyer, Friederike/Ort, Michael: Literatursysteme – Literatur als System. Eine theoretische Vorbemerkung. In: SPIEL 9,1 (1990), S. 1–14.

Müller, Harro: Systemtheorie und Literaturwissenschaft. In: Klaus-Michael Bogdal (Hg.): Neue Literaturtheorien. Eine Einführung. Opladen 1990, S. 201–217.

Schönert, Jörg: Gesellschaftliche Modernisierung und Literatur der Moderne. In: Christian Wagenknecht (Hg.): Zur Terminologie der Literaturwissenschaft. Stuttgart 1986, S. 393–413.

Schwanitz, Dietrich: Systemtheorie und Literatur. Ein neues Paradigma. Opladen 1990.

Anmerkungen

1 Niklas Luhmann: Die Wissenschaft der Gesellschaft. Frankfurt/M. 1990, S. 73 ff.

2 Zu einigen wichtigen Einwänden in dieser Richtung s. Klaus W. Hempfer: Schwierigkeiten mit einer «Supertheorie»: Bemerkungen zur Systemtheorie

Luhmanns und deren Übertragbarkeit auf die Literaturwissenschaft. In: SPIEL 9 (1990), S. 15–36; allerdings macht es wenig Sinn, Luhmanns Systemtheorie, die sich ihre selbstreferentielle Verfassung zugute hält, einfach diese Verfassung vorzuwerfen.

3 Zur Klärung allgemeiner Begriffe grundlegend: N. Luhmann: Soziale Systeme. Grundriß einer allgemeinen Theorie. Frankfurt/M. 1984.

4 Lichtenberg-Zitate folgen der Ausgabe: Georg Christoph Lichtenberg, Schriften und Briefe. Hg. von Wolfgang Promies. Bd. 1 und 2. München 1968 und 1971. Editionen sind ihrerseits Beobachtungen – Unterscheidungen dessen, was geschrieben steht –, Beobachtungen, die möglicherweise auch anders ausfallen können. Die Hervorhebungen in Lichtenbergs Handschrift ließen sich meiner Ansicht nach auch so wiedergeben: «*Wie* kann man *diese Zeile* jetzt anwenden?» (vgl. Sudelbuch L. Niedersächsische Staats- und Universitätsbibliothek Göttingen, Cod. Ms. Lichtenberg IV, 33, S. 221). Weil «JETZT»/«jetzt» für unsere Lektüre keinen erheblichen Unterschied macht, halten wir das hier nur ‹für alle Fälle› fest und zitieren auch im folgenden den Text der vorliegenden Edition.

5 Der jeweilige Gegenstand wird dabei der Annahme ausgesetzt, er lasse sich als ‹kontingent›, d. h. als auch anders möglich oder auch als nicht notwendigerweise existent beschreiben: *«Es ist ein gutes Erfindungsmittel(,) sich aus einem Systeme gewisse Glieder wegzudenken, und aufzusuchen, wie sich das übrige verhalten würde: zum Ex.(empel:) man denke sich das Eisen aus der Welt weg, wo würden wir sein: dieses ist ein altes Exempel.»* (J 1571; vgl. L 883, aber auch Ovid: Metamorphosen 1, 89–150) Man könnte also auch fragen, wie es sich verhielte, wenn man sich «*Wie* kann man *diese Zeile* JETZT anwenden?» wegdächte; womit man die Frage nach der Unwahrscheinlichkeit aber wohl nur verlagert hätte.

6 Vgl. zum folgenden N. Luhmann: Soziale Systeme, a. a. O., S. 191 ff und 216 ff.

7 Vgl. das Interesse der Kritischen Theorie am Kunstwerk als «Flaschenpost» (Theodor W. Adorno: Philosophie der neuen Musik. In: Ders.: Gesammelte Schriften. Bd. 12, Frankfurt/M. 1975, S. 126) und das Interesse der Dekonstruktion an einem Zettel, auf dem «‹Ich habe meinen Regenschirm vergessen.›» steht (Jacques Derrida: Sporen. Die Stile Nietzsches. In: Werner Hamacher [Hg.]: Nietzsche aus Frankreich. Frankfurt/M. 1986, S. 129–168, insbesondere S. 158 ff).

8 N. Luhmann: Das Medium der Kunst. In: Delfin VII, 4. Jg., H. 1 (Dezember 1986), S. 6–15, hier S. 7; literarische Kunstwerke erscheinen dann als Ausnahmen von der Regel (S. 9).

9 Jean Paul: Blumen-, Frucht- und Dornenstücke oder Ehestand, Tod und Hochzeit des Armenadvokaten F. St. Siebenkäs. In: Ders.: Werke in drei Bänden. Hg. von Norbert Miller, m. e. Nachwort von Walter Höllerer. Bd. 1. München 1969, S. 449–864, hier S. 545.

10 Die dann ihrerseits wiederum als Organisationsform einer Mehrzahl von Formen verstanden werden kann, ja muß; vgl. dazu allg. N. Luhmann: Weltkunst. In: Ders. et al.: Unbeobachtbare Welt. Über Kunst und Architektur. Bielefeld 1990, S. 7–45.

11 Vgl. N. Luhmann: Das Kunstwerk und die Selbstreproduktion der Kunst. In: Hans Ulrich Gumbrecht/K. Ludwig Pfeiffer (Hg.): Stil. Geschichten und Funktionen eines kulturwissenschaftlichen Diskurselements. Frankfurt/M. 1986, S. 620–672.

12 Laut Luhmann sind solche Kommunikationen etwa: Zahlungen im Wirtschaftssystem, Liebeserweise in der Liebe, Publikationen in der Wissenschaft.

13 Georg Wilhelm Friedrich Hegel: Phänomenologie des Geistes. In: Ders.: Werke. Hg. von Eva Moldenhauer und Karl Markus Michel. Bd. 3. Frankfurt/M. 1970, S. 84.

14 La Rochefoucauld: Maximes (...). In: Ders.: Œuvres complètes (Bibliothèque de la Pléiade). Paris 1964, S. 438, Nr. 258.

15 Vgl. N. Luhmann: Ist Kunst codierbar? In: Ders.: Soziologische Aufklärung 3: Soziales System, Gesellschaft, Organisation. Opladen 1981, S. 245–266; Ders.: «Distinctions directrices». Über Codierung von Semantiken und Systemen. In: Ders.: Soziologische Aufklärung 4: Beiträge zur funktionalen Differenzierung der Gesellschaft. Opladen 1987, S. 13–31.

16 Vgl. ebd., S. 252f, sowie Ders.: Das Kunstwerk und die Selbstreproduktion der Kunst, a.a.O., S. 647.

17 Und dabei dann leicht vergißt, daß es sich auch beim ‹Klassiker› um die Anwendung einer Unterscheidung im Kommunikationsprozeß handelt, nämlich der Unterscheidung von wiederholter/einmaliger Lektürewürdigkeit; vgl. Georg Stanitzek: «0/1», «einmal/zweimal» – der Kanon in der Kommunikation. In: Bernhard J. Dotzler (Hg.): Technopathologien. München 1992, S. 111–134.

18 Friedrich Daniel Ernst Schleiermacher: Rezension: G. C. Lichtenberg's vermischte Schriften (...). Göttingen 1800, 1801. In: Aus Schleiermachers Leben. In Briefen. Hg. von Wilhelm Dilthey. Bd. 4. Berlin 1863, S. 561–567.

19 Vgl. Giulia Cantarutti: Aphoristikforschung im deutschen Sprachraum. Frankfurt/M.–Bern–New York–Nancy 1984.

20 Vgl. Dirk Schröder: Fragmentpoetologie im 18. Jahrhundert und bei Friedrich von Hardenberg. Untersuchungen zur vergleichenden Rekonstruktion der impliziten Poetologie von Aphorismus und Fragment im ausgehenden 18. Jahrhundert. Diss. Kiel 1976.

21 So Siegfried J. Schmidt: Die Selbstorganisation des Sozialsystems Literatur im 18. Jahrhundert. Frankfurt/M. 1989, S. 56 und 44.

22 Vgl. N. Luhmann: Wie ist Bewußtsein an Kommunikation beteiligt? In: Hans Ulrich Gumbrecht/K. Ludwig Pfeiffer (Hg.): Materialität der Kommunikation. Frankfurt/M. 1988, S. 884–905.

23 Insofern kann sich – so merkwürdig es im Kontrast zu unseren Sprachgewohnheiten auch klingt – Kommunikation zum Beispiel auch bei der Benutzung von Zettelkästen ereignen; vgl. N. Luhmann: Kommunikation mit Zettelkästen. Ein Erfahrungsbericht. In: Horst Baier et al. (Hg.): Öffentliche Meinung und sozialer Wandel. Für Elisabeth Noelle-Neumann. Opladen 1981, S. 222–228 – ein Text, der nicht nur an Arbeitstechniken besonders interessierten Erstsemestern empfohlen sei.

David Martyn

Dekonstruktion

Dies ist kein Artikel über die Dekonstruktion. Sein Titel scheint das Gegenteil zu versprechen: Besonders in dem Kontext eines «Grundkurses Literaturwissenschaft» wird erwartet, daß ein Text mit dieser Überschrift erklärt, was es mit der Dekonstruktion auf sich hat. Indessen ist keineswegs sicher, daß ein solches Schreiben über die Dekonstruktion überhaupt möglich ist. Was heißt: *über* die Dekonstruktion schreiben? Die Präposition ‹über› suggeriert einen räumlichen Abstand. Über etwas schreiben heißt, daß das eigene Schreiben vom dem behandelten Gegenstand getrennt ist, daß es sich mit ihm nicht mischt und nicht vermengt. Über einen Gegenstand schreiben heißt auch, daß der Erkenntnisprozeß beim Schreiben in *eine* Richtung läuft: Das Schreiben weiß um seinen Gegenstand, der Gegenstand aber nicht um das Schreiben. Nun haben Jacques Derrida wie auch Paul de Man – die, wenn man so will, Erfinder der Dekonstruktion – zu zeigen versucht, daß das Schreiben über einen Gegenstand in diesem Sinn nicht möglich ist. Erweist sich ihre These als hinreichend begründet, dann sollte man gar nicht erst versuchen, über Dekonstruktion zu schreiben.

Das ‹Reden über› wird in der Literaturwissenschaft wie auch in der Linguistik durch die Unterscheidung von *Objektsprache* und *Metasprache* ermöglicht. In diesen Disziplinen ist der Gegenstand, über den man redet, selbst eine Art Reden: Man redet über das Reden. Das Reden des Gegenstands nennt man Objektsprache, das eigene Reden über das Reden des Gegenstands nennt man Metasprache. Diese Unterscheidung ist notwendig, um das Reden über das Reden in den Rang einer Wissenschaft zu erheben. Wer wissenschaftlich über einen Roman sprechen will, schreibt nicht selbst im Stil eines Romans.

Häufig aber bereitet das Abgrenzen der Metasprache von der Sprache ihres Gegenstands mehr Schwierigkeiten, als man erwartet. Wie könnte man zum Beispiel metasprachlich den folgenden Text kommentieren, ohne daß die Sprache des Kommentars sich mit der des Textes vermengt:

FABEL
Mit dem Wort mit *beginnt also dieser Text,*
Dessen erste Zeile die Wahrheit sagt,
Aber dieser Spiegelbelag unter der einen und der anderen,
Kann er ertragen werden?
Lieber Leser, schon urteilst du
Da über unsere Schwierigkeiten ...

(NACH sieben Jahren des Unglücks
Zerbrach sie ihren Spiegel)

Schon beim ersten Lesen dieses Textes von Francis Ponge [1] fällt auf, daß er von Anfang an über sich selbst spricht. Die erste Zeile beschreibt sich selbst; sie ist bereits ein Reden über das Reden, ist schon Metasprache. Die zweite Zeile beschreibt die Selbstbeschreibung der ersten, indem sie sie als ‹wahr› bezeichnet; sie spricht metasprachlich über etwas, was selbst schon Metasprache ist, sie ist also eine *Meta*metasprache – oder eine Metasprache hoch zwei (Metasprache ^{2}). Der Text «*Fabel*» ist also schon nach zwei Zeilen in einem hohen Grade selbstreflexiv. Die Selbstreflexivität der ersten beiden Zeilen wird dann in der dritten und vierten Zeile thematisiert: Der «Spiegelbelag» unter «der einen» und «der anderen» scheint sich auf die Selbstreflexivität der ersten und der zweiten Zeile zu beziehen, auf deren schon an sich doppelten Reflexion, die jetzt durch die Frage – kann dieser Spiegelbelag ertragen werden? – abermals reflektiert wird. Die Frage der vierten Zeile bespricht also etwas, was schon Metasprache ^{2} ist, sie ist Metasprache ^{3}.

Mit jedem Schritt wird die vorhergehende Metasprache zu einem Gegenstand, zu einer *Objekt*sprache konstituiert, über die man mittels einer ‹höheren› Metasprache sprechen kann. Man kann also problemlos über alles eine Metasprache bilden, aber ab einem gewissen Punkt – und hier liegt das Entscheidende bei der Lektüre von «*Fabel*» – kann sich die Metasprache nicht qualitativ, sondern nur noch mathematisch von ihrer Objektsprache absetzen. Die Metasprache ^{3} in Zeilen 3 und 4 verdient eigentlich den Namen einer Metasprache gar nicht, denn sie führt nur das gleiche Prinzip fort, das ihrer Objektsprache zugrunde liegt: Sie steigert die Potenzierung der Metasprache um ein ‹meta›. Sie wiederholt so genau das, was ihre Objektsprache schon vor ihr getan hat. Anstatt über eine Objektsprache zu sprechen, imitiert sie deren Verfahren. Der Text scheint zwar von Anfang an ausschließlich über sich zu sprechen; aber gerade deshalb, wie Derrida hervorhebt, hat er keine Objektsprache, über welche er metasprachlich sprechen könnte:

«Die erste Zeile spricht nur von sich selbst, sie ist sofort metasprachlich, aber sie ist eine Metasprache ohne Untergrund, eine unvermeidliche und unmögliche Metasprache, denn *es gibt keine Objektsprache vor ihr*; sie hat kein Objekt vor, außer oder unter ihr. Derart, daß alles und nichts in dieser ersten Zeile, die die Wahrheit von (der) *Fabel* sagt, sowohl Objekt- und Metasprache ist.» [2]

Wenn alles und nichts in der ersten Zeile Meta- und Objektsprache ist, wie könnte man überhaupt ihre Sprache bezeichnen? Es wäre falsch zu sagen, daß sie ihre eigene Metasprache enthält, denn sie ist nichts als diese Metasprache. Vielmehr müßte man sagen, so ungewohnt es klingen mag: Die erste Zeile *ist* ihre eigene Metasprache. Sie spricht nur über sich und trotzdem überhaupt nicht über sich; denn sie hat kein Selbst, über welches sie sprechen könnte.

Nun könnte man einwenden, die letzten zwei Zeilen scheinen aus dem Schema einer problematischen Selbstreflexion herauszufallen: Der große Abstand zu den oberen Zeilen, die Einklammerung, der typographische Wechsel von Kursivschrift auf Antiqua, der erzählerische Gebrauch des Präteritums und der Verweis auf eine unbekannte «sie» verdeutlichen einen Bruch mit dem Vorhergehenden. In diesen Zeilen, möchte man sagen, wird der Spiegel einer lediglich auf sich selbst bezogenen Sprache zerbrochen. Nun aber erzählen diese Zeilen gerade von einem solchen Zerbrechen des Spiegels. Vielleicht erzählen sie von dem Spiegel, den sie selbst durch ihren stilistischen Bruch mit dem Vorhergehenden zerbrechen; sie zerbrechen den Spiegel, dessen «Spiegelbelag» den ersten Zeilen innewohnt. «Sie» (Zeile 8) bezöge sich demnach auf keine Unbekannte, sondern auf (die) *«Fabel»*. Wenn man dann die «sieben Jahre des Unglücks» auf die ersten sieben Zeilen des Textes bezieht, dann wird ersichtlich, daß die letzten zwei Zeilen die Fabel von dem Text *«Fabel»* erzählen: Nach sieben Zeilen des mißglückten Versuchs, aus ihrer Kette von Widerspiegelungen auszubrechen, zerbrach sie – d. h. *«Fabel»* – ihren Spiegel. So gelesen, sprechen auch die letzten Zeilen lediglich über den Text *«Fabel»*. Sie setzen sich räumlich, typographisch und stilistisch von den anderen Zeilen ab, um etwas ‹über› sie sagen zu können. Aber dadurch wiederholen sie nur die Bewegung des vorhergehenden Textes: Wie die anderen Zeilen versuchen auch sie, eine qualitativ verschiedene Metaebene zu erreichen, von der aus sie *«Fabel»* als Objektsprache besprechen könnten. Gerade durch ihren Bruch mit den ersten Zeilen erweisen sie sich als deren nahtlose Fortführung. *«Fabel»* kann ‹ihren› Spiegel eigentlich nie zerbrechen, denn in ihr gehört auch das Zerbrechen des Spiegels zum Prozeß des Spiegelns.

Wie könnte man nun ‹metasprachlich› oder ‹wissenschaftlich› über den Text «*Fabel*» sprechen? Man müßte dazu eine Metasprache verwenden, die sich qualitativ von der Sprache des Textes unterscheidet. Dadurch würde man aber genau den gleichen Gestus wiederholen, der im Text schon enthalten ist. Man hat die gleichen Schwierigkeiten, über «*Fabel*» zu sprechen, wie «sie»: Man kann sich nicht von ‹ihr› absetzen, denn das Absetzen von ‹ihr› ist «sie» selbst. «Unsere Schwierigkeiten» (Zeile 6) sind in dem Sinne sowohl die der Zeilen von «*Fabel*» als auch die des Lesers. Es gibt kein Sprechen, kein Wissen ‹über› den Text «*Fabel*»; denn alles, was man über ihn sagen könnte, nimmt er schon vorweg. «*Fabel*» zeigt auf exemplarische Weise, warum man unter gewissen Bedingungen nicht metasprachlich ‹über› eine Objektsprache sprechen kann: Die Abgrenzung einer Metasprache ist dann unmöglich, wenn die ‹Objektsprache› selbst ihre eigene Metasprache ist.

Gibt es nun ganze Bereiche sprachlicher Phänomene, von denen man sagen könnte, daß sie generell die gleiche Selbstreflexivität aufweisen, die wir in «*Fabel*» beobachten können? Folgt man Roman Jakobsons berühmter Definition der poetischen Funktion der Sprache, der zufolge das Eigentümliche der Poesie darin liegt, daß sie weder den Sprecher noch den Zuhörer noch den Kontakt zwischen beiden noch den außersprachlichen Referenten noch den zur Kommunikation gebrauchten Code, sondern die *Mitteilung* selbst ins Zentrum des Mitgeteilten rückt[3], dann könnte man der ‹Dichtung› oder der ‹Literatur› als Ganzem einen hohen Grad an Selbstreflexivität zuschreiben. Die Vermutung liegt also nahe, daß die Literatur generell kein bloßes Medium für die Kommunikation über etwas anderes ist, sondern daß in ihr das Medium selbst zum Thema wird. Die Literatur, dieser Vermutung nach, spricht nicht in erster Linie ‹über› etwas, sie stellt sich selbst in den Vordergrund, sie redet ‹über› sich. Wenn diese Vermutung über die Selbstreflexivität der Literatur stimmen sollte, dann wäre es möglich, daß die Literatur wie «*Fabel*» ihre eigene Metasprache ist und daß es daher keine weitere Metasprache ‹über› sie geben kann.

Wenn aber die Literatur ihre eigene Metasprache ist, gibt es keine Literaturwissenschaft, sondern allenfalls einen akademischen Diskurs, der sich mit Literatur beschäftigt. Er stünde angesichts der Unmöglichkeit eines wissenschaftlich streng objektiven Zugangs zur Literatur vor folgenden Alternativen. Er könnte seine fehlende Objektivität zu übersehen oder zu verhehlen suchen; er könnte sie beklagen; er könnte sie durch Anleihen, die er bei anderen Wissenschaften macht – Geschichte, Soziologie, Linguistik –, zu kompensieren versuchen. Oder er könnte in der Unmöglichkeit einer Metasprache ‹über› die Literatur deren Besonderheit situieren und sie explizit thematisieren. Die Dekonstruktion wählt den zweiten Weg: Sie zeigt, wie der eigene Diskurs über die Literatur immer hinter das zurückfällt, was die Literatur selbst immer schon über sich sagt. Sie spricht, wenn nicht über ihr eigenes Sprechen, dann sozusagen über ihr eigenes Unvermögen, über die Literatur zu sprechen. Was für *«Fabel»* gilt, gilt daher auch für sie: Man kann keine Metasprache über die Dekonstruktion bilden. Da sie sich von sich selbst distanziert, ist es unmöglich, eine Distanz zu ihr zu gewinnen, die nicht schon in ihr enthalten wäre.

Anstatt über eine Theorie zu reden, die das ‹Reden über› für unmöglich erklärt, könnte man vielleicht die eigene Unfähigkeit, über die Dekonstruktion zu reden, selbst vorführen: Nicht, um die Dekonstruktion zu beschreiben, sondern um sie *auszuführen*.

Gerade die Möglichkeit einer Ausführung der Dekonstruktion wird aber von Jacques Derrida und Paul de Man[4] in Frage gestellt. In einem Text über die Beziehung zwischen dem literarischen und dem philosophischen Diskurs in Nietzsches Kritik der Metaphysik kommt de Man zu dem Schluß, daß die Dekonstruktion der Philosophie «genau in dem Maße eine Unmöglichkeit ist, wie sie ‹literarisch› ist»[5]. In «Psyché. Invention de l'autre», einem 1984 gehaltenen, Paul de Man gewidmeten Vortrag Derridas, kommentiert Derrida diesen Satz de Mans, indem er die darin geschilderte Unmöglichkeit der Dekonstruktion zustimmend und verallgemeinernd hervorhebt: «Die strengste Dekonstruktion hat sich nie (...) als etwas *Mögliches* dargestellt. Ich würde sagen, daß die Dekonstruktion nichts verliert, wenn sie sich für unmöglich erklärt (...). Die Gefahr für eine Aufgabe der Dekonstruktion wäre eher die *Möglichkeit*; es wäre die Gefahr, als eine Gesamtheit von geregelten Vorgängen, methodologischen Praktiken und zugänglichen Wegen verfügbar zu werden» (S. 26f). Warum sollte sich die Dekonstruktion «für unmöglich» erklären? Kann man sie weder beschreiben noch ausführen?

Diese letzte Frage berührt nun eine Hauptproblematik der Dekonstruktion, denn die Differenz zwischen einer Sprache, die beschreibt, und einer, die selbst etwas ausführt, steht im Zentrum der Überlegungen von Derrida wie von de Man. Man kennt diese Differenz aus der Sprechakttheorie J. L. Austins, der sie durch die Begriffe «konstative» und «performative Aussage» in den philosophischen Diskurs eingeführt hat.[6] Konstative Aussagen beschreiben eine Tatsache: Sie sind solche, die als wahr oder falsch bezeichnet werden können. Performative Aussagen dagegen beschreiben nicht, sondern sie führen etwas aus, sie vollziehen eine Handlung. Als eine Antwort auf die Frage bei einer Eheschließung, «Nehmen Sie hier die anwesende XY zur Frau?» ist die Aussage: «Ja» keine Beschreibung einer Tatsache (sie kann nicht ‹wahr› oder ‹falsch› sein), sondern sie ist selbst eine Handlung. Sie ist nicht bloß eine Äußerung, sondern sie ist ein Ereignis.

Wie ist das Verhältnis zwischen der konstativen und der performativen Funktion der Sprache in *«Fabel»*? Man erwäge nur die erste Zeile:

Mit dem Wort mit *beginnt also dieser Text*

Das performative Ereignis, um das es sich hier handelt, ist: den Text zu eröffnen, ihn zu beginnen. Es wird – dies scheint zunächst eindeutig – von dem ersten «mit» vollzogen, da der Text mit ihm anfängt. Demzufolge ist das zweite «mit» nicht performativ, sondern konstativ: Es vollzieht nichts, sondern es beschreibt das Vollziehen des Beginnens, indem es das erste «mit» zitiert. Das erste «mit» führt etwas aus, das zweite beschreibt nur das, was das erste ausführt.

Doch das Verhältnis zwischen dem ersten und dem zweiten «mit» ist nicht so eindeutig, wie es einem zunächst vorkommen mag. Der Text scheint mit dem Wort «mit» zu beginnen. Aber wenn man einen Satz mit «mit» anfängt, hat man schon vorher festgelegt, wie er syntaktisch zu ergänzen sei. Hieße der Satz etwa: «*Dieser Text beginnt mit dem Wort* dieser», dann könnte man sich vorstellen – in einer etwas naiven und daher falschen Phänomenologie des Schreibens –, daß man zuerst *«Dieser Text»* geschrieben und sich erst dann überlegt hätte, wie der Satz weiter lauten soll: «*... beginnt mit dem Wort* dieser». Aber in Ponges Text ist diese Linearität nicht gegeben; denn sowohl beim Schreiben als auch beim Lesen ist das erste «mit» nur in Antizipation des zweiten «mit» möglich. Das erste «mit», das performativ und nicht konstativ zu sein schien, gehört ebensosehr zur konstativen Beschreibung des Beginnens wie das zweite. «Ihre konstative Beschreibung», sagt Derrida über *«Fabel»*, «ist nichts anderes als ihre performative Aussage selbst» (S. 22). In *«Fabel»* geht es also um die Verwischung der Differenz zwischen konstativer und performativer Sprache, zwischen dem Beschreiben und dem Ausführen. Aber ist diese Verwischung der Unterschiede zwischen dem Beschreiben und dem Ausführen, um die es in *«Fabel»* geht, das, was *«Fabel»* beschreibt, oder das, was *«Fabel»* ausführt?

Um diese Frage zu beantworten, muß man eine Reihe von Begrifflichkeiten einführen, die in den Arbeiten Derridas und de Mans eine wichtige Rolle spielen. In dem Ponge-Text scheint das erste «mit» ein Ereignis zu sein (das Beginnen des Textes), das zweite lediglich ein Zitat oder eine Wiederholung des ersten. Aber da die Wahl des Wortes «mit» am Anfang der Zeile nur im Hinblick auf den weiteren Verlauf des Satzes, mithin auf das zweite «mit» möglich ist, ist das «Ereignis» des «ersten» «mit» selbst schon von seiner Wiederholung abhängig. Eine solche Kontaminierung der Einmaligkeit des ersten Mals durch die Möglichkeit seiner Wiederholung nennt Derrida die *Iterabilität*. Er beschreibt sie wie folgt: «Die Zeit und der Ort des *anderen Mals* bearbeiten und verändern schon, auf einmal, das *erste Mal* und das *auf einmal* selbst.»[7] Die Unterminierung der Einmaligkeit in «*Mit dem Wort* mit (...)» problematisiert daher den Gedanken eines einheitlichen Ursprungs: Das erste, ursprüngliche «mit» trägt immer schon, von Anfang an, die Spur des zweiten in sich. Der Ursprung ist eine Spur, oder wie Derrida es nennt, eine «*Urspur*»: «Und trotzdem wissen wir, daß dieser Begriff seinen Namen zerstört und daß es, wenn alles mit der Spur anfängt, vor allem keine ursprüngliche Spur gibt.»[8] Derridas Wort «Spur» heißt also, daß es in einem gewissen Sinn gar keinen Ursprung geben kann. Wenn «*Fabel*» nur mit einer Spur anfangen kann, dann ist ein Anfang von «*Fabel*» schlicht unmöglich. Das erste «mit» setzt das zweite voraus, das zweite das erste; man weiß nicht, wo*mit* man anfangen soll. «*Fabel*» fängt gewissermaßen weder «mit» dem einen noch «mit» dem anderen «mit» an, sondern nur «mit» der Differenz zwischen beiden.

Aber wenn «*Fabel*» mit der Differenz zwischen «mit» und «*Mit*» anfängt, wäre diese folglich eine Differenz, die den zwei von ihr unterschiedenen Elementen, «*Mit*» und «mit», vorausgeht. Wie ist eine solche Differenz überhaupt zu denken möglich? Es wäre eine Differenz, die sich nicht auf die Anwesenheit der in ihr differenzierten Elemente zurückführen ließe. Derrida nennt sie *différance*. Sie bezeichnet eine Differenz, die den Zugang zu dem, was man als ein vor jeder Differenzierung für sich Anwesendes denken könnte, wie etwa ein für sich bestehendes Sein oder ein für sich bestehender Sinn, unaufhaltsam verschiebt («*différance*», mit *a* geschrieben, leitet sich vom Partizip Präsens *différant* – zu Deutsch: sich unterscheidend, aber auch verschiebend, auf später schiebend – her).[9] Solche Begriffe wie Iterabilität, Spur oder *différance* gehorchen selbst dem Gesetz der Dekonstruktion, das sie benennen. Sie sind selbst der Iterabilität ausgesetzt, denn sie sind nicht einmalig und haben keinen eigenen oder privilegierten Kontext oder Gebrauch. Ihre Liste kann und wird immer fortgeführt (*différance*, Spur, Iterabilität, Schrift, Gramma, Marke, *pharmakon*, Supplement, *hymen*, Dissemination, Parergon, *invention*...).

Die ‹Begriffe› Iterabilität, Spur und *différance* stellen das ‹Vorher› und das ‹Nachher› des Anfangens und des Fortführens, des ‹ersten Mals› und des ‹zweiten Mals›, kurz: alle Kategorien der linearen Zeitlichkeit in Frage. Eine ähnliche Subversion der linearen Zeitlichkeit bewirkt Paul de Mans Gebrauch des Begriffs *Ironie*.[10] In der Ironie kommen zwei oder mehr widersprüchliche, sich gegenseitig ausschließende Bedeutungen gleichzeitig zum Ausdruck, die man aber nicht zusammen, sondern nur nacheinander verstehen kann. «*Mit dem Wort mit beginnt also dieser Text*» ist ein in diesem Sinne ironischer Satz, wenn man nicht auf die räumliche und zeitliche Sequenzialität der Wortfolge (zuerst «*Mit*», dann «mit»), sondern auf die gleichzeitige Interferenz der konstativen und der performativen Funktion in ihm achtet. Man kann den Satz entweder als die performative Eröffnung von Fabel (MIT dem Wort mit...) oder als die konstative Beschreibung dieser Performanz (Mit dem Wort MIT...), aber nicht als beides zugleich lesen. Die Ironie der Zeile liegt aber gerade darin, daß die Struktur des Satzes genau diese unmögliche Gleichzeitigkeit verlangt. Lesbar ist der Satz nur, wenn man ihn als eine Abfolge von performativer Ausführung und konstativer Beschreibung versteht, aber im Satz selbst findet diese Sukzession nicht statt. Strenggenommen ist er daher unlesbar. Auf diese Weise exemplifiziert er die de Manschen Begriffe der *Unlesbarkeit* und der *Unentscheidbarkeit*: Der Satz ist unlesbar, weil die Differenz zwischen performativer und konstativer Aussage, zwischen Ausführen und Beschreiben, ohne welche das Lesen nicht auskommt, in ihm unentscheidbar ist.[11] Die Ironie zwingt dazu, Entscheidungen zu treffen, die sie selbst unentscheidbar macht.

Die Frage, ob «*Fabel*» die Verwischung der Differenz zwischen Beschreiben und Ausführen selbst ausführt oder nur beschreibt, kann anhand der Begriffsapparate – die keine sind – von Derrida und de Man folgendermaßen gehandhabt werden. Die Differenz zwischen konstativer und performativer Sprache ist in «*Fabel*» eine *différance*, die jedem konstativen Beschreiben und jedem performativen Ausführen vorausgeht. Sie kann daher weder beschrieben noch ausgeführt werden. Der Text «*Fabel*» beschreibt nichts, noch führt er etwas aus; er ist unmöglich, so unmöglich wie die Dekonstruktion. Man könnte ihn ironisch und unlesbar nennen. Diese Bezeichnungen hätten den Vorteil, daß sie «*Fabel*» nicht als etwas Mögliches darstellen. Insofern als sie die Unmöglichkeit von Texten nicht aus dem Blick lassen, sind Begriffe wie Ironie und Unlesbarkeit immer anderen, literaturwissenschaftlichen oder metasprachlichen Begriffen vorzuziehen. Ein angemessener Kommentar zu den Schwierigkeiten des Textes «*Fabel*» wären sie aber nicht; denn es bliebe immer noch unklar, ob man mit ihnen «*Fabel*» beschrieben oder das, was «*Fabel*» selbst schon ausführt, nur wiederholt hätte. Diese Lage ist mißlich, und man ist geneigt, «*Fabel*» gänzlich zu vergessen. Das können «*wir*» aber nicht, denn die gleiche Unentscheidbarkeit zwischen Ausführen und Beschreiben plagt ‹unseren› Text auch. Beschreibt er die Dekonstruktion, oder führt er sie aus? Ist er Metasprache (über Dekonstruktion) oder Objektsprache (die Dekonstruktion selbst)?

Man könnte unentwegt fortfahren, diese Frage zu stellen, ich höre aber *hier* damit auf.

«Wo? Da.» [12]

Supplement

Paßt uns «*Fabel*» nicht zu gut ins Konzept? Haben wir es uns mit Ponge nicht zu leicht gemacht? Was ist mit Goethe? Als Beispiel für einen Text, für den die Gültigkeit der oben entwickelten Argumente erst noch gezeigt werden müsse, wurde von den Herausgebern eines der wohl berühmtesten Goethe-Gedichte genannt:

Ein gleiches.

Ueber allen Gipfeln
Ist Ruh',
In allen Wipfeln
Spürest Du
Kaum einen Hauch;
Die Vögelein schweigen im Walde.
Warte nur! Balde
Ruhest Du auch. [13]

Dieser deutsche Inbegriff des kanonischen Textes, in den Worten Emil Staigers «eines der reinsten Beispiele lyrischen Stils» [14], exemplifiziert das Literarische mit einer Autorität, wie sie Ponges «*Fabel*» gar nicht erst beanspruchen kann. Wenn sich auch an diesem Text zeigen läßt, daß eine inhärente Selbstreflexivität der Literatur die Abgrenzung eines metasprachlichen literaturwissenschaftlichen Diskurses verhindert, dann würde man vielleicht besser verstehen können, warum generell die Möglichkeit dieser Abgrenzung in Frage gestellt werden kann.

In der umfangreichen Literatur zu dem Gedicht lassen sich zwei verschiedene Interpretationsansätze beobachten. Auf der einen Seite wird das Gedicht als eine Beschreibung gelesen. So bemerkt man, daß es die Ruhe der Natur, die kontrastierende Unruhe des Menschen oder – Ruhe und Unruhe zugleich – «die Spannung von Naturruhe und menschlicher Unruhe darstellt» [15]. Das Gedicht wird so als ein Text *über* die Ruhe bzw. die Unruhe gelesen. In die Terminologie Austins übersetzt, hieße dies, die Sprache des Textes sei konstativ: Sie macht eine Aussage über einen außer ihr existierenden Gegenstand. Andere Analysen betonen ausdrücklich, daß die Funktion der Sprache des Gedichtes gerade nicht in der Beschreibung liegt. Mit Hinweis auf die langen, dunklen Vokale der ersten Zeilen («Ruh», «Du») und auf das leise, das letzte Aushauchen des Windes in den Bäumen imitierende Zischen der Kehllaute in «Hauch» und «auch» wird bemerkt, daß der Text keine Beschreibung der Ruhe, sondern die Ruhe selbst sei: «hier beschreibt der Vers nicht die Stille des Abends, er ist diese Stille selbst *geworden*».[16] So gelesen, ist die Sprache des Textes nicht konstativ, sondern performativ. Sie *bewirkt* Ruhe – etwa indem sie den Leser selbst beruhigt. Häufiger noch als diese zwei Bemerkungen zu dem Gedicht findet man Versuche, beide Beobachtungen zu vereinen. Die Ruhe werde, dieser Lesart zufolge, von dem Gedicht sowohl beschrieben als auch bewirkt; der Vers vollziehe gerade das, was er bezeichne. Bewundernswert an dem Gedicht sei gerade diese «enge Verbindung zwischen Klang und Sinn» [17]. Nach dieser Lesart also exemplifiziert das Gedicht die Übereinstimmung der konstativen und der performativen Funktion der Sprache. Es führt aus, was es sagt.

Eine solche Bewunderung der Einheit von Sinn und Klang übersieht aber eine einfache Tatsache: Der buchstäbliche ‹Sinn› dieses Gedichts – die Stille und das Schweigen – ist das genaue Gegenteil von ‹Klang›. So ruhig und still die Laute des Gedichts sein mögen, es bleibt eine Distanz zwischen dem Gedicht als Sprache und der in ihm beschriebenen Stille. Mag der Dichter seine wortmalerischen Künste bemühen wie er will: Die Vögelein schweigen, er aber nicht. Er verletzt die natürliche Stille, indem er sie beschreibt; er vertreibt seinen stillen Gegenstand, je mehr er ihn sprachlich zu fassen versucht. Das Gedicht exemplifiziert die unüberbrückbare Kluft zwischen einer menschlichen, zum Beschreiben beschränkten Sprache und einer stummen Natur, die nichts beschreibt, weil sie auch nicht spricht.

Bezeichnend aber für das Gedicht ist weniger diese Kluft zwischen Sprache und Natur als die bemerkenswerte Tatsache, daß sie von den Lesern des Gedichts auf symptomatische Weise übersehen oder verdrängt wird. «So erweist sich», schreibt Walter Urbanek über das Gedicht, «daß der Abendfrieden über der Landschaft im Grunde eine Spiegelung der empfindenden, sehnenden Seele des Dichters ist, daß die Natur für den Dichter *spricht*».[18] Warum sollte man von einem Gedicht sagen, daß die Natur in ihm spricht, wenn im Gedicht explizit gesagt wird, daß sie schweigt? Der Grund für diese Diskrepanz liegt weniger beim Interpreten als bei dem Gedicht selbst. Der Text ist gerade dazu konzipiert, die Illusion zu erwecken, daß die Distanz zwischen seiner lyrischen Sprache und der in ihr beschriebenen Natur aufgehoben wird – obwohl er diese Distanz ausdrücklich in seiner Beschreibung einer stummen Natur betont. Das, was der Text besagt (die Natur schweigt), widerspricht dem Gefühl, das er bewirkt (die Natur spricht). Seine konstative Aussage unterminiert seine performative Wirkung.

In Goethes Gedicht geht es also nicht um Natur, auch nicht um die Differenz zwischen Natur und Sprache, sondern um die irrtümliche Neigung, diese Differenz zu verkennen. Diese Neigung aber wird von dem Gedicht selbst hervorgerufen. Die Sprache von Goethes Text ist selbst schon Metasprache: Sie kommentiert die irrtümliche Verwechslung von Natur und Sprache, die sie selbst bewirkt. Insofern ist Goethes Gedicht, so sehr es auf den ersten Blick der *«Fabel»* von Ponge in Inhalt und Stil entfernt scheinen mag, auch ein selbstreferentieller Text. Diese Selbstreferentialität hat dann auch zur Folge, daß die Abgrenzung eines metasprachlichen Diskurses ‹über› diesen Text problematisch wird. Man erwäge die Formulierung der folgenden Beschreibungen von «Ein gleiches»:

«Die *Sprache* ist die abendliche *Stille* selber» (E. M. Wilkinson: Goethe's Poetry, S. 318; Hrvh. von mir).

«Es ist schon oft beschrieben worden, wie in den ersten beiden Versen (...) in dem langen ‹u› und der folgenden Pause die *schweigende* Dämmerung *hörbar* wird (...)» (E. Staiger: Grundbegriffe, S. 13; Hrvh. von mir).

Was veranlaßt einen vermeintlich objektiven ‹literaturwissenschaftlichen› Diskurs, zwei sich widersprechende Begriffe – «Sprache» und «Stille», «hörbar» und «schweigend» – so unmittelbar miteinander zu verbinden? In der Rhetorik nennt sich eine solche widersprüchliche Verbindung *Oxymoron*; eines der am häufigsten gewählten Beispiele für diese Figur ist der Ausdruck «beredtes Schweigen». Wenn der Diskurs ‹über› das Gedicht von einer ‹stillen Sprache› oder einem ‹hörbaren Schweigen› spricht, dann wiederholt er – und zwar nicht nur konzeptuell, sondern auch auf seiner rhetorischen Oberfläche – gerade den Widerspruch, um den es im Gedicht geht. Er wiederholt die Verwechslung von Natur und Sprache, von Schweigen und Sprechen, die der Primärtext bewirkt und bereits als Irrtum aufdeckt. Er spricht nicht ‹über› das Gedicht, sondern führt nur das aus, wovon im Gedicht die Rede ist. Anstatt das Gedicht zu kommentieren, wird er selbst im Gedicht kommentiert.

Oder ist die Verwechslung von Sprechen und Schweigen im Kommentar beabsichtigt? Nur vorgetäuscht, um die eigenen rhetorischen Irreführungen ironisch aufzudecken? Ist der Kommentar gleichermaßen rhetorisch selbstbewußt wie das Gedicht? «Ein gleiches»? Wenn ja, dann rechne man auch ihn der Literatur zu.

Literatur

Bohrer, Karl Heinz (Hg.): Ästhetik und Rhetorik. Lektüren von Paul de Man. Frankfurt/M. 1992.

Culler, Jonathan: Dekonstruktion. Derrida und die poststrukturalistische Literaturtheorie. Reinbek bei Hamburg 1988.

–: De Man's Rhetoric. In: J. C.: Framing the Sign. Criticism and Its Institutions. Norman (Oklahoma) 1988, S. 107–135.

de Man, Paul: Allegorien des Lesens. Frankfurt/M. 1988.

–: Die Ideologie des Ästhetischen. Hg. von C. Menke. Frankfurt/M. 1992.

Derrida, Jacques: Randgänge der Philosophie. Hg. von P. Engelmann. Wien 1988.

–: De la grammatologie. Paris 1967.

Ellrich, Lutz/Wegmann, Nikolaus: Theorie als Verteidigung der Literatur? Eine Fallgeschichte: Paul de Man. In: Deutsche Vierteljahrsschrift für Literaturwissenschaft und Geistesgeschichte. Bd. 64 (1990), S. 467–513.

Menke, Bettine: Dekonstruktion – Lektüre: Derrida literaturtheoretisch. In: K.-M. Bogdahl (Hg.): Neue Literaturtheorien. Eine Einführung. Opladen 1990, S. 235–264.

Waters, Lindsay/Godzich, Wlad (Hg.): Reading de Man Reading. Minneapolis 1989.

Anmerkungen

1 In: Proêmes. Paris 1948, S. 45 (Übersetzung von mir, wie auch bei allen im folgenden zitierten fremdsprachigen Bezugstexten).

2 Jacques Derrida: Psyché. Invention de l'autre. In: Ders.: Psyché. Inventions de l'autre. Paris 1987, S. 11–61, hier S. 24. Weitere Seitenangaben im Text.

3 Vgl. Roman Jakobson: Linguistique et poétique. In: Ders.: Essais de linguistique générale. Paris 1963, S. 209–248.

4 Das Interesse an der Person Paul de Man wurde in der Bundesrepublik erst durch die Entdeckung seiner journalistischen Tätigkeit für eine belgische Kollaborationszeitung während des Zweiten Weltkriegs ausgelöst. Durch diese Entdeckung fühlte man sich vielerorts berechtigt, trotz weitgehender Uninformiertheit auf dem Niveau der ‹Fakten› und völliger Unkenntnis der Arbeit de Mans den «Dekonstruktivismus» – wie er hier heißt – im Namen des «Ethos der Wissenschaft» pauschal des latenten Faschismus zu bezichtigen (so das Feuilleton der «Frankfurter Allgemeinen Zeitung» vom 10. Februar 1988). Für eine detaillierte Analyse der Behandlung dieses Themas durch die FAZ siehe Rembert Hüser: Der Schulmeister, Der Gymnasiast. In: kultuRRevolution 19 (November 1988), S. 52–64. Über de Mans Tätigkeiten während des Kriegs und ihre Beziehung zu seinem späteren Werk siehe Shoshana Felman: Paul de Man's Silence. In: Critical Inquiry 15 (Sommer 1989), S. 704–744.

5 Paul de Man: Allegorien des Lesens. Frankfurt/M. 1988, S. 177.

6 Vgl. J. L. Austin: Zur Theorie der Sprechakte. Stuttgart 1972.

7 Jacques Derrida: Limited Inc. Paris 1990, S. 120f.

8 Jacques Derrida: De la grammatologie. Paris 1967, S. 90 (dt. Grammatologie. Frankfurt/M. 1983, S. 108). Angesichts der Deutlichkeit, mit der Derrida in Passagen wie dieser den Begriff des Ursprungs demontiert, kann es sich schwerlich um ein bloßes Mißverständnis handeln, wenn Jürgen Habermas die Begriffe Urspur, Urschrift und «Differänz» darauf hinauslaufen sieht, daß ein «schon in Bewegung gesetzte(r) Ursprung wiederum eine Etage tiefer» gelegt wird (Der philosophische Diskurs der Moderne. Zwölf Vorlesungen. Frankfurt/M. 1985, S. 213).

9 Zu «différance» vgl. Jacques Derrida: Positionen. Graz/Wien 1986, S. 64–71; De la grammatologie, S. 203–206.

10 De Man entwickelt seinen Ironiebegriff vor allem in seiner Lektüre der Texte Friedrich Schlegels. Vgl. Paul de Man: The Rhetoric of Temporality. In: Ders.: Blindness and Insight. Essays in the Rhetoric of Contemporary Criticism. 2nd ed. Minneapolis (Minnesota) 1983, S. 187–228.

11 Zu «Unentscheidbarkeit» und «Unlesbarkeit» siehe u. a. de Mans Lektüre von Rousseaus «Julie, ou la nouvelle Héloïse» in: Allegories of Reading. Figural Language in Rousseau, Nietzsche, Rilke and Proust. New Haven 1979, S. 188–220. Vgl. auch Barbara Johnson: Rigorous Unreliability. In: Dies.: A World of Difference. Baltimore (Maryland) 1987, S. 17–24.

12 Jacques Derrida: Limited Inc., S. 51.

13 Goethe's Werke, Bd. 1. Stuttgart/Tübingen: Cotta 1815, S. 99.

14 Emil Staiger: Grundbegriffe der Poetik. 8. Aufl. Zürich 1968, S. 13.

15 Wulf Segebrecht: Johann Wolfgang Goethes Gedicht «Über allen Gipfeln ist Ruh» und seine Folgen. Zum Gebrauchswert klassischer Lyrik. München 1978, S. 64.

16 Elizabeth M. Wilkinson: Goethe's Poetry. In: German Life & Letters 2 (1948–1949), S. 316–329, hier S. 318. Weitere Seitenangaben im Text.
17 Ingrid Winter: Fulfilled Moment and Infinite Progress. Goethe's «Wandrers Nachtlied II» and Rilke's «Der Schwan». In: Germanic Review 57 (1982), S. 129–137, hier S. 132.
18 Walter Urbanek: «Wandrers Nachtlied – Ein Gleiches» von Johann Wolfgang Goethe. In: Ders. (Hg.): Begegnungen mit Gedichten. 60 Interpretationen mit einem Essay von Benno von Wiese. 2. Aufl. Bamberg 1970, S. 134–37, hier S. 136 (Hervorhebung von mir).

Sigrid Weigel

Geschlechterdifferenz und Literaturwissenschaft

Vom Spielbein zum Standbein?

Wo heute in der etablierten Fachöffentlichkeit Veranstaltungen zur ‹Feministischen Literaturwissenschaft› stattfinden, geschieht das überwiegend in einem säuberlich umzäunten Gebiet – und zwar als Zugeständnis an die unübersehbar gewordene Forschung von Frauen. Was den Frauen den Zugang zum Fach ermöglicht, sichert zugleich den unberührten Ablauf des übrigen Betriebs.

Damit wiederholt sich auf der Verbandsebene genau jene widersprüchliche Struktur, die an den Universitäten längst sichtbar geworden ist, eine Dialektik von Ausschluß, Separierung und Integration: Um eine Kritik an der Dominanz männlicher Perspektiven in den Methoden und am Ausschluß weiblicher Subjekte aus den Gegenständen der Literaturwissenschaft zu erarbeiten, mußten Frauen eine eigene Öffentlichkeit entwickeln. Diese Notwendigkeit eines eigenen Orts – von dem aus sich in den 70er und 80er Jahren eine kreative und enorm produktive wissenschaftliche Praxis entfaltete – birgt aber die Gefahr in sich, daß Frauen erneut zum Sonderfall eines ansonsten angeblich neutralen Diskurses werden, und reproduziert damit eine tradierte Geschlechterordnung, in der der Mann das Allgemeine repräsentiert und Frauen einer besonderen Behandlung bedürfen.

Statt dessen käme es gerade darauf an, die Impulse, die aus geschlechtsspezifischer Perspektive erarbeitet worden sind, kritisch auf das Gesamtfach (zurück) zu beziehen: indem die Regeln und Rituale der Disziplin in Bewegung gebracht werden und indem die Dimension der Geschlechterverhältnisse auf allen Ebenen von Literaturtheorie und -geschichte in den Blick gerät. Dieses Projekt aber ist nicht denkbar ohne den Feminismus, nicht ohne konzentrierte Untersuchungen über die asymmetrischen Geschlechterverhältnisse in unserer Kulturgeschichte und die Geschichte weiblicher Kreativität und Literatur, welche (bislang?) überwiegend, in Deutschland fast ausschließlich, von Frauen betrieben werden. Will man aber das Verhältnis jenes Projekts zur feministischen Wissenschaft nicht im Sinne eines teleologischen Entwicklungsmodells entwerfen – in dem dann der Feminismus wiederum in einem Allgemeinen aufgehoben würde [1] –, wird es wohl darum gehen, eine Haltung zu gewinnen, mit der Blickwechsel ebenso möglich sind, wie immer wieder Spielbein und Standbein zu wechseln. Daß aber an einigen Universitätsorten die Studierenden noch immer darauf angewiesen sind, Ringvorlesungen zu organisieren, um dem Mangel eines kontinuierlichen Lehrangebots durch sporadische Vorträge in bunter Mischung abzuhelfen bzw. sich für die Forderung einer sogenannten Frauenprofessur ins Zeug zu legen, während andernorts geschlechtsspezifische Untersuchungsperspektiven im Zusammenhang anderer Paradigmen thematisiert werden, deutet auf eine Ungleichzeitigkeit feministischer Literaturwissenschaft, die einen offensiven Umgang mit den objektiven Widersprüchen von Kritik und Integration erschwert.

Frauenbilder – Literatur von Frauen

Als in der zweiten Hälfte der 70er Jahre – ausgehend von der Frauenbewegung und den Anfängen einer neuen ‹Frauenliteratur› [2] – erste ‹Frauenseminare› bzw. geschlechtsspezifische Untersuchungen in der Literaturwissenschaft stattfanden, konzentrierten sich die Interessen auf die Literatur von Frauen und auf die stereotypen Weiblichkeitsbilder in der Literatur männlicher Autoren. Die auffällige Diskrepanz zwischen der Fülle der beschriebenen Frauen und dem Mangel schreibender Frauen in den Überlieferungen, von Silvia Bovenschen als Spannungsverhältnis von «Bilderreichtum und Schattenexistenz» bezeichnet, begründet ein Untersuchungsparadigma, das in variationsreicher Begrifflichkeit stets als Paar auftritt: Heldin und Autorin, gestaltete und gestaltende Frauen, imaginierte und imaginierende Frauen, Frauenbilder und Frauenliteratur.[3] Unterschieden wird hier der jeweilige Status von Weiblichkeit, je nachdem, ob es sich um Texte über oder von Frauen handelt, womit die Geschlechterdifferenz zunächst in der Dimension der Autorschaft eine Bedeutung erhält. Problematisch wird dieses Paradigma aber dort, wo beides als Verhältnis von ‹Fiktion und Realität› – oder auch ‹Ideologie und Erfahrung› bzw. ‹Fremdbild und weibliches Selbstverständnis› – bewertet und als Gegensatz konstruiert ist, wo also Texte von Frauen als unmittelbarer Ausdruck des weiblichen Lebenszusammenhangs betrachtet werden. Die Erkenntnis aber, daß auch literarische Produktionen von Frauen an der Geschichte der Weiblichkeitsmythen teilhaben, führt zu einer Verschiebung der Untersuchungsperspektive, in der das zunächst dominierende Begriffspaar immer mehr in den Hintergrund tritt – ohne daß damit am Horizont gleich die Möglichkeit eines einfachen Vergleichs der Literatur männlicher und weiblicher Autoren auftauchte und damit die Wiederkehr eines Reichs der Allgemeinheit, in dem die Differenz der Geschlechter aufgehoben wäre. Denn die unterschiedlichen Voraussetzungen männlicher und weiblicher Kunstproduktion und die asymmetrischen Geschlechterverhältnisse – Ergebnis einer Kulturgeschichte, in der der Mann einen privilegierten Zugang zur Position des Subjekts und des Autors hat(te) – erfordern vielmehr eine Betrachtungsweise, die weder in einer Polarität noch in einem Vergleich aufgehen kann. Für die Lektüre der Literatur von Frauen hat dies die weitreichendsten Konsequenzen. So folgt aus der Dominanz der männlichen Perspektive im Diskurs (nicht nur) über die Geschlechter, aus der männlichen Vorherrschaft im Entwurf der Bilder und Vorstellungen von Weiblichkeit nicht die Frage nach anderen Bildern, sondern nach der Art und Weise, in der sich Frauen auf die vorgefundenen imaginären Muster beziehen. Die Frage, wie Frauen mit den vorgefundenen Mustern umgehen, ob sie sie reproduzieren, kritisieren, durchqueren, nachahmen, (schau)spielen, dekonstruieren o. a., ist so zu einem Leitmotiv in der Forschung und zu einem Experimentierfeld für die ‹Theorie des Weiblichen› geworden.

Archäologie der Literatur vergessener Autorinnen

Das Skandalon, an dem sich ein feministisches Engagement im Fach zuerst und immer wieder entzündet, ist die auffällige Abwesenheit von Schriftstellerinnen in der Literaturhistorie. Schreiben erscheint als eine genuin männliche Domäne: Aus dem männlichen Schriftsteller-Kanon treten nur wenige weibliche Gestalten hervor. Doch der Platz des Besonderen, der dort durch Namen wie Christine de Pizan, George Sand, durch Sophie LaRoche, Bettina von Arnim, Virginia Woolf, Else Lasker-Schüler u. a. eingenommen wird, bestätigt nur die durchweg unausgesprochene Regel – auch wenn es hier graduelle Unterschiede zwischen den Einzelphilologien gibt. Zudem erfährt man meist mehr über die Mütter, Musen und Idole ‹großer› Autoren als über ihre Kolleginnen und, wenn diese schon mal Erwähnung finden, mehr über deren (Liebes-)Leben als über die Texte, die sie geschrieben haben.

Dies war die Ausgangssituation, aus der das große Arbeitsprojekt einer Rekonstruktion der weiblichen literarischen Tradition entstanden ist, die Suche nach ‹vergessenen› Autorinnen in den Beständen der Archive – ein Projekt, das so erfolgreich war, daß sich das Bild in den letzten zwei Jahrzehnten gründlich geändert hat. Dabei ist sichtbar geworden, daß die Schattenexistenz von Frauen in der Literaturgeschichte der Effekt eines regelförmigen Vergessens ist, Produkt aktiven Ausgrenzens und Verschweigens durch die Literaturgeschichtsschreibung, Ergebnis eines zumeist unbewußten Vorgangs, der sich über die etablierten Werturteile, Wahrnehmungsweisen und Begriffe herstellt. Denn auch die Literatur-Geschichte ist «Gegenstand einer Konstruktion» (Benjamin). In ihr wird bei der ordnenden Darstellung des Materials die Dominanz von männlicher Stimme und männlichem Blick nicht nur reproduziert, sondern noch verstärkt[4], so daß darin selbst Schriftstellerinnen, die zu ihren Lebzeiten anerkannt und viel gelesen waren wie die Romantikerin Sophie Mereau, nur noch Nebenrollen besetzen. Ein zahlenmäßig großer Ausstoß von Romanen z. B.[5] – von vielen Frauen im Interesse ökonomischer Unabhängigkeit produziert, so daß die Kritik an der ‹Konvenienzehe› und ein alternativer Lebensentwurf als Schriftstellerin nicht selten Hand in Hand gingen – ist da eher nachteilig. Mit solcher Art literarischer Produktivität werden die Verfasserinnen gleich in den Bereich der ‹Trivialliteratur› verwiesen – oder in den Bereich des Monströsen, so in der Klage über die ‹ungehemmte Schreib- und Lesewut der Weiber›, die gern auf die ‹weibliche Natur› zurückgeführt wird.

Das Vorhaben, die Geschichte der Literatur von Frauen zu rekonstruieren, gleicht einem archäologischen Projekt; denn es gilt dabei, durch die Schichten der Überlieferungen hindurch die Spuren eines verdrängten Wissens von und über eine weibliche Kulturgeschichte zu entziffern. Insofern kann es bei diesem Projekt nicht um eine Komplettierung der Literaturgeschichte gehen, sondern um eine Re-Lektüre der Regeln des literaturhistorischen Diskurses.[6]

Männerphantasien – Weiblichkeitsmythen: Die Ordnung der Geschlechter

Am Beispiel der Freikorpsliteratur arbeitete Klaus Theweleit in seiner Studie «Männerphantasien» (1977) ein kulturgeschichtliches Paradigma der Geschlechterverhältnisse heraus, das sich wie ein Grundmuster der Aufklärungsgeschichte ausnimmt und in gewisser Weise die «Dialektik der Aufklärung» fortschreibt. Hatten Adorno und Horkheimer die Opferstruktur der westlichen Zivilisationsgeschichte beschrieben, wie nämlich im Akt der Selbsterhaltung der «identische, zweckgerichtete, männliche Charakter des Menschen geschaffen»[7] und die Frau zum Bild und zur Verkörperung der Natur gemacht wurde, so konkretisiert Theweleit dieses Paradigma in einer psychohistorischen Deutung, die sich auf die Bildlichkeit der Geschlechterverhältnisse konzentriert: auf die Geometrisierung der Leiber und die Panzerung der soldatischen Körper als Abwehrmechanismen gegen die Furcht vor Entgrenzung und Überflutung, die in den Bildern sexualisierter Frauen, in Angstbildern von Fluten und Massen zum Ausdruck kommt. Die Gleichsetzung von Frau und Natur sowie deren Dämonisierung und Domestizierung, gespaltene, polarisierte Frauenbilder – wie die reine weiße und die sexualisierte, dämonisierte rote Frau –, das Frauenopfer und die heimliche Homosexualität männerbündischer Institutionen, die Herrschaft des Blicks und die Abwehr gegenüber dem Leiblichen: All dies sind Topoi, die in zahlreichen Studien über Frauenbilder und Weiblichkeitsmythen bestätigt[8] und z. T. literaturgeschichtlich für einzelne ‹Epochen›[9], Autoren, Motive und Genres differenziert und konkretisiert werden konnten. Wenn auch die Lektüre einzelner Texte dabei durchaus umstritten bleibt, wie besonders an der Deutungskontroverse um einige Klassiker wie Lessings «Emilia Galotti»[10], Rousseaus «Emile», Goethes «Wahlverwandtschaften»[11] oder Friedrich Schlegels «Lucinde»[12] deutlich wird. Wurden dabei einerseits bestimmte Kontinuitäten sichtbar – etwa die Janusgestalt der mittelalterlichen ‹Frau Welt›, deren zwei Seiten sich in gespaltenen Frauenbildern bis zur ‹femme fatale› und ‹femme fragile› der Jahrhundertwende fortschreiben[13] – und wurden dabei auch bestimmte Strukturen erkennbar – z. B. das Frauen-Opfer als Voraussetzung männlicher Kunstproduktion[14] –, so ging es andererseits um die Herausarbeitung von Brüchen und um die Frage nach dem Ursprung[15] bzw. den Bedingungen der Möglichkeit bestimmter Weiblichkeitsentwürfe.

Mit dieser Frage verschiebt sich das Interesse von den stereotypen Bildern hin zu den kultur- und diskursgeschichtlichen Konstitutionsbedingungen für die mythische Präsenz des Weiblichen und die Funktion der Frau als Bild. Insbesondere im Anschluß an die «Dialektik der Aufklärung» und an Foucaults «Ordnung der Dinge» wird die Geschichte des ‹Weiblichen› so – bezogen auf die Geschichte des (männlichen) Subjekts – an der «anderen Seite der Gesellschaft»[16], als «Nachtseite der Humanwissenschaften»[17] beschreibbar. Hier verbindet sich die Arbeit von Literaturwissenschaftlern/innen mit der Wissenschaftskritik anderer Disziplinen.[18] Dabei geht es sowohl um die Lektüre von Mythen, die – verstanden als kulturelles Gedächtnis – bestimmte Urszenen einer tradierten Geschlechterdramaturgie erinnern[19], als auch um Studien zur Abspaltung des «Mythos Frau»[20] in den Wissenschaften vom ‹Menschen›, zur «Ordnung der Geschlechter»[21] und zu den «Wissenschaftsmythen über die Frau»[22], die der Geschichte von Anthropologie, Medizin und Psychoanalyse eingeschrieben sind. Ebenso geht es dabei um eine Relektüre der Geschichte von Philosophie und Ästhetik, deren Theoreme nicht selten mit Hilfe der Geschlechterdifferenz symbolisch dargestellt werden.

In diesem Kontext erhält der philosophische Diskurs der ‹Aufklärung› bzw. des 18. Jahrhunderts insofern den Charakter einer paradigmatischen Konstellation, als ihm ein modernes Konzept von *Differenz* entspringt, das im Kontext naturrechtlicher Entwürfe die Bilder vom ‹Anderen› mit deren sogenannter Natur begründet. Dies kann geschehen unter Bezugnahme auf die Physiognomie, auf die andere leibliche Konstitution der Frau, ihre ‹natürliche Schamhaftigkeit› oder auch auf die Hautfarbe, wie etwa im Entwurf einer ‹Rassen›-Theorie. Diese Zusammenhänge sind Gegenstand diskurshistorischer Untersuchungen über: (1) die Konstruktion des weiblichen ‹Geschlechtscharakters›, an dessen ‹Tugendhaftigkeit› bzw. ‹Schamhaftigkeit›[23] sich sowohl moralische und ästhetische Modelle anschließen, wie der Topos der weiblichen ‹Anmut› in der klassischen Ästhetik (besonders bei Schiller), als auch literarische Entwürfe wie die Figuration der ‹Unschuld› im ‹bürgerlichen Trauerspiel›, und (2) Überschneidungen im Entwurf der Geschlechterverhältnisse mit Bildern anderer Kulturen, beispielsweise zwischen dem Bild vom ‹guten Wilden› und dem Bild der Frau.[24]

Viele dieser Studien sind theoretisch Michel Foucaults Geschichte der Sexualität verpflichtet. Gegen die Auffassung von der Sexualität als einer gleichsam natürlichen Kraft, die durch soziale Verhältnisse eingeschränkt und unterdrückt werde, analysiert Foucault die Geschichte von Wissen-Macht-Beziehungen, aus denen heraus – bei einer gleichzeitigen Vermehrung und Regulierung der Rede über das Sexuelle – die ‹Sexualität› als ein gesonderter Bereich von Vorstellungen und Praktiken entsteht.[25]

Zum Paradox weiblicher Autorschaft – gender und genre

Auf der Folie einer solchen Diskursgeschichte der Aufklärung läßt sich auch der Mangel weiblicher Autoren in der Literaturhistorie als Variante der allgemeinen Geschichte des ‹Subjekts› und seines Verschwindens in der Moderne beschreiben. Da der Autor – nicht die Person, sondern die Funktion bzw. Instanz – als (autonomer) Schöpfer eines bedeutungsvollen Textes und Eigentümer seines Werks verstanden wird, spricht man von ihm nicht ohne Sinn in der männlichen Form. Benjamin hat diesen Schöpfer-Typus, den Meister, als «männlichen Erstgeborenen des Werkes, das er einstmals empfangen hatte», charakterisiert und damit sichtbar gemacht, daß dieser dem Begriff ‹natürlicher› Schöpfung diametral entgegensteht bzw. ihn überwunden zu haben glaubt[26] – und mit ihm die Unvollendetheit und Heterogenität der entsprechenden Produkte. «Der Autor ist dasjenige, was der beunruhigenden Sprache der Fiktion ihre Einheiten, ihren Zusammenhang, ihre Einfügung in das Wirkliche gibt.»[27]

Doch ebenso wie das ‹Werk› ist der ‹Autor› in der Moderne im Verschwinden begriffen – zusammen mit einer Aufwertung des Fragmentarischen, mit programmatischen Grenzüberschreitungen zwischen ‹Kunst› und ‹Leben› und mit dem Verzicht auf Originalität in Zitat und Intertextualität. Und mit dem Autor verschwindet der Kritiker, der sich wiederum als Agent, wenn nicht Schöpfer des Autors versteht.[28]

Die feministische Literaturkritik, auf der Suche nach weiblichen Autoren, ist damit in der paradoxen Situation, sich in dem Moment um die weibliche Variante einer Instanz zu bemühen, da diese als allgemeine obsolet geworden zu sein scheint.

«Ist eine Autorin etwas anderes als ein Autor?»[29] Diese Frage ist insofern mit ja zu beantworten, als eine Autorin immer schon aus einer paradoxen Situation hervorgegangen ist: aus dem Aufbegehren – oder auch dem praktischen Zuwiderhandeln – gegen den Ausschluß von Frauen aus dem Konzept ‹Autor› und aus der Opposition gegen daran gebundene Normen, aus der Abweichung von damit verbundenen Mustern. Viele Autorinnen haben aus dieser Not eine Tugend gemacht, haben ästhetische Verfahrens- und Schreibweisen jenseits des klassischen Werkbegriffs praktiziert, wie etwa Gertrude Stein mit ihrer «Ethik des Namenlosen».[30] Aufgrund des konzeptionellen Gegensatzes von ‹Weiblichkeit› und konventionellem Werkbegriff wird an das Weibliche nicht selten die Hoffnung auf Praktiken der subversiven Dekonstruktion herrschender Bedeutungsstrukturen geknüpft, sind viele Ästhetiken der Moderne, speziell der Avantgarde, mit einer Aufwertung des ‹Weiblichen› verbunden. Daß dies nicht selten mit dem Verschwinden der ‹Frau› einhergeht, wird an dem problematischen Ort der Frauen in den Avantgardebewegungen besonders sichtbar.[31]

Die Hoffnung auf Möglichkeiten weiblichen Schreibens jenseits der etablierten Ästhetiken – mit den Paradigmen einer ‹weiblichen Ästhetik› oder einer ‹écriture féminine› – hat die Rezeption der sogenannten französischen Theorie in der Literaturwissenschaft wesentlich befördert. Die theoretischen Vorstellungen von Luce Irigaray und Hélène Cixous[32], bei beiden aus einer Revision der Lacanschen Psychoanalyse aus der Perspektive eines (dort ausgeschlossenen) weiblichen Subjekts hervorgegangen, ebenso wie Julia Kristevas «Revolution einer poetischen Sprache», haben die literaturwissenschaftliche Theorie des Weiblichen entscheidend geprägt.[33] Während aber bei Cixous und teils auch bei Irigaray der Ausschluß des Weiblichen aus der ‹symbolischen Ordnung› mit einem Entwurf beantwortet wird, der in einer Positivierung des Weiblichen dieses mit dem Fließenden, Flüssigen, Uneindeutigen, Nichtgreifbaren, Diskontinuierlichen etc. gleichsetzt, hat Kristeva ihre poetische Theorie, das Konzept einer poetischen Praxis, die einer «Explosion des Semiotischen im Symbolischen» bzw. dem Einbruch der Triebe in der Sprache Raum gibt, vor allem an Texten männlicher Autoren wie Lautréamont und Mallarmé entwickelt. Im Hinblick auf den Ort von Frauen dagegen, denen zumeist eine «solide Position im Symbolischen» mangelt, hat Kristeva auf die Gefahren hingewiesen, die mit derartigen Praktiken bzw. mit dem Zerbrechen ihres «symbolischen Panzers» verbunden sind.[34]

Die Geschichte weiblicher Autoren und ihrer Texte ist voll der Widersprüche, die entstehen aus dem Begehren, Autor zu werden, und der Unmöglichkeit, das Werk von sich abzutrennen. Als frühe Alternative zum Werkbegriff, gleichsam ein älterer Gegenpol zu den anti-‹realistischen› Verfahren in der Moderne, die jeglichen Abbildungsanspruch verwerfen, findet man häufig – so etwa in der Geschichte des sogenannten Frauenromans[35] im 18. und 19. Jahrhundert – die Ablehnung eines Kunstanspruchs: wenn die Autorinnen in ihren Vorreden immer wieder betonen, daß ihr Roman dem ‹Leben› und nicht der ‹Kunst› zugehöre. Seien solche Bestimmungen aus dem Gefühl des Ungenügens oder aus einer Kritik herrschender ästhetischer Normen motiviert, sie beziehen sich – bewußt oder unbewußt – auf die Kongruenz von literarischen Gesetzen und männlichen Subjektentwürfen, die sich in den verschiedenen Genres durchaus unterschiedlich darstellt. Während etwa der Bildungsroman als klassische männliche Gattung betrachtet werden kann, weil in ihm die Erzählstruktur sowie der ideale Bildungsgang des Helden dem Lebensentwurf des bürgerlichen (männlichen) Subjekts entspricht, wird den Frauen gern eine Affinität zu bestimmten Genres nachgesagt, denen ‹subjektive› Sinnstrukturen zugeschrieben werden: Brief, Lyrik und Autobiographie. Und tatsächlich haben Schriftstellerinnen diese Gattungen nicht selten als ihr genuines Artikulationsfeld genutzt.[36] Will man dies nicht als ‹natürliche› Affinität begreifen, dann geht es hier um die Frage nach den Überschneidungen und Berührungen zwischen literarischen Bedeutungsstrukturen und den Entwürfen und Konstruktionen von ‹Männlichkeit› und ‹Weiblichkeit›, zwischen *genre* und *gender* also.

Die Geschlechter als Emblem und Allegorie der Kulturgeschichte

Ausgehend von der Beschreibung des Natur-Kultur-Verhältnisses als Gegensatz von weiblich und männlich, schreibt sich die Geschlechterdifferenz als eine der wirkungsvollsten bedeutungskonstituierenden Differenzen fort, so daß das Geschlechterverhältnis gleichsam als *Emblem der Kulturgeschichte* verstanden werden kann. Nicht nur ist das Wissen über vergangene und andere Geschlechtsmuster und -verhältnisse (*gender*, verstanden als kulturelle Konstruktion) weitgehend in textueller Form überliefert, auch andere Bedeutungen werden mit Hilfe tradierter Frauen- und Männerbilder produziert.

Die Einsichten in den Zusammenhang von Sprache und Geschlecht, die der strukturalen Psychoanalyse entstammen, sind bislang hauptsächlich in subjektgeschichtlicher Dimension diskutiert worden: vor allem hinsichtlich der Konflikte, die sich für weibliche Subjekte mit dem Eintritt in die Sprache, in die herrschende ‹symbolische Ordnung› ereignen. In kulturgeschichtlicher Perspektive aber eröffnet sich hier ein anderes weites Untersuchungsfeld, in dem es um den Zusammenhang von Geschlecht und kulturellem Gedächtnis geht.

Ausgehend von der Beobachtung, daß die Städte in der Literatur häufig als weiblich imaginiert werden, lassen sich verschiedene Konstellationen in der Geschichte der imaginären Stadt untersuchen.[37] Von besonderem Interesse sind hier nun die Korrespondenzen zwischen topographischen Metaphern in der Bilder-Sprache der Moderne und mythischen Urszenen oder auch Korrespondenzen zwischen äußerer Topographie und den Figuren der Erinnerung, wie Walter Benjamin sie z. B. in seinem «Passagen»-Projekt untersucht hat. Sie lassen die Hypothese zu, daß die konfliktreiche Beziehung der Geschlechter ein Archiv von Metaphern ausgebildet hat, mit dem die tradierten Geschlechterverhältnisse (unbewußt) reproduziert werden – mit ihnen aber auch die Erinnerung an eine materielle und leibliche Vorgeschichte jener Konflikte, die heute oft als ‹innere› erfahren werden. Dies läßt sich besonders deutlich an Körpermetaphern zeigen. Für die überwiegend mythische Präsenz der Frauen in der Literaturgeschichte wird mit dieser Perspektive ein Entstehungszusammenhang erkennbar. Der Frauen-Leib, dessen Verdrängung in der Lektüre derartiger kulturgeschichtlicher Konstellationen zu beobachten ist, kehrt als symbolisierter Körper bzw. als sexualisiertes Sprachmaterial im Text oder Kunstprodukt wieder.

Am Beispiel der *Allegorie* ist dieser Vorgang in jüngeren Forschungen mehrfach in den Blick geraten.[38] Die Beobachtung, daß die Mehrzahl allegorischer Personifikationen weiblich ist, ist dabei Ausgangspunkt. Im Zentrum dieser Forschung steht die Liberté in der Französischen Revolution, jene Allegorie, deren Popularität und Verbreitung mit der Verdrängung der Frauen aus den Revolutionsereignissen korrespondiert.[39] Ihre Analyse erhielt Anregungen durch die neueren Forschungen zur Revolution im Zusammenhang des *bicentenaire*, in denen es um Untersuchungen zur Symbolik der Revolution, zu Festen und Umzügen ging, in denen die Revolutionsideen zur Darstellung gebracht wurden.[40] Dies Paradigma muß hier genügen, um eine Forschungsperspektive anzudeuten, in der die Frage nach der Funktion der Geschlechterdifferenz integriert ist in eine kulturanthropologische Arbeit.

Literatur

Alternative 108/109. Das Lächeln der Medusa. Frauenbewegung – Sprache – Psychoanalyse. Juni/August 1976.

Berger, Renate/Stephan, Inge (Hg.): Weiblichkeit und Tod in der Literatur. Köln/Wien 1987.

Bovenschen, Silvia: Die imaginierte Weiblichkeit. Exemplarische Untersuchungen zu kulturgeschichtlichen und literarischen Präsentationsformen des Weiblichen. Frankfurt/M. 1979.

Brinker-Gabler, Gisela (Hg.): Deutsche Literatur von Frauen. 2 Bde. München 1988.

Frauen in der Literaturwissenschaft. Rundbrief. Hg. von der Arbeitsstelle für Feministische Literaturwissenschaft. Universität Hamburg, Von Melle-Park 6, 2 Hamburg 13.

Gnüg, Hiltrud/Möhrmann, Renate (Hg.): Frauen Literatur Geschichte. Schreibende Frauen vom Mittelalter bis zur Gegenwart. Stuttgart 1985.

Meise, Helga: Die Unschuld und die Schrift. Deutsche Frauenromane im 18. Jahrhundert. Marburg 1983.

Steinbrügge, Lieselotte: Das moralische Geschlecht. Theorien und literarische Entwürfe über die Natur der Frau in der französischen Aufklärung. Weinheim/Basel 1987.

Stephan, Inge/Weigel, Sigrid (Hg.): Weiblichkeit und Avantgarde. Hamburg 1987.

Theweleit, Klaus: Männerphantasien. 2 Bde. Basel/Frankfurt 1977.

Weigel, Sigrid: Topographien der Geschlechter. Kulturgeschichtliche Studien zur Literatur. Reinbek bei Hamburg 1990.

Anmerkungen

1 Dies genau ist die Gefahr eines Paradigmenwechsels von der Frauenforschung zu gender-studies, wenn letztere als Überwindung einer vorausgegangenen Phase verstanden werden.

2 Vgl. meine Studie Die Stimme der Medusa. Schreibweisen in der Gegenwartsliteratur von Frauen. Reinbek bei Hamburg 1989.

3 Wolfgang Paulsen (Hg.): Die Frau als Heldin und Autorin. Bern 1979; Amsterdamer Beiträge zur Neueren Germanistik Bd. 10/1980. Gestaltet und Gestaltend. Frauen in der Deutschen Literatur. Amsterdam 1980; S. Bovenschen, S. 12; Inge Stephan/Sigrid Weigel: Die verborgene Frau. Berlin 1983.

4 Vgl. meinen Beitrag in Topographien der Geschlechter, S. 234–251.

5 Luise Mühlbach (1814–1873) z. B. publizierte mehr als 250 Bände.

6 Vgl. Sigrid Schmid-Bortenschlager: La femme n'existe pas. Die Absenz der Schriftstellerinnen in der deutschen Literaturgeschichtsschreibung. In: Georg Schmid (Hg.): Die Zeichen der Historie. Wien/Köln 1986. Und meinen Beitrag Topographien, S. 252–264.

7 Max Horkheimer/Theodor W. Adorno: Dialektik der Aufklärung (1944). Frankfurt/M. 1977, S. 33.

8 Vgl. etwa Uta Treder: Von der Hexe zur Hysterikerin. Zur Verfestigungsgeschichte des ‹Ewig Weiblichen›. Bonn 1984.

9 Z. B. Annemarie Taeger: Die Kunst, Medusa zu töten. Zum Bild der Frau in der Literatur der Jahrhundertwende. Bielefeld 1987; Irmgard Roebling: Lulu, Lilith, Mona Lisa. Frauenbilder der Jahrhundertwende. Pfaffenweiler 1988.

10 Vgl. Ulrike Prokop: Emilia Galotti. Ein Drama über die Zerstörung der Wünsche. In Alfred Lorenzer (Hg.): Kultur-Analysen. Frankfurt/M. 1986, S. 163 bis 288.

11 Vgl. Susan Winnett: Sich krank schreiben lassen. Dora und Ottilie in den Handlungen der Meister. In: Frauen–Weiblichkeit–Schrift. Hg. von Renate Berger u. a. Berlin 1985, S. 35–51.

12 Vgl. Christine Garber: Fiktionen des weiblichen Begehrens. Eine Re-Vision der sexuellen Diskurse von J.-J. Rousseau und F. Schlegel. In: Das Sexuelle, die Frauen und die Kunst. Konkursbuch 20, S. 100–117; Und Sigrid Weigel in: Inge Stephan/S. W.: Die verborgene Frau. Berlin 1983, S. 67–82.

13 Vgl. Barbara Becker-Cantarino: ‹Frau Welt› und ‹Femme Fatale›. Die Geburt eines Frauenbildes aus dem Geiste des Mittelalters. In: Das Weiterleben des Mittelalters in der deutschen Literatur. Hg. von J. F. Poag und G. Scholz-Williams. Königstein/Ts. 1983, S. 61–73.

14 Vgl. Berger/Stephan (Hg.); Gudrun Kohn-Waechter (Hg.): Schrift der Flammen. Opfermythen und Weiblichkeitsentwürfe im 20. Jahrhundert. Berlin 1991.

15 Gemeint ist damit nicht der Anfang, sondern der Ursprung im Sinne von Entstehen (Foucault) oder Entspringen (Benjamin), d. h. das Heraustreten auf die Bühne der Kulturgeschichte.

16 Elisabeth Lenk: Versuch einer Beschreibung der anderen Seite der Gesellschaft. In: Mona Winter (Hg.): Zitronenblau. Balanceakte ästhetischen Begreifens. München 1983, S. 16–25.

17 So der Titel eines Aufsatzes von Marianne Schuller in: Gabriele Dietze (Hg.): Die Überwindung der Sprachlosigkeit. Texte zur neuen Frauenbewegung. Darmstadt/Neuwied 1979, S. 341–50.

18 Eine gute Übersicht besonders über die englischsprachige Diskussion geben Elisabeth List/Herlinde Studer (Hg.): Denkverhältnisse. Feminismus und Kritik. Frankfurt/M. 1989.

19 Z. B. Klaus Heinrich: Das Floß der Medusa. In: Renate Schlesier (Hg.): Faszination des Mythos. Studien zu antiken und modernen Interpretationen. Basel/Frankfurt 1985, S. 335–398.

20 Barbara Schaeffer-Hegel/Brigitte Wartmann (Hg.): Mythos Frau. Projektionen und Inszenierungen im Patriarchat. Berlin 1984; Brigitte Wartmann (Hg.): Weiblich–Männlich. Kulturgeschichtliche Spuren einer verdrängten Weiblichkeit. Berlin 1980.

21 Claudia Honegger: Die Ordnung der Geschlechter. Die Wissenschaft vom Menschen und das Weib. Frankfurt/New York 1991.

22 So der Untertitel von Regina Schaps: Hysterie und Weiblichkeit. Frankfurt/New York 1982.

23 Vgl. z. B. Ursula Geitner: Passio Hysterica – Die alltägliche Sorge um das Selbst.

Zum Zusammenhang von Literatur, Pathologie und Weiblichkeit im 18. Jahrhundert. In: Frauen–Weiblichkeit–Schrift (Anm. 11), S. 130–144; s. auch L. Steinbrügge.

24 Vgl. Sander L. Gilman: Difference and Pathology. Stereotypes of Sexuality, Race, and Madness. Ithaca/London 1985; S. Weigel: Topographien, S. 118 bis 148; dies.: Der Körper am Kreuzpunkt von Liebesgeschichte und Rassendiskurs in Heinrich von Kleists Erzählung ‹Die Verlobung in St. Domingo›. In: Kleist-Jahrbuch 1991, S. 202–217.

25 So in Bd. 1 von Sexualität und Wahrheit. Der Wille zum Wissen. Frankfurt/M. 1977.

26 Walter Benjamin: Gesammelte Schriften. Frankfurt/M. 1980, Bd. IV. 1, S. 438.

27 Michel Foucault: Die Ordnung des Diskurses (1970). Frankfurt/Berlin/Wien 1977, S. 20; vgl. auch ders.: Was ist ein Autor? In: Schriften zur Literatur. Frankfurt/Berlin/Wien 1979, S. 7–31.

28 Vgl. dazu Samuel Weber: Institution and Interpretation. Minneapolis 1987.

29 Genia Schulz: Anmerkungen zum Verschwinden des Autors und zum Erscheinen der Autorin. In: Inge Stephan/Sigrid Weigel/Kerstin Wilhelms (Hg.): «Wen kümmert's, wer spricht». Zur Literatur und Kulturgeschichte von Frauen aus Ost und West. Köln/Wien 1991, S. 57.

30 Ebd.

31 Vgl. Stephan/Weigel (Hg.).

32 Z. B. H. Cixous: Die Unendliche Zirkulation des Begehrens. Berlin 1977; dies.: Weiblichkeit in der Schrift. Berlin 1980; Luce Irigaray: Das Geschlecht, das nicht eins ist. Berlin 1979; dies.: Speculum. Spiegel des anderen Geschlechts. Frankfurt/M. 1980.

33 Vgl. etwa Eva Meyer: Zählen und Erzählen. Für eine Semiotik des Weiblichen. Wien/Berlin 1983; Gisela Ecker: Poststrukturalismus und feministische Wissenschaft – eine heimliche oder unheimliche Allianz? In: Frauen–Weiblichkeit–Schrift (Anm. 11), S. 8–20.

34 Vgl. dazu v. a. das Nachwort in J. K.: Die Chinesin. Frankfurt/Wien/Berlin 1982.

35 S. dazu grundlegend H. Meise.

36 Vgl. Anita Runge/Lieselotte Steinbrügge (Hg.): Die Frau im Dialog. Studien zur Theorie und Geschichte des Briefes. Stuttgart 1991.

37 Vgl. besonders den zweiten Teil «Wildnis und Stadt» in meinem Buch Topographien.

38 Vgl. dazu die Monographie von Marina Warner: In weiblicher Gestalt. Die Verkörperung des Wahren, Guten und Schönen. Reinbek bei Hamburg 1989.

39 Zur Situation der Frauen in der Revolution vgl. etwa Helga Grubitzsch u. a. (Hg.): Grenzgängerinnen. Revolutionäre Frauen im 18. und 19. Jahrhundert. Weibliche Wirklichkeit und männliche Phantasie. Düsseldorf 1985.

40 Vgl. z. B. Inge Stephan/Sigrid Weigel (Hg.): Die Marseillaise der Weiber. Frauen, die Französische Revolution und ihre Rezeption. Hamburg 1989.

Helmut Brackert/Jörn Stückrath

Nachwort
Zur Legitimationskrise der Literaturwissenschaft

Die Germanistik – als Wissenschaft von der deutschen Literatur – zeigt gegenwärtig ein Janusgesicht.[1] Literaturwissenschaftler, die öffentlich über ihre Disziplin nachdenken, tun dies zumeist im Zeichen eines tiefgreifenden Krisenbewußtseins. Dies um so mehr, als die Urteile der Öffentlichkeit über den gegenwärtigen Stand der Literaturwissenschaft eher negativ sind. Man habe, hieß es als Reaktion auf den Augsburger Germanistentag, das völlige Verschwinden der Germanistik aus dem gegenwärtigen Literatur- und Kulturleben nicht einmal bemerkt.[2] Die Selbstzweifel der Literaturwissenschaftler dokumentieren sich in einer reichen «Wozu noch Germanistik?»-Literatur sowie in Stellungnahmen mit emphatischen Untertiteln wie «Ein Abriß über das Enttäuschende an der gegenwärtigen Literaturwissenschaft» oder «Über eine Literaturwissenschaft ohne Literatur».[3] Wo Literaturwissenschaftler hingegen im Rahmen ihrer Disziplin forschen, vermitteln sie ein anderes Bild. Ihre Lust an Projekten und Publikationen, ihr Eifer, Irrtümer aufzudecken und sich durch neue Gegenstände herausfordern zu lassen, ist fast ebenso einhellig. Man greife nur zu der von Jahr zu Jahr umfänglicheren «Bibliographie der deutschen Literaturwissenschaft» oder den Einzelbeiträgen dieses «Grundkurses», in denen durchaus keine melancholische Resignation zu verspüren ist.

Ursachen des Krisenbewußtseins

Literaturwissenschaftler haben gegenwärtig große Schwierigkeiten, im Wettbewerb mit den naturwissenschaftlich-technischen Disziplinen und ‹harten› Humanwissenschaften ihre Existenznotwendigkeit öffentlich zu legitimieren.[4] Sie machen überdies ganz konkret die schmerzliche Erfahrung, daß geisteswissenschaftliche Disziplinen im Vergleich zu den Naturwissenschaften und neuen Technologien nur unzureichend gefördert werden.[5] So wirken sich z. B. die Stellenkürzungen – bei gleichzeitigem Anwachsen der Studentenzahlen – negativ auf die Ausbildungssituation an den Universitäten aus; die ungünstige Zahlenrelation zwischen Lehrenden und Studierenden schränkt die in den literaturwissenschaftlichen Fächern besonders wichtige Kommunikation ein und läßt auch unter den Studierenden Anonymität, Sprachlosigkeit und Isolation entstehen. Zudem wächst unter den Studenten der Unmut über Veranstaltungsrituale, durch welche gerade die ästhetischen Qualitäten beim Umgang mit Literatur zu kurz kommen: emotionale Betroffenheit, individuelles Urteil, Anregungen zur eigenen Kreativität.[6]

Verunsicherung herrscht bei Lehrenden und Studierenden vor allem aufgrund der schlechten beruflichen Aussichten für Lehrer und den wissenschaftlichen Nachwuchs.[7] Hinzu kommen bedrängende fachinterne Gründe. Lehrende und Studenten sehen sich hohen Anforderungen an ihr Lesepensum ausgesetzt, erfahren aber täglich den Widerspruch zwischen dem, was sie an früherer und heutiger Literatur gelesen haben sollten, und dem, was sie tatsächlich in Muße lesen können.[8] Besondere Hilflosigkeit breitet sich angesichts der Überproduktion von Sekundärliteratur aus: insbesondere wegen der zunehmenden Spezialisierung und Ausdifferenzierung der literaturwissenschaftlichen Fragestellungen und Gegenstände (‹Zersplitterung›); der Entgrenzung der Literaturwissenschaft gegenüber Nachbardisziplinen, insbesondere Philosophie, Psychoanalyse, Soziologie (‹Kolonisierung›); des raschen und fast modischen Wechsels in der Adaption anspruchsvoller Konzepte (gegenwärtig: Lacan, Derrida, Luhmann) und deren mangelnder Verarbeitung (‹Konjunkturrittertum›).[9] Die Literaturwissenschaftler haben auch mit dem Vorwurf zu kämpfen, es habe ihnen schon immer an literaturkritischer und ästhetischer Urteilskraft gefehlt, so daß sie die großen Schriftstellerinnen und Schriftsteller der Moderne viel zu spät wahrnehmen, und daß es ihnen im Vergleich mit den Autoren, die sie kommentieren, an Lebenserfahrung und Originalität mangele. Besonders irritiert zeigen sich die Literaturwissenschaftler darüber, wie desinteressiert die literarische Öffentlichkeit an ihren Forschungen ist. Immer häufiger müssen sie damit rechnen, daß Autoren oder Kritiker scharfe Attacken gegen die Interpretationsliteratur und hypertrophierende Fachterminologie der Literaturwissenschaft reiten.[10] Darüber hinaus haben die meisten Literaturwissenschaftler inzwischen erfahren, daß sie mit ihren Arbeiten nur noch Kollegen erreichen, die ihr Spezialgebiet teilen, und daß die

Distanz der Deutschlehrer zur literaturwissenschaftlichen Forschung wächst.

Ob der Mangel an öffentlichem Selbstbewußtsein auch damit zusammenhängt, daß der Literaturwissenschaft epochale Leitfiguren und kanonisch gewordene Leistungen fehlen? Es fällt auf, wie sehr im Selbstverständnis der Naturwissenschaftler, aber auch der Philosophen oder Historiker die großen Namen des Fachs eine bedeutende Rolle spielen, während in der Germanistik einst viel gerühmte Namen und literaturgeschichtliche Arbeiten verblaßt sind.[11] Der Identifikation mit dem Fach steht sicherlich auch die Vergangenheit der akademischen Germanistik als nationaler Wissenschaft sowie die Geschichte des Deutschunterrichts als Institution der Charakterbildung, der nationalen Erziehung und Chancenungleichheit entgegen. Kein Wunder, daß sich die Lust am Fach immer auch mit Kritik verbunden hat, wie es wohl auch kein Zufall ist, daß vielleicht nur der Außenseiter Walter Benjamin als eine Identifikationsfigur der heutigen germanistischen Literaturwissenschaft gelten kann.[12] Schließlich darf in dieser Liste bedrängender Phänomene nicht fehlen, daß auch das Erbe der Nationalliteratur, auf das sich das Selbst- und Sendungsbewußtsein einer Literaturwissenschaft letztlich stützt, Krisen unterworfen ist: durch die Entfremdung des Lesepublikums von den klassischen Werken und den allgemeinen gesellschaftlichen Geltungsverlust von Literatur überhaupt, ob er nun – wie in der 68er Bewegung – unter politischem Vorzeichen steht oder, wie in jüngster Zeit, durch die Furcht begründet ist, daß Literatur und die mit ihr verbundene Lesekultur in der Computer- und Videoclip-Gesellschaft ganz verschwinden bzw. nur noch in massenmedialen Inszenierungen (Verfilmung, Talk-Show) weiterleben werden.[13]

Die Legitimation durch neue Forschungsgebiete

Die entmutigenden Stichworte der öffentlichen Rede haben die Literaturwissenschaft jedoch keineswegs stagnieren lassen, im Gegenteil: Die Disziplin hat gerade in den letzten beiden Jahrzehnten Lücken in der bisherigen Forschung hervorgehoben und sich herausgefordert gefühlt, sie durch Großprojekte und Einzelarbeit zu schließen. Einige solcher – mit besonderer Legitimation versehenen – Arbeitsfelder, wie sie auch das Profil des «Grundkurses» mitbestimmen, seien hier skizziert.

In den literaturwissenschaftlichen Einführungen vor 1950 – z. B. von

Rudolf Lehmann und Wolfgang Kayser – dominiert noch eindeutig die Beschäftigung mit der klassischen europäischen und deutschen Literatur, insbesondere mit Shakespeare, Goethe und Schiller.[14] Dieses Erbe ist auch in der heutigen Literaturwissenschaft noch gegenwärtig. Unübersehbar aber hat sich deren Gegenstandsbereich zunehmend ausgedehnt und verlagert. Der «Grundkurs» ist ein deutliches Indiz. Neben die ererbten treten neue Forschungsfelder relativierend und kontrastierend hinzu: die älteren mündlichen Literaturtraditionen in ihrem Verhältnis zur Schriftkultur, die Frauenliteratur, die Literatur der Moderne und die postmoderne Gegenwartsliteratur, die neuen audiovisuellen und elektronischen Medien in ihrem Verhältnis zu den Printmedien, die ‹unterbürgerliche› und massenhaft verbreitete Unterhaltungsliteratur. Auch ist der Blick über die Grenzen der literarisch-fiktionalen Texte für die jüngere Literaturwissenschaft charakteristisch: Biblische und juristische Texte, Gebrauchsliteratur, Alltagserzählungen finden ein zunehmendes Interesse.[15] Darüber hinaus hat die Literaturwissenschaft die Institution Kunst und speziell die Rezeption von Literatur als Forschungsaufgabe entdeckt. Sie schaut gleichsam vor und hinter die Kulissen, die das publizierte Werk umstellen: auf die Autoren und sogar auf ihre Schreibwerkzeuge, auf die Vermittlungsinstanzen Verlag, Buchhandel, Bibliothek, Literaturkritik, Deutschunterricht, literarische Gesellschaften, staatliche und kirchliche Zensur sowie auf die Leserinnen und Leser.[16]

Forschungslegitimierende Neuerungen zeigen sich auch im methodologischen Bereich. Über den überlieferten Kanon der Grundbegriffe der Verslehre, Stilistik und Rhetorik hinaus entsteht eine literarische Semantik, die die inhaltlichen Dimensionen neu erschließen will. Zum anderen üben die aus den Nachbarwissenschaften entlehnten Konzepte große Faszination aus. Was den Literaturwissenschaftlern in der Gesamtsicht als modisch erscheint, verbindet sich in den Augen des einzelnen Forschers mit dem Abenteuer, sich neue Theoriebereiche zu erschließen und nach innovativen Anschlußmöglichkeiten zu suchen.[17]

Legitimationspotentiale lassen sich auch dort beobachten, wo die überlieferte Auffassung vom Wesen der Literatur, von den Gattungen, den Wertmaßstäben, der Interpretation fragwürdig und durch neue ersetzt wird. Was für Lehmann und Kayser noch als sicheres Fundament der Literaturwissenschaft galt, wird heute in Zweifel gezogen. Lehmann ging z. B. wie selbstverständlich davon aus, daß die «Poesie das innere Erlebnis des Dichters durch die Sprache zum Erlebnis seiner Hörer und Leser machen will»; er begreift «das Kunstwerk als eine lebendige Einheit, als Organismus, der in sich entwickelt und geschlossen ist und dessen Teile nur aus ihrem Verhältnis zum Ganzen, das sie bilden, verständlich werden.» In Übereinstimmung mit einer langen Traditionslinie schreibt er dem Kunstwerk eine «Totalidee» (Schiller) oder einheitsbildende Absicht zu und leitet, wie auch später die werkimmanente Schule, aus diesem Literaturbegriff eine Wertlehre ab, welche Kategorien wie «innere Übereinstimmung und Widerspruchslosigkeit» als überzeitlich gegeben ansieht.[18] Unter welchem Aspekt auch immer sich nun die Autorinnen und Autoren im «Grundkurs» mit Literatur auseinandersetzen – auffällig häufig erweist sich die Kritik an dem überlieferten Literaturbegriff mit seinen Konstituenten «Erlebnis», «organische Einheit», «Gesamtidee» und «Stimmigkeit» als Stimulus neuer Forschungen.[19] Unumstritten legitimiert erscheint Literaturwissenschaft im fachinternen Diskurs auch dort, wo sie den Blick reflexiv und kritisch auf die eigene Geschichte zurücklenkt.[20]

Historische Konstellationen des Krisenbewußtseins

Beide Diskurse, der pessimistische Krisendiskurs und der optimistische Reformulierungsdiskurs der literaturwissenschaftlichen Praxis, sehen sich in ihrer Grundeinstellung legitimiert: der erste durch die unleugbare Existenz einer Krise, der zweite durch die Historizität, Irrtümer und Lücken der früheren Forschung. Der Krisendiskurs blendet nun nicht allein das ungebrochene Forschungsinteresse aus, sondern auffälligerweise auch seine eigene Geschichte. Wer sich öffentlich von der desolaten Situation der Germanistik betroffen zeigt, geht offenbar davon aus, daß – historisch gesehen – zuerst und allein er von der Krise betroffen ist und die eigenen Vorschläge zur Überwindung der Krise neu sind. Dabei übersieht er jedoch, daß die deutsche Wissenschaft von der deutschen Literatur seit ihrer Begründung als akademischer Disziplin vor hundert Jahren relativ kontinuierlich mit Krisensituationen konfrontiert wurde.[21]

Die Krise der Literaturwissenschaft in der Weimarer Republik
Ein frühes Beispiel für die Artikulation des Krisengefühls liefert der Frankfurter Literaturhistoriker Franz Schultz (1877–1950) mit einem dialogisch angelegten Gespräch über die aktuelle Situation der Literaturwissenschaft, das 1929 erschien und dessen Ort gut nietzscheanisch

in ein «Hochtal» verlegt ist.[22] Der in seiner Zeit durchaus erfolgreiche und auch konforme Gelehrte leidet vor allem unter der mangelnden gesellschaftlichen und kulturellen Resonanz seiner Tätigkeit:

«Ist nicht der Ertrag, der von der deutschen Menschheit als literarhistorisches Bildungsgut aufgenommen wird, ganz erschreckend gering? Dringt von den Erörterungen über geisteswissenschaftliche Methoden, über die literarhistorischen Arbeitsweisen, Dinge, die wir so überflüssig ernst nehmen, wirklich so viel in das allgemeine Leben – dies im besten Sinne genommen? Ist unsere Betätigung nicht vielfach eine leerlaufende Maschine?»[23]

Schultz hat noch die gesamte literarisch interessierte Öffentlichkeit als Adressaten der Literaturwissenschaft vor Augen. Die Polarität der Situation – das hohe Ethos des Auftrags, d. h. die Vermittlung des literarischen Erbes einerseits und das gesellschaftliche Desinteresse andererseits – wird von Schultz als tiefe Krise erlebt. Zwei Varianten hat die Literaturwissenschaft durchgespielt, um ihre mangelnde Resonanz in der Öffentlichkeit zu erklären: Schuld ist entweder die vermittlungsunfähige Literaturwissenschaft oder der Ökonomismus und die Zweckrationalität der modernen Industriegesellschaft, welche die Literatur und Literaturwissenschaft zunehmend marginalisieren. Schultz richtet seine Kritik fast ausschließlich auf die Literaturwissenschaft und benennt dabei vier Defizite, welche im aktuellen Krisendiskurs immer noch eine wichtige Rolle spielen.[24]

Literaturwissenschaftler, so Schultz' Vorwurf, können nicht schreiben; sie schreiben nicht für das Volk, sondern für die Zunft; Literaturwissenschaftler schreiben ferner zu hastig und konjunkturbedingt; Literaturwissenschaftler schreiben schließlich ohne Sensibilität für die spezifisch ästhetische Dimension ihres Gegenstandes. Statt dessen übernehmen sie «im Reiche der Dichtungsgeschichte nur noch die soziologischen, psychologischen, stammeskundlichen, kunsthistorischen und philosophischen Fremdsprachen.» Darüber hinaus fehlt es vielen Literaturwissenschaftlern an einem «lebendigen Verhältnis zur Dichtung» und insbesondere an ästhetischem Einfühlungsvermögen.[25]

Schultz liefert eine Fülle von Diskussionspunkten für die aktuelle Diskussion, wenn er auch aufgrund seiner idealistischen Perspektive noch nicht zu sehen vermag, daß eine veränderte Schreibhaltung und -fähigkeit der Literaturwissenschaftler allein (so wünschenswert sie wäre) kein Lesepublikum für die Forschung erschließen kann. Er geht auch nicht auf die strukturellen Bedingungen der akademischen Berufsausbildung ein. Im akademischen Diskurs wird ja seit jeher eine außerwissenschaftliche Qualifikation im Umgang mit Literatur disqualifiziert und ein Habitus prämiert, der eher gelehrt und pedantisch als pädagogisch begeisternd und kreativ geprägt ist.

Nationalsozialismus und Nachkriegszeit
Krisenbewußtsein und die Sehnsucht, sich ‹kopfüber› aus der Krise zu befreien, können aufs engste miteinander verbunden sein. Nicht wenige – und besonders auch jüngere Germanisten – erlebten das Jahr 1933 als Befreiung von den Problemen, die Schultz bedrängt hatten, und interpretierten die Machtergreifung und den Siegeszug der Nationalsozialisten als Aufbruch in eine neue Zeit; nicht wenige hofften, auf eine der ‹freiwerdenden› Stellen nachrücken zu können, begrüßten die Verabschiedung von dem irritierenden Methodenpluralismus und Wertrelativismus der Weimarer Zeit im Zeichen einer völkisch-nationalen Literaturwissenschaft, ja ersehnten – z. B. im Gemeinschaftserlebnis des militärischen Feldlagers der Hochschuldozenten – die Erlösung von ‹blutleerer› Reflexivität und Buchgelehrsamkeit. In jedem Fall hatte sich die verwirrende und als Krise empfundene Komplexität konkurrierender Welt- und Gesellschaftsbilder auf eine nationale, völkische und rassenbiologische Grundlage reduziert. Kapitalistische Ausbeutung und ökonomische Konflikte, demokratischer Parteienzwist und -streit, seelische Zerrissenheit und Krankheit, intellektuelle Zweifel und Orientierungslosigkeit, alle diese krisenhaft wahrgenommenen Phänomene konnten auf den jüdischen Geist projiziert und damit ‹beseitigt› werden: durch Bücherverbrennung, durch Berufs- und Publikationsverbot für jüdische Autoren und Wissenschaftler und durch deren bürokratische und terroristische Verdrängung aus der Öffentlichkeit und deren Abtransport.[26]

Die Zeit nach 1945 klärt darüber auf, daß eine Krise durchaus nicht öffentlich bewußt sein muß. Das Ende der nationalsozialistischen Diktatur rief keinen Krisendiskurs über die Verführbarkeit und Hörigkeit der Germanistik hervor. Es ist sogar fraglich, ob es unmittelbar nach 1945 in der Zunft so etwas wie ein Krisenbewußtsein überhaupt gab. Einige Universitätsgermanisten verloren ihren Lehrstuhl, die Mehrheit konnte sich jedoch arrangieren. Die Vergangenheit wurde verdrängt, und man gab sich wieder abendländisch und bildungsbürgerlich. Der Faschismus war jetzt als braune Barbarei erkannt, die in Goetheferne und mangelnder Sprachzucht ihre Erklärung fand.[27] Und selbst Wissenschaftler, die es drängte, über die beschämende Vergangenheit und Gegenwart des Fachs öffentlich zu reden, schwiegen dann doch lieber, um ihre Karriere nicht zu gefährden.[28] Das einzig bedrohliche Phänomen schien der wiederauflebende Methodenpluralismus zu sein. Aber dieses Problem ließ sich lösen. Die nationalsozialistische Literaturwissenschaft wurde jetzt als ein warnendes Beispiel für Heteronomie interpretiert und bewältigt sowie polemisch mit der marxistischen Literaturwissenschaft in der DDR gleichgesetzt. Literatur, Gesellschaft und Politik; Literaturgeschichte und literarisches Leben der Gegenwart; Literaturwissenschaft und Literaturkritik wurden im Zeichen einer werkimmanenten, enthistorisierten, re-philologisierten und scheinbar entpolitisierten Literaturwissenschaft getrennt.[29]

Nach 1945 war also in der Bundesrepublik nicht das Bewußtsein einer Krise vorhanden, allenfalls das Gefühl eines wachsenden Unbehagens, wie es Ende der 50er Jahre außerhalb der Universitäten von dem ZEIT-Journalisten Rudolf Walter Leonhardt vorsichtig artikuliert wurde und dann weniger einen Krisen- als einen optimistischen Reformdiskurs stimulierte. Was Schultz in der Weimarer Republik in eine so tiefe Krise stürzte, der Widerspruch zwischen der nationalen Sendung der Literaturwissenschaft und ihrer mangelnden Resonanz, milderte sich, weil der Anspruch an die Literaturwissenschaft realistischer geworden war. Und was die heutige Krise so ausweglos erscheinen läßt, der Geltungsverlust der Literaturwissenschaft im Vergleich zu den Naturwissenschaften und empirischen Wissenschaften sowie die anhaltende Lehrerarbeitslosigkeit, war Ende der 50er Jahre noch kaum sichtbar. Leonhardt kritisiert in seiner Streitschrift Erscheinungsformen der Literaturwissenschaft, die reformierbar schienen und später unter dem Druck der Studentenbewegung auch in Bewegung gerieten. Dazu gehörte der Abbau der patriarchalischen Ordinarien-Universität, die Schaffung von mehr Lehrstellen, die Aufarbeitung der nationalsozialistischen Vergangenheit, die Öffnung der Germanistik für Probleme der Lehrerausbildung, die Einbeziehung der Gegenwartsliteratur.[30]

Studentenbewegung und Reformdiskussion

Die Reflexion der Krise der Germanistik in der Studentenbewegung liefert ein widersprüchliches Bild. Auf der einen Seite zeigt sie ein Krisenbewußtsein, das noch radikaler war als das in der Weimarer Republik. Die Legitimation der Literatur und Lesekultur als eigener Werte ging verloren, wo Rationalität, Aufklärung, Parteilichkeit, Praxis die Leitwerte waren. Auch wurden viel schärfer als Ende der 50er Jahre die

Schwächen der Germanistik angeprangert: die Herrschaftsverhältnisse der autoritären Ordinarien-Universität, die unerträglichen Studienbedingungen in einem Massenfach, die mangelnde Praxisrelevanz des Studiums, der an der Klassik orientierte Literaturbegriff, das verschüttete Erbe revolutionärer und gesellschaftskritischer Literatur, die Germanistik als nationale und soziale Herrschaftsideologie, der Deutschunterricht als Institution zur Reproduktion des Bürgertums und der Interessen des Kapitals, der Irrationalismus literaturwissenschaftlicher Methoden, der einem rationalen und kritischen Wissenschaftsbegriff entgegenstand. Andererseits dominierte der Wille, die Literaturwissenschaft strukturell und inhaltlich radikal zu ändern. Zweifel an der geringen Resonanz der neuen Literaturwissenschaft wurde (noch) nicht laut. Adressat war nicht mehr der Deutsche als Leser allgemein (wie bei Schultz), sondern gezielter der Deutschlehrer, der aufgrund einer wissenschaftskritischen und praxisbezogenen Ausbildung die schulisch verfestigte Dreiklassengesellschaft überwinden und ein neues radikaldemokratisches Bewußtsein initiieren sollte. Und diese Reformperspektive verhieß eine klare Zukunft, weil die Legitimation der Literaturwissenschaft als kritischer, entdifferenzierender, interdisziplinärer und parteilicher Wissenschaft problemlos schien und zunächst noch Lehrer an den Hochschulen und Schulen gebraucht wurden.[31]

Die Gründe, weshalb die Reformdiskussion gescheitert ist und wohl auch scheitern mußte, sind vielfältig. Sie sind vor allem in den gesellschaftlichen Rahmenbedingungen zu suchen, die eine solche radikaldemokratische Öffnung nicht zuließen; aber auch darin, daß die seit Mitte der 70er Jahre erkennbare Perspektivelosigkeit dem überhöhten Reformanspruch alle Möglichkeiten einer Realisierungschance entzogen. Freilich setzte das Scheitern nach den intensiven Theoriedebatten auch Interessenenergien frei: eine selbstbewußte Subjektivität der literarischen Erfahrung, die in einer neuen Innerlichkeit, in kreativen Schreibbewegungen, in einer erhöhten ästhetischen Sensibilität ihren Ausdruck fand.

Herausforderungen durch die Naturwissenschaften und neuen Technologien

Der Funktionsverlust der literarischen Bildung wurde von der Germanistik zunächst nicht wahrgenommen. Die meisten Literaturwissenschaftler durchschauten ihre historisch und gesellschaftlich bedingte Rolle nicht hinreichend und hielten sich an die vertraute Vorstellung, Dichtung und Dichtungswissenschaft seien Werte an sich, deren gesellschaftlicher Rang auch dann noch gesichert sei, wenn die nationale Bildung und die zentrale Stellung des Faches am Gymnasium obsolet geworden sind. Frühe Signale für eine radikale Infragestellung der Literaturwissenschaften waren jedoch schon Ende der 50er Jahre in der von Charles P. Snow ausgelösten und weltweit geführten Debatte um die «zwei Kulturen» zu vernehmen.[32] In den Ausführungen Snows sind in unserem Zusammenhang vor allem vier Tendenzen wichtig. Sarkastisch weist Snow den Anspruch der literarischen Bildungsschicht zurück, im Vergleich zur naturwissenschaftlich-technischen Intelligenz allein als gebildet oder gar intellektuell zu gelten. Es sei unhaltbar, daß man Shakespeare gelesen haben müsse, es aber nicht als Mangel angesehen werde, den Zweiten Hauptsatz der Thermodynamik nicht zu kennen. Die westlichen und östlichen Industrieländer, so Snow weiter, machen mit Hilfe von Elektronik, Atomenergie und Automation eine zweite naturwissenschaftliche Revolution durch, wobei sie ihre Machtstellung allein durch extensive Mittel für naturwissenschaftlichen Nachwuchs sichern und erweitern können. Die Probleme der Dritten Welt (Überbevölkerung, die Kluft zwischen arm und reich, Hunger und Elend) lassen sich allein durch eine – durchaus erfolgverheißende – naturwissenschaftlich-technische Revolution lösen. Während die literarische Intelligenz rückwärtsgewandt, technikfeindlich und pessimistisch auf die wirtschaftlichen und gesellschaftlichen Herausforderungen reagiert, habe die zumeist aus kleinbürgerlichen Verhältnissen sich rekrutierende technische Intelligenz «die Zukunft im Blut».

Der angesehene Physiker, Industriemanager, Staatssekretär im Ministerium für Technologie und Romancier artikulierte das wachsende Selbstbewußtsein der technischen Intelligenz und deren Konzept zur Bewältigung der drängenden globalen Probleme. Die Positionen, die Snow vertrat, beherrschten die Politik der folgenden drei Jahrzehnte und wurden erst im Zeichen der Katastrophe von Tschernobyl und der global nicht mehr zu leugnenden Technologiefolgen und -risiken sowie der wachsenden Kluft zwischen Erster und Dritter Welt als Normen wirtschafts- und gesellschaftspolitischen Handelns fraglich.[33]

Die Literatur- und Geisteswissenschaften reagierten sehr unterschiedlich auf die Entmachtung der literarischen Intelligenz. Der berühmte englische Literaturwissenschaftler Frank R. Leavis glaubte ihr noch dadurch begegnen zu können, daß er im Ton verächtlicher Geringschätzung Snow als Denker und überdies als Romancier disqualifizierte und sehr selbstbewußt, aber auch sehr allgemein den Vorrang literarischer Bildung herausstrich. Seine Polemik verrät, wie selbstsicher und blind Teile der literarischen Intelligenz auch international die sich anbahnende radikale Legitimationskrise der literarischen Bildung verkannten.[34] Andere Literaturwissenschaftler reagierten auf das Paradigma naturwissenschaftlich-technischer Forschung, indem sie quantifizierende und messende Verfahren der Textanalyse erprobten und die empirisch-psychologische Untersuchung von Leserverhalten zu einem zentralen Forschungsschwerpunkt der Literaturwissenschaft erhoben. Bis heute wird jedoch sehr kontrovers diskutiert, welchen Stellenwert diese Methoden und ihre Ergebnisse für die Literaturwissenschaften gewinnen können. Schon zeichnet sich ab, daß die Legitimationskrise der Literaturwissenschaft in der Hochschule und Schule durch die Einführung ‹harter› Forschungsmethoden allenfalls zu verschieben, nicht zu überwinden ist. Eine dritte Gruppe wiederum stellte sich dem bis ins 19. Jahrhundert zurückreichenden Konflikt und versuchte, das Verhältnis zwischen naturwissenschaftlich-technischer und literarischer Bildung in der postindustriellen Gesellschaft auf eine neue Weise zu bestimmen und zu beurteilen. Heftige Kontroversen löste der Gießener Philosoph Odo Marquard mit seinen auf Joachim Ritter gestützten wissenschaftsgeschichtlichen Thesen aus, daß die Geisteswissenschaften nicht etwa zunehmend marginalisiert werden, sondern auch in Zukunft «unvermeidlich» sind, weil nur sie, indem sie sensibilisierende, bewahrende und orientierende «Geschichten» erzählen, die Schäden der Modernisierung zu kompensieren vermögen: «Die Geisteswissenschaften helfen den Traditionen, damit die Menschen die Modernisierung aushalten können: sie sind (...) nicht modernisierungsfeindlich, sondern – als Kompensation der Modernisierungsschäden – gerade modernisierungsermöglichend.»[35]

Diese Ausführungen beeindruckten Politiker, die zuvor allein auf die naturwissenschaftlich-technischen Fächer gesetzt hatten, fanden aber unter den Geisteswissenschaftlern ein zunehmend ablehnendes Echo. Offenbar paßte schon Marquards Optimismus nicht in den Krisendiskurs. Vor allem aber mochten sich Literaturwissenschaftler (trotz aller Selbstzweifel) nicht mit der ihnen zugeschriebenen kompensatorischen Funktion zufriedengeben. Sie sahen sich in der hochtechnisierten postindustriellen Gesellschaft in die Rolle von Märchenerzählern gedrängt, statt als Wissenschaftler anerkannt zu werden, die an der modernen

Lebenswelt partizipieren, in sie eingreifen, sie mitgestalten und sogar Orientierungen liefern.[36] Die Auseinandersetzung mit Marquard – eine Vermischung von empirischen und normativen Aussagen über die Geisteswissenschaften, von Faktenaussagen und von Willensbekundungen oder sogar Machtphantasien – war zur Selbstklärung der Literaturwissenschaften außerordentlich wichtig, fordert jedoch auch zur Kritik heraus. Je mehr Beifall die Zurückweisung der kompensatorischen Rolle der Literaturwissenschaft in den eigenen Reihen auf Kongressen und Tagungen erfährt, desto naheliegender ist der Verdacht, daß Wünsche, nicht aber Realitäten formuliert werden. Gerade aus historischer Perspektive gesehen ist die Gefahr groß, daß die Literaturwissenschaft sich einmal mehr überfordert.

Ausblick: Plädoyer für eine bescheidenere und selbstbewußtere Literaturwissenschaft

Es macht offenbar einen feinen, aber sehr bedeutsamen Unterschied, ob Literaturwissenschaftler sich forschend und lehrend mit Hartmanns «Iwein», dem Spätwerk der Droste sowie Handkes Erzählung und Film «Die linkshändige Frau» beschäftigen oder ob sie über die Literaturwissenschaft als Gesamtfach nachdenken. Die erste Tätigkeit wird von den Literaturwissenschaftlern in der Regel in hohem Maße spannungsvoll und herausfordernd erlebt:

- als überwältigende und zugleich Distanz erlaubende Erfahrung der Literatur als einer Erfahrungswelt voller Wiedererkennungseffekte, neuer Einsichten, Aufklärung erheischender Rätsel, formalästhetischer Reize und erstaunlicher formal-sprachlicher Raffinessen;
- als Herausforderung, die Intentionen, Sinnpotentiale und -verweigerungen aus den Werken selbst und mit Hilfe von Kontexten zu erschließen, verstärkt durch die Erfahrung, daß andere – z. B. Mitforscher, studentische Seminarteilnehmer, Schüler und Schülerinnen – anderes und mehr wahrnehmen und andere Schlüsse aus dem Beobachteten ziehen, ja, daß die Ergebnisse der zu Rate gezogenen Forschungsliteratur, wenn einmal der Einschüchterungsbann gebrochen ist, auch Widerspruch provozieren und in der Perspektive eigentümlich begrenzt und zeitbedingt sind;
- als Anstoß zu Forschungsprojekten, in denen – umfassender, als es früher geschehen ist – hermeneutische, historische und theoretische

Fragen verknüpft und Konzepte der Nachbardisziplinen zur Untersuchung der Werke genutzt werden;
- als Aufgabe, durch die wiederholte Lektüre der literarischen Werke deren Ferne und Nähe zur eigenen Lebenswelt zu bestimmen und beide, Lebens- wie Textwelt, jeweils im Spiegel der anderen über sich selbst aufzuklären und zu beurteilen.

Die Aufzählung solcher Formen der Erfahrung mit Literatur ließe sich noch verlängern. Sie besagt, daß für viele Literaturwissenschaftler der Umgang mit literarischen Werken eine emotional und intellektuell herausfordernde, die individuelle und gesellschaftliche Selbstreflexion provozierende Tätigkeit ist.

Sieht sich der einzelne hingegen mit der Literaturwissenschaft als ganzer konfrontiert, so stockt er, wie eingangs dargestellt. Es scheint, als fühle er sich an den Turm von Babylon erinnert, genauer an einen babylonischen Turm, wie ihn Jorge Luis Borges sich ausgedacht haben könnte, an dem auch nach dem Scheitern des ursprünglichen Ziels und nach der Sprachverwirrung emsig weiter gebaut wird. Niemand von denen, die eifrig damit beschäftigt sind, Steine heranzuschleppen, zu bearbeiten und über selbstkonstruierte Gerüste nach oben befördern, weiß den Sinn und Zweck des Gesamtunternehmens überzeugend zu benennen. Das Fazit aus der Metapher: Die Legitimitätskrise der Literaturwissenschaft scheint die der Wissenschaft, nicht die des einzelnen Forschers und Lehrers zu sein, da diese ja hartnäckig an ihrer Arbeit festhalten. Literaturwissenschaftliche Arbeit ist offenbar ein Prozeß, der vor allem in den Individuen, die sie ausüben, Bedeutung gewinnt und vermutlich erst in zweiter Linie an Resultaten zu messen ist, die für die Lösung gesellschaftlicher Probleme und die Humanisierung der Menschen unmittelbar verwertbar wären. Was Denker von Lessing bis Wittgenstein betont haben, daß die Suche nach der Wahrheit wichtiger ist als die Wahrheit selbst, findet sich hier bestätigt.

Literaturwissenschaft als Reflexion subjektiv bedeutsamer Erfahrung sollte jedoch, normativ betrachtet, kein solipsistischer, sondern ein kommunikativer Prozeß sein. Literaturwissenschaftler lernen von anderen und in der Auseinandersetzung mit ihnen und sollten als Lehrerin und Lehrer – an der Universität, in der Schule oder in der Erwachsenenbildung – in der Lage sein, andere zu solchem kommunikativen Handeln zu befähigen. Dieses Ziel kann aber nicht in überfüllten Seminarräumen und großen Klassen erreicht werden, in denen geselliges Interpretieren und das persönliche Streitgespräch als Umgangsformen mit Literatur ausgeschlossen sind. Und diesem Ziel nähern sich die

Literaturwissenschaftler nur dann an, wenn sie nicht nur Interpretationsergebnisse liefern, sondern zugleich Begriffe und Verfahren der Texterschließung vermitteln; wenn sie nicht nur Typologien und Theorien entwerfen, sondern auch zeigen, wie diese aufgebaut sind; wenn sie nicht nur Konzepte anderer Wissenschaften in den literaturwissenschaftlichen Kommentar einbringen, sondern im selben Zusammenhang vermitteln können, wie diese strukturiert sind und was sie in der Auseinandersetzung mit den Erfahrungswelten der Literatur leisten bzw. nicht leisten.

Die Literaturwissenschaft hat sich in ihrem Selbstverständnis als globales Sinnerklärungsfach entweder immer überschätzt oder, wenn die hohen Ziele unerfüllt blieben, unterschätzt. Das Auf und Ab dieser Fieberkurve schlängelt sich um die erstaunlich stetige Linie eines Reformulierungsprozesses herum, der dem Fach stets neue und angeblich krisensichere Gegenstandsbereiche hinzuschlägt. Demgegenüber plädieren wir für eine bescheidenere und zugleich selbstbewußtere Literaturwissenschaft, die aufgrund der Reflexion ihrer geschichtlichen Bedingungen und der nüchternen Analyse ihres Ist-Zustands ihr Janus-Gesicht aufzuheben versucht. Dies könnte, ohne daß hier Vollständigkeit der Aspekte angestrebt ist, im einzelnen heißen: Die Literaturwissenschaft sollte ihr Zentrum nicht aus dem Blickfeld verlieren, nämlich den einzelnen literarischen Gegenstand als eine historisch vermittelte und je eigene Erfahrung und Gestaltung von – immer schon sprachlich geformter – Wirklichkeit. Gibt die Literatur doch, um ein Wort Kants abzuwandeln, den Betrachtern mit ihren unterschiedlichen individuellen und kollektiven Lebensgeschichten Anlaß, viel zu empfinden, zu erfahren, zu denken, zu erforschen und handelnd zu verändern.

Ferner sollte die Literaturwissenschaft intensiver als bisher den Umgang mit Literatur als geselliges Phänomen begreifen und in Hochschule und Schule eine Lese-, Gesprächs- und Streitkultur fördern. Dies setzt voraus, daß sie falsches Expertentum meidet, das dazu neigt, feste Standpunkte und Konzepte zu reproduzieren, und daß sie die falsche Spannung zwischen den Werken und den literaturwissenschaftlichen Konzeptionen aufhebt. Schließlich sollte die Literaturwissenschaft – jenseits von Euphorie und Verängstigung – die Reflexion und die Gestaltung ihrer Handlungsfelder nüchtern vorantreiben: das Verhältnis zu den Geistes- und Naturwissenschaften, die Beziehung zu anderen kulturellen und multikulturellen Lebenswelten, die Verbesserung der Hochschullehre und die Unterstützung der ihr im engeren Sinne zugeordneten Berufsfelder, also insbesondere der Lehrerausbildung, der außerschulischen Bildungsarbeit, der medialen Praxisbereiche und des wissenschaftlichen Nachwuchses.

Ideen wie diese waren für die Planung und Gestaltung des «Grundkurses» leitend. Ob sie ansatzweise realisiert werden konnten, mögen die Leserinnen und Leser beurteilen.

Literatur

Anspruch und Herausforderung der Geisteswissenschaften. Westdeutsche Rektorenkonferenz. Jahresversammlung 1985. Bonn 1985.

Bell, Daniel: Die kulturellen Widersprüche des Kapitalismus. Frankfurt/New York 1991.

Förster, Jürgen/Neuland, Eva/Rupp, Gerhard (Hg.): Wozu noch Germanistik? Wissenschaft – Beruf – Kulturelle Praxis. Stuttgart 1989.

Frühwald, Wolfgang u. a.: Geisteswissenschaften heute. Eine Denkschrift. Frankfurt/M. 1991.

Griesheimer, Frank/Prinz, Alois (Hg.): Wozu Literaturwissenschaft? Kritik und Perspektiven. Tübingen 1991.

Habermas, Jürgen: Theorie des kommunikativen Handelns. 2 Bde. Frankfurt/M. 1981.

Kreuzer, Helmut (Hg.): Literarische und naturwissenschaftliche Intelligenz. Dialog über die «zwei Kulturen». Stuttgart 1969.

Prinz, Wolfgang/Weingart, Peter (Hg.): Die sog. Geisteswissenschaften: Innenansichten. Frankfurt/M. 1990.

Schlaffer, Heinz: Poesie und Wissen. Die Entstehung des ästhetischen Bewußtseins und der philologischen Erkenntnis. Frankfurt/M. 1990.

Uni – Not. Kursbuch 97. Berlin 1989.

Weingart, Peter/Prinz, Wolfgang u. a.: Die sog. Geisteswissenschaften: Außenansichten. Die Entwicklung der Geisteswissenschaften in der BRD 1954–1987. Frankfurt/M. 1991.

Wozu Geisteswissenschaften? Kursbuch 91. Berlin 1988.

Zur Lage der Geisteswissenschaften an den Universitäten Baden-Württembergs. Eine Anhörung im Haus des Landtags am 22. 9. 1986. In: GEW. Materialien und Dokumente, Hochschule und Forschung Nr. 61.

Anmerkungen

1 Die Verfasser reflektieren speziell die Krise der deutschen Germanistik in ihrer Vergangenheit als national geprägter Wissenschaft und in ihrer gegenwärtigen Situation als geisteswissenschaftliches Fach.

2 Manfred Seiler: Die Angst vor dem Urteil. Germanistentag in Augsburg: Anmerkungen zum Zustand einer Wissenschaft. In: DIE ZEIT, 25. Oktober 1991.

3 Vgl. die von Förster und Griesheimer mitherausgegebenen Sammelbände.
4 Vgl. Frühwald.
5 Hans Peter Herrmann: Abschaffung der Geisteswissenschaften? Standortbestimmung im aktuellen Streit zwischen Politik und Hochschulen. In: Förster u. a. (Hg.), S. 50–65.
6 Frank Griesheimer: Unmut nach innen. Ein Abriß über das Enttäuschende an der gegenwärtigen Literaturwissenschaft. In: Griesheimer u. a. (Hg.), S. 11–43.
7 Volker Kilian/Wolfgang Popp/Claudia Spiro-Rietz: Studienführer Germanistik. München 1986.
8 Die Kritik an der mangelnden Belesenheit der Studenten – unter moralisierendem Vorzeichen geführt – ist ein festes Ritual des Krisendiskurses: vgl. z. B. Horst Albert Glaser in der ZEIT vom 25. 1. 1980 und Gert Ueding in der FAZ vom 28. 10. 1981.
9 Zur «Überproduktion» vgl. Walter Müller-Seidel: Die Erforschung der deutschen Literatur und ihre Leser. In: Jahrbuch der Deutschen Schillergesellschaft, 26. Jg. (1985), S. 512–526.
10 Vgl. Herbert Hoven (Hg.): Literatur und Lernen. Zur berufsmäßigen Aneignung von Literatur. Darmstadt/Neuwied 1985.
11 Vgl. Wilhelm Scherer: Geschichte der deutschen Literatur. Berlin 1883. Erich Schmidt: Lessing, Geschichte seines Lebens und seiner Schriften. 2 Bde. Berlin 1884. Friedrich Gundolf: Goethe. Berlin 1916.
12 Vgl. Burkhardt Lindner: Habilitationsakte Benjamin. Über ein «akademisches Trauerspiel» und über ein Vorkapitel der «Frankfurter Schule». In: LiLi. Zeitschrift für Literaturwissenschaft und Linguistik 14 (1984), H. 53/54, S. 147 bis 165.
13 Ulrich Saxer/Wolfgang Langenbucher/Angela Fritz: Kommunikationsverhalten und Medien. Lesen in der modernen Gesellschaft. Gütersloh 1989.
14 Rudolf Lehmann: Poetik. 2. Aufl. München 1919. Wolfgang Kayser: Das sprachliche Kunstwerk. Eine Einführung in die Literaturwissenschaft. Bern 1948 (u. ö.).
15 Vgl. die Oberthemen «Beispiele der Texthermeneutik» und «Realisierungsformen des Literarischen» im «Grundkurs».
16 Vgl. das Oberthema «Literarische Institutionen».
17 Vgl. die Oberthemen «Grundbegriffe der Texterschließung» und «Aktuelle Positionen».
18 Lehmann (Anm. 14), S. 77, 44, 64, 71.
19 Vgl. im «Grundkurs» u. a. die Beiträge von Jürgen Link, Thomas Borgstedt, Norbert Mecklenburg, Gerhard Plumpe, Harro Müller, Georg Stanitzek.
20 Vgl. das Oberthema «Zur Geschichte der Literaturwissenschaft». Ferner programmatisch: Eberhard Lämmert: Wissenschaftsgeschichte und Forschungsplanung. In: Walter Müller-Seidel (Hg.): Historizität in Sprach- und Literaturwissenschaft. München 1974, S. 663–85.
21 Zur Geschichtlichkeit der «Legitimationskrisen der Geisteswissenschaften» vgl. Frühwald u. a., S. 81 ff.

22 Franz Schultz: Das Schicksal der deutschen Literaturgeschichte. Ein Gespräch. Frankfurt/M. 1929. Zu Schultz vgl. auch Anm. 12.

23 Ebd., S. 107f.

24 Vgl. F. Griesheimer (Anm. 6) und die dort zitierte Literatur.

25 F. Schultz (Anm. 23), S. 43, 37, 137, 112, 113f, 80.

26 Eckart Krause/Ludwig Huber/Holger Fischer (Hg.): Hochschulalltag im «Dritten Reich». Die Hamburger Universität 1933–45. 3 Bde. Berlin/Hamburg 1991.

27 Arno Klönne: «Heimkehr zu Goethe?» Deutungen des Verhältnisses von Jugend, «Bildungserbe» und Nationalsozialismus nach 1945. In: Diskussion Deutsch, H. 100 (1988), S. 144–156.

28 Vgl. Rudolf Walter Leonhardt: Der Sündenfall der Germanistik. Vorschläge zur Wiederbelebung des literarischen Bewußtseins in der Bundesrepublik. Zürich/Stuttgart 1959.

29 W. Kayser, a.a.O., S. 5ff (Vorwort der 1. Aufl.); Emil Staiger: Die Zeit als Einbildungskraft des Dichters. 2. Aufl. Zürich 1953, S. 9ff.

30 R. W. Leonhardt (Anm. 28).

31 Jürgen Kolbe (Hg.): Ansichten einer künftigen Germanistik. München 1969. Ders. (Hg.): Neue Ansichten einer künftigen Germanistik. München 1973.

32 Charles Percy Snow: Die zwei Kulturen. Literarische und naturwissenschaftliche Intelligenz. Stuttgart 1967 (englische Ausgabe 1959). Auszug in: Kreuzer, S. 11–25.

33 Ulrich Beck: Risikogesellschaft. Auf dem Weg in eine andere Moderne. Frankfurt/M. 1986. Christel und Henning Krauss: Der krisenabhängige Ruf nach den Geisteswissenschaften. Zwischenruf aus literaturwissenschaftlicher Perspektive. In: Romanistische Zeitschrift für Literaturgeschichte 11 (1987), S. 1–17.

34 Frank R. Leavis: Zwei Kulturen? In: Kreuzer, S. 34–46.

35 Odo Marquard: Über die Unvermeidlichkeit der Geisteswissenschaften. In: Ders.: Apologie des Zufälligen. Philosophische Studien. Stuttgart 1986, S. 105.

36 Vgl. die Beiträge in dem Kursbuch 91: «Wozu Geisteswissenschaften?»; ferner: Eberhard Lämmert: Geisteswissenschaften in einer industriellen Kultur. In: Anspruch und Herausforderung der Geisteswissenschaften, S. 127–49. Klaus R. Scherpe: Ist eine Modernisierung der Germanistik möglich? Gedanken und Vorschläge zur gesellschaftlichen Selbstbeteiligung unter hochtechnischen Bedingungen. In: Germanistik und Deutschunterricht im Zeitalter der Technologie. Tübingen 1988.

Literaturhinweise

Die folgende Zusammenstellung basiert im wesentlichen auf dem empfehlenswerten «Informationshandbuch Deutsche Literaturwissenschaft» von Hansjürgen Blinn. Völlig neu überarbeitete Ausgabe. Frankfurt/M. 1990.

1. Einführungen

Kayser, Wolfgang: Das sprachliche Kunstwerk. Eine Einführung in die Literaturwissenschaft. 19. Aufl. Bern 1985.

Wellek, René/Warren, Austin: Theorie der Literatur. Frankfurt/M. 1971 (Neuaufl. 1985).

Grundzüge der Literatur- und Sprachwissenschaft. Bd. 1: Literaturwissenschaft. Hg. von Heinz Ludwig Arnold und Volker Sinemus. 2. Aufl. München 1974.

Erkenntnis der Literatur. Theorien, Konzepte, Methoden der Literaturwissenschaft. Hg. von Dietrich Harth und Peter Gebhardt. Stuttgart 1982.

Gutzen, Dieter/Oellers, Norbert/Petersen, Jürgen H.: Einführung in die neuere deutsche Literaturwissenschaft. 6. Aufl. Berlin 1989.

Schutte, Jürgen: Einführung in die Literaturinterpretation. Stuttgart 1985.

Schulte-Sasse, Jochen/Werner, Renate: Einführung in die Literaturwissenschaft. 4. Aufl. München 1986.

Funk-Kolleg Literatur. Hg. von Helmut Brackert und Eberhard Lämmert. 2 Bände und 2 Bände Reader. Frankfurt/M. 1976–1978.

Literaturwissenschaft. Grundkurs. Hg. von Helmut Brackert und Jörn Stückrath. 2 Bde. Reinbek bei Hamburg 1981.

2. Arbeits- und Studienbücher

Hülshoff, Friedhelm/Kaldewey, Rüdiger: Mit Erfolg studieren. Studienorganisation und Arbeitstechniken. 2. Aufl. München 1984.

Kilian, Volker; Popp, Wolfgang; Spiero-Rietz, Claudia: Studienführer Germanistik. München 1986.

Propädeutik der Literaturwissenschaft. Wissenschaftsgeschichte – Methodenlehre – Studium und Beruf. Hg. von Dietrich Harth. München 1973.

Binder, Alwin u. a.: Einführung in Techniken literaturwissenschaftlichen Arbeitens. 6. Aufl. Königstein 1986.

Bangen, Georg: Die schriftliche Form germanistischer Arbeiten. Empfehlungen für die Anlage und die äußere Gestaltung wissenschaftlicher Manuskripte unter besonderer Berücksichtigung der Titelangaben von Schrifttum. 9. durchges. Aufl. Stuttgart 1990.

3. Nachschlagewerke / Lexika

a) Autorenlexika

Autorenlexikon deutschsprachiger Literatur des 20. Jahrhunderts. Hg. von Manfred Brauneck unter Mitarbeit von Wolfgang Beck. Reinbek bei Hamburg 1991 (zuerst 1984).

Deutsches Literatur-Lexikon. 3. völlig neu bearb. Aufl. Hg. von Bruno Berger, Heinz Rupp u. a. (ab Bd. 6 von Heinz Rupp und Carl Ludwig Lang). Bd. 1 ff. Bern / München / Stuttgart 1968 ff.

Kosch, Wilhelm: Deutsches Literatur-Lexikon. Biographisches und bibliographisches Handbuch. 4 Bde. 2. Aufl. Bern 1949–1958.

Die Deutsche Literatur. Biographisches und bibliographisches Lexikon. Unter Mitarbeit zahlreicher Fachgelehrter hg. von Hans-Gert Roloff. Lfg. 1 ff. Bern / Frankfurt / Las Vegas 1979 ff.

Literatur-Lexikon. Autoren und Werke deutscher Sprache. Hg. von Walter Killy unter Mitarbeit von Hans Fromm u. a. Bd. 1 ff. Gütersloh / München 1988 ff.

Metzler Autoren-Lexikon. Deutschsprachige Dichter und Schriftsteller vom Mittelalter bis zur Gegenwart. Hg. von Bernd Lutz. Stuttgart 1986.

Wilpert, Gero von: Deutsches Dichterlexikon. Biographisch bibliographisches Handwörterbuch zur deutschen Literaturgeschichte. 3. erw. Aufl. Stuttgart 1988.

b) Werklexika

Kindlers Literatur-Lexikon. 7 Bde. und Ergänzungsbd. München 1965–1974 (Taschenbuchausgabe: 25 Bde. München 1974).

Kindlers Neues Literatur Lexikon. Hg. von Walter Jens. Bd. 1 ff. München 1988 ff.

Lexikon der Weltliteratur. Bd. 2: Hauptwerke der Weltliteratur in Charakteristiken und Kurzinterpretationen. Unter Mitarbeit zahlreicher Fachgelehrter hg. von Gero von Wilpert. 2. Aufl. Stuttgart 1980.

c) Sachlexika

Reallexikon der deutschen Literaturgeschichte. Begr. von Paul Merker und Wolfgang Stammler. 2. Aufl. neu bearb. und unter red. Mitarb. von Klaus Kanzog sowie Mitw. zahlr. Fachgelehrter hg. von Werner Kohlschmidt und Wolfgang Mohr (ab Bd. 4 von Klaus Kanzog und Achim Masser). 4 Bde. u. Reg.bd. Berlin 1958–1988.

Handlexikon zur Literaturwissenschaft. Hg. von Diether Krywalski. 2. Aufl. München 1976 (Taschenbuchausgabe: 2 Bde. Reinbek bei Hamburg 1978).

Wilpert, Gero von: Sachwörterbuch der Literatur. 7. grundlegend überarb. Aufl. Stuttgart 1989.

Metzler Literatur-Lexikon. Stichwörter zur Weltliteratur. Hg. von Günther und Irmgard Schweikle. Stuttgart 1984.

Wörterbuch der Literaturwissenschaft. Hg. von Claus Träger. Leipzig 1986.

Best, Otto F.: Handbuch literarischer Fachbegriffe. Definitionen und Beispiele. Überarb. und stark erweiterte Ausg. Frankfurt/M. 1982.

4. Literaturgeschichten

de Boor, Helmut/Newald, Richard: Geschichte der deutschen Literatur von den Anfängen bis zur Gegenwart. München 1949 ff.

Geschichte der deutschen Literatur von den Anfängen bis zur Gegenwart. Hg. von Klaus Gysi, Kurt Böttcher u. a. Berlin (Ost) 1960 ff.

Geschichte der deutschen Literatur vom 18. Jahrhundert bis zur Gegenwart. Hg. von Victor Zmegač. 3 Bde. Königstein 1979–1985 (Taschenbuchausgabe: 6 Bde. Ebd. 1984–1985).

Hansers Sozialgeschichte der deutschen Literatur. Hg. von Rolf Grimminger. München 1980 ff (Taschenbuchausgabe: München 1980 ff).

Deutsche Literatur. Eine Sozialgeschichte. Von den Anfängen bis zur Gegenwart. Hg. von Horst Albert Glaser. Reinbek bei Hamburg 1980 ff.

Deutsche Literatur von Frauen. Hg. von Gisela Brinker-Gabler. 2 Bde. München 1988.

5. Periodika

Arbitrium. Zeitschrift für Rezensionen zur germanistischen Literaturwissenschaft. Jg. 1 ff. München (ab Jg. 7: Tübingen) 1983 ff.

Arcadia. Zeitschrift für Vergleichende Literaturwissenschaft. Jg. 1 ff. Berlin/New York 1966 ff.

Beiträge zur Geschichte der deutschen Sprache und Literatur. Bd. 1 ff. Halle 1874 ff (= PBB); ab Bd. 76 (1955) auch in Tübingen (= Beitr. Tüb.).

Deutsche Vierteljahrsschrift für Literaturwissenschaft und Geistesgeschichte. Jg. 1–22. Halle 1923–1944. Jg. 23 ff. Stuttgart 1949 ff (= DVjS oder DVLG).

Etudes Germaniques. Jg. 1 ff. Paris 1946 ff (= Et. Germ.).

Euphorion. Zeitschrift für Literaturgeschichte. Bd. 1 ff. Bamberg (ab 1952: Heidelberg) 1894 ff.

German Life and Letters. A quarterly Review. Vol. 1–3: 1936/37 – 1938/39. New series: Vol. 1 ff. Oxford 1947/48 ff (= GLL).

The German Quarterly. Jg. 1 ff. Appleton/Wisc.: American Association of Teachers of German, 1928 ff (= GQuat.).

The Germanic Review. Devoted to studies dealing with the Germanic Languages and Literatures. Vol. 1 ff. New York 1926 ff (= GR).

Germanisch-Romanische Monatsschrift. Jg. 1 ff. 1909 ff (= GRM).

Internationales Archiv für Sozialgeschichte der deutschen Literatur. Jg. 1 ff. Tübingen 1976 ff (= IASL).

Jahrbuch für Internationale Germanistik. Bd. 1–4: Frankfurt/M. 1969–1972. Bd. 5 ff.: Frankfurt/Las Vegas 1973 ff (= JIG).

LiLi. Zeitschrift für Literaturwissenschaft und Linguistik. Bd. 1 ff. Göttingen 1971 ff.

The Modern Language Review. A quarterly Journal. Vol. 1 ff. Cambridge 1905 ff (= MLR).

Monatshefte für deutschen Unterricht, deutsche Sprache und Literatur. Bd. 1 ff. Madison (Wisconsin) 1899 (= MDU).

Neophilologus. An international journal of modern and mediaeval language and literature. Vol. 1 ff. Groningen 1915 ff.

Poetica. Zeitschrift für Sprache und Literaturwissenschaft. Jg. 1 ff. Amsterdam 1967 ff.

Publications of the Modern Language Asociation of America. Bd. 1 ff. Menasha (Wisconsin) 1884 ff (= PMLA).

Sprache im technischen Zeitalter. Nr. 1–56. Stuttgart 1961–1975. Nr. 57 ff. Berlin 1976 ff.

Text und Kritik. Zeitschrift für Literatur. Heft 1 ff. München 1964 ff.

Weimarer Beiträge. Zeitschrift für deutsche Literaturgeschichte. Bd. 1 ff. Weimar (seit 1964: Berlin) 1955 ff.

Zeitschrift für deutsche Philologie. Bd. 1 ff. Halle (später Stuttgart, seit 1954 Berlin) 1868 ff (= ZfdPh oder ZDP).

Zeitschrift für deutsches Altertum (ab Bd. 19: Zeitschrift für deutsches Altertum und deutsche Literatur). Bd. 1 ff. Leipzig (später Berlin, ab Bd. 82 Wiesbaden) 1841 ff (= ZfdA oder ZDA).

Zeitschrift für Germanistik. H. 1 ff. Leipzig 1980 ff.

Der Deutschunterricht. Jg. 1 ff. Stuttgart 1947 ff.

Deutschunterricht. Jg. 1 ff. Berlin (Ost) 1948 ff.

Diskussion Deutsch. Zeitschrift für Deutschlehrer aller Schulformen in Ausbildung und Praxis. Bd. 1 ff. Frankfurt/M. 1970 ff.

Wirkendes Wort. Deutsche Sprache und Literatur in Forschung und Lehre. Jg. 1 ff. Düsseldorf 1950/51 ff.

6. Bibliographien

Arnold, Robert F.: Allgemeine Bücherkunde zur neueren deutschen Literaturgeschichte. 4. Aufl. neu bearb. von Herbert Jacob. Berlin 1966.

Hansel, Johannes: Bücherkunde für Germanisten. Wie sammelt man das Schrifttum nach dem neuesten Forschungsstand? Berlin 1959.

Raabe, Paul: Einführung in die Bücherkunde zur deutschen Literaturwissenschaft. Mit 13 Tabellen im Anhang. Durchgesehene Auflage unter Mitarbeit von Werner Arnold und Ingrid Hannich-Bode. Stuttgart 1984.

Landwehr, Jürgen/Mitzschke, Matthias/Paulus, Rolf: Praxis der Informationsermittlung: «Deutsche Literatur». Systematische Einführung in das fachbezogene Recherchieren. Theorie und Verfahren des Recherchierens – Handbücher und Bibliographien – Zeitschriften – Institutionen. München 1978.

Paschek, Carl: Praxis der Literaturermittlung Germanistik. 2 Bde. Bern 1986 (Germanistische Lehrbuchsammlung, 48).

Heidtmann, Frank/Fertig, Elmar/Ulrich, Paul S.: Wie finde ich Literatur zur deutschen Literatur. Berlin 1979 (Orientierungshilfen 9 = Veröffentlichungen des Instituts für Bibliothekarausbildung der Freien Universität Berlin 20).

Bibliographisches Handbuch der deutschen Literaturwissenschaft. 1945–1969/1972. Hg. von Clemens Köttelwesch. Mitarbeit H. Hüttemann und C. Maihofer. 3 Bde. Frankfurt/M. 1973–1979.
Bibliographie der deutschen (ab Bd. 9, 1969: Sprach- und) Literaturwissenschaft. Begründet von Hanns W. Eppelsheimer, fortgef. von Clemens Köttelwesch. Hg. von Bernhard Koßmann. Bd. 1 (1945 bis 1953) ff. Frankfurt/M. 1957 ff.
Germanistik. Internationales Referatenorgan mit bibliographischen Hinweisen. Jg. 1 ff. Tübingen 1960 ff.
MLA. International Bibliography of Books and Articles on the Modern Languages and Literatures. Vol. 1 (1921) ff. New York 1922 ff.

Über die Verfasser

Dr. Hermann Bausinger, geb. 1926, Professor für empirische Kulturwissenschaft an der Universität Tübingen

Dr. Manfred Beller, geb. 1936, Professor für Deutsche Sprache und Literatur an der Universität Bergamo/Italien

Dr. Alwin Binder, geb. 1934, Akademischer Oberrat am Germanistischen Institut der Universität Münster

Dr. Thomas Borgstedt, geb. 1958, Wissenschaftlicher Assistent an der Goethe-Universität Frankfurt am Main

Dr. Helmut Brackert, geb. 1932, Professor für Deutsche Philologie an der Goethe-Universität Frankfurt am Main und permanenter Gastprofessor an der New York University

Dr. Gerhard Dette, geb. 1940, Generalsekretär der Deutschen Akademie für Sprache und Dichtung und Geschäftsführer des Deutschen Literaturfonds e. V. in Darmstadt

Dr. Hartmut Eggert, geb. 1937, Professor für Neuere deutsche Literatur an der Freien Universität Berlin

Dr. Ludwig Fischer, geb. 1939, Professor für Literaturwissenschaft an der Universität Hamburg

Dr. Josef Früchtl, geb. 1954, Wissenschaftlicher Mitarbeiter am Fachbereich Philosophie der Goethe-Universität Frankfurt am Main

Stephan Fuchs, M. A., geb. 1965, Wissenschaftlicher Mitarbeiter an der Goethe-Universität Frankfurt am Main

Dr. Helga Gallas, geb. 1940, Professorin für Deutsche Literatur an der Universität Bremen

Dr. Dennis Green, geb. 1922, emeritus Schröder Professor of German, University of Cambridge/GB.

Dr. Norbert Groeben, geb. 1944, Professor für (Allgemeine) Psychologie an der Universität Heidelberg, PD f. (Allgemeine) Literaturwissenschaft an der Universität/GH Siegen

Dr. Jost Hermand, geb. 1930, Professor für Neuere Deutsche Literatur an der University of Wisconsin/Madison (USA)

Dr. Peter Heßelmann, geb. 1955, Wissenschaftlicher Mitarbeiter an der Universitätsbibliothek Münster

Dr. Walter Hömberg, geb. 1944, Professor für Journalistik an der Katholischen Universität Eichstätt

Dr. Hans Otto Hügel, geb. 1944, Professor für Populäre Kultur an der Universität Hildesheim

Dr. Uwe Japp, geb. 1948, Professor für Neuere deutsche und Allgemeine Literaturwissenschaft an der Universität Karlsruhe

Dr. Clemens Kammler, geb. 1952, Gymnasiallehrer und Lehrbeauftragter an der Universität/GHS Essen (Fachbereich Literatur- und Sprachwissenschaften)

Dr. Detlef Kremer, geb. 1953, Hochschuldozent an der Universität Bielefeld

Dr. Eberhard Lämmert, geb. 1924, Professor für Allgemeine und Vergleichende Literaturwissenschaft an der Freien Universität Berlin

Dr. Jürgen Landwehr, geb. 1941, Akademischer Oberrat am Seminar für Deutsche Philologie der Universität Mannheim (Neuere Germanistik I)

Dr. Hans-Thies Lehmann, geb. 1944, Professor für Theaterwissenschaft an der Goethe-Universität Frankfurt am Main

Dr. Jürgen Link, geb. 1940, Professor für Germanistik an der Ruhr-Universität Bochum

Dr. Andreas Mahler, geb. 1957, Wissenschaftlicher Mitarbeiter am Institut für Englische Philologie der Universität München

Dr. David Martyn, geb. 1959, Assistant Professor of Languages and Literature an der University of Utah, Salt Lake City (USA)

Dr. Norbert Mecklenburg, geb. 1943, Professor für Neuere deutsche Literatur an der Universität zu Köln

Dr. Harro Müller, geb. 1943, Professor für Allgemeine und Neue Deutsche Literaturwissenschaft, zur Zeit Gastprofessor an der Columbia University New York

Dr. Dietrich Naumann, geb. 1937, Akademischer Oberrat an der Goethe-Universität Frankfurt am Main

Dr. Karl August Ott, geb. 1921, war bis zu seinem Tod am 24. 12. 1991 Professor für Romanische Philologien an der Universität Kiel

Dr. Joachim Paech, geb. 1942, Professor für Medienwissenschaft an der Universität Konstanz

Dr. Gerhard Plumpe, geb. 1946, Professor für Germanistik an der Ruhr-Universität Bochum

Dr. Klaus Reichert, geb. 1938, Professor für Anglistik/Amerikanistik an der Goethe-Universität Frankfurt am Main

Dr. Werner Röcke, geb. 1944, Professor für Ältere deutsche Literatur an der Humboldt-Universität Berlin

Dr. Rainer Rosenberg, geb. 1936, Professor am Forschungsschwerpunkt Literaturforschung der Fördergesellschaft Wissenschaftliche Neuvorhaben in Berlin

Dr. jur. Dian Schefold, geb. 1936, Professor für Öffentliches Recht an der Universität Bremen

Dr. Frank Schirrmacher, geb. 1959, Leiter der Redaktion Literatur und Literarisches Leben der «Frankfurter Allgemeinen Zeitung»

Hans Burkhard Schlichting, geb. 1949, Chefdramaturg der Hörspielabteilung des Südwestfunks in Baden-Baden

Dr. Manfred Schluchter, geb. 1935, Akademischer Oberrat am Germanistischen Institut der Universität Münster

Dr. Erich Schön, geb. 1949, zur Zeit Wissenschaftlicher Angestellter für Literatursoziologie in der Fachgruppe Literaturwissenschaft an der Universität Konstanz

Dr. Frieder Schülein, geb. 1942, Akademischer Oberrat der Fakultät für Linguistik und Literaturwissenschaft an der Universität Bielefeld

Dr. Georg Stanitzek, geb. 1953, arbeitet in Köln

Dr. Günter Steinberg, geb. 1935, Akademischer Oberrat am Germanistischen Institut der Universität Münster

Dr. Horst Steinmetz, geb. 1934, Professor für Allgemeine und Vergleichende Literaturwissenschaft an der Universität Leiden (Niederlande)

Dr. Jörn Stückrath, geb. 1941, Akademischer Rat am Oberstufen-Kolleg an der Universität Bielefeld

Dr. Andreas Thomasberger, geb. 1951, Privatdozent für Germanistik (Neuere deutsche Literatur) an der Universität Frankfurt am Main

Dr. Wilhelm Voßkamp, geb. 1936, Professor für Neuere deutsche Literatur an der Universität Köln

Dr. Sigrid Weigel, geb. 1950, Professorin für Neuere deutsche Literatur an der Universität Zürich

Dr. Siegfried Zielinski, geb. 1951, Professor für Medien- und Kommunikationswissenschaft an der Kunsthochschule für Medien Köln

Namenregister

Sachregister

rowohlts enzyklopädie

Gene Brucker
Florenz in der Renaissance
Stadt, Gesellschaft, Kultur
(kulturen und ideen 480)

Herbert Bruhn / Rolf Oerter / Helmut Rösing (Hg.)
Musikpsychologie
Ein Handbuch (526)

Erica Burgauer
Zwischen Erinnerung und Verdrängung – Juden in Deutschland nach 1945 (532)

Norman Cohn
Das neue irdische Paradies
Revolutionärer Millenarismus und mystischer Anarchismus im mittelalterlichen Europa
(kulturen und ideen 472)

Jonathan Culler
Dekonstruktion
Derrida und die poststrukturalistische Literaturtheorie (474)

Martin Damus
Malerei der DDR
Funktionen der bildenden Kunst im Realen Sozialismus (524)

Jean Delumeau
Angst im Abendland
Die Geschichte kollektiver Ängste im Europa des 14. bis 18. Jahrhunderts
(kulturen und ideen 503)

Hans Ebeling
Martin Heidegger
Philosophie und Ideologie (520)
Das Subjekt in der Moderne
Rekonstruktion der Philosophie im Zeitalter der Zerstörung (484)

Hans Eggers
Deutsche Sprachgeschichte
Band 1: Das Althochdeutsche und das Mittelhochdeutsche (425)
Band 2: Das Frühneuhochdeutsche und das Neuhochdeutsche (426)

Martin Esslin
Das Theater des Absurden
Von Beckett bis Pinter (414)
Die Zeichen des Dramas
Theater, Film, Fernsehen (502)

Ferdinand Fellmann
Symbolischer Pragmatismus
Hermeneutik nach Dilthey (508)
Lebensphilosophie
Elemente einer Theorie der Selbsterfahrung (533)

James George Frazer
Der Goldene Zweig
Das Geheimnis von Glauben und Sitten der Völker
(kulturen und ideen 483)

Hugo Friedrich
Die Struktur der modernen Lyrik
Von der Mitte des 19. bis zur Mitte
des 20. Jahrhunderts (420)

Peter Garnsey / Richard Saller
Das römische Kaiserreich
Wirtschaft, Gesellschaft, Kultur (501)

Marcel Gauchet
Die Erklärung der Menschenrechte
Die Debatte um die bürgerlichen Freiheiten
(kulturen und ideen 512)

Gebauer / Kamper / Lenzen / Mattenklott / Wulf / Wünsche
Historische Anthropologie
Zum Problem der Humanwissenschaften heute
oder Versuche einer Neubegründung (486)

Gunter Gebauer / Christoph Wulf
Mimesis
Kultur – Kunst – Gesellschaft (497)

Arnold Gehlen
Anthropologische und sozialpsychologische Untersuchungen (424)

rowohlts enzyklopädie

Manfred Geier
Das Sprachspiel der Philosophen
Von Parmenides bis Wittgenstein (500)

Sander L. Gilman
Rasse, Sexualität und Seuche
Stereotype aus der Innenwelt der westlichen Kultur
(kulturen und ideen 527)

Peter Gorsen
Sexualästhetik
Grenzformen der Sinnlichkeit im 20. Jahrhundert (447)

Jean Marie Goulemot
Gefährliche Bücher
Erotische Literatur, Pornographie,
Leser und Zensor im 18. Jahrhundert
(kulturen und ideen 528)

Peter Ulrich Hein
Die Brücke ins Geisterreich
Künstlerische Avantgarde zwischen Kulturkritik und Faschismus
(kulturen und ideen 521)

Walter Hess
Dokumente zum Verständnis der modernen Malerei (410)

Anton Hügli/Poul Lübcke (Hg.)
Philosophie im 20. Jahrhundert
Band 1: Phänomenologie, Hermeneutik, Existenzphilosophie
und Kritische Theorie (455)
Band 2: Wissenschaftstheorie und Analytische Philosophie (456)

Richard Huelsenbeck (Hg.)
Dada
Eine literarische Dokumentation (402)

Johan Huizinga
Homo Ludens
Vom Ursprung der Kultur im Spiel (435)

Andreas Huyssen / Klaus R. Scherpe (Hg.)
Postmoderne
Zeichen eines kulturellen Wandels (427)

Toshihiko Izutsu
Philosophie des Zen-Buddhismus (428)

Fredric Jameson
Das politische Unbewußte
Literatur als Symbol sozialen Handelns (461)

Dietmar Kamper
Zur Geschichte der Einbildungskraft (509)

Maurice Keen
Das Rittertum
(kulturen und ideen 515)

Geoffrey Stephen Kirk
Griechische Mythen
Ihre Bedeutung und Funktion (444)

Thomas Kleinspehn
Der flüchtige Blick
Sehen und Identität in der Kultur der Neuzeit
(kulturen und ideen 485)

Volker Klotz
Bürgerliches Lachtheater
Komödie – Posse – Schwank – Operette (451)

Helmut König
Zivilisation und Leidenschaften
Die Masse im bürgerlichen Zeitalter (513)

Traugott König (Hg.)
Sartre
Ein Kongreß (475)

H. H. Lamb
Klima und Kulturgeschichte
Der Einfluß des Wetters auf den Gang der Geschichte
(kulturen und ideen 478)

Roland Lambrecht
Melancholie
Vom Leid an der Welt und den Schmerzen der Reflexion (541)

Elaine Pagels
Adam, Eva und die Schlange
Die Geschichte der Sünde (kulturen und ideen 548)

Peter Moritz Pickshaus
Kunstzerstörer
Fallstudien: Tatmotive und Psychogramme
(kulturen und ideen 463)

Erwin Piscator
Zeittheater
«Das Politische Theater» und
weitere Schriften von 1915 bis 1966 (429)

Hilary Putnam
Von einem realistischen Standpunkt
Schriften zu Sprache und Wirklichkeit (539)

Robert von Ranke-Graves
Griechische Mythologie
Quellen und Deutung (404)
Die Weiße Göttin
Sprache des Mythos (416)

Robert von Ranke-Graves / Raphael Patai
Hebräische Mythologie
Über die Schöpfungsgeschichte und andere Mythen aus dem Alten Testament (441)

Stefan Rohrbacher / Michael Schmidt
Judenbilder
Kulturgeschichte antijüdischer Mythen
und antisemitischer Vorurteile
(kulturen und ideen 498)

Richard Schechner
Theater-Anthropologie
Spiel und Ritual im Kulturvergleich (439)

Hartmut Scheible
Wahrheit und Subjekt
Ästhetik im bürgerlichen Zeitalter (468)

Klaus R. Scherpe (Hg.)
Die Unwirklichkeit der Städte
Großstadtdarstellungen zwischen Moderne und Postmoderne (471)

Susanne Schlicher
TanzTheater
Traditionen und Freiheiten
Pina Bausch, Gerhard Bohner, Reinhild Hoffmann, Hans Kresnik, Susanne Linke
(kulturen und ideen 411)

Hansgeorg Schmidt-Bergmann
Futurismus
Geschichte, Ästhetik, Dokumente (535)

Gert Selle
Gebrauch der Sinne
Eine kunstpädagogische Praxis
(kulturen und ideen 467)

Gert Selle (Hg.)
Experiment ästhetische Bildung
Aktuelle Beispiele für Handeln und Verstehen
(kulturen und ideen 506)

Ulrich Steinvorth
Klassische und moderne Ethik
Grundlinien einer materialen Moraltheorie (505)

Bernhard H. F. Taureck
Französische Philosophie im 20. Jahrhundert
Analysen, Texte, Kommentare (481)
Ethikkrise – Krisenethik
Analysen, Texte, Modelle (525)

Klaus-Jürgen Tillmann
Sozialisationstheorien
Eine Einführung in den Zusammenhang von Gesellschaft, Institution und Subjektwerdung (476)

Leo Trepp
Die Juden
Volk, Geschichte, Religion (452)

Karl Vorländer
Geschichte der Philosophie
mit Quellentexten (495)
Band 1: Altertum (492)
Band 2: Mittelalter und Renaissance (493)
Band 3: Neuzeit bis Kant (494)

Monika Wagner (Hg.)
Moderne Kunst
Das Funkkolleg zum Verständnis der Gegenwartskunst
Band 1 (516)
Band 2 (517)

Sigrid Weigel
Die Stimme der Medusa
Schreibweisen in der Gegenwartsliteratur von Frauen (490)
Topographien der Geschlechter
Kulturgeschichtliche Studien zur Literatur (514)

Benjamin Lee Whorf
Sprache – Denken – Wirklichkeit
Beiträge zur Metalinguistik und Sprachphilosophie (403)

Siegfried Zielinski
Audiovisionen
Kino und Fernsehen als Zwischenspiele in der Geschichte (kulturen und ideen 489)